Politische Vierteljahresschrift Sonderheft 13/1982

Deutsche Vereinigung für Politische Wissenschaft

Politikwissenschaft und Verwaltungswissenschaft

Herausgegeben von Joachim Jens Hesse

Westdeutscher Verlag

CIP-Kurztitelaufnahme der Deutschen Bibliothek

Politikwissenschaft und Verwaltungswissenschaft/
Dt. Vereinigung für Polit. Wiss. Hrsg. von Joachim
Jens Hesse. – Opladen: Westdeutscher Verlag, 1982.
(Politische Vierteljahresschrift: Sonderh; 13)
ISBN 3-531-11581-2

NE: Hesse, Joachim Jens [Hrsg.]; Deutsche
Vereinigung für Politische Wissenschaft;
Politische Vierteljahresschrift/Sonderheft

Druck und buchbinderische Verarbeitung: Lengericher Handelsdruckerei, Lengerich

Printed in Germany

ISBN 3-531-11581-2

Inhaltsverzeichnis

Erratum

Betr.: PVS-Sonderheft 13/1982: „Politikwissenschaft und Verwaltungswissenschaft", hrsg. von Joachim Jens Hesse

In dem Beitrag „*Staat, Politik und Bürokratie – eine Einführung*" von *Joachim Jens Hesse* unterblieb durch ein technisches Versehen die Korrektur der falschen Schreibweise „Lorenz *vom* Stein" in „Lorenz *von* Stein". Auf Seite 10 (13., 17. und 20. Zeile von unten) sowie im Literaturverzeichnis auf Seite 32 (3. und 5. Zeile von unten) muß es jeweils richtig „Lorenz *von* Stein" bzw. „*von* Stein" heißen.

Westdeutscher Verlag

1. Einführung

Staat, Politik und Bürokratie – eine Einführung

Joachim Jens Hesse

Die Herausgabe eines Sonderheftes der Politischen Vierteljahresschrift zum Thema „Politikwissenschaft und Verwaltungswissenschaft“ mag zum jetzigen Zeitpunkt überraschen. Ist die gesellschaftliche und politische Diskussion nicht eher durch antiinstitutionelle und antibürokratische Grundhaltungen geprägt, als daß eine Diskussion einzelner Aspekte politisch-administrativen Handelns mit einem weitreichenderen Interesse rechnen könnte? Kommt verwaltungswissenschaftlichen Fragen nicht eine eher nachrangige Bedeutung zu angesichts offensichtlicher Probleme etwa im Bereich der politischen Willensbildung, bei der aktuellen Anpassung staatlicher und kommunaler Politiken an eine sich erheblich verändernde ökonomische und soziokulturelle Ausgangssituation, im Zuge fluktuierender gesellschaftlicher Werthaltungen und Einstellungen? Welche Funktion also hat dieser Band, soll und kann er mehr sein als eine Bestandsaufnahme, als ein Nachweis von Arbeitsergebnissen aus den 60er und 70er Jahren, die durch eine erstaunliche Produktivität und eine daraus folgende Dominanz verwaltungswissenschaftlich orientierter Untersuchungen gekennzeichnet waren?
Die Beantwortung dieser Fragen soll hier – in notwendigerweise gedrängter Form – über *drei Zugänge* versucht werden: eine gleichsam historisch-genetische Ebene, die einige zentrale Phasen der Entwicklung der öffentlichen Verwaltung und der Verwaltungswissenschaft zu umreißen sucht (1); eine begriffliche und disziplinäre Lokalisierung der Verwaltungswissenschaft(en) im Spektrum rechts-, wirtschafts- und sozialwissenschaftlicher Ein- wie Ausgrenzungen (2); schließlich über eine Identifizierung zentraler Fragestellungen, die die Entwicklung des paradigmatischen wie des empirisch-analytischen Denkens wiedergeben und den Aufbau dieses Bandes verdeutlichen sollen (3).

(1) Zur Entwicklung der öffentlichen Verwaltung und der Verwaltungswissenschaft

Die Entwicklung der neuzeitlichen Verwaltung in Deutschland ist eng mit der Genese und dem Ausbau des absolutistischen Territorialstaates verbunden, der sich nach Auflösung resp. Überwindung des spätmittelalterlichen Dualismus von Fürst und Ständen im 16. und 17. Jahrhundert herauszubilden begann und zu Anfang des 18. Jahrhunderts seine endgültige Gestalt annahm. Die Verwaltung, mit dem stehenden Heer Garant der absolutistischen Macht der Territorialfürsten und gleichsam unbeschränkt nach innen wirkend, gewinnt dabei schnell an Größe: Die Trennung von Hof- und Landesverwaltung, der Aufbau einer eigenen Finanzverwaltung und die Professionalisierung des Verwaltungspersonals sind entscheidende Stufen.

Dem materiellen Bedarf an Verwaltungstätigkeiten, an neuen oder erweiterten öffentlichen, schließlich staatlichen Funktionen entsprach ein Bedarf an qualifiziertem Personal, damit an Ausbildungsinstitutionen. Das 17. und 18. Jahrhundert erlebte so im Wissenschaftsbereich eine Blütezeit der als „*Kameralistik und Polizeiwissenschaft*" bezeichneten Verwaltungslehre; für Preußen errichtete Friedrich Wilhelm I. in Halle (1723) und in Frankfurt an der Oder (1727) erste Lehrstühle für Kameralwissenschaften, nach dem heutigen disziplinären Verständnis ein Konglomerat aus Haushaltswissenschaft und Volkswirtschaftslehre, Finanzwissenschaft und Ausbildungsbereichen für die Innenverwaltung („Polizey"), deren Aufgaben noch nicht auf die Gefahrenabwehr verengt, vielmehr auf eine gleichsam wohlfahrtsstaatliche Tätigkeit gerichtet waren. Dieses relativ umfassende Verständnis einer Verwaltungslehre, durch die Naturrechtsvorstellungen der Aufklärung und den Merkantilismus geprägt und in durchaus stimulierender Weise mit Fragen der heutigen sozialstaatlichen Diskussion und ihrer wissenschaftlichen Abbildung konfrontierbar, verfiel (mit allerdings bemerkenswerten Ausnahmen) im Laufe des 19. Jahrhunderts.

Idealismus und aufkommender Liberalismus beeinflußten das Verständnis notwendiger Staats- und Verwaltungsfunktionen, eine mündige Gesellschaft sollte die Aufgaben des Staates auf die der Gewährleistung von Sicherheit und Ordnung reduzieren. Die zu Beginn des 19. Jahrhunderts in Preußen *(Stein-Hardenberg)*, Bayern *(Montgelas)* und Baden *(Reitzenstein)* vollzogenen Verwaltungsreformen zielten dabei trotz der materiellen Vervollständigung und organisatorischen Ausdifferenzierung des Verwaltungssystems auf einen Abbau staatlicher Bevormundung; Repräsentativverfassungen sollten vielmehr dem Bürgertum die Mitwirkung an der Gesetzgebung und eine Kontrolle staatlicher Institutionen ermöglichen.

Durch *Robert von Mohl* und später *Lorenz vom Stein* fanden diese Bestrebungen Niederschlag auch in der eher wissenschaftlichen Diskussion. Während *von Mohl* noch den Begrifflichkeiten der „Polizeiwissenschaft" verhaftet blieb, diese aber zu einer Lehre von den „Aufgaben des liberalen Staates" ausweitete, ging *vom Stein* weiter, verband er seine „Verwaltungslehre" als Lehre des „arbeitenden Staates" mit ihm erkennbaren „sozialen Bewegungen", den jeweils bestehenden sozialen Verhältnissen. In einer noch heute faszinierenden Mischung aus absolutistischer Staatsideologie, liberalem Gedankengut und Elementen der Hegelschen Philosophie konzipierte *vom Stein* eine gleichsam Staatstheorie, die neben den jetzt bereits „klassischen Staatsfunktionen" auch Fragen des sozialen Ausgleichs, des Kapital-Arbeit-Verhältnisses, der kommunalen Selbstverwaltung u.a.m. thematisiert. Zu den Herrschafts- und Ordnungsfunktionen der Verwaltung treten deren soziale und politische Funktionen, *Stein* greift den politischen Veränderungen dabei weit voraus.

Die Ideen des Vormärz realisierten sich bekanntlich nicht, der liberale Verfassungsstaat blieb – zumindest in Preußen und Österreich – Postulat, die fehlende politische Kontrolle erlaubte einen weitgehend ungehinderten weiteren Ausbau der Verwaltung, der ohnehin existente Tendenzen zur Selbständigkeit und Selbstführung noch verstärkte.

Dieser Prozeß bereitete den Weg einer zunehmend nur noch juristische Fragestellungen aufnehmenden verwaltungswissenschaftlichen Entwicklung, wobei die zweite Hälfte des 19. Jahrhunderts nahezu ausschließlich durch die Entwicklung des Verwaltungsrechts gekennzeichnet ist, das „*Primat der juristischen Betrachtungsweise*“ hier seine Basis fand. Dem Vorbild des französischen Verwaltungsrechts nacheifernd, standen dabei nicht inhaltliche Fragen wie die nach den Staats- und Verwaltungszwecken im Vordergrund des Interesses, sondern vielmehr formale Kategorien bei der Negativdefinition der Verwaltung als derjenigen Tätigkeit des Staates, die nicht Gesetzgebung oder Justiz ist. „Die vom Rechtspositivismus erreichte totale Formalisierung des Gesetzesbegriffes reduzierte die Frage nach der Legitimität gesetzlicher Normierungen auf deren Legalität, d. h. auf ihr verfassungsmäßiges Zustandekommen, wobei die Verfassung nur als Festlegung von Organisations- und Beteiligungsnormen verstanden wurde. Der immer noch schwelende Streit um monarchische oder demokratische Legitimität des politischen Systems und seiner Entscheidungen wurde durch das Prinzip der staatlichen formalen Legitimität überdeckt“ (*Blank* 1969, 388). Die in dieser Formalisierung liegende Gefahr des gesetzlichen Unrechts im Gefolge der nun möglichen inhaltlichen Beliebigkeit verbindlicher Normen wurde schon frühzeitig (etwa 1883 durch *Gierke* gegenüber *Laband*) beschworen.

Verstärkt wurde die Dominanz der Rechtswissenschaft, des allgemeinen Verwaltungsrechts, bei der Behandlung staats- und verwaltungswissenschaftlicher Fragestellungen durch die sich in der zweiten Hälfte des 19. Jahrhunderts erheblich ausweitenden und an Eingriffsintensität gewinnenden Verwaltungstätigkeiten. Jenen liberalen Elementen, die in der Vormärzzeit in die Verwaltung Eingang gefunden hatten, wurde dabei durch die nach 1850 folgende Restaurationsbewegung jeglicher Bewegungsspielraum entzogen. Als 1871 die deutsche Reichsverwaltung aufgebaut wurde, war dies sogar mit einer Säuberung sämtlicher Ränge verknüpft, deren „Reichstreue“ nicht über jeden Zweifel erhaben war (*Morsey* 1957). Die daraus folgende, noch verstärkte Konservativität der Beamtenschaft förderte die ohnehin existente Trennung von Politik und Verwaltung, die sich auch darin widerspiegelte, daß es faktisch unmöglich war, Minister politisch zur Verantwortung zu ziehen.

Die im Zuge der Industrialisierung ihre endgültige Gestalt annehmende öffentliche Verwaltung hat gleichwohl nicht nur ein verwaltungsrechtliches Interesse bei der Durchdringung verwaltungswissenschaftlicher Fragestellungen hervorgebracht. Neben der sich im Gefolge der liberalen Staatsideologie entwickelnden Nationalökonomie und ersten Ansätzen einer Theorie der politischen Funktion der öffentlichen Verwaltung durch *Marx* und *Engels*, bildeten sich über die Rezeption englischer und französischer Staats- und Sozialphilosophen (*Bentham, Mill, Bagehot, Comte, Spencer*) erste Ansätze einer sozialwissenschaftlichen Untersuchung der öffentlichen Verwaltung. *Weber* ist dabei der zweifelsohne dominierende Name.

Webers Interesse an der öffentlichen Verwaltung ist ein doppeltes: Zum einen sieht er Bürokratie als ein Prinzip der Verwaltungsorganisation, als reinsten Typus rationalen und legalen Handelns, dem er die höchste Zweckmäßigkeit für die Durchsetzung einmal gegebener politischer Ziele zuschreibt, zum anderen stellt er die Bürokratie in einen herrschaftssoziologischen Zusammenhang. Hier ist die Frage entscheidend, ob eine komplexe, differenzierte und spezialisierte Bürokratie noch als ein neutrales Durchführungsinstrument oder als ein verselbständigtes, eigenes Machtzentrum zu begreifen ist (*Mayntz* 1978). *Weber* durchbricht damit begrenzte disziplinäre Zugänge und deutet den Weg zu einer umfassenden Verwaltungswissenschaft. Freilich steht sein Modell der Bürokratie unter dem Einfluß der Epoche. Es ist den rechtspositivistischen Ansätzen hinsichtlich des Konzeptes der Herrschaftslegitimation verwandt, fordert Kritik am möglichen Umschlag formaler Rationalität in Irrationalität und erscheint bei vordergründiger Rezeption geeignet, der Trennung von Politik und Verwaltung das Wort zu reden. Die Bürokratietheorie *Webers* konnte dabei so große Wirksamkeit entfalten, weil die deutsche Verwaltung tatsächlich ein fast ideales Gebilde war, so lange man jedenfalls einige Fragen nicht stellte. „Solche Fragen waren die nach dem Verhältnis dieser Verwaltung zur Politik, die nach ihrer Führbarkeit, die nach der Tauglichkeit des Gesetzes als wichtigstem Instrument der Verwaltungsführung, aber auch die nach der Teilhabe und Einflußnahme der Bürger. Vereinfacht kann man sagen, daß die deutsche Verwaltung im 19. Jahrhundert und damit in einer Zeit entstanden ist, in der man sich einen unrechttuenden Staat nicht (mehr) denken konnte und mochte. Vorstellbar war nur der irrende Staat. Gegenüber solchen Irrtümer mußte die Rechtskontrolle ausreichen. Nach 1918 stellte sich dann die Frage nach der demokratischen Beteiligung" (*Ellwein* 1981, 43/44).

Webers Einfluß auf die sozialwissenschaftliche Theorieentwicklung kann und braucht hier nicht weiter verdeutlicht zu werden. Das Ineinandergreifen organisationsinterner wie gesamtgesellschaftlicher, struktureller wie prozessualer, historischer wie gegenwartsbezogener Perspektiven läßt das Bürokratiemodell *Webers* noch heute zu einer Herausforderung für jede Form administrationsbezogener Analyse werden.

Das Primat der juristischen Betrachtungsweise der öffentlichen Verwaltung blieb gleichwohl erhalten. Es korrespondierte mit einer ungebrochenen Kontinuität der Verwaltung sowohl im Kaiserreich, der Weimarer Republik, dem nationalsozialistischen Staat als auch schließlich beim Aufbau der Bundesrepublik Deutschland. Zweck und Ziele der staatlichen Tätigkeit wurden nicht mehr überprüft, vielmehr alles das als rechtmäßig angesehen, was unter Einhaltung der formellen Regeln von Verfassung und Einzelgesetzen zustande gekommen war. Diese Einstellung erlaubte es großen Teilen der Weimarer Verwaltung und insbesondere der Ministerialverwaltung, nach der weitgehenden Entmachtung und Funktionsentleerung des Parlaments durch den immer häufiger werdenden Rückgriff auf das Notverordnungsrecht der Entwicklung des Nationalsozialismus ohne große Widerstände zu folgen (*Buse* 1975, 34).

Die auch in Weimar noch schwergewichtig rechtswissenschaftliche Thematisierung der Verwaltung setzte sich in den ersten Jahren der Bundesrepublik fort. Sie entsprach der aufgezeigten Kontinuität der öffentlichen Verwaltung selbst. Da die Politikwissenschaft zudem nach einer langen Phase eher institutionsorientierter Forschungen erst über die Analyse von Willensbildungs- und Entscheidungsprozessen zu ihrem eigentlichen Gegenstandsbereich fand und auch die Soziologie durch die Rezeption angelsächsischer Arbeiten präokkupiert schien, kann erst seit den 60er Jahren von einem intensiveren außerrechtswissenschaftlichen Interesse an der öffentlichen Verwaltung gesprochen werden. Zwar sind Ansätze etwa bei *Th. Eschenburg, C. J. Friedrich, Th. Ellwein, W. Hennis* auch bereits zu einem früheren Zeitpunkt erkennbar, sie blieben jedoch zunächst vereinzelte Versuche, das Verhältnis von Politik und Verwaltung sowie insbesondere deren wechselseitige Beeinflussung und Verbindung zum Gegenstand politikwissenschaftlicher Untersuchungen zu machen.

Wie notwendig eine solche auch politikwissenschaftliche Analyse der öffentlichen Verwaltung ist, sollten die vorangegangenen Ausführungen verdeutlicht haben. „Im Positiven wie im Negativen erscheint nach unserem Überblick Politik in Deutschland von dem bestimmt, was Verwaltung leisten kann. Eine Folge ist die unaufhörliche Vermehrung des Verwaltungspersonals, eine andere die vielfache Durchmischung von staatlichen und privaten Tätigkeiten und Funktionen. Der Staat wird zum Verwaltungsstaat in dem Sinne, daß seine Zwecke und Möglichkeiten am Instrument Verwaltung orientiert sein müssen. Das Instrument gibt dabei den Ausschlag. Dies gilt trotz der Funktion des Gesetzes als Führungsmittel gegenüber der Verwaltung. Auch das Gesetz ist für die Verwaltung instrumentalisiert. Selbstverständlich bedeutet eine solche Interpretation das Hervorheben einer von mehreren Entwicklungslinien. Sollte es sich um die dominante handeln, wovon wir ausgehen, würde das die erstaunliche Folgerichtigkeit erklären, mit der sich Verwaltung in Deutschland zu einem reinen Typus ausgebildet hat. In diesem Prozeß kommt der Wissenschaft eine entscheidende Rolle zu" (*Ellwein* 1981, 49).

(2) Disziplinäre und begriffliche Eingrenzungen

Wissenschaft brachte also Verwaltung auf den Begriff, schulte das Verwaltungspersonal in diesem Begriff und beeinflußte über das Personal jene Gesetzesvorlagen, die die Basis für den organisatorischen Ausbau der Verwaltung bildeten. Die damit mögliche und bereits bei *Weber* beschworene Gefahr einer Übermacht der Bürokratie, eines „Verwaltungsstaates", gekennzeichnet durch Tendenzen der Verselbständigung und der Selbstführung, blieb lange Zeit unthematisiert – ein weiterer Beleg für die Kontinuität sowohl eines tradierten Verwaltungsverständnisses wie etablierter Verwaltungsfunktionen. Da auch der Aufbau des politischen Systems der Bundesrepublik durch eben diese Kontinuität der öffentlichen Verwaltung geprägt war, ja sie nach Kriegsende die gleichsam einzig stabile, handlungsfähige Ebene darstellte, kann nicht verwundern, daß sich das Verständnis der öffentlichen Verwaltung als nachgeordnetem, weisungsgebundenenem und politisch kontrollierbarem Teil der politischen Führung weiter hielt, die Trennung von Politik (als Willensbildung in Parlament und Regierung) und Verwaltung (als Vollzug des politischen Willens) fortlebte.

Erst im Laufe der 60er Jahre setzte sich die Erkenntnis durch, daß dies normative Modell der Gewaltenteilung wenig mit der Verfassungswirklichkeit gemein hatte. Träger dieser Diskussion waren dabei weniger die Vertreter „klassischer" Disziplinen als vielmehr „Grenzgänger" zwischen den Rechts- und den Sozialwissenschaften.

Inzwischen ist kaum mehr strittig, daß die Entwicklung der öffentlichen Verwaltung weit über die ihr verfassungsrechtlich zugewiesenen Funktionen hinausreicht. Als Gründe werden benannt: das Wachstum der administrativen Institutionen, die Ausdehnung ihrer Entscheidungs- und Handlungskompetenz, ein Defizit an politischer Führung und politischer Kontrolle, Informationsvorsprünge, das Quasi-Monopol bei der gesellschaftlichen Problemverarbeitung, Verselbständigungsprozesse der unterschiedlichsten Intensität u.a.m. Dabei fällt auf, daß sich die Thematisierung administrativen Handelns verschoben hat: Verwaltungsrechtliche Untersuchungsansätze wurden ergänzt durch Analysen des faktischen Verwaltungshandelns, wobei organisationssoziologische Beiträge, Ansätze einer Verwaltungsbetriebslehre und schließlich empirische Untersuchungen zu Entscheidungsprozessen in der öffentlichen Verwaltung zunehmend an Gewicht gewannen. War *Luhmanns* „Theorie der Verwaltungswissenschaft" noch ein Versuch, Politik und Verwaltung gegeneinander abzugrenzen, rückten ab Ende der 60er Jahre jene Fragestellungen in den Vordergrund, für die deren Verknüpfung geradezu konstitutiv war. Dies wurde – etwa bei der Rezeption der angelsächsischen Systemtheorien – bis in die Begrifflichkeiten („politisch-administratives System") deutlich.

Diese *Neuorientierung* insbesondere der Politikwissenschaft wurde durch Veränderungen der politischen Entwicklung in der Bundesrepublik und durch die Aufarbeitung der ausländischen verwaltungswissenschaftlichen Diskussion (mit-)angestoßen und beschleunigt.

Der Mitte der 60er Jahre zutage tretende politische Handlungs-, Gestaltungs- und Planungsbedarf, der die Anforderungen an die administrativen Institutionen quantitativ und qualitativ erheblich veränderte, verdeutlichte die enge Verbindung zwischen Politik und Verwaltung. Die beabsichtigte Reform der Ministerialorganisation, der Aufbau von Planungs- und Entscheidungssystemen, die Auseinandersetzung um Territorial- und Funktionalreformen etc. stimulierten dabei die wissenschaftliche Diskussion und erbrachten hier auch erste Ansätze einer verwaltungswissenschaftlichen Professionalisierung außerhalb der Rechtswissenschaften; die Schaffung von Planungs- und Beratungskapazitäten trat hinzu.

Als *Fritz W. Scharpf* 1971 seinen sicher auch programmatisch gemeinten Aufsatz „Verwaltungswissenschaft als Teil der Politikwissenschaft" vorlegte, war bereits deutlich, daß die zunehmend politischen Funktionen der Verwaltung und die administrative Vermittlung politischer Herrschaft zentrale Themen der sozialwissenschaftlichen Forschung waren oder wenigstens zu werden begannen.

Neben dieser zumindest auch durch die politische Entwicklung beeinflussten Ausweitung verwaltungswissenschaftlicher Fragestellungen und Untersuchungsansätze wurde insbesondere die angelsächsische verwaltungswissenschaftliche Diskussion von zentraler Bedeutung bei der Herausbildung der sozialwissenschaftlich orientierten Verwaltungswissenschaft in der Bundesrepublik. In den USA war „public administration" zunächst eine Domäne der Politikwissenschaft (frühe Vertreter: *P. Appleby, F. Goodnow, J. Pfiffner, L. White, W. W. Willoughby, W. Wilson*), bevor ein Prozeß der weitgehenden Ausdifferenzierung einerseits und der Integration weiterer sozialwissenschaftlicher wie ökonomischer Fragestellungen andererseits diese eindeutige Zuordnung erschwerte. Ein Überblick über die fünf dominanten Paradigmata der öffentlichen Verwaltung in den USA verdeutlicht deren hohe Bedeutung auch für die Diskussion in der Bundesrepublik:

- Das klassische bürokratische Modell (Vertreter: *Gulick, Taylor, Urwick, Weber, Wilson*)
- das neobürokratische Modell (*Cyert, March, Simon*)
- der Institutionsansatz (*Blau, Crozier, Downs, Etzioni, Lindblom, Riggs, Sulznick, Thompson*)

– die Human-Relations-Schule (*Argyris, Bennis, Likert, Mc Gregor*)
– das Public Choice-Modell (*Buchanan, Niskanen, Olson, Ostrum, Tullock*).

Fügt man dem die diversen Binnendifferenzierungen durch die Konzentration auf einzelne Sektoren und Segmente der politisch-administrativen Problemverarbeitung im Laufe der 60er und 70er Jahre hinzu, so wird die z. T. hohe Verwandtschaft und auch die Dankesschuld deutlich, die die deutsche Verwaltungswissenschaft diesen Untersuchungen gegenüber trägt. Inwieweit die erkennbaren Ansätze einer „new public administration" (*Frederickson* 1980, *Marini* 1971) dabei mehr sind als eine kurzfristige Reaktion auf „decline", „cutback" und „devolution" im öffentlichen Sektor, ist noch nicht prognostizierbar. Immerhin verdeutlicht der explizite Bezug auch auf Kriterien wie die der „social equity" eine Ausweitung und Politisierung gegenüber denjenigen Ansätzen, die die US-amerikanische Verwaltungswissenschaft zu einer „management science" zu verkürzen drohten.

Verwaltungswissenschaft wird heute in der Bundesrepublik von vielen Disziplinen für sich reklamiert, weshalb es auch üblich geworden ist, von den Verwaltungswissenschaften im Plural zu sprechen. Diese begriffliche Zusammenfassung verdeckt freilich latent unverändert vorhandene „Imperialismen" bei der Besetzung des Feldes und verdeutlicht darüber hinaus, daß die beschworene Interdisziplinarität der Verwaltungswissenschaften nie Realität geworden ist; sie hätte ein Austragen der unterschiedlichen paradigmatischen und empirisch-analytischen Zugänge notwendig gemacht.

Immerhin wird man für den in diesem Band vorherrschenden *sozialwissenschaftlichen* Ansatz sagen können, daß er sich – bei hoher Binnendifferenzierung – in systematischer Weise von der herkömmlichen Verwaltungslehre unterscheidet. Vereinfacht könnte man sagen, „daß die Verwaltungslehre ein primär praktisches Erkenntnisinteresse hat, präskriptiv vorgeht und sich eher mit formalen Aspekten – zugeschriebenen Aufgaben, festgelegter Aufbauorganisation, Regeln der Personalauswahl usw. – beschäftigt. Die Sozialwissenschaften verfolgen demgegenüber ein eher theoretisches Erkenntnisinteresse, versuchen empirisch gestützte Aussagen über Kausalzusammenhänge zu machen und befassen sich weniger mit der Sollstruktur offizieller Regeln als mit den davon oft abweichenden tatsächlichen sozialen Vorgängen (*Mayntz* 1978, 2/3)". Daß dies nicht Ausgrenzung gegenüber einer eher rechtswissenschaftlich geprägten Verwaltungswissenschaft heißen kann, sondern eher produktive Auseinandersetzung und Ergänzung, sollte nach den Verweisen auf die Genese der Disziplin selbstverständlich sein. Allerdings bedarf es hierzu der intellektuellen Neugier und Produktivität beider Seiten.

Schließlich und erst jetzt auch ein Wort zum Begriff der „Verwaltung". Die vorangegangenen Überlegungen dürften hierzu verdeutlicht haben, daß die öffentliche Verwaltung zwar zu beschreiben, kaum aber zu definieren ist – es sei denn um den Preis einer weitgehend inhaltsleeren, eher formalen, beliebigen Chiffre. Was bis heute fehlt, ist „der Umgriff, aus dem sich neben Aufgaben, Verfahren und Organisation auch die Funktionen der Verwaltung, ihre Bedeutung für die jeweilige Herrschaft wie für das soziale Umfeld ergeben. Damit wäre die Berücksichtigung eines weiten, von der Sozial- und Wirtschaftsgeschichte ebenso wie von der Verfassungs- oder Rechtsgeschichte bestimmten Feldes verlangt. Dieses Postulat bedeutet bis heute offenbar eine Überforderung" (*Ellwein* 1981, 40), eine Einschätzung, auf die zurückzukommen sein wird.

(3) *Zentrale Fragestellungen politikwissenschaftlich orientierter Verwaltungswissenschaft*

Stellt sich die Frage nach dem Begriff der öffentlichen Verwaltung bereits als „Überforderung", so gilt dies wenigstens gleichermaßen für Fragen nach einer Theorie der öffentlichen Verwaltung, einem gesicherten Bestand an empirisch gestützten Aussagen, nach dominanten Paradigmata u.a.m.
Ist dies aus der Geschichte der öffentlichen Verwaltung wie aus der Entwicklung der Disziplin heraus erklärbar, so verbleibt gleichwohl ein Unbehagen bei dem für die Literatur typischen Verweis auf die hohe Komplexität des zu untersuchenden Gegenstandes, auf mögliche, sehr unterschiedliche Zugänge, schließlich auf notwendige, nicht realisierte Interdisziplinaritäten. Das Unbehagen richtet sich dabei zum einen auf den zumindest auch exkulpativen Charakter einer solchen Argumentation, zum anderen auf eine mögliche Beliebigkeit bei der Thematisierung verwaltungswissenschaftlich relevanter Fragen. Dies bedenkend, ist die folgende Benennung einiger zentraler Fragestellungen der Verwaltungsforschung auch ein Versuch zum Ausweis von Kontinuität.
Folgt man der noch spärlichen Literatur zum Ertrag der neueren sozial- und insbesondere politikwissenschaftlichen Verwaltungsforschung (etwa: *Bruder* 1981), so erscheint Skepsis angezeigt: Zu schnell, zu bruchlos werden hier bereits „Schulen", „Paradigma", empirisch-analytische Untersuchungsansätze aneinandergereiht, eine Intensität und Folgerichtigkeit von Entwicklungsschritten konstatiert, die mit Blick auf die „Jugend" und die „Fremdbestimmtheit" dieses neueren Zweiges der Verwaltungswissenschaften in ihrer Bedeutung sicher zu relativieren sind, zudem sie häufig eher zyklische Interessen, „Moden" im Wissenschaftsbereich wiedergeben.
Welche Fragen aber sind es, die – bei aller Subjektivität der Auswahl – mehr als ein kurzfristiges Interesse an Problemen der öffentlichen Verwaltung signalisieren, die verdeutlichen, daß die politik- oder besser sozialwissenschaftliche Erweiterung traditioneller Verwaltungslehren notwendig und fruchtbar war, ihre weitere Verfolgung sich als sinnvoll erweisen kann. Die Begrenzung auf „Fragestellungen" soll dabei einem vorschnellen Ausweis von „Ergebnissen" entgegenwirken.
Vier Untersuchungsbereiche bieten sich nach dieser Einschränkung an, wobei die folgende Differenzierung zumindest zum Teil nur heuristischen Überlegungen folgt:

- Die Thematisierung der *politischen Funktionen der öffentlichen Verwaltung* („Politische Verwaltung") (3.1),
- Ansätze zur *Entwicklung oder Fortführung einer Staats- und Verwaltungstheorie* (3.2),
- Untersuchungen zu *Planungs- und Entscheidungsprozessen auf staatlicher und kommunaler Ebene* (3.3) sowie
- Analysen zur *Binnenstruktur des politisch-administrativen Systems* (3.4).

(3.1) Die politischen Funktionen der öffentlichen Verwaltung

Der Überblick zur Entwicklung der öffentlichen Verwaltung und der Verwaltungswissenschaft hat deutlich gemacht, daß seit *Max Webers* Prognose, der zufolge Bürokratisierung unser Schicksal sei, wenn der staatlichen Verwaltung nicht eine starke politische Führung gegenüberträte, die politischen Funktionen der öffentlichen Verwaltung zumindest implizit ein Thema der „Staatswissenschaften" sind. Gleichwohl setzen sich Begriff und Verständnis einer „politischen Verwaltung" in der Bundesrepublik erst Anfang/Mitte der sechziger Jahre durch.

Der Verweis auf die politischen Funktionen einer nur vermeintlich „neutralen" Vollzugsinstanz, damit auf die Fragwürdigkeit der modellhaften Gewaltenteilungsformel, wirkte zunächst durchaus als Schock auf das tradierte Denken der Verwaltungslehren. Die Vorstellung, daß das Verhältnis von politischem Führungsgremium und administrativem Verwaltungsapparat sich umgekehrt habe oder doch zumindest umkehren könne, daß das Parlament zum ratifizierenden Vollzugsorgan administrativer Programmauswahlen würde, eine „Selbststeuerung der Verwaltung", eine „Herrschaft der Dienenden" erkennbar sei, provozierte Gegenreaktionen. „Exekutive politische Führerschaft" sei demnach gerade dadurch gekennzeichnet, daß sie „letzte" politische Entscheidungen zwischen umfassenden, allgemeinen Zielalternativen fälle. Freilich wird dabei unterstellt, daß das „Allgemeine" das Kontroverse, politisch zu Entscheidende sei, daß eine politische Entscheidung zwischen allgemeinen Zielalternativen das nachfolgende Handeln so eindeutig bestimme, daß es als Vollzug angesehen und die dabei noch anfallenden Entscheidungen deshalb als administrative Entscheidungen außerhalb politischer Betrachtung bleiben könnten (*Grauhan* 1970). Beide Voraussetzungen erscheinen problematisch. Die Kolonialisierung und Rationalisierung der Lebenswelt (*Habermas*), die zunehmende Verdinglichung großindustrieller Gesellschaften, die damit verbundenen Prozesse der Bürokratisierung, auch der „Verrechtlichung" (*Voigt* 1981) verdeutlichen, daß eher das Konkrete politisch geworden ist, somit im Prozeß der Politikausführung, des Politikvollzuges gesellschaftliche Vorteils-/Nachteils-Entscheidungen gefällt, Politik betrieben wird. Verwaltung ist demnach „politische Verwaltung".

Während etwa *Grauhan* aus diesen Überlegungen heraus auf eine (politische) Reorganisation der Verwaltungsapparate drängte (*Grauhan* 1969, 1970), dabei allerdings das Problem der Repolitisierung zu verkürzen drohte (zur Kritik vgl. *Hesse* 1976, 25 ff.), plädierte *Ellwein* – erheblich umfassender ansetzend – in Ergänzung punktueller Reformen für eine „Verwaltungspolitik" (*Ellwein* 1971, sowie in: *Bull* 1979), die das Defizit an politischer Führung ausgleichen, dem noch immer obrigkeitsstaatlichen deutschen Verwaltungsstil entgegenwirken, einen „Konservatismus aus Komplexität" (*Luhmann*) abbauen sollte. Anders formuliert: „Der status quo kann verwaltet und durch die Verwaltung auch erkennbaren Entwicklungen angepaßt werden. Jede Veränderung setzt dagegen Politik voraus, die mehr ist als angepaßtes Verwaltungstun" (*Ellwein* 1971, 65).

(3.2) Entwicklung oder Fortführung einer Staats- und Verwaltungstheorie

Während die Untersuchungen zur politischen Verwaltung über einen eher phänomenologischen Zugang zur Thematisierung verwaltungsbezogener Fragestellungen fanden, sind die erkennbaren Ansätze zur Entwicklung oder Fortführung einer Staats- und Verwaltungstheorie von zum Teil sehr unterschiedlichen Erkenntnisinteressen getragen. Zusammengefaßt ist auf vier Ansätze zu verweisen:

- Die *funktional-strukturelle Systemtheorie Niklas Luhmanns*,
- die eher *praxeologischen, gleichfalls stark der Systemtheorie verpflichteten policy-Ansätze*,
- die Versuche einer *Rekonstruktion der materialistischen Staatstheorie*
- sowie schließlich die Entwicklung einer *neuen politischen Ökonomie*.

Die Rezeption der angelsächsischen Systemtheorie hat zweifelsohne einen nachhaltigen Einfluß auf die Entwicklung der Verwaltungswissenschaften in der Bundesrepublik ausgeübt; nicht zu Unrecht wird sie am ehesten als Basis einer integrierenden Verwaltungswissenschaft begriffen (*König* 1980). Den Arbeiten *Niklas Luhmanns* kommt dabei sowohl vom Zeitpunkt ihres Entstehens wie der Reichweite ihres Ansatzes her eine zentrale Bedeutung zu. Dies gilt insbesondere für „Funktionen und Folgen formaler Organisation" (1964), die „Theorie der Verwaltungswissenschaft" (1966), „Legitimation durch Verfahren" (1969) sowie für die Untersuchungen zur politischen Planung (1971). *Luhmann* begreift die Verwaltung als ausdifferenziertes Teilsystem innerhalb einer hochkomplexen und veränderlichen gesellschaftlichen Umwelt und sieht ihre spezifische Funktion in der „Reduktion von Umweltkomplexität durch Herstellung bindender Entscheidungen". Politik und Verwaltung sind dabei systematisch unterschieden (Legitimationsbeschaffung versus Legitimationsverwendung), wenn auch in wechselseitiger Ergänzung begriffen. Das politische Teilsystem bildet das Vorfeld, in dem jene Prozesse der Machtbildung, der Legitimation von Führungspersonal und der generalisierten Konsensbildung stattfinden, die auf der einen Seite die Abnahmefähigkeit der Entscheidungen des Verwaltungssystems gewährleisten und zugleich die Verwaltung gegen das unmittelbare Durchschlagen von Umweltforderungen in Entscheidungsprozesse abschirmen sollen. Die Entscheidungsprozesse selbst und die Entscheidungsinhalte liegen in diesem theoretischen Modell also nicht im Bereich der (hier außergewöhnlich eng definierten) Politik, sondern in dem der Verwaltung (*Scharpf* 1971, 12).

Aus der Kritik an bzw. der produktiven Auseinandersetzung mit diesem Ansatz (vgl. u. a. *Naschold* 1968, *Schmid* 1970 und 1974, *Habermas* 1971) resultierten eine Vielzahl systemtheoretisch orientierter Arbeiten, die von dem Bemühen gekennzeichnet waren, den theoretischen Ansatz der *faktischen Problemverarbeitung* im politischen System der Bundesrepublik zu konfrontieren, über eine verstärkte Thematisierung auch von System-Umwelt-Beziehungen zur „funktionalen Politisierung" eines vermeintlich bestenfalls sozialtechnologischen Erklärungsansatzes beizutragen. Zwar erreichten diese Versuche nicht die Konsistenz einer zusammenfassenden „Theorie des politisch-administrativen Systems", sie wiesen jedoch den Weg zu einer systematischeren Auseinandersetzung mit der Praxis politisch-administrativen Handelns als dies auf-

grund der vorherrschenden, stark aggregierten, institutionsorientierten Untersuchungsansätze möglich war. Im Gefolge dieser weitgehend durch amerikanische Vorbilder geprägten Forschungsrichtung war es insbesondere *Fritz W. Scharpf*, der den „policy-Ansatz" als einen entwicklungsfähigen Bezugsrahmen einer Selbstbeschränkungen vermeidenden Politik- und Verwaltungswissenschaft präsentierte (1971), schrittweise verfeinerte und zu Ansätzen einer Steuerungstheorie ausbaute.
Während unter *prozessualen* Aspekten politisch-administrative Interaktionen dabei als Prozesse kollektiver Problemverarbeitung begriffen wurden, wobei die Entscheidung (als Auswahl unter alternativen Handlungsmöglichkeiten) nicht nur – wie bei *Luhmann* – Ergebnis der Informationsverarbeitung, sondern auch und gerade Ergebnis politischer Konfliktaustragung und Konsensbildung war, mithin der Interdependenz von Informations- und Konflikt/Konsensprozessen besondere Aufmerksamkeit zukam, rückte unter *inhaltlichen* Gesichtspunkten das Problem der Interessenselektivität von politisch-administrativen Prozessen in den Vordergrund, gewannen Fragen nach der Problemperzeption und der Interessenberücksichtigung an Bedeutung. Die *strukturelle* Dimension des „policy-Ansatzes" schließlich sollte die individuellen und organisatorisch-strukturellen Bedingungen selektiver Problemwahrnehmung und Problemverarbeitung herausarbeiten. Zentrale Vermutung war hier, „daß die Auswahl des politischen und administrativen Personals und daß die organisatorische Arbeits- und Aufmerksamkeitsteilung innerhalb und zwischen den institutionellen Untergliederungen in Politik und Verwaltung sowohl für die Problemwahrnehmung und Informationsverarbeitung als auch für den Ausgang von Konflikt/Konsensprozessen und damit für die Ergebnisse und Wirkungen der Problemverarbeitung von ausschlaggebender Bedeutung sind" (*Scharpf* 1971, 27).
Gerade diese letzte Fragestellung gewann eine zentrale Funktion bei den für diesen Ansatz wichtigen Fragen nach den Kriterien, Voraussetzungen und Einschränkungen sogenannter *„aktiver Politik"* (*Mayntz/Scharpf* 1973), als deren Anforderungen die Fähigkeit zur autonomen und politikbestimmten Programmentwicklung, die Verarbeitung übergreifender Problemzusammenhänge, eine längerfristige Politikentwicklung, eine umfassende Interessenberücksichtigung sowie schließlich umweltverändernde Zielsetzungen benannt wurden. Dem systematischen Zusammenhang zwischen spezifischen Merkmalen der politisch-administrativen Entscheidungsstruktur und ihrer Fähigkeit zur Verarbeitung gesellschaftlicher Probleme galt dabei das primäre Interesse, auch bei der späteren Übertragung der zunächst eher theoretisch ausgerichteten Arbeiten auf konkrete Politikfelder (Strukturpolitik, Raumordnung, Muster der Politikverflechtung zwischen Bund, Ländern und Gemeinden, Arbeitsmarktpolitik).
In mehr oder weniger expliziter Gegnerschaft zu dieser Form politik- und verwaltungswissenschaftlicher Analyse, deren Prämissen u. a. Reformpotentiale und Rationalitätsreserven auch im Binnenbereich des politisch-administrativen Systems unterstellten, standen die *politökonomischen Arbeiten zur Rekonstruktion einer materialistischen Staatstheorie.* Sie gehen davon aus, daß weder ein Abbau der Defizite an politischer Führung (*Ellwein*) noch eine Erhöhung der Steuerungskapazität von Politik und Verwaltung (*Mayntz/Scharpf*) geeignet sind, strukturell angelegten Problemen im politisch-administrativen System der Bundesrepublik entgegenzuwirken. Während politi-

sche Krisentheorien (etwa *Offe* 1973) dabei den Nachweis zu erbringen suchten, daß das politisch-administrative System mit den Aufgaben der binnen- wie außenwirtschaftlichen Stabilitätssicherung und der Beschaffung von „Massenloyalität" aufgrund unvereinbarer Funktionserfordernisse prinzipiell überfordert sei und die zur Verfügung stehenden fiskalischen, legitimatorischen und politisch-administrativen Ressourcen zur gesellschaftlichen Steuerung nicht ausreichten, mithin eine Reform der öffentlichen Verwaltung etwa zu kurz greife, thematisierten polit-ökonomische Ansätze im engeren Sinne Funktionsveränderungen der Bürokratie innerhalb des materiellen Bezugsrahmens einer umfassenden, neomarxistischen Kapitalismuskritik. Ohne hier auf das weit verzweigte Spektrum von Untersuchungsansätzen (wie etwa einzelnen Agenturtheorien, der Theorie des staatsmonopolistischen Kapitalismus u.a.m.) eingehen zu können (vgl. u. a. *Hirsch* 1969, 1974, *Müller/Neusüß* 1971, *Altvater* 1972, *Blanke/Jürgens/Kastendiek* 1974, *Esser* 1975, zusammenfassend *Gerstenberger* 1977), soll auf einige zentrale Elemente der Argumentation verwiesen werden.

Wurde von marxistischen „Klassikern" der Staat noch im wesentlichen als ein durch die ökonomischen Produktions- und Klassenverhältnisse der bürgerlich-kapitalistischen Gesellschaft bestimmtes „Überbau"-Phänomen begriffen (und die Bürokratie somit bestenfalls peripherer Untersuchungsgegenstand), so hat die „interventionsstaatliche Entwicklung" die Bedeutung des Staates für den Reproduktionsprozeß der bürgerlichen Gesellschaft erheblich vergrößert, rückten auch Fragen nach den inhaltlichen Entstehungsgründen politischer Herrschaft allgemein und staatlicher Politiken im einzelnen, der organisatorischen Struktur und der Funktionsweise staatlicher Institutionen oder „Apparate" (freilich als Ausdruck von Klassenherrschaft, Klassenreproduktion und Klassenkampf) in das Zentrum auch materialistischer Staatsanalysen, die lange Zeit eher durch die allgemeine Rezeption der Marx'schen Theorietraditon, durch den Ausweis von Staatsfunktionen (etwa: direkte Sicherung und indirekte Förderung der Produktivkraftentwicklung, ökonomisches Krisenmanagement, Kompensation der Folgen privater Kapitalverwertung und Kapitalakkumulation) sowie durch Fragen wie die nach der „relativen Autonomie" des Staates, nach der „materiellen Verdichtung" von Klassenverhältnissen u.a.m. geprägt schienen. Materialistische Staatstheorie begreift sich dabei als kritischer Widerpart einer „systemtheoretisch-etatistisch orientierten Verwaltungswissenschaft, die ihre Problemdefinitionen und Handlungsanleitungen vom Erkenntnisinteresse staatlicher Bürokratien/Akteuren bezieht" und mittels empirisch gerichteter Bürokratieforschung die politisch-administrative Rationalität über eine Verbesserung von Verfahren, Informations-, Koordinations- und Konflikt/Konsensprozessen zu steigern sucht (vgl. *Esser/Hirsch* in diesem Band).

Die trotz unbestreitbarer Differenzierungsprozesse unverändert gegebene Schwierigkeit, die eher kategorial ansetzenden Versuche einer Rekonstruktion und Weiterentwicklung materialistischer Staatsanalyse der faktischen, empirisch vorfindbaren Entwicklung im politisch-administrativen System der Bundesrepublik zu konfrontieren, führte darüberhinaus zu einer Reihe von „Mischformen" zwischen systemtheoretisch und politökonomisch ausgerichteten Untersuchungsansätzen. Sie bemühten sich, die systemstrukturelle Argumentationsebene materialistischer Untersuchungen mit einer Prozeßanalyse zu verbinden, ohne daß dies allerdings bislang die erkennbaren Stagnationstendenzen im Bereich der Staats- und Verwaltungstheorie durchbrochen hätte.

Zunächst eher unbedeutend, jetzt jedoch eine verstärkte Aufmerksamkeit findend, ist schließlich auf einige *Ansätze zur Etablierung einer „neuen politischen Ökonomie"* zu verweisen. Sie sind weitgehend angelsächsischen Vorbildern verpflichtet und entstammen dem Versuch, den begrenzten wohlfahrtsökonomischen Ansatz bei der Bestimmung von Staatsaufgaben zu überwinden, politische Elemente in das traditionelle nationalökonomische Denken einzubeziehen, Wirtschaft und Politik zu verbinden. Sie signalisieren, daß die eher etablierte Nationalökonomie, die den öffentlichen Sektor lange Jahre nur begrenzt und ausschließlich aggregiert in ihre Modelle einbezog, vor einer Umorientierung stehen könnte, die auch für die Politik- und Verwaltungswissenschaften von Bedeutung wäre und disziplinäre Grenzziehungen überdenken ließe (zur Einführung: *Frey* 1977, *Pommerehne/Frey* (Hrsg.) 1979, *Lehner* 1981). Abzustellen ist hier insbesondere auf jene Erweiterungen, die die in ihrer Fassung politischer Prozesse noch sehr begrenzte ökonomische Theorie der Demokratie (*Downs, Buchanan, Tullock* et al.) und die Theorien des kollektiven Handelns (*Olson,* Weiterungen bei *Hirschman*) gefunden haben. Allerdings sind auch die auf Bürokratien bezogenen Ansätze noch stark den dominanten Kollektivgut-Theorien verhaftet *(Downs, Niskanen).* Immerhin nähern sie sich bei der Analyse organisatorischer Differenzierungs- und funktionaler Spezialisierungsprozesse politik- und verwaltungswissenschaftlichen Analysen, die sie um die Diskussion von Externalitäten erweitern. Eine Dynamisierung der Ansätze liegt bislang jedoch nicht vor, erst durch sie wäre ein Beitrag zu einer politisch-ökonomischen Steuerungstheorie gewährleistet.

Zusammengefaßt ist festzuhalten, daß die außerhalb der Rechtswissenschaften erkennbaren Ansätze zur Entwicklung oder Fortführung einer Staats- und Verwaltungstheorie zwar zahlreich, aber ohne akzeptiertes Ergebnis insofern sind, als die unterschiedlichen Zugänge und das je partikulare Erkenntnisinteresse einer gleichsam gesamthaften Thematisierung entgegenstehen. Insbesondere ist auffällig, daß da, wo die Ebene einer Staatstheorie angestrebt oder auch erreicht wird, eher flächendeckende, aggregierte oder kategoriale Bezugspunkte gewählt werden, während der analytische Zugang zu faktischem Verwaltungshandeln durch eine hohe Ausdifferenzierung bereits des Begriffssystems gekennzeichnet ist. Verbindende Elemente – etwa über eine Steuerungstheorie des Staates – fehlen, ihnen dürfte und sollte das Interesse der eher theoretischen Arbeiten der kommenden Jahre zukommen.

(3.3) Untersuchungen zu Planungs- und Entscheidungsprozessen auf staatlicher und kommunaler Ebene

Einen dritten Schwerpunkt sozialwissenschaftlich orientierter Untersuchungen zur öffentlichen Verwaltung bilden Analysen von Planungs- und Entscheidungsprozessen auf staatlicher und kommunaler Ebene *(„Politische Planung").* Ihre Ausweitung steht im Kontext der Reformpolitiken ab Mitte der 60er Jahre und dem daraus folgenden Bedarf an „Entscheidungshilfen für die Regierung" (*Böhret* 1970). Während auf der Ebene des Bundes mit der Einsetzung der Projektgruppe Regierungs- und Verwaltungsreform beim Bundesminister des Innern erste Ansätze einer politischen Planung während

der Großen Koalition verstetigt und ausgebaut werden sollten (zur Genese: *Schatz* 1973) und auch die Staatskanzleien der Länder „politische Planung" als „Strategie zur Erhöhung der Steuerungs- und/oder Lernkapazität des politisch-administrativen Systems" zu thematisieren begannen, reagierten die dezentralen Gebietskörperschaften mit zeitlicher Verzögerung. Erst in der Auseinandersetzung mit den Versuchen zum Aufbau und Ausbau eines integrierten Aufgabenplanungs- und Koordinationssystems der Bundesregierung (*Jochimsen* 1970) bemühte man sich hier um einen Abbau der erkennbaren Defizite einer kommunalen „Anpassungsplanung" und forderte an deren Stellung eine zielorientierte „Entwicklungsplanung" (zur Genese und Konzeption *Hesse* 1973[2]), die dann in einigen Städten der Bundesrepublik zumindest hinsichtlich ihrer organisatorischen und methodischen Voraussetzungen schnell realisiert wurde.
Die Diskussion zur politischen Planung wurde auf sehr unterschiedlichen Ebenen geführt. Dabei dominierten Fragen zur Binnenstruktur der öffentlichen Verwaltung im engeren Sinne, d. h. zu Problemen der Planungsorganisation (zusammenfassend *Mayntz/Scharpf* 1973 für die Ministerialorganisation und *Hesse* 1973 sowie 1976 für den kommunalen Bereich), zur Planungsmethodik und zum planerischen Instrumentarium (unter vielen: *Böhret* 1970 und 1975) sowie schließlich zu Problemen des Verwaltungspersonals. Daneben, den benannten Ansätzen zum Teil kritisch gegenüberstehend und eher auf der Makroebene argumentierend, wurde nach den Restriktionen politischer Planung (*Ronge/Schmieg* 1973) und den Handlungsspielräumen der staatlichen und kommunalen Administrationen (*Grottian/Murswieck* 1974, *Grauhan/Linder* 1974) gefragt. Die damit verbundene Skepsis gegenüber einer eher an den Binnenstrukturen der öffentlichen Verwaltung ansetzenden politischen Planung wurde von einer Reihe von Untersuchungen geteilt, die die Planungsdiskussion mit einer Analyse von Willensbildungs- und Entscheidungsprozessen zu verbinden suchten (Beispiele sind hier für den zentralstaatlichen Bereich u. a. *Schatz* 1974, für den kommunalen Bereich u. a. *Fürst* 1975).
Die zeitweise den Charakter eines „Glaubenskrieges" annehmende Diskussion zwischen denjenigen, die über eine Erhöhung der Lernfähigkeit und der Steuerungskapazität des politisch-administrativen Systems dessen Handlungsfähigkeit zu erweitern, über die Ausschöpfung von Rationalitätsreserven die Realisierung auch materiell greifender Reformpolitiken zu gewährleisten suchten sowie denjenigen, die darin bestenfalls die Stabilisierung eines defizitären status quo zu sehen glaubten, liest sich heute nicht ohne Unbehagen. Zu zementiert, zu inflexibel erscheinen die Positionen aus der Distanz, zu stark entweder einem ungebrochenen oder gar unreflektierten Fortschrittsoptimismus verhaftet oder aber auf einer Ebene argumentierend, die den Bezug zur politisch-administrativen Praxis vermissen ließ. So ist es wenig verwunderlich, daß die Auseinandersetzung ihren Gegenstandsbereich kaum erreichte.
Heute scheint sich die Literatur weitgehend dahin einig, daß die Ansätze zur politischen Planung auf Bundes-, Länder- und kommunaler Ebene als „gescheitert", bestenfalls als in einer tiefgreifenden Krise befindlich zu kennzeichnen sind. Das Spektrum der hierfür angebotenen Erklärungsansätze ist breit. Es umfaßt den unvermeidlichen Hinweis auf allzu planungseuphorische Vorstellungen der Mentorengeneration, verweist – gleichermaßen stereotyp – auf Veränderungen insbesondere der ökonomi-

schen Ausgangssituation spätestens seit Mitte der 70er Jahre und benennt schließlich eine Reihe organisatorischer, methodischer und instrumenteller Defizite, die die „Umsetzung" planerischer Vorstellungen be- und verhindert hätten.
Diese Erklärungsansätze – so treffend sie im Einzelfall und so richtungweisend sie für eine Gesamteinschätzung sind oder besser waren – erscheinen ergänzungsbedürftig. Drei Aspekte sind dabei hervorzuheben: im materiellen Bereich die vernachlässigte Gleichzeitigkeit sozioökonomischen und soziokulturellen Strukturwandels, im Bereich der Umsetzung die weitgehende Ausblendung von Problemen des Politik- und Planungsvollzugs, im legitimatorischen Bereich schließlich die Unterschätzung des Akzeptanz- und Konsensproblems.
Zur Erinnerung: Ein Schlüsselbegriff des vergangenen Jahrzehnts war der des *Strukturwandels* – des ökonomischen Strukturwandels. Strukturpolitik reduzierte sich auf regionale Wirtschaftspolitik. Regionale Wirtschaftspolitik wiederum hieß Verbesserung der Wirtschaftsstruktur, der wirtschaftsnahen Infrastruktur, der Umweltbedingungen. Raumstrukturelle Überlegungen schlossen hier an; sie konzentrierten sich auf die eher wirtschaftlichen Zielkomponenten räumlicher Planungen: Abbau von Disparitäten bei regionaler Konzentration der Maßnahmen, Schaffung von Mindestagglomerationen, Schonung der absolut knappen Ressourcen Boden, Landschaft und Umwelt durch eine Verhinderung landschaftsverbrauchender Zersiedlungsprozesse, eine Minimierung von Verkehrswegekosten und ein Freihalten von Vorrangflächen.
Dieses enge Verständnis des faktisch ablaufenden und politisch wie planerisch zu beeinflussenden Strukturwandels erwies und erweist sich als zunehmend problematisch, seine Ergänzung um soziokulturelle Elemente angeraten. Hierfür sprechen nicht nur lange vernachlässigte Folgeprobleme der traditionellen regionalen Strukturpolitik, die Veränderung von Werthaltungen, kulturellen Bedürfnissen, gesellschaftlichen Verhaltensweisen und faktischen Lebenslagen treten hinzu. So verwundert es nicht, wenn heute politische Rechenschaftsberichte (Beispiel: *Landesentwicklungsbericht* 1980 NW) neben „klassischen" Strukturproblemen (Bevölkerung, Wirtschaftsentwicklung, Energie und Verkehr) zunehmend „weiche" Strukturprobleme (natürliche Lebensgrundlagen, Politik für bestimmte Gesellschaftsgruppen, Staat und Bürger) thematisieren. Zur „hardware" des Strukturwandels tritt dessen „software", eine offensichtlich mehr als deklamatorische Entwicklung – vielmehr eine qualitativ neue Herausforderung für den politischen Prozeß.
Ein erweitertes Verständnis des ablaufenden Strukturwandels und mögliche konzeptionelle Reaktionen sichern allerdings noch keine verbesserte staatliche und kommunale Problemlösung. Sie erhöhen vielmehr den Komplexitätsgrad und Rationalitätsbedarf politischer Entscheidungen, ein Problem, vor dem die politische Planung schon bislang kapitulierte oder für das sie Scheinlösungen (wie Optimierungsmodelle unterschiedlicher Provenienz) produzierte. Um so unverständlicher, daß die Diskussion zur politischen Planung Fragen des Politik- und *Planungsvollzuges* lange Jahre ausblendete. Zwar erscheint es gleichsam historisch verständlich, daß in einer gesellschaftlichen Umbruchsituation wie der anfangs der 70er Jahre eher Fragen der Zielvorstellungen politischen Handelns, der Politikformulierung im Vordergrund des Interesses standen. Mit der weitgehenden Nichtbeachtung von Realisierungs- und Umsetzungsproblemen begab

sich die politische Planung jedoch des Politischen. Hierin lag zumindest auch ein Grund ihres Scheiterns. Die bis heute nicht oder kaum geglückten Versuche, etwa Fachplanungen mit der Finanz- und Investitionsplanung oder gar die Raumplanung mit Sektoralplanungen zu verbinden, sind hierfür ein eindrucksvoller Beleg. Politische Planung muß deshalb auch und gerade die Planung ihres Vollzuges einbeziehen, eine Formulierung, die nicht auf klassische Verwaltungsfunktionen, sondern auf eine realistische Einschätzung ihrer politischen Funktionen zielt. Der wieder an Bedeutung gewinnende Terminus der „Verwaltungspolitik" nimmt unter anderem hierauf Bezug.

Die Unterschätzung des *Akzeptanz-* und *Konsensproblems* politischer Planung schließlich ist in den vergangenen Jahren und Monaten auch denjenigen deutlich geworden, die Legitimationsprobleme politischen Handelns lange Zeit bestritten und sie eher zu einem Auswuchs sozialwissenschaftlichen Denkens erklärten. Das Konsensproblem stellt sich dabei nach innen wie nach außen. Nach innen als das klassische, aber unverändert gültige Problem, die Aktivitäten häufig in Konkurrenz zueinander stehender Ressorts, Dezernate, Abteilungen und Referate miteinander koordinieren zu wollen; nach außen als das Problem, konfligierende Gruppeninteressen zu harmonisieren, Politikinhalte mit ihren jeweils spezifischen gesellschaftlichen Vorteils-/Nachteilskonstellationen durchzusetzen, das Ausmaß symbolischer Politik auf ein Mindestmaß zu begrenzen. Mögen dabei korporatistische Willensbildungsformen zwischen den gesellschaftlichen Großgruppen (Staat, Gewerkschaften, Arbeitgeberorganisationen) bislang Garanten für ein Mindestmaß innenpolitischer Stabilität gewesen sein, so verschärft sich das Konsensproblem durch die neueren Entwicklungen im Bereich der politischen Willensbildung. Zwar darf bezweifelt werden, ob die insbesondere in den Verdichtungsräumen der Bundesrepublik zu beobachtenden „neuen sozialen Bewegungen" bereits einen „Bruch zwischen traditioneller und alternativer politischer Kultur" signalisieren. Die Adaptions- und Integrationsfähigkeit der „etablierten" politisch-administrativen Institutionen ist jedoch zweifelsohne gefordert. Die Pole Ortsbezug statt gesamtstaatlicher Perspektive, pragmatisch-lebensweltliche statt theoretisch-ideologischer Orientierung, Flexibilität und punktuelle Aktion statt flächendeckender Programmatik, Entbürokratisierung und Selbsthilfe statt administrativer Problemverarbeitung, wechselnde Interessenvertretung statt Professionalisierung der Mandatsträger mögen noch Schlagworte der aktuellen Auseinandersetzung sein. Sie verdeutlichen in jedem Fall aber zunehmende Legitimationsanforderungen an die politisch Handelnden. Politische Planung – sollte und wollte sie ihrem Namen genügen – müßte dies in Rechnung stellen. Dies insbesondere, als Ausgrenzungspolitiken spätestens seit den sich stabilisierenden Erfolgen alternativer politischer Gruppierungen auch im parlamentarischen Bereich verfehlt erscheinen. Der strapazierte „Dialog mit der Jugend" dürfte dabei freilich kaum ausreichen, es geht um Form, Stil *und* Inhalte der Politik (*Hesse* 1982, 31 ff.).

(3.4) Analysen zur Binnenstruktur des politisch-administrativen Systems

Die verwaltungswissenschaftliche Forschung reagierte auf das „Scheitern" der politischen Planung zunächst pragmatisch, möglicherweise sogar funktional: Sie suchte über eine *sektorale Differenzierung bzw. eine Differenzierung nach Politik- und Problembereichen* die vorherrschenden gleichsam flächendeckenden Fragestellungen und Ansätze durch die Konzentration auf einzelne Politikfelder zu umgehen, damit gleichzeitig auf eine „Kleinarbeitung" und „Umsetzung" der eher kategorial ausgerichteten Analysen wie auf eine größere Politiknähe zielend.
Der Ertrag dieser Umorientierung der verwaltungswissenschaftlichen Forschung ist umstritten. Wird einerseits begrüßt, daß politik- und verwaltungswissenschaftliche Arbeiten sich ihrem Gegenstandsbereich genähert hätten und die Vielzahl von Untersuchungen zu Einzelaspekten gesellschaftlicher Problemfelder etwa im Bereich der Sozialpolitik, der Umweltpolitik, der Arbeitsmarktpolitik, zur Raumordnung und zur Stadtpolitik hiervon Zeugnisse legten, wird andererseits die Gefahr distanzloser Nähe zum politischen Prozeß, der mögliche Verlust an gesellschaftstheoretischer Perspektive beklagt. Dieser Grundkonflikt einer praxisorientierten sozialwissenschaftlichen Forschung, zumindest aber dessen Diskussion in der Bundesrepublik, erscheint in Teilbereichen routinisiert. So kann kaum verwundern, daß die politisch-administrativen Institutionen „Praxis" im Sinne von empirischen Problemlösungsverhalten definieren und die Definitionsmerkmale zu Gütekriterien für wissenschaftliche Ergebnisse erheben. Wissenschaft wird danach nur soweit nachgefragt, wie sie praktische Problemlösungen anbieten kann, d.h. sie muß positivistisch-empirisch sein („richtig" sein), der engen Problemdefinition entsprechen („umsetzbar" sein), den Denk- und Handlungsgewohnheiten der administrativen Praxis folgen („machbar" sein) sowie möglichst Lösungstechnologien bereitstellen („verwertbar" sein) (*Fürst/Hesse* 1978, 299f.). Folgt man dem, verengt sich jedoch zwangsläufig die wissenschaftliche Problemperspektive: thematisiert würde, was der administrativen Praxis nutzt. Interessen der Träger von „Gegenwerten" blieben dann tendenziell ausgeklammert. Eine solch enge Perspektive, die ausschließt, daß andere Träger von „Praxis" möglich sind und das andere Problemstellungen „praktisch" sein können, kann demnach nicht akzeptiert werden, will man dem Wissenschaftsbereich eine gesellschaftskritische Anstoßfunktion zumessen.
Das Verständnis dieser Anstoßfunktion, ihre inhaltliche Ausgestaltung ist freilich strittig. Insbesondere eine Reihe von Konzeptionen zur Politikberatung scheinen eher durch umstandslose Anpassungsleistungen an Auftraggeberinteressen, ein etatistisches Politik- und Problemverständnis geprägt als durch wissenschaftliche Erkenntnisinteressen. Dies meint wohl auch *Offe*, wenn er in einem Fazit zur „kritischen Funktion der Sozialwissenschaften" in allerdings ähnlich apodiktischer Verkürzung des Problems zu dem Schluß kommt, „daß die praktisch erfolgreichste Art der „Politikberatung" im Verzicht auf Beratung besteht und sich statt dessen einer empirisch-analytischen Politikforschung zuwendet, die den Akteuren des politisch-administrativen Systems präzise die für ihr Handeln konstitutive Realitätsverleugnung vor Augen führt" (*Offe* 1977, 329; zu einer aktuellen Einschätzung des Problems seitens der Praxis vgl. *Ritter* in diesem Band).

Gewissermaßen quer zur Unterscheidung nach Politikbereichen und/oder gesellschaftlichen Problemfeldern liegt eine eher *prozessuale Differenzierung* verwaltungswissenschaftlicher Untersuchungen, die nach einzelnen *Phasen oder Segmenten der politisch-administrativen Problemverarbeitung unterscheidet.*

Dieser Ansatz – wiederum stark angelsächsischen Vorbildern verpflichtet – kommt zu einer zumindest heuristisch fruchtbaren Trennung des Prozesses staatlicher und kommunaler Problemverarbeitung in die Elemente: Problemwahrnehmung (Perzeption), Politikformulierung, Programmentwicklung, Politik/Programmvollzug (Implementation), Wirkungskontrolle (Evaluation). Richteten sich wie ausgeführt politik- und verwaltungswissenschaftliche Arbeiten lange Zeit und historisch durchaus verständlich eher auf Fragen der Politikformulierung und der Interessenberücksichtigung, d. h. auf Inputstrukturen und Inputprozesse sowie Politikinhalte, so führten wissenschaftsinterne wie wissenschaftsexterne Entwicklungen zu einer Verlagerung oder besser Ausweitung der Fragestellung: wissenschaftsintern das zunehmende analytische Interesse an den Steuerungs*prozessen* des politisch-administrativen Systems (*Pressman/Wildavsky* 1973), wissenschaftsextern die mit der mangelnden Wirksamkeit von Reformpolitiken und einer zunehmenden Beschränkung von Handlungsressourcen verbundene Frage nach den Vollzugsbedingungen, den Vollzugsprozessen und den Wirkungen staatlicher und kommunaler Politiken. Legitimatorische Probleme ab Mitte der 70er Jahre belegen dies nachdrücklich.

Der bisherige Ertrag der *Implementationsdiskussion* (vgl. *Mayntz* 1980) verdeutlicht dabei einerseits Prozesse einer hohen analytischen Ausdifferenzierung und damit einer weiteren Annäherung der verwaltungswissenschaftlichen Forschung an die faktische politisch-administrative Problemverarbeitung im Bundesstaat, andererseits den Verlust einer übergreifenden theoretischen und empirisch-analytischen Perspektive, die der Komplexität des administrativen Handelns und ihrem politischen Gehalt angemessen wäre. Die Ergebnisse eines größeren Forschungsverbundes zur Implementation staatlicher Programme etwa verweisen in exemplarischer Weise auf Vorteile wie Schwächen dieses Ansatzes. Zwar gelingt es, die wesentlichsten auf den Vollzug politischer Programme einwirkenden oder für ihn konstitutiven Elemente eines Problemverarbeitungsprozesses herauszuarbeiten, doch verbleiben die Untersuchungsergebnisse häufig auf der Ebene einer technisch-formalen Klassifikation und/oder Typologie (etwa von Regelungsinstrumenten, Eingriffsintensitäten, Adressatenreaktionen). Die Analyse politisch-administrativen Handelns droht damit zurückzufallen auf eine Ausdifferenzierung herkömmlicher Verwaltungslehren, sich zu beschränken auf eine zwar analytisch komplexe, jetzt aber wieder eher entpolitisierte und entdynamisierte Sichtweise administrativen Handelns. Nicht zu bestreiten ist andererseits, daß Probleme des Vollzugs staatlicher und kommunaler Politiken angesichts zunehmender Ressourcenengpässe sowie steigender Akzeptanz- und Konsensprobleme an Bedeutung gewinnen werden. Daß dabei zur bislang dominant erscheinenden technisch-instrumentellen Perspektive die der politischen Umsetzung hinzuzutreten hat, erscheint mit Blick auf die aktuellen Schwierigkeiten des Politikvollzugs offensichtlich.

Die *Erfolgskontrolle*, die Evaluation politisch-administrativen Handelns steht – wiewohl seit vielen Jahren nahezu stereotyp gefordert – noch in den Anfängen (*Bohne/*

König 1976, *Schimanke* 1976, *Derlien* 1976, *Hellstern/Wollmann* 1977). Ursprünglich eher auf betriebswirtschaftliche Effizienz- und Effektivitätsüberlegungen verkürzt, wurde auch hierzu die angelsächsische Literatur der 60er und 70er Jahre aufgearbeitet (einen umfassenden Überblick zum aktuellen Stand bieten die Evaluation Studies Review Annuals) und auf den politischen Prozeß der Bundesrepublik zu übertragen versucht. Vergleicht man dabei Anspruch und erste erkennbare Ergebnisse, erscheint Skepsis angezeigt. So sind die Erarbeitung aufwendiger Indikatorensysteme und die Durchführung einer Reihe durchaus traditioneller Fallstudien noch kein Beleg für den innovativen Charakter derartiger „Erfolgskontrollen", das Scheitern vielfältiger Ansätze in den USA ein Verweis auf möglicherweise unrealistische Erwartungshaltungen in die Reichweite der sogenannten Wirkungsforschung. Dies gilt insbesondere für die Hoffnung, aus der Analyse laufender und abgelaufener politisch-administrativer Prozesse zu realisierbaren Handlungsempfehlungen für laufende (sic!) und künftige Vollzugs- oder gar Politikformulierungsprozesse durchzustoßen. Dies dürfte nur dann gelingen, wenn die weitgehend entkoppelte Analyse einzelner Phasen und Segmente politischer Problemverarbeitung zugunsten einer umfassenden begleitenden Politikbeobachtung und Politikanalyse (Begleitforschung) aufgegeben wird (vgl. hierzu für den Bereich der Arbeitsmarktpolitik *Wissenschaftszentrum Berlin* 1982, für den Bereich der Strukturpolitik *Rhein-Ruhr-Institut für Sozialforschung und Politikberatung* 1982; auch sogenannten „Praxistests" von Gesetzentwürfen und der sogenannten Folgenabschätzung kommt in diesem Zusammenhang eine wichtige Bedeutung zu, vgl. u. a. *Böhret/Hugger* 1980).

Insgesamt zeigt sich, daß die Bereichs- und Phasendifferenzierung auch Anlaß zur Selbstkritik bietet (*Ellwein* 1978). Der nahezu ubiquitäre Einsatz unklarer Begrifflichkeiten, die unkritische Übernahme amerikanischer Analyseansätze, typische „Besetzungen des Feldes" unter Nicht-zur-Kenntnisnahme lange Zeit vorliegender Untersuchungen u.a.m. dürften eher ein Hinweis auf die relative „Jugend" der Disziplin und gleichsam konjunkturell disponible wie sich schnell verändernde Interessen sein (s. hierzu auch *Ruß-Mohl* 1981) als ein Verweis auf die produktive, schrittweise Weiterentwicklung historisch gewachsener, für Wissenschaft wie gesellschaftliche und politische Praxis wichtiger Fragestellungen und Erkenntnisse.

(4) Ein Fazit

Die Ausführungen zur historischen Entwicklung der öffentlichen Verwaltung und der Verwaltungswissenschaft, zur begrifflichen und fachlichen Lokalisierung der Disziplin sowie schließlich zu einigen zentralen Fragestellungen der Verwaltungsforschung zeichnen ein widersprüchliches Bild: „Verwaltungswissenschaft" scheint demnach begrifflich nur schwer faßbar, in ihren Arbeitsschwerpunkten nicht frei von wissenschaftlichen „Moden", durch eine Vielzahl theoretischer wie empirisch-analytischer Zugänge gekennzeichnet. Eine gleichsam eklektische Disziplin also, ohne festumrissenen Gegenstand, ohne „typische" Fragestellungen, ohne „etablierte" Methodik?

Diese Fragestellung negiert die Genese der Disziplin, die Komplexität ihres Gegenstandsbereiches, den Integrationsbedarf einer Wissenschaft, die auf ein extrem fragmentiertes und segmentiertes Problem- und Politikfeld zielt, das zudem einer hohen Varietät interner wie externer Bedarfslagen und Anforderungen unterliegt.
Sobald „Verwaltung" über den engen materiellen, institutionsorientierten Begriff hinaus auf ihre Funktionen hin befragt, auf das Zusammenwirken von Verwaltungsstrukturen, -prozessen und -inhalten hin untersucht wird, entzieht sich die Disziplin einer allseits akzeptierten Begrifflichkeit, wird sie zu einer scheinbar beliebigen Chiffre für all jene Untersuchungen, die Fragen der öffentlichen Verwaltung zum Gegenstand haben. Dieser vermeintliche Nachteil, der auch die Zuordnung der Verwaltungswissenschaft zu „etablierten" Disziplinen erschwert und der Reputation des Faches nicht immer zuträglich ist, verkehrt sich freilich dann in einen Vorteil, wenn die damit verbundene Flexibilität wissenschaftsintern wie gegenüber Staat und Verwaltung zur Ausschöpfung von Innovations- und Kreativitätspotentialen führt. Ist ersteres – der Überblick über zentrale Fragestellungen der Verwaltungsforschung mag dies verdeutlicht haben – dabei von dem Risiko begleitet, auch eine Vielzahl materieller „Umwegproduktionen" und professionell-individueller Selbstdarstellungen in Kauf nehmen zu müssen, so bleibt der zweite Aspekt von zentralem Gewicht für die Einschätzung der Disziplin.
Verwaltungswissenschaft ist – notwendigerweise – eine integrative Disziplin. Sie reagiert auf die umfassenden, die Reichweite einer einzelnen Disziplin sprengenden Ausdifferenzierungsprozesse in Staat und Gesellschaft und sucht diese nicht nur zu analysieren, sondern auch zu beeinflussen – ein Anspruch, der sein Scheitern permanent in sich birgt, sei es durch die eigene Überforderung oder die fehlende Akzeptanz seitens des politischen Prozesses. Gleichwohl, die Bedeutung einer sozialwissenschaftlich orientierten Verwaltungswissenschaft ist unübersehbar, auch und gerade in einer Zeit sinkender staatlicher Handlungsspielräume und neokonservativer wie gegenkultureller Paradigmata. Die Gradwanderung zwischen einer angepaßten, etatistischen Regierungs- und Verwaltungslehre auf der einen und einer durchaus pragmatischen, aber gesellschaftstheoretisch bewußten Thematisierung politisch-administrativen Handelns auf der anderen Seite ist dabei freilich offensichtlich. Schon deshalb auch bleibt die Politikwissenschaft eine wichtige Basis, scheint sie in besonderem Maße geeignet, zur Erweiterung tradierter Verwaltungswissenschaften in Richtung einer Staatswissenschaft beitragen zu können.

Nachwort

Der Aufbau dieses Bandes leitet sich zumindest zum Teil aus der voranstehenden Einführung ab. Er gliedert sich nach einer Kennzeichnung der Entwicklung des Faches in Ausführungen zur Theorie und Methodik der Verwaltungswissenschaft, in Beiträge zum Themenbereich „Bürokratie und wohlfahrtsstaatliche Entwicklung" und schließlich in Fragestellungen und Ergebnisse der wesentlichsten Politikbereichsanalysen. Ein Überblick über Möglichkeiten und Grenzen verwaltungswissenschaftlicher Ausbildung ergänzt den Band.

Dieser Aufbau zeichnet somit zentrale Untersuchungsrichtungen der sozialwissenschaftlich orientierten Verwaltungswissenschaft nach und sucht neuere Fragestellungen zu identifizieren. Dies gilt insbesondere für die theoretische und empirisch-analytische Diskussion sowie für die in den vergangenen Jahren dominant erscheinende Sektoralisierung von Untersuchungsansätzen.
Der Themenbereich „Bürokratie und wohlfahrtsstaatliche Entwicklung" summiert hingegen scheinbar heterogene Fragestellungen und Zugänge zum Untersuchungsobjekt. Auch hier jedoch ist die schrittweise Erweiterung von Untersuchungsinteressen erkennbar. Dies reicht von Fragen der föderalstaatlichen Verwaltungsreform über die Bürokratisierungsdebatte zur Analyse des Verhältnisses Mensch und Organisation sowie Bürger und Verwaltung. Neuere Fragestellungen („Verwaltungskultur", Staat und soziale Bewegungen, Bürokratie und Unterentwicklung) schließen sich an.
Die Autoren des Bandes sind mit Ausnahme der Herren *Leis* (Bundesministerium des Innern) und *Ritter* (Staatskanzlei Nordrhein-Westfalen, jetzt Ministerium für Landes- und Stadtentwicklung NW) Verwaltungswissenschaftler oder doch zumindest zum Teil dieser disziplinären Kennzeichnung subsumierbar. Mit ihnen dürften zugleich die wesentlichsten Institutionen verwaltungswissenschaftlicher Ausbildung und Forschung in der Bundesrepublik vertreten sein[1].
Darüber hinaus ist der Band bewußt „disziplin-integrativ" angelegt, d.h. der Herausgeber war bemüht, die noch immer erkennbaren Tendenzen einer theoretischen, empirisch-analytischen oder auch nur methodischen Abgrenzung zu überwinden. Dahinter steht nicht die Absicht, unterschiedliche Positionen verwischen oder sie gar vorschnell harmonisieren zu wollen, vielmehr der Wunsch, zu einer konstruktiven Auseinandersetzung in einer der im vergangenen Jahrzehnt sicher produktivsten sozialwissenschaftlichen Teildisziplinen beizutragen, erkennbaren Selbstdarstellungen, aber auch resignativen Haltungen entgegenzuwirken.

Literaturverzeichnis

Altvater, Elmar, 1972: Zu einigen Problemen des Staatsinterventionismus, in: Probleme des Klassenkampfes, Nr. 3/72, 1–53

Becker, Ulrich, Werner Thieme, (Hrsg.), 1974–1977: Handbuch der Verwaltung, 3 Bde., Köln

Blank, Hans-Joachim, 1969: Verwaltung und Verwaltungswissenschaft, in: *Kress, Gisela, Dieter Senghaas* (Hrsg.), Politikwissenschaft. Eine Einführung in ihre Probleme, Frankfurt/M., 368–405

Blanke, Bernhard, Ulrich Jürgens, Hans Kastendiek, 1975: Kritik der politischen Wissenschaft. Analysen von Politik und Ökonomie in der bürgerlichen Gesellschaft, 2 Bde., Frankfurt/M.

Bohne, Eberhard, Herbert König, 1976: Probleme der politischen Erfolgskontrolle, in: Die Verwaltung, Heft 1/76, 19–38

Böckenförde, Ernst-Wolfgang, 1976: Staat, Gesellschaft, Freiheit, Frankfurt/Main

1 Vorgegebener Rahmen und disziplinärer Zuschnitt dieses Bandes machten eine Vorselektion von Beiträgen und Autoren unausweichlich. Hinsichtlich der nicht vertretenen Institutionen ist u. a. auf verwaltungswissenschaftliche Arbeiten in Kassel, Siegen, Bremen und an der Hochschule der Bundeswehr in München zu verweisen. Eine Aufnahme von Untersuchungsansätzen an der FU Berlin scheiterte an der Verläßlichkeit prospektiver Autoren. Aus den gleichen Gründen konnte ein Kölner Beitrag zur Umweltpolitik hier nicht aufgenommen werden.

Böhret, Carl, 1970: Entscheidungshilfen für die Regierung. Modelle, Instrumente, Probleme, Opladen
Böhret, Carl, 1975: Grundriß der Planungspraxis. Mittelfristige Programmplanung und angewandte Planungstechniken, Opladen
Böhret, Carl (Hrsg.), 1978: Verwaltungsreformen und politische Wissenschaft, Baden-Baden
Böhret, Carl, Werner Hugger, 1980: Test und Prüfung von Gesetzentwürfen, Sonderheft 5 von „Verwaltung und Fortbildung", Köln
Bracher, Karl Dietrich, 1971: Das deutsche Dilemma. Leidenswege der politischen Emanzipation, München
Bruder, Wolfgang, 1981: Empirische Verwaltungsforschung in der Bundesrepublik Deutschland, Opladen
Bull, Hans-Peter, 1977²: Die Staatsaufgaben nach dem Grundgesetz, Kronberg/Ts.
Bull, Hans-Peter, (Hrsg.), 1979: Verwaltungspolitik, Neuwied und Darmstadt
Buse, Michael J., 1975: Einführung in die Politische Verwaltung, Stuttgart u. a.
Derlien, Hans-Ulrich, 1976: Die Erfolgskontrolle staatlicher Planung. Eine empirische Untersuchung über Organisation, Methode und Politik der Programmevaluation, Baden-Baden
Ellwein, Thomas, 1966: Einführung in die Regierungs- und Verwaltungslehre, Stuttgart u. a.
Ellwein, Thomas, 1968: Verwaltungspolitik in den 70er Jahren, Bad Godesberg
Ellwein, Thomas, 1976: Regieren und Verwalten, Opladen
Ellwein, Thomas, 1982⁵: Das Regierungssystem der Bundesrepublik Deutschland, Opladen
Ellwein, Thomas, 1971: Formierte Verwaltung – autoritäre Herrschaft in einer parlamentarischen Demokratie, in: Parlamentarismus ohne Transparenz, Kritik 3 hrsg. von *Winfried Steffani*, Opladen, 48–68
Ellwein, Thomas, 1978: Evaluierung von Organisations- und Verwaltungsreformen, in: *Carl Böhret* (Hrsg.), Verwaltungsreformen und Politische Wissenschaft, Baden-Baden, 21–44
Ellwein, Thomas, 1981: Geschichte der öffentlichen Verwaltung, in: *König, Klaus, Hans-Joachim von Oertzen, Frido Wagener* (Hrsg.), Öffentliche Verwaltung in der Bundesrepublik Deutschland, Baden-Baden, 37–51
Eschenburg, Theodor, 1963²: Staat und Gesellschaft in Deutschland, München
Eschenburg, Theodor, 1966: Zur politischen Praxis in der Bundesrepublik, 2 Bde., München
Esser, Josef, 1975: Einführung in die materialistische Staatsanalyse, Frankfurt/New York
Forsthoff, Ernst, 1976²: Rechtsstaat im Wandel, München
Frederickson, H. George, 1980: New Public Administration, University of Alabama
Frey, Bruno S., 1977: Moderne Politische Ökonomie. Die Beziehungen zwischen Wirtschaft und Politik, München/Zürich
Friedrich, Carl J., 1953: Der Verfassungsstaat der Neuzeit, Berlin
Friedrich, Carl J., 1961: Die politische Wissenschaft, Freiburg
Fürst, Dietrich, 1975: Kommunale Entscheidungsprozesse. Ein Beitrag zur Selektivität politisch-administrativer Prozesse, Baden-Baden
Fürst, Dietrich, Joachim Jens Hesse, 1978: Thesen zur Distanz zwischen der „lokalen Politikforschung" und dem kommunalen politisch-administrativen System, in: Politische Wissenschaft und politische Praxis, hrsg. von *Udo Bermbach,* PVS-Sonderheft 9, 296–315
Fürst, Dietrich, Joachim Jens Hesse, 1981: Landesplanung, Düsseldorf
Gerstenberger, Heide, 1977: Zur Theorie des bürgerlichen Staates. Der gegenwärtige Stand der Debatte, in: Handbuch 5 – Staat, hrsg. von *Brandes, Volkhard, Jürgen Hoffmann, Ulrich Jürgens und Willi Semmler,* Frankfurt a.M./Köln, 21–49
Grauhan, Rolf-Richard, 1969: Modelle politischer Verwaltungsführung, Konstanz
Grauhan, Rolf-Richard, 1970: Politische Verwaltung. Auswahl und Stellung der Oberbürgermeister als Verwaltungschefs deutscher Großstädte, Freiburg
Grauhan, Rolf-Richard, Wolf Linder, 1974: Politik der Verstädterung, Frankfurt/Main
Grottian, Peter, Axel Murswiek (Hrsg.), 1974: Handlungsspielräume der Staatsadministration, Hamburg
Grunow, Dieter, Friedrich Hegner, Franz-Xaver Kaufmann, 1978: Bürger und Verwaltung, 4 Bde., Frankfurt/Main
Habermas, Jürgen, 1973: Legitimationsprobleme im Spätkapitalismus, Frankfurt/Main
Habermas, Jürgen, 1981: Theorie des kommunikativen Handelns, 2 Bde., Frankfurt/Main
Habermas, Jürgen, Niklas Luhmann, 1971: Theorie der Gesellschaft oder Sozialtechnologie – was leistet die Systemforschung?, Frankfurt/Main

Häußermann, Hartmut, 1977: Die Politik der Bürokratie. Einführung in die Soziologie der staatlichen Verwaltung, Frankfurt/Main
Hellstern, Gerd-Michael, Hellmut Wollmann, 1977: Wirkungsanalysen: Eine neue Variante wissenschaftlicher Politikberatung?, in: Planung in öffentlicher Hand (transfer 4), Opladen, 157–168
Hennis, Wilhelm, 1965: Aufgaben einer modernen Regierungslehre, in: PVS, 422–441
Hennis, Wilhelm, Peter Graf Kielmannsegg, Ulrich Matz (Hrsg.), 1977/78: Regierbarkeit. Studien zu ihrer Problematisierung, 2 Bde., Stuttgart
Hesse, Joachim Jens, 1973[2]: Stadtentwicklungsplanung: Zielfindungsprozesse und Zielvorstellungen, Stuttgart u. a.
Hesse, Joachim Jens, 1976: Organisation kommunaler Entwicklungsplanung. Anspruch, Inhalt und Reichweite von Reorganisationsvorstellungen für das kommunale politisch-administrative System, Stuttgart u. a.
Hesse, Joachim Jens, 1978: Politikverflechtung im föderativen Staat. Studien zum Planungs- und Finanzierungsverbund zwischen Bund, Ländern und Gemeinden, Baden-Baden
Hesse, Joachim, Jens, Dietrich Fürst, 1982: Stadt und Staat. Verdichtungsräume im Prozeß der Politikverflechtung, Baden-Baden
Hesse, Joachim Jens, 1982: Für ein erweitertes „structur"-Verständnis, in: structur, Zeitschrift für Planung und Entwicklung, Heft 2, 31–34
Hirsch, Joachim, 1969: Funktionsveränderungen der Staatsverwaltung in spätkapitalistischen Industriegesellschaften, in: Blätter für deutsche und internationale Politik, Jg. 14, Heft 2, 105–164
Hirsch, Joachim, 1974: Staatsapparat und Reproduktion des Kapitals, Frankfurt/Main
Jacoby, Henry, 1969: Die Bürokratisierung der Welt, Neuwied/Berlin
Jochimsen, Reimut: Zum Aufbau und Ausbau eines integrierten Aufgabenplanungssystems und Koordinationssystems der Bundesregierung, in: Bulletin des Presse- und Informationsamtes der Bundesregierung vom 16.07.70, 949–957
König, Herbert, 1977: Dynamische Verwaltung. Bürokratie zwischen Politik und Kosten, Stuttgart
König, Klaus, 1970: Erkenntnisinteressen der Verwaltungswissenschaft, Berlin
König, Klaus, 1980: Integrative Tendenzen in der Verwaltungswissenschaft, in: Die Verwaltung, Band 13/Heft 1, 1–20
König, Klaus, Hans-Joachim von Oertzen, Frido Wagener (Hrsg.), 1981: Die öffentliche Verwaltung in der Bundesrepublik Deutschland, Baden-Baden
Lehmbruch, Gerhard, 1976: Parteienwettbewerb im Bundesstaat, Stuttgart u.a.
Lehner, Franz, 1979: Grenzen des Regierens. Eine Studie zur Regierungsproblematik hochindustrialisierter Demokratien, Königstein/Ts.
Lehner, Franz, 1981: Einführung in die Neue Politische Ökonomie, Königstein/Ts.
Linder, Wolf, Hubert Treiber, 1976: Verwaltungsreform als Ausbildungsreform. Plädoyer für ein sozialwissenschaftliches Studium der Verwaltung, München
Lorenz, Hanns-Friedrich, 1972: Verwaltung in der Demokratie. Eine Einführung in die moderne Verwaltungswissenschaft, München
Luhmann, Niklas, 1964: Funktion und Folgen formaler Organisation, Berlin
Luhmann, Niklas, 1966: Theorie der Verwaltungswissenschaft. Bestandsaufnahme und Entwurf, Köln/Berlin
Luhmann, Niklas, 1971: Politische Planung. Aufsätze zur Soziologie von Politik und Verwaltung, Opladen
Luhmann, Niklas, 1978[3]: Legitimation durch Verfahren, Neuwied/Berlin
Maier, Hans, 1980[2]: Die ältere deutsche Staats- und Verwaltungslehre (Polizeiwissenschaft). Ein Beitrag zur Geschichte der politischen Wissenschaft in Deutschland, Neuwied
Marini, Frank (Hrsg.), 1971: Toward a New Public Administration, San Francisco
Mayer, Otto, 1924[3]: Deutsches Verwaltungsrecht, München
Mayntz, Renate (Hrsg.), 1968: Bürokratische Organisation, Köln/Berlin
Mayntz, Renate, 1978: Soziologie der öffentlichen Verwaltung, Heidelberg/Karlsruhe
Mayntz, Renate (Hrsg.), 1980: Implementation politischer Programme. Empirische Forschungsberichte, Kronberg/Ts.
Mayntz, Renate, Fritz W. Scharpf (Hrsg.), 1973: Planungsorganisation. Die Diskussion um die Reform von Regierung und Verwaltung des Bundes, München
von Mohl, Robert, 1832 ff.: Polizeiwissenschaft nach den Grundsätzen des Rechtsstaates, 3 Bde., Tübingen

Morsey, Rudolf, 1957: Die oberste Reichsverwaltung unter Bismarck, München
Morsey, Rudolf (Hrsg.), 1977: Verwaltungsgeschichte, Berlin
Morstein-Marx, Fritz, 1959: Einführung in die Bürokratie. Eine vergleichende Untersuchung über das Beamtentum, Neuwied
Morstein-Marx, Fritz, 1965: Verwaltung. Eine einführende Darstellung, Berlin
Müller, Wolfgang, Christel Neusüß: Die Sozialstaatsillusion und der Widerspruch von Lohnarbeit und Kapital, in: Probleme des Klassenkampfs, Sonderheft 1/1971, 7 ff.
Naschold, Frieder, 1969: Organisation und Demokratie. Untersuchung zum Demokratisierungspotential in komplexen Organisationen, Stuttgart u. a.
Naschold, Frieder, 1972: Zur Politik und Ökonomie von Planungssystemen, in: PVS-Sonderheft 4/1972, 13–53
Offe, Claus, 1972: Strukturprobleme des kapitalistischen Staates. Aufsätze zur politischen Soziologie, Frankfurt/Main
Offe, Claus, 1977: Zur kritischen Funktion der Sozialwissenschaften, in: Wissenschaftszentrum Berlin (Hrsg.), Interaktion von Wissenschaft und Politik, Frankfurt a.M./New York, 321–329
Offe, Claus, 1979: „Unregierbarkeit" – zur Renaissance konservativer Krisentheorien, in: Jürgen Habermas (Hrsg.), Stichworte zur „Geistigen Situation der Zeit", 2 Bde., Frankfurt/Main, S. 294–318
Pommerehne, Werner W., Bruno S. Frey (Hrsg.), 1979: Ökonomische Theorie der Politik, Berlin u.a.
Pankoke, Eckhart, Hans Nokielski, 1977: Verwaltungssoziologie. Einführung in Probleme der öffentlichen Verwaltung, Stuttgart u. a.
Pressman, Jeffrey F., Aaron Wildavsky, 1973: Implementation, Berkeley u. a.
Rhein-Ruhr-Institut für Sozialforschung und Politikberatung (RISP), 1982: Begleitforschung zum Aktionsprogramm Ruhr, Programmbericht 1981/82 sowie Anlagenbände, Duisburg/Düsseldorf
Ronge, Volker, Günther Schmieg (Hrsg.), 1971: Politische Planung in Theorie und Praxis, München
Ruß-Mohl, Stephan, 1981: Reformkonjunkturen und politisches Krisenmanagement, Opladen
Scharpf, Fritz W., 1971: Verwaltungswissenschaft als Teil der Politikwissenschaft, in: Schweizerisches Jahrbuch für Politikwissenschaft, 7–23
Scharpf, Fritz W., 1973: Planung als politischer Prozeß. Aufsätze zur Theorie der planenden Demokratie, Frankfurt/Main
Scharpf, Fritz W., 1974: Politische Durchsetzbarkeit innerer Reformen, Göttingen (Schriften der Kommission für wirtschaftlichen und sozialen Wandel, Bd. 28)
Scharpf, Fritz W., 1977: Politischer Immobilismus und ökonomische Krise. Aufsätze zu den politischen Restriktionen der Wirtschaftspolitik in der Bundesrepublik, Kronberg/Ts.
Scharpf, Fritz W., Bernd Reissert, Fritz Schnabel, 1976: Politikverflechtung. Theorie und Empirie des kooperativen Föderalismus in der Bundesrepublik, Kronberg/Ts.
Schatz, Heribert, 1973: Auf der Suche nach neuen Problemlösungsstrukturen. Die Entwicklung der politischen Planung auf Bundesebene, in: *Renate Mayntz, Fritz W. Scharpf* (Hrsg.), Planungsorganisation. Die Diskussion um die Reform von Regierung und Verwaltung des Bundes, München, 9–67
Schatz, Heribert, 1974: Politische Planung im Regierungssystem der Bundesrepublik Deutschland, Göttingen
Schimanke, Dieter, 1976: Evaluierung – Bemerkungen zu einem neuen Schwerpunkt der Verwaltungswissenschaft, in: Verwaltungsarchiv, 361 ff.
Schimanke, Dieter, 1978: Verwaltungsreform Baden-Württemberg. Verwaltungsinnovation als politisch-administrativer Prozeß, Berlin
Schluchter, Wolfgang, 1973: Aspekte bürokratischer Herrschaft, München
Schmid, Günter, 1970: Niklas Luhmanns funktional-strukturelle Systemtheorie, eine wissenschaftliche Revolution? in: PVS, Heft 2/3, 186–218
Schmid, Günter, Hubert Treiber, 1975: Bürokratie und Politik, München
Siedentopf, Heinrich (Hrsg.), 1976: Verwaltungswissenschaft, Darmstadt
Sontheimer, Kurt, Wilhelm Bleek, 1973: Abschied vom Berufsbeamtentum? Perspektiven einer Reform des öffentlichen Dienstes, Hamburg
vom Stein, Lorenz, 1869[2]: Die vollziehende Gewalt – die Regierung und das verfassungsmäßige Regierungsrecht, Stuttgart
vom Stein, Lorenz, 1887[3]: Handbuch der Verwaltungslehre. 1. Teil: Der Begriff der Verwaltung und das System der positiven Staatswissenschaften, Stuttgart
Sternberger, Dolf, 1978–81: Schriften, 6 Bde., Frankfurt/Main

Thieme, Werner, 1977: Verwaltungslehre, Köln u. a.
Thieme, Werner, 1981: Entscheidungen in der öffentlichen Verwaltung, Köln
Uthoff, Hayo, Werner Deetz (Hrsg.), 1980: Bürokratische Politik, Stuttgart
Voigt, Rüdiger, 1980: Verrechtlichung. Analysen zur Funktion und Wirkung von Parlamentarisierung, Bürokratisierung und Justizialisierung sozialer, politischer und ökonomischer Prozesse, Königstein/Ts.
Wagener, Frido, 1974²: Neubau der Verwaltung. Gliederung der öffentlichen Aufgaben und ihrer Träger nach Effektivität und Integrationswert, Berlin
Wagener, Frido (Hrsg.), 1976: Regierbarkeit? Dezentralisierung? Entstaatlichung?, Bonn
Weber, Max, 1958²: Gesammelte politische Schriften, hrsg. von *Johann Winckelmann,* Tübingen
*Weber, Max, 1976*⁵: Wirtschaft und Gesellschaft. Grundriß der verstehenden Soziologie, Tübingen
Windhoff-Héritier, Adrienne, 1980: Politikimplementation – Ziel und Wirklichkeit politischer Entscheidungen, Königstein/Ts.
Wissenschaftszentrum Berlin (Fritz W. Scharpf u. a.), 1982: Implementationsprobleme offensiver Arbeitsmarktpolitik. Das Sonderprogramm der Bundesregierung für Regionen mit besonderen Beschäftigungsproblemen, Frankfurt/Main
Wittkämper, Gerhard W., 1978: Funktionale Verwaltungsreform, Bonn
Wolff, Hans J., Otto Bachof, 1974⁹: Verwaltungsrecht I, München
Wollmann, Hellmut (Hrsg.), 1980: Politik im Dickicht der Bürokratie. Beiträge zur Implementationsforschung, Leviathan Sonderheft 3/1979, Berlin

Verwaltungswissenschaft: Die Herausbildung der Disziplin

Thomas Ellwein

Einführung

Nach 1949 bürgerte sich in der Bundesrepublik der in Deutschland nie ganz vergessene Begriff ‚Verwaltungswissenschaft' wieder ein (vgl. *E. Becker*, in: *H. Siedentopf)*. Angeregt durch das ständige Wachstum der öffentlichen Verwaltung und durch die immer weitergehende Aufgabenverlagerung vom privaten oder gesellschaftlichen Bereich in den staatlichen und politischen hinein erweiterte sich der Kreis von Praktikern und Wissenschaftlern, die sich ohne sonderliche Rücksichtnahme auf die traditionelle Einteilung der wissenschaftlichen Disziplinen ‚der Verwaltung' zuwandten. Zum Ende der 60er Jahre hin ließen sich derartige Bemühungen schon zusammenfassen (vgl. *F. Morstein Marx*, 1965b, und derselbe in: Hochschule Speyer, 1968, *J. Hirsch*, 1970), auch wenn man betonte, von einem ‚Stand der Verwaltungswissenschaft' könne nicht die Rede sein. Immerhin hoffte man, dies würde sich ändern.
Wer heute zusammenfassend über die derzeitige deutsche Verwaltungswissenschaft schreiben will, steht – nur reichlich zehn Jahre später! – vor einer völlig veränderten Situation. Zwar konkurriert die Verwaltungswissenschaft noch immer nicht mit den großen Disziplinen, die durch eigene Fakultäten und Ausbildungsgänge abgesichert sind. Sie füllt auch im Bereich der Nachwuchsheranbildung vorwiegend Lücken aus. Dennoch gibt es diese Wissenschaft. Sie bringt zahlreiche Forschungsergebnisse hervor, eine Wertung, welche nicht nur durch den Hinweis auf die Zusammenstellungen von *W. Bruder* (1981), *H. U. Derlien* (1981), *P. Schimanke*, in: *K. König*, u. a. (1981) und die diesem Sonderheft beigefügte Bibliographie gerechtfertigt erscheint; sie steht mit der bürokratischen Praxis in lebhaftem Meinungsaustausch, übt sich in der Politikberatung, nimmt am ständigen Wechsel der Themen und Modethemen teil und erweist sich schon darin als ‚moderne' Wissenschaft, daß sie sich immer mehr ausdifferenziert.

Angesichts dieser Situation verbietet sich ein Überblick über Stand, Fragestellungen, Themen, Methoden und Erkenntnisse der Verwaltungswissenschaft – jedenfalls in der hier gebotenen Kürze. So soll denn auch nur von einigen Entwicklungslinien die Rede sein, was sich mit dem Verzicht auf dreierlei verbindet:

- Auf eine Definition der Verwaltungswissenschaft, die diese von anderen Wissenschaften abgrenzt;
- auf die Klage über mangelnde Interdisziplinarität und über Mängel in der theoretischen Fundierung und
- auf die Klage über zu wenig Austauschvorgänge zwischen Wissenschaft und Praxis.

Daß sich verschiedene Wissenschaften auf je ihre Weise mit Verwaltung auseinandersetzen, erscheint vielmehr selbstverständlich; Unterschiede zwischen den einzelnen Wissenschaften und ihrem Forschungsertrag gehören zum Geschäft, verbieten den Monopolanspruch ‚einer' Wissenschaft und beweisen in gewissem Umfange die Interdisziplinarität. Verwaltungswissenschaft als Zusammenfassung wird durch ihren Gegenstand definiert, auch wenn dieser sich, ähnlich wie bei der Kommunalwissenschaft, in der Realität kaum ausgrenzen läßt. Probleme der oft unüberschaubaren Differenzierung von Erscheinungs- und Betrachtungsweisen teilt die Verwaltungswissenschaft mit der Verwaltung. Beide beeinflussen sich – eines ihrer Probleme – nachhaltig. Wer Theorievorbehalte in der Verwaltung als Mangel an Verständnis für Verwaltungswissenschaft und an Bedürfnis im Blick auf ihre Ergebnisse interpretiert, verkennt völlig, wie auch in der Verwaltung der Verwissenschaftlichungsprozeß unaufhaltsam verläuft und wie sich auch hier immer häufiger die Frage stellt, ob denn eine so enge Anlehnung an wissenschaftliche Hervorbringungen für die Verwaltung überhaupt noch gut sein kann.

Der ‚Neubeginn' deutscher Verwaltungswissenschaft

1967 meinte *N. Luhmann* (S. 123) in einem Zeitschriftenbeitrag ‚Verwaltungswissenschaft in Deutschland': „Seit einigen Jahren kann man im akademischen Bereich und auch im Gespräch mit leitenden Angehörigen der öffentlichen Verwaltung das Aufleben eines Interesses für Verwaltungswissenschaft spüren, ja heute sogar schon beobachten. Was zunächst nur kontaktreichen, versierten und besonders eingeweihten Leuten erkennbar war, hat im Laufe der letzten zwei oder drei Jahren an Sichtbarkeit gewonnen. Kleinere institutionelle Schwerpunkte der Pflege des Faches scheinen im Aufbau begriffen zu sein. Erste Publikationen lassen Art und Grenzen des Interesses erkennen." *F. Morstein Marx* (in: Hochschule Speyer, 1968, 234 f.) wollte das 1968 an fünf Büchern festmachen, die allesamt bezeugten, „daß sich das ‚Zeitalter der Verwaltung' als solches zu erfassen beginnt:

Nach Umfang wie auch nach der Reihenfolge des Erscheinens darf als erster ein Band genannt werden, der einer Initiative der Hochschule für Verwaltungswissenschaft entstammt. Sein Titel ist ‚Verwaltung: Eine einführende Darstellung' (1965) – Kurz darauf trat *Thomas Ellwein* mit einer neuen Arbeit hervor, die er . . . als ‚Einführung in die Regierungs- und Verwaltungslehre' veröffentlicht hat (1966). Wenig später legte *Werner Thieme* seine . . . ‚Verwaltungslehre vor (1967). In der geschichtlichen Perspektive wurde unsere Kenntnis der historischen Vorstufen . . . durch ein Werk von *Hans Maier* bereichert. Es trägt den Namen ‚Die ältere deutsche Staats- und Verwaltungslehre (Polizeiwissenschaft): Ein Beitrag zur Geschichte der politischen Wissenschaft in Deutschland (1966). Aus dem Bereich des konstruktiven Denkens schloß sich *Niklas Luhmann* mit einer wichtigen Studie an, deren Absicht er mit der Überschrift ‚Theorie der Verwaltungswissenschaft: Bestandsaufnahme und Entwurf' umriß (1966). Schon in dieser Frühlese werden unterscheidbare Perspektiven offenbar. Wir erkennen Ansätze zu einer Generalsystematik des Verwaltens, die öffentliche und private Sektoren miteinander verbindet; zu einer politologischen Fundierung; zu einer Anlehnung an rechtswissenschaftliches Gedankengut; zu einer Aufhellung historischer Zusammenhänge; und zu einer Formulierung analytisch-theoretischer Konzeptionen."

Eine solche ‚Frühlese' markiert eine Zäsur, in der sich die bisherige wie auch die zukünftige Entwicklung widerspiegelt. Vor 1965 war man sich in Deutschland zwar darüber klar, daß das ‚positivistische Trennungsdenken' *(O. Brunner)* die Kameralwissenschaften des 18. Jahrhunderts und die Staatswissenschaften des 19. Jahrhunderts, soweit die letzteren die Nachfolger der ersteren waren, aufgelöst und eine Verwaltungswissenschaft dann nur noch in den Vereinigten Staaten einen ernstzunehmenden Platz gefunden hatte – in einem Land ohne Juristenmonopol in der öffentlichen Verwaltung. Man begnügte sich aber doch damit, den Vorrang in der Beschäftigung mit der Verwaltung einer Verwaltungs*rechts*lehre zuzuerkennen, eine eigene Verwaltungslehre nur als handwerkliche Kunstlehre in ergänzender Funktion zu akzeptieren und ein ggf. ‚notwendiges', nie aber systematisch zu erarbeitendes Gebiet als ‚Verwaltungspolitik' zu bezeichnen, in das alle Versuche fallen sollten, auf die künftige Entwicklung des Gegenstandsbereiches Einfluß nehmen (vgl. dazu die Einleitung bei *H. Siedentopf*). *H. Maier* stellte die Anfänge dieser Entwicklung dar; *W. Thieme* führte die traditionelle ‚Verwaltungslehre' weiter; ich bemühte mich als Politikwissenschaftler darum, der öffentlichen Verwaltung einen Platz in der Bearbeitung des Regierungssystems zu verschaffen (vgl. *Th. Ellwein*, 1963) und zugleich die Lehre vom Regierungssystem durch eine Regierungslehre (vgl. *Th. Ellwein*, 1966, 1970, 1976 und *W. Hennis*, 1968 – anders, d. h. mehr im Sinne eines Vergleichs von Regierungssystemen: *G. Brunner*) zu ergänzen, in welcher die Bedeutung der öffentlichen Verwaltung als der dauerhafteste Faktor im Regierungssystem (nicht nur der Bundesrepublik) zureichend gewürdigt werden sollte. Die Sammelschrift aus Speyer führte in mancher Hinsicht darüber hinaus, schon weil sich ihr Herausgeber *F. Morstein Marx* (vgl. *Morstein Marx*, 1959 und 1961) ohnehin schwer einordnen ließ und immer wieder die deutschen Wissenschaftsgliederungen sprengte. *N. Luhmann* machte schießlich im Prinzip darauf aufmerksam, daß sich die künftige Verwaltungswissenschaft nicht von der Rechtswissenschaft einfach lösen könne, ohne sich ein eigenes theoretisches Fundament zu verschaffen (vgl. auch *K. König* 1970).

Von einer Zäsur läßt sich deshalb sprechen, weil die Entwicklung nach 1966 insofern eindeutig verlief, als sich in ihr die politik- und sozialwissenschaftlichen Impulse immer mehr durchsetzten. Das war keinesfalls für alle voraussehbar. Noch 1966 schrieb *R. Schnur* in der ihm eigenen, hier nicht weiter zu kommentierenden Art, die Verwaltungsrechtslehrer seien leider viel zu überlastet, um Verwaltungswissenschaft zu betreiben. Man könne nun vielleicht annehmen,

„daß die Politische Wissenschaft, die in der Bundesrepublik einen geradezu ungeahnten institutionellen Ausbau erlebt, das Fach Verwaltungswissenschaft einbeschließt, weil es an sich denkbar ist, Verwaltungswissenschaft als einen Teil dieser Disziplin zu verstehen. Ein Blick jedoch auf das, was die heutige Politische Wissenschaft in Deutschland betreibt, macht sogleich klar, daß dort die Verwaltungswissenschaft so gut wie nicht gepflegt wird. Es besteht auch kein Anlaß anzunehmen, daß sich die Politische Wissenschaft in dieser Hinsicht ändern wird, zumal die Pflege der ‚Politik' (im engeren Sinne) den ganzen Mann beansprucht, soll hier nicht Dilettantismus die Szene (bzw. den Fernsehschirm) beherrschen.

Es beschäftigen sich ab und zu auch Soziologen mit Problemen der Verwaltung, und jeder, dem an der Förderung der Verwaltungswissenschaft gelegen ist, wird das sehr begrüßen. Aber auch hier bleibt es, sieht man von den zahlreichen dilettantischen Meinungsäußerungen ab, die als Wissenschaft über die Massenmedien angeboten werden, bei sehr sporadischen Betätigungen, so daß von einer nennenswerten Förderung der Verwaltungswissenschaft durch die deutsche Soziologie nicht die Rede sein kann." (In: *K. v. d. Groeben* u. a., S. 59)

Daß man sich irren kann, weiß jeder. In der Wissenschaft kann man es umso leichter, je mehr man die Szene mit ‚einem Blick' erfaßt und ausklammert, was nicht ins eigene Konzept paßt. Tatsächlich beherrschten jedenfalls zum Ende der sechziger Jahre die Sozialwissenschaften mehr und mehr das einschlägige Feld. Dazu trugen die Entwicklungen in der Politikwissenschaft und in der Soziologie, vor allem die Hinwendung zur Empirie, bei. Die Wissenschaftsförderung spielte eine große Rolle. Reformimpulse, die an Schwierigkeiten in Bonn anknüpften, kamen hinzu. Der 1969 konzipierte Schwerpunktbereich Verwaltungswissenschaft der VW-Stiftung und die Arbeiten der ‚Projektgruppe Regierungs- und Verwaltungsreform', 1968 von der Bundesregierung unter Kanzler *Kiesinger* eingesetzt, erweiterten den Umfang verwaltungswissenschaftlicher Forschung beträchtlich. In welchem Verhältnis sich dieser Wirkungsfaktor zu demjenigen verhält, welchen der Bedarf praktischer Politik ausmachte, wird sich allerdings heute kaum klären lassen.

Als *J. Hirsch* 1970 für die VW-Stiftung einen Bericht über den (nicht-vorhandenen) Stand der deutschen Verwaltungswissenschaft anfertigte, verwies er auf einige erkennbare Ansätze, unter denen die sozialwissenschaftlichen deutlich dominierten. Er nannte in der Hauptsache:

- Organisationssoziologische Untersuchungen einzelner Behörden oder Verwaltungsteile; Informations-, Kommunikations- und Entscheidungsprozesse, Organisation-Umwelt-Beziehungen, Theorie der Organisation;
- Regierungsorganisation, Planungsprozesse im Regierungsbereich, policy-making;
- Kommunal- und Länderverwaltung, Regionalverwaltung, Stadt-Umland-Beziehungen, Territoriale Verwaltungsreform;
- Struktur und Funktion des öffentlichen Dienstes (Berufsbilder, Karrierebedingungen, Selbstverständnis der Bediensteten, Reformfragen), Aus- und Fortbildung im Bereich des öffentlichen Dienstes;
- Qualitative und quantitative Entwicklung der industriestaatlichen Verwaltung, Auswirkung sozialökonomischer Strukturen und Prozesse auf Organisation und Funktionsweise der öffentlichen Verwaltung, öffentliche Verwaltung und Demokratie;
- Verwaltungssysteme anderer Länder, vergleichende Verwaltungsforschung;
- Verwaltungsgeschichte;
- Wissenschaftstheoretische Fragen im Bereich der Verwaltungswissenschaften.

1976 ordnete *W. Thieme* in einem Abschlußbericht die im Schwerpunkt Verwaltungswissenschaft der VW-Stiftung geförderten Projekte sieben Themenbereichen zu. Die Übersicht zeigt, daß sich die 1969/70 erkennbaren institutionellen Anfänge verwaltungswissenschaftlicher Hochschulforschung in Hamburg, Bremen, Frankfurt, Heidelberg, Speyer, Freiburg, Konstanz, München und Berlin – heute wäre die Liste schon wieder länger – verfestigt und auch die ursprünglichen Themen bewährt hatten. *Thieme* nannte:

1. Untersuchungen und Vorschläge zur Entwicklung neuer Organisationsformen, Verfahren und Entscheidungstechniken;

2. Auswirkungen der Gebietsreform;
3. Administrative Probleme im kommunalen Raum;
4. Einstellungen und Verhaltensweisen von Verwaltungsangehörigen;
5. Verhältnis von Bürger und Verwaltung;
6. Einfluß ökonomischer Faktoren auf das Entscheidungsverhalten öffentlicher Institutionen;
7. Verwaltungswissenschaftliche Lehrmaterialien.

Da es sich nur um geförderte Projekte handelt, ergibt sich kein getreues Spiegelbild. Man muß deshalb wohl zu 1. die zahlreichen Untersuchungen von Planungsprozessen und die über das Zusammenwirken von Politik und Ministerialbürokratie in der Politikvorbereitung eigens erwähnen (vgl. *W. Bruder*, 1981 und *H. U. Derlien*, 1981) und zu 2. und 3. ergänzen, daß sich hier ausgesprochen neue Schwerpunkte gebildet haben, für die der 1972 von *R. R. Grauhan* gegründete Arbeitskreis ‚kommunale Politikforschung' (vgl. *R. R. Grauhan*, 1975), die 1975 von *P. Kevenhörster* u. a. gegründete ‚Studiengruppe für Lokale Politikforschung' (vgl. *P. Kevenhörster*, 1977) sowie die Konstanzer Schwerpunktbildung (vgl. *J. J. Hesse*, 1976) stellvertretend, aber nebeneinander erwähnt seien, weil ihr Nebeneinander auch den theoretischen und politischen Dissens in der einschlägigen Forschung widerspiegelt (vgl. *H. Wollmann*, 1978 und 1980).

Der ‚Neubeginn' der deutschen Verwaltungswissenschaft fällt, wie gesagt, zeitlich so eindeutig mit der 1966 zögernd beginnenden ‚Reformphase' in Bonn zusammen, daß sich im Verlauf der Reformpolitik ein Stück Wissenschaftsgeschichte abbildet. Zunächst wurden auch in der Wissenschaft die Planungshoffnungen geteilt und bemühte man sich darum, die ‚administrative Rationalität' zu mehren. Anschließend setzte man sich mit den Rückschlägen auseinander, teils auch auf Verfahrensmängel zurückzuführen (vgl. *F. Scharpf*, 1972, *A. Murswieck*, 1975, *P. Grottian, Murswieck-Grottian, B. Schäfers* u. a. und zum Ablauf *R. Mayntz/F. W. Scharpf)*. Zwar darf nicht behauptet werden, die Verwaltungswissenschaft habe sich ganz in das Fahrwasser der politischen Praxis begeben. Es fehlte auch zu Beginn der siebziger Jahre nicht an einer prinzipiellen Weiterführung der bürokratie-theoretischen Diskussion (vgl. z. B. *H. Häußermann*, 1977 und vor allem *R. Mayntz*, 1978) oder an einer theoretischen Aufarbeitung des Ertrags der empirischen Forschungen in Ministerien (vgl. z. B. *Schmid/Treiber)*. Dennoch standen Themen und Forschungsmittel der sich erweiternden Verwaltungswissenschaft in engem Zusammenhang mit der politischen Entwicklung; ihr ‚Praxisbezug' erweist sich bis heute wohl als das zentrale Problem dieser Wissenschaft. Von einer solchen Überlegung gehen jedenfalls die folgenden Ausführungen aus.

Entwicklungen in den siebziger Jahren

Stellt sich die deutsche Verwaltungswissenschaft zum Beginn der achtziger Jahre als eine umfangreiche, stark ausdifferenzierte und in unterschiedlichster Weise der jeweiligen Praxis zugewandte Wissenschaft, zumindest als eine erstaunliche Summierung von Beiträgen der verschiedenen beteiligten Disziplinen dar, zeichnet sich darin eine jüngere Entwicklung ab, in der Verwaltung als Thema Karriere gemacht hat, die Vorbereitung und das Scheitern von Reformen in der Verwaltung wissenschaftliche Vorschläge und Evaluationsforschungen stimuliert haben und wohl auch etwas der Glaube daran verloren gegangen ist, man könne die öffentliche Verwaltung zureichend mit Mitteln des Rechtes zu einem systemrationalen ‚Vollzug' anhalten. Daß Politik bürokratisch vorbereitet wird und das Verwirklichen von Plänen und die Durchführung von Planungsprozessen ein hohes Maß an Spielraum für die in der Hauptsache Beteiligten, also eben nicht für die leitenden Politiker, erfordern, gilt immer mehr als selbstverständlich. Unter welchen Bedingungen es selbstverständlich geworden ist, soll unter fünf Aspekten kurz erörtert werden.

1. *Themenschwerpunkte:* Die Theorie der Verwaltung findet sich kaum weiterentwickelt, weil sich ‚Verwalten' mehr und mehr als ubiquitäres Phänomen erweist, hinsichtlich dessen man zwar die jeweilige Organisation, zur Not auch die Verwaltungsmittel und die verfügbaren personellen und finanziellen Ressourcen als Betrachtungsobjekte zureichend ausgrenzen, nicht aber die Funktion der Verwaltung von anderen Funktionen des Systems, dem sich die Verwaltung jeweils zurechnen läßt, unterscheiden kann. Unterscheidungsversuche sind immer wieder unternommen worden, im Kern aber gescheitert. Man kann in einem Unternehmen nicht das Management gegen die Verwaltung abheben, sondern allenfalls verschiedene Stufen des Managements festmachen. Und man kann auch im politischen System nicht zwischen der Sphäre der Willensbildung und der des Vollzugs so unterscheiden, daß sich die Verwaltung plausibel von der Politik ablösen läßt. Man kann zwar die öffentliche Verwaltung als ein eigenes System oder Subsystem betrachten, dem gegenüber dann die Politiker z. B. die ent-lastende Legitimationsbeschaffung zu leisten haben. Es wird mithilfe eines solchen Modells aber kaum möglich, die verwaltungsinterne Politikvorbereitung empirisch adäquat zu erfassen, die sich -- staatsbezogen - nicht nur im Bereich ministerieller Tätigkeiten vollzieht, sondern einfach zustande kommt, weil ein großer Apparat ständig einen neuen Leitungsbedarf entwickelt und auf Klärung und Erweiterung des von ihm bedienten Regelsystems drängt. Reale Politik mag programmorientiert oder klientelbestimmt sein, ist aber stets auch verwaltungsinduziert.

Tatsächlich stehen wir damit immer noch vor der Situation, die *E. Forsthoff* vor vielen Jahren in seinem Lehrbuch des Verwaltungsrechts auf die Formel gebracht hat: „Von jeher ist die Verwaltungsrechtwissenschaft um eine Definition ihres Gegenstandes, der Verwaltung, verlegen. Das hat seinen Grund nicht in einer mangelhaften Durchbildung der Wissenschaft. Es handelt sich überhaupt nicht um einen behebbaren Mangel der Theorie. Vielmehr liegt es in der Eigenheit der Verwaltung begründet, daß sie sich zwar beschreiben, aber nicht definieren läßt. Die Mannigfaltigkeit, in der sich die einzelnen Verrichtungen der Verwaltung ausfächern, spottet der einheitlichen Formel" *(E. Forsthoff,* 1). Theoretische Bemühungen wenden sich deshalb meist entweder der *Verwaltung als institutionellem Gefüge* zu oder arbeiten die *Funktion der Verwaltung* in einem System (politischen System, Unternehmen, Krankenhaus, Schule usw.) heraus, sofern es nicht darum geht, in einem konkreten Arbeitsfeld der Politik zu untersuchen, wie sich die politischen *Vorgaben im Vollzug verändern und welchen Beitrag die Verwaltung* dazu leistet — teils indem sie die Vorgaben der jeweiligen Wirklichkeit nur anpaßt, teils indem sie auch eigene Vorstellungen ins Spiel bringt, die beabsichtigt oder nicht zu einer Umdeutung der Vorgaben führt.

Unter allen drei Aspekten haben sich Fragen herausgeschält, mit denen sich die der öffentlichen Verwaltung zugewandte Verwaltungswissenschaft besonders beschäftigt. *Institutionell* handelt es sich in der Hauptsache wohl um Fragen nach den Führungs- und Koordinationsproblemen (Literaturübersicht bei *Th. Ellwein,* 1980). Der Widerspruch zwischen klassischen Organisations- (und damit Führungs-)Prinzipien wie dem der strikten Hierarchie oder dem der strikten Kompetenzzuweisung und der Realität einer stark ausdifferenzierten, durch und durch spezialisierten, damit also vielfach partikularisierten Verwaltung wird immer deutlicher. Zugleich wird sichtbar, wie man informell diesen Widerspruch überwindet – von der Ausschaltung der Hierarchie über die Nutzung informeller Kommunikationsmöglichkeiten bis zur ‚Kumpanei der Spezialisten' *(F. Wagener).* Dennoch wird die Problematik nicht auf Führungsprobleme im engeren Sinne reduziert. Die allgemeinere Frage nach der Steuerungsfähigkeit eines riesigen, niemals mehr einheitlichen Apparates gegenüber seiner Umwelt, die Frage nach dem Verlust der Einheitlichkeit der öffentlichen Verwaltung, der einhergeht mit einer starken Klientelbildung einzelner Verwaltungszweige und einer Stärkung der verschiedenen Verwaltungsebenen zu Lasten der (gedachten) Einheit des Vollzugs, stellt sich auch hier. In der Politikwissenschaft diskutiert man die ‚Regierbarkeit' (vgl. *W. Hennis* u. a. oder *F. Lehner),* in der Verwaltungswissenschaft, welche in diesem Zusammenhang viele Beiträge von der entweder mehr handwerklich-organisatorischen (Aufbau- und Ablauforganisation, Managementkonzepte, Stab-Linien-System etc.) oder der mehr theoretisch-analytischen Betriebswirtschaftslehre erhält, handelt es sich mehr um die Frage nach dem abnehmenden Grenznutzen eines sich ständig vergrößernden bürokratischen Apparates. Die Vergrößerung wiederum läßt sich empirisch nicht bestreiten. Ob man sie auf veränderte Anforderungen aus der ‚Umwelt' der Verwaltungssysteme, auf den Egoismus der Verwaltungsangehörigen im Sinne der ökonomischen Theorie der Bürokratie zurückführt oder auf die Probleme eines Systems, das sich selbst minutiös auf Kompetenzen festlegt, also seine eigene abstrakte Kapazität nicht reflektiert und deshalb auf jede neue Kompetenz folgerichtig mit einer Systemerweiterung reagieren muß, kann hier unerörtert bleiben.

Im Blick auf die *Funktion der Verwaltung* müßte mehr im Vordergrund stehen, ob die in den sechziger Jahren diskutierte Integrations- und die Leistungsfunktion (vgl. *Th. Ellwein,* 1966 – Legitimität und Effektivität, und *F. Wagener,* 1969) ‚noch' erfüllt werden können, wenn sich Verwaltung mehr und mehr ausdifferenziert und den Bürger damit nicht auf die Rolle des ‚Verwalteten' sondern auf die des höchst unterschiedlich Verwalteten festlegt, dem gegenüber fordernde wie gewährende Impulse seitens der öffentlichen Verwaltung unkoordiniert oder sogar widersprüchlich wirksam werden. Tatsächlich hat man sich oft damit beruhigt, Verwaltung sei Dienstleistung, die Dienstleistungsfunktionen nähmen ganz allgemein quantitativ zu, weshalb in einer ‚Dienstleistungsgesellschaft' ein entsprechend hoher Anteil und Einfluß der öffentlichen Verwaltung ganz selbstverständlich sei. Hinsichtlich der Verwaltungsfunktionen wirkt sich die mangelnde theoretische Durchdringung der Materie wohl besonders beeinträchtigend aus, gibt jedenfalls dem puren Rückgriff auf die traditionelle Staatsfunktionenlehre (vgl. *U. Matz)* ebenso eine Chance wie jenen Ansätzen einer politischen Ökonomie, denenzufolge der Staat und mit ihm seine Bürokratie Sachwalter oder Agenten des Kapitals sind (vgl. *J. Hirsch,* 1970/2) – analytisch immer wieder ein brauchbarer Zugang zur Verwaltungsrealität, präskriptiv und normativ aber solange nicht zu verwenden, solange man überhaupt Chancen der jeweiligen Mehrheit unterstellen will, auf den politischen Willensbildungsprozeß entscheidenden Einfluß zu nehmen. In diesem Falle muß zumindest approximativ zwischen Entscheidung und Vollzug unterschieden und die Selbständigkeit des Vollzugs beschränkt werden (ein Überblick über die verschiedenen politökonomischen Ansätze bei *Schmid/Treiber* S. 48 ff.).

Den *Vollzugsproblemen* in begrenzten Aufgabenfeldern haben sich die verschiedenen Politikfeldanalysen(vgl. z. B. die Sonderhefte 9 und 11 der PVS sowie *Th. Ellwein,* 1980) und in deren Rahmen auch die Arbeiten zugewandt, die man der Evaluations- und der Implementationsforschung zurechnen kann. Der policy-analysis-Ansatz, stark von der angelsächsischen empirischen Sozialwissenschaft beeinflußt und gelegentlich mit systemanalytischen Ansätzen vermischt – die VW-Stifung läßt darüber 1982 umfassend berichten –, verbindet sich insofern mit einer deutschen Tradition, als es neben den einschlägigen Teildisziplinen der Volkswirtschaftslehre immer mindestens einige Bereiche staatlichen Handelns gegeben hat, auf die sich wissenschaftliches Bemühen unter politischem Aspekt bezog – etwa die Landwirtschafts- oder die Forstpolitik mit Lehrstühlen an den jeweiligen Fakultäten oder die sich schon früh ausbildende Teildisziplin der Sozialpolitik und später die der Arbeitsmarktpolitik. Solchen Bemühungen war gemeinsam die enge Beziehung zur jeweiligen Mutterwissenschaft und die stark normative Komponente. Auch empirische Analysen hat es gegeben. Daß sie in den einschlägigen Wissenschaften dominieren, ist dagegen neueren Datums. Die hier zu erwähnenden Politikfeld-Analysen ruhen fast alle auf empirischem Fundament; nicht wenige von ihnen, die aus dem Bereich der Auftragsforschung stammen, dienen sogar ausdrücklich der Materialorganisation. Sie lassen sich insgesamt nicht einer einzigen Wissenschaft zurechnen, wenngleich die beiden Sozialwissenschaften und die Wirtschaftswissenschaft deutlich im Vordergrund stehen. Da Politikfeld-Analysen es fast stets mit administrativen Problemen zu tun haben, gehören viele von ihnen in den verwaltungswissenschaftlichen Bereich hinein. Dies soll nicht weiter ausgeführt werden; wir haben einleitend schon betont, daß hier keine Definition von Verwaltungswissenschaft versucht wird. Die Politikfeld-Analysen müssen in unserem Zusammenhang jedenfalls berücksichtigt werden.

Dem erwähnten Bereich rechne ich auch die ebenfalls kräftig erstarkte, wiederum vor allem auf amerikanische Ansätze (vgl. *C. H. Weiß)* sich stützende Evaluations- und später die, etwas erweiterte *Wirkungsforschung* zu (vgl. *C. Böhret,* 1980, *R. Mayntz,* 1980, *H. Wollmann,* 1980). *H. U. Derlien* möchte von Programmforschung reden (zum Programmbegriff vgl. *W. Jann).* Als Themen haben sich hier vor allem neuere Politikansätze angeboten – zuerst wohl die territoriale und funktionale Verwaltungsreform (vgl. z. B. *D. Schimanke,* 1977, *H. U. Derlien,* 1976, *D. Tränhardt,* 1977), dann zahlreiche Einzelprobleme der Stadtpolitik und schließlich die Raumordnungs-, die Arbeitsmarkt- und die Umweltpolitik; neuerdings scheinen die Wohnungs-, die Sozial- und die Gesundheitspolitik im Vordergrund zu stehen, was z. B. in dem hier vorliegenden Sonderheft oder in dem von *R. Mayntz* herausgegebenen Sammelband dokumentiert wird (1980). Die Wirkungsforschung im engeren Sinne hat in der Bundesrepublik wohl aus ähnlichen Gründen wie in den Vereinigten Staaten Karriere gemacht: Zunächst ergab sich für den Bund, dem mit dem eigenen Verwaltungsunterbau eine spezifische Art von Information fehlt, ein Bedarf, der durch einschlägige Forschung wenigstens bedingt befriedigt wurde; später kam die Wendung von den Einzelmaßnahmen zu den umfassenderen Programmen und den mit ihnen verbundenen Planungen hinzu und forderte sowohl die Untersuchung dessen heraus, wieweit das Erreichte vom ursprünglich anvisierten Ziel entfernt bleibt, als auch die forschungstechnisch sehr viel schwieriger zu beantwortende Frage nach den Programmveränderungen, welche sich während des Programmvollzuges und durch ihn ergeben. Dabei spielte die Erfahrung eine große Rolle, daß man für den sinnvollen Vollzug neuer Programme und für den Gewöhnungsprozeß in der vorhandenen Apparatur viel mehr Zeit benötigt, als man sie in der Programmformulierung vorsieht.

Was im einzelnen Politikfeld-Analyse und was Implementationsforschung im engeren Sinne ist, wird man nicht immer unterscheiden können, muß das aber auch nicht tun. Ihre methodische Basis ist ohnehin diesselbe und sie haben es auch gemeinsam mit dem Problem zu tun, daß einschlägige Studien meist Einzelfallstudien in dem Sinne der notwendigen Isolierung des Betrachtungsfeldes sind. Damit fehlt es oft an Vergleichbarkeit, der Weg zu generalisierbaren Erkenntnissen ist häufig verbaut. Internationale Vergleiche wiederum werden zwar versucht, stoßen aber auf das Problem, daß man eher das engere Politikfeld vergleichen kann – z. B. Wohnungsbaupolitik in der Bundesrepublik und in Frankreich – als die Organisations- und Entscheidungsstrukturen, innerhalb derer das Politikfeld mit Zielen, Ressourcen und administrativen Verfahren bedient wird. Immerhin: Der (internationale) Vergleich hilft jedenfalls weiter. Man bemüht sich an verschiedenen Stellen um ihn, von denen ich nur das Wissenschaftszentrum Berlin mit seinen Untersuchungen zur Arbeitsmarktpolitik nenne.

Politikfeld-Analysen und auch die Wirkungsforschung im engeren Sinne verraten, was hier zumindest angedeutet werden soll, in der Hauptsache Schwäche der einschlägigen Politik (vgl. *F. W. Scharpf,* 1974). Sie äußert sich zunächst als Steuerungsschwäche. Das angestrebte Ziel kann nicht mit unmittelbar wirksamen Instrumenten erreicht werdern; die nur mittelbar wirkenden, wie z. B. Anreizprogramme der verschiedensten Art, lassen sich demgegenüber in ihrer Wirkung schwerer voraussehen, erweitern das Feld der beteiligten Akteure, indem z. B. eine politische ‚Koordination von unten' im Sinne *F. W. Scharpfs* durch die Gemeinden erfolgen muß, und sie unterliegen im Implementationsprozeß Anpassungsmechanismen ganz anderer Art als man sie beim Gesetzesbefehl früherer Couleur gewöhnt war. Insofern erweisen sich einschlägige Untersuchungen noch stärker als Defizitanalysen als das ohnehin im Bereich der Sozialwissenschaften immer dort der Fall ist, wo der politischen Realität eine, wie auch immer geartete Norm gegenübersteht. Im konkreten Bezug tritt die Norm meist als Erwartung auf; Programmforschung analysiert nicht zuletzt den nicht erfüllten Teil solcher Erwartungen; sie müßte damit pragmatisch zur Ernüchterung bei der Formulierung von Programmen beitragen. Ob sie sich dazu eignet, ob sie nicht vielmehr einem ggf. problematischen Trend folgt, durch Isolierung des Betrachtungsfeldes zur Effizienzsteigerung des jeweiligen Instrumentariums beizutragen, sei hier als Frage nur angemeldet. Sicher scheint mir zu sein, daß es relativ schwer ist, von policy-bezogenen Analysen zurück zur Verwaltung als solcher zu kommen, die aber als der Grundbestand berücksichtigt werden will, welcher bei jeder Maßnahmeüberlegung einfach vorausgesetzt und deshalb nicht selten auch als Kostenfaktor außeracht gelassen wird.

2. *Praxisbezug:* Es wurde schon ausgeführt – und die Andeutungen über thematische Schwerpunkte haben es bestätigt –, daß sich die deutsche Verwaltungswissenschaft in enger Anlehnung an die politische Praxis in Bund, Ländern und Gemeinden entwickelt hat. Die Anlehnung erfolgte nicht einseitig, keinesfalls hat die Wissenschaft zuerst Bedürfnisse der Praxis stimuliert, um sie hinterher befriedigen zu können. Die Anlehnung ist auch nichts Ungewöhnliches, ebenso wenig wie es nicht ungewöhnlich sein sollte, daß ein wissenschaftliches Bemühen, das sich seine empirische Basis erst erwerben und dann verbreitern und sich zugleich mit vielen normativen Vorgaben auseinandersetzen muß, längere Zeit benötigt, bis sich ein theoretisches Fundament erarbeiten läßt. „Die Geschichte berichtet über keinen Fall, in dem im gleichen Augenblick sowohl ein Wissenskomplex wie auch eine voll umspannende Theorie Zugang zum menschlichen Bewußtsein gewonnen hätten. Ein Wissensgehalt muß sich zunächst vielfach den rohen Stößen der Erfahrungsprobe ausgesetzt haben, bevor ihm im Erkenntnisbereich ein fester Platz eingeräumt wird. Wissen und ein versuchsweises Umgehen mit Wissen, also seine beginnende Auswertung, gehen demzufolge im allgemeinen der Konstruktion einer diesem Wissen in jeder Hinsicht gerecht werdenden Theorie voran" (*Morstein Marx,* in: Hochschule Speyer, 1968, 239 f.).
Zu den besonderen Merkmalen jener ‚Erfahrungsprobe' der Verwaltungswissenschaft gehört nun freilich, daß ihr Objekt handfest auf die Wissenschaft Einfluß nimmt. Verwaltungswissenschaft wird in Zusammenhang mit Aus- und Weiterbildung nicht nur nachgefragt, sondern eben auch determiniert. Sie wird durch Aufträge programmiert und erhält oft Zugang zu den für ihre empirische Basis erforderlichen Materialien nur, weil sie solche Aufträge übernimmt oder sonst ‚in der Nähe' von Verwaltungen und ihrer führenden Vertreter betrieben wird. Verwaltungswissenschaftler haben vielfach im Laufe ihrer Karriere in der Verwaltung Dienst getan. Das macht diese Wissenschaft praxisanfällig; die ‚Anlehnung' kann bedeuten, daß die Themenwahl nicht innerwissenschaftlichen Bedürfnissen und Kriterien folgt, sondern einem faktischen oder imaginären Markt. Erst in diesem Zusammenhang wird der Theoriemangel zum wirklichen Problem: Es fehlt an Meßgrößen für wissenschaftliche Hervorbringungen, die unabhängig von der Befriedigung des jeweiligen Auftraggebers oder ggf. auch unabhängig von der Auflagenhöhe der einschlägigen Veröffentlichungen funktionieren.
Der ‚Praxisbezug' läßt sich genetisch unter dem Aspekt zweier verschiedener Phasen sehen. In der ersten standen die Reformbemühungen im Vordergrund; Verwaltungswissenschaft war wie die Politikwissenschaft oder auch als ein Teil von ihr zur *Politikberatung* während der Programmentwicklung aufgerufen und bemühte sich oft gleichzeitig um die Möglichkeiten politischer Planung und um optimale Organisationsformen für die Entwicklung und den Vollzug politischer Programme. Da man hier die Ansätze nicht immer zureichend unterschied, ging sicher häufig einiges durcheinander; ‚aktive

Politik' hängt nicht von einem funktionierenden Planungsinstrumentarium ab, sondern von der Fähigkeit, unter verschiedenen Zukünften und den ihnen entsprechenden Handlungsalternativen wirklich auszuwählen. Das Planungsinstrumentarium ist dafür zwar eine wichtige, nicht aber die ausschlaggebende Voraussetzung. Auf der Ministerialebene dieses Instrumentarium einzuführen, verbürgt noch keine ‚andere' Politik. Es kann auch die bisherige Politik optimieren (vgl. *R. Mayntz/F. W. Scharpf*). In der zweiten Phase, der man stärker die Evaluations- und die Implementationsforschung zurechnen kann, spielte dagegen das Erlebnis des Scheiterns vieler Reformansätze eine Rolle, verbunden mit der Einsicht in die Steuerungsschwäche des politisch-administrativen Systems. Wieder wurde Forschung zwar stimuliert, um die Vollzugspraxis aufgrund einschlägiger Analysen verbessern zu können, wieder stand ein praktisches Bedürfnis nach *Politikanalyse* vornean. Eine begleitende Forschung (ein Teilüberblick bei *R. Mayntz* 1980) vermag allerdings doch eher Distanz zur Praxis zu halten, als die, welche in der Praxis zur Definition von Zielen und Programmen und zur Auswahl der zur Zielverwirklichung führenden Wege und Instrumentarien beiträgt, also unter ähnlichen Rechtfertigungszwängen steht wie die Praxis, die keinen Mißerfolg zugeben oder doch die Gründe dafür nur bei Außenstehenden oder nur in Unvorhersehbarem suchen kann.

3. *Differenzierung der Verwaltungswissenschaft:* Die Anlehnung der Verwaltungswissenschaft an die Praxis hat zur Folge, daß sich die immer stärkere Ausdifferenzierung der öffentlichen Verwaltung nach Verwaltungsebenen, allgemeinen und Fachverwaltungen, klientelorientieren Verwaltungen und solchen mit einem generellen Ordnungsauftrag oder die Ausdifferenzierung nach den wissenschaftlichen Bezügen, innerhalb derer Verwaltungshandeln erfolgt, auch in der Verwaltungswissenschaft niederschlägt. Vereinfacht: Die Spezialisierung prägt diese Wissenschaft noch bevor es gemeinsame Grundlagen gibt. Betrachtet man nicht als eine solche gemeinsame Grundlage, was sich in der (früher) üblichen Gliederung „der Verwaltungswissenschaft in Verwaltungslehre, Verwaltungsrecht und Verwaltungspolitik" (*E. Becker*, in: *H. Siedentopf*, 1976, 234) widerspiegelt, wird fast beliebig, ob man etwas der Verwaltungssoziologie oder der policy-analysis zuordnet oder es als Verwaltungswissenschaft bezeichnet. Das macht einerseits deutlich, wie eng die Beziehungen zwischen der Politik- und der Verwaltungswissenschaft sind, die in Konstanz zur Herausbildung eines eigenen Studienganges geführt haben, es verwischt andererseits die unterschiedlichen Erkenntnisinteressen. Die policy-analysis der Politikwissenschaft steht zuletzt im Dienste der Erforschung und Erhellung politischer Strukturen, während ähnliche Analysen unter verwaltungswissenschaftlichem Aspekt einen stärkeren Verwaltungsbezug haben müssen, also betrieben werden, um Arbeitsbedingungen und Einflüsse der Verwaltung zu eruieren, welche ggf. zu verbessern oder einzuschränken sind. Insofern kommt es nicht auf Bezeichnungen und Zuordnungen an, sondern darauf, daß beide Erkenntnisinteressen zum Zuge kommen.

Ausdifferenzierung und Spezialisierung gehören so sehr zum modernen Wissenschaftsbetrieb, daß man auf sie in unserem Zusammenhang nicht besonders hinweisen müßte, würde sich hier nicht auch eine Gefahr abzeichnen. Die öffentliche Verwaltung verliert mehr und mehr ihre Einheit. Verwaltungsrecht, Status der Mitarbeiter, Konventionen

aller Art gewährleisten eine solche Einheit nicht mehr; die Gemeinsamkeit bürokratischer Verfahren erweist sich als ungeeignet, sie zu ersetzen. Geht man davon aus, daß es für die Politik und Staat nicht dienlich sein kann, wenn sich die öffentliche Verwaltung in eine Reihe von Dienstleistungsbereichen auflöst, muß man dem Ausdifferenzierungsprozeß gegensteuern. Das kann partizipatorische Gründe haben – Beteiligung ist z. B. im kommunalen Bereich, nicht aber bezogen auf eine Vielzahl von Fachbehörden denkbar – , es kann auch im Blick auf die Effizienz von Politik geboten sein: Ein stark gegliedertes System läßt sich angesichts neuer Aufgaben widerstandslos weiter auffächern, ohne daß man zureichend zu klären braucht, ob systemintern noch die notwendige Koordination erfolgen, der Mitteleinsatz abgewogen, notfalls auch später eine Leistung zurückgenommen werden kann. Die aufgabenspezifische Gliederung der Verwaltungsorganisation verfestigt den Aufgabenbestand; gegenüber dem Postulat nach Aufgabenabbau sind die Bereiche, denen eigene Implementationseinrichtungen zur Verfügung stehen, immer am besten gefeit.
Wenn es richtig ist, hinter der Vielzahl der einzelnen Dienstleistungen doch das ‚Ganze' der Verwaltung zu sehen, stellt sich hier auch und gerade eine Aufgabe für die Verwaltungswissenschaft. Ihr kann diese Wissenschaft aber nicht entsprechen, wenn sie entwicklungsbedingt voll der internen Ausdifferenzierung von Verwaltung nachfolgt, den Blick mithin mehr für das je Besondere, als für das Allgemeine, z. B. eine moderne Weiterentwicklung der Bürokratietheorie *Max Webers* schärft. Wieder geraten wir damit an einen Punkt, an dem die Klage über ein Defizit an Theorie laut werden könnte. Wissenschaftspraktisch handelt es sich aber doch eher darum, den ‚Gegenstand' Verwaltung nicht zu eng anzugehen.

4. *Innerwissenschaftliche Probleme:* Die angesprochene Gefahr wird durch innerwissenschaftliche Vorgänge verstärkt. Spezialisierung erweist sich oft als karrierefördernd oder einfach als unvermeidlich, wenn größere empirische Untersuchungen die Kapazitäten der meist kleinen Forschergruppen überfordern. Dies sei hier nur allgemein erwähnt, zwei nicht ganz seltene *Untugenden* seien dagegen ausdrücklich angesprochen. Die eine besteht darin, die eigene Leistung dadurch hervorzuheben oder sich der Mühe des Aufarbeitens dadurch zu entziehen, daß man so tut, als habe es vorher keine einschlägigen Leistungen – auch in anderen Sprachräumen – gegeben. So kann man sich der Zitatenkartelle bedienen, wie sie oft in stärker ideologisch angeleiteten Auseinandersetzungen üblich sind, um mit ihrer Hilfe Teile der Wissenschaft einfach auszuschließen, wenn man sich nicht überhaupt mit der bloßen Ablehnung der bisherigen Forschung begnügt. Der Versuch, in der Bundesrepublik den ‚Bürokratischen-Politik-Ansatz' einzubürgern, sei als Beispiel genannt. Er ist schon deshalb wohl zu Unwirksamkeit verdammt, weil die Bearbeiter große Teile der bisherigen Wissenschaft abqualifizieren, ohne ihre eigenen Kriterien zu benennen und an Beispielen zu verdeutlichen, wie man diese anwenden könnte. Wer sich zum ‚erfahrungswissenschaftlichen Wissenschaftsprogramm' bekannt, dann ausführt: „Aussagen gelten somit als unwissenschaftlich und bleiben auch im folgenden unberücksichtigt, die nicht über soziale Realität informieren, also nicht an ihr prüfbar sind, oder bereits widerlegt wurden. Ausgeschlossen sind daher große Teile der immer noch erzählend, intuitiv, spekulativ und/oder

normativ verfahrenden Politologie, die meistens nur aus Meinungen von Autoren besteht," ohne das in irgend einer Weise auch nur zu illustrieren, kann damit kaum kaschieren, daß er den Diskussionsstand nicht kennt oder nicht kennen will (*H. Uthoff/ W. Deetz,* 23). Pikanterweise üben sich gerade solche Autoren, die alles auf die soziale Realität beziehen wollen, in Wertungen, die sich, weil lediglich pauschal, nicht nachvollziehen lassen. Am Beispiel:

„Mit der Auflösung der ‚alten' Staatssoziologie ist auch die Analyse politischer Wirkungen von zentralen politischen Bürokratien weitgehend vernachlässigt worden. Die frühere staatssoziologische Problemstellung gehört später zum Objektbereich u. a. der Theorie politischer Systeme/Theorie der Innenpolitik, Politischen Soziologie und Verwaltungswissenschaft. Diese Disziplinen haben politische Wirkungen von Bürokratien nur gelegentlich untersucht: Bürokratien sind in der Theorie politischer Systeme nur ein politischer Akteur unter mehreren, der nur ausnahmsweise ‚hochpolitisch' entscheidend ist. Politische Soziologie hat lange andere zentrale politische Akteure, nicht aber den Staatsapparat analysiert. Verwaltungswissenschaft, -lehre oder Lehre von der öffentlichen Verwaltung hat sich auf die Probleme politisch geordneter staatlicher Bürokratien konzentriert." (Ebenda, S. 26 und ähnlich im ganzen folgenden Abschnitt.)

Ein anderes Problem ergibt sich aus der Einzelkämpfermentalität vieler Wissenschaftler, die sich im Sinne *R. Dahrendorfs* gern auf ihr Vorgärtchen beschränken, aber auch eifersüchtig darüber wachen, daß niemand ihnen dort in die Quere kommt. Für den Fortgang der Dinge ist es z. B. ziemlich gleichgültig, wer in der Bundesrepublik zuerst oder mit größtem Nachdruck die policy-analysis oder die Implementationsforschung eingeführt, d. h. Ansätze aus den USA aufgenommen und weiterentwickelt hat. Für beides aber einen eigenen Namen ‚Programmforschung in der öffentlichen Verwaltung' zu finden, dafür eine Gesellschaft zu gründen und sich gerade nicht mit denen zusammenzutun, die bisher ähnliches unternommen haben, führt notwendigerweise zur weiteren Zersplitterung der vorhandenen Mittel und ggf. zu Doppelarbeit (vgl. *H. U. Derlien,* 1981). Natürlich wird niemand den Wert von einschlägiger Konkurrenz unterschätzen. Andererseits stellt sich aber die Frage, ob man nicht auf diese Weise der Konkurrenz aus dem Wege gehen will.

5. *Professionalisierung, Klientelprobleme:* „Verwaltungswissenschaft ist mit der hochschulorganisatorischen Entwicklung auf dem europäischen Kontinent weitgehend verkümmert, als sich die enzyklopädische Staatswissenschaft in einzelne Sozialwissenschaften auflöste" (*H. Uthoff/W. Deets,* 29). Nun war ‚Staatswissenschaft' nie ein einheitliches Gebilde, kein Pendant etwa zum Wohlfahrtsstaat des 18. Jahrhunderts, sondern eher eine Summe wissenschaftlicher Bemühungen, mit denen praktischer Staatsbedarf gedeckt wurde (z. B. in der Statistik, der Lehre vom Brückenbau und in ähnlichen Ingenieurbereichen), nach *H. Maier* einer ‚Gebrauchswissenschaft für den Verwaltungsstaat des 17. und 18. Jahrhunderts', die allerdings im Staat einen gemeinsamen Bezug hatte. Dennoch: Vergleicht man mit ihr, so erscheint heute als die eigentliche Neuerung, daß sehr viele Wissenschaften, keineswegs also nur Staatswissenschaften, auf das Handeln staatlicher Organe einwirken. Es führen auch fast alle akademischen Ausbildungsgänge zumindest vereinzelt Absolventen in den Staatsdienst. Hier bildet sich

eine ‚Verwissenschaftlichung' ab, angesichts derer kein Politikbereich denkbar erscheint, in dem es nicht auch wissenschaftliche Anleitungen für die Programme und die Programmverwirklichung gäbe. In der Bundesrepublik ändert das nichts am Vorrang der Juristen im höheren Dienst, es verändert aber doch die Verwaltung, weil es teils zu ihrer Ausdifferenzierung beiträgt, teils die Möglichkeiten einer verwaltungsinternen, hierarchiegebundenen Willensbildung vermindert. Zugleich entstehen zwischen den Fachbeamten in der öffentlichen Verwaltung und den einschlägigen Wissenschaften spezifische Verbindungen: Die mit Umweltschutz beauftragten Beamten sehen in den sachverständigen Biologen, Chemikern oder Hydrologen ihre wichtigsten Gesprächspartner, zwischen den Bautechnikern in der Verwaltung und den Architektur- und Bauingenieurwissenschaften gibt es vielfältige Beziehungen. Insgesamt ereignet sich also eine Öffnung der Verwaltung.

Vergegenwärtigt man sich diesen Sachverhalt, wird zugleich die spezielle Funktion, aber auch Problematik der Politik- und der Verwaltungswissenschaft sichtbar. Soweit man sich hier nicht politikfeldspezifisch festlegt, rekrutiert sich die ‚geborene' Klientel aus den Beamten, welche entweder mit speziellen Teilen der Politikformulierung oder aber mit der Organisation der Verwaltung, mit der Rekrutierung und der Steuerung des Personals, mit der Regelung der Beziehungen zwischen Verwaltung und Publikum zu tun haben, mit einem Teil der sogenannten Generalisten also – die Mitgliederliste der ‚Deutschen Sektion des Internationalen Instituts für Verwaltungswissenschaften' gibt darüber getreulich Auskunft. Die ‚Verwaltungswissenschaftlichen Informationen' dieser Sektion, 1981 im 9. Jahrgang erscheinend, stellen auch eine Fundgrube für unseren Bereich dar – schon weil sie den internationalen Bereich und Vergleich stets einbeziehen – und machen zugleich sichtbar, was für die Verwaltungswissenschaft in engerem Sinne jedenfalls ‚übrig' bleibt: Organisation und Procedere der Verwaltung (zunächst) unabhängig von den jeweiligen Inhalten der Programmentwicklung und -verwirklichung. Wer hieran in Praxis und Wissenschaft interessiert ist, findet zueinander, gleicht sich sprachlichan, indem er Termini der Fachsprache übernimmt und wird damit Teil einer In-group, die als solche in den Ministerien und den großen Verwaltungen durchaus erkennbar ist. Verwaltungswissenschaft verbindet sich zwar mit dem Anspruch, ‚das Ganze' der Verwaltung in den Griff zu bekommen, verengt ihren Zugang aber nicht anders als andere Wissenschaften, mit denen Angehörige der Verwaltung Austausch pflegen (müssen). Dies gilt eingeschränkter, wenn man die policy-analysis, meist professionell von der Soziologie und der Politikwissenschaft oder auch der Wirtschaftswissenschaften ausgehend, voll der Verwaltungswissenschaft zurechnet. Es gilt noch eingeschränkter, wenn man auch die wissenschaftliche Beschäftigung mit den verschiedenen Planungsverfahren und konkreten Planungen der Verwaltungswissenschaft zuweist. Solche Beschreibung macht aber nur sichtbar, daß es einen engeren und einen weiteren Umgriff der Verwaltungswissenschaft gibt, wobei der weitere in deutlicher Gemengelage zwischen den verschiedenen Sozialwissenschaften liegt. Da Verwaltungswissenschaft nicht planmäßig gefördert wird und mangels umfassender Ausbildungsfunktion auch nicht gezwungen ist, sich inhaltlich und methodisch auf einen ‚Kern' zu verständigen oder sich gar einen festen Kanon zuzulegen, wird es aller Voraussicht nach bei der bisher immer vorausgesetzten ‚Offenheit' dieses Wissenschaftszweiges bleiben. Auch ihre künftige Entwicklung sollte deshalb pragmatisch betrachtet und bewertet werden – ‚pragmatisch' selbstverständlich im wissenschaftstheoretischen Sinne (vgl. *H. Stachowiak*, 1981).

Vorausschau

Niemand kann voraussehen, wie sich die Verwaltungswissenschaft entwickeln, welcher Themenbereich aus dem Gebiet der öffentlichen Verwaltung in den Vordergrund treten wird. Man kann aber wohl von der *These* ausgehen, daß es bei der Abhängigkeit der Verwaltungswissenschaft von der Praxis bleibt. Um Perspektiven zu gewinnen, muß man deshalb diejenigen Themen ansprechen, die vermutlich in den nächsten Jahren im Vordergrund der Diskussion (auch) über die Verwaltung stehen werden. Ohne das näher zu begründen, stelle ich drei solcher Themen vor, die sich immer mehr als dauerhaft herausstellen, weil sie auf strukturelle Probleme des politisch-administrativen Systems verweisen: die *Steuerungsschwäche* der Politik, verstanden auch als Schwäche des der Politik verfügbaren Instrumentariums, die *Bürokratiekritik*, welche offenkundig in ein neues Stadium tritt (vgl. *U. Lohmar*) – ansonsten gehört Bürokratiekritik zur Bürokratie und ist mit ihr entstanden –, und schließlich die Frage nach den *Verwaltungskosten* und ihrer Relation zu den Programmkosten.

Steuerungsschwäche des politisch-administrativen Systems wird in Zusammenhang mit den Enttäuschungen, wie sie sich mit den Anfängen politischer Planung zu Beginn der siebziger Jahre verbanden, gesehen, weiter mit dem Ausbleiben der über die Gebietsreform hinausreichenden Verwaltungsreformen und in jüngster Zeit vor allem in Zusammenhang mit dem zunehmenden Effizienzverlust allgemeiner Konjunktur- und spezieller Förderungsprogramme (vgl. *F. W. Scharpf*, 1979). Zielorientierte Regelungen, meist in der Form von Programmen, die durch Bündeln legislatorischer und finanzieller Maßnahmen entstehen (z. B. die Programme zur Förderung des Wohnungsbaus) verlieren bei immer weiterer Ausdehnung der zu regelnden Bereiche und bei gleichzeitigem Anwachsen der Regelungsdichte und -tiefe an unmittelbar greifbarer Wirksamkeit. Offenkundig führt die Vielzahl von Programmen auch zu wechselseitigen Behinderungen und zwingen Regelungsdichte und -tiefe den Gesetz- und Verordnungsgeber zu immer größerer Beschleunigung seines out-put.
Konsequenter Vollzug wird damit zunehmend gefährdet. Von den 20 Gesetzen, welche der Landtag von Nordrhein-Westfalen 1978 verabschiedet hat, waren im Herbst 1981 nur noch drei unverändert in Kraft: Diese (im Vergleich zu früheren Zeiten: Über-) Produktion von Gesetzen, Verordnungen, Programmen, Richtlinien usw. verselbständigt insofern die unteren Verwaltungsbehörden, die Gemeinden und Kreise vornean, als unvermeidlich nur ein Teil des jeweils Neuen administrativ verarbeitet werden kann. Große Teile müssen ‚versickern' *(F. Wagener)*. Oft findet sogar eine eindeutige Auswahl statt. Man übernimmt nicht alle Gebote oder Anregungen, sondern nur die – in der Regel natürlich der größere Teil –, die ins eigene Konzept passen, den administrativen Gang nicht zu sehr stören oder hinsichtlich derer man unliebsame Eingriffe der Aufsicht fürchtet. Diese wiederum kennt den Zustand und kalkuliert ihn manchmal schon

selbst ein. Es gibt Ministerialerlasse, mit denen der Minister anfragende Abgeordnete beruhigt, ohne zu erwarten, daß die nachgeordnete Behörde aus solchen Erlassen Konsequenzen zieht.

‚Steuerungsschwäche' wird systematisch in Zusammenhang mit Strukturbedingungen des politischen und des gesellschaftlichen Systems diskutiert – manchen Teilen der Kapitalismuskritik gilt sie bekanntlich als unvermeidbar –, muß aber auch genetisch betrachtet werden. Tatsächlich ist rationale Bürokratie entsprechend dem Idealtypus von *Max Weber* auf eindeutige (und stabile) Zuständigkeiten bezogen; sie muß sich, mit jeder Aufgabenerweiterung selbst erweitern; jede Aufgabenerweiterung bedeutet aber auch Störung bisheriger Abläufe. Für wechselnde Programme ergeben sich daraus genuine Schwierigkeiten. Da die politische Führung zunächst einmal mit Hilfe der Bürokratie verläßlich erledigen muß, was anfällt, also früher als Aufgabe beschlossen oder auch einfach übernommen worden ist, da damit jede politische Führung zunächst einmal einen aus dem Aufgabenbestand sich ergebenden Leitungsbedarf befriedigen muß, andererseits doch auch perspektivische Politik machen möchte, kommt es zu einer ständigen Spannung. Das Neue steht oft im Widerspruch zum Bisherigen; und lenkt Aufmerksamkeit; anderswo versperrt sich die organisierte Aufmerksamkeitslenkung dem Neuen. Die Hoffnungen, politische Planung könne hier ausgleichend wirken, hat sich nicht erfüllt. Steuerungsschwäche ist entscheidend auch die Schwäche von Zielen und Instrumentarien, welche in der Konkurrenz mit dem bisherigen Aufgabenstand und den Methoden seiner Bewältigung ständigen Anpassungen an den bisherigen Zustand unterliegen und dabei vieles von dem verlieren, was man mit ihnen intendiert.

Thematisch ergeben sich daraus *Schwerpunkte*, die zum einen an die theoretischen Bemühungen um Inhalt und Prozedur politischer Planung anknüpfen, zum anderen die Gesetzgebungswissenschaft auch in den Dienst der Verwaltungswissenschaft stellen, zum dritten sich der Aufgabenkritik stellen und zum vierten sich der ‚Verwaltungsvereinfachung' in dem Sinne zuwenden, daß oft nur durch Vereinfachung einzelne Steuerungselemente wieder wirksam gemacht werden können. *Methodisch* ergeben sich allerdings ganz eigene Probleme. Die ‚Verweigerung' von Kreisverwaltungen gegenüber Befehlen des Gesetzgebers läßt sich allenfalls von Insidern untersuchen, die dann das Ergebnis nicht veröffentlichen dürfen. Außenstehende kommen an das Material nicht heran, sie müssen Umwege einschlagen. Deftige Ergebnisse, wie sie etwa *R. Mayntz* in Zusammenhang mit der Implementation eines Teils der Umweltschutzgesetzgebung erzielen konnte, werden Ausnahme bleiben. Andererseits erweist sich das öffentlich zugängliche Material als oft erstaunlich aufschlußreich. Die Vermehrung des Umfanges des Einkommensteuergesetzes spricht ebenso Bände wie die Beschleunigung des Änderungstempos in der Gesetzgebung, was alles nicht nur mit der ‚Gesetzgebungslehre' (vgl. *P. Noll)* zu tun hat, sondern Zugänge auch in die Empirie der Verwaltung öffnet. Diese Zugänge müssen begehbar gemacht werden, wenn man klären will, wie sich neue und alte Aufgabenkomplexe administrativ zueinander verhalten, auf welche Implementationsprobleme politische Planung Rücksicht nehmen und wieweit sie sich auch dem Thema des Aufgabenabbaus oder der Aufgabenverlagerung zuwenden muß – beides Diskussionsthemen, die wissenschaftlich angereichert werden, aber kaum im Mittelpunkt wissenschaftlichen Interesses stehen. Auch die Verwaltungsvereinfachung wird wissenschaftlich diskutiert; wo man sich aber praktisch auf das mühsame Geschäft des Vereinfachens einläßt, setzt man sich mit Recht zwar dem Vorwurf der Theorielosigkeit aus (so z. B. *Laufer*, 1981, in bezug auf eine bayerische Kommission), kann aber auch einwenden, daß die Wissenschaft wenig Hilfen bietet. Unstrittig handelt es sich aber um wichtige Aufgabenfelder für wissenschaftliche Forschung, sofern man sie nicht zu eng angeht.

Wissenschaftlich weniger mühsam dürfte das durch die *Bürokratiekritik* umschriebene Problemfeld anzugehen sein. Daß diese Kritik sehr diffus ausfällt, oft gar nicht die Bürokratie im engeren Sinne und meist nicht deren einzelne Mitarbeiter meint, ist bekannt. Wann die (unvermeidliche) Bürokratisierung in Überbürokratisierung umschlägt, ist weder theoretisch geklärt, noch praktisch zureichend erörtert. Von welcher Schwelle an die verwaltungsinterne Rationalität in unvermeidlichen Konflikt mit der zu verwaltenden Umwelt gerät, weiß niemand genau, jedenfalls nicht aufgrund von nachprüfbaren Untersuchungen zu bestimmen. „Im allgemeinen enthält die Bürokratiekritik . . . wenig Hinweis auf objektive Disfunktionen. Für das Phänomen der Überregelung gilt das . . . noch sehr viel mehr als für die konkreter erfahrbaren Disfunktionen bürokratischen Verwaltungshandelns. So gibt es denn auch schon wissenschaftliche Versuche zur gezielten Erfassung pathologischer Aspekte bürokratischer Verwaltungsorganisation" (*R. Mayntz*, 1981, S. 12 f.; vgl. *K. Türk*, 1976).

G. Wittkämper hat z. B. eine Art Prüfraster zur Beurteilung des Bürokratisierungsgrades von Organisationen entwickelt (*G. W. Wittkämper*, in: WIÖD-Gutachten) und die Diskussion über die ‚Schwellenwerte', jenseits derer die Regelungsdichte sich selbst ad absurdum führen kann, hat zumindest begonnen.

Praxisorientierte Bürokratiekritik wird diese Diskussion vor allem an dem Punkt weiterzuführen haben, wo es um die Reibungsflächen zwischen der verwaltungsinternen Rationalität von Umwelten der Verwaltung geht. Historisch läßt sich das derzeitige Verwaltungssystem als ein Ergebnis von mehreren Entwicklungsphasen begreifen, in denen verwaltungseigene Rationalitätsannahmen gebildet und durchgesetzt worden sind, ablesbar an der räumlichen Organisation der Verwaltung, an ihrer Professionalisierung und später Spezialisierung und an dem Zuwachs an Fähigkeit, intern ein sich ständig verfeinerndes Regelungsnetz auch zu bedienen (vgl. *Th. Ellwein*, in *K. König* u.a., 1981). Äußerlich läßt sich das daran festmachen, daß sich das Verwaltungssystem immer mehr mit sich selbst beschäftigt – etwa drei Viertel aller Gesetze und Verordnungen des Landes Nordrhein-Westfalen wandten sich 1978 bis 1980 den Internas der öffentlichen Hand zu, nur das restliche Viertel regelte Beziehungen zwischen Bürger und öffentlicher Hand oder brachte unmittelbar nach außen wirkende Regulierungen. Der Zunahme verwaltungsinterner Komplexität kann die Umwelt nicht mit vergleichbarer Komplexität entsprechen bzw. es können das nur bestimmte Teile der Umwelt, die vermöge eigener hochkomplexer Organisation der öffentlichen Hand kompatibel sind und davon profitieren – die Wohnungsbaugesellschaften etwa, indem sie von den komplizierten Förderprogrammen mehr abschöpfen als ihnen an sich zugedacht ist, oder Großunternehmen, die das Programm staatlicher Forschungsförderung viel besser nutzen als kleine und mittlere Unternehmen, die zwar vergleichbares tun, aber es eben auf eine Weise tun, welche dem komplexen Programm nicht entspricht. Nur angemerkt sei an dieser Stelle, daß die Bürokratiekritik aus der ‚partizipatorischen Revolution' nachhaltige Impulse erhält und Kritik an der (Über-)Bürokratisierung ein gewichtiger Auslöser für die Phänomene ist, die man heute umgangssprachlich unter der Überschrift ‚Staatsverdrossenheit' subsumiert. Die Verwaltung wird selbstverständlich voll dem politischen System zugerechnet, kann sich nicht, wie *N. Luhmann* das einmal gehofft hat, unter Hinweis auf die Verantwortung der Politik in ihren Beziehungen zur Umwelt entlasten, partizipiert an der ‚Arroganz der Macht'. Die Zunft der Verwaltungswissenschaftler findet hier gemeinsam mit der empirischen Sozialforschung ein großes Aufgabenfeld vor, auf dem neue Beteiligungsmöglichkeiten, größere Tansparenz des Verwaltungshandelns, konsequente Delegation von Entscheidungsbefugnissen und ähnliches wohl im Mittelpunkt stehen, Ziele, die ihrerseits wieder die Verwaltungsvereinfachung voraussetzen: Die ‚Politikverflechtung' zwichen Bund und Ländern (zuletzt: *J. J. Hesse*, 1978) ist ebenso wie die bürokratische Verflechtung zwischen Staat und Gemeinden eminent beteiligungsfeindlich, ganz abgesehen davon, daß sie weithin die Parlamente ausschaltet und einen ‚Verschiebebahnhof der Verantwortung' einrichtet.

Die *Verwaltungskosten* sind in jüngster Zeit immer wieder thematisiert worden (vgl. z.B. *H. König*, 1977), die Methoden der Kosten-Nutzen-Analysen haben sogar geschäftsordnungsmäßig Karriere gemacht, eine finanzielle Vorhabenprüfung findet mehr und mehr statt. Das hat bisher nichts an der kameralistischen Tradition geändert, daß die vorhandene Verwaltungsapparatur zunächst einmal als gegeben gilt und man eher nach zusätzlichen Kosten als nach den jeweils zuzurechnenden Grundkosten fragt. Je mehr der ‚Steuerstaat' an seine Grenzen stößt, desto mehr drängt sich diese Frage auf. Einzelbeispiele deuten darauf hin, daß die faktischen Verwaltungskosten gelegentlich in keinem vernünftigen Verhältnis zu den Programmkosten im engeren Sinne liegen. Die Ermittlung des Verwaltungsaufwandes, wobei neben dem Verbrauch personeller und finanzieller Ressourcen auch der Verbrauch an Zeit einbezogen sein muß, wird also eine immer gewichtigere Aufgabe. Sie wird fraglos wissenschaftlich vorbereitet werden müssen. Mittelfristig dürfte eine Veränderung der Budgetstruktur auf dem Programm stehen, durch die der tatsächliche ‚Verwaltungshaushalt' als solcher herausgestellt und damit besser erkennbar wird, was Aufgabenveränderungen administrativ bedeuten, oder durch welche die ‚Programmbudgets' (*H. Reinermann*, 1975) in ihrem vollen Umfange ausgesondert werden. Politisch erscheinen solche grundlegenden Veränderungen in dem Maße vorbereitet, in dem etwa das Anwachsen der Personalkosten den Entscheidungsspielraum in der Haushaltsgebarung immer mehr einschränkt oder in dem komplizierte administrative Verfahren zu zeitlichen Verzögerungen bei wichtigen Maßnahmen führen, die man immer weniger hinzunehmen geneigt ist. Daß man schließlich die Verwaltungskosten als Problembereich nur sinnvoll angehen kann, wenn man den Aufgabenbestand betrachtet, die Aufgabensystematik verbessert – z. B. um so präziser zwischen kommunalen und staatlichen Aufgaben unterscheiden und diese Bereiche dann entzerren zu können – und sich an der Aufgabenkritik beteiligt, sei nur hinzugefügt. Auch durch seinen Bestand an öffentlichen Aufgaben wird das politische System mehr und mehr zum Dinosaurier, der an seiner eigenen Unbeweglichkeit zugrundezugehen droht.

Praktische Bedürfnisse hier und wissenschaftliche Angebote dort müßten sich in solchem Verständnis in einer wissenschaftlichen und theoretisch fundierten und politisch entschieden verfolgten *Verwaltungspolitik* vereinen. In ihr gilt es, die Erkenntnisse zusammenzufassen, die man aus den einzelnen Politikfeldern und ihren Analysen im Blick auf die Verwaltung gewinnt, um daraus Konsequenzen für die Gesamtheit der Verwaltung, für ihren inneren Aufbau, die notwendige Verselbständigung ihrer einzelnen Teile oder die in ihr wirksamen Kostenfaktoren, für ihre Koordinationsprobleme, für ihre Verfügbarkeit für die Politik und auch gegenüber der in ihr wirksamen Tendenz zur Sebstführung zu ziehen. Die systematische Beschäftigung mit der Verwaltung in einem solchen Verständnis sollte helfen zu klären, was die öffentliche Hand eigentlich ‚kann', womit sie sich übernimmt, was sich nach außen verlagern oder auf was (an Aufgaben) sich verzichten läßt. Unklarheiten, wie sie in dieser Hinsicht herrschen, tragen entscheidend zur Steuerungsschwäche bei und vermehren die Bürokratiekritik, in der es immer auch um die Klage über mangelnde Effizienz und Effektivität der Verwaltung geht. In der Verwaltungspolitik können sich auch die Bemühungen um eine empirische wie um eine normative Theorie der Verwaltung treffen, mit deren Hilfe es zu untersuchen und später zu vermindern gilt, daß und wie sich eine theoretisch wie praktisch unzureichend erörterte Verwaltung zu einem eigenen System ausbaut, sich als solches immer mehr von ‚Land und Leuten' im Sinne von *O. Hintze* löst und die systeminternen Bedürfnisse in einem Umfang und in einer Art zur Befriedigung an die politische Führung abgibt, daß der Charakter der Verwaltung als Instrument immer mehr verlorengeht. Kein Zweifel allerdings – so schließe ich höchst subjektiv –, daß sich ein solcher Verselbständigungsprozeß nur eingrenzen läßt, wenn man der Verwaltung partiell mehr Selbständigkeit gibt, sie mithin gerade dort stärkt, wo das für das politische System und seine Beziehungen zu seiner Umwelt notwendig und nützlich ist.

Literaturverzeichnis

Becker, Erich, 1976: Stand und Aufgaben der Verwaltungswissenschaft (1953), abgedruckt in: *Siedentopf, H.*, (Hrsg.), Verwaltungswissenschaft, Darmstadt

Becker, Ulrich/Thieme, Werner, (Hrsg.), 1974: Handbuch der Verwaltung, Köln

Boehret, Carl, (Hrsg.), 1978: Verwaltungsreformen und Politische Wissenschaft, Baden-Baden

Bruder, Wolfgang, 1981: Empirische Verwaltungsforschung in der Bundesrepublik Deutschland, Opladen

Brunner, Georg, 1979: Vergleichende Regierungslehre, Band 1, Paderborn

Brunner, Otto, 1970: Land und Herrschaft: Darmstadt

Bußhoff, Heinrich, 1980: Der politische Code. Soziale Evolution und praktische Steuerung, Stuttgart

Derlien, H. U. (Hrsg.), 1981: Programmforschung in der öffentlichen Verwaltung. Werkstattbericht, München

Derlien, Hans-Ulrich, 1976: Die Erfolgskontrolle staatlicher Planung, Baden-Baden

Ellwein, Thomas, 1963: Das Regierungssystem der Bundesrepublik Deutschland, (1. Aufl.), Opladen

Ellwein, Thomas, 1966: Einführung in die Regierungs- und Verwaltungslehre, Stuttgart

Ellwein, Thomas, 1970: Regierung als politische Führung, Stuttgart, (Band 3/1 der Reihe ‚Politik – Regierung – Verwaltung')

Ellwein, Thomas, 1976: Regieren und Verwalten. Eine kritische Einführung, Opladen

Ellwein, Thomas, 1979: Organisationsprobleme in Ministerien, in: Die Betriebswirtschaft 1979, 73 ff.

Ellwein, Thomas, (Hrsg.), 1980: Politikfeld-Analysen 1979. Opladen 1980

Forsthoff, Ernst, 1973: Lehrbuch des Verwaltungsrechts, München

Grauhan, Rolf-Richard, (Hrsg.), 1975: Lokale Politikforschung, 2 Bände, Frankfurt

Groeben, Karl von der/Schnur, Roman/Wagener, Frido, 1966: Über die Notwendigkeit einer neuen Verwaltungswissenschaft, Baden-Baden

Grottian, Peter, 1974: Strukturprobleme staatlicher Planung. Hamburg

Grottian, P./ Murswieck, A., (Hrsg.), 1974: Handlungsspielräume der Staatsadministration, Hamburg

Häußermann, Hartmut, 1977: Die Politik der Bürokratie. Einführung in die Soziologie der staatlichen Verwaltung, Frankfurt

Hennis, Wilhelm u. a. (Hrsg.), 1977: Regierbarkeit. Studien zu ihrer Problematisierung, Band 1, Stuttgart

Hennis, Wilhelm, 1968: Politik als praktische Wissenschaft. Aufsätze zur politischen Theorie und Regierungslehre, München

Hesse, Joachim Jens, 1972: Stadtentwicklungsplanung: Zielfindungsprozesse und Zielvorstellungen, 2. Aufl., Stuttgart u. a.

Hesse, Joachim Jens, 1976: Organisation kommunaler Entwicklungsplanung. Anspruch, Inhalt und Reichweite von Reorganisationsvorstellungen für das kommunale politisch-administrative System, Stuttgart u. a.

Hesse, Joachim Jens, 1978: Politikverflechtung im föderativen Staat. Studien zum Planungs- und Finanzverbund zwischen Bund, Ländern und Gemeinden. Baden-Baden

Hirsch, Joachim, 1970 a: Verwaltungswissenschaften: Lage und Ausbaumöglichkeiten in der Bundesrepublik. (Manuskript), Frankfurt/Hannover

Hirsch, Joachim, 1970 b: Wissenschafltich-technischer Fortschritt und politisches System. Organisation und Grundlagen administrativer Wissenschaftsförderung in der BRD, Frankfurt

Hochschule Speyer, (Hrsg.), 1969: Verwaltungswissenschaft in europäischen Ländern. Stand und Tendenzen, Berlin

Jann Werner, 1981: Kategorien der Policy-Forschung. Speyrer Arbeitshefte Nr. 37, Speyer

Kevenhörster, Paul (Hrsg.), 1977: Lokale Politik unter exekutiver Führerschaft, Meisenheim

König, Klaus, 1970: Erkenntnisinteressen der Verwaltungswissenschaft. Berlin

König, Herbert, 1977: Dynamische Verwaltung. Bürokratie zwischen Politik und Kosten, Bonn

König, Klaus/von Oertzen, Hans-Joachim/Wagener, Frido, 1981: Öffentliche Verwaltung in der Bundesrepublik Deutschland, Baden-Baden

Laufer, Heinz, 1981: Reform oder Korrektur (Kritik an der bayerischen Verwaltungsvereinfachung) in: Aus Politik und Zeitgeschichte, Band 21/1981

Lehner, Franz, 1979: Grenzen des Regierens. Eine Studie zur Regierungsproblematik hochindustrialisierter Demokratien. Königstein/Ts.

Lohmar, Ulrich, 1978: Staatsbürokratie. Das hoheitliche Gewerbe. München

Luhmann, Niklas, 1966: Theorie der Verwaltungswissenschaft: Bestandsaufnahme und Entwurf, Köln

Luhmann, Niklas, 1967: Verwaltungswissenschaft in Deutschland, in: Recht und Politik, Jahrg. 1967, 123 ff.

Maier, Hans. 1966: Die ältere deutsche Staats- und Verwaltungslehre (Polizeiwissenschaft). Ein Beitrag zur politischen Wissenschaft in Deutschland, Neuwied

Matz, Ulrich, 1977: Der überforderte Staat. Zur Problematik der heute wirksamen Staatszielvorstellungen in: Hennis, W. u. a. (Hrsg.), Regierbarkeit. Studien zu ihrer Problematisierung, Bd. 1 Stuttgart

Mayntz, Renate, 1981: Gesetzgebung und Bürokratisierung. Wiss. Auswertung der Sachverständigenanhörung zu Ursachen einer Bürokratisierung in der öffentlichen Verwaltung . . ., hrsg. vom Bundesministerium des Innern, vervielfältigtes Manuskript

Mayntz, Renate/Scharpf, F. W., (Hrsg.), 1973: Planungsorganisation. Die Diskussion um die Reform von Regieren und Verwaltung des Bundes, München

Mayntz, Renate, 1980: Implementation politischer Programme. Empirische Forschungsberichte, Königstein/Ts.

Morstein Marx, Fritz, 1959: Einführung in die Bürokratie, Neuwied

Morstein Marx, Fritz, 1965a: Das Dilemma des Verwaltungsmannes, Berlin

Morstein Marx, Fritz, (Hrsg.), 1965b: Verwaltung: Eine einführende Darstellung, Berlin

Murswieck, Axel, 1975: Regierungsreform durch Planungsorganisation. Eine empirische Untersuchung im Bereich der Bundesregierung. Opladen
Noll, Peter, 1973: Gesetzgebungslehre. Hamburg
Radtke, Ingolf (Bearb.), 1981: Die Sprache des Rechts und der Verwaltung. in: Dt. Akademie für Sprache u. Dichtung (Hrsg.). Der öffentliche Sprachgebrauch Bd. II, Stuttgart
Scharpf, Fritz W., 1973: Planung als politischer Prozeß. Frankfurt
Scharpf, F. W., 1974: Politische Durchsetzbarkeit innerer Reformen, Göttingen
Scharpf, F. W., 1979: Die Rolle des Staates im westlichen Wirtschaftssystem: Zwichen Krise und Neuorientierung, in: Verein für Sozialpolitik (Hrsg.), Staat und Wirtschaft, Berlin
Schäfers, Bernhard, 1973: Gesellschaftliche Planung. Materialien zur Planungsdiskussion in der BRD. Stuttgart
Schimanke, Dieter, 1977: Verwaltungsreform Baden-Württemberg. Verwaltungsinnovation als politisch-administrativer Prozeß, Berlin
Schlicht, Joachim, 1981: Verrechtlichung der Gesetzgebung. Fallstudie zur Entwicklung des Einkommensteuergesetzes, Frankfurt
Schmid, Günter/Treiber, Helmut, 1975: Bürokratie und Politik. Zur Struktur und Funktion der Ministerialbürokratie in der Bundesrepublik Deutschland. München
Siedentopf, Heinrich (Hrsg.), 1976: Verwaltungswissenschaft, Darmstadt
Thieme, Werner, 1976: Forschungsschwerpunkt Verwaltungswissenschaft. Auswertung der Projektförderung der Stifung Volkswagenwerk. Manuskript, Hamburg
Thieme, Werner, 1967: Verwaltungslehre Köln (3. Aufl. 1980)
Tränhardt, Dietrich, 1978: Funktionalreform. – Zielperspektiven und Probleme einer Verwaltungsreform. Meisenheim
Türk, Klaus, 1976: Grundlagen einer Pathologie der Organisation. Stuttgart
Uthoff, Hayo/Deetz, Werner (Hrsg.), 1980: Bürokratische Politik. Stuttgart
Wagener, Frido, 1969: Neubau der Verwaltung, Berlin
Weiss, C. H., 1974: Evaluierungsforschung. Methoden zur Einschätzung von sozialen Reformprogrammen. Dt. Ausgabe Opladen
Wittkämper, Gerhard W., 1979: Gutachten des Wiss. Instituts öffentlicher Dienst e. V. (unter Leitung von *G. W. Wittkämper*) ‚Bürokratisierung und Entbürokratisierung', Bonn
Wollmann, Helmut (Hrsg.), 1980: Politik im Dickicht der Bürokratie. Beiträge zur Implementationsforschung, (Leviathan-Sonderheft 3/1979), Opladen
Wollmann, Helmut, 1978: Wer forscht über räumliche Planung in universitärer Politikwissenschaft, in: BFLR (Hrsg.), Wer forscht was für die räumliche Planung. Sachstand und Perspektiven. Bad Godesberg
Wrage, V., 1975: Erfolge der Territorialreform. Berlin

2. Zur Theorie und Methodik der Verwaltungswissenschaft

Verwaltungswissenschaft – ein Paradigma und seine Karriere

Wolfgang Fach

„Wenn eine bislang kümmerlich dahinvegetierende Wissenschaftsdisziplin plötzlich aufblüht, die Zahl der Publikationen anschwillt, öffentliche Finanzmittel reichlich zu fließen beginnen und sich Universitäten allenthalben um einschlägige Lehrstühle und Studiengänge bemühen ..." (*Hirsch/Leibfried* 1971, 236) – wenn das alles passiert, dann ist ein neues *Paradigma* auf dem besten Wege, sich zu etablieren.

Es geht um die moderne *Verwaltungswissenschaft*. „Provokativ" eingeführt als „Teil der Politikwissenschaft" (*Scharpf* 1973, 9 f.), hat sie tatsächlich sehr viel stärker provoziert: eben mit dem Ehrgeiz, das dominierende Paradigma zu sein und nicht nur eine nützliche Ergänzung. Jene umfangreichen Investitionen waren der beredte Ausdruck dafür.

Die Tragweite des paradigmatischen Anspruchs ist wissenschaftlich „revolutionär" (*Kuhn* 1967). Erfolgreich eingelöst, macht er die „alte" Wissenschaft obsolet – es „verschwinden allmählich die alten Schulen. Zum Teil wird ihr Verschwinden durch den Übertritt ihrer Mitglieder zum neuen Paradigma verursacht"; und jene, die sich ans Überlieferte klammern, werden „oft einfach aus der Fachwissenschaft ausgeschlossen, die ihre Arbeit daraufhin ignoriert." (*Kuhn* 1967, 39)

Man erinnert sich: diesen Umschlag hat die Verwaltungswissenschaft, umfassend begriffen als *Theorie des politisch-administrativen Systems,* ohne Zweifel bewirkt – Ende der sechziger Jahre stieg sie zur alleine „relevanten" Politikwissenschaft auf. Konkurrierende Disziplinen (Demokratie-, Verbands-, Parteitheorie etc.) verloren dabei weitgehend ihre Autonomie; das Fach beschäftigte sich mit ihnen vorherrschend aus verwaltungswissenschaftlicher Perspektive: unter dem Blickwinkel von „Systemsteuerung" (*Naschold* 1969a). Rückständige Positionen wurden randständig (und deshalb aggressiv).

„Um als Paradigma angenommen zu werden, muß eine Theorie besser erscheinen als die mit ihr in Wettstreit liegenden" (*Kuhn* 1967, 37) – darum stellt sich zuallererst die Frage, welche Hoffnungen die verwaltungswissenschaftliche Perspektive seinerzeit geweckt hat.

1. *Verwaltungswissenschaft – das fortschrittliche Paradigma*

Die „kopernikanische Wende" der Politischen Wissenschaft findet im astronomischen Original ihre formale Entsprechung: „Am Anfang des sechzehnten Jahrhunderts", rekapituliert *Kuhn* den Sachverhalt, „begann eine wachsende Zahl der besten Astronomen Europas zu erkennen, daß das astronomische Paradigma bei Anwendungen auf seine eigenen traditionellen Probleme versagte. Diese Erkenntnis war die Voraussetzung für die Ablehnung des ptolemäischen Paradigmas durch Kopernikus und für dessen Suche nach einem neuen." Außerdem müsse man den „sozialen Druck in Bezug auf eine Kalenderreform" berücksichtigen, und alles in allem sei daraus das allgemeine „Gefühl eines Nichtfunktionierens" entstanden, dem sich die „wissenschaftliche Revolution" letztlich zu verdanken habe (1967, 99 f., 128 f.).

Zwei Elemente prägen die Lagebeschreibung: „innen" das wachsende Versagen der Wissenschaft vor ihren eigenen Themen, verbunden mit intensivierten Praxiserwartungen von „außen" – beide Phänomene tauchen später wieder auf.

Jene „traditionelle" Politikwissenschaft der Nachkriegsära (vgl. *Blanke/Jürgens/Kastendiek* 1975, 68 ff.) empfand in den sechziger Jahren das Unbehagen an sich selbst sehr deutlich: eine „Wissenschaft von der Politik – sozusagen" auf „die Beine zu stellen", war ihr offensichtlich nicht gelungen (*v. Kempski* 1966). Und die Hoffnung mußte vollends schwinden, als sich real „politisches Handeln" in politisch-administratives „Steuern" zu transformieren begann.

Was da geschehen ist, war gewissermaßen eine politische „Kalenderreform": die Ablösung der marktwirtschaftlichen Aufbauphase und des „CDU-Staates" durch das sozialdemokratisch geprägte Krisen- und Reformmanagement. Drei gesellschaftliche Erschütterungswellen haben den „Machtwechsel" markiert:

- die wirtschaftliche Rezession 1966/67 als ungewohnt tiefgreifende Krisenerfahrung, gekoppelt mit dem Nachweis sozialdemokratischer Regierungskompetenz („Globalsteuerung");
- die zur außerparlamentarischen Opposition verallgemeinerte Studentenrevolte als zunehmend radikaler Protest gegen ökonomische Ungleichheit und „kulturelle Kristallisation" *(A. Gehlen);*
- die Große Koalition als gescheiterter Versuch, die politisch-ökonomischen „Turbulenzen" alleine autoritär-etatistisch aufzufangen, d. h. mittels ökonomischer Intervention und politischer Repression.

Dem „sozialen Druck" dieser Umbruchsituation vermochte eine Politikwissenschaft naturgemäß nicht standzuhalten, die keinesfalls mehr Wissenschaft von der *Politik des aktuellen Gesellschaftsstadiums* war – selbst wenn sie aus sich heraus noch einige „altväterlich-naive" *(Hirsch/Leibfried)* Anpassungsreaktionen freigesetzt hat: sog. „Regierungslehren" *(Ellwein, Hennis).*

Das herrschende „Gefühl des Nichtfunktionierens", deprimierendes Zeichen einer abgehängten Disziplin und sozialer Indikator der (politik-)wissenschaftlichen Krise, reflektierte das systematische Manko des traditionellen analytischen Zugangs: die vollständige Trennung in hier *Politik,* dort *Verwaltung.* Hier „Wahlen und Wählerverhalten, Parteien, Parteisysteme und Gruppenpluralismus, politische Eliten, öffentliche

Meinung und politische Kultur, Integration und Konflikt" (*Scharpf* 1973, 13); dort nichts anderes als „die Aufhellung der tatsächlichen Gegebenheiten der Verwaltung im Hinblick auf die ihr vorgegebenen oder ihr immanenten Zweckhaftigkeiten" im Rahmen „des von der politischen Führung gesteckten Zieles" wie „der Rechtsvorschriften und verwaltungstechnischen Postulate" (*Thieme* 1967, 5, 9) – bewerkstelligt durch die überkommene, unter juristischer Obhut dahinvegetierende Verwaltungsforschung.

Die Konsequenz war eine theoretische Leerstelle in Sachen: *staatliche Steuerung.* Politikwissenschaft, traditionell betrieben, blieb vom administrativen Regulierungspotential abgenabelt; Verwaltungswissenschaft, traditionell betrieben, fand Genüge an exekutiver Alltagsroutine – trotz politischer Krise. Der „Zeitgeist" aber wies 1969 den anderen Weg: „Als SPD und FDP die ‚Koalition der Reformen' bildeten und die SPD ihren Wahlkampf unter das Motto ‚Wir schaffen das moderne Deutschland' stellte, war das Klima für Reformen günstig. Auch die CDU sah sich veranlaßt, das Thema Reform in ihrem Wahlkampf positiv anzusprechen. In der Koalition bestand trotz tiefgehender Meinungsverschiedenheiten über einzelne Reformziele und -wege ein breiter Konsens über einen allgemeinen Zielkatalog, der in einem ‚Arbeitsprogramm Innere Reform' den Regierungserklärungen zugrunde lag. Darin war die Rede von mehr Humanität, mehr Demokratie, mehr Gleichheit der Lebenschancen, mehr Freiheit und mehr Sicherheit, sowie generell einer Modernisierung von Staat und Gesellschaft." (*Greiffenhagen/Greiffenhagen* 1981, 165)

Diese politische „Modernisierung von Staat und Gesellschaft" verlangte, entlang ihren eigenen Fronten, eine Modernisierung der Politischen Wissenschaft – Machtwechsel und Paradigmawechsel fielen zusammen. Systemsteuerung als „fortgeschrittenste Problemlösungsstrategie" *(F. Naschold)* trat ihren Siegeszug an (jedenfalls in den Köpfen), gefolgt vom *fortschrittlichen Paradigma:* Verwaltungswissenschaft. Seine Eckwerte demonstrieren den Gleichschritt:

– *Demokratie,* verstanden als die Fähigkeit des politisch-administrativen Systems „zur Interessenberücksichtigung: Es wird nicht lediglich auf die organisierten und konfliktfähigen gesellschaftlichen Interessengruppen reagiert, sondern auch die nicht oder noch nicht organisierten und konfliktbereiten gesellschaftlichen Interessen können erfaßt und berücksichtigt werden." Das bedingt eine „gesteigerte Umweltsensibilität für Regierung und Verwaltung, die es erlaubt, auch Probleme und Bedürfnisse wahrzunehmen, die nicht als manifeste politische Pression von außen an den Apparat herangetragen werden." (*Mayntz/Scharpf* 1973, 123 f.);
– *Reform* im Sinne der Forderung an das politisch-administrative System, „gegen den gesellschaftlichen Status quo und gegen die vorherrschenden Entwicklungstendenzen in der sozio-ökonomischen Umwelt anzusteuern und dabei auch weitreichende inhaltliche und quantitative Änderungen gegenüber der bisher laufenden Politik durchzusetzen." (*Mayntz/Scharpf* 1973, 143) Dies Postulat resultiert aus der Demokratienorm und verweist gleichzeitig modifiziert („aktivierend") auf sie zurück: muß die Innovation am Status quo doch fast zwangsläufig scheitern, wenn „es ihr nicht gelingt, über den Bereich der institutionalisierten Politik hinaus Resonanz zu gewinnen" – darum „Konsensbildung" (*Scharpf* 1973, 66, 70);

– *Planung,* gedacht und beurteilt als „fortgeschrittenste Problemlösungsstrategie" (s. o.) mit ambitioniertem Anspruch: „Ziel jeder langfristigen Aufgabenplanung muß es sein, die vorliegenden und neu zu entwickelnden Planungen und die laufend überprüften Projektionen des volkswirtschaftlichen Ressourcenrahmens sowie der Finanzstruktur kontinuierlich aufeinander abzustimmen. Diese Abstimmung wird unter Berücksichtigung der sich wandelnden gesellschaftspolitischen Zielvorstellungen zu erfolgen haben." (*Jochimsen* 1971, 1239) Über neue Planungstechniken konstituiert, weitet sich dieses *Kernelement* der modernen Verwaltungswissenschaft zur umfassenden Gesellschaftssteuerung aus und verschmilzt dabei mit seinen Komplementärwerten (vgl. *Naschold* 1973).

Zusammengefaßt: Demokratisch-reformistische Gesellschaftsplanung sichert Solidarität, Legitimität und Stabilität; dies dadurch, daß sie in *langfristiger Perspektive* (zeitliche Dimension) einen *umfassenden Interessenausgleich* (sachliche Dimension) *gegen etablierte Widerstände* (soziale Dimension) zu realisieren vermag. Ihr „Arm" ist das politisch-administrative System, ihr „Gehirn" die moderne Verwaltungswissenschaft.

Diese – realen oder geglaubten – Umstände zwangen eine Politikwissenschaft, die auf der Höhe ihrer Zeit bleiben wollte, sich nolens volens dem verwaltungswissenschaftlichen Paradigma zu unterstellen. Damit rückte ein ganz bestimmtes Arsenal analytischer Kategorien ins Zentrum der politikwissenschaftlichen Diskussion: Rationalität, Effektivität, Aktivität, Modernität (bzw. deren Synonyme).

1.1 Rationalität

Gleich den anderen Kategorien der modernen Verwaltungswissenschaft hat „Rationalität" einen theoretisch-technischen Doppelcharakter: sie steht für das analytische Problem *und* die Instrumente seiner praktischen Lösung.

Das zugrundeliegende Problem in der Formulierung seines Entdeckers: „Die Komplexität eines politischen Systems muß der Komplexität des umgebenden Gesellschaftssystems entsprechen. Dies Entsprechungsverhältnis kann nur im Grenzfalle ein solches der Gleichheit sein im Sinne, daß jedem gesellschaftlichen Ereignis eine politisch-administrative Entscheidung entspräche." (*Luhmann* 1970, 169) Worum es also geht, ist die angemessene (nicht vollständige) Abbildung gesellschaftlicher Lagen innerhalb des staatlichen Organisationsapparats: gemeint als zugleich demokratietheoretische Norm („Wert-" bzw. „Interessenberücksichtigungspotential") und politisch-kybernetisches Funktionsgesetz („law of requisite variety").

„Angemessene" Komplexitätsreduktion setzt zweierlei voraus: die Verfügung über *richtige* Informationen und eine Selektion der *wichtigen.*

Valides Datenmaterial erhoffte man sich speziell vom Ausbau eines Systems *sozialer Indikatoren.* Sie (statt sozialer Bewegungen) sollten die politisch-administrative Planung mit Nachrichten zur Lage der Nation versorgen: weil staatliche Steuerungseingriffe, ohne „den Zustand und die Veränderung wichtiger, zumeist interdependenter Problembereiche der Gesellschaft" *(C. Böhret)* zu kennen, offenkundig im Dunkeln tappen. Rationalität läßt sich nur garantieren, wenn Sozialdiagnosen vor und nach dem Eingriff gemacht werden.

Deswegen war an Schritte gedacht wie
- Messung sozialer Kosten und Gewinne von ökonomischen Innovationen;
- Messung sozialer Mißstände (Verbrechen o. ä.);
- Bildung von „Performanz-Budgets" in bestimmten Bereichen sozialer Bedürfnisse (Wohnung, Bildung etc.);
- Indikatoren der ökonomischen und sozialen Chancengleichheit (vgl. *Werner* 1975, 39).

Die Selektionsaufgabe ist organisatorischer Natur. Einmal steht der planende Apparat vor dem *Koordinations*problem, seine „Informationssignale" so zu arrangieren, daß ihre Struktur jener des beplanten Umfelds optimal nahe kommt. Im Idealfall müßte eine bürokratische „Architektur der Komplexität" *(H.A. Simon)* drei Bedingungen erfüllen:
- Die Teilproblembereiche sollen so eng umgrenzt sein, daß die Interdependenzen der simultanen Problemverarbeitung zugänglich bleiben;
- sie sollen ferner so abgegrenzt sein, daß innerhalb der Teil-Problembereiche die Interdependenzen zwischen den Elementen maximiert und daß zugleich
- die verbleibenden Interdependenzen zwischen den verschiedenen Teilbereichen minimiert werden

(*Scharpf* 1973, 104).

Auf diese Weise ist gewährleistet, daß reale Zusammenhänge nicht durch anders geschnittene Organisationsbahnen zerstückelt und Aufmerksamkeitsströme in der Folge fehlgeleitet werden.

Während die verwaltungswissenschaftliche Koordinationsplanung ihrer Praxis kaum mehr als das Ideal vorgeben konnte (für einen knapp skizzierten Umsetzungsvorschlag ohne Folgen s. *Scharpf* 1973, 106 ff.), sind im zweiten Selektionsbereich sehr viel weitergehende Anstrengungen unternommen worden (wenigstens anderswo): bei der budgetorientierten *Aufgaben*planung. Ausgangspunkt für einschlägige Reformprojekte zur besseren Abstimmung zwischen demokratischem Zielkatalog und ökonomischem Ressourcenvorrat (vgl. *Naschold* u. a. 1973) war jenes „Planning-Programming-Budgeting-System" (PPBS), dessen amerikanische Einführung auch hierzulande gelind euphorische Hoffnungen auf den großen Rationalitätssprung nach vorn ausgelöst hat: „Umfassende Entwicklung einer längerfristigen Aufgabenplanung verbunden mit hoher ökonomischer Steuerungskapazität, aus der in stufenweiser Verdichtung Finanzplan und Haushalt in Form eines Programmbudgets abgeleitet werden", so daß der jährliche Budgetierungsprozeß „dann nur noch die rechnerische Transformation längerfristiger Programmplanung" darstellt (*Naschold* 1972, 88 f.) – dieses perfekt konstruierte Planungssystem erschien am fernen Horizont und stellte den zeitgenössischen Administrationen bereits hohe Anforderungen. Verlangt wurde von ihnen u. a.:
- Erfassung der wichtigsten Ziele in Rangfolgen unter Berücksichtigung der Bürgerinteressen;
- Ermittlung aller relevanten Handlungsalternativen zur Erreichung der Zielsetzungen;
- Beurteilung aller Programme im Hinblick auf ihre langfristigen Kosten und Abstimmung mit den wahrscheinlich verfügbaren Haushaltsmitteln;
- Bewertung und Vergleich der öffentlichen Aufgaben nach Nutzenkriterien im Hinblick auf die zu erreichenden Ziele

(vgl. *Böhret* 1970, 175 f.).

Zusammengenommen: „Rationalität“ meint theoretisch die Komplexitätsanpassung des politisch-administrativen Systems an seine gesellschaftliche Umwelt, technisch gemeistert durch den institutionalisierten Verbund von Informationsgewinnung, Koordinationsplanung, Zielfindung und Ressourcenorganisation – „unter Berücksichtigung der Bügerinteressen“, darum demokratisch (in gewissem Sinne).

1.2 Effektivität

Der theoretische Übergang vom Rationalitäts- zum Effektivitätskalkül folgt *auch* dem systematischen Fortschreiten des politischen Entscheidungsprozesses: die erarbeitete Lösung muß erfolgskontrolliert auf den anvisierten Objektbereich angewendet werden. Er reflektiert aber ebenso sehr dies andere Moment: wider eine (jedenfalls anfängliche) Hoffnung hat das Rationale nicht sachgesetzlich durchgeschlagen. Hartnäckige Mißerfolge und zähe Widerstände – gerade im angeblich profitierenden Staatsapparat – wiesen auf wissenschaftlich vernachlässigte Politikfaktoren hin.

Die *internen* Friktionen rührten daher, daß nicht – wie einstmals optimistisch unterstellt (vgl. *Naschold* 1969b, 71 ff.) – einfach parallele Aktivitäten zu koordinieren waren, sondern konfligierende Interessen, die sich auf keinen technischen Nenner bringen ließen. Effektiv konnte hier nur werden, was kompromißfähig gemacht wurde. Statt sachlich idealer Lösungen kamen politisch akzeptable zustande – etwa nach den Kriterien:

- Strukturerhaltung; d. h., verflochtene Entscheidungsprozesse stabilisieren sich mittels hoher Konsensanforderungen selbst;
- Gleichbehandlung; d. h., jeder Akteur sichert seine Position defensiv dadurch, daß er die Diskriminierung jedes anderen verhindert;
- Besitzstandswahrung; d. h., unter allen Beteiligten herrscht eine konfliktminimierende Übereinstimmung dahingehend, daß keinem etwas weggenommen werden darf;
- Konfliktverlagerung; d. h., es existieren Mechanismen, mit deren Hilfe kontroverse Entscheidungen durch zeitliche, sachliche und institutionelle Verschiebungen umgangen werden;
- Eingriffsverzicht; d. h., um eines niedrigen Konfliktniveaus willen beschränkt man sich auf ein Durchgriffsinstrumentarium, das die individuelle Entscheidungsautonomie tunlichst schont

(*Scharpf* u. a. 1976, 62 ff.).

Externe Restriktionen, die im übrigen auch innere Pattsituationen erzeugen können, folgen aus der „systemspezifischen Kombination von Kapitalismus und Konkurrenzdemokratie“: einerseits eigengesetzlich entstehende „Wachstumszyklen, Strukturveränderungen und spezifische Leistungsdefizite“; andererseits die „politische Selbstbeschränkung des demokratischen Verfassungsstaats“, gekoppelt mit der typischen „Diskrepanz zwischen Leistungsanforderungen und Leistungsbereitschaft der politisch relevanten Gruppen“ (*Scharpf* u. a. 1976, 15).

Vereint scheint diese Konstellation aus in- und extern verursachten Reibungsverlusten die „politische Durchsetzbarkeit innerer Reformen" *(Scharpf)* auf ein langfristig fatales Minimum herunterzudrücken.

Die moderne Verwaltungswissenschaft hat sich der doppelten Effektivitätskrise gestellt und in einer „kopernikanischen Wende des analytischen Denkens" (*A. Schicks* entschieden zu hoch gegriffener Vergleich) ihre Optik ausgewechselt: weg von Systemkonstruktionen, hin zur „steuerungstheoretisch orientierten Implementationsforschung" (*Mayntz* 1980). Nicht mehr was laufen sollte, sondern warum nichts laufen wollte, stand ab da im Mittelpunkt des Interesses.

Freilich: Instrumente nach Art der technischen Rationalisierungsverfahren kamen nicht länger infrage – sie hätten scheitern müssen, weil und sobald soziale Gegensätze das sachliche Kalkül übersteigen. An ihrer Stelle bot man eine breite Palette staatlicher *Interventions*strategien an, z. B.

– regulative Politik, also sanktionsgestützte Gebote, Verbote, Genehmigungspflichten, Standards, Preisfixierungen;
– Anreize und finanzielle Transfers, also ein Geldangebot, das an Vergabebedingungen geknüpft ist, „die die Anspruchsberechtigten bzw. zu erbringenden Vorleistungen definieren";
– Informations- und Überzeugungsprogramme, also Aktionen der moralischen Aufrüstung verschiedener Intensität in der Absicht, einsichtige oder manipulierte, jedenfalls freiwillige Kooperationsbereitschaft zu erzeugen;
– Setzung von Verfahrensnormen, also die staatliche Vorgabe bestimmter Regeln der Konfliktaustragung mit dem Ziel sicherzustellen, daß Kontroversen kanalisiert und daher einvernehmlich entschieden werden

(*Mayntz* 1980, 5 ff.).

Falls, isoliert verwendet, auch das neue Steuerungsarsenal an den (Selbst-)Blockierungsmechanismen scheitern würde – wofür manche Erfahrungen sprachen (vgl. *Offe* 1975) –, sollte eine letzte Effektivitätschance strategisch genutzt werden: die *Krise* erlebte so ihre kurze Wissenschaftskarriere als Katalysator für steckengebliebene Veränderungspläne. Denn, diese Rechnung wurde aufgemacht, „akute Gefahr aktiviert in der Regel die politische Spitze und führt so zu einer stärkeren faktischen Zentralisierung von Entscheidungsprozessen auf Kosten des Einflusses insitutioneller Subsysteme. Zugleich hat das allgemeine Erkennen einer Krisensituation oft den Effekt, ‚egoistische Sonderinteressen' zu diskreditieren und ihre offene Vertretung zu erschweren."

Verwaltungswissenschaft wäre nicht das, was sie ist, und taugte kaum zum Paradigma einer Politischen Wissenschaft, wollte ihr Spiel mit dem Feuer den revolutionären Brand entfachen. Reformabsichten bescheiden sich mit weniger: jene „die Veränderung begünstigende Krise" braucht „nicht notwendigerweise das Gesamtsystem zu erschüttern; es kann schon genügen, wenn sie nur die institutionelle Zwischenschicht ‚verunsichert'. Dazu reicht in manchen Bereichen schon ein Regierungswechsel . . ." (*Scharpf* 1973, 68 ff.).

In manchen Bereichen reicht er allerdings auch nicht – dann greift die Planungstheorie (systematisch gesehen) zum Äußersten: der Demokratie.

1.3 Aktivität

Demokratie im Normalfall heißt, verwaltungswissenschaftlich konzipiert,: rationale Reform, vom Staat geplant „unter Berücksichtigung der Bürgerinteressen" (s. o.). Bürger werden „berücksichtigt", um ihre (autonome) Mobilisierung zu verhindern – sie würde Plan und Ratio völlig durcheinanderbringen.

Der Ernstfall des blockade-bedrohten Politik- und Gesellschaftssystems erzwingt den riskanten Schritt: „Politische Planung kann nur in dem Maße zu Gunsten einer ‚aktiven Politik' wirksam werden, wie es ihr gelingt, effektive politische Konsensbildungsprozesse in Gang zu setzen; wo dies nicht gelingt, da bleibt sie auf Themen und Ergebnisse beschränkt, die zwischen den beteiligten Institutionen und Gruppen unkontrovers sind." (*Scharpf* 1979, 13).

Das *Aktivierungs*programm lebt von der Einsicht, daß die administrativ „kontrollierten Gruppen selbst über gewisse Kontrollkapazitäten verfügen. Sie verfügen über Wissen, fällen Entscheidungen, verfolgen Ziele und üben Macht aus." (*Etzioni* 1972, 201) Wissen und Willen der Gesellschaft sollen aktiviert werden, um in den Dienst des staatlichen Planungsimpuls gestellt zu werden – die „active society" sorgt für jenen Energie-Schub, ohne dessen Unterstützung Reformen am Komplex organisierter Machtbastionen ergebnislos abprallen würden: „Die Mobilisierung neuer Teilnehmer am politischen Prozeß kann die eingespielte Balance der Institutionen von Fall zu Fall verändern und dadurch politische Bewegung möglich machen. Die Politisierung von Problemen, die Intensivierung politischer Forderungen, die Ausbreitung von Unzufriedenheit und Unruhe, dramatische Wahlergebnisse, Demonstrationen, Streiks, Gewaltanwendung erscheinen unter diesem Aspekt auch bedeutsam als Bedingungen, die das relative Gewicht institutioneller Eigeninteressen vermindern und so die Chance für Innovationen verbessern können." (*Scharpf* 1973, 69)

Aktivierung aus der Krise heraus – zweifellos eine äußerste Grenze der *Planungs-* und *Verwaltungs*wissenschaft: noch „moderner" kann sie die Praxis kaum instruieren, ohne vollends das politische Gleichgewicht zu verlieren. Im Erfolgsfalle freilich wären dem staatlichen Reformmanagement schlagartig zusätzliche Freiheitsgrade eröffnet: „Politische Partizipation" würde „zur neuen Produktivkraft staatlicher Politik in der gegenwärtigen Gesellschaftsformation"; diese „vorläufig letzte Stufe des gesellschaftlichen Formierungs- und Konzentrierungsprozesses" böte optimale Steuerungschancen (*Naschold* 1973, 79 f.).

Alles hängt dann davon ab, ob es „technisch" möglich ist, die Ernstfallmobilisierung bedarfsgerecht einzuleiten und verläßlich zu kontrollieren. Viel Hoffnung schien allerdings nicht zu bestehen: „Regierungen werden in aller Regel aus plausiblen Gründen davor zurückschrecken, Probleme öffentlich zu dramatisieren und Erwartungen und Forderungen zu aktivieren, die sich auf kurze Sicht kaum erfüllen könnten. Sie müßten überdies in pluralistischen Demokratien mit offenen Kommunikationssystemen immer befürchten, daß solche von oben induzierten Konsensbildungsprozesse ‚außer Kontrolle' geraten und zu unvorhersehbaren Forderungen weit jenseits der eigenen Absichten führen könnten." (*Scharpf* 1973, 70; ähnlich skeptisch: *Naschold* 1972, 1973)

Sollte das Paradigma: Verwaltungswissenschaft damit am Ende sein, scheiternd an theoretischen Voraussetzungen, die sich praktisch nicht haben erfüllen lassen? Vom Gründer-Schwung des „Wir schaffen das moderne Deutschland" hatte sie profitiert, aber erzeugen und konservieren mußten ihn andere. Ihre Sache war es, (sozial-)technische Marken vorzurücken, um den reformistisch planenden Staat instrumentell ausreichend zu bestücken – (anscheinend vergeblich) hoffend, daß technisch Machbares sich im wesentlichen selbst machen würde.

Eine Kapitulation fand trotzdem nicht statt. Wie Phönix seiner Asche entstieg die Aktivitäts-Maxime unversehrt der politisch-wissenschaftlichen Debatte – als *Dialog*-Gebot: „Mit Leidenschaft und Augenmaß zugleich", so begann ein neuer Anlauf, „sollten alle demokratischen Parteien den öffentlichen Dialog beginnen", „Staat und Wirtschaft, aber auch Banken und Bürgerinitiativen sowie Gewerkschaften und Wissenschaft" wurden dazugebeten (*Hauff/Scharpf* 1975, 128 f.).

„Leidenschaft und Augenmaß" – stand nicht fest, daß jene allzu rasch verlöschen würde, dieses allzu schnell gefährdet wäre? Warum sollte der „öffentliche Dialog" beides kombinieren und eine ganze Gesellschaft darauf verpflichten können, vom kleinen Mann bis zur großen Bank? Die Antwort gibt das „turbulente Feld" Gesellschaft: „Die wirtschaftliche Lage der meisten Industriestaaten", diese Interpretation wurde zur herrschenden, „bietet Anlaß zur Besorgnis; auch wir in der Bundesrepublik stehen vor neuen, nicht vollständig kalkulierbaren Problemen." (*Hauff/Scharpf* 1975, 16)

Angesichts der *zweiten Weltwirtschaftskrise* 1974 ff. mochte jene kalkuliert-engagierte „Aktivität" tatsächlich in Reichweite rücken: zu Zeiten des emphatischen Aufschwungs mehr als prekär, war sie dem drohenden Abschwung vielleicht besser angepaßt – auf „Modernität" zurechtgestutzt.

Die Verwaltungswissenschaft erhielt eine neue Chance.

1.4 Modernität

„Weltweite Entwicklungen fordern uns heraus" (*Hauff/Scharpf* 1975, 16 ff.) – diese Problemfixierung galt globalen Strukturveränderungen volkswirtschaftlicher Reproduktion. Das moderne Deutschland schaffen hieß jetzt: technologische Innovation, nicht „mehr Demokratie"; und ökonomisches Wachstum, nicht „mehr Lebensqualität". Der materielle Reichtum, einst die fast selbstverständliche Grundlage für hochfliegende Reformierungsziele, war plötzlich selbst Reformzweck geworden.

Eine „Modernisierung der Volkswirtschaft" avancierte zur empfohlenen Reaktion auf

– das Preiskartell der ölerzeugenden Länder und seine Folge, den zerrütteten Energiehaushalt;
– die zwangsläufige Verlagerung der Produktion vieler Massenkonsum- und einfacherer Investitionsgüter in Dritte-Welt-Länder;
– Tendenzen der Marktsättigung bei einer Reihe gängiger Industrieerzeugnisse.

Als „Strategien der aktiven Strukturpolitik" wurde diesen „Verwerfungen" entgegengesetzt:

– eine Spezialisierung auf die produktivsten Industriezweige;
– die selektive Entwicklung neuer Technologien;

– Umstrukturierung in Dienstleistungsbereich, d. h. Rationalisierung bei gleichzeitigem Wachstum

(*Hauff/Scharpf* 1975, 34 ff.).

Weil das volkswirtschaftliche Modernisierungsprogramm planvoll eingeleitet, reibungslos umgesetzt und kalkuliert vorangetrieben werden sollte, fiel der Verwaltungswissenschaft die Aufgabe zu, parallel eine *Modernisierung des politisch-administrativen Systems* vorzudenken.

Das politische Risiko der *modernisierenden* Aktivierung hielt sich in vergleichsweise engen Grenzen. Auf die Krise mußte nicht spekuliert werden, sie war da; und ihre Natur als ökonomische Existenzbedrohung kanalisierte den Motivationsschub: wer ums wirtschaftliche Überleben kämpft, so stand zu erwarten, würde nicht auf „dumme Gedanken" kommen.

Ökonomisch gezügelte „Leidenschaft", gepaart mit politisch organisiertem „Augenmaß" – solch eine Kombination entsprach der praktischen Herausforderung des „Modells Deutschland" am genauesten. Ihr theoretisches Pendant ist die seit jener globalen Tendenzwende florierende *Korporatismus*-Diskussion (vgl. *v. Alemann/Heinze* 1979, *Schmitter/Lehmbruch* 1979, *v. Alemann* 1981).

Die Korporatismus-Idee vermarktet den steuerungstheoretisch interessanten Rest der sozialdemokratischen Reformeuphorie: „Unter den Rahmenbedingungen unserer Wirtschaftsordnung ist die staatliche Wirtschaftspolitik bei dem Versuch einer makroökonomischen Steuerung auf die Stärke der Gewerkschaften angewiesen" (*Scharpf* 1978a, 11) – so das Credo dieser „bislang letzten und damit auch am weitesten fortgeschrittenen politischen Problemlösungsstrategie" (eine *Nascholdsche* Un-Gleichung aus besseren Tagen).

Der *gewerkschaftliche* „bias" – Bürger und Banken stehen dagegen zurück – markiert den charakteristischen Unterschied zur „active society". Nun geht es weniger um eine allgemeine „Ausnutzung und Aktivierung der Leistungsenergien gesellschaftlicher Gruppierungen" (*Naschold* 1973, 79), stattdessen steht die gruppenspezifische *Kontroll*kapazität im Vordergrund – durchaus auch „aktiv" verstanden. D. h., Gewerkschaften sollen als „Partner der staatlichen Wirtschaftspolitik" deren „Überredungsdirigismus" bis an die Basis fortführen, um (gegen bestimmte Gratifikationen) „Mobilität und Flexibilität des Arbeitskraftsangebots" dem Modernisierungsdruck von außen möglichst friktionslos anzupassen (*Scharpf* 1978a, b).

Für die Regulierung des *unternehmerischen* Interesses im Verbund eines staatlich gelenkten Modernisierungs-Korporatismus wird unterstellt, daß sie „parametrisch" erfolgen könne, mit dem Profit als Ansatzhebel: „Gerade weil ökonomische Entscheidungen im Kapitalismus sich (zwar nicht ausschließlich, aber doch vorrangig) am erwarteten Gewinn orientieren, müssen sie auch durch politische Einflußnahme auf die Bedingungen der Gewinnerwartung prinzipiell gesteuert werden können." (*Scharpf* 1974, 14) Ein tiefer reichender Durchgriff würde die gesellschaftliche Verfassung verletzen, in ihrer Wissenschaft ist er darum begrifflich nicht vorgesehen (man vergleiche den notwendig begriffslosen Versuch bei *Naschold/Väth* 1973, 14 ff., diese Grenze zu überspringen).

Trotzdem erzielt „parametrische" Steuerung – in den Köpfen ihrer verwaltungswissenschaftlichen Propagandisten wenigstens – eine qualitativ neue Interventionsdichte. Viel stärker als jene technischen Verfahrensvorschläge der Implentationsforschung (s. o.) setzt das korporatistische Modernisierungsmuster auf *soziale* Integrationsmechanismen. Dabei kommt ihm die gewandelte weltwirtschaftliche Situation zustatten, denn auch „die Wirtschaft wird einsehen müssen, daß bei ihrer zunehmenden Abhängigkeit von staatlichen Leistungen und staatlichen Steuerungsmaßnahmen der konzeptionslose, in sich unkoordinierte Staat zu einer zunehmend unkalkulierbaren Gefahrenquelle für die weitere ökonomische Entwicklung werden muß." (*Hauff/Scharpf* 1975, 123)

Der Plan des wissenschaftlichen Korporatismus-Entwurfs wäre verwirklicht, wenn es politisch gelänge, Kapital und Arbeit gemeinsam auf das nationale Modernisierungsprogramm zu verpflichten: „dann spricht aber auch nichts gegen die Möglichkeit eines mittelfristig stabilen neuen Äquilibriums der staatlichen, unternehmerischen und gewerkschaftlichen Strategien und Programme, in dem alle Seiten in der Lage sind, ihre akutesten Probleme zu lösen, ohne dabei durch unvorhergesehene Aktionen und Reaktionen der anderen Akteure in unkalkulierbarer Weise gestört zu werden." (*Scharpf* 1978b, 25)

Wenn nicht alles trügt, hat auch diese Hoffnung getrogen. Die Kreise des Kalküls sind von „außen" gestört worden.

2. *Verwaltungswissenschaft – das gefährdete Paradigma*

Verglichen mit den Anfängen hat das verwaltungswissenschaftliche Paradigma im systematischen, angenähert auch zeitlichen Ablauf seiner verschiedenen Stadien zwei gründliche Wandlungen durchgemacht:

- politisch die Reduktion der Forderung nach *demokratischer Reform* auf das Prinzip des *stabilen Gleichgewichts* („Äquilibrium");
- analytisch die Erweiterung eines Systems *technokratischer Planung* zur Politik der *gesellschaftlichen Formierung*.

In den Verschiebungen des theoretischen Gebäudes spiegeln sich Veränderungen der politischen Praxis. Am kopernikanischen Wendepunkt (sozial-liberale „Machtergreifung") ging es darum, einem existierenden Konsens (Demokratie + Reform) die fehlenden Instrumente (Planung) zu verschaffen. Wie jener abgebröckelt war, hatten diese ausgedient und wurden durch besser geeignete Steuerungsmedien (Korporatismus) ersetzt.

Was bleibt dann von den höheren Ansprüchen – Demokratie, Reform, Planung? Analytisch wie moralisch wollte das verwaltungswissenschaftliche Paradigma einer ganzen Disziplin die „moderne" Richtung weisen; viel ist davon nicht übrig geblieben. Im Angesicht des ökonomischen *und* politisch-ideologischen Umschwungs der siebziger Jahre, als es galt, „Flagge zu zeigen", haben sich seine zentralen Konstruktionsschwächen herauskristallisiert:

- eine *Staatsfixierung*, die gesellschaftliche Machtblöcke nur formal und eher am Rande ins Blickfeld bekommt;
- eine *Technikfixierung*, die darin gipfelt, daß selbst noch der demokratische Prozess als Rechenexempel behandelt wird;
- eine *Autoritätsfixierung*, die in Angelegenheiten des allgemeinen Wohls der politischen Administration stillschweigend eine Generalkompetenz überträgt;
- eine *Harmoniefixierung*, die über den Drang, Konsens zu „bilden", strukturelle Ungleichheiten eilfertig verdrängt.

Es gibt eine „alternative" Verwaltungswissenschaft, die das schon immer gewußt hat. Zumindest spukt seit langem (*Naschold* 1972) und anscheinend unausrottbar (*Bruder* 1981) der Gedanke herum, auf dem heuristisch fruchtbaren Boden des „politökonomischen Paradigmas" ließe sich in korrigierender Absicht ein (womöglich komplementär greifendes) Konkurrenzprojekt errichten. Seine Kategorien, so erkannte man (*Naschold/Väth* 1973, 26), gehen, „– sei es in der Variante des Staatsinterventionismus, des staatsmonopolistischen Kapitalismus oder der ökonomischen Reproduktion – sämtlich von der Ableitung der Funktion des politisch-administrativen Systems aus der ökonomisch-gesellschaftlichen Entwicklung aus." Was *theoretisch* impliziert: „In politökonomischer Perspektive ist Verwaltung nicht Thema der Verwaltungstheorie, Planung nicht ein Thema der Planungstheorie, auch nicht der Verwaltungstheorie, sondern sind Verwaltung wie Planung Themen einer ökonomischen (kapitalistischen) Gesellschaftstheorie" (*V. Ronge*; zit. nach *Schmid/Treiber* 1975, 56). Und *ideologisch*: „Das erkenntnisleitende Interesse von Planungstheorien dieses Paradigmas zielt auf deren Kritik und über diese auf eine Transformation der Systemstrukturen ab." (*Naschold* 1972, 77)

Jene vielfache Fixierbarkeit wäre entlarvt, die revolutionäre Verwaltungswissenschaft geboren: ausgebrütet von einem „kritischen" Geist, der bis heute im Kreise geht – fruchtlos damit beschäftigt, sich als unmöglich zu erweisen oder soweit zu verwässern, daß er folgenlos weiter räsonnieren kann.

Das herrschende Paradigma herrscht mithin *als verwaltungswissenschaftliches* alternativlos. Dennoch ist es *gefährdet* – von außen; daran hat auch seine laufende Anpassung an die Windungen des politischen Alltags nichts ändern können. Gegenwärtig eine „heile Welt" der Verwaltungswissenschaft diagnostizieren hieße die Summe einschlägiger Teilforschungen (Umwelt, Verkehr, Städtebau, Arbeitsmarkt, Technoloie, Energie etc. pp.) fälschlich fürs Ganze nehmen. Jedenfalls läßt sich Politikwissenschaft mithilfe dieser Liste paradigmatisch unmöglich dirigieren.

Für den beobachtbaren Niedergang zeichnet in erster Linie ein Katalog gesellschaftlicher Probleme verantwortlich, der mit Demokratie, Reform und Planung nicht zu erledigen ist bzw. faktisch nicht erledigt wird. Soweit kann sich die moderne Verwaltungswissenschaft von ihren Ursprüngen gar nicht entfernen, daß sie *diese* Wendung noch mitmachen könnte – es sei denn auf Kosten des völligen Identitätsverlustes.

Zur Diskussion stehen die gesellschaftlichen Erscheinungen der Radikalität, Austerität und Heterogenität – samt ihren paradigmatischen „Reflexen".

2.1 Radikalität

Eine populäre Losung der beginnenden Reformära hieß ja: mehr Demokratie wagen. Damit war mindestens gemeint, daß solche Interessen systematisch privilegiert würden, die im pluralistischen Kräftespiel bis dahin regelmäßig untergegangen waren. Außerdem lagen Aktivierungspläne bereit (theoretisch), um dieses Projekt, „massenhaft" unterstützt, gegen das institutionelle Establishment durchzuboxen.

Radikalität als politisches Problem tauchte genau dann auf, als der demokratische Aufbruch ernst machte, seinen Initiatoren entglitt, eine ungewollt starke Sprengkraft entfaltete und dadurch dem konservativen Lager Diskreditierungsmöglichkeiten zuhauf bot. „Daß die politischen und ideologischen Massenbewegungen über die maßvollen Absichten von Reformern hinwegfluten und diese zu ungewollten Wortführern von politischen Entwicklungen machen, die nicht in ihrer Absicht lagen, diese Erfahrung wird Brandt mit vielen anderen seiner Generation teilen müssen" – solcher „nützliche Idioten"-Vorwurf (*Schelsky* 1973, 48) galt den Haupt- und Staatsakteuren einer Periode, der publikumswirksam die Renaissance des (harten wie sanften) *Terrors* angelastet werden konnte.

Unter dem ideologischen Ansturm der reformfeindlichen und -geschädigten Fronde verkehrte sich das demokratische Wagnis umstandslos in notorische Feigheit: „Wer dem Aggressor die höhere Legitimität konzediert (‚kritisches Engagement', ‚progressive Intelligenz', ‚Sauerteig' etc.), macht sich unfähig, seine eigene Legitimität zu verteidigen, und aus den Repräsentanten dessen, was zu verteidigen gewesen wäre, werden Schießbudenfiguren." Weil Politiker darauf verzichtet hätten, „die demokratisch legitimierte Autorität dieses Staates gegen diejenigen geltend zu machen, die ihm diese Legitimität im Namen einer ganz anderen Demokratie bestreiten", darin gipfelt die Kritik, seien „Terroristen, Sympathisanten und weitere Kreise" dazu ermutigt worden, das politische System auf seine Belastbarkeit zu testen – bis in den endgültigen Ruin hinein (*Lübbe* 1978a, 14 ff., 23 ff.).

Daß „auch die liberale Demokratie auf der Geltung politischer und moralischer Selbstverständlichkeiten beruht, über die man gerade nicht diskutiert, die man vielmehr, gegebenenfalls, gegenüber ihren Verächtern als das zu behaupten hat, worüber man nicht mit sich reden läßt" (*Lübbe* 1978b, 108) – dieser vergessenen Einsicht mußte den Tendenzwende-Propheten zufolge erneute Geltung verschafft werden. Andernfalls stände zu befürchten, daß „law and order", Kernstück bürgerlicher Selbstbehauptung, vollends unter die Räder der „Revolution auf leisen" – und lauten – „Sohlen" (*H. Schelsky*) kommen würden.

Die „Herausforderung der legalen Ordnung in der Absicht, die Schwäche ihrer Legitimität, ihren Verbindlichkeitsschwund sichtbar zu machen" (*Lübbe* 1978a, 38) erheischte eine zweifelsfreie Antwort: jene Verbindlichkeit des Legalen kompromißlos wiederherzustellen.

Eine ideologische, wissenschaftswirksame Offensive kam in Gang, der Logik gehorchend: „Wer gegen ‚Recht und Ordnung' polemisiert, macht die Bürger glauben, er sei für *Unrecht und Unordnung* oder stelle sich schützend vor Kriminalität und Anarchie." (*Kriele* 1977, 82)

Pflicht einer recht verstandenen Politischen Wissenschaft mußte es daher sein, die praktische Verteidigung des „freiheitlichen Verfassungsstaates“, d. h. von „law and order“, normativ zu begründen (vgl. *Kielmansegg* 1978). Spezieller war verlangt, im epochemachenden Streit um den „Radikalenerlaß“, Schlüsselstelle ordnungsmächtiger Selbstbehauptung, staatsfreundlich Position zu beziehen – exemplarisch so vorexerziert: „In Normalzeiten würde es in der Regel genügen, daß der Beamte die Rechtsordnung beachtet. Entscheidend ist aber, ob wir darauf vertrauen können, daß er am ‚Tage X‘, wenn es ums Ganze geht, nicht in Loyalitätskonflikte gerät, sondern den Staat unterstützt und den Gegner bekämpft.“ Egal wie „wahrscheinlich die Gefahr einer Ausnahmesituation sein wird, der Staat muß auf sie vorbereitet sein, gerade damit sie nicht wahrscheinlich wird.“ (*Kriele* 1977, 154)
So strukturiert, stellt sich der staatliche Alltag völlig unter die Ernstfall-Perspektive – sein „Interessenberücksichtigungspotential“ erfaßt nichts anderes mehr als den Herrschaftsbestand. Wo *Radikalität* thematischer Bezugspunkt wird, dankt *Demokratie* ab; und das *Politische Recht* avanciert zum politikwissenschaftlich gültigen Paradigma.

2.2 Austerität

Voll wirksam wird die verwaltungswissenschaftlich konzipierte Modernisierungspolitik (*Hauff/Scharpf* 1975) erst dann, wenn es zusätzlich gelingen sollte, durch „Lohnbegrenzung den Anstieg der Lohnstückkosten zu bremsen. Der Anreiz, Modernisierung und Austerity zu koppeln, ist also groß“, und die „mit dem Modell Deutschland bezeichnete Modernisierungsstrategie“ steht deshalb „immer auf der Kippe in Richtung einer Austerity-Strategie.“ (*Altvater* 1980, 51)
Gegen lohnpolitische *Austeritäts*anfälle ist die sozialdemokratische Reformperspektive sicher nicht gefeit – so wenig wir ihr verwaltungswissenschaftliches Pendant. Allerdings hätten beide, der ihnen eigenen Logik gehorchend, das „massenfeindliche“ Verzichtprogramm unter staatlicher Regie und mithilfe korporatistischer Arrangements auf den Weg gebracht: um einen „wasserdichten“ Konsens besorgt, dem keine Widerstände gewachsen sein würden.
Indessen hat eine restaurative Konfliktstrategie zunehmend an Boden gewonnen (erst theoretisch, dann immer deutlicher auch praktisch), die – im Namen der Freiheit – den staatlichen Rückzug aus (tendenziell) *allen* Sozialverpflichtungen fordert und – im Namen des Fortschritts – *jeden* sozialen Kompromiß ablehnt, dem das industrielle Wachstumsinteresse entgegensteht.
„Durch die Übernahme eines wesentlichen Teils der Dienstleistungen wird“, daran besteht für diesen Standpunkt kein Zweifel, des Staates „Finanzkraft sowie seine Leistungs- und Steuerungsfähigkeit überfordert.“ Noch schwerer wiegt, heißt es (nicht gerade plausibel) weiter, „daß dem Staat auf diese Weise wirtschaftliche und gesellschaftliche Macht zuwächst, die zu einer zunehmenden Abhängigkeit des einzelnen von staatlichen und öffentlichen Einrichtungen und damit zu einer Abnahme individueller Freiheit führt.“ (*CDU* 1975) Aus solcher Warte degeneriert der Staat, sozialdemokratisch-verwaltungswissenschaftliche Planungs- und Reformagentur par excellence, zur schwer

lastenden, schwerfällig laufenden Unterdrückungsmaschinerie: „So wachsen Behörden zum Turm von Babel unserer Zeit. So schwinden Kühnheit, Verantwortung, Fortschritt. So siecht Zivilcourage und so operiert man das Rückgrat heraus; so werden Kreativität und Spontanität behindert, erstickt, ja angeprangert . . ." – so geht das interessierte Lamento (*Barzel* 1978, 10). Und in das Mark der Modernisierungspolitik gezielt: „Ausgerechnet die beiden Parteien, die die ‚alten Zöpfe' abschneiden und das ‚moderne' Deutschland schaffen wollten und die in ihre erste gemeinsame Regierungserklärung den Satz hineinschrieben, in ‚der Bundesrepublik stehen wir vor der Notwendigkeit umfassender Reformen', haben im Bereich der Wirtschafts- und Gesellschaftspolitik ein weit längeres Register von Unterlassungssünden als von weitreichenden Schritten zur Modernisierung der Gesellschaft und zur Sicherung der Zukunft vorzuweisen." (*Jungblut* 1981, 50)

Der Demontage des Staates folgt die Reform der Reform: ihres öffentlichen Charakters beraubt, wird sie dorthin zurückverwiesen, von wo das zu kurierende *Übel* seinen Ausgang nahm – auf den privaten Markt („Reprivatisierung"). Was meistens nur heißt, daß aus gesellschaftlichen Leiden sozialistische Marotten werden, wenn nicht gar hinterlistige „Selbstheilungskräfte". Gewiß, erkennt man z. B. an, existieren „triste, unwirkliche Viertel in fast allen Groß- und auch kleinen Kommunen, aber mit wirklichen Elendsquartieren" hätten sie „nichts mehr gemein". Gewiß gebe es „jene schäbigen Gastarbeiterquartiere (etwa das Türkenviertel in Kreuzberg), in denen eng und zusammengepfercht fremdländische Arbeiter mit und ohne Familien wohnen"; doch der „augenfällig niedrige Konsumstandard" sei häufig nicht Folge bitterer Armut, sondern „Konsequenz eiserner Spartätigkeit" – und damit Indiz einer vitalen Lebensführung. Wer das anders sehe (wie die sozialdemokratische Reformvorstellung samt ihrem verwaltungswissenschaftlichen Appendix selbst noch im „modernistischen" Endstadium), der lande bei lächerlich karitativen Positionen: „Sogar die Tatsache, daß einige krank, andere dagegen gesund sind, einige einsam, andere kommunikativ, einige mit den Händen arbeiten und manche mit anderen Körperteilen, das Faktum, daß einige mit Volksschulabschluß, andere mit dem Universitätsdiplom in der Tasche durchs Leben laufen, daß manche ins Theater, in die Oper, ins Konzert gehen, andere nicht" – all das erscheine dann als reformbedürftige Ungleichheit. Die Vision der gleichen Lebenschancen schlägt um in den Horror vor „geklonten Fröschen" (*Merklein* 1980, 48 f., 68 ff.)

Vom hoffnungsvollen *Reform*interessse bleibt offenkundig nichts übrig, wenn die *Austeritäts*kampagne erst einmal richtig Fuß gefaßt hat. Auch dieser Trendumschwung erschüttert den Stellenwert der modernen Verwaltungswissenschaft als politikwissenschaftlicher „Leitwährung": ihre Funktion übernehmen neoklassische/neoliberale Gedankengänge.

Das fortgeschrittenste Paradigma ist dann die (Neue) *Politische Ökonomie*.

2.3 Heterogenität

Es „ist offensichtlich eine möglichst totale Herrschaft einer homogenen Gruppe von Entscheidungsträgern und Kommandostellen mit Planungsmentalität und hohem Informationswissen optimal für eine geplante Zukunft der Gesellschaft." (*Schelsky* 1965, 165) Eben darum war der verwaltungswissenschaftliche „Trumpf" einer planvollen Demokratie von Anfang an dubios; er konnte stechen, solange jedes Element für sich genommen noch unterentwickelt war und deshalb dem anderen nicht in die Quere kam.

Diese labile Balance ist inzwischen gekippt. Doch nicht das rationale Ideal des *homogenen* Planungsraumes hat triumphiert (was sozialdemokratischem Kalkül wie verwaltungswissenschaftlicher Logik entspräche), vielmehr rumort es deutlich spürbar an der Basis. Eine „zweite Kultur" (*P. Glotz*) von neuen sozialen Bewegungen, post-materialistischen Werten und sonst nichts verpflichtet, macht die „Planung der Zukunft" (*H. Schelsky*) zum teuer-gefährlichen Hazardspiel – teuer, weil langfristige Investitionen brachliegen (Musterbeispiel: Atomkraftwerke); gefährlich, wenn staatliche Exekutionsentschlossenheit den massenhaften Protest auslöst (Musterbeispiel: Bauplatzbesetzungen).

Heterogenität verhindert *Planung*: die Gesellschaft zerfällt in völlig voneinander entfremdete Gruppen ohne ein Stück gemeinsamen Weges nach Art des traditionellen Fortschrittglaubens, der antagonistische Klassen einmal zusammengeführt hat (und heute gegen „alternative" Anfechtungen immer noch verbindet). Dessen Erosion „erzeugt nicht nur skeptische Zweifel, sondern Angst – Angst vor der Atombombe, Angst vor der Arbeitslosigkeit, Angst vor dem Verlust der Freiheits- und Sozialrechte, Angst vor der Ungewißheit in all ihren Formen." (*Löwenthal* 1979, 34)

Zur Angst vor dem Chaos des Ernstfalls tritt die Entfremdung vom Normalfall der Arbeit: „Man will verantwortliche Tätigkeit, Mitwirkungsmöglichkeiten bei Entscheidungen, ein gutes Sozialklima, Menschenwürde im Betrieb, kein nervenschädigendes Arbeitstempo, keinen Lärm, keine Leuteschinderei und keine falschen Autoritätsverhältnisse" (*Greiffenhagen/Greiffenhagen* 1981, 241) – kurz: man will *nicht* arbeiten, *nichts* leisten. Denn was dem Narziß passen würde, kann ihm niemand bieten.

Wie sollte das System auf seine moralische Fäulnis reagieren? Mit einer Öffnung der herrschenden Ethik im „großen Dialog" *(P. Glotz)*? Dagegen regen sich lautstark die Zweifel: „Denn das, was unter dem Eindruck der Kulturrevolution und der von ihr bewirkten Infragestellung und Umwertung der traditionellen bürgerlichen Werte der westlichen Zivilisation mit massiver Unterstützung vieler Intellektueller an neuen Bedürfnissen und neuen Forderungen von vielen jungen Menschen an diese Gesellschaft herangetragen wird und was im Gedanken einer völlig unbehinderten, von keinerlei Abhängigkeiten verengten Idee totaler Selbstverwirklichung und konfliktfreier Solidarität aller Menschen seinen wohl umfassendsten Ausdruck findet, das kann unsere Gesellschaft in toto gar nicht zugestehen, wenn sie als pluralistisch organisierte demokratische Industriegesellschaft überleben will." Deswegen „kann der Weg zur Integration der Jugend in unsere Gesellschaft nicht so sehr die Anpassung der Gesellschaft an die neuen Bedürfnisse sein, sondern umgekehrt die Erziehung der Jugend zur Einsicht in gewisse Notwendigkeiten, die auch eine freie Gesellschaft nicht ignorieren kann und darf, wenn sie überleben will." (*Sontheimer* 1979, 97 f.)

„*Erziehung*" wird das Ziel der politischen Reform – „Mut zur Erziehung" etabliert sich als Motto einer Politischen Wissenschaft, die im Sinn hat, Volk und Staat mora-

lisch aufzurüsten. Ihr theoretisches Programm ist danach: es geißelt „den Irrtum, die Schule könne Kinder lehren, glücklich zu werden, indem sie sie ermuntert, ‚Glücksansprüche' zu stellen"; denn: „Glück folgt nicht aus der Befriedigung von Ansprüchen, sondern stellt im Tun des Rechten sich ein". Und sein Bannstrahl trifft „den Irrtum, die Tugenden des Fleißes, der Disziplin und der Ordnung seien pädagogisch obsolet geworden" – „in Wahrheit" fänden sich diese Tugenden „nicht systemspezifisch, sondern human begründet." (Aus: Thesen „Mut zur Erziehung", 1978)
Sicher, eine „renitente Minderheit" hört nicht mehr auf solche Botschaft; für sie hält der willige Staat geeignete Verwaltungsmittel bereit. Die große Mehrheit aber, jene „Millionen Jugendliche", die „anders denken und sich anders verhalten" (*K. Sontheimer*), muß gegen den ansteckenden Disziplinverlust pädagogisch immunisiert werden.
Fazit: Zu Zeiten gefährlich überhandnehmender Heterogenität rückt *Politische Pädagogik* in die Position des politologischen Paradigmas ein.

3. Verwaltungswissenschaft – ein Paradigma ohne Perspektive?

Das verwaltungswissenschaftliche Paradigma war der politikwissenschaftliche „Reflex" des sozialdemokratischen(-liberalen) Herrschaftsmodells; mit ihm ist es aufgestiegen und auch wieder gefallen – von beiden existieren bloß noch Trümmer.
Politische Tendenzverschiebungen, ausgelöst durch gesellschaftliche „Trubulenzen", haben jenes theoretische Programm obsolet gemacht: Demokratie, Reform, Planung passen nicht mehr in die „Landschaft". Mit der Modernisierungs-Idee war ein letzter Anlauf gescheitert, alte Ansprüche den neuen Sachzwängen zu assimilieren – sein praktischer Fehlschlag hat dem Paradigma-Wechsel das Terrain geebnet.
Das *konservative Syndrom* aus Politischem Recht, Politischer Ökonomie und Politischer Pädagogik, kompakt durch seinen autoritären Zuschnitt, hat den Anschein für sich, dem bedrohlichen Bündel zugespitzter Radikalitäts-, Austeritäts-, Heterogenitätsprobleme wissenschaftlich „besser" (*H. Kuhn*) gewachsen zu sein. Allerdings: nicht die „Wahrheit", den „Zeitgeist" trifft es genauer.
Weil die Idee sich blamiert, wenn sie gegen das Interesse steht, bleibt der unmodern gewordenen Verwaltungswissenschaft letztlich nur übrig, auf schöneres Wetter zu warten – so wie ihre erste Konjunktur dem Experimentierklima einer „Schönwetter-Demokratie" entsprungen ist. Doch *diese* Zeiten sind zunächst einmal vorbei – im alten Gewande traditioneller SPD-Kultur dürften Demokratie, Reform und Planung so schnell nicht wieder auferstehen: „Mit der Kombination von Etatismus, normativer Prinzipienlosigkeit, Offenheit gegenüber vorhandenen Machtverhältnissen und repressiver Ausgrenzung wird die SPD zunehmend zu einer Partei, die ihre Basis nur noch in einer Schicht von politischen Machtverwaltern findet." (*Gransow/Offe* 1981, 564)
Verwaltungswissenschaft also ein *Paradigma ohne Perspektive*? Das Fazit wäre voreilig. Denn dort, von wo die alte Reformbewegung ihren Ausgang genommen hat, zeichnen sich auch erste Konturen einer neuen ab – als Reaktion auf den sozialen Trend mit dem höchsten Zerrüttungspotential: „das Auseinanderfallen der Wertorientierung von immer größeren Gruppen der Gesellschaft" (*Glotz* 1981, 106).

Weil das gesellschaftliche Leiden: Heterogenität durch konservative Therapien eher noch verschlimmert wird, hängt an der politischen Antwort des „progressiven" Lagers nicht nur seine eigene Zukunft – die freilich besonders: „Das ungeheuer schwierige Problem von Reform-Parteien wie der SPD liegt", so eine präzise Diagnose, „darin, daß sie in ihrer Zusammensetzung zu Konglomeraten mit unterschiedlicher Interessenstruktur geworden sind und daß sie gleichzeitig diese Anhängerblöcke auch noch zur Bewältigung schwieriger Aufgaben im Sinne ihrer Reformziele motivieren müssen." (*Glotz* 1981, 106)

Vom alten „Produktivkraft"-Annexionismus unterscheidet sich diese Herrschaftsidee (jedenfalls sollte sie es im eigenen Interesse): nicht aktive Partizipation wird jenen (mehr oder weniger) Anderen abverlangt, sondern ganz einfach politisch verwertbares „Vertrauen" als Gegenleistung für den Schutz subkultureller (alternativ-ökonomischer) Lebensräume. Hier mag ein konzeptioneller Rekonstruktionsversuch einsetzen: Verwaltungswissenschaft als reformistische „Politikberatung für die amtierenden politischen und administrativen Häupter" (*R. R. Grauhan*), soweit sie die in „erste und zweite und dritte Kulturen auseinanderdriftende Gesellschaft" (*P. Glotz*) besser organisieren wollen, als es der konservativen Alternative gelingen kann.

Der Anspruch wäre: (begrenzte) *Integration* mittels *Organisation*, also Fortsetzung von „Legitimität durch Verfahren" mit anderen Mitteln – solchen, die manche lokale Szene heute schon prägen (wie etwa das Nürnberger „KOMM") und von einer wiederbelebten Verwaltungswissenschaft systematisch weitergedacht werden könnten.

Das politische Risiko des Projekts liegt darin, praktisch überflüssig zu werden, weil die kommunikative Absicht am Kurzschluß von manipulativem Anreiz und repressiver Sanktion zugrunde geht – heruntergebracht auf einen therapeutischen „Dialog" als Überredungskunststück, mit der polizeilichen Gewalt in Reserve.

Dieser Mutation hätte die „moderne" Verwaltungswissenschaft, ganz der System- und Steuerungslogik verschrieben, nichts entgegenzusetzen. Vor dem Praxisschock steht das Theoriedefizit: eine *Perspektive ohne Paradigma*.

Literaturverzeichnis

Alemann, U. v. (Hrsg.) 1981: Neokorporatismus, Frankfurt.

Alemann, U. v., R. G. Heinze, (Hrsg.), 1979: Verbände und Staat, Opladen

Altvater, E. 1980: Deutschland – eine Modellskizze. In: *Gremliza/Hannover* (Hrsg.). Die Linke. Hamburg, 39 ff.

Barzel, R. 1978: Bremsklötze weg! In: *Geißler, H.* (Hrsg.), Verwaltete Bürger – Gesellschaft in Fesseln. Frankfurt u. a., 9 ff.

Blanke, B., U. Jürgens, H. Kastendiek 1975: Kritik der Politischen Wissenschaft 1, 2, Frankfurt.

Böhret, C. 1970: Entscheidungshilfen für die Regierung. Opladen.

Bruder, W. 1981: Empirische Verwaltungsforschung in der BRD. Opladen.

CDU 1975: Unsere Politik für Deutschland – Mannheimer Erklärung in der Fassung vom 12.11. 1975.

Etzioni, A. 1972: Ansätze zu einer Theorie gesellschaftlicher Steuerung. In: *Esser/Naschold/Väth* (Hrsg.), Gesellschaftsplanung in kapitalistischen und sozialistischen Systemen. Gütersloh, 187 ff.

Glotz, P. 1981: Partei oder Kreuzzug? In: Der Spiegel, 50, 106 f.

Gransow, V., C. Offe 1981: Politische Kultur und Sozialdemokratische Regierungspolitik. In: Das Argument, 128, 551 ff.

Greiffenhagen, M., S. Greiffenhagen 1981: Ein schwieriges Vaterland. Frankfurt.
Hauff, V., F. W. Scharpf 1975: Modernisierung der Volkswirtschaft. Frankfurt-Köln.
Hirsch, J., S. Leibfried 1971: Materialien zur Wissenschafts- und Bildungspolitik. Frankfurt.
Jochimsen, R. 1971: Planung im staatlichen Bereich. In: Bulletin des Presse- und Informationsamtes der Bundesregierung vom 23.7.1971., 1236 ff.
Jungblut, M. 1981: Je mehr er hat, je mehr er will . . . Zürich.
Kempski, J. v. 1966: Wissenschaft von der Politik – sozusagen. In: Merkur, 20 454 ff.
Kielmansegg, P. Graf 1978: Politikwissenschaft und Gewaltproblematik. In: *Geißler* (Hrsg.), Der Weg in die Gewalt, München, 59 ff.
Kriele, M. 1977: Legitimitätsprobleme der Bundesrepublik. München.
Kuhn, T. S. 1967: Die Struktur wissenschaftlicher Revolutionen. Frankfurt.
Löwenthal, R. 1979: Gesellschaftswandel und Kulturkrise. Frankfurt.
Lübbe 1978a: Endstation Terror. Stuttgart.
–, 1978b: Endstation Terror. Rückblick auf lange Märsche. In: *Geißler* (Hrsg.), Der Weg in die Gewalt. München, 96 ff.
Luhmann, N. 1970: Soziologische Aufklärung. Köln-Opladen.
Mayntz, R. 1980: Die Präzisierung wichtiger analytischer Kategorien. In: dies. (Hrsg.), Implementation politischer Programme. Kronberg/Ts., 4 ff.
–, *F. W. Scharpf* 1973: Kriterien, Voraussetzungen und Einschränkungen aktiver Politik. In: dies. (Hrsg.), Planungsorganisation. München, 115 ff.
Merklein, R. 1980: Der Griff in die eigene Tasche. Hamburg.
Naschold, F. 1969a: Systemsteuerung, Stuttgart u. a.
–, 1969b: Organisation und Demokratie. Stuttgart u. a.
–, 1972: Zur Politik und Ökonomie von Planungssystemen. In: *Fehl/Fester/Kuhnert* (Hrsg.), Materialien zur Planungsforschung. Gütersloh, 69 ff.
–, 1973: Gesellschaftsreform und politische Planung. In: *Naschold, F., W. Väth* (Hrsg.), Politische Planungssysteme, Opladen, 59 ff.
–, W. Väth 1973: Politische Planungssysteme im entwickelten Kapitalismus. In: dies. (Hrsg.), Politische Planungssysteme. Opladen, 7 ff.
–, u. a. 1973: Thesen zur mehrjährigen Finanzplanung des Bundes. In: *Mayntz/Scharpf* (Hrsg.), Planungsorganisation. München, 146 ff.
Offe, C. 1975: Berufsbildungsreform. Frankfurt.
Scharpf, F. W. 1973: Planung als politischer Prozess. Frankfurt.
–, 1974: Politische Durchsetzbarkeit innerer Reformen. Göttingen.
–, 1978a: Die Funktionsfähigkeit der Gewerkschaften als Problem einer Verbändegesetzgebung. Berlin.
–, 1978b: Die Rolle des Staates im westlichen Wirtschaftssystem: Zwischen Krise und Neuorientierung. Berlin.
–, 1979: Politische Planung zwischen Anspruch und Realität. Berlin.
–, u. a. 1976: Politikverflechtung. Kronberg/Ts.
Schelsky, H. 1965: Planung der Zukunft. In: Soziale Welt, 17, 155 ff.
–, 1973: Systemüberwindung, Demokratisierung und Gewaltenteilung. München.
Schmid, G., H. Treiber 1975: Bürokratie und Politik. München.
Schmitter, Ph., G. Lehmbruch (Hrsg.), 1979: Trends Toward Corporatist Intermediation. London.
Sontheimer, K. 1979: Die verunsicherte Republik. München.
–, Thesen „Mut zur Erziehung". In: schulintern. Informationen des Kultusministeriums Baden-Württemberg, April 1978.
Thieme, W. 1967: Verwaltungslehre. Köln u. a.
Werner, R. 1975: Soziale Indikatoren und Politische Planung. Hamburg.

Problemverarbeitung durch das politisch-administrative System: Zum Stand der Forschung

Renate Mayntz

Das vom Herausgeber formulierte Thema dieses Beitrags läßt sich weder der Politikwissenschaft noch der Verwaltungswissenschaft eindeutig zuordnen; es liegt quer zu dieser Unterscheidung und umfaßt Elemente aus beiden Disziplinen. Die vielleicht nur aus sprachlichen Gründen anstelle des schwer übersetzbaren „policy process" gewählte deutsche Formulierung spricht dabei etwas offen aus, was der „policy"-Begriff selbst nicht notwendigerweise, in Zusammenhängen wie „policy analysis" oder „policy research" aber faktisch doch unterstellt, nämlich *daß* es beim Policy-Prozess um Problemverarbeitung geht. Überdeutlich fast wird damit die besondere Perspektive der Policy-Forschung abgesetzt von den Politikwissenschaft wie Verwaltungswissenschaft weithin kennzeichnenden institutionellen bzw. strukturellen Ansätzen. Gemeinsam ist diesen Ansätzen, daß der politische Prozeß als Prozeß der Machtverteilung, Machtsicherung und Machtnutzung gesehen wird anstatt in seiner systembezogenen Funktionalität als Problemlösungs- oder Steuerungsprozeß. Natürlich sind diese Perspektiven komplementär, aber sie beleuchten in ihrer je spezifischen Selektivität eben doch recht verschiedene Aspekte der Wirklichkeit. Aus der Perspektive des institutionellen Ansatzes ist z. B. die faktische Machtverteilung zwischen Legislative und Exekutive in sich, d. h. als abhängige Variable von Interesse; aus der Perspektive der Policy-Forschung ist sie dagegen nur ein Faktor, der das Ergebnis bzw. den Inhalt von Entscheidungen über staatliches Handeln beeinflußt, d. h. eine unter vielen unabhängigen Variablen. Zumindest auf der Ebene konkreter Einzelfragen sind derartige selektive Akzentuierungen aus methodologischen Gründen unvermeidlich. Damit ist aber gleichzeitig eine Warnung vor der Ontologisierung dessen, was nur eine selektive Perspektive ist, verbunden: Man kann den politischen Prozeß als Problemverarbeitung *analysieren*, darf damit aber nicht zugleich behaupten, daß er nach Anlaß und Ergebnis und auch im Verständnis der beteiligten Akteure lediglich ein Problemverarbeitungsprozeß *ist*. Mit diesem *caveat* läßt sich der folgende Beitrag auf die Unterstellung der Themenformulierung ein. Dabei mag das Verständnis des politischen Prozesses als Problemverarbeitung tatsächlich zu einer immer weniger heroischen Annahme werden, sofern politisches Handeln selbst zunehmend durch das Bewußtsein geprägt wird, Politik müsse aus Gründen der Selbsterhaltung ein bestimmtes Niveau erfolgreicher Problemlösung erzielen.

I. Schwerpunkte und Fragestellungen

Der Policy-Prozeß (wie er hier der Kürze halber genannt werden soll) läßt sich grob in die Teilprozesse der Problemdefinition, der Politik- oder Programmentwicklung und der Implementation zerlegen. Der gesamte Prozeß bezieht sich auf eine Situation, die sich auch unabhängig von ihrer Wahrnehmung durch die Akteure des politisch-administrativen Systems als Problem erfassen läßt, und er wird im Hinblick auf seinen Beitrag zur Veränderung dieser Situation beurteilt. Die Programmwirkung ist deshalb besser als das im Implementationsprozeß erzeugte Prozeßergebnis und nicht als besondere Phase des Policy-Prozesses zu begreifen. Allerdings verändern sich gesellschaftliche Problemsituationen gewöhnlich auch ohne staatliche Intervention, sie verschärfen, wandeln sich inhaltlich oder verbessern sich auch, so daß bei der Beurteilung von Programmwirkungen kausale Zurechnungsprobleme entstehen.

Die analytische Untergliederung des Policy-Prozesses verweist auf ein entscheidungstheoretisches Modell. Dabei wird Entscheidung aber nicht als kognitiver Prozeß rationaler Alternativenwahl verstanden, sondern als komplexer kollektiver Handlungsprozeß, der eher von verfügbaren Mitteln als von Zielen bestimmt wird und bei dem Konflikte und Konsensbildung eine größere Rolle spielen als Informationsverarbeitung. Die drei Teilprozesse laufen auch nicht nacheinander ab, sondern überlappen sich meist, ja Problemdefinition und Programmentwicklung laufen oft fast parallel. Die einzelnen, auf je spezifische Problemsituationen bezogenen Policy-Prozesse müssen schließlich auf der Ebene des Gesamtsystems als Elemente eines komplexen Handlungsstroms gesehen werden, die sich wechselseitig stimulieren, prägen und beeinträchtigen können und dabei oft schwer durchschaubare Aggregatwirkungen erzeugen.

Die Forschung hat sich mit den verschiedenen Teilen des Policy-Prozesses unterschiedlich intensiv befaßt. Stiefkind des sozialwissenschaftlichen Interesses ist dabei bislang die Problemdefinition, die im Kontext des Policy-Prozesses zwar auch, aber nicht primär als kognitiver Prozeß zu verstehen ist. Vielmehr geht es, wie es im Englischen griffiger heißt, um agenda-setting, d. h. um die Frage, unter welchen Bedingungen ein ganz bestimmtes Thema zum Gegenstand politischen Entscheidungshandelns wird. Da immer mehr Themen um Aufmerksamkeit konkurrieren als aufgegriffen und im politisch-administrativen System bearbeitet werden können, ist die Bestimmung der Themenwahl – wie schon *Bachrach* und *Baratz* (1962) wußten – eine wichtige Form der Machtausübung. Zu den wichtigen Akteuren in diesem Prozeß zählen neben politischen Parteien, Parlamentsfraktionen und der Ministerialbürokratie vor allem organisierte Interessengruppen und die Massenmedien, neuerdings aber auch Bürger, die sich für bestimmte Anliegen zu unkonventionellem politischen Handeln wie etwa zur Teilnahme an Demonstrationen mobilisieren lassen (*Barnes, Kaase* et al. 1979). Der Prozeß der Problemdefinition wird zwar in Fallstudien zur Politikentwicklung oft mitbehandelt, jedoch selten selbst zum Forschungsgegenstand gewählt. Auch für die Bundesrepublik gilt deshalb, was *Richardson* und *Jordan* feststellen: „. . . the *emergence* of issues, as opposed to the processing of issues that have already emerged, has been relatively neglected as an area of study" (1979, 78 f.). Vor allem sind systematisierende Bemühungen wie die von *Russ-Mohl* (1981) selten, der versucht, ein theoretisches Längsschnitt-Modell des Aufkommens von Reformthemen, ihrer Durchsetzung und ihres späteren Absetzens von der politischen Tagesordnung zu entwickeln.

Programmentwicklung und Implementation haben, überblickt man die Literatur der letzten 20 Jahre, insgesamt ein etwa gleich starkes Interesse gefunden, wobei es allerdings sowohl nationale Unterschiede wie Schwerpunktverlagerungen im Laufe der Zeit gegeben hat. Zeitlich ging das Interesse am Prozeß der Programmentwicklung, der Formulierung staatlicher Handlungsprogramme in Form von Gesetzen, Rechtsverordnungen, Fachplanungen, Mittelzuweisungen usw., dem Interesse an ihrer Durchführung voraus. Es war zunächst vor allem die Politikwissenschaft, die auf dem Hintergrund demokratietheoretischer Fragestellungen wissen wollte, wie der Prozeß der in verbindliche Handlungsanweisungen mündenden politischen Willensbildung funktioniert, welche gesellschaftlichen Interessen dabei die besten Durchsetzungschancen haben und wie das Zusammenspiel zwischen Politik und Ministerialverwaltung bei der Politikentwicklung aussieht. Mit der letzten Teilfrage kamen auch verwaltungswissenschaftliche Ansätze in die Diskussion herein und die organisatorischen und verfahrensmäßigen Voraussetzungen für die Erfüllung von Planungsaufgaben durch die Ministerialverwaltung wurden zum beliebten Forschungsthema (vgl. auch *Bruder* 1981). In der Bundesrepublik entwickelte sich dabei ein Streit über die relative Bedeutsamkeit der internen, dem politisch-administrativen System, seiner Organisation und seinen Verfahrensweisen innewohnenden Restriktionen politischer Handlungsfähigkeit im Vergleich zu externen, also z. B. in der kapitalistischen Wirtschaftsordnung begründeten Restriktionen, der gelegentlich Gefahr lief, auf das Niveau politischer Glaubenskämpfe abzusinken.

Wie und warum gegen Ende der 60er Jahre das wissenschaftliche Interesse sich auf Fragen der Politikimplementation zu verlagern begann, ist mehrfach ausführlich beschrieben worden (u. a. *Wollmann* 1979 b, *Wildavsky* 1979, 3–15). Als Auslöser wirkte offenbar das enttäuschende Erlebnis des Scheiterns von Reformprogrammen in der Phase des Vollzugs. Die Suche nach den Ursachen für mangelnden Programmerfolg und die damit verbundene Notwendigkeit, Programmwirkungen erst einmal empirisch zu erfassen, haben in den 70er Jahren zu einer Konjunktur für Implementationsstudien und Wirkungsanalysen geführt. Überwiegend handelt es sich dabei um Fallstudien, die sich auf ein bestimmtes Handlungsprogramm und damit auch auf einen bestimmten Politiksektor beziehen (z. B. die Beiträge in *Wollmann*, 1979 a; *Mayntz* 1980 a). Dabei stehen Politikbereiche im Vordergrund, denen in den 70er Jahren eine besondere öffentliche Aufmerksamkeit galt, wie etwa dem Umweltschutz, der Stadt- und Regionalpolitik, der Bildungspolitik (vor allem in den USA) und neuerdings der Arbeitsmarktpolitik. Da die Behörden der öffentlichen Verwaltung zu den wichtigsten Vollzugsträgern oder Implementeuren gehören, kam mit dieser thematischen Schwerpunktverlagerung auch die Verwaltungsforschung stärker zum Zug. Allerdings zeigt die bibliographische Analyse von *Bruder* (1981, 168), daß wenigstens in der Bundesrepublik die Implementations- und Wirkungsforschung damit noch nicht zu einem quantitativen Schwerpunkt der empirischen Verwaltungsforschung geworden ist; auch in den letzten 10 Jahren überwiegen immer noch Themen wie Verwaltungsorganisation, Planung und Personal.

Die Konzentration entweder auf Programmentwicklung oder auf Implementation oder die Programmwirkung stellt, obwohl aus forschungspraktischen Gründen oft unvermeidlich, eine jeweils spezifische Verkürzung des Ansatzes der Policy-Forschung dar. Jede dieser Verkürzungen blendet einen Teil der Wirklichkeit aus und zahlt dafür den Preis verminderter Erklärungskraft. Dieses Problems wurde man sich gerade im Zusammenhang mit Implementations- und Wirkungsanalysen bewußt (*Mayntz* 1980 a, Einleitung). Heute ist eine Tendenz zu beobachten, die einzelnen Teilperspektiven miteinander zu verknüpfen, wobei der thematische Differenzierungsprozeß gleichsam von hinten aufgerollt wird. Zuerst wird klar, daß man die Programmwirkung nicht zureichend erklären kann, wenn man nicht das Verhalten der verschiedenen Akteure im Implementationsprozeß in die Analyse einbezieht; so werden Wirkungs- und Implementationsforschung miteinander verbunden. Das Verhalten der Akteure im Implementationsprozeß ist aber seinerseits nicht ohne ständigen Rückbezug auf die Beschaffenheit des Programms verständlich zu machen; und wenn auch Mängel im Vollzug das beste Programm unwirksam machen können, so kann doch umgekehrt selbst ein völlig programmkonformer Vollzug keine wirksame Problemlösung sichern, wenn das Programm den falschen Lösungsatz gewählt hat. Damit kommt man wieder zur Programmentwicklung zurück, nur daß es jetzt nicht mehr primär um die (natürlich nach wie vor wichtige) Frage geht, welche Interessen sich inhaltlich durchzusetzen vermögen, sondern von welchen Merkmalen der Programmgestaltung die Problemlösungsfähigkeit staatlichen Handelns abhängt. Zur Programmgestaltung gehört dabei zunächst die Wahl der Interventionsinstrumente (z. B. regulative Normsetzung oder Angebot finanzieller Anreize), darüber hinaus aber eine ganze Reihe konkretisierender Einzelentscheidungen, z.B. über die Zuweisung von Zuständigkeiten, Definition von Vergabekriterien oder die Höhe von Sanktionen.

Nimmt man die an verschiedenen Aspekten des Policy-Prozesses ansetzenden Analysen und die Versuche ihrer Verknüpfung zusammen, dann verfügen wir heute über die Elemente eines differenzierten analytischen Rahmens für eine Policy-Forschung, die den Prozeß insgesamt erfassen will, ohne daß dabei einzelne Phasen oder Aspekte ausgeblendet bleiben. Das heißt allerdings nicht, daß wir auch schon über eine ausgebaute empirische Theorie der gesellschaftlichen Problemverarbeitung durch das politisch-administrative System, eine politische Steuerungstheorie also verfügten. Das vorliegende empirische Material hat überwiegend Fallstudiencharakter, und es gibt wenig Versuche, es mit dem Ziel generalisierender Schlußfolgerungen systematisch aufzuarbeiten. Es versteht sich von selbst, daß dieser Beitrag nicht helfen kann, dieses Defizit zu verringern. Vielmehr sollen im Folgenden einige Fragen zur Problemlösungsfähigkeit von Policy-Prozessen etwas genauer erörtert werden, um exemplarisch aufzuzeigen, was dazu heute schon an Wissen vorliegt und wo die Herausforderung an die weitere wissenschaftliche Arbeit beginnt.

II. Aspekte der Problemlösungsfähigkeit von Policy-Prozessen

1. Institutionelle Voraussetzungen

Der Prozeß der Politikentwicklung im Zusammenspiel der verschiedenen Akteure des politisch-administrativen Systems kann inzwischen als relativ gut erforscht gelten. Es gibt sowohl Untersuchungen, die sich auf die Rolle einzelner Akteure – etwa Parlament, Kabinett, Ministerialbürokratie – im Entscheidungsprozeß konzentrieren (vgl. etwa das Sammelwerk von *Rose* und *Suleiman* 1980), wie auch Studien, die typische Merkmale des Politikentwicklungsprozesses in einem bestimmten Land herausarbeiten; die Arbeiten von *Mayntz* und *Scharpf* (1975) für die Bundesrepublik, von *Richardson* und *Jordan* (1979) für Großbritannien oder von *Kriesi* (1980) für die Schweiz mögen als Beispiele dienen. Dieses Material erlaubt, typische Verläufe von Politikentwicklungsprozessen unter verschiedenen institutionellen Rahmenbedingungen, aber auch z. B. in Situationen unterschiedlicher politischer Brisanz festzustellen. Allerdings läßt sich daraus am Ende erstaunlich wenig hinsichtlich der Problemlösungsfähigkeit der so entstandenen staatlichen Handlungsprogramme ableiten. Das meint auch *Scharpf* (1978, 4), wenn er sagt, es fehle „an einem Bestand *genereller* Aussagen darüber, welche *Typen* von politisch-administrativen Strukturen und Prozessen die Formulierung und Implementierung welcher *Typen* von Politikinhalten fördert oder behindert". Dafür genügt es nicht einmal, die allgemeinen Voraussetzungen für die Entwicklung einer „aktiven" Politik, also von Programmen mit bestimmten formalen Merkmalen wie Längerfristigkeit, größerer Reichweite, politisch-autonomer Zielsetzung und höherer Eingriffsintensität (*Mayntz* und *Scharpf* 1973) zu identifizieren. Die Problemlösungsfähigkeit eines Programms läßt sich nämlich nicht generell und lediglich unter Bezugnahme auf bestimmte formale Programmerkmale bestimmen, sondern verlangt immer den Bezug auf spezifische Problemsituationen. Diese Voraussetzung ist in einer Reihe von Untersuchungen zur Politikverflechtung erfüllt worden, so daß hier ein systematischer Zusammenhang zwischen der Struktur des Handlungssystems auf der einen Seite, namentlich der Notwendigkeit des Zusammenwirkens von Bund und Ländern bei der konkreten Ausformulierung von Programmen im Bereich der Gemeinschaftsaufgaben, und dem Problemlösungspotential der betreffenden Policy-Prozesse auf der anderen Seite hergestellt werden konnte. Der Druck zur Konsensbildung erzeugt hier Entscheidungsmuster wie die Tendenz zur Gleichverteilung der Mittel, zur Besitzstandswahrung und zum Verzicht auf Schwerpunktbildungen, die strukturverändernde Wirkungen ganz erheblich behindern bzw. unmöglich machen (*Scharpf, Reissert, Schnabel* 1976, 1977, *Garlichs* 1980).

Nun genügt es allerdings für die Beurteilung der Problemlösungsfähigkeit staatlichen Handelns nicht, sich auf einzelne existente Programme zu beziehen und dabei die von ihnen selbst definierten Probleme zum Ausgangspunkt zu nehmen. Es kann durchaus sein, daß – gemessen an identifizierbaren Systemimperativen – die „falschen" Probleme zur Bearbeitung ausgewählt werden. Liegen, um ein simples Beispiel zu nehmen, die wichtigsten Probleme, die unsere Städte aufwerfen, wirklich beim Wohnungsbau und innerstädtischen Verkehr, der Luftverschmutzung und dem Lärm, und nicht vielleicht in einer Schädigung von Mechanismen der Sozialisation und sozialen Kontrolle? Die Frage, welche Themen auf die politische Tagesordnung kommen, ist sofern nicht nur eine Frage nach interessenbezogenen Selektivitäten, eine Frage des cui bono gewissermaßen, sondern damit ist auch angesprochen, ob wichtige Bestandsprobleme einer Gesellschaft bzw. wenigstens eines bestimmten Gesellschaftstyps überhaupt erkannt worden sind. Die Arbeiten von *Offe* (1972, 1975) gehen in diese Richtung, demonstrieren aber zugleich, wie schwer bei einem solchen Untersuchungsansatz die Brücke zwischen der Funktionsanalyse sozialer Makrosysteme auf der einen und der Analyse konkreter Policy-Prozesse auf der anderen Seite zu schlagen ist.

2. Problemlösungsfähigkeit als Kriterium der Politikentwicklung?

So wichtig es ist, politische Handlungsprogramme nach ihrer Problemlösungsfähigkeit zu beurteilen, so wenig ist damit natürlich gesagt, daß sich die Politikentwicklung pri mär an diesem Kriterium orientiert. Es genügt wohl, hier summarisch auf die vielfältigen Überlegungen politischer Opportunität zu verweisen, deren Bedeutung empirische Untersuchungen der Programmentwicklung im politisch-administrativen System immer wieder unterstreichen. Auch auf der Seite sachrationaler Überlegungen gibt es jedoch neben der Problemlösungsfähigkeit oder Wirksamkeit eines Programms noch andere Kriterien, deren Berücksichtigung wenigstens teilweise institutionell oder strukturell gesichert ist. Ist ein Thema erst einmal auf die politische Tagesordnung gelangt, womit in den meisten Fällen zugleich die Frage, *ob* überhaupt ein das staatliche Handeln herausfordendes Problem vorliegt, bejaht wird, dann berührt die Entscheidung über das *Wie* der Intervention die Aspekte (1) der verfassungsrechtlichen und gesetzlichen Zulässigkeit einer bestimmten Art von Intervention, (2) ihrer direkten (Haushaltsbelastung und administrativer Aufwand) und indirekten, bei Adressaten und eventuellen nicht-staatlichen Vollzugsinstanzen anfallende Kosten, (3) ihren Nebenwirkungen und (4) ihrer Kompatibilität mit bereits bestehenden und denselben Problembereich berührenden Handlungsprogrammen (*Mayntz* 1980 b, 59). Bezogen auf die angestrebte Problemlösungseffektivität geht es hier um *Restriktionen* bei der Programmgestaltung, was aber nicht heißt, daß die Effektivität tatsächlich das dominante unter den sachrationalen Entscheidungskriterien ist. Zumindest in der Bundesrepublik dürften vielmehr rechtliche Aspekte besonders gründlich bedacht werden, gefolgt von den direkten Programmkosten. Die Berücksichtigung dieser beiden Kriterien ist institutionell im Policy-Prozeß verankert. Das gilt wenigstens teilweise auch für die – insbesondere finanziellen – Belastungen, die ein Programm bei seinen Adressaten erzeugt; auf solche Befolgungskosten – der Umweltschutz bietet hierfür Beispiele – machen in der Regel die an der Programmentwicklung beteiligten organisierten Interessen aufmerksam. Nebenwirkungen und nicht-rechtliche Kompatibilitätsfragen bleiben dagegen in dem vorherrschenden Muster einer sektoral fragmentierten und weitgehend nur negativ koordinierten (*Scharpf* 1972) Programmentwicklung leicht unberücksichtigt. Schließlich ist auch die Programmeffektivität ein institutionell und verfahrensmäßig relativ wenig abgesichertes Kriterium, doch gibt es einige Umstände, die seiner Vernachlässigung entgegenwirken.

So drängt einerseits die gerade einem prinzipiell bejahten und für legitim gehaltenen politischen System gegenüber wachsende Problemlösungserwartung der Bevölkerung, andererseits der über längere Zeiträume hinweg ebenfalls gewachsene Steuerungsanspruch der politischen Entscheider auf eine stärkere Beachtung von Wirkungsfragen. Die Positivierung des Rechts (*Luhmann* 1972) und eine gesteigerte gesetzgeberische Aktivität, die schon lange nicht mehr überwiegend der Ressourcensicherung und der Kodifizierung privatrechtlicher Normen gilt, manifestieren diesen Steuerungsanspruch. Ein steigender Steuerungsanspruch verschärft die kognitiven Probleme der Politikentwicklung. Wenn Arbeitslosigkeit, Terrorismus, saurer Regen und steigende Krebshäufigkeit vom Staat zu lösende Probleme sind, ist Einsicht in zunehmend komplexere Wirkungszusammenhänge notwendig – zumal wenn die gesellschaftliche Umwelt als Objekt der Intervention Eigenschaften der Turbulenz (*Metcalfe* 1978) entwickelt. Im politisch-administrativen System wird dem durch die Einführung neuer Verfahren zur Entscheidungshilfe (z. B. Planungsmodelle, Datenbanken, Kosten-Nutzen-Analyse) und dem verstärkten Rückgriff auf wissenschaftliche Politikberatung Rechnung getragen. Vor allem in den USA hat das in den 70er Jahren zu einem Boom anwendungsorientierter Policy-Studien und Feldexperimente geführt (vgl. u. a. *Fitzsimmons, Wildenmann* und *Arrow* 1978; Congressional Budget Office 1979; *Feick* 1980), der allerdings schon in der Amtszeit von *Carter* stark nachließ und nun unter *Reagan* einem Tief zusteuert. In den einschlägigen Lehrbüchern wird sowohl die Programmentwicklung – Problemanalyse, Zielformulierung, Identifikation von Restriktionen, Konstruktion von Handlungsalternativen – wie auch die nachträgliche Wirkungsanalyse behandelt (z. B. *MacRae* und *Wilde* 1979, *Rossi, Freeman* and *Wright* 1979). Allerdings darf man das Ausmaß des damit unterstützten Rationalisierungsprozesses nicht überschätzen. Vor allem das Aufzeigen von Wirkungsmängeln bereits laufender Programme führt, wie *Wildavsky* (1979) am Beispiel von Erziehungs- und Gesundheitsprogrammen zeigt, eher dazu, daß man die Erfolgskriterien umdefiniert und statt der ursprünglich angestrebten Wirkung bloß den Output mißt (z. B. wieviel Geld ausgegeben wurde), als das Programm abzubrechen. Wirksamkeit ist wichtiger, aber kein dominantes Kriterium geworden.

3. Aspekte der Programmgestaltung

Die gesteigerte wissenschaftliche und politische Aufmerksamkeit für Wirkungsfragen hat dazu geführt, daß neuerdings neben den Politikinhalten auch die Wahl staatlicher Interventionsformen oder Instrumente und damit Detailfragen der Programmgestaltung Beachtung finden. Seit *Lowi* (1964) die Formen staatlichen Handelns analytisch zu klassifizieren suchte, ist eine ganze Reihe von Typologien entwickelt worden (Überblicke bei *Windhoff-Héritier* 1980, 37–75; *Jann* 1981, 40–69), die sich zunächst auf die grundsätzlichen Interventionsinstrumente, dann aber auch auf Programmelemente beziehen. Als *Instrumente* staatlichen Handelns werden etwa regulative Normen (mit Sanktionsdrohung verbundene Gebote, Verbote, Genehmigungspflichten usw.), finanzielle Transfers und Anreize, die öffentliche Bereitstellung von Gütern und Dienstleistungen, aber auch Information und Überzeugung sowie die Schaffung verbindlicher Regeln für die Verhandlung und Konfliktaustragung zwischen verschiedenen gesellschaftlichen Gruppen bezeichnet. Je nach dem dominierenden Instrument kann man dann regulative Programme, Anreizprogramme, Dienstleistungsprogramme usw. unterscheiden, doch können die Instrumente in einem gegebenen, auf ein bestimmtes Ziel bezogenen Programm auch kombiniert vorkommen. Es ist allerdings noch kaum untersucht worden, warum und unter welchen Umständen bestimmte Instrumentkombinationen vorgenommen werden und wie sie sich auswirken. Programme, die im wesentlichen mit regulativen Normen arbeiten (wie der Immissionsschutz in der Bundesrepublik), enthalten z. B. relativ häufig finanzielle Anreize als flankierende Maßnahmen. Information und Überzeugung wird überhaupt meist als flankierendes Instrument statt als reines Überzeugungsprogramm eingesetzt. Bei der Kombination mit regulativen Normen sollen Überzeugungsstrategien dabei Konsens bilden bzw. Widerstand abbauen, während sie im Kontext von Anreizprogrammen bei potentiellen Antragstellern die Motivation zur Annahme des Angebots erhöhen sollen, etwa indem ihnen seine Günstigkeit klargemacht wird.

Die *Elemente* eines Programms hängen im einzelnen natürlich von den gewählten Instrumenten ab, doch wird ein Programm gewöhnlich Hinweise auf Ziel, Zweck oder angestrebte Wirkung enthalten, die vorgesehenen Adressaten näher umschreiben und die mit der Implementation betrauten Durchführungs- oder Erzwingungsinstanzen angeben; hinzu können Verfahrensvorschriften kommen, Beteiligungsregeln, Zustimmungserfordernisse und administrative Kontroll- oder Berichtspflichten. Programme können sich dabei sehr stark in der Genauigkeit oder Spezifizität der Festlegungen unterscheiden. Es sind die auf dieser Konkretionsstufe der Programmgestaltung getroffenen Entscheidungen, die den späteren Implementationsprozeß strukturieren. Abgesehen davon, daß in Implementationsfallstudien aus diesem Grund Einzelheiten der Programmgestaltung regelmäßig zur Sprache kommen, gibt es auch bereits Versuche, interne Programmstrukturen systematischer zu beschreiben (z. B. *Knoepfel* und *Weidner* 1980, *Blankenburg* und *Krautkrämer* 1980). Allerdings gilt das wissenschaftliche Interesse Detailfragen der Programmgestaltung bislang sehr viel weniger als der Wahl bzw. dem Vergleich zwischen Interventionsinstrumenten.

Es ist leicht zu sehen, daß sich die verschiedenen Instrumente bzw. die entsprechenden Programmtypen hinsichtlich ihrer Wirkungsweise auf die Adressaten und die durch sie verursachten Kosten einschließlich des administrativen Aufwands auf charakteristische Weise unterscheiden; außerdem sind mit jedem Instrument besondere Implementationsprobleme verbunden. Die nachfolgende Zusammenstellung, entnommen aus *Mayntz* (1980 b, 67), deutet wenigstens die Richtung an, in der die Unterschiede liegen; zu einzelnen Programmtypen gibt es inzwischen schon sehr viel mehr in Einzelheiten gehende, systematische Untersuchungen (vgl. für Finanzhilfeprogramme *Hucke* et al. 1980).

Ein Vergleich zwischen Programmtypen gewinnt praktische Bedeutung in dem Maße, in dem bei der Politikentwicklung tatsächlich zwischen verschiedenen Interventionsinstrumenten gewählt werden kann, diese also nicht etwa durch die Besonderheiten des zu bearbeitenden Problems bereits festgelegt sind. Auch diese Frage kann nicht vertie-

Übersicht: Merkmale verschiedener Programmtypen und Vollzugsprobleme

	Regulative Programme	Anreizprogramme (positiv)	Leistungsprogramme
Wirkungsweise	Direkte Verhaltensbeeinflussung; gute Umsetzbarkeit von Zielen; ruft bei Adressaten Widerstand hervor	Motiviert Adressaten positiv; wirkt indirekt; tatsächliche Wirkung oft unsicher; Möglichkeit, sich zu entziehen	Motiviert Adressaten positiv; Sicherung des Angebots, aber nicht der Inanspruchnahme
Aufwand	relativ hoher administrativer Aufwand, speziell Kontroll- und Sanktionsaufwand; hohe Befolgungskosten möglich	relativ geringer administrativer Aufwand, hohe direkte Haushaltsbelastung	Hoher administrativer und direkter finanzieller Aufwand
Vollzugsprobleme	Tendenz zu Normverstößen; ungleiche Durchsetzung je nach Widerstandspotential der Adressaten	Unerwünschte Selektivität bei Inanspruchnahme; Mitnahmeeffekte; Nutzung des Angebots ohne Verhaltensänderung (Unterlaufen)	Effizienzmängel infolge unzureichender Fähigkeit/Motivation der Vollzugsträger; Gefahr von Überinvestition oder Unterinvestition

fend behandelt werden, doch zeigen historische wie internationale Vergleiche, daß es Entscheidungsspielräume gibt, die sich nicht nur auf Details der Programmgestaltung, sondern auch auf die Wahl zwischen verschiedenen Instrumenten erstrecken. In der politischen Praxis wird die Instrumentenwahl allerdings selten aufgrund systematisch vergleichender Überlegungen getroffen. Bestimmte (partei-)politische Grundhaltungen, in der Verfassungsgeschichte eines Landes verwurzelte normative Staatsvorstellungen oder auch die in ihrer fachlichen Ausbildung gründende Orientierung der höheren Ministerialbürokratie können generelle Präferenzen für bestimmte Instrumente zur Folge haben. So mögen in Deutschland die rechtsstaatliche Tradition, die idealistische Staatsphilosophie und die juristische Ausbildung der höheren Beamtenschaft zusammengewirkt haben, um eine gewisse Präferenz für regulative Interventionen zu erzeugen (*Mayntz* 1979), während in den USA gerade die regulative Politik sich einer besonders heftigen und keineswegs ideologiefreien Kritik ausgesetzt sieht (z. B. *Kneese* und *Schultze* 1975; *Nichols* und *Zeckhauser* 1977). Die Kritik regulativer Politik und der Ruf nach „deregulation" werden dabei zwar primär mit Kostenargumenten begründet; dahinter steht aber deutlich die traditionsreiche amerikanische Abneigung gegen autoritative staatliche Eingriffe und die entsprechende Hochschätzung der indirekten Steuerung über den Markt.

4. Kumulative Wirkungen der Politikentwicklung: Zum Problem der Überregelung

Die Auseinandersetzung um die *regulatory reform* (*de Muth* 1980) berührt zwei verschiedene Problemdiskussionen. Einmal geht es um die Wahl des Interventionsinstruments, die in der amerikanischen Diskussion auf die Alternative regulativer Normsetzung (Hierarchieprinzip, Strafandrohung) oder Anreizprogramm (Marktprinzip, individuelles Nutzenkalkül) zugespitzt wird (vgl. u.a. *Brigham* und *Brown* 1980). *Luhmanns* Unterscheidung von Recht und Geld als politischen Steuerungsmedien nimmt eine ähnliche Gegenüberstellung vor (*Luhmann* 1981, 94 f.). Zum anderen aber geht es um den Abbau staatlicher Interventionen ganz allgemein. Dieser Aspekt wird in der Bundesrepublik unter den Stichworten Gesetzesflut, Verrechtlichung und Bürokratisierung diskutiert (z. B. Bundesminister des Innern 1980, *Voigt* 1980). Damit werden kumulative Wirkungen von Interventionsentscheidungen berührt, die für die Problemlösungsfähigkeit des Policy-Prozesses *insgesamt* bedeutsam sind.
Die als Trend unbestreitbare Zunahme staatlicher Regelung tritt in verschiedenen Formen auf. So kann man zwischen der Ausdehnung staatlicher Regelung in neue Bereiche, der wachsenden Regelungsdichte innerhalb eines Bereichs und der zunehmenden Spezifizierung (Operationalisierung, Konditionalisierung) von Regeln unterscheiden. Diese drei Prozesse können prinzipiell unabhängig voneinander ablaufen, und es ist nicht ohne weiteres klar, welcher von ihnen etwa in der Bundesrepublik das Bild bestimmt; vermutlich heißt „zunehmende Regelung" praktisch vor allem wachsende Regelungsdichte, wie das z. B. für die viel besprochene Verrechtlichung im Bildungswesen gilt (*Reuter* 1980). Kontrovers ist, wieweit eine zunehmend *detaillierte* Regelung die derzeitige Entwicklung generell prägt. *Garstka* etwa betont (1980, 238), daß der wachsenden Konditionalisierung bestimmter Normen auf der einen Seite woanders eine Zunahme von Generalklauseln gegenübersteht, die in der Anwendung interpretationsbedürftig sind und damit Spielräume für Kommunikation mit den Adressaten eröffnen. Für Art und Richtung zunehmender Regelung ist auch deren Träger wichtig; so unterscheidet *Voigt* (1980, 16–23) zwischen Verrechtlichung in Gesetzesform durchs Parlament (= Vergesetzlichung), Verrechtlichung durch die Verwaltung (= Bürokratisierung) und Verrechtlichung durch Akte der Rechtsprechung (= Justizialisierung). Hier berührt die Analyse des Regelungsprozesses die schon sehr viel länger geführte Auseinandersetzung über das Verhältnis von Gesetzgebung und Planung, die im jetzigen Zusammenhang aber weniger interessiert als das Problem disfunktionaler Folgen, die die zunehmende Regelungsdichte auf gesamtgesellschaftlicher Ebene zeitigt. Die damit angesprochene Dimension der kumulativen Wirkung politischer Problemverarbeitung wird bei der Analyse einzelner Policy-Prozesse kaum sichtbar. Was *Über*regelung allerdings konkret heißt, ist – ganz abgesehen vom Problem der Schwellenwerte – auch inhaltlich noch nicht hinreichend geklärt, trotz einiger Ansätze in Wirtschaftswissenschaft, Politikwissenschaft und Systemtheorie, auf die man zurückgreifen könnte. Viel diskutierte Folgen einer hohen Regelungsdichte sind einmal die finanzielle Überforderung des Staates (*Grauhan* und *Hickel* 1978), zum anderen die Staatsverdrossenheit der Bürger (*Klages* 1977). Im gegenwärtigen Zusammenhang sind außerdem die zunehmenden Kompatibilitätsprobleme bei der Programmentwicklung wichtig: Die Rege-

lungsdichte kann so hoch werden, daß jede neue Intervention, wenn auch nicht gerade auf der Zielebene, so doch auf der Wirkungsebene in Widerspruch zu schon bestehenden Regelungen zu geraten droht.
Der Zustand dysfunktionaler Überregelung ist bis zu einem gewissen Grade, aber doch nicht ganz unabhängig von der Effektivität einzelner Programme; auf jeden Fall ruft ein teures Konjunkturprogramm, das nicht wirkt, oder Vielen hinderliche Verbotsnormen zur Verhütung eines Mißbrauchs, der Auge und Arm des Gesetzes dann doch entgeht, besondere Verärgerung hervor. Die Wahl der Regelungsinstrumente kann dabei einzelne Folgeprobleme der Überregelung besonders verschärfen. So tragen Dienstleistungs- und Finanzhilfeprogramme mehr als andere Programmtypen zur Krise der Staatsfinanzen bei, während das Gefühl der Gängelung aufseiten des Bürgers eher von regulativen Interventionen verstärkt wird. Veränderungen in der Einsatzhäufigkeit der verschiedenen Instrumente können sich aber auch unabhängig von der Regelungsdichte auf das Niveau gesellschaftlicher Problemverarbeitung auswirken. Obwohl die Forschung auch zu dieser Frage noch unzureichend ist, könnte man als Arbeitshypothese formulieren, daß in den westlichen Industrieländern in jüngster Zeit in stärkerem Maße Anreizprogramme, Überzeugungsstrategien und prozedurale Regelungen, also eher indirekt wirkende Steuerungsinstrumente gewählt werden, womit sich eine gewisse Akzentverschiebung weg von der Dominanz der im 19. und frühen 20. Jahrhundert parallel zueinander ausgebauten regulativen Programme und Dienstleistungsprogramme andeutet. Falls das zutrifft und falls eine solche Veränderung in objektiven Bedingungen der Problemverarbeitung und nicht nur in subjektiven Präferenzen für bestimmte Instrumente begründet ist, könnte man zur Erklärung auf der einen Seite auf strukturelle Veränderungen im gesellschaftlichen Regelungsfeld (Stichwort Neokorporatismus), auf der anderen auf Veränderungen in der Eigenart der sich heute vorrangig zur Lösung aufdrängenden Probleme verweisen. In dieser Richtung argumentiert etwa *Luhmann (1981, 97), wenn er auf die Wirkungs*grenzen der Instrumente Recht und Geld hinweist, sobald der Programmerfolg von der Änderung von Personen anstatt nur von ihrem Verhalten abhängt. Konkrete Beispiele dafür vermittelt die Implementationsforschung, wo z. B. *Kaufmann* (1981, XV) zeigt, daß gerade der weitgehende Verzicht auf regulative Interventionen und die Bevorzugung indirekter Einflußnahme eine wichtige Voraussetzung für die insgesamt erfolgreiche pädagogische Reform des Kindergartens war.

5. Festlegung der Implementationsstruktur als Element der Programmgestaltung

Bezogen auf die Problemlösungsfähigkeit politischer Handlungsprogramme unterstreichen die letzten Überlegungen, daß hierfür neben der Einsicht in die Problemverursachung, also einer richtigen Theorie, die Verhaltenswirksamkeit der auf die Adressaten bezogenen Programmvorgaben Voraussetzung ist. Dabei hängt die praktische Möglichkeit, die zur Problemlösung notwendigen Verhaltensänderungen mit den verfügbaren Mitteln zu bewirken, ihrerseits auch von der Schwierigkeit des Problems ab, z. B. dem Umfang der erforderlichen Verhaltensänderungen, der Größe der Adressatengruppe usw. (*Mazmanian* und *Sabatier* 1981, 7). Dazu kommt als dritte entscheidende Voraussetzung, daß das Programm mit seinen Zuständigkeitszuweisungen, Verfahrensvorschriften usw. die Implementationsstruktur so festlegt, daß eine zielkonforme Umsetzung der Programmvorhaben wahrscheinlich wird. Vor allem die Wahl der Vollzugsträger für ein neues Programm, ihre organisatorische Verankerung oder auch die bei Schaffung neuer Behörden getroffenen personellen und organisatorischen Entscheidungen können für den Programmerfolg genauso wichtig, ja manchmal sogar noch wichtiger werden als die Wahl des Interventionsinstruments und die Details der auf die Adressaten bezogenen Vorgaben; die Studie von *Radin* (1977) ist hier ein besonders anschauliches Beispiel. Der Grund für die Bedeutung dieser institutionellen Festlegungen liegt in der Tatsache, daß das Verhalten der Implementeure zwar von den Programmvorhaben strukturiert, aber keineswegs determiniert wird. Das Verhalten der Implementeure wird ganz wesentlich von ihren eigenen Merkmalen bestimmt, von ihren Wertorientierungen, ihrer personellen, technischen und arbeitsmäßigen Kapazität, aber auch von Restriktionen ihres Handlungsspielraums, die sich aus Kooperationsnotwendigkeiten oder Abhängigkeiten von anderen Instanzen ergeben. Die Verhaltenstendenzen, die aus dem strukturell und organisationsbedingten Eigeninteresse staatlicher wie nicht-staatlicher Implementeure folgen, hat *Bardach* (1977) in der Form von „Spielen" (games) beschrieben, die in ihrer Wirkung einer schnellen, effektiven und kostensparenden Programmdurchführung im Wege stehen. Bei guter Kenntnis der für ein Programm in Frage kommenden Vollzugsinstanzen sollten sich derartige Verhaltenstendenzen und damit verbundene Vollzugsprobleme einigermaßen antizipieren und zur Grundlage der die Implementationsstruktur definierenden Entscheidungen machen lassen. In der Praxis wird das allerdings nicht nur infolge der allgemein nachrangigen Bedeutung von Wirksamkeitsüberlegungen oft vernachlässigt, sondern zusätzlich durch Faktoren wie die mangelnde Vollzugserfahrung der Entscheider in Parlament und Ministerialbürokratie und die organisatorische Trennung von zentraler Programmentwicklung und dezentralem Vollzug erschwert. In der Bundesrepublik läßt vermutlich außerdem die vergleichsweise klar gegliederte Verwaltung mit ihrer festen Aufgabenverteilung die Zuständigkeitszuweisung oft gar nicht als Entscheidungsproblem bewußt werden.

Selbst unter optimalen Voraussetzungen sind allerdings der Sicherung eines wirksamen Vollzugs durch Festlegung im Programm wichtige Grenzen gesetzt. Solche Grenzen liegen in Kompetenzschranken bei der Festlegung von Zuständigkeiten, in der relativen Autonomie nicht-staatlicher Implementeure, im Fehlen direkter Weisungsbeziehungen zwischen Programmgeber und vorgesehenen Vollzugsträgern, aber auch in praktischen Notwendigkeiten. Je verschiedenartiger die regionalen, lokalen bzw. fallspezifischen Bedingungen sind, auf die ein Programm in der Durchführung trifft, je schneller und unvorhersehbarer der Situationswandel, umso weniger sinnvoll ist es, das Verhalten der Implementeure durch genaue Regeln festzulegen. Vor allem wenn der Programmerfolg von der Kooperation zwischen verschiedenen Organisationen, der Initiative und der eigenständigen Maßnahmenplanung auf nachgeordneter bzw. lokaler Ebene abhängt, stößt ein noch so detailliert ausformuliertes Programm bald an die Grenze seiner Steuerungswirkung (*Clinton* 1979, *Baestlein* und *Konukiewitz* 1980). Ein großer Teil der für den Programmerfolg nötigen Steuerungsleistungen sind daher im Implementationsprozeß selbst zu erbringen: durch Koordinierung, Schwerpunktsetzung, Schlichtung von Konflikten, Überzeugungsversuche, schrittweise Präzisierung von Verfahren, Krisenmanagement, Veränderung des Handlungssystems (Kooptation neuer oder Ausscheiden hinderlicher Mitwirkender) und anderes mehr (auch hierzu u. a. *Bardach* 1977). Dabei darf man sich diese Art der Implemtationssteuerung noch nicht einmal als normalerweise von einer zentralen Instanz ausgehend vorstellen. Das Netzwerk von Akteuren, meist administrativen und anderen Organisationen, die an der Durchführung eines Programms beteiligt sind, ist oft von hoher Komplexität und keineswegs hierarchisch geordnet; Beispiele bieten u.a. die Arbeitsmarktpolitik (*Hanf, Hjern* und *Porter* 1978) und die Sozialpolitik (*Dahme* et al. 1980). In solchen interorganisatorischen Netzwerken findet weder zentrale Prozeßsteuerung statt, noch ist von einer Art spontaner Koordination auf der Grundlage eines gemeinsamen Problemverständnisses und gleicher Bindung an die Programmziele auszugehen. Implementation ist hier auch kein nacheinander in geordneten Schritten ablaufender Prozeß, sondern ein Neben- und Nacheinander nur teilweise verbundener Aktivitäten der Mitglieder des organisatorischen Makrosystems, die sich nach eigenen Regeln und auf der Grundlage von ihnen eigentümlichen Routinen und Interessen verhalten (*Dunsire* 1978). Der Programmerfolg hängt dann nicht nur von den Merkmalen und eigenständigen Handlungstendenzen der einzelnen Implementeure, sondern von der strukturellen Beschaffenheit des ganzen von dem Programm aktivierten interorganisatorischen Netzwerks ab (*Hanf* und *Scharpf* 1978).

III. *Schlußbemerkung: Praxisbezug und theoretische Orientierung der Policy-Forschung*

Der an dieser Stelle abzubrechende Überblick über Fragen und Probleme, mit denen die Policy-Forschung sich befaßt, leidet unvermeidlich darunter, daß angesichts der Komplexität des Gegenstands und der umfangreichen, hier aus Platzgründen absichtlich nur sparsam zitierten Literatur, weder Vollständigkeit noch Ausführlichkeit der Darstellung möglich sind. Das schließt einerseits das Risiko scheinbarer Verkennung wichtiger Aspekte der Wirklichkeit ein und verlangt andererseits trotzdem den Verzicht auf ausreichende Veranschaulichung abstrakter Generalisierungen. Für den Leser, der hinter solchen Abstraktionen nicht aus eigener Kenntnis die vielfältige Wirklichkeit stehen sieht, ergibt sich damit ein Problem, das der gedanklichen Rekonstruktion einer Rinderherde bei Betrachtung einer Büchse Liebigs Fleischextrakt verwandt scheint. Trotzdem mag dieser Bericht nicht nur zeigen, wo wichtige Forschungslücken und interessante Forschungsthemen liegen, sondern auch, was die empirische Analyse des Policy-Prozesses bereits geleistet hat.

Die selektive Behandlung des Themas im vorigen Abschnitt, in dem vor allem Fragen der Politikentwicklung zur Sprache kamen und Fragen der Implementation und der Programmwirkung nur soweit berührt wurden, als sie im Prozeß der Politikentwicklung reflektiert werden oder im Interesse wirksamer Problemlösung reflektiert werden müßten, könnte den Eindruck eines etatistischen Bias hervorrufen, wie man ihn der

Policy-Forschung leicht vorwirft. Nun ist schon im Zusammenhang mit ähnlichen Vorwürfen gegen die Implementationsforschung betont worden, daß die Übernahme einer hypothetischen Gesetzgeberperspektive bei der Untersuchung von Prozessen der Programmimplementation zwar gewisse methodische Vorteile hat, daß es jedoch keine grundsätzlichen Hindernisse gibt, derartige Prozesse auch aus der Adressatenperspektive oder aus der Perspektive der implementierenden Organisationen zu betrachten (*Mayntz* 1980a, 237, 240 f.). Dabei wird eine bewußt *anwendungsorientierte* Policy-Forschung dazu neigen, speziell die Entscheidungssituation und die Handlungsmöglichkeiten *ihrer* Adressaten zu thematisieren und insofern die Gesetzgeberspektive zu übernehmen. Für die vor allem in *kritischer* Absicht betriebene Analyse von Policy-Prozessen, die die Praxis nicht unmittelbar rationalisieren, sondern ihre Defizite (an Rationalität, Wertberücksichtigung, Legitimität etc.) aufweisen will, bietet sich dagegen von vornherein weniger die Gesetzgeberperspektive als die Adressatenperspektive oder aber eine Systemperspektive an. *Jede* dieser Perspektiven ist selektiv; sie akzentuieren anders, schließen sich aber gegenseitig nicht aus. Damit soll die zwischen kritischer Analyse und rationalisierendem Anwendungsbezug bestehende Spannung nicht bestritten werden, der jede Policy-Forschung ausgesetzt ist und die auch in diesem Beitrag in dem Nebeneinander von Aussagen über die Voraussetzungen wirksamer Problemlösung einerseits, die Merkmale realer Policy-Prozesse andererseits aufscheint. Gerade die ernstlich intendierte Praxisrelevanz, die sich nicht im schulmeisterlichen Herunterbeten der Prinzipien rationalen Entscheidens erschöpft, verbietet aber kognitive Verkürzungen. Sie verlangt emprische Einsicht in die Determinanten realer Abläufe und ihrer oft unvorhergesehenen und ungewollten Ergebnisse, die im Interesse wirksamer Problemlösung antizipierbar werden müssen. Insofern wird Implementations- und Wirkungsforschung dann besonders praxisrelevant, wenn ihre Ergebnisse zur Analyse der Programmentwicklung rückgekoppelt werden, wie das ansatzweise im vorigen Abschnitt dieses Beitrags versucht wurde. Gerade damit ein hypothetischer Gesetzgeber wirksamer handeln kann bzw. Fehler vermeiden kann, muß die Policy-Forschung die Handlungsorientierung *sämtlicher* Akteure im Policy-Prozess als Datum einbeziehen. So steckt hinter dem Vorwurf des etatistischen Bias am Ende eher Kritik an der Bereitschaft von Policy-Forschern, dem Gesetzgeber (anstatt z. B. den betroffenen Bürgern) durch Wissensvermittlung zu helfen, als Kritik an den begrenzten Erkenntnismöglichkeiten des Ansatzes. Für die tatsächliche Praxiswirkung der Policy-Forschung ist dann die Lernbereitschaft der Akteure im politisch-administrativen System eine zentrale Voraussetzung und vermutlich auch eine wirksamere Schranke, als ihr bereits erwähntes Theoriedefizit; praktischer Nutzen ließe sich auch schon aus der systematischen Anwendung des entwickelten analytischen Ansatzes, der Sensibilisierung für normalerweise kaum bedachte Zusammenhänge und der Berücksichtigung der in exemplarischen Studien identifizierten Voraussetzungen und Restriktionen wirksamer staatlicher Intervention ziehen. Aus *gesellschaftstheoretischer* Perspektive allerdings bleibt selbst eine Policy-Forschung, die sich in Richtung einer Theorie politischer Steuerung bewegt, in ihrer Fragestellung und in ihren Erkenntnismöglichkeiten begrenzt.

Literaturverzeichnis

Baestlein, Angelika, Manfred Konukiewitz, Implementation der Raumordnungspolitik. Die Schwierigkeiten der Koordination, in: *Mayntz,* 1980a.

Bachrach, P., M. Baratz, 1962: The Two Faces of Power, American Political Science Review 65, 947–952.

Bardach, Eugene, 1977: The Implementation Game, MIT Press, Cambridge Mass.

Barnes, Samuel H., Max Kaase et al. 1979: Political Action. Mass Participation in Five Western Democracies, Beverly Hills/London.

Blankenburg, Erhard, Uta Krautkrämer, Ein Verwaltungsprogramm als Kaskade von Rechtsvorschriften: Das Arbeitsförderungsgesetz, in: *Mayntz,* 1980a, 138–153.

Brigham, John, Don W. Brown (Hrsg.) 1980: Policy Implementation. Penalties or Incentives?, Beverley Hills/London.

Bruder, Wolfgang, 1980: Empirische Verwaltungsforschung in der Bundesrepublik Deutschland, Opladen.

Bundesminister des Innern, Sachverständigenanhörung zu Ursachen einer Bürokratisierung in der öffentlichen Verwaltung sowie zu ausgewählten Vorhaben zur Verbesserung des Verhältnisses von Bürgern und Verwaltung, Bonn, 19./20. Juni 1980: Teil A: Stellungnahmen, Teil B: Diskussionsprotokoll, Teil C: Wissenschaftliche Auswertung, Bonn.

Clinton, Charles A., 1979: Local Success and Federal Failure, Cambridge Mass.

Congressional Budget Office, 1979: List of Publications, Spring.

Dahme, H.-J., D. Grunow, V. Grunow-Lutter, F. Hegner, J. Lempert, 1980: Die Neuorganisation der ambulanten Sozial- und Gesundheitspflege. Empirische Implementationsstudien in zwei Bundesländern, Bielefeld.

DeMuth, Christopher D., 1980: Constraining Regulatory Costs I, II, in: Regulation, Januar/Februar und März/April 1980.

Dunsire, Andrew, 1978: Implementation in a Bureaucracy, 2 Bde., Oxford.

Feick, Jürgen, 1980: Wirkungsforschung in den USA. Das „New Jersex Income Maintenance Experiment", Soziale Welt 31, 396–412.

Fitzsimmons, Stephen J., Rudolf Wildenmann, Kenneth J. Arrow, 1978: Zukunftsorientierte Planung und Forschung für die 80er Jahre, Königstein/Ts.

Garlichs, Dietrich, 1980: Grenzen staatlicher Infrastrukturpolitik, Königstein/Ts.

Garstka, Hansjürgen, Automation rechtlicher Verfahren als Entrechtlichungsprozeß, in: *Blankenburg/Lenk,* Organisation und Recht, a.a.O., 233–241.

Grauhan, Rolf-Richard, R. Hickel (Hrsg.), 1978: Krise des Steuerstaats?, Leviathan Sonderheft 1/1978.

Hanf, Kenneth, Fritz W. Scharpf (Hrsg.), 1978: Interorganizational Policy-Making, London/Beverly Hills.

Hanf, Kenneth, Benny Hjern, David O. Porter, 1978: Local Networks of Man Power Training in the Federal Republic of Germany and Sweden, in: *Hanf & Scharf,* 1978.

Hucke, Jochen, Brigitte Hess-Ohnacker, Hartmut Beuss, 1980: Sekundäranalyse der Implementationsprobleme von Finanzhilfeprogrammen als politischen Handlungsinstrumenten. Projektbericht, Köln.

Jann, Werner, 1981: Kategorien der Policy-Forschung, Speyerer Arbeitshefte 37, Speyer.

Kaufmann, Franz-Xaver, Stephan Domscheidt, Marion Kühn, 1981: Die Bildungsreform im Elementarbereich. Schlußbericht des Forschungsprojekts „Elternarbeit im Kindergarten", Bielefeld.

Klages, Helmut, 1977: Unbeabsichtigte Folgen staatlicher Selbstdarstellung als gesellschaftliches Stabilitätsrisiko, in: *H. Quaritsch* (Hrsg.), Die Selbstdarstellung des Staates, Berlin, 73–91.

Kneese, Allen V., Charles Schultze, 1975: Pollution, Prices, and Public Policy, Washington D.C.

Knoepfel, Peter, Helmut Weidner, 1980: Normbildung und Implementation. Interessenberücksichtigungsmuster in Programmstrukturen von Luftreinhaltepolitiken, in: *Mayntz,* 1980a, 82–104.

Kriesi, Hans-Peter, 1980: Entscheidungsstrukturen und Entscheidungsprozesse in der Schweizer Politik, Frankfurt/New York.

Lowi, T.N., 1964: American Business, Public Policy. Case Studies and Political Theories, in: World Politics 16/1964, 677–715.

Luhmann, Niklas, 1981: Politische Theorie im Wohlfahrtsstaat, München/Wien.

Luhmann, Niklas, 1972: Rechtssoziologie, 2 Bde., Reinbek b. Hamburg.

MacRae, Duncan Jr., James A. Wilde, 1979: Policy Analysis for Public Decisions, Belmont, Calif.
Mayntz, Renate (Hrsg.), Regulative Politik in der Krise? in: *J. Matthes* (Hrsg.), 1979: Sozialer Wandel in Westeuropa. Verhandlungen des 19. Deutschen Soziologentages Berlin 1979, Frankfurt/New York, 55–81.
Mayntz, Renate (Hrsg.), 1980 a: Implementation politischer Programme, Königstein/Ts.
Mayntz, Renate, 1980 b: Gesetzgebung und Bürokratisierung. Wissenschaftliche Auswertung der Sachverständigenanhörung zu Ursachen einer Bürokratisierung, Bundesminister des Innern a.a. O.
Mayntz, Renate, Fritz W. Scharpf, 1975: Policy-Making in the German Federal Bureaucracy, Amsterdam/Oxford, New York.
Mayntz, Renate, Fritz W. Scharpf, 1979: Kriterien, Voraussetzungen und Einschränkungen aktiver Politik, in: dies., Planungsorganisation, München.
Mazmanian, Daniel A., Paul A. Sabatier, 1981: Effective Policy Implementation, Lexington Books, Lexington Mass.
Metcalfe, Les, Policy Making in Turbulent Environments, in: *Hanf* & *Scharf*, a.a.O., 37–55.
Nichols, Albert L., Richard Zeckhauser, 1977: Government Comes to the Work Place, An Assessment of OSHA, in: Public Interest 49/1977, 39–69.
Offe, Claus, 1975: Berufsbildungsreform. Eine Fallstudie über Reformpolitik, Frankfurt/Main
Offe, Claus, 1972: Strukturprobleme des kapitalistischen Staates, Frankfurt/Main.
Radin, Beryl A., 1977: Implementation, Change, and the Federal Bureaucracy. School Desegregation Policy in H.E.W. 1964–1968, New York/London.
Reuter, Lutz-Rainer, Bildung zwischen Politik und Recht. Zur Parlamentarisierung, Bürokratisierung und Justizialisierung im Bildungssystem, in: *Voigt* a.a.O.
Richardson, J.J., A.G. Jordan, 1979: Governing under Pressure. The Policy Process in a Post-Parliamentary Democracy, Oxford.
Rose, Richard, Ezra N. Suleiman, 1980: Presidents and Prime Ministers, Washington D.C.
Rossi, Peter H., H.E. Freeman, S.R. Wright, 1979: Evaluation. A Systematic Approach, Beverly Hills/London.
Ruß-Mohl, Stephan, 1981: Reformkonjunkturen und politisches Krisenmanagement, Opladen.
Scharpf, Fritz W., 1978: Politikformulierung und Implementierung als Forschungsgegegenstand am IIMV. Fragestellungen und Ansätze, Internationales Institut für Management und Verwaltung Berlin.
Scharpf, Fritz W., 1972: Komplexität als Schranke der politischen Planung, in: PVS, Sonderheft 4/1972, 173 ff.
Scharpf, Fritz W., Bernd Reissert, Fritz Schnabel, 1976: Politikverflechtung. Theorie und Empirie des kooperativen Föderalismus in der Bundesrepublik, Kronberg/Ts.
Scharpf, Fritz W., Bernd Reissert, Fritz Schnabel (Hrsg.), 1977: Politikverflechtung II, Kronberg/Ts.
Voigt, Rüdiger (Hrsg.), 1980: Verrechtlichung, Königstein/Ts.
Wildavsky, Aron, 1979: Speaking Truth to Power. The Art and Craft of Policy Analysis, Boston/Toronto.
Windhoff-Heritier, Adrienne, 1980: Politikimplementation, Königstein/Ts.
Wollmann, Hellmut (Hrsg.), 1979 a: Politik im Dickicht der Bürokratie. Beiträge zur Implementationsforschung, Leviathan Sonderheft 3/1979.
Wollmann, Hellmut, 1979 b: Implementationsforschung. Eine Chance für kritische Verwaltungsforschung?, Leviathan Sonderheft 3/1979, 9–48.

Der Erklärungswert „binnenstruktureller" Faktoren in der Politik- und Verwaltungsforschung

Fritz W. Scharpf

1. *Einleitung*

Die empirische Verwaltungsforschung in der Bundesrepublik hat sich im wesentlichen seit dem Ende der sechziger Jahre entwickelt, und sie hat ihre Fragestellungen eng an die Funktionsprobleme der Formulierung und Implementierung von staatlicher (Reform-)Politik geknüpft (*Bruder*, 1981). Selbstverständlich bedeutet dies nicht, daß erst damit auch die Verwaltungswissenschaft in der Bundesrepublik begonnen habe: Die Arbeit der Hochschule für Verwaltungswissenschaften in Speyer und der Deutschen Sektion des Internationalen Instituts für Verwaltungswissenschaften reichen bis in die frühe Nachkriegszeit zurück; die von *Fritz Morstein Marx* herausgegebene einführende Darstellung in die Verwaltung stammt aus dem Jahre 1965, *Werner Thiemes* „Verwaltungslehre' erschien zuerst 1967; der von *Renate Mayntz* herausgegebene Sammelband zur „Bürokratischen Organisation" 1968, *Frido Wageners* „Neubau der Verwaltung" 1969, und auch *Niklas Luhmanns* wichtigste Beiträge zur Theorie der Verwaltung und des Verwaltens stammen fast durchweg aus den sechziger Jahren. Das gleiche gilt für *Thomans Ellweins* „Regierungssystem der Bundesrepublik Deutschland" und seine wichtige „Einführung in die Regierungs- und Verwaltungslehre" von 1966.

Dennoch trifft es zu, daß mit dem politischen Übergang von der großen Koalition zur sozial-liberalen Koalition und mit der Einrichtung der Projektgruppe für Regierungs- und Verwaltungsreform beim Bundesminister des Innern im Jahre 1969 die empirischen Forschungsmöglichkeiten der Verwaltungswissenschaft erweitert und diese zugleich auf die Frage nach dem Zusammenhang zwischen Regierungs- und Verwaltungsorganisation einerseits und dem Erfolg oder Mißerfolg der politischen Programmatik „innerer Reformen" andererseits hingeführt wurde. Unterstützt und weitergeführt wurde die Entwicklung der empirischen Verwaltungsforschung unter anderem durch einen Förderungsschwerpunkt der Stiftung Volkswagenwerk, durch den vom BMFT geförderten Forschungsverbund „Bürgernahe Gestaltung der Sozialen Umwelt" (*Kaufmann*, 1977) und den DFG-Forschungsverbund „Implementationsforschung" (*Mayntz*, 1980). Ich will mich im Folgenden der etwas pauschelen Frage nach dem wissenschaftlichen Erfolg des Forschungsprogramms einer „reformorientierten" Politik- und Verwaltungsforschung zuwenden.

Interessiert an der Aufklärung institutioneller Hemmnisse politischer (zentralstaatlicher) Programme hat diese Forschungslinie zunähst die organisatorischen Bedingungen der Programmentwicklung in der Ministerialorganisation des Bundes ins Licht gerückt (*Mayntz/Scharpf*, 1973; 1975) und sich dann den aus der „Politikverflechtung" von Bund und Ländern erwachsenden Widerständen (*Scharpf/Reissert/Schnabel*, 1976) und schließlich den „Vollzugsdefiziten' im Prozeß der Implementation von Reformprogrammen (*Mayntz* et al., 1978; *Mayntz*, 1980; *Wollmann*, 1980) zugewandt. In allen diesen Forschungsfeldern ist der Stand des empirisch-deskriptiven Wissens heute ungleich höher als zu Beginn des letzten Jahrzehnts (*Häußermann*, 1977). Das ist gewiß nicht wenig aber es besagt auch noch nicht viel für den praktischen und theoretischen Erfolg oder Mißerfolg des zu Grunde liegenden Forschungsprogramms, das – von der Arbeitshypothese einer limitationalen Beziehung ausgehend – die einer erfolgreichen Reformpolitik entgegenstehenden strukturellen Engpässe im politisch-administrativen System identifizieren und praktikable Vorschläge zu ihrer Beseitigung erarbeiten wollte.

Von den praktischen Ergebnissen des Programms soll hier allerdings nicht die Rede sein: Die Vorschläge der Projektgruppe Regierungs- und Verwaltungsreform blieben weithin unverwirklicht (*Lepper*, 1976; *Schatz*, 1978; *Müller*, 1978), wenn man von konkreten Reorganisationsvorschlägen für einzelne Bundesministerien (*Müller/Schatz*, 1974; *Garlichs/Müller*, 1977) einmal absieht. Vermutlich haben die Untersuchungen zur Politikverflechtung zu der seit mehreren Jahren bei Bund und Ländern um sich greifenden Skepsis gegenüber den „Gemeinschaftsaufgaben" und anderen Modalitäten der Mischfinanzierung einiges beigetragen (*Borell*, 1981); und die steile wissenschaftliche Karriere des Implementationsthemas hat möglicherweise zu einer generellen Sensibilisierung der Praxis für Vollzugsprobleme, jedenfalls aber zu ihrer expliziten Berücksichtigung bei der Vergabe von Forschungsaufträgen zur Evaluierung eines arbeitsmarktpolitischen Sonderprogramms im Jahre 1979 geführt. Aber das größere oder (im ganzen eher) geringere Interesse der Praxis an den Untersuchungsthemen und Untersuchungsergebnissen wäre doch nur dann als ein praktischer Erfolg des zu Grunde liegenden Forschungsprogramms zu interpretieren, wenn zugleich dessen *theoretischer* Erfolg unterstellt werden dürfte. Gerade dieser blieb jedoch umstritten.

Die für den behaupteten Zusammenhang von politisch-administrativen Strukturbedingungen und erfolgreicher (oder scheiternder) Reformpolitik logisch notwendige Limitationalitäts-Hypothese wurde von Anfang an von „polit-ökonomisch" orientierten[1] Autoren bestritten, nach deren Einschätzung die „externen" sozio-ökonomischen Restriktionen die Staatstätigkeit so eindeutig bestimmen, daß im Vergleich dazu die „binnenstrukturellen" Restriktionen des politisch-administrativen Systems irrelevant blieben (*Hirsch*, 1970; 1974; *Offe*, 1972), oder die die Existenz äquifunktionaler Problemlösungsmechanismen außerhalb des Staatsapparats behaupteten (*Ronge/ Schmieg*, 1973; *Ronge*, 1979). Beide Einwendungen bestritten also die kritische Bedeutung binnenstruktureller Grenzen der staatlichen Problemverarbeitungskapazität: Nach der ersten Meinung war der Staat unter den polit-ökonomschen Rahmenbedingungen des Spätkapitalismus ohnehin nicht in der Lage, sein (wie immer begrenztes) organisatorisches Handlungspotential auszuschöpfen; nach der zweiten kam es für die Problemverarbeitung spätkapitalistischer Gesellschaften auf das (zugegebenermassen beschränkte) Handlungspotential des Staates weniger an als auf die Leistungsfähigkeit „äquifunktionaler Krisenlösungs- oder -vermeidungsmechanismen" der kapitalistischen Ökonomie (Monopolisierung, Selbstregulierung, Inflation, etc.).

Die als „handlungstheoretisch" apostrophierte (*Naschold,* 1972) oder den „policy sciences" zugerechnete (*Blankenburg/Schmid/Treiber,* 1974) reformorientierte Politik- und Verwaltungsforschung hat die aus dem „polit-ökonomischen Paradigma" abgeleiteten Einwände gegen die Relevanz ihres Untersuchungsprogramms bisher eher ignoriert als beantwortet. Dies lag gewiß nicht nur an der Präokkupation mit dringenderen und interessanteren empirischen Forschungsaufgaben, sondern auch an prinzipiellen Schwierigkeiten, die im Rahmen der (vorgegebenen oder selbst gewählten) Untersuchungsthemen allenfalls durch plausible Hilfskonstruktion, aber eben nicht prinzipiell, gelöst werden konnten. In extremer Weise galt dies für die ersten, ressortübergreifenden Untersuchungen der Regierungs- und Verwaltungsorganisation des Bundes, die das (normativ oder funktionalistisch begründete) Konstrukt einer „aktiven Politik" einführen mußten, um daraus operationale „kritische Anforderungen" an die Leistungsfähigkeit der Ministerialorganisation abzuleiten (*Mayntz/Scharpf,* 1973). Bei aller Evidenz empirisch ermittelter Leistungsdefizite und ihrer organisatorischen Ursachen war auf diesem Wege jedenfalls der Nachweis nicht zu erbringen, daß die vorgeschlagene Beseitigung organisatorischer Engpässe in der Ministerialbürokratie dann auch die objektiven Erfolgschancen einer „Politik der inneren Reformen" verbessern würde.

Die Plausibilität des Verfahrens ließ sich durch die Verknüpfung von Organisationsanalysen mit materiellen Problem- und Politikanalysen etwa im Bereich der Verkehrspolitik (*Hegelau/Scharpf,* 1975) oder der Bund/Länder-Programme (*Scharpf/Reissert/Schnabel,* 1976) erheblich steigern. Maßstab der Leistungsfähigkeit empirischer Prozesse der Politikformulierung waren hier nicht mehr die abstrakten und generellen Anforderungen einer postulierten „aktiven Politik", sondern konkret identifizierte Regelungsdefizite einzelner Politikfelder – mit der Folge, daß nun auch die Zuordnung organisationsstruktureller Faktoren zu den identifizierten Regelungsdefiziten konkreter und damit plausibler möglich wurde. Den gleichen Vorteil des konkreteren Maßstabes genossen die Implementationsuntersuchungen, soweit sie sich (unbeschadet der Ambivalenzen der Zielformulierung) an spezifischen Anforderungen gesetzlicher Programme orientieren konnten (*Mayntz* et al., 1978). Aber trotz aller Konkretisierung blieb die Verknüpfung von Organisations- und Implementationsanalysen auf der einen Seite und materiellen Problem- und Politikanalysen auf der anderen Seite immer noch Sache eines Plausibilitätsurteils. Die empirische Frage „Does Organization Matter?" ließ sich zwar für den Zusammenhang von Organisationsstruktur und Kommunikationsverhalten in der Ministerialorganisation empirisch beantworten (*Scharpf,* 1977b), aber die eigentlich gemeinte Verknüpfung mit dem *Entscheidungs-output* (um von den realen *Wirkungen* noch gar nicht zu reden) ließ sich dann eben doch nur in Computer-Simulationen modell-analytisch demonstrieren (*Thompson* et al., 1982).

Die Frage nach der effektiven Bedeutung binnenstruktureller Bedingungen für die Leistungsfähigkeit staatlicher Politik ist also durch die bisher vorliegenden empirischen Untersuchungen noch nicht schlüssig beantwortet worden. Bei genauerem Zusehen ergeben sich die Schwierigkeiten aus der grundsätzlichen Diskrepanz zwischen der realen Komplexität der Wirkungszusammenhänge und dem Einzelfall-Charakter der Untersuchungsgegenstände fast aller bisher vorgelegten empirischen Studien. Da hier die Zahl der erklärenden Variablen die Zahl der Fälle *per definitionem* übersteigt, kann auch die überzeugendste Rekonstruktion der Verhaltenslogik von Entscheidungsorganisationen nicht über den logischen Status von Plausibilitätsargumenten hinausgelangen. Damit soll weder der wissenschaftliche Wert von Plausibilitätsurteilen (*Glaser/Strauss*, 1967) bestritten, noch verschwiegen werden, daß ich auch im selbstkritischen Rückblick auf die Politik- und Verwaltungsforschung der siebziger Jahre die Validität unserer Plausibilitätsurteile zur Bedeutung binnenstruktureller Variablen für die Formulierung und Implementation staatlicher Politik nach wie vor hoch einschätze. Dennoch: im strikten Sinne „bewiesen" haben wir diesen Zusammenhang nicht, weil er eben angesichts der Vielzahl unkontrollierbarer intervenierender Variablen in Einzelfallstudien grundsätzlich nicht zu beweisen war.

Die Komplexität der Zusammenhänge (Abb. 1) wird weiter erhöht durch die potentielle Äquifunktionalität unterschiedlicher Lösungen und durch die Tatsache, daß in aller Regel auch die jeweiligen „externen" (sozio-ökonomischen) Restriktionen und die „binnenstrukturellen" (politisch-administrativen) Restriktionen politischer Problemverarbeitungsprozesse jeweils mehrere Lösungen zulassen. Zu Problemverarbeitungs-Defiziten wird es also dann kommen, wenn die Schnittmenge zwischen den Entscheidungsoptionen (Programmformulierung und Implementation), die geeignet sind, das gegebene Problem zu lösen, und den Optionen, die jeweils von den binnenstrukturellen sowie von den externen Restriktionen zugelassenen werden, leer sein sollte. Die „Kausalität" *binnenstruktureller* Restriktionen läßt sich also nur dann nachweisen, wenn einerseits tatsächliche Problemlösungsdefizite festgestellt werden, und wenn andererseits gezeigt werden kann, daß die *externen* Restriktionen für sich genommen problemlösungs-effektive Optionen nicht ausgeschlossen hätten. Ein solcher Nachweis ist nicht forschungslogisch ausgeschlossen, aber er verlangt Untersuchungsstrategien, die forschungspraktisch schwer zu realisieren sind. Sie erfordern die Kombination empirischer Problem- und Wirkungsanalysen mit Untersuchungen politisch-administrativer Strukturen und Prozesse und mit Untersuchungen des „externen" sozio-ökonomischen Handlungsumfeldes in einer großen Zahl von Fällen. Immerhin können auch bei begrenzter Fallzahl vergleichende Untersuchungen, insbesondere wenn einige der Einflußfaktoren konstant gehalten oder kontrolliert werden können, einen über die Möglichkeiten bloßer Einzelfallstudien hinausreichenden Erkenntnisfortschritt bringen. Über zwei solche Studien soll im folgenden berichtet werden.

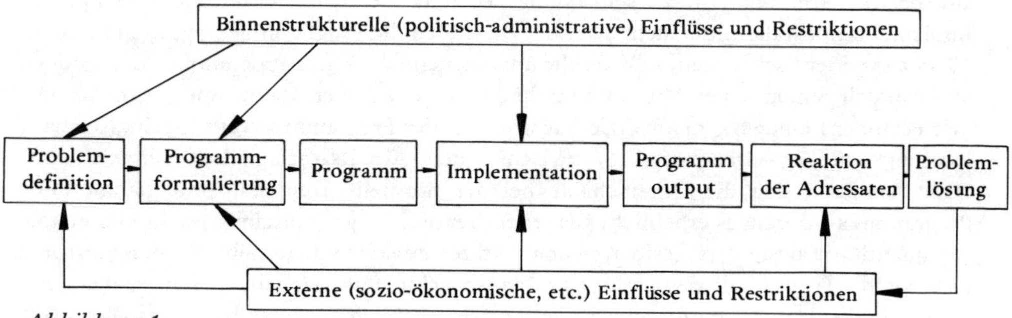

Abbildung 1

2. *Does Implementation Matter?*

Implementationsstudien nationaler Programme tun sich mit den angeführten Problemen leichter, weil die Varianz lokaler Implementationsstrukturen die Zahl der vergleichbaren Fälle vermehrt, und weil das zu implementierende nationale „Programm" als einheitlicher *input* für alle Implementationsfälle konstant gehalten werden kann. Schwierigkeiten ergeben sich dagegen meist bei der Ermittlung und Quantifizierung des *output* und der Wirkungen des implementierten Programms. Vollends vernachlässigt werden in aller Regel die möglichen Einflüsse unterschiedlicher „externer" (lokaler) Bedingungen auf Implementation, *output* und Wirkung. Diese Defizite konnten bei der Beteiligung unseres Instituts an der Begleitforschung[2] zum „Arbeitsmarktpolitischen Programm der Bundesregierung für Regionen mit besonderen Beschäftigungsproblemen" von 1979 (BMA, 1979; *Scharpf,* 1981a) zum Teil vermieden werden. Die Begleitforschung bot uns die Gelegenheit, ein mit ökonometrischen Methoden arbeitendes Projekt der „Aggregierten Wirkungsanalyse" (*Peters/Schmid,* 1981) mit einer Untersuchung von Strukturen und Prozessen der Programmimplementation (*Scharpf/Garlichs/Maier/Maier,* 1982) zu kombinieren und so die relative Bedeutung der Implementation für den Programm-*output* näher zu bestimmen als sonst möglich.
Das Programm hatte für jene 23 Arbeitsamtsbezirke (von insgesamt 146), in denen die jahresdurchschnittliche Arbeitslosigkeit 1978 über 6 % gelegen hatte, zusätzliche Mittel in Höhe von 500 Millionen DM vorgesehen, mit denen die berufliche Qualifizierung beschäftigter Arbeitnehmer, die Wiedereingliederung ungelernter oder längerfristig Arbeitloser und Arbeitsbeschaffungsmaßnahmen im Bereich der sozialen Dienste und der sozialen Infrastruktur gefördert werden sollten. Da die Mittel im „Windhundverfahren" vergeben wurden, konzentrierte sich die Implementation des Sonderprogramms durch die beteiligten Arbeitsämter im wesentlichen auf die extrem kurze Frist zwischen der ersten öffentlichen Ankündigung Ende April 1979 und dem Beginn der eigentlichen Förderperiode am 1. August 1979. Quantitativ war das Programm ein großer Erfolg: Statt der ursprünglich vorgesehenen DM 500 Millionen wurden am Ende etwa DM 860 Millionen tatsächlich ausgegeben.
In Folge des extremen Zeitdrucks war die Arbeitsverwaltung jedoch nicht in der Lage, einheitliche organisatorische Lösungen und Vorgehensweisen für die Implementation des Sonderprogramms zu entwickeln und durchzusetzen. Die 23 beteiligten Arbeitsamtsbezirke konnten also als selbständige (und tatsächlich höchst unterschiedliche) Implementationsfälle untersucht werden. Da jedoch die Programmbedingungen für alle 23 Bezirke identisch waren, und da die Inanspruchnahme des Programms (Betrag der in Anspruch genommenen Mittel und Zahl der an geförderten Maßnahmen teilnehmenden Personen) eindeutig quantifizierbar war, war der Programm-*output* (nach „Normalisierung" bloßer Größeneffekte) zwischen den Arbeitsamtsbezirken vergleichbar. Dabei erwiesen sich die Unterschiede bei der normalisierten Inanspruchnahme des Programms als durchaus erheblich: Bei jedem der drei Programmschwerpunkte konnten die quantitativ besonders „erfolgreichen" Ämter etwa zehnmal mehr Teilnehmer fördern als die Ämter mit der geringsten Inanspruchnahme (wobei die Rangskalen der Ämter für die drei Programmschwerpunkte sich erheblich voneinander unterschieden).

Die extreme Varianz der Inanspruchnahme des Programms durfte allerdings nicht von vornherein auf Unterschiede der Programm-Implementation zurückgeführt werden. Die am Programm beteiligten Arbeitsmarktregionen (das Ruhrgebiet, das Saarland, Ostfriesland, der niedersächsische Zonenrand und Ostbayern) unterschieden sich in ihrer Wirtschafts- und Arbeitsmarktstruktur so grundlegend, daß bei konstanten Programmbedingungen eine gleichmäßige Inanspruchnahme auf keinen Fall erwartet werden konnte. Die Implementation traf also auf höchst unterschiedliche „externe" Bedingungen in den einzelnen Arbeitsamtsbezirken. Deren Einfluß auf die Inanspruchnahme zu bestimmen, war eine der Aufgaben der „Aggregierten Wirkungsanalyse" (die im übrigen den schwierigen Versuch unternimmt, über die bloße Inanspruchnahme hinaus die tatsächliche Netto-Beschäftigungswirkung des Sonderprogramms ökonometrisch zu schätzen).

Auf der Grundlage einer an unserem Institut aufgebauten „Regionaldatei" (*Schmid/ Siegel*, 1981), die für alle Arbeitsamtsbezirke der Bundesrepublik Daten über die Wirtschafts- und Gemeindestruktur, über Entwicklung und Verteilung von Beschäftigung und Arbeitslosigkeit und über den bisherigen Einsatz arbeitsmarktpolitischer Instrumente enthält, wurde der Versuch unternommen, mit Hilfe multivariater Analysen einen möglichst großen Teil der unterschiedlichen Inanspruchnahme des Sonderprogramms durch Strukturunterschiede zwischen den Arbeitsamtsbezirken zu erklären. Dieser Versuch war erfolgreich. Bei dem Programmschwerpunkt „innerbetrieblicher Qualifizierung" konnten mehr als 60 % der Varianz durch fünf Strukturfaktoren (vor allem: Beschäftigung in Großbetrieben, geringer Anteil älterer Arbeitnehmer, Zahl der offenen Stellen für Fachkräfte und bisherige Förderung von Fortbildung und Umschulung) erklärt werden. Bei den Programmschwerpunkten „Wiedereingliederung von Arbeitslosen" und „Arbeitsbeschaffungsmaßnahmen in den sozialen Diensten" erklärten Strukturfaktoren etwa die Hälfte der unterschiedlichen Inanspruchnahme. Aber immerhin: Mehr als ein Drittel bis knapp die Hälfte der Varianz läßt sich weder durch die Struktur von Wirtschaft, Beschäftigung und Arbeitslosigkeit noch durch die bisherige Nutzung arbeitmarktpolitischer Instrumente erklären. Hier liegt also der potentielle Einfluß unterschiedlicher Programm-Implementation.

Die Strukturanalyse läßt aber nicht nur genügend Erklärungsspielraum für die Implementationsanalyse, sondern sie liefert ihr auch das relevantere *explanandum*. Nicht die Rangfolge der Arbeitsamtsbezirke bei der normalisierten Inanspruchnahme bleibt zu erklären, sondern ihre Rangfolge bei den *Residuen*, in denen sich die tatsächliche Inanspruchnahme in einem Arbeitsamtsbezirk von den aufgrund der Strukturbedingungen zu erwartenden Schätzwerten der multiplen Regression unterscheiden. Besonders „erfolgreich" in diesem Sinne waren also Arbeitsämter, deren tatsächliche Inanspruchnahme des Programms (mochte sie auch absolut gesehen gering sein) erheblich über dem Erwartungswert lag; relativ erfolglos waren Arbeitsämter, deren Inanspruchnahme dahinter zurückblieb.

Grundlage der Implementationsuntersuchungen waren strukturierte Interviews in allen beteiligten Arbeitsämtern und in einer Anzahl der am Programm teilnehmenden Betriebe und Trägerorganisationen in jedem Arbeitsamtsbezirk, die überwiegend von mit uns kooperierenden Forschergruppen in den verschiedenen Regionen nach einheitlichen Interview-Leitfäden durchgeführt wurden. Auf dieser Datenbasis war es grundsätzlich möglich, sowohl die organisatorischen Vorkehrungen wie die Vorgehensweisen der einzelnen Arbeitsämter bei der Implementation des Sonderprogramms zu rekonstruieren und zugleich einen qualitativen Eindruck von der Wirkungsweise der einzelnen Maßnahmen zu gewinnen. Nicht möglich war es dagegen, für die (beträchtlichen) Implementationsunterschiede zwichen den einzelnen Arbeitsämtern ebenfalls quantitative Indikatoren zu bilden, deren relativer Erklärungswert zusammen mit den externen Strukturbedingungen unmittelbar im Rahmen der multivariaten Analysen hätte überprüft werden können. Trotz ihrer breiten Datenbasis arbeitete die Implementationsstudie also nicht mit quantifizierten erklärenden Variablen.

In diesem Rahmen allerdings waren Erklärungen von hoher Plausiblität möglich: Bei den Vorgehensweisen der einzelnen Arbeitsämter gab es so deutliche Unterschiede im *Aktivitätsniveau* (Nutzung der verfügbaren Zeit, Personaleinsatz, Werbe- und Akquisitionsstrategien), daß die relativen Unterschiede in der quantitativen Inanspruchnahme des Programms weitgehend darauf zurückgeführt werden konnten. Allerdings läßt sich nicht die gesamte Varianz der Inanspruchnahme durch das Aktivitätsniveau der Arbeitsämter allein erklären, da an der Implementation des Sonderprogramms auch die Landesebene, die Hauptstelle der Bundesanstalt für Arbeit und vor allem das Bundesarbeitsministerium selbst aktiv beteiligt waren. Der quantitative „Erfolg" des Programms geht deshalb in manchen Arbeitsamtsbezirken unmittelbar auf die Akquisitionsbemühungen zentraler Instanzen bei einigen Großbetrieben zurück. In diesem Mehr-Ebenen-Charakter der Implementation liegt einer der Gründe für die Schwierigkeiten, auf die wir bei dem Versuch gestoßen sind, unterschiedliche Implementationsmuster durch quantitative Indikatoren oder wenigstens durch valide Dummy-Variablen für die multivariate Analyse handhabbar zu machen. Der andere Grund liegt in der Unterschiedlichkeit der *Strategien,* die von den Arbeitsämtern bei gleichem Aktivitätsniveau verfolgt wurden. Zwar waren die Rahmenbedingungen der Programmimplementation und alle Signale, die die Arbeitsämter von der Landes- und Bundesebene erhielten, auf die Maximierung der quantitativen Inanspruchnahme des Programms innerhalb der kürzest-möglichen Frist gerichtet, aber es gab dennoch eine Reihe von Arbeitsämtern, die ihre Anstrengungen nicht in erster Linie auf die Erhöhung der Quantität, sondern auf die Qualität der bewilligten Maßnahmen richteten. Da bei begrenzter Personalkapazität und innerhalb eines extrem begrenzten zeitlichen Rahmens die quantitativen und die qualitativen Ziele nicht gleichzeitig maximiert werden konnten, ist der Zusammenhang zwischen dem Aktivitätsniveau der Arbeitsämter und dem Erfolgsindikator der quantitativen Inanspruchnahme des Programms weniger eindeutig als er ohne die intervenierende Strategievariable sein sollte (Abb. 2).

Als ambivalent erwies sich überdies der Zusammenhang zwischen dem quantitativen Erfolg des Programms und den von den einzelnen Arbeitsämtern (unter hohem Zeitdruck) gefundenen *organisatorischen Lösungen.* Im wesentlichen lassen sich hier vier Organisationsmuster unterscheiden:

- Die „Routineorganisation", bei der das Sonderprogramm ohne weitere organisatorische Vorkehrungen von den üblicherweise für ähnliche Maßnahmen zuständigen Arbeitsvermittlern und Arbeitsberatern der Arbeitsämter und ihrer Nebenstellen durchgeführt wurde;

		Strategie gerichtet auf	
		quantitativen Erfolg	Qualität der Maßnahmen
Aktivitäts-*niveau*	hoch	hohe Inanspruchnahme	mittlere Inanspruchnahme
	niedrig	mittlere Inanspruchnahme	niedrige Inanspruchnahme

Abbildung 2

- die „Routineorganisation mit Leitungsengagement", bei der die Führungsebene des Arbeitsamtes sich nach außen an der Werbung für das Sonderprogramm aktiv beteiligte und nach innen dafür sorgte, daß die Implementation des Sonderprogramms gegenüber anderen laufenden Aufgaben von den zuständigen Mitarbeitern mit hoher Priorität behandelt wurde;
- die „Projektgruppenlösung", bei der aus den Mitarbeitern mehrerer Abteilungen eine Sondergruppe gebildet wurde, deren Mitglieder weitgehend für die Implementation des Sonderprogramms freigestellt waren; und
- die „zentralisierte Organisation", bei der die Implementation des Sonderprogramms im wesentlichen vom Direktor und den leitenden Beamten des Arbeitsamtes und deren engsten Mitarbeitern in die Hand genommen wurde.

Für den *quantitativen* Erfolg des Programms eindeutig ungünstig war unter dem Zeitdruck des Windhund-Verfahrens lediglich die reine Routineorganisation, mit der ein hohes Aktivitätsniveau nicht erreicht werden konnte. Alle anderen Organisationslösungen waren grundsätzlich in der Lage, ein hohes Aktivitätsniveau und die (für den quantitativen Erfolg ausschlaggebende) Akquisition von Anträgen aus großen Betrieben und Kommunen zu erreichen.

Kritischer war dagegen der Zusammenhang zwischen Organisationsform und *qualitativem* Programmerfolg, der durch die Akquisition von Anträgen kleiner und mittlerer Unternehmen und kleinerer Trägerorganisationen, die mit Arbeitsbeschaffungsmaßnahmen noch nicht vertraut waren, begünstigt wurde.[3] Hier war die „Routineorganisation mit Leitungsengagement" eindeutig im Vorteil, während Arbeitsämter, die die Projektgruppenlösung oder zentralisierte Lösungen gewählt hatten, aus organisatorischen Gründen kaum in der Lage waren, die intensive Beratung der Vielzahl von Antragstellern zu übernehmen, die für den qualitativen Erfolg ausschlaggebend war.

Die Untersuchung zeigt deshalb zwar den hohen Stellenwert der Implementation für das Ergebnis eines Programms, aber sie zeigt auch die Schwierigkeiten einer eindeutigen Zuordnung organisatorischer Variablen zum Programmerfolg. Sie lassen sich folgendermaßen zusammenfassen:

- Organisatorische Vorkehrungen beeinflussen zwar das vom einzelnen Arbeitsamt innerhalb begrenzter Frist erreichbare Aktivitätsniveau; aber
- im konkreten Fall erwiesen sich mehrere unterschiedliche organisatorische Lösungen (aber nicht alle) im Hinblick auf das erreichbare Aktivitätsniveau als gleichwertig.

- Überdies konnten sich die einzelnen Arbeitsämter (durchaus im Rahmen der einheitlich vorgegebenen Programmbedingungen) eher für eine auf Maximierung des quantitativen Erfolgs gerichtete Strategie oder eher für die Akquisition qualitativ besonders attraktiver Anträge entscheiden. Bei gleichem Aktivitätsniveau wurde dadurch die quantitative Inanspruchnahme wesentlich beeinflußt.
- Die Wahl der Strategie allerdings war ihrerseits wieder durch die einmal getroffenen organisatorischen Vorkehrungen beschränkt, von denen einige eine Maximierung qualitativer Aspekte bei der Programmimplementation stark behinderten oder faktsich ausschlossen.

Der Einfluß organisatorischer Variablen auf die Inanspruchnahme des Programms[4] wird also vermittelt durch die gewählte Implementationsstrategie; er wirkt nicht determinativ,sondern restriktiv, aber er läßt sich im Rahmen unserer Untersuchung dennoch nachweisen.

Wir vermuten sogar, daß organisatorische Einflüsse unter den Implementationsbedingungen des Sonderprogramms deutlicher hervorgetreten sind als normalerweise zu erwarten wäre: Angesichts neuartiger Förderbedingungen, hoher Publizität und dem extremen Zeitdruck des Windhund-Verfahrens waren die Arbeitsämter einerseits zur organisatorischen und strategischen Improvisation gezwungen; andererseits blieb ihnen nicht mehr die Zeit, um aufgrund eigener Erfahrungen und der Erfahrungen anderer Ämter die organisatorischen Lösungen und Implementationsstrategien, für die sie sich einmal entschieden hatten, noch zu korrigieren und im Hinblick auf die konkreten Strukturbedingungen des eigenen Arbeitsamtsbezirkes zu optimieren. Sowohl die Organisationslösungen wie die gewählten Strategien unterschieden sich also deutlicher voneinander und waren weniger an die jeweiligen „externen" Bedingungen der Region angepaßt, als dies bei längerer Erprobung möglich gewesen wäre. Bei geringerem Zeitdruck, so kann man vermuten, wäre also der Einfluß von Implementationsunterschieden weniger deutlich festzustellen gewesen. Man kann diese Vermutung noch einen Schritt weitertreiben und dann folgendermaßen zuspitzen:

Bei ausreichender Zeit, Kapazität und Motivation für organisatorisches und strategisches Lernen können sich „optimale Implementationsmuster" herausbilden, die einerseits Widersprüche zwischen gewählter Implementations-*Strategie* und gewählter Implementations-*Organisation* vermeiden, und die andererseits geeignet sind, den (wie immer definierten) Programmerfolg unter den gegebenen externen Bedingungen des lokalen Implementationsfeldes zu maximieren. Wenn dies eintritt (was unter anderem von der Priorität des jeweiligen Programms im Vergleich zu anderen Aufgaben, Interessen und Problemen der Implementations-Instanzen anhängt), dann wird sich die „optimierte Implementation" selbst als quantitativ identifizierbarer Faktor aus multivariaten Analysen eliminieren: Am Ende eines erfolgreichen Optimierungsprozesses werden die „externen" Strukturbedingungen (von denen das potentielle erreichbare Maximum des Programmerfolgs abhängt) die Varianz von Programm-*output* und Programm-*Wirkung* weitgehend erklären.

Ein bestätigender Hinweis für diese Hypothese findet sich in der „Aggregierten Wirkungsanalyse" (*Peters/Schmid*, 1981, S. 131): Die Inanspruchnahme des Sonderprogramms war zunächst ausschließlich bestimmt durch die Antragsakquisition während der „Windhund-Periode" von Mitte Mai bis Ende Juli 1979. Im Sommer 1980 wurde (wegen des zögernden Mittelabflusses in anderen Programmschwerpunkten) der Programmschwerpunkt „Innerbetriebliche Qualifizierung" neu eröffnet. Die Arbeitsämter konnten nun unter geringerem Zeitdruck zusätzliche Anträge akquirieren. In der multivariaten Analyse der Inanspruchnahme dieses Programmschwerpunkts steigt der Erklärungsanteil der „externen" Strukturfaktoren von 53 % im April 1980 auf 63 % der Varianz im Dezember 1980.

3. Entsprechungen auf der Makro-Ebene

Wenn die optimale Implementation sich selbst als empirisch nachweisbaren Erklärungsfaktor eliminiert, so folgt daraus selbstverständlich nicht ihre reale Wirkungslosigkeit – im Gegenteil: sie verschwindet gerade dann, wenn sie sich als wirkungsvoll erweist. Als eine unter mehreren notwendigen Bedingungen des Programmerfolgs würde die Implementation aber nur im Falle ihres Scheiterns die Programmwirkung sichtbar beeinflussen – ein weiterer Hinweis darauf, daß eine auf empirische Theoriebildung gerichtete Politikforschung gut daran tut, eher die Mißerfolge als die Erfolge der Politik zu untersuchen (*Scharpf*, 1977a). Die an unsere Implementationsstudie anknüpfenden Überlegungen haben jedoch neben den methodologischen auch materiell-theoretische Implikationen, die für die Politikformulierung auf der Makro-Ebene ebenso bedeutsam sein können wie für die Politik-Implementation auf der Meso- oder Mikro-Ebene. Sie können, in gröbster Vereinfachung, etwa folgendermaßen skizziert werden:
Politik als Prozess der gesellschaftlichen Problembearbeitung ist immer auch ein (vielfältig gehemmter) Lernprozeß, bei dem eine gewisse Tendenz zur Stabilisierung „erfolgreicher" Lösungen unterstellt werden kann (*Scharpf*, 1979). Wenn dies zutrifft, so folgt daraus zweierlei:

- Auf lange Sicht werden sich unter stabilen externen Bedingungen Politiken durchsetzen, deren Ergebnisse für die politisch einflußreichen Interessen im Großen und Ganzen pareto-optimal erscheinen, und zwar relativ unabhängig von den jeweiligen politisch-administrativen Strukturbedingungen:
- auf kurze Sicht allerdings, und unter instabilen externen Bedingungen, wird der *output* politischer Entscheidungsprozesse geprägt von den politisch-administrativen Entscheidungsstrukturen, den in ihnen repräsentierten Interessen und Wirklichkeitsperzeptionen, und dem in ihnen institutionalisierten Repertoire von konsensfähigen Handlungsmöglichkeiten.

Während also unter langfristig-stabilen Bedingungen die Erklärungskraft des „politökonomischen Paradigmas" durchaus hoch eingeschätzt werden kann, wird die Bedeutung „binnenstruktureller Bedingungen" und ihre Wirkungsweise unter hohem Veränderungs- und Krisendruck am deutlichsten hervortreten. Diesem Thema will ich im Rahmen einer vergleichenden Untersuchung zur politischen Ökonomie von Inflation und Arbeitslosigkeit während der siebziger Jahre weiter nachgehen (*Scharpf* 1981b). Interessant und erklärungsbedürftig erscheint mir dabei die Tatsache, daß die westlichen Industrieländer, die sich während der sechziger Jahre in ihrer Wirtschaftsentwik-

klung wenig voneinander unterschieden hatten, sich nach dem Ölpreisschock von 1973 sehr stark auseinanderentwickelten. Während Großbritannien bei hoher Inflation und schwachem Wirtschaftswachstum zunächst (d. h. vor der konservativen Regierungsübernahme) noch einen geringen Beschäftigungszuwachs erzielte, nahm die Bundesrepublik bei hoher Geldwertstabilität und besserem Wirtschaftswachstum die (nach der Schweiz) zweithöchsten Beschäftigungsverluste aller westeuropäischen Länder hin. Sowohl Schweden als auch Österreich gelang es, während der ganzen Rezessionsperiode den Zustand der Vollbeschäftigung zu erhalten, aber Österreich erzielte diesen Erfolg bei sehr hohem Wirtschaftswachstum und hoher Geldwertstabilität, während Schweden extrem niedrige Wachstums- und sehr hohe Inflationsraten aufzuweisen hatte (Tabelle 1).
Diese Entwicklungen können, so hoffe ich zu zeigen, mit einer Drei-Stufen-Hypothese erklärt werden:

- Die stabilen (und generell günstigen) weltwirtschaftlichen Bedingungen der sechziger Jahre erlaubten es jedem Land, ein einigermaßen erfolgreiches Repertoire wirtschafts-, finanz- und arbeitsmarktpolitischer Strategien zu entwickeln. Die institutionelle Struktur eines jeden Landes (Staat und Sozialpartner) begrenzte allerdings die Wahl unter den potentiell verfügbaren Instrumenten, so daß sich die in den einzelnen Ländern tatsächlich eingesetzten Politik-Muster erheblich voneinander unterschieden.
- Als der Ölpreis-Schock von 1973 die weltwirtschaftlichen Rahmenbedingungen drastisch veränderte, war kein Land sogleich zu grundlegenden Politik-Innovationen fähig. Das in der Vergangenheit bewährte Strategie-Repertoire wurde deshalb überall zunächst beibehalten. Während aber die unterschiedlichen nationalen Politik-Muster in der ökonomischen Umwelt der sechziger Jahre im großen und ganzen äquifunktional gewesen waren, paßten sie in höchst unterschiedlichem Maße für die neuen Bedingungen. Die Unterschiede im Wirtschafts- und Beschäftigungserfolg während der siebziger Jahre lassen sich deshalb weitgehend durch die unterschiedliche *goodness of fit* zwischen „alter" Politik und neuen Problemen erklären.
- Strukturelle Bedingungen werden wieder erklärungsrelevant auf einer dritten Stufe, wenn der Mißerfolg der bisherigen Politik nicht mehr geleugnet werden kann und Politik-Innovationen als notwendig erkannt werden. Unterschiedliche institutionelle Strukturen (etwa: die deutsche „Politikverflechtung" oder das britische „Cabinet Government") können dabei die Veränderung von Politik generell erschweren oder erleichtern, und sie können weiterhin bestimmte „objektiv" mögliche Politik-Optionen begünstigen und andere praktisch ausschließen. Der gegenwärtig in allen Ländern spürbare Zwang zur wirtschafts- und beschäftigungspolitischen Innovation sollte deshalb günstige Bedingungen bieten für die vergleichende Untersuchung des Einflusses binnenstruktureller Variablen auf *output* und *outcome* von Politik.

In diese erweiterte Perspektive läßt sich nun auch die Kontroverse der frühen siebziger Jahre einordnen. Sie bezog sich auf die Periode der „inneren Reformen", in der die staatliche Politik den Anspruch erhob, aus normativen Gründen innovativ sein zu wollen. Wenn dieser Anspruch fast beim ersten Donnergrollen der heraufziehenden Wirtschaftskrise zurückgenommen wurde, dann mag dies gegen die Ernsthaftigkeit und Stärke des von Anfang an vorhandenen politischen Wollens sprechen. In diesem Falle

Tabelle 1: Wirtschaftsentwicklung 1961–1970 und 1970–1979

	Reales BIP-Wachstum (in %)		Anstieg der Verbraucherpreise (in %)		Durchschnittliche Arbeitslosigkeit (in %)		Änderung der zivilen Beschäftigung (in %)
	1961–70	1970–79	1961–70	1970–79	1961–70	1970–79	1970–79
Österreich	51.37	41.54	35.16	70,06	2,72	1.95	2.6
Frankreich	62.77	40.63	39.73	115.63	–	–	3.9
Bundesrepublik	50.75	29.67	27.41	56.69	0.97	2.85	–4.3
Italien	61.16	30.74	42.56	225.89	5.14	6.37	5.5
Schweden	48.22	19.40	42.48	120.93	1.70	2.05	8.4
Schweiz	46.56	07.91	41.16	60.08	–	–	–5.1
Großbritannien	27.68	21.68	43.45	196.16	2.0	4.1	1.7
Vereinigte Staaten	42.72	33.18	27.13	76.74	5.27	6.20	23.3
OECD Gesamt	55.79	36.27	36.03	106.99	–	–	10.1

Quellen:
OECD, National Accounts of OECD Countries 1950–1979, vol. 1, Paris 1981; OECD, Main Economic Indicators, Historical Studies 1960–1979, Paris 1980; OECD, Labor Force Statistics 1968–1979, Paris 1981

bleibt es letztlich unentscheidbar, ob die inneren Reformen, mit Nachdruck und Hartnäckigkeit weiterbetrieben, eher an den binnenstrukturellen oder an den externen Restriktionen der staatlichen Politik ihre Grenze gefunden hätten. Seit 1975 allerdings geht es in der deutschen Politik nicht mehr um idealistische, gewissermaßen optionale Reformziele, sondern um die Bewältigung einer manifesten Wirtschaftskrise mit Arbeitslosenzahlen, die auch im Wiederaufschwung nur wenig unter die Ein-Millionen-Grenze gedrückt werden konnten, und die sich nun der Zwei-Millionen-Grenze nähern. Daß eine solche Entwicklung nicht wegen „externer" Restriktionen untätig oder erfolglos hingenommen werden mußte, zeigen die Beispiele Österreichs und Schwedens, die jeweils (bei keineswegs günstigerer wirtschaftlicher Ausgangslage und mit radikal unterschiedlichen wirtschafts- und arbeitsmarktpolitischen Strategien) die offene Arbeitslosigkeit kaum über das Niveau der sechziger Jahre ansteigen ließen. Daß die Bundesrepublik nach der Schweiz in den siebziger Jahren die ungünstigste Beschäftigungsentwicklung unter den vergleichbaren Industrieländern aufzuweisen hatte, muß also der hier verfolgten Politik (und nicht den externen Bedingungen) zugeschrieben werden. Daß diese Politik ihrerseits strukturell bedingt war, ist damit selbstverständlich noch nicht dargetan. Immerhin scheinen mir die Bedingungen für eine empirische Klärung der alten Streitfrage heute günstiger als zu Anfang des letzten Jahrzehnts.

4. *Folgerungen*

Für die empirische Politik- und Verwaltungsforschung folgt daraus, so meine ich, zweierlei: Sie muß sich in ihrer anwendungsorientierten Arbeit damit abfinden, daß die Frage nach der tatsächlichen Bedeutung binnenstruktureller Variablen für Erfolg oder Mißerfolg von Politik nicht jederzeit empirisch beantwortet werden kann. Deshalb bleibt der (auf ein empirisch informiertes Verständnis von Verhaltenstendenzen und Wirkungszusammenhängen gestützte) Soll-Ist-Vergleich ein legitimes Instrument praxisbezogener Forschung.

In ihrer theoretischen Orientierung allerdings muß die empirische Politik- und Verwaltungsforschung ein höheres Maß an Komplexität erreichen. Sie muß ihren impliziten Struktur-Determinismus durch die explizite Einbeziehung lerntheoretischer Ansätze erweitern und sich dabei notwendigerweise auch mit der Historizität ihres Untersuchungsgegenstandes auseinandersetzen. Der Stellenwert organisations- und implementationstheoretischer Erklärungsansätze wird damit zweifellos relativiert – aber eben dadurch auch bestätigt und gesichert werden.

Anmerkungen

1 Die an der breiteren Fragestellung „Does Politics Matter"? ansetzende, makro-politische output-Forschung amerikanischer Provenienz (*Dye*, 1966; *Pryor*, 1968) ist zwar auch in der Bundesrepublik rezipiert worden (*Schmid*, 1974 und vor allem das ECPR-Projekt von *M. G. Schmidt*, 1982), hat aber die verwaltungswissenschaftlichen Kontroversen der siebziger Jahre kaum beeinflußt.

2 Beteiligt waren neben dem IIMV des WZB das Institut für Sozialwissenschaftliche Forschung, München, das Institut für Sozialforschung und Gesellschaftspolitik, Köln, Infratest Sozialforschung, München, und das Wirtschafts- und Sozialwissenschaftliche Institut des DGB, Düsseldorf.

3 Weil hier die dauerhafte Ausweitung der Beschäftigung und die Bereitschaft zur Beschäftigung von „Problempersonen" wahrscheinlicher war als bei Großorganisationen.

4 Eindeutiger wäre vermutlich der Zusammenhang mit den Ergebnissen der *Wirkungs-Analyse,* da die Netto-Beschäftigungswirkung des Sonderprogramms als gemeinsames Produkt einer quantitativ *und* qualitativ erfolgreichen Programm-Implementation interpretiert werden kann.

Literaturverzeichnis

Blankenburg, E., G. Schmid, H. Treiber, 1974: Von der reaktiven zur aktiven Politik? Darstellung und Kritik des Policy Science Ansatzes, in: *P. Grottian, A. Murswiek,* (Hrsg.), Handlungsspielräume der Staatsadministration, Hamburg.

BMA, 1979: Arbeitsmarktpolitisches Programm der Bundesregierung für Regionen mit besonderen Beschäftigungsproblemen, *Der Bundesminister für Arbeit und Sozialordnung,* Bonn.

Borell, R., 1981: Mischfinanzierungen. Darstellung, Kritik, Reformüberlegungen, Karl-Bräuer-Institut des Bundes der Steuerzahler, Heft 50, Wiesbaden.

Bruder, W., 1981: Empirische Verwaltungsforschung in der Bundesrepublik Deutschland. Eine Bibliographie-Analyse. Beiträge zur sozialwissenschaftlichen Forschung 21, Opladen.

Dye, T.R., 1966: Politics, Economics and the Public Policy Outcome in the American States, Chicago.

Garlichs, D., E. Müller, 1977: Eine neue Organisation für das Bundesverkehrsministerium, in: Die Verwaltung 3.

Glaser, B.G., A.L. Strauss, 1967: The Discovery of Grounded Theory; Strategies for Qualitative Research, Chicago.

Häußermann, H., 1977: Die Politik der Bürokratie: Einführung in die Soziologie der staatlichen Verwaltung, Frankfurt.

Hegelau, H., F. Scharpf, 1975: Untersuchung zur Reorganisation des Bundesministeriums für Verkehr, 2 Bde., Ms. PRVR Bonn.

Hirsch, J., 1970: Wissenschaftlich-technischer Fortschritt und politisches System, Frankfurt.

Hirsch, J., 1974: Staatsapparat und Reproduktion des Kapitals, Frankfurt.

Kaufmann, F.-X., (Hrsg.), 1977: Bürgernahe Gestaltung der sozialen Umwelt. Probleme und theoretische Perspektiven eines Forschungsverbundes, Meisenheim.

Lepper, M., 1976: Das Ende eines Experiments – Zur Auflösung der Projektgruppe Regierungs- und Verwaltungsreform, in: Die Verwaltung 4.

Mayntz, R., (Hrsg.), 1980: Implementation politischer Programme, Empirische Forschungsberichte, Königstein/Ts.

Mayntz, R., F. Scharpf (Hrsg.), 1973: Planungsorganisation: Die Diskussion um die Reform von Regierung und Verwaltung des Bundes, München.

Mayntz, R., F.W. Scharpf, 1975: Policy Formation in the German Federal Bureaucracy, Amsterdam.

Mayntz, R., E. Bohne, H.U. Derlien, B. Hesse, J. Hucke, A. Müller, 1978: Vollzugsprobleme der Umweltpolitik. Empirische Untersuchung der Implementation von Gesetzen im Bereich der Luftreinhaltung und des Gewässerschutzes, Materialien zu Umweltforschung, Heft 4, Stuttgart.

Müller, E., H. Schatz, 1974: Die Reorganisation im BML, Ms. PRVR, Bonn.

Müller, E., 1978: Konzeption und Umsetzungsstrategien der Projektgruppe Regierungs- und Verwaltungsreform zur Verbesserung der internen Ministerialorganisation, in: Schriftenreihe des Vereins für Verwaltungsreform und Verwaltungsforschung Nr. 10, Teil I, Bonn.

Naschold, F., 1972: Zur Politik und Ökonomie von Planungssystemen, in: PVS, Sonderheft 4.

Offe, C., 1972: Strukturprobleme des kapitalistischen Staates, Frankfurt.

Peters, A., G. Schmid, 1981: Zwischenbericht: Aggregierte Wirkungsanalyse des Arbeitsmarktpolitischen Programms der Bundesregierung für Regionen mit besonderen Beschäftigungsproblemen. Ms. IIMV Berlin.

Pryor, F.L., 1968: Public Expenditures in Communist and Capitalist Nations, London.

Ronge, V., G. Schmieg, 1973: Restriktionen politischer Planung, Frankfurt.

Ronge, V., 1979: Bankpolitik im Spätkapitalismus. Politische Selbstverwaltung des Kapitals? Starnberger Studien 3, Frankfurt.

Scharpf, F.W., 1977a: Public Organization and the Waning of the Welfare State: A Research Perspective, in: European Journal of Political Research, 4.

Scharpf, F.W., 1977b: Does Organization Matter? Task Structure and Interaction in the Ministerial Bureaucracy, in: *E.H. Burack, A. Negandhi*, (eds.), Organization Design: Theoretical Perspectives and Empirical Findings, Kent, Ohio.

Scharpf, F.W., 1979: Die Rolle des Staates im westlichen Wirtschaftssystem: Zwischen Krise und Neuorientierung, in: *C.C. von Weizsäcker* (Hrsg.), „Staat und Wirtschaft", Schriften des Vereins für Sozialpolitik, Neue Folge Band 102, Berlin.

Scharpf, F.W., 1981a: Chancen einer aktiven Arbeitsmarktpolitik: Hinweise aus einem Sonderprogramm der Bundesanstalt für Arbeit, in: Aus Politik und Zeitgeschichte, B 38/81, 19. September 1981.

Scharpf, F.W., 1981b: The Political Economy of Inflation and Unemployment in Western Europe: An Outline, IIM/LMP 81–21 Ms. Berlin.

Scharpf, F.W., B. Reissert, F. Schnabel, 1976: Politikverflechtung: Theorie und Empirie des kooperativen Förderalismus in der Bundesrepublik, Kronberg/Ts.

Scharpf, F.W., D. Garlichs, F. Maier, H. Maier, 1982: Implementationsprobleme offensiver Arbeitsmarktpolitik, Frankfurt.

Schatz, H., 1978: Regierungs- und Verwaltungsreform im politisch-administrativen Spannungsfeld, in: Schriftenreihe des Vereins für Verwaltungsreform und Verwaltungsforschung, Nr. 10 Teil I, Bonn.

Schmid, G., 1974: Funktionsanalyse und politische Theorie: Funktionalismuskritik, Faktorenanalyse, Systemtheorie, Düsseldorf.

Schmid, G., G.A. Siegel, 1981: Regionaldatei Arbeitsmarkt: Aufbau eines regionalisierten Datenverwaltungssystems zur Durchführung quantitativer Analysen, IIM/LMP 81–2 Ms. Berlin.

Schmidt, M.G., 1982: The Role of the Parties in Shaping Macroeconomic Policy, in: *F.C. Castles*, (ed.), The Impact of Political Parties, London.

Thompson, W.A., I. Vertinsky, D. Kira, F.W. Scharpf, 1982: Performance of a Regulatory Agency as a Function of its Structure and Client Environment, in: Management Science, 1.

Wollmann, H., (Hrsg.), 1980: Politik im Dickicht der Bürokratie: Beiträge zur Implementationsforschung, Leviathan Sonderheft 3/1979, Köln.

Materialistische Staatstheorie und Verwaltungswissenschaft

Josef Esser und *Joachim Hirsch*

1. Einleitung: Fragestellungen, erkenntnisleitende Interessen, „Erklärungsreichweiten"

Die Frage nach „verwaltungswissenschaftlichen" Aspekten der materialistischen, sich auf *Marx* beziehenden Staatstheorie mag zunächst als kurios erscheinen. In der Tradition dieser Theorie gilt der Staat als von den ökonomischen Produktions- und Klassenverhältnissen der bürgerlich-kapitalistischen Gesellschaft bestimmtes „Überbau"-Phänomen, das zweierlei verkörpert: die ideologisch-illusorische Form eines jenseits von Ausbeutung und Klassenkampf stehenden „Gemeinwesens" und den gewaltförmigen Organisator von Klassenherrschaft, die eben die Vorstellung eines „Gemeinwesens" zur Ideologie stempelt. Das Interesse der im historischen Kontext der revolutionären Arbeiterbewegung entstandenen und sich entwickelnden Marxschen Staatstheorie mußte sich daher auf das wissenschaftlich begründete Zerreissen dieses ideologischen Schleiers und auf die Bedingungen einer Neutralisierung bzw. Zerschlagung des staatlichen Gewaltapparats als Voraussetzung einer revolutionären Transformation der Gesellschaft konzentrieren. Wenn der bürgerliche Staat selbst Produkt der kapitalistischen Produktionsverhältnisse ist, kann es weder darauf ankommen, ihn zu reformieren noch darauf, mit seiner Hilfe strukturelle gesellschaftliche Veränderungen durchzusetzen. Er wird vielmehr als gesellschaftliche Form im Zuge eines revolutionären Prozesses übflüssig werden und verschwinden („absterben"). Schon von daher und nicht nur wegen des Status der Marxschen Theorie als „Oppositionswissenschaft" ist begreiflich, daß Fragen einer (im weitesten Sinne) „Betriebswirtschaftslehre des Staates" in ihr keine wesentliche Rolle spielen konnten. Einer sich im Zusammenhang sozialrevolutionärer Bewegung verstehenden Theorie kann es nicht um immanente Funktionserklärungen der politisch-administrativen Apparatur mit dem Ziel von Rationalisierung und Effizienzsteigerung gehen. Ihre Fragestellung ist eine radikal andere als die einer Verwaltungswissenschaft, welche die bestehenden gesellschaftlich-politischen Strukturen zu ihrer – wenn auch möglicherweise zu reformierenden – Grundlage macht.

Diese Sichtweise, die das Denken der marxistischen „Klassiker" wesentlich bestimmt hat, war immer schon in der Weise defizitär, als der kapitalistische Staat niemals nur „Überbau", sondern immer schon integraler Bestandteil kapitalistischer Produktion und Reproduktion war. Und heute steht ihr um so mehr entgegen, daß sich im Zuge der „interventionsstaatlichen" Entwicklung die Relevanz des Staates für den Reproduktionsprozeß der bürgerlichen Gesellschaft erheblich vergrößert hat. Die durch Krisen und Klassenkämpfe vorangetriebene historische Entwicklung der kapitalistischen Gesellschaften hat Arbeitsteilungs- und Vergesellschaftungszusammenhänge entstehen lassen, die deshalb noch mehr Zweifel an der Tauglichkeit dieses einfachen Basis-Überbau-Schemas rechtfertigen. Nicht nur wird die staatliche Apparatur im Zuge dieser Entwicklung ein *Bestandteil* des materiellen Reproduktionszusammenhangs (Konjunktur-, Struktur-, „Wachstums"-Politik), sondern zugleich gewinnt sie als institutioneller „Kristallisationspunkt von Klassenbeziehungen" *(Poulantzas)* einen differenzierteren und komplexeren Charakter, etwa durch die Etablierung starker reformistischer Arbeiterparteien oder die Ausdehnung einer die Reproduktion und Regulierung der Arbeiterklasse verwaltenden Sozialbürokratie. Dies macht es unmöglich, den Staat einfach als einen „ideologischen" und „repressiven" Apparat zu bezeichnen (auch wenn er das in hohem Maße ist). Je mehr die materielle Reproduktion der Klassen und die soziale Reproduktion der Klassenbeziehungen staatsadministrativ vermittelt wird, desto abhängiger werden Krisenverläufe, konkrete Klassendifferenzierungen und -schichtungen sowie die Bedingungen politischen Handelns von den Strukturen und Prozessen innerhalb des Systems der Staatsapparate. Das macht die Vorstellung von einer losgelöst von der Staatsapparatur sich entwickelnden sozialrevolutionären Bewegung – und damit auch die traditionelle Formel von der „Zerschlagung" des Staates – für praktische Politik inadäquat. Und über Perspektiven und Entwicklungsbedingungen sozialer Bewegungen, über soziale Konfliktbereiche und Konfliktgegner läßt sich ohne Bezugnahme auf die (weltmarktbestimmten) Bedingungen und Grenzen der Staatstätigkeit, die Formen administrativ-politischer Krisenverarbeitung, die von den Bewegungen selbst initiierten innerapparativen Strukturveränderungen und Prozesse und deren Rückwirkung auf die gesellschaftlichen und politischen Handlungsspielräume kaum Schlüssiges aussagen.

Nicht zuletzt von daher ist es zu verstehen, daß „verwaltungswissenschaftliche" Fragestellungen im Rahmen der neueren materialistischen Staatstheorie wichtiger geworden sind – wenngleich mit durchaus eigenem Erkenntnisinteresse und anderem gesellschaftstheoretischen Bezugsrahmen: Nach wie vor hat die Staatsapparatur von ihrem gesellschaftlichen Zusammenhang, ihrer organisatorischen Struktur und ihrer Funktionsweise her als Ausdruck von Klassenherrschaft, Klassenreproduktion und Klassenkampf zu gelten. Dieses grundlegende Strukturverhältnis kann mit den von *Marx* entwickelten Kategorien unbeschadet der historischen Veränderungen der kapitalistischen Gesellschaftsformation begründet werden und insofern ist dieser keineswegs „veraltet". Dies schließt jede Form von Teilbereichstheorie des Staates oder der Verwaltung aus. Organisation und Funktionsweise des Staates können nur im Kontext einer Analyse des weltmarktbestimmten ökonomischen Reproduktionsprozesses und der daraus resultierenden und sich darauf beziehenden klassenstrukturellen Entwicklungen und Klassenkämpfe begriffen werden. Damit bleibt materialistische Staatstheorie kritischer Widerpart einer systemtheoretisch-etatistisch orientierten Verwaltungswissenschaft, die ihre Problemdefinitionen und Handlungsanleitungen vom Erkenntnisinteresse staatlicher Bürokratien/Akteure bezieht, und mittels empirisch gerichteter Bürokratie- und Implementationsforschung die politisch-administrative Rationalität über Verbesserung von Verfahren, Informations-, Koordinations- und Konflikt-Konsensprozessen steigern will (paradigmatisch bei *Wollmann* 1980). Indem materialistische Analyse darauf beharrt, die *inhaltlichen Entstehungsgründe* politischer Herrschaft allgemein und

staatlicher Politiken im einzelnen sowie deren *materielle Ergebnisse* aus den historisch-spezifischen Problemlagen einer auf private Kapitalverwertung und freie Lohnarbeit beruhenden Wirtschafts-, Klassen- und Interessenstruktur zu entwickeln und zugleich zu fragen versucht, wo *Funktionalitäten* und *Bruchstellen* zu verorten sind, öffnet sich sicherlich ein Feld für gegenseitige Kritik und Diskussion, das trotz einiger Ansätze für produktive Auseinandersetzung bisher noch keineswegs ausgelotet ist.
Es kann freilich hier nicht darum gehen, die verschiedenen, ,,verwaltungswissenschaftlich" relevanten Beiträge zu referieren, die in den letzten Jahren im Kontext der materialistischen Staatstheorie entstanden sind. Vielmehr wollen wir versuchen, einige Hauptstränge der neueren Theorieentwicklung mit ihren forschungspraktischen Konsequenzen nachzuzeichnen, um dann abschließend kurz auf den aktuellen Stand der Diskussion zur Transformation des Verhältnisses Staat-Gesellschaft zum „autoritären Sicherheitsstaat" einzugehen.

2. Zentrale Themen und Ergebnisse materialistischer Staatstheorie

2.1 Die Staatsableitungsdebatte: ,,Relative Autonomie" und ,,Besonderung" des Staates

Eine breitere Beschäftigung mit materialistischer Staatstheorie gibt es in der Bundesrepublik erst seit dem Ende der sechziger Jahre, im Zusammenhang der Studentenbewegung und ihrer Rezeption der Marxschen Theorietradition. Hier stand zunächst die sogenannte *,,Staatsableitungsdebatte"* im Zentrum, die als Versuch zu verstehen ist, eine auf den Kategorien der Marxschen Kritik der politischen Ökonomie basierende und theoretisch konsistente Bestimmung von Form und Funktion des bürgerlichen Staates, des Verhältnisses von Politik und Ökonomie, von Staat und Gesellschaft vorzunehmen. Tatsächlich ist es dabei gelungen, die bei Marx und seinen Nachfolgern unterbliebene Ausformulierung einer systematischen Theorie des Staates ein Stück weit voranzutreiben. Nicht zuletzt dies erklärt die große internationale Resonanz dieser Debatte (vgl. *Holloway/Picciotto* 1978, die zugleich einen gut kommentierten Überblick geben). Der manchmal etwas akademisch-esoterisch anmutende Charakter dieser Beiträge darf nicht darüber hinwegtäuschen, daß mit ihnen ein Theoriekonzept mit weitreichenden forschungsstrategischen Konsequenzen gerade auch für empirische Analysen entwickelt worden ist.
Die Varianten dieser Debatte und ihre Argumentationsgänge können hier nicht im einzelnen nachgezeichnet werden. Festzuhalten bleibt das zentrale Ergebnis, nämlich der Nachweis, daß aufgrund der strukturellen Reproduktionsbedingungen der bürgerlich-kapitalistischen Gesellschaft (Trennung der Produzenten von den Produktionsmitteln, warentauschvermittelte Reproduktion, tausch- und nicht unmittelbar gewaltförmige Ausbeutung) der politische Herrschaftsapparat mit dem physischen Gewaltapparat als seinem Kern eine von *allen* gesellschaftlichen Klassen, also auch von der Bourgeoisie formell getrennte Institutionalisierung erfahren *muß* (,,Besonderung" oder „relative Autonomie" des Staates; bei *Max Weber* reflektiert in der Bürokratisierungsthese und im ,,Monopol legitimer physischer Gewaltsamkeit" als Kennzeichen des modernen

Staates). Dies bedeutet, daß die Verfügung über politische Herrschaftspositionen nicht unmittelbar an die Verfügung über Produktionsmittel gebunden sein *kann*, sondern eigenen Bestands- und Durchsetzungsmechanismen unterliegt. Der Modus von Klassenreproduktion und der Reproduktion politischer Herrschaftsverhältnisse ist nicht identisch. Daraus ergibt sich ein durchaus widersprüchliches und konflikthaftes Verhältnis zwischen dem Staat und den Klassen/Klassenfraktionen, nicht zuletzt auch den konkurrierenden Kapitalen und Kapitalfraktionen. Generelle Funktionsbestimmung des Staates ist die (in letzter Instanz repressive) Gewährleistung der politischen, regulativen und materiellen Rahmenbedingungen für die Kontinuität des kapitalistischen Verwertungsprozesses, und diese ist zugleich fundamentale Bestandsbedingung der politischen Herrschaftsapparatur in dieser ihrer spezifischen historischen Form. Dieser Zusammenhang konstituiert die Einheit von Form und Funktion, die sich in der Organisierung vielfacher und wegen der zugrundeliegenden gesellschaftlichen Antagonismen strukturell widersprüchlicher Klassenbeziehungen und der Herstellung (instabiler) Klassengleichgewichte mit Hilfe einer Mischung repressiver, ideologischer und materiell-konzessiver Mittel äußert. Deshalb ist „der Staat" in Wirklichkeit ein heterogenes Bündel von Apparaten mit durchaus unterschiedlichen Klassenbeziehungen und Funktionen. Seine über die Heterogenität der Teilapparate hindurch vermittelte Einheit gründet auf dem Totalitätszusammenhang von ökonomischer Reproduktion und Klassenherrschaft. Institutionell garantiert wird sie durch ein Geflecht innerapparativer Abhängigkeits- und Machtbeziehungen mit der Dominanz eines Apparates bzw. Apparatekomplexes. (Die Theorie der Staatsapparate und ihrer Klassenbeziehungen ist vornehmlich in Frankreich entwickelt worden. Vgl. vor allem *Althusser* 1973 und *Poulantzas* 1975.)

Der Klassencharakter des bürgerlichen Staates beruht also nicht primär auf personalen Einfluß- und Verflechtungsverhältnissen, sondern auf seinem Charakter als *Bestandteil* der kapitalistischen Klassenverhältnisse und ihrer Reproduktion. Er ist strukturell begründet und damit unabhängig von den Intentionen des jeweiligen Personals (vgl. *Poulantzas/Miliband* 1976). Aus dieser Formbestimmung folgen wichtige Konsequenzen sowohl für die innere Organisation als auch für den Funktionsmodus der Staatsapparatur:

Funktional ergibt sich daraus, daß der Staat als Folge der für die bürgerliche Gesellschaft konstitutiven Trennung von „Politik" und „Ökonomie" grundsätzlich *reaktiv* auf den (wertgesetzregulierten) ökonomischen und gesellschaftlichen Reproduktionsprozeß bezogen ist. Seine „Besonderung" ist Voraussetzung dafür, daß er die von den konkurrierenden Einzelkapitalen nicht herstellbaren „allgemeinen Produktionsbedingungen" i. w. S. gewährleisten kann (z. B. Reproduktion und Qualifizierung von Arbeitskraft). Da er gleichzeitig in Struktur und Bestand von der Existenz der kapitalistischen Produktionsverhältnisse abhängt, kann er in deren Kernbereich (was nicht heißt: das *einzelne* Privateigentum) nicht eingreifen (zur „System-" und Tätigkeitsgrenze" des Staates vgl. *Blanke* u. a. 1975). „Staatfunktionen" werden grundsätzlich vom (weltmarktbestimmten) ökonomischen Reproduktionsprozeß und den damit zusammenhängenden Klassenkräfteverhältnissen determiniert, nicht umgekehrt.

Aber der Staat ist nicht nur funktional auf den ökonomisch-gesellschaftlichen Reproduktionsprozeß bezogen, sondern reproduziert zugleich auch in seiner *inneren Struktur* die gesellschaftlichen Arbeitsteilungs- und Klassenverhältnisse (vgl. *Poulantzas* 1978, 43 f.). Nicht nur kann ganz allgemein die Existenz einer gesonderten staatlichen Bürokratie als Ausdruck der in den Produktionsverhältnissen verankerten Trennung von Hand- und Kopfarbeit und des damit verbundenen Ausschlusses der Beherrschten von gesellschaftlichem Wissen verstanden werden. Der Zusammenhang zwischen der Struktur des Staates und der von den Klassenverhältnissen geprägten gesellschaftlichen Arbeitsteilung ist weit spezifischer: die einzelnen Staatsapparate müssen immer *zugleich* auf Klassen/Klassenfraktionen und auf die Segmente des gesellschaftlichen Arbeitsteilungszusammenhangs bezogen sein und gewinnen von daher ihre Bedeutung im politischen Prozeß, also auf „Arbeitnehmer" (Sozialversicherung), Landwirte („Ernährungs"-Ministerium), „Staatsbürger" (Parlamente, Parteien), einzelne Industrien (Technologieministerien) usf. Und indem die Staatsapparatur in ihrer Organisationsform die gesellschaftliche Arbeitsteilung in sich selber widerspiegelt, befestigt sie diese auch, reproduziert die bürgerliche Gesellschaft als Ansammlung scheinbar individualisierter Rollenträger in der Form von Arbeitern, Konsumenten, Anspruchsberechtigten, politisch Aktiven, Normalen und Abweichlern, bestätigt die gesellschaftliche Verteilung von Fähigkeiten und Kompetenzen (z. B. mit der Unterhaltung eines medizinisch-industriellen Komplexes) und selektiert Individuen auf Klassenpositionen (z. B. durch das Schulsystem). Die konkrete Gestalt der Staatsorganisation begründet sich aus der allgemeinen Formbestimmung des Staates und sie ist deshalb in ihrer Grundstruktur keineswegs das Ergebnis kontingent politischer Gestaltung, sondern gesellschafts- und klassenstrukturell *gesetzt*.

2.2 Staatliche Apparate als „materielle Verdichtung" von Klassenverhältnissen

Hinsichtlich der politischen Prozesse innerhalb des Systems der Staatsapparate ergeben sich aus dieser strukturellen Bestimmung zwei grundlegende Erklärungsmuster: *Einmal* ist davon auszugehen, daß die Widersprüche der ökonomisch-gesellschaftlichen Reproduktionsprozesse und die Antagonismen und Konflikte zwischen Klassen und Klassenfraktionen immer auch innerhalb und zwischen den staatlichen Apparaten zum Ausdruck kommen. Die Staatsapparatur ist zu ihrer eigenen Bestandserhaltung gezwungen, permanent zwei Arten von „Klassengleichgewichten" zu vermitteln: auf der einen Seite der Kompromiß zwischen den Kapitalen und Kapitalfraktionen des herrschenden „Machtblocks" (zu diesem Begriff vgl. *Poulantzas* 1978), die unter dem Zwang der Konkurrenz immer des Staates bedürfen, um eine gemeinsame „Politik des Kapitals" artikulieren und durchsetzen zu können (etwa in der Außenhandelspolitik bei gegenläufigen, protektionistischen versus freihändlerischen Einzelinteressen). Damit verbunden ist auf der anderen Seite die Notwendigkeit einer Integration der ausgebeuteten und beherrschten Klassen, die ebenfalls in den Kategorien eines „Gleichgewichts" von Kompromiß/Integration/Repression zu beschreiben ist. Die verschiedenen Apparate des Staates realisieren in ihrer spezifischen gegenseitigen Konstellation ein komplexes

System von repressiver Unterdrückung, Bündnis, Kompromiß und Koalitionsbildung (prominentes Beispiel dafür sind reformistische Arbeiterparteien und von ihnen gestellte Regierungen). Und zugleich entsteht dadurch ein differenzierter Modus des Filterns, Umformens und Kleinarbeitens von Interessen und Ansprüchen. Daraus resultieren in sich und gegeneinander widersprüchliche Politiken, die in der Form immer neuer Auseinandersetzungen und Kompromisse innerhalb und zwischen den einzelnen Staatsapparaten zum Ausdruck kommen. Das Handeln „des" Staates ist demzufolge nie einheitlich, sondern es gibt faktisch eine Vielzahl von z. T. gegenläufigen Apparatepolitiken, deren Voraussetzungen sich bei veränderten Reproduktionsbedingungen und Klassenkräfteverhältnissen permanent neu gestalten. Man sieht, daß es zu kurz greifen würde, eine widersprüchliche Politik der staatlichen Apparate schlicht mit Koordinationsmängeln, institutionellen Blockierungen und technischem Versagen zu erklären: dies würde außer acht lassen, daß eine gewisse administrative Anarchie gerade die Bestandsbedingung des politischen Systems ist. Das bedeutet zugleich, daß die politische Funktion der einzelnen Apparate sich nicht primär nach rechtlich-organisatorischen Kompetenzzuweisungen richtet, sondern eher nach ihrer jeweiligen Stellung im Beziehungsfeld der Klassen. So ist es zu erklären, wenn der Finanzminister Sozialpolitik oder der Wirtschaftsminister Bildungspolitik betreibt, Personalabteilungen Funktionen des Verfassungsschutzes, Sozialdienste solche der Kriminalpolizei übernehmen oder Parteien eher Ideologie-(„Vertrauensarbeit") denn Interessenvermittlung leisten.

Zum zweiten ist die „Besonderung" des Staates, d. h. seine „relative Autonomie" gegenüber den Klassen zwar notwendige Voraussetzung für die Reproduktion der bürgerlich-kapitalistischen Gesellschaft, doch ist sie nicht – wie ein funktionalistischer Fehlschluß nahelegen könnte – vorgegeben, sondern muß gegen konträre Tendenzen immer wieder neu hergestellt und gesichert werden. Das staatliche Apparatesystem ist notwendig heterogen und segmentiert, um die komplexen Beziehungen zu Klassen/Klassenfraktionen herstellen und aufrechterhalten zu können. Aber gerade diese segmentierte Struktur ermöglicht es auch, daß Interessengruppen und Kapitalfraktionen mittels institutioneller und personeller Verflechtungen Stützpunkte und Brückenköpfe innerhalb des Apparatesystems errichten und möglicherweise Teile des administrativen Apparats quasi kolonisieren. Der militärisch-industrielle oder der wissenschaftlich-industrielle Komplex sind bekannte Beispiele dafür. Die durch „Besonderung" und „Segmentierung" gekennzeichnete Formbestimmung des Staates ist also in sich widersprüchlich, weil die Segmentierung mit der Besonderung kollidiert, in der sie doch ihren Grund hat. Ein Verlust an „relativer Autonomie" gefährdet in dem Maße, in dem der Staat partielle Klassenbeziehungen dominant werden läßt, seine Fähigkeit zur Sicherung der gesamtgesellschaftlichen Reproduktion (vgl. die diesbezügliche Analyse der Situation in Italien bei *Altvater* 1977). Die – wenn auch immer nur vorübergehende – Lösung dieses Widerspruchs wird indessen angesichts der Undurchschaubarkeit dieses Verhältnisses für die Akteure selbst kaum in einer bewußten Politik zu suchen sein. Eher ist zu vermuten, daß die durch einen Autonomieverlust der Staatsapparatur verursachten ökonomischen Reproduktionsstörungen (z. B. Wachstumsdefizite durch Vernachlässigung ziviler Technologie) und politischen Krisen (z. B. hegemoniale Konflikte innerhalb des Machtblocks) Reorganisationsprozesse im politisch-administrativen

System erzwingen und zu neuen Organisationsstrukturen und Dominanzbeziehungen führen werden (dazu ausführlicher *Hirsch* 1980). An der „Reformpolitik" der sozialliberalen Regierung mit ihren organisatorischen und administrativ-technischen Implikationen könnte dies verdeutlicht werden (vgl. *Hirsch* 1974. Siehe dazu auch die sehr instruktive USA-Studie von *Leibfried* 1975/76).

2.3 „Erkenntnisse" für die Verwaltungswissenschaft

Es dürfte kaum zu bestreiten sein, daß es im Rahmen der materialistischen Staatstheorie in den letzten Jahren zumindest ansatzweise gelungen ist, ein theoretisches Konzept zu entwickeln, daß die Untersuchung des politisch-administrativen Systems im Kontext des gesamtgesellschaftlichen Reproduktionszusammenhangs von Klassen und Klassenherrschaft erlaubt. Dabei macht es – worauf wir hier nur verweisen können – die genauere Kenntnis des Durchsetzungsmodus von Herrschaft insbesondere möglich, die Bedeutung von Konflikten innerhalb des Staatsapparats sowie den Bedingungszusammenhang und die Spielräume staatlicher Politik besser einzuschätzen. Das galt für den Stellenwert und die Funktion von „Reformpolitik" ebenso wie für die Gewerkschaftsdiskussion, die Debatten um Berufsverbot und politische Repression oder für die in den letzten Jahren im Zusammenhang der „Krise der Städte" und der städtischen Sozialbewegung entwickelten Analysen kommunaler Politik (vgl. z. B. *Evers* 1977; *Grymer* 1979). Außerdem hat die Erkenntnis, daß der Staatsapparat keine eigene Macht verkörpert, sondern der komplexe Ausdruck eines dahinterstehenden Zusammenhangs von Klassenmacht ist, wesentlich dazu beigetragen, daß innerhalb der „neuen" Linken die in der traditionellen Arbeiterbewegung noch virulenten Vorstellungen von einer „Eroberung" des Staates an Bedeutung verloren haben. Schließlich prägt die staatstheoretisch gewonnene Einsicht, daß sozialrevolutionäre Inhalte nicht in den durch den bürgerlichen politischen Apparat geprägten Formen (einschließlich der der Partei) zu realisieren sind, Strategie und Taktik der neuen sozialen Bewegungen inzwischen ganz entscheidend (vgl. dazu die Ausarbeitung der London-Edinburgh Weekend Return Group 1979).

Eine sich als Beratungswissenschaft für die etablierten Institutionen verstehende Verwaltungswissenschaft wird mit einem solchen Typus von Analysen nicht allzuviel anzufangen wissen. Aber auch für sie bleibt zumindest die in der materialistischen Staatstheorie enthaltene Kritik ihrer eigenen Theorieansätze bedeutsam. Auf der Basis der innerhalb der „Staatsableitungsdebatte" entwickelten Formanalyse läßt sich nachweisen, daß die gängigen organisationssoziologischen, constraint-theoretischen und einflußtheoretischen Paradigmata der policy-science- und Verwaltungsforschung in doppelter Weise zu kurz greifen: weder sind sie in der Lage, die Grundstruktur des bestehenden politisch-administrativen Apparatesystems als bestimmten Ausdruck zugrunde liegender Arbeitsteilungs- und Klassenstrukturen zu begreifen, noch schaffen sie es, Bedingungen, Spielräume und Grenzen staatlichen Handelns aus dem (weltmarktvermittelten) gesamtgesellschaftlichen Prozeß von Ökonomie- und Klassenreproduktion heraus zu bestimmen. Solange man Ökonomie und Sozialstruktur als nur äußeren Bedingungsrahmen eines ansonsten unabhängigen „politischen Systems" begreift und nicht realisiert, daß dieses selbst ein unter bestimmten Formbestimmungen stehender *Bestandteil* ökonomischer und sozialer (Klassen-)Beziehungen ist, wird es nicht zu überschreitende Erkenntnisgrenzen geben. Dies gilt in etwas modifizierter Form auch für die systemtheoretisch orientierten Ansätze. Ihnen gelingt es zwar wenigstens, die Dominanz strukturaler, sich quasi hinter dem Rücken der Akteure durchsetzender Bedingungskonstellationen administrativ-politischer Prozesse gegenüber intentionalen Strategien des handelnden Subjekts zu realisieren, aber sie müssen daran scheitern, daß sie weder die Konstitutionslogik von „Ausdifferenzierung" noch das Verhältnis von „System" und „Umwelt" theoretisch zureichend begründen können. Ohne Berücksichtigung dessen, was in der materialistischen Theorie „Formbestimmung" und „Klassenbeziehung" heißt, bleibt Theorie auf der Systematisierung strategischer Interdependenzzusammenhänge beschränkt, deren kausaler Kontext unerklärt bleibt. Die Ausblendung der materialen Basis von gesellschaftlicher Reproduktion und Klassenbewegung, von Geschichte überhaupt, verurteilt sie dann letzten Endes dazu, nichts anderes als systematisierende Beschreibungen partialer Funktionszusammenhänge zu liefern (vgl. *Blanke* 1977, *Deutschmann* 1977).

3. Aktuelle Diskussion: Der „autoritäre Sicherheitsstaat"

Die soeben referierte Entwicklung materialistischer Staatsanalyse hat deutlich gemacht, daß diese wegen ihres Totalitätsanspruchs *integrativ* vorgehen muß: als Analyse der sozioökonomischen Entwicklungstendenzen, der darauf basierenden und diese bedingenden gesellschaftlichen Kräftekonstellationen (kapitalfraktionelle Allianzen, Modi und Verschiebungen der Massenintegration), ideologischen Hegemoniepositionen sowie politischen Herrschaftsapparate.

Dieser Anspruch kann nun allerdings keineswegs als empirisch eingelöst beurteilt werden. Und dies hat seine Ursache nicht allein in der jeder (vor allem linker) Wissenschaftsproduktion innewohnenden Kapazitätsengpässe. Vielmehr ist hierfür vor allem der *strukturalistische bias* verantwortlich, der die neuere materialistische Staatsdiskussion lange Zeit geleitet hat. Dieser ging von einer einmal gegebenen ökonomischen, sozialen und politischen Struktur des Kapitalismus aus und vernachlässigte dabei den wichtigen Tatbestand, daß die Strukturanalyse kapitalistischer Gesellschaftsformation *historisch* in dem Sinne angelegt sein muß, als sowohl die ökonomischen Formen kapitalistischer Reproduktion als auch die sozialen Klassenverhältnisse/Vergesellschaftungsformen und staatlichen Apparaturen wie politischen Prozesse in je spezifischer Weise Wandlungen unterworfen sind, die es verfehlt erscheinen lassen, von einer sich durchhaltenden strukturellen Identität solcher Gesellschaftsformationen über historische Perioden hinweg zu sprechen. Wenn es richtig ist, daß Struktur und Funktion des Staates bzw. des politischen Herrschaftsapparates allemal Ausdruck von spezifischen Klassenverhältnissen und konkreten Klassenbewegungen sind, daß Klassenbewegung und Staat den analytischen Bezugsrahmen bezeichnet, in dem politische Herrschaftsverhältnisse und Konflikte untersucht werden müssen, dann bedeutet dies, daß die

Analyse politischer Prozesse und staatlicher Funktionen eben nicht ausschließlich den allgemeinen, von historischen Prozessen abstrahierenden Struktur- und Entwicklungsbedingungen folgen darf, sondern daß die sich wandelnden Verhältnisse, unter denen sich Kapital und Arbeit im historischen Verlauf reproduzieren, die unterschiedlichen gesellschaftlichen Praktiken der Individuen, gewandelte Vergesellschaftungs- und Arbeitsteilungsstrukturen untersucht und theoretisch begriffen werden müssen. Freilich darf eine solche historische Herangehensweise nicht auf die von der Strukturanalyse zur Verfügung gestellten Kategorien verzichten, sondern es geht um deren Ausfüllung.
Im Rahmen dieses hier kurz angedeuteten historisch-systematischen Ansatzes hat sich die (internationale) materialistische Staatsdiskussion inzwischen weiterentwickelt. Einmal werden ältere Studien unter dieser Fragestellung neu aufgearbeitet: dies gilt beispielsweise für die Schriften *Gramscis, F. Neumanns* Analyse des Funktionswandels des bürgerlichen Gesetzes oder die Faschismusanalysen *Neumanns* (Behemoth) und *Fraenkels* (The Dual State). Zum anderen konzentriert sich die Forschung auf die empirische Aufarbeitung der Transformationsprozesse in bestimmten Gesellschaftsformationen in Abhängigkeit der Entwicklung des kapitalistischen Weltsystems: Beispiele sind *Poulantzas* 1973, 1977, 1978, *Aglietta* 1976, *Granou* u. a. 1979, die zahlreichen Analysen zum Staat im peripheren Kapitalismus oder auch unsere eigenen Studien zum „Modell Deutschland".
Wir wollen uns aus Platzgründen – aber auch, weil die Beziehung zur Verwaltungswissenschaft in der BRD hier am deutlichsten wird – auf die Analyse des Verhältnisses Staat-Gesellschaft in der BRD konzentrieren; und zwar weil wir zeigen wollen, daß im Gefolge grundlegender Verschiebungen in den Vergesellschaftungsstrukturen hochentwickelter kapitalistischer Formationen und akzentuiert durch die in der Weltwirtschaftskrise 74/75 gesetzten neuen ökonomischen Rahmenbedingungen eine Transformation liberal-bürgerlich-parlamentarischer Demokratie hin zu einem autoritären Sicherheitsstaat stattgefunden hat.

3.1 Durchkapitalisierung und Durchstaatlichung („Fordismus")

Theoretischer Ausgangspunkt jeder historischen Staatsanalyse bleibt die Aussage, daß die objektiv wirkende kapitalistische Akkumulations- und Krisendynamik unter Einfluß der von ihr abhängenden und sie gleichzeitig bestimmenden Klassenkämpfe *Motor* kapitalistischer Vergesellschaftung und politischer Entwicklung ist (Gesetz vom tendenziellen Fall der Profitrate). Führt dies auch nicht notwendigerweise – wie oft fälschlich angenommen – zum Zusammenbruch, so zwingt sie dem Kapital doch bei Strafe des Untergangs die permanente Umwälzung der technischen und sozialen Bedingungen (Restrukturierung der gesellschaftlich-technischen Produktivkräfte, gesellschaftlicher Arbeitsteilung, sozialer Beziehungen, politischer Herrschaftsformen) auf, unter denen profitable Kapitalverwertung auf dem Weltmarkt noch möglich ist. Die durch gewerkschaftliche Kämpfe und staatliche Regulierung inzwischen überall fixierte tägliche Arbeitszeit hat die Steigerung der relativen Mehrwertproduktion zur *dominanten* Gegenstrategie zum Fall der Profitrate werden lassen. Für entwickelte kapitalistische Gesellschaftsformationen vom Typ der BRD gilt nun weiter, daß die kapitalistischen Verwertungsstrategien und die damit verbundene Art der Klassenauseinandersetzungen – über die Konkurrenz auf dem Weltmarkt vermittelt – sowohl den kapitalistischen Produktions- als auch Reproduktionsprozeß entscheidend verändert haben: Herrscht in der Produktion der Taylorismus mit seiner technisch immer komplizierter werdenden, den Arbeitsprozeß von oben kontrollierenden Arbeitsteilung vor, findet zusätzlich – und für die tayloristische Verwertungslogik notwendig – eine Durchkapitalisierung aller gesellschaftlichen Lebensbereiche einschließlich des Konsumtionsniveaus der Arbeiterklasse selber statt („Fordismus").

Durchkapitalisierung der gesamten Gesellschaft – von der Verallgemeinerung der Warenförmigkeit gesellschaftlicher Beziehungen bis hin zur Beseitigung nichtkapitalistischer Produktionsweisen und „vorkapitalistischer" Sozialstrukturen – geht freilich mit der Unfähigkeit des Kapitals einher, auf der Grundlage von Privatproduktion und Warentausch den gesellschaftlichen Zusammenhang auf Dauer – und dazu profitabel – herzustellen. Indem also das Kapital – von der weltmarktvermittelten Wertgesetzrationalität dazu gezwungen – notwendig die eigene Natur- und Gesellschaftsbasis auflöst und zerstört, wachsen der außerökonomischen Zwangsgewalt Staat neben der Organisierung bestehender Klassenherrschaft immer mehr Aufgaben der Aufrechterhaltung gesellschaftlicher Gesamtreproduktion zu.

Einmal wird die Gesellschaft dadurch fortschreitend „durchstaatlicht", als immer mehr gesellschaftliche Bereiche und Sektoren administrativ verwaltet werden müssen (*Poulantzas* 1978); zum anderen wird der Staat – da die kapitalistische Entwicklungsdynamik sich über Klassenauseinandersetzungen vermittelt – als Organisator von Klassenherrschaft immer direkter in diese Klassenkämpfe einbezogen. *Zusammengefaßt*: Durchkapitalisierung und Durchstaatlichung der Gesellschaft sind die in der Akkumulationslogik angelegten Kehrseiten einer Medaille.

Die Tendenz zur Durchstaatlichung der Gesellschaft wird von den gängigen Interventionsstaats-/Planungstheorien empirisch richtig gesehen – und hier liegt auch die historische Ursache für die neuentstandene sozialwissenschaftliche Teildisziplin „Verwaltungswissenschaft". Freilich erliegen diese Theorien einem doppelten Irrtum: 1. indem sie staatliche Intervention oder politsiche *Planung als „letzte" Problemlösungsstrategie* des Staates für gesellschaftliche Problemlagen charakterisieren und daraus sogar eine „neue Qualität" von Staat und Gesellschaft (moderne Industriegesellschaft oder Spätkapitalismus) ableiten, verkennen sie, daß der kapitalistische Staat immer schon integraler Bestandteil des kapitalistischen Reproduktionsprozesses sowie der Organisation von Klassenherrschaft war, und es für die konkrete Analyse darauf ankommt, die jeweilige spezifische Form, Funktion, Wirksamkeit dieser „Intervention" zu erfassen; 2. indem sie mehr oder weniger stark ausgeprägt von einer *Vorherrschaft (Primat) politischer Steuerung* des gesellschaftlichen Reproduktionsprozesses ausgehen, verkennen sie, daß die Staatstätigkeit von der über den kapitalistischen Weltmarkt vermittelten Akkumulations- und Krisenlogik einschließlich des darin zum Ausdruck kommenden Klassenkampfes gesteuert wird (*Hirsch* 1974; *Esser* 1975). Daß die Durchsetzung des Wertgesetzes dabei auf spezifische Weise „politisch" modifiziert wird, ist unbestreitbar.

Der „Durchstaatlichungsthese" widerspricht auch nicht die „Auferstehung" von ökonomischem *Neoliberalismus* und politischem *Konservatismus* in Wissenschaft und Praxis der kapitalistischen Welt im Gefolge der Wirtschaftskrise 74/75. Denn bei allen Angriffen auf „Verbürokratisierung" der Marktwirtschaft und Forderungen nach Reprivatisierung kann und will dieser „alte Hut" der Wissenschaft nicht auf den starken Staat verzichten – wie *H. Marcuse* bereits 1934 scharfsinnig gezeigt hat, wie in der BRD in der Hochblüte des „Ordoliberalismus" in den 50er Jahren zu beobachten war und wie die „eisernen" Ordnungsfanatiker *Reagan* und *Thatcher* heute demonstrieren, denen es nicht um einen Abbau, sondern interessenspezifischen Umbau staatlicher „Regulierung" geht.

3.2 Vom liberal-demokratischen Parlamentarismus zum korporatistischen Block

Wenden wir uns vor diesem allgemeinen Hintergrund der Transformation bürgerlicher Klassenherrschaft in der BRD zu. Die polit-ökonomische Entwicklung hier läßt sich unter dieser Fragestellung in *zwei* Phasen unterteilen (*Esser/Fach/Simonis* 1980; *Hirsch* 1980):

In der *ersten* Phase bis zu Beginn der 70er Jahre konsolidierte sich die ökonomische Dominanzposition der deutschen Wirtschaft auf dem Weltmarkt; und zwar als Exporteur technologisch hochwertiger Investitionsgüter (die BRD als „Werkstatt der Welt"). Dies gelang vor allem aus 3 Gründen: 1. vermochte die verarbeitende Industrie – unterstützt und teilweise „organisiert" durch Bank- und Versicherungskapital – sich auf die weltweit expandierende Nachfrage nach Produktionsmitteln zu spezialisieren; 2. sicherte der Staat trotz neoliberaler Ideologie über erhebliche Steuererleichterungen und Subventionen diese Strategie; 3. schafften erst schwache, später kooperationsbereite Gewerkschaften über niedrige Löhne international günstige Konkurrenzbedingungen. Garantierte diese Weltmarktorientierung über das jeweils greifende „Exportventil" einerseits langanhaltende ökonomische Prosperität, verwandelte sich andererseits die ökonomische Struktur im Vergleich zur Vorkriegszeit tiefgreifend: Überdurchschnittliches Wachstum der technologisch fortgeschrittenen, exportorientierten Branchen sowie des funktional darauf bezogenen privaten und öffentlichen Dienstleistungssektors ging einher mit Schrumpfung und Durchkapitalisierung von Landwirtschaft und selbständigem Handwerk. Ebenfalls verschärften sich die regionalen Unterschiede zwischen den dieses Akkumulationsmodell tragenden städtischen Agglomerationen und den ländlichen Räumen. Und erhebliche Defizite wies trotz dieses Wachtumstempos Ende der 60er Jahre noch der gesamte Infrastrukturbereich (vor allem Bildung und Gesundheit) auf.

Diese ökonomische Konstellation bewirkte – bzw. war abhängig von einer ebenso tiefgreifenden Veränderung der Klassenstruktur, die zugleich die Bildung eines relativ stabilen Klassenbündnisses zwischen Bourgeoisie, Kleinbürgertum und Teilen der Lohnabhängigen ermöglichte, das in seinem Kern noch heute besteht. Bei der *Bourgeoisie* ist die Dominanz des auf dem Weltmarkt führenden Industriekapitals sowie des eng mit diesem verflochtenen Banken-/Versicherungssektors (Finanzkapital) offensichtlich. Im Gegensatz freilich zur *Stamokap*-Theorie bedeutet dies nicht unbedingt ökonomische Herrschaft der sogenannten Monopole, weil auch erhebliche Teile des mittleren und kleinen Kapitals je nach Branchenzugehörigkeit (paradigmatisch die zahlreichen kleineren Maschinenbauer) oder Zuliefererfunktion zu dieser Fraktion gehören. Aber auch wenn der traditionelle Konsumgüterbereich als Folge der zurückbleibenden Massenkaufkraft auf dem Binnenmarkt sowie steigender Importkonkurrenz stark schrumpfte und der exportorientierte Produktionsmittelsektor wuchs, auch wenn das traditionelle *Kleinbürgertum* immer mehr an Einfluß verlor und nur die von der Durchkapitalisierung der Landwirtschaft profitierenden Großbauern voll in den Weltmarktsektor integriert werden – die langanhaltende Prosperität sorgte dafür, daß innerhalb des bürgerlichen und kleinbürgerlichen Lagers alle an der Verteilung des gesamtwirtschaftlich wachsenden „Kuchens" teilnahmen, daß die vom raschen Strukturwandel Betroffenen umgeschult und in die wachsenden Sektoren eingegliedert und daß die auftretenden sozialen Probleme sozialstaatlich kompensiert werden konnten. Ähnliches gilt für die *Lohnabhängigen:* die langanhaltende ökonomische Prosperitätsphase ermöglichte eine jährliche Steigerung der Reallöhne, den kontinuierlichen Abbau der Arbeitslosigkeit, die Eingliederung der vom Strukturwandel Betroffenen in wachsende Industrien bzw. Dienstleistungsbereiche sowie schließlich den Ausbau der sozialen Sicherung. Auf diese Weise wurden einerseits die Arbeitsplatzbesitzer immer stärker ökonomisch (Stabilität der Revenuequelle Lohn), politisch (Loyalität gegenüber der parlamentarisch-demokratischen Form bürgerlicher Klassenherrschaft) und ideologisch (Normalität im Sinne von Leistungsorientierung und „verläßlich" arbeitender Psyche) integriert, während sich andererseits für die Opfer kapitalistischer Vergesellschaftung als typisches „Reparaturmuster" das immer besser ausgestattete und stärker differenzierte sozialstaatliche Auffangsystem herausbildete. Zugleich fand jedoch innerhalb der Klasse der Lohnabhängigen ein Differenzierungsprozeß zwischen unterschiedlich beruflich und betrieblich Qualifizierten sowie einem steigenden Anteil von Angestellten und Beamten statt. Beide Entwicklungen zusammengenommen, ergänzt durch die Bereitschaft von Sozialdemokratie und Gewerkschaften, sich in das bestehende kapitalistische Wirtschaftsystem zu integrieren und auf dessen Vervollkommnung statt Veränderung zu setzen, führten dazu, daß sich für den durchschnittlichen deutschen Lohnabhängigen der Klassen- auf einen Interessenkonflikt, der Herrschafts- auf einen Verteilungskonflikt reduzierte.

Die günstigsten Bedingungen kapitalfraktioneller Kompromißbildung sowie die über sozialreformerische Apparate (Volksparteien SPD, CDU, Gewerkschaften) und sozialstaatliche Leistungen vermittelte und kanalisierte Sozialintegration bestimmten auch die Struktur- und Funktionsweise staatlicher Herrschaftsicherung. Über den parlamentarisch vermittelten Willens- und Entscheidungsbildungsprozeß wurden sowohl der Wiederaufbau der Inverstitionsgüterindustrie, die Reorganisation bei Bergbau und Stahl, die Entwicklung eigener Atom-, Datenverarbeitungs- und Luftfahrtindustrie als auch umfangreiche Konzentrations- und Zentralisierungsprozesse finanziert, legalisiert und legitimiert. Wegen der Stärke/Funktionsfähigkeit privaten Kapitals, als auch der Bereitschaft der Arbeiterbewegung, den „Strukturwandel" konsensual mitzutragen, konnte bis Mitte der 60er Jahre auf einen eigenen staatlichen Wirtschaftsplanungs-

Apparat verzichtet werden, aus dem Faschismus überkommene staatliche Unternehmen wurden sogar reprivatisiert (VW, Preussag).
Allerdings machte der erste größere Einbruch, die Rezession 1966/67, eine Modifikation notwendig: Sollte die Wettbewerbsfähigkeit der deutschen Wirtschaft auf dem Weltmarkt erhalten bleiben und die immer mehr erkennbare technologische Lücke zu den USA überwunden werden, war eine politisch zentralisierte ökonomisch-soziale Strukturanpassung des Weltmarktsektors, flankiert von verbesserter Sozialkontrolle, unumgänglich. In dieser Anforderung liegt die Logik der von der „Großen Koalition" begonnenen und der sozialliberalen Koalition fortgesetzten „Reformpolitik": Keynesianische Globalsteuerung der Nachfrage, Ausbau zentraler „strukturpolitischer" Instanzen und der dazugehörigen „aktiven" Politiken (Wissenschaft-, Bildungs- und Technologieministerium, Bundesinstitut für Arbeitsmarkt- und Berufsforschung, Bund-Länder-Kommission für Bildungsplanung), eine straffe Zentralisierung des ursprünglich föderativen Systems (Gebietsreform, Gemeinschaftsaufgaben, Finanzplanungsrat, Konjunkturrat, regionale Planungsgemeinschaften), um lokalen und regionalen Widerstand zu neutralisieren, Verbesserung der kooperativen Interessenvermittlung (Konzertierte Aktion) und schließlich Ausbau der zentralstaatlichen Repressiv- und Kontrollinstanzen (Notstandsgesetze, Verfassungsschutz, Bundeskriminalamt usw.).
Diese Ende der 60er Jahre geschaffenen staatlichen Apparate bilden die institutionelle Grundlage für die in den 70er Jahren einsetzende, von veränderten weltwirtschaftlichen Rahmenbedingungen erzwungene Transformation zum autoritären Sicherheitsstaat, dem vorläufigen Ergebnis der *zweiten* Phase polit-ökonomischer Entwicklung der BRD.
In den 70er Jahren hat (nicht nur) in der BRD ein *ökonomischer Bruch* dergestalt stattgefunden, als es mit der bislang als unproblematisch angenommenen und (wenn nötig) politisch steuerbaren Wachstumsdynamik vorbei ist. Damit eng verbunden ist der Fall der Kapitalrentabilität oder anders ausgedrückt der Profitraten. Da dieser Prozeß in allen kapitalistischen Metropolen gleichzeitig stattfindet und zusätzlich neue Konkurrenten sowohl im Bereich einfacherer als auch technologisch höherwertiger Fertigwaren auf dem Weltmarkt auftauchen, *verschärft* sich die kapitalistische Weltmarktkonkurrenz mit den Erscheinungsformen: Strukturkrisen bei technologisch höherwertigen Industrieprodukten, verschärfte Importkonkurrenz und Verdrängungswettbewerb, Errichtung von Handelsschranken. Wir können hier keine detaillierte Ursachen-Analyse dieses Bruchs vornehmen (siehe dazu *Altvater* u. a. 1979, *Hirsch* 1980, *Esser* 1982), sondern wollen die daraus resultierenden Veränderungen für kapitalfraktionelle Kompromißbildung, Modus der Massenintegration und politische Klassenherrschaft darstellen.
Der *weltmarktorientierte Kapitalsektor* versucht mittels einer offensiven und antiprotektionistischen, alte Märkte sichernde und neue Märkte öffnende Modernisierungs-, Rationalisierungs- und Spezialisierungsstrategie seine Spietzenposition zu behaupten, sieht sich dabei jedoch gezwungen, unrentable Bereiche abzustoßen, gesundzuschrumpfen oder in Billiglohnländer zu verlagern, rentable Bereiche kapitalintensiver auszustatten oder zwecks Marktnähe in anderen kapitalistischen Metropolen anzusiedeln, selektiv die Personalbestände durchzusieben bzw. die Arbeitsplätze massiv zu reduzieren und schließlich wegen der mit all dem verbundenen enorm hohen Kapitalkosten

den Konzentrations- und Zentralisationsprozeß weiter voranzutreiben (ausführlich dazu *Esser* 1982). Als Folge dieser Strategie verlieren traditionell starke Partner des ökonomischen Machtblocks wie Stahl-, Werften-, Chemiefaser-, Bau-, Textil/Bekleidungsindustrie an Gewicht und die Zahl der kleinen und mittleren Unternehmen geht weiter zurück – wie man an der Konkursentwicklung seit Beginn der 70er Jahre ablesen kann. Schrumpft sich auf dieses Weise einerseits der das deutsche Akkumulationsmodell tragende Weltmarktsektor weiter „gesund", und nimmt andererseits seine Dominanz innerhalb des ökonomischen Machtblocks weiter zu, verschärfen sich andererseits die Probleme kapitalfraktioneller Kompromißbildung deshalb erheblich, da diese Strategie immer mehr „Verlierer" erzeugt.

Auf der Seite der *Lohnabhängigen* sind ähnliche Prozesse zu beobachten. Im Zentrum verbleibt der in den international wettbewerbsfähigen Industriesektoren (einschließlich privatem und öffentlichem Dienstleistungsbereich) beschäftigte „Kern"; an den „Rand" abgedrängt wird die sogenannte Überschußbevölkerung: „arbeitslose Männer und in die Hausarbeit entlassene Frauen, berufslose Jugendliche und vorzeitig ausgemusterte Alte, berufliche Absteiger und psychisch Verelendete, akademische „Ausflipper" und proletarische Kriminelle, heimgeschickte Gastarbeiter und abgeschobene Behinderte, politische „Extremisten" und Gewerkschaftsfeinde" (*Esser/Fach* 1981, S. 167).

Die hier auf beiden Seiten der Klassenlinien erkennbare ökonomisch konstituierte *Gesellschaftsspaltung* bedarf der politisch-sozialen Abstützung durch Modifizierung der massenintegrativen Apparate und des Staatsapparates. Interessant ist nun, daß diese Modifizierung sich bisher innerhalb der formellen liberal-demokratischen Institutionen abgespielt, deren Inhalte freilich entscheidend verändert hat. Die Ende der 60er und Anfang der 70er Jahre eingeleitete politisch-administrative Zentralisierung bei gleichzeitiger Aushöhlung parlamentarischer Kompetenzen und einer straffen Etatisierung der sogenannten Volksparteien ermöglicht eine nun immer effizienter ausgebaute *„Direktschaltung" von Staatsapparaten und ökonomischem Machtblock einerseits, Staatsapparat und funktionalen Gruppen (Gewerkschaften, Unternehmerverbänden) andererseits*.

Während wichtige wirtschafts- und strukturpolitische Entscheidungen einschließlich der damit verbundenen Planungsprozesse von den parlamentarischen Entscheidungsinstanzen abgekoppelt werden, findet auch die Interessenvermittlung immer weniger in Parlament und Parteien, sondern in kooperativen Verbundsystemen zwischen Staat, Gewerkschaften und Unternehmerverbänden statt. Parlament und Parteien, die eigentlichen Träger liberal-demokratischer Herrschaft erfahren eine entscheidende Funktionsverschienung von Organisationen der Interessenvermittlung zu legitimatorischen Transmissionsinstanzen, welche die zentraladministrativ ausgehandelten „Sachzwänge" weltmarktbestimmter Strukturanpassung zu den Betroffenen hin zu vermitteln haben. Die soziale Abkoppelung und Etatisierung der „Volksparteien", die in den sozialen Strukturveränderungen einer forciert durchkapitalisierten Gesellschaft eine wesentliche Basis hat, läßt innerparteiliche Politikprozesse und Konflikte tendenziell zu Formen „symbolischer Politik" (*Edelman* 1964) herabsinken. Man kann vermuten, und aktuelle Tendenzen deuten darauf hin, daß damit die Ära der zwar selektiven, aber ein breites materielles Interessenspektrum abdeckenden „Volksparteien" zu Ende geht, der etablierte Massenintegrationsapparat von Parteien/Gewerkschaften sich auf den weltmarktorientierten Kern der Gesellschaft verengt, während die ausfransenden Ränder der ausgegrenzten „Opfer" vom administrativen Zentrum her mittels fallweiser ideologischer Mobilisierung und physischer Repression unter Kontrolle gehalten werden.

Wir haben für dieses neue System politischer Interessenvermittlung den Begriff des „*korporatistischen Blocks*" gewählt (*Esser/Fach* 1981; *Esser* 1982). Während das Interesse von weltmarktorientiertem Kapital und Staatsapparat an einer raschen und sozial konsensualen Anpassung an neue Weltmarktbedingungen über korporatistische Arrangement offensichtlich ist, ist hier vor allem die Bereitschaft zur Blockpartnerschaft bei den Gewerkschaften näher zu untersuchen. Dabei ist zunächst festzuhalten, daß die Gewerkschaften mit dieser Strategie eine Praxis fortsetzen, die sich bereits in den 50er und 60er Jahren herausbildete, und sie über verantwortungsbewußte Zusammenarbeit mit Unternehmern und Staat glaubten, im internationalen Vergleich nicht schlecht zu fahren: auf der einen Seite überdurchschnittlich hohe Löhne und Sozialleistungen; auf der anderen Seite rasche und flexible Anpassung an neue, vom Weltmarkt geforderte wirtschaftliche Bedingungen, womit die sozialen Kosten „sanfter" ausfielen als anderswo. Diese positive Kooperationserfahrung führte dabei zugleich zu zunehmender Bürokratisierung und Zentralisierung der Gewerkschaftsapparate, individualisierte und entpolitisierte die Basis und behinderte Überlegungen/Diskussionen zu gesellschafts- und wirtschaftspolitischen Alternativen und den damit verbundenen Durchsetzungsstrategien, so daß in der derzeitigen Krise nicht nur eine auf individuelle Sicherheit bedachte Basis eher in Anpassung denn kämpferischen Aktivitäten ihre „Rettung" sieht, sondern auch ein ausgesprochener Mangel an konkret vorstell- und einsehbaren Alternativen besteht. In dieser Lage verdichtet sich die bisherige positive Kooperationserfahrung zum unentrinnbaren, alternativlosen, von der verschärften Weltmarktkonkurrenz aufgeherrschten Kooperations*zwang*; – und das politisch-administrative Kooperationsinteresse „*von oben*" trifft auf das von der gewerkschaftlichen Basis mitgetragene Kooperationsinteresse „*von unten*".

Der korporatistische Block hat also seine *materielle* Basis in der ökonomischen Interessenidentität verschiedener Klassen bzw. Klassenfraktionen, nämlich die Sicherung der Spitzenposition der deutschen Wirtschaft auf dem Weltmarkt. Er wird politisch-ideologisch abgestützt durch politische *Vermittlung/Organisierung* durch den Staatsapparat sowie *ethische Formierung* über „Staatsfixierung" der deutschen Arbeiterbewegung und die vorherrschende Ideologie der individuellen und kollektiven Leistungsorientierung mit ihrer Botschaft, kapitalistisch definierter ökonomischer, technischer und sozialer Fortschritt allein sei die Grundlage des erreichten und zukünftigen Wohlstandes. In ihm sind zugleich *quer zu den Klassengrenzen* liegende Selsktions-/Ausgrenzungsprozesse angelegt: Privilegierung derjenigen, deren ökonomisch-korporative Interessen auf Dauer erfüllt werden; Ausgrenzung derjenigen, deren ökonomisch-korporative Interessen politisch unterdrückt und ideologisch diskriminiert werden.

Um diese politische und ideologische Ausgrenzung auf Dauer zu gewährleisten, ist die Ausweitung und Effektivierung des Gewalt- und Überwachungsapparates einerseits,

der zentralisiert-bürokratischen sozialen Sicherungssysteme andererseits notwendig – einschließlich intensiver Kontroll-/Durchstaatlichungsversuche des Informations- und Kommunikationsbereichs. Die vielfältigen Entwicklungen in diese Richtung sind häufig – freilich theoretisch unbegriffen – beschrieben worden und sicherlich noch längst nicht abgeschlossen. Insgesamt berechtigen jedoch all diese Transformationen bereits zu dem Urteil, die BRD als *autoritären Sicherheitsstaat* zu qualifizieren, der eine eigentümliche Verquickung von Wohlfahrtsstaat und technisch perfektioniertem „Überwachungsstaat" enthält und durch selektive Massenintegration bzw. korporatistische Gesellschaftsspaltung abgestützt wird (*Hirsch* 1980).
Freilich kommen autoritärer Sicherheitsstaat und eine ihn immer noch legitimatorisch absichernde technokratische Verwaltungswissenschaft nicht um ein *Dilemma* herum: Trotz aller etatistischer Zentralisierungsbemühungen bewegt sich die kapitalistische Gesellschaftsformation BRD entsprechend der weltmarktvermittelten Wertgesetzlogik *widersprüchlich* weiter – und sowohl innerhalb des korporatistischen Blocks und des ihn sichernden Staatsapparats, als auch außerhalb im Bereich des repressiv ausgegrenzten „Randes" entwickeln/verändern sich die mit dieser Weltmarktlogik verbundenen Interessen und führen zu Widersprüchen, Konflikten, Bruchstellen. Und der Staatsapparat mag sich noch so sehr bemühen, sie zu integrieren, zu kanalisieren, zu instrumentalisieren oder repressiv zu unterdrücken, und die Verwaltungswissenschaft mag sich noch so sehr bemühen, diese Art von Rationalitäts- und Effizienzsteigerung zu ihrem wissenschaftlichen Problem zu machen und Verbesserungen anzubieten – beide bekommen sie die gesellschaftlichen Bruchstellen nicht in den Griff; denn sie sind eingefangen in einen Prozeß, den sie weder zu steuern noch zu durchschauen vermögen – und darin liegen ihre systematischen Grenzen.

Literaturverzeichnis

Aglietta, M., 1976: Régulation et Crises du Capialisme, Paris.

Althusser, L., 1973: Ideologie und ideologische Staatsapparate, in: *Althusser, L.*, Marxismus und Ideologie, Berlin (West).

Altvater, E., 1977: Staat und gesellschaftliche Reproduktion, in: V. Brandes u. a. (Hrsg.), Handbuch 5: Staat, Frankfurt (M.) – Köln.

Blanke, B., 1977: Formen und Formwandel des politischen Systems in der bürgerlichen Gesellschaft, in: V. Brandes u. a. (Hrsg.), Handbuch 5: Staat, Frankfurt (M.) – Köln.

Blanke, B./U. Jürgens/H. Kastendiek, 1975: Kritik der Politischen Wissenschaft, Frankfurt – New York.

Deutschmann, C., 1977: Die systemtheoretische Kritik an der marxistischen Staatstheorie, in: V. Brandes u. a. (Hrsg.), Handbuch 5: Staat, Frankfurt (M.) – Köln.

Edelman, M., 1964: The Symbolic Uses of Politics. Urbana.

Esser, J., 1975: Einführung in die materialistische Staatsanalyse, Frankfurt – New York.

Esser, J., 1982: Gewerkschaften in der Krise – Die Anpassung der deutschen Gewerkschaften an neue Weltmarktbedingungen, Frankfurt (im Erscheinen).

Esser, J./W. Fach/G. Simonis, 1980: Grenzprobleme des „Modells Deutschland", in: Prokla Nr. 40/1980, 40–63.

Esser, J./W. Fach, 1981: Korporatistische Krisenregulierung im „Modell Deutschland", in: U. von Alemann (Hrsg.): Neokorporatismus, Frankfurt – New York, 158–179.

Evers, A., 1977: Staatlicher Zentralismus und Dezentralisierung, in: V. Brandes u. a. (Hrsg.), Handbuch 5: Staat, Frankfurt (M.) – Köln.

Fraenkel, E., 1974: Der Doppelstaat, Frankfurt.

Gramsci, A., 1967: Philosophie der Praxis, Frankfurt.
Granou, A./Y. Baron/B. Billaudot, 1979: Croissance et Crise, Paris.
Grymer, 1979: Konfliktverarbeitung und Staatsstruktur, Frankfurt (M.) – New York.
Hirsch, J., 1974: Staatsapparat und Reproduktion des Kapitals, Frankfurt.
Hirsch, J., 1976: Bemerkungen zum theoretischen Ansatz einer Analyse des bürgerlichen Staates, in: Gesellschaft – Beiträge zur Marxschen Theorie 8/9, 99–149.
Hirsch, J., 1980: Der Sicherheitsstaat, Frankfurt.
Holloway, J./S. Picciotto, 1978: State and Capital, London.
Leibfried, S., 1975/76: Die Verwaltung der etatistischen Reserve, in: Leviathan Jg. 3/4, H. 4/5.
London-Edinburgh Weekend Return-Group 1979: In and against the state, London.
Marcuse, H., 1934: Der Kampf gegen den Liberalismus in der totalitären Staatsauffassung, in: Zeitschrift für Sozialforschung 1934 (Nachdruck) München 1980, Bd. 3, 161–195.
Neumann, F., 1967: Der Funktionswandel des Gesetzes im Recht der bürgerlichen Gesellschaft, in: *Neumann, F.*, Demokratischer und autoritärer Staat, Frankfurt, 7–57.
Neumann, F., 1977: Behemoth, Frankfurt.
Poulantzas, N., 1973: Faschismus und Diktatur, München.
Poulantzas, N., 1975: Klassen im Kapitalismus – heute, Berlin.
Poulantzas, N., 1977: Die Krise der Diktaturen, Frankfurt.
Poulantzas, N., 1978: Staatstheorie, Hamburg.
Miliband, R./N. Poulantzas, 1976: Kontroversen über den kapitalistischen Staat, Berlin (West).

Methodik der empirischen Verwaltungsforschung

Hans-Ulrich Derlien

Es ist nicht möglich und wäre kaum sinnvoll, einen Überblick über Methodenverwendung und Methodenproblematik in der Verwaltungswissenschaft lediglich im Hinblick auf die von Politikwissenschaftlern durchgeführte Verwaltungsforschung zu geben. Der multidisziplinäre Zugriff auf die öffentliche Verwaltung als Untersuchungsobjekt und die Vergeblichkeit von fachimperialen Abgrenzungsversuchen ließen ein derartiges Unterfangen sporadisch bleiben. Andererseits unterscheiden sich Forschungsthemen des Juristen und des Ökonomen von denen des Soziologen und des Politikwissenschaftlers, und es variiert entsprechend das methodische Repertoire und das Methodenbewußtsein. Eine Abhandlung zur Methodik der Verwaltungsforschung sollte deshalb auf Forschungsbereiche abstellen und hiernach differenzieren.
Zugleich ist der Überblick einzuschränken auf die *empirische* Forschung, die *Primär*erhebungen von Daten durchführt, und auf die Forschung in der Bundesrepublik.

1. *Programmforschung und Strukturforschung*

Wie die Gliederung des vorliegenden Sammelbandes zeigt, arbeitet die Verwaltungswissenschaft, von meta-theoretischen und Professionsfragen abgesehen, zumindest in zwei Perspektiven:

- zum einen befaßt sie sich in jüngerer Zeit verstärkt mit *materiellen*, programmatischen Fragen öffentlichen Handelns und stellt sich damit in die Richtung der *policy analysis;* derartige *Politikbereichs-Analysen* (*Ellwein* 1979) oder *Programmforschung* (*Derlien* 1981) mit ihrer je nach Phasenbezug im Politikzyklus modifizierten Fragestellung einer auf die Programmentwicklung bezogenen ex-ante-Begutachtung von Programmen, der Implementationsforschung (*Mayntz* 1980), oder der Evaluationsforschung (*Derlien* 1976) stellen offensichtlich qualitativ andere Fragen der Methodik als die
- *Strukturforschung*, die als Institutionenanalyse im weitesten Sinne unter den herkömmlichen Bezugspunkten von Demokratie und Legitimierung einerseits sowie Effizienz und Funktionalität andererseits Fragen der *Aufbau- und Ablauforganisation,* insbesondere *Entscheidungsprozesse,* und des *Personals* im öffentlichen Dienst verfolgt, und zwar i. d. R. auf der *Mikro-Ebene* der einzelnen Behörde oder aus der *Makro-Perspektive* des Gesamtsystems (z. B. Wachstum von Aufgaben, Personal und Ausgaben) und der Beziehungen zwischen insbesondere Gebietskörperschaften im vertikalen Gefüge oder allgemeiner der *interorganisatorischen,* auch horizontalen Behördenverflechtungen.

Sicherlich sind Programm und Struktur in diesem Sinn real interdependent, lassen sich Programm- und Strukturforschung aufeinander beziehen; aus diversen Gründen ist dies jedoch die Ausnahme und geschieht neuerdings am ehesten in der Implementationsforschung. Die folgenden Ausführungen beziehen sich daher primär auf Strukturforschung, auf die empirische Erforschung der öffentlichen Verwaltung als Objekt unter Ausblendung der Fragen, die sich an die Programmqualität richten und die i. d. R. nur beantwortbar sind, wenn Erhebungen, sei es ex ante, sei es ex post, in der sozio-ökonomischen Umwelt des Verwaltungssystems durchgeführt werden.
Diese Eingrenzung rechtfertigt sich aus dem Umstand, daß für die Methodik der Programmforschung cum grano salis die Standard-Lehrbücher empirischen Arbeitens einschlägig sind oder sogar spezielle Traktate (z. B. für die Evaluationsforschung) vorliegen, während die Strukturforschung andererseits eine Reihe von Problemen zu bewältigen hat, auf die diese Lehrbücher kaum vorbereiten, die auch in Forschungsberichten nur selten dargelegt und die erst in jüngster Zeit systematisch reflektiert werden (*Derlien* 1978; *Hucke/Wollmann* 1980). Im folgenden sollen diese methodischen Spezifika verwaltungswissenschaftlicher, empirischer Strukturforschung dargelegt werden, soweit es der verfügbare Raum zuläßt.

2. *Zum Design verwaltungswissenschaftlicher Untersuchungen*

Der Stand empirischer Verwaltungsstrukturforschung und eine Reihe von Merkmalen, die sie von der Programmforschung abheben, erschließt sich schon über eine Analyse typischer Untersuchungsanlagen.

2.1 Fehlen experimenteller Designs

Angesichts der Bedeutung, die die in den letzten 15 Jahren unternommenen *Verwaltungsreformen* für den Aufschwung der Verwaltungsforschung hatten, hätte man erwarten können, daß gelegentlich Untersuchungen durchgeführt worden wären, die diese Feldexperimente zumindest quasi-experimentell nutzen, wie es die Evaluationsforschung anstrebt und wie es bei den Gemeindereformen in Großbritannien gelang (*Hinings* et al. 1980). Für die Bundesrepublik ließen sich hier allenfalls Strukturevaluationen von Schulreformen anführen (*Raschert* 1974; NRW 1979), wobei allerdings der Übergang zur *Gestaltungsforschung* fließend ist. Aus diesem Befund folgt, daß Verwaltungsforschung so gut wie nicht *hypothesentestend,* sonder primär deskriptiv, immer noch um die Erhellung ihres Gegenstandes bemüht ist.

2.2 Einzelfall- und komparative Studien

Dieser Befund läßt sich auch dadurch belegen, daß die *Fallstudie,* sei es von Institutionen, sei es von einzelnen Entscheidungsprozessen, in der Vergangenheit relativ häufig war, z. T. bedingt durch die geringe Forschungskapazität der Dissertationsprojekte in unserem Bereich, z. T. aber sicherlich auch Ausdruck des *explorativen Stadiums* der Verwaltungsforschung im letzten Jahrzehnt.

Allerdings werden auch *komparative Untersuchungen* durchgeführt, wobei jedoch *Längsschnittuntersuchungen* auf der Mikroebene eine Seltenheit sind (*Eberwein* 1978; *Röber* 1981) und auf Makroebene allenfalls zur Analyse des Funktionswandels der öffentlichen Verwaltung sekundäranalytisch auf der Basis von Personal- oder Budgetstatistiken (*Recktenwald* 1970; *Ellwein/Zoll* 1973) gelegentlich vorgenommen werden.

Die *Querschnittsanalyse* ist vergleichsweise häufiger zu finden, sei es, daß Entscheidungs- und Interaktionsmuster (*Schäfers* 1970; *Mayntz* et al. 1972; *Treiber* 1973; *Derlien* 1976; *Grunow* et al. 1978; *Mayntz* et al. 1978), sei es, daß Merkmale der Aufbauorganisation (*Mayntz* et al. 1975; *Murswieck* 1975; *Derlien* et al. 1976; *Kübler* 1981) verglichen werden. Innerhalb der Klasse der Querschnittsuntersuchungen scheinen zudem *kulturell vergleichende* Studien an Interesse zu gewinnen (*Putnam* 1976; *Mayntz* 1981) wobei einzuschränken ist, daß primär qualitative Daten verglichen werden. Gelegentlich werden mit komparativen Daten auch Einzelfall-Studien illustrierend oder validierend verbunden.

Die isolierte Fallstudie einzelner Entscheidungsprozesse (*Wehling* 1971; *Grottian* 1974; *Häußermann* 1974; *Kussau/Oertel* 1974; *Treiber* 1976; *Schimanke* 1977; *Bentele* 1979; *Garlichs* 1980) oder einzelner Verwaltungen (*Mayntz* et al. 1970; *Billerbeck* et al. 1976) wirft bekanntlich die Frage auf, inwieweit sich die Ergebnisse verallgemeinern lassen, wenn spezielle Kontexteinflüsse nicht überprüfbar sind und wenn mit nichtstandardisierten Erhebungsinstrumenten gearbeitet wird (*Lipset* et al. 1970). Fallstudien erfassen ja entsprechend ihrer heuristischen Funktion, die jedoch leicht in Vergessenheit gerät, meist gerade Extremtypen: spektakuläre, interessante Fälle, die keineswegs den Alltag oder den Normalzustand eines Systems wiedergeben. Der Vergleich mehrerer Einzelfälle und damit das komparative Design (*Schäfers* 1970; *Treiber* 1973; *Scharpf* et al. 1976; *Derlien* 1976; *Mäding* 1978) können dann die Gefahr einer systematischen Verzerrung abschwächen.

2.3 Qualitative und quantitative Studien

In der Sozialforschung erleben bekanntlich die sogenannten qualitativen Erhebungsverfahren (Beobachtung, Tiefeninterviews, Dokumentenanalyse) z. Zt. eine Renaissance, zumindest in der – recht kontrovers geführten – Diskussion (*Hopf/Weingarten* 1979; *Küchler* 1980). Hierzu nur zwei Anmerkungen: a) der Gegensatz ließe sich auflösen, wenn man qualitative Verfahren primär der explorativen, quantitative hingegen der Haupterhebungsphase einer Untersuchung zuordnete; b) es ist unpräzise, von „qualitativen *Verfahren*" zu sprechen; es sollte heißen: Verfahren zur Gewinnung qualitativer Daten; derartige Daten lassen sich im Prinzip quantitativ *auswerten*! Allerdings ist mit Verfahren zur Gewinnung qualitativer Daten i. d. R. ein nicht-standardisiertes Erhebungsinstrument verbunden, wodurch die Möglichkeit der quantitativen Auswertung, die intersubjektive Nachvollziehbarkeit komparativer Untersuchungen und die Eignung für Sekundäranalysen eingeschränkt werden.

In diesem Sinne *qualitative Studien überwiegen* bislang in der Verwaltungsforschung, wodurch ihr insgesamt noch exploratives Stadium charakterisiert ist. Die Quantifizierung bei der Erhebung und bei der Auswertung gelingt am ehesten bei Untersuchungen, die sich mit dem Verwaltungspersonal befassen, deren Erhebungs-, Analyse- und Aussageeinheit Merkmale, insbesondere Einstellungen und Einschätzungen der Bediensteten oder Gruppen von Bediensteten der öffentlichen Verwaltung sind (z. B. *Luhmann/Mayntz* 1973; *Brinkmann* et al. 1973; *Moths/Wulf-Mathies* 1973; *Steinkemper* 1974). Die quantifizierende Erhebung von Ereignissen und Verhaltensweisen (*Mayntz* et al. 1978; *Grunow* et al. 1980) ist hingegen seltener und die Quantifizierung von Merkmalen der Organisationsstruktur (*Röber* 1981; *Hood/Dunsire* 1981) eine Rarität.

2.4 Stichprobenprobleme

Strebt man repräsentative Aussagen an oder will man extreme Fälle untersuchen, ist die Kenntnis der Grundgesamtheit und der Verteilung der unabhängigen Variablen in ihr erforderlich. Häufig sind Grundgesamtheit oder Teilpopulationen in der Verwaltungsforschung aber unbekannt und werden Recherchen in Dokumenten (Organisations- oder Haushaltsplänen) sowie explorative Interviews erforderlich. Die quantifizierenden Untersuchungen zum Personal des öffentlichen Dienstes sind hierbei in einer günstigeren Ausgangslage als Entscheidungsprozeß- oder Strukturuntersuchungen, für die Erhebungs- und Analyseeinheiten meist nicht aus administrationsinternen Arbeitsstatistiken zu entnehmen sind. Bei kleinen Subpopulationen (z. B. „Planer") kommt zwar nur eine Totalerhebung infrage, allerdings über das „Schneeballverfahren" (*Grottian* 1974a), dessen Ergebnis schwerlich Repräsentativität beanspruchen kann (*Becker* 1976). Vor vergleichbaren Schwierigkeiten steht natürlich auch die Analyse von Massenakten, deren Umfang häufig unbestimmt ist, eine Stichprobenziehung aber unumgänglich macht.

2.5 Wahl der Erhebungsmethoden

Die bisherige Einstufung der Verwaltungsforschung als explorativ, deskriptiv und qualitativ gründet letztlich auch in ihrer Präferenz für entsprechende nicht-standardisierte Erhebungsinstrumente. Einen Anhaltspunkt, wenn auch unverständlicherweise keine diesbezügliche Auswertung, liefert die Erhebung von *Bruder* (1981) zur empirischen Verwaltungsforschung. Von den dort erfaßten 150 Arbeiten, zu denen eine Reihe nicht veröffentlichter, offenbar nie abgeschlossener Projekte sowie auch Reader zählen, verwendeten – bei großzügiger Kodierung durch mich – 23 eine *schriftliche Befragung* und 21 das *standardisierte Interview*. Wie gesagt, ist prinzipiell nicht ausgeschlossen, wenn auch nach meiner Kenntnis des state of the art unwahrscheinlich, daß diejenigen Arbeiten, die sich ausschließlich oder zusätzlich des nicht-standardisierten Interviews, der Dokumenten- und Aktenanalyse oder der Beobachtung bedienen, hieraus quantifizierte Ergebnisse gewinnen; die *standardisierte Beobachtung* ist nur aus zwei deutschen Untersuchungen bekannt (*Grunow* et al. 1978; *Grunow/Hegner* 1978).

Typisch ist vielmehr die Gewinnung qualitativer Daten mit *Intensiv- oder Experteninterviews* sowie aus der *Dokumenten- und Aktenanalyse,* beides meist in Kombination. Auch quantitative Studien ziehen diese Datenquellen i. d. R. in der explorativen Phase heran. Insofern kann man von der *Methodenkombination* als Regelfall der Verwaltungsforschung ausgehen.
Wie noch darzulegen sein wird, ist das Untersuchungsdesign, insbesondere die Wahl der Erhebungsmethoden meist nicht voll ins Belieben des Forschers gestellt, sondern ist Einflüssen der Verwaltung bei der Klärung des Zugangs ausgesetzt.

3. Erfahrungen mit einzelnen Erhebungsmethoden

Insgesamt ist festzustellen, daß trotz auf den ersten Blick objektiven Daten aus Dokumenten und gelegentlichen Beobachtungen die mündliche und schriftliche Befragung, unstrukturiert oder standardisiert, auch für die Verwaltungsforschung den „Königsweg" darstellt; damit bedient sich die Verwaltungsforschung jedoch hochgradig reaktiver Erhebungsmethoden, die die Frage der Reliabilität aufwerfen. Bevor hierauf eingegangen wird, sollen einige Erfahrungen mit einzelnen Erhebungsmethoden in der öffentlichen Verwaltung resumiert werden (hierzu ausführlicher *Derlien* 1978).

3.1 Mündliche Befragung

Verweigerungen von Interviews sind, mit wenigen Ausnahmen (*Schatz* 1970; *Grottian* 1974a) nicht bekannt, vorausgesetzt der Zugang zur Verwaltung ist grundsätzlich eröffnet. Ebenfalls überraschend groß ist der Umfang des für Interviews verfügbaren *Zeitbudgets* und erlaubt problemlos mehrstündige Gespräche, mit abnehmender Tendenz zur Verwaltungsspitze. Die *Anbahnung* sollte schriftlich und zusätzlich telefonisch erfolgen; von einem gate-crashing (*Becker/Meyers* 1974) ist abzuraten. Dabei empfiehlt es sich, mit marginalen Personen zu beginnen und zu zentralen Akteuren vorzuschreiten. *Marginalpersonen* sind häufig besonders wertvolle Informanten, und ihr Status im sozialen System der Verwaltung sorgt dafür, daß sich anfängliche Ungeschicklichkeiten des Interviewers nicht sofort herumsprechen. Wegen der überwiegend offenen Form der Interviews oder ihres Charakters als Expertengespräch besteht der Interviewerstab i. d. R. aus Wissenschaftlern.
Kennzeichnend für die *Interviewsituation* in der öffentlichen Verwaltung ist, daß die Betroffenen gegenüber dem Forscher als organisationsfremder Person ihre Äußerungen zu kontrollieren und das Interview gelegentlich zu instrumentalisieren versuchen. Ersteres gilt besonders bei beabsichtigten und gelegentlich unbeabsichtigt sich ergebenden Gruppengesprächen. Bedeutsam für den Gesprächsverlauf ist, inwieweit der Interviewer als Experte akzeptiert wird, von dem auch der Befragte sich Anregungen für seine Arbeit verspricht. Aus dieser Tauschsituation kann sich ein *Konflikt* ergeben zwischen den widersprüchlichen Anforderungen von Nicht-Reaktivität des Forschungskontaktes, Ergiebigkeit der Informationsgewinnung und Anonymität der Aussagen

anderer Informanten. Die Gefahr der Instrumentalisierung oder des Interviewer-Bias läßt sich ansatzweise kontrollieren, indem a) *Spiegelbildererhebungen* bei Interaktionspartnern verschiedener Positionen oder Organisationszugehörigkeit durchgeführt werden, aus denen rollenspezifische Wahrnehmungsunterschiede deutlich werden oder die die Konsistenz der Aussagen ergeben; indem b) auch bei offenen Interviews mit einem *Leitfaden* gearbeitet wird und c) die Gespräche entweder von einem zweiten Forscher (Tandem-Interview) oder auf Tonband aufgezeichnet werden. Es hat sich nämlich überraschend herausgestellt, daß die Tonbandaufzeichnung in derMehrzahl der Fälle akzeptiert wird. Das Recorden ist allerdings mit hohen Kosten der Auswertung verbunden, und neuerdings werden auch von seiten der Soziologie im Zuge der Beschäftigung mit ethnologischen Methoden und dem biographischen Verfahren (*Kohli* 1981) metholologische Überlegungen angestellt (*Hopf* 1978; *Windlof* 1979), die vor einer naiven Verwendung des aus offenen Interviews gewonnenen Materials warnen.

3.2 Schriftliche Befragung

Schriftliche Befragungen, wenngleich relativ selten angestellt, weisen erstaunlich *hohe Rücklaufquoten* von meist über 70 Prozent auf (*Derlien* 1978, S. 18 f.). Voraussetzung ist auch hier, daß sie mit Billigung der Verwaltungsspitze durchgeführt werden. Ein Zentralproblem bei dieser Form der Befragung besteht bekanntlich darin, daß der Forscher kaum Einfluß darauf hat, wer den Fragebogen beantwortet, wenn dieser nicht gezielt an einzelne Bedienstete, sondern an Behörden adressiert ist. Sollen einzelne Bedienstete befragt werden, die namentlich nicht bekannt sind, wird der Fragebogen über die Hierarchie verteilt; in diesem Falle sollte sichergestellt sein, daß er *direkt* zum Forscher zurückläuft. Die Zusicherung der Anonymität ist unverzichtbar.

3.3 Beobachtung

Einige Untersuchungen geben die *teilnehmende* Beobachtung als Form der Datenerhebung an. Hierbei handelt es sich jedoch meist nicht um einen systematischen Einsatz des Instruments, sondern um zufällige Beobachtungen in einer quasi-Mitgliedschaftsrolle oder einer regulären temporären Mitgliedschaft des Forschers (*Lautmann* 1972). Von externen Forschern ist die teilnehmende Beobachtung im deutschen Raum bislang nur zweimal *systematisch* eingesetzt worden (*Grunow* et al. 1978; *Grunow/Hegner* 1978), u. z. im Bereich des Verwaltungsvollzuges. Die Selbstbeobachtung als Aufzeichnung z. B. des Zeitbudgets, ist ebenfalls einmal zum Einsatz gekommen (*Brinkmann* et al. 1973). Möglicherweise gewinnt die teilnehmende Beobachtung in dem Maße an Bedeutung, wie auch in der öffentlichen Verwaltung die Gestaltungsforschung vordringt (*Whyte* 1979).

3.4 Dokumentenanalyse

Die Analyse von Dokumenten in ihren vielfältigen Formen als Akten, Vorschriften, Pläne, Protokolle oder Presseberichte ist für die Verwaltungsforschung zumindest in der explorativen Phase unverzichtbar. Man greift auf Dokumente allerdings selten deshalb zurück, weil ihre Auswertung die bei den anderen Erhebungsmethoden übliche Gefahr der Reaktivität vermiede, sondern dem bürokratischen Strukturmerkmal der Schriftlichkeit des Verkehrs entsprechend, wegen des Informationsgehaltes, insbesondere von Akten. Etwas vereinfacht könnte man sagen, daß (veröffentlichte) Dokumente in erster Linie etwas über input, output und Aufbauorganisation der Verwaltung aussagen, während Akten herangezogen werden, um Entscheidungsprozesse zu untersuchen, läßt sich aus ihnen doch meist besser als aus den Interviews entnehmen, welche Akteure mit welchen inhaltlichen Positionen beteiligt waren, welche Forderungen und Argumente vorgebracht und welche Ergebnisse in welchem Zeitverlauf erzielt wurden. Was jedoch bislang nicht versucht worden ist, ist die Erhebung von Denk- und Sprachstilen, Problemwahrnehmungs- und -lösungsmustern oder von Ideologien und organisatorischen Fiktionen, m. a. W. der Verwaltungskultur, mit den Methoden einer *systematischen* Inhaltsanalyse.

Aber auch für die Rekonstruktion von Entscheidungsprozessen ist auf die Selektivität von Akten hingewiesen worden; denn Akten stellen nicht schlechthin das „organisatorische Gedächtnis" dar, sondern dienen auch Kontrollen. Folglich werden Schriftstükke von Absicherungsbedürfnis und Taktik diktiert und weisen Lücken auf, wenn Entscheidungen schlecht legitimiert sind (*Blankenburg* 1976). Es ist also die Funktion von Akten bei der Analyse zu bedenken und festzuhalten, daß zwar die Auswertung nichtreaktiv ist, die Akte aber bereits in Reaktion nicht auf den Forscher, sondern auf andere Akteure angelegt wird.

Systematische, quantitative Aktenanalysen sind aus der Verwaltungsforschung im engeren Sinne bislang nicht bekannt; Erfahrungen auf diesem Gebiet haben vor allem Kriminalsoziologen gewonnen (*Brusten* 1976; *Steffen* 1976), die nicht Ministerialakten, sondern Vollzugsakten auswerten.

Einen Sonderfall der Aktenanalyse stellt die Analyse sogenannter *prozeß-produzierter Daten* dar, von Daten aus Massenakten, aus Einzelfallentscheidungen des Verwaltungsvollzuges, die beispielsweise von der Sozialverwaltung produziert und vom Forscher i. S. einer Sekundäranalyse ausgewertet werden (*Müller* 1977). Die Fragestellung ist hier jedoch offenbar eine vornehmlich soziologische, die aus der aktenmäßigen Abbildung der sozio-ökonomischen Umwelt Informationen über die Gesellschaft gewinnen will.

Prozeß-produzierte Daten könnten zukünftig in der Programmforschung und damit auch in der der Strukturforschung nahestehenden Implementationsforschung eingesetzt werden.

Diese von Historikern inspirierte Vorgehensweise wirft eine Reihe von Validitätsproblemen auf, die sich daraus ergeben, daß die Daten, z. B. über Einkommensverhältnisse von Sozialhilfeempfängern, für administrative Zwecke generiert worden und einer Vielzahl von bislang überwiegend unbekannten Störfaktoren ausgesetzt sind (*Bick/Müller* 1980).

4. Das Zugangsproblem

Wir haben bislang ein Zentralproblem der Verwaltungsforschung lediglich angedeutet, indem auf die Beeinflussung der methodischen Anlage von Untersuchungen im Zuge der Zugangsvereinbarungen hingewiesen wurde. Es ist nötig, sich den trivialen Grundtatbestand in Erinnerung zu rufen, daß Erhebungen in organisierten Kollektiven gravierenderen Zugangsproblemen gegenüberstehen (*Monthoux* 1979) als atomistische Meinungsbefragungen in der Bevölkerung. Insbesondere die öffentliche Verwaltung neigt bekanntlich, teils aus funktional zu rechtfertigenden Gründen wie dem Amtsgeheimnis, teils um sich externer Kontrolle in jeglicher Form zu entziehen (*Weber* 1964, S. 730 f.; *Sjoberg* 1976), zur Geheimhaltung. Zudem fehlt es der öffentlichen Verwaltung an speziellen Kontaktvorschriften für den Umgang mit dem Forscher, so daß dieser über die Hierarchie *legitimiert* werden muß, die das Monopol für sozial unübliche Kontakte besitzt.

Die Öffnung des Systems ist abhängig von den politischen Kosten-Nutzen-Überlegungen der Leitung (*Delany* 1960); Auftragsforschung hat es leichter als freie Forschung, affirmative Fragestellungen sind akzeptabler als kritische. Sollen Makrosysteme untersucht werden, in denen die Subsysteme relative Autonomie besitzen, vervielfachen sich die Zugangsverhandlungen (*Derlien* 1981a). Breitere Untersuchungen auf Kommunalebene sind über die jeweiligen Verbände einzuleiten, da die Gemeinden hier in der Regel nach der Einschätzung des Forschungsvorhabens fragen.

Bei der Klärung des Zugangs werden gelegentlich – aus Gründen der Arbeitsbelastung selbstverständlich – Auflagen gemacht (*Brusten* et al. 1977), die das beabsichtigte Forschungsdesign modifizieren. Insbesondere nicht oder wenig reaktive Verfahren wie Aktenanalyse und Beobachtung sind nicht zuletzt deshalb so selten, weil die Verwaltung reaktive Methoden bevorzugt, ermöglichen sie es ihr doch, den Forschungskontakt zu instrumentalisieren und damit letztlich die sozio-politischen Wirkungen der Forschungs*ergebnisse* zu steuern. Auch scheinen Behörden, die der politischen Kritik ausgesetzt sind, sich eher zu öffnen (*LaPorte/Petras* 1969).

4.1 Datenschutz

Die Probleme, die sich aus der Datenschutzgesetzgebung für die Sozialforschung ergeben (*Mochmann/Müller* 1979, *Kaase* et al. 1980), begegnen natürlich gelegentlich auch der Verwaltungsforschung – zum Teil aufgrund einer allgemeinen Verunsicherung, zum Teil aber wohl auch, um Untersuchungen zu blockieren. Für Auftragsforschung scheinen jedoch eher „Datenoasen" geschaffen zu werden (*Bick/Müller* 1980, 40 f.). Dabei wirkt sich der Datenschutz naturgemäß stärker bei Erhebungen in der Vollzugsverwaltung aus, bei denen in mehrfacher Weise personenbezogene Klienten-Daten benötigt werden: in der Regel für die Konstruktion der Stichprobe sowie als Basis für die Analyse von Beziehungen zu den Klienten (*Grunow* et al. 1978). Allerdings taucht dieses Problem für die Verwaltungsforschung erst in dem Maße auf, wie sie sich Fragen der Programmimplementation in quantitativer Weise zuwendet, und sind hier bei beiderseitigem guten Willen technisch und rechtlich lösbar.

4.2 Kollektive Reaktivität

Die subjektiven Kalküle über den Nutzen einer Untersuchung, die die Verwaltungsspitze anstellt, werden von den Kontaktpersonen i. d. R. ebenfalls durchgespielt; hierarchisch legitimierter Zugang bedeutet nun keineswegs, daß die privaten Vorteilsschätzungen von Zielpersonen einer Befragung zu dem gleichen Resultat führen; innerorganisatorische Interessenkonflikte lassen dies geradezu unwahrscheinlich erscheinen. In dieser Situation kann es zur Minderung der Kooperationsbereitschaft der Zielpersonen kommen, was sich in Schwierigkeiten bei der Terminvereinbarung, geringem Zeitbudget, formalistischen Antworten etc. ausdrücken kann. Auf diesem Hintergrund wird ein bislang kaum thematisiertes Methodenproblem (*Derlien* 1978, S. 9–13) verständlich: die Möglichkeit einer *kollektiven* Reaktivität, die darauf beruht, daß die Versuchspersonen das organisatorische Netzwerk aktivieren und sich gemeinsam auf den Forschungskontakt einstimmen – ein Prozeß, den das Schneeballsystem übrigens positiv zu nutzen hofft. Aus diesem Grunde war empfohlen worden, die Interviewanbahnung – nach hierarchischer Legitimation – dezentral, ja peripher und marginal zu betreiben.

5. *Validität und Umsetzung von Forschungsergebnissen*

Dieser organisatorische Kontext ist auch nach der Abfassung von Forschungsberichten noch spürbar – positiv und gelegentlich negativ.

5.1 Rezeption als Validierungsverfahren

Angesichts der besonderen methodischen Fragen, die hier angeschnitten worden sind, drängt sich die Frage nach der Validität von Forschungsergebnissen auf. Wir hatten auf einige Validierungsmaßnahmen hingewiesen wie Methodenmix, Spiegelbilderhebung oder Tonbandaufzeichnung. Meist geben sich Verwaltungsforscher mit der so gewonnen Plausibilität ihrer Ergebnisse zufrieden. Hier sei jedoch auf eine besondere Chance verwiesen, die die Untersuchung von organisierten Systemen bietet: wenn die Aussageeinheit nicht Individuen sind (wie bei der Marktforschung oder bei Personaluntersuchungen) und die Ergebnisse pflichtgemäß oder freiwillig der Verwaltung vorgelegt werden, wird sich die Verwaltung zu Aussagen über Struktur und Verfahren auf dem Hintergrund eigener Erfahrungen – oder gar eigener Untersuchungen (*Scholz* 1977) – äußern, wenn die Darstellung als verzerrt empfunden wird. Der Forscher sollte diese Diskussion geradezu suchen (*Grunow* et al. 1978), ob er die vorgebrachte Kritik akzeptiert – meist ist sie nicht gänzlich verfehlt – oder als Beschönigung auffaßt, ist eine andere Frage. Die Fortsetzung der Interaktion über die Erhebungsphase hinaus empfiehlt sich im übrigen aus forschungsstrategischen Gründen, hilft sie doch, das Untersuchungsfeld „Verwaltung" so offen zu halten wie in den letzten 15 Jahren.

5.2 Politisch motivierte Methoden-Kritik

Andererseits wissen wir vor allem aus der Programmforschung, daß Verwaltungen, die in defensiven Situationen untersucht werden und mit als negativ perzipierten Ergebnissen öffentlich konfrontiert werden, versuchen, die – immer brüchige – Methodik der Untersuchungen zu diskreditieren (*Derlien* 1981a). Hierbei werden durchaus diejenigen Schwächen hochgespielt, die sich zwangsläufig aus der Berücksichtigung von Auflagen zum Design ergeben mußten. Dies ist allerdings ein durchgängiges Problem der Auftragsforschung – die freie Forschung hätte vermutlich in derart „kritischen" Fällen gar keinen Zugang zur Verwaltung erhalten.

Eine Reihe der hier zwangsläufig nur angedeuteten Methodenfragen der Verwaltungsstrukturforschung lassen sich verwaltungswissenschaftlich erklären, reflektieren sie doch Besonderheiten des Untersuchungsgegenstandes. Unser Wissen über diese forschungspraktischen Probleme ist jedoch immer noch begrenzt, und es ist zu hoffen, daß empirische Untersuchungen künftig der Darlegung der Methodik etwas mehr Raum widmen, um einen Lernprozeß zumindest zu ermöglichen.

Literaturverzeichnis

Becker, Bernd, 1976: Einige Probleme der empirischen Verwaltungsforschung. Kritische Anmerkungen zu Peter Grottian . . ., in: Deutsches Verwaltungsblatt, 890

Becker, Theodore M./Peter R. Meyers, 1974: Empathy and Bravado: Interviewing Reluctant Bureaucrats, in: Public Opinion Quarterly, 605–613

Bentele, Karlheinz, 1979: Kartellbildung in der allgemeinen Forschungsförderung, Königstein

Bick, Wolfgang/Paul J. Müller, 1980: Probleme der Nutzung prozeß-produzierter Daten, Ms., Köln

Billerbeck, Ulrich/Hans-Georg Isenberg/Klaus Kröber, 1976: Arbeitssituationen in drei Tätigkeitsbereichen des öffentlichen Dienstes (Landesversicherungsanstalt Oldenburg/Bremen, Müllabfuhr der Stadt Frankfurt, Finanzamt Friedberg/Hessen), Schriftenreihe des Vereins für Verwaltungsreform und Verwaltungsforschung e.V. Nr. 5, 6, 7, Bonn

Blankenburg, Erhard, 1976: Die Aktenanalyse, in: *Blankenburg* 1976a, 193–198

Blankenburg, Erhard, 1976a: Empirische Rechtssoziologie, München

Brinkmann, Gerhard/Wolfgang Pippke/ Wolfgang Rippe, 1973: Tätigkeitsfelder des höheren Verwaltungsdienstes – Arbeitsansprüche, Ausbildungserfordernisse, Personalbedarf, Opladen

Bruder, Wolfgang, 1981: Empirische Verwaltungsforschung in der Bundesrepublik Deutschland, Opladen

Brusten, Manfred, 1976: Dokumente formeller Kontrolle – zur quantitativen Analyse von Jugendamtsakten, in: Blankenburg 1976a, 199–218

Brusten, Manfred/Wolf-Dieter Eberwein/Thomas Feltes/Günter Geullner/Gerhard Henss/Karl F. Schumann, 1977: Konflikte durch Forschung. Eine Untersuchung über rechtliche und bürokratische Behinderungen empirischer Forscung, in: Kriminologisches Journal, 10–23

Delany, William, 1960: Some Field Notes on the Problem of Access in Organizational Research, in: Administrative Science Quarterly, 448–457

Derlien, Hans-Ulrich, 1976: Die Erfolgskontrolle staatlicher Planung. Eine empirische Untersuchung über Organisation, Methode und Politik der Programmevaluation, Baden-Baden

Derlien, Hans-Ulrich, 1978: Methodische Probleme der empirischen Verwaltungsforschung, Schriftenreihe des Vereins für Verwaltungsreform und Verwaltungsforschung e.V. Nr. 9, Bonn

Derlien, Hans-Ulrich, 1981a: Stand und Entwicklung der Programmforschung in der öffentlichen Verwaltung, in: ders. (Hrsg.), Programmforschung in der öffentlichen Verwaltung, (Werkstattbericht 1 der Gesellschaft für Programmforschung in der öffentlichen Verwaltung e.V.), München, 5–46

Derlien, Hans-Ulrich, 1981b: Probleme der Methodik und Umsetzung von Programmforschung am Beispiel der Untersuchung „Vollzugsprobleme der Umweltschutzpolitik", in: *Hans-Ulrich Derlien* (Hrsg.), Probleme der Methodik und der Rezeption von Programmforschung (Werkstattbericht 3 der Gesellschaft für Programmforschung in der öffentlichen Verwaltung e. V.), München 35–54

Derlien, Hans-Ulrich/Christoph Gürtler/Wolfgang Holler/Hermann J. Schreiner, 1976: Kommunalverfassung und kommunales Entscheidungssystem. Eine vergleichende Untersuchung in vier Gemeinden, Meisenheim a. Glan

Eberwein, Wolf-Dieter, 1978: Außenpolitik und Verwaltung. Umweltveränderungen, organisatorische Anpassung und Funktionswandel des auswärtigen Amtes, in: Die Verwaltung, 439–470

Ellwein, Thomas/Rolf Zoll, 1973: Berufsbeamtentum – Anspruch und Wirklichkeit, Düsseldorf, 96–156

Ellwein, Thomas, 1979: Politikfeld-Analysen, Opladen

Garlichs, Dietrich, 1980: Grenzen staatlicher Infrastrukturpolitik, Bund-Länder-Kooperation in der Fernstraßenplanung, Königstein

Grottian, Peter, 1974a: Problemlösungsstrategien der Staatsadministration anhand der Konzentrations- und Wettbewerbspolitik, in: *Grottian/Murswieck* 1974, 236–262

Grottian, Peter, 1974b: Strukturprobleme staatlicher Planung, Hamburg

Grottian, Peter/Axel Murswieck (Hrsg.), 1974: Handlungsspielräume der Staatsadministration, Hamburg

Grunow, Dieter/Friedhart Hegner/Franz-Xaver Kaufmann, 1978: Steuerzahler und Finanzamt, 4 Bde., Frankfurt/New York

Grunow, Dieter/Friedhart Hegner, 1978: Die Gewährung persönlicher und wirtschaftlicher Sozialhilfe. Untersuchungen zur Bürgernähe der kommunalen Sozialverwaltung, Ms., Bielefeld

Häußermann, Hartmut, 1974: Die administrative Organisation als Problem politischer Innovation, in: Leviathan, 233–262

Hinings, Bob/ Royston Greenwood/Steward Ranson/Kieron Walsh, 1980: Management Systems in Local Government, Ms., Institute of Local Government Studies, Birmingham

Hood, Christopher/Andrew Dunsire, 1981: Bureaumetrics. The Quantitative Comparison of British Central Government Agencies, Westmead

Hopf, Christel, 1978: Die Pseudo-Exploration – Überlegungen zur Technik qualitativer Interviews in der Sozialforschung, in: Zeitschrift für Soziologie, 97–115

Hopf, Christel/Elmar Weingarten, 1979: Qualitative Sozialforschung, Stuttgart

Hucke, Jochen/Hellmut Wollmann, 1980: Methodenprobleme der Implementationsforschung, in: Mayntz 1980, 216–235

Kaase, Max et al. (Hrsg.), 1980: Datenzugang und Datenschutz – Konsequenzen für die Forschung, Königstein

Kohli, Martin, 1981: Wie es zur „biographischen Methode" kam und was daraus geworden ist. Ein Kapitel aus der Geschichte der Sozialforschung, in: Zeitschrift für Soziologie, 272–293

Kübler, Hartmut, 1981: Der Einfluß des Personalrats. Empirische Studie am Beispiel der Gemeinden und Städte Baden-Württembergs, München/Hannover

Küchler, Manfred, 1980: Qualitative Sozialforschung. Modetrend oder Neuanfang?, in: Kölner Zeitschrift für Soziologie und Sozialpsychologie, 373–386

Kussau, Jürgen/Lutz Oertel, 1974: Der Prozeß der Problembearbeitung in der Ministerialverwaltung: das verkehrspolitische Programm für die Jahre 1968–1972, in: *Grottian/Murswieck* 1974, 113–142

LaPorte, Robert, jr./James F. Petras, 1969: Optimizing Research Opportunities: A Methodological Note on the Comparative Study of Bureaucracy, in: Journal of Comparative Administration, 234–248

Lautmann, Rüdiger, 1972: Justiz – die stille Gewalt, Frankfurt

Lipset, Seymour/Martin A. Trow/James S. Coleman, 1970: Generalizing from a Case Study: Problems of Analysis, in: *Oscar Grusky/George A. Miller* (eds.), The Sociology of Organisations. Basic Studies, London, 169–174

Luhmann, Niklas/Renate Mayntz/Rainer Koch/Elmar Lange, 1973: Personal im öffentlichen Dienst – Eintritt und Karrieren, Baden-Baden

Mäding, Heinrich, 1978: Infrastrukturplanung im Verkehrs- und Bildungssektor. Eine vergleichende Untersuchung zum gesamtstaatlichen Planungsprozeß in der Bundesrepublik Deutschland, Baden-Baden

Mayntz, Renate/Hanfried Andersen/Horst Bosetzky/Christel Hopf, 1970: Forschungsbericht über eine organisationssoziologische Untersuchung des Presse- und Informationsamtes der Bundesregierung, Ms., Berlin

Mayntz, Renate/Fritz W. Scharpf (Projektleiter)/Hanfried Andersen/Hans-Ulrich Derlien/Jürgen Kussau/Hubert Treiber, 1972: Programmentwicklung in der Ministerialorganisation. Gutachten für die Projektgruppe Regierungs- und Verwaltungsreform beim Bundesminister des Inneren

Mayntz, Renate/Hans-Ulrich Derlien/Jochen Hucke/Kerstin Kießler/Alfred Faude/Barbare Schuster/ Dietmar Seiler, 1975: Das Beratungswesen des Bundesministeriums für Jugend, Familie und Gesundheit, Untersuchungsbericht und Reformvorschläge, Gutachten für die Projektgruppe Regierungs- und Verwaltungsreform beim Bundesminister des Inneren

Mayntz, Renate/Hans-Ulrich Derlien/Eberhard Bohne/Beate Hesse/Jochen Hucke/Axel Müller, 1978: Vollzugsprobleme der Umweltpolitik. Empirische Untersuchung der Implementation von Gesetzen im Bereich der Luftreinhaltung und des Gewässerschutzes, Stuttgart

Mayntz, Renate (Hrsg.), 1980: Implementation politischer Programme, Königstein

Mayntz, Renate (Hrsg.), 1981: Kommunale Wirtschaftsförderung. Ein Vergleich: Bundesrepublik Deutschland/Großbritannien (Schriften des Deutschen Instituts für Urbanistik Bd. 69), Stuttgart u. a.

Mochmann, Eckehart/Paul J. Müller (eds.), 1979: Data Protection and Social Science Research, Frankfurt/New York

Monthoux, Pierre Guillet, 1979: Zugangsprobleme in der soziologisch-empirischen Feldforschung. Mikroökonomie des Universitätsforschers, in: Kölner Zeitschrift für Soziologie und Sozialpsychologie, 97–108

Moths, Eberhard/Monika Wulf-Mathies, 1973: Des Bürgers teure Diener. Bürokratie ohne Leistungszwang. Eine empirische Untersuchung, Karlsruhe

Müller, Paul J. (Hrsg.), 1977: Die Analyse prozeßproduzierter Daten, Stuttgart

Murswieck, Axel, 1975: Regierungsreform durch Planungsorganisation. Eine empirische Untersuchung im Bereich der Bundesregierung, Opladen

Nordrhein-Westfalen, Kultusminister, 1979: Gesamtschule in NRW, Köln

Putnam, Robert D., 1976: Die politische Einstellung der Ministerialbeamten in Westeuropa – ein vorläufiger Bericht, in: Politische Vierteljahresschrift, 23–61

Raschert, Jürgen, 1974: Gesamtschule: ein gesellschaftliches Experiment, Stuttgart

Recktenwald, Horst Claus, 1970: Staatsausgaben in säkulärer Sicht. Versuch einer Beschreibung, in: *H. Haller* et al. (Hrsg.), Theorie und Praxis des finanzpolitischen Interventionismus, Tübingen, 407–430

Röber, Manfred, 1981: Organisationsstruktur und Planungsorganisation. Konzept und Ergebnisse einer empirischen Untersuchung in Regierungsverwaltungen, Frankfurt

Schäfers, Bernhard, 1970: Planung und Öffentlichkeit – drei soziologische Fallstudien, Düsseldorf

Scharpf, Fritz W./Bernd Reissert/Fritz Schnabel, 1976: Politikverflechtung: Zur Theorie und Empirie des kooperativen Föderalismus, Königstein

Schatz, Heribert, 1970: Der parlamentarische Entscheidungsprozeß. Bedingungen der verteilungspolitischen Willensbildung im Deutschen Bundestag, Meisenheim a. Glan

Schimanke, Dieter, 1977: Verwaltungsinnovationen als politisch-administrativer Prozeß. Eine Studie zur Verwaltungsreform in Baden-Württemberg, Berlin

Scholz, Gotthard, 1977: Organisationsuntersuchungen in der Bundesministerialverwaltung, in: Die Verwaltung, 333–362

Sjoberg, Gideon, 1976: Geheimsphäre, Bürokratie und Sozialforschung, in: *Albin Eser/Karl F. Schumann* (Hrsg.), Forschung im Konflikt mit Recht und Ethik, Stuttgart, 297–311

Steffen, Wiebke, 1976: Analyse polizeilicher Ermittlungstätigkeit aus der Sicht des späteren Strafverfahrens, BKA-Forschungsreihe Nr. 4, Wiesbaden

Steinkemper, Bärbel, 1974: Klassische und politische Bürokraten in der Ministerialverwaltung der BRD, Köln

Treiber, Hubert, 1973: Widerstand gegen Reformpolitik. Institutionelle Opposition im Politikfeld Strafvollzug, Düsseldorf

Treiber, Hubert, 1976: Entscheidungsprozesse in der Bundesregierung. Fallstudien zur Gründung eines Bundessprecheramtes und zum Zustandekommen des „Leber-Plans", in: *Blankenburg* 1976a, 219–234

Weber, Max, 1964: Wirtschaft und Gesellschaft, Studienausgabe, hrsg. v. *Johannes Winckelmann*, Köln/Berlin

Wehling, Hans-Georg, 1971: Die politische Willensbildung auf dem Gebiet der Weinwirtschaft – dargestellt am Beispiel der Weingesetzgebung, Göppingen

Whyte, William F., 1979: On Making the Most of Participant Observation, in: The American Sociologist, 56–66

Windlof, Paul, 1979: Offene Interviewtechnik und Auswertungsverfahren, Discussion Paper des International Institute of Management, Berlin, 79–97

3. Arbeitsfelder I: Bürokratie und wohlfahrtsstaatliche Entwicklung

Reformfähigkeit und Anpassungsflexibilität der öffentlichen Verwaltung

Carl Böhret

0. Problemaufriß und Analysekategorien

Viele sagen es, manche erleben es und einige wissen es: die heutige Verwaltung *vollzieht* eben nicht nur die von der politischen Führung ausgewählten Programme, sie *initiiert* diese sogar zu einem nicht unbeträchtlichen Teil. Die Erfüllung wohlfahrtsstaatlicher Ansprüche (Gleichheits- und Sozialstaatsgebot; Erwartungshaltung von Einzelnen und organisierten Gruppen) ist derzeit ohne enge Beziehung der Verwaltung zu ihrer sozioökonomischen „Umwelt", ohne vielfältige Interventionen und Programme sowie ohne funktionstüchtige Vollzugsverwaltung nicht zu erreichen. Von dieser Positionsstärkung wird aber auch das Verhältnis der politischen Führung zur Verwaltung zugunsten letzterer betroffen. Die Verwaltung ist sowohl bei der Formulierung wie bei der Durchführung von Politik „maßgeblich" beteiligt. Politik entstammt *auch* dem „Geiste der Bürokratie" *(R. Frey)*[1]. Ob und inwieweit dabei der häufig thematisierte „strukturelle Konservatismus" administrativer Organisation eine dämpfende Rolle spielt oder aber wie der typische Beitrag der Verwaltung zur Veränderung (auch ihrer selbst) aussieht, ist hier – wenngleich nur exemplarisch – zu prüfen.
Die für das moderne Gemeinwesen wichtige innovative Potenz der Verwaltung wird bestimmt durch ihre Reformfähigkeit und durch ihre Anpassungsflexibilität. Aus vielen Gründen mag ich mich hier nicht in definitorische Einzelheiten verrennen: allein schon die Inflationierung des Reformbegriffs schreckt ab.[2] Vielleicht bezieht sich „Reform" allgemein auf materielle Bezüge gegenüber bloß formaler „Veränderung". Reform trägt jedenfalls konzeptionelle und aktive Züge. Anpassung verweist dagegen auf inkrementale Reaktion. Reform zielt auf grundlegende, relativ dauerhafte und an politischen Intentionen ausgerichtete Verbesserungen von Strukturen und Prozessen und auf einen breiten Wirkungskreis (erhebliche Teile des Gemeinwesens) bei zumeist hohem Konfliktniveau, das durch systematische Randbedingungen bestimmt wird. Anpassung dient vorrangig der Aufrechterhaltung minimaler Funktionsfähigkeit von Teilbereichen („Selbstreperatur") bei mäßiger Konflikthaftigkeit. Flexibilität meint einen relativ engen zeitlichen und einen breiten funktionalen Bezug der Anpassung. Aber die Übergänge sind fließend. Und das begriffliche Spektrum ist ohnehin viel breiter: Innovation, Modernisierung, Systemwandel und Transformation müßten gleichermaßen einbezogen werden. Eine gewisse Erleichterung ergibt sich durch die Beschränkung auf das Objekt „Verwaltung". Es ist zu analysieren, auf welche Art und mit welchem Ergebnis die Verwaltung für das Gemeinwesen *und* für sich selbst den gesellschaftlichen Problemdruck bearbeitet. Dabei sind vor allem zwei miteinander verbundene „Strategien" zu erfassen:

Erstens: Inwieweit und durch welche „Muster" ist die Verwaltung zur Reform „fähig" und „bereit", d. h. in der Lage und willens, gegenüber externen Herausforderungen (z. B. wohlfahrtsstaatlichen Entwicklungen oder neuen sozialen Bewegungen) mit wesentlichen, prinzipiell innovativen und dauerhaften Änderungen ihres „inneren Milieus", quasi mit „vorauseilender" Problemlösungskapazität, zu *agieren.* Wie antwortet die Verwaltung auf eingetretene Umweltveränderungen und/oder auf antizipierte Anforderungen aus dem Gemeinwesen, die sie selbst mit Funktionsunfähigkeit bedrohen (könnten)? Hier geht es um so grundlegende und gesellschaftliche Aufmerksamkeit bewirkende Veränderungsstrategien wie Gebietsreformen oder Reform des öffentlichen Dienstes, deren Durchsetzung jeweils mit erheblichen politischen und administrativen Anstrengungen und Kosten verbunden ist und die fühlbare Wirkungen im gesamten Gemeinwesen (oder doch in seinen wesentlichen Teilen) mit sich bringen.

Zweitens: Inwieweit und durch welche „Muster" *reagiert* die heutige Verwaltung auf sich verändernde Umweltbedingungen und auf interne Problemlösungsschwierigkeiten, indem sie sich unter Beachtung eigener Interessen so anpaßt, daß ihr „inneres Milieu" weitgehend erhalten, d. h. externer Problemdruck neutralisiert oder zumindest flexibel aufgefangen werden kann. Dabei lassen sich zwei – ineinander übergehende – Anpassungsstufen[3] unterscheiden:

– Bei neuartigen Anforderungen werden diejenigen verfügbaren Handlungsalternativen gewählt, welche die innere Stabilität schnell und problemlos wieder zu erreichen versprechen. Beispielsweise durch gesteigerte Normproduktion, durch Entbürokratisierungstaktik oder durch Rationalisierungsmaßnahmen (= *stabilisierende Anpassung*).
– Bei wesentlichen Änderungen der Umwelt mit starken Herausforderungen aus dem ökonomischen und sozialen Bereich erfolgen die Anpassungen auch mittels begrenzter oder dauerhafter Änderungen des „inneren Milieus" (= *selbstorganisierende Anpassung*). Hier geht es vornehmlich um Verbesserungen der binnenadministrativen Strukturen und Prozesse (Umorganisation, ressort-übergreifende Planung, Funktionalreform usw.). Ansatzpunkte sind die Effektuierung des Verwaltungshandelns beispielsweise durch neue Zuständigkeits- und Koordinationsregeln.

Die reformerischen Fähigkeiten und die Anpassungsflexibilitäten sollen nun exemplarisch unter Berücksichtigung von fünf verwaltungswissenschaftlichen Kategorien untersucht werden[4] und zwar anhand von:

– *Programmstrukturen,*
– *Organisationsstrukturen,*
– *Verfahren* (bzw. Prozeßstrukturen),
– *Personalstrukturen* und
– *Umweltbeziehungen* („Außenbeziehungen" der Verwaltung).

Die fünf Aspekte der Analyse sind miteinander vermischt. Eine trennscharfe kategoriale Zuordnung von Vorgängen in und um Verwaltung wäre nicht sehr hilfreich. Bestenfalls lassen sich Schwerpunkte bilden.

1. *Programmstrukturen*

In pluralistischen Industriegesellschaften hat sich – vor allem im Zusammenhang mit der wohlfahrtsstaatlichen Entwicklung – die staatliche Interventionsmenge und -intensität erhöht, die von der öffentlichen Hand wahrgenommenen Aufgaben wurden ausgeweitet. Eine Vielzahl von Plänen und Programmen für fast alle Politikfelder verdeutlichen diese Entwicklung. Über die Zulässigkeit der jeweiligen Intervention und die Notwendigkeit der einzelnen Aufgabenerfüllung wird munter gestritten. Eindeutige Kriterien gibt es (noch) nicht. Was übernommen und wie interveniert wird, ergibt sich aus dem „politischen Prozeß" und wird – als ex-post-Resultat dieses Vorganges – gerechtfertigt.[5]

a) Öffentliche Aufgaben und Aufgabenkritik

Die Entwicklung, Übernahme und Ausführung öffentlicher Aufgaben (in der Form von Anreizprogrammen, Subventionierungen und Regulierungen)[6] erfolgte in den vergangenen Jahren fast schubartig und in wechselnden Politikbereichen, von der Wirtschaftsförderung und Bildungspolitik zum Umweltschutz, von dort zur Gesundheitsversorgung und zur Energie- und Technologiepolitik. Die Aufgabenwahrnehmung wurde als Reaktion auf soziale und ökonomische Anforderungen aus der pluralistischen Industriegesellschaft begründet. Einmal erreichte Aufgabenbestände bleiben weitgehend erhalten. Wegen der „Aufgabenproduktion" kommt es leicht zu organisatorischen, finanziellen und personellen Überforderungen. Dies wird vor allem „von außen" (Wirtschaft, Teile der Medien und der Wissenschaft) kritisiert unter besonderer Hervorhebung der „*bürokratischen* Problembearbeitung". Empfohlen werden Aufgabenabbau, Privatisierung und Entstaatlichung – einschließlich der schon emotionalen Forderung nach „Liquidation" von Behörden. Die periodisch immer wieder einsetzende Kritik hat in jüngster Zeit in der Verwaltung selbst Widerhall gefunden, es wird über die „berechtigten" Einwände gegenüber einer zu extensiven Ausdehnung des öffentlichen Sektors nachgedacht. Mit dem Stichwort „Aufgabenkritik" (als Verfahren zur nachträglichen Überprüfung von Programmen), wie mit dem damit verbundenen partiellen „Politikrückzug" werden flexible Anpassungsstrategien begonnen, die gewiß nicht nur auf die externe Kritik, sondern auch auf die sporadische Erkenntnis der eigenen Überlastung zurückgeführt werden können. Die Bereitschaft zur „Selbstkontrolle" ist gewachsen, wobei gewiß *auch* (aber nicht nur) die finanziellen Restriktionen mitwirken. Ein partieller (rudimentärer?) Rückzug aus bisher besetzten Tätigkeitsfeldern findet statt; wobei die echten Liquidationen von Behörden äußerst gering, und Teilprivatisierungen oder bereichsspezifische Vergaben an Private (Müllabfuhr, Schlachthof, Gebäudereinigung, Nahverkehr u. ä.) zahlenmäßig wenig bedeutsam und weitgehend auf den kommunalen Bereich beschränkt sind. Auf Bundes- und Landesebene sind trotz vielfältiger programmatischer Aussagen und Grundsätze, in dieser Hinsicht nur wenige Effekte von „Entstaatlichung" mit reformerischer Absicht zu bemerken. Jedoch sind sporadische Rücknahmen von Programmansätzen unter Interesseneinfluß festzustellen; an einem

Beispiel: die langjährige (konfliktvermeidende) Aufweichung der Förderungsregeln bei der administrativen Durchführung der Gemeinschaftsaufgabe „regionale Wirtschaftsförderung" wird neuerdings durch partielle Rücknahme der undifferenzierten „Gießkannen"förderung an ursprüngliche Intentionen anzupassen versucht[7]. Auch die nachträgliche Überprüfung bereits durchgeführter oder laufender Programme wird heute über vielfältige Formen – damit allerdings auch noch wenig vergleichbar und standardisiert – gepflegt und in der Verwaltung durchaus „angenommen". Neben den punktuellen oder bereichsbezogenen periodischen Berichtspflichten, die auch eine Chance zur Aufgabenkritik enthalten, werden in mehreren Bundesressorts Wirkungsanalysen durchgeführt (insbesondere in den Bereichen Bildung, Gesundheit, Soziales; auch Umweltschutz). In wenigen Ressorts (BMZ, BMI) sind Evaluierungseinheiten errichtet worden; einzelne Erfolgskontrollen (zumeist als Wirksamkeitsanalysen oder Nutzen-Kosten-Untersuchungen) finden auch in einigen Bundesländern statt; der Bundesrechnungshof und die Landesrechnungshöfe werden gelegentlich (und mehr als bisher) als Träger finanzieller und auf Fehlentwicklungen verweisender Aufgabenkritik und Evaluierungen tätig[8]. Über die stärkere Nutzung neuartiger Instrumente der Aufgabenüberprüfung wie Programmterminierung (einschließlich Zeitgesetz und Modellversuch) wird diskutiert[9]. So kann festgestellt werden, daß die Verwaltung auf externe Kritik und auf interne Verarbeitungsprobleme mit instrumentellen Anpassungen vor allem über Aufgabenkritik und Wirkungsanalysen recht vielfältig reagiert; allerdings hauptsächlich mit Aufgabenreduzierung, weniger mit „Liquidation".
Grundsätzliche Veränderungen in Form eines materiellen Aufgabenabbaus („Politikrückzug") sind nicht festzustellen.

b) Normenproduktion

Auf externe Anforderungen (gesellschaftliche Erwartungen und ökonomische Probleme) und wegen eigener struktureller Bedingungen (Normengebundenheit, juristische Sozialisation) reagiert die Verwaltung mit zusätzlicher Normenproduktion. Die Verrechtlichung wächst[10], und damit auch die Inanspruchnahme des Rechts: die Klagehäufigkeit nimmt zu. Wegen der Vielfalt der Anforderungen in pluralistischen Demokratien beziehen sich diese Rechts- und Verwaltungsvorschriften immer mehr auf begrenzte und fragmentierte Regelungsbereiche sowie auf partikulare Gruppen von Normadressaten, die quasi als „interessierte Klientel" der jeweiligen gesetzesvorbereitenden Referate erscheinen. Über Verwaltungsvorschriften, „Behördenverkehr" und Formulare multipliziert sich für Normadressaten *und* vollziehende Verwaltung der durch die Gesetzesmenge schon programmierte Aufwand. So ist zunächst ein doppeltes Überforderungssyndrom zu konstatieren: Die Normadressaten antworten mit begrenztem Regelverstoß und die durchführende Verwaltung mit selektivem, nur auf reklamierbare Vorschriften konzentriertem Vollzug. Nur so scheint noch Verwaltungspraktikabilität herstellbar: die genaue Beachtung und strikte Anwendung „aller Vorschriften könnte die Tätigkeit der durchführenden Verwaltung zum Stillstand bringen"[11]. Gegen solche Phänomene wächst in der öffentlichen Verwaltung selbst das

Unbehagen, man sieht, wie man quasi an der eigenen Produktion ersticken kann.
Daß die doppelt schwierigen Auswirkungen der Regelungsflut der Verwaltung selbst bewußt sind, zeigt sich in den vielfältigen Bemühungen der Ministerialverwaltung, bei der Normenproduktion sparsamer und bei der verbleibenden Vorschriftengestaltung wieder professioneller zu werden, gelegentlich sogar Prüfschritte einzufügen, um so die Güte und die Verwaltungspraktikabilität der Gesetze zu verbessern. Änderungen der einschlägigen Vorschriften in der Gemeinsamen Geschäftsordnung der Bundesministerien (GGO II), die Einführung von Check-Listen, die gelegentlichen ex-ante-Prüfungen („Gesetzestests") und die Einführung spezifischer Fortbildungsveranstaltungen und Arbeitshilfen demonstrieren durchaus die Fähigkeit der Verwaltung, sich auf diesem Gebiet den veränderten Anforderungen zu stellen[12].
Letztlich wird jedoch die Eindämmung der Normenflut und die Verbesserung der verbleibenden Produkte durch das generelle Problembewußtsein bestimmt, daß nämlich eine extensive Durchregelung und Verrechtlichung aller gesellschaftlichen Bereiche politisch und verwaltungswissenschaftlich nicht akzeptabel sein kann. Die von den Folgen der eigenen Produktionsmenge überraschte Verwaltung beginnt durch „Mengenanpassung" und Vollzugsflexibilität im Rahmen ihrer strukturellen Möglichkeiten positiv zu reagieren. Die Ersetzung der Verwaltungssteuerung über Gesetze und Verordnungen durch andere Steuerungsformen – von der „gesellschaftlichen Selbststeuerung" über mehr Verträge, aber auch durch Termination von Vorschriften und Programmen – könnte ein Schritt zur selbstorganisierenden Anpassung werden.

2. *Organisationsstrukturen*

Der hierarchische Aufbau der Verwaltung und die damit verbundenen Zuständigkeitsverteilungen, formalisierten Kommunikationsbeziehungen und intrabürokratischen Effekte sind immer wieder recht erfolglos kritisiert worden[13]. Änderungen in der Organisationsstruktur sind in der Tat tiefreichende Einschnitte mit Anpassungsfolgen für alle administrativen Komponenten. Dies soll wiederum an drei, unterschiedlichen Ebenen zugehörenden Bereichen exemplarisch demonstriert werden.

a) Strukturelle Veränderung: Territorialreform

Durch vielfältige ökonomische Wachstumsprozesse wie durch demografische und soziale Verschiebungen bedingt, hatten sich in der Bundesrepublik Deutschland räumliche Unausgewogenheiten und infrastrukturelle wie administrative Versorgungsdefizite ergeben. Der Druck auf Rationalisierung mit räumlichem Bezug nahm zu. Der erste Lösungsschritt bestand in der (kommunalen) Gebietsreform. Leistungsfähigere und verwaltungskräftigere Gemeinden und Kreise sollten entstehen, ohne daß dabei die Bürgernähe („Erreichbarkeit") unerträglich reduziert würde. Diese Territorialreform hat 16.000 Gemeinden und 200 Landkreise beseitigt. Manch historisch Gewachsenes wurde zerschnitten, kommunale Identifikationen zumindest vorübergehend verringert, die Schule der Demokratie reduziert: 45 % der Mandate in Gemeindevertretungen existieren nicht mehr. Viele Klagen gegen Eingemeindungen sind erhoben worden, einiges wurde wieder „zurückgegliedert". Kritiker sprechen von Sanierungen statt von Reformen *(E. Laux)*[14]. Dennoch: die Reform gilt. Eine grundsätzliche Revision steht nicht an und wäre weder von der Bevölkerung noch von der Verwaltung so schnell zu verkraften. Man stellt sich auf die Neugliederung ein. Die ersten Evaluierungen liegen vor oder sind eingeleitet[15].

Im Unterschied zur inkrementalen Aufgabenkritik und den sporadischen Selbstkontrollversuchen handelt es sich bei der Territorialreform insgesamt um eine breite und auf die Dauer angelegte, mit erheblichen administrativen und politischen Kosten verbundene, wie unter beachtlicher Interessenberührung durchgesetzte Veränderung: also durchaus um eine Reform. Daß in einer pluralistischen Demokratie mit traditionsreichem förderalistischem Aufbau eine solche territoriale Veränderung überhaupt eingeleitet und größtenteils auch durchgeführt werden konnte, zeugt vor allem von der partiellen und temporären Durchsetzungsfähigkeit der Politik, auf die in der Verwaltung immerhin mit selbstorganisierender Anpassung reagiert wurde.

b) Neue Zuständigkeiten am Beispiel „Funktionalreform"

Die Funktionalreform gilt als zweiter Akt der Territorialreform. Sie wird mit den Stichworten „Delegation nach unten" und „Bürgernähe der Verwaltung" umschrieben. Die Intentionen lauten: bessere Funktionsfähigkeit (Stärkung der Verwaltungskraft), eine neue Zuständigkeitsregelung zwischen den Verwaltungsebenen (z. B. zwischen Kreis und Gemeinden) sowie die Überführung staatlicher Aufgaben mit kommunalem Bezug – insbesondere die von Sonderverwaltungen – in den Kommunalbereich. Es ist zunächst umstritten, ob die Funktionalreform nicht vor der Territorialreform hätte erfolgen müssen. Denn ihre zentrale Intention (Neuverteilung und Anpassung der Zuständigkeiten) hätte wohl den optimalen territorialen Zuschnitt mitbestimmen können. So kam sie möglicherweise zu spät. Zunächst aber wurde mancher Streit um die verbleibenden Aufgabenbestände oder um den Zugewinn an Zuständigkeiten ausgetragen. Es ist nicht zu übersehen, daß manche der neu geschnittenen Gebietskörperschaften (insbesondere Kreise) um ihre Potenz, gar um ihre Existenz bangten. Aushandlungsprozesse nahmen zu; Blockierungen häuften sich.

Ein schlüssige Funktional*reform* ist letztlich nicht erreicht worden. Die Überbetonung der Fachaufgaben über mehrere Ebenen hinweg und die Weiterexistenz von Sonderbehörden, aber auch die geringen verwaltungsinternen Änderungen zeugen von erfolgreichem Eigenwiderstand gegen zu starke Zuständigkeitsverlagerungen. Lediglich in Nordrhein-Westfalen sind ansatzweise Veränderungen vorgenommen worden[16].

Durch den Versuch einer Funktionalreform wurden die Interessen der Verwaltung unmittelbar berührt: hier konnten Zuständigkeiten und „Macht" verschoben, ja sogar beseitigt werden. Aus anfänglichem Bemühen um umfassendere Zuständigkeitsveränderungen und um organisatorische Konsequenzen wurde daher in den wichtigsten Punkten ein Stabilisierungserfolg gegenüber dem status quo: Flexibilität als „neutralisierende Anpassung".

c) Enthierarchisierung und Auflockerung

Erst als im Anschluß an die Rezession von 1966/67 und aus wachsendem Problemlösungsdruck Ende der sechziger Jahre politische Reformen thematisiert und eingeleitet wurden und in diesem Zusammenhang „Managementdenken" und Planungsbewußtsein in die zunächst etwas verunsicherte Verwaltung einzusickern begann, gerieten auch die traditionellen Organisationsmuster unter Veränderungsdruck. Nachdem zuerst noch sporadisch und partikular in einigen Ressorts Planungsstäbe eingerichtet oder Grundsatzabteilungen mit Planungs- und Reorganisationsaufgaben betraut worden waren, wurde mit der Einrichtung einer „Projektgruppe Regierungs- und Verwaltungsreform" ein wichtiger Schritt zur systematischen Vorbereitung „innerer Reformen" getan. Regierungsweite (ressortübergreifende) Veränderungen – insbesondere im Ressortzuschnitt und im Planungsbereich wurden vorgeschlagen und z. T. einzuführen versucht. Die umfassend gedachte „kooperative" Planungsorganisation von 1969 mit Informationssystem, längerfristiger Aufgaben- und Zielplanung und koordinierter Aufgaben- und Finanzplanung konnte schließlich nicht verwirklicht werden. Die „Reformfenster" schlossen sich rasch, als sich für die Ressorts die „Machtfrage" stellte (Ressortautonomie, Kompetenzen und Belastungen; Konfliktverlagerungen). Der „strukturelle Konservatismus" der Großorganisation machte sich schnell wieder bemerkbar[17]. Da sich jedoch die externen Herausforderungen zu Beginn der siebziger Jahre eher verstärkten, wurde nun „ersatzweise" die Planungs- und Programmerstellungskompetenz der einzelnen Ressorts gefordert. Neben Veränderungen im *Leitungsbereich* (Arbeitsteilungen durch parlamentarischen Staatssekretär, Staatsminister, spezielle Stäbe zur Unterstützung der Ressortleitung) konnten drei Arten organisatorischer Veränderung punktuell und fragmentiert realisiert werden; nämlich: Reformen in der *Basisorganisation*, insbesondere durch die Einführung der „Gruppenstruktur" in die Linienorganisation (durchgängig und problemreich dann nur im BMJFG eingeführt); ferner die Institutionalisierung von *Planungsgruppen* (z. B. BMFT, BMWB), von programmorientierten Neugliederungen (BML) oder von neuen Zentraleinheiten für Investitions- und Ordnungsprobleme (BMV); sowie die Schaffung von temporären, an gezielten Aufträgen ausgerichteten *Projektgruppen*.[18]
Auch in den meisten Ländern wurden im Zusammenhang mit der Ausdeutung von Planungs- und Koordinationstätigkeiten organisatorische Veränderungen vorgenommen, wobei in etwa die gleichen Schwierigkeiten und Anpassungsprozesse wie auf der Bundesebene zu bemerken sind. Exemplarisch sei auf die Einführung von Planungssystemen in Berlin und Niedersachsen sowie in Rheinland-Pfalz („IPEKS") hingewiesen[19]. Zu erwähnen sind hier auch die mittelfristig angelegten „inneren Verwaltungsreformen" in Baden-Württemberg und die langjährigen Hamburger Bemühungen zur Verbesserung der Verwaltungsorganisation[20].
Umfassende Umstrukturierungen ganzer Ressorts oder gar der Bundes- oder Landesverwaltung lassen sich zwar nicht feststellen, doch haben auf organisatorischer Ebene mit den genannten Änderungen („Anbaustrategien") variationsreiche Anpassungen an die externen Anforderungen stattgefunden, denen eine gewisse Effizienz als Erhöhung der Funktionsfähigkeit nicht abzusprechen ist. Im Rahmen des intern verfügbaren Änderungspotentials hat allenthalben flexible „Selbstreparatur" stattgefunden[21]

3. *Verfahren*

Die Subsumtion unter Normen war, ist und bleibt wohl das traditionelle Verfahren der öffentlichen Verwaltung. Zusammen mit der Abwägung von Zwecken und Mitteln (und deren „Verhältnismäßigkeit") bestimmt dieses Verfahren die eigentümliche Verwaltungsrationalität, die weiter von einem erprobten (rechtstaatlich gesicherten) Verwaltungsverfahren getragen wird – bis hin zum mehrfach überprüf- und korrigierbaren Verwaltungsakt als output des administrativen Entscheidungsprozesses. Diese Prozeßstrukturen sind durch die überwiegend „juristische Sozialisation" der Verwaltungsbeamten (vor allen auch der des „gehobenen Dienstes") geprägt.[22]

a) Rationalisierung

Im Verlauf der Entwicklungsversuche zu einem „intelligenteren" Verwaltungssystem in den siebziger Jahren wurde – neben den beschriebenen Organisationsänderungen und teilweise in engstem Zusammenhang mit diesen – auch neuartige Verfahrensweisen einzuführen versucht. Neben Wirtschaftlichkeitsüberlegungen, die jetzt vor allem über Nutzen-Kosten-Untersuchungen (§ 7 BHO, § HGrG und mehrere LHO) für Vorhaben mit erheblicher finanzieller Bedeutung durchgeführt werden sollen, drängten die sich abzeichnenden Ressourcenverknappungen zu vielfältigen Rationalisierungsbemühungen. Zur besseren Koordination der Datenverarbeitung auf Bundesebene trat vor allem die Modernisierung des Verwaltungshandelns (der Aufgabenorganisation), verstanden als Verbesserung und Vereinheitlichung des Verwaltungsverfahrens, die Einführung von Kostenrechnungen, die Verbreitung fortschrittlicher Problemlösungsmethoden, cutback-Management und Erfolgskontrollen, sowie die rationelle Gestaltung der Bürohilfstätigkeiten und Bürotechniken (einschl. Schriftgutherstellung und -verwaltung).[23]

b) Planung

Von herausragender Bedeutung war die allmähliche und vorsichtige Beschäftigung der Verwaltung mit modernem Planungs- und Entscheidungsdenken. Planung wurde zunächst durchaus als „fortschrittliche Problemlösungskapazität" angesehen. Vor allem auf Bundesebene war dies einerseits eine Reaktion auf den zunehmenden Aufgabendruck bei abnehmender Steuerungskapazität und andererseits zugleich eine versuchte „Instrumentalisierung" zur Unterstützung der fast euphorisch begonnenen Reformvorhaben. Vorauseilende (längerfristige) Aufgabenplanung und nachfolgende Ressourcenplanung bei hohem (intelligentem) Methodeneinsatz sollte die jetzt angemessene Strategie sein. Jetzt wurde auch die räumliche Planung vorangetrieben und rechtlich abgesichert. Sie sollte eine wünschenswerte Verteilung räumlicher Strukturen und Nutzungen bewirken[24]. Auch auf kommunaler Ebene wurden umfassende „Entwicklungsplanungen" diskutiert und vielfach zu installieren versucht. Nach hektischem Anfang

blieben auf Regierungsebene nur wenige Versatzstücke des großangelegten Versuchs übrig (z. B. Datenblatt, mäßiger Planungsverbund und Schwerpunktprogrammierung). Die Gründe dafür sind weitgehend bekannt[25].
Wenn es auch vor allem wegen mannigfacher Widerstände aus der Organisationsstruktur nicht zur Einführung regierungsweiter Planungssysteme (etwa eines „germanisierten" Planning-Programming-Budgeting System) kam und auch aufwendige Gesamtsystemanalysen und langfristige Aufgabenplanungen nicht in ein implementationsreifes Stadium gerieten, so blieb doch ein im Nachhinein bemerkenswerter Restbestand von „unbefangen" hingenommenen „Plänen". Auf staatlicher Ebene mit der Finanz- und Raumordnungsplanung, mit Regional-, Bildungs- und Verkehrsplänen; auf kommunaler Ebene mit Stadtentwicklungsplänen, mit Sozial- und Krankenhausplänen usw. Außerdem haben die meisten Bundesressorts doch interne Planungskapazitäten und Informationssysteme errichtet sowie vorhandene Ansätze weiter ausgebaut oder verfeinert und dabei auf die ressortinternen Bedürfnisse zugeschnitten (z. B. Programmstruktur des BML). Allerdings ist der verfahrensmäßige Ansatz oft bemerkenswert „einfach"[26]. Fast alle Bundesländer haben mehr oder weniger aufwendige Planungssysteme einzurichten versucht und ihrerseits sektorale Pläne entwickelt[27]. Die Verwaltung hat anfänglich in diesem Bereich gewiß zurückhaltend reagiert. Ihr Anpassungsvermögen blieb relativ gering, wobei zunächst einiges Unverständnis für die „Planungseuphorie" bestand. Zu festgefügt waren ihre traditionellen Verfahren. Die Fortschritte in Form pragmatischer Anpassungen zeigen jedoch, daß das Planungsbewußtsein gestiegen ist. Es wird heute durchaus geplant und zumindest die mittelfristigen Perspektiven sind weiten Teilen der Verwaltung nicht mehr fremd. Insgesamt stellen wir im Verfahrensbereich (bei den Prozeßstrukturen) eine beachtliche sektorale Anpassungsflexibilität fest. Sehr viel mehr ist wohl nur bei gleichzeitig durchführbaren strukturellen Reformen möglich.

4. Personalstrukturen

a) Öffentlicher Dienst und Dienstrechtsreform

Besonderheiten der Verwaltung spiegeln sich nicht zuletzt in der Existenz und Ausprägung des „öffentlichen Dienstes" wieder. Der personale Faktor ist von zentraler Bedeutung für die Leistungskraft wie für das Bürokratisierungsniveau der öffentlichen Verwaltung und damit auch für eine wichtige Facette im „Staatsbild" des Bürgers. Veränderungen des sozialen und politischen Umfelds wirken sich auf den öffentlichen Dienst aus, Reformen im öffentlichen Dienst haben (schon weil rund 14 % aller Erwerbstätigen dort beschäftigt sind) bemerkenswerte Rückwirkungen auf die Gesellschaft, das Bildungs- und Beschäftigungssystem. Weil die öffentlichen Aufgaben zugenommen haben und komplizierter geworden sind, wuchsen auch die personalen Anforderungen. Es werden mehr und eigentlich auch professionellere Bedienstete benötigt, wobei das auslösende und treibende Moment umstritten bleibt.

Als Teil der geplanten Verwaltungsreform wurde zu Beginn der siebziger Jahre die Reform des öffentlichen Dienstes vor allem als Fortentwicklung des *Dienstrechts* favorisiert[28]. Damit die Verwaltung den wachsenden Aufgaben des modernen Staates besser entsprechen könne, sollte die Funktionstauglichkeit des öffentlichen Dienstes verbessert und zugleich die Interessen der Bediensteten berücksichtigt werden. Die von der Studienkommission für die Reform des öffentlichen Dienstrechts (1970–73) vorgeschlagenen Veränderungen zielten vor allen auf einheitliche Grundsätze für alle im öffentlichen Dienst Beschäftigten und wollten die faktisch schon weit vorangeschrittene Annäherung der Statusgruppen (Beamte/Angestellte/Arbeiter) harmonisieren. Sowohl die breite und z. T. interessengebundene Zusammensetzung der Kommission als auch die mit traditionellen Vorbehalten versehene Materie führte letztlich zu einem politischen Patt.[29] Immerhin versuchte das „Aktionsprogramm zur Dienstrechtsreform" (1976) das völlige Scheitern zu verhindern. Wenn auch das einheitliche Dienstrecht nicht mehr ernsthaft zur Diskussion stand, so sollten doch wichtige personalpolitische Aspekte verwirklicht werden, so u. a. die Fortentwicklung des Laufbahnsystems, ein stärkerer Leistungsbezug (mit Arbeitsplatzbewertung), funktions- und leistungsgerechtere Bezahlung, Erhöhung der Mobilität in Spitzenpositionen und eine Verbesserung der Aus- und Fortbildung. Auch dieses verkürzte Programm ist nur zum geringsten Teil umgesetzt worden. Es scheiterte an finanziellen, sozialen und berufsständischen Widerständen, an unterschiedlichen professionellen Einschätzungen und am „Zeitablauf". Spätestens seit 1979 wurde auf Kurskorrektur verzichtet; Einzelanpassungen bleiben übrig. Für einige Jahre werden personalbezogene Reformen an einer restriktiven Stellensituation verkümmern. Beförderungs- und Verwendungsstau dürften die verwaltungsinterne Personalpolitik zu immer neuen Anpassungstaktiken zwingen. Die große Reform des öffentlichen Dienstes kam wohl auch deswegen nicht zustande, weil zunächst nur die Veränderung des Dienst*rechts* in den Vordergrund rückte. Aber Dienst*rechts*reform sollte systemlogisch und verfahrensmäßig nicht am Anfang, sondern am Ende einer ganzen Kette von Veränderungs- und Anpassungsschritten stehen – eben als Schlußstein einer Reform des öffentlichen Dienstes insgesamt[31]. Die Reformfähigkeit des öffentlichen Dienstes ist, solange die Entwicklung und Durchführung weitgehend auf den Veränderungsdruck aus der Verwaltung selbst angewiesen ist und insoweit sie isoliert von den anderen Bereichen stattfinden soll, offensichtlich nicht vorhanden. Stabilisierende Anpassungen herrschen vor.

b) Personenbezogenes Management

Im Zusammenhang mit der Diskussion um Managementsysteme für die öffentliche Verwaltung und in Verbindung mit Änderungen der Organisationsstrukturen und Verfahrensweisen wurde auch die Einführung neuer, mehr oder weniger umfassender Führungskonzepte vorgeschlagen und probeweise zu implementieren versucht. Das Spektrum reicht vom Harzburger Modell bis zu verschiedenen Versionen des Management by Objectives[32].

Die eigentlich als personen-orientierter Teil der „internen Verwaltungsreform" konzipierten umfassenden Führungskonzepte konnten trotz erheblicher Bemühungen um bereichsbezogene Spezifikationen bisher noch kaum realisiert werden. Vermutlich erfordern solche reformerisch angelegten Konzeptionen eine engere Verknüpfung mit organisatorischen und personalpolitischen Änderungen. „Kleine Lösungen" sind jedoch weitverbreitet und als Orientierungshilfe für die innerbehördliche Kommunikation und zur Motivation von Mitarbeitern durchaus erfolgreich: also statt eines umfassenden „Management by Objectives" nur ein paar „Führungsrichtlinien", Delegationsgebote oder aber die propagierte Änderung des „Führungsstils". So wurden auf Bundesebene Führungsleitlinien eingeführt, z. B. im Bundesministerium des Innern und für die Deutsche Bundespost. Mehrere Landesregierungen (vor allem Baden-Württemberg, Bayern und Hamburg) erließen entsprechende Richtlinien. Auch auf kommunaler Ebene wurden unterschiedliche Führungskonzeptionen erprobt[33]. Die bürokratische Hierarchie ist in vielen Fällen mitarbeiterfreundlicher geworden und hat dadurch auch interne Effizienzgewinne zu verzeichnen. In diesem Bereich hat also eine begrenzte Anpassung an neue *interne* Anforderungen stattgefunden.

c) Aus- und Fortbildung

Die innovative Potenz der öffentlichen Verwaltung, auf wachsende Anforderungen zeit- und sachgerecht reagieren zu können, ist zu einem erheblichen Teil abhängig von der zweckmäßigen Ausbildung des zukünftigen Verwaltungspersonals; vor allem aber auch von der fachbezogenen und zugleich fachübergreifenden Fortbildung. Nach wie vor ist der weitaus größte Teil der im öffentlichen Dienst mit entscheidungsvorbereitenden und leitenden Aufgaben betrauten Mitarbeiter juristisch (ja „justiziell") vorgebildet und verwaltungsjuristisch sozialisiert: Regel- vor Klientelorientierung. Dies trifft auch für die Ausbildung des gehobenen Dienstes (trotz der neuen Fachhochschulprägung!) zu. Damit ist durch die Ausbildung bereits ein spezifisches Informations- und Problemlösungsverhalten vorprogrammiert, das durch Organisation und Verfahren gestützt und durch die „erworbenen Einstellungen" gestärkt wird. Es kommt zu sehr betonter Einbindung in das bestehende Organisationsklima mit Angleichungsdruck nach oben und zur Seite. Das „Juristenmonopol" wirkt weiter, „Seiteneinsteiger" haben geringe Chancen. Personale Anpassung wird erwartet und erreicht. Solche Ausbildungs- und Sozialisationsergebnisse können durch die derzeitigen Fortbildungsmaßnahmen nur noch begrenzt korrigiert bzw. umgelenkt werden. Dies vor allem deswegen nicht, weil die zumeist individuell und generalistisch Fortgebildeten in ihr „altes System" zurückkehren, das vor allem den *Transfer* aus dem (oft Erfolg versprechenden) Lernfeld in das Funktionsfeld verhindert. Die Transfer-Widerstände sind bei Mitarbeitern und Vorgesetzten gleichermaßen hoch.[34] Es bleibt wohl Illusion, Verwaltungsreform über isolierte, zufällige Fortbildung ohne karrierebezogene Personalentwicklung erreichen zu wollen. Und doch ist Fortbildung unverzichtbar, um wenigstens Anpassungsflexibilität zu erhalten.

5. *Umweltbeziehungen*

Die moderne Verwaltung hat „ihr" Bezugssystem: einerseits die politische Führung, der sie als professioneller Apparat zuarbeitet und deren Willen sie vollziehen soll, andererseits die an Programmentwicklung und -durchführung „interessierte", aushandlungsstarke Klientel (Verbände, Berufsgruppen etc.) sowie die vom Verwaltungshandeln berührten Bürger überhaupt. Insoweit ist die Verwaltung gewichtiger Teil des politischen Systems[35]. Die engen Beziehungen zur sozialen und ökonomischen Umwelt werden gelegentlich in den eruptiven Erscheinungen des „Verwaltungsskandals" sichtbar. Sie sind in den vielfältigen Funktionen der „Klientelbetreuung" und den daraus folgenden gesellschaftlichen Bindungen der Administration wie überhaupt der *horizontalen* „Politikverflechtung" (zwischen administrativem und ökonomischem System) nachzuvollziehen. Dies alles ist auch aus der wohlfahrtsstaatlichen Entwicklung und den Bedingungen der *spät-pluralistischen* Gesellschaft bei Abwesenheit von Verwaltungspolitik zu erklären.[36]

Solche „Außenbeziehungen" der Verwaltung und ihre typischen Reaktionsmuster ließen sich an vielen Beispielen nachweisen, wobei die horizontale Politikverflechtung besonders relevant erscheint. Hier soll illustrativ nur eine (eher phänomenologische) Beziehungskette hervorgehoben werden: das spannungsreicher gewordene Verhältnis von Verwaltung und Bürger. Ausgangspunkt der wachsenden Kritik ist, daß sich die Verwaltung bei ihrem Handeln zu sehr oder gar nur an eng ausgelegter Rechtmäßigkeit und Effizienz orientiert und dabei den Bürger als Kunden oder Klienten, ja als den eigentlichen Mittelpunkt aller administrativen Bemühungen im demokratischen Gemeinwesen mißachtet. Oft fühlt sich der einzelne Bürger – weniger der Verbandsvertreter oder Spezialist – der Verwaltung ausgeliefert.

Schwerpunkte der Kritik liegen in Kommunikationsschwierigkeiten (Gesetzes- und Verwaltungssprache, Formularwesen; aber auch in der oft problematischen „Erreichbarkeit" von Behörden), im wenig bürgerfreundlichen Verhalten der Bediensteten sowie in der Art des Informiertwerdens (mangelhafte Transparenz und unzureichende Beratung). Selbst wenn auf konkrete Einzelerfahrungen bezogen, die Ansammlung von Bediensteten (Behörde) in besserem Licht erscheint[37], bleibt das generelle Unbehagen bestehen. Dabei treten nur organisatorische (Behördensystem), personelle (Qualifikation, Umgangsstil, „Mikropolitik") und verfahrensmäßige (Verständlichkeit, „Vorgänge", Anreizsystem) Faktoren in den Vordergrund[38].

Die sich hieraus ergebende *unmittelbare* „Verwaltungsverdrossenheit" wird in der Verwaltung selbst durchaus erkannt und thematisiert[39] sowie zunehmend zu mildern versucht. In organisatorischer Hinsicht werden über Dekonzentration, Außenstellen (outreach-Verwaltung), Orientierungshilfen und variable Zugangsmöglichkeiten durchaus Verbesserungen erreicht. Im personellen Bereich hat sich vor allem der Umgangsstil der Bediensteten „verbürgerlicht". Er ist prinzipiell kundenorientierter und dabei aber auch oft schichtenspezifischer geworden. In verfahrensmäßiger Hinsicht hat die auf Bürgerkontake ausgerichtete Verwaltung mit Anpassungen kommunikativer und informationeller Art reagiert: vieles ist einsichtiger formuliert worden, Fragebögen sind verständlicher, aber dafür umfangreicher gestaltet, die Bereitschaft zu informieren ist gewachsen, Behördenwege sind vereinfacht und transparenter gemacht worden u. a. m.[40].

Zum *mittelbaren* Abbau der Verwaltungsverdrossenhiet mögen jene Strategien beitragen, die eine mehr oder weniger institutionalisierte *Beteiligung* der Bürger bzw. ihrer Interessenverbände vorsehen. Neben die in Landesverfassungen ohnehin vorgesehenen „Volksinitiativen" (Volks- und Bürgerbegehren, Bürgerentscheid) treten gesetzlich vorgesehene Spezifikationen lokaler Demokratie (z. B. Bürgerversammlung und Bürgerinitiative sowie Bürgerbeauftragter in der Gemeindeordnung von Rheinland-Pfalz). Spezielle Partizipationsmöglichkeiten beispielsweise bei der Bauleitplanung oder in Form von Mitwirkungsrechten im Altenwohnheim oder Krankenhaus sind bereits vorhanden, weitere werden geschaffen. Die Verbandsklage soll umfassendere Interessen vertreten, sie räumt Organisationen ein Klagerecht vor den Verwaltungsgerichten ein. Im isolierten Beziehungsgeflecht „Bürger/Verwaltung" haben durchaus Einzelanpassungen stattgefunden, nicht zuletzt wegen des Drucks von außen. Die Verwaltung ist formell bürgerfreundlicher geworden. Dies setzt die „spät-pluralistischen Systembedingungen" nicht außer kraft; vielleicht werden sie durch bürgerfreundliche Anpassung nur gestützt.

6. *Ergebnisse und Folgerungen*

Die Untersuchung ausgewählter administrativer Strukturen und Prozesse anhand von fünf Kategorien hat generell ergeben, daß bisher die *Fähigkeit und Bereitschaft zur Reform gering war.* Grundlegende, letztlich nicht mehr reversible Eingriffe in die Substanz der Verwaltung (wie z. B. die Dienstrechtsreform oder echte Funktionalreformen) sind innerhalb der vergangenen Jahrzehnte nicht festzustellen; lediglich die Territorialreform mag als Beispiel für die „Reformfähigkeit" der Verwaltung angesehen werden, wobei zumindest der Anstoß von der politischen Führung kam. Legt man die eingangs beschriebenen Begriffe zugrunde, dann bleiben fast nur noch stabilisierende und selbstorganisierende Anpassungen der Verwaltung an externe und interne Anforderungen übrig. Die „Flexibilität" war unter zeitlichen und funktionalen Aspekten hinreichend. Insgesamt hat sich die Verwaltung dabei durchaus geändert: viele kleine Schritte führen auch zu (irgend-)einem Ergebnis. Unter Berücksichtigung der vorgenannten (nicht scharf voneinander trennbaren) Anpassungsstufen, lassen sich folgende Vorgänge feststellen:

a) Die stabilisierenden Anpassungen überwiegen quantitativ. Sie sind in allen Bereichen vorhanden; so vor allem als Aufgabenkritik und begrenzte Erfolgskontrolle, als binnenorganisatorische Auflockerung und ansatzweise in wenigen Bereichen der Funktionalreform; außerdem in Form von Wirtschaftlichkeitsüberlegungen und Rationalisierungsbemühungen, in den residualen Auswirkungen der Dienstrechtsreform wie im rudimentären Ausbau des personenbezogenen Managements; auch bei der erfolgreichen Stabilisierung der Klientelbeziehungen (und der vertikalen „Fachbruderschaften") und schließlich in den geringen Versuchen zur Reduzierung der Vorschriftenmenge.

b) Selbstorganisierende Anpassungen lassen sich entdecken: in der geringfügigen Reduzierung von Aufgabenbeständen, bei den sektoralen Plänen und in der begrenzten Institutionalisierung von Planung überhaupt; schließlich ansatzweise in den Versuchen, mehr Bürgernähe und neue Beteiligungsfelder für Bürger und Verbände zu erschließen. Auch das Zusammenwirken all dieser, im einzelnen durchaus flexiblen Anpassungen bewirkt(e) aber noch keine umfassende Änderung oder gar eine Reform des politisch-administrativen Systems. Für die offenbar begrenzte Reformfähigkeit kann der Verwaltung eigentlich auch keine Schuld zugemessen werden. Sie ist dazu (in unserem Demokratieverständnis) weder berufen noch (bei ihrer derzeitigen Struktur) wirklich geschaffen. Die Reformfähigkeit der *Verwaltung* ist eng an Umfang und Richtung *politischer* Veränderungsstrategien gebunden. Verwaltungsreformen sind nicht zu realisieren, wenn der politische Veränderungsdruck nachläßt. In spätpluralistischen Industriegesellschaften wie der Bundesrepublik ist ein Hang zu strukturkonservativem Verhalten gegeben. Die hier nur noch begrenzte Risikobereitschaft läßt Menschen *und* Organisationen nach Stabilität und Routine streben. Man „verbraucht" Zeit, um sich auf Neuerungen einzustellen. Verhaltensweisen ändern sich nur zögernd. Zu *intensiver* Änderungsdruck führt so leicht zu einer Verstärkung der Beharrungstendenzen; zu *häufige* Veränderungen führen zu Verunsicherung. Die dann noch möglichen Anpassungen tendieren eher zu konservierenden Ergebnissen.

Wenn die Verwaltung aber aus sich selbst heraus nur mit mehr oder weniger flexibler *Anpassung* auf neue Anforderungen reagieren kann, dann sind umfassendere und dauerhafte Veränderungen eben nur verwaltungs*extern* zu induzieren, und zwar

- entweder durch die *politische Führung* mittels durchsetzungsfähiger Regeln und Vorgaben („Verwaltungspolitik"),
- oder durch gesellschaftliche Kräfte mittels vorauseilender synoptischer Ideenproduktion und problemorientierter Beratung, wie sie gelegentlich durch die *Wissenschaft* geliefert werden kann bzw. sollte.

Eine auf niveauerhöhende Anpassung und gar auf Reformfähigkeit ausgerichtete *Verwaltungspolitik* ist bislang nicht sichtbar. Hier kann man durchaus von einem Versagen der politischen Führung sprechen. Da deren Handeln (derzeit) weitgehend dem Modell der „inkrementalen Politik" nahekommt, dürften einer wirksamen Verwaltungspolitik große Schwierigkeiten entgegenstehen.

Dennoch sollte der Versuch gewagt werden: die weitere Verbesserung der Anpassungsflexibilität und die Bereitschaft zu „inneren Reformen" kann nur über eine *Repolitisierung* der Verwaltungsstrategie der politischen Führung erreicht werden. Diese Repolitisierung der politschen Führung scheint aber derzeit abhängig zu sein von dem Innovationspotential der Wissenschaft, die sich neue Kompetenzen und Beratungspotenz erwerben müßte, damit deutlicher abgeleitet werden kann, zu was und wo Verwaltungspolitik speziell einsetzen müßte: wo liegen die dringlichsten Reformfelder, was könnte man tun und wie müßte man handeln? Fast scheint es, als seien wir wieder — vergleichbar mit den sechziger Jahren — an einem Tiefpunkt der Lösungsangebote angelangt. Es fehlen neue Signale, die „Basisinnovationen" im politisch-administrativen Steuerungsbereich scheinen erschöpft. Derzeit fehlt eine überzeugende Theorie der spät-pluralistischen Industriegesellschaft, ein Paradigmawechsel gar zeichnet sich nicht ab. So bleibt im Moment nur die Hoffnung auf die weiter funktionierende Anpassungsflexibilität der öffentlichen Verwaltung und eine vielleicht doch noch (zu erreichende) „Verwaltungspolitik"[41].

Anmerkungen

1 Vgl. *Carl Böhret*, 1981a: Öffentliche Verwaltung in der Demokratie in: *K. König, H. J. von Oertzen, F. Wagner* (Hrsg.): Öffentliche Verwaltung in der Bundesrepublik Deutschland, Baden-Baden, 53 ff.

2 Vgl. zur begrifflichen Schwierigkeit auch *Th. Ellwein*, 1978: Evaluierung von Organisations- und Verwaltungsreformen, in: *C. Böhret* (Hrsg.): Verwaltungsreformen und Politische Wissenschaft, Baden-Baden, 21 ff. Ferner *St. Ruß-Mohl*, 1981: Reformkonjunkturen und politisches Krisenmanagement, Opladen, insbes. 42 f.; *R. Prätorius*, 1978: Zur Reformfähigkeit bürokratischer Institutionen, in *M. Greiffenhagen* (Hrsg.): Zur Theorie der Reform, Heidelberg/Karlsruhe, 113 ff.; *G. Nonnenmacher*, 1977: Reform-Schwierigkeiten einer Theorie der Praxis, in: *P. Haungs* (Hrsg.): Res Publica, München, 261 ff.; *Ch. Graf von Krockow*, 1976: Reform als politisches Prinzip, München.

3 Außerdem gibt es noch eine *„neutralisierende Anpassung"*: auch die Verwaltung (als soziale Organisation mit Ansammlung mikropolitischer Interessen) versucht normalerweise gegenüber zunehmenden Anforderungen möglichst lange alles so zu lassen, wie es ist!

4 Vgl. zu den Kategorien vor allem *K. König*, 1981: System und Umwelt, in: *K. König* u. a. (Hrsg.): Öffentliche Verwaltung . . . a. a. O., 13 ff.; außerdem *C. Böhret, W. Jann, M. T. Junkers, E. Kronenwett*, 1979: Innenpolitik und politische Theorie, Opladen, 379 ff.;
Wie bei jeder konzertierten Reflexion über „Verwaltung" wären auch in dieser Abhandlung gelegentlich differenzierende Hinweise auf die unterschiedlichen Verwaltungsebenen (Staats- und Kommunalverwaltung) erforderlich. Wenn es nicht aus der Sache unmittelbar folgt oder direkt vermerkt ist, gelten die Aussagen für die Ministerialverwaltung.

5 Vgl. *B. Becker* und *K. Littmann*, 1980, in: Sachverständigenanhörung zur Ursache einer Bürokratisierung in der öffentlichen Verwaltung sowie zu ausgewählten Vorhaben zur Verbesserung des Verhältnisses von Bürgern und Verwaltung am 19./20.6.1980 Teil A, 47 ff. und 63 ff. Ferner *C. Böhret*, 1978: Politische Kriterien zur Bestimmung öffentlicher Aufgaben, vervielfältigtes Typoskript, Speyer

6 Vgl. auch den Überblick von *W. Thieme*, 1981: Aufgaben der öffentlichen Verwaltung, in: *K. König* u. a. (Hrsg.): Öffentliche Verwaltung . . . a. a. O., 177ff.

7 Vgl. *C. Böhret, W. Jann, E. Kronenwett*, 1982: Handlungsspielräume und Steuerungspotential der regionalen Wirtschaftsförderung. Eine empirische Untersuchung anhand von Programmen in zwei Bundesländern, Baden-Baden; ferner zum Interressortprogramm „Forschung und Technologie im Dienste der Gesundheit" *W. Bruder*, 1980: Sozialwissenschaften und Politikberatung, Opladen, insb. 101 ff.

8 Vgl. *H.-U. Derlien*, 1976: Die Erfolgskontrolle staatlicher Planung, Baden-Baden; ferner *E. Bohne, H. König*, 1976: Probleme der politischen Erfolgskontrolle, in: Die Verwaltung 1976, 19 ff. und *Hans Meyer zu Drewer*, 1979: Erfolgskontrolle, in : Ziel- und ergebnisorientiertes Verwaltungshandeln, Köln/Bonn, 215 ff.

9 Vgl. *C. Böhret, W. Hugger*, 1980: Test und Prüfung von Gesetzesentwürfen, Köln/Bonn. Ferner *R. Mayntz*, 1980: Gesetzgebung und Bürokratisierung, Wissenschaftliche Auswertung der Sachverständigenanhörung . . . Teil C, a. a. O., 102 ff. und 114 ff.; und *B. Rürup, G. Färber*, 1980: Programmhaushalte der „zweiten Generation", in: Die öffentliche Verwaltung 18/1980, 661 ff.

10 Zum Problem und seinen verschiedenen Facetten vor allem *R. Voigt* (Hrsg.) 1980: Verrechtlichung, Königstein/Ts., neuerdings auch ders., 1981: Sozialpolitik zwischen Verrechtlichung und Entstaatlichung, in: Leviathan, Heft 1/1981, 62 ff.

11 *F. Wagener*, 1980: Vom Neubau zur Pflege – wohin entwickelt sich unser Verwaltungssystem? in: ders (Hrsg.): Zukunftsaspekte der Verwaltung, Speyer, 32.

12 Vgl. *C. Böhret, W. Hugger*, 1980: Test und Prüfung von Gesetzentwürfen, a. a. O., und Sachverständigenanhörung . . . a. a. O., Teil A und Teil C (passim).

13 Vgl. für viele: die Zusammenstellung von Kritikpunkten bei *H. Bosetzky, P. Heinrich*, 1980: Mensch und Organisation, Stuttgart u. a., 36 f. und passim.

14 Vgl. *F. Wagener*, 1980: Vom Neubau zur Pflege a. a. O., und *E. Laux*, 1980: Die Gemeinden im Staat der achtziger Jahre – was folgt auf die Reformen, in: *F. Wagener* (Hrsg.): Zukunftsaspekte ... a. a. O., 21 ff. und 75 ff.

15 Vgl. die von *H. J. von Oertzen* und *W. Thieme* herausgegebene (zwanzigbändige) Reihe „Die kommunale Gebietsreform", Baden-Baden 1979. Ferner *P. Eichhorn, H. Siedentopf* 1976: Effizieneffekte der Verwaltungsreform, Speyer, und *R. Tiggemann*, 1977: Die kommunale Neugliederung in Nordrhein-Westfalen, Meisenheim am Glan

16 Vgl. u. a. die Beiträge von *O. Krabs*, 1978: Funktionalreform – Ein Beitrag zur Lösung des Identititätskonflikts der Kommunalen Selbstverwaltung? und von *G. W. Wittkämper*, 1978: Aspekte der Funktionalen Verwaltungsreform, in: *C. Böhret* (Hrsg.): Verwaltungsreformen ..., a. a. O., 173 ff. und 157 ff; ferner *W. Roters* und *W. Ballke*, 1978: Funktionalreform in der mittleren Verwaltungsebene, Köln u. a., sowie *E. Laux*, 1980: Die Gemeinden im Staat der achtziger Jahre ..., a. a. O., 81 ff.

17 Vgl. *H. Schatz*, 1978: Regierungs- und Verwaltungsreform im politisch-administrativen Spannungsfeld, in: Studien zur Reform von Regierung und Verwaltung (Teil I), Bonn, 9 ff. und *H. Bebermeyer*, 1974: Regierung ohne Management? Stuttgart, 34 ff.

18 Vgl. *H. U. Derlien*, 1978: Ursachen und Erfolg von Strukturreformen im Bereich der Bundesregierung unter besonderer Berücksichtigung der wissenschaftlichen Beratung, in: *C. Böhret* (Hrsg.): Verwaltungsreformen ..., a. a. O., 67 ff.; *E. Müller*, 1978: Konzeptionen und Umsetzungsstrategien der Projektgruppe Regierungs- und Verwaltungsreform zur Verbesserung der internen Ministerialorganisation, in: Studien zur Reform von Regierung und Verwaltung (Teil II), Bonn, 49 ff., *D. Garlichs, E. Müller*, 1977: Eine neue Organisation für das Bundesverkehrsministerium, in: Die Verwaltung, 10/1977, 343 ff.

19 Vgl. *K. König* (Hrsg.) 1976: Koordination und integrierte Planung in den Staatskanzleien, Berlin

20 Vgl. *P. J. Hauer* 1978: Arbeitsgruppe Innere Verwaltungsreform, in: Verwaltungsarchiv, 2/1978, 204 ff.; ferner (für viele) Bericht der Kommission zur Überprüfung von Verbesserungsmöglichkeiten in der Hamburger Verwaltung, 1981 Hamburg.

21 Ähnlich *H. U. Derlien*, 1978: Ursachen und Erfolg ..., a. a. O., 75.

22 Vgl. auch *K. König*, 1981: System und Umwelt der öffentlichen Verwaltung, in: ders. u. a. (Hrsg.): Öffentliche Verwaltung in der Bundesrepublik Deutschland ... a. a. O., 24 und passim.

23 Vgl. u. a. Bericht der Arbeitsgruppe „Gesetzeskosten" beim Bundesministerium des Innern, Bonn 1980 (vervielf.), Entwurf für ein Arbeitsprogramm zur Verbesserung der Verwaltungsorganisation (Bundesmin. des Innern), Bonn 1977 (vervielf.); außerdem verschiedene Empfehlungen und Hinweise des Bundesverwaltungsamtes.

24 Vgl. *J. J. Hesse*, 1981a: Räumliche Planung, in: *K. König* u. a. (Hrsg.): Öffentliche Verwaltung ..., a. a. O., 221 ff. sowie *D. Fürst* und *J. J. Hesse*, 1981 b: Landesplanung, Düsseldorf

25 Vgl. *H. Schatz*, 1973: Auf der Suche nach neuen Problemlösungsstrategien: Die Entwicklung der politischen Planung auf Bundesebene, in: *R. Mayntz, F. W. Scharpf* (Hrsg.): Planungsorganisation, München, 9 ff.; *P. Grottian*, 1974: Strukturprobleme staatlicher Planung, Hamburg

26 Vgl. u. a. *D. Seiler*, 1981: Planung in Bundesregierung und Bundesverwaltung, in: *K. König* u. a. (Hrsg.): Öffentliche Verwaltung ... a. a. O., 239 ff.

27 Berlin und Rheinland-Pfalz sollen besonders erwähnt werden, weil hier zwei entgegengesetzte Ansätze versucht wurden. Das Berliner Planungssystem ging „induktiv" von einzelnen, akuten Planungsproblemen (z. B. Ausländerfrage oder Krankenhaussystem) aus, die dann mittels einer hochflexiblen Planungsorganisation (terminierte Planungsteams mit Linienrückbindung, „politische" Planungsausschüsse und helfende Planungsleitstelle) bearbeitet und der politischen Führung zur Entscheidung vorgelegt wurden.
Rheinland-Pfalz versuchte dringliche Planungsaufgaben aus übergeordneten Werten und Zielpräferenzen abzuleiten und in einem recht aufwendigen Regierungsplanungssystem (IPEKS) mit ausgeprägtem Methodenbezug zu bearbeiten.
Vgl. *K. König* (Hrsg.) 1976: Koordination und integrierte Planung ..., a. a. O., passim. Zur Bewertung und den Implementationsproblemen neuerdings auch die Speyerer Dissertation von *E. Hollmann*, 1981: Wissenschaftliche Beratung der Politik – dargestellt am Beispiel von IPEKS, Speyer

28 Vgl. *H. Siedentopf*, 1981: Der öffentliche Dienst, in: *K. König* u. a. (Hrsg.): Öffentliche Verwaltung ..., a. a. O., 321 ff.

29 Vgl. auch *K. König*, 1978: Die Reform des öffentlichen Dienstes, in: *C. Böhret* (Hrsg.): Verwaltungsreformen . . . a. a. O., 236 ff.

30 Vgl. *U. Becker, B. Krüger*, 1981: Personalverwaltung und Personalführung, in: *K. König* u. a. (Hrsg.): Öffentliche Verwaltung . . ., a. a. O., 346 ff.; ferner *H. E. Meixner*, 1979: Ergebnisorientierte Zielsetzung im Personalwesen, in: Ziel- und ergebnisorientiertes Verwaltungshandeln . . ., a. a. O., 180 f. und *H. Siedentopf*, 1979: Abschied von der Dienstrechtsform? in: Die Verwaltung, Bd. 12, 1979, 457 ff.

31 Vgl. ders. ebda., und *H. König*, 1978: Von einer Reform des öffentlichen Dienstrechts zur Reform des öffentlichen Dienstes, in: Studien zur Reform von Regierung und Verwaltung (Teil II), a. a. O., 9 ff.

32 Vgl. *C. Böhret, M. T. Junkers*, 1976: Führungskonzepte für die öffentliche Verwaltung, Stuttgart u. a.

33 Vgl. dies., ebenda. Ferner: Gemeinsames Amtsblatt des Innenministeriums, des Finanzministeriums (usw.) des Landes Baden-Württemberg, 28. Jg., No. 5/1980 und Amtsblatt des Bayerischen Staatsministeriums für Ernährung, Landwirtschaft und Forsten, 21. Jg., No. 9/1977.

34 Vgl. vor allem die Speyerer Dissertation von *M. M. Kallen*, 1980: Die Messung von Fortbildungswirkungen in der öffentlichen Verwaltung, Frankfurt u. a.

35 Vgl. zum Ganzen auch *Th. Ellwein*, 1976: Regieren und Verwalten, Opladen; *R. Mayntz*, 1978: Soziologie der öffentlichen Verwaltung, Heidelberg/Karlsruhe, und *C. Böhret*, 1981a: Öffentliche Verwaltung in der Demokratie, in: *K. König* u. a. (Hrsg.): Öffentliche Verwaltung . . ., a. a. O., 53 ff.

36 Zu diesen Bedingungen gehören ökonomische und technologische Entwicklungen, gesellschaftliche Problemfelder und Struktur- und Funktionsmängel des politisch-administrativen Systems einschließlich neokorporatistischer Phänomene. Einige neuere Entwicklungstendenzen sind beschrieben in *C. Böhret*, 1981b: Wohin steuern wir? Alternative Zukunftsperspektiven am Ende des 20. Jahrhunderts, Speyer. Vorher schon ders., 1977: Institutionelle Bedingungsfaktoren politischer Veränderung, in: Politik und Wirtschaft, Festschrift für Gert von Eynern (PVS-Sonderheft 8/1977) 156 ff. Ferner *U. von Alemann* (Hrsg.) 1981: Neokorporatismus, Frankfurt/New York. Zur Beschreibung der „*spät*-pluralistischen Gesellschaft" neuerdings auch *C. Böhret*: Verwaltungspolitik als Reaktion auf gesellschaftliche Bindungen und politische Freiräume der Verwaltung (Vortrag, 50. Staatswiss. Fortbildungstagung der Hochschule für Verwaltungswissenschaften Speyer am 28.4.82, im Erscheinen).

37 Vgl. *H. Klages*, 1981: Das Verhältnis zwischen Staat und Bürgern in der Bundesrepublik Deutschland, Vortragsmanuskript, Speyer, mit neuen Befragungsergebnissen. Desgl. *P. Schäfer*, 1982: Bürgerbefragung Philippsburg 1980 (Speyerer Arbeitshefte 39) Speyer

38 Vgl. hierzu für viele: Bürger und Verwaltung, hrsg. vom Innenminister des Landes Nordrhein-Westfalen, (= zum Thema 1), Düsseldorf 1981 und *E. Laux*, 1980: Zur Bürokratiekritik – Führt die Humanisierung zur Vernachlässigung der Bürger- und Kundenorientierung? in: Zeitschrift für Organisation, Heft 3/1980, 121 f.

39 Vgl. auf Bundesebene u. a. die Bemühungen des BMI (insbes. Abt. 0), einschließlich des Hearings vom Juni 1980. Exemplarisch für die Länder die baden-württenbergische und die hamburgische Kommissionen „Bürgernähe in der Verwaltung" und die bayerische „Kommission für den Abbau von Staatsaufgaben und zur Verwaltungsvereinfachung". Die anderen Bundesländer haben vergleichbare Aktivitäten entwickelt. Vgl. dazu auch *B. Becker*, 1980, in: Sachverständigenanhörung . . ., a. a. O., Teil A, 272 ff. Auf die Vielfalt der oft isolierten Bemühungen der einzelnen Gemeinden sei ebenfalls verwiesen.

40 Vgl. exemplarisch *H.* und *D. Nowak*, 1974, Probleme des Bürokratismus. Untersuchung und Neugestaltung des Berliner Wohngeldantrags, Heidelberg. Bundesminister des Innern: Kriterienkatalog zur Prüfung der Verbesserung des Verhältnisses Bürger/Verwaltung (vervielf.) Bonn o. J. (1980). Ausführlich auch *B. Becker* 1980 in: Sachverständigenanhörung . . . a. a. O., Teil A, 264 ff.

41 Vgl. zu Notwendigkeit, Chancen und Grenzen von „Verwaltungspolitik" *Th. Ellwein*, 1979: Ist die Bürokratisierung unser Schicksal?
Die vielen Versäumnisse in der Verwaltungspolitik, in: *H. P. Bull* (Hrsg.): Verwaltungspolitik, Neuwied/Darmstadt, 44 ff. und *C. Böhret*, Verwaltungspolitik als Reaktion auf gesellschaftliche Bindungen . . . a. a. O.

Ergebnisse föderalistischer Verwaltungsreformen

Werner Thieme

I.

Wenige Teilbereiche der Verfassung der Bundesrepublik sind im Laufe der 33jährigen Geschichte des Grundgesetzes derartig stark einem Wandel unterworfen worden, wie das bundesstaatliche System. Man wird sagen können, daß das System, das seinerzeit in Bonn errichtet worden war, in den Jahren vor 1970 einen vollständigen Umbau erlebt hat.[1] Die Entscheidungen des Jahres 1949 waren einerseits bedingt durch die Reaktion auf den übertriebenen einheitsstaatlichen Zentralismus der nationalsozialistischen Zeit, z. T. auch erzwungen durch die Besatzungsmächte, unter deren Genehmigungsvorbehalt das Grundgesetz stand.[2] Vor allem aber hatte der Grundgesetzgeber noch keine rechten Vorstellungen – und konnte sie auch nicht haben – wie sich die Staatlichkeit im freien Teil Deutschlands entwickeln würde. Insb. konnte damals noch keineswegs erkannt werden, ob die Aufgabenverteilung zwischen dem Zentralstaat und den Gliedstaaten, so wie sie aus der Bismarckschen Verfassung und der Weimarer Verfassung überkommen war, sich auch in der gewandelten Welt der zweiten Hälfte des 20. Jahrhunderts bewähren würde. Es war vor allem nicht vorauszusehen, daß unter veränderten wirtschafts- und gesellschaftspolitischen Bedingungen die Fragen der Bildung und der Wissenschaft einen ganz anderen Rang bekommen würden, der es notwendig machte, auch sie in die Zuständigkeit der Bundespolitik einzubinden. Die These von der Kulturhoheit der Länder, die das föderalistische Denken un der Frühzeit der Bundesrepublik beherrschte, ließ sich nur sehr bedingt halten (*Maunz*, 1980, S. 166 ff.). Hinzu kam die Tatsache, daß auf den Staat eine Reihe von Aufgaben zukam, die er früher nicht zu bewältigen hatte. Auch hier stellte sich in stärkerem Maße die Frage der Neuverteilung der Aufgaben zwischen Bund und Ländern. Unbekannt war dem Parlamentarischen Rat bei der Verfassungsgebung auch das Planungsproblem, das mit dem Finanzierungsproblem auf das Engste verbunden ist. Daher war es nicht nur der Umstand, daß die sich wandelnden Agenden staatlicher Tätigkeit und die unterschiedliche Ertragsstärke der einzelnen Steuerarten immer wieder zur Notwendigkeit führten, die Steuerverteilung zwischen Bund und Ländern sowie das Finanzierungsausgleichssystem neu zu durchdenken und Entscheidungen mit Verfassungsrang zu treffen.[3] Die Frage des Planungssystems, insb. der verfassungsrechtlichen Einbindung von Planungsverfahren und -zuständigkeiten, war zugleich in hohem Maße ein bundesstaatliches Problem. Ja, man wird sagen dürfen, daß das Ergebnis dieser Diskussion sich praktisch nur im Bereich der bundesstaatlichen Verfassung niedergeschlagen hat, nämlich in der Einfügung des neuen Abschnittes über die Gemeinschaftsaufgaben sowie in Art. 104 a GG.

Der Wandel des föderalistischen Systems des Grundgesetzes ist aber auch bedingt durch die politische Struktur. Der Grundgesetzgeber hatte sehr richtig erkannt, daß den Parteien eine wesentliche Rolle im Verfassungsaufbau zukommen würde und hat sie dementsprechend an prominenter Stelle (Art. 21) des Grundgesetzes verortet. Mit dem von den Parteien ernst genommenen Gebot, sich selbst eine demokratische Struktur zu geben, hat er einen Aufbau von unten nach oben erzwungen, der zugleich dazu führte, daß den Landesorganisationen innerhalb der Parteien ein großes Gewicht zukam. So haben denn die Politiker, die im Bunde eine Rolle spielen, zugleich immer das Problem, auf Landesebene eine hinreichende Hausmacht zu besitzen, die ihnen erst ihre bundespolitische Aktionsfähigkeit gibt. Eine solche Hausmacht aber läßt sich nur dann und solange benutzen, als der Inhaber der Hausmacht seinerseits bereit ist, diejenigen, die ihn tragen, an der Macht partizipieren zu lassen – do ut des. Weiter war eines eingetreten, was der Föderalismus in Deutschland bisher noch nicht gekannt hatte: Preußen als Hegemonialstaat war nicht mehr existent. Sicherlich ist das größte Land (Nordrhein-Westfalen) an Bevölkerungszahl dem kleinsten Land (Bremen) um mehr als das Zwanzigfache überlegen. Aber das drückt sich nicht in der Zahl der Sitze im Bundesrat aus. Und der jährliche Wechsel des Bundesratspräsidenten läßt auch äußerlich das Prinzip der Gleichheit der Länder im Bundesstaat zur Geltung kommen. Vor allem aber unterscheiden sich die vier größten Länder nach Bevölkerungszahl und Gebiet nicht entscheidend voneinander und auch die übrigen Flächenländer haben eine hinreichende Leistungsfähigkeit, um ihre Staatlichkeit im Konzert der Bundesländer voll bewahren zu können. Das Fehlen der Hegemonialmacht führt dazu, daß die Länder in ihren Konferenzen der Ministerpräsidenten und der Fachminister, gestützt auf leistungsfähige Staatskanzleien und Länderministerien, dem Bund einen hohen Sachverstand entgegensetzen können, der auch im Bereich der Verwaltung und vor allem der ministeriellen Planung einen fruchtbaren Dualismus gestattet (*Knoke*). Vor allem aber – und das dürfte das Wichtigste sein – ist Bund und Ländern voll bewußt, daß beide aufeinander angewiesen sind und nur im Miteinander ihre jeweils eigenen Aufgaben vollziehen können. Die Rechtsprechung des Bundesverfassungsgerichts, das in vielen Entscheidungen den Grundsatz des bundestreuen Verhaltens als einer zentralen Norm der Bundesstaatlichkeit in dem Sinne interpretiert hat,[4] daß sowohl der Zentralstaat gegenüber den Gliedstaaten als auch die Gliedstaaten gegenüber dem Zentralstaat und schließlich die Gliedstaaten gegenseitig Treue zum Bündnis wahren müssen, hat auch ein Klima entstehen lassen, das ein weithin vertrauensvolles Miteinander – ungeachtet mancher partieller Konflikte – ermöglicht, hat insb. auch einen Erfahrungsschatz an föderalistischen Verhaltensmustern entstehen lassen, der die Bundesstaatlichkeit des Grundgesetzes zu einem lebendigen Prinzip hat werden lassen.

II.

Versucht man nunmehr sich der verwaltungspolitischen und verwaltungswissenschaftlichen Problematik, die mit dem so skizzierten föderalistischen System der Bundesrepublik verbunden ist, zu nähern und vor allem zu fragen, welche föderalistischen Reformen im Laufe der bisherigen Geltungszeit des Grundgesetzes im Bereich der Verwaltung durchgeführt worden sind, so ist es tunlich, sich zunächst die Ausgangslage zu vergegenwärtigen. Das Grundgesetz enthält keinen besonderen Abschnitt, der sich mit der föderalistischen Problematik befaßt. Zwar trägt der zweite Abschnitt (Art. 20–37) die Überschrift „Der Bund und die Länder" und schließt damit an die Überschrift des ersten Abschnittes der Weimarer Reichsverfassung (Reich und Länder) an. Aber dieser Abschnitt enthält doch nur teilweise föderalistische Vorschriften und auch nur einen Teil der zum Bundesstaatsproblem gehörenden Bestimmungen der Verfassung. Viel deutlicher wird das System des Föderalismus im organisatorischen Teil, nämlich in der Aufgabenverteilung zwischen dem Bund und den Ländern. Hierbei interessiert für das folgende in erster Linie die Teilung der Aufgaben im Bereich der Verwaltung oder wie das Grundgesetz sagt, der „vollziehenden Gewalt". Der VIII. Abschnitt, der sich mit den Problemen der Exekutive befaßt und hierbei vor allem auch föderalistische Probleme regelt, enthält auch in der Ausgangslage der Verfassung von 1949 nur einen Teil der Fragen. Vorgeordnet ist vielmehr der Art. 30, der die Ausübung der staatlichen Befugnisse und die Erfüllung der staatlichen Aufgaben als Sache der Länder bezeichnet, soweit das Grundgesetz keine andere Regelung trifft oder zuläßt. Demgegenüber enthält der VIII. Abschnitt nur das Teilproblem der Ausführung der Bundesgesetze und der Bundesverwaltung. Es ist also im Grundgesetz nicht im einzelnen geregelt, was gilt, wenn die Länder ihre eigenen Gesetze ausführen und wenn sie im gesetzesfreien Raum arbeiten. Dieses Schweigen aber bedeutet praktisch eine Zuweisung an die Länder und vermehrt im Bereiche der Exekutive ihre Machtstellung. Ungeachtet der Tatsache, daß durch die langen Kataloge der Art. 73 bis 75 sowie einer größeren Zahl von Einzelzuweisungen an den Bundesgesetzgeber, dieser praktisch eine sehr umfassende Kompetenz zur Normierung der wichtigsten Gegenstände des staatlichen und gesellschaftlichen Lebens erhalten hat, bleiben dem Bund auf dem Gebiete der Verwaltung doch nur wenige Kompetenzen. Praktisch sind es die drei großen Verkehrsverwaltungen (Bundesbahn, Bundespost, Wasserstraßen- und Schiffahrtsverwaltung), der Auswärtige Dienst sowie die Bundesfinanzverwaltung und schließlich Grenzschutzbehörden. Für alle weiteren Aufgaben kommen in der Ursprungsfassung des Grundgesetzes nur zentrale Behörden in Betracht, die relativ wenige Gegenstände in ihre Verwaltung übernehmen können und die Aktion staatlichen Handelns im einzelnen den Ländern sowie den von diesen abhängigen Kommunen überlassen müssen. Sicherlich darf man das nicht gering schätzen, insb. die Zuständigkeit zur Errichtung des Bundesverfassungsschutzamtes und des Bundeskriminalamtes sowie – auf wirtschaftlichem Gebiet – die Errichtung der Bundesbank. Aber gerade hier zeigt es sich dann doch, daß der Bund selbst dort, wo das Grundgesetz ihm eine Verwaltungskompetenz ließ, der Einfluß der Länder vorhanden war. Die Zusammenfassung der bisherigen Landeszentralbanken in dem System der Bundesbank führt dazu, daß den Ländern über die Landeszentralbanken auch in dem wichtigsten Organ der Bundesbank, dem Zentralbankrat, ein gewisser Einfluß verblieb.[5]

Andererseits ist nicht zu verkennen, daß das Grundgesetz auch auf dem Gebiet der Verwaltung einen gewissen Einfluß des Bundes in die Landesverwaltung hinein von vornherein ermöglicht hat. Wenn man einmal von dem Sonderfall der Bundesauftrags-

verwaltung absieht, der nur für wenige Sachgebiete in Betracht kommt, so waren es vor allem die Bereiche, in denen der Bund als Gesetzgeber auftritt. Dort hat ihm das Grundgesetz von vornherein auch eine gewisse Aufsicht über die Ausführung der Bundesgesetze gegeben, die sich nicht nur auf die allgemeine Rechtsaufsicht bezieht, sondern vor allem das Recht enthält, allgemeine Verwaltungsvorschriften zu erlassen. Freilich ist diese Befugnis an die Zustimmung des Bundesrates gebunden. Immerhin ist die Zustimmung des Bundesrates doch mehr als nur das Recht zur Verweigerung durch ein einzelnes Land. Die Mehrheit der Länder bestimmt insofern, wie alle Länder das Gesetz auszuführen haben. Die Mehrheit der Länder, wenn sie mit der Bundesregierung einig ist, hat insofern eine Kompetenz, die Ausführungsweise der Bundesgesetze auch in den widerstrebenden Ländern mitzubestimmen.
Es war schon oben betont worden, daß die Ursprungsfassung des Grundgesetzes das Planungsproblem nicht bedacht hat. Gleichwohl mußte auch schon in der Frühzeit der Bundesrepublik geplant werden. Hierzu wurde und wird weiterhin das Instrument des Gesetzes benutzt. Nachdem das Bundesverfassungsgericht klargestellt hatte, daß der Bundesgesetzgeber auch sogenannte Maßnahmegesetze erlassen darf,[6] praktisch auch Planungen in Gesetzesform feststellen darf, war damit für die Bundesplanung weithin die Mitwirkung der Länder über den Bundesrat gesichert. Dabei kam es gar nicht einmal so darauf an, ob es sich bei den Planungsgesetzen um Zustimmungsgesetze oder einfache Gesetze handelte. Die Auseinandersetzung zwischen Bundestag und Bundesrat, insb. das Instrument des Vermittlungsausschusses, in dem Bundestag und Bundesrat oft genug, und zwar zumeist auch erfolgreich eine Einigung versucht haben, hat den Ländern ein erhebliches Maß von Einfluß auf die Bundesplanung gegeben (*Drodt, Opfermann*). Vor allem sind es die Haushaltsbeschlüsse des Bundesgesetzgebers, die weitgehend Planungscharakter haben und die ein Miteinander beider Ebenen des Bundesstaates erfordern.

III.

Die Wandlung des föderalistischen Verwaltungssystems verlief mehrspurig. Zunächst ist über die Vermehrung der Verwaltungsaufgaben des Bundes zu berichten. *Arnold Köttgen* hat schon recht früh die Entwicklung erkannt und sehr eindringlich und umfassend geschildert (*Köttgen* 1954, 1962). Der Bund hat die ihm zustehenden Verwaltungen errichtet. Er hat darüber hinaus von der Ermächtigung Gebrauch gemacht, mit allgemeinen Verwaltungsvorschriften auf die Landesverwaltung einzuwirken. Freilich sind die Instrumente der Bundesaufsicht (Art. 84 Abs. 3) und des Bundeszwanges (Art. 37) nie benutzt worden. Die Selbstkoordination der Länder über die Landesministerkonferenzen gibt die Möglichkeit auch der Koordination zwischen Bund und Ländern, wobei der Bund vielfach Einfluß nehmen konnte. Daneben steht dann eine erhebliche Ausdehnung der Bundesverwaltung über den Rahmen hinaus, der sich aus dem ursprünglichen Text des Grundgesetzes entnehmen läßt. Dabei sind es nicht so sehr die Gegenstände der neu eingeführten Art. 87 b, 87 c und 87 d, die den Umfang der Bundesverwaltung vermehrten. Allenfalls von der Bundeswehrverwaltung wird man sagen dürfen, daß hier ein sowohl nach der Stärke des Personals, als auch den bewegten Haushaltsmitteln erheblicher neuer Verwaltungszweig des Bundes konstituiert worden ist (*Cartellieri, Hahnenfeld* 1975, 1977). Allerdings ist gerade für die Bundeswehrverwaltung zu bemerken, daß insoweit die Länder keineswegs ausgeschaltet worden sind, sondern gewisse Fragen, wie z.B. die Beschädigtenversorgung und das Bauwesen für die Bundeswehr führen. Viel stärker ist die Ausdehnung der Bundesverwaltung mit dem Instrument des Art. 87 Abs. 3, das dazu ermächtigt, selbständige Bundesoberbehörden zu schaffen. Nach der Zählung von *Bernd Becker* (1978) sind es etwa 100 derartige Dienststellen, die sich der Bund im Laufe der Jahre zugelegt hat. Praktisch alle Ministerien haben damit eine oder sogar zahlreiche Ausführungsbehörden zur Verfügung, die überall dort tätig werden können, wo dem Bunde die Gesetzgebung zusteht. Im Klartext heißt das, daß der Bund überall dort, wo er eine Gesetzgebungskompetenz hat, sich auch eine Verwaltungskompetenz verschaffen kann und sich die Verwaltungskompetenz auch oft verschafft hat. Natürlich sind Oberbehörden weniger als ein voller Verwaltungsunterbau. Doch erlaubt die moderne Verwaltungstechnik auch mittels Oberbehörden eine umfassende Aufsicht zu führen, wie z. B. das Bundesaufsichtsamt für das Kreditwesen, das Bundeskartellamt oder das Bundesamt für die gewerbliche Wirtschaft zeigen. Selbst dort, wo derartige Bundesoberbehörden nicht hineinreichen, sondern mit den Länderbehörden zusammenarbeiten müssen, wie z. B. das Bundeskraftfahramt oder das Bundesgesundheitsamt, kommt ihnen doch allein durch ihre Existenz, durch den bei ihnen gesammelten Sachverstand und durch ihre Ressourcen gegenüber der Landesverwaltung ein ganz erhebliches Gewicht zu. Daneben steht dann als ein weiteres im Grundgesetz nicht geregeltes Mittel des Einflusses des Bundes die privatrechtliche Organisationsform.[7] Hier besteht eine außerordentliche Spannweite der Tätigkeitsmöglichkeiten, die handelsrechtliche Rechtsfiguren genauso wie den eingetragenen Verein benutzen kann. Zumeist sind es dabei die haushaltsrechtlichen Bewilligungen, die den tatsächlichen Einfluß verschaffen. Das Beispiel der Deutschen Forschungsgemeinschaft, die weitgehend durch den Bund finanziert wird, zeigt das. Bei der Einflußnahme über privatrechtliche Organisationen ist das Maß dieser Einflußnahme jeweils sehr unterschiedlich. Es kann von einer vollen Beherrschung bis zu einer gelegentlichen Teildotierung gehen. Auch der Einfluß in den Organen der privatrechtlichen Aufgabenträger, die mit Bundesmitteln alimentiert werden, steht dem jeweiligen Aushandeln mit den anderen Beteiligten frei. Daß hier Mißbräuchen Tür und Tor geöffnet worden ist, zeigen deutlich die Äußerungen des Bundesverfassungsgerichts im ersten Rundfunkurteil, das unter Hinweis auf Art. 30 GG klarstellt, daß der Bund nicht durch Ausübung seiner Finanzmacht beliebig Einfluß nehmen kann.[8] Allerdings zeigt dieses Urteil zugleich auch die Defizite der verfassungsrechtlichen Regelung. Das Grundgesetz hatte zwar in seiner Ursprungsverfassung die Frage geregelt, wem – Bund oder Länder – die Einnahmen aus den einzelnen Steuern zustehen. Es hatte aber unterlassen auch zugleich die Frage zu regeln, wer die Lasten zu tragen hat. Das war vor allem eine Frage, die sich für die großen Geldleistungsgesetze stellte, wie z. B. die staatlichen Zuschüsse zur Sozialversicherung. In den Fragen der Kriegsfolgenleistungen hatte freilich das Grundgesetz schon in der Ursprungsfassung die Probleme erkannt und – wenn auch nur teilweise – angesprochen. Besonders auffällig für die hier geschilderten Vorgänge sind die Versuche des Bundes in die Kulturhoheit der Länder einzudringen. Das Beispiel der Deutschen Forschungsgemeinschaft war schon genannt worden. Das Königsteiner Abkommen,[9] das wesentlich mehr Institutionen der Kultur- und Wissenschaftspflege betraf, war ein Versuch einer gewissen grundsätzlichen Regelung. Zuständigkeiten wie etwa die Förderung des Zonenrandgebeites ermöglichten in diesem Bereich z. B. auch Mittel für den Schulbau bereitzustellen. Die Pflege der auswärtigen Beziehungen gab nicht nur die Möglichkeit, die auswärtige Kulturpolitik von bundeswegen zu führen, sondern mittelbar auch auf die Lehrpläne der Länder Einfluß zu nehmen. Das ist seinerzeit streitig geworden anhand des deutsch-französischen Kulturabkommens, in dem der Bund der französischen Sprache in den deutschen Schulen eine besondere Stellung zugesichert hatte, ohne daß die Länder hierzu ihr Einvernehmen erteilt hatten. Die Frage, inwieweit der Bund mit dem Instrument der auswärtigen Kulturabkommen in das Schulwesen der Länder hinein regieren darf, ist niemals ausgetragen worden. Mit dem Lindauer Abkommen ist praktisch ein noch heute geltender Waffenstillstand vereinbart worden, der dem Bund hier jedenfalls auch ein Mitbestimmungsrecht gibt.[10] Im Laufe der Zeit ist durch die vielfache Ingerenz des Bundes mit Hilfe von Haushaltsmacht ein Zustand entstanden, der dringend nach Bereinigung schrie. Zwar ist das geplante Bereinigungsabkommen zwischen Bund und Ländern niemals abgeschlossen worden.[11] Immerhin haben die Reformen, über die noch zu berichten sein wird, manchen Wildwuchs beseitigt und in geordnete Bahnen gelenkt.

IV.

Daß das Finanzwesen eines Bundesstaates im besonderen Maße der ständigen Novellierung bedarf, war bereits aus den Erfahrungen der Bismarckschen Verfassung und der Weimarer Verfassung bekannt.[12] Im Gegensatz zur Bismarckschen Verfassung hatte daher die Weimarer Verfassung diesen Gegenstand weitgehend ausgespart und ihn der einfachen Gesetzgebung überlassen. Das Grundgesetz hat sich zunächst relativ perfektionistisch darum bemüht, eine verfassungsfeste Abgrenzung der Ertragshoheit sowie der sonstigen Fragen des Finanzwesens zu schaffen. Aber schon die Vorschriften der Verfassungsnovellen vom 20.4.1953, vom 25.12.1954, vom 23.12.1955 und vom 24.12. 1956, die alle die Art. 106 und 107 GG betreffen,[13] zeigen, daß die ursprüngliche Regelung der Veränderung bedurfte. Sie sind nicht die einzigen geblieben. Auch das Finanzreformgesetz vom 12.5.1969 hat die Finanzverfassung des Bundes noch einmal kräftig umgestaltet. Dabei ist insb. die Verteilung der wichtigsten Steuern, die als Gemeinschaftssteuern teilweise dem Bund und teilweise den Ländern zustehen, heute nicht mehr verfassungsfest geblieben, sondern der Änderung durch ein einfaches Bundesgesetz unterworfen. Dieses bedarf freilich der Zustimmung des Bundesrates, so daß man sagen kann, heute sei der Zustand erreicht, in dem Bund und Länder die Verteilung der Steuereinnahmen untereinander im Kompromißwege aushandeln. Daß ein solches Aushandeln zugleich auch einen erheblichen Einfluß auf die Möglichkeit Aufgaben zu erfüllen hat, liegt auf der Hand. Im Finanzreformgesetz sind denn auch zugleich die Fragen der Lastenverteilung neu geregelt worden. Diese ergeben sich insbesondere aus den Vorschriften über die Gemeinschaftsaufgaben (Art. 91 a, 91 b) sowie dem neuen Artikel über die Aufgabenverteilung und die Finanzhilfen (Art. 104 a). Gerade diese beiden Gegenstände können nur im Zusammenhang miteinander gesehen und verstanden werden. Ausgangspunkt der Betrachtung ist dabei das Verbot der sogenannten Mischverwaltung. Das Grundgesetz geht davon aus, daß an einem Verwaltungsvorgang entweder nur der Bund oder die Länder beteiligt sind. Zwar hat es hier von jeher Ausnahmen gegeben. Das gilt etwa für die Auftragsverwaltung des Bundes. Es gilt ferner aufgrund des Art. 108 und des Finanzverwaltungsgesetzes auch für Fragen der Verwaltung solcher Steuern, deren Ertrag teilweise dem Bund und teilweise den Ländern zusteht. Die Wissenschaft hat eine große Zahl weiterer Fälle der Mischverwaltung – sei es zulässiger, sei es unzulässiger – zutage gefördert.[14] Immerhin ist das Prinzip als solches gewahrt und unbestritten (*Ronellenfitsch*, S. 17). Die Regelung über die Gemeinschaftsaufgaben machen nun hiervon eine ausdrückliche Ausnahme, wie allein der Name „Gemeinschaftsaufgaben" schon indiziert. Denn hier sind die Gegenstände aufgeführt, die ausdrücklich gemeinschaftlich von Bund und Ländern entschieden und finanziert werden sollen. Dabei handelt es sich allerdings nur um eine kurze Liste von 3 Ziffern, die insgesamt 4 Gegenstände umfassen (Ausbau und Neubau von Hochschulen, einschließlich der Hochschulkliniken, Verbesserung der regionalen Wirtschaftsstruktur, Verbesserung der Agrarstruktur und des Küstenschutzes). Es handelt sich hierbei um Gegenstände, die einen hohen Finanzaufwand erfordern, der der Planung bedarf. Daher taucht hier auch erstmals in der Terminologie des Verfassungstextes das Wort Planung ausdrücklich auf, nämlich die „gemeinsame Rahmenplanung" (Art. 91 a Abs. 3). Die Einzelheiten sind in Durchführungsgesetzen geregelt.[15] Diese sehen Planungsausschüsse vor, in denen Bund und alle Länder vertreten sind. Dabei ist die Zahl der Stimmen, die der Bund führt, dieselbe, die die Länder zusammen führen. Um den Kompromißcharakter zu sichern, andererseits aber auch obstruierenden Ländern keine Chance zu lassen, ist ein Abstimmungsmodus gewählt, bei dem durch 3/4 der Stimmen ein Beschluß zustandekommt. Zentrales Instrument ist der Rahmenplan, der jährlich beschlossen und dabei zugleich fortgeschrieben wird. Er wird aufgrund von Anmeldungen der Länder aufgestellt. Die Aufnahme in den Rahmenplan verpflichtet sowohl den Bund, als auch das Land, in dem die Maßnahme durchgeführt wird, zur Mitfinanzierung von je der Hälfte der Ausgaben. Bei bestimmten Aufgaben kann die Beteiligung des Bundes sogar höher festgesetzt werden. Die Durchführung der geplanten Maßnahmen ist Aufgabe des zuständigen Landes. In diesem Stadium sinkt dann wieder der Einfluß des Bundes, der bei der Planung erheblich war. Er beschränkt sich hier auf das Recht, über die Durchführung der Gemeinschaftsaufgaben unterrichtet zu werden. Im Planungsstadium freilich konnte der Bund mit der Zahl seiner Stimmen jeden Beschluß verhindern, d. h. erreichen, daß der Planungsausschuß den Intentionen des Bundes folgte.[16]

Als weitere Gemeinschaftsaufgabe nennt Art. 91 b die Bildungsplanung und die Förderung von Einrichtungen und Vorhaben der wissenschaftlichen Forschung von überregionaler Bedeutung. Hier ist der Einfluß des Bundes allerdings anders und z. T. auch wesentlich geringer. Denn die Planungen kommen hier aufgrund von Vereinbarungen zwischen Bund und Ländern zustande. Die Frage der Kostenverteilung ist dabei in der

Verfassung selbst nicht geregelt, sondern eben derselben Vereinbarung vorbehalten. Hier freilich ergeben sich deutlich die Schwierigkeiten, wie die Bildungsplanung zeigt. Der aufgrund des Art. 91 b gebildete Deutsche Bildungsrat hat inzwischen seine Tätigkeit eingestellt, weil eine Übereinstimmung in der Schulpolitik, die wesentliche Voraussetzung für eine sinnvolle Aktivität des Bildungsrates ist, nicht mehr möglich war; die politischen Auffassungen hinsichtlich der Weiterentwicklung des Bildungssystems klaffen derart auseinander, daß das Gespräch beendet werden mußte. Anders sieht es dagegen bei den Einrichtungen und Vorhaben der wissenschaftlichen Forschung von überregionaler Bedeutung aus. Art. 91b ist vor allem das Instrument, mit dem die Max-Planck-Gesellschaft, die Deutsche Forschungsgemeinschaft und andere wichtige Institutionen des wissenschaftlichen Lebens in der Bundesrepublik vom Bund mit gefördert werden können.[17]

Wie bereits bemerkt, ist im Zusammenhang mit den Vorschriften über die Gemeinschaftsaufgaben auch Art. 104 a GG zu sehen, insb. dessen Absätze 3 und 4. Sie befassen sich mit den Geldleistungsgesetzen, die der Bund erläßt und die die Länder ausführen. Hier wird von dem allgemeinen Grundsatz abgewichen, daß die Länder die Ausgaben tragen, die sich aus der Wahrnehmung ihrer Aufgaben ergeben (Art. 104 a Abs. 1). Dieser Grundsatz ist nicht notwendig, trägt aber doch eine gewisse innere Logik in sich. Z. B. regelt der Bund im Sozialhilfegesetz die Frage, wer Anspruch auf Sozialhilfe hat und unter welchen Bedingungen das der Fall ist. Da aber die Länder (durch ihre Sozialhilfeträger) die Aufgabe zu erfüllen haben, Sozialhilfe zu leisten, sind sie es auch, die die Kosten der Sozialhilfe tragen. Nun kann – und das ist der wesentliche Inhalt des Art. 104 a Abs. 3 – in Bundesgesetzen bestimmt sein, daß derartige Geldleistungen ganz oder z. T. vom Bund getragen werden. Dabei ist es Sache der Bundesgesetze, den Verteilungsmaßstab hinsichtlich der Ausgabentragung im einzelnen festzulegen. Von der Frage, wie dieser Maßstab festgelegt worden ist, hängt dann das weitere ab. Bestimmt das Gesetz, daß der Bund die Hälfte der Ausgaben oder mehr trägt, so handelt es sich um eine Auftragsverwaltung, die dem Bund ein erhebliches Maß an Durchgriffsrechten, insb. eine Zweckmäßigkeitsaufsicht gibt. Wird den Ländern ein erhebliches Maß an Mitbezahlung auferlegt, mindestens ein Viertel der Ausgaben, so kann dieses im Bundesgesetz nicht ohne die Zustimmung des Bundesrates geschehen. Noch viel wesentlicher ist in unserm Zusammenhang der Abs. 4 des Art. 104 a. Hier geht es um die Finanzhilfen, die der Bund den Ländern geben darf. Es war bereits oben deutlich gemacht worden, daß das System der Finanzhilfen zur Einflußnahme des Bundes führen kann, die die föderalistische Zielsetzung ganz erheblich beeinflußt. Daher sind dem Bund im Abs. 4 des Art. 104 a von verfassungswegen Schranken bei der Mitfinanzierung von Landesaufgaben auferlegt worden. Zulässig sind nur Finanzhilfen für Investitionen der Länder und der Gemeinden (Gemeindeverbände). Dabei fügt das Grundgesetz hinzu, daß nur „besondere bedeutsame" Investitionen in Betracht kommen. Als solche nennt es ausdrücklich die Abwehr einer Störung des gesamtwirtschaftlichen Gleichgewichts, den Ausgleich unterschiedlicher Wirtschaftskraft im Bundesgebiet oder die Förderung des wirtschaftlichen Wachstums. Praktisch steht damit dem Bund die Möglichkeit der Finanzhilfe im gesamten Bereiche der Wirtschaft zur Verfügung. Die sehr umfassend genannten Teilbereiche decken praktisch den gesamten Bereich der Wirtschaft ab. Wichtig ist allerdings, daß die Finanzmittel nicht etwa unmittelbar an Unternehmen geleistet werden können, sondern daß der Bund sich hierzu der Landes- oder Gemeindebehörden bedienen muß, an die er die Finanzmittel gibt. Diese verbrauchen sie entweder selbst (wie z. B. die Gemeinden für den gemeindlichen Straßenbau) oder reichen sie an Unternehmen weiter. Interessant ist in diesem Zusammenhang noch, daß als Instrument für die Festsetzung derartiger Finanzhilfen entweder ein Zustimmungsgesetz oder das Bundeshaushaltsgesetz in Verbindung mit einer Verwaltungsvereinbarung in Betracht kommt.[18]

Diese Gemeinschaftsverwaltung hat vielfach Kritik hervorgerufen. Sie ist als Politikverflechtung im föderativen Staat bezeichnet worden (*Scharpf* u. a.; *J. J. Hesse*). Der Hauptpunkt der Kritik besteht darin, daß durch die Verflechtung von Bundes- und Landespolitik die Verantwortungsbereiche der Bundes- und Landesorgane nicht mehr hinreichend deutlich werden. Der Schlußbericht der Enquêtekommission „Verfassungsreform" hat denn daher auch gefordert, daß diese Problematik neu geregelt werden soll. Dabei hat die Enquêtekommission ihre eigenen Vorschläge als Weiterführung der Finanzreform von 1969 gesehen, wobei sie die bisherige Zielsetzung grundsätzlich anerkennt, den erzielten Verfassungskompromiß aber als unausgewogen bezeichnet hat. Sie wollte eine Rahmenplanung neuer Art an die Stelle setzen.[19]

Die Arbeiten der Enquêtekommission, so interessant und wertvoll sie sind, sind nicht realisiert worden. Während in der kurzen Zeit von 1967 bis 1976 20 Verfassungsänderungen z. T. sehr umfassender Art überwiegend zugleich unter Einbeziehung der föderalistischen Problematik ergangen sind, ist das Grundgesetz seit 1976 nicht mehr weiter entwickelt worden. Die Zeit der Reformen war beendet; die Bundespolitik drükken andere Sorgen, insb. solche, die sich aus der wirtschaftlichen Rezession ergeben. Daher ist denn auch der Verfassungskompromiß der Gemeinschaftsaufgaben aus dem Jahre 1969 bestehen geblieben. Ob wirklich die Kritik, daß die Verantwortungsbereiche von Bund und Ländern nicht hinreichend deutlich sichtbar werden, berechtigt ist, erscheint zweifelhaft (*Kisker* 1977, S. 689 ff.). Überhaupt stellt sich die Frage, was denn eigentlich Verantwortung, sei es politische, sei es rechtliche Verantwrotung, heute noch bedeuten. Viel wichtiger erscheint die Problematik der Legitimation der Entscheidungen; diese aber ist durch das, was die Wissenschaft als „Politikverflechtung" bezeichnet, in hohem Maß gesichert. Freilich bleibt die Frage, welche Bedeutung die Instrumente, die in den Art. 91 a, 91 b und 104 a geschaffen worden sind, heute noch haben. Angesichts der derzeitigen Haushaltslage wird man ihre Bedeutung als relativ gering einschätzen müssen. Die Finanzierungsprogramme, die dort anvisiert sind, können heute nur noch in ganz beschränktem Umfang realisiert werden. Hinzu kommt in einer Zeit, in der die Arbeitslosigkeit eines der zentralen Themen der Politik geworden ist, auch die Frage, inwieweit durch derartige Wirtschaftsförderungsprogramme der Arbeitslosigkeit entgegengewirkt werden kann, insb. wenn derartige Programme notwendig die allgemeinen wirtschaftspolitischen Bedürfnisse, nämlich eine Stärkung der Unternehmen konterkarieren, weil sie entweder durch Erhöhung der Steuern, die den Unternehmen Finanzmittel entziehen, oder Kredite finanziert werden, die die Zinsen auch für die Wirtschaft emportreiben.

V.

Die Wirtschaftskrise des Jahres 1966/67 führte mit dem 15. Gesetz zur Änderung des Grundgesetzes (vom 8.6.1967, BGBl. I S. 581) und dem Stabilitätsgesetz (vom gleichen Tage, a. a. o. S. 582) zur Einführung der Globalplanung (*Möller* S. 49; *Stern-Münch-Hansmeyer* S. 78 ff.; *Hollmann* S. 31 ff.; *Zuck* S. 85 ff.). Die Keynesschen Lehren wurden nunmehr in der Bundesrepublik gesetzlich verankert. Angesichts der Unabhängigkeit der Haushaltswirtschaft von Bund und Ländern (Art. 109 Abs. 1 GG) war durch die Ursprungsfassung des Grundgesetzes nicht sichergestellt, daß Bund und Länder sich so, wie diese Lehren es vorsahen, antizyklisch verhielten. Daher bedurfte es sowohl der Novellierung im Grundgesetz als auch einer Durchführungsgesetzgebung. In Art. 109 Abs. 2 wurden die Länder verpflichtet, bei ihrer Haushaltswirtschaft den Erfordernissen des gesamtwirtschaftlichen Gleichgewichts Rechnung zu tragen. Allerdings genügte eine solche generelle Verpflichtung noch keinesfalls, eine übereinstimmende Wirtschaftspolitik von Bund und Ländern zu sichern. Daher bedurfte es auch der Instrumente, die das Stabilitätsgesetz zur Verfügung stellt. Das Stabilitätsgesetz ist in erster Linie ein Gesetz, das sich an die Bundesinstanzen wendet. Das ist schon deshalb der Fall, weil es in erster Linie der Bund ist, der die Wirtschaftspolitik treibt; die Einheit des Wirtschaftsgebietes im Bund macht ein Auseinanderfallen der Länder hinsichtlich der Wirtschaftspolitik praktisch unmöglich. Es handelt sich aber bei diesen neuen Vorschriften nicht nur um eine wirtschaftspolitische Gesetzgebung für den Bund, sondern zugleich um ein Instrument, das in erheblichem Umfang auch föderalistische Probleme aufwirft und löst. Das zeigt sich bereits in den Ermächtigungen, die Art. 109 Abs. 3 und 4 enthalten, insb. das Recht des Bundes, durch Bundesgesetz Grundsätze für eine konjunkturgerechte Haushaltswirtschaft und für eine mehrjährige Finanzplanung aufzustellen, sowie zur Abwehr einer Störung des gesamtwirtschaftlichen Gleichgewichts Vorschriften über Höchstbeträge, Bedingungen und Zeitfolge der Aufnahme von Krediten zu erlassen sowie ebenso eine Verpflichtung zur Unterhaltung von Konjunkturausgleichsrücklagen zu begründen. Dabei ist in die Gesetzgebung, einschließlich des Rechts, Rechtsverordnungen über die genannten Gegenstände zu erlassen, der Bundesrat mit Zustimmungserfordernissen vielfach eingeschaltet. Dieses System umfaßt nicht nur die Haushaltswirtschaft von Bund und Ländern, sondern ebenso auch die der kommunalen Gebietskörperschaften und deren Zweckverbände. § 23 des Stabilitätsgesetzes verpflichtet die Länder, durch geeignete Maßnahmen sicherzustellen, daß die Beschaffung von Geldmitteln im Wege des Kredits durch die Gemeinden, Gemeindeverbände und Zweckverbände sich im Rahmen der aufgrund des Stabilitätsgesetzes angeordneten Beschränkungen hält.

Die Zahl der Steuerungsmittel, die hier eingeführt worden sind, sind vielfältig, z. T. handelt es sich lediglich um die Pflicht, Informationen zu sammeln und herauszugeben. Das gilt etwa für den Jahreswirtschaftsbericht der Bundesregierung und die Orientierungsdaten für die Konzertierte Aktion (Stabilitätsgesetz §§ 2, 3). Es gilt ferner für die Auskunftspflichten, denen Bund und Länder unterliegen, um eine konjunkturgerechte Haushaltswirtschaft und eine sachgerechte Aufstellung der Finanzpläne sicherzustellen (§ 17 Stabilitätsgesetz). Daneben besteht eine Reihe von Verpflichtungen zu

Lasten der Länder, die ausdrücklich angeordnet sind (§ 14 Stabilitätsgesetz). Sie betreffen die Aufstellung der Haushaltspläne, die Schaffung von Konjunkturausgleichsrücklagen, das Genehmigungsverfahren bei Überhitzung sowie die zusätzlichen Ausgaben bei Abschwächung der Konjunktur, den fünfjährigen Finanzplan, die Vorschriften über die Investitionsprogramme und deren beschleunigte Durchführung sowie die Berichterstattung über Finanzhilfen (Subventionen). In gewissem Umfang ist hierdurch ein umfassendes Verbundsystem der Haushalts- und Finanzwirtschaft der Länder, soweit es auf die Volkswirtschaft durchschlägt, geschaffen worden. Freilich bleibt, wenn man dieses System bewerten will, heute in der Zeit einer allgemeinen Ebbe der Kassen der öffentlichen Hand die Frage offen, wieweit derartige Instrumente im Ernstfall wirklich funktionieren können. Bestand lange Zeit nach dem 2. Weltkrieg der Eindruck, daß die Krise zwischen 1929 und 1933 in erster Linie dadurch bedingt worden sei, daß die damalige Reichsregierung nicht in hinreichendem Umfang Mittel eingesetzt habe, um die Konjunktur anzukurbeln, so weiß man heute doch genauer, daß im Falle einer Abschwächung der Wirtschaft die Möglichkeiten der Ankurbelung durch Aufnahme von Schulden nur sehr bedingt bestehen, weil die starke Schuldenzunahme die Zinsen hochtreibt und damit zugleich die Wirtschaft selbst lähmt. So ist denn gerade jetzt in der Krise das im Art. 109 GG und im Stabilitätsgesetz eingeführte Instrumentarium weitgehend stumpf geblieben. Dieser Umstand wird verstärkt durch die Tatsache, daß auch die Gewerkschaften sich nicht in der Lage sehen, im Rahmen der konzertierten Aktion ihre Rolle zu spielen, weil sie fürchten durch Mitwirkung an rigorosen Maßnahmen im Verhältnis zu ihren Mitgliedern Vertrauen zu verlieren. Unabhängig von der Frage der Effektivität dieses Teilsystems des föderalistischen Haushalts- und Finanzverbundes bleibt allerdings gerade dieser Bereich wichtig als ein Beispiel des kooperativen Bundesstaates. Auch dann, wenn die Instrumente als solche nicht oder nur sehr wenig greifen, bleibt die gesetzlich verordnete Zusammenarbeit bestehen und führt zu einer erheblichen Verringerung der Selbständigkeit der Länder.

VI.

Ein weiteres Stück föderalistischer Verwaltungsreform sind die Vorschriften über die Zusammenarbeit der Polizeien der Länder. Auch hier war die Ausgangslage gekennzeichnet durch ein separatives System von Bundes- und Landespolizei.[20] Der Bund übernahm mit Hilfe des Bundesgrenzschutzes nur die Aufgabe des Schutzes der Grenze nach außen gegen unerlaubte Grenzübertritte, während die Länderpolizeien im Innern zuständig waren.[21] Mit dem System der Rechts- und Amtshilfe war eine gewisse Zusammenarbeit gesichert. Insb. wurde sehr früh ein umfangreiches System der Amtshilfe, etwa bei grenzüberschreitender Verbrechensverfolgung geschaffen. Ferner hat schon frühzeitig das Bundeskriminalamt in der Frage der gegenseitigen Abstimmung zwischen Ländern wertvolle Hilfe geleistet.

Die Notstandsgesetzgebung brachte dann neue Fragen und zugleich neue Lösungen für die Zusammenarbeit unter den Ländern sowie zwischen Bund und Ländern. Vor allem kam es zu einer genaueren Differenzierung der einzelnen Notstandsfälle mit jeweils

speziellen Regelungen für diese Fälle. Der unproblematischste Fall ist der der Naturkatastrophe oder des Unglücksfalls. Hier bringt der Art. 35 Abs. 3 GG in seiner Neufassung die Möglichkeit des Einsatzes von Polizeikräften anderer Länder sowie von Einheiten des Bundesgrenzschutzes oder sogar der Streitkräfte zur Unterstützung der Polizeikräfte in dem betroffenen Land. Die Möglichkeiten gehen soweit daß die Bundesregierung, soweit das zur wirksamen Bekämpfung erforderlich ist, den Landesregierungen Weisungen erteilt, ihre Polizeikräfte anderen Ländern zur Verfügung zu stellen.
Im Falle des sog. inneren Notstandes oder wie es Art. 35 Abs. 2 GG genauer sagt „zur Aufrechterhaltung oder Wiederherstellung der öffentlichen Sicherheit oder Ordnung . . . in Fällen von besonderer Bedeutung" kann ein Land Kräfte und Einrichtungen des Bundesgrenzschutzes zur Unterstützung seiner Polizei anfordern. Allerdings gilt dies nicht allgemein, sondern nur dann, wenn die Polizei ohne diese UNterstützung eine Aufgabe nicht oder nur unter erheblichen Schwierigkeiten erfüllen könnte. Liegt sogar der Fall einer drohenden Gefahr für den Bestand oder die freiheitliche demokratische Grundordnung des Bundes oder eines Landes vor, so kann das Land, in dem die Gefahr droht, die Polizeikräfte anderer Länder sowie Kräfte und Einrichtungen anderer Verwaltungen und des Bundesgrenzschutzes anfordern. Umgekehrt kann dann, wenn das Land, in dem die Gefahr droht, nicht selbst zu Bekämpfung der Gefahr bereit oder in der Lage ist, die Bundesregierung die Polizei in diesem Lande und die Polizeikräfte anderer Länder ihren Weisungen unterstellen, sowie Einheiten des Bundesgrenzschutzes einsetzen (Art. 91). Glücklicherweise ist der zuletzt genannte Fall bisher noch nicht eingetreten. Zahlreiche Großdemonstrationen, z. T. gewalttätiger Art, haben allerdings den gemeinsamen Einsatz von Polizeikräften verschiedener Länder und des Bundesgrenzschutzes notwendig gemacht. Hier hat sich die Neuregelung voll bewährt, die Gemeinsamkeit des Einsatzes der Polizeien ist ein Instrument geworden, das die innere Sicherheit in der Bundesrepublik erheblich zu stärken vermag. Das setzt freilich eine Einheitlichkeit der Struktur, der Befehlsgebung, der Ausbildung und der Ausrüstung der Polizeien in den verschiedenen Ländern und im Bund voraus. Auch dieses ist durch zahlreiche Maßnahmen sichergestellt, wobei der Innenministerkonferenz der Länder ein erhebliches Gewicht zukommt. Daneben spielen Ausbildungseinrichtungen, wie etwa die Polizeiführungsakademie in Münster-Hiltrup oder der Inspekteur der Länder-Bereitschaftspolizeien im Bundesinnenministerium eine erhebliche Rolle.[22] Ein gemeinsames Polizeirecht, das in einem Musterentwurf vorliegt, aber noch nicht in Kraft gesetzt ist, könnte hier eine zusätzliche Koordinationsfunktion bekommen.[23]
Auch bei der Bekämpfung des Terrorismus ist die funktionierende Zusammenarbeit zwischen Bund und Ländern wichtig. Das Bundeskriminalamtsgesetz von 1973 hat die Möglichkeiten des Bundeskriminalamtes in mancher Hinsicht gestärkt. Insb. ist hier in einer Reihe von Vorschriften die Zuständigkeitsabgrenzung zwischen Bund und Ländern geklärt worden. Gleichwohl bleibt immer wieder im Einzelfall gerade bei den wohl letztlich unvermeidlichen Fahndungspannen, die ab und zu vorkommen, die Frage, ob die Abgrenzung zweckmäßig ist, ob insb. das Bundeskriminalamt schlagkräftig genug ist, und ob die Länder in jedem Falle hinreichende Informationen zum Eingreifen haben.

Nur angemerkt sei, daß auch in dem – glücklicherweise bisher noch niemals aktuellen – äußeren Notstand (Verteidigungsfall; Art. 115 a ff. GG) das föderalistische Verwaltungssystem vollständig aus den Angeln gehoben werden könnte. Art. 115 f. gibt der Bundesregierung im Verteidigungsfalle das Recht „soweit die Verhältnisse es erfordern" den Bundesgrenzschutz im gesamten Bundesgebiet einzusetzen und auch die Landesregierungen und, wenn sie es für dringlich erachtet, die Landesbehörden ihren Weisungen zu unterstellen und diese Befugnis auf einzelne von ihr zu bestimmende Mitglieder der Landesregierung zu übertragen.

VII.

Ein weiterer Bereich, bei dem die föderalistische Struktur innerhalb der Verwaltung durch Maßnahmen der jüngeren Zeit beeinflußt worden ist, ist das Personalwesen. An sich geht das Grundgesetz davon aus, daß die Beamtenkörper des Bundes und der Länder selbständig nebeneinander stehen. Allerdings war für die Auftragsverwaltung (Art. 88 Abs. 2 Satz 2) schon von jeher die einheitliche Ausbildung der Beamten und Angestellten in die fakultative Zuständigkeit des Bundes gegeben. Etwas entsprechendes gilt gemäß Art. 108 Abs. 2 Satz 1 auch für die Ausbildung der Beamten der Landesfinanzbehörden.

Daneben aber steht – was wesentlich einschneidender ist – praktisch das Landesbeamtenrecht dem Bund zur Verfügung. Gemäß Art. 75 Nr. 1 GG kann der Bund die Rechtsverhältnisse der im öffentlichen Dienst der Länder, Gemeinden und anderen Körperschaften des öffentlichen Rechts stehenden Personen durch Rahmenvorschriften regeln. Da nach der Rechtsprechung des Bundesverfassungsgerichts der Begriff des Rahmens sehr weit gezogen ist, bleibt den Ländern kaum noch die Möglichkeit zur Regelung irgendwelcher substantieller Fragen des öffentlichen Dienstrechts, zumal der Bund mit dem Beamtenrechtsrahmengesetz schon sehr früh (1957 erstmals erlassen und seitdem ständig weiter entwickelt) praktisch alle wichtigen beamtenpolitischen Fragen bundesrechtlich vorgezeichnet hat.

Im Besoldungs- und Versorgungsrecht ist der Bund noch einen Schritt weitergegangen und hat mit dem Bundesbesoldungsgesetz und dem Beamtenversorgungsgesetz kraft der neu eingeführten Ermächtigung in Art. 74 a GG eine Vollregelung getroffen. Gerade für das Besoldungsrecht ist damit der Bund zuständig geworden und hat eine mögliche Konkurrenz zwischen Bund und Ländern sowie zwischen den Ländern ausgeschaltet. Hier ist die Entwicklung insofern interessant, als die Länder – im Gegensatz zu anderen Materien – mehr und mehr das Feld dem Bund kampflos geräumt, ja sogar gern geräumt haben, weil sie nunmehr nicht mehr dem Drang der Beamtenverbände und Gewerkschaften zur Verbesserung der Besoldung und der Stellenpläne ausgesetzt sind, diese Fragen vielmehr allein in der Hand des Bundesgesetzgebers – allerdings mit Zustimmung des Bundesrats – geregelt werden.

Entsprechendes gilt, wenn auch rechtstechnisch anders geregelt, für die Angestellten des Öffentlichen Dienstes. Da für sie wegen Art. 9 Abs. 3 der Weg der Gesetzgebung verschlossen ist und Tarifverträge allein als Regelungsinstrument in Betracht kommen, bedurfte es einer Koordinierung im Tarifwesen. Sie erfolgt durch den Bundesangestelltentarifvertrag vom 23. Februar 1961, bei dem auf der Seite der öffentlichen Arbeitgeber die Bundesrepublik Deutschland, die Tarifgemeinschaft deutscher Länder und die Vereinigung der kommunalen Arbeitgeberverbände aufgetreten sind. Mit dieser Gestaltung ist eine Koordination von Bund, Ländern und Kommunen sichergestellt, wobei die drei Beteiligten selbst das größte Interesse haben, sich durch die Tarifpartner auf der Arbeitnehmerseite nicht auseinanderdividieren zu lassen.

In der Frage der Personalpolitik bedarf es auch einer Kooperation für die Rekrutierung der Beamten. Hierzu sind gerade für die Führungskräfte des höheren Dienstes und auch für die Beamten des gehobenen Dienstes gemeinsame Maßstäbe erforderlich, die nicht allein durch das Beamtenrecht gesetzt werden können. Zwar kann der Bund über Rahmenvorschriften des Laufbahnwesens auch mit seiner beamtenrechtlichen Kompetenz gemeinsame Grundprinzipien sicherstellen. Allerdings ist die Frage, was eine Hochschulausbildung ist, noch nicht geklärt, wenn man nur diesen Begriff als solchen in einer Laufbahnbestimmung verwendet. Die materielle Problematik des Hochschulwesens ist vielmehr der Kern- und Angelpunkt. Daher gehört in den Themenbereich auch die Koordination der hochschulrechtlichen Gesetzgebung, die über das Hochschulrahmengesetz sowohl die wissenschaftlichen Hochschulen, als auch die Fachhochschule weitgehend zu harmonisieren versucht hat. Sicherlich ist auch durch ein Hochschulrahmengesetz das einheitliche Niveau der Hochschulabgänge noch nicht zu sichern. Eine sehr wesentliche Funktion kommt insoweit der Fluktuation der Hochschullehrer zu, die die Aufgabe haben, die Beamten auszubilden, d. h. insb. die Fluktuation der juristischen Hochschullehrer, solange jedenfalls die große Mehrzahl der Verwaltungsbeamten des allgemeinen Verwaltungsdienstes aus den Juristen rekrutiert wird. Die Tatsache, daß Hochschullehrer an verschiedenen Orten, insb. in verschiednen Ländern immer wieder mit verschiedenen Hochschullehrern in verschiedenen Prüfungsämtern kooperieren, schafft den gemeinsamen Erfahrungsschatz und damit auch die gemeinsamen Vorstellungen, welche Maßstäbe erwartet werden dürfen. Insoweit ist allerdings das neue Hochschulrecht einer Koordination ungünstig, weil es verschiedene Mechanismen enthält, die das Wandern der Hochschullehrer von einer Universität zur anderen erschweren oder jedenfalls nicht mehr wirksam prämieren. In gewisser Weise bietet dafür einen Ersatz eine Materie, die nicht primär dem Bereiche der Verwaltung zuzurechnen ist, nämlich das Recht der Justizausbildung. Hierfür hat der Bund über das Richterrecht eine weitgehende Kompetenz, die sich mittelbar auf die Verwaltung auswirkt, weil generell bestimmt ist, daß die Befähigung zum Richteramt zugleich die Befähigung zum höheren Verwaltungsdienst einschließt und weil allgemein der Konsens besteht, daß am Bilde des Einheitsjuristen festgehalten werden soll.

Für die föderalistische Struktur unseres Beamtenrechts sind dann weiter zwei Bestimmungen des Grundgesetzes wichtig, wonach bei den obersten Bundesbehörden Beamte aus allen Ländern in angemessenem Verhältnis zu verwenden sind, die bei den übrigen Bundesbehörden beschäftigten Personen dagegen in der Regel aus dem Lande genommen werden sollen, in dem sie tätig sind (Art. 36 GG). Gerade für den höheren Dienst gilt, daß die Bundesbehörden in vielen Bereichen keine Beamten einstellen, die gerade ihre Ausbildung abgeschlossen haben, sondern Wert darauf legen, daß die Beamten der obersten und oberen Bundesbehörden zunächst einmal eine Bewährung und Erfahrung bei den Unterbehörden in den Ländern gesammelt haben. Daher fließen bei den obersten Bundesbehörden die Erfahrungen aus der Verwaltung aller Bundesländer zusammen und amalgamieren sich hier zu einem Erfahrungsschatz, der eine Einheitlichkeit des Verwaltungsvollzuges garantiert, die zugleich ausgleichend im Verhältnis der einzelnen Länder zueinander wirken. Allerdings wird – wohl mit Recht – zuweilen bedauert, daß die Beamten des Bundes selten Gelegenheit finden, noch einmal in die Landesverwaltung zurückzukehren, um hier im Verwaltungsvollzug ortsnäher zusätzliche Erfahrungen zu sammeln, ehe sie vielleicht in Spitzenstellungen der Bundesverwaltung übernommen werden. Hier hat die Trennung zwischen den Beamtenkörpern des Bundes und der Länder zweifellos nachteilige Folgen, die auch durch gemeinsame Fortbildungsprogramme, wie sie etwa in der Bundesakademie für den öffentlichen Dienst stattfinden, nur beschränkt ausgeglichen werden können.

Das gesamte System des föderalistischen Zusammenwirkens innerhalb der Verwaltung der Bundesrepublik ist nur zu verstehen, wenn man gleichzeitig im Auge hat, daß neben den Regelungen, die durch Verfassung, Gesetze und Verordnungen erkennbar werden, eine dichte, nicht nennbare Zahl von sonstigen Querverbindungen besteht. Es gibt eine nicht mehr erfaßbare Zahl von Verwaltungsabkommen zwischen den Ländern und zwischen dem Bund und den Ländern, die jedes Ressort, ja jede wichtigere Verwaltungsfrage betreffen. Vor allem gibt es in der täglichen Praxis eine umfangreiche Kooperation, die nicht nur in einem Schriftwechsel besteht, der dem gegenseitigen Erfahrungsaustausch und der Abstimmung eines einheitlichen Handelns dient, sondern auch in einer Fülle von persönlichen Beziehungen über Konferenzen, Ausschüsse, Arbeitskreise, Fortbildungstagungen und manche anderen persönlichen Kontakte mehr. Der kooperative Bundesstaat lebt gerade aus dieser täglichen Integrationspraxis und gewinnt aus ihr seine Stärke, die einerseits die Selbständigkeit des Handelns von Bund und Ländern selbstverständlich macht, andererseits aber auch die Verpflichtung zur Zusammenarbeit und zur Beachtung des gegenseitigen Treueverhältnisses außer jeden Zweifel stellt.

Anmerkungen

1 Das ist vor allem durch das 15., 17., 21., 22., 24. und 25. G. z. Änderung des GG geschehen, vgl. BGBl. 1967 I S. 581, 1968 I S. 709, 1969 I S. 357, 359, 363, 985, 1241.

2 Genehmigungsschreiben der Allierten Militärgouverneure vom 12.5.1949, vgl. *Klaus-Berto v. Doemming – Rudolf Werner Füsslein – Werner Matz*, Entstehungsgeschichte der Artikel des Grundgesetzes, in: Jb. d. öff. R., NF Bd. 1(1951) S.13.

3 Das ist geschehen durch das 3., 5., 6., 8. und 21. G. z. Änderung des GG, vgl. BGBl. 1953 I S. 130, 1954 I S. 517, 1955 I S. 817, 1956 I S. 1077, 1969 I S. 359.

4 BVerfGE 1, 299 ff., 315; 6, 309 ff., 361; 8, 122 ff., 138; 12, 205 ff., 239; 34, 216 ff., 232; 42, 345 ff., 358 f. – Bayer, a. a. O.

5 Gesetz über die Deutsche Bundesbank v. 26.7.1957 (BGBl. III 7620–1), §§ 8,9.

6 BVerfGE 4, 7 ff., 18f.; 10, 89 ff., 108; 25, 371 ff., 396; st. Rspr.

7 Vgl. z. B. Lufthansa AG, Volkswagenwerk AG, Viag, Salzgitter-Peine AG, VEBA.

8 BVerfGE 12, 205 ff., 243.

9 v. 30./31. März 1949, abgedruckt in: NW GV 1954, 119 f. – zu neueren Abkommen vgl. *Oppermann* (1972), ferner *Maunz-Dürig-Herzog-Scholz*, Grundgesetz, Kommentar, Stand 18. Lieferung 1980, Art. 91 b, Rdnr. 37

10 Abgedruckt bei *Maunz-Dürig-Herzog-Scholz*, Art. 32 Rdnr. 45.

11 Vgl. dazu *Goroncy* u. a. O.

12 *Georg Meier – Gerhard Anschütz*, Lehrbuch des Deutschen Staatsrechts, 7. Aufl. 1919, S. 906 ff.; *Ottmar Bühler*, in: *Gerhard Anschütz – Richard Thoma*, Handbuch des Deutschen Staatsrechts Bd. I 1930, S. 321 ff.

13 BGBl. 1953 I S. 130; 1954 I S. 517; 1955 I S. 817; 1956 I S. 1077.

14 *Laufer* S. 125; ferner *Herbert Fischer-Menshausen*, in: *Ingo v. Münch* (Hrsg.), Grundgesetz-Kommentar, 1978, Art. 109 Rdnr. 5.

15 Hochschulbauförderungsgesetz (HSchBFG) v. 1.9.1969, BGBl. I S. 1556; G. über die Gemeinschaftsaufgabe „Verbesserung der regionalen Wirtschaftsstruktur" v. 6.10.1969, BGBl. I S. 1861; G. über die Gemeinschaftsaufgabe „Verbesserung der Agragstruktur und des Küstenschutzes" v. 3.9.1969, BGBl. I S. 1573.

16 Z. B. HSchBFG § 7.

17 *Oppermann* (1972); *Maunz – Dürig – Herzog – Scholz*, Art. 91 b Rdnr. 3 m. w. N.

18 *Maunz* u. a., Art. 104 a Rdnr. 56 f.

19 Schlußbericht der Enquêtekommission v. 9.12.1976, BT-Drs. 7/5924, Kapitel 11, S. 148 ff.

20 Vgl. den sogenannten Polizeibrief der Militärgouverneure v. 14.4.1949, abgedruckt bei *v. Mangoldt*, Grundgesetz, 1. Aufl. 1950–1953, S. 669; vgl. auch *Willich*, S. 23 und passim.

21 § 2 Bundesgrenzschutzgesetz vom 16.3.1951, BGBl. I S. 201; Willich, S. 3 ff.

22 Vgl. § 2 Abs. 4 des jeweils gleichlautenden Verwaltungsabkommens zwischen dem Bund und den einzelnen Ländern, z. B. GVBl. Schleswig-Holstein, 1951, S. 105; vgl. ferner *Ule/Rasch*, S. 769 f.

23 *Heise – Riegel*, S. 26 ff.; vgl. auch den Bericht der Arbeitstagung vom 8./10.3.1978 über den „Musterentwurf eines einheitlichen Polizeigesetzes in der rechtswissenschaftlichen und rechtspolitischen Diskussion", Polizeiführungsakademie in Münster, 1978. Der Entwurf ist auch abgedrückt bei *Heinrich Scholler – Siegfried Bross*, Grundzüge des Polizei- und Ordnungsrechts in der Bundesrepublik Deutschland, 2. Aufl. 1978, S. 253 ff.

Literaturverzeichnis

Bayer, Hermann-Wilfried, 1961: Die Bundestreue, Tübingen

Becker, Bernd, 1978: Zentralstellen gemäß Art. 87 Abs. 1 GG, in: DÖV 551 ff

Becker, Bernd, 1978: Zentrale nichtministerielle Organisationseinheiten der unmittelbaren Bundesverwaltung, in: VerwArch 149 ff

Cartellieri, Wolfgang, 1955: Die Bundeswehrverwaltung, Dortmund

Depenbrock, Johannes, 1972: Überregionale Länderaufgaben, in: Festgabe für Wolfgang Hefermehl, 37 ff

Drodt, Philiip, 1970: Die Tätigkeit des Vermittlungsausschusses BAnz Nr. 225, 5 f

Drodt, Phillip, 1979: Die Tätigkeit des Vermittlungsausschusses BAnz Nr. 107, 7 ff

Feuchte, Paul, 1973: Die bundesstaatliche Zusammenarbeit in der Verfassungswirklichkeit der Bundesrepublik Deutschland, in: AöR Bd. 98, 473 ff

Frey, Kurt, 1976: Konstruktiver Föderalismus

Goroncy, Robert, 1972: Die Bundeskompetenzen für die Forschungsförderung nach dem Entwurf des sogenannten Flubereinigungsabkommens, in WissR 5, 135 ff

Grassl, Gerhard Horst, 1969: Staatsverträge und Verwaltungsabkommen zwischen den Ländern der Bundesrepublik Deutschland, Diss. Würzburg

Grawert, Rolf, 1967: Verwaltungsabkommen zwischen Bund und Ländern, in der Bundesrepublik Deutschland, Berlin

Grawert, Rolf, 1975: Zusammenarbeit und Steuerung im Bundesstaat, in: Der Staat Bd. 14, 229 ff

Groß, Rolf, 1969: Kooperativer Föderalismus und Grundgesetz, in: DVBl 93 ff, 125 ff

Hahnenfeld, Günter, 1975: Bundeswehrverwaltung gestern und heute, in: Bundeswehrverwaltung, 18 ff

Hahnenfeld, Günter, 1977: Aufgaben und Bedeutung der Bundeswehrverwaltung im Jahre 1977, in: Bundeswehrverwaltung, 217 ff

Heise, Gerd; Riegel, Reinhard, 1978: Musterentwurf eines einheitlichen Polizeigesetzes, 2. Aufl. München – Hannover
Hesse, Joachim Jens (Hrsg.), 1979: Politikverflechtung im föderativen Staat, Baden-Baden
Hesse, Konrad, 1962: Der unitarische Bundesstaat, Karlsruhe
Hesse, Konrad, 1970: Aspekte des kooperativen Föderalismus in der Bundesrepublik Deutschland, in: Festschrift für Gebhard Müller, 141 ff
Hollmann, Hermann H. 1980: Rechtsstaatliche Kontrolle der Globalsteuerung, Baden-Baden
Kisker, Gunter, 1971: Kooperation im Bundesstaat, Tübingen
Kisker, Gunter, 1977: Kooperation zwischen Bund und Ländern in der Bundesrepublik Deutschland, in: DÖV, 689 ff
Klein, Hans H., 1976: Verwaltungskompetenzen von Bund und Ländern in der Rechtsprechung des Bundesverfassungsgerichts, in: Bundesverfassungsgericht und Grundgesetz, Bd. II, hrsg. v. *Christian Starck*, 276 ff
Knöpfle, Franz, 1969: Verwaltungsabkommen zwischen Bund und Ländern, in: Der Staat, Bd. 8, 79 ff
Kölble, Josef, 1965: Grundgesetz und gemeinsame Ländereinrichtungen, in: DVBl, 867 ff.
Köttgen, Arnold, 1954: Der Einfluß des Bundes auf die deutsche Verwaltung und die Organisation der bundesdeutschen Verwaltung, Jb. öff. R. NF 3, 67 ff
Köttgen, Arnold, 1962: (Titel wie vor) Jb. öff. R. NF 11, 173 ff
Knoke, Hans-Thomas, 1966: Die Kultusministerkonferenz und die Ministerpräsidentenkonferenz, Diss. Hamburg
Kunze, Renate, 1968: Kooperativer Föderalismus in der Bundesrepublik, Stuttgart
Laufer, Heinz, 1981: Das föderative System der Bundesrepublik Deutschland, 4. Aufl. München
Maunz, Theodor, 1962: Pflicht der Länder zur Uneinigkeit?, in NJW, 1641 ff
Maunz, Theodor, 1980: Deutsches Staatsrecht, 23. Aufl. München
Möller, Alex (Hrsg.), 1969: Stabilitätsgesetz, 2. Aufl. Hannover
v. Münch, Ingo, 1973: Gemeinschaftsaufgaben im Bundesstaat, in: VVDStRL (31), 51 ff
Opfermann, Wilhelm, 1976: Einigung durch Vermittlung, in: ZRP, 206 ff
Oppermann, Thomas, 1972: Gemeinsame Bildungs- und Forschungsfinanzierung durch Bund und Länder nach Art. 91 b GG und nach Art. 104 a GG, in: DÖV 591 ff
Pfeiffer, Gerd, 1962: Selbstkoordinierung und Gemeinschafteinrichtungen der Länder, in: NJW, 565 ff
Ronellenfitsch Michael, 1975: Mischverwaltung im Bundesstaat, 1. Teil: Der Einwand der Mischverwaltung, Berlin
Scharpf, Fritz, W.; Reissert, Bernd; Schnabel, Fritz, 1976: Politikverflechtung, Kronberg/Ts.
Scheuner, Ulrich, 1966: Wandlungen im Föderalismus der Bundesrepublik, in: DÖV, 513 ff
Schmidt-Assmann, Eberhard, 1977: Verwaltungsorganisation zwischen parlamentarischer Steuerung und exekutiver Organisationsgewalt, in: Festschrift für Ipsen, 333 ff
Schneider, Hans, 1961: Verträge zwischen Gliedstaaten im Bundesstaat, in VVDSTRL (19), 1 ff
Schnoor, Herbert, 1979: Zur Lage der Länderverwaltung nach 30 Jahren Grundgesetz, in: DÖV, 355 ff
Schreckenberger, Waldemar, 1978: Föderalismus als politischer Handlungsstil, in: VerwArch, 341 ff
Stern, Klaus, 1975: Die föderalistische Ordnung im Spannungsfeld der Gegenwart, in: Politikverflechtung zwischen Bund, Ländern und Gemeinden, Schriftenreihe der Hochschule Speyer Bd. 55, 15 ff, Berlin
Stern, Klaus, 1977: Das Staatsrecht der Bundesrepublik Deutschland, Bd. I, 484 ff, München
Stern, Klaus; Münch, Paul; Hansmeyer, Karl-Heinrich, 1972: Gesetz zur Förderung der Stabilität und des Wachstums der Wirtschaft, 2. Aufl. Stuttgart
Thieme, Werner, 1970: Föderalismus im Wandel, Köln
Thieme, Werner, 1978: Kooperativer Föderalismus im Lichte verwaltungswissenschaftlicher Erkenntnis, in: BayVBL, 353 ff
Ule, Carl Hermann; Rasch, Ernst, 1965: Allgemeines Polizei- und Ordnungsrecht, Köln
Weber, Werner, 1970: Spannungen und Kräfte im westdeutschen Verfassungssystem, 3. Aufl., Stuttgart
Willich, Martin, 1978: Historische und aktuelle Probleme der Rechtsstellung des Bundesgrenzschutzes, seiner Aufgaben und Befugnisse, Diss. Hamburg
Zacher, Hans F., 1971: Grundlagen und Grenzen interföderativer Kooperation, in: BayVbl, 321 ff, 375 ff
Zuck, Rüdiger, 1975: Wirtschaftsverfassung und Stabilitätsgesetz, München

Die Bürokratisierungsdebatte: Der Stand der Auseinandersetzung

Günther Leis

I. Überbürokratische Erscheinungsformen in der öffentlichen Verwaltung – Kritische Ansätze und Äußerungen

1. Allgemeiner Befund

Die öffentliche Verwaltung sieht sich seit einiger Zeit einer Kritik gegenüber, die das Anwachsen der öffentlichen Aufgaben, die Gesetzesflut, den Regelungsperfektionismus, Mängel im Kontakt zwischen Verwaltung und Publikum, undurchsichtige und umständliche Verfahrensabläufe unter dem Schlagwort von Bürokratismus in der öffentlichen Verwaltung beklagt und weniger Staat und mehr Bürgernähe fordert. Von Bürokratismus spricht man, wenn die in der Bürokratie vorgegebene Arbeitsteilung, Hierarchie und Befolgung des Reglements von den dort Beschäftigten als Wert an sich betrachtet und nicht mehr auf gesellschaftliche Zwecke bezogen werden. Es ist die Umschreibung eines pathologischen Zustandes, während „Bürokratisierung" den Prozeß meint, durch den sich Bürokratien aus einem gesunden Organisationszustand in einen krankhaften hinbewegen, also vom Virus des Bürokratismus befallen sind.[1]

Diese Diskussion wird in der Öffentlichkeit nicht nur mit pauschaler Kritik, Polemik und Effekthascherei bestritten. Sie gründet sich auch auf ernst zu nehmende Hinweise auf Mängel in der öffentlichen Verwaltung, nämlich darauf, daß sich die Verwaltung in Teilbereichen, zumindest entsprechend ihrer Eigengesetzlichkeit, so weit fortentwickelt hat, daß unbestreitbare Vorzüge der bürokratischen Organisation in für den Bürger spürbare Nachteile umgeschlagen sind.

Die Verwaltungen von Bund, Ländern und Gemeinden versuchen deshalb sich der vielfältigen Kritik an Erscheinungsformen einer Überbürokratisierung zu stellen[2] und durch eine Reihe von Maßnahmen eine Verbesserung des Verhältnisses von Bürger und Verwaltung herbeizuführen. Für den Bereich der Ministerialverwaltung stehen im Mittelpunkt des Interesses – bedingt durch die Aufgabenstellung – die Probleme des Anwachsens der öffentlichen Aufgaben sowie die Gesetzesflut und der Regelungsperfektionismus. Die Regierungschefs von Bund und Ländern haben in einem Beschluß vom 16. Februar 1979 zur Rechts- und Verwaltungsvereinfachung festgelegt, daß Rechts- und Verwaltungsvorschriften auf das zur Erreichung der politischen Zielsetzung unbedingt Notwendige beschränkt werden sollen und die Regelungen bürgernah, einfach und verständlich abgefaßt und so sparsam, leicht und bürgernah durchführbar wie möglich gestaltet werden. Die Bundesländer haben sich dabei weitgehend besonders eingerichteter Kommissionen bedient[3]. Der Stand der Ergebnisse in den

Bundesländern ist in entsprechenden Übersichten der Länder Baden-Württemberg, Bayern und der Freien und Hansestadt Hamburg festgehalten[4].

Die Bundesregierung hat von der Einrichtung besonderer Kommissionen abgesehen und sich darauf beschränkt, durch Kabinettsbeschluß vom 13. Dezember 1978 zur Verbesserung des Verhältnisses Bürger/Verwaltung bereits eingeleiteten Bemühungen der Bundesressorts zusätzliche Impulse zu geben. Die Ressorts wurden aufgefordert, ihre Bereiche dahin zu überprüfen, ob Gesetze, Verordnungen und Verwaltungsvorschriften aufgehoben oder vereinfacht werden können. Zudem soll künftig der Frage vermehrt Aufmerksamkeit zugewandt werden, ob es einer Regelung überhaupt oder im vorgesehenen Umfang bedarf. Dem Bundesminister des Innern obliegt es, als Organisationsminister für die übergreifenden Problemfelder der Überbürokratisierung und des Verhältnisses Bürger/Verwaltung ein interministerielles Zusammenwirken zu institutionalisieren und zu fördern.

Im Politikbereich weisen die Aussagen der Parteien[5], die Äußerungen maßgeblicher Politiker auf Kongressen[6] und in der Öffentlichkeit zum Bürokratieproblem aus, daß gesellschaftliche Grundannahmen – wie sie etwa dem Spannungsfeld zwischen gesamtstaatlicher Verantwortung und Freiheit des einzelnen gelten – stärker thematisiert werden. Kennzeichnend ist die Diskussion des letzten Wahlkampfes über den Freiheitsbegriff. So wird die Forderung nach Abbau von Bürokratie mit der durch die staatliche Bürokratie bedrohten Freiheit des Einzelnen (CDU/CSU), mit dem „Liberalen Prinzip des Vorrangs des Einzelnen vor der Institution" (FDP) und der „Notwendigkeit der Selbstverwirklichung des Menschen in einer kooperativen Gesellschaft als einem Grundanliegen des demokratischen Sozialismus" (SPD) begründet. Für „Die Grünen" liegt ein Schwerpunkt ihrer politischen Tätigkeit in der Bekämpfung der „überhandnehmenden Bürokratie, der die Bürger hilflos ausgeliefert sind".

Für die CDU/CSU ist das von ihr politisch besetzte Bürokratiethema – wie das Programm zur Entbürokratisierung von Staat und Gesellschaft vom 3. Dezember 1979 ausweist – Ansatzpunkt für eine grundsätzliche ordnungspolitische Diskussion. Die notwendige Entbürokratisierung, die als „eine der großen politischen Herausforderungen des ausgehenden 20. Jahrhunderts" bezeichnet wird, hat sich an den folgenden Prinzipien zu orientieren: Vertrauen in den Bürger, Subsidiarität, Selbstverwaltung der Gebietskörperschaften und in den Sozialversicherungen, Vorrang der Person gegenüber technischen und bürokratischen Apparaten, Wettbewerb, Leistungsbezogenheit der öffentlichen Verwaltung. Der Gesetzgeber wird dringend aufgefordert, künftig nur das unbedingt Erforderliche in Vorschriften festzulegen und von perfektionistischen Einzelregelungen abzusehen. Weiterhin soll die Struktur des öffentlichen Dienstes so reformiert werden, daß die Leistungsfähigkeit gesteigert wird. Ansätze einer Umsetzung der Vorstellungen der CDU/CSU zur Entbürokratisierung sind in den Bemühungen der von ihr geführten Bundesländer (insbesondere Baden-Württemberg und Bayern) sowie in den parlamentarischen Initiativen zur Rechts- und Verwaltungsvereinfachung, zum Abbau des Formularwesens, zu einem Gesetzentwurf zur Bereinigung des Bundesrechts sowie in der Herbeiführung einer Entschließung des Bundesrates zur Eindämmung der Vorschriftenflut und zum Abbau perfektionistischer Regelungen zu sehen[7].

In der 9. Legislaturperiode des Deutschen Bundestages hat die CDU/CSU-Fraktion mit ihrem Antrag zur Prüfung der Notwendigkeit von Gesetzesvorhaben die parlamentarische Debatte neu belebt[8].

2. Ansätze für einen wissenschaftstheoretischen Analyserahmen für überbürokratische Erscheinungsformen.

Um die Bürokratiedebatte in allen ihren Erscheinungsformen erfassen zu können, muß versucht werden, einen weiteren Bezugsrahmen zu entwickeln, durch den die Dimensionen der Problemstellung in ihren wechselseitigen Beziehungen erkannt werden. Ausgegangen wird daher von folgender Überlegung: Die für den Bürger verbindliche Verwaltungsentscheidung ist nur ein letzter Teilschritt eines politisch-administrativen Problemlösungsprozesses. Dessen Ausgangspunkt ist ein gesellschaftliches Problem, das artikuliert und in den politischen Raum übernommen wird, das in Parteien und Parlament Gegenstand von programmatischen Entscheidungen gewesen ist, das von Regierungen von Bund und Ländern mit ihren Untergliederungen bearbeitet wurde und das schließlich in Kontakt mit dem Publikum durch Verwaltungsentscheidung einer Lösung zugeführt wird. Auf den gesamten Vorgang staatlicher Problemlösung wirken strukturelle Prämissen ein, die das jeweilige Verwaltungshandeln bestimmen. Soweit diese in einer bestimmten Weise ausgeprägt sind, haben sie ein Erscheinungsbild staatlicher Aufgabenerfüllung zur Folge, das in der Öffentlichkeit als „bürokratisch" bezeichnet und kritisiert wird. Die unterschiedlichen Arten von strukturellen Vorgaben können deshalb genutzt werden, um die Dimensionen der Problemstellung anzugeben und Problemfelder zu bezeichnen.
In Anlehnung an die strukturellen Vorgaben des jeweiligen – also auch des als bürokratisch kritisierten – Verwaltungshandelns können dann folgende Problemfelder unterschieden werden:
- gesellschaftliche Strukturen, insbesondere die Ausgestaltung des Wirtschaftssystems
- politische Strukturen, Form demokratischer Herrschaftsausübung und Legitimation, Verbände- und Parteienstrukturen
- der Staatsaufbau, besonders der Föderalismus und die kommunale Selbstverwaltung
- die Gliederung der staatlichen und kommunalen Verwaltungen in organisatorischen Detaileinheiten
- die in Behörden vorzufindenden Binnenstrukturen wie die Zuständigkeitsregelungen und die Über-Unterordnungsverhältnisse als Organisationsstrukturen; die Aufgaben- und Programmstrukturen, die den Inhalt der sachlich richtigen Entscheidung festlegen, wie Gesetze, Verwaltungsvorschriften und Pläne; die Prozeßstrukturen, wie sie in der Art und Weise der Entscheidungsfindung und in den Methoden zum Ausdruck kommen; schließlich die personalen Strukturen, als personengebundene Prämissen, die durch die Sozialisation, die Ausbildung, Fortbildung, Leistungsanreize etc. vermittelt werden[9].

Wenn man die in der Kritik angesprochenen Aspekte des Verwaltungshandelns den analytisch gewonnenen Problemfeldern zuordnet, so stehen zunächst einmal der letzte Teilschritt des politisch-administrativen Problembildungsprozesses und die insoweit wirkenden strukturellen Vorgaben im Vordergrund:

- Ein großer Teil der Unzufriedenheit bezieht sich auf die Kontaktsituation zwischen Behörden und Verwaltungspublikum. Die „muffige" Atmosphäre in den Behördengängen gehört dazu ebenso wie der unfreundliche, übergenaue Beamte, der angeblich weniger zu arbeiten braucht, um dennoch ohne Sorgen um seinen Arbeitsplatz eine gute Bezahlung zu erhalten.
- Es werden die Personalstrukturen des öffentlichen Dienstes angesprochen, die keine hinreichende Leistungsbereitschaft des Beamten gewährleisten und privilegierend wirken oder es wird die Art und Weise der Entscheidungsfindung kritisch betrachtet. Vor allem werden aber Orientierungsmängel beklagt, wie die zu starke Orientierung an Verfahrensvorschriften und innerorganisatorische Faktoren statt einer sach- und anliegensgerechten output-Orientierung.
- Die Prozeßstrukturen sind ebenfalls in der Kritik eines langwierigen und umständlichen Geschäftsganges angesprochen. In Beziehung hierzu steht der Unmut über die Unverständlichkeit von Vordrucken und von Fachsprachen, wobei insbesondere im Zusammenhang mit der Nutzung der elektronischen Datenverarbeitung Kritik geübt wird.
- Auf die organisatorischen Strukturen in Behörden wird Bezug genommen, wenn das Zuständigkeitsdenken, der umständliche Instanzenzug sowie die Undurchsichtigkeit der Verantwortlichkeiten beklagt werden. Als nach außen durchschlagende Organisationsmängel werden der zu hohe Grad von Formalisierung, Standardisierung und Spezialisierung empfunden, sowie Tendenzen zur Überorganisierung.
- Die Aufgaben- und Programmstrukturen werden mit Blickrichtung auf eine zu hohe Regelungsdichte angesprochen. Diese wirkt sich insbesondere in der großen Anzahl von Gesetzen und untergesetzlichen Normen aus. Für einen nicht unbedeutenden Teil der Kritiker scheint das Zuviel an Normen in eine Qualität staatlicher Regelungen umzuschlagen, die als bedrohlich empfunden wird. Damit wird auch das Verhältnis Staat und Gesellschaft bzw. von gesellschaftlichen und politischen Strukturen der Bundesrepublik Deutschland zum Thema gemacht. Dies geschieht mit der Blickrichtung, daß der Staat überfordert sei und deshalb wieder mehr auf die Selbstregulierungsmechanismen der Gesellschaft, insbesondere auf den Markt, zurückgegriffen werden sollte.

3. Zusammenfassung

Von diesem systemtheoretischen Bezugsschema aus werden sich – wie noch aufzuzeigen sein wird – die Ursachen überbürokratischer Erscheinungsformen differenzierter erläutern und ausleuchten sowie Lösungsansätze struktur- und verhaltensbezogener finden lassen. Vorerst soll an dieser Stelle zusammenfassend festgehalten werden, daß die Bürokratiekritik hauptsächlich an zwei Punkten ansetzt:

– dem Verhältnis von Staat und Gesellschaft; zuviel Staat und zuviele öffentliche Aufgaben, deren Erledigung durch eine Flut von Gesetzen und Verordnungen gesteuert wird, die Verwaltungen und Bürger belasten; deren kritische Aussagen stehen im Mittelpunkt der auf die Bundesebene bezogenen politischen Auseinandersetzungen,
– der bürokratischen Struktur und Funktionsweise der Verwaltung; insbesondere ist hier die Handhabung der Normen angesprochen; die kritischen Stichworte dafür sind Amtsschimmel und Bügerferne.

In beiden Fällen bezieht sich die Kritik auf Phänomene der Übersteigerung, auf negative Folgeerscheinungen von Strukturmerkmalen und Handlungsweisen, die zunächst im Prinzip durchaus positiv und erwünscht erscheinen. Auch hierin äußert sich die Ambivalenz dieses Themas, die durchaus zu Unterschiedlichkeiten bei der Bewertung der Erscheinungsformen von Überbürokratisierung führt. Die Auswertung der Ansätze der Bürokratiekritik hat zudem deutlich gemacht, daß zunächst nach den Ursachen von Erscheinungsformen von Überbürokratisierung gefragt werden muß und erst daraufhin nach Ansatzpunkten für Abhilfen gesucht werden kann. Damit wird auch die Bürokratiediskussion selbst noch versachlicht werden können.

II. Analyse der Ursachen überbürokratischer Erscheinungsformen und ihre Bewertung auf der Grundlage einer Sachverständigenanhörung

Der Bundesminister des Innern hat am 19. und 20. Juni 1980 Sachverständige aus Verbänden und Verwaltungspraxis von Bund, Ländern und Gemeinden sowie aus dem Wissenschaftsbereich zu Ursachen einer Bürokratisierung gehört,[10] mit der Absicht, durch die Anhörung nicht nur mögliche Abhilfekonzepte zu erarbeiten, sondern die Thematik auch politisch zu hinterfragen. Außerdem sollte einer kritischen, mehr reflektierenden Öffentlichkeit deutlich gemacht werden, daß von Seiten der öffentlichen Verwaltung die tieferen Ursachen der Bürokratiekritik ernstgenommen werden. Dabei sollten die gesellschaftlichen und politischen Rahmenbedingungen dargestellt werden, die den Erfolg von ins Auge gefaßten Vorschriften zur Verbesserung des Verhältnisses Bürger/Verwaltung entscheidend mitbestimmen, um damit eine Möglichkeit zu schaffen, überzogenen Erwartungshaltungen vorzubeugen[11].

Es wurde daher bei der Auswahl möglicher Themenkomplexe für ein Hearing davon ausgegangen, daß in einem ersten Teil die Ursachen und die gesellschaftlichen und politischen Implikationen der Bürokratiekritik diskutiert werden sollten. Für die weitere Konkretisierung des Themenkomplexes wurde das als „bürokratisch" kritisierte Verwaltungshandeln auf der Grundlage eines Gesetzgebungsprogramms zum Ausgangspunkt der Betrachtungen gewählt. Das bürokratische Verwaltungshandeln kann sodann interpretiert werden als Endpunkt eines fehlerhaften Prozesses, an dessen Anfang die Artikulation von gesellschaftlichen Problemen und an dessen Ende die Umsetzung von Gesetzesprogrammen durch Verwaltungshandlungen steht.

Folgende Ergebnisse der Anhörung und gutachterlichen Auswertung[12] wird man für das weitere Vorgehen im Rahmen einer Entbürokratisierung als zentral ansehen können:

a) Bürokratisierung i. S. staatlichen Aufgabenwachstums, zunehmender Regelungen, zunehmender Abhängigkeit des Bürgers von staatlichen Leistungen ist insbesondere
- Folge der gesellschaftlichen Entwicklungen wie Größenwachstum und technologischer Wandel, Ausbildung des Interventionsstaates usw.
- Folge rechtlicher und institutioneller Rahmenbedingungen (demokratisches politisches System, Rechtsstaatlichkeit, Sozialstaatlichkeit, Kooperativer Föderalismus mit Gemeinschaftsaufgaben und Finanzierungsvermaschungen, Stellung der Gerichte und Rechnungshöfe usw.)
- Begleiterscheinung der Verwirklichung politischer Zielsetzungen und gesellschaftlicher Ansprüche (Gleichheit der Lebenschancen, soziale Sicherheit, Ausbau des Schutzes des Einzelnen vor staatlichen Eingriffen usw.)
- Ergebnis von Verhaltensneigungen der an der Politikentwicklung beteiligten Akteure (Profilierungswünsche von Abgeordneten, politischer Wettbewerb, Orientierung an politischer Opportunität, Perfektionismus von Gesetzgebungsspezialisten, ministerielle Neigung, nachgeordnete Behörden zu detailliert zu steuern, Verantwortungsscheu von Beamten, Unkenntnis der politischen Entscheider und Entscheidungsvorbereiter über die konkreten Vorgänge im Regelungsfeld und die Praxis der Vollzugsverwaltung, legislativer Übereifer usw.).

b) Die Bedingungsfaktoren einer Bürokratisierung sind zugleich auch die Ursachen für ein Zuviel an Bürokratisierung und für negative Nebenfolgen oder für das, was als „Über-Bürokratisierung" beklagt wird. Der Schwierigkeit der bürokratiekritischen Diskussion und ihrer Entsprechung durch politische und administrative Maßnahmen liegt darin, dieses Zuviel zu bestimmen. Oder anders ausgedrückt: „von welchem Punkt ab wird Bürokratie als unvermeidlicher Preis für etwas Gewolltes so sehr zum Kostenfaktor, daß Bürger und gesellschaftliche Gruppen bereit sind, lieber auf ein Mehr an sozialer Sicherheit, Gleichheit und staatlicher Dienstleistungen zu verzichten, als noch mehr Regelungen, Verwaltung und Staatsaufgaben in Kauf zu nehmen?" In der Anhörung konnten von den Sachverständigen eindeutige objektive Schwellenwerte für ein Umschlagen des funktionalen in ein dysfunktionales bürokratisches Handeln nicht genannt werden. Einigkeit bestand jedoch darin, daß dieses „Zuviel" an Bürokratie vorhanden ist bzw. von immer mehr Bürgern subjektiv als gegeben empfunden wird.

c) Die Komplexität der Ursachen und insbesondere die Tatsache, daß auch Überbürokratisierungen in der Regel Folge von Prozessen sind, die wegen anderer Werte durchaus bejaht und gewollt werden, schließen einfache, schnellgreifende Patentrezepte aus. Ein realistischer Ausweg wird jedoch darin gesehen, in den Prozeß der Politikentwicklung Gegenkräfte einzubauen, die Tendenzen einer Überbürokratisierung entgegenzuwirken vermögen.

d) Der Prozeß der Gesetzesentwicklung sollte so gestaltet werden, daß Überregelungstendenzen und Tendenzen zur Vernachlässigung von Umsetzungsproblemen neutralisiert werden. Als richtiger Weg zur Verbesserung der Gesetzgebung wurde angesehen, Kriterien für die Auswahl der Gesetzes- und Programmtypen sowie der eingesetzten Verwaltungsmittel im Hinblick auf die Eigenart der gegebenen Aufgabe zu erarbeiten.

e) Der Vollzug von Gesetzen ist zumindest in Teilbereichen durch die große Anzahl und die Wechselwirkung der einschlägigen Regelungen gefährdet. Gefordert wurde, sich möglichst weiterer Regelungen zu enthalten. Soweit eine Regelung dennoch erforderlich ist, sind die vollzugsgeeigneten gesetzgeberischen Mittel sorgfältig auszuwählen. Organisatorische und verfahrensmäßige Festlegungen sollten möglichst nicht getroffen werden, um den Verwaltungen bei der Durchführung mögliche Freiräume zu belassen. Besonders häufig wurde – insbesondere von Verwaltungspraktikern – auf Mängel im Zusammenwirken von Bund, Ländern und Gemeinden hingewiesen. Die zentralen Instanzen versuchten durch zu viele und zu perfekte Gesetze, Verwaltungsvorschriften und andere Verwaltungsprogramme die Verwaltungen vor Ort einzubinden. Weiter werde der Handlungsspielraum der Gebietskörperschaften durch den praktizierten „kooperativen Föderalismus" mit seinen Gemeinschaftsaufgaben und Finanzierungsvermaschungen zu stark eingeengt[13].

f) Entgegen der Ansicht des Präsidenten des Bundesrechnungshofs und des Vertreters des Bundesverwaltungsgerichts wurde überwiegend die Auffassung vertreten, daß von der Art und Weise der Kontrolle der Gerichte und Rechnungshöfe ein Bürokratisierungseffekt ausgeht. Kritisiert wurde, daß die Verwaltungsgerichte politische Entscheidungen ersetzen und normenverstärkend wirken. Bei den Rechnungshöfen wurde kritisch auf das Vorherrschen der Sparsamkeitskontrolle hingewiesen. Gefordert wurde, mehr Wirkungsuntersuchungen zu Gesetzen durchzuführen. Vorhandene Ansätze sollten ausgebaut und organisatorisch in Form von Referaten zur Gesetzgebungsberatung abgesichert werden.

Die Anhörung hat damit einen umfassenden Überblick über die vorhandenen Kenntnisse zu zentralen Problemaspekten der Bürokratisierung gegeben. Zudem ist es gelungen, den Dialog zwischen Wissenschaft und Verwaltungspraxis insbesondere zu Möglichkeiten der Verbesserung der Gesetzgebung anzuregen. So haben an den Fragestellungen interessierte Forschungseinrichtungen[14] ergänzende Forschungsvorhaben bereits eingeleitet.

III. Strategiekonzepte in der Bürokratisierungsdiskussion

1. Allgemeine Zielvorstellungen

Aus dem Vorstehenden ergibt sich, daß Ursachen von Bürokratisierungserscheinungen in einzelnen Bereichen staatlichen Handelns auch Auswirkungen auf andere Bereiche haben. So mag zwar die letztlich durch die Gesetzgebung geschaffene vielfältige Abhängigkeit des Bürgers die wichtigste Wurzel der negativen Einstellung zur staatlichen Bürokratie sein. Es wäre jedoch eine unzulässige Vereinfachung, in der Bürokratie dann nur ein insoweit durch die Kritik nicht betroffenes „Vollzugsorgan" zu sehen[15]. Die öffentliche Verwaltung ist vielmehr als Gegenstand der Alltagserfahrungen des Bürgers auch wesentlich an der Konkretisierung der verschiedenen Normen und damit der an die Gesetzgebung gerichteten Aufgaben beteiligt. Insofern sind die Aspekte „Überregelung/Normenflut" und „Bürgerferne der Verwaltung" hinsichtlich ihrer Ursachen nicht völlig voneinander zu trennen. Gleichzeitig verbinden sich die Ursachen für die verschiedenen Erscheinungsformen von Überbürokratisierung in großem Zusammenhang und führen zu einer weiteren Verstärkung bürokratischer Tendenzen. So können sich Ursachen für Überregelung wie für bürokratische Funktionsweise der Verwaltung in einer Art „Vollzugsverholzung"[16] gegenseitig steigern. Perfektionismus des Gesetzgebers und der verwaltungssteuernden Oberbehörden (im Hinblick auf die Zahl und den Umfang der Verwaltungsvorschriften) werden durch Kontrollen der Gerichte und der Rechnungshöfe intensiviert. Nachgeordnete Behörden neigen deshalb dazu, diese Anforderungen zu antizipieren, begrenzen somit selbst ihre Handlungsfreiheit und ihr Ermessen und geraten in eine „Absicherungsmentalität", die flexibles Verhalten gegenüber den Bedürfnissen des Bürgers erschwert. Vorschläge zu einem Aufbrechen der Bedingungszusammenhänge, die ursächlich für das Entstehen von Tendenzen zur Überbürokratisierung sind, können angesichts der Verflechtung verschiedener Ursachen nur dann zu wirksamen Änderungen führen, wenn sie in ein strategisches Konzept eingebettet sind, das über nur punktuell greifende Einzelmaßnahmen hinausgeht.

Auch hierfür hat sich die Anhörung hilfreich erwiesen, da sie allen Experten aus Wissenschaft und Praxis Gelegenheit gab, über das rein Evidente hinaus grundsätzliche Maßnahmenaspekte zu erörtern. Während Kommissionen – allein schon unter dem politischen Erwartungsdruck – Sofortmaßnahmen zu behandeln bevorzugen, neigen Experten in einer offen gehaltenen Anhörung zur Erörterung längerfristiger relevanter Problem- und Lösungsaspekte.

Strategische Konzepte – sei es mehr flächendeckend[17] oder sei es mehr sektoral auf bestimmte Maßnahmenkomplexe[18] konzentriert – werden jedoch solange nur Ansätze zur Entbürokratisierung bleiben, wie ihnen das notwendige politische Gewicht nicht beigemessen wird. Möglich ist dieses nur durch eine Politik, die sich nicht lediglich den materiellen Politikinhalten verpflichtet fühlt, sondern auch dem Instrument ihrer Umsetzung, nämlich der Verwaltung[19]. Es kann aber nicht Ziel einer solchen Verwaltungspolitik sein, das Verwaltungssystem an „Haupt und Gliedern" zu reformieren und grosse organisationspolitische Konzepte zu entwerfen. Vielmehr ist einer Bürokratiekritik durch eine Verwaltungspolitik zu begegnen, die auf eine schrittweise Beseitigung von Mängeln zur Verbesserung des Verhältnisses von Bürger und Verwaltung abzielt. Ziele einer solchen bürgeroffenen Verwaltungspolitik sind vor allem

- schwerpunktmäßige Überprüfung von Aufgabenbereichen mit den Zielen, die Regelungsdichte abzubauen und einen bürgernahen Aufgabenvollzug zu gewährleisten.
- Verbesserung der Gesetzgebung durch Entwicklung von Hinweisen und Arbeitshilfen für eine Überprüfung der Notwendigkeit, des Detaillierungsgrades, der Vollzugseignung, der Verständlichkeit sowie der Wirksamkeit von Rechtssetzungsakten.
- Institutionalisierung eines Verfahrens zur Notwendigkeitsprüfung von Regelungen.
- Bürgernahe Organisation der Aufgabenerfüllung.
- Privatisierung dann, wenn unter Berücksichtigung der politischen Zielsetzungen Dienstleistungen durch eine funktionierende Marktwirtschaft bürgernäher und effizienter erbracht werden können.

– Verbesserung des Verhältnisses von Bürger und Verwaltung, insbesondere auch bei Nutzung moderner Informationstechnologien.
– Mehr Bürgerbeteiligung und mehr Verwaltungstransparenz.

Zielsetzungen dieser Art kommen dem von *Wittkämper* geforderten Begriff der „Verwaltungsverbesserung“ näher,weil treffender und eher geeignet, Menschen zu motivieren, als der Begriff „Entbürokratisierung“[20]. Dieser ist nun aber einmal eingeführt, ohne allerdings bisher eindeutig wissenschaftlich definiert worden zu sein, so daß er verschieden interpretierbar ist. Er soll hier aus pragmatischen Gründen in seiner weiteren Auslegung zugrunde gelegt und damit auch die Normenreduzierung mit einbezogen werden[21].

2. Konzeptionelle Folgerungen für Abhilfestrategien

Die nachfolgenden konzeptionellen Überlegungen sind von dem persönlichen Erfahrungshintergrund des Verfassers als Angehöriger der Bundesverwaltung beeinflußt. Der übergreifende Aspekt der Darstellung von Ansätzen zur Abhilfe wird dadurch jedoch nicht beeinträchtigt, da sich bei Bund, Ländern und Gemeinden angesichts des sie verbindenden gemeinsamen Problemumfeldes trotz unterschiedlicher Ebenen eine übereinstimmende Grundstrategie feststellen läßt[22].

a) In der Sachverständigenanhörung ist die *Verbesserung der Gesetzgebung* als ein besonders gewichtiger Ansatzpunkt gesehen worden, einer bürgernahen Umsetzung von politischen Zielsetzungen mehr Gewicht zu verschaffen und Gegenkräfte gegenüber Bürokratisierungstendenzen der Gesetzgebung zu institutionalisieren. Gesetzesflut und Regelungsperfektionismus verweisen auf Mängel im Prozeß der Gesetzgebung. Zur Bereinigung dieser Mängel ist es notwendig, daß die Eignung eines Gesetzesprogramms zur Lösung des jeweils anstehenden Problems näher untersucht wird und bei der Programmentwicklung auch Gesichtspunkten eines praktikablen Verwaltungsvollzugs stärker Rechnung getragen wird. Der Prozeß der Gesetzentwicklung ist damit so zu gestalten, daß Überregelungstendenzen und Tendenzen zur Vernachlässigung von Umsetzungsproblemen neutralisiert werden.

Bevor jedoch verfahrensmäßige und organisatorische Konsequenzen gezogen werden, wird es – in Übereinstimmung mit dem Auswertungsgutachten zur Sachverständigenanhörung[23] – für notwendig gehalten, zunächst die inhaltlichen Fragen der Gesetzentwicklung besser aufzubereiten und Kriterien zu entwickeln, die den Parlamentariern und Ministerialbeamten als Informations- und Entscheidungsgrundlagen dienen können. Inhaltlich sollen sich diese Kriterien, Hinweise und Arbeitshilfen auf die Frage der Notwendigkeit und Wirksamkeit von Regelungen, auf die Vollzugs- und Kostenprobleme sowie auf Fragen der richtigen gesetzestechnischen Gestaltung beziehen. Die Notwendigkeit von Regelungen bzw. die dahinterstehende Frage, ob eine bestimmte Aufgabe staatlich ausgeübt werden soll oder nicht, wird allerdings letztlich durch politische Wertentscheidungen bestimmt. Bei der Sachverständigenanhörung wurde aber eine Reihe von Hinweisen hierzu genannt, aufgrund derer die politische Entscheidung auf eine breitere Grundlage gestellt werden kann.

Auch die Staatsrechtslehrer, die sich noch jüngst mit den Grenzen gesetzgeberischer Tätigkeit befaßten[24], sehen zwar die Möglichkeit weitgehender Entlastungen durch Reform des gesetzgeberischen Verfahrens als begrenzt an, halten besondere Prüfungen der Notwendigkeit gesetzgeberischen Eingreifens jedoch für erwägenswert. Es wird weiterhin betont, daß die Rückgewinnung gesetzgeberischer Distanz, das Festhalten an einer „Toleranzgrenze der Gesetze" und eine Beschränkung auf das wirklich Normierbare zum Abbau der Übernormierung beitragen können. Eine interministerielle Arbeitsgruppe ist inzwischen unter wechselndem Vorsitz des Bundesjustiz- und des Bundesinnenministeriums damit befaßt, die bei der Gesetzgebung und Gesetzesdurchführung auftretenden Probleme auf der Grundlage einer Gesamtkonzeption nacheinander abzuarbeiten und Kriterien und Hinweise für die Gesetzgebung zu entwickeln; langfristig ist an die Entwicklung eines Gesetzeshandbuches gedacht. Die Arbeitsgruppe ist hierbei zunächst von einem im Bundesministerium des Innern entwickelten Kriterienkatalog zur Prüfung der Verbeserung des Verhältnisses Bürger/Verwaltung ausgegangen, in dem alle nur denkbaren Quellen und Befunde der Regelungsdichte aufgegriffen sind und der eingehende Überlegungen zum Verhältnis zwischen Regelungsdichte und ihren Rahmenbedingungen enthält[25].

Die ersten vom Bundesministerium der Justiz herausgegebenen Arbeitshilfen und die einschlägigen Richtlinien der Länder Baden-Württemberg, Hessen und Rheinland-Pfalz haben bereits unter gesetzestechnischen und rechtssoziologischen Aspekten eine eingehendere Würdigung erfahren[26].

b) Als ein weiterer Gegenstand zur Verrechtlichung stellt sich die *Entstaatlichung* dar. Im Mittelpunkt der Debatte steht die Forderung nach Privatisierung öffentlicher Aufgaben. Mit ihr wird die Frage aufgeworfen, ob es nicht eine Fehlentscheidung war, die Aufgabe jemals in öffentliche Verantwortung übernommen zu haben. Sonst nämlich müßte durch die Privatisierung das wieder verloren gehen, was man mit der öffentlichen Erfüllung der Aufgaben anstrebte. Wenn jedoch z. B. Gemeinwohlziele mit einer Aufgabe verbunden sind, können über den Markt vermittelte ökonomische Kriterien eben nicht allein Geltung beanspruchen. Es erscheint daher kaum vertretbar, die Effizienz der öffentlichen Leistungserbringung mit einer idealtypisch aufgefaßten privatwirtschaftlichen unternehmerischen Effizienz zu vergleichen. Somit ist zu vermuten, daß auch die Erfüllung der Aufgaben durch Private nicht effizienter sein wird, wenn die mit der öffentlichen Erfüllung der Aufgaben gewollten Zielsetzungen weiterhin Geltung haben sollen. Die Änderung der Organisationsform allein bewirkt nicht die behauptete Effizienzsteigerung.

Daneben werden auch andere Gründe genannt, die für eine Privatisierung öffentlicher Aufgaben sprechen. So wird die finanzwirtschaftliche Entlastung als ein gewichtiger Gesichtspunkt angeführt. Eine Entlastung der öffentlichen Haushalte ist allenfalls jedoch dann zu erwarten, wenn künftig keine Zuschüsse und Subventionen geleistet werden müssen. Dies muß jedoch bezweifelt werden, da sehr häufig die Aufgaben vom Staat übernommen worden sind, weil ohne staatliche Eingriffe eine bedarfsgerechte für alle Bürger erschwingliche Leistungserstellung nicht möglich war.

Weiterhin wird argumentiert, daß durch eine Privatisierung eine verwaltungsstrukturelle oder organisatorische Entlastung herbeigeführt wird. Steigerung der Steuerungsfähigkeit der Verwaltung, Entlastung der politischen Führung, Abbau der Konfliktüberlastung, Entpolitisierung und neuerdings verstärkt Entbürokratisierung sind hier die Schlagworte. Es muß bezweifelt werden, daß eine Entstaatlichung wirklich die gewünschten entlastenden Folgen hat.

Die aufwendige, ideologisch gefärbte Privatisierungsdebatte ist bisher diffus geblieben und hat sich nicht in eine politisierte allgemeine Akzeptanz überführen lassen[27]. Sie steht in einem umgekehrten Verhältnis sowohl zu den bisherigen Privatisierungsmaßnahmen als auch zu den im Vergleich mit dem verbleibenden Block der öffentlichen Verwaltung durchsetzbaren Privatisierungsmöglichkeiten. Zu denken geben muß außerdem die Aussage der bayerischen Kommission für den Abbau von Staatsaufgaben und für Verwaltungsvereinfachung, wonach „die bisherigen Erfahrungen lehren, daß Privatisierung nur sehr beschränkt möglich ist“[28].

Übereinstimmung besteht dagegen darin, daß die Bewältigung der öffentlichen Aufgaben, die als Folge der Verantwortung des sozialen Rechtsstaates gegenüber den gesellschaftlichen und ökonomischen Entwicklungen ständig angewachsen sind, angesichts knapper finanzieller, organisatorischer und personeller Ressourcen zunehmend schwieriger wird und es deswegen notwendig ist, die Übernahme neuer Aufgaben kritisch zu diskutieren. Auch wenn eine Theorie öffentlicher Aufgaben nicht in Sichtweite ist, so sollte doch der Versuch unternommen werden, Kriterien zu finden[29], die für den politischen Prozeß der Übernahme öffentlicher Aufgaben eine bessere Entscheidungsgrundlage liefern können, denn bei der Bürokratiekritik geht es letztlich um eine Kritik an den staatlichen Aufgaben und damit um die Frage, ob sie abgebaut werden können und müssen[30]. Bei der Kritik der bestehenden Aufgaben bzw. der bestehenden Form der Aufgabenerfüllung wird es entsprechend der obigen Argumentation nur in solchen Fällen um eine Privatisierung gehen können, in denen für die Leistungserstellung ausschließlich ökonomische Gesichtspunkte maßgebend sind. In den anderen Fällen sollte die Frage der Trägerschaft der öffentlichen Aufgabenerfüllung ständig überdacht und nach Möglichkeiten einer Verbesserung der öffentlichen Leistungserbringung gesucht werden. Hierzu gehört auch die Erwägung einer dritten Alternative zwischen öffentlicher Versorgung und individueller Selbsthilfe, in deren Rahmen sich die vielfältigen Formen von Selbstorganisation, von Selbsthilfegruppen und andere „kleine soziale Netze“ finden, und zwar in einem Sektor wie Sozial-, Jugend-, Gesundheitswesen, der weder staatlich noch profitorientiert ist[31]. Solchen und ähnlichen Fragen, die herkömmlicherweise im Zusammenhang mit einer Aufgabenkritik diskutiert werden, ist künftig verstärkt Beachtung zu schenken.

Bei der Sachverständigenanhörung des Bundesministers des Innern wurde allerdings bezweifelt, daß es im Hinblick auf politische Wertentscheidungen objektiv gültige Kriterien für die Bestimmung und Kritik öffentlicher Aufgaben gibt. Die Vertreter der Wirtschaftswissenschaften waren demgegenüber optimistischer, aus dem wirtschaftswissenschaftlichen Instrumentarium entsprechende Hinweise ableiten zu könen; skeptisch wurden aber Verfahren einer systematischen Aufgabenkritik beurteilt. Dies gilt insbesondere für Privatisierungsvorhaben. Gefordert wurde, mehr als bisher Zurückhaltung

bei der Übernahme neuer Aufgaben zu üben. Gerade deshalb dürfte die abgestufte und differenzierend vorgehende Aufgabenkritik gegenüber einem „grobschlächtigen" Instrumentarium der Ausgabenminderung in der öffentlichen Verwaltung vorzuziehen sein, wie es die generelle Einsparung, Mittelkürzung, Plafondierung oder die pauschale Streckung und Kürzung von Maßnahmen sind[32].
Die Aufgabenkritik erlaubt es weiter, Gegenkräfte im Sinne einer Hinderung unkontrollierten Zuwachses öffentlicher Aufgaben zu mobilisieren, ohne dabei in einen pauschalen Abbau von Aufgaben der klassischen Verwaltung zu münden, der aus grundsätzlichen Erwägungen heraus ausgeschlossen bleiben muß.
Eine regelmäßige Überprüfung der öffentlichen Aufgaben und dies auch noch in relativ kurzen Zeitabständen – wie dies z. T. gefordert wird[33] – wird jedoch nicht möglich sein. Ein solches ständiges Infragestellen der öffentlichen Aufgaben würde zu einer Überlastung der politischen Prozesse führen und wäre im Interesse einer effektiven Aufgabenerfüllung durch die Verwaltung nicht tragbar. Gleichwohl ist zu erwarten, daß die aktuelle Diskussion zur Entbürokratisierung der Aufgabenkritik einen höheren politischen Stellenwert zuweist.

c) Die Diskussion über die *Verbesserung des Verhältnisses Bürger/Verwaltung* wird vor allem unter den unscharfen und nicht deckungsgleichen Begriffen „mangelnde Bürgernähe" und „Überbürokratisierung" geführt. Mit der politischen Forderung nach Bürgernähe, die das Spannungsfeld zwischen politischer Norm und politischer Wirklichkeit in der zentralen Dimension des Verwaltungshandelns kritisiert, läßt sich noch keine bündige Definition von Bürgernähe geben[34]. Allgemein wird man auch darauf verzichten können, denn wegen der Situationsabhängigkeit des Verhältnisses Bürger/Verwaltung hilft eher die Analyse des sich äußernden Unmutes mit dem Ziel, die angesprochenen Mängel und Problemfelder im Beziehungsverhältnis näher zu kennzeichnen und dann zu prüfen, ob bei einzelnen konkreten Gegenständen (wie Normen, Richtlinien, Programmen, Organisationsentscheidungen) Anlaß zur Kritik besteht und welche Möglichkeiten bestehen, Abhilfe zu schaffen[35].
Die Verwaltung muß daher die Wünsche und Erwartungen der Bürger erst ermitteln, ehe sie ein Konzept zur Verbesserung der Bürgernähe entwickelt, das aber kein flächendeckendes Konzept für alle Bereiche der Verwaltung abgeben kann. Durch sozial- und politikwissenschaftliche Vorstellungen beeinflußt[36] reift inzwischen auch in der Verwaltungspraxis die Erkenntnis, daß es sich bei dem zu verbessernden Verhältnis zwischen Bürger und Verwaltung um eine soziale Beziehung handelt, die von Merkmalen der spezifischen typischen Situation beider Seiten (Behördentyp, Publikumstyp) wesentlich geprägt wird. Auf der Seite des Bürgers sind es die Erwartungen, die diese an die Verwaltung hat. Bezugspunkt ist dabei neben einem seinem Bedürfnissen entsprechenden Inhalt vor allem die Art und Weise der Vermittlung staatlichen Handelns. Erwartet wird neben einem sach- und bedürfnisgerechten vor allem ein anliegens- und situationsgerechtes Handeln der Verwaltung. Auf der Seite der Verwaltung ist es die Art und Weise des Handelns, der Kommunikation und der Interaktion mit dem Bürger, die maßgeblich von Aufgaben und personellen Strukturen der Verwaltung bestimmt wird. Verbesserung des Verhältnisses bedeutet, darauf hinzuwirken, die Diskrepanz

zwischen Erwartungen und Strukturen weitgehend zu beseitigen oder möglichst gering zu halten. Hieraus läßt sich die jeweilige Kontaktsituation definieren, die hinreichend genaue Anhaltspunkte für einen zielgerichteten Maßnahmeneinsatz gibt. So hat die „Kommunale Gemeinschaftsstelle für Verwaltungsvereinfachung" ein Verfahren entwickelt, das die Mitarbeiter sowie die betroffenen Organisationseinheiten im Rahmen einer Projektorganisation frühzeitig in die Überlegungen einbezieht[37].

Bei der spezifischen Aufgaben- und Behördenvielfalt der Bundesverwaltung stellt sich die Forderung, bei der Suche nach Anhaltspunkten für eine Verbesserung des Verhältnisses Bürger/Verwaltung in der jeweiligen spezifischen Behördensituation die Besonderheiten des einschlägigen Publikums- und Behördentyps zu berücksichtigen, in besonderem Maße. Auf Initiative des Bundesministers des Innern hat daher eine interministerielle Arbeitsgruppe einen fragenorientierten und mehrdimensionierten Kriterienkatalog für den nachgeordneten Bereich der Bundesverwaltung[38] entwickelt, der zum einen auf die unmittelbare Kontaktstellensituation (Bürgerinformation und Bürgerbeteiligung sowie Bürgerkontakte) abzielt, zum anderen auf die internen Bedingungen der jeweiligen Behörde (Organisations-, Personal- und Prozeßstruktur) und zum weiteren auf die Einbeziehung als Vollzugsbehörde in den rückkoppelnden Gesetzgebungsprozeß. Es soll mit letzterem der Regelfixierung im Vollzugsbereich entgegengewirkt, dem Rechtsanwender und seinen vorgesetzten Stellen methodische Hilfen für ein mehr ergebnisorientiertes Verwaltungshandeln vermittelt und der Informationsaustausch zwischen gesetzgeberischer und vollziehender Verwaltung im Gesetzgebungsprozeß gefördert werden. Auch die direkten Kontakte zwischen Bürger und Verwaltungspersonal können ein wichtiges Mittel sein, um spezifische Negativfolgen der Verrechtlichung des Verwaltungshandelns zu mildern oder sogar aufzuheben. Im Gegensatz hierzu kann ein verrechtlichtes Verhältnis von Bürger und Verwaltung einen neuen Kulminationspunkt des Verrechtlichungsprozesses darstellen, wodurch Negativfolgen, insbesondere sozialpsychologischer Art, multipliziert werden können[39].

Das auf die Organisations- und Personalmerkmale sowie die Art der Entscheidungsfindung abgestellte Mittelstück des Kriterienkatalogs soll vollzugs- (und auch aufgaben-) kritische Ansatzpunkte vermitteln, um gegen übermäßige Komplizierungen, Übersteuerungen und eine „Überstabilisierung behördlichen Wirkens" erfolgreich tätig werden zu können[40].

Dieser Kriterienkatalog wird gegenwärtig in 6 ausgewählten Behörden aus den Geschäftsbereichen der obersten Bundesbehörden – begleitet von flankierenden Fortbildungsmaßnahmen – auf seine Praktikabilität und Akzeptanz erprobt. Dadurch sollen von oben her verordnete[41] Bürgernähe vermieden, dafür aber Schritte eines geplanten Organisationswandels behutsam eingeleitet und Innovationspotentiale ausgebaut werden, die mittel- bis längerfristig zu behördlichen Verwaltungsvereinfachungen führen und damit gleichzeitig der Verbesserung des Verhältnisses Bürger/Verwaltung dienen können. Das Vorgehen wird durch ein ebenfalls auf Initiative des Bundesministers des Innern in einer interministeriellen Arbeitsgruppe entwickeltes Verfahren zur Durchführung von Organisationsänderungen methodisch unterstützt[42].

Die hier zur Diskussion gestellten konzeptionellen Strategieüberlegungen führen über das Maßnahmenniveau hinaus, das in bisherigen Entbürokratisierungsbemühungen, die

mehr einen besonderen Nachdruck auf die Verbesserungen der Gesetzgebungstechnik wie auch auf die Rechtsbereinigung und Rechtsvereinfachung legen, anvisiert wird. Bürgernähe ist stärker als früher in das Feld der Staatspolitik gerückt, der Gebrauch dieses Begriffs in letzter Zeit immer häufiger als Legitimationsfigur staatlicher Politik festzustellen[43], so daß sich bürgernahe Verwaltung als legitimationsvermittelnd erweisen kann. Nach *Klages*[44], der von einem erweiterten Bezugsrahmen des Verhältnisses zwischen Staat und Bürger ausgeht und dabei vom „sozialpsychologischen Mißgeschick des Sozialstaates", das bis auf die Ebene der Wahrnehmung der örtlichen Verwaltungsqualität und -leistung durchschlägt, spricht, sollten genau hier Schwerpunkte der verwaltungspolitischen Bemühungen um eine vermehrte Bürgernähe des Staates – gleichzeitig auch um eine vermehrte Staatsnähe des Bürgers – gebildet werden.
Einer Entbürokratisierungspolitik bietet sich hier also – wo nach empirischen Untersuchungen die größten Verständigungschancen bestehen – ein bedeutsamer Zielbereich an, der über die Ebene der Kontaktstelle hinausreicht und diese Ebene in ein weiter ausgreifendes Gesamtkonzept integriert.

d) Die zuletzt genannten Gesichtspunkte verweisen auf den Zusammenhang zwischen Bürgernähe und Einbindung der Verwaltungsangehörigen durch organisatorische, verfahrensmäßige und personale Vorgaben. Eine zu weitreichende Einschränkung ist nicht nur für ein situationsgerechtes Handeln gegenüber dem Bürger hinderlich, sie verhindert auch, daß der Angehörige des öffentlichen Dienstes sein Handlungspotential aktualisieren kann. Motivationsstörungen, ein Gefühl der Bedeutungslosigkeit und Unzufriedenheit werden die Folgen sein. Insofern erscheint auch die in den „Leitlinien des Deutschen Beamtenbundes zur Entbürokratisierungsdiskussion"[45] vorgeschlagene *Entbürokratisierung als mitarbeiterorientierte Verwaltungsverbesserung* sinnvoll.
Der Forderung des Deutschen Beamtenbundes nach einer Verbesserung der äußeren Arbeitsbedingungen kommt unter dem Gesichtspunkt einer Verbesserung des Verhältnisses Bürger/Verwaltung eine besondere Bedeutung an der Kontaktstelle zwischen Verwaltung und Publikum zu. Maßnahmen zur Verbesserung dieser Beziehung und zum Abbau von Erscheinungsformen einer Überbürokratisierung werden aber nicht nachhaltig wirksam sein können, wenn das Selbstverständnis des Beamten und das vom Bürger und der öffentlichen Meinung getragene Fremdverständnis von der Verwaltung und ihren Angehörigen nicht zur Deckung gebracht werden können[46].
Insofern sind Maßnahmen der Aus- und Fortbildung, die an einem Leitbild einer bürgernahen Verwaltung orientiert sind, von besonderem Gewicht. Sie bedürfen jedoch eines Entgegenkommens auch von seiten der Bürger. Pauschale Attacken gegen den öffentlichen Dienst erweisen sich dabei als wenig hilfreich, zumal wenn leider nur wenige system- und nicht personenbezogene Studien herausragen[47]. Bürokratie wird immer noch als unbeweglich und innovationsfeindlich angeprangert. Die öffentliche Verwaltung läßt jedoch gegenwärtig ein beträchtliches Innovationspotential erkennen[48]. Das bestätigt auch die zunehmende Hinwendungsbereitschaft der Bürokratie zu mehr Bürgeroffenheit, d. h. ihre Aufgeschlossenheit gegenüber gesellschaftlichen Problemen, Forderungen (wie auch Initiativen von Bürgern und Mitarbeitern) und Entwicklungen sowie ihrer Einstellung zur rechtzeitigen Wahrnehmung von Aufgabenänderungen.

Entsprechende Bestrebungen treten in den vielseitigen Ansätzen zur Verbesserung des Verhältnisses Bürger/Verwaltung in Bund und Ländern deutlich hervor. Weitere Lernfähigkeit wäre in dem Bestreben zu beweisen, durch systeminterne Differenzierung die aus der Umwelt kommende Komplexität noch mehr in Problemlösung zu verwandeln. Dies müßte sich auch auf die Inhalte der Aus- und Fortbildung erstrecken, denn wenn hier nicht Grund gelegt wird, gehen alle guten Vorsätze zur Ausschöpfung der Möglichkeiten innovativer Bürokratie im Tagesgeschäft unter.

Entsprechende Ansätze für die Bundesverwaltung lassen sich deutlich aus den Orientierungsveranstaltungen[49] der Bundesakademie für öffentliche Verwaltung und der Fachhochschule des Bundes ablesen. Darüber hinaus bemühen sich gezielt Bundesakademie[50] und einige Fortbildungseinrichtungen der Länder, die auf dem Gebiet der Gesetzeslehre und -methode mehr als lückenhaft gebliebene Ausbildung der Universitäten, die sich weitgehend immer noch auf eine justitielle, subsumierende Rechtsanwenderausbildung beschränken, zu überbrücken und auszugleichen[51]. Die intensive Beschäftigung mit dem Phänomen der Regelungsdichte sowie die Praktizierung von Kriterienkatalogen und Arbeitshilfen setzt eine kompetente Aus- und Fortbildung der programmentwickelnden Ministerialbürokratie voraus.

Ebenso dringend ist die Überlegung geboten, ob und inwieweit durch personalwirtschaftliche Maßnahmen (Mitarbeiterrekrutierung, Sozialisierungsprozesse[52], Personaleinsatz, Personalentwicklung) einer Bürokratisierung vorgebeugt und entgegengewirkt werden kann. Das setzt voraus, daß die öffentliche Verwaltung den Personalbereich als ein Feld „entdeckt", in dem aktives, konzeptionelles, d. h. politisches Änderungshandeln möglich ist[53]. Neben einer zu entwickelnden Personal- und Organisationspolitik – mit dem gleichen Rang wie die Sachpolitiken – müssen vor allem auch den Führungskräften Orientierungen vermittelt werden. Die Forderung, mehr eigenverantwortliches Handeln, z. B. durch an einem kooperativen Führungsstil orientierte Führungsrichtlinien zu ermöglichen, ist dabei sowohl unter dem Gesichtspunkt der Verbesserung des Verhältnisses Bürger/Verwaltung wie auch im Hinblick auf eine größere Mitarbeiternähe der Verwaltungsstrukturen positiv zu bewerten. Die „Richtlinien für die Zusammenarbeit und den Personaleinsatz im Bundesministerium des Innern"[54] wie auch die „Leitlinien für die Führung und Zusammenarbeit in der Verwaltung des Landes Baden-Württemberg"[55] versuchen, dieser Zielsetzung Rechnung zu tragen.

Die darüber hinausgehende Anregung des Deutschen Beamtenbundes, ein für den öffentlichen Sektor eigenes Führungskonzept nach dem Vorbild der „Richtlinien für die Verwaltungsführung im Bunde" des Schweizerischen Bundesrates[56] zu entwickeln, das dann aus ins einzelne gehenden Richtlinien für die Verwaltungsführung in Bund und Ländern bestehen soll, scheint im Augenblick verfrüht. Ansätze dieser Art haben bei dem gegenwärtigen Reformklima nur geringe Chancen. Es fragt sich auch, ob nicht zunächst die Entwicklung von Verhaltensleitsätzen[57] für den spezifischen Aufgaben- und Verantwortungsbereich der Einzelbehörde oder mehrerer Behörden eines Geschäftsbereichs, die sich an alle Organisationsmitglieder richten und die für sie geltenden Verhaltensregeln enthalten, problemadäquater und für eine situative Umsetzung auch realistischer ist. In diese Richtung zielen mehr die Überlegungen für den Bereich der Bundesverwaltung[58].

3. Perspektiven einer Entbürokratisierungspolitik

Betrachtet wurden bisher besonders relevante Handlungsansätze auf der Maßnahmenebene der Bürokratiediskussion. Dabei steht außer Frage, daß die Umsetzung der dargestellten konzeptionellen Überlegungen in konkretere Zielsetzungen und Maßnahmen nur in einem langwierigen, ständigen Prozeß möglich sein wird. Zunächst wird es darum gehen müssen, Problembewußtsein zu schärfen, in diesem Sinn Tendenzen in politisch – administrativen Aussagen zu beeinflussen und weitere Ansätze für Maßnahmen zu finden, die nicht zu kurz greifen. In ähnlicher Weise wird es bei solchen Problemaspekten, die die Staatsorganisation betreffen, zum jetzigen Zeitpunkt nicht darum gehen können, Gesamtkonzeptionen zu entwickeln. Es erscheint aber doch notwendig, in Überlegungen einzutreten, inwieweit die in Anlehnung an die Leitidee eines „koooperativen Föderalismus" entstandenen Politikverflechtungen, Finanzierungsvermaschungen und Abstimmungsbürokratien in ihren negativen Entscheidungsformen abgebaut werden können. Inwieweit sich hier eine andere, mehr die Autonomie in den Gebietskörperschaften betonende Konzeption zum föderativen System durchsetzen kann, läßt sich noch nicht absehen. Es können jedoch gewisse Tendenzänderungen in Aussagen zum Verhältnis Bund, Länder und Gemeinden festgestellt werden[59]. Die Regierungschefs von Bund und Ländern haben zudem im März 1981 eine Arbeitsgruppe mit der Erarbeitung von Vorschlägen zum Abbau von Mischfinanzierungstatbeständen beauftragt.

Zu weiteren Fragen der Entbürokratisierungspolitik läßt sich eine Annäherung der Standpunkte feststellen. So in der Forderung nach Praxisnähe und schrittweisem Vorgehen. Die Entbürokratisierungsdiskussion darf vor allem nicht zum Selbstzweck werden. Dies ist dann der Fall, wenn abstrakt formulierte und gutklingende Forderungen erhoben werden, ohne daß es zu praktischen Konsequenzen kommt. So kann man in einer Gesamtbetrachtung leicht den Abbau oder die Privatisierung von Staatsaufgaben fordern. Die eigentlichen Schwierigkeiten beginnen jedoch dann, wenn konkrete Fälle einer Entstaatlichung zu benennen sind. Zumeist ist man dann nicht bereit, die ursprünglich mit der Übernahme einer Aufgabe in den öffentlichen Bereich verbundene politische Zielsetzung aufzugeben.

Parlamente, Regierungen und Verwaltungen müssen sich bewußt bemühen, unnötige Regelungen abzubauen und neue Normen und Vorschriften auf das wirklich Unumgängliche zu beschränken[60]. *Frido Wagener* rechnet mit einer wieder abflachenden Kurve, zumindest mit einer Stagnation des Gesamtbestandes rechtlicher Regelungen in mittelfristiger Sicht, da die Gesetzesflut nicht mehr in gleicher Schnelligkeit wie in den 70er Jahren steige. Das Thema Regelungsdichte hat nach seiner Einschätzung bereits einen solchen Politisierungsgrad erreicht, daß eine Umsteuerung wahrscheinlich werde[61]. Gleichwohl sollten die Parlamente – soweit sie betroffen sind – die Entbürokratisierungen im Regelungsbereich nicht weiterhin der Ministerialverwaltung überlassen, sondern ihrerseits konkreten, die parlamentarische Situation betreffenden Empfehlungen nachhaltiger Aufmerksamkeit schenken[62].

Schließlich hat die Komplizierung der Lebensverhältnisse, das zunehmende Angewiesensein des Einzelnen auf von bürokratischen Organisationen vermittelte Leistungen, das Anwachsen der öffentlichen Aufgaben usw. eine „Bürokratisierung des Alltags“ zur Folge, für die sich alle verantwortlich zeigen müssen. Insofern ist es eine wichtige Aufgabe, die Bürger auf diese Zusammenhänge hinzuweisen und die Grenzen der politischen und gesellschaftlichen Möglichkeiten deutlich zu machen; auch das Angewiesensein auf ein gewisses Minimum an bürokratischer Rationalität, dessen Bürokratisierungsfolgen sich als bürokratische Kosten des sozialen Rechtsstaates vertretbar darstellen[63]. Es sollten deshalb auch Überlegungen angestellt werden, welche Maßnahmen geeignet sind, um die Öffentlichkeit entsprechend zu informieren.

Während der Bürokratiediskussion sind auch die vielfältigen Beschränkungen deutlich geworden, in die das Verwaltungshandeln gestellt ist. Es ist aber verfehlt, die Beamten zur Zielscheibe der Kritik zu machen. Hier obliegt auch den Medien eine legitimationsvermittelnde Funktion für das Verhältnis Bürger/Staat über einen Weg des besseren Verständnisses für Aufgabenstellung und Aufgabengrenzen des öffentlichen Dienstes.

Die zur Entbürokratisierung bereits eingeleiteten Maßnahmen werden nur dann einen nachhaltigen Erfolg haben können, wenn die Anstrengungen zur Verbesserung des Verhältnisses von Bürger und Verwaltung sich nicht auf eine einmalige Aktion beschränken. Erforderlich ist es vielmehr, verwaltungspolitische Orientierungen für einen ständigen Prozeß des Abbaus und der Verhinderung von Phänomenen einer Überbürokratisierung zu vermitteln.

Angesichts der Folgeprobleme von Großorganisationen wird die Politik es sich nicht mehr länger leisten können, ohne Organisationsbewußtsein zu agieren. Politik darf nicht auf die materiellen Inhalte staatlicher Regelungen und Leistungen beschränkt bleiben, sie hat auch die Eignung der Verwaltung als Instrument der politischen Steuerung und die Umsetzung in organisatorisch durchführbare Entscheidungszusammenhänge mitzubedenken und mitzuverantworten[64]. Unter verwaltungspolitischen Zielsetzungen ist es daher notwendig, neben der Effizienz und der Effektivität des Verwaltungshandelns die Ziele der Bürgernähe und der Mitarbeiternähe stärker zu beachten. Die Bürokratiediskussion verweist darauf, daß in der Vergangenheit zu stark die Rationalisierung interner Abläufe und die Effizienz der Leistungserstellung betont wurden. Der Stand der Bürokratiediskussion läßt jedoch vermuten, daß in den verwaltungspolitischen Zielsetzungen zugunsten der Bürgernähe eine gewisse Schwerpunktänderung eingetreten ist.

Verwaltungspolitische Orientierungen der vorgenannten Art, die eine Entwicklung der Verwaltung entsprechend ihrer bürokratischen Eigengesetzlichkeit verhindern sollen, können nur in einem Dialog zwischen gesellschaftlichen Gruppierungen, den verschiedenen Ebenen der Regierungs- und Verwaltungspraxis sowie den Verwaltungswissenschaften entwickelt werden.

IV. Ausblick

Ein Bericht über die Bürokratisierungsdebatte kann naturgemäß nur eine Momentaufnahme der gegenwärtigen Situation sein. Ein Blick auf die Debatte zeigt dabei, daß jeweils unterschiedliche Aspekte der Bürokratisierung, die ihrerseits wiederum durch den persönlichen Erfahrungshintergrund des Autors bestimmt sind, beleuchtet werden. Insofern spiegelt die Debatte die Unterschiedlichkeit der Erscheinungsformen des Bürokratisierungsprozesses wider. Wenn dabei die Kritik an der Normenflut im Vordergrund steht, so mag dies einem vorwiegend rechtspolitisch orientierten Verständnis von Überbürokratisierung, ausgedrückt in der steigenden Zahl von produzierten Normen, entsprechen.

Hier wird allerdings auch konstatiert, daß ein Teil von Ursachen dieses Aspektes von Überbürokratisierung gesellschaftlich oder rechtlich bedingt ist und insofern mehr oder weniger „unvermeidbar" und damit „nicht heilbar" ist. Insofern scheint der in der Debatte weniger hervortretende Aspekt Bürger/Verwaltung im Blick auf die Entwicklung von Maßnahmestrategien ergiebiger zu sein. Maßnahmen in diesem Bereich müssen jedoch breit angelegt sein. Das gilt einmal für die Breite des zu wählenden Ansatzes selbst, der sich nicht allein auf rechtliche Überlegungen stützen kann, sondern auch interdisziplinär angelegt sein muß, sich also z. B. soziologische, wirtschaftswissenschaftliche, verwaltungswissenschaftliche Kenntnisse nutzbar machen muß.

Gleichzeitig sind hier die Politik, die Parlamente und die Verwaltungsträger – sei es als konzipierende, als vollzugssteuernde oder als unmittelbar vollziehende Verwaltung – zu gemeinsamer Handlungsverantwortung aufgerufen. Ebenso muß es aber auch – Entbürokratisierung ist keine Einbahnstraße – auf eine erhöhte „Verwaltungsnähe" des Bürgers ankommen. Ebenso wie die Überbürokratisierung nicht monokausal einer Ursache zugeordnet werden kann, lassen sich auch Maßnahmen nicht isoliert voneinander einleiten, ohne daß nicht damit die Lösungsansätze als zu kurzgreifend in ihrer Wirksamkeit gefährdet sein würden. Erfolgreiche Lösungsstrategien müssen daher immer auch das Beziehungsgeflecht Politik – Verwaltung zum Gegenstand haben. Insofern ist hier – mehr als bisher in der Debatte zum Ausdruck gekommen – ein „politischer" Ansatz bei Entbürokratisierungsmaßnahmen vonnöten.

Der eminent politische Gehalt, der der Bürokratiediskussion damit zu eigen ist und der sich in Schlagworten wie „Entfremdung", „Staatsverdrossenheit" etc. äußert, ist nicht nur in der zunehmend intensiven Diskussion zum Ausdruck gekommen, sondern auch in – bei aller übergreifenden Gemeinsamkeit – unterschiedlichen Lösungsansätzen in Bund, Ländern und Gemeinden.

Ein gewisses Maß an Grundspannung zwischen den Anforderungen der Gesellschaft an den Staat und den Reaktionsmöglichkeiten des Staates ist dabei vorgegeben. So birgt jede Maßnahme zur Entbürokratisierung in sich wiederum den Keim zu neuer Überbürokratisierung und damit dysfunktionale Elemente. Der Erfolg von Entbürokratisierung läßt sich somit danach bestimmen, inwieweit es gelingt, die Faktoren des „magischen Vierecks" – Rechtmäßigkeit, Wirtschaftlichkeit, Zweckmäßigkeit und Bürgernähe – zu optimieren. Alle Bereiche, auch die Politik, sind damit aufgefordert, sich um eine Auflösung dieser Zielkonflikte zu bemühen.

Anmerkungen und Literatur

1 Vgl. *G. W. Wittkämper,* „Bürokratisierung und Entbürokratisierung". Entwicklung eines Rasters zur Überprüfung von Organisationen im Hinblick auf Bürokratisierungsprozesse, Gutachten, vorgelegt vom Wissenschaftlichen Institut Öffentlicher Dienst e.V. (WIÖD) im Auftrag des Bundesministers des Innern, Bonn 1979; vgl. auch *Wittkämper* in „Bürokratisierung und Entbürokratisierung", Eine Bestandsaufnahme, in DBB Dokumente 9, Seite 1 f., Bonn 1979.

2 Vgl. beispielhaft *H. G. Dehe,* Möglichkeiten und Grenzen einer Entbürokratisierung, in: DÖV 1980, S. 76 ff.; *E. Hüper,* Bürokratisierung und Bürgernähe. Über ein Dilemma von Politik und Verwaltung, in: Das Rathaus: 1981, S. 72 ff., 76; *O. R. Kissel,* Zur Kritik am Umfang und an der Sprache unserer Gebote, in: FAZ vom 26.9.1978, S. 6; *G. B. Oschatz,* Erscheinungen der Verrechtlichung in der Staats- und Kommunalsverwaltung, in: DVBl 1980, S. 736 ff.; *E. Schleberger,* Der Griff der Bürokraten, die Manie staatlichen Regelns, in: „Die Zeit" vom 26.10.1978, *E. Pappermann,* Die Öffentliche Verwaltung in den 80er Jahren, in: ZBR 1980, S. 197 ff.; *H. Sendler,* Normenflut und Richter, in: ZRP 1979, S. 227 ff.

3 Vgl. hierzu die Übersicht bei *H. Klages,* in: „Überlasteter Staat – verdrossene Bürger? Zu den Dissonanzen der Wohlfahrtsgesellschaft", Frankfurt 1981, S. 135; jüngst hat sich in Nordrhein-Westfalen die Kommission zur Gesetzes- und Verwaltungsvereinfachung konstituiert.

4 Vgl. „Bürgernähe in der Verwaltung" – Bericht der Landesregierung Baden-Württemberg, Juni 1979, S. 9 ff. (zu 3); Zweiter Bericht der Bayerischen Staatsregierung über Maßnahmen der Verwaltungsvereinfachung und Entstaatlichung bis zum 31. Dezember 1980, vom 30.3.1981 (Drucksache 9/8041), S. 4 f. (zu 3); Bericht der Kommission „Bürgernähe in der Verwaltung": „Beitrag zur Bürgerfreundlichkeit in der Verwaltung", herausgegeben vom Senatsamt für den Verwaltungsdienst Hamburg, August 1980, Anlage 2.

5 Vgl. hierzu *H. Meier,* Parteien und Programme, München, 1979.

6 Vgl. *H. Geißler* (Hrsg.) „Verwaltete Bürger – Gesellschaft in Fesseln". Bürokratisierung und ihre Folgen für Staat, Wirtschaft und Gesellschaft", Frankfurt, Berlin, Wien, 1978; Forum Zukunft SPD zum Thema „Bürger und Verwaltung", am 25./26.10.1979, hierzu Demokratische Gesellschaft und Bürokratie, in: Die Neue Gesellshcaft 1979, S. 1076–1124 (Referate zum Forum Zukunft); *H. G. Stockinger* (Hrsg.), Gesetzesperfektionismus und Beamtenschwemme (Bericht und Studien der Hanns-Seidel-Stiftung), 1979; *G. R. Baum,* BMI-Mitteilungen Nr. 1, 1979, S. 2 f.; *A. v. Schoeler* ebd. Nr. 2, 1979, S. 1 ff.

7 Vgl. BT-Drucks. 8/1206, BT-Drucks. 8/3805, BT-Drucks. 8/3802 und BR-Drucks. 31/80.

8 Vgl. Antrag der CDU/CSU-Fraktion BT-Drucks. 9/156, vom 12.2.1981, und Niederschrift über die 31. Plenarsitzung des Deutschen Bundestages am 9.4.1981, TOP 7, zur Prüfung der Notwendigkeit von Gesetzesvorhaben. Die CDU/CSU-Fraktion hat damit ihren Antrag zur Prüfung der Notwendigkeit von Gesetzgebungsvorhaben vom 19.3.1980 (BT-Drucks 8/3804) wiederholt. Über diesen Antrag ist in der 223. Sitzung des Deutschen Bundestages am 18.6.1980 beraten worden (vgl. Niederschrift über 223. Sitzung, S. 18041 ff.).

9 Vgl. hierzu und zur Strukturkennzeichnung der öffentlichen Verwaltung als politisch-administrativem System auch *K. König,* System und Umwelt der öffentlichen Verwaltung, in: *König/v. Oertzen/Wagener* (Hrsg.): Öffentliche Verwaltung in der Bundesrepublik Deutschland, Baden-Baden, 1981.

10 Vgl. Sachverständigenanhörung zu Ursachen einer Bürokratisierung in der öffentlichen Verwaltung sowie zu ausgewählten Vorhaben zur Verbesserung des Verhältnisses von Bürger und Verwaltung am 19. und 20. Juni 1980. Teil A und B, herausgegeben vom BMI, 1980.

11 Vgl. *H.-J. Vogel,* Zur Diskussion um die Normenflut, in: Juristenzeitung 1979, S. 322 ff.
Vgl. auch *G. Leis,* Wieviel Abbau von Verrechtlichung ist möglich? – Ein Lagebericht zum Stand des Abbaus von Regelungsdichte, Vortrag anläßlich der WIÖD-Fachtagung am 26.11.1981 in Bonn.

12 Vgl. *R. Mayntz,* Wissenschaftliche Auswertung „Gesetzgebung und Bürokratisierung", der Sachverständigenanhörung zu Ursachen einer Bürokratisierung in der öffentlichen Verwaltung sowie zu ausgewählten Vorhaben zur Verbesserung des Verhältnisses von Bürger und Verwaltung am 19./20.6.1980, Teil C, herausgegeben vom BMI, 1980.

13 Vgl. auch Große Anfrage der CDU/CSU-Fraktion im Deutschen Bundestag zur Lage der Städte, Gemeinden und Kreise, BT-Drs. 9/297, vom 2.4.1981 und Antwort der Bundesregierung hierauf, BT-Drs. 9/943, v. 26.10.1981.

14 So hat z. B. das Forschungsinstitut für öffentliche Verwaltung an der Hochschule für Verwaltungswissenschaft Speyer versch. Forschungsvorhaben eingebracht, deren Ergebnisse z. T. schon vorliegen: vgl. laufende Arbeiten von *C. Böhret* und *P. Franz:* Politische Kriterien für die Bestimmung öffentlicher Aufgaben; von *C. Böhret* und *P. Fricke:* Institutionalisierung von Gesetzeskontrollen. Veröffentlicht ist bereits die Arbeit von *P. Fricke* und *W. Hugger:* Entwicklung und Überprüfung von Methoden für den Text von ausgewählten Gesetzesentwürfen (Speyerer Forschungsberichte, Nr. 11, 12; 1980.) Ein weiterer Problemaspekt wird von *H. Klages* und *K. Dittrich* in dem Projekt „Bürgernahe Verwaltung als Leitbild öffentlichen Handelns" aufgegriffen.

15 Vgl. *R. Mayntz,* Korreferat im Arbeitskreis I des „Forum Zukunft SPD" am 25./26. Oktober 1979 in Köln.

16 Vgl. *H. Klages,* Überlasteter Staat – verdrossene Bürger? a.a.O., S. 149.

17 Vgl. *G. W. Wittkämper,* in: DBB-Dokumente, 9, a.a.O., S. 11.

18 Vgl . *H. Klages,* Überlasteter Staat – verdrossene Bürger?, a.a.O. S. 150.

19 Vgl. hierzu *Th. Ellwein,* „ist die Bürokratisierung unser Schicksal?, Die vielen Versäumnisse in der Verwaltungspolitik", in: *Bull, H.P.* (Hrsg.), Verwaltungspolitik, Neuwied; *G. Hartkopf,* Ansprache zur Begrüßung der Teilnehmer der Sachverständigenanhörung am 19. Juni 1980, Sachverständigenanhörung a.a.O., Teil B, S. 2.

20 Vgl. *G. W. Wittkämper,* DBB-Dokumente, 9, a.a.O., S. 7 ff.; *H.-J. Ordemann,* Verbesserung der Verwaltungsorganisation, – Anmerkungen zu einem Arbeitsprogramm des Bundesministers des Innern, in: DÖV 1978, S. 791 ff.; vgl. auch Bericht der Kommission zur Überprüfung von Verbesserungsmöglichkeiten in der Hamburger Verwaltung, Kurzfassung herausg. v. Senatsamt f. d. Verwaltungsdienst, November 1981.

21 Vgl. auch Beschluß der Regierungschefs von Bund und Ländern vom 16. Februar 1979 zur Rechts- und Verwaltungsvereinfachung; a. A. *R. Voigt,* Mehr Gerechtigkeit durch mehr Gesetz?, in: „aus politik und zeitgeschichte", Beilage zur Wochenzeitung „Das Parlament", B 21/81, S. 13, der Entbürokratisierung an der von ihm entwickelten Begriffsdefinition der Bürokratisierung orientiert.

22 Vgl. auch *M. König,* „Bürgernähe in der Verwaltung praktizieren", in: Staatsanzeiger für Baden-Württemberg", 7.3.1979.

23 Vgl.: *R. Mayntz,* Wissenschaftliche Auswertung der Sachverständigenanhörung, Teil C, a.a.O., S. 23 f.

24 Vgl. Staatsrechtslehrertagung 1981 in Trier, vgl. hierzu *W. Leisner,* „Gesetz wird Unsinn ... Grenzen der Sozialgestaltung im Rechtsstaat" in: DVBl 1981, S. 849 ff. und Leitsätze der Berichterstatter zu den Beratungsgegenständen der Staatsrechtslehrertagung, in: DÖV 1981, S. 864 ff.

25 Vgl. Kriterienkatalog, Anlage A (Regelungsbereich) in: Bürokratisierung und Entbürokratisierung. Entwicklung eines Rasters zur Überprüfung von Organisationen im Hinblick auf Bürokratisierungsprozesse, vorgelegt vom Wissenschaftlichen Institut Öffentlicher Dienst e.V. (WIÖD), Bonn 1979, S. 322 ff.

26 Vgl. für Baden-Württemberg: „Grundsatzerklärung zur Eindämmung der Gesetzesflut" vom Dezember 1978, konkretisiert durch „Leitsätze zur Beschränkung von Rechts- und Verwaltungsvorschriften" vom 20.2.1979, in: „Bürgernähe in der Verwaltung", herausgegeben vom Staatsministerium Baden-Württemberg, Stuttgart 1979.
Für Hessen: Anlage 3 zum Zwischenbericht der Kommission „Bürgernahe Verwaltung" vom 3.12.1980, LT-Drs. 9/3951.
Für Rheinland-Pfalz: Landtag Rheinland-Pfalz, LT-Drs. 9/447, vgl. auch den Bericht über den Stand der Arbeiten LT-Drs. 9/1201.
Vgl. hierzu insgesamt *H. Kindermann,* Neue Richtlinien der Gesetzestechnik, a.a.O., in: DÖV 1981, S. 855 ff.

27 Vgl. *F. Wagener,* Vom Neubau zur Pflege – Wohin entwickelt sich unser Verwaltungssystem?, in: Zukunftsaspekte der Verwaltung, Vorträge und Diskussionsbeiträge der 48. Staatswissenschaftlichen Fortbildungstagung 1980 der Hochschule für Verwaltungswissenschaften, Speyer, S. 27; die einzelnen Standpunkte faßt *M. Groser,* Das Privatisierungsthema in der politischen Willensbildung, in: „aus politik und zeitgeschichte", Beilage zur Wochenzeitung „Das Parlament", B 14/80 S. 3 ff. zusammen; ebenso *H. Siedentopf,* Privatisierung öffentlicher Aufgaben: Begriff und Formen, Referat zur 21. beamtenpolitischen Arbeitstagung des DGB vom 7. bis

9.1.1980, in: VOP 2/1980, S. 62 ff.; vgl. auch *G. R. Baum*, Probleme der Privatisierung öffentlicher Aufgaben, Schriften zur Staats- und Gesellschaftspolitik, Band 17, Bonn 1980, S. 13 ff. und *G. Hartkopf*, Probleme der Privatisierung öffentlicher Aufgaben, in: BMI-Mitteilungen Heft 4/1980, S. 5 ff.

28 Bericht der Kommission für den Abbau von Staatsaufgaben und für Verwaltungsvereinfachung in: „Verwaltungsvereinfachung in Bayern", 1980, Heft 1, S. 28; vgl. zur Kommissionsarbeit auch *H. Laufer*, „Reform oder Korrektur?", in: aus politik und zeitgeschichte, Beilage zur Wochenzeitung „Das Parlament", B 21/81, S. 34 ff.

29 Vgl. ferner *F. Wagener/H. Gaentzsch*, Aufgaben der öffentlichen Verwaltung – Bestandsaufnahme und Kritik; unveröffentlichter Bericht des Forschungsinstituts für öffentliche Verwaltung bei der Hochschule für Verwaltungswissenschaften Speyer.

30 Vgl. hierzu *G. R. Baum*, 4.6.1981, „Parteien und öffentlicher Dienst" in: Bulletin des Presse- und Informationsamtes der Bundesregierung Nr. 3/1982, S. 17 (zur 23. Beamtenpolitischen Arbeitstagung des DBB am 7. Januar 1982).

31 Vgl. *R. Wahl*, Die bürokratischen Kosten des Rechts- und Sozialstaates, in: Die Verwaltung 1980, S. 290, 294.

32 *H. Siedentopf*, Privatisierung öffentlicher Aufgaben – Begriff und Formen, Referat zur 21. Beamtenpolitischen Arbeitstagung des DGB vom 7.–9.1.1980, in: VOP 1980 S. 62 ff., 70; vgl. auch *H. Siedentopf/R. Koch*, Strategien der Verwaltungsreform – Grenzen und Möglichkeiten der Rationalisierung öffentlicher Verwaltungen, in: *K. Krüger/G. Rühl/K. J. Zink*, Industrial Engineering und Organisations-Entwicklung im kommenden Dezennium, München 1979, S. 328 ff.

33 Leitlinien des DBB zur Entbürokratisierungsdiskussion, in: DBB-Dokumente 9, S. 16.

34 *F. X. Kaufmann/P. Schäfer*, „Bürgernähe" – Anmerkungen zu einem politischen Postulat, in: Der Städtetag 1978, S. 632 ff.

35 Vgl. auch „Kriterienkatalog zur Prüfung der Verbesserung des Verhältnisses Bürger/Verwaltung", entwickelt vom BMI, in: WIÖD-Entwicklung eines Rasters zur Überprüfung von Organisationen, Anlage 1 zu 8.9., S. 322 ff.

36 Vgl. *F. Hegner*, „Bürgernähe" von Politik und Verwaltung als Anliegens- und Problemgerechtigkeit, in: Die Verwaltung 1979, S. 188 ff., *F. X. Kaufmann – P. Schäfer*, „Bürgernähe", a.a.O., s. Anm. 34.

37 KGSt-Bericht Bürger und Verwaltung I – Grundlagen und Verfahren –, Nr. 4/1979 vom 8.5. 1979.

38 Vgl. Kriterienkatalog „Verbesserung des Verhältnisses Bürger/Verwaltung im nachgeordneten Bereich der Bundesverwaltung" nebst Einführung in das Konzept, Bundesminister des Innern, Stand: 23.7.1981.

39 Vgl. *D. Grunow, F. Hegner*, Sozialpsychologische Konsequenzen der Verrechtlichung: Alltagskontakte mit der Verwaltung, in: R. Voigt (Hrsg.), Verrechtlichung, S. 262 ff.

40 Vgl. *K. Türk*, Grundlagen einer Pathologie der Organisation, Stuttgart 1976, S. 111 ff.; *G. W. Wittkämper*, in: DBB-Dokumente 9, a.a.O., S. 9.

41 Vgl. Beschluß des Niedersächsischen Landesministeriums über Richtlinien „Bürger und Verwaltung", in: Niedersächsisches Ministerialblatt vom 12.2.1981, S. 225 ff.

42 Vgl. dazu *R. Koch*, Vorstudie über Konzeption und Verfahen zur Durchführung von Organisationsänderungen (erstellt im Auftrag des Bundesministeriums des Innern), nicht veröffentlicht; vgl. weiter *Gerd Pflaumer*, Organisatorische Probleme bei der Einführung von Bildschirmarbeit in der öffentlichen Verwaltung, in: VOP 1981, S. 100 ff.

43 Vgl. *F. X. Kaufmann/P. Schäfer*, „Bürgernähe" a.a.O., s. Anm. 34.

44 Vgl. *H. Klages*, Das Verhältnis zwischen Staat und Bürgern in der Bundesrepublik Deutschland, Vortrag auf der FHS-Fachtagung „Bürgernahe Verwaltung in der Verwaltungsausbildung" in Berlin am 1.10.1981, S. 8 ff.; s. hierzu Tagungsbericht von M. Buse und H. Buschmann, in: ZBR 1981, S. 376 ff.

45 Vgl. DBB-Dokumente 9, S. 14 ff.

46 *H. Bosetzky*, Das Dilemma des öffentlichen Dienstes, in: Schriften der Deutschen Sektion des Internationalen Instituts für Verwaltungswissenschaften, 1978, Band 4, S. 105 ff.

47 Vgl. *H. König*, „Staatsbürokratie: Der falsche Adressat, Eine Antwort auf *U. Lohmars* Thesen, in: aus politik und zeitgeschichte, Beilage zur Wochenzeitung „Das Parlament", B 15/1979, S. 23 ff.; vgl. auch *F. K. Fromme*, Wie der Staat, so seine Diener, in: FAZ vom 12.1.1979.

48 Vgl. *H. Bosetzky,* Innovative Bürokratie, DÖV 1979, S. 194 ff.

49 Vgl. 1. Gemeinschaftsseminar der Bundesakademie für öffentliche Verwaltung und des Deutschen Beamtenbundes am 6./7.6.1979, in: verwaltung und fortbildung, Schriften der Bundesakademie für öffentliche Verwaltung; Heft 3/1979, S. 139 ff. und FHS-Fachtagung „Bürgernahe Verwaltung in der Verwaltungsausbildung" am 1./2.10.1981 in Berlin, s. Anm. 44.

50 Zur Fortbildung im Bereich der Gesetzgebung: „Gesetzgebungslehre, Gesetzestechnik" – Seminare der Bundesakademie f. öffentliche Verwaltung, in: BMI-Mitteilungen, Heft 6/1980, S. 8.

51 Vgl. *Ch. Pestalozza,* Gesetzgebung im Rechtsstaat, in: NJW 1981, S. 2082, 2087; vgl. auch Bericht über eines der Seminare der Bundesakademie, in: verwaltung und fortbildung, Schriften der Bundesakademie für öffentiche Verwaltung, Heft 4, 1978, S. 189.

52 *H. Bosetzky, E. Heinrich,* Mensch und Organisation, Stuttgart, 1980, S. 109 ff.

53 Vgl. *G. Banner,* Personal- und Organisationspolitik – Was geschieht ohne Dienstrechtsreform?, in: KGSt-Mitteilungen, Sonderdruck, Februar 1981.

54 Herausgegeben vom Bundesminister des Innern, Bonn, Fassung vom 14. Juli 1978.

55 Bekanntmachung des Innenministeriums Baden-Württemberg vom 30.10.1979, in: GABl. 1980, S. 97.

56 Erlassen vom schweizerischen Bundesrat, 1974, vgl. hierzu Verwaltungspraxis (Schweiz), Heft 10/1979, S. 3 ff.

57 Vgl. hierzu *R. Wunderer,* in: *Wunderer/Grunwald/Moldenhauer,* Kooperative Führung, 1978.

58 Vgl. *H. Schatz* und *S. Wilhelms-Kind,* Vorstudie zur Weiterentwicklung der Gemeinsamen Geschäftsordnung der Bundesministerien, erstellt im Auftrag des Bundesministers des Innern, Dezember 1981, nicht veröffentlicht.

59 Vgl. *F. Wagener* zu den „Vertikalen Fachbruderschaften" in: „Vom Neubau zur Pflege – wohin entwickelt sich unser Verwaltungssystem?", a.a.O., S. 28; vgl. auch *E. Pappermann,* „Zur Einengung der kommunalen Selbstverwaltung durch staatliche Bürokratie, in: DVBl. 1981, s. 1043; vgl. Staat und Gemeinden, Stellungnahme des Sachverständigenrates zur Neubestimmung der kommunalen Selbstverwaltung, Institut für Kommunalwissenschaften der Konrad-Adenauer-Stiftung, 1980; vgl. auch Anm. 13.

60 Vgl. *E. Pappermann,* Die öffentliche Verwaltung in den 80er Jahren a.a.O., S. 200; sowie *W. Damkowski,* Für eine Verwaltungsreform mittlerer Reichweite, ein 11-Punkte-Programm; in: Die Verwaltung, 1980, S. 289 ff.

61 *F. Wagener,* „Staat und Selbstverwaltung: Besserung oder Beschwichtigung?", Rede anläßlich der Einweihung eines neuen Hauses des Deutschen Gemeindeverlages am 30.10.1981.

62 Vgl. *H. Kretschmer,* „Zur Diskussion um die Rolle der Bürokratie – Materialien, Literaturhinweise, Vorschläge – Arbeitspapier der Wissenschaftlichen Dienste des Deutschen Bundestages, vom 9.3.1979; vgl. weiter „Zur besonderen Verantwortung der Parlamente, Leitlinien des DBB zur Entbürokratisierung, a.a.O., S. 14.

63 Vgl. *H. Klages,* Überlasteter Staat – verdrossene Bürger?, a.a.O., S. 137, 140; vgl. auch *R. Wahl,* Die bürokratischen Kosten des Rechts- und Sozialstaates, a.a.O., S. 277 ff.; sowie zur beginnenden Debatte der Bürokratieüberwälzung E. Hamer, Theorie der Bürokratieüberwälzung, in: DVBl 1981, S. 124 ff.; *F. Klein-Blenkers,* Die Belastung von Industrieunternehmen durch administrative Leistungen für den Staat, Beiträge zur Mittelstandsforschung, 1980 und Fachtagung des Wissenschaftlichen Instituts Öffentlicher Dienst (WIÖD) am 26.11.1981 zur Bürokratieüberwälzung.

64 Vgl. *N. Luhmann,* Korreferat im Arbeitskreis I des „Forum Zukunft SPD" am 25./26. Oktober 1979 in Köln.

Die politische Kontrollproblematik der öffentlichen Verwaltung

Gerhard W. Wittkämper

1. *Einführung*

Die Kontrollproblematik der öffentlichen Verwaltung ist praktisch und theoretisch vielschichtig und wird breit diskutiert.[1]
Die *erste* Schicht wird gebildet durch die von Verfassungsrecht und Verfassungspolitik gebotenen und gesetzten Kontrollziele und -strukturen.[2]
Die *zweite* Schicht wird gebildet durch die finanzwirtschaftlichen und haushaltswirtschaftlichen Probleme.[3]
Die *dritte* Schicht besteht aus den verwaltungsbetriebswirtschaftlichen und verwaltungsorganisatorischen Problemen, einschließlich der Führungsprobleme.[4]
Die *vierte* Schicht wird gebildet durch die kontrolltheoretischen Grundlagen für die Lösung der Praxisfragen.[5]
Definiert man diese vier Schichten als Problem eines politischen Systems und seiner Verwaltung, so ist dies die hier definierte politische Kontrollproblematik.[6]

2. *Rahmenbedingungen der derzeitigen Kontrolldiskussion*

Eine Diskussion politischer Kontrolle findet heute spezifische Rahmenbedingungen vor. Diese Rahmenbedingungen sind teils historisch angelegt, teils ergeben sie sich aus den sozioökonomischen Verhältnissen dieser spezifischen Zeit.

2.1 Die ungeklärte Zuordnung der drei Souveränitäten

Einen einheitlichen Begriff der Souveränität hat es nie gegeben. Das hat Folgen für die politische Kontrolle. Denn diese hat es mit der Vorstellung zu tun, daß irgendwann die Volkssouveränität der Staatssouveränität gegenübertritt und diese in bestimmten Bereichen kontrolliert. Dabei ist im Verhältnis von Volkssouveränität und Staatssouveränität so gut wie alles bestritten.[7]
Im 19. Jahrhundert trat zu diesen beiden Souveränitäten noch der Begriff der Parlamentssouveränität hinzu.[8]

2.2 Strukturwandel der modernen Regierung

Im Jahre 1965 schrieb *Wilhelm Hennis*: „Das Regieren scheint ... zum zentralen Problem der politischen Wissenschaft avanciert zu sein." Damit wird angedeutet, daß der Weg vom liberalen Staat zum Leistungs- und Verwaltungsstaat bis zum heutigen umfassenden Wohlfahrts-, Daseinsvorsorge-, Verteiler- und Sozialstaat von zahllosen, immer noch in Gang befindlichen Strukturwandlungen im Bereich von Staatschef und Regierung, Kabinettsystem, Ressortsystem und damit im Gesamtbereich der Verfassungen begleitet war.[9]

2.3 Gewaltentrennung und Opposition

Der Strukturwandel der modernen Regierung und der modernen Demokratie hat auch das Prinzip der Gewaltentrennung in die Diskussion gebracht. Es gehört zu den Rahmenbedingungen heutiger Kontrolldiskussion, daß die im Gewaltenteilungsprinzip angesprochenen Probleme der Machtdifferenzierung in unserer Zeit vor völlig veränderten Staatsaufgaben und unter völlig veränderten institutionellen und prozessualen Bedingungen neu diskutiert werden müssen.[10]

Im weiteren Sinne gehört zu dieser Problematik der Gewaltenteilung auch die Frage, welches die Funktionen der Opposition im parlamentarischen System moderner Industriegesellschaften sind, in denen ja bekanntlich neben der parlamentarischen Opposition immer auch eine „außerparlamentarische" Opposition steht, und zwar in dem Sinne, daß neben die parlamentarische Opposition Verbandseinflüsse und Medieneinflüsse treten, die eine Unterscheidung von parlamentarischer und außerparlamentarischer Opposition in einem neuen Sinne sinnvoll erscheinen lassen.[11]

2.4 Dynamik, Komplexität, Kompliziertheit und Partizipation

Unter dem Einfluß des raschen Wandels sozioökonomischer und kultureller Rahmenbedingungen von Regierung und Verwaltung sind einerseits Komplexität und Kompliziertheit des Regierungs- und Verwaltungshandelns in den letzten Jahrzehnten neben dem Aufgabenumfang laufend gestiegen. Des ungeachtet nimmt andererseits der Druck der öffentlichen Meinung zu, dem einzelnen Bürger mehr Mitwirkungsrechte und Mitbestimmungsrechte im öffentlichen System einzuräumen. Mit den ständigen Wandlungen, der steigenden Komplexität und Kompliziertheit geht also einher ein immer grösseres Partizipationsverlangen von Bürgern und Bürgergruppen.[12]

2.5 Vernetzung

Regierungshandeln in parlamentarischen Systemen konnte früher durch Billardballmodelle erläutert werden, mit einem klar abgrenzbaren System einzelner Bälle und klar abgrenzbaren Akteuren, die bestimmte Anstöße gaben. An die Stelle solcher Billardballmodelle treten für die heutige Wirklichkeit in den westlichen Industrienationen, aber auch in den sozialistischen Staaten, Spinnwebmodelle mit zahlreichen Vernetzungen. In der Bundesrepublik Deutschland besteht inzwischen als Beispiel der Vernetzung eine formelle und institutionalisierte sowie durch Selbstkoordination der Länder vermittels rechtlicher Vereinbarungen unterstützte Kooperation zwischen den einzelnen Bundesländern, eine Kooperation zwischen Bund und Ländern und schließlich ein institutionalisierter kooperativer Föderalismus, wie er in der Ständigen Konferenz der Kultusminister, dem Wissenschaftsrat und dem Zweiten Deutschen Fernsehen seinen Ausdruck findet. Hinzu tritt eine verfassungsrechtlich institutionalisierte Politikverflechtung im kooperativen Föderalismus, die ihren Ausdruck in Gemeinschaftsaufgaben von Bund und Ländern, in Bund-Länder-Kommissionen für Bildungsplanung und gemeinsame Forschungsförderung, in Bund-Länder-Räten wie dem Finanzplanungsrat und dem Konjunkturrat für die öffentliche Hand und in zahlreichen ergänzenden informellen Beziehungen findet.[13]

2.6 Das Gesetz der unvermeidbaren Selektivität von Kontrollen

Die unter 2.1–2.5 ausgebreiteten Befunde führen zum Gesetz der unvermeidlichen Selektivität politischer Kontrollen: Selbst wenn man annimmt, daß es gelingen könnte, Kontrollträger, Kontrollobjekte, Kontrollkriterien, Kontrollverfahren und zeitliche Kontrollintervalle formal festzulegen, und selbst wenn es gelingen würde, Kontrollapparate aufzubauen, die jene Eigenkomplexität aufweisen, die der Komplexität der zu kontrollierenden Systeme im Regierungsbereich angemessen sind, würden diese doch dem Gesetz der Selektivität unterliegen. Dies bedeutet:

a) Politische Kontrollen der 80er Jahre sind unvermeidbar zeitlich selektiv, d. h., sie können sich nur auf zeitliche Ausschnitte oder auf einen begrenzten Vorlauf oder Nachlauf beziehen.
b) Politische Kontrollen sind unvermeidlich räumlich selektiv, weil die Tätigkeit der Ministerien und öffentlichen Einrichtungen, bezogen auf Naturraum und Kulturraum, bereits ein unendlich vielfältiges System raumwirksamer Verwaltungsfunktionen, raumbedeutsamer Fachplanungen, räumlicher Gesamtplanungen und Hilfsmittel ergibt.[14]
c) Politische Kontrollen sind unvermeidlich sozial selektiv, d. h., sie betreffen nicht alle Organisationsmitglieder in gleicher Weise, sondern einige direkt, andere hierarchisch vermittelt.
d) Schließlich sind politische Kontrollen unvermeidlich inhaltlich selektiv. Es gibt hunderte inhaltlicher Maßstäbe für politisches und Verwaltungshandeln. Oft beschränkt man sich auf jenes inhaltliche Kriterium, welches gerade „aufgefallen“ ist, oder auf solche inhaltlichen Kriterien, die ausdrücklich im Gesetz genannt sind.[15]

3. *Die Definition des Begriffs „Politische Kontrolle“*

Die klassische Systematik des Kontrollsystems hat *Karl Loewenstein* entwickelt, als er für den modernen Verfassungsstaat folgende Unterscheidung traf:

a) Die politische Macht wird zum einen durch ein System horizontaler Kontrollen kontrolliert, umfassend die Verfassung selbst, Intraorgankontrollen, Interorgankontrollen zwischen Parlament und Regierung, Interorgankontrollen der Gerichte gegenüber Regierung und Parlament, Interorgankontrollen der Wählerschaft gegenüber Regierung und Parlament.

b) Ferner umfaßt die Kontrolle der politischen Macht die vertikalen Kontrollen, umfassend Föderalismus, Garantien individueller Freiheitsrechte und Pluralismus.[16]

Zumeist werden aus diesen Kontrollen die Interorgankontrollen zwischen Parlament und Regierung, die Interorgankontrollen der Wählerschaft gegenüber Regierung und Parlament, vermittelt durch die politischen Parteien, und alle vertikalen Kontrollen, mit Ausnahme der des Föderalismus, als *politische* Kontrollen bezeichnet.

Über die *Anatomie* des Kontrollbegriffs besteht keine völlige Einigkeit: Ebensowenig besteht Einigkeit über das, was funktionell als Kontrolle bzeichnet werden soll. In einem engeren, deutschen Sinne kann man unter Kontrolle „den von menschlichen oder maschinellen Informationsverarbeitungssystemen durchgeführten Vergleich von inhaltlich beliebigen faktischen Informationen (Ist-Daten) mit normativen Informationen (Soll-Werten, Zielkriterien) und die Analyse möglicher Abweichungen zwischen beiden Datensätzen“ bezeichnen.

In einem weiteren, mehr angelsächsischen Sinne umfaßt der Kontrollbegriff über den Soll-Ist-Vergleich hinaus Steuerungsmöglichkeiten in Gestalt von Anweisungsrechten, Einflußmöglichkeiten und Beratungsmöglichkeiten.[17]

In einem sehr weiten Sinne kann man als Kontrolle die Beziehung zwischen Kontrollierendem und Kontrolliertem, die dem Kontrollierenden einen bestimmten Einfluß auf das Handeln des Kontrollierten einräumt, ohne daß dem Kontrollierenden gegenüber eine Verantwortlichkeit notwendig ist, bezeichnen.[18]

Überwindet man diesen Streit darum, ob der Kontrollbegriff eng oder weit zu fassen ist, so schälen sich zwei große Gruppen der politischen Kontrolle nach dem Kontrollziel heraus (teleologische Kontrollbegriffe):

Gruppe 1: Rechtmäßigkeitskontrolle: Das herausragendste Organ der Rechtmäßigkeitskontrolle in der Bundesrepublik ist das Bundesverfassungsgericht, welches Rechtmässigkeitskontrolle als Kontrolle der Verfassungsmäßigkeit, Kontrolle der Bundesrechtmäßigkeit und Kontrolle der Völkerrechtmäßigkeit durchführt.[19]

Gruppe 2: Kontrolle auf die Einhaltung anderer Maßstäbe: Hierzu gehören die Richtungskontrolle, bei der die politische Zielrichtung überprüft wird, die Alternativkontrolle, bei der geprüft wird, ob und ggfs. welche alternativen Möglichkeiten gegeben sind; die Zeitgemäßheitskontrolle, die Zweckmäßigkeitskontrolle und die Wirtschaftlichkeitskontrolle. Es ist diese Gruppe 2, die im Mittelpunkt der politischen Kontrolle steht.

4. Mischsysteme und vernetzte Systeme politischer Kontrolle

4.1 Mischsysteme

In den Definitionen unter 3. wurden die „reinen" Kontrollen vorgestellt. Viel typischer für unsre Zeit sind jedoch Systeme der Mischung und Vernetzung:

4.1.1. Mischsysteme, das Beispiel Art. 114 GG

In der Haushaltsreform 1969 wurde in Art. 114 des Grundgesetzes ein Generalauftrag der Rechnungsprüfung erteilt, der jedoch einem Mischsystem von Kontrolleuren anvertraut wird: Auf der einen Seite steht die politisch motivierte Finanzkontrolle der Legislativorgane, auf der anderen Seite steht die Kontrolle des Rechnungshofes nach den Grundsätzen der Wirtschaftlichkeit und Ordnungsmäßigkeit. Die Aufgaben beider Kontrollinstanzen wrden im Art. 114 funktionsspezifisch gegenübergestellt und arbeitsteilig geschieden. Dahinter steht die Vorstellung von einem Gesamtkonzept konzentrierter Finanzkontrolle mit bipolarer Kompetenzordnung, wobei die Verklammerung so organisiert ist, daß der Bundesrechnungshof durch die direkte Berichtspflicht an Bundestag und Bundesrat mit den Legislativorganen verklammert wird. „Ergänzt wird dieses unmittelbare Verkehrsrecht mit dem Parlament durch haushaltsrechtliche Vorschriften, die dem Rechnungshof ein Recht zur direkten Unterrichtung und Beratung der gesetzgebenden Körperschaften einräumten."[20]
Ähnliche Mischsysteme liegen etwa im kommunalen Bereich vor, wenn das Rechnungsprüfungsamt vorprüft und der Hauptausschuß bzw. der Rechnungsprüfungsausschuß aufgrund der Vorprüfung nachprüft.

4.1.2 Vernetzungen

Bei Vernetzungen handelt es sich darum, daß die unter teleologischen Gesichtspunkten reinen Typen der politischen Kontrolle zeitlich kombiniert eingesetzt werden können. Das Beispiel ist wiederum das Bundesverfassungsgericht der Bundesrepublik Deutschland. Seine Tätigkeit kann durch eine Vielzahl von Amtsinhabern politischer Institutionen, Personengruppen und Einzelpersonen ausgelöst werden.
Unter der Voraussetzung, daß die jeweiligen Zulässigkeitsvoraussetzungen vorliegen, wirkt sich bei der politischen Kontrolle der ersten Stufe der Hinweis, man werde ggf. in der zweiten Stufe mit der Rechtmäßigkeitskontrolle nachziehen, unter Umständen in besonderer Weise gravierend aus.[21]

5. Parlamentsfunktionen und Kontrolle

In der Bundesrepublik Deutschland und weltweit erhalten die Parlamente für ihre Kontrollen schlechte Noten.[22]

Man muß sich fragen, ob solcher Kritik nicht ein idealtypisches Bild vom Parlamentarismus zugrunde liegt, welches eigentlich zu keiner Zeit erfüllt wurde.
Zum Kontrollbereich des Bundestages gehört auch, oft übersehen, der Wehrbeauftragte, der 1956 nach dem schwedischen Vorbild in der Bundesrepublik durch Art. 45b des Grundgesetzes als Hilfsorgan des Bundestages berufen wurde. Er hat inzwischen 20 Berichte vorgelegt, in denen auch 119 466 Eingaben verarbeitet und der Willensbildung des Parlaments zugänglich gemacht worden sind. – Würde man diese Arbeit einer genaueren inhaltlichen Analyse unterziehen, und zudem noch berücksichtigen, daß in den 30 Jahren seines Bestehens der Bundestag zahlreiche europäische und internationale Beziehungen geknüpft hat und auch in einer Reihe von Gremien durch seine Mitglieder vertreten ist, so würde dieses realitätsbezogene Bild parlamentarischer Kontrollen sehr wahrscheinlich positiver zu bewerten sein.[23]
Daß einzelne Bereiche der Kontrolle des Parlaments leerlaufen, insbesondere der Bereich der Finanzkontrolle, sollte an diesem Aufruf zur Sachlichkeit nichts ändern.[24]

6. Die Hauptprobleme politischer Kontrolle

Wir sehen sieben Hauptprobleme, die im Bereich der politischen Kontrolle zu bewältigen sind und in ihrer Gesamtheit so etwas wie einen kritischen Pfad darstellen:

6.1 Die Kontrollumkehr oder das Unterlaufen von Kontrollen

Die gleich zu besprechenden Fragen der Kontrollumkehr und der Kontrollunterwanderung hängen eng mit der Entwicklung der Organisationswissenshaft zusammen, und daher soll dieses kurz skizziert werden:
Ursprünglich stand im Mittelpunkt der Organisationswissenschaft das Strukturmodell der Aufbauorganisation.[25]
In der darauf folgenden Phase der Entwicklung der Organisationswissenschaft wurden im wesentlichen die betriebswirtschaftlichen Grundlagen der Organisation geklärt und in detaillierter Form entwickelt.[26]
Seit den Anfängen einer wissenschaftlichen Soziologie und Psychologie, also im wesentlichen seit der zweiten Hälfte des 19. Jahrhunderts, wurden dann schrittweise die psychologischen und soziologischen Grundlagen der Organisation erarbeitet, jedoch zunächst sehr langsam und mit einem deutlichen Aufschwung der Erkenntnis nach dem Zweiten Weltkrieg.[27]
Nach dieser Einleitung kann nunmehr erläutert werden, worum es bei der Kontrollumkehr und beim Unterlaufen von Kontrollen geht, nämlich nicht um bewußtes und gewolltes den-Kontrollen-aus-dem-Wege-gehen:
Bei der *Kontrollumkehr* geht es darum, daß der ursprünglich Kontrollierende infolge der Größe des Kontrollobjektes und der Kontrollfelder sowie der Vielzahl der Kontrollstandards auf immer unbestimmtere Kontrollstandards ausweicht, etwa auf den

Standard „Wirtschaftlichkeit der Verwaltung" oder auf unbestimmte Rechtsbegriffe wie „Verkehrsbeeinträchtigung", „Öffentliches Interesse". Die Auffüllung und Interpretation dieser unbestimmten Kontrollstandards wird dem zu Kontrollierenden überlassen.

In soziologisch-funktionaler Betrachtungsweise kann man auch die Funktionen näher bestimmen, in denen sich die Kontrollumkehr vollzieht: Die „eigentlichen" Inhaber der politischen Kontrolle sind auf die Problemverarbeitungsfunktion der öffentlichen Verwaltung angewiesen, d. h. darauf, daß die Verwaltung externe Problemlagen erfaßt, bewertet und vorab darüber entscheidet, welche Probleme ein Tätigwerden des Staates erfordern und welche Probleme sich selbst überlassen bleiben. Der andere Ort der Kontrollumkehr ist die Rechtsetzungsfunktion der Verwaltung; denn neben der Gesetzgebung derParlamente, die sich vor allem in Bundesgesetzen und Landesgesetzen ausdrückt, vollzieht sich etwa in der Bundesrepublik eine immer umfangreichere Gesetzgebung durch Regierungs- und Verwaltungsorgane in der Weise, daß diese aufgrund gesetzlicher Ermächtigungen Rechtsverordnungen erlassen, d. h. allgemeine Rechtsregelungen, welche aufgrund gesetzlicher Ermächtigungen bestimmte Lebensbereiche, vom Wohngeld bis zum Datenschutz, näher regeln. Daneben erläßt die öffentliche Verwaltung laufend sogenannte Sonderverordnungen, etwa zur Benutzung bestimmter öffentlicher Einrichtungen, oder zur Regelung der Tätigkeit öffentlicher Bediensteter.

Damit ist die Rechtsetzungsfunktion der öffentlichen Verwaltung noch keinesfalls erschöpft; denn Recht wird auch durch die Nutzung von Kompetenzen zum Abschluß von Vereinbarungen gesetzt, schließlich durch Einzelfallentscheidungen.[28]

Von der Kontrollumkehr ist das *Unterwandern* von Kontrollen zu unterscheiden. Es hängt eng zusammen mit einem Schlagwort, das zur Zeit der großen Koalition von CDU und SPD beliebt wurde, aber in der Regel für die 1966 beendete schwarz-rote Koalition in Österreich verwendet wurde, das Schlagwort von der Proporz-Demokratie. Den Begriff hat *Lehmbruch* für politische Systeme verwendet, die „demokratisch und parlamentarisch verfaßt dadurch charakterisiert sind, daß hier ein eigentümliches ‚Muster' der Regelung von Konflikten zwischen den wichtigsten politischen Gruppen vorherrscht: Das Prinzip der Mehrheitsentscheidung wird weitgehend zugunsten jenes Grundsatzes ausgeschaltet, der im Westfälischen Frieden – Amicabilis Compositio – heißt. Solches ‚gütliche Einvernehmen' als Konfliktregelungsmuster erfährt seine institutionelle Sicherung in der Regel so, daß die wichtigsten Gruppen in der Exekutive vertreten sind und durch umfangreiche Ämterpatronage ihren Einfluß auf die politischen Entscheidungen sicherstellen."[29]

6.2 Neokorporativismus

Der Begriff Neokorporativismus wird in Ablösung der Pluralismuskonzeptionen als ein System der Interessenvermittlung definiert, dessen wesentliche Bestandteile organisiert sind in einer begrenzten Anzahl singulärer Zwangsverbände, die nicht miteinander in Wettbewerb stehen, über eine hierarchische Struktur verfügen und nach funktionalen Aspekten voneinander abgegrenzt sind. Sie verfügen über staatliche Anerkennung oder

Lizenz, wenn sie nicht sogar auf Betreiben des Staates hin gebildet worden sind. Innerhalb der von ihnen vertretenen Bereiche wird ihnen ausdrücklich ein Repräsentationsmonopol zugestanden, wofür sie als Gegenleistung bestimmte Auflagen bei der Auswahl des Führungspersonals und bei der Artikulation von Ansprüchen oder Unterstützung zu beachten haben.

In der Bundesrepublik entspricht dem eine Realität, die Repräsentanten von Staat, Kapital und Arbeit, vornehmlich bei der Regulierung von Verteilungskonflikten, zusammenführt, nicht nur durch die klassischen Mittel der Ausschüsse und Beiräte, sondern durch informelle Gremien oder formelle Gremien wie die verschiedenen konzertierten Aktionen. So kommt es zu einer Verlagerung der Interessenaggregation, zum Abbau von Organisationskontrollen, zur Verschiebung von Legitimationsproblemen und zur Verlagerung von externer Marktkoordination auf interne Politikprozesse.[30]

6.3 Politische Kultur und politische Kontrolle

Gerhard A. Ritter hat in einem verfassungsgeschichtlichen Vergleich über deutschen und britischen Parlamentarismus den engen Zusammenhang der politischen Kultur in beiden Staaten mit der Herausbildung und dem Selbstverständnis des Parlamentarismus nachgewiesen.[31]

Uns geht es nicht um einen Befund, der sich auf den Parlamentarismus beschränkt, sondern um einen allgemeinen Befund.

„Es gibt . . . keine allgemeine deutsche politische Tradition und keine historische Kontinuität in den politischen Einrichtungen Deutschlands, sondern es gibt Traditionselemente, die zu verschiedenen Zeiten, je nach den äußeren Bedingungen, verschieden stark sind. Diese Traditionsbestände prägen auch heute noch das politische und soziale Bewußtsein.“[32]

Elemente solcher Traditionen, die unmittelbar für politische Kontrolle relevant sind, sind die folgenden:

a) Die etatistische Tradition, die in der Nachfolge Hegels den Staat als sittliche Idee, als Garant der Sicherung und Ordnung der gesellschaftlichen Verhältnisse sieht, der den horizontalen Kontrollen einer allzu weit getriebenen Meinungsäußerung und eines allzu kritischen Pluralismus skeptisch bis feindlich gegenübersteht.
b) Die unpolitische Tradition des Ohne-mich, die „denen da oben“ den Staat überläßt und im Endergebnis weitgehend kritiklos das meiste über sich ergehen läßt.
c) Die Tradition der Konfliktscheu, die vor allem der Richtungskontrolle und der Alternativkontrolle, aber auch weiten Bereichen der Maßstabkontrolle aus dem Weg geht, und die es mit harmonistischen Stabilitätsmodellen hält.
d) Die Tradition des Formalismus, deren Kontrollinteresse sich in erster Linie in Rechtmäßigkeitskontrollen, und hier wiederum in Verfahrenskontrolle und Kompetenzkontrolle erschöpft, und befriedigt mit der Kontrolle innehält, wenn dem Rechtsstaat im formellen Sinne Genüge getan ist.[33]

6.4 Ungelöste Fragen der sozialen Kontrolle über öffentliche Meinungen

Elisabeth Noelle hat 1966 in einer Arbeit über ‚Öffentliche Meinung und soziale Kontrolle' (Tübingen 1966) darauf hingewiesen, daß im Hinblick auf die oft fest unterstellten Kontrollgrößen „Öffentlichkeit" oder „öffentliche Meinung" viele Fragen offen sind: „Wie bildet sich öffentliche Meinung?" „Aus welchen Elementen bildet sich ein Meinungsklima?" „Wie bewirkt der Politiker die Übereinstimmung der öffentlichen Meinung mit seinen Zielen, wie bringt er die Integration zustande?" „Wie läßt sich öffentliche Meinung . . . für neue Gedanken gewinnen?" „Kann man öffentliche Meinung verderben, sie gegen die Interessen der Allgemeinheit manipulieren?"
Diese Fragen sind von ungebrochener Aktualität. Zum einen wissen wir heute sehr viel Genaueres über die sog. Agenda-Setting-Prozesse, über die Torhüter der öffentlichen Meinung, die sog. Gate-Keeper und über Map-Making-Strategien, die ein bestimmtes Meinungsmuster hervorrufen wollen und können. Zum anderen hat der Bericht der Bundesregierung über die Lage von Presse und Rundfunk in der Bundesrepublik Deutschland 1978 gezeigt, wieviele Aspekte der Medienwirklichkeit unserer Tage kritisch zu beurteilen sind.[34]
Insgesamt kann man das hier angeschnittene Problemfeld als Spannungslage zwischen massenmedialen Strategien und politischer Kontrolle bezeichnen, in dem Sinne, daß über massenmediale Einflüsse ganze Kontrollbereiche lahmgelegt werden können und andere Kontrollbereiche übertrieben „hochgeheizt" werden können.

6.5 Die Krise der Finanzkontrolle

Der Präsident des Bundesverfassungsgerichts hat in einem Aufsatz über „Zukunftsfragen der parlamentarischen Demokratie"[35] im Hinblick auf die Parlamentsreform auch das Problem der relativ groben und unbeholfenen Struktur der Haushalte angesprochen. Relativ grobe und unbeholfene Struktur der Haushalte hie, zu ergänzen wäre „relativ abstrakte und aggregierte Funktionen der mittelfristigen Finanzpläne da", dies führt zu zwei größeren Problembereichen:

Problembereich 1

ist das Anschaulicher-machen und damit auch den Situationen-des-normalen-Abgeordneten-zugänglicher-machen der ökonomischen Rechnungen der Bundesrepublik Deutschland, wobei dieses Problem nicht so sehr darin besteht, daß die entscheidenden Probleme erst noch aufgearbeitet werden müssen, es geht darum, die aufgearbeiteten Probleme politisch in die Tat umzusetzen.[36]

Problembereich 2

betrifft die Sozialberichterstattung im übrigen, d. h. das Umsetzen der Erkenntnisse, die aufgrund der Weiterentwicklung der Sozialindikatorenbewegung gewonnen worden sind, in politisch attraktive Sozialindikatoren, die für die amtliche Statistik und die regierungsamtliche Sozialberichterstattung genutzt werden.[37]
Die konsequente Inangriffnahme dieser beiden Problemfelder würde die politische Kontrolle bedeutend steigern und stärken.

6.6 Pathologien der Ministerial- und Verwaltungsbürokratie

In der Bundesrepbulik Deutschland wird seit einiger Zeit intensiv über Bürokratie, Bürokratisierung und Entbürokratisierung diskutiert.[38]
In Fortführung der Befunde von *Max Weber, Richard Merton* und *Michel Crozier* hat *Klaus Türk* Bürokratisierungsphänomene als pathologische Zustände und Prozesse von Organisationen gedeutet und pathologische Grundmuster entwickelt, in die staatliche Organisationen, die immer weniger spontane Kooperation von Menschen zulassen, leicht abgleiten, und zwar in drei pathologische Grundmuster der Überkomplizierung, Übersteuerung und Überstabilisierung.[39]
Die genannten Organisationspathologien begründen auch die Gefahr, daß politische Kontrollen immer weniger effektiv werden. So meint Überstabilisierung auch Entfremdung der Organisationsangehörigen eines Regierungs- oder Verwaltungs-„betriebes" von den politischen Zielen, Übersteuerung der Organisationsmitglieder meint auch Unmöglichkeit der Freiheit im Sinne spontaner Zielverwirklichung, und Überkomplizierung meint auch übermäßige Konzentration auf Organisationsaufgaben im Innenbereich und geringeres Dasein für politische Zielsetzungen und deren Realisierung.[40]

7. *Die Antworten auf die Hauptprobleme politischer Kontrolle*

Wir haben im Teil 6. nicht nur die aus unserer Sicht bestehenden Hauptprobleme skizziert, sondern auch Poblemlösungen angedeutet. Diese sollen im folgenden noch einmal in anderer Systematik und weiterführender Betrachtungsweise zusammenfassend dargestellt werden, und zwar geht es immer um Probleme der
- Kontrollmaßstäbe;
- Kontrollmethoden und -verfahren;
- Kontrollmotivation,

bezogen auf:
- die Anatomie der Kontrolle;
- die Prozeßkontrolle;
- die Personalkontrolle;
- die Ressourcenkontrolle;
- die Aufgabenkontrolle.

7.1 Die Anatomie der Kontrolle

Loewenstein, dessen klassischen Entwurf der Kontrollen des demokratischen Verfassungsstaates wir unter 3. dargelegt haben, hat mit Recht darauf hingewiesen, daß Kontrollfragen nicht beantwortet werden können, bevor nicht Grundverständnisse der Anatomie von Machtprozessen gewonnen sind. Will man also das Regierungssystem kontrollieren, so geht es zunächst um die Anatomie des jeweiligen Regierungsprozesses. Es geht darum, in der Verwaltungswissenschaft eine Motivation dafür zu schaffen, einzelne Politikfelder und einzelne Aufgabenhauptgruppen des öffentlichen Systems auf ihre je und je verschiedene Kontrollanatomie hin zu untersuchen, die je und je verschiedenen Pathologien festzustellen und je und je verschiedene Abhilfen zu schaffen.

7.2 Prozeßkontrolle

In einer Welt, die dynamisch, komplex, kompliziert und mit zahlreichen Ungewißheiten behaftet ist, ist der Zentralwert der Prozeßkontrolle das, was *Herbert König* die „Dynamisierung der institutionellen Organisation" genannt hat.
Dynamisierung der institutionellen Organisation „führt zu einer neuen Sicht der Aufbauorganisation als einer Momentaufnahme der Summe von Abläufen, d. h. von Maßnahmen im Rahmen von Programmen. Das erlaubt eine neue Zukunftsperspektive über die Entwicklungsstufen des Projekt- und Matrixmanagements hinaus . . .".[41]
Was ist darunter zu verstehen? Jede Aufbauorganisation besteht aus einem Strukturmodell, das im Hinblick auf bestimmte Aufgabenbestände und Aufgabenarten, Aufgabenträger und Information sowie Systembeziehungen eingerichtet wird. Es kommt zu Stellen und Stellenbildung, zur Herausforderung hierarchischer Stellenbeziehungen und auch zu hierarchieüberlagernden Stellenbeziehungen.[42]
Bei Wandlungsprozessen der Aufgabenarten, die Veränderungen im Bereich der Aufgabenträger, der Information, der Sachmittel, der Systembeziehungen, der Stellen und Stellenbildung erfordern, bilden die etablierten hierarchischen Stellenbeziehungen, die etablierten Stellenbildungen, die etablierten Aufgabenbestände machtvolle Hindernisse für die Realisierung solcher politischen Ziele, die auf neue Wirklichkeiten eine Antwort versuchen. Das Problem ist seit langem erkannt. Sein Sitz wurde bisher im Bereich der Aufbauorganisation im weitesten Sinne vermutet. Die Lösung der heutigen Schwierigkeiten könnte darin bestehen, die Erfüllung operativer und innovativer Aufgaben als Funktionen von Programmen zu betrachten und die Programmstrukturen so zu verändern, daß in ihnen die Probleme der Aufbauorganisation im weitesten Sinne, umfassend Aufbauorganisation und Ablauforganisation im engeren Sinne, mitgedacht werden.

7.3 Personalkontrollen

Die verbreitetste Form der Personalkontrolle in Regierung und Verwaltung ist die dienstliche Beurteilung durch die Vorgesetzten oder durch ein Gremium in zeitlicher und sozialer Auswahl. Der Wert dieser Kontrollen ist umstritten.[43]
Die Antwort auf die heutigen Zweifel an der Wirksamkeit von Personalkontrollen sehen wir in zwei Bereichen:

Bereich 1
Empirisch muß die Erforschung der Karrieredeterminanten in der öffentlichen Verwaltung über den heutigen Stand hinaus weitergetrieben werden.[44]

Bereich 2
ist die stärkere Berücksichtigung der subjektiven Erwartungsprofile bei der Einstellung von Personal im Hinblick auf Anforderungsprofile, und da solche subjektiven Erwartungsprofile häufig an funktional orientierten Berufsbildern als Ganzheiten ihre Vorstellungen bilden, bedarf es zur Verbesserung der politischen Kontrolle im Bereich des Personals der Gewinnung funktional orientierter Berufsbilder, die an die Stelle der derzeit primär institutionellen Sicht von Funktionen treten müssen.[45]

7.4 Ressourcenkontrolle, insbesondere Finanzkontrolle

Eine beträchtliche Zeit hindurch wurde der Ressourcenbegriff eng über das volkswirtschaftliche Leistungsvermögen definiert, welches etwa auszudrücken ist über Arbeitskräfte und ihre Qualifikation; Kapitalstock; Boden; außenwirtschaftlicher Leistungsaustausch; technischer und organisatorischer Fortschritt.
Wir haben vor einiger Zeit dargelegt, daß gegenüber diesem überholten und ökonomistisch verengten Ressourcenbegriff heute mit einem weiteren Ressourcenbegriff zu arbeiten ist, der bestimmte kritische Kapazitäten wie außenwirtschaftliche Engpässe, strukturpolitische Engpässe und infrastrukturelle Engpässe wie Bildung, Informationswesen, Forschung, Gesundheitsvorsorge und ähnliches mitdenkt.[46]
Dies vorausgeschickt, wird man zunächst feststellen müssen, daß der einzige hinlänglich erforschte Bereich der Ressourcenkontrolle der Bereich der Finanzkontrolle ist.[47]
Am Modell der Finanzkontrolle lassen sich verschiedene Probleme verdeutlichen, die für die gesamte Ressourcenkontrolle gelten: Zunächst ist nach der Haushaltssystematik bei der Finanzkontrolle zwischen der Aufstellung des Haushaltsplanes oder der vorangehenden Kontrolle, der laufenden Überwachung des Haushalts und der nachschreitenden Kontrolle oder dem Entlastungsverfahren zu unterscheiden. Die Probleme der Ressourcenkontrolle umfassen also die vorangehende Kontrolle, die laufende Überwachung der Ressourcensteuerung und die nachschreitende Kontrolle oder die Entlastung. Bezogen auf diese drei Phasen der Ressourcenkontrolle wird man folgende Antworten auf ihren heutigen Zustand, zu messen am Zustand der Finanzkontrolle, vorschlagen können:

Antwort 1
Ein zeitgemäßes System von Einrichtungen der vorausschauenden Kontrolle fehlt. Dieses hat wiederum seine Ursache im ungeklärten Verhältnis von Parlament und Planung. Bevor nicht das Verhältnis von Parlament und gesamtpolitischer Planung, ressortübergreifender Planung und ressortbezogener Fachplanung geklärt ist, wird die vorausschauende Kontrolle nicht weiterkommen.

Antwort 2
Für die laufende Überwachung des Ressourcenverhaltens stehen lediglich im Bereich der Finanzkontrolle die Mittel zur Verfügung, d. h. die Möglichkeit, die finanzwirksamen Ausgaben auf die Vereinbarkeit mit der Haushaltslage zu prüfen. In allen übrigen Bereichen der laufenden Ressourcenkontrolle fehlen überhaupt die Instrumente, um laufende Kontrolle zu verwirklichen. Sie werden für entbehrlich gehalten, weil alle übrigen Probleme der Ressourcenkontrolle als über die Kontrolle der finanzwirksamen Ausgaben mitkontrolliert gelten. Diese Fiktion ist unhaltbar. Sie gilt es abzulösen.

Antwort 3
Die nachschreitende Kontrolle oder das Entlastungsverfahren leiden in der Bundesrepublik darunter, daß ein gesetzlich verbindlicher Zeitplan für die Vorlage der Haushaltsrechnung, des Rechnungshofsberichts und des Entlastungsbeschlusses fehlt. Dieser gesetzlich verbindliche Zeitplan sollte alsbald mit dem Ziel größtmöglicher Zeitnähe geschaffen werden.

Antwort 4
Um die politische Attraktivität der Ressourcenkontrolle zu erhöhen, müßten die vorausschauende Ressourcenkontrolle, die begleitende Ressourcenkontrolle und die nachschreitende Ressourcenkontrolle parlamentarisch verselbständigt werden. Dies ist lediglich bei der begleitenden Finanzkontrolle im Haushaltsausschuß heute der Fall.
Für die vorausschauende Kontrolle fehlt im parlamentarischen Bereich jedes praktikable Modell, da es als unpraktikabel angesehen werden muß, jeden Fachausschuß mit der vorausschauenden Kontrolle in seinem Bereich zu betrauen und ihn insoweit mit den Funktionen eines Untersuchungsausschusses auszustatten in dem Sinne, daß er, ohne ein ständiger Untersuchungsausschuß zu sein, jederzeit als solcher tätig werden kann.
Was die nachschreitende Kontrolle der Ressourcen angeht, so müßte auf jeden Fall die nachschreitende Ressourcenprüfung verselbständigt werden.
Es ist darauf hinzuweisen, daß solche institutionellen Verselbständigungen auch Fragen nach der Ausstattung mit im Bereich der vorausschauenden, begleitenden und nachschreitenden Ressourcenkontrolle kompetenten Mitarbeitern aufwerfen.

Antwort 5
Zur politischen Attraktivität der Ressourcenkontrolle gehört auch ein ressourcenorientiertes öffentliches Bewußtsein, für dessen Entwicklung war die Zeit in allen westlichen Nationen noch nie so günstig wie heute, weil die Zeit der Wohlstandsgesellschaft ausklingt und sich Herausforderungen andeuten, deren Einfluß auf die Gesellschaftsstruk-

tur und Formation zwar noch nicht abzusehen sind, deren Einflüsse im Ressourcenbereich aber schon heute massiv fühlbar sind.

Anmerkungen

1 Vgl. IMF, June 1977: Bibliography on Government Budgeting, Accounting and Auditing. Washington, D. C., *Recktenwald, Horst Claus,* 1980: Zur Theorie des Staatsversagens. in: Public Finance (35) 72 ff.
2 Vgl. hierzu: Zwischenbericht (BT-Drucksache VI/3829) und Schlußbericht (BT-Drucksache 7/5924) der Enquêtekommission Verfassungsreform; ferner: Antwort der Bundesregierung auf drei kleine Anfragen zu Kontrollproblemen und Organisationsproblemen in: BT-Drucksache 7/2887.
3 Vgl. *Thompson, Fred, Zumeta, William,* 1981: Control and Controls: A reeximination of control patterns in budget execution. in: Policy Sciences 13, 25–50; *Weber, Hanns,* 1981: Unerwünschte Finanzkontrolle? DÖV, 128 ff.; *Rürop, Bert,* 1980: Perspektiven der Haushaltskontrolle. in: Wirtschaftsdienst (60), 299 ff.; ders. 1979: Das rationale Budget. in: Verwaltung und Fortbildung, Sonderheft 4, 141 ff.; *Rehm, Hannes,* 1980: Wirtschaftlichkeit und Sparsamkeit im öffentlichen Sektor. in: Die Verwaltung (13), 77 ff.
4 Vgl. *Hoefert, Hans-Wolfgang,* 1979: Psychologische und soziologische Grundlagen der Organisation. 2. Auflage Gießen; *Reding, Karl,* 1981: Die Effizienz staatlicher Aktivitäten – Probleme ihrer Messung und Kontrolle. Baden-Baden; *Steinebach, Nikolaus,* 1980: Verwaltungsbetriebslehre. Regensburg, 117 ff.
5 Vgl. *Baetge, Jörg,* 1980: Kontrolltheorie. Sp. 1091–1104 in: *Grochla, Erwin* (ed.): Handwörterbuch der Organisation. 2. Auflage Stuttgart.
6 Vgl. *Bohne, Eberhard* und *König, Herbert,* 1976: Probleme der politischen Erfolgskontrolle. in: Die Verwaltung (9), 19 ff.; *Kitterer, Wolfgang,* 1980: Politische Ökonomie und institutionelle Ordnung der öffentlichen Finanzwirtschaft, in: Public Finance (35), 135 ff.
7 Vgl. *Kurz, Hanns* (Hrsg.), 1970: Volkssouveränität und Staatssouveränität, Darmstadt.
8 *Von Beyme, Klaus:* Repräsentatives und parlamentarisches Regierungssystem. Eine begriffsgeschichtliche Analyse. 396 ff. (407 f.), in: *Rausch, Heinz* (Hrsg.) 1974: Die geschichtlichen Grundlagen der modernen Volksvertretung. 2. Band: Reichsstände und Landstände, Darmstadt.
9 *Stammen, Theo* (Hrsg.), 1967: Strukturwandel der modernen Regierung, Darmstadt.
10 Vgl. *Rausch, Heinz* (Hrsg.), 1969: Zur heutigen Problematik der Gewaltenteilung. Darmstadt.
11 Vgl. *Schumann, Hans-Gerd* (Hrsg.), 1967: Die Rolle der Opposition in der Bundesrepublik Deutschland, Darmstadt.
12 Vgl. hierzu: *Wittkämper, Gerhard W.,* 1978: Funktionale Verwaltungsreform, Bonn, 17 ff.
13 *Laufer, Heinz,* 1977: Das föderative System der Bundesrepublik Deutschland, 3. Auflage, München, 121 ff., 137 ff.
14 Vgl. *Benzing* u. a. 1978: Verwaltungsgeographie, Grundlagen, Aufgaben und Wirkungen der Verwaltung im Raum. Köln/Berlin/Bonn/München.
15 Vgl. *Derlien, Hans-Ulrich,* 1979: Zur systemtheoretischen Fassung des Kontrollproblems in der öffentlichen Verwaltung. Veröffentlichtes Manuskript Bamberg, Teil 2.2.
16 Vgl. *Karl Loewenstein,* 1959: Verfassungslehre. Tübingen, 127 ff., 296 ff.
17 Vgl. hierzu: *Derlien,* a.a.O., Teil 1.1.
18 Vgl. *Grauhan, Rolf-Richard,* 1970: Kontrolle der Bürokratie oder Kontrolle durch die Bürokratie? 165 ff. in: Probleme der Demokratie heute. Sonderheft 2, 1970 der PVS, Opladen.
19 Vgl. *Laufer, Heinz:* Verfassungsgerichtsbarkeit als politische Kontrolle. 226 ff. in: Probleme der Demokratie heute, a.a.O.
20 *Tiemann, Susanne,* 1977: Die Finanzkontrolle des Bundes oder: Was macht der Bundestag mit den Berichten des Bundesrechnungshofes? 93 ff., in: Zeitschrift für Parlamentsfragen (8) 1977, Heft 1.
21 *Laufer, Heinz:* Verfassungsgerichtsbarkeit als politische Kontrolle, a.a.O., 230.
22 Vgl. *Blank, Hans-Joachim* und *Hirsch, Joachim:* Kritische Anmerkungen zur Parlamentarismusdiskussion in der deutschen Politikwissenschaft. 156 ff;
Ellwein, Thomas: Kontrolle der Bürokratie oder Kontrolle durch die Bürokratie? 170 ff., in: Probleme der Demokratie heute, a.a.O.

23 Vgl. *Peter Schindler* (Bearbeiter)1979: 30 Jahre Deutscher Bundestag. Dokumentation. Statistik. Daten. Herausgegeben vom Deutschen Bundestag, Presse- und Informationszentrum, Referat Öffentlichkeitsarbeit. Bonn.
24 Vgl. zur Finanzkontrolle die schon zitierte Arbeit von *Susanne Tiemann*. Positive Gegenbeispiele zu dieser nicht funktionierenden Kontrolle bilden die Arbeitsgruppen des Innenausschusses des Deutschen Bundestages, vgl. hierzu: *Karl-Ludwig Sträter*, 1977: Arbeitsgruppen des Innenausschusses des Deutschen Bundestages – Ein Beitrag zur parlamentarischen Praxis, in: Zeitschrift für Parlamentsfragen, 8/1977, Heft 1, 27 ff.
25 Vgl. hierzu: *Frese, Erich*, 1976: Aufbauorganisation. Gießen, insbesondere 29 ff.
26 Vgl. *Schierenbeck, Henner*, 1978: Betriebswirtschaftliche Grundlagen der Organisation. 4. Auflage, Gießen.
27 Vgl. *Hoefert, Hans-Wolfgang*, 1979: Psychologische und soziologische Grundlagen der Organisation. 2. Auflage, Gießen.
28 Vgl. hierzu: *Wittkämper/Jäckering*, 1979: Allgemeine Staatslehre und Politik, Regensburg, 119 ff.
29 *Lehmbruch, Gerhard*, 1967: Proporz-Demokratie. Tübingen, 7 f.
30 Vgl. *von Alemann, Ulrich/Heinze, Rolf G.*, 1981: Neokorporativismus. Zur neuen Diskussion eines alten Begriffes. Frankfurt/New York, 469 ff.; *Teubner, Gunther*, 1979: Neokorporativistische Strategien rechtlicher Organisationssteuerung. Staatliche Strukturvorgaben für gesellschaftliche Verarbeitung politischer Konflikte. 487 ff., in: Zeitschrift für Parlamentsfragen (10), 1979, Heft 4.
31 *Ritter, Gerhard A.*, 1962: Deutscher und britischer Parlamentarismus, Tübingen.
32 Vgl. *Kurt Sontheimer*, 1977: Grundzüge des politischen Systems der Bundesrepublik Deutschland. 6. Auflage, München, 84.
33 Vgl. zu diesen Traditionen auch *Sontheimer*, a.a.O., 84 ff.
34 Vgl. Presse- und Informationsamt der Bundesregierung (Hrsg.), 1978: Bericht der Bundesregierung über die Lage von Presse und Rundfunk in der Bunderepublik Deutschland (1978) Medienbericht. Bonn.
35 Zeitschrift für Parlamentsfragen (9), 1978, 510 ff.
36 Vgl. *Walser, Peter*, 1975: Volkswirtschaftliche Gesamtrechnung – Revision und Erweiterung. Göttingen.
37 Vgl. *Zapf, Wolfgang*, 1976: Sozialberichterstattung, Möglichkeiten und Probleme, Göttingen.
38 Vgl. Deutscher Beamtenbund (Hrsg.), 1979: Bürokratisierung und Entbürokratisierung. Eine Bestandsaufnahme. Bonn, mit vielen weiteren Nachweisen;
Renate Mayntz (Hrsg.), 1968: Bürokratische Organisation. Köln/Berlin;
Roppel, Ulrich, 1979: Ökonomische Theorie der Bürokratie. Freiburg;
Wollmann, Hellmut (Hrsg.), 1980: Politik im Dickicht der Bürokratie, Opladen.
39 Vgl. *Türk, Klaus*, 1976: Grundlagen einer Pathologie der Organisation. Stuttgart.
40 Vgl. *Wittkämper, Gerhard W.* 1979: Bürokratie und Bürokratisierung. Entwurf eines Rasters zur Überprüfung von Organisationen auf organisationsinterne Bürokratisierungstendenzen. Bonn.
41 *Herbert König*, 1977: Dynamische Verwaltung. Stuttgart, 77.
42 Vgl. hierzu: *Erich Frese* a.a.O.
43 Vgl. *Grunow, Dieter*, 1976: Personalbeurteilung. Empirische Untersuchungen von Personalbeurteilungssystemen in Wirtschaft und Verwaltung; *Heinrichs, Josef*, 1978: Personalbeurteilung in der Bundeswehr; Diplomarbeit Hochschule der Bundeswehr Hamburg; *Derlien*, a.a.O., Nr. 32.
44 Vgl. *Pippke, Wolfgang*, 1975: Karrieredeterminanten in der öffentlichen Verwaltung. Hierarchiebedingte Arbeitsanforderungen und Beförderungspraxis im höheren Dienst. Baden-Baden.
45 Vgl. hierzu: *Denso*, u. a., 1976: Verwaltungseffizienz und Motivation. Göttingen, 159 ff.
46 Vgl. *Wittkämper, Gerhard W.*, 1972: Die Teilnahme Betroffener bei Planungsvorgängen – Ressourcenplanung. 111 ff., in: PVS-Sonderheft 4, „Gesellschaftlicher Wandel und politische Innovation", hier 113 f.
47 Vgl. hierzu die schon zitierte Arbeit von *Susanne Tiemann*, mit vielen weiteren Nachweisen.

Zur Effizienz der öffentlichen Verwaltung

Christoph Reichard/Herbert König

1. Einleitung

Effizienz der öffentlichen Verwaltung – das ist ein Thema, das sowohl in Stammtischrunden – mit meist sehr negativen Ergebnissen – debattiert wird, als auch sich wirtschaftswissenschaftlicher Quantifizierungsversuche erfreut und schließlich Gegenstand politik- und verwaltungswissenschaftlichen Nachdenkens ist.

Warum wird gerade jetzt wieder über Verwaltungseffizienz nachgedacht? Der Hauptgrund ist zweifellos die schärfer werdende „Schere" zwischen weiterhin wachsenden Staatsaufgaben und knapper werdenden Ressourcen, und das ohne die Zuwächse, mit deren Hilfe man bislang unbekümmert verteilen konnte. Insbesondere die „Spar-Rundumschläge" der Regierungen werfen aktuell die Frage auf, welches Effizienzkonzept eigentlich diesen Aktionen zugrunde liegt und inwieweit Sparmaßnahmen auch Ziel- und Ergebniskriterien berücksichtigen.

Im folgenden Beitrag sollen ein Effizienzkonzept für die öffentliche Verwaltung begrifflich erläutert, Probleme der Messung und Bewertung erörtert, Ursachen mangelnder Verwaltungseffizienz dargestellt und Ansätze, Instrumente und Grenzen einer stärkeren Effizienzorientierung der Verwaltung aufgezeigt werden.

2. Zur Terminologie

Zum Zwecke der Entscheidungshilfe wie der Kontrolle administrativen Handelns kommen zwei unterschiedliche Ansätze in Betracht[1].

(1) Es werden Aussagen über Zweck-Mittel-(Output/Input-)Beziehungen getroffen (= *Effizienz*).

(2) Es werden Soll-Ist-Vergleiche angestellt (= *Effektivität*).

Im ersten Fall geht es um die Frage, mit welchem Mitteleinsatz angestrebte (Ziel-)Wirkungen resp. Ergebnisse erreicht werden können. Effizienzaussagen können ex ante oder ex post formuliert werden, d. h. sich auf geplante oder tatsächliche Werte beziehen (Soll- oder Ist-Effizienz). Dementsprechend werden als Outputdimension angestrebte oder tatsächlich erreichte Wirkungen (Ziele) bzw. Ergebnisse angesprochen.

Im zweiten Fall werden im Zeitablauf Soll und Ist jeweils im Hinblick auf Input, Output oder politische Zielsetzung gegenübergestellt. Auf der Zielebene im besonderen geht es dabei um den Zielerreichungsgrad, mithin um die Diskrepanz zwischen einem angestrebten Zweck resp. Endzustand und dem tatsächlich erreichten Zustand. Beispiele sind Vergleiche von geplanten und tatsächlichen Ausgaben (= klassische Finanzkontrolle) oder von geplanten und tatsächlich eingetretenen Programmwirkungen (= Problem von Implementationsanalysen). Das nachstehende Schema faßt die Begriffe zusammen[2]:

Ausgangsfragen:	Soll	Ist
wozu?	Ziel/Zweck	Zielerreichung
was?	Programm/ Maßnahme	Ergebnis
womit?	Ressourcenplan	Ressourcen-verbrauch

Wirksamkeit (Zielerreichung ↔ Ergebnis)

Wirtschaftlichkeit (Ergebnis ↔ Ressourcenverbrauch)

Effizienz (Zielerreichung ↔ Ressourcenverbrauch)

Effektivität (Soll ↔ Ist)

Gerade in administrativen Planungssystemen empfiehlt es sich, Effizienzaussagen nicht auf enge Input/Output-(Ressourcen/Ergebnis-)Relationen zu begrenzen, sondern auf die Erreichung gesetzter (Ober-)Ziele bzw. Zwecke zu erweitern. Beispiel: Effizienzaussagen über ein staatliches Bildungsprogramm sollten nicht nur den Ressourceneinsatz und die tatsächlich bewirkten Bildungsmaßnahmen in Beziehung setzen, sondern vor allem auch über die Wirksamkeit des Programms im Hinblick auf bildungspolitische Zielvorstellungen informieren.

An dieser Stelle ist auch auf den im deutschen ökonomischen Sprachgebrauch verbreiteten Begriff der *Wirtschaftlichkeit* einzugehen[3]: Darunter wird eine Beziehung zwischen Ergebnis und Mitteleinsatz verstanden. Wirtschaftlichkeit wird üblicherweise extremierend als Minimalprinzip (mit minimalem Mitteleinsatz ein bestimmtes Ergebnis anstreben) oder als Maximalprinzip (mit bestimmtem Mitteleinsatz ein maximales Ergebnis anstreben) formuliert. Ersteres kennzeichnet den Grundsatz der *Sparsamkeit*, letzteres den der *Ergiebigkeit*.

In der Privatwirtschaft läßt sich Wirtschaftlichkeit relativ leicht und eindeutig bestimmen: im Vordergrund stehen monetär bewertbare, unternehmungsinterne Effekte – i.d.R. Erlöse und Aufwendungen. Dementsprechend wird Wirtschaftlichkeit häufig verkürzt als monetäre Erfolgsrelation aufgefaßt. Indes gibt es seit geraumer Zeit in der Betriebswirtschaftslehre einen Konsens, daß Wirtschaftlichkeit auch nichtmonetäre Effekte umfaßt und daß die zugrundeliegende Zweck/Mittel-Rationalität lediglich formaler Art ist – also bestimmt durch die individuellen Zielvorstellungen der jeweiligen Entscheidungsträger.

Weil sich trotz dieser Erweiterung die betriebswirtschaftliche Arbeit in der Praxis auf erfolgsbezogene, mithin monetäre Aspekte konzentriert – und dies auch zur Erleichterung der internationalen Verständigung –, erscheint der auch die Wirksamkeit einbeziehende Begriff Effizienz im Zusammenhang mit der öffentlichen Verwaltung vorzugswürdig.

Insgesamt sollen im folgenden unter Effizienz Aussagen verstanden werden, die sowohl Ressourcen/Ergebnis-Relationen wie auch Ergebnis/Ziel-Beziehungen enthalten[4]:

Effizienz = Wirksamkeit + Wirtschaftlichkeit

In der öffentlichen Verwaltung kann jedenfalls nur mit einem im Vergleich zur Privatwirtschaft wesentlich weitergefaßten Effizienzansatz gearbeitet werden[5]: Da Maßnahmen höchst unterschiedliche Wirkungen haben (monetäre und nichtmonetäre, soziale, ökonomische und technische, direkte und indirekte, interne und externe, gewollte und ungewollte usw.) und sich diese Effekte auf sehr verschiedenartige Ziele erstrecken, wird i. a. eine mehrdimensionale, mehrstufige Abstimmung von Ziel-/Ergebnis-Kategorien einerseits und Ressourcen andererseits zweckmäßig sein.

3. *Probleme der Messung und Bewertung von Effizienz*

Ein wesentlicher Grund dafür, daß öffentliche Verwaltungen Schwierigkeiten mit ihrer Effizienz haben, liegt zunächst einmal darin, daß diese eine recht diffuse Erscheinung und nur schwer zu fassen und zu bewerten ist. Zunächst gilt, daß es *die* Effizienz der Verwaltung nicht gibt, sondern daß Effizienzaussagen sinnvollerweise immer nur auf einzelne Programme, Maßnahmen (Vorhaben, Projekte usw.) sowie Verwaltungsbereiche bezogen sind. Um Aussagen über die Effizienz einer Verwaltung und hier wiederum eines Programms oder etwa eines Vorhabens in einem bestimmten Zeitraum zu treffen, sind die folgenden drei Voraussetzungen zu erfüllen[6]:

- Kausale Bestimmung der positiven und negativen Effekte der zu beurteilenden Maßnahmen, also ursächliche Verknüpfung von Maßnahmen und ihren (vermuteten) Wirkungen.
- Quantitative Erfassung von Art und Umfang der identifizierten Wirkungen, d. h. Wirkungsmessung mit Hilfe geeigneter Meßverfahren.
- Soweit möglich, Zusammenführung der – i. a. höchst heterogenen – Meßergebnisse auf einer gemeinsamen Wertebene, z. B. durch monetäre oder Punkt-Bewertung.

Dementsprechend haben wir es bei Effizienzanalysen in der Verwaltung mit drei Problemstellungen zu tun:

a) Zunächst stellen sich infolge der Dichte von Ziel/Mittel-„Gestrüppen" in vielen Verwaltungsbereichen erhebliche *Zurechnungsprobleme:* Kausale Ursache-Wirkungsbeziehungen sind infolge zahlreicher Interdependenzen kaum nachzuweisen (man denke etwa an die erheblichen methodischen und inhaltlichen Probleme der Wirkungsforschung[7]). Daher lassen sich in vielen Fällen weder zutreffende Prognosen über die Wirkungen (alternativer) Verwaltungsmaßnahmen abgeben noch ex post beobachtete Effekte bestimmten Maßnahmen zurechnen.

b) Ferner sind, selbst wenn eine kausale Wirkungszurechnung möglich ist, erhebliche *Meßprobleme* im Hinblick auf Wirkungen von Verwaltungshandeln zu verzeichnen.

Während auf der Inputseite verschiedene Aspekte (Finanzmittel- und Personaleinsatz) noch halbwegs meßbar sind, entziehen sich auf der Outputseite zahlreiche Verwaltungsleistungen einer Quantifizierung[8]. Weil staatlicher Output insgesamt bislang nur schwer meßbar ist, behilft sich bis heute die volkswirtschaftliche Gesamtrechnung mit dem (paradoxen) Trick, den staatlichen Output anhand der Inputs zu bestimmen. Effizienzaussagen sind dabei zweifellos nicht zu gewinnen: je höher der Input, desto höher der angenommene Output – das ist genau das Gegenteil von Effizienzdenken[9]!

c) Schließlich werden Effizienzanalysen im öffentlichen Sektor dadurch erschwert, daß hier der in der Privatwirtschaft übliche und brauchbare gemeinsame Tausch- und Vergleichsmaßstab „Geld" nicht allgemein verwendbar ist: wir haben es mit erheblichen *Bewertungsproblemen* zu tun. Da öffentliche Leistungen i. a. nicht auf Märkten abgesetzt und ihnen dementsprechend keine Marktpreise zugeordnet werden können[10], gibt es keine intersubjektiv gültigen, verläßlichen Nutzenbewertungen dieser Leistungen. Vielmehr werden öffentliche Leistungen von ihren potentiellen Konsumenten höchst unterschiedlich eingeschätzt – und meist (da unentgeltlich abgegeben) zu gering bewertet.

In der Vergangenheit hat es im Zusammenhang mit makroökonomischen Kosten-Nutzen-Analysen umfangreiche wissenschaftliche Anstrengungen gegeben, staatliche Leistungen mit fiktiven Marktpreisen zu bewerten (so z. B. mittels Schattenpreisen und Zahlungsbereitschafts-Schätzungen)[11]. Abgesehen von technisch-ökonomischen Partialanalysen, bei denen noch Analogien zum Marktmechanismus herstellbar sind, müssen die Ergebnisse dieser Bewertungsaktionen insgesamt eher als fragwürdig angesehen werden. Erfolgversprechender, wenngleich methodisch noch nicht ausgereift, sind da schon Nutzwertanalysen, die auf monetäre Bewertungszwänge verzichten.

4. Befunde zur Verwaltungseffizienz und deren vermutete Ursachen

Im allgemeinen (Vor)Urteil wird Verwaltungseffizienz gering eingeschätzt. Da werden Vergleiche mit der Privatwirtschaft angestellt, bei denen die Verwaltung fast durchwegs schlechter abschneidet, oder da werden wenig motivierte Bürokraten in ihrem Leistungsverhalten nicht gerade schmeichelhaft beschrieben[12].

Einige Beispiele aus unterschiedlichen Bereichen staatlichen Handelns sollen das Problem der Verwaltungseffizienz verdeutlichen:

- Regelmäßig werden von den Rechnungshöfen, von Oppositionsparteien oder vom Bund der Steuerzahler spektakuläre Verschwendungsfälle aufgedeckt und berichtet. Sie wirbeln zwar einigen Staub auf und erfordern schlimmstenfalls einen Politikerrücktritt als politischen „Ritualmord", ändern aber gemeinhin nicht viel an der Situation.
- Ebenfalls regelmäßig werden in der Öffentlichkeit (partei- oder gewerkschafts-)politische Interessenverflechtungen („Filzokratie") als Symptome von Ineffizienz der Verwaltung gebrandmarkt. Anstelle der jeweils Fähigsten werden hiernach verdien-

te und ergebene Vasallen in Führungspositionen eingesetzt; erhoffte Effizienzimpulse bleiben dadurch aus.

- Häufig wird auch die Ineffizienz mancher staatlichen Monopolbetriebe (wie Bundespost und -bahn) beklagt, die sich auf ihrer gesetzlich gesicherten Machtposition ausruhten und in ihrer Leistungsfähigkeit zu wünschen übrig ließen.
- Erhebliche Probleme werden im finanzwirtschaftlichen Sektor gesehen: mangelnde Koppelung von Finanzplanung und staatlicher Aufgabenplanung; Kurzfristigkeit von Planung und Entscheidung aufgrund der Jährlichkeit des Haushaltsplanes und Unübertragbarkeit der Bewilligungen; Diskrepanz zwischen Gebern und Verwendern von Finanzmitteln, insbesondere Probleme der Mischfinanzierung z. B. kommunaler Projekte durch Kommunen und Länder (Politik des „goldenen Zügels")[13].
- Immer wieder wird die Ineffizienz einzelner Verwaltungsleistungen bemängelt – entweder im Vergleich zu privatwirtschaftlichen Angeboten oder zu ausländischen Verwaltungen.
- Nicht zuletzt wird vehement auf das mangelnde Leistungs- und Kostendenken von Verwaltungsbediensteten hingewiesen, das sich sowohl auf der Leitungs- wie auf der Ausführungsebene äußere.

Folgende *Ursachenkomplexe* mangelnder Verwaltungseffizienz zeichnen sich ab:

(a) Ursachen, die in der Natur öffentlicher Leistungen und in den spezifischen Leistungsbedingungen liegen (mangelnde Meß- und Bewertbarkeit, Übernahme lediglich „unrentabler" gesellschaftlicher Leistungen durch den Staat, Dienstleistungscharakter mit Zwang zu maximaler Kapazitätsvorhaltung, mangelnder Wettbewerb, Trennung von Nutzer und Zahler)[14].

(b) Politisch-ökonomische Rahmenbedingungen und generelle externe Einflüsse auf die Verwaltung[15].

(c) Rechtsvorschriften (Vielfalt und Starrheit gesetzlicher Regelungen, Einfluß der Rechtsprechung).

(d) Strukturelle Bedingungen (bürokratische Organisationsformen, Koordinations- und Führungsmuster, Kontrollformen).

(e) Verhaltensweisen der Bediensteten (mangelnde Motivation, Leistungsbereitschaft und Anstrengung, gering ausgeprägtes Kostenbewußtsein, fehlende Leistungsanreize im öffentlichen Dienst).

5. *Effizienzanalysen: Aspekte und Instrumente*

Im folgenden Schema werden verschiedene Beurteilungsmerkmale zur Einordnung von Effizienzanalysen im öffentlichen Sektor dargestellt. Dies geschieht anhand von drei typischen Analyseinstrumenten:

a) betriebliches Rechnungswesen (Finanz- und Kostenrechnung)

b) einfache Wirtschaftlichkeitsrechnung (Kostenvergleichsrechnung)

c) Nutzwertanalyse

Nr.	Merkmal	typische Merkmalsausprägungen	
1	Effizienzdimension	nur Input-Erfassung	Input/Output/Ziel-Erfassung
2	Analysekontinuität	maßnahmenbezogen	periodenbezogen
3	Analyserichtung	Vergangenheit	Zukunft
4	Analysezeitraum	eher kurzfristig	eher langfristig
5	Analyseebene	Mikrobereich	Makrobereich
6	Analyseausdehnung	Systembezogen (nur interne Effekte)	Systemübergreifend (interne + externe Effekte)
7	Analysekriterien	eindimensional (Geldeinheiten)	mehrdimensional

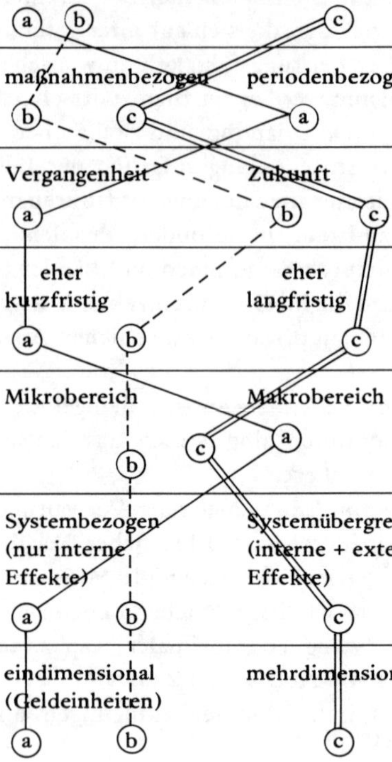

Die recht unterschiedlichen Profile machen deutlich, daß es *das* Analyseinstrument nicht gibt, sondern für verschiedene Zwecke, Richtungen und Ebenen der Effizienzanalyse ein insgesamt vielgestaltiges Instrumentarium in Frage kommt.

Auf einige *Instrumente* der Effizienzanalyse sei zumindest stichwortartig hingewiesen:

(1) Das *Rechnungswesen* als klassisches betriebswirtschaftliches Kontrollinstrument, speziell in Gestalt der Kostenrechnung. Trotz ihrer Input-Orientierung kann Kostenrechnung nützliche Informationen über Kostenstrukturen, Stückkosten oder Folgekosten liefern.[16]

(2) Die *Kostenvergleichsrechnung* kann z. B. bei geringwertigen internen Rationalisierungsentscheidungn eine durchaus brauchbare Entscheidungshilfe sein.

(3) *Kosten-Nutzen-Analysen* auf der Basis monetärer Wertansätze sind zur Beurteilung ökonomisch-technischer Vorhaben bedingt geeignet, liefern ansonsten aber häufig eher fragwürdige Effizienzaussagen.

(4) *Nutzwertanalysen* gehen – obwohl noch längst nicht ausgereift – vergleichsweise umfassender auf die Vielfalt politischer Zielvorstellungen und Wirkungsformen öffentlichen Handelns ein.[17]

(5) Insbesondere bei Wirkungsanalysen auf der Programmebene können Vergleiche auf der Basis von *Kennziffern* und *Sozialindikatoren* nützlich sein.[18]
(6) Methodisch anspruchsvolle Effizienzanalysen komplexer Programme oder Vorhaben können mithilfe mehrdimensionaler *Effizienzindizes* erfolgen, z. B. im Hinblick auf Reorganisationsvorgänge oder Verwaltungsreformen.[19]

6. Möglichkeiten einer stärkeren Effizienzorientierung der Verwaltung

Anhand der folgenden fünf Aspekte lassen sich erfolgversprechende Ansätze aufzeigen, um Verwaltungen und ihren Mitgliedern den Gedanken der Effizienz näherzubringen[20].

(a) Erhebliche Effizienzschübe könnten von den *Verwaltungsmitarbeitern* selbst ausgehen, wenn es gelingen würde, ihr Leistungsverhalten entsprechend zu beeinflussen[21]. Da es sich hier in erster Linie um die Herausbildung geeigneter Werthaltungen, Einstellungen und Motivationen bei den Bediensteten handelt, kommt es auf leistungsbezogene Sozialisationsprozesse und Anreiz-/Sanktionssysteme an. Auch die Ausbildung spielt hier eine Rolle: Im Gegensatz zur Rechtmäßigkeit ist die Wirtschaftlichkeit vom Verwaltungspersonal längst nicht so stark verinnerlicht[22] – es ist ein verstärktes Denken in Alternativen, kostenbewußtes Handeln und entsprechende Verantwortung zu fordern. Die entscheidende Zielgruppe, von der ein Abschied von überholten Verwaltungstraditionen eingeleitet werden kann, sind die Führungskräfte: deren Auswahl und Entwicklung ist verstärktes Augenmerk zu schenken[23].
(b) Effizienzorientierung setzt auch entsprechende *Methoden und Instrumente* voraus, wie sie bereits skizziert worden sind; sie zu entwickeln, bereitzustellen, bekanntzumachen und ihre Anwendung zu fördern, ist eine bedeutsame Aufgabe auch der Aus- und Fortbildung.
(c) Ohne Zweifel sind auch *strukturelle Veränderungen* der Verwaltung zur Effizienzförderung vonnöten; hierzu hat es in den letzten Jahren eine vielfältige Diskussion gegeben[24]. Einige Stichworte müssen hier zur Kennzeichnung der Veränderungstendenz genügen:
   - Erhöhung der Flexibilität
   - Enthierarchisierung
   - Dezentralisierung/Dekonzentration
   - Delegation von Verantwortung, Stärkung selbständigen Handelns
   - stärkere Ziel- und Programmorientierung[25]
(d) Wenngleich ihre Bedeutung als Voraussetzung für Effizienzsteigerungen gewöhnlich überschätzt wird, sind Veränderungen im *Rechtssystem* wünschenswert. Zu erwähnen sind ein genereller Vorschriftenabbau sowie die Verlagerung des Aktionsschwerpunktes auf Finalprogramme zu Lasten der noch so verbreiteten Konditionalprogramme – verbunden mit ensprechender Ermessenserweiterung bei den Rechtsanwendern. Das schließt den Wunsch nach Neustrukturierung unseres Budgetrechts ein.

(e) Ein ganz entscheidender „Hebel" ist schließlich die Einleitung, Unterstützung und Absicherung effizienzfördernder Maßnahmen durch die jeweilige *politische Leitung* eines Ressorts. Nur bei nachdrücklicher persönlicher Identifikation mit der Forderung nach Effizienz, bei deutlichen Negativsanktionen gegenüber ineffizientem Handeln und einer Vorbildfunktion der politischen Spitze lassen sich echte und dauerhafte Effizienzsteigerungen im Verwaltungssystem erwarten.

Indes sind einige *Begrenzungen* einer stärkeren Effizienzorientierung der Verwaltung zu beachten, die systembedingt und offenbar nur schwer veränderbar sind. Abgesehen von den – unter 4. bereits erwähnten – Besonderheiten öffentlicher Leistungen und der Dominanz effizienzbegrenzender Rechtsvorschriften scheinen insbesondere die politisch-ökonomischen Rahmenbedingungen Verwaltungseffizienz zu behindern. In erster Linie sind wohl Rationalität und Zielvorstellungen der politischen Entscheidungsträger (Regierungsmitglieder, Parlamentarier) als Hemmnisse administrativer Effizienzorientierung anzusehen. Folgt man *Dieckmanns* Erfahrungen in der Hamburger Verwaltung[26], so liegen die Schwierigkeiten u. a.

- in einer mangelnden Binnenstrukturorientierung der Politiker,
- in einer Scheu vor Mißerfolgen, die durch Effizienzanalysen erst transparent werden könnten,
- im erheblichen Konfliktpotential infolge widerstreitender Partikularinteressen verschiedener Machtgruppen, die in Effizienzbetrachtungen deutlich würden sowie
- in der eher langfristigen Wirksamkeit vieler Programme im Vergleich zur Kurzfristorientierung der unter Wiederwahlzwängen stehenden Politiker.

Die Chancen der Verstärkung effizienzbezogener Ansätze und Methoden hängen also erheblich davon ab, inwieweit es gelingt, Politiker von der Sinnhaftigkeit derartiger Ansätze und Methoden – auch für ihre eigene politische Entwicklung – zu überzeugen.

Die Bereitschaft des politisch-administrativen Systems zur Befolgung von Effizienzzielen wird obendrein von der Macht- und Interessenstruktur des zuständigen politischen Entscheidungsgremiums bestimmt. Erfahrungen in der Kommunalverwaltung zeigen, daß breiter Konsens über wesentliche Oberziele in der Vertretungskörperschaft eine wichtige Voraussetzung für effizientes Handeln der Verwaltung ist. Wenn Effizienz stärkere Ziel- und Ergebnisorientierung des Verwaltungshandelns bedeutet, ist es einsichtig, daß ohne weitgehenden Zielkonsens auch kein Konsens über eine effiziente Aufgabenerfüllung in den einzelnen Verwaltungsbereichen herstellbar ist. Anderenfalls käme es lediglich zu Scheinobjektivitäten mechanisch angewandter Effizienzmethoden ohne tatsächliche Änderungsschübe

Insgesamt scheint als Maxime für eine künftige Effizienzorientierung der öffentlichen Verwaltung zu gelten, daß der große Wurf eines umfassenden politisch-administrativen Effizienzanalyse- und -steuerungsinstruments wohl kaum zu erwarten sein dürfte. Dies würde einen umfassenden Lernprozeß bis hin zu den Parlamentariern und selbst zu den „Meinungsbildnern" in den Medien voraussetzen, der derzeit weder technisch realisierbar ist, noch beim gegenwärtigen Bewußtseinsstand der Adressaten überhaupt auf Akzeptanz rechnen kann. Statt dessen kommt es offenbar auf eine hartnäckige, zähe Politik der kleinen Schritte an[27], um so wenigstens punktuelle strukturelle, personelle, rechtliche und politische Innovationen herbeizuführen. Entscheidend wird dabei sein, daß die Effizienzbetrachtungen den politischen Wert- und Zielbildungsprozeß einschließen und über enge, technokratisch anmutende, insbesondere rein finanzwirtschaftlich orientierte Perspektiven hinausgehen. Und sicher gehört auch eine Portion Mut und Veränderungswille dazu, durchaus modellhaft häufiger als bisher Effizienzanalysen bei Einzelmaßnahmen sowie im Vergleich analoger Einrichtungen oder Programmbereiche durchzuführen und deren Ergebnisse im Verwaltungshandeln zu verwerten.

Christoph Reichard

Anmerkungen

1 Vgl. generell zur Terminologie: *Bohne, E., H. König*, 1976: Probleme der politischen Erfolgskontrolle. In: Die Verwaltung 1976, 19 ff.; *Gzuk, R.*, 1975: Messung der Effizienz von Entscheidungen. Tübingen, 12 ff; *Boerger, M.*, 1978: Die Effizienz öffentlicher Verwaltung in der Bundesrepublik Deutschland, Frankfurt/M., 18 ff.; *Derlien, U.*, 1974: Theoretische und methodische Probleme der Beurteilung organisatorischer Effizienz der öffentlichen Verwaltung. In: Die Verwaltung 1974, 1 ff.

2 Vgl. *König, H.*, 1980: Zur Effizienz öffentlichen Handelns im Spiegel der nationalen und internationalen Diskussion. In: Die Verwaltung 1980, 57 ff., ders., 1979: Effizienz öffentlichen Handelns – neu überdacht. In: Wirtschaftsdienst 1979, 252.

3 Vgl. *Reinermann, H.*, 1974: Wirtschaftlichkeitsanalysen. In: Handbuch der Verwaltung, Heft 4.6, Köln usw.; *Boerger, M.*, 1978, 72 ff.; *Reichard, C.*, 1977: Betriebswirtschaftslehre der öffentlichen Verwaltung. Berlin – New York, 191 f.; *Rehm, H.*, 1980: Wirtschaftlichkeit und Sparsamkeit im öffentlichen Sektor. In: Die Verwaltung 1980, 90 ff. Vgl. kritisch zum Wirtschaftlichkeitsdenken in der öffentlichen Verwaltung vor allem: *Luhmann, N.*, 1960: Kann die Verwaltung wirtschaftlich handeln? In: Verwaltungsarchiv 1960, 97 ff.

4 Vgl. *König, H.*, 1979, 252.

5 Bei einer engeren, materiellen Effizienz-Fassung kann dieses Kriterium alleine keine Legitimationskraft haben, so auch *Sontheimer, K.*, 1976: Effizienz allein kann den Staat nicht legitimieren. In: Manager Magazin 12/1976, 148 ff., ferner *Offe, C.*, 1974: Das Verhältnis von Legitimität und Effizienz als Dilemma der staatlichen Verwaltung. In: Leviathan 1974.

6 Vgl. *Eichhorn, P., H. Siedentopf*, 1976: Effizienzeffekte der Verwaltungsreform. Baden-Baden; Ferner allgemein *Reding, K.*, 1980: Die Effizienz staatlicher Aktivitäten – Probleme ihrer Messung und Kontrolle. Baden-Baden.

7 Vgl. *Hellstern, G.-M., H. Wollmann*, 1980: Evaluierung in der öffentlichen Verwaltung – Zwekke und Anwendungsfelder. In: Verwaltung und Fortbildung 1980, 61 ff.

8 Vgl. *Boerger, M.*, 1978, 121 ff., *Thiemeyer, Th.*, 1973: Von „Messen" keine Rede. In: Wirtschaftswoche 1973, Nr. 23, 35 ff.

9 Vgl. *Brünnger, H., C. Orga*, 1978: Ansätze zur Messung des Outputs des Staates. In: Schweizerische Zeitschrift für Volkswirtschaft und Statistik 1978, 364 ff.

10 Vgl. *Reichard, C.*, 1977, 25 f. und 55.

11 Vgl. statt vieler immer noch: *Recktenwald, H.C.* (Hrsg.), 1970: Nutzen/Kosten-Analyse und Programmbudget. Tübingen.

12 Vgl. insbes. *Haubrichs, W.*, 1978: Der ausgebeutete Steuerzahler. Stuttgart.

13 Vgl. zu letzterem *Banner, G., H. Bals*, 1981: Wirtschaftliche Kommunalverwaltung – Chancen und Grenzen der Mobilisierung von Leistungsreserven. In: KGSt-Mitt. Okt. 1981 (Sonderdruck).

14 *Recktenwald, H.C.*, 1978: Unwirtschaftlichkeit im Staatssektor. Elemente einer Theorie des ökonomischen Staats„versagens". In: Hamburger Jahrbuch für Wirtschafts- und Gesellschaftspolitik 1978, 155 ff.

15 Vgl. z. B. *Naschold, F.*, 1977: Externe Bedingungen mittel- und langfristiger Verwaltungsplanung. In: Verwaltung und Fortbildung 1977, 59 ff.

16 Vgl. *Gornas, J.*, 1976: Grundzüge einer Verwaltungskostenrechnung. Baden-Baden; *KGSt*, 1978: Kosten eines Arbeitsplatzes, Bericht 4/1978 Köln; *Eichhorn, P.*, 1977: Kostendenken

im öffentlichen Dienst. In: Öffentlicher Dienst, Festschrift f. C.H. Uhle, Köln usw., 33 ff.; *Picot, A., G. Rischmüller,* 1981: Planung und Kontrolle der Verwaltungskosten in Unternehmungen. In: Zeitschrift für Betriebswirtschaft 1981, 331 ff.

17 Vgl. zur Einführung *Reichard, C.*, 1977, 248 ff., ferner grundlegend: *Zangemeister, C.*, 1971: Nutzwertanalyse in der Systemtechnik. 2. Auflage München; *Bechmann, A.*, 1978: Nutzwertanalyse, Bewertungstheorie und Planung. Bern. Vgl. zu Anwendungsbeispielen etwa: *Scheller, P.*, 1974: Systematische Untersuchungen bisheriger Anwendungen der Nutzwertanalyse zwecks Bestimmung der Möglichkeiten und Grenzen dieser Bewertungsmethode. Brennpunkt Systemtechnik der TU Berlin – Bericht 2/1974.

18 Vgl. grundlegend *Zapf, W.*, 1976: Zum gegenwärtigen Stand der „Sozialindikatorenforschung". In: Soziale Indikatoren, hrsg. v. *H.J. Hoffmann-Nowotny,* Frauenfeld, 29 ff.; *OECD,* 1976: Measuring Social Well-Being. Paris; *Brünnger, H., C. Orga,* 1978, 380 ff.; vgl. zu rechtlichen Aspekten von Wirksamkeitskriterien von Verwaltungshandeln auch *Lange, K.*, 1981: Kriterien für die Wirksamkeit von Instrumenten und Programmen des Verwaltungshandelns. In: DÖV 1981, 73 ff.

19 Vgl. zu derartigen Ansätzen: *Gzuk, R.*, 1975; *Knopf, R.* u. a., 1976: Die Effizienz von Reorganisationsprozessen aus der Sicht der Praxis, München; *Eichhorn, P., H. Siedentopf,* 1976. Ferner ist auf die mehrstufigen Wirtschaftlichkeitsanalysen in den Schreibdiensten der obersten Bundesbehörden hinzuweisen: Vgl. *Bundesministerium für Forschung und Technologie* (Hrsg.) 1981: Schreibdienste in obersten Bundesbehörden, Frankfurt/M. – New York; *Picot, A.*, u. a., 1980: Zur Wirtschaftlichkeit von Schreibdienstorganisationen (9 Teile). In: VOP 1980–1982. Vgl. als weiteres Bsp. in diesem Zusammenhang auch *Buchholz, W., H.-O. Marquardt-Riecke,* 1981: Die Effizienz des behördlichen Vorschlagswesens in Kommunalverwaltungen. In: Die Verwaltung 1981, 1 ff.

20 Vgl. dazu für den Bereich öffentlicher Wirtschaft auch den Vorschlagskatalog: Zur Leistungsfähigkeit öffentlicher Unternehmen. Stellungnahme des Wissenschaftlichen Beirats der Gesellschaft für öffentliche Wirtschaft und Gemeinwirtschaft eV, Heft 15, Berlin 1977.

21 Vgl. generell zum Leistungsverhalten im öffentlichen Dienst: *Hoefert, H.-W., C. Reichard* (Hrsg.), 1979: Leistungsprinzip und Leistungsverhalten im öffentlichen Dienst, Stuttgart usw.

22 Vgl. sehr einprägsam und aktuell *Banner, G., H. Bals,* 1981, 4 f.

23 Vgl. *Banner, G.*, 1981: Personal- und Organisationspolitik – was geschieht ohne Dienstrechtsreform? In: KGSt-Mitt. Febr. 1981 (Sonderdruck).

24 Die zahlreichen Vorschläge zu Gebiets-, Funktional-, Organisations- und Personalreformen, die Arbeiten der Projektgruppe Regierungs- und Verwaltungsreform, die Diskussion um Managementkonzepte für die Verwaltung und neuerdings die modische Bürokratisierungsdebatte zeigen dazu einige Streiflichter auf.

25 Vgl. hierzu zwei interessante Studien im Rahmen der Arbeiten der Kommission für wirtschaftlichen und sozialen Wandel: *Denso, J.* u. a., 1976: Verwaltungseffizienz und Motivation, Göttingen (die sich mit der Rolle des Titelverwalters in der Ministerialverwaltung und effizienzfördernden Kompetenzverteilungen auseinandersetzen); *Lüder, K., D. Budäus,* 1976: Effizienzorientierte Haushaltsplanung und Mittelbewirtschaftung. Göttingen.

26 Vgl. *Dieckmann, R.*, 1980: Schwierigkeiten mit der Erfolgskontrolle in der öffentlichen Verwaltung. In: DÖV 1980, 739 ff.

27 Wie sie z. B. die KGSt seit Jahren für die Kommunalverwaltung durchaus erfolgreich betreibt.

Nachwort von Herbert König

Wer heute als Betriebswirt sich anschickt, sich in das Gestrüpp der Verwaltungstheorie und -praxis hineinzubegeben und zu versuchen, sich mit seinem Analyseinstrumentarium darin zurechtzufinden, merkt bald, daß es zunächst der Erweiterung des terminologischen Spektrums der Mikroökonomie bedürfte, um den komplexen Phänomenen der Verwaltung gerecht zu werden.
Zum zweiten wird er dessen gewahr werden, daß er mit den aus seiner Disziplin mitgebrachten Meß- und Bewertungsansätze in eine mehrdimensionale Welt hineingerät, in der die außerordentlich lebhafte Interaktion zwischen sozialen Anliegen einerseits und konkreter politischer Aktion – sprich: Maßnahmen, Vorhaben, Projekten pp. – andererseits jeglichen Versuch einer gradlinigen Zielableitung etwa bis hin zum konkreten Arbeitsplatz zum Scheitern verurteilt.
Und zum dritten sind die sich im politisch-administrativen System auftuenden Restriktionen doch sehr viel stärker und härter, als man sich dies im betrieblichen Bereich träumen läßt; gerade weil hier die Abhilfemöglichkeiten näher liegen, insbesondere auch brauchbare Anreizsysteme vorhanden oder zumindest griffbereit sind, macht man sich dabei kaum eine Vorstellung von Remedien, deren Regierung und Verwaltung schon aus Gründen ihres Selbstverständnisses so dringend bedürfen. Andererseits verstärkt dies natürlich auch die Unbekümmertheit, mit der manche Betriebswirte Denkansätze aus ihrer eigenen Welt in die der öffentlichen Hände übertragen möchten; das schließt nicht aus, daß manches davon erfrischend klingt und einiges nachdenkenswert erscheint.
Im Blick hierauf setzen diese Bemerkungen dort an, wo es ums politik- und verwaltungswissenschaftliche Nach-denken zu dem vorstehenden Beitrag geht, und berühren lediglich diejenigen Punkte, bei denen sich weiterführende Aspekte eröffnen.
Während die deutsche *Terminologie* immer noch Unsicherheit im Ansatz des Effektivitätsbegriffs verrät – teils verwendet man ihn im *Reichard'schen* Sinne, teils anstelle des hier in die Effizienz eingebauten Wirksamkeitsbegriffs –, ist man im Ausland ein Stückchen weiter gelangt. So beläßt man in Frankreich die effectivité in der Soll-Ist-Beziehung, also in der Zeitachse, und setzt für Wirksamkeit den Begriff der efficacité; dem entspricht im angelsächsischen Raum die Verwendung des Terminus efficacy[1] für Wirksamkeit, so daß die effectiveness ebenfalls auf den Zeitaspekt bezogen bleiben kann.
Was die *Zielbildung* angeht, sind in der Verwaltungswissenschaft inzwischen Impulse zu verzeichnen, die – parallel zu betriebswirtschaftlichen Überlegungen etwa von *Hans-Christian Pfohl*[2] – sich von einem von Oberzielen bis hin zur Arbeitsebene durchgehenden Zielbegriff abwenden und den dem öffentlichen Handeln vorgelagerten Bereich eindeutig als solchen der Zweckbildung bzw. Problemfindung ausweisen[3]. Der Sinn einer solchen methodischen Innovation liegt in dem Herausführen aus der Sackgasse der öffentlichen Zielbildung, wie sie etwa in der Stadtentwicklungsplanung, aber auch im politischen Berichtswesen des Bundes obwaltet; anstelle von „Abhaklisten" treten nunmehr Zweck- bzw. Problemstrukturierungen (das eine ist die Kehrseite des anderen), die nicht der Zweck-Mittel-Beziehung unterliegen, sondern – ihrer reinen Ausdifferenzierung wegen – offen sind für den politischen Dialog auch mit der Opposi-

tion und zu einer Darstellungsform sozialer Anliegen hinführen, die einmal eine sinnvolle Verknüpfung mit sozialen Indikatoren erlaubt, zum anderen aber auch als der einzig brauchbare Ausgangspunkt für den Entwurf der politischen Aktion erscheint, die sich – aufsteigend von der Maßnahmenebene bis hin zu einzelnen Programmen – auf diese Weise locker und Jahr für Jahr veränderbar präsentieren läßt. Verknüpft man dies mit einer – ebenfalls wechselnden – adäquaten Gestaltung der institutionellen Organisationsstruktur sowie mit zugeordneten Budgetanteilen unter Zurechnung von Personal- und Managementkosten, dann ist damit die Grundlage für das geschaffen, was der Verfasser – idealtypisch – „Dynamische Verwaltung" genannt hat[4]. Mit einem solchen Ansatz beantwortet sich zugleich die Frage, wessen Ziele in dieses Vorfeld öffentlichen Handelns eingehen sollen: Je nach dem Adressaten – Minister, Regierung, Parlament, Öffentlichkeit – solcher Zweckstrukturen bzw. „Problemlandschaften" sind es nicht mehr Ziele, sondern Wertungen des Adressaten, in die sich der den Entwurf Vorlegende hineindenken soll, ohne daß er deswegen seine eigenen Vorstellungen – oder gar seine kreative politische Phantasie – hintanstellen müßte: Gerade darauf ist ja der Adressat angewiesen, auch wenn letztlich seine eigene Vorstellung entscheidet. Obendrein würde durch eine solche Prozedur Problemsensibilität geschaffen, die unser politisch-administratives System so bitter nötig hat.

Das für eine Gegenüberstellung von sozialen Anliegen als der Frucht – weil untersten Ebene – von Problemstrukturierungen einerseits und der zur Lösung der Probleme geeigneten Maßnahmen andererseits – durchaus in alternativer Form, damit man im Rahmen begrenzter Ressourcen dann die richtige Lösung zu finden vermag – geeignete *Vehikel* ist in der Tat die von *Reichard* angesprochene *Nutzwertanalyse,* weil sie in der Matrix arbeitet und die politische Sicht von Handlungsauslösern und Handlungsalternativen nicht behindert, aber auch den Ressourcenaspekt zunächst im Hintergrund läßt; er wird erst durch eine Erweiterung dieses Instruments in Richtung auf die budgetären Grenzen einerseits und die politische „Machbarkeit" andererseits ins Bild gebracht. Das entspricht einer alten Forderung des Verfassers danach, bei Gebrauch der politischen Phantasie nicht immer gleich an die limitierten Ressourcen zu denken, sondern zunächst einmal „politisch drauf los zu spinnen" und dabei alle Aspekte politischer Abwägung ins Spiel hineinzunehmen. Das bedeutet ein Denken auf zunächst zwei Ebenen – einmal der der substantiell-inhaltlichen Überlegung und erst dann der der Verknüpfung des politischen Programms mit seiner finanziellen Basis. Hier erweitert sich die Nutzwertanalyse zur Kosten-Wirksamkeits-Analyse oder wie immer man das Instrument dann noch nennen mag. Diese Sicht der Dinge widerstreitet sehr unserer geltenden Budgeterstellungstechnik; dazu täte uns ein Blick über den nationalen Zaun durchaus not[5]. Wenn er ein praktiziertes Modell für die hier vorgetragenen Gedanken finden wollte, müßte er bis nach Israel reichen, dessen System der Block-Allocation einerseits politische Gestaltung nicht behindert, andererseits aber auch dem Ressourcendruck gerecht wird, und das wiederum mit einer gewissen Freiheit für den fachpolitischen Akteur im Regierungs- und Verwaltungsapparat in der Exekution des auf diese Weise optimierten politischen Programms im Wege der Plafondierung der Mittel.

Der hier vorgestellt Ansatz gibt der *politischen* Rationalität den Vorrang vor der *ökonomischen* Rationalität – eine Betrachtung, bei der es sich fragt, ob es obendrein eine *gesellschaftliche Rationalität* zu bedenken gebe. Konkrete Sachverhalte wie der Streit um die Startbahn West des Frankfurter Flughafens legen dies nahe. Hier könnte man zu dem Bild von drei sich überschneidenden Kreisen gelangen, aus deren wechselseitiger Überdeckung sich eine Fläche im Zentrum der Rationalitäten ergibt, die den gemeinsamen Rahmen für den Aktionsraum des politisch-administrativen Systems ausweist. Um im Bild zu bleiben: Es würden sich hier überdecken die ökonomischen Erwägungen zur Befriedigung öffentlichen Verkehrsbedarfs einerseits mit darüber hinausgehenden politischen Erwägungen andererseits, die die Sicherung von Arbeitsplätzen durch das Vorhaben insgesamt im Auge haben, und diese schließlich zum dritten mit gesellschaftlich inspirierten Erwägungen etwa zur Umweltproblematik. Gewiß ist dies ein Konstrukt, weil ein guter Politiker alle drei und noch einige mehr Aspekte im Auge haben sollte, aber es kennzeichnet doch den stufenweisen Aufbau des politischen Prozesses so, wie er offenbar real stattgefunden hat[6]. Zugleich könnte man damit das Bild von der Inputbetrachtung auf der Ressourcenebene, wie sie von den öffentlichen Haushalten induziert wird, von der Outputbetrachtung der politischen Programmierung, die die Ressourcenebene überhöht, und von der Zweck- bzw. Problemdarstellung verbinden, die wiederum das politische Programm überlagert. Mit diesem Bild ließen sich aber auch – bei Betrachtung ex ante und ex post – potentielle wie erzielte Resultate und obendrein Problemlösungseffekte im Entwurf wie nach Zeitablauf nicht nur in den politischen, sondern auch in den gesellschaftlichen Raum hinein ermitteln und als Beziehungen von Input zu Output wie von Output zu Problemveränderung darstellen. Dies alles würde sich vor einem ursachen- wie wertbestimmten Hintergrund vollziehen, auf dem sich die Ursachen der uns bedrängten Probleme ebenso abzeichnen wie die die Problemfindung induzierenden Werte der Akteure und ihrer Adressaten. Die Frucht einer solchen Betrachtung könnte ferner sein, daß die Entwicklung mittel- und langfristiger Perspektiven für öffentliche Aktion wieder etwas phantasievoller und inhaltsreicher würde, und dies nicht nur in kurzfristig-operativer oder auch mittelfristig-taktischer Sicht, sondern darüber hinaus in strategischer Gesamtbetrachtung, und dies alles ein wenig unabhängiger von bestehenden institutionellen Fixierungen, wie sie offenbar auch dem Ansatz der kommunalen Aufgabenkritik im Wege gestanden haben, die – mit limitiertem Erfolg – versucht hat, der Politik wieder Blut und Leben zuzuführen.

Zum Verhältnis von ökonomischer und politischer Rationalität im besonderen mag kennzeichnend sein, was der Regierende Bürgermeister von Berlin, *Richard von Weizsäcker*, kürzlich anläßlich der Einweihung des Erweiterungsbaues des Deutschen Instituts für Wirtschaftsförderung gesagt hat. Er meinte nämlich[7], die Politiker hätten oft nicht die politische Kraft, einem vernünftigen Vorschlag zu folgen, weil es die Lebensbedingungen nicht zuließen. Vernunft wäre hier mit ökonomischer Rationalität gleichzusetzen, die Rücksichtnahme auf die Lebensbedingungen mit politischer und vielleicht auch gesellschaftlicher Rationalität. Denn hinter einer solchen Rücksichtnahme steht im Regelfalle zumindest der Blick auf die gesellschaftlichen Bedingungen im Sinne von gesellschaftlicher Legitimation dessen, was die Politiker tun möchten.

Das mag zugleich anzeigen, daß dieses Feld einer „geschichteten" Rationalitätensicht wissenschaftlich noch recht unbestellt ist und der Erforschung harrt. Nicht minder bedarf es aber auch der Erweiterung unseres Vorstellungsspektrums, wenn es darum geht, öffentliches Handeln mit wirksamen Anreizsystemen zu versehen. Da sich hier immer gleich ideologische Verblendungen in das Nachdenken über mögliche Handlungsweisen einschleichen, hat man sich bislang auch kaum ernsthaft etwa mit dem Versuch befaßt, durchaus auch im Blick auf politische und gesellschaftliche Rationalität bürokratische durch marktrationale Strukturen zu ersetzen. Recht unbekümmert klingen dazu konkrete Vorschläge wie etwa[8] zum

- Ersatz der unmittelbaren Kostenaufbringung für Universitäten durch den Staat durch die Gewährung von Stipendien an Studenten, die sich dann die angesehensten Universitäten aussuchen[9], oder zur
- Bezahlung der Bediensteten von Bahn und Post entsprechend den wirtschaftlichen Ergebnissen der von ihnen betriebenen öffentlichen Unternehmen oder zur
- Organisation der sozialen Sicherung nach dem „Cafeteria-Prinzip", wobei jeder Versicherungsnehmer die Wahl zwischen verschiedenen Versicherungsarten hätte, etwa solchen mit und ohne Selbstbeteiligung.

Andererseits kann man einen Lehrer nicht danach einstufen, welche Leistungen seine Schüler erbringen, weil er nicht dafür verantwortlich zu machen ist, ob ihm begabte oder unbegabte Kinder zum Unterricht anvertraut werden. Nicht minder unsinnig wäre die Messung der Leistung von Hochschullehrern an der Zahl der Semesterwochenstunden über das Deputat hinaus[10], weil sich damit zugleich ihr Einsatz in Forschung und Beratung vermindern würde – hier werden in der Tat drei statt der üblichen zwei aufeinander zuordenbaren Funktionen des Hochschullehrerdaseins vertreten: Aktuell wird dies insbesondere bei Neugründungen etwa in jungfräulichen Staaten; so könnte man beispielsweise bei Überlegungen zur Installation einer neuen Staatsuniversität in einem Entwicklungsland daran denken, deren Lehrkörper zugleich in eine Beratungsfunktion für die Regierungszentrale und die Ressorts einzubringen, da ja die nationalen Probleme, deren sich Praxis wie Wissenschaft anzunehmen haben, dieselben sind.

Alle Überlegungen zu verschiedenen Rationalitäten wie zu unterschiedlichen Denkebenen stoßen auf die *vorgegebenen Strukturen und Verfahren* in der öffentlichen Verwaltung, wo es insbesondere um den Widerstreit zwischen der Durchsetzung politischer Inhalte einerseits und der Geltungskraft und Eigengesetzlichkeit der formalen Verfahren andererseits geht[11]. Dies gilt in erster Linie für den Budgetprozeß und hier im besonderen für das Verfahren zur Aufstellung der öffentlichen Haushalte. Auch dieser Prozeß ist von der Natur der Sache her politisch, weil er ja mit politischen Inhalten umgeht – nicht nur, was die politischen Sachausgaben betrifft, sondern auch hinsichtlich der Personalausgaben, die ja ihrerseits wiederum Gegenstand einer Politik des öffentlichen Dienstes sind. Gerade im Hinblick auf diesen politischen Charakter des Haushaltsprozesses war es immer verfehlt, ihm einseitig ökonomisch orientierte Reformkonzepte überzustülpen; das hat sich beim Scheitern etwa des PPBS gezeigt. Bei der Betrachtung der Entscheidungsstrukturen in der öffentlichen Verwaltung zeichnen sich im Grunde drei markante Abläufe ab, nämlich

- der allgemein-politische Entscheidungsweg,
- das Verfahren zur Rechtssetzung sowie
- der Budgeterstellungsprozeß,

die sich idealtypisch voneinander trennen lassen, in der Praxis auch weitgehend getrennt sind, aber eigentlich integriert wirken, d.h. zusammenfließen sollten. Derzeit aber sind in den Budgeterstellungsprozeß die Beauftragten für den Haushalt (Leiter der Haushaltsreferate/Haushaltsabteilungen), Finanzminister/Kämmerer und die Haushaltsausschüsse der Parlamente involviert; bei der Rechtssetzung haben starken Einfluß die Rechtsreferate der Ressorts bzw. die Rechtsämter der Kommunalverwaltungen sowie der Justizminister und der parlamentarische Rechtsausschuß, während dann für den allgemein politischen Entscheidungsstrang eigentlich kaum etwas übrig bleibt, weil ja Regierung und Verwaltung bekanntlich ihren Karren mit den Rädern des Geldes und des Rechtes, also des Budgets und der Normsetzung fahren. Hier bedürfte es wesentlich größeren Freiraums für den Ansatz von Analysen und die Entwicklung von Konzeptionen – in Frankreich hat man ihn sich dadurch geschaffen, daß man dem Budgetprozeß mit derselben Haushaltsmasse und damit auch demselben Ergebnis einen politischen Programmierungsprozeß an die Seite gestellt hat, in dessen Rahmen eben solche Analysen in ebenso hinreichender Breite betrieben werden, wie man Raum schafft für den Entwurf neuer politischer Konzepte[12]. Dies trifft sich mit Überlegungen in internationalen Organisationen zum Pre-Programming (etwa bei der UNESCO) und zur Einsetzung von Programmausschüssen (so beim Generalsekretariat der Vereinten Nationen) und seit geraumer Zeit auch auf kommunaler Ebene, ohne daß allerdings von daher die Diskussion bislang sonderlich befruchtet worden wäre.

Kommen wir nochmals zum institutionellen Rahmen des Effizienproblems zurück. Es besteht kein Anlaß zur Resignation, wenngleich wir diesen Rahmen nicht „auf der grünen Wiese" neu zu schaffen vermögen. Die Gebietsreform ist gelaufen, und es wäre töricht, heute eine Reform dieser Reform zu verlangen, so sehr geboten sie auch erscheinen möge[13]. So ist es auch müßig, darüber nachzusinnen, ob wir beispielsweise heute die Infrastrukturplanung auf der Ebene zwischen den Landkreisen und den Regierungspräsidien anstellen würden – wie sich dies in der Realität durchaus hier und dort durchgesetzt hat; in der Tat könnten wir uns beide Handlungsebenen sparen und statt dessen dort, wo man wirklich planen sollte, auch die politische Ebene zwischen der Gemeinde einerseits und der Landesregierung andererseits ansiedeln. Entsprechendes würde für die Anordnung der sogenannten Führungszwischenschicht in der Ministerialverwaltung etwa des Bundes gelten. Andere Prozesse werden sich von alleine fortentwikkeln, so beispielsweise die Suche nach dem endgültigen Standort der Arbeitsebene bei den Hochschulen; bislang liegt sie offiziell bei den Fachbereichen/Fakultäten; wie lange wird es dauern, bis man merkt, daß sie nirgendwo anders als bei den Lehrstühlen/Professuren zu liegen vermag? Dann wird man auch die formalen Verfahren darauf einstellen können und lernen, wie sehr es sich lohnte, Mißtrauen im Verfahren abzubauen, weil man beispielsweise über Plafondierungen im öffentlichen Haushalt, also durch Gewährung von Vertrauen und Selbstbestimmung, enorme Ressourcengewinne zu erzielen vermöchte.

All dies kann hier nur angerissen werden; ein vertiefter Überblick über den Stand der nationalen und internationalen Diskussion hierzu findet sich anderen Orts[14].

Aber eines noch: Das Bemühen um Effizienz in der öffentlichen Verwaltung dient deren Glaubwürdigkeit. Der Weg dahin ist der einer angemessenen Selbstdarstellung öffentlichen Handelns. Diese sollte sich mehr und mehr in den politischen und gesellschaftlichen Raum verlagern, statt Zahlenfriedhöfe vorzuweisen, die eh niemand liest. Erst wenn der einzelne Akteur sich im transparent publizierten Programm wiederfindet und dort ausgewiesen wird, was er für des Bürgers gutes Geld Sinnvolles tut, ist der Weg offen für ein Verhältnis des Bürgers zu Staat und Kommunen, das weder von Vorurteilen über die Ansammlung von Staatsdrohnen noch von der Angst vor einem undurchschaubaren Labyrinth bestimmt ist.

In einer Zeit, in der das ökonomische System höherer Rationalität zustrebt, das politische System eher Gleichheit verwirklichen will und das kulturelle System schließlich Individualität realisieren möchte, könnte auch der Effizienzbegriff fragwürdig werden, weil er eng mit dem Leistungsbegriff gekoppelt ist. Man mag, wie in diesem Nachwort geschehen, dies auffangen durch das Konstrukt der unterschiedlichen Rationalitäten in diesen drei Systemen, die allesamt in Effizienz in dem hier gebrauchten Sinne einmünden. Vielleicht sollte man aber auch den Leistungsbegriff darüber hinaus auf das abstellen, was wir heute Wertewandel nennen, und ihn in Beziehung setzen zur Menschenwürde überhaupt, die ihrerseits wiederum durch die Freiheit des Menschen gewonnen wird. *Theodor Heuss* hat einmal den schöpferischen Menschen als Leitbild bezeichnet[15]; so kann die Leistung zum Ausdruck der Würde des Menschen und seiner Chance zur Selbstdarstellung werden, wenn man nur durch angemessene Gestaltung der strukturellen Rahmenbedingungen dafür sorgt, daß die dadurch bestimmten Zuordnungs- und Verhaltensmechanismen die Leistung nicht zum Prozeß menschlicher Entfremdung und personalen Identitätsvserlustes geraten lassen[16].

Anmerkungen

1 Für den angelsächsischen Raum siehe dazu *Biller, Robert, P.*, Toward Public Adminstrations Rather Than An Administration of Publics: Strategies of Accountable Disaggregation to Achieve Human Scale und Efficacy, and Live Within the Natural Limits of Intelligence and Other Scarce Resources; für den französischen Sprachbereich siehe eine Fülle von Aufsätzen im Bulletin RCB, Paris (erscheint im Quartalsrhythmus)

2 Problemorientierte Entscheidungsfindung in Organisationen, Berlin – New York 1977

3 Siehe hierzu den Verfasser: 1977: Zur Neuorientierung von Zielgruppierungen in der öffentlichen Verwaltung. In: Verwaltung und Fortbildung 5 (1977), 71 ff., sowie: 1979: Problemfindung als Ausgangspunkt für öffentliches Handeln. In: Ziel- und ergebnisorientiertes Verwaltungshandeln. Entwicklungen von Perspektiven in Regierung und Verwaltung. Sonderheft 4 von: Verwaltung und Fortbildung, Bonn

4 Der Verfasser, 1979: Dynamische Verwaltung. Bürokratie zwischen Politik und Kosten, 2. Aufl., Stuttgart

5 Im einzelnen siehe dazu *Denso, J., Ewringmann, D., Hansmeyer, D.-H. Koch, R., König, H., Siedentopf, H.*, 1976: Verwaltungseffizienz und Motivation, Band 115 der Schriftenreihe der Kommission für wirtschaftlichen und sozialen Wandel, Göttingen, 92 f.

6 Die gesellschaftliche Relevanz ist inzwischen sogar in die Sprache des Bundesverfassungsgerichts eingegangen, und zwar in seinem Urteil über die öffentliche Kontrolle privater Rundfunkunternehmen im Saarland, mit dem das saarländische Gesetz für nichtig erklärt worden ist. Dazu *Eberhard Moths*, im WDR/NDR I (Gedanken zur Zeit) am 5. Dezember 1981, 19.05 Uhr: Ein Krötentest der Demokratie: „Fast alles, was uns stört, ist eben darum relevant . . . Nicht die, die das Sagen haben, sind schon deshalb relevant, sondern die, die etwas zu sagen hätten, vor allem, wenn das Establishment nichts davon hören will". *Moths* spricht insbesondere die Ausländer, die Arbeitslosen, die Jugend und die Bürgerinitiativen an. Unsere Demokratie sei übri-

gens immer unangenehm, denn in ihr habe man es mit Gegnern zu tun, die man nicht umbringen dürfe, sondern mit denen man zu leben habe.

7 FAZ Nr. 259 vom 7. November 1981, S. 3

8 So *Wolfram Engels*, 1976: Entbürokratisierung, in: Wer profitiert von der Privatwirtschaft?, hrsg. von *Ernst H. Plesser*, Freiburg i. Br., 106 ff.

9 Den Gedanken von *Engels* über den Wettbewerb zwischen den Hochschulen hat kürzlich Bundespräsident *Carl Carstens* anläßlich der Jahresversammlung der Westdeutschen Rektorenkonferenz in Würzburg am 2. Juni 1980 aufgegriffen; vgl. dazu das Bulletin der Bundesregierung Nr. 64 vom 4. Juni 1980, 537 ff. (539)

10 *Henning Jäde*, 1976: Abschied vom Beamten?, in: *Gerd-Klaus Kaltenbrunner*, Der Apparatschik. Die Inflation der Bürokratie in Ost und West, München, 83 ff. (85)

11 So sorgt sich beispielsweise auch eine international zusammengesetzte Forschungsgruppe am Zentrum für interdisziplinäre Forschung der Universität Bielefeld um die Steuerung und Erfolgskontrolle im öffentlichen Sektor; sie untersucht unter anderem die Beschaffenheit der gegenwärtigen Sanktionsstruktur in den öffentlichen Einrichtungen und deren Auswirkungen auf das Verhalten im öffentlichen Dienst. Was immer jedoch das Ergebnis dieser Bemühungen sein wird, bleibt zu befürchten, daß dem Steuerungsaspekt eine allgemeine Zurückhaltung gegenüber der Forderung nach aktiver Politik und dem Postulat einer politischen Erfolgskontrolle die mangelnde Entwicklung einer „Programmkultur" in unseren Verwaltungen entgegenstehen werden.

12 Es ist dies die von der Regierung gewollte und massiv unterstützte Bewegung der Ratinalisation des Choix Budgétaires; im einzelnen siehe dazu jüngst *Bert Rürup* und *Gisela Färber*, 1980: Programmhaushalte der „zweiten Generation", in: Die öffentliche Verwaltung, 661 ff. Nach *Rürup*, der ebenso wie der Verfasser aus der Kölner finanzwissenschaftlichen Schule kommt, findet die politische Rationalität ihre Entsprechung in der politischen Budgetfunktion; deren Realisierung wiederum läuft auf eine politisch-programmatische Budgetgliederung hinaus, die im Zusammenwirken mit dem politischen Programm endlich eine angemessene Selbstdarstellung des öffentlichen Dienstes zu bewirken vermöchte.

13 Besonders kritisch hat sich zur Gebietsreform Bundeskanzler *Helmut Schmidt* sowohl vor dem Deutschen Städte- und Gemeindebund als auch vor der Landkreisversammlung des Deutschen Landkreistages geäußert; die jüngste Quelle ist das Bulletin der Bundesregierung Nr. 56 vom 6. Juni 1981, 477 ff. (479); kritisch zur Funktionalreform siehe *Schäffer, Peter*, 1981: Die preußisch klare Dreiteilung. Die Bedeutung der Funktionalreform in Nordrhein-Westfalen für die Flexibilität der Verwaltungsorganisation, Archiv für Kommunalwissenschaften 20 (1981) II, 259 ff.: Die Funktionalreform habe die Flexibilität und Anpassungsfähigkeit des Verwaltungshandelns erschwert

14 Im einzelnen siehe den Verfasser, Zur Effizienz öffentlichen Handelns im Spiegel der nationalen und internationalen Diskussion, Die Verwaltung 13 (1980), 57 ff.

15 Vgl. hierzu *Wittkämper, Gerhard W.*, Menschenwürde und Leistungsbegriff, in: liberal 23 (1981), 724 ff.

16 Siehe dazu auch die Thesen des Arbeitskreises für Sozialwissenschaft Bad Boll vom Juni 1981 „Die Ordnung der Kultur, des Staates und der Wirtschaft für die Gegenwart", zitiert von *Gerhard W. Wittkämper* auf dem Technikerkongreß '81 des Deutschen Beamtenbundes: Wo liegen die Möglichkeiten und Grenzen neuer Technologien in der öffentlichen Verwaltung? (Manuskript, 3). Nach *Michel Crozier*, La crise bureaucratique, Revue française d'administration publique 1980, Heft 15, 111 ff. (in deutscher Übersetzung in Heft 4/1981 der Verwaltungswissenschaftlichen Informationen, 58 ff.) gilt es, die Organisation unseres Systems mit dem Ziel zu überprüfen, im Innern der großen unpersönlichen bürokratischen Gefüge neue Systeme der Selbstregulierung zu schaffen; nötig seien hier lokale Erfahrungen, weil auf dieser Ebene mehr Innovationen möglich seien, als selbst Utopisten sich vorstellten.

Mensch und bürokratische Organisation

Horst Bosetzky und Peter Heinrich

1. Die Großorganisation als Chance und als Bedrohung

In der Bundesrepublik Deutschland arbeiten mehrere Millionen Menschen in Organisationen mit mehr als tausend Beschäftigten, in mehr oder minder stark bürokratisierten Großorganisationen also. Sie erleben und erleiden tagtäglich all die Spannungen, deren Erkenntnis und Analyse für die „zuständigen" Sozialwissenschaftler schon lange zu einer überaus ermüdenden Diskussion uralter Kontinua, Idealtypen, Polarisierungen und Fragestellungen geworden ist: Gemeinschaft und Gesellschaft, Individuum und Kollektiv, soziale Rollen als Halt oder als Zwang, ist das Ganze mehr als die Summe seiner Teile? Die wesentlichen Antworten auf die entscheidende Frage, wie es zur Bürokratisierung der (industrialisierten) Welt gekommen ist, sind – insbesondere von *Marx* und *Weber* – schon längst schlüssig gegeben worden: Entwicklung der Produktivkräfte, Kapitalakkumulation, Herausbildung des bürgerlichen Berufsethos, Entwicklung der Geldwirtschaft, qualitative und quantitative Erweiterung der staatlichen Verwaltungsaufgaben und Schaffung eines systematischen und rationalen Rechts. Auch auf organisationssoziologischer Seite ist gültig festgestellt worden, welche Faktoren den Bürokratisierungsgrad einer Organisation in die Höhe treiben: Größe, Komplexität und Arbeitsteilung, Massenfertigung bzw. Bewältigung von Massenakten, gleichbleibende und gesicherte Technologien, ruhige Umwelten, an sozio-emotionaler Sicherheit interessierte Mitarbeiter und ein Machtzentrum (der „Herr" im Weberschen Sinne) außerhalb der Organisation. Für die Fachwissenschaftler ist das, obwohl bis jetzt eigentlich nur „Empiriesplitter" existieren, weithin ausdiskutiert – „Alles ist bereits entdeckt, nur in der Gegend der Banalität gibt es noch Neuland" (*Stanislaw Jerzy Lec*).

Gerade deswegen aber müssen die „Organisationswissenschaftler" (Soziologen, Psychologen, Politologen, Betriebswirte und Juristen) – ebenso wie die Verantwortlichen in den großen Verwaltungen – immer wieder daran erinnert werden, daß das Gegen- und Miteinander von Mensch und bürokratischer Organisation für Millionen von Beschäftigten existenzielles Leben und Erleben ist und darüber entscheidet, ob sie – „Auf der Suche nach dem verlorenen Glück", so der Titel eines vielbeachteten Buches von *Jean Liedloff* (1980) – so handeln können, wie es ihnen von ihrer Natur her als richtig erscheint, so wie es „dem altüberlieferten Kontinuum unserer Gattung entspricht, insofern es den Neigungen und Erwartungen angemessen ist, mit denen wir uns entwickelt haben" (S. 35).

Für die mit der Erforschung von Großorganisationen befaßten Vertreter der genannten Disziplinen gilt es in den nächsten Jahren, am Erleben und an den Biografien konkreter Einzelner, anhand ihres Alltagshandelns und ihrer spezifischen Büro- und Verwaltungskultur die alten Fragen in einem anderen Licht und mit anderen methodologischen Mitteln zu diskutieren (vgl. *Bosetzky* und *Heinrich* 1980). Inwieweit sorgt die bürokratische Organisation für Chancen und Gewinne – und inwieweit bedroht sie den Einzelnen und fügt ihm Schaden zu? Geschieht dies gleichzeitig, und wenn ja, ist diese Ambivalenz mit einer dialektischen Hoffnung verbunden?

Für viele Jugendliche reduziert sich die Diskussion der Chancen- und Gewinnseite erzwungenermaßen auf die Alternative: Eintritt in *irgendeine* Großorganisation oder Arbeits- bzw. Berufslosigkeit. Aber auch für die Mehrzahl derjenigen Schulabgänger, die intrinsisch motiviert und gezielt vorgehen und die einen lange feststehenden Berufswunsch im akademisch-professionellen Bereich haben, wird – das politökonomische Sosein gebietet das – der Eintritt in eine Großorganisation unvermeidlich; die große Gruppe der Lehrer mag als Beispiel genügen. Nur Großorganisationen bieten ihnen überhaupt erst die *Chance* der Selbstverwirklichung und der Selbstfindung durch gesellschaftlich anerkannte Arbeit, aber auch das notwendige Maß an sozialen Kontakten und sozio-emotionaler Sicherheit.

Auf der anderen Seite drohen dem Mitglied bürokratischer Organisationen erhebliche Verluste. Instrumentalisiert für die Erreichung von Zielen, an deren Setzung es nicht mitgewirkt hat, erlebt es sich seiner Arbeit, seinen Kollegen und sich selber entfremdet, sieht seine Menschlichkeit im Kampfe aller gegen alle verlorengehen und bemerkt die Deformierung seiner Persönlichkeit zum Bürokraten, verbraucht seine Lebensenergie für das, was ihm als uneigentlich erscheint, während das Eigentliche immer weiter entschwindet.

Dies alles ist bekannt; soll die Betrachtung des Verhältnisses Mensch – bürokratische Organisation innovativ sein, so muß die aufgezeigte Ambivalenz aus der statisch-ahistorischen und überindividuellen Sichtweise herausgelöst werden und biografisch-interaktionistisch erfaßt und ausgedeutet werden, d. h. es müssen die Lebensphasen des einzelnen Organisationsmitgliedes, die wechselnden Handlungszusammenhänge und organisationsspezifischen Milieus und die Reaktionen der anderen bzw. der Organisation auf sein Verhalten in ihren Interdependenzen gesehen werden. Mit der herkömmlichen Generalisierung in Form von Prozentaussagen oder Korrelationen läßt sich Organisationswirklichkeit nicht hinreichend wiedergeben, ihre Fülle wird in unzulässiger Weise auf dürre sozialwissenschaftliche Kategorien reduziert.

Nach diesem Plädoyer für eine ganzheitliche Betrachtungsweise sollen einige Kernfragen aus dem vorhandenen Wissensstand zum Thema Mensch und bürokratische Organisation herausgegriffen und erläutert werden. Den Schluß werden dann Überlegungen über die Zukunft unserer Großorganisationen bilden: in welchem Maße könnten neue Bewußtseinsinhalte und Ideologien bei künftigen Mitgliedern die alten Strukturen und Verhaltensweisen verändern?

2. *Zwänge und Notwendigkeiten der bürokratischen Organisation*

Max Weber hat überzeugend nachgewiesen, daß die historische Unaufhaltsamkeit der bürokratischen Organisation in ihrem Höchstmaß an *Berechenbarkeit* (d. h. Präzision, Stetigkeit, Disziplin, Straffheit und Verläßlichkeit) begründet liegt – und zwar für „den Herrn wie für den Interessenten" (1921 bzw. 1964, 164), wobei zwar dem Gedanken der Herrschaftssicherung das Primat zukommen dürfte, gleichzeitig aber auch klar wird, daß Herrschaftssicherung nur über und durch Leistungserbringung für die Beherrschten möglich ist (da ansonsten kein Legitimitätseinverständnis zu erlangen ist). War die Berechenbarkeit gesellschaftlicher Abläufe schon für Gesellschaften überlebensnotwendig, deren Landwirtschaft von bestimmten jahreszeitlichen Ereignissen, Überschwemmungen etwa, abhängig war, oder deren Heere gleichmäßiger Logistik und Entlohnung bedurften, so trifft dies in noch viel höherem Maße auf industrielle (und dabei insbesondere kapitalistische) Gesellschaften zu, denn Rentabilität und Gewinne sind nur bei gleichmäßiger Auslastung der Produktionsanlagen und sicher zu erwartendem Absatz der erzeugten Waren möglich.

Soll eine Staats-, Industrie- oder Verbandsbürokratie nun dieses zuverlässige Steuerungsinstrument großer menschlicher Zusammenschlüsse sein, als das sie Herr wie Interessent ansehen und benötigen, muß sie sicherstellen, daß alles Handeln, das in ihrem Namen geschieht, den verbindlich und transparent gemachten Zielen entspricht. Jedes Organisationsmitglied hat also nicht als Person, sondern als Rollenspieler zu agieren. *Max Weber* hat dies Rollenerfordernis mit der Kategorie der *rationalen Disziplin* erfaßt: „Sie ist inhaltlich nichts anderes als die konsequent rationalisierte, d. h. planvoll eingeschulte, präzise, alle eigene Kritik bedingungslos zurückstellende, Ausführung des empfangenen Befehls, und die unablässige innere Eingestelltheit ausschließlich auf diesen Zweck" (1964, 866 f.). An anderer Stelle sieht er den Beamten als „ein einzelnes, mit spezialisierten Aufgaben betrautes, Glied in einem nur von der höchsten Spitze her, nicht aber (normalerweise) von seiner Seite, zur Bewegung oder zum Stillstand zu veranlassenden, rastlos weiterlaufenden Mechanismus, der ihm eine im wesentlichen gebundene Marschroute vorschreibt" (1964, 727).

Die bürokratische Organisation hat nun eine Reihe von Maßnahmen entwickelt, mit denen – teils über eine intrinsische, teils über eine extrinsische Motivierung – sichergestellt werden soll, daß der einzelne Mitarbeiter diese vorher festgelegte und mit anderen Funktionen abgestimmte Marschroute auch wirklich einhält. Zunächst wird er mit der Übernahme von Mitglieds- und Arbeitsrolle darauf eingeschworen, sich so zu verhalten, wie es die diversen Festlegungen und Programme der Organisation für ihn vorsehen: der Aufgabengliederungsplan, die Organisations- bzw. Verwaltungsgliederungspläne, die Arbeitsverteilungspläne, die Stellenbeschreibungen, die Vielzahl der Verwaltungsanordnungen (Dienstordnung, Allgemeine Geschäftsanweisung, Dienstanweisung etc.) und Verwaltungsvorschriften, mit denen, über die Verteilung der Aufgaben und die zu ihrer Erledigung erforderlichen Funktionen und Kompetenzen hinaus, seine Arbeitsweise und sein Verhalten generell geregelt werden (z. B. Bestimmungen über die tägliche Dienstzeit und die Einhaltung der Dienststunden, über die äußere Form der Sachbearbeitung und über den Verkehr mit dem Publikum; vgl. *Kübler* 1976).

Im Bestreben, ein rollengerechtes Verhalten ihrer Mitglieder faktisch zu garantieren, legen bürokratische Organisationen besonderen Wert auf „materielle Verstärker", also Belohnungen in Form von Geld, Beförderungen und Titelvergaben („Lernen am Erfolg"), sorgen aber auch dafür, daß daneben negative Sanktionen (disziplinarische Maßnahmen) zumindest latent bewußt sind. Mit der Beförderung von bewährten Mitarbeitern, die sich durch funktionale, personale und koordinative Autorität auszeichnen, auf Vorgesetztenpositionen versuchen sie darüber hinaus, die Mehrheit der anderen Organisationsmitglieder zur Nachahmung des erfolgreichen Verhaltens anzuhalten („Beobachtungslernen" bzw. „Lernen am Modell").
Dies reicht den großen Organisationen aber längst noch nicht, insbesondere den Staats- und Parteibürokratien, denn da der (Voraus-) Berechenbarkeit des Handelns ihrer Mitglieder ein so immens hoher Stellenwert zukommt, wollen sie ihre vorgegebenen Ziele erreichen und das eigene Fortbestehen sichern, sind sie – d. h., genauer gesagt: die Positionsinhaber in den oberen Rängen der Hierarchien – von einer wohl neurotisch zu nennenden *Angst vor abweichendem Verhalten* gekennzeichnet (vgl. dazu die Leninsche Maxime „Vertrauen ist gut, Kontrolle ist besser"). Von daher, von ihrem Bedürfnis nach absoluter Gewißheit, sind nahezu alle bürokratischen Organisationen in besonderem Maße daran interessiert, ihre speziellen Ziele, Werte und Ideologien fest im Über-Ich ihrer Mitglieder zu verankern, also Loyalität durch normative Bindungen und „linientreue" Innensteuerung sicherzustellen. Ihr Idealbild des „guten Mitarbeiters" ist davon geprägt, daß er ihnen all seine Kräfte zur Verfügung stellt („Der Beamte hat sich mit voller Hingabe seinem Beruf zu widmen", § 54 des Bundesbeamtengesetzes; inhaltlich nicht anders aber auch in den Betriebsordnungen großer Industriekonzerne) und seine Arbeitsstelle als *Dienstheimat* ansieht (vgl. BVG 1934). Von den Zielen und Notwendigkeiten großer Organisationen her kann die Formung und Einpassung ihrer Mitglieder nicht anders gedacht werden; *bürokratische Sozialisation* ist eindeutig am Primat der Organisation als überindividuelle, ja fast transzendentale Einheit ausgerichtet: im Laufe der Jahrhunderte wechseln die Mitglieder zu Hunderttausenden, und jeder Einzelne ist jederzeit wegdenkbar beziehungsweise durch einen anderen vollwertig ersetzbar – die Organisation und ihr Zweck aber, sie bleiben.
Aus diesem Blickwinkel heraus ist der Einzelne nichts weiter als ein Instrument und Mittel zur Erreichung eines höheren Zwecks und dabei immer nur eine Quantité négligeable, eine leicht zugängliche und unerschöpfliche Ressource.
Von der Warte des Einzelnen aus und vor allen von seinem Gefühl und seinen Erwartungen her sieht das natürlich diametral anders aus.

3. Erwartungen und Bedürfnisse der Organisationsmitglieder

Uns steht – so *Karl Marx* – in und mit der Arbeit die am weitesten entwickelte Möglichkeit zur Verfügung, uns als Mensch zu bewähren und zu entfalten. Produktive Arbeit als planmäßiges Einwirken des Menschen mit seinen Körper- und Geisteskräften auf die ihn umgebende Natur mit dem Ziel, diese seinen Bedürfnissen anzupassen, ist kein dem Menschen aufgezwungener Tribut an die organisierte Zivilisation der Neuzeit, sondern ein Wesensmerkmal der Höherentwicklung des Menschen im Prozeß der Stammesentwicklung.

Die Entwicklung der Produktionsbedingungen zur hochindustrialisierten und insbesondere zur kapitalistischen Form zwingt den Arbeiter jedoch, die Identität von Arbeit und Persönlichkeit preiszugeben und seine Arbeitskraft als Ware zu verkaufen, d. h. sie zu veräußern und sich ihr damit zu entfremden. In der Regel bedeutet dies, in eine Organisation einzutreten und in ihrem Rahmen spezielle Tätigkeitsqualifikationen zu erwerben und anzuwenden (einen „Beruf" auszuüben) – von wenigen Ausnahmen abgesehen, die auf gesellschaftlich organisierte Arbeit ganz verzichten bzw. sich eine unabhängige Arbeitsform leisten und erhalten können. Für die Masse der Individuen jedenfalls bedeuten die Wahl eines Berufes, auch wenn er aus bestehenden Interessen i. S. von Handlungsvalenzen und Antizipationen erwünschter Folgen abgeleitet ist und nicht nur als Reflex auf die Arbeitsmarktsituation vollzogen wird, und der Eintritt in eine Arbeitsorganisation eine Notwendigkeit, die jeder voluntaristischen Entscheidung entzogen ist. Nicht zuletzt die Erwartungen der sozialen Umwelt führen zu dieser Situation erzwungener Selbstverständlichkeit.

Zugleich eröffnet die Berufstätigkeit dem Individuum aber auch Handlungschancen, die allen denjenigen mehr oder weniger verschlossen sind, die aus Gründen gesellschaftlicher Rollenzuweisungen (Hausfrauen, Rentner etc.), persönlicher Stigmata (Behinderte, Strafentlassene etc.) oder der Arbeitsmarktsituation (Arbeitslose) von der Möglichkeit zur gesellschaftlich organisierten Arbeit, d. h. zur Berufsausübung ausgeschlossen sind.

Zu den Funktionen, die die Organisation für ihre Mitglieder i. S. der Eröffnung von Handlungschancen besitzen, gehören insbesondere (vgl. *Hesse* 1970, *Seifert* 1977)

- die Chance, die wirtschaftliche und soziale Sicherheit und Unabhängigkeit zu erringen und zu erhalten;
- die Chance, spezielle Fähigkeiten und Kompetenzen zu entwickeln (Qualifikation durch Ausbildung und Rückkoppelung in der Praxis);
- die Chance, erworbene Qualifikationen anzuwenden (und ihnen damit einen Sinn zu verleihen und im weiteren Sinne die Persönlichkeit allseitig zu entfalten);
- die Chance, den eigenen sozialen Raum zu vervollständigen, die eigene Position (d. h. den sozialen Status) in ihr zu finden und ggf. laufend zu verbessern (Aufstieg) und Sozialbeziehungen entsprechend der eigenen Bedürfnisstruktur auszufüllen (z. B. Macht- oder Unterordnungsbeziehungen einzugehen);
- die Chance, die begonnene Sozialisation kontinuierlich und ohne erzwungene Sprünge fortzusetzen und so die eigene Identität zu festigen.

Das letztere Postulat wird deutlich am Prinzip der Selbstrekrutierung der Berufsbereiche und Laufbahnen: Arbeiter entstammen überwiegend Arbeiterfamilien, Beamte, Beamtenfamilien etc. Damit schafft sich jede Organisation indirekt (d. h. durch Selektion und berufliche Sozialisation) ein dauerndes Reservoir an Trägern jener Eigenschaften, die sie für funktional erachtet und die z. B. für die überwiegend mittelschichtsorientierten (und -rekrutierten) bürokratischen Organisationen lauten: Leistungsorientierung, Fleiß, Zuverlässigkeit, verhaltene Liberalität, Achtung „gewachsener" sozialer Ungleichheit durch Bereitschaft zur Unterordnung ebenso wie zur Übernahme von

Machtpositionen, bürgerliche Umgangsformen, politische Mäßigung etc. (vgl. *Bosetzky* und *Heinrich* 1980).

Aus motivationspsychologischer Sicht gilt der Arbeitsplatz auch als eine – vom zeitlichen Umfang her übrigens respektable – Arena für die Befriedigung vielfältiger Bedürfnisse. Der allgemeine Grad der Bedürfnisbefriedigung bestimmt wesentlich die Höhe der Arbeitszufriedenheit, die wiederum als die entscheidende Moderatorvariable für die Bereitstellung von Arbeitsenergie (= Arbeitsmotivation) gilt. Diese vornehmlich durch die „Human-Relations-Bewegung" (vgl. *Heinrich* 1982) initiierte Sichtweise beruft sich in der Regel auf die von *Maslow* (1954) formulierte Motivationstheorie. *Maslow* gliedert die möglichen handlungsleitenden Motivationen des Menschen in fünf Klassen, die „hierarchisch" (genauer: umgekehrt hierarchisch) geschichtet seien, da die niedrigen Bedürfnisklassen befriedigt sein müssen, bevor die höheren Richtung und Dynamik des Handelns bestimmen können (vgl. *Weinert* 1981).

Von den konkreten Arbeitsbedingungen hängt es ab, in welchem Umfang die eröffneten Handlungschancen auch real genutzt werden können bzw. in welchem Ausmaß die vom Arbeitenden an die Arbeit herangetragenen Bedürfnisse befriedigt werden. In Organisationen, die primär an größtmöglicher Produktivität orientiert sind (in der Regel die Produkte herstellenden Branchen, ob mit oder ohne Profitchance) bemißt sich das Ausmaß individueller Bedürfnisbefriedigung an der Funktionalität dieser Maßnahmen für die Erhaltung bzw. Steigerung der Produktivität. Darin vor allem äußert sich der Abhängigkeitscharakter in der Beziehung zwischen Individuum und Organisation, auch wenn diese in praxi, und besonders aus der subjektiven Sicht des einzelnen Organisationsmitgliedes, je nach Verlauf der beruflichen Sozialisation sehr unterschiedliche Ausprägungen erfahren kann.

4. *Der Charakter bürokratischer Sozialisation*

Sozialisation ist immer nur als Wechselwirkungsgeschehen zu verstehen, durch das die jeweils zum gegebenen Zeitpunkt entwickelte Persönlichkeit im Aneignungs- bzw. Austauschprozeß mit der für sie relevanten Umwelt eine neue Entwickungsstufe durchlebt. Idealistischer Auffassung (bzw. idealen Sozialisationsbedingungen) entspricht es, diesen Prozeß als einen Prozeß der steten Höherentwicklung, der fortschreitenden Reifung oder Personalisation zu begreifen und damit deformatorische Veränderungen der Persönlichkeit wie Ausbildung von Rigidität und Urteilsintoleranz, Einschränkung der Interessensvielfalt bis hin zum bloßen „Fachidiotentum", Ausbildung psychosomatischer Symptome, Verlust an Ich-Stärke und Phantasie, motivationale Verhärtung, Entwicklung neurotischer oder psychotischer Handlungsschemata etc. aus dem Kanon möglicher Sozialisationsfolgen auszublenden.

Angesichts der vielfältigen Formen von Leiden in und an der Organisation ist diese weitere Auffassung von Sozialisation als gleichermaßen persönlichkeitsbildende wie -verformende auch für den Bereich der bürokratischen Sozialisation essentiell (vgl. dazu auch *Hofstetter* 1980).

Als wesentliche Bestimmungsstücke des Prozesses bürokratischer Sozialisation ergeben sich nun die Vorgaben, die das Individuum in die Organisation mit einbringt (Disposition), die affektive Komponente in der Beziehung zwischen Individuum und Organisation (Identifikation), die sich wiederum als Resultante der Erfahrungen des Individuums mit den kennzeichnenden Merkmalen der Organisation (bürokratische Strukturen) verstehen läßt und die als wesentliche Moderatorvariable für die Ausbildung von berufsbedingten Handlungs- und Verarbeitungsmustern (Sozialisationsfolgen) erkannt wurden. Wir wollen diese Aspekte nun mit engerem Bezug auf die bürokratische Sozialisation erläutern.

4.1. Disposition zum Beamten?

Die Bürokratie hat wie jede Organisation ein erhebliches Interesse daran, daß der „Status quo" ihrer neuen Mitglieder hinsichtlich der für den Beruf bedeutsamen Werte, Einstellungen und Verhaltensstile den leitenden Ziel- und Verfahrensvorstellungen der Bürokratie selbst entspricht (vgl. *Titscher* 1982).
Wir haben bereits auf den relevanten Set bürokratischer Basistugenden hingewiesen und erwähnt, daß der Bürokratie in der Tatsache der weitgehenden Selbstrekrutierung des öffentlichen Dienstes ein Mechanismus zur Verfügung steht, der – auf einer allgemeineren gesellschaftlichen Ebene – eine angemessene Sozialisation *für* die bürokratische Ordnung sicherstellt (*Bosetzky* und *Heinrich* 1980).
Von einem zweiten Mechanismus funktions- bzw. ideologiegerechter Sozialisation kann im Moment kaum behauptet werden, daß er seine Funktion gut erfüllt: Die innere Affinität der Berufswähler zu ihrem zukünftigen Beruf i. S. einer erlebten Kongruenz von eigenen Wertvorstellungen, Interessen, Fähigkeiten, Verhaltensstilen etc. auf der einen und entsprechenden Angeboten der Organisation auf der anderen Seite (vgl. *Jaide* 1977). Zumindest für die öffentliche Bürokratie gilt, daß die Motivation der Berufswahl auf seiten der Bewerber seit längerer Zeit nicht primär auf der Vermutung einer solchen Kongruenz von Selbstbild und Organisationswirklichkeit basieren, sondern Ausfluß eines wirtschaftlichen Sicherheitsdenkens sind und damit höchstens *eine* (wenn auch eine kennzeichnende) Seite der bürokratischen Lebensauffassung repräsentieren. Numerus clausus, Jugendarbeitslosigkeit und unsichere Berufsperspektiven in vielen „angesehenen" Berufen einerseits sowie geringe Interessensprofilierung und Verlust von Identifikationsübertragung von Generation zu Generation andererseits lassen die Mehrzahl der Anwärter auf eine Stelle im Verwaltungsdienst mit der Schulter zucken, wenn nach ihrer etwaigen intrinsischen Motivation, d. h. ihrer Neigung zum Verwaltungsberuf gefragt wird.
Die prinzipiell sicherste Möglichkeit einer angemessenen Selektion stellen die Auswahlrituale durch die Bürokratie selber dar. Wenn, wie seit längerem, die Zahl der Bewerber die der zu besetzenden Stellen bei weitem übersteigt, könnte eine funktionierende Eignungsdiagnostik für eine optimale Auslese sorgen. Dem steht freilich entgegen, daß weder empirisch noch normativ eine klare Information über Anforderungen von Arbeitsplätzen in der Verwaltung bestehen (*Brinkmann* 1979). Die tatsächlich getroffenen

Auswahlen können daher bestenfalls den Kriterien der Intuition (einschl. der Erfahrung) oder des Zufalls genügen.

4.2. Identifikation

Formen und Ergebnisse der Auseinandersetzung von Individuum und bürokratischer Organisation hängen wesentlich von der Frage ab, in welchem Ausmaß der Einzelne seine Organisation entweder als Quelle der Unterstützung oder aber der Beschädigung seiner Identität erlebt, d. h. inwieweit er sich mit ihr identifiziert. Ohne Zweifel hängt das Ausmaß dieser Identifikation wiederum ab von dem Grad an Kongruenz, den das Individuum zwischen seinem Selbstkonzept und dem der Organisation (i. S. wahrgenommener Valenzen und Erfüllungswahrscheinlichkeiten) als gegeben erlebt.
Hier ist allerdings von einer eilfertigen Reduktion dieser Kongruenz auf einen abfragbaren Satz von Werten, Merkmalen, Instrumentalitäten, Gratifikationen etc. zu warnen. Die Konstitution des Identifikationsbegriffs als Einstellung (attitude, vgl. *Heinrich* 1974) erlaubt es, Richtung und Stärke der Identifikation als Resultante eines dynamischen Gewichtungs- und Vergleichsprozesses zu betrachten, in dem eine fluktuierende Menge einzelner kognitiver Elemente (Erfahrungen, Meinungen, Informationen etc.) eingeschlossen ist.
Wir wissen freilich, daß sich die Identifikation mit der Verwaltung bei ihren Mitgliedern, besonders aber bei den jüngeren unter ihnen sehr in Grenzen hält (*Heinrich* 1978), auch wenn die Angaben über die Arbeitszufriedenheit im klassischen Sinne häufig unerwartet hoch ausfallen (z. B. bei *Ronneberger* und *Rödel* 1971; vgl. zum „Massenphänomen Zufriedenheit" *Ipsen* 1978). Offensichtlich hat das negative Image, das die Verwaltung in der Öffentlichkeit besitzt, das Autostereotyp der Beamten trotz aller Selbstrechtfertigungsversuche (vgl. *Geppert* 1981) nachhaltig negativ beeinflußt.
Für eine typologisierende Betrachtung wäre die Teilung der Bürokratenpopulation in Identifizierende und Opponierende sinnvoll, und sie läßt sich analytisch auch trotz fehlender Vorgaben — außer geringen Ansätzen wie bei SINUS 1978 — auch durchführen (vgl. *Heinrich* und *Bosetzky* 1982). Zahlenmäßig dürfte die „innerbürokratische Opposition" allerdings gering sein.

4.3. Sozialisationsrelevante Strukturmerkmale der Bürokratie

Welche Merkmale sind es nun, die die spezifisch bürokratische Sozialisation (und ganz besonders die in der öffentlichen Verwaltung) ausmachen? Wir sehen insbesondere die folgenden Strukturvariablen der Verwaltung als sozialisationsrelevant an (vgl. auch *Koch* 1980):
Kennzeichnend für die Struktur der bürokratischen Organisation ist die Einbindung des Einzelnen in ein oft starres *Muster hierarchischer Beziehungen*, das für Informationen und Entscheidungen eindeutige und zwingende Abfolgen (den Dienstweg) vorsieht. Das hierarchische Denken zieht sowohl die Abhängigkeit vom Vorgesetzten (Unselb-

ständigkeit) als auch die Chance der Verantwortungsabgabe nach „oben" nach sich. Durch eine starke *Regelbindung* der Arbeitsabläufe wird die tatsächliche Macht der Vorgesetzten allerdings erheblich eingeschränkt. Ermessensspielräume, die dem Vorgesetzten ein Führungsterrain eröffnen würden, sind durch die hohe Dichte der Reglementierung des Verwaltungshandelns (vgl. *Rabe* 1980) oft nur sehr gering und meist fallbezogen und damit dem unmittelbaren Zugriff des Vorgesetzten entzogen, soweit er sich nicht die materielle Kontrolle jeden Einzelfalles vorbehält. (*Koch* 1980, 341) spricht von der „weitgehenden Entpersonalisierung der Herrschaft durch Formalisierung der Handlungsbeziehungen".

Die Regelungsdichte darf man wiederum als eine Konsequenz des *Legalitätsprinzips* ansehen, dem das Verwaltungshandeln im Dienste der Gewährleistung von Gleichheit und Gerechtigkeit (vgl. *Herzog* 1978) unterliegt. Jede Entscheidung der Verwaltung ist der gerichtlichen Klärung zugänglich, ist „widerspruchsfähig". Der Beamte muß daher bei jeder Belastung, Ordnung oder Begünstigung, die er verfügt, den Argumentations- bzw. Begründungsfluß in einer gegebenen gesetzlichen Regelung münden lassen können. Das ist besonders bei komplexen Sachverhalten eine hohe Anforderung, der sich viele durch Schematisierung der Gesetzesverankerung, durch bloße Traditionsorientierung bzw. durch Verantwortungsverzicht zu entziehen trachten.

Eine bürokratische Folge des Legalitätsprinzips, auf die schon *Max Weber* (1964) in seiner klassischen Darstellung des Idealtypus der Bürokratie hingewiesen hat, ist die *Aktenmäßigkeit* der Verwaltung, d. h. der Zwang, nahezu jede Amtshandlung, jede erhaltene oder erteilte Information, jede Entscheidung schriftlich zu fixieren, einer Fallakte einzuverleiben und sie damit jederzeit überprüfbar zu machen.

Kürzlich hat *Lohmar* (1978) noch einmal pointiert darauf aufmerksam gemacht, daß die öffentliche Verwaltung trotz mancher Image-Einbußen bei der Bevölkerung nach wie vor im Selbstbild (beruflichen Selbstverständnis), aber auch im Fremdbild, d. h. im Urteil der Gesellschaft die Qualität eines *„hoheitlichen Gewerbes"* besitzt. Bereits die hervorgehobene und in den „hergebrachten Grundsätzen des Berufsbeamtentums" pfleglich geschützte Stellung des Beamten in der Gesellschaft und in seinem Betrieb (Unkündbarkeit, Alimentationsgedanke etc.) verleiht ihm (noch) etwas vom Flair des geachteten und beneideten Besonderen. Dies gilt ganz sicher im besonderen für die höhere Ministerialbürokratie, hat aber auch über die Erfahrung der „Herrschaftschance" in der kommunalen Basisverwaltung noch seine Bedeutung.

Schließlich soll erwähnt werden, daß Büro-Arbeit typischerweise *white-collar*-Arbeit ist, körperlich eher unterfordert (und damit zu spezifischen Problemen sitzender Tätigkeiten führt, die *Weichardt*, 1976, als „Büropathie" bezeichnet) und häufig – jedenfalls im mittleren und gehobenen Dienst – stark wiederholenden und routinemäßigen Charakter hat, ohne je den Zersplitterungsgrad eines typisch tayloristischen Arbeitsplatzes zu erreichen. Als Ergänzung bleibt allerdings anzumerken, daß die Ausweitung der automatisierten Datenverarbeitung sowie die Entwicklung der Informationstechnologie (Stichwort: Bildschirmarbeit) möglicherweise erhebliche Änderungen der bürokratischen Tätigkeit mit sich bringen wird, wodurch die überwiegende Beschränkung der Erforschung der Arbeitsbedingungen im Bürobereich (z. B. Streß) auf Schreibdienste und Arbeitsplätze von Sekretärinnen (vgl. *Frese* 1981) hinfällig werden dürfte.

4.4. Die bürokratische Persönlichkeit

„Höhepunkt" der bürokratischen Karriere ist die Ausbildung der perfekten bürokratischen Persönlichkeit. Deren idealtypische Ausprägung (der „bürokratische Virtuose", *Merton* 1968) kann natürlich – wie das bei allen Generalisierungsversuchen im Bereich der Persönlichkeitspsychologie der Fall ist (vgl. *Mischel* 1973) – durch eine Reihe von Situationensfaktoren beeinflußt werden, so daß das Spektrum wirklich vorfindbarer Persönlichkeiten glücklicherweise unendlich vielfältiger ausfällt, als es der Versuch, komplexe Sozialisationsverläufe typologisch zu reduzieren, erscheinen läßt.
Zentrales Merkmal einer bürokratischen Lebensauffassung ist die radikale Orientierung an vorgegebenen Normen. Die in ihrer Dynamik an die klassischen Abwehrmechanismen erinnernde Projektion eigener Ordnungswünsche auf die Welt der Gesetze, Verordnungen, Ausführungsvorschriften etc. verschafft dem Bürokraten ein Ausmaß an Sicherheit, das er aufgrund fehlender Ich-Stärke aus eigener Wertsetzung und Entscheidungskraft nicht aufbringen kann (vgl. *McClelland* 1978). Jedes Abweichen von den vorgeschriebenen Pfaden bedeutet dem Bürokraten daher die Gefährdung seiner Identität (*Goffman* 1967, *Volmerg* 1978), da er sein Handeln nicht mehr durch Verweis auf außerhalb seiner selbst existierende Vorgaben rechtfertigen kann, sondern sich als selbst verantwortlich erkennen muß. „Formalismus und sogar Ritualismus sind die Folgen des unbeirrten Beharrens auf der peinlich genauen Einhaltung formalisierter Verhaltensweisen" (*Merton* 1968, 269).
Der Orientierung des Handelns an fremden Ordnungsmomenten entspricht auch die bürokratische Haltung der Unterordnung unter Autorität. Absolute Loyalität gegenüber dem „Dienstherrn" ist zumindest solange eine logische Folge absoluter Regeltreue, als der Dienstherr Repräsentant der geregelten Ordnung ist, sei es als seinerseits loyaler Diener eines obersten Herren, sei es als Urheber eben jener Reglementierungen, die der Bürokrat als Richtschnur seines Handelns verinnerlicht. Die Gleichsetzung von bürokratischer und autoritärer Persönlichkeit (vgl. *Mueller* und *Thomas* 1974) scheitert freilich daran, daß im Konfliktfalle der „reine" Bürokrat der Regel, die autoritäre Persönlichkeit dagegen ihrem Herrn die Treue erweisen wird.
Der Disziplin des Regeldenkens entspricht die Disziplin im Verhalten des Bürokraten, die Pedanterie oder Überkorrektheit, die von *Freud* so despektierlich der analen Phase der kindlichen Entwicklung zugeordnet worden ist. Die Erfahrung, daß die eigenen Entscheidungen aufgrund der erwähnten Prinzipien der Aktenmäßigkeit sowie der Legalität und Überprüfbarkeit jederzeit Gegenstand öffentlicher Überprüfung sein können (Glashauseffekt), überträgt der Bürokrat auch auf die eher peripheren Ordnungsmerkmale seiner beruflichen Existenz wie die Pünktlichkeit des Erscheinens, die Korrektheit der Kleidung, die penible Ordnung seines Büros oder schließlich die Unangreifbarkeit seiner Sprache, des „bürokratischen Codes", deren spontaner Gebrauch ihm eine Quelle ständiger Gefährdung bedeuten müßte (vgl. *Wagner* 1972, *Bosetzky* und *Heinrich* 1980, 98 ff.).

5. *Ausblick*

Nimmt man die zumeist nur leichthin getroffene Feststellung, Organisationen seien offene soziale Systeme, wirklich ernst, so muß man weitaus intensiver als bisher verfolgen, inwieweit sich die in der Gesamtgesellschaft zu beobachtenden Veränderungen der Werte und Verhaltensweisen, kurz: der Sozialisationsinhalte, auf das organisationsinterne Geschehen auswirken.
Auf den ersten Blick scheinen die Wandlungen, die sich im Bewußtsein der Bevölkerung abzuzeichnen beginnen, den Zielen und Interessen der bürokratischen Organisation einigermaßen konträr entgegen zu laufen. Betrachten wir die wichtigsten Wandlungen und Trends und ihre möglichen Folgen für unsere Großorganisation ein wenig näher:

(1) *Die zunehmende Relevanz post-materieller Werte*. – Seit *Ronald Ingleharts* Veröffentlichung über die „stille Revolution" in bezug auf die Leitwerte spätkapitalistischer Gesellschaften im Jahre 1977 mehren sich die Berichte, die den von ihm aufgezeigten Trend zur Aufwertung der immateriellen Freiheiten bestätigen: die post-materiellen oder nachbürgerlichen Werte wie Selbstverwirklichung, Meinungsfreiheit oder Beteiligung an Entscheidungen würden bei jüngeren Menschen zunehmend wichtiger als die „Erwerbswerte" wie Aufrechterhaltung der Ordnung, Wirtschaftswachstum und Preisstabilität (vgl. *manager magazin* 10/80; generell *Klages* und *Kmieciak* 1980). Dementsprechend sind auch die Kurskorrekturen, die insbesondere in den oberen Mittelschichten die familiale Sozialisation kennzeichnen: Kreativität, Artikulations- und Argumentationsfähigkeit, Selbständigkeit und Zärtlichkeit rücken an die Stelle von Ordnungsliebe und Fleiß, die bislang am ehesten die Erreichung der individuellen Karriereziele zu garantieren schienen. Mit dieser Wertverschiebung eng verbunden ist

(2) *das Unbehagen am Leistungsprinzip und die Sinnkrise lohnabhängiger Arbeit*. – „Die Arbeit ist krank, sie steckt in einer Krise", so die französische Wochenzeitung „Nouvel Observateur", (nach Stern, Nr. 33/1981, 100 f.) – ein Urteil, dessen Bestätigung wir in vielen Beiträgen des praxisnahen *manager magazins* finden. So sind im Heft 10/1980 verschiedene Stellungnahmen von Aufsichtsrats- und Vorstandsmitgliedern wiedergegeben, die die abnehmende Leistungsbereitschaft von sogenannten „Führungskräften" beinhalten: „Die Tatsache, daß sich selbst diese relativ homogene Gruppe von aufgaben-, leistungs- und aufstiegsorientierten Menschen nicht mehr ohne weiteres für das Unternehmen engagieren mag, macht deutlich, daß der Wertwandel der Arbeit in Wahrheit Ausdruck einer tiefgreifenden Sinnkrise ist" (S. 202). Hinsichtlich der oben angesprochenen Wertverschiebung wird der Züricher Arbeitspsychologe *Ivars Udris* zitiert: „Arbeit wird anderen wichtigen Werten immer mehr untergeordnet; gleichzeitig erhöhen sich die Erwartungen an inhaltliche und formale Aspekte eines Arbeitsverhältnisses" (S. 198). Geht man davon aus, daß die Entfremdungserlebnisse bei den besagten Führungskräften allen empirischen Erfahrungen zufolge wesentlich geringer sein dürften als bei den „Neoproletariern" (*André Gorz*) in den ausführenden Positionen, wird das Ausmaß dieses Unbehagens an und in unseren Großorganisatio-

nen erst so recht deutlich. Das Wissen um dieses Sosein des Arbeitslebens, das sie Tag für Tag von ihren Eltern vermittelt bekommen, mag auch ein wesentlicher Grund sein für die

(3) *Apathie, Larmoyanz, Organisationsfeindlichkeit und Verweigerungshaltung bei erheblichen Teilen der Jugend.* – „Unsere Gesellschaft geht davon aus, daß Erwachsenwerden heißt, sich in das Bestehende einzuordnen, sich zu unterwerfen. Die losen Enden und Reste des eigenen Selbst werden dann im Privatbereich zusammengesammelt, und wenn gar nichts zurecht kommt, zur Droge, zum Psychiater, zur Gewalt ‚getragen' " (*Narr* 1979, 106). Jugendproteste und Jugendrevolten sind weithin als Versuch anzusehen, dieser Art von Erwachsenwerden zu entrinnen und entweder andere, positive Formen des menschlichen Zusammenlebens zu entwerfen oder der desorientierten Gegenwart in die verschiedenen „Subkulturen der Verweigerung" (*Lübbe* 1979, 176) zu entfliehen. Die kalte Rationalität der großen Organisationen als Horrorvision vor Augen, hat die Suche nach neuen Formulierungen, neuer Sinngebung, neuen Symbolen und neuen Lösungen für die Grundprobleme Vereinzelung, Vereinsamung und Entfremdung begonnen. Zunehmende Ich- und Identitätsschwäche lassen die Ängste weiter wachsen, von den großen Bürokratien völlig vereinnahmt zu werden – Selbstmitleid und Larmoyanz kommen auf, auch Narzißmus, weil sich die im Rahmen einer ungenau verstandenen „antiautoritären" Erziehung bei den Heranwachsenden geweckten Hoffnungen auf freie Entfaltung nicht erfüllen lassen (vgl. *Glaser* 1980). An die Stelle „traditioneller Versagungsmoral" ist ein „aktueller Hedonismus" getreten (*Baacke* 1980, S. 29), statt des Wunsches nach Pflichterfüllung und dem Ethos des Dienens dominiert bei beträchtlichen Teilen der Jugend

(4) *die Sehnsucht nach Glück und Zärtlichkeit in überschaubaren sozialen Einheiten.* – *PZ*, die Zeitschrift der Bundeszentrale für politische Bildung, schreibt vom „Sehnen der Jungen nach Zärtlichkeit" (Nr. 26, Juni 1981, 6), im Sammelband von *Johannes Esser* „Wohin geht die Jugend?" (1979, 183 ff.) ist vom „Lernziel Soziale Zärtlichkeit" die Rede, und die Faszination des Symbols Poona beruht(e) auf dem Versprechen, die allseits entfremdeten Menschen des Westens wieder zurückzuführen zu sich, zur Natur, zur Arbeit, zum kosmischen Kontinuum (vgl. DER SPIEGEL, Nr. 1/1981). Bewegen sich diese Wünsche auf einer real-hiesigen politökonomischen Dimension, so entsteht

(5) *das Engagement für eine assoziative Organisation.* – Wie sehr bei „alternativen Jugendlichen" assoziative Organisationen (*Bosetzky* 1970) geschätzt werden, also die kleine überschaubare teamartig-professionelle Organisation mit gleichen Eigentums- und Mitentscheidungsrechten aller Mitglieder, zeigt die Durchsicht „szenennaher" Publikationen wie Stadtzeitungen etc.

All die hier aufgezeigten Strömungen treffen nun die bestehenden bürokratischen Organisationen. Wie werden sie darauf reagieren – mit machtorientierter Rigidität oder mit sozialsensibler Ultrastabilität? Hatten sie sich über Jahrhunderte hinweg nicht sonderlich um ihren Nachwuchs und die Arbeitsbereitschaft ihrer Mitglieder sorgen müssen, da sie einmal als genügend attraktiv galten, was die Belohnungen in Form von Geld und verliehenem Sozialprestige anging, und zum anderen infolge des auf den Einzelnen ausgeübten Druckes zur Integration in das Berufsleben, der kaum institutionell geminderten ökonomischen Not und des Mangels an institutionalisierten alternativen Lebensformen quasi eine spezifische Form der Zwangsrekrutierung stattfand, so sehen sie sich heute einer Vielzahl von anders gestimmten und ihnen schon im voraus entfremdeten Mitgliedern gegenüber.

Betrachtet man allerdings die gängigen Äußerungen der Organisationsspitzen, so hat der aufgezeigte Werte- und Bedürfniswandel für sie nach außen hin offenbar nichts Beängstigendes an sich; er wird eher funktional gesehen und begrüßt, denn: „Moderne Berufe erfordern weniger Gehorsam, weniger Konformität mit alten Regeln und mehr selbstverantwortliches Mitdenken, mehr Entscheidungskompetenz und Durchsetzungsvermögen in neuen Situationen" (*Hondrich* 1975). Vieles deutet jedoch daraufhin, daß sich die gewachsenen Strukturen und eingeschliffenen Handlungsmuster noch längst nicht in dem Maße verändert haben, wie es die anders gewordenen Werthaltungen und Bedürfnisse der Mitglieder verlangen. Eher ist eine Relativierung und „Entwichtung" der Berufsrolle zu konstatieren, d. h. im Interesse der Substanzerhaltung zur Ausfüllung anderer Rollen wird die Berufsposition nur im gerade notwendigen Maße ausgefüllt („kalkulierte Leistungsbereitschaft"). Zwar gilt einerseits die Aussage des *manager magazins* (9/1981, S. 139): „Fähige Manager und qualifizierte Mitarbeiter werden sich nur engagieren, wenn innerbetriebliche Normen und von ihnen als zukunftsweisend erlebte gesellschaftliche Werte übereinstimmen" – andererseits aber ist festzuhalten, daß bürokratische Organisationen dank der ihnen gewährten Erhaltungsgarantie durch Verfassung und Kapitalinteressen *auch dann* weiterexistieren, wenn sie sogar in erheblichem Maße *suboptimal* funktionieren. Das bedeutet, daß sie auf die Bedürfnisse ihrer Mitglieder bzw. deren Frustrationen und Leistungsminderungen keine besondere Rücksicht zu nehmen brauchen. Von daher werden sie vom einsetzenden Wandel der Werte auch nicht in entscheidender Weise tangiert; im übrigen bauen sie weiterhin auf die Kraft ihrer internen bürokratischen Sozialisation.

Erste sichtbare Reaktionen sind aber dennoch zu verzeichnen, etwa die Zunahme des „Job-sharing" und der Zeiteinteilung auf freiwilliger Basis, die vielen empirischen Untersuchungen zu entnehmende Ausbreitung teamartig-professioneller Elemente, die Beachtung von Prinzipien der Organisations-Entwicklung bei Reorganisationsmaßnahmen oder die Auslagerung bestimmter Funktionen auf kleinere Organisationen, die dann durchaus auch assoziativ organisiert sein können (vgl. zum letzten Punkt *Schuppert* 1981).

Trotz der eben erhobenen Einwände wird die Bürokultur der nächsten Jahrzehnte alles in allem humaner und bedürfnisgerechter werden, da die bürokratische Organisation letztendlich doch nur mit diesem Entgegenkommen an ihre Mitglieder ihre entscheidende Funktionsvoraussetzung sicherstellen kann: das Höchstmaß an Berechenbarkeit und rein technischer Effizienz.

Literatur

Baake, Dieter, 1980: Jugend heute: Der leise Widerstand. psychologie heute, Heft 8, 22–29.

Berliner Verkehrs-Aktiengesellschaft, 1934: Die BVG und ihr Betrieb, Berlin (Nachdruck Wien 1980).

Bosetzky, Horst, 1970: Grundzüge einer Soziologie der Industrieverwaltung, Stuttgart.

Bosetzky, Horst und *Heinrich, Peter*, 1981: Mensch und Organisation, Köln.

Brinkmann, G. 1979: Tätigkeitsanforderungen an den gehobenen Verwaltungsdienst, Verwaltung und Fortbildung, 7, 169–179.

Esser, Johannes (Hrsg.), 1979: Wohin geht die Jugend? Reinbek.

Frese, Michael (Hrsg.), 1981: Stress im Büro, Bern u. a.

Geppert, Manfred, 1981: Kuckuck im Gesellschaftsnest? Baden-Württembergische Verwaltungspraxis, 8, 134–138.

Glaser, Hermann, 1980: Jugend zwischen Aggression und Apathie, Heidelberg/Karlsruhe.

Goffman, Erving, 1967: Stigma, Frankfurt/M.

Gorz, André, 1981: Abschied vom Proletariat, Frankfurt/M.

Heinrich, Peter, 1974: Zur Sozialpsychologie der Geschlechtspräferenzen. Meisenheim.

Heinrich, Peter, 1978: Einflüsse von Ausbildung und Praxis auf das berufliche Selbstverständnis von Verwaltungsangehörigen, Verwaltungsrundschau, 24, 328–332.

Heinrich, Peter, 1982: Human Relations. In: *Hans Strutz* (Hrsg.), Handwörterbuch der Verwaltung und Organisation, Köln.

Heinrich, Peter und *Bosetzky, Horst*, 1982: Organisation und Individuum. In: *Hans Strutz* (Hrsg.) Handwörterbuch der Verwaltung und Organisation, Köln.

Herzog, Roman, 1978: Gleichheit und Gerechtigkeit. In: *H. Geißler* (Hrsg.), Verwaltete Bürger – Gesellschaft in Fesseln. Frankfurt/M. 83–92.

Hesse, Albrecht, 1970: Der Einzelne und sein Beruf: Die Auslegung des Art. 12 Abs. 1 GG durch das Bundesverfassungsgericht aus soziologischer Sicht. Archiv des öffentlichen Rechts, 95, 449–474.

Hofstetter, Helmut, 1980: Die Leiden der Leitenden. München.

Hondrich, Karl Otto, 1975: Machen soziale Reformen glücklich? Gleichheits- und Freiheitsbestrebungen in der spätindustriellen Gesellschaft. DIE ZEIT, 18. Juli 1975 (Nr. 30).

Inglehart, Ronald, 1977: The Silence Revolution, Princeton.

Ipsen, Detlev, 1978: Das Konstrukt Zufriedenheit, Soziale Welt, 29, 45–53.

Jaide, Walter, 1977: Berufsfindung und Berufswahl. In: *Karl Heinz Seifert* (Hrsg.), Handbuch der Berufspsychologie, Göttingen u. a. 280–344.

Klages, Helmut und *Kmieciak, Peter* (Hrsg.), 1979: Wertwandel und gesellschaftlicher Wandel, Frankfurt/M.

Koch, Rainer, 1980: Ansatzpunkte zu einem Training bürgerfreundlicher Verhaltensweisen, Verwaltungsrundschau 26, 337–342.

Kübler, Hartmut, 1976: Geschäftsverteilung. In: *W. Bierfelder* (Hrsg.), Handwörterbuch des öffentlichen Dienstes. Das Personalwesen, Berlin, Sp. 734–740.

Liedhoff, Jean, 1980: Auf der Suche nach dem verlorenen Glück, München.

Lohmar, Ulrich, 1978: Staatsbürokratie, München.

Lübbe, Hermann, 1979: Orientierungskrise – sozialer Wandel als intellektuelle und politische Herausforderung. In: *J. C. Welbergen* (Hrsg.), Die Jugend und ihre Zukunftschancen. Hamburg, 169–179.

Maslow, Abraham H., 1954: Motivation and Personality, New York (dtsch.: Motivation und Persönlichkeit, Reinbek 1981).

McClelland, David, 1978: Macht als Motiv, Stuttgart.

Merton, Robert K., 1968: Bürokratische Struktur und Persönlichkeit. In: Renate Mayntz (Hrsg.), Bürokratische Organisation, Köln/Berlin, 265–276.

Mischel, Walter, 1973: Toward a cognitive social learning reconceptualization of personality, Psychological Review, 80, 252–283.

Mueller, Ernst F. und *Thomas, Alexander*, 1974: Sozialpsychologie, Göttingen.

Narr, Wolf-Dieter, 1979: Jugend – ein Erwachsenenproblem. Versuch, die verstopften Kanäle der Demokratie zu öffnen! In: *Claus Richter* (Hrsg.), Die überflüssige Generation, Königstein/Ts., 96–113.

Rabe, Klaus, 1980: Bürokratie – Vorwurf und Verpflichtung, Deutsche Verwaltungspraxis, 31, 113–139.

Ronneberger, Franz und *Rödel, Udo,* 1971: Beamte im gesellschaftlichen Wandlungsprozeß, Bonn-Bad Godesberg.

Schuppert, Gunnar Folke, 1981: „Quangos" als Trabanten des Verwaltungssystems, Die öffentliche Verwaltung, 34–153–160.

Seifert, Karl Heinz, 1977: Theorien der Berufswahl und der beruflichen Entwicklung. In: ders (Hrsg.), Handbuch der Berufspsychologie, Göttingen u. a. 173–279.

SINUS, 1978: Folgen des Bürokratismus. München/Heidelberg: Sozialwissenschaftliches Institut Nowak und Sörgel GmbH, (unveröff. Ber.).

Titscher, Stefan, 1982: Mögliche Alternativen zum Beamtenethos. In: Fachhochschule für Verwaltung und Rechtspflege Berlin (Hrsg.), Jugendprotest – Beamtenreaktion, Berlin (unveröff. Ber.).

Volmerg, Ute, 1978: Identität und Arbeitserfahrung, Frankfurt/M.

Wagner, Hildegard, 1972: Die deutsche Verwaltungssprache der Gegenwart, Düsseldorf 2.

Weber, Max, 1964: Wirtschaft und Gesellschaft, 2 Bd. Köln/Berlin.

Weichardt, Heinz, 1976: Arbeitsmedizin. In: *W. Bierfelder* (Hrsg.), Handwörterbuch des öffentlichen Dienstes. Das Personalwesen, Berlin 182–201.

Weinert, Arnfried B., 1981: Lehrbuch der Organisationspsychologie, München u. a.

Bürgernähe der Verwaltung als Qualitätsmaßstab und Zielbezug alltäglichen Verwaltungshandelns

Dieter Grunow

1. *Die überraschende „Karriere" des Themas Bürgernähe in der öffentlichen Verwaltung*

Als im Jahr 1971 die Projektgruppe Verwaltung und Publikum mit Forschungsarbeiten zu dem Thema Bürgernähe in der Finanzverwaltung NRW begann, wurde dieses Vorhaben vor allem bei den Verwaltungsangehörigen mit äußerster Skepsis zur Kenntnis genommen, für die eigene Praxis als weitgehend irrelevant bezeichnet. Konkret kam dies unter anderem dadurch zum Ausdruck, daß die von uns formulierten Bedenken (*Grunow* 1978a) gegen die damals gerade erprobte „Neuorganisation der Finanzämter (GNOFÄ)", die als Schritt zu mehr *Bürgerferne* erkennbar war, völlig unbeachtet blieben. Um so deutlicher lassen sich die zwischenzeitlich eingetretenen Orientierungsveränderungen dadurch belegen, daß diese „Reform" weitgehend rückgängig gemacht werden mußte: „Minister Posser entmachtet den Computer der Finanzverwaltung" läßt sich inzwischen den Zeitungen in NRW entnehmen. Mit ein wenig mehr Einsicht in die Erfordernisse der Bürgernähe örtlich angesiedelter Verwaltungsbehörden hätte nicht nur viel Geld gespart, sondern im Hinblick auf den Bürger auch viel Ärger (über Formulare und falsche Rechenläufe) und einiger Vertrauensverlust vermieden werden können.

Inzwischen hat der Begriff der „Bürgernähe" im politischen und administrativen Kontext eine geradezu rasante „Karriere" gemacht. Es gibt kaum eine Regierungserklärung in Bund und Ländern, in der dieser Begriff nicht auftaucht. Modelle und praktische Rezepte werden verkündet, verwaltungsinterne Arbeitsgruppen bearbeiten das Thema seit einigen Jahren kontinuierlich (vgl. dazu auch *Klages* 1981, 135):

- Zum Beispiel im *Bund*: nach dem Kabinettsbeschluß vom 13.12.1978 gibt es eine interministerielle Arbeitsgruppe „Maßnahmen zur Verbesserung des Verhältnisses Bürger/Verwaltung im nachgeordneten Bereich"; Zwischenberichte des BK und des BMi liegen vor.
- Zum Beispiel in den *Bundesländern:* seit Herbst 1978 ist eine Kommission „Bürgernähe in der Verwaltung" in Baden-Württemberg an der Arbeit; Zwischenberichte liegen vor.

  Eine ähnliche Kommission ist seit 1979 (in Hamburg) beim Senatsamt für den Verwaltungsdienst angesiedelt. In Niedersachsen wurden am 12.2.1981 vom Minister des Innern Richtlinien zum Verhältnis „Bürger und Verwaltung" veröffentlicht.

– Einige Modellvorhaben und vielfältige Einzelmaßnahmen wurden in der Kommunalverwaltung in Gang gesetzt.

Diese wenigen Belege, aus einer großen Anzahl von gegenwärtig laufenden Aktivitäten ausgewählt, lassen deutlich werden, daß das Thema Bürgernähe über das Stadium der Deklamationen in Festreden längst hinaus ist. Dies hat auch in der wissenschaftlichen Diskussion – und hier insbesondere im Rahmen der Verwaltungslehre, Verwaltungswissenschaft und Verwaltungssoziologie – Auftrieb und Anregung gegeben. Das Thema hat sowohl in den neueren Lehrbüchern und Lehrplänen für Verwaltungsangehörige einen festen Platz erhalten (vgl. z. B. *Joerger/Geppert* 1976; *Pankoke/Nokielsky* 1977; *Mayntz* 1978; als neueren Lehrplan *Hessen* 1980) als auch zu vielen empirischen Untersuchungen (vgl. z. B. *Kaufmann* (Hrsg.) 1979) oder Modellversuchen angeregt (vgl. z. B. Bielefeld; Unna).

Diese verstärkte und beschleunigte Durchsetzung eines wissenschaftlichen Themas durch die Unterstützung der anwendungsorientierten Praxis hat allerdings auch Nachteile: zum einen wird von der Wissenschaft erwartet, daß sie relativ rasch, oft sehr vordergründig oder sogar unreflektiert, für den praktischen Verwendungszusammenhang Problemlösungsangebote erbringt. Dabei wird meist deutlich, daß das Problembewußtsein und die Problemlösungskapazität der wissenschaftlichen Beiträge nicht unbedingt diejenigen der Praxis übersteigen. Abgesehen von der Tatsache, daß die situativ vorgeschlagenen Problemlösungen meist nicht geeignet sind, die angestrebten Wirkungen tatsächlich zu erzielen, wird zusätzlich das „mühsame Geschäft" detaillierter empirischer Forschungsarbeiten erschwert oder als nicht notwendig bezeichnet. Somit kann man davon ausgehen, daß das praktische Interesse an der Themenstellung keinesfalls automatisch die substantielle und empirisch fundierte Erforschung dieses Problemkomplexes nach sich zieht.

Eine weitere Schwierigkeit ergibt sich dadurch, daß die zentralen Begriffe und Konzepte, durch die der Problemzusammenhang Bürger und Verwaltung charakterisiert wird, durch den wissenschaftlichen *und* praktisch/politischen Gebrauch kaum noch präzise zu verwenden sind. Dies trifft in besonderem Maße für den Begriff der „Bürgernähe" zu. Damit zugleich verschwimmen auch die Probleme und Fragestellungen bzw. werden in einen immer weiter gesteckten Assoziationshorizont von Begriffen und Konzepten hineingezogen. Zu den Themen, die in dem hier betrachteten Kontext in die Diskussion geraten sind, gehören u. a.: Verrechtlichung, Bürokratisierung, Unregierbarkeit, Staatsverdrossenheit, Legitimationsverlust, Bürgerprotest, Bürgerinitiativen, Reprivatisierung öffentlicher Dienstleistungen, Grenzen des Sozialstaates u. a. m.

Aufgabe der wissenschaftlichen Analyse ist es unter diesen Bedingungen um so mehr, *begriffliche Klarheit* zu schaffen, damit sich die Kommunikation innerhalb der Wissenschaft und die Verständigung mit der Verwaltung überhaupt entwickeln kann. Dies wird in den folgenden Abschnitten durch die Entfaltung eines Begriffskataloges und durch die Beschreibung empirischer Beispiele versucht. Zur wissenschaftlichen Analyse des Konzeptes „Bürgernähe" gehört es aber auch, die Frage nach den Gründen für seine „Karriere" zu untersuchen. Dazu sollen die folgenden thesenartigen Überlegungen dienen (vgl. auch *Grunow* (Hrsg.) 1982):

- Das Thema Bürger und Verwaltung ist ein Spezialproblem des Verhältnisses von Staat und Gesellschaft, in der gegenwärtigen Situation insbesondere von Sozialstaat und demokratischer Gesellschaft im Spätkapitalismus. Als Voraussetzungen für die Funktionsfähigkeit und Akzeptanz dieses staatlichen Systems durch die Gesellschaft gelten: rechtsstaatliche Legaltität, sozialstaatliche Effektivität und demokratische Legitimität (*Offe* 1974). Dabei wird die Veränderung der rechtlichen Komponente im staatlichen Handeln deutlich: während im liberalen Rechtsstaat das Recht als Schranke staatlichen Handelns angesehen wurde, muß nun im Sozialstaat das Recht als Handlungsprogramm für den Staat im Hinblick auf die Intervention in Lebensverhältnisse der Gesellschaftsmitglieder gesehen werden. Sozialstaatliche Effektivität und demokratische Legitimität lassen sich nicht innerhalb von Institutionen des Staates alleine verwirklichen, sondern nur in den jeweiligen Beziehungen zwischen staatlichen Institutionen und der Gesellschaft bzw. gesellschaftlichen Teilgruppen.
- Weniger allgemein ausgedrückt bedeutet dies, daß die erheblich ausgeweiteten Interventionen in die Gesellschaft nicht mehr pauschal demokratisch legitimiert werden können und nicht durch die Effizienz der Apparate verwirklicht werden können, sondern jeweils einer zusätzlichen Zustimmung und Mitwirkung des Bürgers im Detail bedürfen. Diese oft als „Koproduktion" des Bürgers bezeichnete Aktivität kommt insbesondere bei öffentlichen Dienstleistungen, aber auch bei Planungsprozessen deutlich zum Ausdruck. Die starke Betonung dieser planungsbezogenen Bürgerbeteiligung hing nicht zuletzt mit der Erwartung zusammen, daß die komplizierter werdenden gesellschaftlichen Entwicklungsprozesse (insbesondere auch die zunehmende Internationalisierung der Wirkungszusammenhänge) durch eine entsprechend komplexe staatliche Planung und Steuerung zielbezogen beeinflußt werden kann.
- Diese (inzwischen als „Planungseuphorie" beschriebene) Entwicklungsphase des politisch-administrativen Systems, die in der Bundesrepublik Anfang der 70er Jahre stattfand, wurde bald abgelöst durch Erfahrungen des Scheiterns von Reformprogrammen. Da diese Erfahrungen auch in anderen Industrieländern (insbesondere in den USA) gemacht wurden, zeigte sich in aller Deutlichkeit, daß die zentrale Steuerungsfähigkeit des Staates und die Veränderbarkeit gesellschaftlicher Strukturen im Wohlfahrtsstaat rasch an ihre Grenze stößt – insbesondere dann, wenn inhaltlich anspruchsvolle Ziele (z. B. Armutsbekämpfung in den USA; Bildungsreform in der Bundesrepublik) in und mit Hilfe der öffentlichen Verwaltung verwirklicht werden sollen. Das praktische und wissenschaftliche Interesse konzentrierte sich deshalb zunehmend auf den *Gesetzesvollzug* und insbesondere auf das Verhältnis zwischen Verwaltung und Bürger, auf die Alltagskontakte der Bürger mit der Verwaltung. Diese Akzentsetzung ergab sich u. a. aus dem wachsenden Anteil von staatlichen Dienstleistungen (vor allem Dienste von Personen für Personen), die dem Bürger zur Verfügung gestellt werden und deren Wirksamkeit nicht unwesentlich von ihrer Annahme durch die Bürger sowie von der aktiven Mitwirkung der Bürger abhänge (z. B. im Bildungs-, Gesundheits- und Sozialbereich). Von manchen Wissenschaftlern wurde (voreilig) bereits die „Personal Service Society" (*Halmos* 1970) angekündigt.

Zusammenfassend läßt sich feststellen, daß das Problem der Bürgernähe vor allem deshalb so rasch in der öffentlichen Diskussion „Karriere" gemacht hat, weil es in symptomatischer Form auf zentrale Probleme des Wohlfahrtsstaates und seiner zukünftigen Leistungsfähigkeit und Steuerbarkeit (Entwicklungsfähigkeit) verweist. Diese Feststellung läßt jedoch noch keinesfalls den Schluß zu, daß die praktischen und theoretischen Beiträge zu diesem Thema seiner Bedeutung gerecht werden. Nach wie vor gibt es Diskussionsbeiträge und Vorschläge, die sich beim Thema Bürgernähe auf „freundliche Beamte" oder einmalige Kampagnen der „Imagewerbung für die Verwaltung" beschränken. Mit der folgenden Darstellung wird versucht, ein umfassendes Konzept zur Beschreibung und Analyse bürgernahen Verwaltungshandelns zu entwickeln.

2. *Bürgernahe Verwaltung: Ein Analysemodell*

Nachfolgend wird ein Analysemodell zum Problemfeld „bürgernahe Verwaltung" skizziert, das sich in etwa dieser Form bereits in vielfältigen empirischen Untersuchungen und praktischen Maßnahmeentwicklungen bewährt hat. Die wichtigsten Komponenten dieses Analysemodells sollen im folgenden kurz beschrieben werden, bevor daran anschließend empirische Beispiele aus verschiedenen Verwaltungszweigen präsentiert werden.

2.1 „Bürgernähe" als relationales Konzept

Der erste hervorzuhebende Aspekt des hier untersuchten Problemzusammenhangs betrifft die Tatsache, daß der Begriff bzw. das Konzept „Bürgernähe" eine *Relation* ausdrückt – oder noch genauer die *Qualität der Beziehungen zwischen Bürger und Verwaltung* kennzeichnet. Dies kann man auf verschiedene Weise weitergehend präzisieren (vgl. *Grunow/Hegner* 1978b):

a) Zunächst kann man rein *formale Vergleiche oder Bezüge* zwischen beiden Bereichen formulieren, z. B. im Sinne des Verhältnisses von Klienten-(Fall-)Zahlen und Verwaltungssachbearbeitern; oder als Relation zwischen den Verwaltungskosten und den finanziellen Leistungen, die an die Bürger übermittelt werden.
b) Für die sozialwissenschaftliche Analyse ist die Untersuchung der Relation Bürger und Verwaltung im Sinne der *sozialen Beziehungen* von größerer Bedeutung: dies schließt z. B. die Frage ein, welche Erwartungen die Bürger an die Verwaltung richten, welche die Verwaltung an die Bürger richtet; dazu gehören auch die Einstellungen und Stereotype, die man gegenseitig voneinander hat.
c) Schließlich kann man die Beziehung zwischen Bürgern und Verwaltung auch noch (detaillierter) als *Kommunikation* (per Telefon oder Brief) sowie als *direkte Interaktion* (im Sinne eines gemeinsamen Gespräches) analysieren.

Zusammenfassend kann also gesagt werden, daß die Untersuchung der Bürgernähe der Verwaltung immer eine *Relation* (zwischen Verwaltung und Publikum) zum Gegenstand hat. Ihre kritische Analyse und Bewertung kann weder allein auf einer Verwaltungsuntersuchung noch ausschließlich auf einer Klientenbefragung basieren. Darüber hinaus ist die Relation häufigen Änderungen unterworfen, die sowohl durch die Bürger (Änderung ihrer Bedürfnisse und Ansprüche) als auch durch die Verwaltung (Verringerung ihres Leistungsangebotes: Einführung der EDV) untersucht werden. Diese Dynamik der Beziehungen macht eine *wiederholte Qualitätsbewertung* im Sinne der „Bürgernähe" notwendig. Allein die Fluktuation des Verwaltungspersonals als auch der jeweils aktuell vorhandenen Klientengruppen macht es unmöglich, „Bürgernähe" im Sinne einer einmaligen Kampagne in die Verwaltung einzuführen. Damit stellt sich vorrangig die Frage nach den konkreten *Qualitätsmerkmalen* der Beziehung zwischen Bürger und Verwaltung, die als Maßstab für Bürgernähe (oder im Negativfall für Bürgerferne) gelten können.

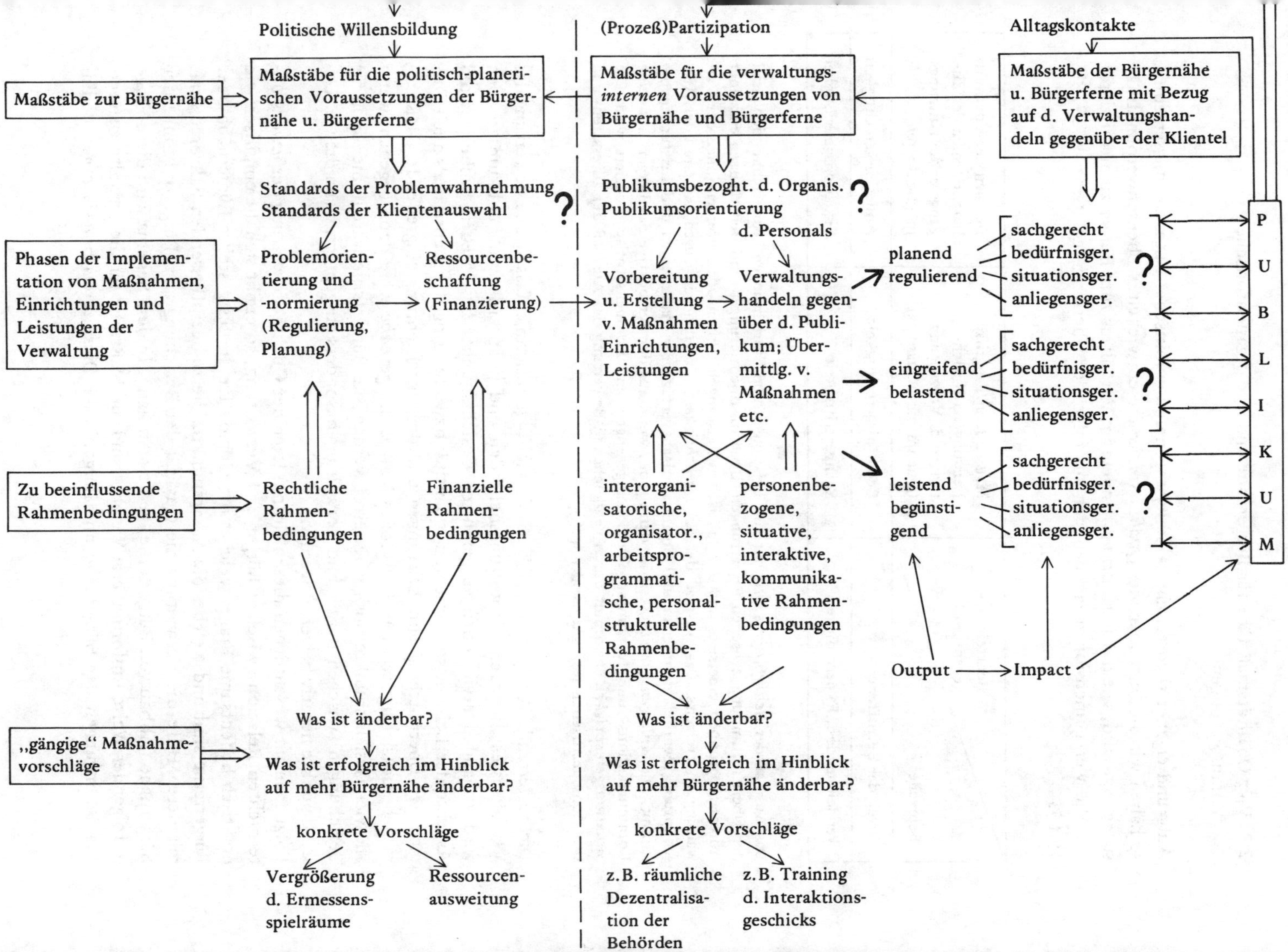
Politische Willensbildung
(Prozeß)Partizipation
Alltagskontakte
Maßstäbe zur Bürgernähe
Maßstäbe für die politisch-planerischen Voraussetzungen der Bürgernähe u. Bürgerferne
Maßstäbe für die verwaltungs-*internen* Voraussetzungen von Bürgernähe und Bürgerferne
Maßstäbe der Bürgernähe u. Bürgerferne mit Bezug auf d. Verwaltungshandeln gegenüber der Klientel
Standards der Problemwahrnehmung
Standards der Klientenauswahl
?
Publikumsbezoght. d. Organis.
Publikumsorientierung d. Personals
?
Phasen der Implementation von Maßnahmen, Einrichtungen und Leistungen der Verwaltung
Problemorientierung und -normierung (Regulierung, Planung)
Ressourcenbeschaffung (Finanzierung)
Vorbereitung u. Erstellung v. Maßnahmen Einrichtungen, Leistungen
Verwaltungshandeln gegenüber d. Publikum; Übermittlg. v. Maßnahmen etc.
planend
regulierend
eingreifend
belastend
leistend
begünstigend
sachgerecht
bedürfnisger.
situationsger.
anliegensger.
sachgerecht
bedürfnisger.
situationsger.
anliegensger.
sachgerecht
bedürfnisger.
situationsger.
anliegensger.
?
?
?
P
U
B
L
I
K
U
M
Zu beeinflussende Rahmenbedingungen
Rechtliche Rahmenbedingungen
Finanzielle Rahmenbedingungen
interorganisatorische, organisator., arbeitsprogrammatische, personalstrukturelle Rahmenbedingungen
personenbezogene, situative, interaktive, kommunikative Rahmenbedingungen
Output
Impact
„gängige" Maßnahmevorschläge
Was ist änderbar?
Was ist erfolgreich im Hinblick auf mehr Bürgernähe änderbar?
konkrete Vorschläge
Vergrößerung d. Ermessensspielräume
Ressourcenausweitung
Was ist änderbar?
Was ist erfolgreich im Hinblick auf mehr Bürgernähe änderbar?
konkrete Vorschläge
z.B. räumliche Dezentralisation der Behörden
z.B. Training d. Interaktionsgeschicks

2.2 Vier Qualitätsmaßstäbe für Bürgernähe und ihre organisatorischen Voraussetzungen

Aufgrund eigener theoretischer Überlegungen und empirischer Untersuchungsergebnisse haben wir die folgenden vier *Qualitätsmaßstäbe* entwickelt, wobei schwerpunktmässig gefragt wird, wie das *Verwaltungs*handeln im Verhältnis zum Bürger zu qualifizieren ist. Die vier Dimensionen ergeben sich aus folgender Übersicht (vgl. *Grunow* 1978d, 19 f.):

Beurteilungsgegenstand / Beurteiler	Maßnahmen/Eingriffe, Leistungen, Einrichtungen d. Verwaltung (Qualität und Quantität)	Formen der Übermittlung, Formen des Zugangs u. der Nutzungsmöglichkeiten
Urteil der Betroffenen	Bedürfnisgerechtigkeit	Anliegensgerechtigkeit
vergleichendes „Expertenurteil"	Sachgerechtigkeit	Situationsgerechtigkeit

Das Ausmaß der *Bedürfnisgerechtigkeit* von Leistungen und Einrichtungen kennzeichnet den Grad der Übereinstimmung zwischen Erwartungen, Bedürfnisorientierungen und Bedürfnissen einzelner Adressatengruppen einerseits und den faktischen Leistungen, Hilfen oder Interventionen der Verwaltung andererseits. Das Ausmaß der *Sachgerechtigkeit* wird dagegen durch den Grad der Ausschöpfung rechtlich definierter und organisatorisch verfügbarer Maßnahmen und Leistungen bestimmt. Die *Anliegensgerechtigkeit* ist dann groß, wenn aus der Perspektive des Bürgers auf seine Kommunikations- und Nutzungsprobleme eingegangen und kompensatorisch reagiert wird. Die *Situationsgerechtigkeit* bestimmt durch vergleichende Bewertung das Ausmaß der adressaten- und situationsspezifischen Kontaktgestaltung.

Die bewertende Analyse läßt sich damit wie folgt zusammenfassen: die Bewertung des Verhältnisses zwischen Verwaltungsbehörden und je spezifischen Publikumsgruppen wird anhand der vier oben aufgeführten Gesichtspunkte beschrieben, wobei sowohl Aspekte der Leistungsqualität und -quantität bzw. der Eingriffsintensität als auch Formen der Übermittlung von Leistungen und der Durchführung eingreifender Maßnahmen berücksichtigt werden. Ein großes Maß an Bürger*nähe* wäre dann gegeben, wenn alle vier Gesichtspunkte positiv bewertet werden; die Bürger*ferne* wäre immer dann für Beziehungen zwischen Bürger und Verwaltung besonders ausgeprägt, wenn die vier Gesichtspunkte negativ bewertet werden.

Folgt man im wesentlichen diesen Grundsätzen der Qualitätsbewertung der jeweils untersuchten Relation zwischen Bürger und Verwaltung, so ergibt sich die empirisch wie praktisch bedeutsame Frage, welches die Gründe für die festgestellte Bürgernähe oder Bürgerferne sind und welches die Ansatzpunkte, die zu beeinflussenden Faktoren sind, mit deren Hilfe die Verwaltung die Qualität der Beziehung zum Bürger im Sinne der Bürgernähe (Abbau von Bürgerferne) verbessern kann. In dem Schema wird diese Frage in folgender Weise umformuliert: Welches sind die Maßstäbe für die verwaltungsinternen Bedingungen der Bürgernähe und Bürgerferne? Diese *verwaltungsinternen* Bedingungen von Bürgernähe und Bürgerferne nennen wir Publikumsbezogenheit der Verwaltungsorganisation und Publikumsorientierung des Verwaltungspersonals (*Grunow/Hegner* 1977):

a) im Bereich der organisations- und personalstrukturellen Gegebenheiten geht es um die Frage nach dem *Ausmaß der Publikumsbezogenheit* der Verwaltungsorganisation. Hier sind sowohl innerbehördliche Merkmale der Aufbau-, Ablauf- und Personalorganisation als auch Formen der Arbeitsteilung und Kompetenzabgrenzung zwischen verschiedenen Behörden in ihren Auswirkungen auf ein sach- und bedürfnisgerechtes Verwaltungshandeln zu berücksichtigen.
b) Im Bereich der personenbezogenen Gegebenheiten (z. B. der individuellen Merkmale von Sachbearbeitern und Sozialarbeitern) geht es um die Frage nach *dem Ausmaß der Publikumsorientierung* des Personals. Hier sind individuelle Wahrnehmungs- und Entscheidungsmuster, persönliche Einstellungen und Werthaltungen sowie Handlungsfähigkeit und Handlungsbereitschaft in ihren Auswirkungen auf ein sach- und bedürfnisgerechtes Verwaltungshandeln zu prüfen.

Die Begriffe Publikumsbezogenheit und Publikumsorientierung führen zunächst nur zur Unterscheidung von organisatorischen und individuellen (personellen) Einflüssen auf das Ausmaß der Bürgernähe/Bürgerferne. Dies betrifft sowohl die Prozesse der Vorbereitung und Erstellung von Maßnahmen, Einrichtungen und Leistungen als auch die konkrete Übermittlung von Maßnahmen und Leistungen, die konkrete Bereitstellung von Infrastruktur für die Bürger bzw. die Verwaltungsklienten. Daraus folgt auch, daß man im ganzen Bereich der vorbereitenden und ausführenden Verwaltungsinstanzen nach organisatorischen und personenbezogenen Bedingungen fragen muß, die einen positiven Einfluß auf das Verhältnis zum Bürger haben (können).
Die folgenden Komponenten (1. bis 4.) der Verwaltungsorganisation können auf ihre Publikumsbezogenheit geprüft werden, d. h. befragt werden, ob ihre je spezifischen Ausprägungen eher Bürgernähe oder Bürgerferne mit sich bringen (*Grunow/Hegner* 1978c):

1. Interorganisationsbeziehungen
   – Art und Umfang des zwischen relevanten Organisationen bestehenden *Infoaustauschs* über aktuelle und potentielle Klienten (sachgerechte und/oder bedürnisgerechte Transfers von Informationen über Klienten)
   – Art und Umfang der zwischen relevanten Organisationen institutionalisierten Muster der *Klientenvermittlung und -übermittlung* (sachgerechte und/oder bedürfnisgerechte Übermittlung von Klienten an zuständige und/oder kompetente Stellen)
2. Binnenorganisatorische Kooperations- und Kontrollmuster
   – Relatives quantitatives und qualitatives *Gewicht der Stellen/Abteilungen mit Publikumskontakt* bei der Bestimmung der generellen „Politik“ der Behörde oder Einrichtung (organisationsinterne Durchsetzung publikumsbezogener Organisationsprinzipien gegenüber Eigeninteressen der Verwaltung)
   – *Durchlässigkeit der internen Kommunikationsstrukturen* für Erfahrungen des Basispersonals (Erfahrungsbildung von unten nach oben i. S. der Übermittlung von Klientenanliegen an entscheidungsrelevante Stellen)
   – Ausmaß der sozialen (und räumlichen) *Distanz der Kontroll- und Aufsichtsinstanzen* von der Lebenslage und den Anliegen der Klientengruppe
3. Binnenorganisatorische Arbeits- und Entscheidungsprozesse
   – Ausmaß der *Durchschaubarkeit* verwaltungsinterner Bearbeitungs- und Entscheidungsprozesse für Außenstehende (Abbau der Entfremdung der Bürger gegenüber der Verwaltung; Förderung von Erwartungs- und Rechtssicherheit)

- Ausmaß der *Mitwirkung von Betroffenen* an grundlegenden Entscheidungen über die öffentlichen Leistungen und Hilfen (Förderung von Partizipation und Interessenorganisation)
- Anpassung der Inhalte und *Prozeduren der Leistungserbringung* an die Lebensbedingungen der betreffenden Klientengruppen (z. B. angemessene Öffnungszeiten und Wartezeiten)

4. Binnenorganisatorische Personalstrukturen
   - Form und Intensität der Berücksichtigung von Befähigungen zum Publikumskontakt bei der Auswahl und beim Einsatz des Personals (fachbezogene und auf das Interaktionsgeschick ausgerichtete Personalrekrutierung und -verteilung, unter Berücksichtigung des notwendig kompensatorischen Engagements für schwierige und besonders benachteiligte Gruppen)
   - *Relative Bewertung (Dotierung)* von jenen Stellen in der Organisation, bei denen ein intensiver Publikumskontakt erforderlich ist (organisationsinterne Honorierung publikumsbezogenen, d. h. sachgerechten und bedürfnisgerechten Verhaltens gegenüber den Klienten)

Das Verwaltungspersonal bzw. die persönlichen Dispositionen der Verwaltungsangehörigen sind im Hinblick auf die Publikumsorientierung anhand folgender Gesichtspunkte (1. bis 3.) zu analysieren:

1. *Einstellungen und Werthaltungen*
   - *Soziale Distanz* zu Klienten und ihren Anliegen (Einfühlungsvermögen und Verständnis für die Lebenslage von unterschiedlichen Personengruppen)
   - *Typisierung der Klienten* (Abbau von Vorurteilen; Offenheit in der Wahrnehmung von Klientenmerkmalen und -problemen)
2. *Handlungsfähigkeit*
   - *Kenntnisse der besonderen Problemlagen* der Klienten sowie Kenntnisse aller Hilfemöglichkeiten (Fähigkeit zur Beurteilung der Sachgerechtigkeit und Bedürfnisgerechtigkeit von Hilfen und Leistungen sowie der Formen ihrer Übermittlung)
   - *Interaktionsgeschick* (sach- und bedürfnisgerechte Interaktions- und Kommunikationsfähigkeit; Offenheit im Gespräch; Artikulationsfähigkeit)
3. *Handlungsbereitschaft*
   - *Toleranz und Geduld* (Bereitschaft, trotz Schwierigkeiten und Enttäuschungen an klientenorientiertem Verhalten festzuhalten)
   - *Hilfsbereitschaft und Freundlichkeit* (Bereitschaft, sowohl in äußerer Form als auch im inhaltlichen Umfang bedürfnis- und sachgerechte Verhaltensweisen und Entscheidungen im Verwaltungsalltag zu verwirklichen).

Wenngleich i.d.R. alle o. a. Komponenten das Ausmaß der jeweils verwirklichten Bürgernähe beeinflussen, ist es noch keineswegs klar, *welche der oben beschriebenen Komponenten besonders geeignet sind, um die Bürgernähe der Beziehungen zwischen der Verwaltung und den Klienten zu vergrößern bzw. um Bürgerferne abzubauen.* Zunächst muß dazu die Frage beantwortet werden, welche Komponenten der Verwaltungsorganisation und welche Merkmale des Verwaltungspersonals überhaupt geändert werden können. Dabei spielen einerseits konkrete Widerstände sowie Zielkonflikte in der betroffenen Behörde (wenn die angewendeten Mittel auch anders verwendet werden könnten) eine Rolle, andererseits die Frage nach der grundsätzlichen Beeinflußbarkeit der finanziellen und rechtlichen Rahmenbedingungen und der damit notwendig werdenden Koordination verschiedener Maßnahmen in mehreren Behörden, im Parlament u.a.m. Ist die „Änderbarkeit" der wichtigsten Einflußfaktoren gegeben, so muß als nächstes festgestellt werden, ob eine Veränderung in Richtung auf mehr Publikumsbe-

zogenheit und Publikumsorientierung und damit letztendlich eine Verbesserung des Verhältnisses zum Bürger im Sinne der Bürgernähe erreicht werden kann. Es ist durchaus denkbar, daß diejenigen Komponenten der Organisation und diejenigen Merkmale des Personals, die besonders leicht und „kostengünstig" geändert werden können, letztendlich gar nicht zu mehr Bürgernähe in den Beziehungen zum Klientel beitragen können. Eine solche Konstellation findet man heute allzuoft bei vorschnell propagierten „Patentrezepten für mehr Bürgernähe" (vgl. z. B. *Gramke* 1978; *Kube* 1973).
Der Mangel solcher „gutgemeinten" Vorschläge (wie z. B. das Aufstellen von sog. „Meckerbändern") besteht meist gar nicht in ihrer grundsätzlichen Untauglichkeit, mehr Bürgernähe der Verwaltung zu bewirken, sondern in der *fehlenden Spezifikation ihrer* (möglichen, wenn vielleicht auch begrenzten) *Wirkungsbedingungen*. Eine wichtige Voraussetzung hierfür besteht in der genaueren Beschreibung der Bürger, der Klienten, der Kunden und ihrer sie differenzierenden Merkmale.

2.3 Kategorien zur differenzierten Beschreibung des Verwaltungspublikums

Aussagen über die aktuelle Qualität der Beziehungen sowie Hinweise auf Möglichkeiten einer Intensivierung der Bürgernähe der Verwaltung hängen u. a. davon ab, mit welcher Art von Publikum (oder Klientel) die jeweils betrachtete Verwaltungsbehörde zu tun hat (vgl. hierzu *Grunow* 1978d). In der Umgangssprache hat sich für die Charakterisierung von Publika der öffentlichen Verwaltungsbehörden der Begriff „Klientel" oder „Zielgruppe" eingebürgert. Diese Begriffe können zwar in ihrer konkreten Ausformung (z. B. Sozialamtsklientel, Jugendliche unter 18 als Zielgruppe u.a.m.) als erste Anhaltspunkte dienen, sind aber bei einer wissenschaftlichen Analyse der Voraussetzungen und Möglichkeiten bürgernahen Verwaltungshandelns weitergehend zu präzisieren. In der wissenschaftlichen Literatur sowie im Rahmen unserer eigenen Forschungsprojekte haben sich folgende Unterscheidungen als für die Problemanalyse wichtig herausgestellt (*Grunow/Hegner* 1972):

1) Die Unterscheidung zwischen a) dem *individuell isolierten Publikum*, das mit der Verwaltung in Kontakt tritt, b) dem *sozial organisierten* Publikum (z.B. in Form von Initiativgruppen, Bürgerinitiativen, eingetragenen Vereinen und Interessenorganisationen) sowie c) dem *formal organisierten Publikum* (z.B. Gewerkschaften u.a. große Interessenverbände). Mit dieser Unterscheidung lassen sich sowohl die verschiedenen Formen der Bedürfnisartikulation oder Interessenformulierung als auch die jeweils verfügbaren sozialen Machtpotentiale und die Durchsetzungsfähigkeit gegenüber der Verwaltung erfassen (*Gouldner* 1957, 58).
2) Die Unterscheidung zwischen *potentiellem und aktuellem* Publikum. Es wird damit angeregt, zwischen solchen Klienten, die direkten Kontakt mit der Verwaltung haben und solchen Klienten, die potentiell (definiert durch Rechte und Pflichten) Kontakte mit der Verwaltung herstellen könnten, zu unterscheiden. Mit Hilfe dieser Differenzierung läßt sich u.a. der Begriff der Dunkelziffer näher bestimmen als Differenz zwischen dem potentiellen Publikum (Anspruchsberechtigte) und dem aktuellen Publikum (Nutznießer) – vgl. *Bujard/Lange* (1978).

3) Da jedoch nicht alle Beziehungen zu der Verwaltung im Sinne der Nutznießung von Verwaltungsleistungen interpretiert werden können, ist zwischen *nutznießendem und belastetem Publikum* zu unterscheiden. Dabei ist jeweils auch zu berücksichtigen, welche zeitliche und sachliche Intensität die Leistungsinanspruchnahme oder die Belastung durch das Verwaltungshandeln aufweisen. Zunächst geht es also um das Ausmaß und die Form der Betroffenheit und der Maßnahmen, wobei zwischen *longitudinaler* (also die Zeitdauer der Betroffenheit) und *lateraler Betroffenheit* (also der Breite der von der Maßnahme betroffenen Lebensaspekte) unterschieden wird (*Lefton/Rosengren* 1966). Eine ähnliche Differenzierung läßt sich auch für das Ausmaß der *Abhängigkeit* der Bürger von der Verwaltung formulieren. Dabei geht es vor allem um die Frage, ob dem Bürger Alternativen zum Verwaltungskontakt (bzw. zur Verwaltungsleistung) offenstehen.
4) Eine weitere Differenzierung ist für die konkrete Interaktion zwischen Verwaltungspersonal und Publikum hilfreich: Dabei geht es vor allem um die Frage, wie die *Kompetenz des Bürgers im Umgang mit der Verwaltung* eingestuft werden kann. Zunächst ist das Ausmaß der erforderlichen Beteiligung zu bestimmen (z.B. Umfang der auszufüllenden Formulare u.ä.): Im Hinblick auf dieses Maß der Beteiligung ist dann die faktische *Handlungsfähigkeit* und die *Handlungsbereitschaft* der Bürger gegenüber der Verwaltung zu beschreiben (vgl. *Grunow* 1978d).

Diese verschiedenen Beschreibungskategorien zur differenzierten Analyse von verschiedenen Publika der Verwaltung können, müssen jedoch nicht kumulativ eingesetzt werden, um empirische Forschungsfragen oder praktische Handlungsanweisungen zur Verbesserung des publikumsbezogenen Verwaltungshandelns zu formulieren. Sie gehen jedoch über die diffusen Alltagsbegriffe Zielgruppe und Klientel hinaus, um die Qualität des Verwaltungshandelns an *je spezifischen klientenbezogenen* Anforderungen überprüfen zu können. Daraus ergibt sich u.a., daß eine nach einheitlichen Arbeitsrichtlinien arbeitende Organisation (z.B. Finanzamt) im Hinblick auf ihre Beziehungen zu unterschiedlichen Klientengruppen (zum einen etwa die Kontakte mit den Steuerberatern von Großkonzernen; zum anderen die Kontakte mit ausländischen Arbeitnehmern in ihrer Rolle als Steuerzahler) einesteils als hochgradig bürgernah gelten kann, teilweise aber auch als bürgerfern. Oder anders ausgedrückt: hat eine Verwaltungsbehörde mit sehr unterschiedlichen Publika zu tun, so muß sie u.U. *verschiedene Formen* der Publikumsbezogenheit und -orientierung aufweisen, um insgesamt bürgernah zu arbeiten.

3. *Das Ausmaß der Bürgernähe und Bürgerferne von Verwaltungsbehörden als Gegenstand empirischer Überprüfung*

Im Vergleich zu anderen Globalkriterien zur Bewertung des Verwaltungshandelns, wie z.B. Rechtmäßigkeit und Wirtschaftlichkeit, ist die Bewertungsdimension „Bürgernähe-Bürgerferne" sehr „jung" und sowohl theoretisch als auch empirisch wenig entwickelt. Das bedeutet zweierlei:

a) Zum einen sind viele der in dem o.a. Übersichtsschema skizzierten Problemzusammenhänge empirisch noch *nicht* detailliert überprüft; das bedeutet, daß die Auswirkun-

gen spezifischer Maßnahmen (wie z.B. immer wieder vorgeschlagene Schulungskurse für Verwaltungspersonal und die räumliche Dekonzentration von Verwaltungsdienststellen) im Hinblick auf die Qualitätsdimension Bürgernähe/Bürgerferne noch keinesfalls bestimmt sind. Generell ist sogar zu vermuten, daß die Bedeutung der jeweils beeinflußbaren Verwaltungskomponenten für die Möglichkeiten zur Verbesserung des Verhältnisses zwischen Bürger und Verwaltung weder sachlich noch zeitlich invariant sind, so daß einmal oder auch mehrmals praktizierte erfolgreiche Maßnahmen nicht unter allen Rahmenbedingungen und nicht zu allen Zeitpunkten erneut erfolgreich anzuwenden sind. Beim gegenwärtigen Stand empirischer Forschung sind fast alle Maßnahmevorschläge, die inzwischen in Publikationen, bezahlten Gutachten oder Schulungskursen vorgeschlagen werden, kritisch zu hinterfragen.
b) Dies bedeutet also zum zweiten, daß es praktikable „Technologien“ zur Steigerung der bürgerbezogenen Qualität des Verwaltungshandelns erst in Ansätzen gibt; damit soll jedoch nicht unterschätzt werden, daß generelles Bemühen um diese Problematik auch in ihrem symbolischen Charakter schon wichtig für erfolgreiche Durchführung innovatorischer Maßnahmen sein kann. Es besteht aber die Gefahr, daß „Bürgernähe“ ausschließlich im Rahmen *symbolischer* Politik betrieben wird und somit an den realen Verhältnissen zwischen Bürger und Verwaltung nichts geändert wird.
Für die wissenschaftliche Analyse der Qualität von Beziehungen zwischen Verwaltung und Bürger leitet sich daraus die Forderung ab, detaillierte empirische Untersuchungen durchzuführen, um Zusammenhänge zwischen den zu beeinflussenden Komponenten der Verwaltung und des Personals sowie den damit zu erzielenden Niveaus an Bürgernähe oder Bürgerferne herzustellen. Die folgenden empirischen Beispiele aus verschiedenen Untersuchungen sollen aufzeigen, in welcher Form dies möglich ist. Dabei wird auf drei Studien zurückgegriffen: *Grunow/Hegner/Kaufmann* 1978e; *Grunow* 1978a; *Grunow/Hegner* 1978c; *Grunow/Hegner/Schmidt* 1981, die (aus Platzgründen) später nicht mehr im Detail zitiert werden.
Zugleich sollen die Kriterien zur Bewertung des bürgerbezogenen Verwaltungshandelns näher erläutert werden. Da wir der Auffassung sind, daß jedes der vier Kriterien (Bedürfnisgerechtigkeit etc.) eine *separate* Bewertungsdimension von Bürgernähe bzw. Bürgerferne darstellt, können u.E. diese Kriterien nicht gegeneinander aufgerechnet, nicht insgesamt bilanziert werden. Dies erfordert von jeder konkreten empirischen Überprüfung im Prinzip die Erfassung aller vier Kriterien. Im Sinne der Bürgernähe ist das Verhältnis zwischen Verwaltung und Publikum nur dann unproblematisch, wenn sich bei allen vier Gesichtspunkten der Überprüfung positive Ergebnisse zeigen. Aus Platzgründen wird im folgenden auf ein solches Vorgehen verzichtet; stattdessen werden für jedes Qualitätskriterium i.d.R. nur ein Beispiel aus den untersuchten Verwaltungsbereichen (Finanzamt, Sozialamt, Sozialdienst, psychiatrische Beratung) beschrieben. Auch die Erklärungshintergründe für die jeweils empirisch vorgefundenen Ausprägungen von Bürgerferne und Bürgernähe können nur an Einzelpunkten und sehr knapp formuliert werden.

3.1 Sachgerechtigkeit des Verwaltungshandelns: Beispiele aus dem Finanzamt

Sachgerechtigkeit als ein erstes wichtiges Kriterium der Qualitätsbeurteilung von Bürger/Verwaltungs-Beziehungen ist auf die Qualität und Quantität der gewährten Leistung konzentriert, wobei Urteile von Experten berücksichtigt werden bzw. Vergleiche zwischen vielen Fällen (vielen Bürgern) zugrunde gelegt werden. Dieser Bewertungsgesichtspunkt weist Überschneidungen mit dem Begriff der Rechtmäßigkeit auf, zumindest wenn die notwendigen Leistungen an den Bürger relativ klar und ohne große Ermessensspielräume gesetzlich fixiert sind. Die klassische Frage an die Sachgerechtigkeit der Verwaltung heißt also: in welchem Umfang und in welcher Intensität kommt der Bürger bei der Verwaltung zu seinem Recht, zu den ihm zustehenden Leistungen? Im Hinblick auf die Sachgerechtigkeit des Verwaltungshandelns im Finanzamt ist sicherlich die zuverlässige Anwendung der Steuergesetze zu prüfen. Inzwischen scheint es schon eine Selbstverständlichkeit zu sein, daß Steuergerechtigkeit im Verwaltungsalltag nicht verwirklicht wird. Selbst bei der Befragung des Finanzamtspersonals im Hinblick auf die Schwierigkeiten bei der Verwirklichung des Gleichbehandlungsgrundsatzes in der Rechtsanwendung kommen klar akzentuierte kritische Einschätzungen der Arbeitsorganisation zutage: 60 % meinen, daß es an der Arbeitsbelastung liege, die eine ausreichende Prüfung der einzelnen Steuerfälle nicht zuläßt; 20 % meinen, das liege an der zunehmenden Undurchsichtigkeit des Steuerrechts; 9 % meinen, das liege an der Aufweichung der Vorschriften. Um so erstaunlicher ist die Tatsache, daß in den letzten Jahren die Finanzverwaltung an einer Reform „zu leiden" hatte, die ein klassisches Beispiel von bürgerferner Verwaltungsorganisation darstellt: die sog. Neuorganisation der Finanzämter. Dieses Verfahren hat sowohl die Computertechnologie verstärkt zum Einsatz gebracht als auch die persönlichen Kontakte zwischen dem Sachbearbeiter im Finanzamt und dem Bürger auf ein Minimum reduziert.

Die Konsequenzen einer solchen Vorgehensweise bestanden u.a. in einer erheblichen Anzahl von falschen Rechnungsläufen im zentralen Rechner der Finanzverwaltung. Die dabei wahrnehmbaren Nebeneffekte sind hier von besonderer Bedeutung: obwohl manche Rechenläufe die Ergebnisse der Steuerprüfung auf den Kopf gestellt hatten, wurden nicht mehr Einsprüche bzw. Widersprüche zu den Bescheiden registriert als bei korrekten Rechnerläufen. Dies zeigt in besonderem Maße, wie wenig der Bürger in der Lage ist, die Korrektheit des Verwaltungshandelns im Einzelfall zu überprüfen und wie leicht die Sachgerechtigkeit des Verwaltungshandelns unkontrolliert bleibt. So ist es auch keinesfalls verwunderlich, daß die befragten Steuerzahler zu etwa 50 % der Auffassung sind, daß die reichen Leute beim Finanzamt besser dran sind als die ärmeren. Zudem wird auch aus Beobachtungsergebnissen deutlich, daß die Kompetenz der besser Verdienenden sowie deren Bereitschaft, sich professioneller Beratung zu bedienen, diesen Bevölkerungsgruppen erheblich mehr Chancen im Durchsetzen ihrer Interessen einräumen als dem Rest der Bevölkerung. Sachgerechtigkeit in der Finanzverwaltung (wie auch in der Sozialverwaltung), die auf routineförmig, schematisches und massenbezogenes Verwaltungshandeln abhebt, ist also nicht sicherzustellen, indem alle Bevölkerungsgruppen in der gleichen Weise „bedient" werden.

3.2 Situationsgerechtigkeit des Verwaltungshandelns: Beispiele aus dem Sozialamt

Die Situationsgerechtigkeit als ein zweiter Maßstab für die Bürgernähe und Bürgerferne des Verwaltungshandelns bezieht sich insbesondere auf die *Formen der Kontaktabwicklung*, der Leistungs*übermittlung*. Dabei wird als Maßstab erneut eine vergleichende Untersuchung von Kommunikations- und Kontaktformen bzw. die Auffassungen von Experten zugrunde gelegt. Gerade wenn man berücksichtigt, daß unterschiedliche Bevölkerungsgruppen sehr verschiedenartige Erfahrungen und Kompetenzen in den Kontakt mit der Verwaltung einbringen, so ist ein entsprechend differenziertes Vorgehen von seiten der Verwaltung notwendig. Betrachten wir hier als Beispiel Forschungsergebnisse aus der kommunalen Sozialverwaltung, so wird deutlich, daß die Freundlichkeit des Personals *kein* zentrales Problem der Beziehungen zum Bürger darstellt. Bei der Beobachtung von über 2.300 direkten Kontakten zwischen Sachbearbeitern des Sozialamtes und ihren Klienten wurde festgestellt, daß fast 3/4 aller Kontakte von seiten der Bearbeiter in einem überwiegend verbindlichen, freundlichen und sachlichen Verhandlungsstil abgewickelt werden; in 14 % der Kontakte sind die Bearbeiter eher verbindlich kühl und reserviert; nur in sehr wenigen Ausnahmefällen ist aggressives oder besonders verschlossenes Verhalten auf seiten der Sachbearbeiter zu beobachten gewesen. Ähnlich positive Gesamtergebnisse erbrachte auch die Bewertung der Artikulationsfähigkeit der Sachbearbeiter. Eine weniger situationsgerechte Form der Kommunikation scheint dagegen im Rahmen der schriftlichen Benachrichtigung von Klienten vorzuherrschen: bei der Untersuchung von fast 1.400 Klientenakten aus der Sozialverwaltung über mehrere Jahre hinweg wurden 54 % der Bürger mehrfach durch Computerausdrucke und Informationsblätter benachrichtigt, 49 % wurden durch vorgedruckte Schema-Schreiben über Leistungen oder Leistungsverweigerungen informiert oder um die Beibringung zusätzlicher Unterlagen gebeten. Die Anzahl der Benachrichtigungen an die Klienten in Form von *persönlichen Schreiben* über Leistungen oder Leistungsverweigerungen wurden dagegen nur in 24 % aller Fälle registriert. Besonders selten gibt das Personal *schriftliche Hinweise auf zusätzliche materielle oder persönliche Hilfemöglichkeiten*, die dem Klienten noch offenstehen: nur in 1,7 % (!) aller untersuchten Akten wurden solche Hinweise registriert.

Ähnliche Resultate haben übrigens auch die Beobachtungen persönlicher Kontakte erbracht; dabei wurde zudem deutlich, daß gerade solche Personengruppen (wie etwa ältere Menschen, Behinderte oder Langzeitarbeitslose), die in besonderer Weise zusätzliche Hinweise und Hilfestellungen benötigen, um aus ihrer schwierigen Situation herauszufinden, *besonders selten* mit entsprechenden Informationen versorgt werden. Unsere Untersuchung zeigt überdies, daß das Personal nur in geringem Umfang besondere Anforderungen im persönlichen Kontakt vorbereitet und daß eine besondere klientenbezogene Ausrichtung des Interaktions- oder Kommunikationsverhaltens keineswegs belohnt wird. Nach Einschätzung der Sachbearbeiter wird nur in wenigen Fällen die Fähigkeit zum Umgang mit dem Klientel von den Vorgesetzten bei der Personalbeurteilung und Beförderung sowie bei dem Arbeitseinsatz berücksichtigt.

3.3 Anliegensgerechtigkeit des Verwaltungshandelns: Beispiele aus dem Sozialdienst

Mit der Kategorie der Anliegensgerechtigkeit als drittem Maßstab von Bürgernähe oder Bürgerferne des Verwaltungshandelns verbleiben wir im Rahmen der Formen und Strategien der Leistungsübermittlung, der direkten Kontaktabwicklung. Nun geht es allerdings um die Frage, welche subjektiven Empfindungen und Wahrnehmungen die Bürger und Kontaktpartner der Verwaltung in bezug auf diese Kommunikations- und Interaktionserfahrungen haben. Diese Einschätzungen müssen keinesfalls mit den zuvor erläuterten Expertenurteilen oder vergleichenden Gesamtergebnissen übereinstimmen, da vielfach dem einzelnen Bürger die Vergleichsmöglichkeiten fehlen, um selber die eigene Situation sowohl im positiven wie im negativen Sinne „relativ" einzuschätzen.
Betrachten wir hierzu nur einige Beispiele aus der Tätigkeit des Sozialdienstes. Im Hinblick auf die untersuchten Kontakte zwischen den Mitarbeiterinnen des Sozialdienstes (Sozialarbeiterinnen) und ihren Klienten zeigen sich die Schwierigkeiten anliegensgerechten Handelns besonders deutlich. Zunächst sei im Überblick dargestellt, welche Problemaspekte in den Kontakten mit den Klienten besonders häufig zur Sprache kommen (in der Rangfolge ihrer Häufigkeit):

- Familienprobleme, Probleme der Kindererziehung
- Eheprobleme
- spezifischer Geldmangel für persönlichen materiellen Bedarf (z. B. Kleidung, Ernährung)
- Verhaltensauffälligkeiten, auch Alkohol- und Drogenabhängigkeit
- Arbeitslosigkeit, Verlust der Berufsposition.

Geht man von dem dominanten Anliegen der Bürger in solchen Gesprächen aus, nämlich sowohl im Hinblick auf die eigene Situationseinschätzung als auch im Hinblick auf verschiedene Bewältigungsmöglichkeiten und Hilfeinstanzen beraten und unterstützt zu werden, so ergeben die folgenden Beobachtungsergebnisse deutliche Hinweise auf Mängel in der Anliegensgerechtigkeit der Kontaktgestaltung:

- in 60 % der beobachteten Gespräche erfolgen keinerlei Hinweise auf besondere Hilfemöglichkeiten und -arten der Sozialverwaltung (Sozialamt, Gesundheitsamt, Jugendamt, Wohnungsamt) sowie der freien Wohlfahrtsträger;
- bei insgesamt 38 % der beobachteten Sprechstunden- und Hausbesuche werden Hinweise auf zusätzliche Hilfemöglichkeiten gegeben, wobei in 21 % der Fälle auf eine Hilfemöglichkeit der Sozialverwaltung hingewiesen wird und in 17 % auf mehrere Hilfemöglichkeiten.

Diese Ergebnisse werden interpretationsfähig, wenn man zugleich berücksichtigt, daß die befragten Sozialarbeiter z. B. im Hinblick auf die älteren Menschen als Zielgruppe oder die psychisch Kranken und Behinderten als Zielgruppe kaum konkrete Erfahrungen oder Anhaltspunkte haben, um Fragen nach Hilfemöglichkeiten und speziellen Beratungseinrichtungen entsprechend zu beantworten. Dies ist Folge einer fehlenden oder inkonsistenten klientengruppenzentrierten Aufgabenverteilung im Sozialdienst.
Von den Sozialarbeitern wird in der Regel verlangt, daß sie innerhalb eines Tages und im Wechsel von sehr kurzen Episoden Klientengruppen mit sehr unterschiedlichen Pro-

blemen und auch sehr unterschiedlichen Kontaktbedürfnissen aufsuchen müssen. Die dadurch erforderliche situative Anpassung an unterschiedliche Kontaktbedingungen kann nur von einem geringen Teil des Personals erbracht werden.

3.4 Bedürfnisgerechtigkeit des Verwaltungshandelns: Beispiele aus der sozial-psychiatrischen Beratung

Das Bewertungskriterium der Bedürfnisgerechtigkeit als Maßstab von Bürgerferne und Bürgernähe des Verwaltungshandelns stellt die höchsten Anforderungen an die Verwaltung. Hierbei geht es um die Bewertung der Leistungsinhalte und d. h. der Leistungsqualität und -quantität – wiederum im Urteil der Bürger selbst. Als Beispiel berücksichtigen wir im folgenden nur die sozialpsychiatrische Beratung. Dabei läßt sich das Ausmaß der Bedürfnisgerechtigkeit u. a. an den beobachteten Kontakten und ihren Ergebnissen ablesen. Sie belegen, wie selten konkrete Ergebnisse bzw. die abschließende Behandlung eines konkreten Einzelproblemes festgestellt werden können.
Hervorzuheben ist auch, daß die *gezielte* Beratung der Klienten im Hinblick auf ihre artikulierten Bedürfnisse oder Probleme mit 14 % bei den Sozialarbeiterkontakten und 10 % bei den Psychiaterkontakten einen relativ geringen Anteil an Kontaktinhalten ausmacht. Es überwiegen stattdessen die Ermittlungen zur Abfassung von Gutachten oder zur Vorbereitung von Einweisungen in psychiatrische Krankenhäuser und ähnliches.
Die Bedeutung, die den Bedürfnissen und Problemen der Bürger im Hinblick auf die Gestaltung der Beratung zukommt, läßt sich auch aus den Aktenbestandteilen ersehen, die von uns systematisch analysiert wurden. Dabei zeigte sich u. a., daß zwar vielfältige *Kurz*berichte über Telefonate und Sprechstundenkontakte mit den Klienten vorhanden waren, daß in 27 % der Akten auch ärztliche Gutachten für Gericht und Polizei vorhanden sind, jedoch *ausführliche Problemlagenbeschreibungen* für den internen Gebrauch, d. h. Texte von einer Seite und mehr, nur in 8 % der Akten (vom Arzt erstellt) und in 12 % der Akten (vom Sozialarbeiter erstellt) vorfindbar waren. Das signalisiert u. a., daß den Problemlagen und Bedürfnissen der Bürger nur in geringem Maße Rechnung getragen wird, wenn es darum geht, Entscheidungen im Hinblick auf ihre Lebenssituation zu formulieren und zu begründen. Es ist also nicht verwunderlich, daß die von den Klienten formulierten Bedürfnisse in bezug auf Kontakte mit dem Gesundheitsamt geradezu darin bestehen, die Kontakte mit ihm aufgeben oder unterbrechen zu können. Dies wird in einem abschließenden Fallbeispiel einer Sprechstunde demonstriert:

Sprechstunde

1. Bei diesem Klienten handelt es sich um eine etwa 60jährige Frau mit einer leichten körperlichen Behinderung. Diese Frau ist dem GA seit einigen Jahren bekannt, hatte auch psychotische Symptome gezeigt, war aber nie in stationärer Behandlung, sondern hat nur ärztliche ambulante Hilfe in Anspruch genommen und entsprechende Medikamente erhalten.
2. Der Vorladung der Klientin zur psychiatrischen Sprechstunde ist ein Kontakt mit einer Bezirkssozialarbeiterin vorangegangen. Diese wiederum hat auf Beschwerden der Hausbewohner reagiert. Jene haben sich über einen Brief beschwert, den die Klientin an die Hausbewohner bzw. an die Obermieter geschrieben hat. In diesem Brief hat sie sich darüber beschwert, daß in der

über ihr liegenden Wohnung vor allem nachts laute Geräusche durch das Tragen von Holzschuhen gemacht werden.

3. Im Vordergrund des Gesprächs steht die relativ aufgeregte und spontane Darstellung des gesamten Vorganges durch die Klientin. Dabei schimpft sie nicht nur auf die böswilligen Nachbarn, sondern auch auf die Sozialarbeiterin, die diese Dinge zum Anlaß genommen habe, um „die Akte" wieder zu öffnen. Damit meint sie die Tatsache, daß sie hier als psychisch krank schon aktenkundig ist, obwohl seit mehreren Jahren gar nichts mehr vorgefallen ist. Vom Psychiater wird sie dann zu den Gegebenheiten im Detail befragt, aber auch zu den persönlichen Belangen – insbesondere zur gesundheitlichen Verfassung und zu ihren Aktivitäten. Sie berichtet voll Stolz, daß sie alles in ihrer eigenen Wohnung noch besorgt, daß sie einkaufen geht etc. Außer Kopfschmerzen, die überwiegend durch den Lärm in der Oberwohnung verursacht werden, habe sie keine Beschwerden. Sie brauche auch keine der früher verordneten Medikamente mehr zu nehmen. Immer wieder erläutert sie jedoch die spezifischen Geräusche, das Laufen mit Holzschuhen, das Tischerücken u. ä. Nachdem der Psychiater sie wegen ihrer Haarlocke geneckt hat, faßt sie großes Vertrauen zu ihm. Sie beschwört ihn mehrfach (z. T. unter Tränen), daß die Akte nicht wieder geöffnet werde. Der Psychiater rät ihr, sich doch mit den Nachbarn zu verständigen, damit kein Streit entstehen könne.
4. Als Ergebnis des Gesprächs wird festgestellt, daß keine definitiv psychotische Symptomatik zu beobachten ist, daß somit auch keinerlei Aktivitäten des GA notwendig sind. Zunächst hat der Psychiater beabsichtigt, sie in einem Jahr wieder einladen zu lassen – nimmt dieses Vorhaben jedoch zurück, nachdem sie ihn inständig gebeten hat, dies nicht zu tun.
5. In der Endphase des Gesprächs wird das Klima direkt persönlich-vertraulich, und es gelingt dadurch der Klientin, den Psychiater zu keinen weiteren Beschlüssen zu motivieren. Angesichts der Erzählungen über die Geräusche hätte die Reaktion auch anders aussehen können. In diesem Interaktionsverlauf wird deutlich, daß eine aktive Argumentationsführung von seiten des Klienten ihm erhebliche Chancen der Beeinflussung des Gesprächsergebnisses eingeräumt hat.

Die emotionale Reaktion der Klientin angesichts der Möglichkeit, daß ihre Akte wieder geöffnet wird, zeigt deutlich, wie negativ die Definitionsmacht des GA-Personals eingeschätzt wird, wie also die Doppelrolle von Beratung und Zwangsmaßnahmen (z. B. Einweisung in ein psychiatrisches Krankenhaus) negativ auf das Verhältnis der Klientin zum Gesundheitsamt einwirkt. Bedürfnisgerechtes Handeln heißt hier überwiegend gar kein Handeln gegenüber den Klienten. Die geringe Erfahrung der Sozialarbeiterin mit ihren Klientengruppen hat möglicherweise dazu geführt, daß sie weder die Empfindlichkeit der Klientin richtig einschätzt, noch eine Klärung der Verdächtigungen und Behauptungen der Klientin sowie ihrer Nachbarn gründlich geprüft hat, um nun entscheidungsrelevante Informationen beisteuern zu können.

Insgesamt bewährt sich an diesem Beispiel die Mehrfachbeurteilung einer Situation durch die Sozialarbeiterin und den Arzt – selbst wenn diese recht oberflächlich urteilen: der Klientin wird die Kompetenz zur Beschreibung der eigenen Bedürfnisse und der eigenen Problemsituation in größerem Maße zuerkannt, weil das Personal nicht einer Meinung ist. Daraus sollte aber nicht der Schluß gezogen werden, daß im Zweifelsfall dies im Hinblick auf die Bedürfnisse und Problemsituationen der Bürger die richtige Verhaltensweise der Verwaltung im Sinne von mehr Bürgernähe darstellt. Die Unsicherheit der in diesem Kontakt gefundenen „Lösung" dürfte der Klientin relativ rasch bewußt werden und weiterhin zu einer gewissen Bedrohung ihrer alltäglichen Situation führen.

Literaturverzeichnis

Arzberger, K., M. Murck, J. Schumacher, 1979: Die Bürger: Bedürfnisse, Einstellungen, Verhalten. Subjektive Indikatoren für die Kommunalpolitik, Königstein/Ts.

Gouldner, A. W., 1957/58: Cosmopolitans and Locals: Toward an Analysis of Latent Social Roles, in: Administrative Science Quarterly, 2. Jg., 281–306; 444–480

Gramke, J., 1978: Praktizierte Bürgernähe, in: Aus Politik und Zeitgeschichte 15, 3–21

Grunow, D., Hegner, F., 1972: Überlegungen zur System-Umwelt-Problematik anhand der Analyse des Verhältnisses zwischen Organisation und Publikum, in: Zeitschrift für Soziologie, 1. Jg., 209–224

Grunow, D., Hegner, F., 1977: Möglichkeiten und Grenzen organisierter Hilfe für Alte und psychisch Gestörte auf örtlicher Ebene, in: *Kaufmann, F. X.*, 1977: Bürgernahe Gestaltung der sozialen Umwelt, Meisenheim

Grunow, D., 1978a: Steuerzahler und Finanzamt: Forschungsdesign und Ergebnisse, Bürger und Verwaltung Bd. IV, Ffm./New York

Grunow, D., Hegner, F., 1978b: Bürgernähe der Verwaltung: Möglichkeiten und Grenzen, in: *Laux, E.*, 1978: Das Dilemma des Öffentlichen Dienstes, Bonn

Grunow, D., Hegner, F., 1978c: Die Gewährung persönlicher und wirtschaftlicher Sozialhilfe: Untersuchungen zur Bürgernähe der kommunalen Sozialverwaltung, Bielefeld

Grunow, D., 1978d: Alltagskontakte mit der Verwaltung, Bürger und Verwaltung Bd. III, Frankfurt/New York

Grunow, D., Hegner, F., Kaufmann, F.X., 1978e: Steuerzahler und Finanzamt; Bürger und Verwaltung Bd. I, Frankfurt/New York

Grunow, D., Hegner, F., Schmidt, H., 1981: Psychatrische Versorgung durch kommunale Gesundheitsämter, Bielefeld

Grunow, D., (Hrsg.), 1982: Verwaltung für den Bürger?, Kronberg/Ts.

Halmos, P., 1970: The Personal Service Society, London

Hessen (Land), 1980: Vorläufige Studienordnung für die Ausbildung des gehobenen Dienstes in der allgemeinen Verwaltung, in: Staatsanzeiger für das Land Hessen, 40. Jg., 178 ff.

Joerger, G., Geppert, M., 1976: Grundzüge der Verwaltungslehre, Stuttgart

Kaufmann, F. X. (Hrsg.), 1979: Bürgernahe Sozialpolitik: Planung, Organisation und Vermittlung sozialer Leistungen auf lokaler Ebene Frankfurt/New York

Klages, H., 1981: Überlasteter Staat, verdrossene Bürger? Zu den Dissonanzen der Wohlfahrtsgesellschaft, Frankfurt/New York

Kube, E., 1973: Den Bürger überzeugen: Ziel, Strategie und Taktik der Verwaltung, Stuttgart

Lefton, M., Rosengren, W., 1966: Organizations and Clients. Lateral and Longitudinal Dimensions, in: American Sociological Review, 31. Jg., 802–810

Mayntz, R., 1978: Soziologie der Öffentlichen Verwaltung, Karlsruhe/Heidelberg

Pankoke, E., Nokielski, H., 1977: Verwaltungssoziologie: Einführung in Probleme Öffentlicher Verwaltung, Stuttgart

Verwaltungskultur

Jürgen Feick, Lothar Klaes, Rainer Prätorius

Vorbemerkung

Die sehr unterschiedlichen Vorgehensweisen in den beiden folgenden Teilabschnitten symbolisieren die Problematik eines Forschungsbereichs, der bisher wenig entwickelt ist und sogar Schwierigkeiten hat, als legitimer anerkannt zu werden. Gilt dies schon für den der ‚politischen Kultur' mit immerhin jahrzehntelanger Tradition bei gleichzeitig geringer Fähigkeit, in den ‚Anzug' eines klar umrissenen und akzeptierten Konzepts hineinzuwachsen (vgl. *Shell,* 1981), dann um so mehr für Versuche, ‚administrative Kultur' als eigenständiges Forschungsfeld einzuführen.

Im ersten Teilabschnitt unterbreitet *Prätorius* Vorschläge für die Einordnung eines solchen Forschungsfeldes in die gegenwärtig lebhafte Debatte um den ‚Politische-Kultur'-Ansatz in der bundesdeutschen Politikwissenschaft. ‚Verwaltungskultur' definiert er als Wert- und Einstellungsmuster gegenüber dem Ausschnitt staatlicher Institutionen, Verfahren und Symbole, die wir in den Bereich der öffentlichen Verwaltung einordnen. Die Perspektive ist also die des Bürgers gegenüber dem administrativen System. Soweit es nicht um Deskription geht, steht in einem solchen Konzept die Frage im Vordergrund, welche Auswirkungen vorgefundene Einstellungsmuster auf Strukturen und Arbeitsweise politischer Systeme haben. Konkret liegt hier ein demokratietheoretisches Forschungsinteresse vor.

Obwohl es um das gleiche Forschungsfeld geht, sind bei *Feick/Klaes* die Ausgangsbedingungen andere. Zum einen können sie nicht bei im wesentlichen theoretischen Vorüberlegungen stehenbleiben. Sie haben sich mit der Operationalisierung einer konkreten, dazu international vergleichenden Fragestellung auseinanderzusetzen. Diese geht von Politikprogrammen (policies) in verschiedenen Ländern aus und zielt darauf ab, Differenzen der Programminhalte und -implementation sowie die dahinter stehenden ‚kulturellen' Faktoren herauszuarbeiten. Der ‚kulturelle' Begriffsrahmen ist weit definiert und umfaßt nicht nur Einstellungsmuster, sondern auch tradierte Verhaltensstile und institutionelle Strukturen. Gleichzeitig sind die Forschungsobjekte durch die Fragestellung enger definiert. Nur ganz bestimmte Organisationen und Akteure sind im Zusammenhang der Programmentwicklung und -implementation als untersuchte Objekte relevant. Schließlich ist die Perspektive eine eher verwaltungswissenschaftliche und politikanalytische.

Interessant wäre natürlich eine gegenseitige Ergänzung der beiden Ansätze. Wie etwa wirken sich die Inhalte von Politikprogrammen und deren institutionelle Umsetzung auf die Einstellungen nicht nur direkt Beteiligter oder Betroffener, sondern auch grössere Teile der Gesellschaft aus? Umgekehrt: Welcher Zusammenhang besteht zwischen gesellschaftlichen Einstellungs- und Verhaltensmustern und den Entscheidungen über Programminhalte (auch instrumenteller Art) sowie Entscheidungen und Verhaltensweisen im Implementationsfeld? So interessant diese Fragen auch erscheinen mögen, die Divergenzen zwischen unterschiedlichen Ansätzen und die Schwierigkeiten empirischer Forschung in diesem Forschungsfeld generell sind bisher ebenso herausfordernde wie unüberwindbare Hürden.

Literatur

Shell, Kurt L., 1981: Politische Kultur – Ist der Begriff zu retten?, in: PVS, 22. Jg., Heft 2

Internationaler Vergleich regulativer Staatseingriffe – Politisch-administrative Kultur: rekonstruierbarer Faktor der Programminhalte und -implementationen?

Jürgen Feick, Lothar Klaes

1. Zentrale Fragestellung und Eingrenzung der Forschungsobjekte

Während die klassische komparatistische Politikforschung, die als ‚comparative politics' die Input- und Konversionsbereiche politischer Systeme in den Vordergrund stellt, bereits eine Tradition hat, ist die vergleichende Politikanalyse im Sinne der ‚comparative policy analysis' jüngeren Datums. Hier wird ausdrücklich die Outputseite politischer Systeme thematisiert, sei es in quasi-kausalen Bedingungsanalysen, sei es in Versuchen systematischer Programmvergleiche. Mit der Erkenntnis, daß Programme (policies) eine ‚Papierform' und, über die Umsetzung in fallbezogene Implementationsprozesse, eine für die Adressaten letztlich wirksame ‚Tagesform' haben, ist schließlich ein Interesse an vergleichender Implementationsforschung entstanden. Die globale Fragestellung lautet, ob politische und administrative Systeme in je charakteristischer Weise auf wahrgenommene Problemlagen regelnd reagieren (vgl. *Ashford* 1978, 81; *Ridley* 1979, 9). Eine zu überprüfende Hypothese postuliert: „. . . there is probably more similarity across policies for one country in how policies are formed and implemented than there is for the same policy across several countries" (*Ashford* 1978, 82).

Das hier ansetzende Projekt zielt darauf, länderspezifische Charakteristika von politischen und administrativen Systemen (institutionelle Strukturen und Prozeßregeln, Orientierungen und spezifische Verhaltensstile – zusammengefaßt unter einem weiten Begriff politisch-administrativer Kultur) in Verbindung zu bringen mit länderspezifischen Charakteristika von Problemlösungsprogrammen und Programmimplementationen. Angesichts begrenzter Ressourcen und Abstimmungsnotwendigkeiten mit ausländischen Wissenschaftlern bedurfte diese weite Fragestellung gezielter Eingrenzung. Insbesondere der Mangel an historischer Tiefenschärfte und in diesem Zusammenhang vorliegendem Sekundärmaterial haben folgenden Weg nahegelegt: In einer Querschnittsanalyse werden vier Programme und deren Implementationen in fünf europäischen Ländern analysiert. Hieraus läßt sich erkennen, inwieweit die Programme bzw. Implementationen problembereichs- und/oder länderspezifische Differenzierungen aufweisen. Ähnlichkeiten und Unterschiede, gemessen anhand noch vorzustellender operationaler Variablen, können natürlich Ergebnis verschiedenster Faktoren sein, die im umfassenden Sinn nicht exakt herausgearbeitet werden können. Solche Faktoren sind z. B. die Art der konkreten Probleme, vorhandene Interessen- und

Machtstrukturen, die Ausstattung mit Ressourcen, singuläre Ereignisse, internationale Angleichungen u. a. m. Der Versuch, solche ‚anderen' Faktoren durch die Bereichs- und Länderwahl entweder von vorneherein auszuschalten oder bei der Analyse zu berücksichtigen, soll schließlich Varianzen zwischen den Ländern sichtbar machen, die zum Teil als Elemente, zum Teil als Folgen der vorherrschenden politisch-administrativen Kultur eines Landes verstanden werden können.

Die folgende Grafik gibt einen groben Überblick über Einflußfaktoren hinsichtlich der Programmgestaltung und -implementation, sowie die in Politikprogrammen und Implementationsprozessen analysierten Merkmale.

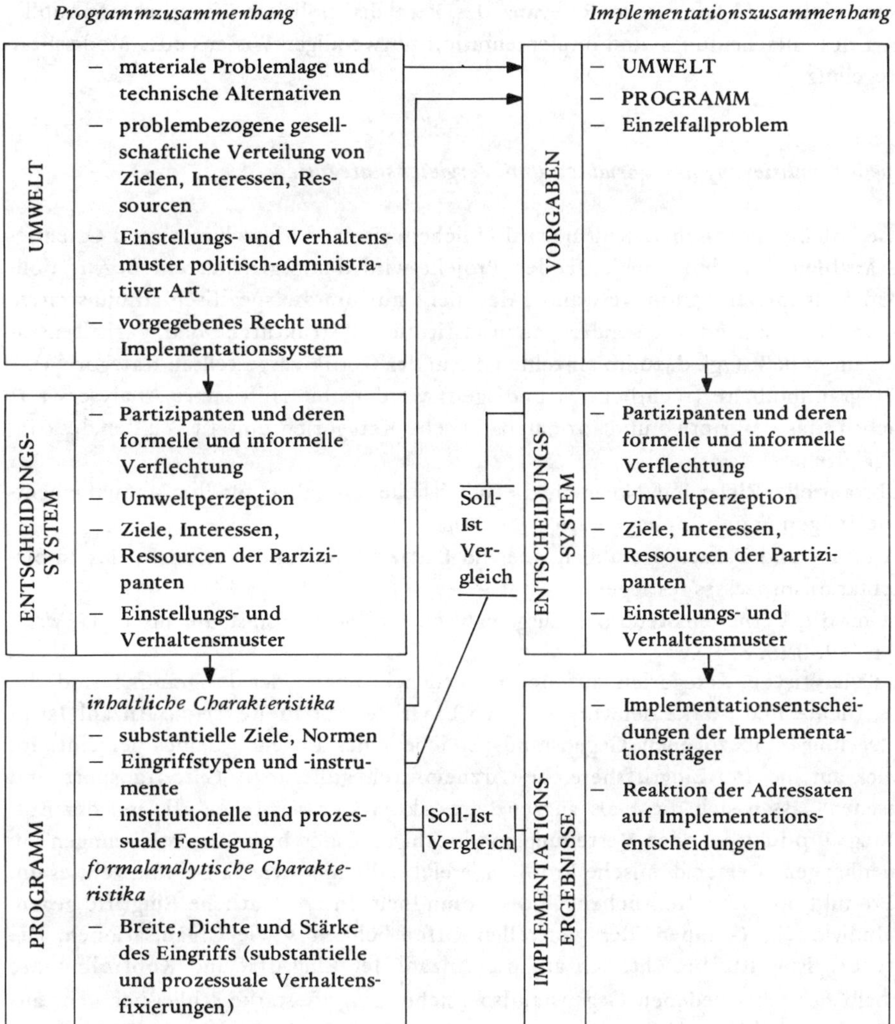

Hinweis: Das Schaubild soll kein komplettes Modell der Wirklichkeit mit allen Einflußströmen sein. Im Vordergrund unseres analytischen Interesses stehen die Blöcke „Programm", „Entscheidungssystem" (Implementationszusammenhang) und „Implementationsergebnisse".

In die Studie einbezogen sind die fünf Länder Belgien, Bundesrepublik Deutschland, Frankreich, Großbritannien und Italien. Als Programmbereiche untersucht werden Regelungen im Zusammenhang mit der Arzneimittelzulassung, ansteckenden Krankheiten, dem Fernsehen und dem Gütertransport auf der Straße. Die Länder stehen in ihrer industriegesellschaftlichen Entwicklung in etwa auf der gleichen Stufe, so daß die nicht unwichtige und in den Politikbereichen noch zu untermauernde Vermutung gerechtfertigt ist, daß die Problemlagen in den Ländern grundsätzlich ähnlich sind, d. h. die Problemsituationen an sich nicht schon potentiell den größten Teil erkennbarer Varianz erklären. Die Bereiche repräsentieren unterschiedliche Grundstrukturen hinsichtlich folgender Dimensionen: Zielgruppen der Regelung, Zentralisierungsgrad der Implementation, ökonomische Relevanz des Bereichs, politisch-öffentliche Sensibilität, Art des entscheidungs- und implementationsnotwendigen Wissens oder Modernität der Regelung.

2. *Operationalisierung der Variablen und Vergleichskategorien*

Der Begriff der politischen Kultur wird üblicherweise auf Einstellungs- und Orientierungsvariablen reduziert. Im laufenden Projekt wird demgegenüber ein Begriff politisch-administrativer Kultur verwandt, der nicht nur um die spezifisch administrative Komponente erweitert ist, sondern auch institutionell-strukturelle und Verhaltensvariablen einschließt (vgl. dazu im einzelnen die in der Grafik vorgestellten Kategorien).
Die Programminhalte (rechtliche Grundlagen) werden mit Hilfe eines Analyserasters verglichen, das deskriptive und formalanalytische Kategorien umfaßt. Zu den deskriptiven gehören:

1. Substantielle Ziele und Normen, die inhaltliche Vorgaben für die Maßnahmeentscheidungen in der Implementation darstellen;
2. Struktur- und Prozeßregelungen, die die Partizipanten und Verfahren des Implementationsprozesses festlegen;
3. die für die Verhaltenssteuerung ausgewählten Interventionsinstrumente (vgl. *Hucke* u. a. (1980) S. 8 ff.).

Formalanalytische Kategorien auf der inhaltlichen Ebene der Programme sind die Breite, Dichte und Stärke der vorgesehenen Eingriffe. Mit Breite ist die Anzahl der in die Regelung einbezogenen Gegenstandsbereiche eines Regelungsfeldes gemeint. Im Hinblick auf die drei Eingriffsbereiche ‚Arzneimittelregulierung', ‚Gütertransport' und ‚Fernsehen' lassen sich diese als abgrenzbare Aktivitäten verstehen, die mit der Entwicklung, Produktion oder Verteilung marktfähiger Güter bzw. Dienstleistungen zusammenhängen. Der epidemische Problembereich fällt hier heraus. Bei ihm geht es um die ‚Produktion' des öffentlichen Gutes Gesundheit durch staatliche Eingriffe gegenüber Individuen, Gruppen, der generellen Öffentlichkeit sowie Organisationen. Die Dichte der Eingriffe bezieht sich auf die Anzahl der Eingriffs- und Kontrollpunkte innerhalb der verschiedenen Gegenstandsbereiche. Eingriffsstärke schließlich geht aus dem Umfang der betroffenen Zielgruppen, dem Grad der beabsichtigten Verhaltenskonditionierung (abhängig von der Distanz zu Verhaltensweisen ohne Eingriff) sowie

der Präzision, Operationalisierbarkeit und Verbindlichkeit von Ziel-, Verhaltens- und Verfahrensregeln hervor.
Aus den deskriptiven und formalanalytischen Kategorien können als zentrale Indikatoren des Programmvergleichs Art und Stärke der Verhaltensfixierung der Implementeure und Adressaten sowie die Komplexität der für die Implementation vorgesehenen institutionellen Entscheidungsstruktur abgeleitet werden. Mit der strukturellen Komplexität sind Anzahl und Art der Partizipanten sowie die zwischen ihnen festgelegten arbeitsteiligen Beziehungen und Autoritätsverhältnisse gemeint. Hinsichtlich der Verhaltensfixierung wird unterschieden zwischen Konditionierung durch substantielle Normen und durch Verfahrensregelungen. Auch die vorzufindenden Relationen in der Betonung und Beschaffenheit substantieller Normen auf der einen sowie institutioneller und Verfahrensregeln auf der anderen Seite sind analytische Elemente vorhandener Interventionsstile.
Die Implementationsanalyse und der darauf aufbauende Vergleich hat zwei Schwerpunkte. Einmal geht es darum, einen Soll-Ist-Vergleich zwischen rechtlich vorgesehenen und tatsächlichen Entscheidungsstrukturen, -prozessen und substantiellen Implementationsergebnissen anzustellen. Verschiebungen, etwa hinsichtlich der Partizipanten an Entscheidungen, die Wirkung informeller Beziehungen, Verlagerungen von Entscheidungszentren, Zielverschiebungen durch ein Abweichen von Entscheidungsprogrammen etc. sind hier von Bedeutung. Mit dem letzten Punkt in direktem Zusammenhang steht die Frage nach der Soll-Ist-Differenz von Implementationsergebnissen. Entsprechen die substantiellen Entscheidungen der Implementationsträger und/oder die Reaktionen der Adressaten auf diese den durch das Programm ‚gewollten' Antworten auf spezifische Problemsituationen? Der internationale Vergleich beider Soll-Ist-Betrachtungen gibt Hinweise auf die ‚Programmtreue' implementierender Administrationen und betroffener Adressaten oder, umgekehrt formuliert, die Steuerbarkeit entsprechender Verwaltungen und Zielgruppen durch Programme. Unabhängig von Soll-Ist-Untersuchungen ist der Vergleich von Implementationssystemen und den in ihnen stattfindenden Prozessen selbst bereits aufschlußreich. Hier sind charakterisitische Arbeitsweisen von Verwaltungen erkennbar, sei es in der Ausfüllung von in den Programmen angelegten Spielräumen, sei es in der – auch Programmabsichten zuwiderlaufenden – Perpetuierung von eingefahrenen Integrations- und Interaktionsstrukturen und -prozessen.
Innerhalb konkret ablaufender Implementationsprozesse bilden die dort wirksamen Einstellungsmuster und Verhaltensstile der Implementeure und Adressaten einen zweiten Untersuchungsschwerpunkt. Die beobachtbaren Entscheidungsstrukturen und -prozesse sind nicht nur Abbild vorgegebener Regelungen, sondern auch eine Reaktion auf die das ‚Implementationsklima' bestimmenden Einstellungs- und Verhaltensparameter. Das ‚Klima' im Implementationsfeld ist charakterisiert durch eine eher legalistische versus pragmatische Aufgabenorientierung sowie bürokratische versus politische Interaktionspräferenzen der Implementeure und durch eher aggressives versus defensives Verhalten sowie Gesetzestreue versus Gesetzesumgehung auf Seiten der Adressaten. Die Beziehungen zwischen Implementeuren und Adressaten können auf den Dimensionen kooperativ versus konfliktiv und formell versus informell verglichen werden. Die-

se Einstellungsmuster und Verhaltensstile der Implementeure und Adressaten sind aber nicht nur eine der Bestimmungsgrößen der tatsächlichen Entscheidungsstrukturen und Verfahrensabläufe, sondern selbst auch Reaktion auf diese, so daß man einem wechselseitigen Bedingungsverhältnis ohne klare kausale Zurechenbarkeit gegenübersteht.
Die methodische Vorgehensweise der Studie integriert Dokumentenanalyse, sekundäranalytische Untersuchungen und Intensivinterviews mit ausgewählten Experten im Programmentwicklungsbereich, Implementeuren und Adressaten. In jedem Politikbereich war die Zahl der Expertengespräche pro Land auf ca. zehn beschränkt, weshalb die Implementationsbefunde keine generelle Gültigkeit beanspruchen können, sondern lediglich explorativen Wert besitzen.

3. Vorläufige Ergebnisse

Auf knappem Raum können die Vergleichsergebnisse nicht im Detail entfaltet werden. Nur einige grobe Überblickshinweise sind möglich, die zudem noch mit dem Etikett der Vorläufigkeit versehen werden müssen.
Zunächst erscheinen einige Hinweise auf spezifische ‚Rationalitäten' der Regelungsbereiche angebracht, die länderübergreifend für Programminhalte von Bedeutung sind – auch bei der Vermittlung und Umsetzung konkreter Motive und Interessen in regelnde Eingriffe. Die Regelungsbereiche ‚epidemische Krankheiten' und ‚Arzneimittelzulassung' sind stark geprägt durch die Notwendigkeit wissenschaftlicher und technischer Begründungen für die einzelnen Vorschriften. Dies schließt – wie im Arzneimittelsektor – heftige Meinungsunterschiede zwischen Interessengruppen nicht aus, die jedoch in weiten Teilen als eine der Öffentlichkeit kaum zugängliche Diskussion von Experten aus dem wissenschaftlichen Bereich geführt werden. Diese ‚wissenschaftliche Rationalität' in den beiden genannten Programmbereichen schränkt in gewisser Weise die Variabilität substantieller Inhalte und auch der Partizipanten an Entscheidungsverfahren ein. Auch werden nationale Programme mehr oder weniger schnell den Fortschritten der wissenschaftlichen Erkenntnis angepaßt. Anders ist die Ausgangslage dort, wo ökonomische und politische Motive überwiegen bzw. nicht durch das Nadelöhr wissenschaftlicher Argumentation gezwängt werden müssen, wie es im Bereich des ‚Gütertransports' und ‚Fernsehens' eher der Fall ist. Hier hängen substantielle Programminhalte in stärkerem Maße von den jeweiligen Regelungstraditionen auf der einen sowie aktuellen Machtverteilungen auf der anderen Seite ab. Dies soll nicht darüber hinwegtäuschen, daß – etwa im deutschen Arzneimittelrecht – fast paragraphenweise der Einfluß bestimmter ökonomischer und professioneller Interessengruppen nachlesbar ist. Gleichwohl sind, innerhalb einer bestimmten Bandbreite, insbesondere die substantiellen Programminhalte dort weniger disponibel, wo kausale wissenschaftliche und technische Zusammenhänge von eminenter Bedeutung sind.
Auf der *Programmseite* gibt es zum Teil erhebliche Länderunterschiede hinsichtlich der Breite und Dichte regelnder Eingriffe. Dort allerdings, wo interveniert wird, sind die *substantiellen Regelungsnormen* (vgl. die inhaltlichen und formalanalytischen Programmcharakteristika in der Grafik innerhalb des gleichen Politikfeldes zwischen

den Ländern ähnlicher als zwischen Politikfeldern in einem Land. Nationale Eigenheiten schlagen sehr viel deutlicher im Zusammenhang *institutioneller Beteiligungsstrukturen und Verfahrensregeln* durch. Die Gründe sind auch hier naheliegend und verweisen auf Vorstrukturierungen durch existierende Verwaltungssysteme sowie traditionelle Beteiligungs-, Koordinations- und Kooperationsmuster. Im Programmvergleich kann man also die stärker länderspezifische Bestimmtheit institutioneller Regelungen und Verfahrensvorschriften und die eher bereichsspezifische Ausgestaltung substantieller Vorschriften betonen. Diese hier notwendigerweise grobe Darstellung verwischt allerdings die in der detaillierteren Analyse durchaus aufdeckbaren Länderdifferenzen auch hinsichtlich substantieller Programmvorschriften. Länderspezifische Eigenheiten können insbesondere im *Implementationsvergleich* festgestellt werden. Analytisch stehen hier ja *strukturell-prozessuale Merkmale* sowie solche auf der *Einstellungs- und Verhaltensebene* im Vordergrund. Nicht zuletzt hier dokumentiert sich die alltägliche Arbeitsweise nationaler Administrationen im Geflecht von Programm-, bürokratisch-organisatorischen und Adressatenanforderungen. In der Tat sind es nationale Implementationsdifferenzen auf der Basis unterschiedlicher Implementationsstrukturen, Abstimmungs- und Entscheidungsverfahren sowie typischer Einstellungsmuster und Interaktionsstile der Akteure, die selbst bei fast identischen Interventionsprogrammen und ähnlicher Problemstruktur zu unterschiedlichen Implementationsergebnissen führen können. Dies wird auch von Programmentwicklern wahrgenommen, zum Beispiel wenn internationale Harmonisierungen angestrebt werden. Andererseits gibt es die Möglichkeit, daß bei unterschiedlichen Programmvorgaben die je spezifischen Implementationsbedingungen zu ähnlichen Implementationsergebnissen führen oder auch ähnliche Programme über unterschiedliche Implementationswege vergleichbare Wirkungen zeitigen. Daß viele Programme, gerade hinsichtlich substantieller, oft auch instrumenteller Vorgaben, große Ähnlichkeiten über Länder hinweg aufweisen, hängt nicht zuletzt mit der Vergleichbarkeit der Ausgangsprobleme in den betrachteten Ländern zusammen, mit vertraglichen Angleichungsvorschriften oder harmonisierenden Antizipationen (EG) wie auch den Zwängen von Industriegesellschaften, die auf internationalen Güter- und Leistungsaustausch angewiesen sind. Das heißt aber auch, daß Länder auf der substantiellen Regelungsseite zu einer größeren Flexibilität und damit auch Anpassungsfähigkeit herausgefordert sind, während bei internen institutionellen Strukturen und Verfahren sowie den dort anzutreffenden Einstellungs- und Verhaltensmustern größere Konstanz aufrechterhalten werden kann (vgl. auch *Rosenbaum* 1980). Fazit eines selbst so holzschnittartig verkürzten Überblicks ist in jedem Fall, daß *Ashfords* eingangs zitierte Hypothese einer sehr differenzierten Antwort bedarf.

4. Konzeptionelle und forschungspraktische Probleme

Vier Politikbereiche sind nur ein Ausschnitt aus dem weiten Feld staatlicher Eingriffe und können nicht als repräsentativ betrachtet werden. Die Ergebnisse bedürfen daher der Ergänzung durch andere komparative Studien. Gleichzeitig ist das so geschnittene Forschungsterrain so groß, daß bei sehr beschränkten Ressourcen ‚Mut zur Lücke' eine

Bedingung war. Auf historische Tiefenschärfe und damit den Versuch, die longitudinale Entwicklung von Problemwahrnehmungen und weitgehend typischen Interventionsstilen zu verfolgen, mußte verzichtet werden. Der Mehrländervergleich ist im Grunde das Vehikel, das die fehlende Zeitperspektive kompensieren soll. Ein drittes konzeptionelles Problem ist das der Abgrenzung der Gegenstandsbereiche. Welche Umrisse hat das zu untersuchende Programm? Ist es nur das spezifische, auf eine bestimmte Problemdefinition zielende Gesetz mit seinen Folgeregelungen, wie Verordnungen und Verwaltungsrichtlinien? Oder muß etwa der ganze Rechtskorpus im zivilen und öffentlichen Bereich mitbedacht werden, soweit er Verhalten im spezifischen Problembereich tangiert? Vorliegende Informationen aus allen Ländern wurden verwendet. Die Ressourcenlage schloß aber eine umfassende und gleichzeitig intensive Berücksichtigung aus. Ein vierter Punkt hängt eng damit zusammen. Sollte man nicht versuchen, möglichst ganze Funktionsbereiche einer Gesellschaft zum Gegenstand der Analyse zu machen, z. B. die gesamte gesundheitliche Versorgung? Politikfelder zu vergleichen, die Teile größerer Funktionalbereiche sind, birgt natürlich die Gefahr, daß im größeren Zusammenhang äquivalente Regelungen als erheblich differierende interpretiert werden (vgl. *Blankenburg* 1978; *Knoepfel* u. a. 1980). Die Antwort ist die gleiche wie die zum dritten konzeptionellen Problem. Die methodisch motivierte Absicht, mehrere Politikprogramme einzubeziehen, muß auf der anderen Seite mit dem methodisch bedauernswerten Verzicht auf eine breite funktionale Definition der untersuchten Felder erkauft werden. Fünftens ist der Einwand sicher berechtigt, daß die Konzentration auf nationale Kulturen Informationsverluste programmiert. Intranationale Differenzen werden hinausaggregiert (vgl. *Rokkan* 1964).

Für Implementationsvergleiche ist dieser Hinweis von besonderer Bedeutung, weil innerhalb eines Landes Programme regional unterschiedlich implementiert werden. Schließlich sei darauf hingewiesen, daß der Untersuchungsansatz politisch-administrative Kultur nur in sehr beschränktem Umfang direkt zu erfassen sucht. In erster Linie werden die in Programminhalten und -implementationen erkennbaren Spiegelungen registriert.

Das Aufzählen dieser erheblichen konzeptionellen Probleme mag exkulpativ erscheinen, wenn im gleichen Atemzug immer wieder auf die Notwendigkeit der Abstriche, sei es aus finanziellen oder zeitlichen Gründen, sei es solchen der internationalen Kooperationsnotwendigkeit, hingewiesen werden muß. Interessanterweise hängt ein solches Projekt selbst im Netz interkulturell sich kreuzender Fäden. Was in solchen Fällen bleibt, ist der redliche Versuch, Lücken soweit als möglich zu füllen und zumindest Markierungsschilder aufzustellen, die auf Teil- oder Nichtbeachtungen hinweisen.

Literaturverzeichnis

Ashford, D. E., (ed.), 1978: Comparing Public Policies, Beverly Hills/London

Blankenburg, E., 1978: Task Contingencies and National Administrative Culture as Determinants for Labor Market Administration, discussion paper, International Institute of Management, Berlin

Hucke, J./Heß-Ohnacker, B./Beuss, H., 1980: Sekundäranalyse der Implementationsprobleme von Finanzhilfeprogrammen als politischen Handlungsinstrumenten (Projektbericht), Köln

Knoepfel, P./Weidner,H./Hanf, K., 1980: International Comparative Analysis of Program Formulation and Implementation in SO_2 Air Pollution Control Policies in the EEC Countries and Switzerland, discussion paper, International Institute for Environment and Society, Berlin

Ridley, F. F., (ed.) 1979: Government and Administration in Western Europe, New York

Rokkan, St., 1964: The Civic Culture: Political Attitudes and Democracy in Five Nations. By Gabriel A. Almond and Sidney Verba. Book Review, in: The American Political Science Review, Vol. 58

Rosenbaum, N., 1980: Statutory Structure and Policy Implementation: The Case of Wetlands Regulation, in: Policy Studies Journal, Special No. 2, Vol. 8, No. 4

„Verwaltungskultur" – Erkundungen zu einem amorphen Thema

Rainer Prätorius

Wer „Verwaltungskultur" als Forschungszweig propagiert, kann sich zunächst einmal einer eher spöttisch eingefärbten Aufmerksamkeit sicher sein. Leicht fällt er dem Verdikt anheim, nachträglich Tribut zu zollen einem traditionsreichen Selbstverständnis der deutschen Staatsverwaltung, die sich innerhalb der unterschiedlichsten Herrschaftsformen durch die Pflege einer eigenen „Subkultur" vom gemeinen Volk abzusetzen trachtete. Rekrutierung ebenso wie Sprachstil, Amtsatmophäre wie besondere Rechtsstellung, bürokratische Erledigung wie patriarchalische Umgangsformen signalisierten die kastenhafte Besonderung einer Schicht, die sich durch ein nahezu priesterhaftes Verhältnis zu Staat und Recht der gewöhnlichen Berufswelt enthoben wähnte. Ein solches Bild mit fortdauernder Wirksamkeit zeichnet eine Serie von Klischees, die besonders in schöner und satirischer Literatur ein beachtliches Eigenleben entfaltet haben. Legt man heutiger Betrachtung sodann geziemendes Bekennertum zu demokratischen Werten zu Grunde, so erscheint leicht, was als „Verwaltungskultur" annonciert wurde, als pure „Unkultur", als dünkelhafte Relikte vordemokratischer Traditionen. Darüber läßt sich dann trefflich mit beiderseits altbewährten Argumenten streiten, der „handfeste" Wissenschaftler sieht hingegen mit dem Stichwort „Verwaltungskultur" allenfalls einen neuen Rückfall in den Feuilletonismus freigegeben.

Verlockend und ertragreich erscheint es jedenfalls nicht, unter solchen Erwartungen das Fragen nach „Verwaltungskultur" anregen zu wollen. Darum liegt die hier vorgeschlagene Zuflucht zu einer umfassenderen und halbwegs etablierten Fragestellung nahe: die Beschäftigung mit der „Verwaltungskultur" soll lediglich und ausschließlich verstanden werden als Teilaspekt der Beschäftigung mit der politischen Kultur eines Landes. Die damit geweckte Zuversicht hält jedoch nicht lange vor: der inflationierte Gebrauch des Begriffs „Politische Kultur" läßt befürchten, daß hierzulande durch die gewählte Zuflucht die Schwierigkeiten nur gesteigert werden, denen es zu entkommen galt.

Diese Furcht verringert sich allerdings beträchtlich, scheidet man einen Begriff der „Politischen Kultur" aus, der eher außerhalb des Wissenschaftssystems in Umlauf gebracht wurde und der an der erwähnten, inflationären Aufblähung den mächtigsten Anteil hatte. Wenn etwa – aus der Sicht der politischen Linken – in einem Buchtitel programmatisch der „Mangel an politischer Kultur in Deutschland" (*Brüggemann* u. a. 1978) angemahnt wird, so erscheint umgekehrt der behobene Mangel als ein erstrebenswertes Fernziel, an dem gemessen die Realität der Bundesrepublik (ähnlich wie im Falle „soziale Gerechtigkeit") defizitär wirkt. Gleichermaßen werthaft besetzt – als das Streben aller Gutwilligen – hat die „Grundwertekommission" der SPD sich „zur

die Erörterungen über kognitive und affektive Bezüge der Bevölkerung zum politischen System den Analysen der „civic competence" voranstellen.
Für die Untersuchung solcher Einstellungen bietet sich nun der Bezugspunkt „öffentliche Verwaltung" in hervorragender Weise an, da hier der Bevölkerung Staatlichkeit nicht als juristisches Prinzip oder als spekulatives Konstrukt, sondern distinkt und sinnlich erfahrbar als *Organisation* begegnet. Wenn es zutrifft, daß Organisationen neben ihrer Zielorientierung sich zunächst einmal auszeichnen durch das Vorhandensein von (mehr oder minder) festgelegten Strukturen und von (einigermaßen) erkennbaren Systemgrenzen (vgl. z. B. *Endruweit* 1981), dann können öffentliche Verwaltungen gewissermaßen als ein Glücksfall für die Organisationssoziologie bezeichnet werden. Wie nur in wenigen anderen sozialen Systemen finden die Mitglieder hier ihre Handlungen geordnet durch Formalstrukturen, die selbst wieder geordnet werden durch präskriptive Festlegungen: Hierarchien, Dienstwege, Geschäftsordnungen, Verfahrensvorschriften, Rechtsmittel und so weiter. Von nicht minder hohem Erfahrungswert ist die Systemgrenze: einem geläufigen Scherz zufolge teilt das deutsche, bürgerliche Welttheater sein Rollenangebot nur in „Befugte" und „Unbefugte" auf. Jedenfalls wird mit bemerkenswerter Rigidität bei nahezu jeder Verwaltungshandlung im Außenverhältnis eine derart manichäische Rollenzuteilung zelebriert: entweder man setzt als Zugehöriger hoheitliche Macht in Szene oder man ist dieser als Klient bzw. als „Bürger draußen im Lande" *(Helmut Kohl)* zugeordnet – tetium non datur.
Der formalisierte Zuordnungseffekt ist nachweislich stark genug, um auch die wechselseitige Eingruppierung der betroffenen Menschen zu beeinflussen. So werden Beamte von der Bevölkerung (in der Bundesrepublik *und* in Frankreich – vgl. *Koch* 1972, 73) als aus den anderen, abhängig Beschäftigten herausgehobene Berufsgruppe erfahren. Wenn nun die Einordnung in formalisierte Organisationsstrukturen sowie die Separierung durch (auch rechtlich markierte) Systemgrenzen dem administrativen Personal seine besondere Identität verleiht, so könnte eine mögliche Schlußfolgerung daraus lauten, daß unser Untersuchungsfeld „Verwaltungskultur" im Spannungsfeld zwischen diesen Mitgliedern und ihrer Organisation anzusiedeln sei. Ein entsprechender Vorschlag liegt in der Tat bereits in publizierter Form vor: *Gerhard Banner* (1977) formuliert als „intensive Verwaltungskultur" ein Konzept der Organisationsführung, das sich insbesondere auf intrinsische Motivationen und positive Aspirationen der Mitarbeiter stützt (z. B. auf Eigenverantwortung und Selbstbestätigung im Funktionsbereich) und das sich somit von der „extensiven" Strategie absetzt, die mangelnde Identifikation mit der Arbeitssituation selbst auszugleichen versucht durch Autorität und extrinsische Anreize (wie Geldentlohnung). Hier hingegen soll diese Blickrichtung (ohne jede Abwertung) als abgeleitete bzw. als „zuarbeitende" begriffen werden. Solange die Gesamtgesellschaft noch nicht mehrheitlich „verbeamtet" ist, interessiert in erster Linie sowohl für die Stabilität einer politischen Kultur wie für ihre Partizipationschancen, welche Haltungen die „Restbevölkerung" gegenüber der in administrativer Organisation geronnene Staatlichkeit einnimmt. Interne Beziehungen wie Betriebsklima, Mitarbeiterführung und -motivation, Selbstverständnis etc. verlieren damit nicht ihre Bedeutung[1], sollen aber primär herangezogen werden, soweit sie Erklärungskraft für das erwähnte Außenverhältnis besitzen.

Nicht allein durch die deutliche Markierung der Systemgrenze eignet sich das Außenverhältnis der Verwaltung für die Untersuchung bedeutsamer Teilaspekte der politischen Kultur. Hinzu gesellt sich ein zweiter, wesentlicher Vorzug: die Erfahrung, Erwartung und Bewertung staatlicher Aktivitäten wird hier recht unmittelbar mit den konkreten Lebensvollzügen des einzelnen politischen Subjekts verknüpft. Im Steuerbescheid ebenso wie im Strafmandat, in der Versetzung des Schülers bereits wie noch im Unterstützungsersuchen des Rentners bedeutet der Kontakt mit der Verwaltung eine Bezugnahme auf den Staat, die auf die Richtungsgebung und die Spielräume des eigenen Alltags gestaltend durchgreift. Also ist diese Alltagserfahrung „Staat" nicht in dem Maße durch Derivate aus kryptowissenschaftlichem Theorieversatz[2] – etwa aus der politischen Bildung, aus der politischen Propaganda, aus der veröffentlichten Meinung – vermittelt, die in Rechnung gestellt werden müßten, stünden abstraktere, weniger sinnlich erfahrbare Konstrukte zur Untersuchung an (z. B. Einstellungen zur „demokratischen Ordnung"). Die enthaltenen Theorien müßten interpretativ „rückübersetzt" werden – hier entsteht eine Gefahr von Zirkelschlüssen, die sicherlich auch im Bereich der Verwaltungskultur nicht fehlt, hier aber wohl als graduell geringer veranschlagt werden darf. Das sind einstweilen gewiß lediglich sehr hypothetische und vorläufige Überlegungen zur Verortung eines Forschungsfeldes. Die ohnehin gebotene Vorsicht wird gemehrt, bereits wenn man den Bezug zu einigen wenigen Befunden aus Darstellungen der politischen Kultur der Bundesrepublik Deutschland herstellt. Es könnte aus diesen gefolgert werden, daß die oben umrissene Perzeption des Staates in Form von Verwaltungshandeln charakteristisch ist für die gesamte Orientierung gegenüber dem politischen System, und es könnte darüber hinaus vermutet werden, daß der zweite forschungsstrategische Vorzug – die Deutlichkeit der Systemgrenzen – zumindest tendenziell im Schwinden begriffen ist.

Schon einer der Begründer der Politische-Kultur-Forschung attestierte den Deutschen eine spezifische Erwartungshaltung gegenüber den Institutionen des politischen Systems, die er als „output-affect" kennzeichnete und die unter dieser Bezeichnung eine langwährende Prominenz erlangt: „In Germany one finds an expression of satisfaction with specific governmental performance more frequently than an expression of attachment to the system as a whole." (*Verba* 1965, 143). Das Regierungssystem werde nicht als Selbstzweck, sondern als Garant für wirtschaftliche Prosperität begriffen, die Zustimmung für die demokratische Ordnung sei folglich recht unmittelbar an die erfahrene Leistungskraft dieser Ordnung in der Zeit des „Wirtschaftswunders" gebunden – nicht zufällig sei 1947 von 62 % der befragten Deutschen eine wirtschaftlich leistungsfähige Ordnung einem demokratisch-freiheitssichernden System vorgezogen worden (ibd., 140 f.). Man könnte diese Bewertung nun leichthin als angestaubtes Material der ausgehenden Ära Adenauer abtun, als leicht erklärbar durch Erlebnisse des Nachkriegs und des Wiederaufschwungs, doch sprechen auch einige Symptome dafür, daß es sich hier um etwas hartnäckigere Erscheinungen handelt. Der „output-affect" strahlt nämlich auch über das politische System im engeren Sinne hinaus – er findet sich wieder in einer spezifischen Rechtskultur (*Blankenburg* 1981), die richterzentrierte Gerichtsverfahren (anders als im konfliktorientierten angelsächsischen Modell) primär nicht als gleichberechtigte, kontroverse Interessenaustragung, sondern als obrigkeitliche *Zuteilung* von Sozialchancen interpretiert. Des weiteren findet auch noch 13 Jahre nach den Thesen *Verbas* ein namhafter Wahlforscher dieselbe „Output-Orientierung" bei den politischen Prioritäten in der Bevölkerung am Werke – die erstrangige Erwartung an staatliche Politik ist danach „gesichertes wirtschaftliches Wohlergehen als Fundament weitgestreuter persönlicher Neigungen" (*Wildenmann* 1978, 130).

Bezieht man die umrissenen Attitüden allein auf unseren ursprünglichen Ausgangspunkt „Staatsverwaltung", dann ergibt sich einige Berechtigung für die naiv-erstaunte Frage, wie denn anders die Erwartungshaltung der Bevölkerung überhaupt aussehen soll? Ist es denn nicht nur vertretbar, sondern nachgerade rational und schlüssig, vom Verwaltungshandeln primär „output" im Sinne hinreichender Vorleistungen für das persönliche Wohlergehen zu verlangen? Finden die hehren Ideale der Rechtsstaatlichkeit und der demokratischen Verantwortlichkeit in dieser Erwartung nicht durchaus eine respektvolle Würdigung, da sie zugleich Garanten für eine kalkulierbare, willkürfreie und optimierungsfähige Erbringung eben dieser „outputs" sind?

Auch wenn man diese Fragen positiv beantwortet, bleibt ein Rest des Unbehagens. Die analysierten Orientierungen richteten sich ja nicht auf die Verwaltungen allein – sie bezogen auch jene Einrichtungen des politischen Systems ein, die explizit für dessen demokratischen Charakter einstehen. Geringe affektive Systembindung, mangelnde emotionale Identifikation mit der Demokratie, bis hin zum latenten politischen Zynismus – das sind die gewiß recht plakativen Schlußfolgerungen, die aus diesem Befund gezogen wurden. Auffällig ist jedenfalls, daß – pointiert ausgedrückt – das *gesamte staatliche Institutionengefüge gewissermaßen als Verwaltung perzipiert* wird.

Der Mangel an affektiver Integrationskraft, die schiere Leistungserwartung, die man der rein ausführenden Administration noch zubilligen mag, wirkt als empfindliches Defizit bei der Bewertung jener Institutionen, die demokratische Stabilität und Identität gewährleisten sollen. Wen wundert es da noch, daß bei befragten Bundesbürgern in der Vergangenheit regelmäßig das florierende Wirtschaftssystem als Quelle des Stolzes und des nationalen Selbstbewußtseins Vorrang vor dem politischen System hatte . . . (*Greiffenhagen/Greiffenhagen* 1979, 103 ff., 357 f.).

Der Versuch einer Erklärung für die „Verwaltungsperspektive" auf das gesamte politische System muß an dieser Stelle natürlich rudimentär bleiben. Einige Stichworte, zunächst nur als Diskussionsanregung gemeint, sollen gleichwohl noch dargeboten werden. Die hierzulande vermißte Integrationskraft entfalten die Institutionen des politischen Systems sowie – enger – des Staates in erster Linie durch ihre Wirkung als *Symbole,* die als solche die Wirklichkeitserfahrung der Bürger vereinfachen und orientierend anleiten, dazu affektive Bindung und Identifikation innerhalb der Grenzen einer Gruppenzugehörigkeit ermöglichen. Organisationen, auf die sich hingegen überwiegend nur instrumentelle und utilitaristische Erwartungen bezüglich der Zweckerfüllung und des „Ausstoßes" richten, werden wahrscheinlich eine merklich gedämpftere Symbolkraft entfalten – wobei hier noch offen bleibt, was jeweils Ursache und was Wirkung ist.

Symbole, darauf hat *Harry Pross* (1981) hingewiesen, produzierte im Übermaß gerade das politische System des Nationalsozialismus: emotionale Aufputschung, vehemente Identifikation und ständige Mobilisierung in der „Bewegung" führte zu jenem Überschuß an Symbolik in jeder politischen Manifestation, der im historischen Rückblick komisch wirken könnte, wären nicht die grausigen Resultate bekannt. In der desaströsen Zerstörung dieser Symbolwelt sieht *Pross* die Hauptursache für die ,,Orientierungskrise" nach dem Zusammenbruch von 1945. Im Rahmen unserer Themenstellung ist allerdings auch eine anders nuancierte Auslegung denkbar: nicht allein die zuvor gültige Symbolwelt lag in Trümmern, generell war symbolträchtiges Staatshandeln desavouiert. Die Erwartungen richteten sich daher zuvörderst auf eine Institution, die auch während des Faschismus relativ spröde gegenüber dessen Symbolismen blieb und eine eigene (freilich vordemokratische) Kontinuität wahrte: die Staatsverwaltung. Dazu kam ein ausgesprochen realitätsnaher Grund, denn in den Zeiten akuter materieller Not erhielten die Verwaltungen eine gesteigerte Bedeutung als Verteiler der Knappheit und Mittler realer Sozialchancen. Die Verwaltungen meisterten diese doppelten Anforderungen – wie man als Nachgeborener glauben darf – mit Bravour und bewährten sich in der Tat als ,,bürokratischer Rückhalt" (*Eschenburg* 1974). Warum also soll es nicht plausibel gewesen sein, diese nicht getrogenen, ,,output-orientierten" Erwartungen auf das gesamte Staatswesen auszudehnen und den wieder symbolträchtigen Aufführungen des politischen Konkurrenzsektors mit einer gewissen Skepsis, vielleicht sogar mit Zynismus zu begegnen? Akademischer Hochmut aus gesättigter Rückschau scheint jedenfalls hier kaum am Platze zu sein. Für die Dauerhaftigkeit der so gewonnenen Orientierungen spricht die Intensität, mit der die materiell elende Nachkriegszeit als schlechteste Phase der jüngeren deutschen Vergangenheit empfunden wurde (vgl. *Greiffenhagen/Greiffenhagen* 1979, 331). Der (daran gemessen) immense Aufschwung der fünfziger Jahre machte den Zusammenhang zwischen einem geordneten Staatswesen und wirtschaftlichem Wohlergehen dann doppelt einsichtig.

Es stellt sich zwangsläufig aber aus heutiger Sicht die Frage, wie eine derartige Orientierung umschlägt, wenn sie nicht mehr befriedigt wird durch Prosperität und wachsende Zuteilungsspielräume, wenn nur noch Verknappungen, Verluste gar, zur Verteilung anstehen, wenn die Bilanz des ,,outputs" also negativ wird. *Helmut Klages* (1981) hält für diesen aktuellen Zustand eine klare Diagnose bereit, daß die bis dahin so erfolgreich bedienten Sozialstaatserwartungen dann nämlich in destabilisierendes Mißtrauen unter der Bevölkerung umschlagen. Auch das den Deutschen nachgesagte besondere Interesse an Politik erscheint somit als „ein Indikator für das Gefühl wachsender Betroffenheit durch den Staat und für eine Aufmerksamkeitszuwendung (...), die aber nicht staatsbürgerlicher Beteiligungsbereitschaft im Sinne der Demokratietheorie entspringt, sondern dem Bewußtsein einer ansteigenden Relevanz des Staates für die Verwirklichung eigener Ansprüche, wie auch der Angst vor Schädigung oder Benachteiligung und dem Mißtrauen denen gegenüber, die verfügen und anordnen." (ibd. 45 f.) Das Aufkommen defensiver Strategien zur Statuswahrung (z. B. manche Bürgerinitiativen) wie die zeitgemäß eskalierende „Bürokratisierungsdebatte" könnten in diesem Fall durchaus als einleuchtende Belege dienen.

Gerade das letzgenannte Beispiel gibt allerdings Anlaß für die Vermutung, daß die Unzufriedenheit nicht unbedingt in der erwartet dramatischen Form auf das politische Gesamtsystem durchschlagen *muß*. Auch im Negativen zeigt sich vielmehr eine eher instrumentelle und ökonomische Haltung. Eine Erhebung des EMNID-Instituts (1978, politischen Kultur in der Demokratie" in einer gleichnamigen Schrift des Jahres 1980 festgelegt: politische Kultur bedingt darin die Möglichkeit der Ausfüllung demokratischer Normen und Formen mit ebensolchem Leben, sie setzt voraus gemeinsames Bekennen zu Grundwerten, erfordert ein Minimum an demokratischem Stil und Gepflogenheiten (vgl. *Rapp* 1981). Unter einer solchen Optik wäre dann freilich auch das Fragen nach „Verwaltungskultur" in der oben umrissenen Weise vorbelastet: eben unter dem Signum der „Unkultur" als Hemmnis für ein entfaltetes, demokratisches Selbstbewußtsein.

Das muß uns aber nicht verdrießen, denn in der Wissenschaft hat sich derweil ein andersgeartetes Verständnis durchgesetzt: nicht *ob* ein Land wie die Bundesrepublik überhaupt politische Kultur hat, steht hier zu Debatte, sondern *welche* Ausgestaltung dieser zu attestieren ist. In dem schulbildenden Verständnis von *Almond/Verba* (1965, bes. 13 ff.) erkundet solche Forschung die Orientierungen der Mitglieder einer Nation gegenüber politischen Objekten, weiter aufgegliedert in Orientierungen kognitiver, affektiver und evaluationaler Art. Die Berechtigung und die Ertragschancen dieser Fragestellung sind in der nachfolgenden Literatur nur selten angezweifelt worden, häufiger hingegen stand im Blickpunkt der Kontroverse jener Typus einer „civic culture" den *Almond* und *Verba* als *eine* spezifische Ausformung politischer Kultur vorstellen.

So hat zum Beispiel erst jüngst in einem Forum der „Politischen Vierteljahresschrift" *Peter Reichel* (1980, 393 f.) an diesem Konzept kritisiert, es enthalte verdeckte Wertungen zugunsten der Stabilisierung und Integration des politischen Gesamtsystems, auch überhöhe es unbilligerweise Eigenarten der angelsächsischen Demokratien zur Meßlatte für alle anderen Länder. Dem will *Reichel* eine partizipationstheoretische Neubegründung der Forschung entgegensetzen, die neben ihrer basisdemokratischen Option für sich reklamiert, die Untersuchung über die Einstellungen hinaus auch zu dem realen Verhaltensrepertoire der Individuen im Gemeinwesen voranzutreiben. Abgesehen vo dem Hinweis, daß persönliche Einstellungen auch losgelöst von etwa verursachten bzw. unterbleibenden Handlungen für politische Kultur forschungsrelevant sein können (vgl. *Berg-Schlosser* 1981, 113), hat *Reichels* Kritik Gegenkritiken auf sich gezogen, weil sie vorschnell die Ausformung „civic culture" als notwendige Gesamtperspektive der bisherigen „mainstream"-Forschung hinstelle. *Oscar W. Gabriel* (1981, 206) betont in diesem Sinne, daß die Bewertung der Systemstabilität wie umgekehrt der individuellen Partizipation als abhängige bzw. unabhängige Variable jeweils nur Ausfluß der gewählten Perspektive sei und nicht deterministisch die Politische-Kultur-Forschung bestimmen müsse.

Diese Streitpunkte werden vielleicht plastischer, wenn wir uns nun nach dem konkreten Stellenwert der Verwaltungskultur innerhalb des Gesamtansatzes erkunden. Man muß dabei nicht so weit gehen, daß politische Kultur und Einstellungen zum Staat als nahezu identische Forschungsobjekte zusammenfallen (wie bei *Klages* 1981, 40 f.), um doch einzuräumen, daß jenes Verhältnis der Bevölkerung zu den Institutionen, Symbolen und Personen, die „den Staat" repräsentieren, einen ausgesprochen bedeutsamen Ausschnitt des in Rede stehenden Untersuchungsfeldes ausmacht. Dies zeigt sich bereits in den Gewichtungen der „Klassiker" *Almond* und *Verba* (1965, 45 ff.),

60, 65) brachte bei den pejorativen Assoziationen zum Begriff „Bürokratie" dominierend Nennungen aus dem Komplex der mangelnden Effizienz: z. B. „Umständlichkeit, Langsamkeit" (22 %), „Formularwesen, Papierkrieg" (13 %), „unnötiger Aufwand" (6 %). Bei den Gründen für Behördenscheu wurde die „herrschaftliche" Antwortmöglichkeit „man wird von oben herab behandelt" deutlich übertroffen von den „wirtschaftlichen" Argumenten „langsame Bearbeitung" und „lange Wartezeiten" (ibd. 63, 72). Mißmut, der sich ohnehin auf spezifische Sozialgruppen beschränkt (ibd. 61; vgl. bereits *Koch* 1972, 42 f.), erstreckt sich einstweilen eher auf den Ertrag, weniger auf die grundsätzliche Legitimität der staatlichen Leistungserbringung.
Zudem kommt solchen Erwartungen ein gewisser Einstellungswandel bei den Staatsbediensteten entgegen. Diese befinden sich – wie *Horst Bosetzky* (1978) hervorgehoben hat – seit geraumer Zeit auf der Suche nach einem neuen Selbstverständnis, das sich verstärkt an Leitbildern aus dem Berufsleben der Privatwirtschaft orientiert und als Zielrichtung eine effiziente Erbringung von Dienstleistungen führt. Dieser Eindruck wird verstärkt durch die zumindest nicht unterdurchschnittliche gewerkschaftliche Organisation und Konfliktbereitschaft im öffentlichen Dienst (vgl. *Dammann* 1977). Wenn tatsächlich die hoheitliche Systemgrenze ihre Bedeutung als Orientierungslinie tendenziell einbüßt, ist zu erwarten, daß auch das Unbehagen an der mangelnden Effizienz im öffentlichen Sektor nicht zwingend sich als fundamentale „Staatsverdrossenheit" umsetzen muß, sondern vielmehr abgekoppelt sich als Konflikt zwischen Wirtschaftssubjekten (Produzenten und Konsumenten staatlicher Leistungen) zuträgt. Dann kann aber auch nicht umgekehrt über die Optimierung von Verwaltungsaktivitäten die Zustimmung zur Demokratie gestärkt werden; bei noch so viel „Bürgernähe" bleibt dies ein Problem, das auf anderen Ebenen gelöst werden muß.

Anmerkungen

1 Didaktisch vorzüglich neuerdings zu diesem Bereich: *Bosetzky/Heinrich* 1980.
2 Zur Diffusion politikwissenschaftlichen Sonderwissens in das Alltagswissen vgl. *Görlitz* 1980, bes. 25 ff.

Literaturverzeichnis

Almond, G. A./S. Verba, 1965: The Civic Culture. Political Attitudes and Democracy in Five Nations, Boston
Banner, G., 1977: Der menschliche Faktor. Unterwegs zu einer intensiven Verwaltungskultur? In: transfer 4: Planung in öffentlicher Hand, Opladen, 79–92
Berg-Schlosser, D., 1981: Forum „Politische Kultur" der PVS. PVS 22 (1981) 1, 110–117.
Blankenburg, E., 1981: Art. „Rechtskultur", in: *Greiffenhagen, U, & Greiffenhagen, S./R. Prätorius*, (Hrsg.): Handwörterbuch zur politischen Kultur der Bundesrepublik Deutschland, Opladen, 401–406.
Bosetzky, H., 1978: Selbstverständnis und Ansehen des öffentlichen Dienstes, in: *E. Laux*, (Hrsg.): Das Dilemma des öffentlichen Dienstes – Anspruch, Erwartungen, Realitäten, Bonn, 105–127.
Bosetzky, H./P. Heinrich, 1980: Mensch und Organisation. Aspekte bürokratischer Sozialisation, Köln, Stuttgart usw.
Brüggemann, H. u. a. 1978: Über den Mangel an politischer Kultur in Deutschland, Berlin

Dammann, K., 1977: Gewerkschaftliche Organisierung und Kämpfe staatlicher Lohnarbeiter in der Bundesrepublik Deutschland, in: *Armanski, G./B. Penth,* (Hrsg.): Klassenbewegung, Staat und Krise. Konflikte im öffentlichen Dienst Westeuropas und der USA, Berlin, 90–157.

EMNID, 1978: Der Bürger und die Bürokratie (vv. Mankr.), Bielefeld

Endruweit, G., 1981: Organisationssoziologie, Berlin

Eschenburg, Th., 1974: Der bürokratische Rückhalt. Aus Politik und Zeitgeschichte B 9/74 vom 2.3.1974, 3–28.

Gabriel, O. W., 1981: Politische Kultur – zum Schlagwort deformiert. PVS 22 (1981) 2, 204–209.

Görlitz, A., 1980: Politikwissenschaftliche Theorien, Stuttgart usw.

Greiffenhagen, M./S. Greiffenhagen, 1979: Ein schwieriges Vaterland. Zur politischen Kultur Deutschlands. München.

Klages, H., 1981: Überlasteter Staat – verdrossene Bürger? Zu den Dissonanzen der Wohlfahrtsgesellschaft, Frankfurt/M.–New York

Koch, M., 1972: Die Deutschen und ihr Staat. Ein Untersuchungsbericht, Hamburg

Pross, H., 1981: Jedes Ding an seinem Platz. Deutschland in der Orientierungskrise 1945–1955. Stuttgarter Zeitung, 4.4.1981, 50.

Rapp, H., 1981: Zwischen Tagespolitik und Grundsatzprogramm – Die Arbeit der Grundwertekommission der SPD. Die Neue Gesellschaft 28 (1981) 2, 138–143 (Teil 2).

Reichel, P., 1980: Politische Kultur – mehr als nur ein Schlagwort? PVS 21 (1980) 4, 382–399.

Verba, S., 1965: Germany: The Remaking of Political Culture, in: *L. W. Pye/S. Verba* (eds.): Political Culture and Political Development, Princeton N. J., 130–140

Wildenmann, R., 1978: Capital-Erhebung 1978: „53,5 % für Schmidt als Kanzler". Capital 17 (1978) 9, 125–136.

Neue soziale Bewegungen oder: Die Grenzen bürokratischer Modernisierung

Dieter Rucht

Einleitung: Die Herausforderung „konventioneller" Politik

Will man den Zeitdiagnosen aus unterschiedlichen wissenschaftlichen und politischen Lagern folgen, so treiben die westlichen Demokratien einer ernsthaften Krise zu. Zwar fehlt es nicht an Versuchen, zumindest die Angemessenheit und Stabilität des politischen Institutionengefüges zu beschwören und den Krisenbefund einer „wohlfeilen Krisen- und Diffamierungsrhetorik" *(Sontheimer)* zuzuschreiben oder gar ihn darauf zu reduzieren. Man mag auch die Themenkonjunkturen von Legitimitätskrise, Grundwertediskussion, Unregierbarkeit, Parteienverdrossenheit, Kulturkrise oder Sinnkrise auf die Selbstläufigkeit eines wissenschaftsinternen und publizistischen Beschäftigungsprogramms mit zurückführen. Aber man wird nicht umhin können, gravierende Steuerungsprobleme und subjektive, über den intellektuellen Kulturpessimismus hinausgehende Krisenstimmungen zu verzeichnen.

Auf dem Hintergrund eines weit verbreiteten, diffusen Unbehagens kristallisiert sich zunehmend die dezidierte Ablehnung bislang tragender Wertmuster, gesellschaftspolitischer Optionen und Lebensstile heraus. *Ronald Inglehart* hatte die grundlegende Dimension dieses Prozesses als generationsspezifischen Wertwandel analysiert. Er charakterisierte die Ablösung von „acquisitiven" zu „nachbürgerlichen" (post-bourgeois) (1971) bzw. von „materialistischen" zu „postmaterialistischen" Wertpräferenzen (1977) als „silent revolution". Hält man sich die innenpolitischen Auseinandersetzungen in der Bundesrepublik der letzten Jahre, soweit sie mit dem Wertwandel in Verbindung gebracht werden können, vor Augen, so fällt es schwer, von einer *stillen* Revolution zu sprechen.

Mehr denn je in der Geschichte der Bundesrepublik findet die politische Auseinandersetzung auf der Straße, an den Bauplätzen von industriellen Großprojekten, in direkter Konfrontation mit exekutiven Organen, kurz: außerhalb der vorgesehenen Institutionen und Bahnen statt. Die „konventionelle" Politik ist dabei in einer doppelten Weise, in ihren Inhalten *und* Formen, herausgefordert. Diese Politik, verkörpert durch den modernen Wohlfahrtsstaat, ruhte auf zwei tragenden Säulen: (a) einer hohen ökonomischen Leistungsfähigkeit, welche sich in einem stattlichen und relativ stetigen Wirtschaftswachstum niederschlug und dessen motivationale Grundlage der Besitzindividualismus bildete und (b) einer repräsentativ-demokratischen Struktur, welche die formelle Freiheit und Gleichheit aller Bürger sichert, rechtsstaatliche Kontrollverfahren institutionalisiert und die turnusmäßige Ablösung von Eliten gestattet. Grundlage dieser

Struktur war der weitgehende *Partizipationsverzicht* großer Bevölkerungsteile, der durch materielle Sicherheit und politische Stabilität gleichsam „eingetauscht" wurde. Beide Säulen können also nicht unabhängig voneinander gesehen werden.

Die Explosion partizipativer Forderungen, die „Grenzen des Wachstums", das Aufkommen neuer Orientierungsmuster und die Erosion der Legitimitätsgrundlagen haben die Befürworter des Status quo in die Defensive gezwungen. Selbst wenn weiteres Wachstum garantiert werden könnte, so erhebt sich die Frage, ob es angesichts seiner selbstdestruktiven Folgen wünschenswert sei. Selbst wenn die partizipativen Spielräume erweitert und neuen Orientierungsmustern und Lebensformen begrenzter Raum gewährt würde, so bleibt die Befürchtung, ob damit nicht überschießende Potentiale freigesetzt würden, die die „konventionelle" Politik überschwemmen und sukzessive außer Kraft setzen könnten.

Vor allem die für diese Fragen sensiblere sozialdemokratische Fortschrittsoption sieht sich diesen Problemen ausgesetzt, gibt zwiespältige, letztlich von zwei internen Lagern bestimmte Antworten und gerät immer stärker unter die Bedrängnis zweier Fronten. Auf der einen Seite stehen die Neokonservativen und versprechen klare, einfache Lösungen. Die Wirtschaft sei im Sinne des Monetarismus zu liberalisieren. Staat und Bürokratie gelte es abzubauen. Das politische Laissez-faire gegenüber dem oppositionellen Wildwuchs solle einer härteren Linie weichen. Der Sinnkrise gelte es durch ein Insistieren auf den klassischen bürgerlichen Tugenden von Fleiß, Disziplin und Selbstbescheidung entgegenzuwirken. Auf der anderen Seite stehen die Kräfte, von denen im folgenden die Rede sein soll. Sie bilden ein heterogenes, unübersichtliches Spektrum, vereinigen sich jedoch fallweise zu Negativkoalitionen gegen den „herrschenden Block" *(Gramsci).* Hierzu zählen ökologistische Einzelkämpfer, versprengte Reste der 68er-Generation und der sog. K-Gruppen, grüne, bunte und alternative Parteien/Listen, Angehörige politischer und jugendlich- proletarischer Subkulturen, stigmatisierte Minderheiten (z. B. Homosexuelle), Frauengruppen, saturierte Bildungsbürger und existenzbedrohte bäuerlich-ländliche Schichten.

Teile dieses fluktuierenden und schillernden Protestpotentials sind in neue soziale Bewegungen eingebunden. Diese bilden, so meine These, kollektive und genuin politische Identitäten aus, sind die Triebfedern der derzeitigen außerparlamentarischen Opposition und stellen in ihrer Gesamtheit die „konventionelle" Politik nachhaltig in Frage. Die negativen Kristallisationspunkte der neuen sozialen Bewegung bilden insbesondere die technokratischen, utilitaristischen, formalrepräsentativen, individualistischen und konsumeristischen Tendenzen der Vergesellschaftung. Positiv gewendet bedeutet dies u. a. die Forderung nach Autonomie, Partizipation, Überschaubarkeit, Gemeinschaftlichkeit, Unmittelbarkeit, Authentizität und Gefühlsbetontheit.

Diese vordergründige Dichotomie liefert allenfalls eine erste Orientierung, kann jedoch weder erklären, warum dieser Protest gerade jetzt dieses Ausmaß gewinnt noch beantworten, warum er die spezifische Form sozialer Bewegungen annimmt. Diesen Fragen soll im folgenden nachgegangen werden, um schließlich die durch die neuen sozialen Bewegungen eingeleiteten gesamtgesellschaftlichen Veränderungen perspektivisch einschätzen zu können. Vorab sollen jedoch der Begriff und die Erscheinungsform neuer sozialer Bewegungen erläutert werden. Der Ansatz dieser Fragestellung und der hier zur Verfügung stehende Raum gebieten allerdings eine verdichtete, hoch aggregierte Darstellung.

I. Neue soziale Bewegungen – Begriff und Phänomenologie

Die breite und häufig nicht explizierte Verwendung von Kategorien wie „Populismus" und „soziale Bewegung" begünstigt eine Verwirrung und Inflationierung der Begriffe[1]. Deshalb erscheinen hier einige klärende Anmerkungen angebracht, zumal die damit verbundenen analytischen Bestimmungsmomente für die weitere Darstellung und Argumentation fruchtbar gemacht werden können.

1. Der Terminus *„Populismus"* wurde aus seinen ursprünglichen historischen Kontexten (v. a. als Bezeichnung für agrarpolitische Bewegungen in den USA und die russischen Narodniki, für Faschismus und Nationalsozialismus, Peronismus und Poujadismus) herausgelöst und auch für die Charakterisierung der modernen Volkspartei, für Formen der direkten Demokratie und schließlich für verschiedene literarische Richtungen verwendet (*Canovan* 1981: 3 ff.). Populismus kann die Form sozialer Bewegungen annehmen, ist jedoch mit diesen nicht gleichzusetzen. Entscheidend ist vielmehr

(a) das Vorhandensein einer kollektiven Verunsicherung oder Bedrohung, sei es von außen, sei es durch politische oder soziale Marginalisierung, sei es durch den Zerfall orientierender Weltbilder und Deutungsmuster;

(b) der demonstrative Appell an „das Volk", die fiktive Unterstellung einer Identität der Interessen und des moralischen Empfindens bei einer breiten Mehrheit (*Newfield/ Greenfield* 1972), der Bezug auf das „plain people" (*McKenna* 1974: XIII);

(c) die Mobilisierung von patriotischen, anti-elitären und häufig anti-intellektuellen Dispositionen bei gleichzeitiger Empfänglichkeit für charismatische Führerfiguren;

(d) ein bestimmtes ideologisches Syndrom – rechten oder linken Ursprungs – in Form einer „totalitären Philosophie über den Zusammenhang von Volk, Macht und Staat " (*Scheffler* 1982: 62).

2. Will man an diesen Bestimmungselementen festhalten, so ergeben sich relativ klare und wohl auch sinnvolle Grenzziehungen zwischen den populistischen *Formen* sozialer Bewegungen und einem generalisierten *Konzept* sozialer Bewegungen. Dieses wurde in den USA sowohl im Rahmen einer Theorie des kollektiven Verhaltens (*Blumer* 1951; *Smelser* 1963 und 1968) als auch in einer stärker historisch orientierten Variante (*Heberle* 1951) entwickelt. In der Bundesrepublik bot insbesondere *Rammstedt* (1978) eine historische und zugleich systematische Konzeptualisierung, welche in ein generalisiertes Ablaufmodell sozialer Bewegungen mündet (kritisch dazu *Rucht* 1982: 208). Diese Überlegungen werden von *Hegner* (1980) weitergeführt. Daneben verdient die in erster Linie um eine begriffliche Klärung bemühte Abhandlung von *Deltgen* (1969) Beachtung. Der britische Autor *Wilkinson* (1971) diskutiert relativ ausführlich die Position von *Blumer* und *Heberle*, um zu einem eigenen „Arbeitsbegriff" von sozialer Bewegung zu gelangen. Dieser ist m. E. allerdings zu weit gefaßt, insofern er ausdrücklich

hoch institutionalisierte und bürokratische Formen einschließt (1971: 27). Von Interesse ist dagegen die von *Wilkinson* vorgestellte und durch empirisches Material illustrierte Typologie sozialer Bewegungen.
Der Begriff „soziale Bewegung" tauchte zu Beginn des 19. Jahrhunderts auf. Bis in die 20er Jahre unseres Jahrhunderts war *die* soziale Bewegung ein Synonym für die Arbeiterbewegung (vgl. *Heberle* 1967: 439). Später wurde der Terminus auf andere Phänomene, u. a. auf die Lebensreform-, Agrar-, Jugend- und Frauenbewegung, aber auch auf Faschismus und Nationalsozialismus übertragen und schließlich auf politische, soziale und religiöse Strömungen *vor* der Arbeiterbewegung ausgedehnt (z. B. chiliastische und eschatologische Bewegungen bzw. Sekten, Bauernaufstände, plebejische Aufstände, Jakobiner, Chartisten usw.). Von diesen historisch älteren Formen soll hier ganz abgesehen werden. Gleiches gilt auch für nativistische, ethnische und nationalistische Bewegungen in den Ländern der Dritten Welt (*Mühlmann* 1966).[2]
Ebenso wie die Arbeiterbewegung lange als *die* Bewegung apostrophiert wurde, stand auch in den USA der späten 60er Jahre die Bezeichnung „The Movement" (vgl. *Berger/Neuhaus* 1970: 31 ff.) für den Protest gegen Rassendiskriminierung, Vietnam-Krieg und Anti-Kommunismus. Nach dem relativ abrupten Ende dieser Bewegung und auch der Studentenbewegungen in anderen westlichen Demokratien entfaltete sich in den letzten Jahren ein breites Spektrum von außerparlamentarischen Gruppen, die vereinzelt als „neopopulistische" Bewegungen etikettiert werden (z. B. *Marin* 1980), für die sich jedoch zunehmend der Sammelbegriff „Neue Soziale Bewegungen" durchsetzt (*Hirsch/Roth* 1980; *Hirsch* 1980; *Brand* 1981; *Evers* 1981; *Eder* 1981; *Grottian/Nelles* (Hrsg.) 1982). Das vor allem im publizistischen Bereich, aber auch von einzelnen Sozialwissenschaftlern (z. B. *Huber* 1980; *Schroeder/Süß* o. J.) verwendete catch-all-term „Alternativbewegung" für die Gesamtheit von Bürgerinitiativ-, Ökologie-, Frauen- und Friedensbewegung, für jugendliche und politische Subkulturen, für „alternative" Projekte ökonomischer, sozialer und kultureller Art erweist sich aus verschiedenen Gründen als problematisch und sollte enger gefaßt werden.[3]

3. Der Begriff „soziale *Bewegung*" beinhaltet zunächst nur eine *Formbestimmung*. Bewegungen sind keine Organisationen im soziologischen Sinne, d. h. sie haben im Vergleich zu Verbänden, Betrieben, Anstalten, Parteien oder Kirchen einen relativ geringen Institutionalisierungsgrad und keine geregelte Mitgliedschaft. Im Gegensatz zu komplexen und weitgehend formalisierten Organisationen, die den Organisationszweck weitgehend von den Motiven ihrer Mitglieder abkoppeln, suchen soziale Bewegungen einer gemeinsamen Motivation bzw. Betroffenheit möglichst *unmittelbaren* Ausdruck zu verleihen. „Die Motivation des einzelnen, sich zu beteiligen, ist abhängig davon, ob die Zwecksetzung der sozialen Bewegung den Individuen bewußt ist. Motiv und Zweck sind für die Beteiligten, für die Träger nicht trennbar." (*Rammstedt* 1978: 32). Hieraus ergibt sich häufig ein starker anti-institutioneller Affekt,[4] eine flexible innere Struktur, die Neigung zu unkonventionellen und spontanen Aktionen, die relativ hohe personelle Fluktuation und der phasenabhängige Mobilisierungsgrad, der u. a. durch die Existenz konfliktträchtiger Themen und Symbole und deren Rezeption durch die Massenmedien bestimmt wird.

Die *Motive* und *Inhalte* sozialer Bewegungen weisen ungeachtet ihrer konkreten Vielfalt eine abstrakte Gemeinsamkeit auf. Soziale Bewegungen in der Neuzeit sind immer und vor allem *politische* Bewegungen. Sie sind entweder kollektive Abwehrreaktionen gegen bestimmte Kehrseiten gesellschaftlicher Modernisierung oder aber sie klagen Ansprüche und Rechte ein, die mit dem jeweiligen Entwicklungsstand der Moderne potentiell bereitstehen. Soziale Bewegungen setzen also eine *relative Deprivation* (*Runciman* 1966) voraus.

Es erweist sich an dieser Stelle als notwendig, das Verständnis der Begriffe Moderne und Modernismus kurz zu erläutern. Die *Moderne* ist ein vielschichtiger Aufklärungs- und Rationalisierungsprozeß (im Sinne *Max Webers*), in dessen Verlauf traditionale Formen der Vergesellschaftung, subsistenzwirtschaftliche Produktions- und Lebensweisen und mythisch-religiöse Ordnungs- und Deutungsmuster zunehmend zurückgedrängt wurden. Die Moderne ersetzt „die Welt der unverrückbaren Gegebenheiten" durch „hergestellte Wirklichkeit" (*Tenbruck* 1976: 3). Ihr strukturelles Grundmuster besteht in einer fortschreitenden Systemdifferenzierung und Rollensegmentierung, welche neue Formen und Mechanismen der System- und Sozialintegration erforderlich machen. Den Werthorizont der Moderne bildet eine universalistische und selbstreflexive Ethik.

Mit *Modernismus* bzw. Modernisierung[5] soll der historische Prozeß innerhalb der Moderne bezeichnet werden, der auf die absolute Durchsetzung der technisch-instrumentellen Rationalität gerichtet ist. Diese Rationalität dient nicht mehr der Rechtfertigung bestimmter Zwecke, sondern stellt sich in den Dienst beliebiger bzw. durch den Status quo vorgegebener Zwecke oder Funktionen. Unter dieser Prämisse reduziert sich auch die Demokratie auf ein bloßes Regelsystem. Demokratie wird zur Methode. Der modernistischen Vernunft gilt die Fortsetzung der Arbeitsteilung, die Intensivierung der ökonomischen Produktivität und der Technikentwicklung als Motor des gesamtgesellschaftlichen Fortschritts und wird mit diesem tendenziell gleichgesetzt. Die motivationale Grundlage des Modernismus bildet ein rigides *Leistungsethos*, das wiederum eine entsprechende Disziplin und Selbstabstraktion voraussetzt. Politische, soziale und ökologische Folgelasten dieses Fortschrittskonzepts werden von seinen Anhängern nicht unbedingt bestritten; sie sollen gerade durch die konsequente Anwendung modernistischer Prinzipien, insbesondere durch den bürokratisch gesteuerten Einsatz von organisatorischen und technischen Mitteln minimiert oder beseitigt werden.

Indem die modernistische Vernunft nicht nur die Austauschprozesse mit der Natur reguliert, sondern auch die konkreten Bedürfnisse, Werthaltungen und Identitäten der Individuen der Logik formeller Rationalität zu unterwerfen sucht, schlägt sie um in die „Kolonialisierung der Lebenswelt" *(Habermas)*, in Entfremdung, Desorientierung und Sinnverlust.

Diese hier nur sehr global angedeutete Funktionalisierung sozialer Beziehungen wird heute mehr denn je durch *Bürokratien* angeleitet und vorangetrieben. Diese Tendenz beinhaltet nicht nur eine Bürokratisierung i. e. S., sondern zugleich einen Prozeß der Monetarisierung, Verrechtlichung, Professionalisierung und Verwissenschaftlichung, welcher wiederum einer bürokratischen Vermittlung bedarf.

Die Formen und Folgelasten des Modernismus können universale wie partikulare Betroffenheiten schaffen. Sie werden vor allem wahrgenommen als Bedrohung von ökonomischer Sicherheit (Proletarisierung), kultureller Identität (kulturelle Unterwerfung), sozialer Stellung (Marginalisierung, Stigmatisierung), psychischer Stabilität (Identitätsverlust), naturgebundener Reproduktion (ökologische Katastrophe) und physischer Existenz (Kriegsgefahr, atomarer Suizid der Gattung). Diese Betroffenheiten bzw. Themen bilden jeweils einen Focus, um den sich einzelne soziale Bewegungen gruppieren können.

Beziehen sich diese Bewegungen auf spezifische Folgelasten des Modernismus, so entfalten sich auf der anderen Seite soziale Bewegungen, die einen rhetorisch und ideologisch proklamierten –evtl. auch juristisch verankerten –, aber politisch nicht eingelösten *Anspruch* einklagen (z. B. Bürgerrechtsbewegungen, Frauenbewegungen, Befreiungsbewegungen). Das Niveau dieses Erwartungshorizonts ist in der Moderne durch die zunehmende Entwicklung einer universalistischen Ethik gesetzt und kann durch politische Instanzen nicht beliebig unterlaufen werden.[6] Das Auftreten sozialer Bewegungen signalisiert die systematische Verletzung dieses Anspruchs, so daß in aller Regel die jeweilige Thematik zumindest programmatisch in den Prozeß der Politikformulierung eingeht.

Die angedeuteten Probleme werden nicht nur von sozialen Bewegungen aufgegriffen, sondern in aller Regel auch innerhalb des politisch-administrativen Systems gesehen und zu bewältigen gesucht. Ungeachtet einer für potentielle Konflikte zunehmend sensibilisierten politischen Bürokratie sorgen jedoch externe Abhängigkeiten, immanente Zielkonflikte und Restriktionen allenfalls für graduelle Verbesserungen, vielfach für eine bloß kurzfristige Problemverschiebung. Gerade der Eindruck, daß von der institutionalisierten Politik keine nachhaltige Lösung bestimmter Probleme zu erwarten ist und/oder daß einzelne Themen und Problemgruppen nicht oder nur symbolisch repräsentiert werden, ist für das Aufkommen und den Bestand sozialer Bewegungen entscheidend. *Allerbeck* sieht in der „Querlagerung von Parteien- und Konfliktstruktur" eine generelle Entstehungsbedingung für soziale Bewegungen mit politischer Orientierung (1973: 216). Für solche Bewegungen gewinnt die Option der *kollektiven Selbsthilfe* den Charakter der Zwangsläufigkeit. Die Bewegung erscheint ihren Trägern nicht nur als Rettungsanker, sondern sie stiftet zugleich eine soziale Identität, die andere Bindungen relativieren und überlagern kann. Sie vermittelt ein „Wir-Gefühl" und bringt nicht zuletzt in ihrer *Formbestimmung* (*Narr* 1980) eine fundamentale Opposition zur „konventionellen" Politik zum Ausdruck.

Entsprechend den unterschiedlichen Betroffenheiten, Problemwahrnehmungen und Zukunftserwartungen ergeben sich auch unterschiedliche Rekrutierungsfelder und Trägerschaften, auf die hier nicht im einzelnen eingegangen werden soll. Wesentlich erscheint allerdings die analytische Unterscheidung zwischen „vormodernen" und „postmaterialistischen" Potentialen. Während z. B. plebejische Bewegungen und bestimmte Agrarbewegungen einen Status quo ante anstreben und für die Verteidigung traditional bestimmter Produktions- und Lebensformen eintreten, richtet sich der anti-modernistische Affekt postmaterialistischer Trägergruppen vor allem gegen überschießende, auf die instrumentelle Dimension reduzierte Momente der Moderne, die als technokratisch, bürokratisch, zentralistisch, kolonialistisch usw. denunziert werden und hier unter dem analytischen Begriff „modernistisch" subsumiert werden. Fundament und Maßstab dieser Kritik ist freilich der aufklärerische und emanzipatorische Gehalt der Moderne bis hin zur Anknüpfung an rationalistische Begründungen und eine universalistische Ethik.

Zusammenfassend lassen sich folgende Aspekte festhalten: Soziale Bewegungen (in der Neuzeit) sind kollektive Reaktionen auf einen Zustand relativer Deprivation, der entweder auf den existenz-, status- und identitätsbedrohenden Folgelasten der Modernisierung oder auf den uneingelösten Versprechungen und Erwartungen der aufklärerischen Moderne beruht. Soziale Bewegungen sind keine Organisationen mit geregelter Mitgliedschaft, sondern identitätsstiftende Gruppen, welche die Motive ihrer Anhänger möglichst unmittelbar zum Ausdruck zu bringen suchen und deshalb ab einem bestimmten Konfliktniveau zu spontanen und unkonventionellen Aktionen neigen. Sie setzen meist an konkreten, als historisch kontigent geltenden Mißständen an, entfalten sich jedoch im Zuge ihrer Formierung vielfach zu einer ideologisch profilierten Fundamentalopposition, die konstitutive Inhalte und Formen der etablierten Politik in Frage stellt.

4. Auf dieser Interpretationsgrundlage ergibt sich auch die konkrete Bestimmung *neuer* sozialer Bewegungen. Diese lassen sich in ihrer Gesamtheit weder durch ihre Form, noch durch ihren jeweiligen Inhalt (Frauenrechte, Frieden/Abrüstung, Demokratisierung usw.), noch durch ihre Trägerschaft bestimmen. Jeder Definitionsversuch in dieser Richtung scheitert wegen der Parallelen zu historischen Vorläufern an Abgrenzungsproblemen. Neu ist lediglich die aktuelle Konstellation, die diese Bewegungen hervorbringt und prägt. Neu ist das fast gleichzeitige Auftreten und der lose Verbund verschiedenster sozialer Bewegungen; neu ist das grundlegend gebrochene Verhältnis zum kapitalistischen Imperativ des Wirtschaftswachstums und zur Option des realen Sozialismus; neu ist das prekäre Mischungsverhältnis von hedonistischen und rationalistischen Elementen; neu ist die weitgehende Abkoppelung der Rekrutierung von Fragen der Verteilung, von Klassenkategorien, Profession oder Status (die zwar bei bestimmten populistischen Bewegungen ebenfalls vorhanden war, aber dann meist von patriotischen bzw. nationalistischen Syndromen begleitet wurde); neu ist schließlich eine Problemsicht, die eine atomare und/oder ökologische Katastrophe globalen Ausmaßes ins Auge faßt.

Die Gleichzeitigkeit verschiedener neuer sozialer Bewegungen in Gestalt der Bürgerinitiativ-, Ökologie-, Frauen-, Alternativ- und Friedensbewegung sowie einer Reihe politischer Subkulturen, ihre insgesamt breite soziale Verankerung und die teilweise Anbindung an post-materialistische Werte konstituieren zunehmend einen *gegenkulturellen* Zusammenhang, dessen harter Kern durch ein eigenes Kommunikationsnetz, relativ abgeschottete soziale Milieus, eine besondere expressive Symbolik, „alternative" Lebensstile usw. stabilisiert wird. In diesem Sinne kursiert auch seit 1978 in der Bundesrepublik das Wort von der „zweiten Kultur" *(Peter Glotz).* Hier liegt der Focus einer gesamtgesellschaftlichen Konfliktdimension. Diese läßt sich weder auf den Stellenwert eines „Krisengeredes" *(Sontheimer),* einer „Randgruppe" *(Löwenthal),* einer „anomischen" Reaktion gegen die Wohlfahrtsgesellschaft *(Klages)* oder eines bloßen „Unbehagens in der Modernität" *(Berger/Berger/Kellner)* reduzieren.

II. Entstehungsbedingungen und Erklärungsperspektiven

Wurden die allgemeinen Entstehungsursachen sozialer Bewegungen mit den Folgelasten des Modernismus und dem unerfüllten Anspruch der Moderne bezeichnet, so läßt sich diese Interpretation für die Genese neuer sozialer Bewegungen spezifizieren. Hierbei wird folgende Argumentationslinie entwickelt: Neue soziale Bewegungen sind Ausdruck und teilweise auch Katalysatoren (1) eines erhöhten politischen Legitimationsdrucks im Zuge der Repolitisierung der Gesellschaft durch zunehmende Staatsinterventionen, (2) der Grenzen politisch-administrativer Steuerungsleistungen durch fortschreitende Bürokratisierung, Zentralisierung und Verrechtlichung, (3) der Brisanz qualitativ neuer globaler Probleme und (4) der Erosion materialistischer Werte, Orientierungen und Lebensstile. Damit wird (5) das modernistische Paradigma nachhaltig erschüttert und (6) ein Trend zur gesellschaftlichen Entdifferenzierung eingeleitet, der allerdings durchaus ambivalente Möglichkeiten beinhaltet.

1. Eine grundlegende Voraussetzung für die Politisierung sozialer Bewegungen (im Unterschied etwa zu religiösen Sekten) ist die Einsicht, daß gesellschaftliche Verhältnisse nicht als Ausdruck einer göttlichen oder natürlichen Ordnung zu verstehen seien, sondern historisch kontigent sind.
Frühe anti-modernistische Reaktionen auf einen epochalen Säkularisierungsprozeß oder auf die industriekapitalistische Revolution fanden in der Regel keinen adäquaten Adressaten. So konnte sich die evolutionäre Dynamik von Konkurrenz- und Marktmechanismen quasi naturwüchsig, anonym und unpolitisch durchsetzen. Die Abwehrkämpfe richteten sich vielfach auf die Symptome oder verdinglichten Symbole einer in ihren Ursachen und Gesetzmäßigkeiten weithin unbegriffenen Entwicklung (z. B. bei den Maschinenstürmern). Diese Feststellung gilt mit gewissen Einschränkungen auch für agrarische Bewegungen des 19. und frühen 20. Jahrhunderts, die, sofern sie in ihrer defensiven Stellung gegenüber den Kapitalisierungs- und Rationalisierungsprozessen verharrten, praktisch überrollt wurden.
Dagegen formte sich aus dem industriellen Proletariat eine offensive Arbeiterbewegung, die sich nicht gegen den ökonomischen und technologischen Fortschritt stemmte, sondern lediglich sein kapitalistisches Formprinzip und damit die bürgerliche Gesellschaft aufzuheben suchte. Erst mit der parlamentarischen Einbindung der Arbeiterbewegung und der „Institutionalisierung des Klassenkompromisses" konnte die sogenannte soziale Frage des 19. Jahrhunderts entschärft werden. Materielle Zugeständnisse und die Verpflichtung auf konventionelle Verfahren der Interessenvertretung nahmen der Arbeiterbewegung ihre ursprüngliche Sprengkraft. Sie unterlag einem sukzessiven Prozeß der Desintegration als soziale Bewegung, der institutionellen Formierung und schließlich der Verbürgerlichung.
Parallel dazu entfaltete sich jedoch auf neue Weise die Möglichkeit einer politischen und sozialen Destabilisierung. Mit der zunehmenden Verschränkung von Staat und Gesellschaft, d. h. der Ablösung des liberalen Staates durch den modernen Interventionsstaat und schließlich dem Übergang zur politisch-administrativen Planung als einem Versuch der bewußten Zukunftsgestaltung geriet die Politik unter einen systematischen

Rechtfertigungsdruck. In dem Maße, wie die politische Administration im Dienste einer umfassenden „Daseinsvorsorge" *(Forsthoff)* regulierende, kompensierende, gestaltende und planende Funktionen wahrnahm, bedurfte die Politik, die ja immer einzelne Gruppen und Interessen begünstigte, einer breiteren Rechtfertigung und Unterstützung. Absolute und relative Benachteiligungen, Mißstände, Planungsfehler und Planungslükken konnten nun eindeutig einem politischen Verursachungszusammenhang zugerechnet werden.

Als ein ideologisches Stabilisierungselement gegenüber der Möglichkeit fundamentaler Opposition diente der Verweis auf „Sachzwänge" und die Kompetenz der zuständigen Experten sowie die Aussicht auf eine weitere Verbesserung der allgemeinen Lebensverhältnisse. Als institutionelles Stabilisierungselement fungierten die Volksparteien und die korporatistische Politikformulierung. Damit konnte zunächst nicht nur der gesellschaftliche Modernisierungsprozeß im Sinne und Interesse eines industriell-bürokratischen Leistungskerns fortgeschrieben und forciert werden, sondern es gelang zugleich, oppositionelle Gruppen zu integrieren oder zu marginalisieren. Neuere Entwicklungen signalisieren allerdings die Grenzen dieser Lösungsmuster. Die heute in praktisch allen Politikbereichen auflebende Kontroverse von Experten und Gegenexperten enthüllt den Mythos einer Politik als Vollzug von Sachzwängen. Die Aussicht auf eine allgemeine Steigerung des Wohlstands und der Lebensqualität steht mehr denn je in Zweifel. Die identitätsstiftende und integrative Funktion der Volksparteien, welche ihre enge Bindung an eine traditionelle Klientel zwangsläufig lockern mußten, weicht einer zunehmenden Parteienverdrossenheit, internen Desintegrationserscheinungen und der Neigung zu einem eher distanzierten, durch situative Einschätzungen geleiteten Wahlkalkül. Damit gewinnen soziale Bewegungen an Attraktivität.

2. Die zentrale Schaltstelle der Politik in nachliberalen Gesellschaften ist der politisch-administrative Komplex, durch den der Modernisierungsprozeß angeleitet und weithin in rechtsförmige Bahnen gegossen wird. Dieser Komplex ist den Prinzipien der Gewaltenteilung und der parlamentarischen Mehrheitsentscheidung tendenziell entzogen, obgleich er formal unmittelbar daran gekoppelt bleibt[7]. *Max Webers* Vision einer von der parlamentarisch-politischen Kontrolle weitgehend entbundenen Bürokratie als ein ehernes Gehäuse der Hörigkeit ist heute aktueller denn je zuvor. Setzte *Weber* noch auf die Entpolitisierung der Bürokratie, auf die Stärkung des Parlaments und die Figur des charismatischen Führers, so erscheinen diese Lösungen im Lichte der *Luhmann*schen Theorie als hoffnungslos veraltet. Aus der funktionalistischen Perspektive läßt sich die Bürokratie weder intern noch von außen durch eine Verantwortungsethik anleiten, sondern folgt systemischen Imperativen, welche ihrerseits die opportunistische Handhabung von Werten steuern und eine „Ideologieplanung" induzieren. Das Arrangement sozialer Beziehungen ist allein auf positive Rechte und verfahrensförmige Legitimation gestützt. Faktisch schlägt sich dieses Arrangement als Bürokratisierungs- und Verrechtlichungstendenz nieder.

Klagen über die Bürokratisierung im Sinne eines „Übermuts der Ämter" *(Vincent de Gournay)* sind durchaus nicht neu. Doch waren die Bürokratien in der Moderne nicht allein Ausdruck obrigkeitsstaatlicher Herrschaft, sondern besaßen auch historisch pro-

gressive Funktionen. Bürokratisierung, Zentralisierung und Verrechtlichung dienten der Durchsetzung formeller Gleichheit, größerer sozialer Gerechtigkeit und einer leistungsfähigeren gesellschaftlichen Reproduktion.
Heute dagegen, so scheint es zumindest großen Teilen der Bevölkerung, erreicht der Prozeß der „Durchstaatlichung" einen kritischen Schwellenwert, jenseits dessen mehr Probleme erzeugt als gelöst werden, mehr Ungerechtigkeiten geschaffen als beseitigt werden. Die Politik, die sich im Alltag weitgehend durch Bürokratien und formale Reglements präsentiert, scheint demnach ein Eigenleben oberhalb der konkreten Probleme und Bedürfnisse der Individuen zu führen. Sie wird in ihren Funktionszusammenhängen immer weniger durchschaubar und kontrollierbar, aber bleibt doch an ihren konkreten Ergebnissen meßbar. Aus dieser Außenperspektive gelten somit nicht allein oder in erster Linie bestimmte Interessen, sondern auch bestimmte *Strukturen* als ursächlich für alltäglich erfahrene Mißstände.
Neue soziale Bewegungen wollen den Formen der „Stellvertreterpolitik", der segmentierten, um nicht zu sagen taylorisierten Fachpolitiken und der hierarchisch-bürokratischen Organisation eine „Politik in erster Person", ein ganzheitliches Problembewußtsein und basisdemokratische, selbstorganisierte und überschaubare Formen entgegensetzen. Politische Partizipation ist hierbei mehr als ein bloßes Instrument der Interessenpolitik. Sie ist Inhalt eines radikaldemokratischen Politikkonzepts, ist Vorschein einer neuen Gesellschaft, die das „eherne Gesetz der Oligarchie" hinter sich gelassen hat. Solange freilich die Größe und die Reichweite der Komplexe „Staat" und „Bürokratie" eo ipso als ein Krisenfaktor gelten, befinden sich nicht nur neue soziale Bewegungen, sondern auch neoliberale Ideen im Aufwind, die ansonsten mit denen der neuen Protestgruppen wenig gemein haben.

3. Hatte eine Politik des „Mehr-Demokratie-wagen", der inneren Reformen und der integrierten und langfristigen Planung zunächst große Erwartungen geweckt, so dominiert heute weithin der Eindruck eines den Problemen nachhinkenden Krisenmanagements, ja einer „Krise des Krisenmanagements" *(Offe).* Angesichts dieser Not läßt sich die inkrementale Politik schwerlich als Tugend anpreisen. Die Eingriffstiefe und zeitliche Reichweite technologischer und politischer Weichenstellungen ist zunehmend mit Problemdimensionen verknüpft, denen die Strategie der kleinen Schritte und des trial and error-Verfahrens kaum mehr angemessen erscheint.
Theoretisch kann zwischen drei Modellvorstellungen unterschieden werden, die jeweils die generelle Problemstruktur bezeichnen, die neuen sozialen Bewegungen zugrundeliegt, durch diese angezeigt oder gar verstärkt wird. Man könnte sie um der Anschaulichkeit willen als Modell des Verschiebebahnhofs (I), des Dampfkessels (II) und der Katastrophe (III) bezeichnen. Das erste Modell unterstellt lediglich punktuelle oder sektorale Problemlagen, die entweder sachlich ungelöst oder sozial stark belastend sind, verneint jedoch die prinzipielle Überforderung des Gesamtsystems. Das zweite Modell betont die stetig oder gar exponential wachsende Problemstruktur, der relativ statische Grenzen (systemische Ressourcen, organisatorische und informatorische Verarbeitungskapazitäten oder soziale, motivationale und psychische Toleranzschwellen) gegenüberstehen. Ab einem gewissen Problemniveau kommt es zu unkontrollierbaren Entladungseffek-

ten, die sich als soziale Krisen (z. B. in Form von anomischen Protesten oder Revolutionen) niederschlagen. Das dritte Modell konstatiert wie das zweite die Explosivität einer möglichen Problemlage, führt allerdings im Unterschied dazu eine antizipierte Katastrophe nicht auf eine bloß graduelle Steigerung eines konventionellen Problemdrucks, sondern auf eine historisch völlig neue Qualität und Reichweite der Problemdimension zurück, welche tendenziell der Logik des „Alles-oder-Nichts" gehorcht (z. B. Atomkrieg, Super-Gau in kerntechnischen Anlagen).

Aus der jeweiligen Problemsicht ergeben sich auch entsprechende Entlastungs- oder Lösungsstrategien. Im ersten Fall richten sich diese auf eine Umverteilung der Lasten, eine Optimierung der Ressourcenallokation oder eine Reduzierung des Anspruchsniveaus. Im zweiten Fall muß – bildlich gesprochen – entweder das Feuer, das den Dampfkessel erhitzt, unter ständiger Kontrolle gehalten werden oder es bedarf des Einbaus geeigneter Ventile. Im dritten Fall werden gravierende Strukturveränderungen gefordert, die gleichsam ein „Spiel mit dem Feuer" definitiv ausschließen.

Soziale Bewegungen unterstellen in ihrer Problemwahrnehmung überwiegend die Modelle II und III, obgleich in der Anfangsphase ihrer Entstehung auch das Modell I hypostasiert werden kann. Insbesondere durch den Blick auf ökologische und atomare Krisenszenarios gewinnt die dritte Perspektive an Bedeutung und leitet die radikalisierten Versionen eines politischen Protestes, der sich mit marginalen Korrekturen nicht mehr zufrieden geben kann. Dabei geht es in Einzelfällen um nicht weniger als um die Anerkennung des demokratischen Mehrheitsprinzips, gegen das das Prinzip Betroffenheit, Leben oder Verantwortung für künftige Generationen geltend gemacht wird (*Offe* 1980). Geradezu frappierend sind dabei gewisse Übereinstimmungen mit den Positionen konservativer Denker wie *Robert Spaemann* oder *Hans Jonas*. Manches deutet auf die Revitalisierung naturrechtlicher Begründungsmuster, ohne daß die Berufung auf eine identische Rechtsgrundlage notwendig zu einem Konsens führen müßte, wie der Streit um den § 218 lehrt („Recht des ungeborenen Lebens" versus „Mein Bauch gehört mir").

4. Der wohl gewichtigste, von den bereits angedeuteten Gesichtspunkten nicht unabhängige Faktor für die Entstehung neuer sozialer Bewegungen ist die Erosion bürgerlich-materialistischer Werte, Orientierungen und Lebensstile. Zählten für die Nachkriegsgeneration vor allem ein hohes Leistungsethos, Besitzindividualismus, Statussymbole, Konsumerismus und politische Enthaltsamkeit, so werden diese Orientierungen primär bei einer Minderheit von Jugendlichen relativiert oder kategorisch abgelehnt. Dieser Wandel war bereits in den subkulturellen Strömungen der 50er und 60er Jahre angelegt (*Hollstein* 1979), drang jedoch erst mit der Studentenbewegung einer breiteren Öffentlichkeit ins Bewußtsein. Ab den 70er Jahren richtete sich auch die Aufmerksamkeit der empirischen Sozialforschung (*Klages/Kmieciak* 1981) auf diese fortschreitenden Veränderungen. Sie wurden durch verschiedene Wertaggregate (materialistisch/postmaterialistisch; Establishment/Anti-Establishment) erfaßt und jüngst als Entwicklung einer „Neuen-Politik-Dimension" (*Müller-Rommel/Wilke* 1981: 383) gedeutet, allerdings noch nicht systematisch auf die neuen sozialen Bewegungen bezogen.

Die Ursachen für diesen Wandel sind vielschichtiger, als es die auf dem Konzept der *Maslow*schen Bedürfnishierarchie fußende Erklärung *Ingleharts* nahelegen möchte. Hier wären Veränderungen der verschiedenen ökonomischen Sektoren, der Arbeitsqualifikation, der Familienstruktur und der weiteren Sozialisationsinstanzen, der Massenmedien usw. zu nennen. Hier wäre die Bedeutung der verlängerten Adoleszenz, die Erhöhung der allgemeinen Bildungsqualifikation, die Rolle der Freizeit, der Rückgang gewachsener Solidargemeinschaften, Strukturwandlungen der Politik usw. anzuführen und zu bewerten.

Neue soziale Bewegungen, die sich insbesondere aus jüngeren Altersgruppen, Angehörigen des Dienstleistungssektors und Personen mit hoher Bildungsqualifikation rekrutieren, sind eine Manifestation des Wertwandels, der in subtileren und gebrocheneren Formen längst auf breiter Ebene Fuß gefaßt hat. Die spektakulären Konflikte um technisch-industrielle Großprojekte (z. B. Atomkraftwerke, Flughafenprojekte) oder sonstige Modernisierungsvorhaben (Stadterneuerung, Sanierung) sind somit Ausdruck eines gesellschaftlichen Umbruchs, in dessen Verlauf sich neue Orientierungen, Politikverständnisse und Lebensstile herausschälen. Avantgardistische und radikale Verfechter der „neuen" Politik sind dabei in erster Linie verschiedene Strömungen der Alternativbewegung (in einem engeren, gegenkulturellen Sinne), während großen Teilen der Bürgerinitiativ- und Ökologiebewegung eher eine intermediäre, die Gegensätze abschwächende Funktion zugesprochen werden kann (*Rucht* 1981). Hinter den aktuellen Konflikten steht somit ein grundlegender Dissens, der in der Dimension des Wertwandels verankert ist und vor allem darin seine historisch neue Qualität besitzt.

Nicht alles daran ist jedoch neu. Manche Erwartungen, die in den Forderungen nach Autonomie, Selbstverwirklichung und Lebensqualität anklingen oder sich im Postulat des „aktiven Bürgers" niederschlagen, speisen sich aus den Traditionsbeständen der Demokratievorstellung eines *Perikles*, aus Christentum, Humanismus, Aufklärung und modernem Naturrecht, welche auf eine je spezifische Weise an der Idee des „guten Lebens" festhielten. Hieraus erklären sich auch die breite Bündnisfähigkeit und der Rückhalt, den die vielfach ohne Geschichtsbewußtsein agierenden neuen sozialen Bewegungen gerade in den Kreisen finden, die diese Bestände bis in die Gegenwart vermittelten.

5. Auch soweit sich der Protest neuer sozialer Bewegungen anti-modernistisch gebärdet, liegt darin zunächst kein neues Element. Dies zeigen die Parallelen zwischen alter und neuer Frauenbewegung, zwischen Ökologiebewegung und Lebensreform- und Jugendbewegung, zwischen altem und neuem Pazifismus. Ungeachtet solcher Gemeinsamkeiten deutet jedoch heute vieles darauf, daß der modernistische Fortschrittsglaube grundlegend gebrochen ist und auf praktisch allen Ebenen zur Disposition steht. Es fällt somit schwer, diesen Bruch lediglich als Ausdruck zyklisch wiederkehrender Wellen von Kulturpessimismus und Zivilisationsmüdigkeit, d. h. als alten Wein in neuen Schläuchen zu interpretieren. Dies gilt selbst dann, wenn man in Rechnung stellt, daß jede Generation dazu neigt, eine Umbruchsituation zu dramatisieren und ihr einen epochalen Rang zuzuweisen.

Der anti-modernistische Protest weist durchaus irrationale und anti-rationalistische Schlagseiten auf, doch er ist nicht darauf zu reduzieren. Im Rahmen neuer sozialer Bewegungen findet sich der Rückgriff auf stilisierte Lebensformen und Quasi-Identitäten, auf Mythen und fremde Kulthandlungen, denkt man etwa an Stadtindianer, bestimmte Jugendsekten und einzelne feministische Gruppen. Insbesondere *Jürgen Habermas* verweist auf die Gefahr regressiver Geistesströmungen im Dunstkreis neuer sozialer Bewegungen. Zu den ohnehin existierenden „Altkonservativen", die dem modernen Weltverständnis nur resignativ, mit nach rückwärts gewandtem Blick begegneten, gesellten sich nun die „Jungkonservativen" mit ihrem Wunsch nach einer befreiten, von aller instrumentellen Vernunft gereinigten Subjektivität.

Man mag die mythische Inspiration als eine sinnvolle Orientierungshilfe in unserer Welt in Zweifel ziehen. Doch es bleibt fraglich, ob auch der antirationalistische Protest mit gleicher Geste ad acta gelegt werden kann, sofern dieser Protest den durch die Modernismus systematisch verdrängten Gefühlen, Affekten und expressiven Handlungen wiederum zu ihrem Recht verhelfen will. Wenn aufbegehrende Jugendliche ihre Welt als ein „Grönland" identifizieren und die Parole „Nieder mit dem Packeis" ausgeben, so lassen derartige Signale eher auf die Pathologie der Gesellschaft und weniger auf die ihrer Kritiker schließen.

Schließlich bleibt auch festzustellen, daß sich der Protest gegen den Modernismus nicht in Irrationalismen und Gefühlswallungen erschöpft, sondern durchaus eine rationale Seite hat. Er wird auch unter Berufung auf wissenschaftliche Erkenntnisse, kybernetische Prinzipien, technologische Möglichkeiten und praktische Experimente vorgetragen. Teilforderungen der Ökologiebewegung, die früher der Lächerlichkeit preisgegeben wurden, finden heute Eingang in die Regierungsprogrammatik. Wer engagierten Feministinnen eine Neigung zur Dramatisierung unterstellte, wird angesichts der Erfahrungen mit den Frauenhäusern darüber belehrt, daß die Wirklichkeit die rhetorische Dramatik überholt. Längst können sich die Kritiker der etablierten Politik auf regierungsoffizielle Daten und Statistiken berufen. Längst finden sich an der Seite neuer sozialer Bewegungen qualifizierte Wissenschaftler, Technodissidenten, Militärfachleute usw., die zu zeigen versuchen, daß selbst in sich perfekte Programme und Projekte problematische Restrisiken und Folgelasten bergen, daß sich hochentwickelte und komplexe Systeme verselbständigen und als Ganze ihren Sinn verlieren können, obgleich sie ein ungeheures Potential an Wissen und Fertigkeiten bergen und freizusetzen vermögen.

Neue soziale Bewegungen begegnen den modernistischen Errungenschaften, insbesondere einer sich auf alle Lebensbereiche ausdehnenden verfahrensförmigen, instrumentellen Rationalität mit Skepsis. Sie stellen zunehmend die Frage nach dem Sinn eines gesellschaftlichen Fortschritts, der sich im wesentlichen in seiner ökonomischen und technologischen Dimension entfaltet, aber das subjektive Wohlbefinden eher vermindert, geschweige denn den millionenfachen Hungertod in der Dritten Welt, Folter, Kriegsgefahr, Ressourcenverschwendung und ökologische Krisen zu bannen vermag.

6. Die Fortschreibung der Systemdifferenzierung in Form einer Trennung von Politik und Moral, von Öffentlichkeit und Privatheit, von Zweck und Motiv, von Entscheidungsfindung und Konsensbeschaffung, von Expertenkultur und Alltagsbewußtsein, von Verantwortlichkeit und Betroffenheit usw. wird – verstärkt durch eine wachsende Sensibilisierung für immaterielle Werte, für Fragen der Lebensqualität – zunehmend als

ein Prozeß der Enteignung, Entfremdung und Identitätsbedrohung wahrgenommen. Neue soziale Bewegungen sind kondensierte, aktivistische Reaktionen auf diese Entwicklungen. Sie suchen – vielfach unbewußt – *gesellschaftliche Entdifferenzierungsprozesse* einzuleiten, um die auseinandergefallenen Elemente zu versöhnen. Damit geraten sie zwangsläufig mit dem modernistischen Paradigma in Konflikt, das ja gerade die funktionale Differenzierung und die Rollentrennung als Mechanismus zur Reduktion von Komplexität preist, um es in der Terminologie *Luhmanns* auszudrücken.
Vielfach ist der Gedanke, eine verlorengegangene Einheit wiederherzustellen, konstitutiv für die Motive und Ziele neuer Protestpotentiale. Kopf und Bauch, Mensch und Natur, Arbeit und Freizeit, Alltag und große Politik, Verantwortlichkeit und Betroffenheit sollen zusammengefügt werden. Nicht von ungefähr erwächst aus diesem „Traum von der großen Harmonie" *(Jean Servier)* auch das Interesse an archaischen Mythen und an modernen Sozialutopien.
Der Preis, der für eine partielle Rücknahme der Arbeitsteilung, für Entdifferenzierung zu bezahlen ist, wird von einzelnen Trägern sozialer Bewegungen unter hohen persönlichen Opfern erbracht, jedoch kaum hinsichtlich seiner gesamtgesellschaftlichen Konsequenzen systematisch reflektiert. Die sozialen Entlastungseffekte wie die wachsenden Spielräume für Individuierungsprozesse durch die gesellschaftliche Differenzierung gilt es sorgsam abzuwägen. Hier liegt eine problematische Naivität neuer sozialer Bewegungen. *Dezentralisierung,* Überschaubarkeit, Autonomie, also Ziele, die bei neuen sozialen Bewegungen affektiv hoch geladen sind, können systemische Entlastungen begünstigen (und werden dort mit politisch-administrativen Reformprogrammen konvergieren können) oder verhindern. Sie bieten aufklärerischen wie reaktionären Tendenzen mögliche Anknüpfungspunkte. Zwar kann eine politisch-administrative Dezentralisierung fallweise Kosten senken, Funktionalität erhöhen und/oder einen höheren Grad an sozialer und persönlicher Selbstbestimmung zur Folge haben. Doch es bleibt durchaus offen, ob nicht der Zugewinn an Entscheidungsspielräumen auf unteren Ebenen in den Dienst einer partikularen und rücksichtslosen Interessenpolitik gestellt wird, welche von politischen und rechtlichen Kontrollen weitgehend freigesetzt ist (*Smith* 1971: 9 ff.; *Hart* 1972: 606).

III. Neue gesamtgesellschaftliche Konfliktlinien

Die zunehmende Reichweite und Intensität bürokratischer Interventionen, die Verlagerung der politischen Entscheidungsproduktion auf die Exekutive, der Ausbau der Dienstleistungsfunktion der öffentlichen Verwaltung und schließlich der Übergang zur politischen Planung begünstigen die Ausbildung einer direkten Konfliktlinie zwischen der politischen Administration und den neuen Protestpotentialen (*Rucht* 1982: 17 ff.). Damit prallen – vor allem durch das Engagement gegenkultureller Gruppierungen – weitgehend unvereinbare Politik- und Fortschrittskonzepte aufeinander. Die in den spektakulären Konflikten offenkundige Frontstellung zwischen der politischen Exekutive und den neuen Protestbewegungen ist jedoch nur Teil einer weitergehenden Auseinandersetzung, deren Konsequenzen noch kaum abzuschätzen sind.

Es ist vielfach betont worden, daß der gegenwärtige Widerspruch zwischen „alter“ und „neuer“ Politik nicht zureichend durch Verteilungskonflikte, Funktionsprobleme der demokratischen Repräsentation oder durch parteipolitische Gegensätze beschrieben werden kann. Spätestens seit der ökologischen Diskussion der 70er Jahre und der Formierung anti-modernistischer Protestbewegungen haben die Begriffe rechts/links ihre ursprüngliche Trennschärfe verloren. Damit soll nicht bestritten werden, daß das Rechts-Links-Kontinuum weiterhin eine orientierende und identitätsstiftende Funktion haben kann. Allerdings liegen neue Problemperzeptionen und neue politische Gravitationsfelder quer dazu, so daß sich insgesamt komplexe Überlagerungsverhältnisse ergeben. Mehr oder weniger institutionalisiert können diese Gravitationsfelder eine Identität als „Bewegung“ oder „alternative“ Partei abgeben. Das äußere Bild einer relativen Geschlossenheit vor dem politischen Gegner sollte allerdings nicht den Blick auf die inneren Gegensätze und prekären Koalitionen der Protestgruppen trüben.
Aus analytischer Sicht wurden verschiedene Versuche unternommen, um diese neuen Konfliktdimensionen zu systematisieren. Die auf der Wertebene angesiedelte Dimension von materialistischen und postmaterialistischen Orientierungen ist bereits mehrfach angesprochen worden. Teils im Anschluß an dieses Konzept, teils unter Berücksichtigung einer ganzen Reihe von virulenten Problemlagen hat *Joachim Raschke* versucht, die gegenwärtige Lage als eine Phase des *Paradigmenwechsels* zu deuten. Nach einer Epoche des „Herrschaftsparadigmas“ und des darauffolgenden „Verteilungsparadigmas“ entfalte sich derzeit ein Paradigma der „*Lebensweise*“, charakterisiert durch die Betonung personaler Bedürfnisse und Motivlagen, also eine „Rückbewegung vom Systemdenken zum Individuum und seinen Bedürfnissen als primären Ansatzpunkt der Politik“ (1980: 30). Hier scheint *Raschke* einerseits zu verkennen, daß z. B. gerade das ökologische Denken ein Denken in Systemstrukturen und kybernetischen Kreislaufmodellen ist, die generellen Austauschbedingungen von Natur und Gesellschaft in Betracht zieht und damit keineswegs primär auf individuelle Bedürfnisse abstellt. Auf der anderen Seite scheint er mit Blick auf Frauenbewegung, hedonistische Linke und Sponti-Milieu, psychosoziale Gruppen und Sekten usw. zu sehr der Selbstthematisierung bestimmter Bewegungen aufzusitzen und die grundsätzliche Fortdauer der Herrschafts- und Verteilungsfrage zu unterschätzen.
Illich, dessen Arbeiten sich darauf konzentrierten, die Kehrseiten einer nach seiner Auffassung übertechnisierten und überprofessionalisierten Reproduktion in den Bereichen des Verkehrs, der Medizin und des Schulwesens aufzuzeigen, sieht wie *Raschke* eine Verschiebung der Konfliktfronten: Beziehen sich die traditionellen Auseinandersetzungen auf „Hierarchie, politische Herrschaft, Besitz an Produktionsmitteln und Verteilung der Ressourcen“, so werden zwei neue Dimensionen durch die technischen Alternativen von „hart“ und „sanft“ sowie durch die Alternativen einer wachstums- und warenintensiven Ökonomie auf der einen und einer subsistenz- und gebrauchswertorientierten Wirtschaft auf der anderen Seite bezeichnet. Bestimmte gesellschaftliche Optionen ließen sich demnach in einem dreidimensionalen Koordinatensystem verorten, dessen Achsen die genannten Konfliktdimensionen bilden. „Die Form des Gesellschaftsideals“, so *Illich*, „wird künftighin von den Entscheidungen in diesen drei unabhängigen Achsen abhängen. Die Glaubwürdigkeit eines Gemeinwesens wird am Grad der öf-

fentlichen Partizipation in jeder dieser Optionen gemessen werden" (1982: 103). Dieser normative Bezugspunkt ist allerdings wohl zu sehr von der Annahme geprägt, heute hätten „nur noch wenige Menschen ... eine instrumentelle Auffassung von einer erstrebenswerten Gesellschaft" (ebd., 100). In analytischer Hinsicht wiederum ist fraglich, ob mit der zweiten und dritten Konfliktachse wirklich voneinander unabhängige Dimensionen bezeichnet werden.

Eine relativ differenzierte Analyse gesamtgesellschaftlicher Konfliktdimensionen bietet *Brand.* Er typisiert drei sich empirisch allerdings überschneidende Konfliktlinien: industrieller Leistungskern/Peripherie, Materialismus/Postmaterialismus und Modernismus/Antimodernismus: „Die erste wird aus einer ökonomiekritischen bzw. klassentheoretischen Analyse, die zweite als Einstellungskonstrukt, die dritte aus der Geschichte sozialer Bewegungen gewonnen ... Jede ist sozialstrukturell verankert. Versteht sich das für die Konfliktlinie ‚industrieller Leistungskern/Peripherie' von selbst, so verweist die Konfliktlinie ‚Materialismus/Postmaterialismus' auf die zunehmende ökonomische und gesellschaftliche Bedeutung des Dienstleistungssektors, insbesondere des Sektors der Humandienstleistungen. Die Konfliktlinie ‚Modernismus/Anti-Modernismus' besitzt ihre strukturelle Basis in den von der industriellen Modernisierung bedrohten handwerklich-bäuerlichen Schichten, oder allgemeiner, in den an der Erhaltung traditional organisierter Lebensverhältnisse interessierten Bevölkerungsgruppen." (1982: 171).

Dieses Konzept erscheint als das bislang fruchtbarste. Eine Differenz dazu sehe ich lediglich im Verständnis der Kategorie „Anti-Modernismus". Diese ist bei *Brand* für den identitätsstiftenden Bezug auf traditionale bzw. vormoderne Orientierungen und Lebensformen reserviert, während m. E. diese Elemente ohnehin in nur sehr gebrochenen Formen existieren, häufig nur einen deklamatorischen Charakter haben und innerhalb der neuen sozialen Bewegungen lediglich eine marginale Rolle spielen. Dagegen weisen post-materialistische Strömungen vielfach eine antimodernistische Stoßrichtung auf, indem sie sich etwa gegen modernistische Errungenschaften wie hohe Arbeitsteiligkeit, Expertenkultur, Bürokratisierung, Verrechtlichung, Monetarisierung usw. wenden.

IV. Konfliktstrategien und gesellschaftspolitische Optionen

Löst man sich von der Ebene manifester Einzelkonflikte und den damit verbundenen Taktiken und Strategien, so stellt sich für die „konventionelle" Politik das Grundproblem, ob die Protestpotentiale, die eine mehr oder weniger radikale Veränderung konstitutiver Prämissen und Strukturen des bestehenden Gesellschaftssystems anstreben, durch *Ausgrenzung* und/oder durch *Integration* neutralisiert werden können. Da es keine eindimensionale Interessenlage *der* „konventionellen" Politik gibt, muß diese Frage im Hinblick auf die derzeit relevanten gesellschaftspolitischen Kräfte, auf deren traditionelle Anliegen und langfristige Optionen beantwortet werden. Vereinfacht läßt sich eine sozialdemokratische, eine neoliberale und eine neokonservative Position ausmachen. Diese besitzen insgesamt eine relativ hohe Affinität zum Modernismus. Sie

suchen im Prinzip, wenn auch teils unter Betonung qualitativer Aspekte, am ökonomischen Wachstumsimperativ festzuhalten und sehen gerade darin ein Mittel, um die Kompensation der Folgeprobleme des Wachstums zu kompensieren.
Wichtigstes Ziel der neokonservativen und neoliberalen Variante ist eine Rückverlagerung ökonomischer Funktionen vom Staat auf den Markt und eine größere Individualisierung sozialer Risiken. Dagegen sucht die sozialdemokratische Variante die staatsinterventionistische Entwicklung fortzuführen, wenn auch erheblich verunsichert angesichts der Grenzen des neokeynesianischen Krisenmanagements, der offenkundig gewordenen Planungsrestriktionen, der Probleme der Politikimplementierung, der Tendenz zur Überkomplexität (z. B. durch Politikverflechtung), der Kontraproduktivität und des ,,Staatsversagens" (*Jänicke* 1980).
Damit gerät die Sozialdemokratie in die bereits eingangs angedeutete Zwei-Fronten-Position zwischen konservativen bzw. liberalen Kräften einerseits und den neuen sozialen Bewegungen andererseits. Hieraus entwickelt sich zumindest partiell eine Zangenbewegung, wenn sich die Forderungen dieser Gruppen, und sei es auch bloß rhetorisch, im Einklang bewegen (z. B. Entstaatlichung). In Anbetracht der Diskrepanz zwischen dem traditionellen Anspruchshorizont der Sozialdemokratie und der Reichweite des derzeitigen Krisenmanagements haben praktisch alle gesellschaftspolitischen Alternativen eine hohe Suggestivkraft für große Bevölkerungsteile. Dies gilt zumal dann, wenn relativ simple, theoretisch schwer zu falsifizierende Patentlösungen angepriesen werden.
Die Kräfte im konservativen und im sozialdemokratischen Lager, die gegenüber sozialen Bewegungen für eine strikte und durchgängige Strategie der ,,sozialen Kontrolle" (*Gamson* 1968), der Ausgrenzung, zumindest des weitgehenden Totschweigens plädieren, verkennen die objektive Situation. Mit der Verbreitung postmaterialistischer Werte, den enttäuschten Planungs- und Reformhoffnungen, den Grenzen des Wachstums, dem gestiegenen Umweltbewußtein und der Erschütterung des modernistischen Fortschrittskonzepts werden die mit der Moderne verknüpften Werthorizonte, der mit dem Staatsinterventionismus gesetzte Rechtfertigungsbedarf, die faktische Kontraproduktivität der industriell-bürokratischen Superstruktur und die Sinnkrise gleichzeitig virulent. Politisch-administrative Steuerungsprobleme, Ressourcenverknappung, Legitimations- und Motivationsprobleme verstärken sich wechselseitig in ihrer Wirkung und drohen die ,,konventionelle" Politik zu überfordern.
Mit der Entstehung mehrerer Bewegungen, die sich auf diese Problemlagen beziehen, durch diffuse Gemeinsamkeiten verbunden sind und teilweise in die etablierten Institutionen hineinragen, lassen sich die verschiedenen Probleme weder verdrängen, noch beliebig verlagern, noch erscheint eine Strategie der sozialen Ausgrenzung erfolgversprechend. Dramatisierungen und strategische Präferenzen der neuen Bewegungen, aber auch zunehmende Verteilungskämpfe werden die gegenwärtigen Konfliktlinien eher verstärken, während sich zugleich die finanziellen Spielräume und die legitimatorischen Reserven verknappen. Die Ausbildung einer politischen *Gegenkultur,* die durch intermediäre Gruppen gewährleisteten fließenden Übergänge bis hinein in die Parteien, Verbände, Kirchen, Massenmedien und Bildungseinrichtungen und schließlich der rationale Kern des außerparlamentarischen Protests deuten auf eine langfristige und tiefgreifende Auseinandersetzung.

So setzt sich zumindest vereinzelt innerhalb der parteipolitischen und administrativen Eliten die Einsicht durch, daß neue soziale Bewegungen (a) ein breit verankertes, diffuses Unbehagen artikulieren, der außerparlamentarische Protest also potentiell generalisierbar ist und (b) ein Lösungspotential zur Bewältigung politisch-administrativer Probleme bieten und damit fallweise und begrenzt entlastend wirken können (v. a. im Bereichen wie Arbeitslosenselbsthilfe, Sozialdienste, Drogenprobleme, Jugendkriminalität).

Hier droht aus der Sicht der politischen Administration allerdings das Risiko einer *Politisierung* von Klientel und Publikum. Deshalb zeichen sich bislang nur sehr heterogene und widersprüchliche Reaktionsmuster gegenüber neuen sozialen Bewegungen ab, die zudem noch durch die gesamtpolitische „Großwetterlage", parteipolitische Bindungen, Interessenlagen der jeweiligen administrativen Ebenen und Fachpolitiken usw. beeinflußt werden. Die Wechselbäder von Umarmung und Abgrenzung tragen allerdings auch dazu bei, die internen Gegensätze sozialer Bewegungen zu fördern (z. B. in der Frage der „Staatsknete", der Bereitschaft „alternativer" und „autonomer" Projekte, staatliche Förderungsmittel zu akzeptieren), ohne allerdings den losen Verbund einer Negativkoalition auflösen zu können.

Als aussichtsreichste politisch-administrative Strategie erscheint die der *„indirekten Integration"*. Diese zielt im Unterschied zu platten Umarmungsstrategien und Pseudodialogen darauf, materielle Zugeständnisse inhaltlicher (z. B. ökologisch orientierte Politik) und formaler Art (z. B. Einbau partizipativer und plebiszitärer Elemente) einzuräumen. Je entschiedener allerdings diese Linie verfochten wird, desto mehr verschärfen sich auch die innerparteilichen und inneradministrativen Interessengegensätze (z. B. Innen-/Umweltministerien versus Wirtschafts-/Verkehrsministerien oder auch Widersprüche zwischen verschiedenen Fachabteilungen eines Hauses), ohne daß mit graduellen Zugeständnissen den neuen sozialen Bewegungen bereits der Wind ganz aus den Segeln genommen werden könnte. Die gleichwohl zu erwartenden externen Entlastungseffekte für die politische Administration sind also gegen interne Belastungseffekte abzuwägen, ohne daß halbwegs präzise und kompatible Verrechnungseinheiten in Aussicht stünden.

Ein weiteres Dilemma ergibt sich aus den potentiellen Widersprüchen zwischen der relativ kurzatmigen, an der Wahlarithmetik orientierten Parteipolitik und der längerfristig kalkulierenden, stärker auf die jeweilige Sachlogik verpflichteten Administration. Zuweilen stehen sich die Problemperzeptionen der ministeriellen Fachreferate und der neuen Protestgruppen näher, als es der äußere Eindruck vermuten ließe.

Auf lange Sicht ist wahrscheinlich, daß das modernistische Paradigma noch nachhaltiger als derzeit erschüttert wird. Auch ein repressiver Umgang mit den neuen sozialen Bewegungen kann diesen Prozeß nicht aufhalten, zumal auch „soziale Grenzen des Wachstums" (*Hirsch* 1980) bestehen. Die Mißachtung der *politischen Grenzen der bürokratischen Modernisierung* würde die bestehenden Konfliktlinien verhärten und wechselseitige Lernprozesse blockieren. Somit liegt es im wohlverstandenen Interesse beider Seiten, für ein Klima der Toleranz zu sorgen und neue Experimente zu wagen.

Mit diesem Votum soll keine vorschnelle Harmonisierung und Verkleisterung bestehender Interessengegensätze betrieben werden. Selbst eine Einigung großer Teile der konfligierenden Parteien auf einen Status der politischen Koexistenz könnte den Widerspruch zwichen „alter“ und „neuer “ Politik nicht aufheben und wäre zudem von massiven Konflikten innerhalb des politisch-administrativen Systems wie auch innerhalb der neuen sozialen Bewegungen verbunden.

Anmerkungen

1 Vgl. die Klagen über die uneinheitliche Verwendung des Begriffs soziale Bewegung bei *Deltgen* (1969: 411), *Wilkinson* (1971: 15 f.) oder *Allerbeck* (1973: 37). Vielfach findet sich selbst in Arbeiten, die sich zentral mit sozialen Bewegungen befassen, keine begriffliche Klärung (z. B. *Hobsbawm* 1962; *Puhle* 1975).

2 *Bottomore* unterscheidet ältere, ,,präpolitische“ Bewegungen von den modernen sozialen Bewegungen (1981: 40). Die Entwicklung der letzteren gliedert er in drei Phasen: ,,Die erste bildet diejenige, in der Bewegungen wie z. B. die demokratische Bewegung und die Arbeiterbewegung in Europa, später die Suffragettenbewegung und die Unabhängigkeitsbewegungen in den Kolonialländern oder heutige Bewegungen in autokratischen Staaten die einzig wirkungsvollen Mittel darstellen, Mißstände zum Ausdruck zu bringen und politische Veränderungen herbeizuführen. Eine zweite Phase ist erreicht, wenn eine repräsentative Verfassung, ein allgemeines und gleiches Stimmrecht und freie Wahlen erkämpft sind und politische Aktionen außerhalb der formalen institutionellen Sphäre nicht länger erforderlich scheinen, obgleich sich in Krisenzeiten durchaus soziale Bewegungen, wie z. B. die Arbeitslosenbewegungen oder faschistische Bewegungen in einigen europäischen Ländern, entwickeln können. Die dritte, gegenwärtige Phase scheint mir durch ein beträchtliches Wiederaufleben und eine starke Vermehrung sozialer Bewegungen als mehr oder weniger permanente Erscheinungen des politischen Lebens charakterisiert zu sein, was eine ausgeprägte Tendenz zur Erweiterung der Demokratie indiziert.“ (1981: 51).

3 Entgegen seiner weit gefaßten additiven Definition der Alternativbewegung (1980: 10) beschränkt sich *Huber* inhaltlich auf das Spektrum der selbstorganisierten (ökonomischen) Projekte. *Kolenberger/Schwarz* betonen als Grundanspruch der Alternativbewegung die „Einheit von Arbeit und Leben“. „Trotz der Kontroversen und Schwierigkeiten bei der Definition dessen was alternativ heißt oder ausmacht, halten wir an dem Begriff fest. Er steht für einen (sub) kulturellen Lebensstil von Teilen einer breiteren Jugendbewegung, die neben Teds, Poppern, Mods, Skinheads und vor allem Punks mit ihren No-future-Stimmungen noch Spontis, Anarchos und die ebenfalls heterogene Hausbesetzerszene umfaßt.“ (1981: 2 f.). *Schroeder/Süß* lehnen einen weit gefaßten Sammelbegriff ,,wegen der nicht vorhandenen substantiellen Gemeinsamkeiten“ ab (1980: 9 a).

4 ,, ‚Bewegung‘ impliziert zugleich den *kollektiv-psychischen* Erregungszustand, die emotionale Aufgelockertheit, also die affektive Struktur, damit aber auch das Fließende, noch Unfeste, Unstabile, noch nicht in institutionelle Formen Gegossene. Die allmähliche Verfestigung kommt erst mit dem Absinken der Erregungskurve zustande.“ (*Mühlmann* 1966: 240).

5 Das historisch angelegte Verständnis von Modernisierung als Ablösung von traditionaler durch rationale Organisation *(Max Weber)*, von mechanischer durch organische Solidarität *(Tönnies)* oder von Gemeinschaft durch Gesellschaft *(Durkheim)* wurde im Anschluß an den Strukturfunktionalismus von *Talcott Parsons* zu einem systematischen Konzept umgeformt. Modernisierung erscheint in terms der allgemeinen Systemtheorie als ein Prozeß der strukturellen Differenzierung, der verstärkten Anpassung, der Generalisierung von Mitgliedschaften und von Werten. In der amerikanischen Politikwissenschaft verbarg sich hinter den abstrakten Kategorien der Modernisierung vielfach die Hypostasierung der USA als die fortgeschrittendste und fortschrittlichste Gesellschaft, die u. a. den Ländern der Dritten Welt als Modell dienen sollte. Dieser Modernisierungsbegriff ist mit der hier bevorzugten Kategorie des Modernismus weitgehend identisch. Neuere Ansätze trennen aus guten Gründen den Fortschrittsbegriff vom Terminus „Modernisierung“ (z. B. *Zapf* 1975; 212) und kehren wiederum zu einem stärker historisch orientierten Begriff zurück (*Wehler* 1975). Eine umfassende Diskussion der soziologischen Modernisierungstheorien bietet *Habermas* (1981).

6 So sagt z. B. *Katz* in bezug auf die Bürgerrechtsbewegung und die Anti-Vietnam Bewegung in den USA: ,,They both have the advantage that the values which justify their thrust are part of

the value system of the larger society. In other words, they have legitimacy in the broader sense of the term in that they are sanctioned by the accepted ideology of society. The opposition in contrast has had great difficulty to justify its position." (1971: 206 f.).

7 Dieser Befund wird sowohl von wissenschaftlicher Seite als auch von den betroffenen Parlamentariern vielfach bestätigt. In der Bundesrepublik machte insbesondere *Thomas Ellwein* frühzeitig auf die Verselbständigungstendenz der Exekutive gegenüber der Legislative aufmerksam. Ähnliche Feststellungen finden sich auch in den Berichten der „Enquête-Kommission Verfassungsreform" des Deutschen Bundestages.

Literaturverzeichnis

Allerbeck, K. R., 1973: Soziologie radikaler Studentenbewegungen. Eine vergleichende Untersuchung in der Bundesrepublik und den Vereinigten Staaten, München, Wien

Berger, P. L./Neuhaus, R. J., 1970: Movement and Revolution, Garden City/N. Y.

Blumer, H., 1951: Social Movements, in: A. M. Lee (Hrsg.), New Outline of the Principles of Sociology, New York

Bottomore, T., 1981: Politische Soziologie, Stuttgart u. a. (orig. Political Sociology, London 1979)

Brand, K.-W., 1981: Analyse neuer Protestpotentiale. Ansätze zu einer Systematisierung der Diskussion, in: Journal für Sozialforschung 4/1981, 375–388

Brand, K.-W., 1982: Neue soziale Bewegungen, Opladen (im Erscheinen)

Canovan, M., 1981: Populism, London

Deltgen, F., 1969: Was kann unter einer „Bewegung" verstanden werden? In: Aspekte der Entwicklungssoziologie, hrsg. v. *R. König*, KZfSS Sonderheft 13, 410–429

Eder, K., 1981: The „new" social movements in historical perspective or: what is new in the „new" social movements? (unveröff. Manuskript)

Evers, A., 1981: Was entsteht mit den „neuen sozialen Bewegungen"? Fünf Thesen zu den Versuchen, sich davon einen Begriff zu machen (Thesenpapier für die Fachkonferenz der DVPW am 1./2.10.1981 in Essen – Arbeitskreis Großstadt und neue soziale Bewegungen)

Gamson, W. A., 1968: Power and Discontent, Homewood

Grottian, P./Nelles, W., (Hrsg.), 1982: Großstadt und neue soziale Bewegungen, Basel

Habermas, J., 1981: Theorie des kommunikativen Handelns, 2 Bde., Frankfurt a. M.

Hart, D. K., 1972: Theories of Government Related to Decentralization and Citizen Participation, in: Public Administration Review, Vol. XXXII, Oct. 1972, 603–621

Heberle, R., 1951: Social Movements: An Introduction to Political Sociology, New York (umgearbeitete und erweiterte deutsche Ausgabe: Hauptprobleme der Politischen Soziologie, Stuttgart 1967)

Heberle, R., 1968: Social Movements, in: International Encyclopedia of the Social Sciences, Vol. XIV, 438–452

Hegner, F., 1980: Historisch-gesellschaftliche Entstehungsbedingungen und politisch-soziale Funktionen von Bürgerinitiativen, in: *Hauff, V.*, (Hrsg.), Bürgerinitiativen in der Gesellschaft, Villingen, 11–118

Hirsch, F., 1980: Die sozialen Grenzen des Wachstums. Eine ökonomische Analyse der Wachstumskrise, Reinbek b. Hamburg (orig. Social Limits to Growth, Cambridge/Mass. 1976)

Hirsch, J./Roth, R., 1980: ‚Modell Deutschland' und neue soziale Bewegungen, in: Prokla 40, 14–39

Hirsch, J., 1980: Der Sicherheitsstaat. Das ‚Modell Deutschland', seine Krise und die neuen sozialen Bewegungen, Frankfurt a. M.

Hollstein, W., 1979: Die Gegengesellschaft. Alternative Lebensformen, Bonn

Hobsbawnm E. J., 1962: Sozialrebellen. Archaische Sozialbewegungen im 19. und 20. Jahrhundert, Neuwied und Berlin

Huber, J., 1980: Wer soll das alles ändern. Die Alternativen der Alternativbewegung, Berlin

Illich, I., 1982: Vom Recht auf Gemeinheit, Reinbek b. Hamburg

Inglehart, R., 1971: The Silent Revolution in Europe: Intergenerational Change in Post-Industrial Societies, in: The American Political Science Review, Vol. LXV, 1971, 991–1017

Inglehart, R., 1977: The Silent Revolution: Changing Values and Political Styles Among Western Publics, Princeton, N. J.

Jänicke, M., 1980: Zur Theorie des Staatsversagens, in: *P. Grottian* (Hrsg.). Folgen des reduzierten Wachstums für Politikfelder (PVS-Sonderheft 11), Opladen

Katz, D., 1971: Group Process and Social Integration: A System Analysis of Two Movements of Social Protest, in: C. G. Smith (ed.), Conflict Resolution Contributions of the Behavioral Sciences, Notre Dame, Ind./London

Klages, H./Kmieciak, P. (Hrsg.), 1981: Wertwandel und gesellschaftlicher Wandel, Frankfurt a. M.

Kolenberger, L./Schwarz, H.-A., 1981: Entstehungsbedingungen und Tendenzen der Alternativbewegung (Vorlage für die Fachkonferenz der DVPW am 1./2.10.1981 in Essen – Arbeitskreis Großstadt und neue soziale Bewegungen)

McKenna, G., 1974: American Populism, New York

Marin, B., 1980: Neuer Populismus und „Wirtschaftspartnerschaft", in: Österreichische Zeitschrift für Politikwissenschaft 2/1980, 157–176

Mühlmann, W. E., 1966: Chiliasmus, Nativismus, Nationalismus, in: Soziologie und Gesellschaft. Verhandlungen des 14. Deutschen Soziologentages v. 20.–24.5.1959 in Berlin, Stuttgart, 228–242

Müller-Rommel, F./Wilke, H., 1981: Sozialstruktur und „postmaterialistische" Wertorientierungen von Ökologisten, in: PVS 4/1981, 383–397

Narr, W.-D., 1980: Zum Politikum der Form, in: Leviathan 2/1980, 143–163

Newfield, J./Greenfield, J., 1972: A Populist Manifesto. The Making of a New Majority, New York/Washington

Offe, C., 1980: Politische Legitimation durch Mehrheitsentscheidungen: (Vortragsmanuskript, erscheint demnächst in der Zeitschrift für Sozialforschung)

Puhle, H.-J., 1975: Politische Agrarbewegungen in kapitalistischen Industriegesellschaften, Göttingen

Rammstedt, O., 1978: Soziale Bewegung, Frankfurt a. M.

Rammstedt, O., 1980: Die Bürgerinitiativbewegung unter Ideologisierungszwang in: *Hauff, V.*, (Hrsg.), Bürgerinitiativen in der Gesellschaft, Villingen, 481–532

Raschke, J., 1980: Politik und Wertwandel in der westlichen Demokratie, in: beilage zur wochenzeitung das parlament B 36/1980

Rucht, D., 1981: Bürgerinitiativen als Teil einer intermediären politischen Kultur, in: Journal für Sozialforschung 4/1981, 389–406

Rucht, D., 1982: Planung und Partizipation. Bürgerinitiativen als Reaktion und Herausforderung politisch-administrativer Planung, München

Runciman, W. G., 1966: Relative Deprivation and Social Justice. A Study of Attitudes to Social Inequality in Twentieth-Century England, London

Schroeder, K./Süß, W., o. J.: Zur politischen Einschätzung der „Alternativbewegung" (Reihe Occasional Papers, Forschungsgebietsschwerpunkt Ökonomie und Politik am FB 15 der Freien Universität Berlin)

Scheffler, T., 1982: Populismus, Konservatismus und Neue Soziale Bewegungen, in: Die Neue Gesellschaft 1/1982, 60–63

Smelser, N. J., 1963: Theory of Collective Behavior, New York

Smelser, N. J., 1968: Essays in Sociological Explanation, Englewood Cliffs, N. J.

Smith, B. L. R., 1971: Introduction, in: *Smith/G. R. LaNoue*, Urban Decentralization and Community Participation, American Behavioral Scientist, Vol. 15, No. 1, Sept./Oct. 1971, 3–14

Tenbruck, F. H., 1976: Die Glaubensgeschichte der Moderne, in: ZfP 1/1976, 1–15

Wehler, H.-U., 1975: Modernisierungstheorie und Geschichte, Göttingen

Wilkinson, P., 1971: Social Movement, London (dt. Soziale Bewegungen. Von Rousseau bis Castro, München 1974)

Zapf, W., 1975: Die soziologische Theorie der Modernisierung, in: Soziale Welt 2/1975, 212–226

Bürokratie und Unterentwicklung

Dietrich Fürst/Joachim Jens Hesse

1. *Problemstellung*

Öffentliche Verwaltung in Entwicklungsländern wurde im Kontext der forcierten amerikanischen Entwicklungspolitik der 50er Jahre (Truman's Point Four Program von 1949) lange gleichsam instrumentell gesehen: Die Herstellung ihrer Funktionsfähigkeit über Management- und Organisationsreformen war die dominante Fragestellung der Zeit[1]. Erst die international vergleichende Forschung (u. a. Anstöße von *Siffin*, 1956) betonte die Besonderheiten von Verwaltungen in Entwicklungsländern (*Riggs*, 1956), relativierte den amerikanischen Optimismus über Möglichkeiten des Management- und Organisationstransfers und lenkte die Aufmerksamekeit auf die Wechselbeziehungen zwischen Gesellschaftssystem und Verwaltungsstrukturen sowie administrativen Handlungsweisen. Dies mündete allerdings auch in eine Komplexität von Untersuchungsansätzen, die eine Generalisierung von Forschungsergebnissen in einzelnen Ländern erschwerten. Heute kann kaum auf Autoren verwiesen werden, die „allgemeingültige" Theoreme über Verwaltungen in Entwicklungsländern „riskieren". Die Folge davon ist, daß die Literatur zum Thema geometrisch wächst, gleichzeitig aber der Bestand an allgemeingültigerem und für Entwicklungspolitiken umsetzbarem Wissen nicht einmal linear zunimmt. Ein im Anschluß an diese Problemstellung vorzutragender kursorischer Überblick über den Stand der Diskussion soll das verdeutlichen.

Angesichts dieser Ausgangssituation erscheint allerdings auch die Frage berechtigt, ob der Untersuchungsbereich „Verwaltung" nicht zu global definiert und begriffen wurde, d. h. zu Heterogenes erfaßt wurde, das einer gemeinsamen theoretischen Deutung schwer oder gar nicht zugänglich sein könnte. Sollte man nicht eher Typen der Verwaltungsorganisation/Verwaltungssysteme untersuchen? Am Beispiel der autonomen Institution/parastatal units/organized special publics – die nicht zuletzt durch die westliche Entwicklungspolitik und insbesondere amerikanische Einflüsse an Zahl und Bedeutung zugenommen haben (*Rondinelli*, 1971, 61) – soll daher hier diskutiert werden, welchen Beitrag verwaltungswissenschaftliche Forschung zur Analyse administrativer Strukturen und Prozesse in Entwicklungsländern leisten kann. Autonome Institutionen werden dabei nicht zufällig gewählt: Sie gewinnen wie die Lokalebene in der neueren Dezentralisierungsdiskussion der Entwicklungsländerforschung wachsende Aufmerksamkeit.

2. *Zum Stand der Diskussion über öffentliche Verwaltungen in Entwicklungsländern*

Waren die Diskussionen der 50er Jahre noch von vergleichsweise kruden Ansätzen des Management- und Organisationstransfers beherrscht, so erhielt die Verwaltungsforschung für Entwicklungsländer ihre wesentlichen Impulse aus Diskussionen und Symposia der 1960 gegründeten „Comparative Administration Group"[2], einer Sektion der American Society for Public Administration. Obwohl ein eigenes Paradigma nie entwickelt wurde, vielmehr sehr heterogene Ansätze in der Diskussion nebeneinander standen, gab es dennoch eine gemeinsame „Stoßrichtung", die mit dem Schlagwort der „Development Administration" beschrieben werden kann. Development Administration sah die öffentliche Verwaltung als Motor der gesellschaftlichen Entwicklung[3] und leitete daraus *analytisch* systembezogene Denkansätze ab, um die Wechselwirkungen zwischen Verwaltung (Werten, Rekrutierungsmustern, Verhaltensweisen) und Gesellschaftssystem aufzunehmen[4]. *Normativ* wurde der Ansatz jedoch auf eine technokratisch steuernde Entwicklungsverwaltung verengt, wobei insbesondere Wert auf „institution building" zum Zwecke forcierten Wirtschaftswachstums gelegt wurde. Die Gruppe war in den 60er Jahren theoretisch wie politisch sehr einflußreich, wenn auch die Kritik an der Ausrichtung der Comparative Administration Group Ende der 60er Jahre wuchs und in einem Symposium über „Comparative and Development Administration: Retrospect and Prospect" (1976)[5] gipfelte.

Dabei wurde der unpolitische Ansatz kritisiert, der nicht nur intellektuellen Imperialismus der Industrieländer darstelle (*Jones*, 1976, 104), sondern auch bestehende Herrschaftsstrukturen stütze, eine ökonomische Entwicklung auf Kosten der sozial Schwachen provoziere und demokratische Potentiale zugunsten autoritativer Systeme erstikke (*Jones*, 1976; *Loveman*, 1976; *Ilchman*, 1971). Zum anderen erwies sich die kausaltheoretische Grundlage – wonach sich Verwaltungen entlang Entwicklungsstufen formierten, Wirtschaftswachstum aktiv steuern könnten, es „eine beste Verwaltung" gäbe u. ä. – als naiv weltfremd (*Esman*, 1980) und, da von westlichem Denken geprägt, als ethnozentrsich-ideologisch (*Baaklini*, 1973). In der Folge hat die traditionelle „Development Administration"-Richtung viel von ihrer Ideologie aufgegeben und einem desillusionierten Pragmatismus Platz geschaffen, der allerdings auf sehr hohem Komplexitätsniveau arbeitet[6]. Die in seinem Gefolge entwickelten Forschungen sehen Verwaltungen als Teil gesellschaftlicher Problemlösungsprozesse, wobei die Funktionalität aus dem jeweiligen gesellschaftlichen Kontextbezug interpretiert wird – bei zunehmender Aufmerksamkeit für latente Funktionen der Verwaltung (im Mertonschen Sinne) – und wobei alternative Organisations- und Institutionensysteme staatlicher Politikverarbeitung in ihrer Äquifunktionalität analysiert werden. An die Stelle globaler Theorien sind fallbezogene Aussagesysteme getreten. Deskriptive Ansätze beherrschen die Literatur.

Diese Relativierung der Development Administration wurde dabei stark von der „New Public Adminstration" (*Marini*, 1971)[7] und von neo-marxistisch ausgerichteten Untersuchungen beeinflußt, die einerseits Verwaltungen in staatstheoretischer Perspektive analysierten (z. B. im Kontext dependenztheoretischer Ansätze), andererseits Machtstrukturen in ihrer gesellschaftlichen Abhängigkeit untersuchten[8].

In der Bundesrepublik hat sich die Politik- und Verwaltungsforschung relativ spät mit Verwaltungen in Entwicklungsländern befaßt. Erst seit Mitte der 70er Jahre erhält dieses Thema verstärkte wissenschaftliche Aufmerksamkeit. Grob lassen sich zwei Richtungen unterscheiden: eine primär an der Funktionsbeschreibung und an kritischen Wirkungsanalysen ausgerichtete Institutionenforschung (Beispiele: *Oberndörfer*, 1977, 1981; *Wolff*, 1977, 1981; *König* 1981) sowie eine staatstheoretisch ausgerichtete Forschungsperspektive, die ihrerseits in wenigstens zwei Denkansätze aufzugliedern ist. Einem eher funktional-strukturellen Ansatz, der Verwaltungen im Kontext ökonomisch bestimmter Entwicklungslinien der in internationale Abhängigkeiten eingebundenen Entwicklungsländer interpretiert (Beispiele: *Evers*, 1977; *Hanisch/Tetzlaff*, 1981; *Simonis*, 1981), steht dabei der von *Elsenhans*[9] vertretene elitetheoretisch ausgerichtete Ansatz gegenüber, der in den Mitgliedern der Staatsbürokratie eine eigene Klasse sieht, die primär am Eigennutz orientiert ist („Selbstprivilegierung"), in diesem Streben aber durch den Zwang zur Legitimation und zur Abwehr einer „Zirkulation der Eliten" begrenzt wird. Diese Legitimation ist an gesamtwirtschaftliche Erfolge geknüpft, so daß die „invisible hand" bürokratischer und gesellschaftlicher Anreiz- und Sanktionsstrukturen privatistische Strategien in kollektive Nützlichkeit verwandelt.

Die staatstheoretisch bestimmten Ansätze bewegen sich im Dilemma jeden Generalisierungsanspruches, der angesichts der Heterogenität von Konstellationen der Verwaltung/Gesellschaft-Beziehungen in Entwicklungsländern entweder nur auf Kosten der notwendigen Differenzierung erkauft werden kann oder auf fallstudienartige Länder-Beschreibungen reduziert wird, die zwar Differenzierungen zulassen, aber in ihren Generalisierungsmöglichkeiten an den Grenzen international vergleichender Forschungsmethodik scheitern.

Bilanziert man diese Darstellung, so sind es vor allem vier Beobachtungen, die sich aufdrängen:

- Die Beschäftigung der Wissenschaft mit Verwaltungen in Entwicklungsländern folgt in gewissem Sinne einem Pendelschlag; nach Abkehr vom Management- und Organisationstransfer der 50er Jahre wurde in den 60er und 70er Jahren nur noch das Verhältnis Verwaltung/Umwelt bzw. Verwaltung/Gesellschaft thematisiert; gegenwärtig bewegt sich das Pendel zurück zur binnenadministrativen und organisationstheoretischen Verwaltungsforschung, nicht zuletzt stimuliert durch eine geänderte Perspektive in der Entwicklungspolitik der internationalen Organisationen[10];
- die Verwaltungsforschung für Entwicklungsländer steckt noch immer im Versuch-Irrtum-Stadium; zwar liegt eine beeindruckende Fülle von Fallstudien, Beobachtungen erfahrener Entwicklungshilfeexperten und sensiblen Einzelanalysen vor, aber es fehlt ein weitgehend konsensgestütztes Paradigma, wie diese Einzelinformationen zu einem geschlossenen Gedankengebäude verdichtet werden können;
- Verwaltungsforschung für Entwicklungsländer wird primär von Wissenschaftlern der Industrieländer betrieben, Denkmuster, Wahrnehmungskategorien und Beurteilungsraster werden durch deren Herkunft geprägt. Erst sehr langsam werden die Bezugsebenen gewechselt und Verwaltungen auch aus Blickwinkeln und Kontextstrukturen von Entwicklungsländern gesehen – aber auch hier sind Übertreibungen nicht selten, da pauschal relativiert wird und die – aus westlicher Perspektive bewerteten – Dysfunktionalitäten als für Entwicklungsländer funktional gedeutet werden (vgl. das Beispiel der Korruption, *Caiden/Caiden*, 1977, 305 ff.);

– die Forschungsperspektiven sind auf die Beziehungen der Verwaltung zu Entwicklungsaufgaben und dem jeweiligen Gesellschaftssystem gerichtet; es fehlen Ansätze, die die umgekehrte Blickrichtung wählen: Wie werden Verwaltungen strukturell durch die anreizstiftenden und sanktionssetzenden Kontextstrukturen einer Gesellschaft institutionell geformt und in ihrem Verhalten gesteuert? Inwieweit ergeben sich daraus Restriktionen für eine wirksame Verwaltungsreform bzw. Verwaltungshilfe im Rahmen der Entwicklungspolitik?

Am Beispiel der vor allem in Lateinamerika weit verbreiteten und an Zahl zunehmenden autonomen Institutionen soll dem letztgenannten Aspekt hier gleichsam exemplarisch weiter nachgegangen werden. Autonome Institutionen sind dabei insofern ein interessantes Phänomen, als sie zwar Selbstprivilegierungspotentiale (im Sinne *Elsenhans*) in großem Umfange bieten, gleichzeitig aber deren Ausnutzung durch intensivierte Legitimationszwänge einschränken und damit möglicherweise Anreiz-/Sanktionsstrukturen besitzen, die eine effektivere Problembearbeitung sichern. Dies insbesondere deshalb, weil autonome Institutionen überwiegend für Aufgaben der staatlichen Leistungsverwaltung gegründet werden und damit in ihrer Leistungsfähigkeit durch die Öffentlichkeit leichter zu kontrollieren sind.
Die folgende Diskussion sucht zunächst die Besonderheiten autonomer Institutionen vor dem Hintergrund der in der Literatur ausgewiesenen Defizite von öffentlichen Verwaltungen in Entwicklungsländern aufzuzeigen (3), umreißt dann die Funktionalität autonomer Institutionen für mögliche Entwicklungsprozesse (4) und prüft schließlich diejenigen Steuerungsstrukturen, denen autonome Institutionen in ihrer Problemverarbeitungsfähigkeit politisch wie gesellschaftlich unterworfen sind (5). Ein zusammenfassender Hypothesenrahmen zur Wirkungsweise autonomer Institutionen für den Entwicklungsprozeß (6) und daraus abgeleitete Folgerungen für entwicklungspolitische Maßnahmen beschließen diese Ausführungen (7).

3. *Defizite von Verwaltungen im peripheren Staat*

Das noch sehr ungleichgewichtige Schrifttum zur Beschreibung von Defiziten der Staatsverwaltungen in Entwicklungsländern weist – zumindest für Länder mit kapitalistischer Wirtschaftsverfassung – als wesentliche Merkmale (die im einzelnen nach Staatsform, industriellem Entwicklungsstand und soziokultureller Tradition der Länder zu modifizieren sind) folgende *Grobstrukturen* aus:

- Im Gegensatz zu den für Industriegesellschaften entwickelten ,,Idealtypen" einer unpersönlichen, rational handelnden, auf universalistische Werte ausgerichteten Verwaltung dominiert in Entwicklungsändern eine an persönlichen Patronats- und Klientelbeziehungen orientierte, an den Interessen der Amtsinhaber ausgerichtete, externe Interessen internalisierende, eher *parteiisch agierende Verwaltung.* Als Ursachen werden genannt:

– das kulturelle Wertemuster: traditionelle Bindungen, ein feudalistisches Normensystem, fehlende Bindungsfähigkeit gegenüber unpersönlichen Organisationen, Status-Leitbilder u. ä.;

- die ökonomischen Abhängigkeiten: der Autonomiegrad der Verwaltungen ist extrem niedrig; für die meisten Problemlösungen muß die Unterstützung des privatwirtschaftlichen Bereiches eingeholt werden; do-ut-des-Beziehungen der Amtsinhaber dienen als individuelle Versicherung und Zugangsvoraussetzung zu ökonomischen und politischen Ressourcen, damit zur Statusverbesserung; das relativ niedrige Einkommensniveau der politisch-administrativen Institutionen begünstigt dies;
- die politischen Abhängigkeiten: Militär- und Staatsdienst wirken als Substitut für fehlende privatwirtschaftliche Karrieremuster; der Aufstieg erfolgt aber eher nach politischen Kriterien, weniger nach Leistungskriterien, so daß politische Beziehungssysteme an Bedeutung gewinnen, die über wechselseitige Verpflichtungen stabilisiert werden.

• Die *Problemverarbeitungskapazität* der Verwaltung ist *niedrig,* weil einerseits die notwendigen ökonomischen und rechtlich-administrativen Steuerungsmittel fehlen und weil andererseits die Informations- und Konfliktverarbeitungsfähigkeit der administrativen Apparate kaum entwickelt ist:

- Der Staat leidet unter begrenzten finanziellen Ressourcen; einerseits erbringt er Naturalleistungen (Infrastrukturanlagen) und Transferzahlungen (Reduktion sozialer Spannungen durch minimale Sozialpolitiken), andererseits wird ihm der Zugang zu Ressourcen systematisch blockiert (niedrige Besteuerung der Privatwirtschaft, niedrige Steuerbarkeit des Masseneinkommens und Massenkonsums, niedrige Steuermoral der Zensiten, ineffiziente Steuerverwaltung etc.). Die Komplementärstrategie der hohen Staatsverschuldung bringt kaum eine reale Ressourcenumlenkung zugunsten des Staates, weil inflationäre Prozesse entgegenwirken. Wo Ressourcenumlenkung stattfindet, geht sie zulasten des privaten Konsums und wirkt wie eine indirekte Steuer;
- die Einsetzbarkeit von Finanzressourcen und staatlichem Sanktionspotential (administrativ-rechtliche Steuerungsmittel) wird durch zahlreiche Klientelbeziehungen und privatistische Entscheidungen der Amtsinhaber erheblich vermindert: „Typisch" ist der Privilegienhandel, der von Amtsinhabern betrieben wird (Ermessensspielräume der Funktionsträger), eine unterentwickelte, zum Teil abhängige Gerichtsbarkeit, eine inadäquate Verwaltungskontrolle (defiziente Rechnungshöfe) u. ä.;
- das Problembewußtsein der Verwaltung ist niedrig; dies ist z. T. Folge schichtgebundener Rekrutierung (und entsprechender Problemperzeption), z. T. aber auch Folge der eingebauten Anreizstrukturen, die „private-regardingness" honorieren, „public-regardingness" jedoch nicht fördern; andererseits können Probleme faktisch nur von der jeweiligen Leitungsebene aufgegriffen werden, weil die nachgeordneten Stellen fast ausschließlich Vollzugsfunktionen wahrnehmen; dies führt dazu, daß die geringe Problemverarbeitungskapazität der Spitze überlastet wird und Strategien der Problemunterdrückung, -ausblendung und -verschiebung als Ersatzhandlungen verfolgt werden; die Informationsverarbeitung reduziert sich demnach weitgehend auf Stäbe und Verwaltungsspitzen;

– die Konfliktverarbeitungsfähigkeit ist gleichfalls niedrig, auch hier der Autonomieraum der Staatsverwaltung eng begrenzt; die Inhaber von Entscheidungskompetenzen unterliegen persönlichen und politischen Abhängigkeiten und setzen sich dem Risiko der Versetzung oder Ablösung aus, wenn sie nicht-konforme Entscheidungen treffen, d. h. Machtstrukturen unberücksichtigt lassen; die beträchtliche Elitenkonkurrenz (Aufsteiger-Konkurrenz) fördert diese Anpassung zulasten einer alternativen Werteberücksichtigung.

- Schließlich ist die *Innovationsbereitschaft begrenzt*, sofern die Innovationen nicht Prestigeobjekte und symbolische Akte beinhalten (Beispiel: aufwendige Mittel- und Langfristpläne) oder im Interesse dominanter Gruppen liegen:

– Innovationen bringen den Funktionsträgern kaum Vorteile, sondern Kosten (Risiko des Scheiterns; Widerstände); die Fähigkeit, Risiken zu tragen, ist strukturell niedrig (s. o.) und wird von den Anreizstrukturen der Verwaltung nicht gefördert;
– Innovationen werden häufig mit Unterstützung ausländischer Institutionen durchgeführt; zwar resultiert daraus eine Prestigeerhöhung, andererseits konzentriert sich das Interesse der Betroffenen auf den Publizitätswert der Ankündigung der Innovation und weniger auf deren Umsetzung; typisch ist daher eine Diskrepanz zwischen Projektentwurf und Projektimplementation;
– vollzogene Innovationen werden häufig zu Machtinstrumenten umgewidmet (empirisch nachgewiesen für den Einsatz moderner Managementmethoden in der Verwaltung, die von der Verwaltungsleitung zur besseren Kontrolle der Verwaltungsangehörigen, nicht zur besseren Steuerung und Problemverarbeitung genutzt werden).

4. „Entbürokratisierung" durch autonome Institutionen?

Diese keineswegs vollständige Liste von Verwaltungsdefiziten wird in der Literatur üblicherweise aus Kenntnissen über einzelne Behörden und aus intuitiven Erfahrungen mit dem faktischen Verwaltungshandeln in Entwicklungsländern gewonnen. Systematische Untersuchungen liegen kaum vor, wiewohl die genannten Erkenntnisse von hoher Plausibilität getragen sind.

Dabei ist jedoch offen, ob nicht das Gesamtsystem der Verwaltung Strukturen geschaffen hat, die diese strukturellen Defizite partiell reduzieren. Solche Strukturelemente könnten die in Lateinamerika besonders häufig zu findenden autonomen Institutionen sein, denen auch in romanischen europäischen Ländern (Spanien, Italien) eine beträchtliche Bedeutung zukommt.

Autonome Institutionen haben die Qualität von Eigenbetrieben des deutschen Verwaltungsrechts, können jedoch auch wie parafiskalische Organisationen mit dem Recht auf Zwangsabgaben ausgestattet sein. „Autonomie" bedeutet zunächst nur organisatorische Autonomie, nach der diese Einrichtungen administrativ und finanziell weitgehend unabhängig sind. Politisch und wirtschaftlich ist die Autonomie allerdings eingeschränkt:

- Jede autonome Institution wird von einem Aufsichtsrat kontrolliert, der sich aus Vertretern des Staates, z. T. auch der Wirtschaft zusammensetzt;
- in ihrer Input-Verflechtung sind die autonomen Institutionen weitgehend auf die Privatwirtschaft angewiesen;
- soweit soziale Aufgaben übernommen werden, sind die autonomen Institutionen von Staatszuschüssen abhängig;
- Gründungsgesetz und Satzung der autonomen Institutionen werden häufig vom Staat bestimmt;
- die Personalrekrutierung der Spitzenpositionen wird politisch betrieben.

Die autonomen Institutionen sind meist erst zu Beginn dieses Jahrhunderts entstanden; ihre originären *Funktionen* lagen im Bereich der Infrastrukturerstellung. Sinn dieser Konstruktion war es,

- Hoheitsverwaltung und Leistungsverwaltung zu trennen; für die Leistungsverwaltung sollten wirtschaftsnahe Organisationsformen mit hoher Leistungsfähigkeit geschaffen werden;
- zusätzliche Ressourcen zu mobilisieren; die Leistungen sollten nach dem Äquivalenzprinzip wenigstens zum Teil von den Nutznießern entgolten werden;
- eine zu starke Machtballung beim Staat zu verhindern; der Staat sollte nur wenige Ressourcen kontrollieren dürfen; durch eine fragmentierte Organisationssstruktur sollten Steuerungspotentiale reduziert und auf eng begrenzte Problemfelder segmentiert werden.

Diese *manifesten* Funktionen, meist aus der Sicht der Privatwirtschaft definiert, wurden bald von *latenten* Funktionen aus der Perspektive des politisch-administrativen Systems überlagert (vielfach waren die latenten Funktionen die auslösenden Momente zur Gründung autonomer Institutionen). Dazu gehören:

- Autonome Institutionen schaffen eine Vielzahl von leitenden Stellen, über die politisch Einflußreiche gebunden werden können (die aber andererseits Machtbasen für neue Führungskader abgeben);
- autonome Institutionen besitzen durch ihren unmittelbaren Zugriff zu einer klar definierten Klientel (Nutznießer der Leistungen) Kontroll- und Repressionspotential gegenüber sozialen Gruppen (das hängt zwar weitgehend von der Aufgabenstellung der autonomen Institutionen ab, jedoch werden sie im Bereich von Sozialleistungen – sozialer Wohnungsbau, Organisation von Selbsthilfesystemen u. ä. – zur Kontrolle und Disziplinierung sozialer Gruppen instrumentalisiert);
- autonome Institutionen absorbieren Konflikte, etwa über eine Segmentierung von Problemfeldern in viele Einzelprobleme, die isoliert zu bearbeiten sind; „Klassenkonflikte“ werden zu Gruppenbedarfen „operationalisiert“: der Staat tritt Anforderungen nicht mehr gesamthaft entgegen, sondern verlangt Präzisierung der Anforderungen, die dann von den einzelnen Organisationen getrennt bearbeitet werden;
- die Privatwirtschaft hat über autonome Institutionen einen leichteren Zugriff auf staatliche Steuerungsmittel und neigt dazu, sie über do-ut-des-Beziehungen in ihrem Interesse zu instrumentalisieren (Sicherung von Absatzmärkten; Reduktion des Absatzrisikos durch Langfristverträge; Verteilungsgewinne durch überhöhte Preise etc.).

Gleichwohl ist zunächst nicht auszuschließen, daß *autonome Institutionen* durchaus *auch effizienter* zu arbeiten vermögen als staatliche Behörden:

– Die Organisation kann klein gehalten werden, so daß Verwaltungsaufblähungen vermieden werden; zudem ist die Gefahr der Überlastung der Verwaltungsspitze geringer, der Einsatz der in Entwicklungsländern knappen Ressource „Führungspotential" kann wirksamer betrieben werden;
– die Organisation ist problemadäquater zu organisieren; die Organisationsform der Staatsbürokratien, die auf Hoheits- und Interventionsfunktionen ausgerichtet sind, ist zur Leistungserstellung eher ungeeignet;
– autonome Institutionen können untereinander wirksame „Gegenmachtstrukturen" aufbauen, wenn die Leistungsabgaben verschiedener Organisationen komplementär sind; das gilt häufig für Infrastruktur-Institutionen, die funktionsfähigen Output nur erstellen können, wenn andere Organisationen komplementäre Leistungen erbringen; würden die autonomen Institutionen daraufhin wechselseitig ihren Output kontrollieren, könnte das gleichsam als wirksame Interessenvertretung der Infrastruktur-Nutznießer aufgefaßt werden;
– autonome Institutionen können leichter qualifizierte Fachkräfte aus der Wirtschaft rekrutieren als die Staatsbürokratien, sie sind autonom, außertarifliche Gehälter zu zahlen oder zumindest „fringe benefits" anzubieten;
– autonome Institutionen können von der Öffentlichkeit leichter kontrolliert werden; dazu gehört auch, daß Klientelgruppen in der Regel weniger Hemmungen haben, Kontakte zu autonomen Institutionen aufzunehmen als zu staatlichen Behörden (Schwellenangst);
– schließlich können autonome Institutionen für externe Kreditgeber und Entwicklungshelfer effizientere Partner sein, weil sie flexibler auf Hilfsmaßnahmen einzugehen vermögen, die Hilfen zur Erhöhung ihres Status/Prestiges benötigen und folglich auch bereit sind, die Implementation positiv zu unterstützen, und weil sie zudem enge Aufgabenfelder betreuen, so daß die Gefahr der Versickerung von Ressourcen leichter zu kontrollieren ist.

5. *Die Problemverarbeitungsfähigkeit autonomer Institutionen: Der Fall El Salvador*

Diese zunächst nur deduktiv gewonnen Argumente, die im übrigen in ähnlicher Form in der deutschen Diskussion zur Privatisierung öffentlicher Aufgaben vorgebracht werden, sind mit Blick auf die Empirie autonomer Institutionen zu relativieren. Eine 1976/1977 von den Autoren im Auftrag des Bundesministeriums für wirtschaftliche Zusammenarbeit durchgeführte Untersuchung zum sozialen Wohnungsbau (vivienda minima) in Zentralamerika (vgl. *Fürst/Hesse/Niermann* 1976) ließ weniger die Vorteile effizienterer Problemverarbeitung durch autonome Institutionen als vor allem *Desintegrationseffekte* für das gesamte Verwaltungssystem erkennen, die offensichtlich mit der Vielzahl autonomer Institutionen innerhalb des gemeinsamen Politikfeldes verbunden sind. So ist etwa der Wohnungsbau in El Salvador mehrfach segmentiert:

- Die Wohnungsbau-Institutionen kontrollieren nur die finanziellen Ressourcen, nicht aber die Angebotsseite, den Bau- und Bodenmarkt; vielmehr kann dieser durch gezielte monopolistische Praktiken Ressourcen des Wohnungssektors auf sich umlenken, ohne adäquate Gegenleistungen zu erbringen (überhöhte Preisforderungen);
- eine systematische Abdeckung des Wohnungsbedarfs fehlt; jede Institution definiert ihre Klientel über die Kreditvergabekonditionen und die Preise für Häuser (die über sie angeboten werden) selbst; nicht betreute Gruppen werden dadurch noch stärker marginalisiert;
- die finanzielle Ausstattung der einzelnen autonomen Institution ist sehr ungleich geregelt; während einige Liquiditätsüberschüsse horten, ist die für Marginalgruppen allein relevante Genossenschaft ohne ausreichende Mittel. Ein Inter-Institutionen-Finanzausgleich scheitert an der Autonomie der Institutionen;
- die Infrastruktur-Institutionen planen nach eigenen Kriterien; eine Bindung an die Belange des Wohnungsbaus als gesellschaftliche Aufgabe besteht nicht; die hierfür eingesetzte staatliche Kommission kann diese Koordination nicht leisten;
- integrative Politiken werden zwar vom Planungsministerium (zuständig für die Erstellung der fünfjährigen Pläne zur Landesentwicklung; mit erheblicher Autorität des Präsidenten ausgestattet) entwickelt; die Umsetzung liegt jedoch bei den autonomen Institutionen, die kaum gebunden oder sanktioniert werden können: hier dominieren institutionelle und persönliche Eigeninteressen;
- dieser Effekt wird noch dadurch verstärkt, daß die autonomen Institutionen ihre eigene Ressourcenbasis besitzen und – sofern sie Zugang zu externen Kreditgebern haben – sie als Gegenmacht einsetzen können; in Verbindung mit eigenen personalen Beziehungs- und do-ut-des-Netzen führt dies zu einer Verlagerung der Macht an die Peripherie des staatlichen Systems und schwächt das Steuerungs- und Implementationspotential des Staates;
- autonome Institutionen werden zum Teil auch von anderen Ministerien instrumentalisiert, um die ambitiöse Politik des Planungsministeriums und seine Entwicklung zu einem ,,Superministerium" zu bremsen;
- die Privatwirtschaft ist an einer integrativen Einbindung der autonomen Institutionen in die staatliche Problemverarbeitung ebenfalls nicht interessiert. Einerseits wird die Gefahr eines zunehmend interventionistischen Staates befürchtet, falls es dem Planungsministerium gelingt, mehr Zugriff auf Implementationsstrukturen zu erlangen, andererseits würde die Einbindung der autonomen Institutionen in zentrale Politiken die privatwirtschaftlichen Zugriffspotentiale diesen gegenüber reduzieren.

Ergebnis dieser geringen Integration sind Siedlungen, die von den autonomen Institutionen geschaffen wurden, aber wegen fehlender Wasserversorgung und verkehrlicher Anbindung nicht bewohnt werden können; sie stehen dann bis zu einem Jahr (z. T. sogar länger) leer und erleiden Schäden, die der nachträglichen Korrektur bedürfen. Zu den Konsequenzen gehört ferner, daß die seit langem vorliegenden Defizitanalysen zum sozialen Wohnungsbau somit ohne Umsetzung bleiben.

Allerdings zeigt eine auf die Einzelinstitutionen bezogene Betrachtung insofern eine Modifikation, als das Anreizsystem der Institutionen sowohl ,,Selbstprivilegierung" als auch Legitimationszwänge induziert, deren gegengerichtete Wirkungen durchaus positiv bewertbare Steuerungsergebnisse erzeugen können. Sicherlich ist richtig, daß autonome Institutionen besondere *Anreize zur Selbstprivilegierung* bieten:

- Leitungsstellen werden als Pfründe ausgeschöpft, da die Beschäftigungsdauer an der Spitze der Institutionen eng mit politischen Machtveränderungen verknüpft ist (Präsidentenwechsel; Zirkulation von Eliten im militärischen Führungsbereich),

- in engen Verflechtungsbeziehungen zum Bankensystem und angeschlossenen Bauunternehmen werden unkontrollierte Verteilungssysteme institutionalisiert,
- zudem wird der Präsidentenposten einer autonomen Institution in der Einschätzung der Politiker/des Militärs als eine Position gesehen, über die ein wirtschaftlicher und sozialer Aufstieg (weniger der politische) relativ leicht zu erreichen ist.

Darüber hinaus entwickeln autonome Institutionen Strategien, sich der demokratischen Kontrolle, aber auch der *Kontrolle* durch den Zentralstaat faktisch zu *entziehen:*

- Do-ut-des-Beziehungen zu politisch Mächtigen und starken Wirtschaftsgruppen/Einzelunternehmen werden unterhalten und/oder aufgebaut; sie sichern die Position ab, schaffen bei den notorischen Knappheitsverhältnissen Verteilungsvorteile und beschleunigen die Ausschöpfung der Pfründe; dazu gehören auch die engen Verflechtungen zwischen den einzelnen Institutionen, dem Bankensystem und der Bauwirtschaft;
- Kontrollabwehrstrategien dominieren; neben den beschriebenen politischen und wirtschaftlichen Kartellierungspraktiken/Allianzpraktiken herrschen Strategien der Marktsegmentierung und der Beachtung der Domänen anderer Institutionen vor. Zudem werden externe Kontrollen über aggressive Image-Strategien (Pressearbeit; Public Relations-Arbeit) abgeschwächt und die Kooperation mit ausländischen Geldgebern als Beleg für Seriosität und Status gesucht;
- die Kontrolle durch die Klientel wird durch Patronatsstrukturen machtlos gehalten. Über die Kreditpolitik der Institutionen einschließlich der Kreditantragsverfahren, in denen der Antragsteller seine persönlichen Verhältnisse offenlegen muß, gewinnt die Institution Macht über die Klientel, die wiederum in politische Gefolgschaftsbeziehungen umgesetzt werden kann. Das wird dadurch verstärkt, daß wirksame Ergebniskontrollen nicht existieren, so daß die Institutionen unsanktioniert eigene Ziele verfolgen können.

Andererseits aber zwingen der Legitimationsdruck und die Abwehr der „Zirkulation der Eliten" jede Institution, wenigstens ein *Minimum an Effizienz und Output* zu erreichen, weil andernfalls die Gefahr droht, daß

- sie bei zunehmenden sozialen Spannungen anstelle des Staates Konfliktträger wird;
- sie von der – der Oligarchie zugehörigen – Presse negativ beurteilt wird, weil die Oligarchie ein Interesse daran hat, daß effiziente oder doch zumindest „symbolische" Sozialpolitik betrieben wird;
- die politischen Karriere-Chancen der Organisationsleiter sich in dem Maße verschlechtern, wie der Ruf der Institution sinkt;
- die Staatsvertreter Rügen erteilen, weil es der Institution aufgrund schlechten Managements nicht gelingt, die begehrten Entwicklungshilfe-Kredite (v. a. der Weltbank) zu akquirieren.

Nicht zufällig sind die Institutionen daher bemüht, Anstrengungen in der Öffentlichkeit (und gegenüber dem Staat) zu demonstrieren, die der Effizienzsteigerung dienen sollen. Darüber hinaus darf nicht verkannt werden, daß der Staat eher den autonomen Institutionen gegenüber mit Sanktionen aufwarten kann und muß als im Falle der eigenen Behörden. So kann er sich gegenüber Vorwürfen der Öffentlichkeit und der Privatwirtschaft entlasten (Stellvertreterfunktion der autonomen Institution), andererseits auch freie externe „Kontrolleure" hinzuziehen, weil deren kritische Analysen der Defizite dieses Politikbereichs nicht das Staatsprestige tangieren.

6. *Funktionsweise und gesamtstaatliche Funktion der autonomen Institutionen: Ein Hypothesenrahmen*

Ganz offensichtlich beeinflussen die Art und Weise, wie staatliche Aufgaben institutionalisiert werden, ihre Erledigung und damit die Effektivität staatlichen Handelns in konkreten Problemfeldern. Institutionalisierung ist jedoch nur bedingt in das Belieben des Staates gestellt. Gesellschaftsstrukturelle Restriktionen (Wertesystem, Tradition, Macht- und Interessenstrukturen) und systemgebundene Zwänge (Determinanten kapitalistischer Wirtschaftsprozesse) wirken ebenso vorprägend wie die Eigendynamik des Systems von Institutionen selbst, das wildwüchsig und ohne systematische Planung historisch entstanden ist. Die *Funktionalität* eines Institutionensystems ist insofern nicht losgelöst vom jeweiligen gesellschaftlichen Kontext zu analysieren; so ist es sicher nicht zufällig, daß „autonome Institutionen" in Lateinamerika eine so weite Verbreitung gefunden haben.

Andererseits wird auch die *Wirkungsweise* von autonomen Institutionen durch die systemspezifischen Bedingungen (eines konkreten Landes zu einem Zeitpunkt) geprägt, so daß generalisierte Aussagen problematisch werden. Auf dem Erfahrungshintergrund Mittelamerikas aufbauend, sollen im folgenden einige Hypothesen zur Funktion und Wirkungsweise autonomer Institutionen formuliert werden, deren Ableitung aus den gesellschaftsspezifischen Bedingungen hier allerdings nicht vorgetragen werden kann (wir verweisen auf eine frühere Arbeit: *Fürst/Hesse,* 1979).

Autonome Institutionen sind zwar auch in Industrieländern häufiger ausgewiesen. Insbesondere die USA besitzen ein weitausgefächertes System der staatlichen Leistungserstellung über autonome Institute („authorities", „districts", die entweder als halbautonome Sonderbehörden oder Zweckverbände fungieren), und auch in der Bundesrepublik Deutschland werden neue Aufgaben gern auf gesonderte Behörden übertragen. Die bürokratische Rationalität liegt dabei in der Konflikt- und Risikominimierung: Die Angliederung neuer Funktionen an bestehende Ministerien führt dort zu Störungen eines ausbalancierten Macht- und Statussystems. Neue Aufgaben sind zudem in ihrer Umsetzungsproblematik schwer abzuschätzen. Das Risiko des Scheiterns ist politisch leichter zu verarbeiten, wenn es auf gesonderte Behörden/Institutionen übertragen werden kann.

Es ist jedoch fraglich, ob diese *Motivation* auch die autonomen Institutionen in den Entwicklungsländern bestimmt. Eher dürften dort die Unfähigkeit der staatlichen Verwaltung für eine flexible Leistungserstellung (fehlendes Personal, zu viele Hierarchiestufen, Zentralisierung der Steuerung), der Einfluß des Privatkapitals (Staatsfeindlichkeit) sowie der Bedarf an Führungspositionen leitende Motive sein.

Für Mittelamerika ist sicherlich mit-prägend gewesen, daß autonome Institutionen gut in das Wertemuster vorherrschender Patronats-Beziehungen passen und dem „machismo"-Kult entgegenkommen.

In ihrer *Wirkungsweise* werden autonome Institutionen vor allem *durch drei Bezüge bestimmt:* ihre *privatwirtschaftliche Orientierung,* ihre *Kontrollproblematik* und ihren *Autonomiebedarf.*

- Die privatwirtschaftliche Orientierung – Folge der eigenwirtschaftlichen Finanzwirtschaft und der Inputabhängigkeit von privaten Unternehmen – kann zwar die Wirtschaftlichkeit der Leistungserstellung positiv beeinflussen; damit einher geht aber eine systematische Vernachlässigung bzw. Nachrangigkeit nicht-wirtschaftlicher Ziele. Für sozialpolitische Aufgaben liegt darin eine Quelle systematischer Zielverschiebungen.
- Die kontrollierende Gegenmacht der Klientel ist angesichts der politischen Ohnmacht, der wirtschaftlichen Abhängigkeit und der geringen Solidarisierungsfähigkeit der Adressaten der Institutionen unbedeutend; um so stärker wirkt die *Input*kontrolle durch Private, die als „Lieferanten" Einfluß auf die Ressourcenallokation der Institutionen zu nehmen trachten.
- Zwar sind autonome Institutionen formal leichter kontrollierbar als staatliche Behörden: der Zweck der Institution ist operationalisierbar (Leistungsabgabe), die Zielerreichung kann gemessen werden, Fehler sind feststellbar und zurechenbar. Verantwortlichkeiten aber sind politisch schwer bestimmbar, weil die autonomen Institutionen nur Teile eines Problemfeldes bearbeiten, in ihren Ressourcen und Handlungsweisen vom Staat partiell abhängen und häufig auf die komplementären Leistungen anderer Institutionen angewiesen sind. Die Zersplitterung von Problemverarbeitungsstrukturen durch autonome Institutionen reduziert nicht nur die Steuerbarkeit des gesamten Problemfeldes (integrierte Bearbeitung), sondern erschwert auch die Zurechnung politischer Verantwortung.
- Die institutionelle Verselbständigung von Aufgabenträgern führt – in Verbindung mit dem Prinzip der Eigenwirtschaftlichkeit – zu einem für das gesamte Problemfeld abträglichen Autonomiebedarf der zahlreichen einzelnen Institutionen. Das institutionelle Eigeninteresse dominiert absolut; andere Zielausrichtungen werden dem untergeordnet. Das erschwert umfassende Politikformulierungen: Selbst wenn sie über die zahlreichen, auf Veranlassung internationaler Geldgeber ins Leben gerufenen überinstitutionellen Koordinationsgremien zustande kämen, würden sie im Vollzug von den Einzelinstitutionen unterlaufen.

Die auf die Wirkungsweise der einzelnen Institutionen bezogenen Aussagen erhalten jedoch einen anderen Stellenwert, wenn man sie im *System der autonomen Institutionen* sieht und dieses wiederum in seiner *Funktionalität gegenüber dem Gesamtstaat*:

- Autonome Institutionen können Ansätze eines *„funktionalen Föderalismus"* tragen: Funktionaler Föderalismus ist im Gegensatz zum territorialen eine föderale Organisation, welche die politische Vertretung aufgaben-/funktionsbezogen festlegt, nicht territorialbezogen. Im Gegensatz zu Ansätzen des funktionalen Föderalismus in Industrieländern, wo sich dieses Prinzip „von unten", initiiert durch Interessengruppen, durchsetzt und wo territoriale Bindungen durch funktionale Zweckbindungen zunehmend ausgehöhlt werden, wird der funktionale Föderalismus in Entwicklungsländern (sofern es ihn dort überhaupt gibt) „von oben" eingeleitet, u. a. mit dem Ziel, Ansprüche an den Staat institutionell zu *segmentieren*, damit zu *de-politisieren* (Reduktion auf betriebliche Leistungserstellung, bei der die „Kunden" lediglich passive Empfänger sind) und über autonome Institutionen einen wirksameren Zugriff auf die Bevölkerung zu erhalten *(Disziplinierungsfunktion):* Die Bevölkerung, die über finanzielle Abhängigkeiten in autonomen Institutionen engagiert ist, ist weniger geneigt, das staatliche System infrage zu stellen;

– nicht auszuschließen ist eine faktische *sachliche und regionale Zentralisation,* da die autonomen Institutionen Leistungen für ihren Bereich im gesamten Land erbringen, diese aber tatsächlich auf die städtischen Zentren konzentrieren. In den Zentren residiert auch die Organisation selbst, so daß damit zusätzliche Mittel und Kommunikationsnetze auf die Städte (i. d. R.: die Hauptstädte) ausgerichtet werden.
– eine weitere wichtige Funktion der autonomen Institution ist ihre *Fähigkeit,* zusätzliche *Finanzmittel zu mobilisieren:* Sie arbeiten nach dem – politisch leichter legitimierbaren – Äquivalenzprinzip (Abgaben gegen staatliche Leistungen) und lassen damit Abgaben politisch tragbar werden, die ohne die materiellen Anreize der Gegenleistung politische Widerstände ausgelöst hätten;
– zu erwarten wäre deshalb, daß autonome Institutionen *primär* im Bereich derjenigen Staatsfunktionen besonders zahlreich sind, bei denen es um *Sozialleistungen/Daseinsfunktionen* für private Haushalte (und nicht Unternehmen) geht;
– Problemlösungen über autonome Institutionen erzeugen noch prononcierter als in Kompetenzen zersplitterte Staatsadministrationen *„selektive Aufmerksamkeit“.* Die Konsequenz ist, daß Probleme aus ihrem Kontext herausgelöst und isoliert behandelt werden, daß z. B. der soziale Wohnungsbau als sozialpolitisches Problem bearbeitet wird, dessen Ursache im ungenügenden Zugang der breiten Bevölkerung zu Einkommen/Erwerbsmöglichkeiten dagegen ausgeblendet wird;
– über autonome Institutionen laufen schließlich *unkontrollierbare Verteilungsprozesse* ab. Die Leistungsabgabe der autonomen Institutionen begünstigt nicht unbedingt diejenigen Gruppen, die besonders bedürftig sind; eher werden die besser situierten Gruppen favorisiert *(Zielverschiebungen).* Ferner werden über die (für die Stabilität der autonomen Institutionen wiederum notwendigen) do-ut-des-Beziehungssysteme Ressourcen zwischen den autonomen Institutionen und dem Privatkapital umgelenkt, die sozialpolitischen Ziele gehen verloren (z. B. im Wege überhöhter Input-Preise). Schließlich führten das Patronage-Denken und das Aufstiegsdenken derjenigen, die die Institutionen kontrollieren, dazu, daß *privatistische Ziele über sozialpolitische dominieren.*

Pointiert formuliert, lautet die *zentrale These* demnach: Autonome Institutionen können unter bestimmten Voraussetzungen betriebsindividuell höhere Wirtschaftlichkeit erreichen als staatliche Behörden. Damit einher geht jedoch eine Verschiebung der Ziele zugunsten privatistischer und zulasten sozialpolitischer Ziele. Zudem werden Leistungen nicht nach gesamtstaatlichen Erfordernissen erstellt und verteilt, sondern unkoordiniert über politisch nicht legitimierte Steuerungsstrukturen, die als unkoordinierte do-ut-des-Systeme zu kennzeichnen sind, denen auch kein übergreifendes Steuerungssystem wie der Markt Disziplin und Richtung aufzwingt. Für eine gesamtstaatliche Politik, in die die Leistungen der autonomen Institutionen eingepaßt werden müssen, kann die beträchtliche Veto-Macht, die in den autonomen Institutionen ruht, problematische Patt-Situationen provozieren.

7. *Autonome Institutionen als Adressat und Umsetzungsebene entwicklungspolitischer Maßnahmen?*

Kritik an der aktuellen Funktionsfähigkeit und Funktionalität autonomer Institutionen ist jedoch nur die eine Problemebene. Eine erweiterte Fragestellung richtet sich darauf, welche *Entwicklungspotentiale* die autonomen Institutionen für die Entwicklungsländer bereitstellen könnten und inwieweit sie geeignete „counter-parts" für internationale Entwicklungshilfe-Maßnahmen darstellen. Hierzu *zwei abschließende Thesen:*

- Autonome Institutionen könnten – trotz aller Kritik – *Ansätze für eine Dezentralisierung* und damit *stärkere Politisierung* der Staatstätigkeit schaffen. Damit würden möglicherweise politische Gegengewichte im politisch-administrativen Gesamtsystem institutionalisiert, die – wenn auch auf Teilfunktionen beschränkt – Anstoß zur Veränderung etablierter Machtstrukturen darstellen könnten. Auch stützen neuere Entwicklungshilfekonzeptionen, die über die Mobilisierung der gesellschaftlichen Basis Gegenmachtpotentiale aufzubauen suchen, diesen Ansatz. Zumindest scheint der Weg, über einen politischen *„funktionalen Föderalismus"* Machtstrukturen zu pluralisieren, nicht völlig erfolglos, da die Mobilisierung der Bevölkerung leichter über den „funktionalen Föderalismus" mit seiner konkreten Vorteilsverteilung als über den territorialen Föderalismus (mit abstrakterer Vorteilsverteilung für die Bevölkerung) zu erreichen sein dürfte.
- Die Konkurrenz der autonomen Institutionen könnte sie besser (als Ministerien) dazu befähigen, als *„change agents"* für einen sozio-ökonomischen Strukturwandel (Wertewandel in der Bevölkerung; „Humanisierung" des lateinamerikanischen „Manchester-Kapitalismus") wirksam zu werden. Autonome Institutionen könnten damit Partner für externe Entwicklungshilfe-Strategien sein: Sie sind bislang materiell ertragreicher und flexibler als Ministerialbürokratien und leichter für neue Verfahren der Leistungserstellung zu motivieren. Problematisch bleibt allerdings, wie groß der politische Spielraum der autonomen Institutionen tatsächlich sein kann.

Diese Vermutungen sind kritisch zu sehen vor dem Hintergrund der reduzierten Handlungsspielräume und der privatistischen Anreizstrukturen des politisch-administrativen Systems in lateinamerikanischen Entwicklungsländern:

Zum einen zeigen die obigen Ausführungen, daß autonome Institutionen nur sehr begrenzt in der Lage sein werden, politische Gegengewichte gegen privatwirtschaftliche Interessen und staatlichen Konservatismus aufzubauen. Die staatlichen Eliten werden dezentrale Gegenmachtentwicklungen nicht dulden – die häufig nur marginale staatliche Beteiligung an Selbsthilfe-Organisationen macht das deutlich (Selbsthilfe-Organisationen könnten neue Werte und neue politische Orientierungen vermitteln, die zulasten des Staates „delegitimatorisch" wirken). Darüber hinaus sind autonome Institutionen über ihre finanzielle, personelle und leistungsbezogene Abhängigkeit von Staat und Privatwirtschaft leicht zu disziplinieren – „privatistische" Verhaltensweisen der Institutsleitung werden demgegenüber hingenommen. Schließlich wird der Staat in lateinamerikanischen Entwicklungsländern stärker als in ausdifferenzierten Industrieländern privatwirtschaftlich instrumentalisiert – die Korporatismus-Diskussion in Lateinamerika, der systemstabilisierende Stellenwert von Korruptionsbeziehungen, die

Rolle des Staates als soziale Befriedungs-Institution (Kanalisierung von Aufstiegsinteressen der Mittelschichten, Kontrolle der Massen über staatliche Organisationsmacht und sozialpolitische Minimalprogramme u. ä.) lassen diese Zusammenhänge erkennen. Es wäre eine der Aufgaben verwaltungswissenschaftlicher Forschung, diesen restriktiven Rahmen zumindest in seinen Grobstrukturen aufzudecken und bei der Vorteils-Nachteils-Abwägung der Funktion autonomer Institutionen zu berücksichtigen.
Dies gilt umso mehr, als bereits das Beispiel der autonomen Institutionen zeigt, daß die sich auch in der Bundesrepublik intensivierende Diskussion zum Thema „Bürokratie und Unterentwicklung" einer wesentlich größeren Differenzierung bedarf, als dies bislang der Fall zu sein scheint. Die skizzierten, meist negativen Erfahrungen mit einer vergleichsweise simplen, auf die umstandslose Übertragung von Management- und Organisationskonzeptionen abzielenden Entwicklungspolitik sollten hier warnen.

Anmerkungen

1 Kulminierend in dem UN Handbook of Public Administration, 1961: Current Concepts and Practices with Special Reference to Developing Countries, New York
2 Einflußreiche Mitglieder der Gruppe waren u. a.: *Braibanti, Esman, Heady, Montgomery, Pye, Riggs, Siffin, Swerdlow, Thurber, Waldo*
3 Der Eingriff geht angeblich auf *Weidner* (1962) zurück (*Steiffert*, 1981, 38), wird aber auch von *Gant* (1979, xi) und *Esman* (1963) reklamiert
4 Überblick: *Steiffert*, 1981
5 Abgedruckt in der Nov./Dez.-Ausgabe von Public Administration Review 36 (1976), S. 615–54; die härteste Kritik wurde dabei von *Loveman* vorgetragen.
6 Neben gesellschaftsspezifischen Tradtitionseinflüssen werden Einflüsse der wirtschaftlichen Ressourcen- und Knappheitsverteilung, der gesellschaftlichen Herrschafts- und Kontrollstrukturen, der gesellschaftlichen Spannungslinien (ethnische, religiöse, regionale und ökonomische Basiskonflikte) sowohl zur Bestimmung von Struktur und Funktionsweise der Verwaltung als auch zur Rückwirkung der Verwaltung hierauf untersucht.
7 Eine humanistisch ausgerichtete Verwaltungsforschung mit partizipatorischer Ausrichtung und höherer Sensibilität für kulturbedingte Besonderheiten wurde zur „neuen" Richtung erklärt (vgl. auch *Waldo*, 1971)
8 Zu letzterem gehören Arbeiten zu oligarchischen Herrschaftsstrukturen, autoritativen Steuerungsstrukturen („regimes") und korporatistischer Willensbildung (vgl. *Collier*, 1979; *Malloy*, 1977; *O'Donnell*, 1973)
9 Elsenhans hat den Ansatz in mehreren Veröffentlichungen ausdifferenziert (*Elsenhans*, 1976, 1977).
10 Beispiele: Die Vereinten Nationen haben Ende der 70er Jahre das Thema „Verwaltung in Entwicklungsländern" wieder aufgegriffen (UN: Survey of Changes and Trends in Public Administration and Finance for Development, 1975–1977); die Weltbank hat 1979/1980 administrative Implementationshemmnisse als Problemfeld der Entwicklungspolitik wiederentdeckt (vgl. Report of a Task Force on: The Bank and Public Administration in Developing Countries, Washington D.C.: World Bank, April 28, 1980; s. auch *John D. Montgomery*, Administrative Analysis for Development Decisions Comments on Seven World Bank Studies, Cambridge: Harvard, March 31, 1980 (Bericht über die erwähnte Task Force)).

Literaturverzeichnis

Baaklini, A., 1973: Comparative Public Administration: The Persistence of an Ideology, in: Journal of Comparative Administration, 5, 109–33

Caiden, G. E., N. J. Caiden, 1977: Administrative Corruption, in: Public Administration Review, 37, 301–09

Collier, D., (Hrsg.), 1979: The New Authoritarianism in Latin America, Princeton: Princeton U. P.
Elsenhans, H., 1976: Zur Rolle der Staatsklasse bei der Überwindung von Unterentwicklung, in: *A. Schmidt*, (Hrsg.), Strategien gegen Unterentwicklung. Zwischen Markt und Eigenständigkeit, Frankfurt, 250–65
Elsenhans, H., 1977: Die Staatsklasse/Staatsbourgeoisie in den unterentwickelten Ländern zwischen Privilegierung und Legitimationszwang, in: Verfassung und Recht in Übersee, 29–42
Elsenhans, H., 1981: Abhängiger Kapitalismus oder bürokratische Entwicklungsgesellschaft. Versuch über den Staat in der Dritten Welt, Frankfurt/New York
Esman, U. J., 1963: The Politics of Development Administration. Comparative Administration Group – Occasional Paper, Bloomington
Esman, U. J., 1980: Development Assistance in Public Administration: Requiem or Renewal, in: Public Administration Review, 40, 426–31
Evers, T. T., 1977: Bürgerliche Herrschaft in der Dritten Welt. Zur Theorie des Staates in ökonomisch unterentwickelten Gesellschaftsformationen, Köln
Fürst, D., J. J. Hesse, M. Niermann, 1976: Organisation und Finanzierung des Wohnungsbaus in El Salvador, Konstanz/Darmstadt
Fürst, D., J. J. Hesse, 1979: Autonome Institutionen im Verwaltungssystem von Entwicklungsländern, unveröffentl. Manuskript, Düsseldorf
Gant, G. F., 1979: Development Administration: Concepts, Goals, Methods, Madison/Wisc.
Hanisch, R., R. Tetzlaff, (Hrsg.), 1981: Staat und Entwicklung, Frankfurt/M.
Ilchman, W. F., 1971: „Comparative Public Administration" and „Conventional Wisdom", Beverly Hills
Jones, G. N. 1976: Frontiersmen in Search for the „Lost Horizon". The State of Development Administration in the 1960s, in: Public Administration Review, 99–110
König, K., u. a., 1981: Zur entwicklungspolitischen Zusammenarbeit mit der latein-amerikanischen Steuerverwaltung, in: Verwaltungsarchiv, 317–32
Loveman, B., 1976: The Comparative Administration Group, in: Public Administration Review, 36, 616–21
Malloy, J. M., (Hrsg.), 1977: Authoritarianism and Corporatism in Latin America; Pittsburgh
Marini, F., (Hrsg.), 1971: Toward a New Public Administration – The Minnowbrook Perspective, Scranton
Nohlen, D., F. Nuscheler, (Hrsg.), 2. Aufl., 1982: Handbuch der Dritten Welt, Bd. 1, Hamburg
O'Donnell, G. A., 1973: Modernization and Bureaucratic Authoritarianism: Studies in South American Politics, Berkeley
Oberndörfer, D., (Hrsg.), 1981: Verwaltung und Politik in der Dritten Welt, Berlin
Oberndörfer, D., (Hrsg.), 1977: Kommunalverwaltung in Mittelamerika, Mainz
Riggs, F. W., 1956: Public Administration: A Neglected Factor in Economic Development, in: Annals of the American Academy of Political and Social Sciences, Bd. 305, 70–80
Siffin, W. I., (Hrsg.), 1956: Toward the Comparative Study of Public Administration, Bloomington/Ind.
Simonis, G., 1981: Der Staat im Entwicklungsprozeß peripherer Gesellschaften – Die Schwellenländer im internationalen System, Konstanzer Habilitationsschrift
Steiffert, H. G., 1981: Forschungsansätze zu „Verwaltung und politische Entwicklung", in: *D. Oberndörfer*, (Hrsg.), Verwaltung und Politik in der Dritten Welt, Berlin, 29–57
Waldo, D., 1972: Developments in Public Administration, in: The Annals of the American Academy of Political and Social Sciences, Bd. 404, 217–45
Wolff, J. H., 1977: Planung in Entwicklungsländern. Eine Bilanz aus politik- und verwaltungswissenschaftlicher Sicht, Berlin
Wolff, J. H., 1982: Bürokratische Politik und Verwaltung: der Fall Kolumbien, Berlin

4. Arbeitsfelder II: Politikbereichs-Analysen

Zur Effizienz der Arbeitsmarktpolitik: Ein Plädoyer für einen Schritt zurück und zwei Schritte voran

Günther Schmid

1. Einleitung

Politik- und verwaltungswissenschaftliche Analysen im Bereich Arbeitsmarktpolitik sind vergleichsweise neu. Der naheliegendste Grund ist auch der wichtigste: Arbeitsmarktpolitik spielte in den fünfziger, vor allem in den sechziger Jahren kaum eine Rolle. Während in Schweden die Gewerkschaftsökonomen *Gösta Rehn* und *Rudolf Meidner* schon in den fünfziger Jahren der Arbeitsmarktpolitik eine selbständige wirtschafts- und sozialpolitische Rolle zuwiesen (*Meidner* 1980), veranlaßte in der Bundesrepublik erst die Rezession von 1966/67 die Parteien, vor allem die Sozialdemokraten, zu Überlegungen einer aktiven Arbeitsmarktpolitik; diese schlugen sich dann in einem beeindruckend geschlossenen Gesetzeswerk, dem Arbeitsförderungsgesetz (AFG) von 1969, nieder.

Auch in der Arbeitsmarktpolitik spielte sich dann ein Paradigmenwechsel der Forschung ab, wie er von *Renate Mayntz* (1980: 1 ff.) für andere Politikbereiche beschrieben wurde: Solange fraglich war, ob eine Regierung überhaupt willens und fähig ist, Programme mit reformpolitischen Zielsetzungen zu entwickeln und konkret zu verfolgen, standen konsequenterweise die politischen Handlungsspielräume bei der Wahl von Politikinhalten im Vordergrund des Interesses. Repräsentative Beispiele dafür sind die Studien von *Claus Offe* (1975) zur Berufsbildungsreform und von *Blankenburg/Treiber/Schmid* (1976) zur Entstehung des AFG. Mit zunehmender Dauer der Programmerfahrungen, vor allem jedoch mit zunehmender Verschlimmerung der Arbeitsmarktlage, verschob sich das Interesse zwangsläufig auf die Frage, wie die Absichten des Gesetzgebers nun auch praktisch realisiert werden. Politisch-ökonomische Ansätze konzentrierten sich dabei auf die Frage der möglichen Steuerungsinstrumente und der Angemessenheit des Instrumentariums im Vergleich zu den Arbeitsmarktproblemen (*Lutz/Sengenberger* 1974; *Schmid* 1975; *Schmid* 1980 b), während verwaltungswissenschaftlich orientierte Ansätze naturgemäß die Fragen der optimalen Umsetzung und des Vollzugsdefizits in den Vordergrund stellten (*Blankenburg*, 1979; *Hjern/Porter* 1979, *Scharpf* u. a. 1982).

Mit Beginn der achtziger Jahre verschlechterte sich die Arbeitsmarktlage noch einmal drastisch: Dauerhafte Massenarbeitslosigkeit bedroht nun akut die Stabilität des politischen Systems und stellt die Politik- und Verwaltungswissenschaft vor neue Herausforderungen. Die sichtbare Handlungskrise der Regierungskoalition rückt die Frage nach den politisch-institutionellen Handlungsbedingungen für die erfolgreiche Bekämpfung von Massenarbeitslosigkeit wieder in den Vordergrund (*Scharpf* 1981). Infolge der steigenden Ausgaben für Arbeitsmarktpolitik und der sich zuspitzenden Finanzkrise des Staates gewinnen gleichzeitig Fragen der Wirksamkeit und Effizienz von Maßnahmen an Bedeutung, dies um so eindringlicher, je mehr Arbeitsmarktpolitik um knappe Mittel mit anderen Politikbereichen konkurrieren muß.

Luhmanns „opportunistische Strategie" des politischen Themenwechsels ist in einer nahezu alle Bereiche umfassenden Krise obsolet geworden (*Luhmann* 1968: 723). Bei schmalen oder gar negativen Wachstumsspielräumen muß Politik in der Lage sein, Reformen durchzusetzen, die Opfer oder wenigstens Anpassungswillen auch von gut organisierten Interessen abverlangen. Prioritäten können nicht länger „opportunistisch" gewählt werden, indem mal den einen Interessen der Vorrang vor den anderen gegeben, den nicht berücksichtigten Interessen jedoch zumindest der Status quo garantiert wird; Prioritäten müssen heute durch Ausscheiden oder Einschränkung von alternativen Interessen bewußt entschieden und durchgehalten werden. Dazu sind möglichst präzise Informationen über die ökonomischen und sozialen Auswirkungen der zur Entscheidung stehenden Maßnahmen erforderlich.

Dies darf jedoch nicht als technokratischer Entscheidungsmechanismus mißverstanden werden. Wirkungs- und Effizienzanalysen ersetzen politische Auseinandersetzungen und Entscheidungen nicht. Sie sind aber politisch nützlich in der Funktion, Tatbestände festzustellen und damit das Feld des politisch Unstreitigen zu erweitern und die politische Auseinandersetzung auf relevante Kontroversen einzugrenzen. Effizienzanalysen sind auch hilfreich im Aufzeigen von Handlungsoptionen und im Bewußtmachen ihrer Konsequenzen. Wirkungsforschung kann schließlich ein Korrektiv gegenüber der „Common Sense Logik" der politischen Diskussion bilden, die oft unmittelbare Erfahrungen gegenüber allgemeinen Tendenzen überbetont. Die Aufklärung komplexer statistischer Zusammenhänge und die Aufdeckung der oft kontraintuitiven Wirkungen gut gemeinter Programme ist deshalb auch hier unerläßliche Voraussetzung für die zutreffende Situationseinschätzung und damit für eine potentiell realitätsangemessene Politik (*Scharpf/Schmid* 1981: 234).

Im folgenden beschränke ich mich auf die Aspekte der Wirksamkeit und Effizienz arbeitsmarktpolitischer Maßnahmen mit besonderer Berücksichtigung eines der klassischen Instrumente aktiver Arbeitsmarktpolitik, der Förderung beruflicher Weiterbildung.[1] Zunächst wird kurz der quantitative Umfang der Arbeitsmarktpolitik in den vergangenen 15 Jahren aufgezeigt. Nach grundsätzlichen Überlegungen zu einem der Arbeitsmarktpolitik angemessenen Effizienzbegriff werden die verschiedenen Kriterien und Bedingungen der Effizienz arbeitsmarktpolitischer Instrumente entwickelt. Dieser effizienzanalytische Bezugsrahmen wird dann am Instrument der Förderung beruflicher Weiterbildung beispielhaft angewendet. Es läßt sich zeigen, daß dieses Instrument wie auch die Arbeitsmarktpolitik im allgemeinen einen erheblichen Beitrag zur Reduzierung der Arbeitslosigkeit, zur Verbesserung der Funktionsweise von Arbeitsmärkten und zur Verbesserung der individuellen Chancen auf dem Arbeitsmarkt geleistet hat. Die jüngsten politischen Entscheidungen zur Reduzierung dieser Leistungen waren falsch. Dem erzwungenen „Schritt zurück" müssen bald „zwei Schritte vor" folgen; Voraussetzung dafür ist allerdings ein Ausbau der arbeitsmarktpolitischen Infrastruktur, dessen Zielrichtung abschließend angedeutet wird.[2]

2. *Was ist effiziente Arbeitsmarktpolitik?*

Im Jahre 1965 verausgabte die Bundesanstalt für Arbeit (BA) 1,6 Mrd. DM, das waren 0,35 % des Bruttosozialprodukts (BSP). Im Jahre 1973 hatte sich dieses Niveau schon verdoppelt (0,74 % des BSP) und eine weitere Verdoppelung erfolgte bis 1980 (1,5 % des BSP). Während im Zeitraum von 1973–80 das BSP nominal um 63 % anstieg, kletterten die Ausgaben für Arbeitsmarktpolitik um 233 %. Diese Entwicklung ist nur zum Teil auf die Arbeitslosengelder zurückzuführen, die infolge der Verschlechterung der Arbeitsmarktlage zu zahlen waren. Die Ausgaben für aktive Arbeitsmarktpolitik, d. h. Ausgaben für Vorbeugung und Bekämpfung von Arbeitslosigkeit, haben mit diesem Wachstumstempo nahezu Schritt gehalten: Sie stiegen von 4,5 Mrd. DM 1973 auf 11 Mrd. DM im Jahre 1980, nominal also um gut 144 %.

Wie steht es mit der Effizienz dieser Maßnahmen? Hat sie sich mit den steigenden Ausgaben gebessert, ist sie gleich geblieben oder unterlag sie dem „Gesetz des fallenden Grenznutzens"? Unter welchen Kontextbedingungen und im Hinblick auf welche Zielsetzungen sind diese Instrumente effizient? Die Beantwortung dieser Fragen setzt einige begriffliche Überlegungen voraus.

Die strengen Effizienzregeln der ökonomischen Theorie (u. a. *Gramlich* 1981) setzen voraus, daß Nutzen und Kosten vollständig *und* mit einem einheitlichen Maßstab (z. B. Geldeinheiten) gemessen werden können. Ebenso müssen die Opportunitätskosten bekannt sein. Das ist für die Instrumente der Arbeitsmarktpolitik ausnahmslos nicht möglich. In den meisten Fällen können die Kosten zwar ziemlich eindeutig bestimmt werden, die Nutzen und erst recht die Nutzen/Kostenvergleiche entziehen sich jedoch aus verschiedenen Gründen einer genauen Messung. Zum einen ist es die Vielfalt der Zielsetzungen: Nicht nur ein hoher Beschäftigungsstand ist zu erzielen, sondern es sollen auch Fähigkeiten und Neigung, gerechte Einkommensverteilung, Stabilität oder familienpolitische Erwägungen berücksichtigt werden. Andererseits sind Nebenwirkungen wie Verdrängung, Rotationsarbeitslosigkeit, Mitnehmereffekte und Drogeneffekte (*Schmid* 1980 b: 129) schwer festzustellen, und die Opportunitätskosten sind ebenfalls meistens unbekannt. Zum zweiten ist die Zuordnung von Ursache (politischer Intervention) und Wirkung meist nicht eindeutig klärbar, weil viele Einflußfaktoren gleichzeitig und oft wechselwirkend existieren und Effekte über Umwege erst mit zeitlicher Verzögerung sichtbar werden.

Dort, wo die Beschäftigungseffekte einigermaßen eindeutig sind, kann die Kosten/Wirksamkeits-Methode Anwendung finden, d. h., man stellt den – in welcher Einheit auch immer – gemessenen Effekten die Kosten gegenüber und wählt bei gleichen Effekten die kostengünstigere Maßnahme (*Rossi* et al. 1979: 273 ff). In allen anderen Fällen müssen plausible Überlegungen an die Stelle exakter Messungen treten, und Für und Wider müssen im Diskurs abgewogen werden. Man könnte diese Art von plausibler Effizienzanalyse mit einem Gerichtsprozeß vergleichen, in dem Indizien gesammelt werden, und in dem über Schuld und Unschuld – die ja in der Regel nicht eindeutig feststellbar sind – nach bestimmten Regeln *und* nach einem legitimitierten Verfahren entschieden wird. Derartige Regeln und Institutionen haben sich freilich in der sozialwissenschaftlichen Wirkungsanalyse noch nicht etabliert, und ich will diesen Gedankengang hier auch nicht weiter verfolgen. Es wäre jedoch denkbar, solche Regeln in Analogie zur rigorosen Nutzen/Kosten-Analyse, verknüpft mit demokratischen Wahl- und Entscheidungsverfahren und eventuell mit eigens damit befaßten Institutionen zu entwickeln.[3]

Zusammenfassend läßt sich feststellen, daß Analysen zur Effizienz der Arbeitsmarktpolitik aus Gründen der komplexen Zielsetzung, der begrenzten Möglichkeiten der Messung und des Nutzen/Kosten-Vergleichs sich mit einem pragmatischen und ungenauen Effizienzbegriff begnügen müssen: Eine Arbeitsmarktpolitik ist als effizient zu bezeichnen, wenn sie ihre Ziele im Vergleich zu anderen Instrumenten mit möglichst geringem Aufwand erreicht und möglichst wenig Nebenziele verletzt;[4] Zielerreichung, Nebenwirkungen sowie die Zuordnung von Ursache und Wirkung sind meist nur in Annäherung bestimmbar. Wichtiger als Meßgenauigkeit ist die Einbeziehung aller Zieldimensionen und Nebenwirkungen.

3. Kriterien und Bedingungen der Effizienz arbeitsmarktpolitischer Instrumente

Die Wirksamkeit der Arbeitsmarktpolitik muß also unter mehreren Gesichtspunkten beurteilt werden, die hier nur postulativ eingeführt und kurz beschrieben werden können: Beschäftigungswirkung (1), Soziale Sicherung (2), Allokationswirkung (3), Verteilungswirkung (4), integrative Wirkung (5) und gesellschaftspolitische Wirkung (6).

(1) *Beschäftigungspolitisch* soll aktive Arbeitsmarktpolitik Arbeitslosigkeit vermeiden, die Schaffung zusätzlicher Arbeitsplätze unterstützen oder selbst übernehmen. Die originären Instrumente dafür sind Kurzarbeit, die Förderung der ganzjährigen Beschäftigung in der Bauwirtschaft und Arbeitsbeschaffungsmaßnahmen, Fortbildung und Umschulung im Falle von Qualifikationsengpässen und Mobilitätshilfen bei ungenügender geographischer Mobilität; dazu zählen auch „marginale“ Lohnkostenzuschüsse, d. h. die Subventionierung zusätzlicher oder vorgezogener Beschäftigung.

(2) Unter Gesichtspunkten der *sozialen Sicherung* soll Arbeitsmarktpolitik bei Verlust des Arbeitsplatzes oder bei einer arbeitsmarktpolitisch bedingten Beendigung eines Beschäftigungsverhältnisses (etwa zwecks Fortbildung oder Umschulung) das Einkommen durch Arbeitslosengeld, Arbeitslosenhilfe, Konkursausfallgeld (seit 1974) oder Unterhaltsgeld bis zu einem bestimmten Umfang sichern. Im Falle der Arbeitsunfähigkeit soll bei aussichtsreicher beruflicher Rehabilitation der Unterhalt ebenfalls gesichert werden.

(3) *Allokationspolitisch* soll Arbeitsmarktpolitik für einen möglichst produktiven Einsatz des Faktors Arbeit sorgen. Die typischen Instrumente dafür sind Informations-, Beratungs- und Vermittlungsdienste, sowie die Förderung der beruflichen und regionalen Mobilität; Kurzarbeit und Arbeitsbeschaffungsmaßnahmen haben jedoch ebenfalls erhebliche allokative Nebenwirkungen.

(4) Unter *verteilungspolitischen* Gesichtspunkten sollen ungleiche Beschäftigungs- und damit Einkommenschancen kompensiert werden. Das originäre Instrument dafür sind die Eingliederungsbeihilfen, aber auch die Arbeitsbeschaffungsmaßnahmen können dazu gerechnet werden, insofern sie zielgruppenspezifisch (z. B. für Teilzeitarbeit suchende Frauen, ältere und langfristig Arbeitslose) und/oder regional gezielt eingesetzt werden. Auch die berufliche Weiterbildung erhält – wie noch gezeigt wird – zunehmend verteilungspolitische Funktionen. In diesem Zusammenhang wären auch Arbeitsplatzverteilung (job-sharing) und Arbeitszeitverkürzung als mögliche Instrumente zu nennen; bisher haben in der Bundesrepublik jedoch nur die flexible Altersgrenze und das vorgezogene Altersruhegeld eine nennenswerte arbeitsmartkpolitische Bedeutung erlangt.

(5) Erwerbsarbeit ist nicht nur als Einkommensquelle zu sehen, sondern auch als Medium der sozialen Integration und Kommunikation. *Integratives* Ziel der Arbeits- und Sozialpolitik ist es daher, z. B. Behinderte und ethnische Minderheiten so weit wie möglich in die Gesellschaft und damit auch in das Arbeitsleben zu integrieren. Auch die Gleichstellung der Frau erfordert eine erheblich verbesserte Abstimmung von Beruf und Familie. Die integrative Zielsetzung kann vor allem mit der allokativen Zielsetzung in Konflikt geraten und umgekehrt. Die in jüngster Zeit feststellbaren Ausgliederungstendenzen „marginaler Erwerbspersonen" – insbesondere von Älteren und Leistungsgeminderten – haben möglicherweise produktivitätsfördernd gewirkt, sozialpolitisch jedoch erhebliche desintegrative Tendenzen gefördert. Sind z. B. altersgerechte Arbeitsplätze einmal abgebaut, dann sind die Schwierigkeiten groß, ein Unternehmen wieder dazu zu bringen, mehr Ältere einzustellen. Originäre Instrumente der Arbeitsmarktpolitik in diesem Zusammenhang sind wiederum die berufliche Rehabilitation, die Förderung der Einstellung von Behinderten und Älteren durch Quotenregelung bzw. durch Lohnkostenzuschüsse, neuerdings auch die Förderung von Teilzeitarbeitsplätzen und der beruflichen Bildung von Frauen in traditionellen Männerberufen.

(6) Erwerbstätigkeit ist nicht nur Mittel zur Erzielung von Einkommen und sozialer Integration, sondern auch Mittel der Selbstverwirklichung und Gestaltungsfeld individueller Freiheit. Die Effizienz der Arbeitsmarktpolitik ist *gesellschaftspolitisch* an dem erreichten Grad individueller Wahlfreiheit, Selbst- und Mitbestimmung sowie an der Vielfalt der Alternativen zu messen. Als originäre arbeitssmarktpolitische Instrumente sind hier die Berufs- und Arbeitsberatung sowie die Arbeitsvermittlung zu nennen. In tendenziellem Konflikt mit diesem Kriterium steht z. B. die Beschränkung des Anspruchs auf soziale Sicherung, insofern über die Bedingung der „zumutbaren Arbeit"

individuelle Einschränkungen der Berufs- und Arbeitsplatzwahl erzwungen werden können. Ein anderes Beispiel sind Arbeitsbeschaffungsmaßnahmen, wenn ihre Arbeitsangebote sehr eingeschränkt und die Arbeitsbedingungen schlecht sind.

Die Instrumente der aktiven Arbeitsmarktpolitik[5] haben in der Regel zwar zielfunktionale Schwerpunkte, die Auswirkungen betreffen aber meistens mehr oder weniger das ganze Zielspektrum, und in einigen Fällen sind Zielkonflikte oder gar Unvereinbarkeiten zu erwarten.

Während diese Zieldimensionen die normativen Beurteilungskriterien für die Effizienz der Arbeitsmarktpolitik darstellen, ist die Erfolgswahrscheinlichkeit der Arbeitsmarktpolitik von dem Handlungsfeld abhängig, das die Probleme bzw. den Anlaß staatlicher Intervention erzeugt hat und das die Bedingungskonstellation für den Handlungserfolg darstellt. Dazu gehören die Verhaltensdisposition der Teilnehmer auf dem Arbeitsmarkt, die Implementationsstruktur und vor allem die Problemstruktur, d. h. die Faktoren, die Ungleichgewichte auf dem Arbeitsmarkt erzeugen. Von zentraler Bedeutung für die Arbeitsmarktpolitik sind vor allem die Ursachen der Arbeitslosigkeit. In der Literatur hat sich die folgende Ursachentypologie durchgesetzt: friktionelle, saisonale und konjunkturelle, strukturelle und wachstumsdefizitäre Arbeitslosigkeit (*Schmid* 1980 a: 23 ff.). Obwohl es keine eindeutige Zuordnung zwischen Instrumenten und Ursachen (Problemstruktur) gibt, sind einige Wirkungszusammenhänge jedoch evident: Arbeitsberatung und Vermittlung zielen offensichtlich primär auf Reduzierung oder Vorbeugung friktioneller und struktureller Arbeitslosigkeit; Kurzarbeitergeld als Überbrückung kurzfristiger Nachfrageausfälle ist vor allem auf den Ursachentyp „konjunkturelle Arbeitslosigkeit" zugeschnitten (branchenübliche saisonale Nachfrageausfälle dagegen sind rechtlich von der Möglichkeit der Kurzarbeit ausgeschlossen); dagegen haben die Maßnahmen zur ganzjährigen Beschäftigung in der Bauwirtschaft (Wintergeld, Schlechtwettergeld) eindeutig saisonalen Charakter, und auch die Arbeitsbeschaffungsmaßnahmen waren – zumindest nach der älteren Konzeption – eher auf konjunkturelle Arbeitslosigkeit zugeschnitten, haben jedoch mit der Strukturalisierung der Arbeitslosigkeit zunehmend verteilungspolitische Funktionen übernommen.

Das folgende Schaubild versucht, Zieldimensionen und Problemstruktur als Effizienzbedingungen arbeitsmarktpolitischer Instrumente in einer Synopse zusammenzufassen. Die Zuordnungen folgen überwiegend den funktionalen Zielbestimmungen im Arbeitsförderungsgesetz (AFG) und nehmen einige Ergebnisse der Effizienzuntersuchungen vorweg. Bei der Betrachtung der Synopse sind zunächst folgende Auffälligkeiten zu vermerken: In der funktionalen Perspektive, also zeilenweise, ist zu beobachten, daß die arbeitsmarktpolitischen Instrumente vor allem die Funktion der sozialen Sicherung haben; die nächstbedeutende Funktion ist die allokative Wirkung, die in einigen Fällen – etwa bei den Eingliederungsbeihilfen oder bei der Kurzarbeit – auch negative Tendenzen aufweist, auf die ich später noch zu sprechen komme; die einzigen unmittelbar beschäftigungswirksamen Maßnahmen sind das Kurzarbeitergeld, die Maßnahmen zur ganzjährigen Beschäftigung in der Bauwirtschaft, die Arbeitsbeschaffungsmaßnahmen und die berufliche Weiterbildung im Falle qualifikationsbedingter Engpässe.

Schaubild 1: Synopse der Zieldimensionen und Problemstruktur als Effizienzbedingungen der wichtigsten arbeitsmarktpolitischen Instrumente der Bundesrepublik

Instrumente / Zieldimension	Arbeitslosengeld, Arbeitslosenhilfe				Arbeitsberatung und -vermittlung				Fortbildung, Umschulung (FuU)a)				Forderung d. Arbeitsaufnahme (ohne EB)				Eingliederungsbeihilfen (EB)				berufliche Rehabilitation[b)]				Kurzarbeitergeld (Kug)				Winter- u. Schlechtwettergeld				Arbeitsbeschaffungsmaßnahmen (ABM)			
	F	K	S	W	F	K	S	W	F	K	S	W	F	K	S	W	F	K	S	W	F	K	S	W	F	K	S	W	F	K	S	W	F	K	S	W
(1) Beschäftigungswirkung		+			+	+	+			+	++	+						+				+			+	++				++				+	++ —	+ —
(2) Soziale Sicherheit	++	++	++	+	+	+	+			+	++	+	+	+	+			+	+			+			+	++				+				+	+	+
(3) Allokative Wirkung					++	+	++			+	++	+	++	+	+			—	—						+	+	—	—		+				+ —	+ —	+ —
(4) Verteilungswirkung										+ —	+	+ —						++	++			+			+	++ —								+	++ —	+
(5) Integrative Wirkung	+ —	+ —	+ —							+	+							+	+			++				++ —								+	+ —	+ —
(6) Gesellschaftspol. Wirkung	+	+ —	+ —		+	+	+			+	+		+					+ —	+ —			+				+								+ —	+ —	+

F = friktionelle Arbeitslosigkeit, K = saisonale u. konjunkturelle Arbeitslosigkeit, S = strukturelle Arbeitslosigkeit,
W = wachstumsdefizitäre Arbeitslosigkeit

++ = positive Wirkung; + = tendenziell positive Nebenwirkung;
—— = negative Wirkung; — = tendenziell negative Nebenwirkung.

a) inklusive betriebliche Einarbeitung (Einarbeitungszuschüsse nach § 49 AFG)
b) Rehabilitation ist eine von der Problemstruktur weitgehend unabhängige Maßnahme, Wirkungsrichtung ist darum pauschal gesetzt.

Während nur wenige Instrumente positive Verteilungswirkungen haben (oder wenigstens intendieren), sind die integrativen und gesellschaftspolitischen Wirkungen einiger Instrumente doppelwertig bzw. ambivalent. Das gilt z. B. für die Arbeitslosenversicherung: Die Solidarität der Arbeitnehmer gegenüber wirtschaftlichen Risiken ist zwar durch die Zwangsmitgliedschaft der Versichertengemeinschaft institutionell abgesichert – von einigen sozialen Gruppen einmal abgesehen (Beamte, Freiberufliche) –, in der Praxis wird bei Arbeitslosigkeit dennoch die Schuld oft dem Einzelnen zugewiesen. Ergebnisse wissenschaftlicher Untersuchungen lassen jedenfalls die öffentliche Meinung von den Arbeitslosen als „Drückeberger" als übertrieben erscheinen (*Hoppe* 1981). Die gesellschaftspolitischen Auswirkungen der Arbeitslosenversicherung sind ebenfalls ambivalent: Einerseits gewährleistet das Arbeitslosengeld den ökonomischen Rückhalt, um zunächst in Ruhe eine passende Arbeitsgelegenheit zu suchen und unzumutbare Arbeitsplätze abzulehnen, andererseits wirkt die Rolle des Arbeitslosengeldempfängers stigmatisierend und behindert die Arbeitssuche. Die negativen Tendenzen nehmen mit der Dauer der Arbeitslosigkeit zu, zumal auch die einkommenssichernde Funktion mit der Zeit nachläßt und den Druck verstärkt, auch weniger zumutbare Arbeit anzunehmen.

Liest man die Synopse von der instrumentellen Seite her, also spaltenweise, dann fallen die berufliche Weiterbildung (FuU) und die Arbeitsbeschaffungsmaßnahmen (ABM) als Instrumente auf, die besonders vielfältige Funktionen haben, wobei vor allem die Effizienz der Arbeitsbeschaffungsmaßnahmen ambivalent zu sein scheint. Darüber hinaus ist zu beobachten, daß es – mit Ausnahme vielleicht der Arbeitsbeschaffungsmaßnahmen – kein originäres arbeitsmarktpolitisches Instrument gibt, das gezielt der Problemstruktur „wachstumsdefizitäre Arbeitslosigkeit" angepaßt ist; von den aktiven Instrumenten der Arbeitsmarktpolitik sind in diesem Zusammenhang lediglich den Bildungs- und Arbeitsbeschaffungsmaßnahmen positive Beschäftigungs- und Einkommenssicherungsfunktionen zuzuschreiben.

Im folgenden möchte ich an einem der klassischen Instrumente aktiver Arbeitsmarktpolitik, der Förderung beruflicher Weiterbildung, die Brauchbarkeit dieses effizienzanalytischen Bezugsrahmens demonstrieren. Dieses Instrument stand gleichzeitig im Zentrum des anfänglichen Ausbaus aktiver Arbeitsmarktpolitik wie im Zentrum zweier einsparungsmotivierter Haushaltsstrukturgesetze (1975 und 1981). Die „Operation 82" hat gerade an diesem Instrument den Rotstift angesetzt, allerdings zu unrecht, wie sich zeigen läßt.

4. Zur Effizienz der Förderung beruflicher Weiterbildung

Das Arbeitsförderungsgesetz (AFG) unterscheidet Fortbildung, Umschulung und betriebliche Einarbeitung: *Fortbildungsmaßnahmen* dienen dazu, „berufliche Kenntnisse und Fertigkeiten festzustellen, zu erhalten, zu erweitern oder der technischen Entwicklung anzupassen" (§ 41 AFG). Man unterscheidet hierbei wiederum „Anpassungs- und Aufstiegsfortbildung". Anpassungsfortbildung sind Kurzlehrgänge ohne allgemein anerkannte Abschlüsse, die eine begrenzte Erweiterung beruflicher Qualifikation ermöglichen. Das quantitative Volumen von Anpassungs- und Aufstiegsfortbildung ist ungefähr gleich. Der Anteil der Fortbildungsmaßnahmen an allen vom AFG geförderten Weiterbildungsmaßnahmen betrug 1974 80 %, 1980 72 %. Gegenüber der Fortbildung soll die *Umschulung* (§ 47 AFG) den Übergang in eine andere als die bisher ausgeübte Tätigkeit ermöglichen. Das Ziel der Umschulung besteht in der Regel in einem anerkannten Ausbildungsabschluß. Der Anteil der Umschulungsmaßnahmen an allen Weiterbildungsmaßnahmen betrug 1974 wie 1980 ungefähr 15 %. Bei Vorliegen bestimmter Voraussetzungen besteht ein individueller Anspruch auf die Förderung der Teilnahme an FuU-Maßnahmen. Im Gegensatz dazu ist die Förderung der *betrieblichen Einarbeitung* (§ 49 AFG) eine Kannleistung, die als Lohnkostenzuschuß (maximal 80 % und ein Jahr) an den Betrieb gezahlt wird. Dieser Einarbeitungszuschuß (EZ) soll der Qualifizierung von Beschäftigten dienen, die die volle Leistung auf einem neuen Arbeitsplatz noch nicht erbringen. Dabei konnten bis 1981 neu eingestellte Arbeitskräfte ebenso gefördert werden wie bereits im Betrieb beschäftigte; mit dem Arbeitsförderungskonsolidierungsgesetz (AFKG) ist der Personenkreis weitgehend auf neu einzustellende Arbeitslose beschränkt worden. Das Hauptgewicht der Einarbeitungsmaßnahmen liegt bei geringer qualifizierten Tätigkeiten (*Schmid/Semlinger* 1980: 31). Der Anteil der Teilnehmer an allen Weiterbildungsmaßnahmen betrug 1974 gut 4 %, 1980 13 %.

Einen relevanten finanziellen Umfang erreichte die Förderung der beruflichen Weiterbildung erstmalig nach Verabschiedung des AFG (1969) Anfang der siebziger Jahre. In einer ersten Expansionphase von 1970–1975 stiegen die Ausgaben für FuU-Maßnahmen von 0,6 Mrd. DM (1970) auf 2,6 Mrd. DM (1975). Diese Expansion gilt allerdings nur für die absoluten Ausgaben. Relativ zu den Gesamtausgaben der aktiven Arbeitsmarktpolitik sank der Anteil der Mittel seit 1973 zugunsten von Eingliederungsbeihilfen und Arbeitsbeschaffungsmaßnahmen; infolge des Haushaltsstrukturgesetzes von 1975, mit dem der förderbare Personenkreis auf arbeitsmarktpolitische Risikogruppen (Arbeitslose, von Arbeitslosigkeit unmittelbar Bedrohte, Personen ohne abgeschlossene Berufsausbildung) beschränkt werden sollte, ging die Bedeutung von beruflicher Weiterbildung absolut und relativ zurück. Eine zweite Expansionsphase läßt sich für 1978 bis 1980 feststellen, allerdings wurde das hohe Niveau von 1975 nicht wieder erreicht. Ungefähr parallel zu der finanziellen Förderung entwickelten sich auch die Teilnehmerzahlen (Tabelle 1).

(1) Hinsichtlich der *Beschäftigungswirkung* läßt sich das Effizienzproblem dieses arbeitsmarktpolitischen Instruments durch zwei extreme Ansätze veranschaulichen: Die „Angebotstheorie" besagt, daß die heutige Arbeitslosigkeit zu einem erheblichen Teil durch Qualifikationsdefizite oder Profildiskrepanzen, also „strukturell" verursacht sei. Berufliche Weiterbildung erhöht daher nicht nur die allokative Effizienz, sondern automatisch auch die Beschäftigung. Die „Nachfragetheorie" sieht nur im Mangel an Güternachfrage die Ursachen der heutigen Arbeitslosigkeit. Das bekannte Erscheinungsbild, daß ein überdurchschnittlicher Teil der Arbeitslosen ohne berufliche Qualifizierung ist, wird auf unternehmerische Selektion bei Entlassungen und Einstellungen zurückgeführt. Bei mangelnder Nachfrage führt berufliche Weiterbildung allenfalls zu einer günstigeren Verteilung der Arbeitslosigkeit, jedoch nicht zu einer Beschäftigungswirkung.

Tabelle 1: Kosten/Wirksamkeits-Analyse der beruflichen Weiterbildung 1974–1980 in der Bundesrepublik

	1974	1975	1976	1977	1978	1979	1980
(1) Ausgaben der Bundesanstalt in Mio. DM	1 917,5	2 587,7	1 917,9	1 187,9	1 219,9	1 903,8	2 482,6
(2) Inanspruchnehm. Personen in 1 000 (Vollzeitäquiv.)	131	145	114	80	80	95	110^{P}
(3) Kosten je geförd. Person							
a) in DM zu jew. Preisen	14 637	17 846	16 824	14 849	16 149	20 040	22 569
b) in DM zu Preisen 1975	15 505	17 846	16 130	13 736	14 536	17 336	18 499
(4) Beschäftigungswirkung							
a) in 1 000	115	127	97	65	63	73	86
b) in % von 2	88 %	86 %	85 %	81 %	79 %	77 %	78 %
(5) Entlastungswirkung							
a) in 1 000	79	93	76	54	52	60	70
b) in % von 2	60 %	64 %	67 %	68 %	65 %	63 %	64 %
(6) Kosten je vermiedenem Arbeitslosen (1:5)							
a) in DM zu jew. Preisen	24 272	27 825	25 236	21 998	23 460	31 730	36 466
b) in DM zu Preisen 1975	25 712	27 825	24 196	20 350	21 116	27 448	29 070

1) Inklusive Ausgaben für institutionelle Förderung, exklusive Ausgaben für Förderung der beruflichen Bildung
2) Durchschnittliche Teilnehmerzahl in Vollzeitmaßnahmen zuzüglich 1/4 Teilnehmer in Teilzeitmaßnahmen (geschätztes Vollzeitäquivalent um (3) berechnen zu können)
4) Zahl der zu ersetzenden Personen im Beschäftigungssystem; sie entspricht der Zahl der Personen in Vollzeitmaßnahmen
5) Die Entlastungswirkung ist definiert als die durch die Maßnahme bewirkte Verringerung der registrierten Arbeitslosigkeit. Sie ergibt sich nach Berechnungen des IAB (Autorengemeinschaft 1978: 62) als Summe aus der Zahl der unmittelbar vor der Teilnahme an Bildungsmaßnahmen Arbeitslosen und 2/3 der Beschäftigungswirkung, die durch die Teilnahme vorher Beschäftigter an Bildungsmaßnahmen (und deren Ersetzung von sonst zum Teil Arbeitslosen) eintritt.

Quelle: (1) (2) ANBA, diverse Jg.; (3b) (5b) berechnet nach Tabelle 12, S. 244 des Jahresgutachtens des Sachverständigenrates zur Entwicklung der Verbraucherpreise; (3a) (4b) (5b) eigene Berechnungen; (5a) Autorengemeinschaft 1981.

Differenziertere Theorien, beispielsweise die „Engpaßtheorie", stellen gleichsam eine Kombination der beiden extremen Ansätze dar: Hier werden in einigen Bereichen Wachstumspotentiale gesehen (etwa im Bereich der Wohnungsmodernisierung, der Energieeinsparung, der Sozialtechnologie), die infolge eines Mangels an Schlüsselqualifikationen (beispielsweise Ingenieure, Projektmanager, Facharbeiter) nicht realisiert werden. Insbesondere Klein- und Mittelbetriebe scheinen, soweit diese These zutrifft, an solchen Qualifikationsengpässen zu leiden. Gezielte Förderung beruflicher Bildung könnte in diesem Zusammenhang sogar multiplikatorische Beschäftigungswirkungen erzielen.

Allerdings ist die Frage nach den Ursachen der Arbeitslosigkeit beim gegenwärtigen Stand der Forschung nicht eindeutig entscheidbar. Eine fundierte Wirkungsanalyse könnte hier weiterhelfen: Die obigen Theorien müßten sich im Prinzip auch durch die tatsächliche Wirkung nach erfolgter politischer Intervention testen lassen: Ist keine Beschäftigungswirkung feststellbar, stimmt die Nachfragetheorie, oder es wurde in die falschen Qualifikationen investiert. Leider ist auch der Stand der Wirkungsforschung in diesem Zusammenhang nicht der beste, so daß hier nur einige Indizien zusammengetragen werden können.[6]

Nach der Berechnungsmethode des Instituts für Arbeitsmarkt- und Berufsforschung (IAB) ist mit dem Instrument der beruflichen Fortbildung und Umschulung (einschließlich betriebliche Einarbeitung) in den letzten Jahren ein Beschäftigungseffekt von 63 000 bis 127 000 erzielt worden, das sind 0,3 bis 0,6 % der abhängigen Erwerbspersonen (Tabelle 1); im Vergleich dazu erreicht die schwedische Arbeitsmarktpolitik etwa die dreifache Beschäftigungswirkung (*Schmid* 1982 b). Diese Berechnung beruht auf der plausiblen Annahme, daß Arbeitnehmer in Vollzeitmaßnahmen der beruflichen Weiterbildung voll ersetzt werden. Bisher liegen jedoch keine empirischen Belege über Ersatzquoten vor. Die hier zugrundeliegenden Annahmen sind als Obergrenze des Beschäftigungseffekts zu betrachten, da die Ersatzquote mit sich verschlechternder Arbeitsmarktlage zunehmend unter 100 % liegen dürfte.

Ein zweites Maß für die Beschäftigungswirkung ist die sog. Entlastungswirkung; das ist die Zahl der Personen, die ohne Maßnahme vermutlich arbeitslos wären. Diese Zahl berechnet sich nach der Methode des IAB als Summe aus der Zahl der unmittelbar vor der Teilnahme an Bildungsmaßnahmen Arbeitslosen und zwei Dritteln der Beschäftigungswirkung, die durch die Teilnahme vorher Beschäftigter an Bildungsmaßnahmen eintritt. Nach dieser Methode lag die Entlastungswirkung in den letzten Jahren zwischen 52 000 und 93 000, das sind 0,2 bis 0,4 % der abhängigen Erwerbspersonen (Tabelle 1). In anderen Worten: 1975 wäre beispielsweise die registrierte Arbeitslosigkeit ohne Weiterbildungsmaßnahmen um 0,4 Prozentpunkte höher gewesen. Auch diese Schätzung ist als Obergrenze zu betrachten; die Entlastungwirkung ist vermutlich niedriger, da vormals Arbeitslose in Bildungsmaßnahmen nicht während der ganzen Dauer der Maßnahme arbeitslos geblieben wären, weil die Wiedereingliederungsquote von FuU-Teilnehmern unter 100 % liegt (vgl. weiter unten), und weil die Annahme, daß 2/3 der Ersatzquote ehemals beschäftigter FuU-Teilnehmer sonst arbeitslos gewesen wären, sehr optimistisch ist.

Auf der Basis dieser Schätzungen läßt sich ein Kosten/Wirksamkeitsmaß berechnen, indem Entlastungswirkung und entsprechende Aufwendungen gegenübergestellt werden (Tabelle 1). Pro eingespartem Arbeitslosen betrugen die Kosten 1980 35.466 DM. Von diesen Bruttokosten müßten mindestens die durchschnittlichen Lohnersatzleistungen abgezogen werden, die pro Arbeitslosen aufzuwenden sind; das waren im Jahr 1980 10.855 DM.[7] Diesen Nettokosten wären dann die Nutzen gegenüberzustellen, die sich nicht quantifizieren lassen, jedoch nicht unerheblich sind, wie noch zu zeigen sein wird. Die Aufwendungen pro eingespartem Arbeitslosen nach konstanten Preisen (Tabelle 1) sind in den letzten Jahren zwar leicht gestiegen, jedoch nicht so stark, daß hieraus Anzeichen für einen fallenden Grenznutzen (nimmt man einmal konstanten Nutzen an) zu entnehmen wären. Dies ist für die Gesamtbeurteilung dieses Instruments von großer Bedeutung.

(2) Das AFG von 1969 hatte zunächst die *soziale Sicherung* bei Bereitschaft zur beruflichen Mobilität großzügig geregelt: 80 % Unterhaltsgeld, orientiert am bisherigen oder am zu erwartenden Einkommen, waren bei sinnvoller arbeitsmarktpolitischer Weiterbildung und bei Vollzeitkursen, die eine Aufgabe der Beschäftigung voraussetzen, garantiert. Diese Regelung wirkte vor allem als Anreiz zur individuellen Aufstiegsmobilität relativ etablierter Arbeitnehmergruppen, während die soziale Sicherungsfunktion für die arbeitsmarktpolitischen Risikogruppen in den Hintergrund trat.
Mit Verschlechterung der Arbeitsmarktlage kehrte sich dieses Verhältnis um: Mit dem Haushaltsstrukturgesetz 1975 und mit dem AFKG 1981 wurden sowohl der anspruchsberechtigte Personenkreis als auch die Höhe der Einkommenssicherung erheblich zurückgeschnitten; die soziale Sicherung der unmittelbar von Arbeitslosigkeit bedrohten Gruppen – und darunter wiederum der Beitragszahler – steht nun eindeutig im Vordergrund. Die Anreizwirkung der sozialen Sicherung für freiwillige berufliche Mobilität ist praktisch bedeutungslos geworden. Diese Entwicklung entspricht der Konstruktionslogik des AFG, wonach aktive Arbeitsmarktpolitik überwiegend aus Beitragsgeldern zur Arbeitslosenversicherung finanziert wird, deren primäre Funktion die soziale Sicherung von – wenn der Fall eintritt – akut betroffenen Arbeitslosen ist. Diese Logik gilt auch operativ: Mit steigender Arbeitslosigkeit werden die administrativen Kapazitäten auf die sozialen Sicherungsfunktionen konzentriert, während beschäftigungspolitische und allokative Funktionen in den Hintergrund treten. Diese unbedingte Priorität der sozialen Sicherungsfunktion hat daher für die Effizienz der Arbeitsmarktpolitik insgesamt eindeutig gegenproduktive Wirkungen.

(3) Über die *allokative Wirkung* der beruflichen Weiterbildung gibt es erstaunlicherweise kaum harte Informationen, obwohl die Förderung der beruflichen Bildung vor allem auf diese Funktion zielt. Zum Teil ist dieser Mangel auf objektive Schwierigkeiten der Messung zurückzuführen: Nach neoklassischer Maxime müßte sich hohe allokative Effizienz in höheren Löhnen der Teilnehmer an beruflicher Weiterbildung ausdrücken. Löhne sind jedoch nicht nur Ausdruck individueller Produktivität, sondern von einer ganzen Reihe anderer Determinanten abhängig. Dennoch wäre es nützlich, hier präszise und mit Kontrollgruppen vergleichbare Daten zu haben. Ein anderer In-

dikator sind Wiedereingliederungsquoten: Hohe allokative Effizienz müßte sich bei ehemals arbeitslosen Teilnehmern an Bildungsmaßnahmen in hohen Quoten der Eingliederung in den Arbeitsmarkt ausdrücken. *Hofbauer* (1979, 1981) meldet dazu günstige Resultate: 1980 lag die durchschnittliche Wiedereingliederungsquote bei 88 %, 1976 bei 75 %. Allerdings sind in diesen Angaben die Teilnehmer in betrieblichen Einarbeitungsmaßnahmen enthalten, für die zu Beginn einer Maßnahme schon ein dauerhaftes Beschäftigungsverhältnis begründet wurde. Auch nach Schulungszielen ist die allokative Effizienz recht unterschiedlich: So wurde nach Fortbildungsmaßnahmen z. B. für Schweißer, Verkäufer, Kraftfahrzeugführer und Datenverarbeitungsfachleute die Arbeitslosigkeit nach der Maßnahme überdurchschnittlich häufig beendet. Die Fortbildung weiblicher Bürohilfskräfte beispielweise erwies sich dagegen als weniger erfolgreich: 83 % der vor der Fortbildung Arbeitslosen waren zum Erhebungszeitpunkt noch ohne Beschäftigung (*Hofbauer* 1981: 255). Die Ergebnisse von *Hofbauer* haben allerdings einige methodische Flecken: Mangels Kontrollgruppenbildung kann z. B. nicht eindeutig geklärt werden, inwieweit die günstigen Ergebnisse auf eine positive Vorselektion der Teilnehmer in Bildungsmaßnahmen oder auf die Maßnahme selbst zurückzuführen ist; über den langfristigen Wiedereingliederungserfolg sowie über mögliche Verdrängungen von Nicht-Bildungsteilnehmern ist ebenfalls nichts bekannt.

Ein weiteres Indiz für allokative Effizienz ist der Anteil der Personen, die nach erfolgreicher Bildungsmaßnahme tatsächlich eine ihrer Weiterbildung gemäße Beschäftigung gefunden haben. Eine repräsentative Testbefragung des IAB von Umschulungsabgängern 1977 ermittelte, daß innerhalb eines Monats rd. 50 %, innerhalb von ca. 3 Monaten rd. 70 % und innerhalb ca. eines Jahres nach Beendigung der Umschulung 87 % eine berufliche Tätigkeit aufgenommen hatten; 2/3 der Beschäftigten waren zuletzt ganz oder teilweise in ihrem Umschulungsberuf tätig.

Auch die Minderung der regionalen Diskrepanzen zwischen Angebot und Nachfrage müßte als Indikator für allokative Effizienz hinzugefügt werden. Hierzu gibt es leider kaum Informationen. Zu erwähnen ist das Ergebnis von *Peters/Schmid* (1982), wonach das Sonderprogramm 1979/80, das u. a. innerbetriebliche Qualifizierung bei Umstrukturierungsproblemen förderte, vor allem von denjenigen Arbeitsämtern in Anspruch genommen wurde, in denen relativ viele offene Stellen mit Qualifikationsanforderungen gemeldet waren. Hier gab es offenbar Qualifikationsengpässe trotz durchschnittlich hoher Arbeitslosigkeit; solche Engpässe wurden auch durch zahlreiche Betriebsinterviews, vor allem bei kleineren und mittleren Betrieben, festgestellt.

Zusammenfassend läßt sich feststellen: Obwohl Menge und Güte der Indizien zu wünschen übrig lassen, deutet alles darauf hin, daß die allokative Effizienz beruflicher Weiterbildung beachtlich ist. Das gilt vor allem für die Situation „struktureller Arbeitslosigkeit"; aber auch bei konjunktureller und wachstumsdefizitärer Arbeitslosigkeit dürfte die allokative Wirkung in der Tendenz positiv sein, sei es durch Vermeiden künftiger Qualifikationsengpässe, sei es durch verbesserte Flexibilität des Arbeitsangebots durch breitere oder höhere Qualifizierung. Ein regional, sektoral, beruflich und u. U. auch betriebsspezifisch gezielterer Einsatz dieses Instruments könnte die Effizienz noch steigern.

(4) Die *Verteilungswirkung* beruflicher Weiterbildung war bis jetzt dagegen nicht so eindeutig positiv. In den ersten Jahren nach dem AFG waren die schon etablierten Gruppen auf dem Arbeitsmarkt deutlich begünstigt. Seit 1975 treten Verteilungsgesichtspunkte zugunsten der von Arbeitslosigkeit bedrohten Arbeitnehmergruppen stärker in den Vordergrund, freilich eher durch Finanzierungsengpässe (Priorität der sozialen Sicherung) als durch veränderte verteilungspolitische Vorstellungen diktiert. Der Anteil der Arbeitslosen unter den Teilnehmern beruflicher Weiterbildung stieg deutlich an, dafür sank jedoch die absolute Zahl drastisch, und erst neuerdings nähern sich die Teilnehmerzahlen wieder dem Niveau von 1975 an. Der Anteil der Frauen verbesserte sich insgesamt von 24 auf 32 %; bei der anspruchsvolleren Aufstiegsfortbildung lag der Frauenanteil 1980 immer noch bei nur 24 %, bei der Anpassungsfortbildung jedoch bei 66 % (Bundesanstalt 1980: 14).
Nicht gelungen ist es bisher, die von Arbeitslosigkeit besonders bedrohte Gruppe der Arbeitnehmer ohne Berufsausbildung stärker in die Weiterbildung einzubeziehen. Nach wie vor ist sie deutlich unterrepräsentiert, teilweise ging ihr Anteil in den letzten Jahren sogar zurück. Einem Anteil von 18–20 % an den Teilnehmern von beruflichen Bildungsmaßnahmen steht ein Anteil von ca. 30 % an den Erwerbspersonen und von ca. 55 % an den Arbeitslosen gegenüber (u. a. *Hofbauer* 1979: 44). Der Hauptgrund dafür ist darin zu sehen, daß sowohl die Arbeitsverwaltung als auch die Träger beruflicher Bildungsmaßnahmen bei knappen Ressourcen den Anreiz haben, möglichst erfolgversprechende Teilnehmer auszuwählen; diese „Olympioniken“ erfordern weniger Beratungs- und Vermittlungsaufwand und auch weniger Schwierigkeiten bei der Gestaltung des Kursangebots; dies wiederum verbessert ntürlich die Allokations- und Beschäftigungswirkung (*Garlichs/Maier* 1982).
Die Zieldimensionen stehen also in einem gewissen Konflikt; das gilt jedoch vorwiegend für die Situation der konjunkturellen und wachstumsdefizitären Arbeitslosigkeit. Wenn es dagegen möglich ist, durch Beseitigung von Qualifikationsengpässen oder -ungleichgewichten latente Wachstumspotentiale zu realisieren, wäre es arbeitsmarktpolitisch unsinnig, Verteilungsgesichtspunkte in den Vordergrund zu schieben: Eine gezielte Förderung der besser Qualifizierten wird hier wesentlich effizienter sein, und die anschließende Sogwirkung kommt dann auch den weniger Qualifizierten zugute.

(5) und (6) *Integrative* und *gesellschaftspolitische Effekte* stehen zur Zeit nicht im Vordergrund bei der arbeitsmarktpolitischen Förderung beruflicher Weiterbildung. Allgemein sind jedoch bei Erfüllung der anderen Funktionen positive Nebenwirkungen auch in dieser Hinsicht zu erwarten: durch die Möglichkeit etwa für Frauen, wieder ins Erwerbsleben einzutreten, oder durch die Vergrößerung der Wahlfreiheit. Hier knüpfen jedoch auch ordnungspolitische Erwägungen an, die politisch durchaus unterschiedlich gewertet werden können, denkt man etwa an die Folgen höherer beruflicher Mobilität von Frauen für die traditionelle Familie; unter der Zielsetzung partnerschaftlicher Familienstrukturen hat die Chancenverbesserung der Frauen über berufliche Weiterbildung jedoch eindeutig positive Funktionen.

5. *„Ein Schritt zurück, zwei Schritte voran": Die Zukunft der aktiven Arbeitsmarktpolitik*

Sicherlich ist eine Effizienzanalyse in der hier vorgestellten Form nach methodisch strengen Kriterien nicht ausreichend. Insbesondere fehlt ein systematischer Vergleich mit den Opportunitätskosten alternativer Maßnahmen. Beim derzeitigen Stand der Forschung, aber auch aus systematischen Gründen sind derartige Vergleiche nicht möglich. Hier konnten – und auch das nur für ein ausgewähltes Instrument – quantitativ lediglich einige Kosten/Wirksamkeits-Schätzungen und ein Vergleich mit den Opportunitätskosten der Arbeitslosigkeit angestellt werden; im übrigen mußten wir uns auf die Sammlung von Indizien und auf plausible Überlegungen beschränken.
Diese Sammlung von Indizien zur Effizienz der Arbeitsmarktpolitik ergibt jedoch insgesamt ein positives Bild; das gilt zumindest für die Förderung der beruflichen Weiterbildung, der Kurzarbeit und der Arbeitsbeschaffungsmaßnahmen. Es konnte gezeigt werden, daß diese Instrumente aktiver Arbeitsmarktpolitik nicht nur zur Sicherung oder Erweiterung der Beschäftigung beitragen, sondern auch noch andere wichtige Funktionen erfüllen: Sie sind aktiver Bestandteil des Systems sozialer Sicherung, sie verbessern zum Teil die allokative Effizienz, sie korrigieren die Verteilung der Beschäftigungschancen in sozialpolitisch erwünschter Richtung, sie fördern die gesellschaftliche Integration, sie vergrößern wenigstens zum Teil die persönliche Freiheit in der Berufs- und Arbeitsplatzwahl und vermeiden die sozialpsychologisch verheerenden Schäden längerfristiger Arbeitslosigkeit. Da diese Zielfunktionen miteinander zusammenhängen, hat jedes Zurückschneiden effizienter Arbeitsmarktpolitik sich vervielfachende negative Wirkungen. Insgesamt betrachtet ist also die Effizienz der Arbeitsmarktpolitik besser als ihr Ruf.
Vor diesem Hintergrund sind die Auswirkungen der „Operation 82" geradezu bestürzend: das sog. Arbeitsförderungskonsolidierungsgesetz (AFKG) von 1981 erweist sich nicht nur sprachlich, sondern auch politisch als Unding. Das AFKG hat die arbeitsmarktpolitischen Leistungen erheblich zurückgeschnitten, ohne jedoch neue Perspektiven aufzuzeigen; neben den zweifellos drückenden Haushaltsproblemen der Bundesanstalt für Arbeit sowie des Bundes haben dabei sicherlich auch der schlechte Ruf der Arbeitsmarktpolitik und die falsche Bescheidenheit der Arbeitsmarktpolitiker eine Rolle gespielt. Die vom AFKG herbeigeführte Verschärfung der Zumutbarkeit, die Verlängerung der Sperrzeiten, die Beschränkung der Arbeitslosenhilfe auf Leistungsempfänger und die Verlängerung der Beitragspflicht auf 12 Monate sollen nun Einsparungen bei Lohnersatzleistungen bringen; die aktive Arbeitsmarktpolitik wird nun strikt auf Beitragszahler oder Leistungsempfänger beschränkt, die Leistungen selbst werden reduziert, und die Arbeitsbeschaffungsmaßnahmen werden darüber hinaus regional auf Gebiete mit hoher Arbeitslosigkeit sowie institutionell auf private oder halbstaatliche Trägerinstitutionen und bei Kommunen auf „strukturverbessernde Maßnahmen" beschränkt (*Kühl* 1981).
Möglicherweise werden diese Maßnahmen in Teilbereichen zu größerer Effizienz führen, da sie nun zielgruppenschärfer eingesetzt und Mißbrauchsmöglichkeiten weiter eingeschränkt werden können. Dieser Vermutung stehen jedoch mindestens auch eben-

so sicher zu erwartende negative Folgen gegenüber, deren Kosten den erhofften Gewinn mit großer Sicherheit sogar überschreiten: Randgruppen des Arbeitsmarktes, vor allem wiedereingliederungswillige Hausfrauen, Jugendliche ohne Berufserfahrung, Ausländer und Behinderte werden weiter abgedrängt – zum Teil zu finanziellen Lasten der Kommunen (Sozialhilfe) –, so daß der gesamtstaatliche Einsparungseffekt erheblich reduziert wird und die zu erwartenden negativen Beschäftigungseffekte zu weiteren Steuer- und Beitragsausfällen führen.

Auch wenn in einer Situation der Massenarbeitslosigkeit die Problemlösung vorrangig von der allgemeinen Wirtschafts- und Finanzpolitik zu erwarten ist, braucht die Arbeitsmarktpolitik sich nicht zu verstecken. Sie sollte nicht bei dem „Schritt zurück" verharren, der ihr durch die „Operation 82" aufgezwungen wurde. Sie sollte diese Situation im Sinne einer zurückhaltenden, aber dennoch offensiven Strategie (*Elster* 1979: 9 ff.) nutzen, um größeren Spielraum und größere Effizienz für künftiges Handeln zu gewinnen, um also in naher Zukunft die berühmten „zwei Schritte vor" folgen zu lassen. Gegen einen weiteren Abbau arbeitsmarktpolitischer Leistungen muß energisch Widerstand geleistet werden. Andererseits könnte jede weitere hektische Reaktion auf die schlimme Arbeitsmarktlage der Arbeitsverwaltung und ihren erprobten Instrumenten schwer wiedergutzumachenden Schaden zufügen. „Einen Schritt zurück und zwei Schritte vor" heißt daher, in die Infrastruktur zukünftiger Handlungskapazitäten zu investieren. Zu einer solchen Strategie gehören etwa der Aufbau eines technologisch modernisierten Vermittlungs- und Beratungsdienstes, die Rationalisierung von Lohnersatzleistungen und deren Abkopplung von aktiven Funktionen der Arbeitsverwaltung, die Verbesserung des lokalen Informations- und Kommunikationssystems, der Ausbau von überbetrieblichen multifunktionalen Trainingszentren und schließlich die Modifizierung einiger Instrumente der Arbeitsförderung, vor allem der Eingliederungsbeihilfen und der Arbeitsbeschaffungsmaßnahmen (*Schmid* 1982 c).

Anmerkungen

1 Die ursprüngliche Fassung mußte für diesen Beitrag aus Raumgründen erheblich gekürzt werden. Zur Information über die Effizienz anderer arbeitsmarktpolitischer Instrumente (den Eingliederungsbeihilfen, der Kurzarbeit und den Arbeitsbeschaffungsmaßnahmen) sowie zur ausführlicheren Darstellung der politischen Schlußfolgerungen verweise ich den Leser auf diese Ausgangsfassung (vgl. *Schmid* 1982 a).

2 Eine auf die politischen Schlußfolgerungen zielende Kurzfassung dieses Beitrages befindet sich in den Gewerkschaftlichen Monatsheften, H. 2/1982 (*Schmid* 1982 c).

3 Ich denke dabei etwa an das Modell des Science Court und verwandte Institutionen wissenschaftlicher Beratung, Entscheidungs- und Konsensvorbereitung; zu dieser Diskussion vgl. *Dierkes/von Thienen* 1977.

4 Diese Definition deckt sich weitgehend etwa mit *Lampert* 1980: 3 und mit *Kaufmann* 1977: 489 f., der allerdings den Begriff der Effektivität vorzieht. Bei der Beurteilung der Beschäftigungswirkung und der Kosten/Wirksamkeit verfahre ich analog zu dem von *Lampert* eingeschlagenen Weg; die Berechnungen unterscheiden sich jedoch auf Grund von Modifikationen oder neueren Datenquellen.

5 Hier wird vor allem auf die traditionellen Instrumente der Arbeitsmarktpolitik eingegangen, wie sie im Arbeitsförderungsgesetz (AFG) formuliert sind. Im weiteren Sinne zur Arbeitsmarktpolitik wären auch regulative Instrumente zu nennen wie Kündigungsschutz, Arbeitszeit- und Rentenrechtsregelungen, oder auch institutionelle Regelungen wie die Gestaltung der industriellen Beziehungen, der Mitbestimmung u. a.

6 Es fehlt hier vor allem an Langzeitstudien mit sorgfältig ausgewählten Kontrollgruppen. Darüber hinaus fehlt in der Bundesrepublik die amerikanische Tradition von Experimentalprogrammen, welche die Wirkungsforschung in den Vereinigten Staaten enorm vorangetrieben hat. Zum Stand und zur Entwicklung der Wirkungsforschung vgl. u. a. *Kaufmann* 1977 und *Hellstern* 1981.

7 Errechnet sich aus den BA-Ausgaben für Arbeitslosengeld und Arbeitslosenhilfe (1980: 9,65 Mrd. DM) und der jahresdurchschnittlichen Arbeitslosenzahl (1980: 889 000).

Literaturverzeichnis

Autorengemeinschaft, 1978: „Der Arbeitsmarkt in der Bundesrepublik Deutschland 1978 (insgesamt und regional). Entwicklung, Strukturprobleme, arbeitsmarktpolitische Maßnahmen", in: Mitteilungen aus der Arbeitsmarkt- und Berufsforschung, H. 1/1978, 50–67.

Autorengemeinschaft, 1981: „Der Arbeitsmarkt in der Bundesrepublik Deutschland im Jahr 1981 (insgesamt und regional)", in: Mitteilungen aus der Arbeitsmarkt- und Berufsforschung, H. 1/1981, 51–58.

Blankenburg, Erhard, Günther Schmid und *Hubert Treiber*, 1976: „Legitimitätsprobleme und Implementierungsprobleme aktiver Arbeitsmarktpolitik", in: *R. Ebbinghausen* (Hrsg.), Bürgerlicher Staat und politische Legitimation, Frankfurt, 247–280.

Blankenburg, Erhard, 1979: „Comparing the Incomparable – A Study of Employment Agencies in Five Countries", in: *G.W. England, A.R. Negandhi, B. Wilpert* (eds.), Organizational Functioning in a Cross-Cultural Perspective, Kent, Ohio.

Bundesanstalt für Arbeit, 1971 ff.: Förderung der beruflichen Bildung. Ergebnisse der Teilnehmerstatistik.

Dierkes, Meinolf und *Volker von Thienen*, 1977: „Science Court – Ein Ausweg aus der Krise? Mittler zwischen Wissenschaft, Politik und Gesellschaft", in: Wirtschaft und Wissenschaft, H. 4/1977, 2–14.

Elster, Jon, 1979: Ulysses and the Sirens. Studies in rationality and irrationality, Cambridge et al. Cambridge University Press.

Garlichs, Dietrich, Friederike Maier, 1982: „Berufliche Weiterbildung als Instrument aktiver Arbeitsmarktpolitik", in: IIMV/Arbeitsmarktpolitik (Hrsg.), Aktive Arbeitsmarktpolitik. Berlin, im Druck.

Gramlich, E.M., 1981: Benefit-Cost Analysis of Government Programs, Englewood Cliffs: Prentice Hall.

Hjern, Benny, David Porter, 1979: Implementation Structure: A New Unit of Administrative Analysis, Berlin, IIM/dp 79–83.

Hellstern, Gert Michael, 1981: „The Working of Evaluation Research and Perfomance Measurement in Public Bureaucracies. Limits to Performance Measurement and Evaluation", Paper prepared for the Conference on Guidance, Control and Performance Evaluation in the Public Sector in Bielefeld, ZiF.

Hofbauer, Hans, „Wirksamkeit der beruflichen Erwachsenenbildung", in: Mitteilungen aus der Arbeitsmarkt- und Berufsforschung, H. 1/1979, 42 ff.

Hofbauer, Hans, „Untersuchungen des IAB über die Wirksamkeit der beruflichen Weiterbildung", in: Mitteilungen aus der Arbeitsmarkt- und Berufsforschung, H. 3/1981, 246–59.

Hoppe, Werner, „Statistik – richtig oder falsch? Zur Mißbrauchs-Diskussion um Arbeitslosmeldung und AFG-Leistungen", in: Sozialer Fortschritt, 30. Jg., H. 5/1981, 97–103.

Kaufmann, Franz X., 1977: „Zur Problematik der Effektivität und ihrer Erfassung im Bereich der sozialen Sicherung", in: B. Külp, H.-D. Haas (Hrsg.), Soziale Probleme der modernen Industriegesellschaft, Berlin: Schriften des Vereins für Sozialpolitik, N.F., Bd. 92/II.

Kühl, Jürgen, 1981: „Das Arbeitsförderungskonsolidierungsgesetz – AFKG", in: Arbeit und Beruf, H. 9/1981, 268–270.

Lampert, Heinz, 1980: „Effektivität und Effizienz der Transferleistungen in der Arbeitsmarktpolitik", Referat anläßlich des Internationalen Symposiums 1980 „Alternativen zur Steigerung der Effizienz und Effektivität staatlicher Transferpolitik" in Augsburg.

Luhmann, Niklas, 1968: „Soziologie des politischen Systems", in: Kölner Zeitschrift für Soziologie und Sozialpsychologie, 20. Jg., H. 4, 705–733.

Lutz, Burkhart, Werner Sengenberger, 1975: Arbeitsmarktstrukturen und öffentliche Arbeitsmarktpolitik, Göttingen.

Mayntz, Renate, 1980: ‚Die Entwicklung des analytischen Paradigmas der Implementationsforschung", in: *R. Mayntz* (Hrsg.), Implementation politischer Programme, Königstein/Ts; 1–19.

Meidner, Rudolf, 1980: Begriff, Ziel und Rahmenbedingungen des schwedischen Modells einer selektiven Arbeitsmarktpolitik, Berlin, IIM/80–4.

Offe, Claus, 1975: Berufsbildungsreform. Eine Fallstudie über Reformpolitik, Frankfurt.

Peters, Aribert und *Günther Schmid,* 1982: Aggregierte Wirkungsanalyse des arbeitsmarktpolitischen Programms der Bundesregierung für Regionen mit besonderen Beschäftigungsproblemen, Berlin, IIM/LMP 82–1.

Rossi, Peter H., Howard E. Freeman, Sonia R. Wright, 1979: Evaluation. A Systematic Approach, Beverly Hills, London.

Scharpf, Fritz W., 1981: The Political Economy of Inflation and Unemployment in Western Europe: An Outline, Berlin, IIM/LMP 81–21.

Scharpf, Fritz W. und *Dietrich Garlichs, Friederike Maier, Hans Maier,* 1982: Implementationsprobleme offensiver Arbeitsmarktpolitik. Das Sonderprogramm der Bundesregierung für Regionen mit besonderen Beschäftigungsproblemen, Frankfurt.

Scharpf, Fritz W. und *Günther Schmid,* 1981: „Forschungsprogramm ‚Arbeitsmarktpolitik' am Wissenschaftszentrum Berlin: Ansätze zur vergleichenden Wirkungsanalyse", in: Mitteilungen aus der Arbeitsmarkt- und Berufsforschung, 14. Jg., H. 3/1981, 224–236.

Schmid, Günther, 1975: Steuerungssysteme des Arbeitsmarktes. Vergleich von Frankreich, Großbritannien, Schweden, DDR und Sowjetunion mit der Bundesrepublik Deutschland, Göttingen.

Schmid, Günther und *Klaus Semlinger,* 1980a: Instrumente gezielter Arbeitsmarktpolitik: Kurzarbeit, Einarbeitungszuschüsse, Eingliederungsbeihilfen. Durchführung, Wirksamkeit und Reformvorschläge, Königstein i. Ts.

Schmid, Günther, 1980b: Strukturierte Arbeitslosigkeit und Arbeitsmarktpolitik. Empirische und theoretische Analysen zur Verteilungsdynamik der Arbeitslosigkeit und zur Arbeitsmarktpolitik in der Bundesrepublik Deutschland, Königstein.

Schmid, Günther, 1980c: Steuerungstheorie des Arbeitsmarktes. Ein politisch-ökonomischer Ansatz gesellschaftlicher Steuerungs- und Entscheidungshierarchien und darauf bezogener Instrumente staatlicher Steuerung des Arbeitsmarktes, IIM/dp 80–40.

Schmid, Günther, 1982a: Zur Effizienz der Arbeitsmarktpolitik. Ein Plädoyer für einen Schritt zurück und zwei Schritte vor, Berlin, IIM/LMP 82–3.

Schmid, Günther, 1982c: „Aktive Arbeitsmarktpolitik als Element eines mittelfristigen Beschäftigungsprogramms", in: Gewerkschaftliche Monatshefte, H. 2, 83–93

Arbeitspolitik – Entwicklungstendenzen und Politikformen

Ulrich Jürgens/Frieder Naschold

I. Realproblematik und Konzeptualisierung von Arbeitspolitik

Zu Beginn der 70er Jahre bildete sich in der Bundesrepublik und in anderen Ländern eine ökonomische, politische und ideologische Konfiguration heraus, die das routinisierte Repertoire von gesellschaftlichen Problemdefinitionen und Politiken im Hinblick auf den betrieblichen Arbeits- und Produktionsprozeß in Frage stellte. Marktökonomische und produktionstechnische sowie gesellschaftspolitische Entwicklungen führten zu neuen Problemlagen und Problemwahrnehmungen im Bereich der Strukturen, Funktionsweisen und Folgen des betrieblichen Gesamtgeschehens.

Marktökonomisch veränderte sich die internationale Arbeitsteilung. Produktionstechnisch bildete sich – zunehmend mit der Entwicklung der Mikroelektronik – eine „neue technische Basis" heraus, die zu weitreichenden Umstrukturierungen der Arbeits- und Produktionsprozesse führte. Traditionelle Qualifikationsstrukturen erfuhren tiefgreifende Erosionsprozesse und bisher vorherrschende Belastungstrukturen verschoben sich mit der Folge der Herausbildung neuer Beanspruchungen für das Arbeitsvermögen. Tayloristische Formen der Arbeitsorganisation mit ihrer Trennung von Planung, Ausführung und Kontrolle der Arbeit stießen zunehmend auf Akzeptanzprobleme seitens der Beschäftigten (*Dörr/Naschold* 1982).

Angesichts dieser Entwicklungen und Probleme wurden alte Strategiemuster zur Regelung der Arbeitsprozesse problematisiert und neue Bewältigungsstrategien gesellschaftspolitisch thematisiert. Klassische betriebliche Strategien des Personaleinsatzes und der Arbeitsorganisation wurden wieder in Frage gestellt. Die gewerkschaftliche Tarifpolitik versuchte, ihre bisherigen Strategien um qualitative Elemente einer Arbeitsgestaltungspolitik zu erweitern. Die etablierte Sozialpolitik des Staates in ihrer kompensatorischen Ausrichtung geriet in Kostendruck und an die Grenzen ihrer Wirksamkeit, und es wurden Ansätze zu einer arbeitsprozeßorientierten, oft präventiv ausgerichteten Sozial- und Gesundheitspolitik entwickelt, um die indirekten Eingriffe der klassischen Sozialpolitik gegenüber den sozialen Folgen des Arbeitsprozesses um Elemente direkter Intervention zu erweitern (*Standfest* 1977).

Diesen Entwicklungstendenzen in und gegenüber dem betrieblichen Arbeits- und Produktionsprozeß entsprechen Veränderungstendenzen im Wissenschaftssystem. Das Interesse an Problemen des Arbeitsprozesses erfuhr international einen großen Aufschwung. Neben den etablierten Disziplinen wie Ingenieurwissenschaften und Betriebswirtschaftslehre werden dabei für Problemlösungen im Bereich des betrieblichen Arbeits- und Produktionsprozesses zunehmend auch sozialwissenschaftliche Disziplinen

relevant und nachgefragt. Auch die Politik- und Verwaltungswissenschaften sind in diesem Zusammenhang herausgefordert, Problemstellungen hinsichtlich der Strukturen und Funktionsweisen staatlicher und gewerkschaftlicher Arbeitspolitik aufzugreifen und neu zu analysieren. Allerdings befinden sich entsprechende Ansätze erst in ihren Anfängen. Noch immer besteht eine deutliche Bruchstelle im Wissenschaftssystem: Betriebliche Arbeitsprozesse werden ohne Politik und Politik ohne Bezug zu betrieblichen Arbeitsprozessen analysiert. Der realen Fragmentierung gesellschaftlicher Politik gegenüber dem betrieblichen Arbeitsprozeß entspricht somit noch immer eine Fragmentierung im Wissenschaftssystem.
Vor dem Hintergrund der realen Probleme und des gesellschaftlichen Problembewußtseins im Hinblick auf Struktur- und Funktionszusammenhänge des betrieblichen Arbeits- und Produktionsprozesses gewann seit Anfang der 70er Jahre das Politikfeld „Arbeitspolitik" zunehmende Bedeutung. „Arbeitspolitik" bezieht sich dabei auf technische, ökonomische, soziale und politische Probleme des betrieblichen Arbeits- und Produktionsprozesses und auf dessen direkte und indirekte politische Regulierung (Internationales Institut für Vergleichende Gesellschaftsforschung, Forschungsprogramm 1981). Bei diesem Konzept der Arbeitspolitik gehen wir von folgenden Annahmen bzw. Hypothesen aus:

1. Arbeitspolitik beinhaltet zwei grundsätzlich unterschiedliche Strategien: Kompensation der Folgen des Arbeitsprozesses als indirekte Arbeitspolitik (klassisch-kompensatorische Sozialpolitik) und Eingriffe in die Formen und Inhalte des Arbeitsprozesses als direkte Arbeitspolitik (qualitative Tarifpolitik, sozialorientierte Technologiepolitik, u. a.). In vielen Bereichen sind beide Strategien in historisch variablen Mischungsverhältnissen vorzufinden (Arbeitsschutz-, Arbeitsrechtpolitik, personenbezogene Schutzpolitiken).

2. Den beiden grundlegenden arbeitspolitischen Strategien entsprechen jeweils spezifische Politikformen. So dominieren in der indirekten Arbeitspolitik individualisierende, monetarisierende und verrechtlichte Handlungsformen. Für die direkte Arbeitspolitik sind Politikformen charakteristisch, die auf kollektiver Mobilisierung, Organisierung auf Seiten der Gewerkschaften und Belegschaften sowie Verhandlungen und Kampfaktionen beruhen.

3. Arbeitspolitik findet auf verschiedenen Ebenen statt: Auf der Ebene des Betriebes, des Systems industrieller Beziehungen, des Staates. Auch Prozesse, die ohne Einbeziehung des Staates und seiner Politikformen ablaufen, können also arbeitspolitische Dimenisonen besitzen. Träger von Arbeitspolitik ist damit auch nicht per se der Staat, sondern ebenso Vertreter von Unternehmensinteressen und betriebliches Management, die Belegschaften und ihre Interessenvertretungen, die Gewerkschaften und sonstige Verbände wie schließlich der Staat und seine verschiedenen Untergliederungen.

4. Die Unternehmen sind hinsichtlich der direkten Gestaltung des Arbeitsprozesses die historisch führenden und weithin dominanten Träger der Arbeitspolitik, während der Staat (abgesehen von der historischen Frühphase) und auch die Gewerkschaftsbewegung relativ spät und gegenwärtig noch in fragmentarischer Form arbeitspolitische In-

terventionsstrategien entwickeln. Es ist ein Charakteristikum für Arbeitspolitik in dem von uns verwandten Politikverständnis, daß von der Kapitalseite Arbeitspolitik auch dann betrieben wird, wenn Entscheidungen etwa über Technikeinsatz und Arbeitsorganisation scheinbar ausschließlich nach ökonomischen und technischen Erfordernissen gefällt werden. Dies spricht nicht gegen die Eigenständigkeit technischer und ökonomischer Entscheidungskriterien. Es muß jedoch auf die Asymmetrie hingewiesen werden, die darin besteht, daß die Kapitalseite im Gegensatz zu den Gewerkschaften und betrieblichen Interessenvertretungen ihre Positionen in höherem Maße als Strukturzwänge ins Feld führen kann, während die Arbeitspolitik der letzteren manifest über Forderungen und Thematisierung, also über Politisierung, vermittelt werden muß.

Die Entwicklungstendenz zu einer stärkeren Profilierung des Politiktypus direkter staatlicher Arbeitspolitik und seiner Amalgamierung mit der indirekten Arbeitspolitik wirft eine Reihe von politisch-strategischen und theoretischen Problemen auf, die auch für andere Politikfelder von allgemeiner Relevanz sind. Wir wollen hier einige Aspekte exemplarisch anführen:

1. In den Sozialwissenschaften besteht die verbreitete Vorstellung, daß Politikprozesse allein im Hinblick auf den Staat wahrzunehmen und zu analysieren sind, Politik somit weitgehend als Staatspolitik zu definieren ist. Dieser Vorstellung, die u. E. zu einer Überbetonung staatlicher Politikformen führt, stehen Auffassungen gegenüber, die dem Staat gegenüber gesellschaftlichen Kräfteverhältnissen und Entwicklungen weitgehend eigene Interventions- und Gestaltungsmöglichkeiten absprechen. Anhand der Entwicklung des Politikfeldes Arbeitspolitik können diese staatstheoretischen Vorstellungen überprüft werden. (*Scharpf/Reissert/Schnabel* 1977; *Offe* 1977; *Ronge* 1979 u. 1980; zur Kritik: *Poulantzas* 1978; *Evers/Rodriguez* 1979; *Jürgens* 1980).

2. Bei der Ausweitung politischer Interventionen von Staat und Gewerkschaft stellt sich die Frage, inwieweit auf klassische Politikformen und -instrumentarien zurückgegriffen werden kann, bzw. ob die Herausbildung neuer Politikformen erforderlich, möglich und real durchsetzbar ist (vgl. dazu die Beiträge in: *Altvater/Kallscheuer* 1979).

3. Konkreter ist zu fragen, wieweit die für die Bundesrepublik Deutschland festgestellten korporatistischen Verbundstrukturen gerade auch im Bereich der neuen Arbeitspolitik die institutionelle Kapazität zur Politikinnovation hinsichtlich der Probleme technischen und ökonomischen Wandels besitzen (so die überwiegende Meinung in der Korporatismusdiskussion: *Lehmbruch* 1981; *Streeck* 1981) – oder ob die Anforderungen an Inhalt und Form von Politik in diesem Bereich nicht gleichsam gegenstrukturell zu korporatistischen Strukturen durchgesetzt werden müssen.

4. In der Diskussion über Verlaufsformen von Politiken stehen sich Theorien der Modernisierung mit der Annahme einer säkularen, evolutionären Ausdifferenzierung des Staates hinsichtlich der Formen und Inhalte seiner Politiken und strukturell-funktionale Theorien gegenüber, nach denen gesellschaftliche Wandlungen sich wesentlich innerhalb relativ stabiler Struktur-Funktionsmuster vollziehen mit der Folge, daß der Übernahme neuer politischer Themen recht enge Grenzen gesetzt sind (zur Kritik:

Naschold 1981). Veränderungen in den ökonomischen, politischen und ideologischen Einflußfaktoren und Umschichtungen in den gesellschaftlichen Kräfteverhältnissen werden in diesen Theorien zumeist vernachlässigt. Anhand der staatlichen Aufgabenerweiterung im Bereich der Arbeitspolitik zu Beginn der 70er Jahre lassen sich diese Einflüsse von Veränderungen gesellschaftlicher Kräfteverhältnisse überprüfen.

5. In der Politikwissenschaft bestehen unterschiedliche Einschätzungen über die Wechselwirkung von *Politics* und Policy. Am Fall der Arbeitspolitik kann überprüft werden, wie sich Formen und Inhalte dieser Politik in Abhängigkeit von Veränderungen im Bereich gesellschaftlicher Kräfteverhältnisse (Politics) verändern.

Im Rahmen dieser kurzen Abhandlung können solche Theoriekontroversen natürlich nur kurz angerissen werden. Im folgenden werden wir dazu zunächst einige historische und systematische Schnittstellen zur näheren Charakterisierung von Arbeitspolitik und ihrer Entwicklungsdynamik darstellen (Abschnitt II). Im Anschluß wird näher auf die Situation Anfang der 70er Jahre in der Bundesrepublik mit der Weiterentwicklung der Politikstrukturen staatlicher Arbeitspolitik hin zu direkteren Gestaltungsformen eingegangen. Dies soll vornehmlich anhand einer Fallanalyse über den Verlauf, die Formen und Grenzen der „sozialorientierten Technologiepolitik" erfolgen (Abschnitt III).

II. Historische und systematische Schnittstellen der Arbeitspolitik

In der historischen Entwicklung haben die verschiedenen Handlungsträger und Politikebenen der Arbeitspolitik wechselnde Bedeutung gehabt. Keineswegs ist es so, daß sich der Staat im Sinne evolutionärer Modernisierungstheorien zunehmend in einen bis dato gesellschaftlich autonom geregelten Bereich der Arbeitsprozesse „hineindifferenziert" hat. Der historische Bedeutungswandel ist eher im Sinne eines langfristigen Zyklus zu sehen. Der Staat hat für die „Durchsetzung" des Lohnarbeiter-Status eine zentrale Rolle gespielt. Die Herstellung von Arbeitsmärkten und die Definition des Lohnarbeiter-Status als dominanter Reproduktionsrolle gegenüber Bettler-, Vagabundentum, Raub usw. bedurfte ebenso sehr „außerökonomischer" Gewalt, d. h. der Staatsgewalt, wie die Repression von Rebellionen seitens derjenigen, die sich schon im Beschäftigungssystem befanden, ihre Arbeitsbedingungen jedoch nicht akzeptieren konnten (vgl. *Rimlinger* 1971; *Tennstedt* 1982). Diese „Definitions"- und Repressionsfunktionen des Staates blieben auch als arbeitspolitisches Aufgabenfeld der Folgezeit; zunehmend aber wurden nach Durchsetzung der markt- und produktionswirtschaftlichen Grundsätze kapitalistischer Produktionsweise die Unternehmen und das Management die dominanten Akteure der Arbeitspolitik.
Zugleich wandelte sich die Stoßrichtung der staatlichen Politik grundlegend. Mit den ersten staatlichen Maßnahmen zum Arbeitsschutz – den Regelungen zum Kinder- und Jugendarbeitsschutz von 1839, Regelungen die oft als Beginn staatlicher Sozialpolitik in Deutschland überhaupt gesehen werden – (vgl. *Nahnsen* 1975) – wurde deutlich, daß sich zwar zunächst nichts an der Grundfunktion staatlicher Arbeitspolitik geändert hat, nämlich das Ausmaß der Verfügbarkeit des gesellschaftlichen Arbeitskräftepo-

tentials für die private (Ver-)Nutzung zu definieren; allerdings handelt es sich nun um *Schutz*maßnahmen für die Beschäftigten, um Einschränkungen der Verfügbarkeit angesichts besonderer Risiken einzelner Lohnarbeitergruppen. Spürbare präventive Auswirkungen staatlicher Intervention auf den Arbeitsprozeß und seine Risiken wurden im Zuge der weiteren Entwicklung des staatlichen Arbeitsschutzes kaum weiter ausgebildet. Stattdessen verlagerte sich das Gewicht auf indirekte Formen der Arbeitspolitik im Rahmen der Sozialversicherungspolitik in Deutschland im letzten Drittel des 19. Jahrhunderts. In der Form von individualisierenden, monetär-kompensatorischen, zunehmend die speziellen Entstehungsbedingungen von Risiken im Arbeitsprozeß ausblendenden Regelungs- und Verwaltungsformen wurden die Versicherungspolitiken zum Kernbereich der klassischen kompensatorisch ausgerichteten staatlichen Politik (*Tennstedt* 1976). Waren die geldlichen Leistungen zunächst nicht mehr als „Trostpflästerchen" (*Preller* 1949), so erhielten sie in der Folgezeit Lohnersatzfunktion und es bildeten sich so teilweise erträgliche Alternativrollen zur Arbeitsrolle. Demgegenüber wurden präventiv ausgerichtete staatliche Politiken, wie im Ansatz die staatliche Gewerbeaufsicht, zunehmend zurückgedrängt. Das Hauptfeld arbeitspolitischer Auseinandersetzungen war jedoch der Betrieb geworden. Die wissenschaftlich-technische Entwicklung, die Herausbildung der zentralen Prinzipien der Arbeitsorganisation und die Entwicklung neuer Techniken begründeten hier eine Dominanz der Kapitalseite in den arbeitspolitischen Auseinandersetzungen. Der arbeitspolitische Aspekt der Einführung neuer Arbeitsmethoden und -techniken findet zunehmend die Beachtung in historischen Analysen über innerbetriebliche Arbeitsverhältnisse im Industrialisierungsprozeß. Ein zentraler Diskussionspunkt in diesem Zusammenhang ist das Marx'sche Konzept der Maschinerie als „Kriegsmittel des Kapitals wider Arbeiter-Emeuten" (MEW Band 23, 1968, 459), das insbesondere von *Braverman* (1977) aufgegriffen und weiterentwickelt worden ist (vgl. zur kritischen Diskussion das Heft 3 des Cambridge Journal of Economics 1979, insbesondere den Beitrag von *Lazonick*, 231–262).

Die manufakturelle Produktionsweise mit ihrem Vorantreiben des Prinzips der Arbeitsteilung hatte eine zunehmende Vereinseitigung und Inhaltsverarmung der Arbeit mit entsprechenden Wirkungen auf die Lohnhöhe der Arbeitskräfte (vgl. das „Babbage-Prinzip" bei *Braverman*, 1977, 71) zur Folge; die Einführung neuer Techniken erhöhte die Substituierbarkeit und den Kontrollverlust einzelner teilweise hochprivilegierter Berufsgruppen; beide Wirkungszusammenhänge wurden zusammengeführt mit der Herausbildung der Prinzipien wissenschaftlicher Betriebsführung (*Taylor* u. a.) ab Anfang dieses Jahrhunderts und ihrer zunehmenden Umsetzung in die betriebliche Realität (*Burawoy* 1978; *Hill* 1981; *Homburg* 1978).

Individueller und kollektiver Widerstand, Aufstände, Streiks, Konflikte von Seiten der Beschäftigten gegenüber den Bedingungen des Arbeits- und Produktionsprozesses gab es von je her. Ansätze kollektiven Widerstandes und der Formierung von Arbeiterkoalitionen, die Träger systematischer Arbeitspolitik sein könnten, wurden von Kapital- und Staatsseite sehr lange unterdrückt und ausgeschaltet. Auch noch in der Zeit zunehmender Ausbreitung gewerkschaftlicher Organisationsformen seit der zweiten Hälfte des vergangenen Jahrhunderts standen häufig Probleme der Illegalisierung und des Kampfes um das Existenzrecht der Organisation im Vordergrund gewerkschaftlicher

Strategien. Dennoch waren, betrachtet man die Streikbewegung in Deutschland ab 1890 im Hinblick auf ihre zentralen Forderungen und Verursachungen, Arbeitsbedingungen und arbeitsprozeßbezogene Forderungen wichtige Elemente gewerkschaftlicher Politik (vgl. *Costas* 1978, 126 ff., vor allem 282 ff.). Diese starke Gewichtung der Arbeitspolitik in der gewerkschaftlichen Strategie in der Entstehungsphase der deutschen Gewerkschaften wich jedoch in Ansätzen bereits während des 1. Weltkrieges verstärkt während der „Rationalisierungsbewegung" seit etwa 1924 in der Weimarer Republik einer weitgehenden Entthematisierung arbeitspolitischer Probleme. Dem lag teilweise ein Verständnis zugrunde, das *Hugo Sinzheimer* bereits auf dem Rätekongreß 1919/20 formuliert hatte, indem er die Unterscheidung zwischen Bereichen der Gemeinsamkeit und der strategischen Unterschiede zwischen der Kapitalseite und der Arbeiterseite getroffen hatte (vgl. *Müller* 1973). Demnach hatten Lohnarbeit und Kapital ein gemeinsames Produktionsinteresse, während die Unterschiede im Bereich der Verteilungssphäre zwischen Lohn und Profit lägen. Dem entsprach dann die Akzeptanz, ja Unterstützung der Einführung tayloristischer Prinzipien, vor allem in Gestalt des Fordismus durch die Gewerkschaften (vgl. *Tarnow* 1928); allerdings mit deutlichen Abstufungen von der Zentralgewerkschaft hin zu den schon teilweise kritischeren Fachgewerkschaften und erst recht ihren betrieblichen Untergliederungen (vgl. *Schalldach* 1930, *Brady* 1933, *Bönig* 1980).

In der Periode des deutschen Faschismus wurden schließlich die Vorstellungen eines gemeinsamen Produktionsinteresses mit ganz anderer Stoßrichtung und Unterbrechung jeder freien gewerkschaftlichen Betätigung von staatlicher Seite repressiv-diktatorisch durchgesetzt; lediglich marginale Errungenschaften und Forderungen der früheren Gewerkschaften wurden konzediert (vgl. *Mason* 1978).

Als sich in der frühen Nachkriegsgeschichte in Westdeutschland in den Betrieben eine starke, in ihrer Aufgabenbestimmung weitgehend autonome Formation von Belegschaftsvertretern und Gewerkschaftlern gebildet hatte, wurde diese dann im Zuge der weiteren Entwicklung der ökonomischen und politischen Verhältnisse ebenfalls – wenn auch mit anderen Mitteln – zurückgedrängt und wichtiger Funktionen enthoben (vgl. die Entwicklung bis zum Mitbestimmungsgesetz: *Schmidt* 1972).

Abgesehen von kleineren Konjunkturen in arbeitspolitischen Aktivitäten auf Staats- bzw. Gewerkschaftsseite ist der Beginn einer Problematisierung der Strukturen des Arbeitsprozesses zunächst bei den Gewerkschaften festzustellen. Er setzt etwa mit Anfang der 60er Jahre ein, als die Gewerkschaften ihre bis dahin optimistische Einschätzung des technischen Fortschritts zu überprüfen begannen: Negativwirkungen von Rationalisierungsprozessen wie Dequalifizierungen, unerwartete Belastungsverstärkungen bzw. -verschiebungen, Arbeitsplatzunsicherheit, Lohn- und Kontrollverlust wurden verstärkt diskutiert (vgl. zur Entwicklung der gewerkschaftlichen Arbeitspolitik nach dem Kriege: *H. Schauer* et al. 1981, 13 ff.). In dieser gewerkschaftlichen Diskussion bildete sich – Anfang der 70er Jahre mit dem Lohnrahmen II der IG-Metall Nord-Baden/Nord-Württemberg am deutlichsten auf den Begriff gebracht, ein Begriff von Arbeitsbedingungen heraus, „wonach diese selbst als soziale Handlungs- und Bildungschancen der Arbeitnehmer . . . zu verstehen und eben deshalb zu verbessern sind." (*Schauer*, 7)

War die gewerkschaftliche Arbeitspolitik – so z. B. bei der IG-Metall – in den 50er und 60er Jahren wesentlich durch eine quantitative Lohntarif- und Lohnrahmentarifpolitik und durch Forderungen nach staatlicher Kompensationspolitik gekennzeichnet, so bildeten sich seit den 60er Jahren damit Ansätze einer qualitativen Tarifpolitik heraus, die auf direkte Gestaltung des Arbeits- und Produktionsprozesses zur Absicherung bzw. Erweiterung von Qualifikation, Gesundheit, Mitbestimmung etc. ausgerichtet waren. Dabei formierten sich innergewerkschaftlich verschiedene Gruppierungen und Linien, die bei unterschiedlicher Einschätzung der technologischen und ökonomischen Entwicklung diese erweiterten Forderungen entweder als vorwiegende Gewerkschaftsaufgabe betrachteten oder zusätzliche Funktionen in einem kooperativen Verbund mit Staat und Unternehmen durchzusetzen suchten.
Diese arbeitspolitische Reproblematisierung des Arbeitsprozesses wird nach dem Eintritt der Sozialdemokratie in die Regierung konzeptionell rasch aufgegriffen. In der Folge kommt es zu einer Reihe von Gesetzen und Politikprogrammen. Wir wollen hier nur einige von ihnen hervorheben (*Kittner* 1976):

1. Gesetzliche Regelungen, die im Sinne unserer Unterscheidung als indirekt arbeitspolitisch einzustufen sind, waren u. a.
   – das Arbeitsförderungsgesetz 1969 und
   – das Reha Angleichungsgesetz 1973.
2. Gesetze und Maßnahmen mit Mischformen direkter und indirekter Arbeitspolitik waren u. a.
   – das Arbeitssicherheitsgesetz 1973,
   – die Novellierung des Betriebsverfassungsgesetzes 1972.
3. Für den Bereich der direkten Arbeitspolitik ist vor allem das Aktionsprogramm zur Humanisierung des Arbeitslebens 1974 zu nennen. Die Zielsetzungen dieses Aktionsprogramms: Abbau von Über- und Unterbeanspruchung, wie z. B. schädliche Umweltbelastungen am Arbeitsplatz, einseitige körperliche Schwerarbeit aber auch monotone, inhaltsleere Arbeit; Erhöhung der Arbeitssicherheit, Verbesserung der Arbeitssicherheit; Verbesserung der Arbeitshinhalte und Arbeitsbeziehungen, z. B. Entwicklung neuer Arbeitsstrukturen (vgl. *Hauff* 1978, S. 46) wurden in der Folge Leitgesichtspunkte eines umfassenderen Programms „sozialorientierter Technologiepolitik".

Als Charakteristika für die genannten Gesetze und Maßnahmen staatlicher Arbeitspolitik dieser Phase ist hervorzuheben:
– Der Bereich staatlich legitimierter arbeitspolitischer Auseinandersetzungen auf der Betriebsebene wird ausgeweitet, indem mehr betriebliche Funktionsbereiche der Mitbestimmung bzw. der Mitwirkung der Betriebsräte zugewiesen werden;
– zugleich wird die Rolle des Expertentums gestärkt, so durch die Einführung der Werksärzte und Sicherheitsfachkräfte, die Bindung von Forderungen des Betriebsrates bezüglich Arbeitsplatz/Arbeitsablauf- und Arbeitsumgebungsfragen an das Kriterium der „gesicherten arbeitswissenschaftlichen Erkenntnisse;"
– die gesetzlichen Regelungen legen stärkeres Gewicht auf präventive Wirkungszusammenhänge anstatt auf Kompensation (vgl. die Formel der „präventiven Wende" der Sozialpolitik von *Böhle/Sauer*, 1975).

- Der Staat versucht eher durch prozedurale Regelungen, also durch Erweiterung der Mitbestimmungsrechte der Betriebsräte und Einschaltung von Experten und weniger durch eigene substantielle Regelungen einzugreifen.
- Es blieb in Theorie und Praxis kontrovers, ob und inwieweit mit Hilfe der geschaffenen politischen Instrumente Belegschaftsinteressen an der unmittelbaren Gestaltung des Produktionsprozesses aufgenommen werden dürfen bzw. ob diese Interessen nicht ausschließlich Gegenstand einer Sozialpolitik zu sein hätten, die in klassischer Weise an den externalisierten Folgen des Arbeits- und Produktionsprozesses anzusetzen habe (exemplarisch dazu die Kontroverse über die Inhalte der menschengerechten Gestaltung der Arbeitswelt zwischen *Birkwald/Pronschlegel* 1976 und *Natzel* 1979).

III. Direkte Arbeitspolitik als neuer Politiktypus – Erfahrungen am Beispiel der „sozialorientierten Technologiepolitik"

III. 1. Zum Korporatismus als Analysekonzept für Politikstrukturen

Mit der beschriebenen Entwicklung im Bereich der staatlichen Arbeitspolitik stellten sich nunmehr strategisch/politische und theoretische Probleme zum Verhältnis von Politikinhalt und Politikformen, zur Rolle des Staates und zur Innovationskapazität seiner Politikstrukturen. Angesichts des hohen Verflechtungsgrades von Politik und Ökonomie in der Bundesrepublik kommt hier den ausdifferenzierten und spezialisierten Politikstrukturen eine besondere Bedeutung zu. Das bundesrepublikanische politische System weist diesbezüglich vier charakteristische Merkmale auf:

1. Ein eher fragmentierter Staatsapparat, der besonders im Bereich der Wirtschaftspolitik auf den Konsens zahlreicher relativ autonomer Institutionen angewiesen ist;
2. ein relativ stabiles System industrieller Beziehungen mit stark zentralisierten Gewerkschaften, basierend auf den Prinzipien der Einheits- und Industriegewerkschaft;
3. ein hohes Maß der ökonomischen und politischen Systemintegration der Arbeiterklasse und ihrer betrieblichen und gewerkschaftlichen Interessenvertretungen;
4. ein trilaterales Verbundsystem zwischen Staat, Unternehmen und Gewerkschaften, das weite Bereiche der Wirtschafts- und Sozialpolitik in Form eines „fragmentierten Korporatismus" zu regeln versucht.

Als zentrale Elemente korporatistischer Strukturen in diesem Sinne sehen wir:

a) die (Selbst-)Verpflichtung der beteiligten Organisationen auf *gesamt*wirtschaftliche und *gesamt*gesellschaftliche Zielsetzungen;
b) die Einbeziehung nur der Organisationen, die als jeweils legitime Interessenvertretungen von gesellschaftlichen Teilbereichsinteressen gelten, in den Konsensbildungsprozeß über gesamtwirtschaftliche und gesamtgesellschaftliche Zielsetzungen;
c) als Herzstück des Korporatismus: die Einbeziehung derselben Organisationen auch in den Implementationsprozeß der Politiken, d.h. die Nutzung der innerorganisatorischen Kommunikationswege, Hierarchiestrukturen, Überzeugungsmechanismen, zur „Durchsetzung" *übergreifender* Gesichtspunkte/Entscheidungen;

d) die Herausbildung von Gesprächskreisen, Planungsstäben, Räten usw., in denen Vertreter von Arbeitnehmer-, Arbeitgeber- und staatlichen Organisationen vertreten sind und die im Vorfeld von Entscheidungen für die flexible Abtastung von Kompromißspielräumen geeignet sind.

In Verbindung mit diesem allgemeinen Konzept korporatistischer Strukturen stellen sich nun im Hinblick auf das behandelte Politikfeld die Fragen:
– Inwieweit die Strukturen des Politikfeldes dem Korporatismuskonzept entsprechen,
– welche Auswirkungen diese Strukturen auf die Steuerungs- und Innovationskapazität der Politik besitzen,
– welche Stabilität der korporatistische „Überbau" gegenüber Erschütterungen besitzt, die sich aus in den Grundstrukturen der Gesellschaft angelegten zentralen Konfliktlinien ergeben.

Zur Illustration und Konkretisierung unserer Überlegungen zur direkten Arbeitspolitik beziehen wir uns im folgenden auf den konkreten Fall der sozialorientierten Technologiepolitik.

III. 2. Ansatzpunkte einer sozialorientierten Technologiepolitik

Im Rahmen der direkten Arbeitspolitik stellen die Entwicklungen zu einer sozialorientierten Technologiepolitik in der Bundesrepublik in den 70er Jahren ein besonders prägnantes Beispiel direkter politischer Interventionen in den betrieblichen Arbeits- und Produktionsprozeß dar (*Matthöfer* 1980; *Naschold* 1979).
Basis dieser Politik ist eine spezifische arbeitspolitische Formation, in die die Interessen der dominanten Industriebranchen und -unternehmen, der Gewerkschaften, wichtiger Fraktionen in den herrschenden Parteien und im Staatsapparat zu einem „labilen Kompromißgleichgewicht" zusammengefunden haben.
Gemeinsamer Bezugspunkt dieser Formationen bildet die Forderung nach Ausweitung der staatlichen Technologiepolitik. Weltwirtschaftliche Strukturwandlungen (aufgrund der japanischen Marktexpansion, Ölpreissteigerung, usw.), der produktionstechnologische Innovationsdruck (Einführung der Mikroelektronik in Produkt- und Produktionsverfahren), Arbeitsmarkt- und Arbeitsakzeptanzprobleme (Fluktuation, Absentismus, Probleme von Qualifikation und Belastung) erhöhten auf der Kapitalseite das Problembewußtsein über die Grenzen der Selbstregulierungsfähigkeit des Kapitals (vgl. *Jürgens* 1980). Die Frage einer Erweiterung der staatlichen Unterstützungsmaßnahmen unter Einbeziehung gewerkschaftlicher Interessensgesichtspunkte erschien nun als denkbarer Weg. Insbesondere von der Seite der exportorientierten Branchen/Unternehmen wurden Forderungen nach staatlichen Modernisierungshilfen für technologische Innovationen und für arbeitsmarktpolitische und arbeitsstrukturierende Maßnahmen erhoben.

Die Herausbildung der qualitativen Tarifpolitik der Gewerkschaften führte zu zwei arbeitspolitischen Stoßrichtungen in der gewerkschaftlichen Politik: Zum einen zur Durchsetzung von Regelungen zur Besitzstandssicherung gegenüber den sozialen Folgen forcierter betrieblicher Rationalisierungsprozesse als Moment defensiver Politik und zum anderen die mitwirkende Gestaltung an Technologieeinsatz und Arbeitsorganisation hinsichtlich qualifikatorischer und belastungsbezogener Anforderungsstrukturen sowie hinsichtlich Fragen der Entlohnung als Moment offensiver gewerkschaftlicher Politik in Hinblick auf den technischen und ökonomischen Wandel.

Von staatlicher Seite wurde – ohne nachweisbare direkte Einwirkung gesellschaftspolitischer Kräftegruppierungen – die Forschungs- und Technologiepolitik umgestaltet von einer vorwiegend globalen und indirekten Anpassungsförderung in eine aktive sektorale Strukturpolitik mittels direkter Förderungsstrategien auf dem Gebiet der neuen Technologien. Als ein besonderer Schwerpunkt wurde das Politikprogramm der sozialorientierten Technologiepolitik entwickelt, das sich zunächst in zwei kleineren Programmen des Bundesministeriums für Forschung und Technologie (Programm zur Humanisierung des Arbeitslebens und Produktions- und Fertigungstechnologieprogramm) niederschlug. Eine Ausdehnung auf andere Technologieprogramme – so das Informationstechnologieprogramm – war im Konzept vorgesehen. Die Kernelemente dieser Programme sind:

1. direkte Förderung technischer und arbeitsorganisatorischer Unternehmensprojekte;
2. „Sozialbindung" dieser Förderung durch staatliche Gestaltungsauflagen in Form von Zielvorgaben hinsichtlich Qualifikation/Belastung usw. sowie hinsichtlich der Mitwirkungsbefugnisse von Betriebsrat und Gewerkschaften bei der Einführung von Technologie- und Arbeitsorganisation;
3. Aufbau eines korporativen Verbundsystems von Staat, Betrieben, Tarifparteien sowie Wissenschaft bei der Beratung und Verwaltung des Politikprogramms.

Insgesamt blieb das finanzielle Förderungsvolumen dieser Programme relativ klein, obgleich es immerhin auch in fiskalischen Krisenjahren einen überproportionalen Zuwachs erfuhr. Das Finanzvolumen ist jedoch kein Indikator für die politische Bedeutung. Die anhaltenden politischen und ideologischen Konflikte über die Ausgestaltung der Programme im gesellschaftspolitischen und binnenadministrativen Kräftefeld zeigen an, daß es hier um Einbruchstellen neuer Prinzipien und Problemsichten und um Grunddefinitionen über die Rolle des Staates und seiner Handlungsmöglichkeiten geht.

III. 3. Die Herausbildung spezialisierter Politikstrukturen der sozialorientierten Technologiepolitik

Die Aufnahme der heterogenen Mischung traditioneller und neuer arbeitspolitischer Interessen und Strategien, Erfordernisse und Forderungen war nur über eine tendenzielle Veränderung der *Form* von Politik möglich. Direkte sozialorientierte Projektförderung bedeutet nämlich für den Staat die Notwendigkeit zur Dezentralisierung und Auslagerung seiner Aktivitäten in die Regionen und in den Betrieb, zum Aufbau netzartiger Verflechtungen von Entscheidungs- und Beratungsstrukturen zwischen Staat, Unternehmen, Gewerkschaften und Wissenschaft, um diese dezentralen betrieblichen

Projektentwicklungen zu initiieren, zu steuern und umzusetzen. Die „Erweiterung des Staates" in gesellschaftliche Bereiche und die Herausbildung bereichsspezifischer Entscheidungsstrukturen bis auf die Betriebsebene beinhalteten somit Tendenzen zur Verflechtung der Problemsichten und der Handlungsmuster zwischen Staat und gesellschaftlichen Gruppierungen und zur Nutzbarmachung staatlicher Ressourcen und Handlungsmöglichkeiten für gesellschaftliche Kräfte (Betriebsräte, gewerkschaftliche Organisationen auf ihren verschiedenen Handlungsebenen u. a.) und damit zur Förderung eines instrumentellen Verhältnisses dieser Kräfte zum Staatsapparat, das es auf der Kapitalseite schon längst gibt. Direkte sozial orientierte Projektförderung bedeutet aber auch einen Formwandel gewerkschaftlicher Politik und eine Ausweitung der traditionellen Lohntarif- und Rahmentarifpolitik. Dies zum einen durch die Anforderungen, welche der „Eintritt" der Gewerkschaften in den Staat (außerhalb der begrenzten Bereiche, vor allem des BMAS, zu denen traditionell durch die enge Interessenverknüpfung im Bereich der klassischen Sozialpolitik schon gefestigte Verbindungen gegeben waren) nun in Form der Mitwirkung gewerkschaftlicher Experten in den zahlreichen Beratungs- und Entscheidungsgremien über die Technologieinvestition auf betrieblicher und überbetrieblicher Ebene, sowie zum anderen durch eine Dezentralisierung der Gewerkschaftspolitik im Sinne einer Verstärkung gewerkschafticher Betriebspolitik bei der sozialen Gestaltung des Technologieeinsatzes. Die Erfahrungen bei einer ganzen Reihe gewerkschaftlich getragener Projekte – wie auch schon die Praxis gewerkschaftlicher Betriebspolitik in einer Reihe von gewerkschaftlichen Verwaltungsstellen (*Schauer* 1981) – verweist somit auf eine erhebliche organisatorische Variabilität im Gewerkschaftsbereich hinsichtlich der institutionellen Fähigkeit zur Aufnahme und zum „Transport" neuer, qualitativer Politikinhalte. Diese empririschen Erfahrungen widersprechen somit Aussagen (abgeleitet aus strukturell-funktionalistischen Gleichgewichtstheorien), nach denen die historisch einmal sich formierte Vertretungsstruktur in ihrer Entwicklungslogik festgeschrieben ist und zum Wandel von Politikformen und -inhalten kaum befähigt ist (*Streeck* 1981).

Auch im Bereich der sozialorientierten Technologiepolitik, vor allem bei Projekten im Schwerpunkt der „Arbeitsstrukturierung", bildete sich eine spezifische Steuerungs- und Verfahrensstruktur heraus (das Programm „Forschung zur Humanisierung des Arbeitslebens" 1981):

Die Entscheidung hinsichtlich der Mittelvergabe und Auflagen des Programms und der Projekte liegt beim Staat, die Entscheidung über Antragstellung und Investitionen liegt beim Unternehmen. Diese zunächst noch überkommenen Entscheidungsstrukturen sind jedoch durch ein weit gefächertes System von Beratungs-, Mitwirkungs- und Vetorechten auf verschiedenen Ebenen modifizierbar. Ein zentrales Beratungsgremium (Fachausschuß), bestehend zu gleichen Teilen aus den beiden Tarifparteien und Vertretern der Wissenschaft, berät und empfiehlt die Grundlinien des Programms und seiner Durchführung. Ein Antrag eines Unternehmens auf finanzielle und wissenschaftliche Förderung muß bestimmten Sozialkriterien hinsichtlich Qualifikation, Belastung, Handlungs- und Dispositionsspielraum und Mitwirkung genügen und in einem formellen Verfahren muß ihm vom Betriebsrat zugestimmt werden. Alle Anträge werden von einem Kranz von Gutachtergremien, die wie der Fachausschuß drittelparitätisch besetzt sind, mit einer abschließenden Stellungnahme beraten. Die Projektdurchführung auf Betriebsebene wird häufig von einer paritätischen Kommission von Unternehmensleitung und Betriebsrat geleitet und über eine Reihe von Arbeitskreisen unter Beteiligung von Wissenschaftlern technischer und sozialwissenschaftlicher Disziplinen, Betriebsräten und gewerkschaftlichen Beratern durchgeführt. Lohnfragen, die aus dem Zusammenhang der Projektentwicklung entstehen, unterliegen der Autonomie der Tarifparteien; mit der Durchführung der Projekte verbundene Probleme der Entlohnung werden häufig in einem dezentralisierten und im Vergleich zu den regionalen Tarifverträgen gestuften und kontextbezogenen Verhandlungssystem behandelt. Die Verbreitung und die Fundierung von Schlußfolgerungen aus den Projekten erfolgt in unterschiedlichen Formen: über staatliche Normierung, über Marktprozesse, über gewerkschaftliche Beratung, Fort- und Weiterbildung und über oft informelle Kommunikations- und Interaktionsprozesse zwischen betrieblichen Belegschaften, Betriebsräten u. a.

Die spezifischen Politikstrukturen, die sich im Programm der sozial orientierten Technologiepolitik herausgebildet haben, belegen die Hypothese eines spezifischen Zusammenhanges von „Policy" und „Politics". Die Ausweitung gewerkschaftlicher und staatlicher Politik auf die Bereiche unternehmerischer Investitionen und Produktionspolitik bedeutet – auch im internationalen Vergleich – nicht nur eine lineare Ausbreitung staatlicher Interventionen, sondern in ersten Ansätzen auch eine neue Qualität von Politik gegenüber dem betrieblichen Arbeits- und Produktionsprozeß. Dabei handelt es sich u. E. nicht nur um eine aufgabenspezifische Anpassung und Flexibilisierung des Staatsapparates ohne tiefergehende strukturelle Transformation. Die hohe Konfliktualität zwischen alten und neuen Politikformen in der Entwicklung der Programme und die gegenwärtig durchgesetzte Rückentwicklung dieser Formen (siehe dazu unten) sind starke Indizien dafür, daß Ansätze einer realen Transformation in den Politikstrukturen stattgefunden haben.

Der Staat war in diesem Prozeß der Ausweitung des arbeitspolitischen Politikfeldes nicht die zentrale gesellschaftliche Steuerungsinstanz, wie es vorherrschende institutionell-funktionalistische und etatistische Staatstheorien unterstellen. Denn zum einen deckt Staatspolitik in diesem Politikfeld nur einen sehr begrenzten Teilausschnitt der gesellschaftlichen Entwicklung von Technologie und Arbeitsorganisation ab, deren Einsatz nach wie vor wesentlich vom „Strategiemonopol" der Kapitalgruppen und teilweise auch von den Gewerkschaften bestimmt wird. Zum anderen waren seine Aktionsformen wesentlich von dem Kompromißgleichgewicht der die soziale Technologiepolitik tragenden arbeitspolitischen gesellschaftlichen Formationen abhängig.

III. 4. Funktions- und formtypische Grenzen der sozial orientierten Technologiepolitik

Auf der Basis der bisherigen Erfahrungen können einige fundierte Hinweise über strukturbezogene Schwierigkeiten, Barrieren und Grenzen einer sozial orientierten Technologiepolitik bei gegebener ökonomischer, politischer und ideologischer Konfiguration angegeben werden. Eine vorläufige und vorsichtige Einsätzung der Wirksamkeit dieser

Politik auf Basis unterschiedlich angelegter „Zwischenbilanzierungen" (vgl. die Zwischenbilanzierungen des WSI, 1979; des Projektträgers 1981 sowie „Wirkungsanalyse zu ausgewählten Zielaspekten des HdA-Programms 1980") kommt – zusammenfassend interpretiert – zu folgenden Ergebnissen:

1. In der Programmrealität sind drei Typen von Projektergebnissen festzustellen:
   - zum einen Projekte, deren wesentlicher Effekt in der ökonomischen Sanierung der Unternehmen bestand (sogenannte „Reparaturen-Humanisierung");
   - weiterhin Projekte, bei denen die Unternehmen wesentliche Rationalisierungsziele durchzusetzen vermochten, ohne diese mit Sozialkriterien zu „optimieren";
   - Projekte, bei denen technische Innovationen mit Sozialkriterien realisiert wurden. Als Beispiel für diesen Typ sei auf die Entwicklung eines flexiblen Fertigungssystems im Maschinenbau verwiesen, bei dem – neben den technologischen Innovationen – einige wichtige Sozialkriterien wie dezentrale EDV-Steuerung des Systems, breite Requalifizierung der Belegschaften durch Schaffung neuer Berufsbilder (horizontale Zusammenlegung wichtiger Berufszweige und Erweiterung um informationstechnologische Tätigkeitsbereiche), Ansätze einer vertikalen Rotation und Mobilität, Lohnhöhergruppierungen sowie eine weiterentwickelte Entlohnungsform in beträchtlichem Ausmaß durchgesetzt werden konnten.
2. Aussagen über die empirische Verteilung der drei Typen von Projektergebnissen sind äußerst kontrovers. Unserem Urteil nach überwiegen Effekte einer „Reparatur-Humanisierung" und der reinen betrieblichen Rationalisierung.
3. Gegenüber den bisher begrenzten direkten Effekten des Programms sind seine indirekten Folgewirkungen erheblich höher zu veranschlagen. Die bisherigen Bemühungen einer sozial orientierten Technologiepolitik haben auf betrieblicher Ebene und in der gewerkschaftlichen und allgemeinen Öffentlichkeit bisher weithin tabuisierte Bereiche der alternativen Technologieentwicklung, der Sozialgestaltung der Arbeitswelt im Sinne einer echten Humanisierung des Arbeitslebens in erheblichem Maße thematisiert, nicht zu unterschätzende Mobilisierungswirkungen und Lernprozesse auch in den Gewerkschaften angestoßen und deren Forderungshaltungen gegenüber der Technologieentwicklung und Arbeitsorganisation beeinflußt.

Wir wollen im folgenden lediglich einige strukturbedingte Hemmnisse ansprechen und auf kontingente Faktoren, die auf die Anlaufphase des Programms, personelle Faktoren usw. zurückzuführen sind, nicht weiter eingehen.

Schon in der Anlaufphase der Programme wurde deutlich, daß die klassischen Steuerungsmedien des Staates – Geld und Recht –, bezogen auf die Zielsetzung der Programme, nur sehr begrenzt wirksam waren. Dieser Umstand liegt weniger in der mangelnden „Quantität" an Finanzmitteln oder an Rechtsnormen, sondern an der inadäquaten „Qualität" dieser Steuerungsmedien: Geld kann letztlich nicht unternehmerische Investitionsentscheidungen erkaufen und Recht ist als abstrakte Norm in diesen Konfliktlagen nicht „von selbst" handlungswirksam. Die Übertragung der Umsetzungs- und Verbreitungsfunktionen der Ergebnisse staatlich geförderter Projekte auf Marktprozesse wiederum – präferiert von Seiten des Staatsapparates und der Kapitalfraktionen – entlastet zwar den Staatsapparat von Steuerungs- und Legitimationsprobleme. Marktprozesse sind jedoch wegen ihrer spezifischen strukturellen Selektivität nicht fähig, arbeitsorganisatorische Regelungen des Technikeinsatzes (wie z. B. Besetzungsnormen, Arbeitsverteilung, Qualifikationsstrukturen u. a.) – also ein Kernelement einer sozial orientierten Technologiepolitik – zu „transportieren" und wirken damit als dominante Umsetzungsstrategie eher kontraproduktiv. Auch die geschaffenen korporatistischen Strukturen als Medien der Umsetzung von Ergebnissen und Schlußfolgerungen einzelbetrieblicher Projekte über die Organisationsstrukturen erwiesen sich nur als begrenzt nutzbar. Es muß als empirischer Befund der bisherigen Erfahrungen mit den Programmen festgestellt werden, daß, soweit positive Projektergebnisse erzielt wurden, diese nicht nur wegen, sondern ebensosehr auch *gegen* die korporatistischen Politikstrukturen erzielt wurden.

Eine stärker sozial orientierte Technologiepolitik konnte insbesondere dann durchgesetzt werden, wenn die Gewerkschaften im Rahmen der Projekte autonome gewerkschaftliche Forderungen entwickelten, indem sie

- projektbegleitende Beratungen und Schulungen auf Belegschaftsebene durchsetzten,
- damit autonom dezentrale Konfliktfelder im Betrieb erzeugten;
- horizontale Verknüpfungen und Kommunikation zwischen den verschiedenen betrieblichen Konfliktfeldern herstellten;
- eigene Beziehungen zu technischen und sozialwissenschaftlichen Beratern herstellen konnten und
- die Beteiligung an den staatlichen Projekten in ihre langfristig angelegten tarif- und bildungspolitischen Strategien einzufinden und für diese Zielsetzung zu nutzen vermochten.

Diese Befunde generalisiert, können korporatistische Politikstrukturen somit zwar Politikinnovationen anstoßen, zielkonforme Ergebnisse, ihre Thematisierung und Durchsetzung erfordern jedoch – entgegen den Annahmen auch differenzierter Korporatismustheorien (*Lehmbruch* 1981) – eine Öffnung, Dezentralisierung und Konfliktualität zu Politikstrukturen und -prozessen und nicht eine Annäherung an das Modell konsenshafter Aushandelung auf Expertenebene in trilateralen, zentralisierten Verbundsystemen der Organisationsspitzen.

Zusammenfassend läßt sich auf der Basis der Erfahrungen im Bereich der sozial orientierten Technologiepolitik feststellen: Es sind qualitative Grenzen der klassischen staatlichen Steuerungsmedien Geld, Recht bzw. Delegation auf Marktmechanismen deutlich geworden. Die Umsetzung, vor allem der Sozialkriterien der Technologiepolitik, erforderte gleichsam gegenstrukturell eine politische „Überformung" dieser Medien, die im Rahmen der korporatistischen Strukturen nicht allein erfolgen konnte. Als Funktionserfordernis für die neuen Aufgaben der direkten Arbeitspolitik ergab sich die Herausbildung von Formen der „Erweiterung des Staates" (vgl. *Altvater/Kallscheuer* 1979) in die Bereiche betriebspolitischer Mikrostrukturen hinein und des Aufbaus dezentraler Verhandlungssysteme auf betrieblicher, regionaler und Branchenebene sowie der Organisation autonomer Lern-, Mobilisierungs- und Organisierungsprozesse der Betriebs- und Tarifvertragsparteien. Die wirkungsvolle Umsetzung einer sozial orientierten Technologiepolitik überlagerte somit das Repertoire korporatistischer Politikverflechtungen – nicht im Sinne einer funktional-harmonischen Ergänzung, sondern im Sinne einer tendenziell konflikthaften Verdrängung.

III. 5. Zur Involution der sozial orientierten Technologiepolitik als direkter Arbeitspolitik

Die bisherige Entwicklung der Technologiepolitik macht deutlich, daß die gesellschaftlichen Politikstrukturen besonders in neuen Funktionsbereichen nicht nach dem Modell eines langfristigen, linearen Ausdifferenzierungs- und Reifungsprozesses gemäß Evolutions- und Modernisierungstheorien abfolgt. So konnte das instabile Kompromißgleichgewicht von Interessenlagen und Strategien der verschiedenen Kapitalfraktionen, Parteigruppierungen, Staatsapparat und Gewerkschaften nur so lange als Basis der Arbeitspolitik aufrecht erhalten werden, wie sich keine wesentlichen Verschiebungen in den Problemlagen und den Interessenpositionen ergaben. Seit Ende der 70er Jahre ist jedoch eine zunehmende Reorganisation der arbeitspolitischen Formation festzustellen. Die Kapitalfraktionen versuchten die Sozialkriterien und Mitwirkungsrechte zu unterlaufen oder zu marginalisieren und zogen sich in bestimmten Wirtschaftssektoren sogar aus den Programmen zurück. Bei den Gewerkschaften verstärkte sich das Dilemma, daß die Mitwirkungsmöglichkeiten bei der Technologieentwicklung im Rahmen der korporatistischen Strukturen auch bedeutete, für den Fall überwiegend rationalisierungsbezogener Technologieprojekte die entsprechenden Legitimationsprobleme übernehmen zu müssen. Der Staatsapparat geriet nicht nur unter zunehmende Mittelverknappung im Rahmen der Fiskalkrise, mit der Erosion der gesellschaftspolitischen Basis erodierte auch seine spezifische Innovativität.

Dieser Involutionsprozeß kann durch die gängigen Staatstheorien nicht hinreichend erklärt werden: Entgegen institutionell-funktionalistischen und etatistischen Theorien, daß aufgrund der relativen Autonomie des Staatsapparates dieser seine Politikprogramme autonom zu steuern vermag, hat sich trotz formeller Beibehaltung der Programme eine Veränderung ihrer Inhalte und Wirkungsweisen ergeben. Die Politikstrukturen, die sich herausgebildet hatten, erwiesen sich als empfindlich-labiles Produkt einer spezifischen ökonomischen, politischen und ideologischen Konfiguration in der Bundesrepublik, deren Kompromiß-Sattelpunkt gegenwärtig zu zerfallen droht. Die Befunde zur bisherigen Entwicklung einer sozialorientierten Technologiepolitik stellen auch Aussagen zur Stabilität korporatistischer Strukturen in Frage. Sobald ein Politikprogramm zentrale substantielle Konfliktbereiche zwischen Kapital und Arbeit zu steuern versuchte, wie es zeitweilig in einigen Phasen und Projekten der sozialorientierten Technologiepolitik der Fall war, wiesen die korporatistischen Politikstrukturen eine hohe Labilität auf: Durch politische Gegenmobilisierung und vor allem durch faktische Aufkündigung der Politikstrukturen durch einzelne Kapitalfraktionen erwies sich die gesellschaftspolitische und zeitliche Stabilität der Programme als rasch gefährdet, es kam zur einseitigen „Pazifizierung" der Programme durch faktische Zurücknahme in zen-

tralen Zielsetzungen (Die Vertreter der Korporatismus-Konzeption neigen generell zur Überschätzung der zeitlichen und sozialen Stabilität der korporatistischen Strukturen; vgl. für den Fall der Weimarer Republik: *Nocken* 1981).
Der Involutionsprozeß der direkten Arbeitspolitik kehrt jedoch nicht zum Status quo ante zurück. Es bleiben verschärft die objektiven Problemlagen und historisch kaum mehr rückholbare subjektive Anspruchshaltungen und Forderungsstrukturen, die die Auseinandersetzung um dieses neue Politikfeld aufrecht erhalten und die Rhythmik und Substanz der politischen Konjunkturen bestimmen.

Literaturverzeichnis

Altmann, N. et. al, 1981: Bedingungen und Probleme betrieblich initiierter Humanisierungsmaßnahmen, Karlsruhe

Altvater, E./Kallscheuer, O. (Hrsg.), 1979: Den Staat diskutieren, Berlin

Birkwald, R./Pornschlegel, H., 1976: Handlungsanleitung zur menschengerechten Arbeitsgestaltung nach den §§ 90 und 91 Betriebsverfassungsgesetz, Köln

Böhle, F./Sauer, D., 1975: Intensivierung der Arbeit und staatliche Sozialpolitik, in: Leviathan, Heft, 1, 49 ff.

Bönig, J., 1980: Technik und Rationalisierung in Deutschland zur Zeit der Weimarer Republik, in: *U. Troitzsch, G. Wohlauf*, Technik – Geschichte. Historische Beiträge und neuere Ansätze, 390–419, Frankfurt a.M.

Brady, R.A., 1933: The Rationalization Movement in German Industry, A Study in the Evolution of Economic Planning, Berkeley/Cal., (N.Y. 1974)

Braverman, H., 1977: Die Arbeit im modernen Produktionsprozeß, Köln

Burawoy, M., 1979: Manufacturing Consent, Chicago and London

Burawoy, M., 1978: Toward a Marxist Theory of the Labour Process Braverman and beyond, in: Politics and Society, Nr. 4

Costas, I., 1978: Studien zu den Auswirkungen der Konzentration und Zentralisation des Kapitals auf die Arbeiterklasse in Deutschland 1880–1914, Dissertation FU-Berlin, Berlin

Das Programm „Forschung der Humanisierung des Arbeitslebens", 1981: Ergebnisse und Erfahrungen arbeitsorientierter Forschung 1974–1980, Frankfurt/New York

Deiss, N. et al., 1981: Öffentliche Maßnahmen als Bedingungen betrieblicher Aktivitäten zur menschengerechten Gestaltung des Arbeitslebens, Karlsruhe

Dörr, G./Naschold, F., 1982: Arbeitspolitik und Industriearbeit. Zum Zusammenhang von Belastung, Qualifikation und Kontrolle, in: Kölner Zeitschrift für Soziologie und Sozialpschologie, Sonderband (im Erscheinen)

Evers, A./Rodriguez-Lores, J., 1979: Reformstrategien und staatliche Organisationsstrukturen – Zur Kritik der politikwissenschaftlichen Grundlagen und Perspektiven einer Theorie der „Politikverflechtung" von Scharpf/Reissert/Schnabel, in: *Wollmann, H.* (Hrsg.): Politik in Dickicht der Bürokratie. Beiträge zur Implementationsforschung, Leviathan, Sonderheft 3, 222–254

Hauff, V., 1978: Damit der Fortschritt nicht zum Risiko wird, Stuttgart

Helfert, M./Trautwein-Kalms, G., 1978: Die gewerkschaftliche Auseinandersetzung um Arbeitsbedingungen und das Forschungsprogramm der Bundesregierung zur Humanisierung der Arbeit, in: WSI-Mitteilungen, Heft 2

Hill, S., 1981: Competition and Control at Work. The New Industrial Sociology, London

Homburg, H., 1978: Anfänge des Taylorsystems in Deutschland vor dem 1. Weltkrieg, in: Geschichte und Gesellschaft, Heft 4

Internationales Institut für Vergleichende Gesellschaftsforschung, 1981: Forschungsprogramm

Jürgens, U., 1980: Selbstregulierung des Kapitals. Erfahrungen aus der Kartellbewegung in Deutschland um die Jahrhundertwende: Zum Verhältnis von Politik und Ökonomie, Frankfurt a.M./New York

Kastendiek, H., 1981: Beiträge zur aktuellen Korporativismusdiskussion, Habilitationsschrift, FU-Berlin, Berlin

Kittner, M., 1976: Arbeits- und Sozialordnung. Ausgewählte und eingeleitete Gesetzestexte, Köln

Lazonick, W., 1979: Industrial Relations and Technical Change: The case of the self-acting mule, in: Cambridge Journal of Economics, Heft 3, 231–262

Lehmbruch, G., 1981: Neo-corporatist policy formation in Western Europa: Areas of inquiry and theoreticals problems. Paper prepared for presentation at the annual meeting of the American Political Science Association, New York

Lehmbruch, G./Schmitter, P.C. (Eds.), 1981: Patterns of Corporist Policy Making, London 1981

Marx, K., 1968: Das Kapital, Bd. 1, MEW Bd. 23, Berlin-O.

Matthöfer, K., 1977: Humanisierung der Arbeit und Produktivität in der Industriegesellschaft, Köln

Müller, W., 1973: Der Pluralismus als Staatstheorie des Revisionismus, in: Doeker, G./Steffani, W. Klassenjustiz und Pluralismus. Festschrift für Ernst Fraenkel, 395–424, Hamburg

Nahnsen, I., 1975: Bemerkungen zum Begriff und zur Geschichte des Arbeitsschutzes, in: Arbeitssituation, Lebenslage und Konfliktpotential. Festschrift für Max E. Graf zu Solms-Roedelheim, 145–166, Frankfurt a.M.

Naschold, F., 1981: Developmental Crisis and Modernization: The Role of the State in the Redistribution Crisis in Developed Countries, in: *R. Merritt/B. Russett:* From National Development to Global Comunity, London

Naschold, F., 1979: Probleme einer „sozial orientierten Forschungs- und Entwicklungspolitik" – das Programm „Humanisierung des Arbeitslebens" am Scheideweg, in: *W. Pöhler* (Hrsg.), ... damit die Arbeit menschlicher wird, Bonn

Natzel, B., 1979: Menschengerechte Arbeitsgestaltung und Gewerkschaftspolitik. Antwort auf eine gewerkschaftliche Handlungsanleitung zu den §§ 90 und 91 BVG, Bergisch-Gladbach

Nocken, U., 1981: Korporatistische Theorien und Strukturen in der deutschen Geschichte des 19. und frühen 20. Jahrhunderts, in: *U. v. Alemann,* (Hrsg.), Neokorporatismus, Frankfurt a.M./ New York

Offe, C., 1977: Strukturprobleme des kapitalistischen Staates, Frankfurt a.M.

Panitch, L., 1977: The Development of Corporatism in Liberal Democracies, in: Comparative Political Studies, Volume 10, No. 1, 61–90

Poulantzas, N., 1978: Staatstheorie, Hamburg

Rimlinger, G., 1971: Welfare Policy and Industrialization in Europe, America and Russia, New York/London

Ronge, V., 1979: Bankpolitik im Spätkapitalismus, Starnberger Studien 3, Frankfurt a.M.

Ronge, V., (Hrsg.), 1980: Am Staat vorbei. Politik der Selbstregulierung von Kapital und Arbeit, Frankfurt a.M./New York

Schalldach, E., 1930: Rationalisierungsmaßnahmen der Nachinflationszeit im Urteil der deutschen freien Gewerkschaften, Jena

Scharpf, F./Reissert, B./Schnabel, F., 1976: Politikverflechtung: Theorie und Empirie des kooperativen Föderalismus in der Bundesrepublik, Kronberg/Ts.

Schauer, H./Darbrowsky, H./Neumann, U./Sperling, H.J. unter Mitarbeit von *Kern, H./Rosenbaum, W.*, 1981: Tarifvertragliche Regelungen zur Verbesserung industrieller Arbeitsbedingungen – zusammenfassender Ergebnisbericht zum HdA-Projekt, Göttingen

Schmidt, E., 1972: Die verhinderte Neuordnung, Frankfurt a.M.

Standfest, E. et al., 1977: Sozialpolitik und Selbstverwaltung, Köln

Streeck, W., 1981: Neokorporativistische Kooperation und weltwirtschaftliche Konkurrenz, Ms. WZB, IIM-AMP, Berlin

Streeck, W., 1981: Qualitative Demands and the Neo-Corporatist Manageability of Industrial Relations. Trade Unions and Industrial Relations in West Germany at the Beginning of the Eighties, in: British Journal of Industrial Relations (forthcoming)

Tennstedt, F., 1982: Sozialgeschichte der Sozialpolitik in Deutschland. Vom 18. Jahrundert bis zum 1. Weltkrieg, Göttingen (im Erscheinen)

Tennstedt, F., 1976: Sozialgeschichte der Sozialversicherung, in: Handbuch für Sozialmedizin, Bd. III, 385–491, Stuttgart

Tarnow, F., 1928: Warum arm sein?, Berlin

Wirkungsanalyse zu ausgewählten Zielaspekten des HdA-Programms (Arbeitsmarkt, Umsetzung, Belastung, Beteiligung), 1982: Statistische Analysen sowie Erarbeitung eines umgewichteten Erfolgs- und Programmkatalogs für HdA-Vorhaben, Frankfurt a.M.

Sozialpolitik: Stand und Entwicklung der Forschung in der Bundesrepublik Deutschland*

Franz-Xaver Kaufmann
unter Mitarbeit von *Bernd Rosewitz* und *Hartmut Wolf*

Im Unterschied zum angelsächsischen und französischen Bereich, in welchen die Vielfalt sozialer Maßnahmen erst in jüngster Zeit unter dem Begriff „Sozialpolitik" („social policy", „politique sociale") zusammengefaßt werden, hat der Name Sozialpolitik im deutschen Sprachraum eine Tradition, die bis in die Mitte des letzten Jahrhunderts zurückgeht (vgl. *Pankoke* 1970: 177 ff.). Die Begriffsgeschichte zeugt von einer großen Vielfalt der unter diesem Namen zusammengefaßten Gegenstände und Zielsetzungen; sie ist bisher ebenso wenig aufgearbeitet, wie die Entwicklung der Institutionen und der sie tragenden politischen Bewegungen.[1] Es ist daher auch keineswegs einfach, den Gegenstandsbereich zu bestimmen, der bei einer Übersicht über den sozialpolitischen Forschungsstand einzubeziehen wäre. Eine sehr enge Definition, wie sie der Praxis, aber auch dem wissenschaftlichen Interesse der 50er und der 60er Jahre in der Bundesrepublik entspricht, reduziert Sozialpolitik im wesentlichen auf den Bereich der sozialen Sicherung. In jüngster Zeit scheint der Begriff Sozialpolitik seine ursprüngliche gesellschaftstheoretische Dimension wiederzugewinnen,[2] so daß man geneigt sein könnte, die Gesamtheit der sozial- und wohlfahrtsstaatlichen Aktivitäten als Sozialpolitik zu bezeichnen.

1. *Abgrenzungen*

Für die Zwecke dieses kurzen Überblicksartikels wird eine pragmatische Eingrenzung vorgenommen: Es werden zunächst all diejenigen Bereiche ausgeschlossen, welche bereits Gegenstand anderer Beiträge in diesem Bande sind: die Arbeitsschutz- und Arbeitsverfassungspolitik („Sozialpolitik im Produktionsbereich"), die Gesundheitspolitik und die Wohnungsbaupolitik. Ausgeklammert wird auch die bildungspolitische Forschung, da Bildungspolitik in Deutschland (im Unterschied zu den angelsächsischen Ländern!) herkömmlicherweise nicht zur Sozialpolitik gezählt wird und sich bisher trotz wesentlicher sozialpolitischer Komponenten nahezu unabhängig von der wissenschaftlichen und praktischen Sozialpolitikdiskussion entwickelt hat. Was den Gegenstandsbereich betrifft, so beziehen sich daher die folgenden Ausführungen im wesentlichen auf den Bereich der sozialen Sicherung und der sog. sozialen Dienste, soweit sie nicht den Gesundheits- oder den Bildungsbereich betreffen.[3]

Wichtiger ist noch eine zweite Abgrenzung: Die Literatur in unserem Gegenstandsbereich ist – vor allem was die Veröffentlichungen in Zeitschriften angeht – unübersehbar, jedoch überwiegend nicht im eigentlichen Sinne forschungsorientiert. Der Übergang von wissenschaftlicher zu Praktikerliteratur ist fließend. In diesem Zusammenhang verdient der Umstand Erwähnung, daß die Leitungsfunktionen im Bereich der Sozialversicherung noch weitgehend in der Hand von nicht akademisch gebildetem Personal liegen, während im Bereich der örtlichen Sozialpolitik es vor allem Sozialarbeiter (d.h. Fachhochschulabsolventen) und in kleinerem Umfang Sozialwissenschaftler sind, die ein präprofessionelles Publikum sozialpolitischen Schrifttums darstellen. Eine klare Verknüpfung von sozialpolitischer Forschung und professionalisierter Praxis – wie z.B. im Bildungswesen – existiert in unserem Bereich noch nicht. Überdies wird ein großer Teil der unmittelbar praxisrelevanten Forschungen – nämlich die Auftragsforschung – kaum veröffentlicht.[4]

Neben der primär an institutionell definierten Problemlösungsmustern orientierten Praktikerliteratur (z.B. zur Jugendhilfe oder zur gesetzlichen Krankenversicherung) findet sich ein umfangreiches Genre spekulativer Literatur, deren Inhalt auf intuitiver Verallgemeinerung mehr oder weniger charakteristischer Erfahrungen oder auf assoziativer Verknüpfung von Beispielen mit allgemeinen sozialwissenschaftlichen Interpretamenten (z.B. Bürokratisierung, Professionalisierung, Wertwandel) oder auf programmatischen Vorstellungen beruht. Diese Genres sind wissenschaftlich keineswegs irrelevant, aber doch eher als Bewegungen des Erfahrungsobjekts Sozialpolitik selbst denn als methodisch gesicherte Erkenntnisse über das Erfahrungsobjekt aufzufassen.

Sowohl der begrenzte Umfang dieses Beitrags als auch der geringe Systematisierungsgrad der angesprochenen Literaturarten gebieten deshalb hier eine Beschränkung auf die Entwicklung des Fachgebiets und auf Schwerpunkte der wissenschaftlichen Forschung, wobei auch hier im wesentlichen nur die Fragestellungen und nicht die Ergebnisse referiert werden können. Angestrebt wird ein Überblick über die Literatur verschiedener Disziplinen, die sich mit Sozialpolitik als einem eigenständigen Gegenstand beschäftigt. Nicht einbezogen werden können also auch durchaus anspruchsvolle Studien, sofern sie sich nur mit Teilbereichen oder gar Einzelfragen beschäftigen.[5] Die bei allem Streben nach einem interdisziplinären Überblick von subjektiven Wahrnehmungen gewiß nicht freie Darstellung orientiert sich also primär an Arbeiten, die von ihrer Fragestellung oder ihrer Methode her übergreifende Gesichtspunkte, die für die Bestimmung des wissenschaftlichen Gegenstandes ‚Sozialpolitik' von Belang sind, in ihren Ansätzen berücksichtigen.

2. *Sozialpolitik als Erfahrungsgegenstand und als Wissenschaft*

Ähnlich wie hinsichtlich anderer Politikbereiche läßt sich auch beim Wort Sozialpolitik – unabhängig von der Spezifikation des Gegenstandsbereiches – eine dreifache Verwendung feststellen: Sozialpolitik bedeutet zum einen den Kampf um die Einrichtung sozialreformerischer Maßnahmen (social politics), sie bedeutet zweitens die durch politische Entscheidungen institutionalisierten Maßnahmenkomplexe bzw. die Umsetzung der politisch in Gang gesetzten Sozialreform (social policy).[6] ‚Sozialpolitik' ist jedoch drittens seit dem Ende des letzten Jahrhunderts auch die Bezeichnung für ein Spezialgebiet der Sozialwissenschaften (mit eigenen Lehrstühlen, Schriftenreihen usw.), dessen wissenschaftssystematischer Ort mit Bezug auf die nach dem Zweiten Weltkrieg etablierte Differenzierung der Sozialwissenschaften in Wirtschaftswissenschaften, Soziologie und politische Wissenschaft nicht eindeutig zu umreißen ist. Allerdings bestehen zwischen diesen drei dimensionalen Begriffen von Sozialpolitik angebbare Beziehungen, so daß zwar die Grenzen unscharf, die Kernvorstellungen dagegen einigermaßen kohärent sind.

Was die Fragestellungen einer Wissenschaft von der Sozialpolitik anbetrifft, so lassen sich verschiedene Zugriffsweisen – und damit verbunden – unterschiedliche Affinitäten zu Einzelbereichen der Sozialwissenschaft unterscheiden:

Ein nach wie vor wichtiger Strang ist die institutionenkundlich orientierte Lehre der Sozialpolitik, wie sie in den meisten Lehrbüchern (vgl. etwa *Preller* 1970, *Brück* 1976, *Burghardt* 1979, Projektgruppe *Soziale Berufe* 1981) dominiert.[7] Ziel des institutionenkundlichen Ansatzes ist die Vermittlung von unmittelbar praktisch relevantem Wissen über geltende Regelungen und bestehende Einrichtungen, häufig angereichert mit induktiven Generalisierungen aus der sozialpolitischen Diskussion (z.B. die Unterscheidung von Versicherung, Versorgung und Fürsorge) und Hinweisen auf ungelöste Probleme auf dem Niveau einzelner sozialpolitischer Institutionen. Die Art der Fragestellungen ähnelt hier am ehesten derjenigen der traditionellen deutschen Verwaltungswissenschaft: Eine Fülle von Detailwissen wird ausgebreitet und – soweit nicht die Gesetzesmaterien relativ eindeutige Strukturierungsgesichtspunkte abgeben – nach vergleichsweise willkürlichen Gesichtspunkten systematisiert.

Bereits früh wurde jedoch diese ausschließlich induktive Vorgehensweise als unbefriedigend empfunden und nach übergreifenden Gesichtspunkten Ausschau gehalten, die als theoretische relevante Ordnungskriterien einen stärker analytisch orientierten Zugriff ermöglichen sollten. Hierzu dienten entweder normative (z.B. Beseitigung sozialer Ungleichheit, Schaffung sozialer Sicherheit) aber auch wissenschaftsspezifische Gesichtspunkte (z.B. Einkommensverteilung, Klassenverhältnisse). Der Nachteil derart abstrakter Ordnungsgesichtspunkte für eine reformierte Verwaltungswissenschaft liegt auf der Hand: Sie leisten keine Ordnung der sozialpolitischen Wirklichkeit auf dem Niveau politischer Entscheidungen und administrativer Umsetzungsprobleme. Erst in jüngster Zeit sind – und zwar von Juristen, Soziologen, Ökonomen wie von Politikwissenschaftlern – analytische Fortschritte erzielt worden, die das komplexe Geschehen gleichzeitig objektnah und theoriefähig zu interpretieren gestatten sollen.

Sieht man von den verfassungsrechtlichen Debatten um die Sozialstaatlichkeit (hierzu *Forsthoff* 1968, *Hartwich* 1970, *Zacher* 1980b) ab, so dominierte nach dem Zweiten Weltkrieg in der Bundesrepublik zunächst eine verteilungstheoretische Betrachtungsweise von Sozialpolitik, und dementsprechend wurden sozialpolitische Lehrstühle typischerweise mit Volkswirten besetzt. Insofern diese häufig eher der Tradition der historischen Schule der deutschen Nationalökonomie als der neuen, stärker formalisierenden angelsächsischen Tradition nahestanden, führten sie auch ein Schattendasein in wirtschaftswissenschaftlichen Fachbereichen.[8] Seit Anfang der 70er Jahre haben sich

Soziologen, Juristen und Politikwissenschaftler für Sozialpolitik zu interessieren begonnen: Marksteine dieser Entwicklung sind für die Soziologie der Bielefelder Soziologentag (1976) und die sich daran anschließende Gründung einer Sektion ‚Sozialpolitik' in der Deutschen Gesellschaft für Soziologie,[9] für die Rechtswissenschaften die Ausdifferenzierung der Sozialrechtslehrertagungen aus den Tagungen des Sozialgerichtsverbandes (1979)[10] und für die politische Wissenschaft die Sozialstaatsdiskussion Ende der 60er, Anfang der 70er Jahre sowie die Einrichtung eines Arbeitskreises zur Gesundheits- und Sozialpolitik (1976) in der Deutschen Vereinigung für Politische Wissenschaft.[11] So hat seit etwa 10 Jahren die sozialpolitische Forschung einen starken und auch Disziplinen übergreifenden Aufschwung genommen, der allerdings äußerst vielfältig ist und sich einer systematischen Darstellung noch entzieht.[12] So wird auch die nachfolgende Darstellung des Forschungsstandes notwendigerweise unvollständig bleiben.[13]

3. *Überblick über den Stand der Forschung*

3.1. Verteilungsprobleme

Den Auftakt zur wissenschaftlichen Beschäftigung mit sozialpolitischen Fragen in der Bundesrepublik bildete das Referat von *Gerhard Mackenroth* „Die Reform der Sozialpolitik durch einen deutschen Sozialplan" (*Mackenroth* 1952). Es sind im wesentlichen drei Gedanken aus diesem Referat, welche in der Folge nachwirkten:

1. daß Sozialversicherung hauptsächlich eine Umverteilung des Volkseinkommens bedeutet, da aller Sozialaufwand aus der Produktion der laufenden Periode getragen werden muß;
2. die Notwendigkeit einer Koordination der Sozialleistungen unter dem Gesichtspunkt der mit ihnen verbundenen Sicherungszwecke (Finalprinzip) und die Untersuchung des Zusammenwirkens unterschiedlicher sozialpolitischer Maßnahmen;
3. das Erfordernis der Leistungssteigerung und der organisatorischen Straffung der sozialpolitischen Leistungsadministration.

Wenn damit auch die wesentlichen Themen der sog. „Sozialreform" angesprochen waren, die das sozialpolitische Geschehen der zweiten Legislaturperiode des Deutschen Bundestages beherrschten (vgl. *Hockerts* 1977; 1980), so blieb der Einfluß der Wissenschaft, insbesondere der wissenschaftlichen Forschung, auf die sozialpolitischen Entscheidungen in den 50er und 60er Jahren dennoch ausgesprochen gering. Auch wo wissenschaftlicher Sachverstand mobilisiert wurde – wie in der Rotenfelser Denkschrift (*Achinger* u.a. 1955) oder in der *Sozialenquete* (1965) – oder wo Vorschläge von Wissenschaftlern den Gesetzgebungsprozeß beeinflußten, – wie der Schreiber-Plan (*Schreiber* 1955) die Rentenreform von 1957 – blieb der forschungsmäßige Hintergrund derartiger Empfehlungen unklar bis nicht-existent (vgl. *Krüger* 1975, *Zacher* 1980b). Erste systematische Forschungen zum Bereich der Sozialpolitik wurden von der „Kommission für dringliche sozialpolitische Fragen der Deutschen Forschungsgemeinschaft" angeregt und im Rahmen eines Schwerpunktprogramms realisiert (vgl.

Soziale Umverteilung 1964). Im Rahmen dieses Schwerpunktprogramms entstanden am Tübinger Institut für angewandte Wirtschaftsforschung erste empirische Untersuchungen zur kumulativen Umverteilungswirkung der verschiedenen sozialpolitischen Instrumente auf der Basis einer kreislauftheoretischen Betrachtung des Wirtschaftsgeschehens (*Schmidt* u.a. 1965a; 1965b).[14] Diese Arbeiten ermöglichten erstmals einen Überblick über die kumulierten Umverteilungswirkungen der verschiedenen finanz- und sozialpolitischen Maßnahmen in der Bundesrepublik. Sie zeigten einerseits merkliche Nivellierungseffekte an, machten aber gleichzeitig deutlich, daß die wesentliche Form der Umverteilung diejenige eines intertemporalen Einkommensausgleichs ist, während eine Umverteilung der Lebenseinkommen von den Gutverdienenden zu den Schlechtverdienenden demzufolge kaum stattzufinden scheint. Diese Untersuchungen beruhten im wesentlichen auf Auswertungen der volkswirtschaftlichen Gesamtrechnung und sonstiger Statistiken des Statistischen Bundesamtes und erlaubten nur Schätzungen auf Aggregatdatenbasis. Daneben wurden schon früh Untersuchungen über die „Verflechtungen der Sozialleistungen" (*Mackenroth*) durchgeführt.[15] Die verfügbaren Methoden reichten jedoch bei weitem nicht aus, um Klarheit in den Zusammenhang von staatlichen Gesetzen und der Entwicklung der Individual- bzw. Haushalteinkommen zu bringen. Dieser Problemkreis wurde sodann zunächst im Rahmen des SPES-Programms der DFG (vgl. *Krupp/Glatzer* 1978) und daran anschließend im Sonderforschungsbereich 3 „Mikroanalytische Grundlagen der Gesellschaftspolitik" der DFG (seit 1979) weiter verfolgt.[16] Durch diese langjährigen Forschungsanstrengungen ist hier eindeutig ein qualitativer Sprung in der wissenschaftlichen Fundierung sozialpolitischer Entscheidungen festzuhalten: Während die Rentenreform von 1957 ohne auch nur annähernde Kenntnisse ihrer Wirkungen beschlossen werden mußte, liegen für die nunmehr anstehende Rentenreform 1984 mehrere Alternativen vor, die hinsichtlich ihrer finanziellen und sozialpolitischen Auswirkungen miteinander verglichen und unter dem Gesichtspunkt unterschiedlicher Zielsetzungen bewertet werden (vgl. *Krupp* u.a. 1981).

Dieser sehr erfolgreiche Forschungsbereich, dessen starke Verflechtung mit politischen Beratungsaufgaben (z.B. Transferenquête-Kommission) hier nur angedeutet werden kann, beschäftigt sich vorwiegend mit Umverteilungsproblemen im Bereich der monetären Individualeinkommen. Im Laufe der letzten zwei Jahrzehnte haben jedoch die sog. Realtransfers, d.h. die durch öffentliche Haushalte finanzierte Verfügbarkeit von Gütern und Dienstleistungen für Individuen und Haushalte, eine immer größere Bedeutung gewonnen: Gesundheits- und Bildungswesen, soziale Dienste für Kinder und Alte, Beratungsdienste, Erholungseinrichtungen usw. Die Klärung der Verteilungsproblematik wirft hier nicht nur statistische, sondern zunächst vor allem konzeptuelle Probleme auf, die in der neueren Literatur ausführlich diskutiert werden.[17] In konzeptioneller Hinsicht gilt es zu klären, unter welchen Bedingungen und in welchem Umfange das Angebot öffentlicher Dienstleistungen bestimmten Adressatengruppen zuzurechnen ist und wie der Wert derartiger Dienstleistungen in Geldgrößen zu bestimmen ist. In empirischer Hinsicht geht es darum, Versorgungsdaten, Inanspruchnahmedaten und Personaldaten in angemessener Weise miteinander zu verknüpfen; ein außerordentlich aufwendiges Unterfangen, das zudem erhebliche Abgrenzungsprobleme mit sich bringt.

Eine gleichzeitige Betrachtung monetärer und realer Transfers strebt im Anschluß an *K. Boulding* die sog. Transferökonomie an, die sich als wissenschaftliche Grundlage einer „integrierten Sozialpolitik" (vgl. *Pfaff/Voigtländer* 1978) versteht.

3.2. Organisationsprobleme der sozialen Sicherung

Bereits *Mackenroth* hatte auf die außerordentliche organisatorische Zersplitterung der Sozialleistungen in der Bundesrepublik hingewiesen. Diese Zersplitterung hat vielfältige Ursachen: Innerhalb der Sozialversicherung hat sie vor allem historische Wurzeln in den Vorläufern des Sozialversicherungswesens, hinzu kommen die verschiedenen Programme zur Linderung von Kriegsschäden, die Beamtenversorgung als ‚heilige Kuh' und die Sozialhilfe. Vor dem Hintergrund der Sozialreform in Großbritannien während des Zweiten Weltkrieges (Beveridge-Plan) und stärker zentralisierender Lösungsvorschläge der Sozialleistungsverwaltung unter den Alliierten blieb die Frage der organisatorischen Gestaltung und der Koordination der Sozialleistungen ein Zentralproblem der ersten Phase bundesrepublikanischer Sozialpolitik (vgl. *Hockerts* 1980, *Zacher* 1980b). Im Unterschied zur Verteilungsproblematik hat die Frage nach den Bedingungen einer effektiven Organisation der sozialen Sicherung bisher kaum Forschungsimpulse ausgelöst.[18] Dies dürfte seine Ursache vor allem darin haben, daß die politischen Entscheidungen über die Rückkehr zum gegliederten Sozialversicherungssystem (in weitgehender Wiederherstellung der Verhältnisse vor 1933) und die Einführung einer paritätischen Selbstverwaltung der Träger der Alters- und Krankenversicherung bereits in den ersten Jahren der Bundesrepublik fielen. Tatsächlich hat sich seit 1953 an der Organisation der Sozialversicherung kaum mehr Entscheidendes geändert, sieht man vom Ausbau der Aufgaben einzelner Träger (insbesondere der heutigen Bundesanstalt für Arbeit durch das AFG) ab. Weder die Vereinheitlichungsvorschläge des Vier-Professoren-Gutachtens (*Achinger* u. a. 1955) noch der Vorschlag der Errichtung einer Bundesanstalt für Rehabilitation durch die Sozialenquête-Kommission hatten jemals eine ernsthafte Chance auf politische Realisierung. Dies dürfte nicht zuletzt mit der getroffenen Lösung selbst zusammenhängen: Die Wiederherstellung der Autonomie der Sozialleistungsträger und ihre gleichzeitige politische Neutralisierung durch die paritätische Besetzung der Selbstverwaltungsorgane führte im Verein mit dem Umstand, daß stets nur ein relativ kleiner Kreis an Politikern und Wissenschaftlern überhaupt für die komplexe Materie zu interessieren war, zu einem hohen politischen Eigengewicht der Sozialversicherungsträger im Vergleich zu den Steuerungsressourcen des politischen Systems. Tatsache ist, daß bisher kaum Studien zu Organisationsfragen der Sozialversicherungsträger bekannt geworden sind, die zu ihrer sinnvollen Realisierung ja stets der Mitarbeit des Trägers selbst bedürfen.[19] Dagegen finden sich einige konzeptionelle Studien zu Organisationsproblemen der Sozialversicherungsträger, so zum Verhältnis von Sozialversicherungsträgern und Versicherten (*Kaufmann* u. a. 1971, *Hegner* 1979) und zu Fragen der Selbstverwaltung (*Tennstedt* o. J., *Bogs* u. a. o. J., *Standfest* 1978). Obwohl die Sozialversicherung zu den größten öffentlichen Verwaltungskörperschaften in der Bundesrepublik gehören, sind sie m. W. bisher auch nicht Gegenstand verwaltungswissenschaftlicher Untersuchungen geworden. Die Ursachen für diese eklatante Forschungslücke lassen sich nur vermuten: Zum einen lag die wissenschaftliche Pflege des Sozialrechtes bis vor wenigen Jahren sehr im argen; das Sozialrecht und erst recht die Sozialverwaltung blieben damit für die Außenstehenden ein weitgehend unaufgearbeiteter und damit undurchschaubarer Gegenstand.[20] Sodann ist auch zu vermuten, daß von seiten der Sozialversicherungsträger selbst Vorbehalte gegen eine öffentliche Erörterung organisatorischer Probleme der sozialen Sicherung bestehen, welche teilweise durchaus interessenbedingt sein mögen. teilweise jedoch eher auf das empfindliche Gleichgewicht zwischen Selbstverwaltung und Geschäftsführung innerhalb der Sozialversicherungsträger zurückzuführen sein dürften. So bleibt es bei groben Vermutungen, wie sie etwa bei *Bethusy-Huc* (1965) zu finden sind.

Nur am Rande sei bemerkt, daß es auch an politikwissenschaftlichen und organisatorischen Studien zum gesamten Bereich der Sozialversicherungs*politik* – unter Einschluß des Bundesministeriums für Arbeit und Sozialordnung und der Sozialgerichtsbarkeit – fehlt. Zu erwähnen sind lediglich die Arbeiten von *Naschold* 1967 und *Hockerts* 1980 sowie einige konzeptionelle Studien zum Gesamtkomplex der ‚sozialen Sicherheit' (*Kaufmann* 1970, *Braun* 1973, *v. Hippel* 1979, *Schmid* 1981), endlich der 1980 in Freiburg eingerichtete Forschungsschwerpunkt der DFG „Fortentwicklung der Systeme der sozialen Sicherheit" (Zwischenbericht 1982). Auch weiterreichende Fragen nach den sozialen Wirkungen des Sozialversicherungswesens sind zwar schon früh aufgeworfen worden (*Bernhard* 1912), haben bisher aber kaum eine systematische Erforschung gefunden. Auf diese Forschungslücke hat *C. v. Ferber* schon früh (1967) hingewiesen, ohne daß sich bisher Entscheidendes geändert hätte. Den unbefriedigenden Forschungsstand stellt *Tennstedt* (1977) ausführlich dar.

3.3. Örtliche Sozialpolitik

Die klassische Sozialpolitik als Regelung des Arbeitsverhältnisses und als soziale Sicherung stellt nur in der Bundesrepublik eine zentralstaatliche Aufgabe dar. Von daher wird es verständlich, daß bis vor kurzem sozialpolitische Aufgaben der Länder und Kommunen überhaupt nicht ins Blickfeld der wissenschaftlichen sozialpolitischen Diskussion gerückt sind, obwohl man sich von der Geschichte der Sozialpolitik belehren lassen könnte, daß es nicht selten kommunale Initiativen waren, welche den Anstoß zu sozialpolitischen Neuerungen gegeben haben: Erinnert sei an die kommunale Wohnungsbaupolitik seit der Jahrhundertwende und an die Ansätze zu einem öffentlichen Gesundheitswesen[21]. Seit Anfang der 70er Jahre begann hier eine Umorientierung: Angeregt vor allem durch die öffentliche Diskussion um „Lebensqualität" begann sich das sozialpolitische Interesse zunehmend den örtlichen Lebensbedingungen und in diesem Zusammenhang dem Bereich der sozialen Infrastruktur und dem der sozialen Dienstleistungen zuzuwenden. Dem entsprachen neue Akzentsetzungen in der praktischen Sozialpolitik: Der Ausbau der Arbeitslosenversicherung zu einem Instrument der Arbeitsförderung (und damit der Ausbau der lokalen Arbeitsämter zu einer Dienstleistungsorganisation), die weitgehende Verstaatlichung der Krankenhausfinanzierung (und damit verbunden die Entwicklung einer Krankenhausbedarfsplanung auf Länderebene), der Ausbau des Kindergartenwesens sowie die Entwicklung einer Vielzahl kommunaler Dienstleistungen, besonders für Jugendliche und alte Menschen, bilden den sozialpolitischen Kernbereich dessen, was seit Mitte der 70er Jahre unter Begriffen wie „Sozialplanung", „örtliche Sozialpolitik" oder „soziale Infrastruktur" zur wissenschaftlichen Bearbeitung drängt. Im Hintergrund stehen allerdings auch hier bundesweite Entwicklungen, so etwa die Einführung des Instruments der „Gemeinschaftsaufgabe" in das Grundgesetz, das Krankenhausfinanzierungsgesetz, das Städtebauförderungsgesetz und die zunehmende amtliche Sozialberichterstattung (Sozialbudget, Familienberichte, Jugendberichte (hierzu: *Zapf* 1976)). Der sozialpolitische Gegenstand erhält hier eine bisher ungewohnte Komplexität, die mit dem hohen Grad an „Politikverflechtung" (vgl. *Hesse* 1974, *Scharpf* u. a. 1976) zusammenhängt. Hierbei sind neben den Sozialverwaltungen auf Bundes-, Landes- und kommunaler Ebene ebenso die Verbandsverwaltungen der freien Träger der Wohlfahrtspflege auf diesen drei Ebenen zu berücksichtigen. Aber auch auf der kommunalen Ebene selbst sind mit dem Ausbau der sozialen Dienstleistungen durch behördliche und freie Träger Planungs- und Steuerungsprobleme entstanden, die zu einer erheblichen publizistischen Aktivität im Grenzbereich von Wissenschaft und Praxis geführt haben[22]. Trotzdem ist die systematische wissenschaftliche Durchdringung des Gegenstandes noch nicht weit fortgeschritten – erste Versuche wurden von *Vogel* 1966, *D. Schäfer* 1969, *Gröttrup* 1973, *Herlyn* u. a. 1976 unternommen. Eine gleichzeitige konzeptionelle und empirische Aufarbeitung der mit der Planung, Organisation und Vermittlung sozialer Leistungen auf lokaler Ebene gegebenen Probleme versuchte der vom Bundesminister für Forschung und Technologie initiierte Forschungsverbund „Bürgernahe Gestaltung der sozialen Umwelt" zwischen 1975 und 1979 (vgl. *Kaufmann* 1977, 1979)[23]. Zu erwähnen sind weiterhin die implementationstheoretisch orientierten Studien zum Arbeitsförderungsgesetz (*Blankenburg/Krautkrämer* 1980, *Krautkrämer-Wagner* 1981), zum Krankenhausfinanzierungsgesetz (*Reissert/Schnabel* 1976: 205–217), zur Initiierung von Sozialisationen (*Grunow/Hegner* 1979, *Dahme* u. a. 1980) und zur Kindergartenreform (*Domscheit/Kühn* 1981). Im Zentrum dieser gesamten Untersuchungsrichtung steht die Frage, inwieweit mit den Mitteln zentralstaatlicher Steuerung auf lokaler Ebene überhaupt Wirkungen erzeugt werden können und welcher Art diese Wirkungen sind[24]. Wenig erforscht sind in diesem Zusammenhang vor allem noch Stellenwert und politischer Einfluß der Träger der freien Wohlfahrtspflege (hierzu *Domscheit* u. a. 1980, *Heinze/Olk* 1981)[25]. Die Versuche einer systematisierenden Zusammenfassung stehen noch in den Anfängen (*Pitschas* 1979, *Becher* u. a. 1981, *Kaufmann* 1982a).

Der Ausbau der örtlichen sozialpolitischen Angebote mit Hilfe politischer Maßnahmen hat in der Folge zu einer Problematisierung dieser Form des sozialpolitischen Eingreifens geführt: Die die Entstehung der Sozialpolitik im 19. Jahrhundert begleitende Diskussion zum Verhältnis von Staatshilfe und Selbsthilfe ist im Bereich der sozialen Dienste mit Nachdruck wieder aufgebrochen. Ausgelöst wurde diese Diskussion in der Bundesrepublik durch *E. Pankoke* u. a. (1975) sowie *B. Badura* und *P. Gross* (1976; 1977). Sie wurde in der Folge vor allem im Rahmen der Studiengruppe „Staatliche Sozialpolitik und nicht-professionelle Sozialsysteme" der Werner-Reimers-Stiftung fortgeführt und hat hier zu einer differenzierten Beurteilung unterschiedlicher Formen der Selbsthilfe (vgl. *Badura/v. Ferber* 1981) und des Zusammenhangs von staatlicher Sozialpolitik und Familie (*Kaufmann* 1982b) geführt.[26] Aus diesem Arbeitszusammenhang ist auch ein Schwerpunktprogramm der Deutschen Forschungsgemeinschaft „Gesellschaftliche Bedingungen sozialpolitischer Intervention – Staat, intermediäre Instanzen und Selbsthilfe" hervorgegangen, im Rahmen dessen seit 1981 Projekte in Augsburg *(M. Pfaff)*, in Bielefeld *(D. Grunow, P. Raschke)*, Bremen *(J. Gotthold, S. Leibfried, R. Müller)*, Essen *(E. Pankoke, B. Becher)*, Hannover *(U. Herlyn)*, Kassel *(A. Labisch)* und Oldenburg *(B. Badura)* gefördert werden.[27]

3.4. Steuerungs- und Evaluationsprobleme der Sozialpolitik

„Die Sozialpolitik ist in ihrer praktischen Durchführung naiv, d. h. sie reflektiert nicht über das hinaus, was man ihr befohlen hat aufzubringen und zu leisten, und sie kennt seit 100 Jahren keinen Zweifel am Nutzen ihrer Tätigkeit. Sie hat kein Instrument, um nach der Weiterwirkung dessen zu fragen, was sie schafft."

Mit diesen Worten hat *Hans Achinger* (1959: 51) anläßlich des bis 1976 einzigen, der Sozialpolitik gewidmeten Referates auf einem Deutschen Soziologentag nach 1945 die zentrale Fragestellung angesprochen, deren Beantwortung von einer sozialwissenschaftlichen Sozialpolitikforschung erwartet werden müßte. Während die älteren Bestimmungsversuche von Sozialpolitik vor allem auf ihren normativen Gehalt abhoben und den wissenschaftlichen Beitrag in der Klärung der sozialpolitischen Zielsetzungen und ihres Zusammenhangs mit den sozialpolitischen Maßnahmen sahen, konzentriert sich die jüngere Sozialpolitikforschung mehr und mehr auf die Frage nach der Bewirkbarkeit sozialpolitisch erwünschter Wirkungen. In normativer Hinsicht wird dabei konzediert, daß über sozialpolitische Zielsetzungen kein verbindlicher, apriorischer Konsens vorausgesetzt werden kann, sondern daß sozialpolitische Ziele stets aus dem historisch-politischen Kontext ermittelt und in gewisser Hinsicht für die sozialwissenschaftlichen Untersuchungen vorausgesetzt werden müssen.[28] Der ganz überwiegende Teil neuerer sozialpolitischer Forschungen sucht daher die tatsächlichen Wirkungen sozialpolitischer Intervention zu ermitteln und zu erklären. Hierbei ergeben sich zwei Zentralprobleme, nämlich einerseits dasjenige der Steuerbarkeit sozialpolitischer Eingriffe, andererseits dasjenige ihrer Effektivität (vgl. *Kaufmann* 1977b). Ein Großteil der in den Teilen 1 und 3 dieser Darstellung skizzierten Forschungsvorhaben bezieht sich implizit oder explizit auf eine dieser beiden Fragestellungen. Die Steuerungsproblematik ist dabei in jüngster Zeit vor allem im Zusammenhang mit der Implementationsforschung erörtert worden (vgl. *Mayntz* 1980, *Wollmann* 1979), doch scheint das eigentliche Problem, nämlich die Beeinflussung von Interorganisationsbeziehungen durch entsprechende gesetzliche, finanzpolitische u. ä. Vorgaben i.S. einer Maximierung der Chance sozialpolitischer Zielerreichung bisher weder ausreichend theoretisch formuliert noch empirisch untersucht.[29] Man beschränkt sich im wesentlichen auf den Nachweis des hohen Eigengewichts von Organisationsinteressen, eventuell auch der

Wirksamkeit externer Einflüsse, welche zu Zielverschiebungen und Vollzugsdefiziten führen. Die eigentlich interessante Frage ist jedoch, ob sich etwas über die Bedingungen aussagen läßt, unter denen Zielverschiebungen, Vollzugsdefizite etc. in größerem oder geringerem Umfange auftreten und wodurch sich diese Bedingungen beeinflussen lassen.[30]

Effektivitätsgesichtspunkte sind implizit in einem Großteil der sozialwissenschaftlichen Argumentationen zur Sozialpolitik enthalten, werden aber selten systematisch herausgearbeitet. Genau gesagt handelt es sich hier um drei miteinander verbundene, jedoch zumindest analytisch zu differenzierende Fragestellungen, die sich durch die Begriffe Effizienz, Effektivität und Wirksamkeit unterscheiden lassen: Effizienz meint verwaltungsinterne Kriterien des Verwaltungserfolgs, welche sich aus dem Vergleich von Mittelaufwand und Leistung bzw. Input und Output ergeben. Effektivität meint das Verhältnis von Zielsetzung und Grad der Zielerreichung, setzt also eine Zieldefinition voraus, welche im Regelfalle durch politische oder administrative Akteure erfolgt; Wirksamkeit bezieht sich auf die externen Wirkungen (impacts) von öffentlichem Handeln, d. h. auf den Zusammenhang zwischen sozialpolitischen Maßnahmen und Veränderungen der Lebenslage bei den hiervon direkt oder indirekt Betroffenen. Effizienz und Effektivität thematisieren den Erfolg des Verwaltungshandelns unter verwaltungsbezogenen Kriterien, Wirksamkeit thematisiert ihn unter Kriterien der Adressaten von Politik. In sozialpolitischer Hinsicht ist nun der springende Punkt, daß es gar keine legitimierbaren Gründe gibt, die Effektivität sozialpolitischer Maßnahmen anders als durch Kriterien ihrer erwünschten Wirksamkeit bei den Betroffenen (Zielgruppen) zu definieren, daß aber gerade dies typischerweise nicht der Perspektive der leistenden Verwaltung entspricht. Die eigentliche Schwierigkeit jeglicher Effektivitätsbestimmung besteht im Umstand, daß die Konkretisierung politischer Ziele bzw. die Bearbeitung politischer Probleme in einem mehrstufigen Verfahren durch unterschiedliche Subeinheiten des politischen Systems (und möglicherweise durch externe Akteure wie z. B. Einrichtungen der freien Wohlfahrtspflege) erfolgt, und daß die dabei notwendige Koordnination nicht allein durch normative Prämissen oder Anweisungen erreicht werden kann.

In den Vereinigten Staaten haben seit Anfang der 60er Jahre zwei Forschungsrichtungen sich der Bestimmung von Effekten sozialpolitischer Maßnahmen zugewandt, nämlich die soziale Indikatorenforschung (hierzu *Zapf* 1973, *Werner* 1975) und die Evaluationsforschung (hierzu zusammenfassend *Hellstern/Wollmann* 1977, *Wollmann/Hellstern* 1977). Beide Forschungsrichtungen weisen bereits an ihrem Ursprung einen engen Bezug zur Sozialpolitik auf: Der sozialen Indikatorenforschung geht es um die Präsentation von Indikatoren für nicht in Geldeinheiten meßbare Sachverhalte, insbesondere im Bereich der sog. „social concerns“ wie Gesundheit, Bildung, Arbeitszufriedenheit, Freizeit, politischer Teilhabe usw. Soziale Indikatoren scheinen grundsätzlich geeignet, Dimensionen der Lebenslage der Bevölkerung, auf die sozialpolitischen Maßnahmen gerichtet sind, politisch vorstellbar zu machen. Die Evaluationsforschung hat ihren unmittelbaren Ursprung in den sozialpolitischen Programmen der Johnson-Administration.

Die Rezeption der Sozialindikatorenforschung erfolgte in der Bundesrepublik zunächst durch nur wenige Personen (bes. *Zapf* 1972; 1973). In der Zwischenzeit hat sich die Forschungsrichtung im wissenschaftlichen Bereich erfolgreich etabliert und auch zu einer gewissen Institutionalisierung der amtlichen Sozialberichterstattung geführt,[31] ohne daß allerdings die Impulse zur Verbesserung der sozialstatistischen Infrastruktur wie in den Vereinigten Staaten von einer breiten politisch-administrativen Bewegung getragen würden.

Pionierarbeit wurde insbesondere im Rahmen des SPES-Projekts („Sozialpolitisches Entscheidungs- und Indikatorensystem") in Frankfurt und Mannheim geleistet (vgl. *Zapf* 1977, *Ballerstedt/Glatzer* 1979), das sich sowohl um eine Analyse und Konkretisierung gesellschaftspolitischer Ziele wie auch um empirische Wohlfahrtsmessungen und Probleminformation mit Hilfe sozialer Indikatoren bemühte. Darüber hinaus hat sich in der Sektion „Soziale Indikatoren" der Deutschen Gesellschaft für Soziologie ein seine Ergebnisse periodisch veröffentlichender Kommunikationszusammenhang gebildet.[32]

Für sozialpolitische Analysen im engeren Sinne bleibt die Sozialindikatorenforschung allerdings vergleichsweise wenig ertragreich, solange sie auf einer oft allzu hohen Aggregationsebene (der Geamtgesellschaft) verbleibt und weitgehend auf erklärende Analysen verzichtet, die zugleich sozialpolitische Einwirkungsmöglichkeiten aufzeigen könnten. Notwendig und wünschenswert ist daher eine systematische Verknüpfung mit Problemen der Wohlfahrtsproduktion (hierzu *Zapf* 1981) oder Theorien sozialer Probleme (hierzu *Bohle* 1981) oder endlich Theorien sozialpolitischer Intervention (ein noch unausgefülltes Desiderat).

Schwieriger gestaltet sich die Rezeption der amerikanischen Evaluationsforschung im Bereich der Sozialpolitik. Für die amerikanische Sozialpolitik ist charakteristisch, daß sie sich in Form von – häufig terminierten – abgrenzbaren Programmen vollzieht, und die Methodologie der Evaluationsforschung wurde an dieser Form sozialpolitischer Intervention entwickelt. In der Bundesrepublik dagegen haben die typischen Formen sozialpolitischer Intervention Gesetzescharakter, Innovationen erfolgen typischerweise als Modifikationen von Gesetzen und damit stets in einem weit stärker vorstrukturierten Kontext. An die Stelle der Evaluation von als Sozialexperimenten aufgefaßten Programmen tritt daher in der Bundesrepublik das Interesse an der Analyse der Wirkungen bereits etablierter Sozialgesetze, wobei sich der theoretische und methodische Ausgangspunkt deutlich verschiebt (vgl. *Kaufmann/Strohmeier* 1981). Dementsprechend sind empirisch durchgeführte Wirkungsanalysen im Bereich der Sozialpolitik noch relativ selten.[33] Sie finden sich am ehesten im Bereich der Familien- und Jugendpolitik[34] (vgl. etwa *Lüscher* 1979, *MAGS* 1977, *Kaufmann* u.a. 1980). Verwaltungswissenschaftlich ergiebig sein und zur Rationalisierung der Sozialpolitik beitragen dürfte auf die Dauer allerdings nur eine Wirkungsforschung, welche die Produktionsweise der Effekte innerhalb des politisch-administrativen Systems mit berücksichtigt und dazu beiträgt, daß verwaltungsinterne Standards von Effektivität stärker den Gesichtspunkt der Drittwirkungen mit einbeziehen.

3.5. Sozialpolitik als wohlfahrtsstaatliche Entwicklung

Vor allem im Zeichen der seit einiger Zeit entbrannten Diskussion um die „Krise des Wohlfahrtsstaates" (vgl. *Habermas* 1973, *Offe* 1975, *Scharpf* 1977, *Strasser* 1979, *Flora* 1979, *Alber* 1980) ist das Interesse an historischen und international vergleichenden Untersuchungen der Entwicklung der Sozialpolitik stark gestiegen. Umfassende Vorarbeiten hierzu sind bereits seit einigen Jahren in zwei Projektgruppen im Gange, nämlich der „Projektgruppe für internationales und vergleichendes Sozialrecht der Max-Planck-Gesellschaft" (seit 1980: Max-Planck-Institut für ausländisches und internationales Sozialrecht) in München und dem von der Stiftung Volkswagenwerk geförderten Projekt „Historical Indicators of West European Democracies" (HIWED-Projekt in Mannheim) unter der Leitung von *P. Flora*. Die Münchner Arbeitsgruppe um *Hans F. Zacher* besteht ausschließlich aus Juristen und hat sich zum Ziel gesetzt, Methoden des Rechtsvergleichs auf den Bereich des Sozialrechts anzuwenden (vgl. *Zacher* 1979; 1980a, *Köhler/Zacher* 1981) Die Arbeiten sind jedoch auch für Sozial- und Verwaltungswissenschaftler von hohem Interesse, einmal wegen der damit verbundenen Dokumentationsarbeit (hierzu auch *Zacher* 1976), sodann aber auch angesichts der für Juristen ungewöhnlichen interdisziplinären Orientierung, welche sich vor allem bei der komparativen Analyse bestimmter sozialpolitischer Instrumente – beispielsweise der Beitragsfinanzierung – bewährt (vgl. *Zacher* 1980a). Gleichzeitig bietet der internationale Sozialrechtsvergleich erhebliche Chancen für eine Versachlichung der sozialpolitischen Diskussion innerhalb der Bundesrepublik und zur Klärung der wirklich tragenden Strukturen der Sozialpolitik diesseits aller sozialwissenschaftlichen Modethemen. Ebenfalls international vergleichend geht das HIWED-Projekt vor, nämlich auf der Basis eines komparativen politikwissenschaftlichen Ansatzes, wie er vor allem von *S. Rokkan* entwickelt wurde, sowie unter Einbeziehung modernisierungstheoretischer Fragestellungen (vgl. *Flora* 1975). Hervorzuheben ist auch hier zunächst die umfangreiche Quellenarbeit, die hauptsächlich in der Entwicklung vergleichbarer Langzeitreihen von Indikatoren des wirtschaftlichen, gesellschaftlichen und politischen Strukturwandels besteht (vgl. *Flora* 1982), welche als empirische Datenbasis zur Prüfung spezifischer Hypothesen zur Genese und Dynamik der modernen Wohlfahrtsstaaten Verwendung finden (vgl. *Flora* u. a. 1977, *Flora/Heidenheimer* 1981). Materiale Analysen liegen inzwischen zu zwei zentralen Aspekten wohlfahrtsstaatlicher Entwicklung vor, der Entwicklung der Sozialversicherungssysteme (*Alber* 1979) und der Expansion der Staatsausgaben in Westeuropa (*Kohl* 1979); weitere Analysen zu einzelnen Politikbereichen (z. B. Bildung) sind in Vorbereitung.

Diese groß angelegten Forschungsprojekte bestätigen zunächst eindrücklich die sozialpolitische Dynamik des vergangenen Jahrhunderts, sie sind allerdings für die Erörterung aktueller Krisentendenzen im Bereich moderner Wohlfahrtsstaaten nicht hinreichend. Auch wenn man den Sozialstaat nicht als bloße Illusion (so *Müller/Neusüß* 1970) und Sozialpolitik nicht als bloßes Instrument sozialer Kontrolle (*Offe* 1971, *Guldimann* u. a. 1978) versteht, sondern mit dem wohl bedeutendsten Theoretiker der Sozialpolitik, *Eduard Heimann* (1929, hierzu *Badura* 1980) von einem konservativ-progressiven Doppelcharakter der Sozialpolitik ausgeht, welche das kapitalistische

System gleichzeitig erhält und transformiert, so ist doch einzuräumen, daß die Expansion des sozialpolitischen Instrumentariums ihrerseits zu Folgeproblemen führt, die allerdings m. E. auf sehr unterschiedlichen Dimensionen angesiedelt sind: Die Schaffung neuer Herrschaftspositionen im Bereich der „Verteilungseliten', (hierzu *Widmaier* 1976, *Baier* 1977), die Korporatismusdiskussion (hierzu *Teubner* 1979, *von Alemann/ Heinze* 1979, *Heinze* 1981, *Rosewitz/Wolf* 1951), die behauptete Fiskalkrise des Staates (nach *Schumpeter* 1918 vor allem *O.Connor* 1973), die Motivationskrise (*Habermas* 1973) und die „Krise der Arbeitsgesellschaft" (so der Titel des nächsten Deutschen Soziologentages) – um nur einige der behaupteten Krisensymptome zu nennen – sind hinsichtlich der zugrundeliegenden Symptomatik so heterogen, daß es mir fraglich scheint, ob die vermutlich zunehmenden Steuerungsprobleme und möglicherweise abnehmenden Pazifizierungseffekte der Sozialpolitik sich nach dem Muster einer einheitlichen Krisenlogik interpretieren lassen.

4. *Sozialpolitik im Verhältnis zur Politikwissenschaft und Verwaltungswissenschaft*

Auch wenn unsere einleitende Unterscheidung von Sozialpolitik als politischem Kampf um die Sozialreform, als Sozialadministration und als Wissenschaft es nahelegt, die Wissenschaft der Sozialpolitik als Teil von Politikwissenschaft bzw. Verwaltungswissenschaft zu begreifen, so zeigte die vorangehende Skizze des tatsächlichen Forschungsstandes in der Bundesrepublik wohl deutlich, daß nahezu alle wesentlichen Impulse zu einer Durchdringung der Sozialpolitik bisher von anderen Wissenschaften – der Nationalökonomie, der Rechtswissenschaft und der Soziologie – ausgegangen sind. Erst in jüngster Zeit beginnt sich auch die Politikwissenschaft intensiver mit Sozialpolitik zu beschäftigen, ohne allerdings bisher ein deutliches, von der soziologischen Betrachtungsweise abweichendes Paradigma entwickelt zu haben. Besonders auffällig ist die nahezu vollständige Abstinenz der Verwaltungswissenschaft im Verhältnis zur Sozialpolitik.[35] Wie gezeigt wurde, bedeutet dies selbstverständlich nicht, daß politik- oder verwaltungswissenschaftlich relevante Themen von der bisherigen Forschung nicht aufgegriffen worden wären, aber dies geschah aus anderen Perspektiven; ihre Rekonstruktion in politik- bzw. verwaltungswissenschaftlicher Perspektive steht noch aus.[36]

Auch wenn der Verfasser dieses Beitrags sich selbst als Soziologe versteht, so sollen diese Feststellungen nicht als Aufforderung zum Markieren disziplinärer Grenzen verstanden werden. Sinnvoll erscheint es, Sozialpolitik als ein interdisziplinäres Wissenschaftsgebiet aufzufassen und die spezifischen Leistungen derjenigen, die sich selbst als Vertreter einer ‚Wissenschaft von der Sozialpolitik' verstehen, in ihrer die Beiträge unterschiedlicher Disziplinen integrierenden, synthetisierenden Funktion zu sehen. Gleichzeitig scheint es nicht unangemessen, in diesem Zusammenhang an die in der deutschen Tradition oft beschworene ‚Einheit der Sozialwissenschaften' zu erinnern, deren Postulat sich zwar einem theoretischen Fortschritt eher hinderlich erwiesen hat, mit Bezug auf anwendungsbezogene Problemstellungen dagegen nach wie vor ihre Berechtigung hat. Disziplinbezeichnungen sind zudem mehrdimensional, die Betonung der Disziplingrenzen im Bereich anwendungsbezogener Sozialwissenschaft hat zumeist bloß einen professionspolitischen Sinn (vgl. *Kaufmann* 1980). Zu wünschen wäre die Kooperation von (Arbeits- und) Sozialrechtlern, von Volkswirten und Verwaltungswissenschaftlern wie von Politikwissenschaftlern und Soziologen. Und nicht zu vergessen: Historikern, denn das Erfahrungsobjekt Sozialpolitik ist uns nur als Geschichte der Sozialpolitik in ihren politischen, ökonomischen und gesellschaftlichen Verflechtungen gegeben.

Anmerkungen

* Für ergänzende Hinweise danke ich *F. Hegner* (Berlin), *S. Kirchberger* (Münster), *J. Kohl* (Bielefeld) und *W. Rolf* (Bielefeld).

1 Ansätze bei *Achinger* 1958, *Gladen* 1974, *Tennstedt* 1976; 1981, *Hentschel* 1978, *Standfest* 1979, *Hockerts* 1980, *Lampert* 1980, *Hansen* u. a. 1981.

2 Sie wird insbesondere bei der älteren deutschen Staatswissenschaft *(R. v. Mohl, L. v. Stein)* aber auch bei *E. Heimann* deutlich (vgl. *Angermann* 1962, *Böckenförde* 1963, *Heimann* 1929).

3 Ausgeklammert bleibt weiterhin die neuerdings zunehmende angelsächsische Literatur zur deutschen Sozialpolitik und die Erörterung der historischen Grundlagen der Sozialpolitik in der Bundesrepublik. Vieles von dem, was heute sozialpolitischen Neuigkeitswert zu haben scheint, war bereits Gegenstand von Erörterungen zur Zeit der Weimarer Republik (vgl. z. B. *Leibfried* 1981).

4 Das bedeutet gleichzeitig, daß das wissenschaftliche Dokumentationswesen in unserem Bereich im argen liegt. Die beste Dokumentation findet sich im Deutschen Zentralinstitut für soziale Fragen in Berlin sowie auf internationaler Ebene der Forschungs- und Dokumentationsabteilung der International Social Security Association (ISSA) in Genf, die u.a. Berichte über laufende Forschungsvorhaben und jährliche Bibliographien (nach Ländern geordnet) veröffentlicht.

5 Die Sammelbände *Murswieck* 1976, v. *Ferber/Kaufmann* 1977, *Müller/Otto* 1980, enthalten zahlreiche bereichsspezifische Studien mit weiterführender Literatur. Hingewiesen sei auch auf die periodisch erscheinende Literaturrundschau der *Neuen Praxis*.

6 Man *kann* die hier anvisierte Unterscheidung mit den Begriffen Programmformulierung und Implementation, aber auch mit den Begriffen ‚Politik' und ‚Verwaltung' fassen, doch geht dabei u. U. gerade das für sozialpolitische Vorhaben charakteristische, bewegende, normative Moment verloren, das im Begriff Sozialreform aufscheint. Ein guter Teil des sozialpolitischen Geschäfts auch der Parlamente ist eher dem Bereich ‚social policy' als dem Bereich ‚social politics' zuzuordnen.

7 Eine Ausnahme macht hier das hervorragende Lehrbuch von *Lampert* 1980, welches in der Verknüpfung einer historischen, einer theoretischen und einer bereichsspezifischen Analyse neue Maßstäbe für die Darstellung des Gegenstandes setzt. Fortschritte in Richtung auf eine systematische Verknüpfung von sozialen Problemen und Sozialpolitik bringen *Bäcker* u. a. 1980.

8 Die Rückbenennung der repräsentativen Fachgesellschaft der deutschen Nationalökonomie von „Gesellschaft für Wirtschafts- und Sozialwissenschaften" in „Verein für Socialpolitik" hat an diesem Zustand (außer auf der Tagung von 1976, vgl. *Külp/Haas* 1977) wenig geändert. Sozialpolitik ist lediglich Gegenstand eines der vielen Fachausschüsse der Gesellschaft. Seine Ergebnisse werden in der Schriftenreihe des Vereins für Socialpolitik N.F. im Verlag Duncker & Humbolt (Berlin) veröffentlicht. Vgl. *Sanmann* 1971; 1973; *Widmaier* 1978.

9 Vgl. *v. Ferber/Kaufmann* 1977, *Badura/v. Ferber* 1981, *Böhle/Standfest* 1981, *Kaufmann* 1982b. Schriftenreihe im Oldenbourg-Verlag (München).

10 Der Deutsche Sozialgerichtsverband (Schriftenreihe im Chmielorz-Verlag, Wiesbaden) wurde 1965 als Vereinigung von Wissenschaftlern und Praktikern des Sozialrechts gegründet. Der jüngste Aufschwung der Sozialrechtswissenschaft wird auch durch die Gründung der Vierteljahresschrift für Sozialrecht (1973), die Herausgabe eines „Jahrbuch des Sozialrechts der Gegenwart" (1979) und die Gründung eines Max-Planck-Instituts für ausländisches und internationales Sozialrecht (hierzu *Schultze/Zacher* 1981) unterstrichen. Zur Entwicklung der Sozialpolitik und ihrer Wissenschaft aus sozialrechtlicher Sicht vgl. *Zacher* 1980b, Einleitung, S. XXXIX – CII.

11 Zu erwähnen ist in diesem Zusammenhang das mit Blick auf politische Entscheidungsprämissen hin abgefaßte Buch von *Naschold* 1967, über „Kassenärzte und Krankenversicherungsreform" sowie der programmatische, die Sozialstaatsdiskussion auslösende Artikel von *Müller/Neusüß* 1970. Als weitere wichtige Schriften sind die von *Hartwich* 1970 und *Murswieck* 1976 zu nennen. Der 1975 in der Deutschen Vereinigung für Politische Wissenschaft gegründete und von *Stefan Kirchberger* geleitete Arbeitskreis Gesundheits- und Sozialpolitik ist erstmals auf dem Politologentag in Bonn (1977) mit eigenen Beiträgen an die Öffentlichkeit getreten (Sonderheft 9/78 der PVS). Eine weitere Tagung folgte in Augsburg (1979) (dokumentiert in *Ellwein* 1980) und vom 2. bis 4. Juni d. J. wurde eine umfangreiche Fachtagung in Ulm mit dem Titel „Staatliche Eingriffe und Selbstregulierungspotentiale im Gesundheitswesen – zur Durchsetzung von Betroffeneninteressen" durchgeführt.

12 Unter den wissenschaftlichen Publikationsorganen kommt dieser disziplinenübergreifende Charakter am ehesten in der „Zeitschrift für Sozialreform" (seit 1955) zum Tragen.

13 Es wird auch auf die Erörterung von Grundsatzfragen des Faches (z. B. Grundbegriffe, Konstitutionsbedingungen, Werturteilsproblematik und Anwendungsproblematik der Sozialwissenschaften in politischen Kontexten) verzichtet. Es sei lediglich angedeutet, daß der Verfasser in seinen eigenen Arbeiten mit einem analytischen Begriff von Sozialpolitik arbeitet und im Anschluß an ältere Autoren (bes. *L. v. Stein, E. Heimann* und *G. Weisser*) eine theoretische Position anstrebt, die (praktische) Sozialpolitik als Intervention des Staates in die sozialen Verhältnisse zwecks Verbesserung der Lebenslage von wirtschaftlich und/oder sozial schwachen Personenmehrheiten begreift und die Bedingungen, unter denen solche Absichten größeren oder geringeren Erfolg haben, zu bestimmen versucht (vgl. *Kaufmann* 1977b; 1982a). Die Gliederung der nachfolgenden Darstellung orientiert sich jedoch nicht an diesem Gesichtspunkt sondern an Schwerpunkten oder Desideraten der wissenschaftlichen Diskussion über Sozialpolitik.

14 Weitere für unsere Thematik relevante Ergebnisse aus diesem Forschungsprogramm: *Bethusy-Huc* 1965, *Vogel* 1966, *Kaufmann* 1970.

15 (Vgl. *Mackenroth* u. a. 1954, *Die sozialen Verhältnisse* . . . 1955; 1957). Im Hintergrund dieser Fragestellung stand das sozialpolitische Problem der Zeit, daß infolge der Kriegsschäden eine Vielzahl unterschiedlicher Leistungsansprüche mit für sich genommen ungenügender Leistungshöhe in undurchschaubaren Kombinationen an Einzelpersonen zufloß.

16 Vgl. bes. *Schmähl* 1977; 1982. Einen guten Überblick über Forschungsaktivitäten und Publikationen geben der Bericht über die erste Forschungsphase und der Antrag für die zweite Forschungsphase. Vgl. *Sonderforschungsbereich* 3, 1981a, 1981b. Schriftenreihe im Campus-Verlag (Frankfurt).

17 Als Untersuchungen der Verteilungswirkung sozialer Dienste bzw. „sozialer Infrastruktur" in der Bundesrepublik seien erwähnt: *Henke* 1975, *Asam* 1978, *Skarpelis-Sperk* 1978, *Helmer* 1978, *Kaufmann* u. a. 1982.

18 Vorüberlegungen bei: *D. Schäfer* 1972, *v. Ferber* 1975, *Albers* 1976, *Kaufmann* 1977a, *Pfaff/Voigtländer* 1978, *Hegner* 1979, *Hellstern* 1981.

19 Eine Ausnahme bildet die Untersuchung von *Daheim* (1957) zur internen Organisation einer Krankenkasse.

20 Einen gewissen Überblick verschafft man sich am besten durch die periodisch vom BMA herausgegebene „Übersicht über die soziale Sicherung". Als Lehrbücher des Sozialrechts sind zu empfehlen: *Wannagat* 1965, *Bley* 1979, *Gitter* 1981.

21 Die Geschichte der (meist sozialdemokratisch inspirierten) kommunalen Sozialpolitik ist ein wesentlicher Forschungsgegenstand des Forschungsschwerpunktes „Reproduktionsrisiken, soziale Bewegungen und Sozialpolitik" an der Universität Bremen. (vgl. *Hansen* u. a. 1981, *Leibfried* 1981 u. a. m.).

22 Als Kristallisationspunkte des anspruchsvolleren Teils dieser Diskussion erweisen sich die Zeitschriften „*Neue Praxis*" (Neuwied) und „*Archiv für Wissenschaft und Praxis der sozialen Arbeit*" (Frankfurt/M.).

23 In diesem Zusammenhang haben sich insbesondere an der Universität Bielefeld komplexere Arbeitszusammenhänge zu Fragen der Sozialpolitikforschung entwickelt. Vgl. Schriftenreihe der Forschungsgruppe Sozialplanung und Sozialverwaltung e.V. Bielefeld (*Grunow/Hegner* 1975; 1978; 1979, *Dahme* u. a. 1980); *Schneider* 1977, *Raschke/Schliehe* 1979, *Kaufmann* u. a. 1980, *P. Schäfer* 1980, *Bohle* 1981, *Domscheit/Kühn* 1981, *Japp/Olk* 1981, *Olk/Otto* 1981; Schriftenreihe des Instituts für Bevölkerungsforschung und Sozialpolitik (*Kaufmann* u. a. 1982, *Wirth* 1982).

24 Besonders eindringlich haben *Pressman/Wildavsky* (1973) dieses Problem im Untertitel ihrer Implementationsstudie dargelegt: „How great expectations in Washington are dashed in Oakland; or, why it's amazing that federal programs work at all this being a sage of the economic development administration as told by two sympathetic observers who seek to build morals on a foundation of ruined hopes".

25 Jedoch kann man davon ausgehen, daß sie wie andere Verbände auch in den politisch-administrativen Entscheidungsprozeß integriert sind, da sie für das politische System und im politischen System vier notwendige Funktionen erfüllen. Diese bestehen nach *Rosewitz/Wolf* (1981: 97 ff.) erstens in der Artikulation gesellschaftlicher Forderungen, zweitens in der Bereitstellung entscheidungsrelevanter Informationen, drittens in der Verfügung über Ressourcen und viertens in der Sicherung von Legitimität.

26 Einen guten Überblick über die spezifischen Probleme der Sozialarbeit in diesem Zusammenhang gibt *Müller/Otto* 1980.

27 Zum Schwerpunktprogramm selbst vgl. *Kaufmann* u. a. 1981.

28 De facto ergibt eine vergleichende Betrachtung der sozialpolitischen Interventionen und ihrer Legitimationen in verschiedenen Ländern bemerkenswerte Übereinstimmungen hinsichtlich der großen Interventionsbereiche und der die Intervention legitimierenden Wertvorstellungen. Vgl. etwa *Kaufmann* 1970, Kap. 3, *Zapf* 1972, *Schmid* 1981. Politische Kontroversen entstehen aus der unterschiedlichen Gewichtung von Wertgesichtspunkten, welche in Verbindung mit unterschiedlichen Interessen zu recht verschiedenen Operationalisierungen führen können. Dabei sind jedoch stets nicht nur normative, sondern insbesondere auch kausale Annahmen involviert, die häufig einer ernsthaften Prüfung nicht standhalten. Dies ist der Ausgangspunkt neuerer Überlegungen.

29 Diese Problematik steht im Zentrum der Forschungsgruppe „Steuerung und Erfolgskontrolle im öffentlichen Sektor" am Zentrum für interdisziplinäre Forschung der Universität Bielefeld (1981/82). Die Arbeiten erscheinen zunächst in einer Preprint-Serie und können über die Verfasser angefordert werden.

30 Einen Überblick über die amerikanische Forschung mit der Formulierung entsprechender Hypothesen geben *Sabatier* und *Mazmanian* 1980.

31 Zu erwähnen sind hier die periodischen Sozialberichte (einschließlich Sozialbudget) des Bundesministers für Arbeit und Sozialordnung, die Familien- und Jugendberichte der Bundesregierung und Datenhandbücher (Gesellschaftliche Daten 1973, 1977, 1979 hrsg. v. Presse- und Informationsamt der Bundesregierung; Daten des Gesundheitswesens, hrsg. v. BMJFG). Man gewinnt allerdings den Eindruck, als ob die Sozialberichterstattung der gegenwärtigen Bundesregierung in dem Maße einschläft, als die politischen Schwierigkeiten zunehmen!

32 Reihe „Soziale Indikatoren", Campus Verlag, Frankfurt und New York 1974 ff.

33 Ein den Stand der Forschung repräsentierendes Handbuch ist in Vorbereitung (*Hellstern/Wollmann* 1982).

34 Allerdings auch im hier ausgeklammerten Bereich der Arbeitsmarkt- und Berufsforschung. Vgl. Mitt. AB 3/1981.

35 Und dies ganz im Gegensatz zu England, wo die Titmuss-Schule schon früh die administrativen Aspekte der Sozialpolitik entdeckte.

36 Dies wird auch durch das völlige Fehlen sozialpolitischer Themen im Überblick von *Bruder* (1981) bestätigt.

Literaturverzeichnis

Achinger, H./Höffner, J./Muthesius, H./Neundörfer, L., 1955: Neuordnung der sozialen Leistungen. Denkschrift, auf Anregung des Herrn Bundeskanzlers erstattet. Köln.

Achinger, H., 1958: Sozialpolitik als Gesellschaftspolitik – Von der Arbeiterfrage zum Wohlfahrtsstaat. Frankfurt/Main. (2. Aufl. 1971)

Achinger, H., 1959: Soziologie und Sozialreform, in: Soziologie und moderne Gesellschaft. Verhandlungen des 14. Deutschen Soziologentages, Stuttgart, 39–52.

Alber, J., 1979: Modernisierung und die Entwicklung der Sozialversicherung in Westeuropa. Diss. Universität Mannheim (vervielfältigt).

Alber, J., 1980: Der Wohlfahrtsstaat in der Krise? Eine Bilanz nach drei Jahrzehnten Sozialpolitik in der Bundesrepublik, in: Zeitschrift für Soziologie, 9. Jg., 313–342.

Albers, W., 1976: Möglichkeiten einer stärker finalorientierten Sozialpolitik. Göttingen.
Alemann, U. v./Heinze, R. G., 1979: Verbände und Staat. Vom Pluralismus zum Korporatismus. Opladen. (2. A. 1981).
Angermann, E., 1962: Robert von Mohl 1799–1875: Leben und Werk eines altliberalen Staatsgelehrten. Neuwied.
Asam, W., 1978: Öffentliche Realtransfers und personale Verteilungswirkungen. Eine empirische Analyse zur Beeinflussung gruppenspezifischer Versorgungslagen durch Einrichtungen der sozialen Infrastruktur. Diss. Augsburg.
Bäcker, G./Bispinck, R./Hofemann, K./Naegele, G., 1980: Sozialpolitik. Eine problemorientierte Einführung. Köln.
Badura, B./Gross, P., 1976: Sozialpolitische Perspektiven – Eine Einführung in Grundlagen und Probleme sozialer Dienstleistungen. München.
Badura, B., 1980: Heimanns demokratischer Sozialismus, eine Provokation moderner Sozialpolitik, in: Eduard Heimann – Soziale Theorie des Kapitalismus – Theorie der Sozialpolitik, Neudruck Frankfurt/Main, III-XXII.
Badura, B./v. Ferber, Ch. (Hrsg.), 1981: Selbsthilfe und Selbstorganisation im Gesundheitswesen. München und Wien.
Baier, H., 1977: Herrschaft im Sozialstaat. Auf der Suche nach einem soziologischen Paradigma der Sozialpolitik, in: v. *Ferber/Kaufmann*, a. a. O., 128–142.
Ballerstedt, E./Glatzer, W., 1979: Soziologischer Almanach. Handbuch gesellschaftlicher Daten und Indikatoren, 3. Aufl., Frankfurt und New York.
Becher, B./Pankoke, E., 1981: Sozialadministration und selbstaktive Felder – neue Relationsprobleme kommunaler Sozialpolitik. In: Archiv für Wissenschaft und Praxis der Sozialen Arbeit, 12. Jg., Nr. 4, 219–239.
Becher, B./Nokielski, H./Pankoke, E., 1981: Sozialarbeit und kommunale Sozialpolitik, in: Projektgruppe Soziale Berufe (Hrsg.), Sozialarbeit: Problemwandel und Institutionen. München, 15–42.
Bernhard, L., 1912: Unerwünschte Folgen der Sozialpolitik. Berlin.
Bethusy-Huc, V. v., 1965: Das Sozialleistungssystem der Bundesrepublik Deutschland. Tübingen (2. A. 1976).
Blankenburg, E./Krautkrämer, U., 1980: Ein Verwaltungsprogramm als Kaskade von Rechtsvorschriften: Das Arbeitsförderungsgesetz, in: *Mayntz, R.*, a. a. O., 138–153.
Bley, H., 1979: Sozialrecht, 3. A., Frankfurt.
Böckenförde, E. W., 1963: Lorenz von Stein als Theoretiker der Bewegung von Staat und Gesellschaft zum Sozialstaat, in: Festschrift für Otto Brunner, Göttingen, 248 277.
Böhle, F./Standfest, E. (Hrsg.), 1981: Sozialpolitik und Produktionsprozeß. Beiträge praxisorientierter Forschung für eine präventive, arbeitsprozeßbezogene Sozialpolitik. Köln.
Bogs, H./v. Ferber, Ch., Infas, o. J.: Soziale Selbstverwaltung – Aufgaben und Funktion der Selbstverwaltung in der Sozialversicherung. Bonn (Verlag der Ortskrankenkassen).
Bohle, H. H., 1981: Soziale Probleme und soziale Indikatoren. Ein Beitrag zur Diskussion der Anwendungsmöglichkeiten der Soziologie für das Problemfeld ‚Kriminalität . Berlin.
Braun, H., 1973: Soziale Sicherung. System und Funktion, 2. A. Stuttgart.
Bruder, W., 1981: Empirische Verwaltungsforschung in der Bundesrepublik Deutschland. Opladen.
Brück, G. W., 1976: Allgemeine Sozialpolitik. Köln. (2. A. 1981).
Burghardt, A., 1979: Kompendium der Sozialpolitik. Berlin.
Daheim, H.-J., 1957: Die Sozialstruktur eines Bürobetriebes (Krankenkasse), Diss., Köln.
Dahme, H. J./Grunow, D./Grunow-Lutter, V./Hegner, F./Lempert, J., 1980: Die Neuorganisation der ambulanten Sozial- und Gesundheitspflege. Bielefeld.
Deutscher Sozialgerichtsverband, 1975: Die verfassungsrechtliche Relevanz des Sozialrechts: Verhandlungen des Deutschen Sozialgerichtsverbandes. Bonn.
Die Sozialen Verhältnisse der Renten- und Unterstützungsempfänger, 1955 (bzw. 1957): 2 Hefte, Statistik der Bundesrepublik Deutschland, Bd. 137/I + II. Stuttgart-Köln.
Domscheit, S./Kaufmann, F.-X./Kühn, M., 1980: Innovative Politik im Einflußbereich verbandlicher Wohlfahrtspflege – am Beispiel der Kindergartenreform in NRW, in: *Mayntz, R.*, a. a. O., 176–199.
Domscheit, S./Kühn, M., 1981: Die Bildungsreform im Elementarbereich. Schlußbericht des Forschungsprojekts „Elternarbeit im Kindergarten". Vervielf. Projektgruppe „Wirkungsanalysen der Sozialpolitik", Universität Bielefeld.
Ellwein, T. (Hrsg.), 1980: Politikfeld-Analysen. Opladen.

Ferber, Ch. v., 1967: Sozialpolitik in der Wohlstandsgesellschaft, Hamburg.

Ferber, Ch. v., 1975: Integration durch Informationssysteme im Bereich der sozialen Leistungen. In: IBM-Nachrichten, 25. Jg., 232–239.

Ferber, Ch. v./Kaufmann, F.-X., (Hrsg.), 1977: Soziologie und Sozialpolitik. Sonderheft 19 der Kölner Zeitschrift für Soziologie und Sozialpsychologie, Opladen.

Flora, P., 1975: Quantitative Historical Sociology. In: Current Sociology, Bd. 23, No. 2, 3–249.

Flora, P., 1982: State, Economy and Society in Western Europe 1815–1975. Frankfurt/New York (im Druck).

Flora, P., 1979: Krisenbewältigung oder Krisenerzeugung? Der Wohlfahrtsstaat in historischer Perspektive. In: *J. Matthes* (Hrsg.), Sozialer Wandel in Westeuropa. Verhandlungen des 19. Deutschen Soziologentages Berlin 1979. Frankfurt/M.

Flora, P./Alber, J./Kohl, J., 1977: Zur Entwicklung der westeuropäischen Wohlfahrtsstaaten. PVS 18, 707–772.

Flora, P./Heidenheimer, A. J. (eds.), 1981: The Development of Welfare States in Europe and America. New Brunswick, London.

Forschungsgruppe ,,Fortentwicklung der Systeme der Sozialen Sicherheit. Universität Freiburg/Br., Zwischenbericht. Januar 1982. Ms.

Forsthoff, E. (Hrsg.), 1968: Rechtsstaatlichkeit und Sozialstaatlichkeit. Darmstadt.

Gitter, W., 1981: Sozialrecht. München.

Gladen, A., 1974: Geschichte der Sozialpolitik in Deutschland: eine Analyse ihrer Bedingungen, Formen, Zielsetzungen und Auswirkungen. Wiesbaden.

Gröttrup, H., 1973: Die kommunale Leistungsverwaltung – Grundlagen der gemeindlichen Daseinsvorsorge. Stuttgart.

Gross, P./Badura, B., 1977: Sozialpolitik und soziale Dienste: Entwurf einer Theorie personenbezogener Dienstleistungen. In: *v. Ferber/Kaufmann*, a. a. O., 361–385.

Grunow, D./Hegner, F., 1975: Zum Verhältnis von kommunaler Sozialverwaltung und Publikum. Probleme der Interaktion zwischen Verwaltung und Bürger. Bielefeld.

Grunow, D./Hegner, F., 1978: Die Gewährung persönlicher und wirtschaftlicher Sozialhilfe. Untersuchungen zur Bürgernähe der kommunalen Sozialverwaltung. Bielefeld.

Grunow, D./Hegner, F., 1979: Sozialstationen. Materialien und Analysen zur Neuorganisation der ambulanten Sozial- und Gesundheitspflege. Bielefeld.

Guldimann, T. u. a. (Hrsg.), 1978: Sozialpolitik als soziale Kontrolle. Starnberger Studien 2. Frankfurt/M.

Habermas, J., 1973: Legitimationsprobleme im Spätkapitalismus. Frankfurt/M.

Hansen, E./Heisig, M./Leibfried, S./Tennstedt, F., 1981: Seit über einem Jahrhundert . . .: Verschüttete Alternativen in der Sozialpolitik. Sozialer Fortschritt, organisierte Dienstleistermacht und nationalsozialistische Machtergreifung: Der Fall der Ambulatorien in den Unterweserstädten und Berlin. Köln.

Hartwich, H., 1970: Sozialstaatspostulat und gesellschaftlicher Status quo. Opladen.

Hauser, R./Cremer-Schäfer, H./Nouvertné, U., 1981: Armut, Niedrigeinkommen und Unterversorgung in der Bundesrepublik Deutschland. Bestandsaufnahme und sozialpolitische Perspektiven. Frankfurt und New York.

Hegner, F., 1979: Praxisbezogene Orientierungspunkte für notwendige Änderungen im System der sozialen Sicherung: Bürgernähe, Sozialbürgerrolle und soziale Aktion. Bielefeld.

Heimann, E., 1980: Soziale Theorie des Kapitalismus – Theorie der Sozialpolitik. Tübingen 1929 (Nachdruck: Frankfurt/M.).

Heinze, R. G., 1981: Verbändepolitik und ,,Neokorporatismus": zur politischen Soziologie organisierter Interessen. Opladen.

Heinze, R. G./Olk, T., 1981: Die Wohlfahrtsverbände im System sozialer Dienstleistungsproduktion. Zur Entstehung und Struktur der bundesrepublikanischen Verbändewohlfahrt. In: Kölner Zeitschrift für Soziologie und Sozialpsychologie, 33. Jg., 94–114.

Hellstern, G. M./Wollmann, H., 1977: Wirkungsanalysen, eine neue Variante wissenschaftlicher Politikberatung. In: Transfer 4: Planung in öffentlicher Hand. Opladen, 157–168.

Hellstern, G. M., 1981: Wirkungsbeurteilung in der Sozialversicherung. Zentralinstitut für Sozialwissenschaftliche Forschung. Berlin. (vervielf.).

Hellstern, G. M./Wollmann, H., 1982: Handbuch der Evaluationsforschung. Heidelberg (im Druck).

Helmer, P., 1978: Einkommensumverteilung durch kommunale Infrastrukturpolitik: ein Beitrag zur Infrastrukturplanung auf Gemeindeebene. Stuttgart.

Henke, K. D., 1975: Die Verteilung von Gütern und Diensten auf die verschiedenen Bevölkerungsschichten: eine Literaturstudie zu Problemen der Messung und der politischen Beeinflußbarkeit. Göttingen.

Hentschel, V., 1978: Das System der sozialen Sicherung in historischer Sicht, 1880–1975. In: Archiv für Sozialgeschichte 18, 307–352.

Herder-Dorneich, Ph. (Hrsg.), 1981: Intertemporaler Ausgleich in der Sozialpolitik. Berlin.

Herlyn, U./Krämer, J./Tessin, W./Wendt, G., 1976: Sozialplanung und Stadterneuerung. Analyse der kommunalen Sozialplanungspraxis und konzeptionelle Alternativen. Stuttgart.

Hesse, J. J., 1974: Politische Planung im Kommunalbereich. In: Die Verwaltung, Bd. 7, 273–303.

Hippel, E. v., 1979: Grundfragen der sozialen Sicherheit. Tübingen.

Hockerts, H. G., 1977: Sozialpolitische Reformbestrebungen in der frühen Bundesrepublik. In: Vierteljahreshefte für Zeitgeschichte, Bd. 25, 341–372.

Hockerts, H. G., 1980: Sozialpolitische Entscheidungen im Nachkriegsdeutschland: Alliierte und Deutsche Sozialversicherungspolitik 1945–1975. Stuttgart.

Japp, K. P./Olk, T., 1981: Identitätswandel und soziale Dienste: Thesen zur Reorganisation behördlicher Sozialarbeit. In: Soziale Welt, Jg. 32, 143–167.

Kaufmann, F.-X., 1970: Sicherheit als soziologisches und sozialpolitisches Problem. Untersuchungen zu einer Wertidee hochdifferenzierter Gesellschaften. Stuttgart (2. A. 1973).

Kaufmann, F.-X. (Hrsg.), 1977: Bürgernahe Gestaltung der sozialen Umwelt – Probleme und theoretische Perspektiven eines Forschungsverbundes. Meisenheim a. Glan.

Kaufmann, F.-X., 1977a: Zur Problematik der Effektivität und ihrer Erfassung im Bereich der sozialen Sicherung. In: *B. Külp/H. B. Haas*, a. a. O., Berlin, 489–517.

Kaufmann, F.-X., 1977b: Sozialpolitisches Erkenntnisinteresse und Soziologie. In: v. *Ferber/Kaufmann*, a. a. O., 35–75.

Kaufmann, F.-X. (Hrsg.), 1979: Bürgernahe Sozialpolitik – Planung, Organisation und Vermittlung sozialer Leistungen auf lokaler Ebene. Frankfurt und New York.

Kaufmann, F.-X., 1980: Nationalökonomie und Soziologie. Zum Problem der Interdisziplinarität in den Sozialwissenschaften. In: *E. Küng* (Hrsg.), Wandlungen in Wirtschaft und Gesellschaft. Die Wirtschafts- und Sozialwissenschaften vor neuen Aufgaben. Festschrift für Walter Jöhr zum 70. Geburtstag. Tübingen, 31–49.

Kaufmann, F.-X., 1982a: Elemente einer soziologischen Theorie sozialpolitischer Intervention. In: Ders. (Hrsg.), Staatliche Sozialpolitik und Familie. München. (im Druck).

Kaufmann, F.-X. (Hrsg.), 1982b: Staatliche Sozialpolitik und Familie. München und Wien. (im Druck).

Kaufmann, F.-X./Hegner, F./Hoffmann, L./Krüger, J., 1971: Zum Verhältnis zwischen Sozialversicherungsträgern und Versicherten. Forschungsvorhaben im Auftrag des Bundesministeriums für Arbeit und Sozialordnung. Bielefeld. Ms.

Kaufmann, F.-X./Herlth, A./Strohmeier, K. P., 1980: Sozialpolitik und familiale Sozialisation – zur Wirkungsweise öffentlicher Sozialleistungen. Stuttgart.

Kaufmann, F.-X./Badura, B./Böhle, R./Leibfried, S./Pankoke, E./Pfaff, M., 1981: Gesellschaftliche Bedingungen sozialpolitischer Intervention: Staat, intermediäre Instanzen und Selbsthilfe. Ein neues Schwerpunktprogramm der Deutschen Forschungsgemeinschaft. In: Zeitschrift für Sozialreform, 27. Jg. (Januar 1981), 31–49.

Kaufmann, F.-X./Strohmeier, K. P., 1981: Evaluation as Meaningful Social Research. In: *R. A. Levine* u. a. (eds.), Evaluation Research and Practice. Comparative and International Perspectives. Beverly Hills und London, 149–167.

Kaufmann, F.-X./Herlth, A./Strohmeier, K. P./Wirth, W., 1982: Verteilungswirkungen öffentlicher Dienste am Beispiel des Kindergartens. Frankfurt und New York. (im Druck).

Köhler, P. A./Zacher, H. F. (Hrsg.), 1981: Ein Jahrhundert Sozialversicherung in der Bundesrepublik Deutschland, Frankreich, Großbritannien, Österreich und der Schweiz. Berlin.

Kohl, J., 1979: Staatsausgaben in Westeuropa. Ansätze zur empirischen Analyse der langfristigen Entwicklung der öffentlichen Ausgaben. Diss. Universität Mannheim.

Krautkrämer-Wagner, U., 1981: Handlungsspielraum in der Arbeitsverwaltung. Meisenheim a. Glan.

Krüger, J., 1975: Wissenschaftliche Beratung und sozialpolitische Praxis. Stuttgart.

Krupp, H. J./Glatzer, W., 1978: Umverteilung im Sozialstaat. Empirische Einkommensanalysen für die Bundesrepublik. Frankfurt/M.

Krupp, H. J./Galler, H. P./Grohmann, H./Hauser, R./Wagner, G. (Hrsg.), 1981: Alternativen der Rentenreform '84. Frankfurt/M.

Külp, B./Haas, H. D., 1977: Soziale Probleme der modernen Industriegesellschaft. Verhandlungen auf der Arbeitstagung des Vereins für Socialpolitik – Gesellschaft für Wirtschafts- und Sozialwissenschaften in Augsburg 1976. 2 Halbbände. Berlin.

Lampert, H., 1980: Sozialpolitik. Berlin, Heidelberg, New York.

Leibfried, S., 1981: Sozialhilfepolitik und Krise sozialer Staatlichkeit in Bonn und Weimar. Forschungsschwerpunkt ‚Reproduktionsrisiken, soziale Bewegungen und Sozialpolitik'. Arbeitspapier Nr. 35. Universität Bremen.

Lüscher, K. (Hrsg.), 1979: Sozialpolitik für das Kind. Stuttgart.

Mackenroth, G., 1952: Die Reform der Sozialpolitik durch einen deutschen Sozialplan. Schriften des Vereins für Socialpolitik N.F./4. Berlin.

Mackenroth, G. u. a., 1954: Die Verflechtung der Sozialleistungen. Ergebnisse einer Stichprobe. Berlin.

MAGs (Minister für Arbeit, Gesundheit und Soziales des Landes NW), (Hrsg.), 1977: Modellversuch Kindergarten oder Vorschulklasse 1970–1975. Abschlußbericht. Düsseldorf.

Mayntz, R. (Hrsg.), 1980: Implementation politischer Programme – empirische Forschungsberichte. Königstein/Ts.

Müller, W./Neusüß, C., 1970: Die Sozialstaatsillusion und der Widerspruch von Lohnarbeit und Kapital. In: Sozialistische Politik, Bd. 2, 4–67.

Müller, S./Otto, H.-U., 1980: Sozialarbeit als Sozialbürokratie. Zur Neuorganisation sozialer Dienste. Sonderheft 5 der *Neuen Praxis*. Neuwied.

Murswieck, A. (Hrsg.), 1976: Staatliche Politik im Sozialsektor. München.

Naschold, F., 1967: Kassenärzte und Krankenversicherungsreform. Freiburg.

O'Connor, J., 1973: The fiscal crisis of the state. New York.

Offe, C., 1972: Politische Herrschaft und Klassenstrukturen – Zur Analyse spätkapitalistischer Gesellschaftssysteme. In: *G. Kress/B. Senghaas* (Hrsg.), Politikwissenschaft – Eine Einführung in ihre Probleme. Frankfurt/M., 135–164.

Offe, C., 1975: Strukturprobleme des kapitalistischen Staates. Frankfurt/M., 3. Aufl.

Olk, T./Otto, H.-U., 1981: Wertewandel und Sozialarbeit – Entwicklungsperspektiven kommunaler Sozialarbeitspolitik. In: Neue Praxis, 11. Jg., 99–146.

Pankoke, E., 1970: Sociale Bewegung, sociale Frage, sociale Politik: Grundfragen der deutschen „Socialwissenschaft" im 19. Jahrhundert. Stuttgart.

Pankoke, E./Nokielski, H./Beine, Th., 1975: Neue Formen gesellschaftlicher Selbststeuerung. Göttingen.

Pfaff, M./Voigtländer, H. (Hrsg.), 1978: Sozialpolitik im Wandel – Von der selektiven zur integrierten Sozialpolitik. Bonn.

Pitschas, R., 1979: Neubau der Sozialverwaltung. Die Verbindung des Sozialen mit der Verwaltung als Aufgabe von Rechtswissenschaft, Organisationssoziologie und Verwaltungslehre. In: Die Verwaltung, Jg. 12, 409–432.

Preller, L., 1970: Praxis und Probleme der Sozialpolitik. Tübingen, Zürich.

Pessman, J./Wildavsky, A., 1973: Implementation. Berkeley, Los Angeles, London.

Projektgruppe Soziale Berufe (Hrsg.), 1981: Sozialarbeit: Problemwandel und Institutionen. München.

Raschke, P./Schliehe, F., 1979: Das Instrument der Modelleinrichtungen als Problem der vertikalen Politikverflechtung zwischen örtlicher und überörtlicher Ebene. In: *F.-X. Kaufmann* (Hrsg.), Bürgernahe Sozialpolitik. Frankfurt/M., 139–166.

Reissert, B./Schnabel, F., 1976: Fallstudien zum Planungs- und Finanzierungsverbund von Bund, Ländern und Gemeinden. In: *F. W. Scharpf/B. Reissert/F. Schnabel*, Politikverflechtung. Kronberg/Ts., 71–235.

Rosewitz, B./Wolf, H., 1981: Struktur und Funktion von Verbänden – eine systemtheoretische Perspektive. Dipl. Arb., Universität Bielefeld. Ms.

Sabatier, P. A./Mazmanian, D. A., 1980: Policy Implementation. Ms. erscheint in: The Encyclopaedia of Policy Studies. (im Druck).

Sanmann, H. (Hrsg.), 1971: Zur Problematik der Sozialinvestitionen. Berlin.

Sanmann, H. (Hrsg.), 1973: Leitbilder und Zielsysteme der Sozialpolitik. Berlin.

Schäfer, D., 1969: Die sozialen Dienste im Rahmen einer Systematik der sozialen Hilfen. In: *A. Blind* u. a. (Hrsg.), Sozialpolitik und persönliche Existenz. Berlin, 265–287.

Schäfer, D., 1972: Soziale Schäden, soziale Kosten und soziale Sicherung. Berlin.

Schäfer, P., 1980: Zentralisation und Dezentralisation. Diss. Universität Bielefeld.

Scharpf, F. W., 1977: Public Organization and the Waning of the Welfare State: A Research Perspective. In: European Journal of Political Research, Vol. 5, No. 4, 339–362.

Scharpf, F. W./Reissert, B./Schnabel, F., 1976: Politikverflechtung: Theorie und Empirie des kooperativen Föderalismus in der Bundesrepublik. Kronberg/Ts.

Schmähl, W., 1977: Alterssicherung und Einkommensverteilung. Tübingen.

Schmähl, W. (Hrsg.), 1982: Ansätze der Lebenseinkommensanalyse. Tübingen (im Druck).

Schmid, F., 1981: Sozialrecht und Recht der sozialen Sicherheit – Die Begriffsbildung in Deutschland, Frankreich und der Schweiz. Berlin.

Schmidt, K.-D./Schwarz, U./Thiebach, G., 1965 a: Sozialhaushalt und Wirtschaftskreislauf in der Bundesrepublik Deutschland, 1950–1960. Tübingen.

Schmidt, K.-D./Schwarz, U./Thiebach, G., 1965 b: Die Umverteilung des Volkseinkommens in der Bundesrepublik Deutschland 1955 und 1960. Tübingen.

Schneider, H. R., 1977: Handlungsspielräume in der Sozialarbeit. Eine Einführung in die Konstitutionsanalyse sozialer Problemlagen und die Funktions- und Restriktionsanalyse staatlicher Interventionsformen. Bielefeld.

Schreiber, W., 1955: Existenzsicherheit in der industriellen Gesellschaft. Vorschläge des Bundes katholischer Unternehmer zur Reform der Sozialversicherungen. Köln.

Schulte, B./Zacher, H. F., 1981: Der Aufbau des Max-Planck-Instituts für ausländisches und internationales Sozialrecht – Ein Bericht. In: Vierteljahresschrift für Sozialrecht 9, 165–195.

Schumpeter, J. A., 1918: Die Krise des Steuerstaates. Wiederabgedr. in: Aufsätze zur Soziologie. Tübingen 1953, 1–71.

Skarpelis-Sperk, S., 1978: Soziale Rationierung öffentlicher Leistungen. Frankfurt und New York.

Sonderforschungsbereich 3 „Mikroanalytische Grundlagen der Gesellschaftspolitik", 1981 a: Bericht über die Forschungstätigkeit in der ersten Forschungsphase 1979 bis 1981. (vervielf.). Frankfurt/Mannheim.

Sonderforschungsbereich 3 „Mikroanalytische Grundlagen der Gesellschaftspolitik", 1981 b: Antrag auf Förderung für die zweite Forschungsphase 1982 bis 1984. (vervielf.). Frankfurt/Mannheim.

Sozialenquête, o. J.: Soziale Sicherung in der Bundesrepublik Deutschland. Erstattet von *W. Bogs/H. Achinger/H. Meinhold/L. Neudörfer* und *W. Schreiber*. 2 Bde. Stuttgart (1965).

Soziale Umverteilung, o. J.: Mitteilungen 1 der Kommission für dringliche sozialpolitische Fragen der Deutschen Forschungsgemeinschaft. Wiesbaden (1964).

Standfest, E., 1978: (Projektleitung) Sozialpolitik und Selbstverwaltung – zur Demokratisierung des Sozialstaats. 2. Aufl.

Standfest, E., 1979: Sozialpolitik als Reformpolitik. Aspekte der sozialpolitischen Entwicklung in der Bundesrepublik Deutschland. Köln.

Strasser, J., 1979: Grenzen des Sozialstaats? Soziale Sicherung in der Wachstumskrise. Frankfurt/M.

Tennstedt, F., o. J.: Soziale Selbstverwaltung – Geschichte der Selbstverwaltung in der Krankenversicherung, Bonn. (Verlag der Ortskrankenkassen).

Tennstedt, F., 1976: Sozialgeschichte der Sozialversicherung. In: *M. Blohmke, C. v. Ferber, K. P. Kisker* und *H. Schäfer* (Hrsg.), Handbuch der Sozialmedizin, Bd. III. Stuttgart, 385–492.

Tennstedt, F., 1977: Sozialwissenschaftliche Forschung in der Sozialversicherung. In: *v. Ferber/Kaufmann*, a. a. O., 483–523.

Tennstedt, F., 1981: Sozialgeschichte der Sozialpolitik in Deutschland vom 18. Jahrhundert bis zum Ersten Weltkreig. Göttingen.

Teubner, G., 1979: Neo-korporatistische Strategien rechtlicher Organisationssteuerung: Staatliche Strukturvorgaben für die gesellschaftliche Verarbeitung politischer Konflikte. In: Zeitschrift für Parlamentsfragen, Jg. 10, 487–502.

Vogel, R. M., 1966: Die kommunale Apparatur öffentlicher Hilfen. Stuttgart.

Wannagat, G., 1965: Lehrbuch des Sozialversicherungsrechts. Bd. I. Tübingen.

Werner, R., 1975: Soziale Indikatoren und politische Planung. Einführung in Anwendungen der Makrosoziologie. Reinbek b. Hamburg.

Widmaier, H.-P., 1976: Sozialpolitik im Wohlfahrtsstaat – Zur Theorie politischer Güter. Reinbek b. Hamburg.

Widmaier, H.-P. (Hrsg.), 1978: Zur neuen sozialen Frage. Berlin.

Wiesenthal, H., 1981: Die konzertierte Aktion im Gesundheitswesen. Ein Beispiel für Theorie und Politik des modernen Korporatismus. Frankfurt/New York.

Wollmann, H. (Hrsg.), 1979: Politik im Dickicht der Bürokratie. Beiträge zur Implementationsforschung. Sonderheft 3 der Zeitschrift Leviathan. Opladen.

Wollmann, H./Hellstern, G. M., 1977: Sozialwissenschaftliche Untersuchungsregeln und Wirkungsforschung. Zur Chance kritischer Sozialwissenschaft im Rahmen staatlicher Forschungsaufträge. In: *P. Haungs* (Hrsg.), Res Publica. Dolf Sternberger zum 70. Geburtstag. München, 415–466.

Wirth, W., 1982: Soziale Dienste: Bedingungen ihrer Inanspruchnahme. Frankfurt und New York (im Druck).

Zacher, H. F., 1976: Internationales und europäisches Sozialrecht. Eine Sammlung weltweiter und europäischer völkerrechtlicher und transnationaler Quellen und Dokumente. Percha am Starnberger See.

Zacher, H. F. (Hrsg.), 1979: Bedingungen für die Entstehung und Entwicklung von Sozialversicherung. Colloquium der Projektgruppe für internationales und vergleichendes Sozialrecht der Max-Planck-Gesellschaft, Tutzing 1978.

Zacher, H. F. (Hrsg.), 1980a: Die Rolle des Beitrags in der sozialen Sicherung. Colloquium der Projektgruppe für internationales und vergleichendes Sozialrecht der Max-Planck-Gesellschaften, Tutzing 1979. Berlin.

Zacher, H. F., 1980b: Sozialpolitik und Verfassung im ersten Jahrzehnt der Bundesrepublik Deutschland. Berlin.

Zapf, W., 1972: Zur Messung der Lebensqualität. In: Zeitschrift für Soziologie, Jg. 1, 353–376.

Zapf, W., 1973: Soziale Indikatoren. In: *G. Albrecht* u. a. (Hrsg.), Soziologie – Sprache, Bezug zur Praxis, Verhältnis zu anderen Wissenschaften. René König zum 65. Geburtstag. Opladen.

Zapf, W., 1976: Sozialberichterstattung: Möglichkeiten und Probleme. Göttingen.

Zapf, W. (Hrsg.), 1977: Lebensbedingungen in der Bundesrepublik. Sozialer Wandel und Wohlfahrtsentwicklung. Frankfurt und New York.

Zapf, W., 1981: Theorie der Wohlfahrtsproduktion. Vortragsmanuskript. Mannheim.

Gesundheitspolitik: Grundsätze, Probleme, Aufgaben

*Bernhard Badura, Josef Bauer, Harald Lehmann**

Unsere Gesundheitspolitik befindet sich am Scheideweg. Soll mit dem Ausbau der medizinischen Akutversorgung fortgefahren werden wie bisher oder gebieten nicht vielmehr ein Wandel unserer Gesundheitsprobleme und eine oft nicht mehr bedarfsgerechte Eigendynamik unseres vielverzweigten Versorgungssystems eine Suche nach neuen Versorgungskonzepten und Interventionsformen? Die Zeichen für eine dringend notwendige Neuorientierung scheinen unübersehbar. Weiter überproportional steigende Kosten, Überversorgung im Klinikbereich und in verstädterten Regionen, Intransparenz des Arzneimittelmarktes bei gleichzeitig erheblichen Defiziten in der Versorgung psychisch Kranker und längerfristig Pflegebedürftiger, die anstehende Verdopplung der Ärztezahlen bis in die neunziger Jahre – dies alles deutet auf zum Teil weitgehende und tiefgreifende konzeptionelle Mängel und auf Steuerungsdefizite, die mittlerweile weder mehr politisch noch ökonomisch verantwortet werden können. In diesem Zusammenhang stellt sich die Frage nach den Grundsätzen und Optionen zukünftiger Gesundheitspolitik. Einer dieser Grundsätze, der heute von jedermann auf den Lippen geführt, dem praktisch aber immer noch kaum Beachtung geschenkt wird, ist die Forderung nach einer verstärkt präventiv ausgerichteten Gesundheitsversorgung. Förderung der Gesundheit und Krankheitsverhinderung – so die von Standesvertretern und Gesundheitspolitikern immer wieder beschworene Formel – sei sowohl humaner als auch kostengünstiger als die Behandlung einmal Erkrankter. Für diesen Grundsatz spricht auch der Umstand, daß eine Heilung moderner Volkskrankheiten wie der Herz- und Kreislauferkrankungen, der verschiedenen Krebsformen, der Krankheiten des rheumatischen Formenkreises oder des Diabetes mellitus selten oder gar nicht möglich ist.

Die moderne Verwaltungswissenschaft hat sich dem Bereich der Gesundheitsversorgung bislang kaum gewidmet, obwohl Komplexität und Gewicht der hier gegebenen politischen und administrativen Probleme eine besondere Herausforderung auch und gerade für die Verwaltungswissenschaft darstellen. Diese Behauptung soll im folgenden beispielhaft belegt werden. Mit unserem Beitrag ist jedoch noch ein weiteres beabsichtigt. Wir vertreten die These, daß eine angemessene Bearbeitung gesellschaftspolitischer Probleme zu einer umfassenden, die Umwelt der modernen Verwaltung miteinbeziehenden Perspektive zwingt. Ebensowenig wie das Problem der Massenarbeitslosigkeit durch eine effektive Organisation der Arbeitsverwaltung alleine zu bewältigen ist, ist es das Problem moderner Zivilisationskrankheiten etwa alleine durch eine Reorganisation

*Projektgruppe Laiensystem und Rehabilitation, Universität Oldenburg

des Kassenwesens oder anderer Anbieterstrukturen. Erst eine verstärkte Ursachenforschung liefert das für eine aktive Sozialpolitik erforderliche Wissen. Programmevaluation oder Therapieforschung reichen dazu nicht aus, da sie nur Hinweise über die Wirksamkeit laufender oder modellhaft durchgespielter Programme liefern, so nützlich diese auch im einzelnen sein mögen, nicht aber darüber Auskunft geben, wo mit einer neuen Politik anzusetzen wäre und von welchen Grundsätzen sich Politik in einem bestimmten Sektor leiten lassen sollte.
Im folgenden werden – geleitet durch die allgemeine Prämisse einer zu verstärkenden Prävention – zunächst drei Grundsätze moderner Gesundheitspolitik aufgestellt. In weiteren Abschnitten wird die Fruchtbarkeit dieser Grundsätze einmal am Beispiel der Prävention des Herzinfarktes und zum zweiten am Beispiel der Rehabilitation von Infarktpatienten dargelegt.

I. Sozialwissenschaftliche Fundierung

So neu wie die sozialwissenschaftliche Beschäftigung mit Gesundheitsproblemen auf den ersten Blick erscheinen mag, ist sie, historisch betrachtet, tatsächlich nicht. Historisch neu ist vielmehr die spezifisch medizinisch-somatische Problemstellung, der naturwissenschaftlich verengte Krankheitsbegriff und die damit einhergehende klinisch-individualtherapeutische Einstellung unserer zeitgenössischen Gesundheitsversorgung. Die seit Beginn dieses Jahrhunderts rasch wachsende Bedeutung dieser neuen Medizin führte – letztlich jedoch nur relativ kurzfristig, so bleibt zu hoffen – zu einer unheilvollen Vernachlässigung der Mensch-Umweltbeziehung und zu einer z. T. ungerechtfertigten Trennung in „soziale" und „gesundheitliche" Probleme und demzufolge zur Trennung von Sozial- und Gesundheitspolitik. Beides hat mit zu der gegenwärtigen Krise unseres Gesundheitswesens beigetragen. Veraltete Versorgungskonzepte sowie „Unregierbarkeit" bestehender Versorgungsstrukturen bewirken auf bereits sehr hohem Niveau weitersteigende Kosten (dieses Jahr wird die 150-Milliarden-Grenze überschritten werden) und Fehlentwicklungen mit der Folge, daß dieser überteuerte, hochtechnisierte und spezialisierte Gesundheitsbetrieb in einem erheblichen Maß an den Bedürfnissen der Bürger vorbeiproduziert. Erfassung und Bekämpfung von Krankheitsursachen, Versorgung chronisch-somatisch oder chronisch-psychisch Kranker sowie Langzeitpflege Behinderter bilden Schwachstellen gegenwärtiger und damit zugleich Schwerpunkte zukünftiger Gesundheitspolitik. Ohne eine verstärkte Förderung sozialwissenschaftlicher Grundlagenforschung, ohne kritische Durchleuchtung von Effektivität und Effizienz medizinischer Maßnahmen und Einrichtungen, ohne deren z. T. weitgehende Reorganisation, die auch das hochfragmentierte Kassenwesen miteinbeziehen müßte und ohne erheblich verstärkte Mitwirkung, Mitbestimmung und Selbsthilfe der Bevölkerung scheint eine Neuorientierung unserer gesundheitspolitischen Prioritäten kaum möglich. Dieser Problemkatalog verdeutlicht zugleich Ähnlichkeiten und Unterschiede zur Situation der frühen Sozialmedizin und gesundheitsrelevanten Sozialforschung am Beginn und im Verlauf der industriellen Revolution.

Problemstellung und Zielsetzung der frühen Sozialmedizin waren weitgehend identisch mit denen der zeitgenössischen Sozialpolitik und Sozialfürsorge. Im Zentrum standen die sozialen und politischen Kosten einer oft überhasteten Industrialisierung, standen Massenelend und rigoroser Arbeitskräfteverschleiß, den beiden weltweit wohl immer noch wichtigsten Ursachen von Krankheit, Unfall und vorzeitigem Tod. Sozialstaatliche Maßnahmen in Preußen, England, Frankreich und auch in den USA bemühten sich dementsprechend als erstes um Gesundheitsschutz in der Industrie und um Bekämpfung materieller Not (*Rosen* 1975). *Robert Virchows* Zurückführung von Seuchen auf Mängel „welche durch staatliche und gesellschaftliche Gestaltung erzeugt werden" (*Virchow* 1849; 1975, 203), seine Feststellung, daß sich Seuchen vor allem unter schlechten Wohn- und Ernährungsverhältnissen sowie bei geringer soziokultureller Förderung der Bevölkerung rasch verbreiteten, der von *Emile Durkheim* aufgedeckte Zusammenhang zwischen Selbstmordraten, sozialer Isolation und sozialer Desorganisation, *Alfred Grotjahns* Prinzipien einer „sozialen Pathologie" schließlich, bilden erste Höhepunkte einer sozialwissenschaftlichen Betrachtung von Gesundheitsproblemen, einer Tradition, die dann sowohl wissenschaftlich wie versorgungspolitisch vom Aufstieg der naturwissenschaftlichen Medizin verdrängt oder durch den Nationalsozialismus rassenideologisch pervertiert wurde.

Wandlungen in den Arbeits- und Lebensbedingungen moderner Gesellschaften stellen die sozialwissenschaftlich orientierte Gesundheitsforschung heute vor neue Probleme. Die Richtung dieser Wandlungsprozesse, insbesondere die wachsende Bedeutung psychosozialer Faktoren für Entstehung, Verlauf und Bewältigung moderner „Seuchen" wie Herzinfarkt, Krebs, Alkoholismus und Drogenabhängigkeit verweist auf die Dringlichkeit einer Intensivierung sozialwissenschaftlicher Grundlagenforschung; sie macht zugleich deutlich, daß die klassischen Instrumente sozialstaatlicher Intervention: gesetzliche Regulierung von Arbeitsbedingungen und Arbeitsbeziehungen, Umverteilung von Markteinkommen und Bereitstellung überwachender und individualtherapeutischer Dienste allein zur Bekämpfung und Vermeidung dieser neuen Massenkrankheiten nicht mehr ausreichen. Erfassung von Gesundheitsrisiken wie auch von Schutzfaktoren legen dreierlei nahe: eine verstärkte Mobilisierung der Patienten im Sinne einer selbstaktivierenden Behandlung und Beratung, eine Unterstützung und Förderung von Selbsthilfe und Selbstorganisation in Familie, Nachbarschaft und in Selbsthilfegruppen zum Zwecke der Prävention wie der Nachsorge und Dauerpflege, eine verstärkte Mitwirkung der Bürger bei der Planung und Gestaltung von Versorgungseinrichtungen. Streßforschung (*Nitsch* 1981) und Sozialepidemiologie (*Badura* 1981 a) liefern hierfür mittlerweile theoretisch durchdachte wie auch bereits empirisch erprobte Grundlagen, die es weiterzuentwickeln und bei der Erfassung gemeindespezifischer Risikostrukturen und institutioneller sowie informeller Ressourcen zu berücksichtigen gilt.

Das folgende Modell (Abb. 1) faßt in sehr vereinfachter Form einige wichtige, im Rahmen der traditionellen Sozialmedizin und der modernen (Sozial-)Epidemiologie bisher untersuchte, Faktoren und Beziehungen zusammen. Konzentrierte man sich zunächst auf das Verhältnis insbesondere von sozialer Schicht, Krankheitsverteilung und vorzeitiger Sterblichkeit, so bemüht sich die zeitgenössische (Sozial-)Epidemiologie, grob vereinfacht, um die in der Abbildung mittleren Faktorengruppen. Anstoß dafür war u. a.

Abbildung 1:

Arbeits- und Lebensverhältnisse einer Gemeinde	genetische, physikalische, chemische, biologische Risiken, Belastungen	
	psychosoziale Belastungen (chronischer oder akuter Art)	
Soziale Schicht	Risiko- und Bewältigungsverhalten	Wohlbefinden
Wohnverhältnisse	Persönlichkeit	somatische, psychische Krankheit
Arbeitsbedingungen	Umfang, Qualität, Nutzung medizinischer und sozialer Dienste	Lebenserwartung
Umweltbelastungen	Umfang, Qualität, Nutzung sozialer Netzwerke und sozialer Unterstützung	

die Erkenntnis, daß relativ unspezifischen Variablen wie „Schichtzugehörigkeit" (aber auch „Alter" und „Geschlecht") zwar eine relativ hohe *Prognosekraft* zukommt – Schichtzugehörigkeit ist z. B. immer noch einer der verläßlichsten Prädiktoren für Morbidität und Mortalität – daß aber die *Erklärungskraft* dieser Variablen sehr gering ist; m. a. W. die für wirksame Prävention so wichtige Frage nach dem Warum, nach den spezifischen Bedingungen, die den statistisch festgestellten Zusammenhängen zugrundeliegen, blieb zunächst noch unbeantwortet. Um die Spezifizierung eben dieser gesundheitsrelevanten natürlichen, sozialen oder psychischen Faktoren, um ihre Operationalisierung und Messung bemüht sich insbesondere die moderne Sozialepidemiologie. Dabei geht es zum einen um die Erfassung von *Interdependenzen* etwa zwischen physischen oder psychosozialen Belastungen und der schützenden oder mildernden Wirkung emotionaler und sozialer Unterstützung oder aber um die Erfassung *direkter Effekte* etwa zwischen Persönlichkeit (Typ A) und spezifischen Krankheiten wie beispielsweise Herzinfarkt. Die Erfassung und Kontrolle aller im Modell angeführten Faktoren in einer einzigen Untersuchung wirft beim gegenwärtigen Stand der Forschung noch erhebliche Schwierigkeiten auf und dürfte auch wegen der damit verbundenen hohen Kosten kaum möglich sein. Im übrigen bilden Ergebnisse der Grundlagenforschung jeweils nur Anhaltspunkte und Voraussetzungen für die letztlich unersetzbare gemeindebezogene Forschungsarbeit. Der bereits als relativ gesichert geltende Zusammenhang zwischen Umfang und Qualität sozialer Unterstützung und dem psychischen Wohlbefinden beispielsweise sagt uns ja noch nichts über Umfang und Qualität sozialer Unterstützung in der konkreten Gemeinde X. Die sozialepidemiologische Grundlagenforschung erübrigt also ihre Anwendung auf den Einzelfall ebensowenig wie die medizinische Laborforschung ihre Anwendung bei Diagnose und Therapie an einzelnen Patienten: *Präventiv ausgerichtete und gemeindebezogene Gesundheitsversorgung ist außerordentlich informations- und forschungsintensiv.* Ausgehend von den im Modell angegebenen möglichen für Wohlbefinden, Krankheit oder vorzeitigen Tod verantwortlichen Faktoren sollte in jeder Gemeinde oder Region ein Gesundheitsatlas erstellt und regelmäßig, unter Berücksichtigung neuer Erkenntnisse der Grundlagen- wie der gemeindespezifischen Forschung, fortgeschrieben werden. Erst ein derartiger Gesundheitsatlas liefert gesicherte Voraussetzungen für die gesundheitspolitische Prioritätensetzung, für Planung und Prävention. Ohne diese Voraussetzungen hat Prävention allenfalls einen zwar aufwendigen aber dennoch wenig befriedigenden Schrotschußeffekt (*Badura* 1981 b).

Ursachenorientierung

Je komplexer Problemlagen und bestehende sozialpolitische Einrichtungen und Programme, um so unentbehrlicher werden verläßliche wissenschaftliche Informationen bei der Vorbereitung und Durchführung einzelner Maßnahmen. Für die Gesundheitspolitik trifft dies, wie eben umrissen, in besonderem Maße zu. Unsere Erkenntnis über die Entstehung von Krankheiten und über Möglichkeiten ihrer wirksamen Verhinderung oder Bewältigung sind wesentlich lückenhafter und unzureichender als der Umfang medizinischer Versorgungseinrichtungen hierzulande erwarten lassen würde. Mit dem Aufstieg der klinischen Medizin, der heute wichtigsten Grundlage unserer Gesundheitsversorgung, eng verbunden war die „Erreger-Theorie". Diesem *Zwei-Variablen-Ansatz* liegt die Vorstellung zugrunde, spezifische Ursachen bewirkten spezifische Krankheiten. Aber bereits das Beispiel der Infektionen verdeutlicht die Schwächen dieser Theorie: Nur 1 bis 2 % aller Träger von Tuberkulosebazillen entwickeln tatsächlich Symptome dieser Krankheit. Auch ein gesundheitspolitisch weit aktuelleres Beispiel spricht gegen einen derartig verkürzten Ansatz: Bei weitem nicht alle starken Raucher sterben vorzeitig an Lungenkrebs. Gerade in bezug auf moderne Zivilisationsseuchen wie eben Krebs, Herz-Kreislauferkrankungen, Depression oder Selbstmord, finden in der Epidemiologie verstärkt *multifaktorielle Ansätze* Verwendung, Ansätze, in denen angenommen wird, daß spezifische Erkrankungen durch mehrere Ursachen (genetische, physikalische, chemische, mikrobiologische, psychosoziale) bewirkt sein können. Je komplexer das theoretische Modell, um so schwieriger wird das Geschäft der Prävention oder Früherkennung. Dies gilt in noch höherem Maße für das Konzept *„allgemeiner Empfänglichkeit"* (General Susceptibility) *(Cassel)* oder psychosozialer „Verwundbarkeit" *(Brown),* das sich in der Sozialepidemiologie, der neuesten Richtung im Bereich der Krankheitsursachenforschung, immer mehr durchzusetzen scheint. Neben die Annahme, (a) daß Krankheitsentstehung zumeist auf mehr als einen Faktor zurückgeführt werden muß, und daß dabei (b) häufig psychosoziale Faktoren (Vulgo: „Streß") eine mitverursachende Rolle spielen, tritt (c) die Annahme, daß die pathogene Wirkung von Umweltfaktoren durch eine zweite Faktorenklasse entweder „abgefangen" oder verstärkt werden kann. So kann unzureichende oder nicht vorhandene soziale

Unterstützung durch Arbeitskollegen oder den Ehepartner bei gegebenen chronischen Arbeitsbelastungen sich beispielsweise entweder auf den Kreislauf oder die organische Immunabwehr auswirken oder aber auch sich „auf den Magen schlagen“. Sozialepidemiologische Forschungsansätze bemühen sich daher nicht nur um Spezifizierung und um Berücksichtigung einer Vielzahl von verursachenden Faktoren, konzentrieren sich nicht nur zunehmend auf soziale Schutzfaktoren, sondern sie bemühen sich zudem um die Erfassung mehrdimensionaler (somatischer, psychischer und sozialer) Wirkungsdimendionen. Der Beweis für die Richtigkeit der Unspezifitätsthese wäre etwa dann erbracht, wenn sich nachweisen ließe, daß in einem Betrieb mangelhafte soziale Unterstützung verbunden mit chronischer Lärmbelastung nicht nur zu verbreiteter Lärmschwerhörigkeit, sondern auch zu einer überdurchschnittlichen Morbidität im Herz-Kreislaufsystem führt oder wenn dadurch Morbidität und Wohlbefinden der betroffenen Belegschaft insgesamt beeinflußt würde.
Die zuletzt erwähnten kausalanalytischen Vorstellungen entstammen der (Sozial-)Epidemiologie, einem Bereich der Gesundheitsforschung, der bislang hinsichtlich Forschungsförderung, akademischer Ausbildung und Berufsausübung völlig im Schatten der somatisch ausgerichteten klinisch-individualtherapeutischen Schulmedizin steht. Zu den namhaftesten Kritikern dieser Situation gehört der englische Sozialmediziner *Thomas McKeown.* In einer Situation, in der die übewältigende Mehrheit aller Zivilisationsseuchen, ja aller Krankheiten überhaupt, durch Gesundheitsrisiken in der natürlichen und sozialen Umwelt des Menschen bedingt sind, bedeutet eine Forschung, die sich nahezu ausschließlich auf innerkörperliche Krankheitsmechanismen konzentriert und eine auf diesem Fundament ruhende Versorgung, eine erhebliche Fehlallokation gesellschaftlicher Ressourcen. Notwendig ist eine „Reorientierung unserer Forschungsanstrengungen von der Laborforschung zur Epidemiologie“ (*McKeown* 1979, 179), dadurch der Tatsache Rechnung tragend, daß Verbesserungen der Volksgesundheit in der Zukunft wie schon der Vergangenheit eher durch Einflußnahme auf Krankheitsursachen zu erreichen sein werden statt durch medizinische Behandlung von Krankheiten nach ihrer Entstehung (ebenda, 179). Ursachenorientierte Gesundheitspolitik bedeutet also zum einen auf Erkenntnisse der (Sozial-)Epidemiologie gestützte und zum zweiten präventive Politik. Sie erfordert Maßnahmen, die nicht am somatischen Zustand einzelner Individuen ansetzen, sondern an Risiken seiner Lebensumwelt sowie bei seinen sozialen Schutzfaktoren und Gesundheitsressourcen (soziale Unterstützung und Bewältigungsverhalten). Ursachenorientierte Gesundheitspolitik erfordert mit anderen Worten eine sozialwissenschaftlich fundierte, in jedem Fall gemeindebezogene Gesundheitsversorgung.

Gemeindebezug

In der soziologischen Literatur bedeutet „Gemeinde“ mehr als nur eine geographische oder politisch-administrative Einheit. Gemeinde bedeutet Nachbarschaft, Arbeitswelt, Vereinsleben, soziale Bindungen und Verpflichtungen vielfältiger Art. Gemeinde umfaßt den familiären Kontext und die darüber hinausgehende überschaubaren und als

subjektiv relevant empfundenen Lebensbedingungen. Mit dem soziologischen Gemeindekonzept mitgedacht ist auch das Element der *räumlichen Nähe* und einer damit einhergehenden *unmittelbaren Betroffenheit* und *Anschaulichkeit* von Problemen, sowie der unmittelbare Zugriff auf Optionen und Ressourcen zu ihrer Bewältigung; angesprochen ist schließlich auch der Grad der kulturellen Homogenität, der Identifikation mit Gemeindebelangen und damit zugleich auch der Bereitschaft zur sozialen und politischen Partizipation. Bürgerinitiativen-, Ökologie- und Selbsthilfebewegung dokumentieren eindrucksvoll ein wiedererwachtes Bewußtsein für kommunale Probleme und den Wunsch zur Identifikation mit ihnen; sie belegen die Bereitschaft zur Solidarität und Selbstorganisation. Hieran anzuknüpfen, im Versuch, diese Entwicklungen für die Gesundheits- und Sozialpolitik fruchtbar zu machen, liegt eine wichtige Aufgabe zukünftiger Reformbemühungen (*Badura/Ferber* 1981).
Im Postulat stärker gemeindebezogener Gesundheitsversorgung fließen eine Reihe in der Bundesrepublik bisher kaum berücksichtigter, z. T. jedoch schon länger zurückliegender, immer noch hochaktueller Vorschläge zusammen. Bereits in dem 1957 von *Walter Auerbach* und anderen vorgelegten „Sozialplan für Deutschland" enthalten war die Idee einer stärker regionalen, dezentralen Organisation der Sozialversicherung. Stichwort damals war die „Sozialgemeinde". In ihr sollten die Träger der verschiedenen Sozialleistungen „vor Ort" zusammengeführt und stärker auf regionale Bedürfnisse der Bevölkerung ausgerichtet werden. Problemnähe, Lebenslagenbezug, unbürokratische Perspektive sind Forderungen, die einer „unheilvollen Verselbständigung der Sozialleistungsträger, die ihre Adressaten aus dem Blick verloren haben", (vgl. *Ferber* 1978, 376) entgegenwirken sollte, Forderungen, die, wie neueste Forschungsergebnisse belegen (*Kaufmann* 1979), bis heute nichts an Dringlichkeit eingebüßt haben. Die Notwendigkeit eines stärkeren Gemeindebezugs läßt sich nicht nur mit dem Hinweis auf politische und administrative Fehlentwicklungen (Verrechtlichung, Zentralisierung, Bürokratisierung) begründen; im Bereich der Gesundheitsversorgung sprechen dafür auch noch eine Reihe zusätzlicher Gründe, die die angelsächsischen Länder und mittlerweile auch die WHO dazu bewegen, „community medicine" in das Zentrum gesundheitspolitischer Reformbemühungen zu stellen (*Trojan/Waller* 1980).
Problemstellung, Grundlagen, Ziele und Interventionsformen gemeindebezogener Gesundheitsversorgung unterscheiden sich z. T. erheblich von denen der klassischen Schulmedizin. Sie eröffnen Wege einer problem- und ressourcennahen Neugestaltung unseres Gesundheitswesens. Was sind gemeindespezifische Gesundheitsrisiken? Welche Einrichtungen zur Prävention, Akutversorgung und Rehabilitation existieren und wie effektiv arbeiten sie? Wie steht es mit der sozialen Integration, mit Möglichkeiten gegenseitiger Hilfe innerhalb einer bestimmten Gemeinde? Wo sollten Schwerpunkte gesetzt, wo das Wachstum an Gesundheitsleistungen begrenzt oder zurückgenommen werden? All dies sind brennende Fragen, die, weil sie politisch bisher mit zu wenig Nachdruck gestellt wurden, heute zumeist auch noch nicht gemeindespezifisch beantwortet werden können. Die große Zahl gesundheitsbezogener Einrichtungen: niedergelassene Ärzteschaft, Krankenhausversorgung, öffentlicher Gesundheitsdienst, Dienste der Krankenkassen, Gewerbeaufsicht, Berufsgenossenschaften, betriebsärztlicher Dienst, Fachkräfte für Arbeitssicherheit, Sozialstationen, soziale Dienste – um die

wichtigsten zu nennen – bilden ein beachtliches gesundheitspolitisches Potential. Ihr weitgehend unkoordiniertes Neben- und teilweise sogar Gegeneinander läßt sich auf Dauer jedoch nicht mehr verantworten, zum einen wegen der ständig überdurchschnittlich steigenden Kosten, zum anderen, weil dabei zentrale Gesundheitsbelange der Bevölkerung, wie Gesundheitserhaltung, Krankheitsverhütung und Pflege und Versorgung chronisch Kranker und Behinderter auf der Strecke bleiben. Auf eben diese Lücken und Mängel gegenwärtiger Versorgung jedoch richtet sich das Konzept gemeindebezogener Gesundheitspolitik.

Die Situation gemeindebezogener Gesundheitsversorgung heute ähnelt in mancher Hinsicht derjenigen, in der sich der traditionelle Arbeitsschutz vor etwa zehn Jahren, also vor Einführung des Regierungsprogramms zur „Humanisierung der Arbeitswelt" befand: neue Aufgaben und Herausforderungen waren zwar erkannt, zugleich fehlte es aber völlig an ausreichenden, praxisrelevanten wissenschaftlichen Grundlagen. Eine empirisch-sozialwissenschaftlich ausgerichtete Arbeitswissenschaft existierte allenfalls als Programm; im übrigen befand sich der Arbeitsschutz fest in Händen traditionsreicher Einrichtungen der Gewerbeaufsicht und der Berufsgenossenschaften, deren Aufgaben sich vielfach überschnitten, deren Vorschriftenwesen umfangreich und unübersichtlich war und deren Personal – ohne sozialwissenschaftliche Vorbildung – sich schon von den bisherigen Aufgaben vielfach überfordert sah (an diesem Zustand hat sich leider, trotz mannigfacher Anstrengungen bis heute noch nicht allzuviel geändert). Daß unter diesen Umständen neue wissenschaftliche Erkenntnisse ihren Weg in die Praxis nur sehr schwer werden finden können, liegt auf der Hand. Ähnliches ist auch für Schicksal gemeindebezogener Gesundheitsforschung zu befürchten, zumal deutsche Beiträge hierzu kaum existieren und bislang keine mächtige politische Gruppierung oder Einrichtung sich hierfür einzusetzen bereit ist. Auch ein Engagement der Bundesregierung, das dem Humanisierungsprogramm in Umfang und Zielsetzung entspräche, zeichnet sich nicht ab. Was könnten die Aufgaben eines solchen Programms sein? Neben der in ersten Anfängen steckenden Förderung der *Grundlagenforschung* liegt ein Hauptproblem gemeindebezogener Gesundheitsversorgung in der Reorganisation bestehender Einrichtungen, ein weiteres in der *Erprobung und Durchführung neuer Modelle gemeindebezogener Intervention.* Mehr als erste Andeutungen und Hinweise hierzu sind an dieser Stelle nicht möglich.

Die gegenwärtig existierende Fragmentierung und gegenseitige Abschottung zahlreicher auf Gemeindeebene mit Gesundheitsbelangen beschäftigter Einrichtungen kann auf Dauer kaum hingenommen werden. In diesem Zusammenhang zu erwähnen ist nicht nur das vielbeklagte unkoordinierte Nebeneinander zwischen ambulanter und stationärer Versorgung, sondern auch, was bislang kaum ausreichend erkannt wurde, das ebenso unkoordinierte Nebeneinander arbeitsweltbezogener und gemeindebezogener Aufsichts- und Versorgungsdienste. Der Schwerpunkt beider, der arbeits- und auch gemeindebezogenen Dienste, liegt in der Prävention und beide müssen sich, wegen gewandelter Problemstellungen, Risiken und Belastungen neuen Aufgaben zuwenden – unter Berücksichtigung gegebener, z. T. sehr ähnlicher oder eng miteinander zusammenhängender gemeinde- und regionenspezifischer Rahmenbedingungen und Herausforderungen. Neben rechtlichen und politischen Hindernissen stoßen Reorganisationsversuche hier auf oft allzu festgefügte Berufsbilder der betroffenen Ingenieure, Mediziner, Psychologen und Sozialarbeiter, in deren Ausbildung Grundlagen und Interventionsformen gemeindebezogener Gesundheitsversorgung bislang entweder überhaupt keine oder nur eine sehr untergeordnete Rolle spielen. Für die Fortentwicklung unseres Gesundheitswesens erschwerend ist auch die auf seiten der Bürger immer noch vorherrschende Auffassung, Krankheit und Gesundheit seien allein Sache der medizinischen Akutversorgung und der Gang zum Arzt die einzige wirklich wirksame gesundheitsbezogene Maßnahme. Derartige Denk- und Verhaltensgewohnheiten sollten aufgebrochen und eine Aktivierung der Patienten und Bürger für ihre eigenen Gesundheitsbelange erreicht werden. Dies wiederum erfordert konsumentennahe und partizipative Versorgungsstrukturen, eine Überwindung der immer noch weithin geltenden sozialstaatlichen Zuteilungsdoktrin, ein stärkeres Bewußtsein für Gesundheitsrisiken in unserer Umwelt, aber auch Gesundheitsressourcen in Familie, Nachbarschaft, in Arbeitswelt und Gemeinde.

Probleme und Ansatzpunkte gemeindeorientierter Gesundheitsversorgung fügen sich zumeist überkommenen gesetzlichen und/oder organisatorisch fixierten Zuständigkeiten nicht, sie setzen vielmehr eine intensive Zusammenarbeit zwischen Angehörigen verschiedener Einrichtungen und Berufsgruppen voraus. Auf der Grundlage eines sozialepidemiologischen Modells, das nicht nur physikalischen, biologischen, chemischen und psychosozialen Risiken und Belastungen, sondern daneben auch persönlichen, informellen und institutionalisierten Gesundheitsressourcen einen zentralen Stellenwert beimißt (s. o. Abb. 1), kann sich gemeindebezogene Intervention einmal um die Erfassung und Beseitigung von Mehrfachbelastungen und besonders gravierenden Einzelrisiken und zum zweiten um die Förderung und Entwicklung insbesondere informeller Ressourcen und Schutzfaktoren bemühen. Konkret wird es sich dabei vor allem um Maßnahmen im Bereich der Arbeitswelt, der Familie, der Verkehrs- und Umweltrisiken handeln, Maßnahmen, die sich jedoch, im Unterschied zur gegenwärtigen Situation, an den realen Problemen und ihren Ursachen und nicht, wie bisher, an den gesetzlich vorgegebenen und zumeist nur noch historisch zu rechtfertigenden Denk- und Handlungsgewohnheiten überkommener Versorgungseinrichtungen orientieren. Dabei ist in der Regel dezentralen vor zentralen Einrichtungen der Vorzug zu geben, ambulanten Diensten der Vorzug vor Behandlung und Pflege in Institutionen. Die Maxime der Hilfe zur Selbsthilfe markiert in diesem Zusammenhang nicht Abbau sondern Umbau sozialer und medizinischer Dienste und den Übergang zu einer neuen, „bürgernahen" (*Kaufmann* 1979) Versorgungsphilosophie, zu einem gewandelten Arzt-Patienten-Verhältnis und zu mehr indirekten Formen administrativer, materieller oder persönlicher Unterstützung. Formen gemeindebezogener Intervention sollen die Entstehung neuer Kontaktmöglichkeiten, neuer Formen gegenseitiger Hilfe und sozialer Integration erleichtern sowie die Unterstützungsmöglichkeiten im Rahmen bestehender sozialer Netzwerke in der Familie, Nachbarschaft, unter Arbeitskollegen und Freunden stärken – *ohne das Selbstbewußtsein und die Selbständigkeit der Betroffenen durch Auflagen oder Kontrollen zu schädigen.* Ließe sich diese zuletzt genannte, wirklich essentielle, Bedingung nicht realisieren, sollte eine Förderung informeller Strukturen besser unterbleiben.

Im folgenden sollen am Beispiel der Bekämpfung des Herzinfarkts (Prävention, Rehabilitation) Grenzen traditionell medizinisch-somatischer Forschung und Intervention sowie Aufgaben einer zukünftig zu verstärkenden sozialwissenschaftlichen Beschäftigung mit diesem Bereich angesprochen werden.

II. Das Beispiel Herzinfarkt

In den vergangenen Jahrzehnten hat sich das Spektrum der vorherrschenden Krankheiten entscheidend gewandelt. An die Stelle akuter Infektionskrankheiten sind zunehmend chronisch degenerative Leiden getreten, unter denen einer Ausprägung der koronaren Herzkrankheit (KHK), nämlich dem Herzinfarkt (HI), hinsichtlich Sterblichkeit und Verbreitung in der Bevölkerung eine besondere Bedeutung zukommt. So sind die Todesfälle an KHK in allen westlichen Industrieländern mit Ausnahme Japans seit dem zweiten Weltkrieg stark angestiegen, wobei innerhalb der einzelnen Staaten erhebliche Differenzen bestehen und seit einigen Jahren eine unterschiedliche Entwicklung festzustellen ist: dem Rückgang in den USA steht ein entgegengesetzter Trend in der Bundesrepublik Deutschland gegenüber (*Bauer/Lehmann* 1981). Die Tatsache, daß in der Bundesrepublik jährlich etwa 80.000 Menschen an einem HI sterben und in etwa genauso viele an einem HI neu erkranken, weist auf die eminente gesundheitspolitische Bedeutung dieses Krankheitskomplexes hin, der hinsichtlich des Umfangs und der Auswirkungen durchaus den gefürchteten Seuchen der vergangenen Jahrhunderte vergleichbar ist.

Die medizinische Forschung hat auf diese neue Herausforderung durch eine Intensivierung ihrer Beschäftigung mit den Krankheitsmechanismen des HI reagiert. Zugrunde liegt dem die Auffassung vom hohen Wert der naturwissenschaftlichen Grundlagenforschung für die medizinische Behandlung. Gemäß der herrschenden Lehrmeinung sind an der Entstehung eines HI zwei grundlegende Prozesse beteiligt: durch Risikofaktoren mitbedingte krankhafte Veränderungen in den Wänden der Herzkranzgefäße und ein Verschluß des Gefäßes durch einen Blutpfropf. Seit einigen Jahren wird als Ursache eines HI zunehmend auch eine krampfartige Verengung der Herzkranzgefäße, d. h. ein funktionelles Geschehen, angenommen (vgl. dazu *Bauer/Lehmann* 1981). Zur Erklärung der pathogenen Wirkung psychosozialer Faktoren ist das von *Cannon* und *Selye* entwickelte Streßkonzept herangezogen worden. Danach führen starke und/oder langanhaltende emotionale Erregungen über komplexe hormonelle und nervale Prozesse auf unterschiedlichen Wegen zu einer KHK. Von entscheidender Bedeutung ist dabei die Spezifizierung der Bedingungen, die zu solchen Erregungen führen bzw. ihren Einfluß modifizieren können (vgl. dazu *Nitsch* 1981). Ungeachtet der vorliegenden Ergebnisse besteht derzeit keine endgültige Klarheit über die Mechanismen, die letztlich zu einem HI führen und trotz vereinzelter Erfolge, was die Bekämpfung des HI betrifft, kann also von einem Durchbruch in der Laborforschung heute keine Rede sein. Es spricht sehr viel für die unter anderem von *McKeown* geäußerte Ansicht, daß der Ansatz einer sich auf innerkörperliche Krankheitsmechanismen konzentrierenden Forschung bei der Bekämpfung moderner Zivilisationskrankheiten in jedem Falle zu kurz greift, weil diese Forschung die eigentlichen Krankheitsursachen außer Acht läßt. Wichtiger als das „Verständnis der Krankheitsmechanismen" sei die „Aufdeckung der Krankheitsursachen" (1979, 166) und deren Beseitigung, sei also Prävention. Wichtigste Grundlage der Prävention ist aber nicht die Labor- sondern die epidemiologische Forschung, deren Erkenntnisinteresse sich auf die Spezifizierung jener Umweltbedingungen richtet, die für innerkörperliche Krankheitsmechanismen verantwortlich sind.

Zur Entwicklung der Ursachenforschung

Das Zusammenwirken mehrerer Faktoren bei der Entstehung eines HI ist in den letzten 30 Jahren Gegenstand intensiver Forschungen in der Medizin gewesen. Insbesondere wurde dabei versucht, sog. *Risikofaktoren* zu identifizieren, d. h. Faktoren, deren Auftreten mit einem erhöhten Risiko verbunden ist, an einer Herzkranzgefäßerkrankung zu leiden oder daran zu sterben. Durch zahlreiche epidemiologische Untersuchungen, unter denen der *Framingham*-Studie (*Dawber* 1976) eine Art Modellfunktion zukam, wurde der Nachweis für einen statistischen Zusammenhang zwischen verschiedenen somatischen bzw. verhaltensbedingten Faktoren und der durch Herzkranzgefäßerkrankungen bedingten Mortalität bzw. Morbidität erbracht (*Heyden* 1974). Ein kausaler Zusammenhang kann nach den bisherigen Ergebnissen mit Bestimmtheit jedoch nur für erhöhten Blutdruck, Zigarettenrauchen und Hypercholesterinämie angenommen werden. Der Einfluß von körperlicher Aktivität, Fettsucht und bestimmten Stoffwechselstörungen ist weniger gut belegt und weist zum Teil widersprüchliche Ergebnisse auf (*Heyden* 1981). Die Vergleichbarkeit der Untersuchungen wird häufig dadurch eingeschränkt, daß nicht zwischen der Epidemiologie des Herzinfarktes und der der Angina pectoris unterschieden wird. Ein weiteres Problem betrifft die Verallgemeinerungsfähigkeit der vorliegenden Ergebnisse. *Werkö* (1976) kommt bei einer kritischen Betrachtung von drei großen Studien zu dem Schluß, daß die in der *Framingham*-Studie untersuchte Population höchstens für einen Teil der weißen Bevölkerung in den USA repräsentativ ist. Ein zentrales Problem stellt schließlich die Tatsache dar, daß in epidemiologischen Studien zwar koronare Risikofaktoren nachgewiesen wurden, diese aber nur rd. 50 % der Gesamtvarianz erklären können (*Epstein* 1978). Seit langem ist ferner bekannt, daß sich in Untersuchungspopulationen sowohl Infarktpatienten ohne Risikofaktoren als auch Risikoträger ohne eine Erkrankung der Herzkranzgefäße auffinden lassen. Aus epidemiologischer Sicht ergibt sich daher die Notwendigkeit, das Konzept der Risikofaktoren um andere Variablen zu erweitern und deren Wirkung bei der Entstehung und Verhütung eines HI aufzuklären.
In den vergangenen Jahren sind zunehmend mehr *psychosoziale Faktoren* identifiziert worden, die mit einem erhöhten Risiko an KHK einhergehen. In verschiedenen Studien wurde auf die Bedeutung von sozialer Mobilität und Statusinkongruenz (vgl. dazu *Jenkins* 1976) oder das Auftreten von gravierenden lebensverändernden Ereignissen (vgl. dazu *Haney* 1980) hingewiesen. Arbeitsbelastungen sind sowohl in retrospektiven als auch prospektiven Studien untersucht worden (vgl. dazu *Kasl* 1978). Das von *Rosenman* und *Friedman* erstmals beschriebene Typ-A-Verhaltensmuster zeigte einen,

von den Standardrisikofaktoren unabhängigen, Zusammenhang mit dem Auftreten koronarer Herzkrankheit (*Rosenman* et al. 1975). Wenn das vorhandene Wissen auch noch unvollständig ist und teilweise kontroverse Ansichten bestehen, liegt inzwischen hinreichend Evidenz für einen Zusammenhang zwischen psychosozialen Faktoren und dem Auftreten einer KHK vor (vgl. dazu *Pfaff* 1981, *Siegrist* 1981, *Waltz* 1981). Insbesondere für die Entwicklung nicht nur der HI-Prävention von großem Gewicht ist dabei, daß das sozialepidemiologische Modell der Krankheitsgenese nicht nur gesellschaftliche Risiken sondern auch mögliche, gesundheitspolitisch bislang unberücksichtigte Ressourcen oder Schutzfaktoren enthält, und daß den Ressourcen oder Schutzfaktoren hier möglicherweise eine unspezifische also allgemeine Gesundheitsrelevanz zukommt, wie dies bereits an anderer Stelle ausgeführt wurde.
Unter *Prävention* wird die Verhütung von Krankheiten durch Beseitigung der Ursachen oder Stärkung der Abwehrmechanismen des Individuums verstanden. Während der Wert und die Möglichkeiten von Früherkennungsuntersuchungen hinsichtlich der Beeinflussung von Herz- und Kreislaufkrankheiten als gering angesehen werden, scheinen einfache Maßnahmen, wie sie von niedergelassenen Ärzten durchgeführt werden können, mehr Erfolg zu versprechen. Es handelt sich dabei um Beratung und Betreuung hinsichtlich Raucherentwöhnung, medikamentöse Behandlung eines erhöhten Blutdrucks sowie diätische und medikamentöse Behandlung der Hypercholesterinämie (*Pflanz* 1977). Allerdings ist die Ärzteschaft derzeit selbst nach Meinung von Standesvertretern in ihrer großen Mehrheit bezüglich Aus- und Weiterbildung nicht auf die Aufgaben der Gesundheitsbildung und Gesundheitserziehung vorbereitet (*Vescovi* 1981). Um nicht nur bereits ausgebildete Risikofaktoren zu beeinflussen, sondern ihre Entstehung bei klinisch noch gesunden Personen zu verhindern, werden gezielte Interventionen auf personeller, massenkommunikativer und struktureller Ebene vorgeschlagen (*Greiser* 1980). Dabei sollen die betreffenden Personen entweder in *Schulen* und *Betrieben* oder auf *kommunaler* bzw. *regionaler Ebene* erfaßt werden, wie dies beispielsweise schon seit längerer Zeit in Eberbach/Wiesloch geschieht (*Nüssel* et. al. 1980). Aufgrund der vorhandenen Evidenz für einen Zusammenhang zwischen psychosozialen Faktoren und KHK darf eine wirksame Prävention nicht auf die Verhütung oder Senkung somatischer Risikofaktoren begrenzt bleiben, was derzeit jedoch noch der Fall ist. Dies gilt umso mehr, als die positiven Effekte der auf die sogenannten Standardrisikofaktoren zielenden Interventionen einer weiteren Erhärtung bedürfen. So wird beispielsweise die bereits erwähnte Senkung der Sterbefälle an KHK in den USA nicht zuletzt auf Veränderungen des Verhaltens hinsichtlich Rauchen, Ernährung und Bewegung zurückgeführt. Da aber derzeit nicht alle Erkrankungsfälle in Herzinfarktregistern erfaßt werden, kann keine Aussage darüber gemacht werden, ob diese Senkung das Ergebnis einer Abnahme von Neuerkrankungen an KHK ist oder einer Abnahme ihrer Letalität (Verhältnis der an einer bestimmten Krankheit erkrankten Personen zu den an dieser Krankheit gestorbenen Personen innerhalb eines festgelegten Zeitraumes) unter anderem bedingt durch eine verbesserte Behandlung. Ein Nachweis für die positive Wirkung einer Verhaltensmodifikation wurde durch die sog. Nordkarelien-Studie (*Salonen* et al 1979) erbracht. Sowohl Finnland insgesamt als auch Nordkarelien innerhalb der einzelnen finnischen Regionen wiesen extrem hohe Sterb-

lichkeitsraten an KHK auf. Ein von 1972–1975 durchgeführtes Interventionsprogramm auf Gemeindeebene in Nordkarelien führte sowohl zu einer deutlichen Senkung von erhöhtem Blutdruck, Hypercholesterinämie und Ziarettenkonsum als auch zu einem Rückgang von Sterblichkeit und Neuerkrankungsrate an KHK. Da aber in der verglichenen Kontrollregion ähnliche Ergebnisse festzustellen waren, muß die Frage nach dem Anteil der Programme an der erzielten Wirkung offen bleiben.

Wenn nun daraus gefolgert wird, daß erst die Ergebnisse weiterer Interventionsstudien abgewartet werden müssen, bevor gesicherte Aussagen über die Möglichkeiten einer Prävention auf breiter Basis gemacht werden können (*Greiser* 1980), so ist dem nur zuzustimmen. Allerdings erhebt sich die Frage, ob das den Maßnahmen zugrundeliegende traditionelle Risikofaktorenkonzept nicht von vorneherein zu kurz greift und stattdessen ein *sozialepidemiologisches Krankheitsmodell* die Basis für eine wirksame Prävention sein muß. Mittels dieses Modells können nicht nur akute und chronische Belastungen sowie bestimmte Risikomerkmale der Person, sondern auch die sozialen Schutzfaktoren (support) und die Bewältigungsmechanismen (coping) des Einzelnen berücksichtigt werden, d. h. die Hilfe und Unterstützungsleistungen aus seinem sozialen Netzwerk, die ihm zur Verfügung stehen bzw. seine Fähigkeiten, selbst mit einem Problem fertigzuwerden (s. o.). Daraus folgt, daß Interventionen im Bereich der Prävention und der Rehabilitation sowohl bei den biologischen und psychosozialen Risiken als auch bei den Schutzfaktoren und Bewältigungsmechanismen ansetzen müssen. In der Praxis bedeutet dies 1. die Aufdeckung und Beseitigung oder Veränderung risikoträchtiger Arbeits- und Lebensbedingungen in der Gemeinde, 2. Netzwerkinterventionen zum Abbau krankheitsfördernden Verhaltens in Familien sowie Ausgleich fehlender oder inadäquater Unterstützungsleistungen durch spezifische Angebote wie z. B. Selbsthilfegruppen und 3. Beratungs- und Lernprogramme zur Befähigung des Einzelnen, mit Belastungssituationen besser umgehen zu können und krankheitsfördernde Verhaltensweisen abzubauen. Die derzeitigen Präventivmaßnahmen betreffen fast ausschließlich den zuletzt angesprochenen Bereich. Als wirksamer dürften sich indes nicht individuen- sondern gemeindebezogene Interventionen erweisen, die sich auf die Beseitigung noch genauer zu erforschender psychosozialer Risiken und auf die Stärkung bzw. Ergänzung informeller sozialer Netzwerke konzentrieren.

III. Die Herzinfarktrehabilitation

Die traditionelle Herzinfarktrehabilitation basiert auf einem naturwissenschaftlich geprägten Krankheitsbegriff und geht bei der Behandlung der Infarktfolgen – wie in der Verursachungstheorie – vom „Risikofaktoren-Modell" aus. Ziel der Rehabilitationsbemühungen ist entsprechend dieser Grundlage die Verhinderung von Tod und Reinfarkt sowie die Linderung von Schmerzen und die bestmögliche Wiederherstellung funktionaler Leistungsfähigkeit. Zur Erreichung dieses Zieles wenden sich die Rehabilitationsmaßnahmen aber nur an den individuellen Infarktpatienten. Die somatische und teilweise auch psychische Einzelbehandlung steht daher im Mittelpunkt der Rehabilitation.

Rehabilitation, die von einem sozialwissenschaftlichen Krankheitsbegriff ausgeht, der die somatische, psychische und soziale Dimension von Krankheit bzw. Gesundheit umfaßt, ist einem multifaktoriellen Erklärungsansatz verpflichtet, der besonders die Belastungsfaktoren und Unterstützungsleistungen in verschiedenen Lebensbereichen für die Entstehung und Bewältigung von Krankheiten betont. Ziele und Maßnahmen einer so verstandenen Rehabilitation greifen über die oben dargestellen hinaus, sie haben die Integration des Patienten in eine sozial angemessene Umwelt im Auge. Die Rehabilitationsmaßnahmen wenden sich deshalb nicht nur an das Individuum allein, sie richten sich auch auf sein soziales Umfeld, indem sie auf die Reduktion der Belastungsfaktoren und die Stärkung der Unterstützungsleistungen zielen. Diese Rehabilitationsstrategie hat also zwei Ansatzpunkte, einerseits das Individuum selbst mit seiner spezifischen somatischen und psychischen Problemlage und seinem speziellen Bewältigungsverhalten und andererseits das soziale Umfeld des Rehabilitanden mit bestimmten Belastungs- und Unterstützungsstrukturen.

Entsprechend den unterschiedlichen Problemauffassungen bildeten bzw. bilden sich auch verschiedene Organisationsformen heraus. Die traditionelle Herzinfarktrehabilitation setzt fast ausschließlich auf die stationäre Versorgung in zentralen Einrichtungen zur Einzelbehandlung, während eine sozialwissenschaftlich begründete Rehabilitation die ambulante Versorgung in dezentralen Einrichtungen – also auf Gemeindeebene – favorisieren muß, will sie vor Ort problem- und ressourcennah wirken.

Ist-Zustand der Herzinfarktrehabilitation

Der gegenwärtige Zustand der Herzinfarktrehabilitation in der Bundesrepublik ist im wesentlichen durch drei Merkmale gekennzeichnet:

1. durch die Dominanz der stationären Versorgung,
2. durch die medizinische Problemsicht und die somatische Ausrichtung der Behandlung,
3. durch die ungezielte Verteilung der Patienten auf die bestehenden Einrichtungen.

Die stationäre Versorgung hat ihre Wurzeln im historisch gewachsenen Bestand des Kur- und Bäderwesens (*Specht* 1978), ihre gegenwärtig dominierende Stellung läßt sich aber letztlich auf die weitgehende Identität von Trägern und Betreibern der stationären Rehabilitationseinrichtungen zurückführen. Diese Identität erzeugt wirtschaftliche, d. h. betriebliche Zwänge, die einerseits aus Effizienzgründen eine hohe Auslastung der eigenen Häuser vorschreiben und die andererseits um den Erfordernissen der Rehabilitierenden wie der Rehabilitanden zu folgen, zu immer größeren und kompletteren Einheiten führen. Bis heute fehlen verläßliche Analysen der Kosten und Nutzen (bzw. Wirksamkeit) für den gesamten Rehabilitationssektor. Wegen des Problems der Quantifizierung der Nutzen bzw. der Messung der Wirksamkeit und wegen fehlender Alternativrechnungen auf der Kostenseite sind vorliegende Analysen nicht in der Lage, Aufschluß darüber zu geben, ob das ökonomische Ziel des Grundsatzes „Rehabilitation vor Rente" – nämlich volkswirtschaftlich kostenneutral bzw. kostensenkend zu wirken – erreicht werden kann. Alternative Organisationsformen wie Rehabilitationsabteilungen an Akutkrankenhäusern, Rehabilitationsdienste bei Krankenkassen oder ambulante Rehabilitation in Gesundheitszentren, Gruppenpraxen oder in der Einzelpraxis mit Anbindung an kommunale Gesundheits- und Sozialdienste werden aus den genannten Gründen und wegen der de-facto-Trennung der Zuständigkeit und Finanzierung (Akutversorgung bei den Krankenkassen, Rehabilitation bei der Rentenversicherung) und schließlich auch wegen des Behandlungsmonopols der niedergelassenen Ärzte nur zögernd diskutiert bzw. mit dem Hinweis auf die bestehende Rechtslage als undurchführbar abgelehnt. Die somatische Ausrichtung der Behandlung, die dem Wachstum der stationären Einrichtungen auch sehr förderlich war, ist das Ergebnis eines nach wie vor herrschenden naturwissenschaftlichen Krankheitsbegriffes und das Ergebnis der faktischen Einschränkung des Rehabilitationsbegriffes auf die Wiederherstellung der „körperlichen" Erwerbsfähigkeit, d. h. der Rehabilitationsbegriff wird in der Praxis meist zweifach eingeschränkt: erstens auf die Wiederherstellung der somatischen Funktionsfähigkeit, zweitens auf die Wiederherstellung der ökonomischen Leistungsfähigkeit. Diese Ausrichtung führt – bei Diagnose wie Therapie – zur Vernachlässigung der psychischen und sozialen Problemlagen der Betroffenen. Die starke Betonung der rein somatischen Probleme macht es unmöglich, den Rehabilitanden in seiner ganzen Person zu erfassen und sie erschwert zugleich die Beteiligung von nicht-medizinischem Fachpersonal und von Laien am Rehabilitationsprozeß.

Eine weitere Folge der somatischen Ausrichtung ist die ungezielte Verteilung der Patienten auf die Rehabilitationseinrichtungen (*Silomon* 1980, *Halhuber* 1980). Wegen der eingeschränkten Problemsicht – Ziel: Wiederherstellung der Erwerbsfähigkeit – kommt es sogar zu dem Paradoxon, daß in der Regel nur die „leichten", d. h. die komplikationslosen Fälle in das stationäre System aufgenommen werden, die „schweren" Fälle dagegen nicht in den Genuß der Behandlung in speziellen Einrichtungen kommen. Neben dieser generellen Fehlsteuerung fehlt es aber auch an Selektionskriterien, um die Patienten entsprechend der sich individuell ergebenden Problemsituation – physischer und/oder psychischer und/oder sozialer Problemfall – in geeignete Einrichtungen zu überweisen. Darüber hinaus muß man allerdings feststellen, daß es nur wenige Rehabilitationseinrichtungen für Herzinfarktpatienten gibt, die auch die psychische und soziale Betreuung in angemessener Form übernehmen können, obwohl die WHO-Empfehlungen eine solche Betreuung als ein wesentliches Element der Konvaleszenzphase beschreiben (*Bauer/Lehmann* 1981).

Die ambulante Rehabilitation erschöpft sich in der meist nur medikamentösen Nachbetreuung durch den niedergelassenen Arzt. Die unzureichende Koordination und Kooperation zwischen Akutkrankenhaus, Rehabilitationsklinik und niedergelassenem Arzt führt darüber hinaus auch oft zu einer sehr konservativen Weiterbehandlung am Wohnort, obwohl gerade hier in der Nähe zur Familie und zum Arbeitsplatz des Rehabilitanden am ehesten eine umfassendere Rehabilitation möglich wäre. Mit der Initiierung und Förderung von ambulanten Koronargruppen am Wohnort unternehmen die Arbeitsgemeinschaften für kardiologische Prävention und Rehabilitation den Versuch einer umfassenderen und kontinuierlichen Rehabilitation meist nach dem Vorbild der WHO-Empfehlungen zur Phase III des Rehabilitationsprozesses (Spätrehabilitation am Ort); Aktivitäten der Phase der Frührehabilitation aus dem Aufgabengebiet der stationären Versorgung werden dagegen nur in sehr seltenen Fällen ambulant durchgeführt. Die zur Zeit genannte Zahl von ca. 400 ambulanten Koronargruppen ist, abgesehen von der jeweiligen Ausrichtung als Sport- und/oder Gesprächsgruppe, noch zu gering, um eine flächendeckende Wirkung zu erzielen.

Zusammenfassend kann festgestellt werden, daß die Rehabilitationssituation für Infarktpatienten der Bundesrepublik geprägt ist durch zentrale Einrichtungen (stationäre Versorgungsformen), die in der Regel nur eine ortsferne Rehabilitation zulassen, bedingt

- durch die dominante naturwissenschaftlich-technische Sichtweise des Rehabilitationsprozesses, die weitgehend sowohl die psychischen und sozialen Belastungen, aber auch die Bewältigungsressourcen des Patienten ausblendet;
- durch ungenügende bzw. fehlende Steuerungsmechanismen, die einerseits den Patientenstrom richtig leiten könnten und andererseits eine planmäßige Versorgung für alle Problembereiche – ob medizinisch, psychologisch oder sozial – durch eine gewandelte Zielsetzung und Ausstattung der Kliniken im Rehabilitationssektor und durch neue Interventionsformen sichern könnten.

Um dem Ziel einer umfassenden Rehabilitation näherzukommen, müssen – in Forschung und Politik – daher künftige Anstrengungen (a) von einer erweiterten, d. h. psychosomatischen und psychosozialen Problemsicht geleitet und (b) der Aufgabe der (Re-)Integration der Rehabilitanden verpflichtet sein. Als eine organisatorische Konsequenz ergibt sich daraus die Entwicklung flexibler, in der Regel dezentraler Versorgungseinrichtungen.

Die Verzahnung von stationärer und ambulanter Rehabilitation scheitert gegenwärtig im wesentlichen an den bereits genannten beiden strukturellen Hindernissen, der bestehenden Versorgungstrennung (Krankenkassen für Akutversorgung und Nachsorge durch den niedergelassenen Arzt und Rentenversicherung für die stationäre Rehabilitation) und dem Behandlungsmonopol der niedergelassenen Ärzte (keine Ambulatorien an Krankenhäusern mit Ausnahme der Universitätskliniken). Eine Auflockerung oder gar ein Aufbrechen dieser Strukturprinzipien ist nicht festzustellen. Die Entwicklung zielt lediglich auf eine Verbesserung der Kommunikations- und Kooperationsformen zwischen dem Akutkrankenhaus, der Rehabilitationsklinik und dem niedergelassenen Arzt – ein erreichbares Ziel, wie das „Hamburger Modell" (*Krasemenn* 1976, *Donat* 1978) zeigt. Die Grundstrukturen, der Status quo bleiben aber gewahrt und damit auch die Hauptschwierigkeiten für eine Reorganisation der Rehabilitationsversorgung.

Ähnlich wie um die Verzahnung auf organisatorischer Ebene steht es um *die Verzahnung bei den verschiedenen Leistungserbringern* der Rehabilitation, d. h. eine Kooperation, eine intensive Zusammenarbeit zwischen Professionellen, Semiprofessionellen und insbesondere den Laien ist nur unzureichend gelungen. So gibt es nur wenige echte Rehabilitationsteams, in denen auch Angehörige nicht-medizinischer Berufe als tatsächlich gleichberechtigte Partner vertreten sind, speziell aber der systematische Einbezug der Laien, d. h. der wesentlichen Bezugspersonen der Rehabilitanden ist insgesamt noch zu unbedeutend. Lediglich in der Form der Wiedereinbestellung des Rehabilitanden mit Partner zu Auffrischungsseminaren nach dem Klinikaufenthalt (z. B. Praxis der Klinik Höhenried) oder in der Form von Partnergruppen beim Koronarsport (z. B. Gesundheitspark München) wird diese Einbeziehung praktiziert.

Rehabilitationsperspektiven

Legt man bei der Betrachtung der gegenwärtigen Versorungssituation einen Rehabilitationsbegriff zugrunde, der über die Wiederherstellung der Erwerbsfähigkeit hinausgeht und der die psychische und soziale Situation des Rehabilitanden in Familie, Nachbarschaft und Gemeinde sowie an seinem Arbeitsplatz erfaßt, so drängt sich die Frage auf, ob nicht ein dezentrales, d. h. gemeindenahes und somit überwiegend ambulantes Rehabilitationskonzept tauglicher wäre als das gegenwärtig praktizierte. Zumindest für die Erfüllung der nicht-medizinischen und für einen gewissen Teil der medizinischen Aufgaben der Rehabilitation scheint die ambulante Form die geeignetere zu sein. Eine *orts- und situationsnahe Rehabilitation* gewinnt zusätzlich an Attraktivität, berücksichtigt man die Leistungen beratender, praktischer und emotionaler Art, die im sozialen Umfeld – besonders in der Familie – des Rehabilitanden erbracht werden können. Ein um diese Sicht erweitertes Rehabilitationskonzept beinhaltet die Aufgabe der Förderung und Erhaltung dieser Leistungen des Laiensystems. Dies bedeutet, daß neben dem Rehabilitanden selbst gleichgeachtet dessen soziales Umfeld – ob als Ressource zur Krankheitsbewältigung (rehabilitativer Aspekt) oder als eine Ursache der Krankheitsentstehung (präventiver Aspekt) – im Mittelpunkt der Rehabilitationsbemühungen steht. Konsequenz dieser Sichtweise ist eine *Neuverteilung der Funktionen* der verschiedenen Rehabilitationseinrichtungen. Es ist zu klären

– welche stationäre oder ambulante medizinische Einrichtung für welche Patientengruppe (eher somatisch-medizinische oder psychosoziale Problematik) geeignet ist,
– wie medizinische Einrichtungen in ihrer jeweiligen Organisationsform (spezielle Rehabilitationszentren, Rehabilitationsabteilungen an Krankenhäusern, Rehabilitationsambulanzen, Rehabilitation beim niedergelassenen Arzt) um Einrichtungen bzw. Personal für die psychische und soziale Rehabilitation (Sozialarbeiter, Physiotherapeuten, Arbeitstherapeuten, Psychologen etc.) am sinnvollsten ergänzt werden können,
– wie andere medizinische und soziale Dienste (Betriebsarzt, Vertrauensarzt, Sozialstationen, Krankenkassen, Arbeitsämter etc.) funktionsadäquat integriert werden können,
– wie das Laienpotential im Familien- und Freundschaftsverband, im Kreise der Arbeitskollegen und Nachbarn und in Selbsthilfegruppen als Rehabilitationsressource erhalten und gestärkt werden kann.

Lösungsmöglichkeiten für die meisten der genannten Fragen scheinen sich zunächst nur auf der Gemeindeebene bzw. auf regionaler Ebene abzuzeichnen, da nur hier eine situationsbezogene Rehabilitation möglich ist, die zugleich im Sinne einer präventiven Orientierung vor Ort die Ursachen für den Infarkt oder einen drohenden Reinfarkt im Umfeld der Betroffenen zu erfassen und zu beseitigen in der Lage ist.

Schlußbemerkung

Wie im vorausgehenden deutlich geworden sein sollte, werden die Aufgaben einer dem Grundsatz der Prävention verschriebenen Sozial- und Gesundheitsverwaltung wesentlich forschungsintensiver sein als die der traditionallen Sozialbürokratie. Gezielte Vor- und Nachsorge setzt vorherige Identifikation einer Risikopopulation voraus. Dies wird nur ein auf der Grundlage neuester Forschungen erstellter und ständig fortentwickelter Gesundheitsatlas leisten können. Erst wenn auf diese Weise feststellbar wird, z. B. in welchem Stadtteil oder in welcher Nachbarschaft sich Probleme in besonderem Maße häufen, lassen sich gezielte Maßnahmen zur Belastungsreduzierung auf der einen und/oder zur Knüpfung oder Stärkung sozialer Netzwerke auf der anderen Seite durchführen. Dies alles setzt letzlich aber auch ein neues Verständnis zwischen Verwaltung und Gemeinde, zwischen Anbietern und Nutznießern kommunaler Gesundheitsdienste voraus. In einer modernen Sozialgemeinde ist kein Platz mehr für eine obrigkeitsstaatliche Kontroll- oder Zuteilungsdoktrin. Die Verwaltung muß sich eher als offene Dienstleistungseinrichtung, ihr Personal als aktive und partnerschaftliche Serviceleister begreifen, deren Handeln nur in einem ständigen Dialog mit der sozialen Umwelt legitimiert werden kann. Als letztes schließlich sollte deutlich geworden sein, daß der Schwerpunkt aktiver Gesundheitspolitik bei der Kommune liegt, und daß sich daraus für die künftige Verwaltungsforschung Aufgaben ergeben, die über eine bloße Optimierung von Verwaltungshandeln und eine Evaluation überkommener Programme z. T. weit hinausgehen. Ein nach den Grundsätzen des Weberschen Bürokratiekonzeptes gestalteter Amtsapparat, in dem streng legalistisch, „nach Aktenlage" und „ohne Ansehen der Person" gehandelt und entschieden wird, ist ungeeignet als Träger einer gemeindebezogenen Sozial- und Gesundheitspolitik.

Literaturverzeichnis

Badura, B. (Hrsg.) (1981a), Soziale Unterstützung und chronische Krankheit. Zum Stand sozialepidemiologischer Forschung, Frankfurt.

Badura, B. (1981b), Überlegungen und Vorschläge zur zukünftigen Entwicklung des Gesundheitswesens. Gutachten für das Wissenschaftliche Institut der Ortskrankenkassen, Konstanz (Manuskript).

Badura, B./Ch. v. Ferber (Hrsg.) (1981), Selbsthilfe und Selbstorganisation im Gesundheitswesen. Die Bedeutung nicht-professioneller Sozialsysteme für Krankheitsbewältigung, Gesundheitsvorsorge und die Kostenentwicklung im Gesundheitswesen, München, Wien.

Bauer, J./H. Lehmann (1981), Zur Entstehung, Behandlung und Rehabilitation von Herzinfarkt, in: *Badura, B.* (Hrsg.), a.a.O., 185–257.

Brown, G./T. Harris (1978), Social Origins of Depression: A Study of Psychiatric Disorder, London.

Cartsburg, R./K. Kühns (1980), Das Northeimer Trainingszentrum zur Vorbeugung und Rehabilitation von Herz- und Kreislauferkrankungen, in: Therapiewoche, 30, 9, 1456–1460.

Cassel, J. C. (1975), Social sciences in epidemiology: Psychosocial processes and "stress" – theoretical formulation, in: *Struening, F. L./M.Guttentag* (eds.), Handbook of Evaluation Research, Beverly Hills, 537–549.

Dawber, T. R. (1976), Erfahrungen aus der Framingham-Studie – 25 Jahre Framingham, in: Herz/Kreislauf, 8, 11, 615–620.

Detzel, H./H. Angster (1979), Fünf Jahre Gesetz über die Angleichung der Leistungen zur Rehabilitation – Anspruch und Wirklichkeit – aus der Sicht des Vertrauensarztes, in: Das öffentliche Gesundheitswesen, 41, 676–679.

Donat, K. (1978), Nachsorge der koronaren Herzkrankheit, in: Medizinische Welt, 29, 12, 482–487.

Epstein, F. H. (1978), How much Coronary Heart Disease is ‚Explained" by Currently Known Risk Factors and Therefore Preventable? in: *Schettler, G.* et al. (eds.), Changes in the Medical Panorama, Stuttgart, 84–89.

Ferber, Ch. v. (1978), Wird der sozialpolitische Handlungsspielraum der Sozialen Selbstverwaltung ausgeschöpft?, in: *Borsdorf, U.* u.a. (Hrsg.), Gewerkschaftliche Politik: Reform aus Solidarität, Köln, 373–392.

Greiser, E. (1980), Möglichkeiten und Probleme von multifaktoriellen Interventionsstudien im Bereich der Herz- und Kreislaufkrankheiten, in: Der Internist, Jg. 21, 430–436.

Halhuber, C. (1980), Rehabilitation in ambulanten Koronargruppen, Berlin/Heidelberg/New York.

Halhuber, M. J. (1980), Aufgaben einer Rehabilitationsklinik in der Infarktnachbehandlung, in: Therapiewoche, 30, 9, 1388–1395.

Haney, C. A. (1980), Life events as precursors of coronary heart disease, in: Social Science and Medicine, 14A, 119–126.

Heyden, S. (1974), Risikofaktoren für das Herz, Mannheim.

Heyden, S. (1981), Präventive Kardiologie – Ergebnisse aus Interventionsstudien, Mannheim.

Jenkins, C. D. (1976), Recent evidence supporting psychologic and social risk factors for coronary disease, in: New England Journal of Medicine, 294, 18, 987–994 und 19, 1033–1038.

Kasl, S. V. (1978), Epidemiological contributions to the study of work stress, in: *Cooper, C. L./R. Payne* (eds.), Stress at work, Chichester, 3–48.

Kaufmann, F. X. (Hrsg.) (1979), Bürgernahe Sozialpolitik. Planung, Organisation und Vermittlung sozialer Leistungen auf lokaler Ebene, Frankfurt.

Kraseman, E. O. (1976), Herzinfarkt-Rehabilitation, Erlangen.

McKeown, Th. (1979[2]), The Role of Medicine, London (die deutsche Ausgabe erscheint 1982 in der Edition Suhrkamp, Frankfurt).

Neuhäuser, M. (1979), Fünf Jahre Gesetz über die Angleichung der Leistungen zur Rehabilitation – Anspruch und Wirklichkeit, in: Das öffentliche Gesundheitswesen, 41, 683–686.

Nitsch, J. R. (Hrsg.) (1981), Stress – Theorien, Untersuchungen, Maßnahmen, Bern/Stuttgart/Wien.

Nüssel, E. et al. (1980), Die Gemeinde als Ansatzstelle für eine Prävention, in: Der Internist, Jg. 21, 437–445.

Pfaff, H. (1981), Arbeitsbelastungen, soziale Beziehungen und koronare Herzkrankheiten, in: *Badura, B.* (Hrsg.), a.a.O., 120–167.

Pflanz, M. (1977), Gutachten: Früherkennung auf Risikofaktoren und Frühstadien von Herz- und Kreislaufkrankheiten – ein Bestandsaufnahme, in: Zentralinstitut für die kassenärztliche Versorgung in der Bundesrepublik Deutschland (Hrsg.), Herz-Kreislauf-Vorsorgeprogramme in der Bundesrepublik Deutschland, Köln-Lövenich, 58–103.

Psychosozial (1981), Neue Praxismodelle im Gesundheitswesen, 1, 3–71.

Rosen, G. (1975), Die Entwicklung der sozialen Medizin, in: *Deppe H.-U./M. Regus,* Seminar: Medizin, Gesellschaft, Geschichte, Frankfurt, 74–131.

Rosenman, R. H. et al. (1975), Coronary heart disease in the Western Collaborative Group Study. Final follow-up experience of 8 1/2 years, in: Journal of the American Medical Association, 233, 872–877.

Salonen, J. T. et al. (1979), Changes in morbidity and mortality during comprehensive community programme to control cardiovascular diseases during 1972–77 in North Karelia, in: British Medical Journal, 2, 1178–1183.

Siegrist, J. (1981), Myocardial infarction and psychosocial risks: Concluding remarks, in: *Siegrist, J./M. J. Halhuber (eds.),* Myocardial infarction and psychosocial risks, Berlin, 133–147.

Silomon, H. (1979), Sechs Beiträge zum Thema: „Fünf Jahre Gesetz über die Angleichung der Leistungen zur Rehabilitation – Anspruch und Wirklichkeit", in: Das öffentliche Gesundheitswesen, 41, 675.

Silomon, H. (1980), Herzinfarktrehabilitation – Licht und Schatten, Stuttgart.

Specht, K. G. (1978), Effektivität und Effizienz von stationären Heilverfahren in der Beurteilung von ärztlichen und nichtärztlichen Experten der Rehabilitation. Eine explorative Studie zur Erfolgsbeurteilung von Maßnahmen der medizinischen Rehabilitation der LVA Oberbayern, Nürnberg.

Schenk, K. E. (1979), Ambulante Rehabilitation nach Herzinfarkt, Basel.

Stolte, A. (1980), Infarktnachsorge aus der Sicht des niedergelassenen Arztes, in: Therapiewoche, 30, 9, 1409–1415.

Trojan, A./H. Waller (Hrsg.), (1980), Gemeindebezogene Gesundheitssicherung, München.

Vescovi, G. (1981), Gesundheitsbildung in der Medizin, im ärztlichen Beruf und in der Sozialpolitik, in: Deutsches Ärzteblatt, 44, 2092–2099.

Virchow, R. (1849; 1975), Die Seuche, in: *Deppe, H.-U./M. Regus,* a.a.O., 202–204.

Waltz, M. (1981), Soziale Faktoren bei der Entstehung und Bewältigung von Krankheit – Ein Überblick über die empirische Literatur, in: *Badura, B.* (Hrsg.), a.a.O., 40–119.

Werkö, L. (1976), Risk Factors and coronary heart disease – facts or fancy? in: American Heart Journal, 91, 87–98.

Kulturpolitik, Kulturverwaltung, Kulturentwicklung

Eckart Pankoke

Kulturpolitik und Kulturverwaltung erscheinen zumeist nur am Rande verwaltungswissenschaftlicher Interessen. Dies hat seinen Grund nicht nur in der jeweils selektiven Perspektivik der dabei angesprochenen Disziplinen: wie Kulturforschung sich gegenüber Strukturfragen der „verwalteten Welt" zumindest desinteressiert zeigt, wird auch der Verwaltungswissenschaftler in der Regel „zentralere" Felder bevorzugen als das Kulturressort. Ein tieferer Grund jener wechselseitigen Distanz wird in den Nachwirkungen bürgerlich-liberalen „Trennungsdenkens" zu suchen sein, welches im Spannungsfeld von „Staat" und „Gesellschaft" die kulturelle Aura als Freiraum „gesellschaftlicher " Autonomie zu deuten und entsprechend die kulturstaatlichen Kompetenz auf die allgemeine Sicherung, Förderung und Regelung von Rahmenbedingungen zu begrenzen suchte.

Wenn jedoch gesellschaftspolitisches Engagement die kulturelle Entwicklung und Vermittlung nicht mehr gesellschaftlicher Selbstregulierung überlassen kann und somit öffentliche Verantwortung auch kulturpolitisch aktiv wird, muß Kultur auf öffentliche Macht, öffentliche Mittel und öffentliche Meinung bezogen werden. Damit wird sich Kulturverwaltung als „politische Verwaltung" begreifen müssen. Dann geht es nicht mehr nur um Routinen einer rechtlich und rechnerisch rationalisierbaren Vollzugs- und Leistungskontrolle, sondern immer zugleich auch um die politische Umsetzung der sozialen Dynamik von Zielen, Werten, Interessen und Bedürfnissen.

Dieser Perspektiven- und Führungswechsel zeichnete sich zunächst ab auf der Ebene programmatischer Orientierung (1). Aus der programmatischen Verknüpfung von Kulturpolitik und Gesellschaftspolitik ergeben sich zugleich neue Organisationsprinzipien und Relationsmuster der Programmverschachtelung und Politikverflechtung. (2) Dabei gewinnen gerade die Spannungen und Vermittlungen zwischen Instanzen und Akteuren kulturpolitischer Intervention und den Feldern soziokultureller Aktion und Innovation an Interesse. In Anerkennung der selbstaktiven Entwicklung soziokultureller Felder wird sich auch eine primär verwaltungswissenschaftliche Kulturforschung methodisch an einer „Evaluation von Lernprozessen" zu orientieren haben. Dem entspricht die „offene Realisation" von kulturellem Lernen und sozialer Entwicklung. (3)

1. *Programmatische Prämissen*

In kulturpolitischen Programmen und Projekten geht es heute nicht mehr nur um die klassisch kulturstaatlichen Aufgaben der Sicherung und Förderung des infrastrukturellen Angebotes einer öffentlich veranstalteten Produktion, Präsentation und Rezeption von Kunstkultur; „aktive Kulturpolitik" zielt heute gleichermaßen auf Ausweitung der sozialen Basis kultureller Teilnahme, auf Aktivierung der Eigeninitiative und Eigendynamik sozialer Situationsgruppen und auf Einbezug des sozialen Alltags in öffentliches Kulturleben und kulturelle Öffentlichkeit (vgl. Deutscher Städtetag 1973, Loccumer Protokolle 1974 ff., Kulturpolitische Gesellschaft 1977 ff.).

Neue Wege und Entwicklungsperspektiven kulturpolitischer Praxis spiegeln sich zunächst auf der Ebene programmatischer Erklärungen und strategischer Auseinandersetzungen. Hier bereiteten sich in den 1970er Jahren konzeptionelle Entwicklungen vor, die über den herkömmlichen Kulturbetrieb kulturstaatlicher Leistungsverwaltungen hinauszuführen suchten. In der breiteren kulturpolitischen Öffentlichkeit orientierte sich die Diskussion an kulturpolitischen Programmformeln, welche die Gestaltungs- und Vermittlungsformen von Kulturpolitik und Kulturarbeit als „Politikum" bewußt machten (*Schwencke* u. a. 1974, *Hoffmann* 1974, *Ropohl* 1980), indem sie das „Kulturelle" nun im Hinblick auf die Bedingungs- und Wirkungszusammenhänge des „Sozialen" zu reflektieren begannen. Die dabei entwickelten Programme einer „Kultur für alle", einer „Kultur von allen", einer „Kultur des Alltags" beziehen sich gleichermaßen auf den sozialen Kontext, auf den thematisch-medialen Bezug und den politisch-administrativen Rahmen kultureller Produktivität.

– *„Kultur für alle"* meint im Sinne eines gesellschaftpolitisch orientierten Chancenausgleiches die Ausweitung von Einflußbereichen und die Steigerung des Wirkungsgrades kultureller Angebote. Indem das öffentliche Kulturleben auf eine breitenwirksame Basis gestellt wird, sollen bislang vernachlässigte und somit kulturell unterversorgte Bedarfslagen angesprochen und zu kultureller Teilnahme eingeladen werden. Zugleich sollen die psychischen, sozialen und ökonomischen Schwellen kultureller Beteiligung abgebaut und aufgelöst werden. In diese Richtung zielen insbesondere kulturpolitische Kompensationsprogramme, welche Hilfestellung anbieten, die sozial- und bildungsökonomisch bedingten kulturellen Benachteiligungen nachträglich abzubauen. (Beispielhaft ist zu verweisen auf Strategien kommunaler Kulturverwaltung, kulturelle Attraktionen und Aktivitäten vom Zentrum in die Randzonen zu verlagen; auf die Versuche der großen Kulturinstitutionen, über eine aktivere Öffentlichkeitsarbeit und offenere Vermittlungsformen neue Publikumsschichten anzusprechen.) (vgl. *Hoffmann* 1979).

– *„Kultur von allen"* ergänzt den sozialpolitischen Gleichheitsgrundsatz kultureller Breitenarbeit und kompensatorischer Kulturförderung durch das qualitative Argument, daß ein noch so breit streuendes Kulturangebot „aufgesetzt" wirkt und beim Publikum nur bedingt ankommt, solange sich Kulturleistungsverwaltung nicht auf die besonderen Erwartungen und Bedürfnisse ihrer unterschiedlich gelagerten Zielgruppen einläßt. „Kultur von allen" bedeutet somit positiv die öffentliche Einladung zu aktiver kultureller Beteiligung. Im Sinne einer offenen Kooperation bei der Gestaltung und Benutzung der öffentlichen Kultureinrichtungen sind dann die besonderen kulturellen Möglichkeiten und Ressourcen etablierter Vereinigungen wie spontaner Situationsgruppen anzusprechen, anzuregen und anzuerkennen (Beispielhaft sind die Versuche, örtliche

Vereine und kulturelle Akteure in die Planung und Gestaltung von Stadtteilfesten, Bürgerwochen u. ä. aktiv einzubeziehen.) (vgl. Loccumer Protokolle 1980).

– „*Kultur des Alltags*" bedeutet darüberhinaus den Hinweis, daß sich Ausdrucksfähigkeit und Gestaltungskompetenz nicht nur in einer von der Alltagswelt abgehobenen Aura ästhetischer Kunstkultur ereignet, sondern daß der Alltag selbst in der konkreten Gestalt und Gestaltbarkeit seiner Beziehungs- und Deutungsmuster zum Thema und zum Medium kulturellen Ausdrucks werden kann. Die Formel „Kultur des Alltags" verweist so auf die Künstlichkeit und Veränderbarkeit lebensweltlicher Situationen, wie es gerade in der Extrasituation von Spielen und Festen besonders eindrucksvoll und einprägsam zum Ausdruck kommen kann. Beispielhaft sind Ansätze der soziokulturellen, insbesondere der theatralischen Animation zur Selbst-Darstellung, Selbst-Thematisierung akuter Alltagsprobleme (vgl. *Greverus* 1978).
Damit wird die Frage nach der Gestalt- und Erlebnisqualität sozialer Räume auf neue Weise zur öffentlichen Angelegenheit: Wo ein konkretes Erleben von Ortsbezug und Gemeinsinn gestört scheint, wo die politische Lebensform einer urbanen Öffentlichkeit sich im Zuge mobiler und funktionaler Vergesellschaftung aufzulösen beginnt, wo immer weiter ausgreifende öffentliche Angelegenheiten für die Betroffenen immer weniger „ort-"bar sind und so ihr menschliches Maß verlieren, werden Ausdrucks- und Darstellungsprobleme kultureller Öffentlichkeit zum Politikum (*Pankoke* 1977). Dies fordert eine „neue Kulturpolitik", die sich weniger als Verwaltung kultureller Objekte, denn als Vermittlung kultureller Kompetenz und Produktivität verstehen will.
Insofern „neue Kulturpolitik" im Rahmen verfaßter Politik und Verwaltung als Reformstrategie entwickelt wurde, blieb für sie das institutionalisierte politisch-administrative System in Staat und Kommune als Handlungsrahmen und als Verantwortungshorizont relevant. Dabei versteht sich Kulturpolitik vielfach als Bewegungsmoment einer breiter angesetzten bildungs-, struktur- und gesellschaftspolitischen Reformprogrammatik. Es galt „Mehr Demokratie" und „Mehr Lebensqualität" zu realisieren über ein kontrolliertes „Mehr" an Breitenwirkung, an Bürgernähe und Bürgerbeteiligung, an Dezentralisierung und Partizipation, an thematischem und sozialem Engagement. Dies soll ausgelöst werden über politisch-administrativ gesteuerte Interventionen und Subventionen zur Verbesserung der soziokulturellen Situation von Stadtteilen, Stadtzentren, Randbezirken, Randgruppen. Wenn dabei die Programmformel „Sozio-Kultur" das Kulturelle deutlicher und wirksamer auf das Soziale zu beziehen sucht, wird zugleich deutlich, daß gesellschaftlicher Alltag und kulturelle Szene in Spannung bleiben.
Von diesem Konzept setzt sich heute „Alternativ-Kultur" ab, der es um mehr geht als um eine gesellschaftpolitisch engagierte Annäherung von Kultur und Alltag. Ihr Ziel ist eine radikalere Transformation des Alltags, womit eine ‚Umwertung der Werte' sich lebens- und gesellschaftsverändernd auswirkt. Insofern scheint es berechtigt, hier weniger von politischer Reform als von „sozialer Bewegung" zu sprechen. In diesem Sinne ist der Anspruch eines radikalen und prinzipiellen Wert- und Formwandels von Lebensstil und Lebenform gerade bei den „alternativen Bewegungen" programmatisch ausformuliert: Neue Kultur wird hier nicht gemacht, sondern will gelebt sein (vgl. dazu *Langner* 1980, *Evers* 1980, *Huber* 1980).

2. *Organisationsprinzipien und Relationsmuster*

„Kultur" als öffentliche Aufgabe wird im Verfassungssystem der Bundesrepublik im wesentlichen auf zwei Ebenen politisch verantwortet: Kulturpolitik bewegt sich in einem institutionellen Spannungsfeld zwischen der „Kulturhoheit der Länder" und dem für die Angelegenheiten der örtlichen Gemeinschaft unmittelbar wirksamen Handlungs- und Gestaltungsspielraum der kommunalen Selbstverwaltung. All die Gründe, die in der neuen Verwaltungswissenschaft zur Rechtfertigung des Organisationsprinzips der kommunalen Selbstverwaltung angeführt werden, treffen gerade auch für die kulturellen Aufgaben zu:

„Das Prinzip der Demokratie kann eingeübt werden; die ortsnahe Aufgabenwahrnehmung zeichnet sich durch höhere Sach- und Bedarfsgerechtigkeit aus; der Gewaltenteilungseffekt wird verstärkt; es wird der Gefahr entgegengewirkt, daß in den Zentralen von Bund und Ländern eine politische Konfliktüberladung eintritt; durch möglichst vielfältige ortsnahe Entscheidungen werden die Flexibilität und die Innovationsfähigkeit des Gesamtsystems von Bund, Ländern und Gemeinden gestörkt." (*Pappermann* 1980:703)

Diese These kann sich auf eine jüngst vorgelegte Bestandsaufnahme des Deutschen Städtetages stützen, wonach „Kultur in den Städten" wesentlich als selbstverwaltete Politik durch die Kommunen getragen und verantwortet wird (Deutscher Städtetag 1979). Damit stellt sich die Frage nach „Grundzügen eines kommunalen Kulturverfassungsrechtes". Aus der Sicht der Städte resultiert ein solcher Autonomieanspruch kommunaler Kulturarbeit nicht nur formal aus Verfassungsgrundsätzen, insbesondere Art. 28 Abs. 2 GG, sondern es wird unter Verweis auf soziale und symbolische Ortsbezogenheit und Ortsverbundeheit auch eine materielle Argumentationsbasis aufgebaut:

Verwiesen wird darauf, „daß eine neue Hinwendung der Bürger zu konkreten räumlichen Einheiten festzustellen ist. Der Bürger fühlt sich vor allem in einem nahen, sinnlich erfahrbaren Raum ‚zu Hause'. Auch erlebt offenbar der Begriff ‚Heimat' derzeit eine beachtliche Renaissance. Die Stadt soll dabei dem Bürger mehr als bisher zur ‚Heimat' werden, zum menschlichen Identitäts- und Aktionsraum. Dies ist in der Tat eine Herausforderung gerade für die kommunale Kulturarbeit: Sie muß den kommunalen Raum so gestalten, daß die Gemeinde zur Kulturgemeinschaft wird und damit dem heimatlichen Identitätsbedürfnis der Bürger Rechnung getragen wird. Der in seiner kulturellen Freiheit und Interessenlage durch kulturelle Leistungen seitens der Stadt ernstgenommene Bürger bekommt die Möglichkeit, sich auf neue Weise und intensiver mit seiner Stadt zu identifizieren." (*Pappermann* 1980)

In Folge „mobiler" Vergesellschaftung kommt es nun dazu,daß „heimatliche" Bezüge einerseits über den kommunalen Ortsbezug hinausgreifen und sich ins Regionale ausweiten (z. B. „Ruhrgebietsidentität"), daß „örtliche Gemeinschaft" sich aber auch subzentral, d. h. in der situativen Solidarität der sozialräumlichen Verbundheit von Stadtteil und Wohnquartier findet. Dies hätte Konsequenzen für eine an Identifikationsräumen und an Einzugsbereichen zu orientierende Planung kultureller Eirichtungen und Veranstaltungen.

So kommt es zu komplexen Relationen zwischen unterschiedlichen politischen Ebenen und administrativen Ressorts, wobei gerade bei der für industrielle „Ballung" typischen

Entgrenzung und Überlagerung der Lebensfelder eine Kompetenzabgrenzung schwierig wird. Damit wird deutlich, daß „örtliche Gemeinschaft" kein trennscharfer Abgrenzungsmaßstab sein kann, da kommunale Kulturarbeit sich einerseits bewußt auf situative Zielgruppen und subzentrale Zielräume bezieht, zum anderen die sich ausweitenden Einzugsbereiche der regionalen Skyline (Theater, Orchester, Museum, dazu *Scharioth* 1974) die kommunalen Gebietsgrenzen relativieren.

Ein erster Zugriff zur Bestimmung von Maß und Ziel kultureller Entwicklung ließe sich aus der Budgetanalyse der öffentlichen Kulturhaushalte ableiten, wie sie jüngst der Deutsche Städtetag in einer „Bestandsaufnahme" des finanziellen, organisatorischen und konzeptionellen Rahmens von „Kultur in den Städten" vorgelegt hat (DST 1979). Dabei spiegelt bereits die Finanzstatistik der kommunalen Kulturhaushalte zwei Schwerpunkte:

> „Auf der einen Seite sind die vorhandenen kulturellen Einrichtungen und Vereine in ihrem institutionellen Gefüge auszubauen. Auf der anderen Seite müssen die Städte flexibel und phantasievoll genug bleiben, um mit den Institutionen, in und außerhalb derselben, neue Formen der Kulturarbeit zu entwickeln. Die Kulturpolitiker in den Städten wissen, daß dieses ‚einerseits – andererseits' beide Seiten einer einheitlichen Aufgabe kennzeichnet" (DST 1979:8).

Zugleich stellt sich die Frage, wie Kulturverwaltung sich für Aktivität und Produktivität aus der Gesellschaft öffnen kann. Da allerdings nicht alle gesellschaftlichen Lebenslagen die gleiche Chance haben, „ihre" kulturelle Kompetenz zu erfahren und zu entfalten, bedeutet dies zugleich, daß sich Kulturverwaltung engagieren wird, auch dort kulturelle Bedürfnisse anzusprechen, wo bislang soziale Barrieren und strukturelle Sperren eine aktive und produktive kulturelle Beteiligung hemmen oder blockieren mußten.

Strukturelle Sperren können auch in der bürokratischen Organisations-, Personal- und Kontrollstruktur der verwalteten Welt angelegt sein: Da mit bürokratischer Routine (zur verwaltungssoziologischen Typisierung vgl. *Pankoke/Nokielski* 1977) sich aktivierende Kulturarbeit kaum steuern lassen wird, stellt sich die Frage, ob entwickelte Gesellschaften es sich nicht leisten sollten, im Interesse einer „offenen" Kulturentwicklung konzeptionelle Alternativen zur bürokratischen Kulturleistungsverwaltung zu riskieren. Hier werden auf der Verwaltungsseite Lernprozesse der Organisationsentwicklung und der Personalentwicklung sinnvoll, welche die Kulturverwaltung für die offenen Situationen alternativer Kulturarbeit handlungsfähig und verhandlungsfähig machen – was allein vermeidet, daß aus Schwäche, Angst und Unsicherheit sich wechselseitig Mißtrauen aufschaukelt, was dann letztlich doch wieder nach Reaktionsmustern bürokratischer Kontrolle greifen läßt.

Auf der „Gegen"-Seite wird es für die soziokulturellen Initiativen und Projekte zur Entwicklungschance und oft auch zur Überlebensfrage, sich auf öffentliche Mittel, öffentliche Meinung und öffentliche Macht zu beziehen. Dabei wird es gleichfalls darum gehen, für situative Eigendynamik Vertrauen zu gewinnen – ohne sich dabei gleich bürokratischer Kontrolle unterwerfen zu müssen. Hier stellt sich die Frage nach den organisatorischen Bedingungen und den relationalen Fügungen „selbstgesteuerter" Handlungsfelder. „Selbststeuerung" kann sich aufbauen über freie Kräfte und Aktivposten einer situationsbezogenen Publizität, Professionalität, Solidarität und Legitimität:

- über die Publizität einer selbstbewußten Darstellung in der Öffentlichkeit;
- über die Professionalität von sachkompetenter Beteiligung, Begleitung und Beratung;
- über die Solidarität eines Zusammenhalts auf Basis gleicher Betroffenheit und Sinnverbundenheit;
- über eine Legitimität, wie sie sich konstituiert über Lernprozesse einer verbindenden Meinungs- und Willensbildung aller von einer Situation Betroffenen und damit zugleich an situativer Verantwortung Beteiligten.

Eine Kulturverwaltung, die offen ist, solche Aktivposten als Produktivkräfte der gesellschaftlichen Kulturentwicklung anzuerkennen und zu aktivieren, kann sich zutrauen, die multistabile und gewiß nicht spannungslose Offenheit unterschiedlicher Situativkulturen auszuhalten, ohne dabei diesen „kulturellen Pluralismus" aus Verwaltungsraison kurzhalten und kurzschalten zu müssen.

So könnte es für die Entwicklung kulturellen Lebens zur institutionellen Chance werden, wenn über Aktionsprogramme und Modellförderung Impulse kulturpolitischer Förderung und Steuerung unmittelbar auf die situative Ebene konkreter Projekte bezogen werden können; dann könnten durch den experimentellen Sonderstatus der Modellförderung die geförderten Projekte aus dem laufenden Verwaltungsbetrieb „ausgekoppelt" und so zugleich Handlungsspielräume situativer „Selbststeuerung" freigesetzt werden (*Pankoke* u. a. 1975). Neue Kombinatoriken des Zusammenwirkens von unterschiedlichen Handlungs- und Entscheidungsebenen ergeben sich dabei nicht nur für die vertikale Politikverflechtung im Verhältnis von Staat und Stadt (*Hesse* 1981), sondern auch im Sinne einer Aktivierung situations- und projektzentrierter Kooperationsformen und Relationsmuster zwischen den für soziokulturelle Felder unterschiedlich zuständigen Administrationen und Organisationen, zwischen öffentlichen und freien Trägern, zwischen Zielräumen und Zielgruppen. Kulturpolitische Steuerung bedeutet dann das Aushandeln verbindender und verbindlicher Zielperspektiven und Verfahrenswege, welche in einem bewußt offen gehaltenen Gestaltungsspielraum die kulturelle Entwicklung als „offene Realisation" (selbst-)steuerungsfähig machen und zugleich ein Auswerten der Wirkungen („Evaluation") an der Logik von „Lernprozessen" orientieren wird.

3. Evaluationskriterien und Forschungsthemen

Politik- und verwaltungswissenschaftliche Forschungsinteressen an Strukturfragen von Kulturpolitik und -verwaltung verweisen auf eine thematische Ausweitung gesellschaftspolitischen Engagements. Daß mit der öffentlichen Verantwortung kultureller Entwicklungen klassische Trennungen von „Staat" und „Gesellschaft", „Kultur" und „Verwaltung" in Bewegung kommen mußten, war bereits in frühen „Verwaltungslehren" des 19. Jahrhunderts bewußt:

So versuchte die „Verwaltungslehre" *Lorenz von Steins* (1869), das „Bildungswesen" unter dem Bereichstitel „Die vollziehende Gewalt" abzuhandeln und damit das Handlungsfeld des „arbeitenden Staates" auszuweisen; so versuchte *Adolph Wagner*, sein „Gesetz der wachsenden Staatstätigkeit" (1879) auch dahin auszulegen, daß sich der moderne Staat im Sinne einer „Förderung der Cultur- und Wohlfahrtszwecke" gesellschaftspolitisch zu engagieren begann. In diesem Zusammenhang wurde die Überlegung richtungsweisend, daß die politisch-administrative Aktionsform der „Förderung" nicht nur ein quantitatives Wachstum der öffentlichen Aufgaben bedeute, sondern damit zugleich auch ein qualitativer Wandel des Verwaltungshandelns gefordert sei, insofern nun das politische System sich fördernd, entwickelnd, planend und steuernd auf Interessen, -Bedarfs- und Problemlagen der gesellschaftlichen Umwelt einlassen muß. Dabei schien ein Erfolg gesellschaftspolitischer Interventionen zugleich daran gebunden, daß die durch „öffentliche Hand" vermittelten Impulse von den dabei angesprochenen Zielgruppen und Zielräumen angenommen und als Perspektive eigener Handlungsorientierung übernommen werden könnten. Hier bedeutete „wachsende Staatstätigkeit" zugleich das bewußte Akzeptieren und Aktivieren gesellschaftlicher Kräfte im öffentlichen Raum.

Die sich dabei neu ergebenden Organisations-, Relations- und Legitimationsprobleme wurden zunächst im Zusammenhang mit Implementations- und Evaluationsproblemen bildungs- und sozialpolitischer Reformkonzepte entwickelt (vgl. zur „Bildungsverwaltungsforschung": *Richter* 1975, zur sozialwissenschaftlichen Sozialpolitikforschung: *Kaufmann* u. a. 1981). Übertragen wir dies auf Fragestellungen einer politik- und verwaltungsbezogenen Kulturforschung, so kann die aktuelle kulturpolitische Programmsprache thematisch Richtung weisen: „Bedarf" und „Bedürfnis" (a), „Bürgernähe" und „Bürgerbeteiligung" (b), „kulturelles Lernen" und soziale Entwicklung" (c).

a) „Bedarf" und „Bedürfnis"

Bedürfnistheoretische Ansätze wurden kulturpolitisch relevant in dem Maße, wie „Bedarfsgerechtigkeit" als Legitimationskriterium sozialstaatlicher Leistungsverwaltung auch auf den öffentlich verwalteten Kulturbereich übertragen wurde. Zu kulturpolitischen Beweislasten und Rechtfertigungszwängen mußte es kommen mit der Kostenexplosion der oft besonders personalintensiven kulturellen Infrastruktur bei gleichzeitiger Verknappung des fiskalischen Bewegungsspielraums. Zugleich zeigte sich, daß die kulturellen Verbindlichkeiten und Selbstverständlichkeiten der bürgerlichen Repräsentativkultur mehr und mehr als Konsensgrundlage fraglich wurden. Damit war öffentliche Förderung gegenüber der Öffentlichkeit finanziell wie konzeptionell neu zu rechtfertigen. Praktische Konsequenz war einerseits ein Ausbau der kulturpolitischen Öffentlichkeitsarbeit, zum anderen das Bestreben, beim Publikum anzukommen und Bedürfnisse anzusprechen. So stellt sich im Sinne von Konzepten eines „social marketing" die Frage, wie sich die Reichweite öffentlicher Angebote erweitern läßt, wie sich Zugangsschwellen herabsetzen lassen, wie auch dort, wo sich bislang noch kein Bedarf in der konventionellen Form kultureller Nachfrage anmeldete, Interesse und Motivation für kulturelle Beteiligung zu fördern ist.

„Kultur für alle" bedeutet damit eine Ausweitung demokratischer Gleichheitspostulate. Die Soziologie spricht hier vom Prinzip der „Inklusion" und bezog dies zunächst auf das Problem der Chancengleichheit „vor dem Gesetz", „auf dem Markt", „bei der Wahl". Im Sozialstaat werden solche Inklusionspostulate ausweitbar auf Teilhaberrechte an öffentlichen Leistungen, wie es etwa die Formel „Bildung ist Bürgerrecht" programmierte (*Luhmann/Schorr* 1979). Der gesellschaftspolitische Anspruch einer Programmformel wie „Kultur für alle" scheint somit einlösbar über die Ausweitung von Teilnahmechancen durch kulturpolitische Subventionen, durch welche das Kulturleben als „öffentliches Gut" von den Verwertungs- und Verteilungsmechanismen des Warenmarktes prinzipiell unabhhängig werden soll.

Indem subventionierte Kultur unabhängig von Vermarktungs- und Rentabilitätskriterien angeboten wird und zugleich auch die Standorte öffentlicher Kultureinrichtungen und Kulturangebote nach Kriterien der Zugänglichkeit (Zentralität und/oder Flächendeckung) plaziert werden, sollen die Zugangskosten für den Nutzer soweit gesenkt werden, daß ökonomische wie ökologische Schwellen tendenziell fallen. Die Anstrengungen öffentlicher Kultursubvention bleiben im Sinne einer ausgeglichenen und ausgleichenden Bedarfsorientierung jedoch wenig wirksam, wenn bei den kulturell bislang unterversorgten Problem- und Randgruppen kein Interesse angesprochen und kein Bedarf geweckt wird. Deshalb erfordert eine auf die Zielformel „Kultur für alle" hin angelegte sozio-kulturelle Breitenarbeit, daß durch eine entsprechend breitenwirksam angelegte Informations-, Werbe- und Öffentlichkeitsarbeit, vor allem aber durch eine kompensatorisch ansetzende kulturelle Bildungsarbeit kulturelles Desinteresse und kulturelle Defizite abgearbeitet werden können (vgl. *Opaschowski* 1979).

Dabei zeigt sich gerade im Zusammenhang der Implementation „neuer Kulturpolitik" und „aktivierender Kulturarbeit", daß sich der soziale Gebrauchswert kultureller Angebote erst dadurch realisiert, daß das jeweils angesprochene Publikum von den angebotenen Möglichkeiten kultureller Betätigung aktiv Gebrauch macht. Wenn sich der Wert öffentlicher Güter erst im aktiven Vollzug der individuellen bzw. gruppenhaften Nachfrage und Teilnahme realisiert, spricht man im theoretischen Rahmen einer Ökonomie der öffentlichen Güter und Leistungen („Grants Economics") von „meritorischen Gütern, d. h., auch wenn ein öffentliches (Kultur-)Angebot in den Kosten aus öffentlichen Mitteln mit zu finanzieren ist, gilt der zu realisierende soziale und kulturelle Wert doch immer auch als Verdienst (merit) einer aktiven Partizipation und produktiven Kooperation aller dabei Beteiligten. In diesem Sinn hat Evaluations- und Implementationsforschung bei Kulturprojekten die Aktivität des Publikums als entscheidenden „Produktivfaktor" zu würdigen.

Der Führungswechsel von einer auf die Produktion und Präsentation kultureller Veranstaltungen bezogenen Bedarfsorientierung zu einer auf die Realisation von Produktivität zielenden Bedürfnisorientierung ist an Projekten praktischer Kulturarbeit zu illustrieren:

Gerade im Feld einer aktivierenden Kulturpolitik geht es weniger um die Abnahme und Abnutzung vorgefertigter Fertigprodukte, als vielmehr um aktive Situationen der Realisation sozialer und kultureller Kompetenz: Ein Freizeithaus, ein Straßenfest, ein das Publikum einbeziehendes Happening der Aktionskunst – und wie die Angebote kultureller Aktivierung auch heißen mögen – leben von der Bereitschaft der anzusprechenden Zielgruppen, durch aktive und engagierte Beteiligung diese Situation mitzutragen. So geht es beim öffentlichen Angebot von Lern- und Aktionsfeldern im Kultur- und Freizeitbereich um ein gezieltes Ansprechen von Bedürfnissen und Bereitschaften aktiver Partizipation.

b) „Bürgernähe" und „Bürgerbeteiligung"

Der aktive Bezug öffentlicher Institutionen auf ihre nach „Zielgruppen" und „Zielräumen" differenzierbare gesellschaftliche Umwelt wird in politische Programmsprache vielfach durch Postulate der „Bürgernähe" und der „Bürgerbeteiligung" markiert (zur Begriffsbildung vgl. *Kaufmann* 1979). Dabei ist „Nähe" in zwei Dimensionen zu bestimmen: als zonale Staffelung „sozialer Räume" (*Nokielski* 1981) und als die plurale Fächerung gesellschaftlicher Gruppen unterschiedlicher Interessen- und Wertverbundenheit. In dieser doppelten Lagerung sind prinzipielle Spannungen angelegt, die institutionell darin zum Ausdruck kommen, daß sozialräumliche Bezogenheit gebietskörperschaftlich im Sinne flächendeckender Versorgung ausgelegt wird, während gruppenmäßige Verbundenheit auf die Pluralisierung gesellschaftlicher Lebens- und Wertlagen hin ausgelegt wird.
Allerdings wird eine gesellschaftspolitisch engagierte Kulturpolitik ihren Zielgruppenansatz nicht auf die bereits etablierten und formierten Gruppierungen reduzieren können. Das Inklusionspostulat einer Programmformel wie „Kultur für alle" zielt immer auch darauf, Zielgruppen gerade in jenen Problem- und Bedarfslagen zu erschließen, wo die Chance aktiver kultureller Teilnahme bislang durch strukturelle Sperren oder kulturelle Barrieren verschlossen war.
Dies meint nicht allein die Standortfragen der sozialräumlichen Plazierung kultureller Infrastruktur, eher sind mit Bürgernähe gerade auch Konzepte eines „situationsgerechten Reagierens auf die Heterogenität und Dynamik von Publikumsbedürfnissen" und die „Forderung nach extensiveren oder intensiveren Mitwirkungs- und Beteiligungsmöglichkeiten von Verwaltungs- und Publikumsangehörigen" angesprochen. Ein solches partizipatives Verständnis von „Bürgernähe" bedeutete somit „sowohl ein problem- und bedürfnisgerechteres Organisationshandeln wie auch größere Selbstverwirklichungsmöglichkeiten der Klienten" (*Hegner* 1979:317).

Um im Sinne einer aktivierenden Kulturarbeit „dezentrale Formen einer Problembewältigung mit situativer Orientierung ‚vor Ort' anzubieten" (*Raschke/Schliebe* 1979: 139), kommt es darauf an, die Entwicklung „bürgernaher", d. h. situationsgerechter und problemadäquater Aktionsformen zu sichern.
Damit ergibt sich auch im Bereich von Kulturpolitik und Kulturverwaltung das Problem, das Postulat der „Bürgernähe" im Sinne einer Handlungsautonomie des situativen Aktionsfeldes mit der auf zentraler Ebene verantwortbaren Steuerung zu vermitteln: „Bürgernähe ist dabei . . . kein Selbstzweck, sondern ein wesentlicher Faktor zur Realisierung der intendierten Dienstleistung. Ein hinreichendes Maß an Handlungsautonomie wird damit notwendigerweise zum gemeinsamen Ziel von Förderern und Geförderten." (*Raschke/Schliebe* 1979:141).

Dies heißt nicht nur, daß Kooperations- und Ko-Produktionsmodelle zu entwickeln sind, welche den gewohnten und bewährten Bestand des örtlichen Kulturlebens stärker in die offizielle Kulturpolitik einbeziehen, es bedeutet vor allem auch Partizipationsmodelle, welche auch für spontane Aktivitäten und Initiativen der lokalen Basis offen sind.

c) „Kulturelles Lernen" und „soziale Entwicklung"

Eine vergleichende Analyse unterschiedlicher Vermittlungskonzepte zwischen „menschlichen Bedürfnissen" und „sozialer Steuerung" (*Hondrich* 1975) findet unterscheidende Kriterien darin, daß sich auch im Bereich kultureller Bedürfnisse die Bedürfnisermittlung, Bedürfnisvermittlung und Bedürfnisentwicklung an der Logik von Marktprozessen, Planungsprozessen und Lernprozessen orientieren kann.
Werden nach der Logik des Marktsystems auch Kulturbedürfnisse auf eine nach Angebot und Nachfrage hin kalkulierten „Bedarf" reduzierbar, so versucht eine gesellschaftstheoretisch ausgerichtete „Planung kultureller Prozesse" (*John* 1978) die „wahren Bedürfnisse" mit dem Anspruch wissenschaftlicher Objektivität zu fixieren und zu legitimieren. In programmatischer Distanzierung von „Markt" und „Plan" wird im Kontext eher lerntheoretisch orientierter Konzepte „soziokulturellen Lernens" die Bedürfnisentwicklung reflexiv gefaßt, insofern kulturelle Identität, Aktivität, Produktivität sich „selbst" bestimmen und entwickeln soll. Solche auf das Selbstbewußtsein, die Selbstbestimmung und Selbststeuerung von Individuen und Gruppen zielende „Lernprozesse" werden sich an der Eigendynamik des situativen Kontextes sensibler orientieren müssen als die transitiv durchgreifenden Pläne kultureller Versorgung. Damit wird zugleich die Ambivalenz gesellschaftspolitischer „Entwicklungs"-Planungen deutlich:
Ging es bei den Subventions- und Kompensationsprogrammen herkömmlicher Kulturförderung zunächst um „Entwicklungs-Hilfe" in dem ‚transitiven' Sinn, daß Personen und Situationen mittels kultureller Leistungen „entwickelt-werden" sollten, so ließ solche Kulturleistungsverwaltung den Empfänger und Nutzer in der passiven Rolle des Nachfragers und Abnehmers.
„Entwicklung" kann aber auch in dem ‚reflexiven' Sinn verstanden werden, daß eine Person, eine Organisation, eine Situation „sich-entwickelt". In Handlungsfeldern aktiver Kulturarbeit bedeutet dies, daß die Zielgruppen und Zielräume kulturpolitischer Intervention zugleich als Subjekte situationsbezogener und situationsverändernder Entwicklungsprozesse zu akzeptieren und zu aktivieren sind. Solche „selbstaktiven Felder" (*Becher/Pankoke* 1981) sind jedoch in einer überreizten und zugleich handlungs- und beziehungsarm gewordenen Welt nicht mehr selbstverständlich vorgegeben; sie bedürfen der Stabilisierung, der Initiierung und der Flankierung. Bedeutung gewinnen dabei insbesondere Formen „non-direktiver Führung" und „konsensualer Steuerung": die bestärkende Begleitung, die beratende Verhandlung, die aktivierende Intervention und die motivierende Animation. Somit geht es bei Kulturentwicklungsplanung nicht mehr nur um Bedarfsdeckung durch Versorgungsstandards, es geht vielmehr um eine bedürfnisorientierte Aufwertung situativer Nähe und pluraler Vielfalt durch die Ver-

stärkung, Befähigung und Belebung der Darstellungs-, Gestaltungs- und Entwicklungspotentiale gesellschaftlicher „Lebenszusammenhänge".

Literaturverzeichnis

Becher, B./Pankoke, E., 1981: Sozialadministration und selbstaktive Felder. Neue Relationsprobleme kommunaler Sozialpolitik. In: Archiv für Wissenschaft und Praxis der sozialen Arbeit. Jg. 1981, H. 4.

Deutscher Städtetag 1973: Bildung und Kultur als Element der Stadtentwicklung. 17. Hauptversammlung DST: Wege zur menschlichen Stadt. (=DST)

Deutscher Städtetag 1979: Kultur in den Städten. Eine Bestandsaufnahme. Stuttgart.

Evers, A., 1980: Die politische Bedeutung der sozialen Bewegungen. Zur Ortsbestimmung einer Kontroverse. In: Arch+ 1980/2: 36–42.

Fohrbeck, Karla/Wiesand, Andreas J., 1980: Kulturelle Öffentlichkeit in Bremen. Bremen.

Glaser, H./Stahl, H., 1974: Die Wiedergewinnung des Ästhetischen. Perspektiven und Modelle einer neuen Soziokultur. München.

Greverus, Ina Maria, 1978: Kultur und Alltagswelt. Eine Einführung in Fragen der Kulturanthropologie. München.

Hegner, Friedhardt, 1979: Bürgernähe, Sozialbürgerrolle und soziale Aktion. Praxisbezogene Orientierungspunkte für notwendige Änderungen im System der sozialen Sicherung. Bielefeld.

Hesse, J. J. 1981: Stadt und Staat. Veränderung der Stellung und Funktion der Gemeinden im Prozess der bundesstaatlichen Politikformulierung. Beitrag zur Fachtagung der DVPW: „Probleme der Stadtpolitik in den achtziger Jahren, MS Duisburg.

Hoffmann, Hilmar, ((Hrsg.) 1974: Perspektiven einer kommunalen Kulturpolitik. Frankfurt.

ders., 1979: Kultur für alle. Perspektiven und Modelle. Frankfurt.

Huber, J., 1980: Wer soll das alles ändern? Die Alternativen der Alternativbewegung. Berlin.

John, Erhard, 1978: Zur Planung kultureller Prozesse. Berlin (DDR).

Kaufmann, Franz-Xaver, 1979: Bürgernahe Sozialpolitik. Planung, Organisation und Vermittlung sozialer Leistungen auf lokaler Ebene. Frankfurt/New York.

Kaufmann, Franz-Xaver, u. a., 1981: Gesellschaftspolitische Bedingungen sozialpolitischer Intervention: Staat, intermediäre Instanzen und Selbsthilfe. Ein neues Schwerpunktprogramm der Deutschen Forschungsgemeinschaft, in: Zeitschrift für Sozialreform, 27 Jg., Heft 1, 31–49.

Kulturpolitische Gesellschaft 1977: Dokumentationen. H. 1: ,,Kulturentwicklungsplanung", H. 2: ,,Kindertheater und Animatione"; H. 4: ,,Kulturlandschaft Stadt"; H. 5: ,,Kulturpolitik als gesellschaftliche Alternative"; H. 6: ,,Kommunikationszentren"; H. 7: ,,KulturentwicklungsplanungII"; H. 8: ,,Stadtkultur und Weiterbildung"; H. 9: ,,Rock & Pop. Kulturpolitische Alternativen"; H. 10: ,,Was ist uns die Kultur wert?"

Loccumer Protokolle 1974 ff.: Kulturpolitische Tagungen der Evangelischen Akademie Loccum:
1974: Kulturpolitische Alternativen
1976: Kultur durch Kommunikation
1977: Stadtkultur
1978: Öffentliche Feste feiern
1979: Kinderkultur
1980: ,,Kultur für alle – von allen?". Zwischenbilanz der Alternativkultur.
1980: Kultur und soziale Räume. Rahmenbedingungen der Kulturpolitik.

Laufner, R., 1980: „. . . nicht nur eine Frage der Kulturpolitik". In: Arch+ 1980: 10–13.

Luhmann, N./Schorr, K. G., 1979: Reflexionsprobleme im Erziehungssystem. Stuttgart.

Mattern, Cornelia, 1979: Bildungsfinanzierung. Probleme und neue Ansätze. Frankfurt.

Nokielski, Hans, 1981: Soziale Probleme und sozialräumliche Interventionen. Sozialraumgestaltung in mobilen Gesellschaften. In: Vascovics, C. 1981: Raumbezogenheit und soziale Probleme. Köln, Opladen.

Opaschowski, H. W., 1979: Einführung in die freizeit-kulturelle Breitenarbeit. Methoden und Modell der Animation. Bad Heilbronn.

Pankoke, Eckart, 1977: Polis und Regio. Sozialräumliche Dimensionen kommunaler Kultur. In: Sociologia Internationalis Jg. 15: 31–61.

ders., 1979a: Kulturlandschaft Ruhrgebiet? Regionale Skyline und lokale Szenen im Ballungsraum. In: *Rohe, K./Kühr, H.* (Hrsg.): Politik und Gesellschaft im Ruhrgebiet. Beiträge zur regionalen Politikforschung. Königstein.

ders., 1979b: Kulturlandschaft Stadt. In: „liberal" Jg. 21.

Pankoke, Eckart/Nokielski, Hans, 1977: Verwaltungssoziologie, Stuttgart.

Pankoke, E./Nokielski, H./Beine, Th., 1975: Neue Formen gesellschaftlicher Selbststeuerung, Göttingen (Kommission für wirtschaftlichen und sozialen Wandel, Bd. 86).

Pappermann, Ernst, 1980: Grundzüge eines kommunalen Kulturverwaltungsrechts. In: Deutsches Verwaltungsblatt 1980, 701–711.

Raschke, P./Schliebe, F., 1979: Das Instrument der Modelleinrichtung als Problem der vertikalen Politikverflechtung zwischen örtlicher und überörtlicher Ebene. In: Kaufmann 1979: 139–166.

Richter, Ingo, 1975: Bildungsverwaltungsforschung. In: Deutscher Bildungsrat. Gutachten und Studien der Bildungskommission 51: Bildungsforschung. Probleme – Perspektiven – Prioritäten, Teil 2: 341–402. Stuttgart.

Ropohl, Udo, 1980: Neue Kulturpraxis – Gegenstrategien zum herrschenden Kulturbetrieb. In: Neue Praxis, Jg. 10: 1–22.

Ruß-Mohl, Stephan, 1980: Macht und Ohnmacht kommunaler (Kultur-)Politik. Thesen über Rahmenbedingungen, Machtstrukturen und Entscheidungsprozesse im Kommunalbereich. In: Loccumer Protokolle 1980/3: 84 ff.

Scharioth, Joachim, 1974: Kulturinstitutionen und ihre Besucher. Eine vergleichende Untersuchung, Essen.

Schwencke/Revermann/Spielhoff, 1974: Plädoyer für eine neue Kulturpolitik, München.

Schwendter, Rolf, 1974: Notate zum Thema „Subkultur und Subvention", in: *Hoffmann* 1974: 108 ff.

Spielhoff, Alfons, 1976: Kulturpolitik ist Gesellschaftspolitik. In: Vorgänge. Zeitschrift für Gesellschaftspolitik, 1976 H. 6.

Medienpolitik und Medienfunktionen: Verwaltungswissenschaftlich relevante Fragestellungen und vorliegende Untersuchungsergebnisse

Heribert Schatz

1. Zur begrifflichen Eingrenzung des Themas

Im Sprachgebrauch des Alltags bezeichnen „Medien" allgemein die Mittel oder Instrumente zur Verwirklichung von Zielen, Zwecken oder Funktionen. Demgegenüber soll der Begriff im folgenden mit einem eingeengten Inhalt verwendet werden: Medien als technische Träger von Massenkommunikation, also jener Form zwischenmenschlicher Kommunikation, die außer dieser Bindung an spezifische Träger wie Zeitungen, Zeitschriften, Hörfunk- oder Fernsehsendungen usw. noch gekennzeichnet ist durch eine hohe sozio-ökonomische Zugangsschwelle zu den typischerweise großbetrieblichen, industriell produzierenden Anbieterinstitutionen sowie eine überwiegend einseitige, indirekte und anonyme Beziehung zwischen den Produzenten der medialen Inhalte (Kommunikatoren) und ihrem dispersen, meist großen und heterogenen Publikum (Literaturhinweise bei *Schatz-Bergfeld* 1974, 35; zum allgemeinen Kommunikationsbegriff vgl. *Merten* 1977).

Definiert man „Politik" im Kontext eines funktional differenzierten Gesellschaftssystems als „machtgedecktes" (*Luhmann* 1981, 138), von strategisch-taktischen Überlegungen der Bestandssicherung und Zielverwirklichung gesteuertes Einwirken eines gesellschaftlichen Systems auf ein anderes, dann wäre „Medienpolitik" die Gesamtheit der Einflußnahmen der Umweltsysteme auf die Strukturen (Entscheidungsprämissen) und Funktionen des Massenkommunikationssystems mit dem Ziel der Durchsetzung der jeweils eigenen Kommunikationsinteressen. Eine solch weitgefaßte Definition würde nicht nur die Einwirkungen des „politisch-administrativen Systems" (als Sammelbezeichnung für die durch Verfassung getrennten/verschränkten legislativen und exekutiven Staatsgewalten auf den verschiedenen Entscheidungsebenen) und auch nicht nur die Entscheidungen in Form von Gesetzen, Staatsverträgen usw. umfassen. Sie würde vielmehr auch für die Einflußnahmen gesellschaftlicher Gruppen (aus der Ökonomie z. B. Wirtschaftsverbände, Konzerne, Gewerkschaften, aus dem soziokulturellen Bereich die Kirchen, Wohlfahrtsverbände, wissenschaftlichen Institutionen usw.) und auch für Einwirkungen durch positive oder negative Anreize gelten. Obwohl diese letztgenannten Aspekte bei einer Untersuchung medienpolitischer Fragestellungen kaum weniger wichtig sind, sollen sie doch aus Gründen der Übersichtlichkeit bei der folgenden Darstellung verwaltungswissenschaftlich relevanter Fragestellungen und Untersuchungsergebnisse nur knapp behandelt werden. Dementsprechend rückt die Medienpolitik von Regierung (Ministerialbürokratie) und politischen Parteien in den Vorder-

grund und hier insbesondere die Einwirkungen auf die als Träger politischer Funktionen relevanten Presse- und Funkmedien (vgl. den umfassenderen Begriff „Kommunikationspolitik" bei *Ronneberger* 1978 und 1980).
Wie an anderer Stelle ausgeführt (vgl. *Schatz* 1978, 439 ff.) läßt sich die Medienpolitik des politisch-administrativen Systems in folgende Teilbereiche gliedern:
- Ordnungspolitik: Einwirkung auf/Festlegung der Grundstrukturen des Mediensystems (z. B. als duales System von öffentlich-rechtlichen Rundfunkanstalten und privatwirtschaftlich organisierter Presse)
- Personal-, Finanz-, Organisationspolitik: Einflußnahme auf die wichtigsten internen Strukturen der Massenkommunikationsinstitutionen
- Programmpolitik: Einwirkung auf Proportionen, Schwerpunkte und Wertorientietungen der massenmedial vermittelten Inhalte
- Informationspolitik: strategisch-taktisch gesteuerte Nachrichtenpolitik und Öffentlichkeitsarbeit (Public Relations) (vgl. hierzu *Ronneberger* 1978a).

Der Vollständigkeit halber könnte man noch weitere Politiken nennen, die die Produktions- und Wirkungsbedingungen von Massenkommunikation eher indirekt beeinflussen wie z. B. die (medienbezogene) Technologiepolitik, die Infrastrukturpolitik oder die auf die Rezeptionsbedingungen einwirkenden Teilpolitiken wie Bildungs-, Kultur-/Freizeitpolitik usw.
Wo liegen nun die verwaltungswissenschaftlich relevanten Fragestellungen einer so definierten Medienpolitik? Versteht man Verwaltungswissenschaft nicht nur als (mikroskopische) Bürokratietheorie/Verwaltungssoziologie (vgl. dazu *Mayntz* 1978), sondern auch – in politikwissenschaftlicher Richtung ausgeweitet – als (makroskopische) Steuerungstheorie moderner Staatsbürokratien, dann interessiert auf einer mikroanalytischen Ebene zunächst einmal die Tatsache, daß das politisch-administrative System ein Konglomerat bürokratischer Organisationen darstellt: diese bürokratischen Strukturen sind relevant als Bedingung für die Problemwahrnehmung, -bearbeitung und Implementation von Medienpolitik in ihren verschiedenen Erscheinungsformen. Des weiteren sind bürokratische Organisationsformen im Bereich der Massenkommunikations-Institutionen von Bedeutung – als Bedingung für die Wirksamkeit medienpolitischer Maßnahmen des politisch-administrativen Systems. Da Medienpolitik nun erkennbar ihren Zweck nicht in sich selbst trägt, sondern durch Einwirkung auf die Entscheidungsprämissen der Massenkommunikationsinstitutionen deren gesellschaftliche Funktionen zu steuern versucht, liegt es nahe, die Fragestellung dahingehend auszuweiten, daß man zumindest den für das politisch-administrative System relevanten Ausschnitt massenmedialer Leistungen, die Funktionen auf dem Gebiet der politischen Kommunikation, mit in die Überlegungen einbezieht. Zu fragen wäre dann zusätzlich nach dem Stellenwert bürokratischer Strukturen in den Massenkommunikations-Institutionen als Bedingung für ihreLeistungserbringung gegenüber den Bürgern als „politisch relevantem Publikum" (*Luhmann* 1981, 44). Daß diese Institutionen tatsächlich „bürokratieverdächtig" sind, ergibt sich aus den für sie in aller Regel typischen Merkmalen, vor allem der bereits erwähnten industriellen Produktionsweise, der Großbetrieblichkeit und dem technisierten Produktionsprozeß (vgl. zur Definition *Dygutsch-Lorenz* 1971, 13). Weniger ergiebig dürfte eine bürokratietheoretische Fragestellung dagegen bei der Rezi-

pienten-/Wirkungsforschung sein. Auch wenn man sich das Publikum nicht als amorphe Masse, sondern als vielfach strukturiertes Sozialgebilde vorstellt, ist bürokratische Organisation auf seiten der Leser, Hörer oder Zuschauer sicherlich nicht gerade eine typische Rezeptionsbedingung, jedenfalls wenn man Presse- und Informationsämter, dauerhaft organisierte Kontrollgremien, Zensurbehörden und dergleichen nicht zum Medienpublikum rechnet. Hier kämen deshalb vor allem gruppensoziologische Fragestellungen zum Zuge, die für unser Thema indes vernachlässigt werden können.
Wichtiger ist dagegen die auf makroanalytischer Ebene anzusiedelnde Frage nach dem Steuerungspotential von (politischer) Massenkommunikation. Hier sind insbesondere Ansätze von Interesse, die diese Steuerungsfunktion theoretisch konzeptualisieren und zusätzlich – als Mehrebenenanalyse – den Bogen zu mikroanalytischen Fragestellungen und Forschungsergebnissen herzustellen versuchen.
Damit haben wir aus den komplexen Wirkungszusammenhängen von Politik und Massenkommunikation zwei zentrale Teilprozesse (1 = politisch-administrative Medienpolitik und 2 = politische Medienfunktionen) und zwei wichtige Strukturfelder (A = Binnenstruktur des politisch-administrativen Systems (PAS), B = Binnenstruktur des Massenkommunikationssystems (MKS)) identifiziert, bei denen es verwaltungswissenschaftlich lohnend erscheint, Forschungsansätze und -ergebnisse aufzuspüren. Das folgende Schema verdeutlicht dies noch einmal:

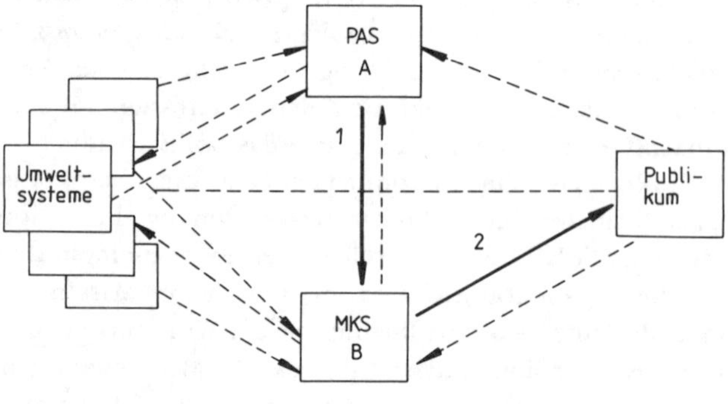

2. *Bürokratietheoretische und organisationssoziologische Fragestellungen und Befunde der institutionenbezogenen Massenkommunikationsforschung*

Die Entwicklungsdynamik der modernen westlichen Demokratien ist – im guten wie im schlechten – geprägt von der Entwicklung ihrer kapitalistischen Ökonomie: die Reaktivität ist zum Charaktermerkmal von Politik geworden. Auch im Bereich der Massenmedien läßt sich zeigen, wie stark deren Entwicklung abhängig war und ist von sozioökonomischen Gegebenheiten, vor allem dem technischen Fortschritt, und einer in diesem Systemkontext verwirklichten Politik (vgl. *Habermas* 1971[5]). So ist es kaum verwunderlich, daß auch die Massenkommunikationsforschung, insbesondere seit sie von kleinhandwerklichen Produktionsformen der stark historisch orientierten Publizistik-

(Zeitungs-)wissenschaft zur modernen sozialwissenschaftlichen Experimental- und Feldforschung übergegangen ist und damit ressourcenabhängiger geworden ist, in ihrer Aufmerksamkeit für bestimmte Themen (zum Teil auch bezüglich ihrer Ergebnisse!) mehr und mehr in ökonomisch-politische Verwertungszusammenhänge eingebunden wurde (vgl. *Schatz* 1978, 442). Die in den folgenden Abschnitten deutlich werdende Lückenhaftigkeit der verwaltungswissenschaftlich relevanten Massenkommunikationsforschung ist nur bei Berücksichtigung dieser Zusammenhänge zu verstehen (vgl. dazu auch *De Fleur* 1966, 117 ff.; ferner *Kleinsteuber* 1980).

Schon zu Beginn der sozialwissenschafltichen Befassung mit dem Phänomen gesellschaftlicher Kommunikation, die in den 20er Jahren in den Vereinigten Staaten einsetzte, wurde ein Zusammenhang zwischen Kommunikation und Organisation hergestellt: *Sapir* verwies in seinem stark beachteten Artikel zum Stichwort „Communication" in der „Encyclopedia of the Social Sciences" darauf hin, daß die Gesellschaft „ein stark verknüpftes Netzwerk von . . . Verständigungen zwischen Mitgliedern organisatorischer Einheiten von jeder Größe und Komplexität" darstellt (*Sapir* 1931, 78 f.). Nach dem Aufkommen der Massenmedien Film und (Hör-)Funk befaßte sich die Kommunikationsforschung bald fast nur noch mit diesen neuen Medien und hier insbesondere mit deren Einfluß auf die „öffentliche Meinung". Die Organisationsthematik erhielt eine neue Dimension, waren doch diese Medien von vornherein (und nicht erst nach längerem Entwicklungsgrozeß wie die Presse) durch ein starkes Gefälle im Organisationsgrad zwischen Produzenten- und Rezipientenseite gekennzeichnet (vgl. *Wright* 1960). Den theoretischen Ansätzen dieser frühen Massenkommunikationsforschung lag durchweg die Annahme zugrunde, daß die Medieninhalte von entscheidender Bedeutung für die Beeinflussung von Einstellungen und Verhaltensweisen der als isolierte, schutzlose Individuen vorgestellten Empfängerseite seien (sog. mechanistische S-R (Stimulus-Response)-Theorien; vgl. dazu *Hackforth* 1976, 17 ff.).

Man ging insofern von nahezu unbegrenzten Manipulationsmöglichkeiten in der Hand effizient arbeitender Großorganisationen im Bereich von Staat und Wirtschaft aus, was berechtigt erschien aufgrund der Erfolge von Mobilisierungskampagnen im Rahmen der psychologischen Kriegsführung im Ersten und erst recht im Zweiten Weltkrieg sowie der ersten großen Marketingkampagnen der 20er und 30er Jahre für neue Produkte oder auch die „Promotion" von Filmstars und nicht zuletzt von Politikern anläßlich von Wahlen.

In nachfolgenden Untersuchungen gelang es nicht, diese schlichten Wirkungstheorien befriedigend empirisch abzusichern, so daß die ihnen zugrundeliegende Theorie der Massengesellschaft aufgegeben werden mußte (vgl. die bahnbrechende Untersuchung von *Lazarsfeld* et al. 1948[2] zur Päsidentschaftswahl von 1940 sowie die späteren Untersuchungen von *Berelson* et al. 1954, *Campbell* et al. 1964; weitere Literatur bei *Schatz-Bergfeld* 1974, 38 ff.). Neben den psychologischen Experimentaluntersuchungen von *Hovland* et al. trugen hierzu einige organisationssoziologische Untersuchungen bei, darunter vor allem die *Hawthorne*-Studie, die Analyse von *Stouffer* et al., „The American Soldier" (1949) sowie verschiedene Untersuchungen zur Diffusion von Innovationen (Literaturüberblick bei *Hackforth* 1976, 144 ff.). Bei der erstgenannten Untersuchung ging es darum, das Verhalten von Arbeitern in den hierarchischen Kommunikationsstrukturen von Industriebetrieben zu erklären, bei der zweiten Untersuchung standen Propaganda und Gegenpropaganda sowie ein auf Disziplin ausgerichtetes Führungskonzept als Faktoren zur Erhöhung der Kampfbereitschaft von Soldaten zur Diskussion. In diesen Fällen wie auch bei den Diffusionsstudien ergaben die Untersuchungen, daß das jeweilige Verhalten weit weniger durch (massen-)kommunikative Steuerung als durch zwischenmenschliche Beziehungen und die Ausbildung von Gruppenstrukturen bestimmt ist.

In Reaktion auf diese und ähnliche Forschungsergebnisse wurden die alten S-R-Modelle durch den Einbau intervenierender psychologischer und soziologischer Variablen erweitert. So entwickelten *Katz* und *Lazarsfeld* das heute zum „multi-step"-Modell ausgeweitete Konzept des „two-step-flow-of-communication", in dem die Figur des Meinungsführers (opinion leader) eine wesentliche Bedingung für die Aufnahme massenmedialer Kommunikationsinhalte darstellt (vgl. *Renckstorf* 1970).

Durch die damit verbundene Ausweitung des Untersuchungsfeldes verloren die verwaltungswissenschaftlich relevanten Aspekte der organisierten Produktion von Massenkommunikation vorübergehend an Bedeutung, während die gruppensoziologischen Aspekte der Verwenderseite umso stärker in den Mittelpunkt des Interesses rückten.

Diese Situation änderte sich erneut, als durch die Einbeziehung der Rolle von Massenkommunikation in gesamtgesellschaftliche Zusammenhänge die Inputseite des Massenkommunikationsprozesses zum Gegenstand theoretischer wie empirischer Überlegungen gemacht wurde. Unter Rückgriff auf die klassische Arbeit von *Bentley* zum „Process of Government" (1908) entwickelten insbesondere *Truman* (1951) und *Key* (1961) einen theoretischen Bezugsrahmen, der das Interessengruppenkonzept der Pluralismustheorie mit der Rolle der Massenmedien bei der Bildung und Beeinflussung der öffentlichen Meinung verband. Damit war ein Analysemodell entstanden, das bis heute als normative Grundlage für die Institutionalisierung von Massenmedien dient – in der Organisation der öffentlich-rechtlichen Rundfunk- und Fernsehanstalten der BRD ist dies ganz offenkundig der Fall. Die verwaltungswissenschaftliche Relevanz dieses Modells lag in der Tatsache begründet, daß hier erstmals Organisationen als Herrschaftsmittel in einer verwalteten Welt im Sinne *Max Webers* mit dem Herrschaftsmittel Massenkommunikation in Verbindung gebracht wurden, allerdings wurde diese Perspektive zunächst nicht konsequent weiterverfolgt. Statt dessen wurden diese Ansätze ohne spezifische Berücksichtigung der Herrschaftsproblematik in den 50er und 60er Jahren zu einer systemtheoretischen Konzeption ausgebaut (vgl. u. a. *Riley* and *Riley* 1951, *Wright* 1959 und 1960, *De Fleur* 1966).

Auf *Wright* geht insbesondere die Einbeziehung der funktionalen Analyse in den Systemansatz zurück, also der Frage, welche manifesten und latenten Funktionen Massenkommunikation hat bzw. die Frage, ob sich bestimmte Massenkommunikationswirkungen als funktional oder dysfunktional für ein bestimmtes soziales System erweisen. *De Fleur* baute diesen Ansatz zur ersten strukturell-funktionalen Theorie der Massenkommunikation aus. Diese Ansätze blieben indes weitgehend ohne Umsetzung in empirische Forschungen. Später entwickelten sich auf dieser Grundlage makroskopische Theorien der politischen Steuerung durch Massenkommunikation (siehe 3. Abschnitt). Zunächst gewannen jedoch wieder Fragen der interpersonalen, direkten Kommunika-

tion an Interesse, und es entstanden eine ganze Reihe wichtiger, wenn auch untereinander relativ unverbundener Untersuchungen auf dem Gebiet der Wahlforschung sowie der Organisations- und Verbandsforschung, die aber für das hier zu behandelnde Thema wenig ergiebig sind (einen Überblick über die betreffenden Studien zum Thema „Kommunikation und Organisation" gibt *Naschold* 1969, 109 ff.).
Erwähnenswert sind dagegen die Forschungen im Rahmen des „älteren Transaktionsmodells", das eine Aufhebung der einlinigen Richtung von Massenkommunikation zwischen Kommunikator und Empfänger zugunsten eines wechselseitigen, partnerschaftlichen Verhältnisses beinhaltete und gegenüber der bereits erwähnten gruppenpluralistischen Version nunmehr stärker auf die Elitenkommunikation ausgerichtet war (vgl. hierzu die verschiedenen Beiträge in *Dexter* and *White* 1964, insbes. *Bauer* et al. 1964). *White* übertrug das für die nicht-mediale Kommunikation von *Lewin* entwickelte „gatekeeping"-Konzept auf die Kommunikatorforschung im Bereich der Presse. Danach galt der einzelne Journalist als Pförtner im Informationsstrom zwischen gesellschaftlicher Umwelt, Medien und Lesern. Zwar wurde der Journalist bereits als Rollenträger in einem arbeitsteiligen, hochorganisierten Produktionsprozeß gesehen, letztlich blieb die Perspektive aber individualistisch. Eine adäquate Berücksichtigung der organisationsinternen Umwelt brachte erst der Ansatz von *Gieber* (1956/64). Er analysierte den Journalisten als Mitglied einer „news-gathering-bureaucracy", dessen persönliche Selektionskriterien überlagert werden durch seine Orientierung am Produktionsziel, an bürokratischer Routine und zwischenmenschlichen Beziehungen in der Redaktion. Etwa zur selben Zeit wies *Breed* (1955), dessen Einzelbefunde später von *Donohew* (1967) weitgehend bestätigt wurden, nach, daß bei der Anpassung des einzelnen Journalisten an die generelle Linie einer Zeitung nicht nur der Einfluß der Institution, der Kollegen usw., sondern auch informelle Mechanismen wie die Orientierung am Vorgesetzen (Verleger, Chefredakteur) und das Karrierestreben des Journalisten eine Rolle spielten. Mit diesen Arbeiten hatte die mittlerweile selber zunehmend sozial-wissenschaftlich arbeitende Bürokratie- und Verwaltungsforschung voll Zugang zur Massenkommunikationsforschung gefunden; deren Standardthemen wie Formalisierung vs. informelle Strukturen, Rigidität vs. Innovationsfähigkeit, bürokratische vs. professionell-voluntaristische Orientierung usw. (vgl. dazu *Mayntz* 1968), lieferten fortan immer wieder Themen, Hypothesen und Methodologie für institutionenbezogene, mikroskopische Analysen. Mit einer von Fall zu Fall wechselnden Intensität wurden dabei die Beziehungen zwischen den Massenkommunikations-Institutionen (meist auf der Ebene von Redaktionen und ihrer Umwelt) einbezogen. *Robinson* (1973) sieht den Ertrag von 25 Jahren gate-keeper-Forschung vor allem darin, daß die anfänglich noch statisch-linearen Modelle nach und nach durch dynamisch-institutionelle, zum Teil kybernetisch konzipierte Modelle abgelöst wurden. Die ursprüngliche Einschätzung des Journalisten als autonom Entscheidenden hat sich demnach in Richtung auf ein Verhaltensmuster verändert, das sich an professionellen und organisatorischen Kriterien wie „Artikelausstoß, Leistungsfähigkeit, Vielseitigkeit und Schnelligkeit" orientiert (a.a.O., 355).
Im deutschsprachigen Raum wurden diese Ansätze der amerikanischen Massenkommunikationsforschung erst in den 60er Jahren rezipiert. Bis dahin bestimmte die stark historisch ausgerichtete, institutionen- und personenlastige Forschungsperspektive der

herkömmlichen Zeitungswissenschaft das Bild (vgl. *Saxer* 1981), ergänzt durch eine an der Pluralismustheorie und einem ins Normative gewendeten Parlamentarismusverständnis orientierten politikwissenschaftlichen Massenkommunikationsmodell (prototypisch: *Wildenmann/Kaltefleiter* 1965). In einer 1977 für das Presse- und Informationsamt der Bundesregierung erstellten Übersicht zum Stand der deutschsprachigen Kommunikatorforschung erwähnt *Weiß* (1978) rund 200 Studien, die sich zu einem großen Teil mit der beruflichen Situation oder der Berufsrolle von (Presse-)Journalisten befassen. Von verwaltungswissenschaftlichem Interesse sind indes nur wenige dieser und später realisierter Untersuchungen. Eine davon ist die 1967 von *Rühl* (1969) als erste Teilstudie eines größeren, an der Universität Erlangen-Nürnberg *(Ronneberger)* konzipierten Projekts über die „Binnenstruktur der Massenmedien" durchgeführte strukturell-funktionale Analyse der Zentralredaktion einer süddeutschen Tageszeitung. Im Ergebnis bestätigt *Rühl* verschiedene Befunde der amerikanischen gate-keeper-Forschung und betont vor allem den Einfluß des durchrationalisierten Produktionsprozesses in der ebenso rationalisierten arbeitsteiligen Organisation auf das Rollenhandeln von Journalisten. Spätere Untersuchungen, vor allem im Bereich des Lokaljournalismus (u. a. *Rückel* 1975, *Wolz* 1979 und *Benzinger* 1980), thematisieren demgegenüber wieder stärker die Umweltbeziehungen von Zeitungsredaktionen und verweisen auf die besondere Bedeutung des Machtproblems im Verhältnis zu den lokalen (politischen) Führungseliten, ein Faktor, der die Bereitschaft der Journalisten zu Kritik und Kontrolle reduziert.

Verglichen mit dem Forschungsstand bezüglich der Druckmedien wirkt die auf die Funkmedien bezogene deutschsprachige Forschung recht bescheiden, vor allem wenn man sie auf verwaltungswissenschaftlich relevante Fragestellungen hin sichtet. Während in der amerikanischen Journalismusforschung im Bereich von Rundfunk und Fernsehen eine Fülle von Untersuchungen vorliegt (vgl. *Lange* 1981, 59 ff.), haftete der 1970 abgeschlossenen Studie „Die Rundfunkanstalt als Organisationsproblem" von *Dygutsch-Lorenz* mangels einschlägiger Vorbilder noch „ein gewisses Maß Piooniercharakter" an (*Dygutsch-Lorenz* 1971, 19). Diese und eine nachfolgende organisationssoziologische Arbeit (*Dygutsch-Lorenz* 1973) brachten gleichwohl eine Reihe interessanter Ergebnisse, die nicht nur für den Bayrischen Rundfunk, das Untersuchungsobjekt, sondern auch für andere Rundfunkanstalten in der BRD Gültigkeit haben dürften. Als gemeinsames Merkmal von Massenkommunikationsmitteln sieht die Verfasserin die industrielle Produktionsweise, die Großbetrieblichkeit und den technischen Produktionsprozeß publizierter Aussagen an (1971, 13). Infolge dieser Bedingungen nimmt der Anteil administrativ-organisatorischer gegenüber jounalistisch-publizistischen Funktionen tendenziell zu, und es treten die für bürokratische Organisationen typischen Konflikte zwischen individualistisch-professioneller und bürokratischer Verhaltensorientierung auf. Zusammen mit anderen Variablen, nicht zuletzt der Ausrichtung auf eine anstaltsinterne Karriere, führt dies zu einer Einschränkung der journalistischen Autonomie und damit der Kreativität, des Engagements und der Kritikbereitschaft des einzelnen. Die Schwächen dieser auf die Binnenstrukturen abstellenden Untersuchung liegen darin, daß mit dem gewählten organisationssoziologischen Ansatz die gerade für Rundfunk- und Fernsehanstalten der BRD typischen Folgen einer von den politsichen Parteien ausgehenden Außensteuerung nicht adäquat erfaßt werden können (als positiven Versuch einer Weiterentwicklung vgl. *Hoffmann* 1975).

Ähnliche Vorbehalte sind gegenüber neueren Ansätzen der massenmedienbezogenen Wirkungsforschung zu machen, die im allgemeinen für unser Thema nicht einschlägig ist, sei es , weil sie keine bürokratietheoretischen Bezüge aufweist, sei es, weil sie andere als die (im nächsten Abschnitt behandelten) Wirkungen politischer Verhaltenssteuerung thematisiert. Gemeint sind hier insbesondere Wahlkampfanalysen, die seit Mitte der 70er Jahre eine Trendwende in der Einschätzung der Wirkung von Massenmedien herbeigeführt haben. Galt seit den 50er Jahren wie von *Klapper* (1973, Original 1967) resümiert, die Auffassung, daß Massenkommunikation nur eine Verstärkung bereits vorhandener Einstellungen und Verhaltensmuster bewirke, so hieß jetzt die Devise „return to the concept of powerful media" (*Noelle-Neumann* 1973; vgl. auch *Mendelsohn* 1973 und *Clarke/Kline* 1974). Ausgehend von dieser neuen Perspektive entwickelte *Noelle-Neumann* in den folgenden Jahren (vgl. dieselbe 1977) einen Analyserahmen, der sich durch die Verbindung institutioneller und außer-institutioneller Variablen auszeichnet und damit die Schwächen der obengenannten Untersuchungen vermeidet. Dieser Ansatz verweist als zentrale Wirksamkeitsbedingungen von Massenkommunikation auf die Konsonanz von Wertsystem und Verhalten bei Fernsehjournalisten (und Zuschauern), auf den Wiederholungseffekt der Medininhalte und die Bereitschaft von Zuschauern, ihre medial geprägten Einstellungen öffentlich zu bekunden. Im Bundestagswahlkampf 1976 soll die Präferenz der Fernsehjournalisten für die sozialliberale Koalition durch eine entsprechende Berichterstattung ein öffentliches Meinungsklima erzeugt haben, das den Wahlerfolg der CDU/CSU vereitelte (*Noelle-Neumann* 1980).
Angesichts der absehbaren publizistischen und nachfolgenden medienpolitischen Wirkungen dieser „Theorie" muß man der Verfasserin vorwerfen, daß sie die Variable „Parteipräferenz" der Fernsehjournalisten in nicht zu vertretender Weise aus dem Kontext der übrigen verhaltensbestimmenden Einflußgrößen herausgelöst hat und insofern hinter dem Stand der Forschung zurückgeblieben ist, wonach gerade bei derartigen Kommunikationen von subjektiven Einstellungen nicht direkt auf tatsächliches Verhalten geschlossen werden kann.

Damit sei die Darstellung der mikroanalytischen Ansätze der Massenkommunikationsforschung abgeschlossen. Es dürfte trotz der gebotenen Kürze deutlich geworden sein, daß die verwaltungswissenschaftlich interessanten Aspekte dieser Forschung vor allem im Bereich B des eingangs skizzierten Schemas liegen und sich fast ganz auf den Teilprozeß 2, die Funktionen von Massenkommunikation, beziehen. Im folgenden Abschnitt sind deshalb noch die wichtigsten Ansätze der Massenkommunikationsforschung zu referieren, die sich stärker mit der Medienpolitik (Teilprozeß 1) und den Bedingungskonstellationen im Bereich A befassen. Wie sich zeigen wird, dominieren hier makroskopische, systemtheoretische Konzeptionen, die vor allem für eine in politikwissenschaftlicher Richtung ausgeweitete Verwaltungswissenschaft von Interesse sind.

3. *Steuerungstheoretische Ansätze der Massenkommunikationsforschung*

Anders als bei den dargestellten mikroskopischen Ansätzen liegt die verwaltungswissenschaftliche Relevanz der makroskopischen Ansätze vor allem in der Bezugnahme auf die eingangs genannte Problematik einer politisch-administrativen Steuerung des gesellschaftlichen Wandels und der dabei auftretenden Grundfragen von Herrschaft und legitimer Machtausübung in einer zunehmend organisierten Welt.

Naschold (1969, 109) bemerkt zu Recht, daß „die strategische Bedeutung der Variablen Kommunikation" im Kontext einer Theorie der politischen Steuerung „erst in jüngster Zeit richtig erkannt (wurde)". Er führt den im Vergleich zur mikroskopischen (Massen-)Kommunikationsforschung deutlich unterentwickelten Stand der Wissenschaft in diesem Bereich darauf zurück, daß „erst beim Studium der Entwicklungsländer und ‚totalitärer' Systeme . . . erkannt (wurde), daß Kommunikationsprozesse nicht als problemlos angesehen werden können . . ." (a.a.O., 113), wie dies vielleicht unter den Bedingungen einer politisch weitgehend autonomen Presse in den Vereinigten Staaten angenommen werden konnte.

Die hier angesprochenen Entwicklungsländerstudien basieren meist auf einer systemtheoretischen Konzeption, wonach Kommunikationsprozesse ein universales und fundamentales Element sozialer und politischer Systeme sind (vgl. die umfassende Darstellung bei *Schatz-Bergfeld* 1974, 51–70). Im Vordergrund steht die Frage nach dem Steuerungspotential von Massenkommunikation im Hinblick auf einen krisenfreien Wandlungs- und Wachstumsprozeß dieser „transitorischen" Gesellschaften. *Deutsch* (1961) kommt aufgrund seiner Untersuchungen, denen ein komplexes Regelungsmodell zugrunde liegt und die sich mehr exemplarisch als systematisch auf empirische Forschungsergebnisse stützen, zu der Erkenntnis, daß Massenmedien einerseits als Faktor der sozialen Mobilisierung zu einer Erhöhung des Problemdrucks auf das politisch-administrative System beitragen, andererseits aber auch seine Kontroll- und Konsensbildungskapazität erhöhen. *Lerner* (1958) hebt die Wahrscheinlichkeit von Konflikten und Krisen im Modernisierungsprozeß hervor und sieht die konkrete Gefahr von „Kommunikationskatastrophen", verursacht durch utopische Versprechungen instabiler politischer Regime gegenüber ihren Wählern. Vor allem in seinen neueren Untersuchungen führt *Lerner* die Kommunikationsstrategie der politischen Führung, also das, was hier als „Medienpolitik" bezeichnet wird, als unabhängige Variable in sein Erklärungmodell ein (*Lerner* 1963 und 1969). Andere Autoren wie *McClelland* 1961, *Pool* 1963, *Schramm* 1963, *Pye* 1963 nehmen diese Problemstellung auf, wobei vor allem *Pool* die Frage aufwirft, inwieweit feststellbare Funktionsdefizite im Massenkommunikationssystem eine direkte Folge der Medienpolitik der politischen Führung sind. Damit verweisen diese Untersuchungen auf die Notwendigkeit, auch in hochentwickelten Industriegesellschaften Medienpolitik als Bedingung für (politische) Medienfunktionen zu thematisieren, besonders bei den „jungen" Funkmedien, die sich in keinem westlichen System ohne mehr oder weniger intensive staatliche Regulierung entwickelt haben, und hier sowohl die Verstärkerwirkung der Medien bezüglich des auf breiter Front ansteigenden gesellschaftlichen Erwartungsniveaus gegenüber dem modernen Wohlfahrtsstaat als auch ihr Potential zur Erzeugung von Massenloyalität bzw. Scheinlegitimität politischer Herrschaft im Auge zu haben.

Deutsch selber hat diese Zusammenhänge, vor allem die Bedeutung von (Massen-)Kommunikation als Instrument der Steuerung moderner politischer Systeme in seinem bekannten Werk „The Nerves of Government" (1966) herausgearbeitet und damit der politik- und verwaltungswissenschaftlichen Massenkommunikationsforschung bis heute nachwirkende Impulse gegeben. Allerdings hat sein Vorgehen, Machtprozesse in erster Linie als Kommunikationsphänomen zu behandeln, auch Kritik ausgelöst. So sieht *Etzioni* in seinem Modell der „active society“ (1968) Steuerungsprobleme gleichermaßen als Kommunikations- wie auch als Machtprobleme. Bestehende Machtdisparitäten bestimmen nach seiner Vorstellung Ausmaß und Intensität gesellschaftlicher Interessenkonflikte und die Berücksichtigung der konkurrierenden Interessen im politisch-administrativen Entscheidungsprozeß. Durch Regulierung des gesellschaftlichen Kommunikationsflusses (Medienpolitik!) gelingt es dem politischen System in „post-modern societies“, bestehende Interessenprivilegierungen durch eine „inauthentische“ Konsensbildung zu verschleiern und damit das Gesellschaftssystem zumindest mittelfristig zu stabilisieren.

So erhellend die Arbeiten von *Deutsch, Etzioni* u. a. „Kybernetikern“ für das Aufzeigen der grundliegenden Zusammenhänge von Politik und Kommunikation sein mögen, so vermißt man bei ihnen doch eine Konkretisierung der Funktion von Massenkommunikation und ein genaueres Eingehen auf deren strukturelle Produktions- und Wirkungsbedingungen. Einen wichtigen Versuch in dieser Richtung stellt für den deutschsprachigen Bereich die von *Schatz-Bergfeld* 1974 vorgelegte Untersuchung zum Rundfunksystem der BRD dar.

In dem differenzierten theoretischen Bezugsrahmen dieser Arbeit wird zunächst die Rolle von Massenkommunikation als Steuerungsinstrument moderner demokratischer Gesellschaften entfaltet. Aufbauend auf den erwähnten systemtheoretischen Ansätzen der amerikanischen Massenkommunikationsforschung sowie neueren bürokratietheoretischen Konzeptionen (u. a. *Schluchter* 1972) und Ansätzen der Demokratiekritik (u. a. *Offe* 1969, 1972, 1973) arbeitet die Verfasserin die Notwendigkeit einer hohen Informationsverarbeitungs- und Wertberücksichtigungskapazität von Massenkommunikationsinstitutionen heraus, die durch die Kombination der Strukturprinzipien Bürokratisierung, Professionalisierung und Demokratisierung geschaffen werden könnten. Aufgrund ihrer empirischen Untersuchung kommt die Verfasserin zu dem Urteil, daß im Rundfunksystem der BRD das erste dieser Prinzipien stark überdimensioniert sei mit dem Ergebnis, daß keine Gewähr für eine chancengleiche Berücksichtigung aller gesellschaftlichen Kommunikationsinteressen gegeben sei, dafür aber umso größere Erfolgsaussichten bestünden, die bürokratisierten Anstalten von oben her parteipolitisch zu steuern, zumal die gewählte Organisationsform einer solchen Medienpolitik den falschen Anschein von Legitimität gebe. „Eine kritisch-innovative, auf längerfristige Veränderungen der gegebenen Interessen- und Machtstrukturen ausgerichtete Informationsvermittlung wird entsprechend erschwert“ (S. 104).

Wenn auch in dieser Arbeit der Theorierahmen nur zu einem kleineren Teil durch empirische Untersuchungen ausgefüllt werden konnte, ist hier doch eine interessante Verbindung zwischen der makroskopischen Steuerungsproblematik des modernen Staates und den mikroskopischen Bürokratieproblemen der Rundfunk- und Fernsehanstalten in der BRD hergestellt, die man bei anderen Untersuchungen zu diesem Bereich vermißt (vgl. u. a. die bereits erwähnten Arbeiten von *Dygutsch-Lorenz* 1971 u. 1973). In einigen kleineren Arbeiten habe ich selber versucht, diese Konzeption einer Mehrebenenanalyse weiterzuentwickeln (*Schatz* 1978, 1981). Ausgangspunkt war die Kritik an den in der BRD bislang noch immer anzutreffenden normativen Theorien zur Bestimmung der (politischen) Funktionen von Massenkommunikation. Da die gruppenpluralistische Ausprägung, die diese Theorie genommen hat, sich weder vom Demokratiegebot des Grundgesetzes her rechtfertigen läßt, noch – wegen ihrer Vernachlässigung materieller Analysen zur aktuellen Befindlichkeit von Staat und Gesellschaft – Aussagen über die tatsächlichen Funktionen von Massenkommunikation zuläßt, ging es mir in erster Linie darum, zu zeigen, worauf das zu beobachtende Instrumentalisierungsbestreben des politisch-administrativen Systems/der politischen Parteien, das gleichbedeutend mit einer massiven Einschränkung der Kritik- und Kontrollfunktion ist, zurückzuführen ist und in welchen Varianten von Medienpolitik es durchgesetzt wird. Eine der Grundlagen hierzu war die von *Edelman* (1964 u. 1971) formulierte, aber nicht weiter steuerungstheoretisch eingebundene These von den „symbolic uses of politics", die auch *Offe*, wie seine Einleitung zur deutschen Ausgabe (1976) zeigt, im Zusammenhang mit der Legitimationsproblematik für paradigmatisch bemerkenswert hält (obwohl er selber – anders als *Habermas* – das Problem von „Massenloyalität" bisher ohne dezidierte Analyse zum (Massen-)Kommunikationsprozeß bearbeitet hat). Mit der These einer vermutlich noch zunehmenden Ablösung kostenwirksamer wohlfahrtsstaatlicher Programme durch symbolische Legitimationsstrategien, für deren Realisierung Medienpolitik unerläßlich ist, scheinen mir einerseits analytische Holzwege vermieden, die in der BRD von einer Reihe neomarxistischer Autoren zur Bestimmung der Realfunktionen von Massenkommunikation beschritten wurden (prototypisch: *Holzer* 1971/1975), andererseits aber auch die immensen Durchsetzungsprobleme aufgezeigt, die der Verwirklichung einer Konzeption alternativer (proletarischer) Öffentlichkeit (vgl. *Negt/Kluge* 1972) entgegenstehen.

Diese systemtheoretischen Überlegungen hat jüngst *Lange* (1981) in bemerkenswerter Weise vertieft. Das gilt sowohl bezüglich der Massenkommunikations-Funktionen, wo er unter Bezugnahme auf *Luhmann, Merelman* u. a. zwischen symbolischer Teilhabe am politischen Prozeß und symbolischer Befriedigung gesellschaftlicher Bedürfnisse unterscheidet, als auch bezüglich der Bedingungen, unter denen die Massenmedien, speziell das Fernsehen, diese Funktionen erbringt. Hier arbeitet *Lange* unter Einbeziehung der anglo-amerikanischen Kommunikatorforschung (zuletzt u. a. *Epstein, Altheide, Tuchman, Gans, Schlesinger)* und der phänomenologischen Konstruktionstheorie (*Schulz* u. a.) die technischen Produktionszwänge insbesondere der (Fernseh-) Filmberichterstattung heraus und kann so zeigen, wie die fortschreitende Organisation des politischen Kommunikationsflusses (hier in Form der Öffentlichkeitsarbeit und Informationspolitik staatlicher Stellen, Verbände und Interessengruppen) von diesen durch logistische Probleme gekennzeichneten Produktionsbedingungen geradezu herausgefordert wird.

Während *Lange* dieser Entwicklung in kritischer Distanz gegenübersteht, scheint es der zwei Jahre älteren Untersuchung von *Böckelmann* und *Nahr* (1979) zur staatlichen Öffentlichkeitsarbeit eher darauf anzukommen, bestehende Wirksamkeitshemmnisse dieses „integralen Bestandteils des Regierungs- und Verwaltungshandelns" (S. 12) aus dem Wege zu räumen. Immerhin bewegen sich auch diese Autoren in einem steuerungs-

theoretischen Bezugsrahmen, in dem die wachsende Bedeutung staatlicher „Public Relations" bzw. Informationspolitik auf die defizitäre Steuerungskapazität des politisch-administrativen Systems zurückgeführt wird: „... durch informationspolitische Bearbeitung problematischer Themen muß das Regierungs- und Verwaltungssystem vor Entscheidungsüberlastungen abgesichert werden, äußerer Forderungsdruck und interne Problemverarbeitung ... müssen in Einklang gebracht werden, Massenloyalität muß nicht nur allgemein, sondern je speziell für Vorhaben und Maßnahmen beschafft und gesichert werden" (S. 12). Die somit notwendige „aktive Öffentlichkeitsarbeit" (die „selbst Ereignisse schafft") wird nach Meinung der Verfasser derzeit nicht zuletzt dadurch behindert, daß die „bedeutsamen Gegenstände der regierungsamtlichen Öffentlichkeitsarbeit ... durch die industrielle Bearbeitung in zentralisierten, monopolisierten und zielgruppenfernen Medien ... systematisch verzerrt und der politischen Kommunikation ... entzogen (werden)" (S. 11).
Auch wenn man diese und andere Wertungen so nicht nachvollziehen will, bleibt den Autoren zu bescheinigen, daß sie die funktionell-strukturellen Bedingungen staatlicher Öffentlichkeitsarbeit überzeugend herausgearbeitet haben; in verwaltungswissenschaftlicher Perspektive ist die Art der Verknüpfung zentraler Funktionsanforderungen an das politisch-administrative System mit binnenorganisatorischen Strukturproblemen sowohl auf der Seite der Medienpolitik betreibenden Staatsbürokratie als auch auf seiten der Massenkommunikationsinstitutionen ein vielversprechender Ansatz. Die herkömmliche Regierungslehre als Theorierahmen kann diese Strukturierung auf mehreren Analyseebenen nicht leisten, so daß materialreiche Untersuchungen wie z. B. die von *Walker* (1981) letztlich wenig zum Verständnis der Funktionsdefizite des politisch-administrativen Systems und der Hemmnisse für ihre Überwindung beizutragen vermögen.

4. *Zusammenfassung zum Forschungsstand und seiner Bedeutung für die politisch-administrative Praxis*

Dieser Geschwindmarsch durch 50 Jahre Massenkommunikationsforschung konnte nicht mehr als einen groben Überblick über verwaltungswissenschaftlich interessante und relevante Fragestellungen und Forschungsergebnisse geben. Bezieht man abschliessend die referierten Untersuchungen auf das eingangs skizzierte Modell, so wird deutlich, daß der Teilprozeß 1 (Medienpolitik) erst relativ spät ähnliche Aufmerksamkeit gefunden hat wie der Teilprozeß 2 (Medienfunktionen). Geht man davon aus, daß die Aufmerksamkeit wissenschaftlicher Forschung nicht zufällig mit den Interessen (und Nöten) der Politik korreliert, dann könnte man in dieser Änderung der Aufmerksamkeitsverteilung einen Indikator für die wachsenden Legitimationsprobleme moderner westlicher Staatsführungen sehen. Wie dem auch sei – trotz dieser Änderung der Forschungsrichtung muß festgestellt werden, daß Zahl und Ergebnisse von Studien, die die beiden genannten Teilprozesse im Rahmen einer Mehrebenenanalyse mit umwelt- und/oder binnenstrukturellen Fragestellungen verknüpfen, noch äußerst rar sind. Im Bereich B und zum Teil noch im Verhältnis von Massenkommunikationssystem und

Umweltsystemen hat die Kommunikatorforschung zwar eine ganze Reihe interessanter Befunde erbracht, für die modernen Funkmedien, vor allem in der BRD und in Westeuropa bestehen aber selbst hier noch große Lücken. Noch dünner sind die Befunde im Bereich A: von den zuletzt erwähnten Studien abgesehen, werden die hier zu ortenden strukturellen Gegebenheiten kaum problematisiert. Eine umfassende, empirisch abgesicherte Untersuchung zur Gesamtheit der verschiedenen Erscheinungsformen staatlicher Medienpolitik fehlt bisher ganz.

Diese Lückenhaftigkeit des Forschungsstandes hat indes der politisch-administrativen Verwertung der vorliegenden Forschungsergebnisse kaum Abbruch getan. Wie erwähnt sah sich die Massenkommunikationsforschung, vor allem als Wirkungsforschung, von Anfang an einem ausgeprägten Interesse von Politik und Verwaltung gegenüber, die auf diese Weise ihr Herrschaftswissen zur Steuerung von Konflikt- und Konsensprozessen zu vermehren trachteten. In der Bundesrepublik stieg das Interesse an der Massenkommunikationsforschung steil an, nachdem sich das Fernsehen Ende der 50er Jahre zu einem Massenmedium entwickelte, das sich in den Augen der Politiker durch die intensive Nutzung und durch seine meinungsprägende Aktualität und Glaubwürdigkeit gegenüber anderen Massenmedien auszuzeichnen schien. Durch gezielte medien-(kommunikations-)politische Auftragsforschung (Übersicht für die Bundesregierung bei *Presse- und Informationsamt der Bundesregierung* 1978), durch Aufbau eigener Forschungskapazitäten in den Instituten der den politischen Parteien zugehörigen Stiftungen (als erstes: *Sozialwissenschaftliches Forschungsinstitut der Konrad Adenauer-Stiftung*), durch Beraterverträge, wissenschaftliche Tagungen usw. blieben Politiker (und Minsterialbürokratie) stets an der vordersten Forschungsfront. Hauptverwendungsgebiete der kommunikationswissenschaftichen Ergebnisse waren und sind die Öffentlichkeitsarbeit, die Wahlkampfführung und nicht zuletzt die Medienpolitik in allen ihren Erscheinungsformen. Bekannt geworden sind im letztgenannten Verwertungszusammenhang insbesondere die erwähnten Forschungen von *Noelle-Neumann*, die – am Tage vor der Bundestagswahl 1976 auszugsweise veröffentlicht (dies. 1976) – Skandal machten. Die Verfasserin mußte sich den Vorwurf gefallen lassen, sie habe der CDU/CSU den gesuchten „Sündenbock" für die verlorengegangene Wahl geliefert und damit verstärkte Pressionen auf die „roten" Funkhäuser ausgelöst (vgl. dazu unveröffentlichtes Protokoll der außerordentlichen Sitzung der *Medienkommission von ARD und ZDF* vom 21.04.1977).

Nachweislich hat die revidierte Annahme über die Wirksamkeit von Massenmedien auch dazu geführt, daß alle Parteien der Bundesrepublik dem Fernsehen einen höheren Stellenwert in ihren Wahlkampfkonzeptionen eingeräumt haben (s. stellvertretend *Radunski* 1977 und 1980). Eine direkte Verwendung finden neuerdings verstärkt auch die Forschungsergebnisse über Möglichkeiten und Grenzen der „Öffentlichkeitsarbeit": die erwähnte Untersuchung von *Böckelmann/Nahr* (1979) war eine Auftragsarbeit des Presse- und Informationsamts der Bundesregierung. Angesichts leerer öffentlicher Kassen ist es nicht verwunderlich, wenn auf diese Weise Herrschaftswissen über neue und sparsamere Wege zur Erzeugung von Massenloyalität gesammelt und in die Tat umgesetzt wird. Hier wie in den anderen Beispielen wird aber gleichzeitig deutlich, wie ambivalent der wissenschaftliche Erkenntnisfortschritt ist. Die Instrumentalisierung

von Forschung scheint gerade in Zeiten schwindender Legitimationsgrundlagen der politisch-administrativen Führung rapide Fortschritte zu machen.
Will man dies bei künftigen verwaltungswissenschaftlich relevanten Forschungen im dargestellten Problemfeld kritisch berücksichtigen, dann kann das nur heißen, die Wirkungsforschung zugunsten der Erforschung der Bedingungen und Erscheinungsformen von Medienpolitik des politisch-administrativen Systems und anderer Akteure in den Hintergrund treten zu lassen. Das gilt nicht zuletzt in bezug auf die neuen Medien, wo der Massenkommunikationsforschung schon jetzt Ergebnisse über die voraussichtlichen Wirkungen von Kabel- und Satellitenfernsehen u. v. m. abverlangt werden, und das nicht nur mit der lauteren Absicht, hier Schutzinteressen des Bürgers durchzusetzen. Um mit den neueren kommunikationstechnologischen Entwicklungen Schritt zu halten (vgl. *Decker* et al. 1976) müßten gleichzeitig die vorliegenden theoretischen Paradigmata weiterentwickelt werden. Die sich hier abzeichnenden Entwicklungen zum computer-gestützten Datentransfer größten Umfangs lassen sich mit den Begrifflichkeiten von Individual- und Massenkommunikation weder adäquat verorten, noch empirisch erfassen. Von besonderem Interesse für die auf den Staatsapparat bezogene verwaltungswissenschaftliche Forschung sind im Rahmen dieser Entwicklung einmal die Veränderungen in der verwaltungsinternen Kommunikation unter Einschluß der expandierenden Verwaltungsinformatik (vgl. *Reinermann* et al. 1981), zum anderen die Veränderungen im Verhältnis Bürger und Verwaltung (vgl. *Birreck* et al. 1979).

Literaturverzeichnis

Bauer, R. A./Pool, I. d. S./Dexter, L. A. (1964): American Business and Public Policy. New York.

Bentley, A. (1908): The Process of Government: A Study of Social Pressures. Chicago.

Benzinger, J.-P., (1980): Lokalpresse und Macht in der Gemeinde. Nürnberg.

Berelson, B./Lazarsfeld, P. F./McPhee, W. N. (1954): Voting. A Study of Opinion Formation in a Presidential Campaign. Chicago.

Birreck, M. et al. (1979): Zweiweg-Kabelfernsehen und bürgernahe Verwaltung. München.

Böckelmann, F./Nahr, G. (1979): Staatliche Öffentlichkeitsarbeit im Wandel der politischen Kommunikation. Berlin.

Breed, W. (1955, 1973): Soziale Kontrolle in der Redaktion: Eine funktionale Analyse. In: *J. Aufermann/H. Bohrmann/R. Sülzer* (Hrsg.): Gesellschaftliche Kommunikation und Information. Frankfurt/M. 1973, 356–378.

Campbell, A./Converse, P. E./Miller, W. E./Stokes, D. E. (1960): The American Voter. New York.

Clarke, P./Kline, F. (1974): Medienwirkung neu überdacht. Einige Strategien zur Kommunikatorforschung. In: Rundfunk und Fernsehen, Heft 1/1974, 37–52.

Decker, H./Langenbucher, W. R./Nahr, G. (1976): Die Massenmedien in der postindustriellen Gesellschaft. Göttingen.

De Fleur, M. L. (1966): Theories of Mass Communications. New York.

Deutsch, K. W. (1961): Social Mobility and Political Development. In: American Political Science Review, 55, 493 ff.

Deutsch, K. W. (1966): The Nerves of Government: Models of Political Communication and Control. New York. Dt. Ausgabe (1969): Politische Kybernetik. Modelle und Perspektiven. Freiburg.

Dexter, L. A./White, D. M. (Hrsg.) (1964): People, Society, and Mass Communications. New York und London.

Donohew, L. (1967): Newspaper Gatekeepers and Forces in the News Channel. In: Publik Opinion Quarterly 31, 61–68.

Dygutsch-Lorenz, I. (1971): Die Rundfunkanstalt als Organisationsproblem. Düsseldorf.

Dygutsch-Lorenz, I. (1973): Journalisten und Rundfunk. Düsseldorf.
Edelman, M. (1964): The Symbolic Uses of Politics. Urbana, Chicago, London.
Edelman, M. (1971): Politic as Symbolic Action. Mass Arousal and Quiescence. New York, San Francisco, London.
Edelman, M. (1976): Politik als Ritual. Die symbolische Funktion staatlicher Institutionen und politischen Handelns. Frankfurt/M., New York. (Vorwort: C. Offe).
Etzioni, A. (1968): The Active Society. A Theory of Societal and Political Processes. New York und London.
Gehrmann, W. (1977): Disparate Kommunikation. Grundlagen der sozialwissenschaftlichen Medientheorie. Bochum.
Gieber, W. (1956): Across the Desk. A Study of 16 Telegraph Editors. In: Journalism Quarterly 33, 423–432.
Gieber, W. (1964): News Is What Newspaper Make It. In: *L. A. Dexter/D. M. White* (eds.): People, Society and Mass Communication. New York, London, 173–182.
Habermas, J. (1971[5]): Strukturwandel der Öffentlichkeit. Neuwied, Berlin.
Hackforth, J. (1976): Massenmedien und ihre Wirkungen. Göttingen.
Hoffmann, R. (1975): Rundfunkorganisation und Rundfunkfreiheit. Berlin.
Holzer, H. (1971): Gescheiterte Aufklärung? Politik, Ökonomie und Kommunikation in der Bundesrepublik Deutschland. München.
Holzer, H. (1975): Theorie des Fernsehens. Hamburg.
Key, J., V. O. (1961): Public Opinion and American Democracy. New York.
Klapper, J. (1973): Massenkommunikation - Einstellungskonstanz und Einstellungsänderung. In: *J. Aufermann/H. Bohrmann/R. Sülzer* (Hrsg.): Gesellschaftliche Kommunikation und Information. Frankfurt/M., 49–63.
Kleinsteuber, H. J. (1980): Rundfunkpolitik. Medienpolitische Aspekte von Hörfunk und Fernsehen. Hamburg.
Lange, K. (1981): Das Bild der Politik im Fernsehen. Die filmische Konstruktion einer politischen Realität in den Fernsehanachrichten. Frankfurt/M.
Lazarsfeld, P. F./Berelson, B./Gaudet, H. (1948[2]): The People's Choice. How the Voter Makes Up his Mind in a Presidential Campaign. New York.
Lerner, D. (1958): The Passing of Traditional Society. Modernizing the Middle East. New York. Auszugsw. abgedr. in: *W. Zapf* (Hrsg.): Theorien des sozialen Wandels. Köln und Berlin 1969, 362 ff.
Lerner, D. (1963): Toward a Communication Theory of Modernization. In: *L. W. Pye* (Hrsg.): Communications and Political Development. Princeton, 327 ff.
Lerner, D. (1969): Die Modernisierung des Lebensstils – eine Theorie. In: *W. Zapf* (Hrsg.): Theorien des sozialen Wandels. Köln, Berlin, 366 ff.
Luhmann, N. (1981): Politische Theorie im Wohlfahrtsstaat. München.
Mayntz, R. (Hrsg.) (1968): Bürokratische Organisation. Köln/Berlin.
Mayntz, R. (1978): Soziologie der öffentlichen Verwaltung. Heidelberg, Karlsruhe.
McClelland, D. (1961): The Achieving Society. Princeton.
Mendelsohn, H. (1973): Some Reasons why Information Campaigns can succed. In: Public Opinion Quarterly. 37/1973, 50–61.
Merten, K. (1977): Kommunikation. Eine Begriffs- und Prozeßanalyse. Opladen.
Naschold, F. (1969): Systemsteuerung (Band II der von *Narr/Naschold* herausgegebenen „Einführung in die moderne politische Theorie"). Stuttgart, Berlin, Köln, Mainz.
Negt, O./Kluge, A. (1972): Öffentlichkeit und Erfahrung. Zur Organisationsanalyse von bürgerlicher und proletarischer Öffentlichkeit. Frankfurt/M.
Noelle-Neumann, E. (1973): Return to the Concept of Powerful Media. In: Studies of Broadcasting. Nr. 8/1973, 67–112.
Noelle-Neumann, E. (1976): Der Einfluß des Fernsehens auf die Entscheidung der Wähler; ferner: Ein Fernsehduell kann über den Wahlsieg entscheiden. In: Die Welt, 30.09. bw. 01.10.1976.
Noelle-Neumann, E. (1977): Öffentlichkeit als Bedrohung. Freiburg, München.
Noelle-Neumann, E. (1980): Wahlentscheidung in der Fernsehdemokratie. Freiburg, Würzburg.
Offe, C. (1969): Politische Herrschaft und Klassenstukturen. Zur Analyse spätkapitalistischer Gesellschaftssysteme. In: *G. Kress* und *D. Senghaas* (Hrsg.): Politikwissenschaft. Frankfurt/M., 155 ff.
Offe, C. (1972): Strukturprobleme des kapitalistischen Staates. Frankfurt/M.

Offe, C. (1973): ,Krisen des Krisenmanagements': Elemente einer politischen Krisentheorie. Opladen.
Pool, I. d. S. (1963): The Mass Media and Politics in the Modernization Process. In: *L. W. Pye* (Hrsg.): Communications and Political Development. Princeton, N. J., 234 ff.
Pye, L. W. (Hrsg.) (1963): Communications and Political Development. Princeton, N.J.
Radunski, P. (1977): Wahlkampfentscheidung im Fernsehen. In: Die Sonde. Neue Christlich Demokratische Partei, Heft 1/1977, 51 ff.
Radunski, P. (1980): Wahlkämpfe. Moderne Wahlkampfführung als politische Kommunikation. München.
Reinermann, H. et al. (Hrsg.) (1981): Organisation informationstechnik-gestützter öffentlicher Verwaltungen. Fachtagung, Speyer, Oktober 1980. Berlin, Heidelberg, New York.
Renckstorf, K. (1970): Zur Hypothese des „two step flow" der Massenkommunikation. In: Rundfunk und Fernsehen, 18. Jahrgang, 1970, 314–333.
Riley, Jr., J. W./Riley, M. W. (1951): A Sociological Approach to Communications Research. In. Public Opinion Quarterly, 15, 445 ff.
Robinson, G. J. (1973): Fünfundzwanzig Jahre ,Gatekeeper'-Forschung: Eine kritische Rückschau und Bewertung. In: *J. Aufermann/H. Bohrmann/R. Sülzer* (Hrsg.): Gesellschaftliche Kommunikation und Information, Band 1. Frankfurt/M., 344–355.
Rogers, E. M. (1960): Diffusion of Innovation. New York.
Ronneberger, F. (1978): Kommunikationspolitik I. Institutionen, Prozesse, Ziele. Mainz.
Ronneberger, F. (Hrsg.) (1978a): Public Relations des politischen Systems. Nürnberg.
Ronneberger, F. (1980): Kommunikationspolitik II. Kommunikationspolitik als Gesellschaftspolitik. Mainz.
Rückel. R. R. (1975): Lokalredakteure. Eine vergleichende Rollenanalyse. Opladen.
Rühl, M. (1969): Die Zeitungsredaktion als organisiertes soziales System. Bielefeld.
Rühl, M. (1980): Journalismus und Gesellschaft. Bestandsaufnahme und Theorieentwurf. Mainz.
Sapir, E. (1931): Communication. In: Encyclopedia of the Social Sciences 1931.
Saxer, U. (1981): Grenzen der Publizistikwissenschaft. Wissenschaftstheoretische Reflexion zur Zeitungs-/Publizistik-/Kommunikationswissenschaft seit 1945. In: Publizistik 25, 525–543.
Schatz, H. (1975): Staatsbürokratie im Wandel. Zum wechselseitigen Verhältnis von Steuerungs- und Lernperformanz des politisch-administrativen Systems. In: *W.-D. Narr* (Hrsg.): Politik und Ökonomie – autonome Handlungsmöglichkeiten des politischen Systems. Politische Vierteljahreszeitschrift, Sonderheft 6, 1975, 299–319.
Schatz, H. (1978): Zum Stand der politikwissenschaftlich relevanten Massenkommunikationsforschung in der Bundesrepublik Deutschland. In: *U. Bermbach* (Hrsg.): Politische Wissenschaft und politische Praxis. Politische Vierteljahresschrift, Sonderheft 9, Opladen, 434–454.
Schatz, H./Adamczewski, K./Lange, K./Nüssen, F. (1981): Fernsehen und Demokratie. Eine Inhaltsanalyse der Fernsehnachrichtensendungen von ARD und ZDF vom Frühjahr 1977. Opladen.
Schatz-Bergfeld, M. (1974): Massenkommunikation und Herrschaft. Zur Rolle von Massenkommunikation als Steuerungselement moderner demokratischer Gesellschaften. Meisenheim.
Schluchter, W. (1972): Aspekte bürokratischer Herrschaft. Studien zur Interpretation der fortschreitenden Industriegesellschaft. München.
Schramm, W. (1963): Communication Development and the Development Process. In: L. W. Pye (Hrsg.): Communications and Political Development. Princeton, N. J., 30 ff.
Stouffer, S. A. et al. (1949): The American Soldier. Princeton.
Truman, D. B. (1951): The Governmental Process. New York.
Walker, H. O. (1981): Das Presse- und Informationsamt der Bundesregierung (Dissertation). Freiburg.
Weiss, H.-H. (1978): Journalismus als Beruf. Forschungssynopse. In: *Presse- und Informationsamt der Bundesregierung* (Hrsg.) (1978): Kommunikationspolitische und kommunikationswissenschaftliche Forschungsprojekte der Bundesregierung (1974–1978). Bonn.
Wildenmann, R./Kaltefleiter, W. (1965): Funktionen der Massenmedien. Frankfurt/M., Bonn.
Wolz, D. (1979): Die Presse und die lokalen Mächte. Düsseldorf.
Wright, C. R. (1959): Mass Communication. A Sociological Perspective. New York.
Wright, C. R. (1960): Functional Analysis and Mass Communication. In: Public Opinion Quarterly, 24, 605 ff.

Budgetpolitik

Dietrich Fürst

1. Problemstellung und Themenbegrenzung:

Im Zusammenhang der Überlegungen zum verwaltungswissenschaftlichen Beitrag zu einzelnen Politikbereichen mutet „Budgetpolitik" zunächst etwas fremdartig an – handelt es sich doch hier um eine Querschnittsfunktion, die zudem ein „abgeleitetes" Politikfeld ist, weil ihre politische Steuerung sehr stark von den anderen Politikbereichen geprägt wird. Diese gängige Auffassung verkennt, daß Budgetpolitik staatliche Ressourcenallokation ist, zu der die Erhebung von Abgaben *(Steuerpolitik)*, die staatsinterne Umverteilung der Finanzmittel auf die Gebietskörperschaften *(Finanzausgleichspolitik)*, die Verteilung der Finanzen auf Aufgaben und Titelverwalter *(Budgetierungsprozesse)*, die Umsetzung der Mittel in staatliche Ausgaben *(Projektplanung und -vollzug)* sowie die Wirkung der Ressourcenallokation auf sozio-ökonomische Variable einer Gesellschaft (finanzwissenschaftliche *Theorie der Ausgaben*) gehören.
Budgetpolitik spiegelt also das weite Feld staatsinterner Verteilung und Verwendung von Ressourcen wider, das keineswegs nur im Reiz-Reaktions-Schema auf externe Anforderungen und Problemstrukturen antwortet. Vielmehr zeigen alle Untersuchungsansätze in diesem Feld, daß innerhalb der gesellschaftsstrukturell bestimmten Restriktionen institutionelle Eigeninteressen, starke Persönlichkeiten aber auch institutionelle Anreiz- und Sanktions-Stimuli Budgetpolitik zu einem beträchtlich verselbständigten Politikfeld haben werden lassen. Das wird noch dadurch verstärkt, daß die binnenstaatliche Ressourcenallokation in mehrere Entscheidungsstufen sequentiert und in zahlreiche Entscheidungsstellen segmentiert ist. Budgetpolitik ist – idealtypisch – in die Phasen sequentiert: Festlegung des staatlichen Anteils am Sozialprodukt (Besteuerung, Kreditaufnahme und Geldpolitik[1]), Aufteilung der Steuereinnahmen auf die verschiedenen Gebietskörperschaften, Verteilung der gebietskörperschaftlichen Einnahmen in Projekte, Projektvollzug.
Dieses große Gebiet kann in einem kurzen Aufsatz nicht umfassend auf verwaltungswissenschaftliche Anstöße hin analysiert werden. Immerhin läßt sich aber zeigen, daß die Finanzwissenschaft, die dieses Feld bisher reklamierte, das „Politische" der Allokations*prozesse* nur nachrangig behandelt hat – ihr Hauptaugenmerk ist auf sozio-ökonomische und insbesondere makro-ökonomische Wirkungsanalysen sowie auf normative Bestimmungen des optimalen Finanzausgleichs, der „optimalen Besteuerung", des „optimalen Budgets" u. ä. gerichtet.
Eine krude Zweiteilung der Allokationssysteme unterscheidet politische von marktlichen, wobei Kennzeichen der marktlichen Allokation die Geltung des Leistungsprin-

zips, der politischen Allokation die Dominanz des Verteilungsprinzips ist. Obwohl die Praxis eine Vielzahl unterschiedlicher Allokationssysteme kennt, ist die Unterscheidung heuristisch brauchbar, um die Besonderheiten der staatlichen (politischen) Allokation zu prononcieren: Da vor allem Verteilungsvorgänge dominieren, die über politische Interaktionen und Entscheidungen geregelt werden müssen, sind Konfliktverarbeitung und Konsensfindung besondere Merkmale dieser Allokationsprozesse. Infolgedessen spielen auch die Kosten der Konsensfindung sowie Strukturen und Mechanismen der Konsenskostenminderung (Konfliktreduktion) eine herausragende Rolle in der Steuerung dieser Prozesse.

Die finanzwissenschaftlichen Ansätze haben diese politischen Prozesse nicht ausreichend in den Griff bekommen können, weil sie in Anlehnung an die Wirtschaftswissenschaften die marktlichen Kategorien des Leistungsprinzips zum grundlegenden Erklärungsmuster ausbilden wollten. Noch ist – trotz der umfangreichen Literatur zu öffentlichen Gütern und in jüngerer Zeit zur „Transferökonomie" – kein eigenes Paradigma entwickelt worden, das politische Verteilungsvorgänge beschreiben und prognostizierbar machen könnte. Zudem dominiert eine prozeßbezogene Betrachtungsweise, welche die Erklärung für staatliche Allokationsergebnisse aus politischen Interaktionen (Aktorverhalten) abzuleiten sucht. Damit wird jedoch übersehen, daß politische Entscheidungsvorgänge in beträchtlichem Maße durch Strukturen vorgeprägt werden, die den Konsensaufwand [die politischen Kosten der Konsensfindung] durch Reduktion des politischen Entscheidungsbedarfs verringern, gleichwohl aber Entscheidungen beeinflussen. Dazu gehören Institutionen, Organisationsstrukturen, Normen/Routinen der Problembearbeitung etc.

Diese strukturelle Vorentscheidung und Steuerung staatlicher Allokationsvorgänge ist jedoch in besonderem Maße Gegenstand einer verwaltungswissenschaftlichen Betrachtung, was im folgenden noch genauer herausgearbeitet werden soll. Verwaltungswissenschaft interessiert sich u. a. für Strukturen und Normen der Prozeßsteuerung. „Strukturen" bezeichnet dabei Institutionen und deren Organisation sowie damit verbundene Filter (für Informationen und Interessen) und Anreizmuster für Handlungsträger, sich in bestimmter Weise zu verhalten, um die Vorteile der Strukturen für sich maximieren, die Nachteile minimieren zu können. „Normen" sollen dabei Etikett für institutionalisierte Regelsysteme, Werte, Verhaltenserwartungen und Verhaltensroutinen sein.

Wenn die Finanzwissenschaft diese strukturellen Vorentscheidungen außer Betracht läßt, so kann von der Verwaltungswissenschaft infrage gestellt werden, ob damit möglicherweise verzerrte Sichtweisen und hinterfragbare Deutungsmuster im finanzwissenschaftlichen Denken entstehen[2]. Das soll – in ersten Ansätzen – im folgenden geschehen. Daß dabei die Finanzwissenschaft als „Schablone" gewählt wird, hat seine Ursache nicht nur darin, daß die Behandlung öffentlicher Finanzen Domäne dieser Disziplin ist, sondern vor allem, daß Finanz- und Verwaltungswissenschaft in Deutschland einer gemeinsamen (kameralistischen) Wurzel entspringen[3].

Das Thema kann nur ausschnitthaft behandelt werden. Gegenstand der Betrachtung sollen die Budgetierungsprozesse sein, die allerdings nicht losgelöst von Finanzausgleichsentscheidungen gesehen werden können. Bei der Bearbeitung wird das Gewicht nicht auf die Analyse der Allokationsprozesse gelegt, sondern darauf, beispielhaft auf-

zuzeigen, wie weit verwaltungswissenschaftliche Betrachtungsweisen für finanzwissenschaftliche Probleme fruchtbar sein können.
Die Diskussion wird in vier Schritten geführt: Zunächst wird der Stand der Budgetierungsdiskussion grob wiedergegeben; das Fazit (entscheidungstheoretische Verkürzung der Ansätze) führt – im zweiten und dritten Schritt – zur Analyse der Strukturen (Kap. 3) und nicht-entschiedenen Normen (Kap. 4) der binnenadministrativen Allokationsprozesse; daraus folgen – im vierten Schritt – Fragefelder, die einen verwaltungswissenschaftlichen analytischen Beitrag vermuten lassen; dies wird in einem abschließenden Kapitel in allgemeinere Fragestellungen generalisiert.

2. *Zum Stand der Allokationsdiskussion*

Wie bei vielen Forschungsbereichen, die im Prinzip multidisziplinär angegangen werden müßten, wird der Bereich der staatlichen Ressourcenallokation durch eine Vielzahl von Einzelforschungen aufgegriffen, jedoch fehlt eine systematische Erschließung. Wenn wir uns im folgenden auf die Budgetierungsprozesse im engeren Sinne beschränken, so muß man sich bewußt bleiben, daß auch die *Einnahmeerhebung* bereits dem Allokationsprozeß zuzurechnen ist[4] und daß im Haushaltsvollzug erneut Allokationsprozesse stattfinden.
Im Gefolge der amerikanischen Entscheidungsforschung der H. A. Simon-Schule wurden auf Bundes-, Länder- und Gemeindeebene einige empirische Fallstudien zum Budgetierungsverhalten von Gebietskörperschaften vorgelegt (Überblick: *Danziger*, 1978, 18 ff; *Wildavsky*, 1974 XI; *Teuscher*, 1976). Das auf der Basis des „bounded rationality"-Theorems entwickelte Konzept der inkrementalen, segmentierten Budgetierung *(Lindblom, Wildavsky, Sharkansky)* wurde in nachfolgenden Studien relativiert, die erstens den Begriff des "Inkrementalen" empirisch zu operationalisieren suchten, zweitens ein breites Strategie-Muster offenlegten, das (in unterschiedlichen Kontexten und bei wachsender Diskrepanz zwischen Problemdruck und routinisierter Problemverarbeitung) auch Änderungen in größeren Sprüngen zuläßt; drittens wurde das diffizile Einflußgeflechte von Interessen, Regelsystemen, Organisationsstrukturen in jeweiligen Wirkungen auf Budgetierungsprozesse differenziert, und viertens erweiterte man den engen Datenkranz, indem auch die historische Perspektive aufgenommen wurde (*Danzinger*, 1978; *LeLoup/Moreland*, 1978; *Kamlet/Mowery*, 1980; *Skok*, 1980). Fünftens wurden parlamentarische und administrative Entscheidungsprozesse verknüpft analysiert.
Zur Bestimmung der wahrscheinlichsten Verhaltensweisen der Akteure wurden aus *wirtschaftstheoretischer* Sicht Ansätze formuliert, die das Paradigma des kosten-nutzen-kalkulierenden ökonomisch-rationalen Verhaltens zugrundelegten. Die „ökonomische Theorie der Politik" bzw. der „public-choice"-Ansatz wurde auf Bürokraten (*Niskanen*, 1971; Überblick bei: *Orzechowski*, 1977), auf Politiker (Überblick bei: *Frey*, 1977) sowie auf institutionelle Rahmenwerke (*Buchanan/Tullock*, 1965; *Ostrom*, 1973) angewendet.

Die *empirischen* Arbeiten zur staatlichen Ressourcenallokation wurden auf Budgetierungsprozesse beschränkt. Allokationsvorgänge *zwischen Gebietskörperschaften* sind bisher wenig untersucht worden. Zwar fanden in den USA die Interaktionen zwischen Gemeinden und Bund/Ländern über Zweckzuweisungen (grants) wissenschaftliche Aufmerksamkeit (vgl. die Überblicke bei *Wright*, 1978 und *Fürst*, 1980). In der Bundesrepublik fehlen aber vergleichbare Arbeiten zum *sektoralen* Finanzausgleich. Gänzlich unbeachtet blieben bisher die politischen Interaktionsvorgänge im allgemeinen Finanzausgleich (*territorialer* Finanzausgleich) (vgl. Ansätze bei *Fürst*, 1981) – bei wachsender Finanznot der Gebietskörperschaften dürfte diesen Beziehungen zunehmend Aufmerksamkeit zugeführt werden.

Diese Grobübersicht macht deutlich, daß mit der Dominanz eines entscheidungsorientierten Analyseansatzes eine Problemsicht gewählt wurde, die nur unter Annahme der Konstanz eines sehr eng definierten Datenkranzes genügend Orientierung vermittelt. In Zeiten der Trendumbrüche wird sie jedoch defizitär:

Erstens berücksichtigt sie nicht, daß Budgetierungsprozesse der traditionellen Forschung in fiskalischen und ökonomischen Wachstums-Kontexten angesiedelt waren, so daß Budgetierung primär die Verteilung von Zuwächsen war. Die Erkenntnisse über solche Budgetierungsprozesse lassen sich aber nicht einfach – mit geänderten Vorzeichen – auf Budgetkürzungen übertragen. Vielmehr treten dann umfangreiche Externalisierungs- und Überwälzungsvorgänge auf, um die Kürzungen Dritten zuzuschieben: Institutionelle Eigeninteressen von Behörden schlagen dann stärker durch, und Adressat der Abwälzung werden die schwächeren Ressorts, die politisch schwächsten Programme, aber auch andere Gebietskörperschaften[5].

Zweitens mißachtet der Ansatz, daß auch Strukturen der Budgetierungsprozesse Gegenstand von Allokationsprozessen werden können – um so eher, je weniger Verteilungsmasse innerhalb der gegebenen Strukturen verfügbar ist. Nicht zufällig werden dann fiskalische Knappheitsprobleme in eine Problemdefinition übergeführt, die Finanzreform, Funktionalreform aber auch das Aufgabenverhältnis Staat vs. Private (z. B. Privatisierungsdiskussion) zum Gegenstand von Aushandelungsprozessen macht.[6]

Drittens arbeitet der Ansatz der Budget-Entscheidungsprozesse mit einem reduzierten Ressourcenbegriff; fiskalische Knappheit macht aber deutlich, daß dem Staat äquifunktionale Ressourcen zur Verfügung stehen: Der Staat kann seine Aufgaben teilweise regulativ (statt mit ausgabenintensiven Programmen) bewältigen, kann die Privaten zu stärkerer Eigenleistung (als Substitut für staatliche Leistungen) heranziehen und hat generell die Möglichkeit, Verhaltenssteuerung über Privilegierung bei der Einnnahmebeschaffung (Steuerprivilegien, Steuervergünstigungen) einzuleiten. Diese Programmumstellungen sind jedoch mit den Erkenntnissen der Budgetierungstheorie nicht zu deuten.

Viertens überbetont der entscheidungsorientierte Ansatz die Rolle der Aktorenstrategien, mit dem strukturellen „bias", die Handlungsspielräume der Akteure zu überschätzen. Das zeigt sich nicht nur bei den sehr realitätsfremden theoretischen Überlegungen der Finanzwissenschaft zur „optimalen Besteuerung", zum „optimalen Budget" und zu Vorschlägen, die staatliche Ressourcenallokation effizienter zu gestalten.

Dieser „bias" hat geradezu ein „Gegenparadigma" provoziert, die staatliche Ressourcenallokation als weitgehend extern bestimmt zu betrachten. So arbeitet der von *Dye* und anderen entwicklete „environmental approach" mit der Fiktion, daß staatliches Handeln primär als Reaktion auf sozio-ökonomische, technologische und kulturelle Änderungen der Umwelt interpretiert werden kann (*Dye/Robey*, 1980), was mit verwaltungswissenschaftlichen Überlegungen harmoniert, daß staatliches Handeln krisengesteuertes Handeln sei; der Ansatz findet – auf anderem Erklärungshintergrund – in politik-ökonomischen Analysen Unterstützung, in denen staatliches Handeln als Reaktion auf gesellschaftliche Grundwidersprüche unter Interessendominanz der Kapitaleigner gedeutet wird (*Ronge/Schmieg*, 1973; *O'Connor*, 1973).
Aus diesen vier Punkten folgt, daß Analysen staatlicher Allokationsprozesse, ohne die Wechselwirkung zwischen Strukturen und Normen einerseits, Prozessen der Allokation andererseits zu berücksichtigen, nur als Spezialfälle allgemeinerer Untersuchungen der Allokationsvorgänge gewertet werden können, deren Aussage durch die eng definierten Rahmendaten hohe Spezialität besitzt und zudem in hohem Maße Raum-Zeit-gebunden ist, so daß sie jeweils neu auf ihre Kontext-Konsistenz überprüft werden muß.

3. Strukturelle Steuerung staatlicher Allokationsvorgänge

Das Scheitern von Versuchen, politisch-administrative Allokationsprozesse durch Übernahme privatwirtschaftlicher Allokationstechniken „rationaler" zu machen[7], hat die Aufmerksamkeit auf *strukturelle Merkmale* staatlicher Allokationsvorgänge gelenkt. Dabei interessieren die Wirkungen solcher Strukturen auf Entscheidungsfindung und Rationalität des Mitteleinsatzes. Hier sollen zur Illustration vier Beispiele genannt werden:

(a) Politisch-administrative Allokationsprozesse sind vielen Interessen ausgesetzt. Andererseits sind sie stärker als marktliche Allokationsvorgänge durch Nullsummenspielsituationen gekennzeichnet[8]. Die damit verbundene hohe Konfliktintensität wird durch Segmentierung des öffentlichen Bereichs: vertikal durch territoriale und funktionale Förderalisierung[9], horizontal durch Ressortspezialisierung erheblich reduziert. Unterschiedliche Interessen finden dann unterschiedliche Adressaten im Staat, und die Fragmentierung gestattet dem Staat, „opportunistisch" zu reagieren (*Luhmann*). Die Fragmentierung wird durch sektoral eng definierte organisierte Interessen und durch institutionelle Eigeninteressen der Behörden (Absicherung von „Domänen") in wechselseitiger Unterstützung eher zu- als abnehmen.

(b) Die Fragmentierung führt dazu, daß politisch-administrative Allokationsvorgänge in eine Vielzahl politischer Arenen zersplittert werden, die weder räumlich noch zeitlich koordiniert ablaufen. Grob systematisiert lassen sich vier Typen der Allokations-Arenen feststellen

– Allokationsvorgänge zwischen Privaten und Staat; hier handelt es sich um den von politikwissenschaftlichen Untersuchungen, aber auch von finanzwissenschaftlichen Arbeiten vergleichsweise gut durchforschten Bereich;

- Ressourcenverteilung zwischen Gebietskörperschaften und zwar sowohl als territorialer Finanzausgleich wie – zwischen gleichartigen Ressorts verschiedener föderaler Ebenen – als sektoraler.
- Allokationsvorgänge innerhalb einer Gebietskörperschaft (Budgetierung).
- Allokationsvorgänge innerhalb eines Ressorts (Programmplanung und -vollzug).

Die Arenen sind zwar ressourcenseitig verbunden; jedoch fehlen institutionelle Strukturen, die eine *output-orientierte* Allokation stimulieren. Eher wirken die Strukturen dahin, outputbezogene Ressourcenallokationen abzubauen: Sofern überhaupt mehrere Arnenen über Ressourcenverbund und Handlungsverbund interagieren müssen, entstehen „Verantwortungskollektive", so daß die Ergebnisse der Ressourcenallokation immer weniger eindeutig zurechenbar werden. Generell führt das „Arenensystem" zu Tendenzen der weiteren Verselbständigung der Arenen, weil jede Arena Anreize hat, die Kosten ihrer Allokationsprozesse auf andere Arenen zu externalisieren (vgl. *Kennedy's* „law of appropriateness")[10].

(c) Typisch für den öffentlichen Bereich ist die Entkoppelung der Ressourcenseite von der Verwendungsseite. Diese Entkoppelung nimmt in modernen Industriestaaten eher zu: Interessen setzen sich als organisierte Interessen in politisch-administrativen Verteilungskämpfen über die Forderung „griffiger", d. h. die Mitglieder überzeugende Leistungen durch: die Frage der Finanzierung wird den Aufgabenträgern überlassen, die wiederum den Kampf um Ressourcen (Budgetierungsprozesse) losgelöst von der Programmentwicklung betreiben. In Budgetierungsprozessen wird über Finanzverteilungen (und *indirekt* über Prioritäten), aber nicht über die Relevanz von Programmen entschieden! Das Muster politischer Allokationsprozesse ist die Privatisierung der Nutzen und Kollektivierung der Kosten der Allokationsentscheidungen (*Kristensen*, 1980). Das wird durch institutionelle Anreizstrukturen verstärkt: Interessengruppen und Parteien sind erfolgreich, wenn sie für ihre Mitglieder/Wähler möglichst viele Vorteile erwirken; bürokratische Akteure werden motiviert, eine möglichst umfangreiche Kontrolle über Ressourcen zu erhalten – Ressourcen symbolisieren Macht, Status, bestimmen die Zahl der Mitarbeiter und das Einkommen von Behördenchefs, erfolgreich ausgetragene Kämpfe um Budgetanteile stärken das Image von Behörden und Behördenleitern etc.
Diese Entkoppelung von Ressourcenverteilung und Verwendungsseite wird durch das Haushaltsrecht (insbes.: „Non-Affektationsprinzip"[11]) und das Budgetierungsverfahren verstärkt.

(d) Schließlich ist der Staat als „Steuerstaat" *(Schumpeter)* in seinen Allokationsprozessen von Rücksichtnahmen auf das ökonomische Subsystem bestimmt. Wachsende Anforderungen muß er bei wachsender Vorbelastung der Haushalte und sinkenden Ressourcenzuwächsen restriktiver behandeln, um zunehmend schwerer durchsetzbare Steuererhöhungen zu vermeiden und Steuerwiderstände[12] klein zu halten. Gleichzeitig werden auch die Steuern immer stärker an nichtfiskalische Zwecke gebunden (Steuerbefreiung/-vergünstigungen zur Stimulierung bestimmter privater Verhaltensweisen und zur gruppenspezifischen Umverteilung), und das staatliche Haushaltsgebaren (gemessen an Haushaltsdefiziten und Kreditbedarfen) wird bei zunehmender internatio-

naler Verflechtung mitbestimmend für internationale Finanzströme und damit Zahlungsbilanzen. Das hat Rückwirkungen auf die Allokationsprozesse. Erstens nimmt mit wachsenden finanziellen Engpässen die Bereitschaft von Politikern und den „Habenden" der Gesellschaft[13] ab, Umverteilungsmaßnahmen des Staates noch großzügig zu akzeptieren, während gleichzeitig der Bedarf der Betroffenen wächst, ihre Ansprüche rechtlich abgesichert zu bekommen („rising entitlements": *Bell*, 1974, 39). Es wäre interessant, den Zusammenhang zwischen der Bereitschaft der Bevölkerung, redistributive Politiken in größerem Ausmaße mitzutragen, und den zyklischen Bewegungen der Wirtschaft genauer zu verfolgen. Die bisherigen Forschungen zur Abhängigkeit des Wahlverhaltens von der Wirtschaftssituation sind diesbezüglich wenig aussagekräftig.
Zweitens wird der für spätkapitalistische Gesellschaften wohl typische Trend zur Aufwertung der Gemeindeebene (Vertreter „reproduktionsorientierter" Interessen) durch zyklische Bewegungen des Wirtschaftsprozesses immer wieder durchbrochen: Finanzausgleichsentwicklungen vollziehen sich prozyklisch zulasten der Gemeinden.
Drittens sichern sich die Fachressorts bei zunehmenden budgetären Verteilungskämpfen stärker durch „vertikale Politikverflechtung" ab, was wiederum den Konflikt zwischen Fachressorts (Sektoralisten) und Generalisten (Regierungschefs, Finanzressortleiter) verschärfen muß – die Konflikte um den Abbau der Zweckzuweisungen und fachlicher Planungs-/Regelungsintensitäten könnten dafür als Symptom gewertet werden.[14]

Ohne mit diesen vier Beispielen das gesamte Ausmaß struktureller Steuerung staatlicher Allokationsprozesse abdecken zu wollen – die gewählten Beispiele sind jedoch von prinzipieller Bedeutung – läßt sich daraus dennoch der Schluß ziehen, daß durch Vorentscheidungen über Strukturen der Allokationsvorgänge wichtige inhaltliche Ausrichtungen bestimmt werden, ohne daß über die (implizierten) Inhalte je entschieden worden wäre. Die Strukturen steuern ungeplant. Im Ergebnis reduzieren sie die Aushandelungs-/Konsensfindungspotentiale der kurzfristbezogenen Entscheidungsprozesse.
Indem strukturelle Vorentscheidungen aus aktiven Entscheidungsprozessen ausgegliedert werden, wird aber auch die Möglichkeit zur rationalen Mittelverwendung reduziert: Nur eine Summe unkoordinierter Teilentscheidungen ist noch möglich.

4. *Anreiz- und Normensteuerung staatlicher Allokationsprozesse*

Ähnliche Folgen können mit Normen verbunden sein, deren allokative Relevanz politisch weder geprüft noch entschieden wurde, sondern die sich „von selbst" entwickelten. Die bekanntesten Beispiele dabei sind die folgenden:

(a) Die Fragmentierung des politisch-administrativen Allokationssystems hat in Verbindung mit Postulaten der Gleichheit und Sozialstaatlichkeit der Allokationsergebnisse zu einem ausgedehnten Transfersystem geführt: zwischen Gebietskörperschaften und zwischen Aufgabenträgern werden extensive und wachsende „Finanzausgleichs-Beziehungen" aufgebaut. Transfersysteme haben – zur Sicherung des gerechten Ausgleichs – eine starke Zentralisierungstendenz; nicht zufällig wächst der Bund immer mehr in der Rolle eines Super-Finanziers gegenüber Ländern, Gemeinden und Pasafiski hinein. Transfersysteme entwickeln spezifische Anreizstrukturen der Transfermaximierung; sie mindern jedoch die Ressourcenverantwortlichkeit, weil die „Kosten" der Ressourcenbeschaffung von anderen als denen, die Finanzmittel ausgeben, getragen werden. Bei allen Aufgabenträgern setzt sich das „law of appropriateness" durch, d.h. die Tendenz, Kosten zu externalisieren, Dritte zahlen zu lassen. Konkret heißt das: Rückkopplungskreise, die Nutzen und Kosten von Entscheidungen verknüpfen, werden durchbrochen. Zwar kann eine allgemeine Norm, mit knappen Ressourcen behutsam umzugehen, einen gewissen Ersatz liefern; wird ihr jedoch die ideologische Verankerung genommen[15], so werden sich free-rider-Verhaltensweisen durchsetzen.

(b) Das Haushaltsrecht, historisch für die sparsame und wirtschaftliche Verwendung kollektiver Ressourcen und zur Begrenzung des „Steuerstaates" entwickelt, stärkt faktisch inputorientiertes Verhalten der öffentlichen Verwaltung. Die kameralistischen Regeln der Rechnungslegung sowie den Vollzug betonende Rechtsnormen sind auf schonungsvollen Umgang mit knappen Ressourcen angelegt, in ihrer faktischen Wirkung aber das genaue Gegenteil geworden: Das Jährlichkeitsprinzip verhindert, daß wirtschaftliches Verhalten über einen längeren Zeitraum honoriert wird[16]; der Grundsatz der Spezialität verhindert die Übertragbarkeit nicht verausgabter Titel auf andere; die Mittelverteilung wird an Ist-Zahlen der Vergangenheit, nicht an Sollzahlen einer effizienten Programmabwicklung orientiert; outputbezogene Leistungsanreize fehlen in einer vollzugsorientierten Verwaltung etc. (Zur Kritik: *Denso* et al., 1976, 75 ff.; *Lüder/Budäus*, 1976, 33 ff.).

(c) Budgetroutinen sind einmal Reaktionsmuster auf die haushaltsrechtlichen Normen, zum anderen Konsequenz der Entkoppelung von Verwendung und Mittelverteilung, der fehlenden outputbezogenen Inzentivstrukturen des öffentlichen Bereichs sowie der mehrfachen Wertigkeit der Ressourcen als Machtmittel, Statussymbol, ökonomische Ressource und politisches Symbol für Sicherheit/Stabilität[17]: Die geringe Meßbarkeit des Output öffentlicher Aufgabenträger fördert das „spending-service-cliché" (*Sharkansky*, 1978, 86 f.), d. h. die Gleichsetzung von Ausgaben mit Leistungen: Finanzressorts beurteilen den Ausgabenbedarf der Verwender-Ressorts am Ausgabenverhalten des Vorjahres; der „Erfolg" eines Ressorts bemißt sich nach dem zügigen Mittelabfluß seiner Programm-Etats; etc.

(d) Im öffentlichen Bereich ist die Art und Weise, wie Probleme definiert und gelöst werden sollen, prinzipiell deutungsbedürftig, sofern der damit verbundene Entscheidungsbedarf nicht durch Routinen, Sachzwänge und Verweis auf frühere Problemlösungen reduziert wird. Deutungsbedürftigkeit gestattet die Einbringung von Interessen in Problemdefinitionen. Die Anreizstrukturen politischer Allokationssysteme lassen einerseits Problemlösungen ausgabenintensiv definieren (Interessen der problembearbeitenden Ressorts), andererseits die Vorteilsverteilung der Problem*lösungen* dominieren, als daß umgekehrt Problemlösungen deduktiv aus den vorausgegangenen Problemdefinitionen abgeleitet würden (Interessen der Gruppen). Diese Tendenz, Problemdefinitionen stärker von den Instrumenten der Problemlösung bestimmen zu lassen, wird noch dadurch verstärkt, daß die Fragmentierung der öffentlichen Verwaltung in eine Vielzahl von Zuständigkeiten und die langen hierarchischen Ketten in der Ressourcenallokation Sachzusammenhänge der Problemfelder ohnehin kaum noch abbilden lassen.

Faßt man diese Aspekte zusammen, so zeichnen sich einige Besonderheiten in den normativen Steuerungsstrukturen politischer Allokationsprozesse gegenüber ökonomischen (marktlichen) ab. Erstens haben Ressourcen im politsichen Prozeß einen hohen Eigenwert. Infolgedessen wird der Kampf um Ressourcen stärker um seiner selbst als um des damit zu erreichenden Output willen geführt. Zweitens sind politische Allokationsprozesse sehr konsensaufwendig; sie werden deshalb vor allem von institutionellen Strukturen und Verhaltensroutinen geprägt, die auf eine Reduktion der Konsenskosten ausgerichtet sind: Budgetierungsprozesse erfolgen inkremental, die Akteure tendieren dazu, sich aus kollektiven Entscheidungsprozessen abzukoppeln[18], Konfliktvermeidung dominiert bürokratisches Handeln usw. Drittens werden politische Sanktionen nicht an Kriterien der effizienten Mittelverwendung, sondern ausschließlich an die Fähigkeit der Interessenbefriedigung geknüpft – wie ressourcenaufwendig diese auch realisiert werden mag. Die damit verbundene Tendenz, den Nutzen der Ressourcenallokation zu privatisieren, die Kosten zu kollektivieren, führt zu einer systematischen Unterschätzung der gesellschaftlichen Kosten der Anspruchsbefriedigung[19]. Das wird noch dadurch unterstützt, daß der Staat als „Steuerstaat" die fiskalische Belastung der Gesellschaft über „fiscal illusion" zu verschleiern sucht: Besteuerungstechnik und Steuersystem lassen die effektive Steuerlast weniger merklich erscheinen, weil indirekte Steuern (Mehrwertsteuer), Steuerabzugsverfahren (Lohnsteuer), „heimliche Steuererhöhungen" durch Steuerprogression und Inflation u. ä. die Transparenz der Besteuerung mit beträchtlichen Informationskosten belegen.

5. *Der analytische Beitrag der Verwaltungswissenschaft*

Im zweiten Abschnitt wurde gezeigt, daß die bisherigen *empirischen* Ansätze zur Erfassung staatlicher Allokationsprozesse entscheidungsorientiert waren. Mit der Entscheidungsorientierung verbunden sind: Ausklammerung relevanter struktureller Einflußfaktoren durch Verkürzung auf Entscheidungsvorgänge, Überschätzung des Entscheiderverhaltens[20] und Überbetonung von „short run" – gegenüber „long run"-Aspekten[21].

Die verwaltungswissenschaftliche Betrachtung kann dazu als Korrektiv wirken. Denn sie ist vor allem auf die Wechselwirkung von Strukturen und Normen mit Verhalten/Entscheidungen ausgerichtet. Strukturen haben den doppelten verhaltenssteuernden Effekt: Sie limitieren einmal Verhaltensräume und schließen sowohl Verhaltensweisen als auch Akteure aus bestimmten Handlungsfeldern aus; zum anderen differenzieren sie privilegierte Positionen aus und schaffen Anreize, sich in bestimmmter Weise zu verhalten, die strukturell belohnt wird, sei es, daß damit institutionelle Machtzuwächse

(Einkommen) verbunden sind, sei es, daß der strukturelle Rahmen bestimmte Verhaltensweisen erfolgreich macht. In-the-long-run führt das zu eigendynamischen Prozessen: Strukturen prägen das Aktorenverhalten (Rekrutierungs- und Sozialisationsmuster), aber provozieren auch Verhaltensweisen der Akteure, die Strukturen schrittweise so zu verändern, daß sie für die Akteure mehr Handlungsspielraum sichern: Zentralisierungs-/Oligarchisierungstendenzen, Kartellierung von Fachpolitiken, Segmentierung und Fragmentierung von Entscheidungsfeldern etc. sind Beispiele dieser Eigendynamik.
Die Analyse der Einwirkungen von Strukturen und Normen auf Entscheidungsprozesse läßt vor allem in vier zentralen Fragestellungen analytische Erkenntnisgewinne erwarten:

(a) Entscheidungsprozesse werden dominant auch dadurch bestimmt, daß sie durch Nicht-Entscheiden Entscheidungsbedarf ausklammern. Verwaltungswissenschaftliche Analysen zeigen, daß Nicht-Entscheiden zum Teil strukturell bedingt ist. Der institutionelle Problemverarbeitungsrahmen zerlegt Problemzusammenhänge in die Kompetenzen der einzelnen Ressorts, läßt einzelnen Problem-Teilen aufgrund der isolierten Ressortpolitiken überproportional viel Aufmerksamkeit zuführen (weil die Ressourcenzuweisungen sich an den Ressortpolitiken und nicht am ressortübergreifenden Problemfeld ausrichten) und konstruiert Sachzwänge im Wege der vollendeten Tatsachen, die durch individuelle Ressortstrategien definiert werden. Die Bedeutung der strukturellen Vorentscheidungen (des Nicht-Entscheidens) ist erst in Umrissen bekannt. Dies hängt wohl eng mit dem Analysehorizont (short run- vs. long run-Analyse, s. o.) zusammen, der bisher überwiegend short run gewählt wurde.

(b) Die Verknüpfung zwischen short-run-Betrachtungen (Budgetierungsprozesse) und long-run-Betrachtungen (Funktional- und Finanzreform) sowie die Dynamik des Zusammenwirkens von Strukturen und Prozessen wird vor allem dann bedeutsam, wenn im Umfeld staatlicher Allokationsprozesse Trendumbrüche stattfinden. Deshalb sind verwaltungswissenschaftliche Analyseansätze mit ökonomischen Kontextanalysen zu verknüpfen. Die Zusammenhänge sind noch wenig erforscht. So ist zu erwarten, daß Wachstumsphasen eher eine Entkoppelung der short-run Bewegungen von den long-run Bewegungen zulassen, weil mit Budgetierungsprozessen Ansprüche hinreichend (d. h. politisch konfliktmindernd) befriedigt werden können. In Phasen der fiskalischen Knappheit werden dagegen die Rahmenstrukturen „tauschfähig", um das Konfliktregulierungspotential zu erweitern, denn in the short run stellen sich Konflikte als Null-Summenkonflikte dar, die in the long run Elemente der Kooperation, der joint production, tragen können.

(c) Auf dem Hintergrund einer strukturellen Analyse ist auch die Selbstbindung der Akteure durch konfliktreduzierende Verhaltensroutinen, konfliktminimierenden Inkrementalismus und – bezogen auf Output-Indikatoren – konsensstiftende „Irrationalismen" funktional zu deuten. Verhaltensregeln, die allein an die Aufgaben der Ressourcenmaximierung gebunden sind (*Wildavsky*, 1974, 102 ff.), würden das binnen-

administrative Konfliktniveau in einem Maße anheben, daß der Ressourcenverbrauch, um die Konflikte über politische Tausch- und Kompensationsgeschäfte zu lösen, sehr hoch würde.
Es ist eine Eigenheit ökonomischer Analysen politischer Prozesse, diese primär daran zu messen, welche Aufwand-Ertrag-Relation durch sie „erwirtschaftet" wird. In der Regel schneiden politische Allokationsprozesse nach diesem Maßstab schlecht ab: Sie führen danach zu Ressourcenverschwendung, suboptimalen Outputs, Problemlösungen, die eher Symptome als Ursachen bekämpfen etc. Politische Prozesse produzieren jedoch das Kollektivgut „Konsens" – Konsens hat seinen Preis und verzehrt Ressourcen, wobei der Konsens um so aufwendiger zu erstellen ist, je heterogener die Interessen und je großzahliger die Aktorzusammensetzung ist. Politischer Konsens wird überwiegend durch Tauschprozesse erzielt, wobei Tauschgegenstand auch ökonomische Ressourcen und Güter sind. Darin liegen aufschaukelnde Interdependenzen, denn jeder Partner kann die Konsenskosten erhöhen, indem er seinen Preis für Konsens höher und höher schraubt. Je weniger Tauschmöglichkeiten bestehen, um so mehr neigen politisch-administrative Systeme dazu, die Konfliktintensität durch konfliktreduzierende Normen und Problemlösungsstrukturen abzubauen. Die Analyse und (normativ) Entwicklung von Konzepten, über geeignete Strukturen und Normen Konsenskosten zu reduzieren, ohne allerdings die Nebenbedingungen chancengleicher Konsensfindung zu verletzen, liegt noch sehr in den Anfängen.

(d) Die administrativen Strukturen und Normen machen bestimmte Problemlösungen wahrscheinlicher als andere, weil sie die politischen Kosten der Problemlösung beeinflussen und weil politische Kosten (viel stärker als politische Erträge) das administrative Verhalten bestimmen. Administrative Strukturen und Normen begünstigen Transferpolitiken: Sie befriedigen Klientelwünsche unmittelbar, legitimieren höhere Ressourcenforderungen der Ressorts und tragen wegen ihres unsichtbaren Nullsummenspielcharakters[22] in Wachstumsphasen besonders niedrige politische Kosten. In wirtschaftlichen Wachstumsphasen dominieren deshalb Problemlösungen, die ausgabenintensiv sind. In Knappheitsphasen wird der Nullsummenspielcharakter ausgabeintensiver Programme sichtbarer. Es werden dann eher regulative Programme, symbolische Programme, politisch-persuasive Programme vorgezogen.
Auch die Ressourcenallokation wechselt in ihren Routinen: Dominiert in Wachstums-Phasen der Grundsatz der Gleichverteilung, so wird er in Knappheitsphasen zum Konsensproblem, weil erstens nicht alle Ressorts in gleichem Maße auf Ressourcen verzichten können (rechtliche und technische Mittelbindung)[23] und weil die Ressorts ihr politische Macht qua Veto-Position stärker ausspielen. Werden in Wachstumsphasen Budgetierungsprozesse stärker binnen-administrativ vorgeformt, so werden sie in Knappheitsphasen auch in die politischen Arenen verlagert: Hier sind Verteilungsentscheidungen zu treffen, die einmal die Kompetenz des einfachen Verwaltungshandels überschreiten, weil – bei prinzipieller Tendenz in demokratischen Systemen zu „rising entitlements" *(Bell)* – Kürzungen immer auch Eingriffe in Rechtstitel bedeuten, und die zum anderen Folge davon sind, daß die Konfliktintensität der Verteilungskämpfe die binnenadministrative Konfliktverarbeitunskapazität übersteigt. Damit aber ver-

schieben sich auf die binnenadministrativen Gewichte: Die Schlichtungsfunktion der Generalisten wird aufgewertet.
Der hohe Konsensbedarf ist ohne politische Überzeugungsarbeit nicht zu erfüllen. Diese ideologische Arbeit muß über die Generalisten und ihnen nahestehende politische Medien (Parteien, Massenmedien) geleistet werden, wodurch Budgetierungsprozesse in einem beträchtlichen Maße aus binnenadministrativen Sphären heraus in die öffentliche Politisierung geleitet werden. Andererseits wirken Budgetierungs-Routinen – auf Kürzungen angewandt – eher dahin, die politischen Kosten der Allokation zu erhöhen, weil sie disfunktional zu werden drohen. Ressortpartikulare Kürzungsaktionen führen dazu, daß an den Kostenarten mit (kurzfristig) geringsten Widerständen gestrichen wird, ohne daß geprüft wird,

- welche Langfristwirkungen damit verbunden sind,
- welche Folgekosten mit für andere Ressorts/Dritte allgemein erzeugt werden,
- welche gesamtstaatliche und gesamtgesellschaftliche Kosten-Nutzen-Struktur induziert wird.

Zudem handelt die Verwaltung diskontinuierlich, was Vertrauensverhältnisse im unmittelbaren Umfeld zerstört und die Verwaltung in den Augen der Umwelt unzuverlässig macht. Faktisch wälzt sie die Korrekturkosten auf die Umwelt ab, denn sie erzwingt erhöhte Anpassungsleistungen des Umfeldes. Die Berechenbarkeit staatlicher Entscheidungen und ihre mittel- sogar langfristige Überschaubarkeit werden in komplexen Gesellschaftssystemen mit hoher Abhängigkeit vom Staat grundlegend. Ein Staat, der auf Umweltänderungen mit kurzsichtigen, hektischen Reaktionen antwortet, ist zwangsläufig Krisenherd für wirtschaftliche und politische Destabilisierungen. Wird die Ressourcenallokation nicht systematisch neu geordnet und in längerfristige Prioritätsstrukturen übergeführt, um die – mit Umstrukturierungen verbundenen – Störungen zu minimieren, so wirkt administratives „Sparverhalten in gängigen Routinen" konjunkturverschärfend und delegitimatorisch (Staatsverdrossenheit). Umstrukturierungsprozesse sind in komplexen, durch intensive arbeitsteilige Interdependenzen charakterisierten Systeme nur noch mittelfristig zu leisten, sollen die Kosten hektischer Strukturveränderungen nicht den Nutzen der Strukturanpassung durch neu induzierte Störungen bei weitem übersteigen. Umstrukturierungsprozesse in staatlichen Allokationssystemen erlangen erst langsam wissenschaftliche Aufmerksamkeit (vgl. *deLeon*, 1979; *Lichten*, 1980).

6. *Folgerungen:*

Verwaltungswissenschaft kann sicherlich nicht in Anspruch nehmen, über ein eigenes Paradigma im Sinne *T. S. Kuhns* zu verfügen[24]. Aber dasselbe gilt für die Finanzwissenschaft, wenn man vom „public-choice-Ansatz" absieht, dessen wissenschaftstheoretischer Status noch zu klären wäre. Was jedoch Verwaltungswissenschaft gegenüber der Finanzwissenschaft auszeichnet, ist ihre spezifische Betrachtungsweise und Fragestellung. In bezug auf die vorstehenende Thematik läßt sich diese wie folgt konkretisieren:

Erstens macht die verwaltungswissenschaftliche Betrachtung darauf aufmerksam, daß der administrative Institutionenrahmen steuernde Wirkung hat[25]:

- er definiert und provoziert institutionelle Eigeninteressen, die an der Ressourcenallokation beteiligt werden müssen;
- er verstärkt die Trennung von Input- und Outputallokation, so daß die Ressourcenverteilung zum eigenständigen Politikfeld wird;
- er segmentiert die Ressourcenallokation in eine Vielzahl weitgehend autonomer Allokations-Arenen entsprechend den institutionellen Barrieren, die gleichzeitig auch Finanzfluß-Barrieren sind; eine umfassende staatliche Allokation wird damit unmöglich (s. Trennung von Finanzausgleich-Budgetierung und Programmbudgetierung).

Zweitens verweist die verwaltungswissenschaftliche Analyse darauf, daß der Institutionenrahmen eine bestimmte Verteilung von Ressourcen und Kompetenzen festschreibt, die ihrerseits Gegenstand von Allokationsprozessen werden kann. Das führt zu der wichtigen Trennung von shortrun- und longrun-Betrachtung, wobei die damit implizierte Fristigkeit den Beobachtungshorizont in sachlicher, weniger in zeitlicher Perspektive meint. Änderungen des Institutionenrahmens können als Funktional-, Finanz- und Gebietsreform Gegenstand der „Budgetpolitik" werden.

Drittens zeigt die verwaltungswissenschaftliche Betrachtung, daß Institutionen eigendynamische Prozesse auslösen, weil sie für jeden Akteur Anreize schaffen, die in ihnen angelegten Macht- und Verteilungspotentiale zu seinen Gunsten auszuschöpfen: Oligarchisierungs-, Kartellierungs-, Fragmentierungstendenzen sind damit verbunden. Sie wirken auf die Ressourcenallokation zurück, indem durch sie die Verteilungschancen und damit Verteilungsergebnisse verändert werden.

Viertens — im vorliegenden Beitrag nicht behandelt — erweitert die verwaltungswissenschaftliche Betrachtungsweise das Blickfeld über den gesamten Prozeß der staatlichen Allokation,

- einerseits „nach vorn" in die Phase der Ressourcengewinnung, in der bereits allokative Elemente enthalten sein können, etwa, wenn ein Ressort verhaltenssteuernde Politik über gezielte Steuerbefreiungen betreibt, oder, wenn Ressorts auf nicht-ausgabenintensive Politiken abstellen (regulative, informatorische oder korporatische Strategien);
- andererseits „nach hinten" in die Phase des Haushaltsvollzugs, wenn die Ressorts den ihnen gewährten Handlungsspielraum eigenmächtig ausnutzen und evtl. vollendete Daten für die nächste Budgetierungsrunde schaffen.

Dieser Politikbezug der Verwaltungswissenschaft verweist auf die Kosten der Konsensfindung, die in der Finanzwissenschaft ausgeblendet werden, so, als würden politische Konsensfindungsprozesse kostenfrei ablaufen. Politische Kosten verändern jedoch — wie ökonomische Kosten — die Allokationsprozesse: Die Akteure versuchen, die Kosten für sich zu minimieren und sie auf Dritte zu externalisieren; sie richten ihre Verhaltensweisen aus an den erwarteten politischen Kosten und meiden Aktivitäten, die hohe politische Kosten, konkret: hohe Konflikte, implizieren. Politische Konsensfindung wird dann aus der Perspektive wirtschaftlicher Rationalität sehr schnell „irrational", d. h. im Ziel-Mittel-Bezug suboptimal. Jedoch läßt sich verwaltungswissenschaftlich zeigen, daß diese ökonomische Irrationalität politisch rational sein kann, weil damit Allokationsentscheidungen in vertretbarer Zeit getroffen werden können und die

Kontrolle über die Problemlösung erhöht werden kann – ohne diesen Konsens würden die Vollzugsdefizite höher ausfallen und die faktische Problemlösung weniger effektiv sein. Verwaltungswissenschaft leistet im Gegensatz zur Finanzwissenschaft Beiträge dazu, wie die Ressourcen für die politische Konsensfindung effizienter genutzt werden können, d. h. welcher Institutionenrahmen, welche Entscheidungs- und Kommunikationsstrukturen und welche binnenstaatliche Aufgaben- und Finanzverteilung bei gegebenen Werte- und Traditionsstrukturen welche Qualität der Konsensfindung und politischen Problembearbeitung erbringen können. Allerdings ist auch die Verwaltungswissenschaft noch weit davon entfernt, eine *Theorie* der politischen Kostenwirkungen anbieten zu können.

Anmerkungen

1 Kreditaufnahme und Geldpolitik haben Einfluß auf die heimische Inflation und damit auf den Realanteil des Staates.

2 Allerdings scheint die paradigmatische Unsicherheit einer „jungen" Disziplin wie der von der amerikanischen Public-Administration-Forschung wiederbelebten Verwaltungswissenschaft dazu zu führen, daß die formale Eleganz von Denkmodellen anderer Disziplinen ungewollte Sogkräfte entwickeln. So scheint der ökonomische „public choice"-Ansatz zunehmend verwaltungs- und politikwissenschaftliches Denken zu beeinflussen.

3 Über die gemeinsamen Ursprünge informieren *H. Maier* (1966) und *F. K. Mann* (1977). „Kameralismus" bezeichnet die im 17. Jahrhundert entstandene und im 18. Jahrhundert zur Blüte gebrachte staatliche Verwaltungslehre, deren Gegenstand die Verwaltung des (absolutistischen) Staates, die Erhalten und Mehrung des Staatsvermögens, die Beschaffung staatlicher Einnahmen und die Förderung der Wirtschaft eines Landes als der Grundlage staatlicher Einnahmebeschaffung waren (vgl. *F. Hoffmann* (1943)).

4 Zahlreiche öffentliche Aufgaben, die über verhaltenslenkende Mittel zur Einwirkung auf private Verhaltensweisen erfüllt werden, werden durch Einsatz der Steuerpolitik erledigt. Der 7. Subventionsbericht der Bundesregierung von 1979 (BT-DrS. 8/3097) zeigt die beeindruckende Fülle von Steuerbefreiungen, die allokationspolitisch legitimiert werden; darüber hinaus werden einzelne Abgaben erhoben, um Verhaltensweisen zu „bestrafen" (z. B. Abwasserabgabe, „Koupon-Steuer") (vgl. *Fürst*, 1978).

5 Der Bund wälzt Budgetkürzungen auf die Länder ab, indem er beispielsweise seine Leistungen für die Gemeinschaftsaufgaben kürzt; die Länder wälzen auf Gemeinden ab, indem sie die Finanzausgleichsleistungen reduzieren; Bund und Länder wälzen auf Gemeinden ab, indem sie ihre Leistungen für Kinder-, Wohn- und Arbeitslosengeld verringern, damit aber komplementäre Sozialleistungen bei den Gemeinden provozieren.

6 Substitution durch nichtfiskalische Ressourcen ist in der Regel gleichzusetzen mit Verlagerungen staatlicher Aufgabenerledigung auf Private (*Bennett/Johnson*, 1980).

7 Vgl. das Scheitern des PPBS: *Schick*, 1973; das Vollzugsdefizit von § 7 (2) BHO, wonach für „Maßnahmen von erheblicher finanzieller Bedeutung" Kosten-Nutzen-Untersuchungen anzustellen sind.

8 Positiv-Summenspiele setzen eine produktive Beziehung voraus; soweit die Produktionsbeziehungen individualisierbar sind (individuell zurechenbare Nutzen erzeugen), werden sie über den Markt geleitet. Das politisch-administrative Allokationssystem wird vor allem für Umverteilungsprozesse genutzt; diese sind der Tendenz nach Nullsummenspiele. Allerdings hängt die Definition häufig von der sachlichen und zeitlichen Reichweite der Betrachtung ab; „in the long run" können viele Nullsummenspiele als Positivsummenspiele „im wohlverstandenen Eigeninteresse der Akteure" verstanden werden. Für diese Definitionsleistung bedarf es jedoch politischer Makler (prisonner's dilemma-Problem).

9 *Territoriale* Förderalisierung ist der Verband von *Gebietskörperschaften*; funktionale Föderalisierung kennzeichnet die Verbindung von *Ressorts* in einem Staatswesen bei weitgehender Selbständigkeit der Ressorts (so bezeichnen *Heclo/Wildavsky*, 1977, 278, das britische Staatssystem als „a loose federation of departments").

10 Das „law of appropriateness" besagt, daß die eigene Behörde der beste Platz zur Erledigung der spezifischen Aufgaben ist, daß Dritte aber zur Finanzierung zu verpflichten seien (*Kennedy*, 1972). Externalisierung von Kosten heißt: Kosten auf Dritte abzuwälzen.

11 „Non-Affektationsprinzip", als „Grundsatz der Gesamtdeckung" (§ 8 Bundeshaushaltsordnung) im Haushaltsrecht verankert, verbietet die Zweckbindung von Steuern für Einzelausgaben.

12 Beispiele für Steuerprotest: Poujade in Frankreich, Glistrup in Dänemark, Anders Lange in Norwegen, Jarvis/Glann („proposition 13") in den USA, Fredersdorf in der BRD; Beispiele für Steuervermeidung: die zunehmende „Untergrundwirtschaft" (*Piel*, 1981).

13 Deren politsiche Intensität ist allerdings unterschiedlich; vor allem sind es wohl die Mittelschichten, die Widerstand einlegen und sich wirtschaftlich konservativ gebärden (*Bell*, 1974).

14 Vgl. die Diskussionen in und um die „Entbürokratisierungs-Kommissionen" in den Ländern Baden-Württemberg, Bayern, Niedersachsen und Nordrhein-Westfalen.

15 Eine solche Ideologie könnte eine Staatsideologie im Sinne eines Treueverhältnisses zur „civitas" sein (*Bell*, 1974, 46); sie wird jedoch in kapitalistischen Systemen von utilitaristischen Individualideologien zerstört (*Habermas*, 1973, 106 ff.).

16 Üblicherweise verfallen nicht verausgabte Gelder am Ende des Haushaltsjahres; das führt zum berüchtigten „Novemberfieber". Das neue Haushaltsrecht hat hier Modifikationen angebracht: Der Haushalt kann auf eine Zweijahres-Periode ausgedehnt werden; Gelder können durch Verpflichtungsermächtigungen in der Zukunft reserviert werden; Parlament und Finanzressort räumen großzügiger Übertragungsmöglichkeiten ein (Haushaltsreform 1969).

17 „Throwing money at problems" ist eine beliebte politische Strategie, symbolhaft Probleme zu „lösen"; eine solide Finanzbasis gilt als solides Haushaltsgebaren und damit solide Regierungsführung; Ressourcenknappheit läßt Ressorts in ihrem Verhalten gegenüber der Umwelt restriktiv, unsicher/ängstlich, „kurzatmig" auftreten.

18 Dazu gehören: vertikale Kartellierung von Ressorts „Flucht aus dem Budget" (*Smekal*, 1977), Normen der Nichteinmischung, der Respektierung von Interessensphären, Korpsgeist-Denken etc.

19 So die wohl herrschende Ansicht der „ökonomischen Theorie der Politik" (*Kristensen*, 1980; *Meltzer/Richard*, 1978); Downs hatte noch 1960 die gegenteilige These vertreten, wonach der politische Prozeß die Nutzen von *Kollektiv*gütern zulasten ihrer Produktionskosten unterschätzen würde. Beide Thesen sind miteinander verträglich – es hängt vom Typ der öffentlichen Güter ab, welcher Effekt dominiert: Je mehr es sich um reine „public goods" handelt, um so eher gilt die These *Downs*; je mehr es sich um „merit goods" mit hohem privatisierbaren Nutzenanteil handelt, um so eher gilt die These Kristensens.

20 Das gilt auch für die Auflistung der Budgetierungsroutinen, die als typisch für strategisches Verhalten der Titelverwender und der Finanzverwalter gelten, z. B. bei den Titelverwendern: „never ask for less than you already have"; „always claim a fair share of the annual growth"; „appeal to national standards"; bei den Finanzverwaltern: „always cut something"; „reduce increases"; „balance out"; „do not set a precedent" (*Lane*, 1980, 188 f.; *Wildavsky*, 1974, 102 ff.).

21 Die Unterscheidung in „short run"- und „long run"-Betrachtungsweisen ist in den Wirtschaftswissenschaften gebräuchlich. Short run bezeichnet eine Betrachtungsweise, die lediglich die kurzfristig veränderbaren Variablen aus dem unmittelbaren Kontext des beobachteten Entscheidungsfeldes behandelt. Long run-Betrachtungen beziehen Veränderungen ein, die einmal nur in längeren Zeitabständen wahrgenommen werden können, zum anderen die engeren Betrachtungsgrenzen der Entscheidungsfelder überschreiten. „Kurz-" und „langfristig" entsprechen diesem Termini nur eingeschränkt, weil es nicht so sehr auf die Fristigkeit der Veränderungen als auf die Blickrichtung des Beobachters ankommt.

22 „Mitspieler" sind die Steuerzahler und alternative Ressourcenverwendungen.

23 Die sog. Flexibilität der Staatsaufgaben und -ausgaben wandelt sich im Konjunkturverlauf. In Phasen des Aufschwungs/Wirtschaftswachstums wird vieles als inflexibel bezeichnet, das sich in Knappheitsphasen öffentlicher Haushalte als politisch wieder entscheidbar und damit flexibel erweist.

24 Paradigmata sind danach Deutungs- und Erklärungsmuster empirischer Beobachtungen, die auf bestimmten Überzeugungen und Normen/Werten beruhen und sowohl die Beobachtungen strukturieren als auch ihre Interpretationen leiten.

25 Diese Nichtberücksichtigung von Filter- und Transformationsprozessen ist interessanterweise auch der Hauptvorwurf gegen den „environmental approach" von *Dye* et al. (*Stonecash*, 1980).

Literaturverzeichnis

Bell, D., 1974: The public household – on „fiscal sociology" and the liberal society, in Public Interest, 37/1974, 29–68

Bennet, J. T.; Johnson, 1980: Tax reduction without sacrifice; Private-sector production of public services, in: Public Finance Quarterly, 8/1980, 363–96

Danziger, J. N., 1978: Making budgets, Public resource allocation, Beverly Hills/London

deLeon, P., 1979: A theory of policy termination, in: J. V. May, A. B. Wildavsky, Hg., The policy cycle, Beverly Hills/London, 279–300

Denso, J.; Ewringmann, D.; Hansmeyer, K. H.; Koch, R.; König, H.; Siedentopf, H., 1978: Verwaltungseffizienz und Motivation. Anreize zur wirtschaftlichen Verwendung öffentlicher Mittel durch die Titelverwalter, Göttingen

Dye, Th. R.; Robey, J. S., 1980: „Politics versus economics": Development of the literature on policy determination, in: *Th. R. Dye, V. Gray*, (Hrsg.), The determinants of public policy, Lexington/Mass., 3–18

Fürst, D., 1978: Verhaltenslenkende Instrumente in der Strukturpolitik (Konstanzer Universitätsreden, 105), Konstanz

Fürst, D., 1980: Föderalismusentwicklung, Finanzausgleichsprobleme und ihre wissenschaftliche Abbildung in den USA, (Diskussionsbeitrag Nr. 2/80 der Fachgruppe Politik-/Verwaltungswissenschaft), Konstanz

Fürst, D. 1982: Ansätze zu einer politischen Theorie des kommunalen Finanzausgleichs (im Druck)

Frey, B. S., 1977: Moderne Politische Ökonomie: Die Beziehungen zwischen Wirtschaft und Politik, München und Zürich

Habermas, J., 1973: Legitimationsprobleme im Spätkapitalismus, Frankfurt

Heclo, H.; Wildavsky, A., 1977: The private government of public money. Community and policy inside British politics, London

Hoffmann, F., 1943: Die Ausbildung für Verwaltung und Praxis im deutschen Kameralismus, in: Zeitschrift für das gesamte Staatswesen, 103/1943, 177–208

Kamlet, N. S.; Mowery, D. C., 1980: The budgetary base in federal resource allocation, in: American Journal of Political Science, 24/1980, 804–21

Kennedy, D. J., 1972: The law of appropriateness: An approach to a general theory of intergovernmental realtions, in: Public Administration Review, 32/1972, 135–43

Kristensen, O. P., 1980: The logic of political-bureaucratic decision-making as a cause of governmental growth: Or why expansion of public programs is a „private good" and their restriction is a „public good", in: European Journal of Political Research, 8/1980, 249–64

Lane, F. S., 1980: Managing State and local government, New York

LeLoup, L. T.; Moreland, W. B., 1978: Agency strategies and executive review: The hidden politics of budgeting, in: Public Administration Review 38/1978, 232–39

Lichten, E., 1980: The development of austerity: Fiscal crisis in New York City, in: *G. W. Domhoff*, (Hrsg.), Power structure research, Beverly Hills/London, 139–71

Lüder, K.; Budäus, D., 1976: Effizienzorientierte Haushaltsplanung und Mittelbewirtschaftung, Studie zum Problem der Erzeugung von Anreizen für die wirtschaftliche Verwendung öffentlicher Mittel durch Titelverwalter, Göttingen

Maier, H., 1966: Die ältere deutsche Staats- und Verwaltungslehre, Neuwied/Berlin

Mann, F. K., 1977: Abriß einer Geschichte der Finanzwissenschaft, in: Handbuch der Finanzwissenschaft, 3. Aufl., Tübingen, 78–99

Meltzer, A. H.; Richard, S. F., 1978: Why government grows (and grows) in a democracy, in: Public Interest, 52/1978, 111–118

Niskanen, W. A., 1971: Bureaucracy and representative government, Chicago

O'Connor, J., 1973: The fiscal crisis of the state, New York

Orzechowski, W., 1977: Economic models of bureaucracy: Survey, extensions, and evidence, in: *Th. E. Borcherding*, (Hrsg.), Budgets and bureaucrats: The source of government growth, Durham/N. C., 229–59

Ostrom, V., 1973: The intellectual crisis in American public administration, Alabama

Piel, D., 1981: Das dunkle Gewerbe. Schwarzarbeiter und illegale Verleihfirmen prellen den Staat um Milliarden, in: ZEIT, 38/1981, 9–11

Ronge, V.; Schmieg, V., 1973: Restriktionen politischer Planung, Frankfurt

Schick, A., 1973: A death in the bureaucracy: The demise of Federal PPB, in: Public Administration Review, 33/1973, 146–56

Sharkansky, I., 1978: Public Administration (4. Aufl.), Chicago

Skok, J. E., 1980: Budgetary politics and decision-making. Development of an alternative hypothesis for State government, in: Administration and Society, 11/1980, 445–60

Smekal, Ch., 1977: Die Flucht aus dem Budget, (Schriftenreihe des Instituts für angewandte Sozial- und Wirtschaftsforschung, Bd. 29), Wien

Stonecash, J., 1980: Politics, wealth, and public policy: The significance of political systems, in: *Th. R. Dye, V. Gray*, (Hrsg.), The determinants of public policy, Lexington/Mass., 21–38

Teuscher, H., 1976: Finanzpolitische Willensbildung im Budgetprozeß. Überprüfung einiger Hypothesen am Beispiel des Budgets des Kanton St. Gallen, Bern und Stuttgart

Wildavsky, A., 1974: The politics of the budgetary process, (2. Aufl.), Boston

Wright, D. S., 1978: Understanding intergovernmental relations, Public policy and participants' perspective in Local, State, and National governments, North Scituate/Mass.

Stadtpolitik

Joachim Jens Hesse

„Wird die kommunale Organisationsform endgültig aus der Geschichte verschwinden – gewissermaßen wegen Wegfalls der Geschäftsgrundlage – und als Form „bürgernahen Ausführungshandelns" vollends in die staatliche Gesamtorganisation vereinnahmt – oder wird die politische Struktur der Kommune an neue gesellschaftliche Sachverhalte geknüpft?"
R.R. Grauhan, in: Grenzen des Fortschritts?, München 1975, S. 98

Vorbemerkung

Der Einbezug der Stadtpolitik in die Reihe der hier diskutierten Politikbereiche ergänzt deren bislang meist sektorale Differenzierung um eine gebietskörperschaftliche und eine territoriale Komponente. Nicht der einzelne, meist eine entsprechende administrative Abbildung auf Bundes-, Landes- wie kommunaler Ebene erfahrende Politikbereich steht zur Diskussion, vielmehr die eine Vielzahl von Politikbereichen umfassende Ebene der kommunalen Selbstverwaltung, der lokalen Politik.
Die folgenden Ausführungen suchen zunächst Standort und Bedeutung der Stadtpolitik in der Bundesrepublik zu umreißen (1), skizzieren dann erkennbare Probleme sowie deren wissenschaftliche Abbildung im Zeitablauf und summieren den Stand der Diskussion (2). Eine Kennzeichnung von Aufgaben und Möglichkeiten politik- und verwaltungswissenschaftlicher Forschung (und Beratung) im Bereich der lokalen Politik beschließt diesen Überblick (3).

(1) Stadtpolitik – die Aufwertung eines Politikfeldes

Stadtpolitik, lange Jahre ein eher peripheres Politikfeld im Schatten von Bundes- und Landespolitiken, *hat „Konjunktur"*. Die Verstärkung erkennbarer Fehlentwicklungen in den städtischen Räumen der Bundesrepublik, das Aufbrechen und die Inzidenz gesamtstaatlicher Probleme gerade auf lokaler Ebene (Arbeitsmarkt, Wohnen, Energie, Verkehr, soziale Versorgung) sowie schließlich neue Formen der politischen Willensbildung, des gesellschaftlichen Protestes, haben die öffentliche Aufmerksamkeit für lokale Problemstellungen und hierauf bezogene Prozesse der politischen Auseinandersetzung verstärkt.

Dabei unterliegt das Verhältnis zwischen Stadt und Staat, zwischen den Institutionen der kommunalen Selbstverwaltung und denen übergeordneter Gebietskörperschaften, spätestens seit Beginn des 19. Jahrhunderts – dem Zeitpunkt der Herausbildung der modernen Selbstverwaltung – einer zwar unterschiedlich intensiven, meist jedoch spannungsreichen Diskussion. Waren es anfangs die gegen den Obrigkeitsstaat erkämpften bürgerlichen, wenn auch klassengebundenen Freiheitsrechte, die es auszubauen galt, so stand seit der Industrialisierung die Frage auch nach der gesamtstaatlichen Funktion der Städte und Gemeinden im Vordergrund des Interesses. Sie führte schließlich in der Weimarer Republik zu einer Aufhebung des Dualismus zwischen Kommunal- und Staatsverwaltung.

Im föderalistisch strukturierten System der Bundesrepublik ist die *verfassungsrechtliche Position* der kommunalen Selbstverwaltung durchaus noch *vom liberalstaatlichen Modell des 19. Jahrhunderts geprägt:* Die Kommunen sind als Verbände ohne Staatsqualität Untergliederungen der Länder und werden in den Angelegenheiten der örtlichen Gemeinschaft tätig, wobei zumindest für die Gemeinden (nicht die Gemeindeverbände) vom Grundsatz der Allzuständigkeit auszugehen ist.

Dieses normative *Ausgangsmodell* ist *mit der sozialökonomischen und politischen Entwicklung* in der Bundesrepublik jedoch *kaum* mehr *vereinbar*. Neben den meist konjunktur- und wachstumspolitisch begründeten Eingriffen in die kommunale Ressourcenstruktur und Mittelverwendung wurden die Gemeinden zunehmend auch im Bereich der Aufgaben- und Entscheidungsstrukturen in ein System staatlicher, hierarchisch organisierter Arbeitsteilung einzupassen versucht. Dies zum einen über Tendenzen der Steuerungszentralisierung bei gleichzeitiger Vollzugsdezentralisierung, zum anderen über die Intensivierung von Planungsansätzen auf allen Ebenen, wobei eine Hierarchie von Planungsstufen resp. die Einpassung der jeweils niedrigeren in die Vorstellungen der gebietskörperschaftlich höheren Planungsebenen angestrebt wurde.

Trotz der inzwischen deutlichen Ernüchterung sowohl gegenüber zunehmend zentralstaatlich ausgerichteten Problemlösungsansätzen als auch gegenüber allzu euphorischen Vorstellungen von „integrierten Planungssystemen", resultierte aus der Vielzahl einzelner Steuerungspolitiken des Bundes und der Länder eine erhebliche Einbindung der kommunalen Ebene in die gesamtstaatliche Problemverarbeitung, ein Prozeß, den die Enquête-Kommission Verfassungsreform des Deutschen Bundestages in ihrem Schlußbericht bestätigte.

Diese allgemeine *Aussage wachsender staatlicher Steuerungszentralisierung* und zunehmender Einschränkung kommunaler Entscheidungsräume durch staatliche Vorgaben ist jedoch *zu differenzieren*. Sie ist zum Teil deduktiv gewonnen und spiegelt Argumentationszüge des Weberschen Bürokratiemodells wider. In der Praxis lassen sich *Gegenbewegungen* beobachten:

– Die sich sektoral ausprägende Steuerungszentralisierung stößt bei zunehmender Ausdifferenzierung der gesellschaftlichen Lebens- und Produktionsprozesse auf die Grenze, heterogene Problemausprägungen noch einheitlich „standardisiert" über den Zentralstaat regeln zu können; die Vollzugsebenen gewinnen dadurch Freiräume der Anpassung staatlicher Regelungen an ihre konkrete Problemsituation.

- Der sozioökonomische *und* soziokulturelle Strukturwandel (Wertewandel, Entwertung und Neubildung von Humankapital, Veränderungen von Standortanforderungs-Profilen, zunehmende Verknüpfung des staatlich-kommunalen und des privatwirtschaftlichen Problemlösungsverhaltens etc.) erzeugt neue Probleme, deren politische Inzidenz zunächst auf der Gemeindeebene anfällt: Randgruppenbildungen, Artikulation neuer human-sozialer Bedarfe (Umweltschutz, Lebensqualität, Wohnwertbezüge), Integrationsnotwendigkeit arbeitsteilig entkoppelter Problemlösungsansätze usw.
- Der gesellschaftliche und politische Paradigmawechsel zu Themen der „Staatsverdrossenheit“, der „Regierbarkeit“, der „Überbürokratisierung“ auf der einen sowie der „Dezentralisierung“, der „basisdemokratischen Willensbildung“ und der „alternativkulturellen Lebensform“ auf der anderen Seite werten die kommunale Ebene auf – wobei diese Aufwertung primär die größeren Städte betrifft, die gleichzeitig Zentren sozioökonomischer wie soziokultureller Betroffenheit und Innovation sowie hierauf bezogener politischer Reaktionsmuster sind.

Die *aktuelle Situation* im föderativen System der Bundesrepublik ist stark durch die Veränderung der Rahmenbedingungen gekennzeichnet. Insbesondere aufgrund der zum Teil dramatischen *Verschlechterung der Einnahmensituation der öffentlichen Haushalte* steht nicht mehr die Verteilung von Zuwächsen an öffentlichen Ressourcen zwischen den Gebietskörperschaften zur Diskussion, Einnahmenausfälle zwingen vielmehr zu Umverteilungspolitiken. Sie werden zum einen durch *Eingriffe in Leistungsgesetze* resp. erreichte Versorgungsstandards, zum anderen über *Verteilungskämpfe* zwischen den Gebietskörperschaften realisiert.

Zwar ist hier eine *Tendenz zur Dezentralisierung der Lastenverteilung* erkennbar, *andererseits* jedoch kann aufgrund aktueller Entwicklungstendenzen durchaus von einem *politischen Potentialgewinn der kommunalen Ebene* insofern ausgegangen werden, als der bei den dezentralen Gebietskörperschaften anfallende Problembestand, die Aufwertung der Verdichtungsräume sowie erkennbare Veränderungen im Prozeß der politischen Willensbildung Umorientierungen der föderalstaatlichen Politik deutlich machen.

Die Erkenntnis der *lokalen Inzidenz gesellschaftlicher Problemstellungen* ist nicht neu. Neueren Datums hingegen ist die Tendenz, in Knappheitssituationen auf Bundes- und Landesebene nicht gelöste Probleme zu dezentralisieren und/oder den kommunalen Bereich mit deren politischen und finanziellen Folgekosten zu belasten. Diese Argumentation stellt weniger ab auf die jahrelange, routinisierte und damit politische Wirkung einbüßende Behauptung der kommunalen Spitzenverbände, Bundes- und Landesgesetze würden die Kommunen auf unzumutbare Weise in ihren Handlungsmöglichkeiten beschränken, sie verweist vielmehr auf umfassendere Entlastungsprozesse zwischen den gebietskörperschaftlichen Ebenen (politische Integrationserwartung, Dezentralisierungs- resp. Regionalisierungsdiskussion, Finanzausgleichsreform, soziale Versorgung).

Neueren Datums ist auch die diesen Prozessen gegenüber politische Reaktion kommunaler Vertreter, die durch die bewußte Thematisierung der gleichsam staatlichen Lasten-Dezentralisierung für Aufmerksamkeit sorgen. Am deutlichsten wurde dies bislang bei der Abschaffung der Lohnsummensteuer im Rahmen der Gewerbesteuerreform

1978, ein Konfliktfeld, das aufgrund der noch nicht gegebenen Anschlußregelung ab 1983 zu einer weiteren Intensivierung der Verteilungskämpfe zwischen den gebietskörperschaftlichen Ebenen führen dürfte.

Die *politische Aufwertung der Verdichtungsräume* als zweite Begründungsebene für die hier gesehene Bedeutungssteigerung der Städte im föderalstaatlichen System ist seit längerem erkennbar. Sie resultiert zunächst aus den strukturellen Besonderheiten, die Agglomerationsräume für die sozioökonomische und politische Entwicklung aufweisen, wird aber dadurch verstärkt, daß angesichts der Schwierigkeiten bei der Realisierung des Postulats der Herstellung „gleichwertiger Lebensbedingungen" in den Teilräumen der Bundesrepublik die peripheren Räume politisch an Aufmerksamkeit verlieren und die Verdichtungsräume als Zentren der gesellschaftlichen Entwicklung und Reaktion wieder in den Mittelpunkt der politischen Auseinandersetzung rücken. Die Auswirkungen des sektoralen Strukturwandels, die Situation der altindustrialisierten Ballungsräume, räumliche Konzentrationsprozesse, die Anpassung baulicher und infrastruktureller Gegebenheiten an sich verändernde Anforderungen u.a.m. erhöhen den Gestaltungs- und Ordnungsbedarf in den Verdichtungsräumen. Hier manifestieren sich zudem gesamtgesellschaftlich zentrale Problemstellungen zuerst, entwickeln sich innovative Muster der Problemlösung und neue Formen der politischen Auseinandersetzung.

Dieser letztgenannte Aspekt verweist auf den explizit politischen Faktor für die hier gesehene Bedeutungssteigerung der kommunalen Ebene: die erkennbaren *Veränderungen im Prozeß der politischen Willensbildung der Bundesrepublik*.

Dabei ist zunächst abzustellen auf das offensichtlich gestiegene Selbstbewußtsein der Vertreter des eher etablierten kommunalpolitischen Prozesses. Dies Selbstbewußtsein und das daraus resultierende veränderte Rollenverhalten gründet sich zum einen auf eine Reihe erfolgreicher Interventionen gegenüber staatlichen Politiken, zum anderen auf den steigenden dezentralen Problemdruck, der nur um den Preis sozialer Instabilitäten von Bund und Ländern negiert werden könnte.

Verstärkt werden diese Prozesse jedoch zweifelsohne auch durch die zum Teil neuen politischen Bewegungen in den Verdichtungsräumen der Bundesrepublik, die eine nicht unerhebliche Verunsicherung der etablierten Parteien auf Bundes-, Landes- und kommunaler Ebene bewirken. Nach dem Scheitern einer Stigmatisierung und nach den politischen Erfolgen dieser Bewegungen auch im parlamentarischen Raum verstärkt sich die Aufmerksamkeit des etablierten politischen Prozesses für die von Grünen, Alternativen und anderen Gruppierungen besetzten Themenbereiche. Da diese, der Basisorientierung der meisten dieser Gruppen entsprechend, häufig dem lokalen Bereich entnommen sind, ergibt sich auch von daher eine Aufmerksamkeits- und Wahrnehmungsverstärkung für kommunale Problemstellungen.

Somit ist zunächst festzuhalten: Die aufgrund der veränderten Rahmenbedingungen der gesamtstaatlichen Politik notwendigen Umverteilungspolitiken werden zu einem Teil über Verteilungskämpfe zwischen den gebietskörperschaftlichen Ebenen Bund, Länder und Gemeinden realisiert. Die kommunale Ebene und hier wiederum insbesondere die *Großstädte verzeichnen* dabei eine latente *Bedeutungssteigerung*, d. h. ihr politisches Potential im föderativen Staat wächst:

- *strukturell* durch die Aufwertung der Verdichtungsräume, die aufgrund des ökonomischen und kulturellen Strukturwandels gerade in Knappheitssituationen als Zentren der politisch-administrativen, ökonomischen und soziokulturellen Entwicklung und Innovation verstärkte Aufmerksamkeit erfahren,
- *prozessual* durch die zentrale Stellung der kommunalen Gebietskörperschaften als Umsetzungsebene von Bundes- und Landespolitiken sowie aufgrund aktueller Dezentralisierungs- und Regionalisierungstendenzen in einzelnen Politikbereichen, die als Ergebnis einer defizitären zentralstaatlichen Problemverarbeitung und/oder als Entlastungspolitiken von Bund und Ländern zu interpretieren sind,
- *inhaltlich* durch die sich auf lokaler Ebene massierenden gesellschaftlichen Problemstellungen sowie durch die Intensivierung der politischen Integrationsfunktion der Gemeinden, die aufgrund aktueller Veränderungen im Prozeß der gesellschaftlichen und politischen Willensbildung zunehmende Bedeutung erhält.

(2) Probleme der Stadtpolitik und ihre wissenschaftliche Abbildung im Zeitablauf

Die politik- und verwaltungswissenschaftliche Diskussion hat erst relativ spät zu einer umfassenden Thematisierung von Problemen der Stadtpolitik, der kommunalen Selbstverwaltung insgesamt, gefunden. Dies wird zum einen sicher aus der Entwicklung der Disziplin selbst heraus verständlich (vgl. hierzu Handbuch der Kommunalen Wissenschaft und Praxis), zum anderen aus der Fixierung der Forschung auf staatliche Strukturen und Handlungsweisen; schließlich ist auch auf die lange Zeit fehlende gesellschaftliche und politische Aufmerksamkeit für kommunale Problemstellungen hinzuweisen. Noch 1960 ermittelte der Verein für Kommunalwissenschaften in einer Umfrage ein bestenfalls peripheres Interesse der deutschen Hochschulen am „Forschungsfeld Stadt", wobei Probleme der kommunalen Selbstverwaltung meist nur im Rahmen der öffentlich-rechtlichen Ausbildung angesprochen wurden. Als 1966 eine Bilanz der kommunalwissenschaftlichen Forschung gezogen wurde (*Haus* 1966), konnte etwa *Herzfeld* zu recht auf Traditionen der Kommunalgeschichte und konnten andere Autoren auf die zentrale Bedeutung von Forschungen zum Kommunalrecht, zur Kommunalverfassung (*Köttgen, Scheuner*) verweisen, die Ausführungen *Ziebills* zum Verhältnis von „Kommunalpolitik und politischer Wissenschaft" kamen hingegen über eine allgemeine Kennzeichnung von Forschungsbedarf nicht hinaus. Immerhin wird eine Wechselbeziehung gesehen, die bis heute von zentraler Bedeutung und damit auch durchgängiger Diskussionsgegenstand geblieben ist: „Aber die Kommunalwissenschaften, insbesondere die Politikwissenschaft, sollen nicht nur der kommunalen Praxis etwas *geben*, sie sollen auch von ihr *nehmen*: nämlich die breite Grundlage der Erfahrung, die nur die Praxis vermitteln kann." (*Ziebill* 1966, 101 f.).

(2.1) Zwei Phasen der (Re-)Politisierung lokaler Problemstellungen

Als *Theodor Eschenburg* gleichfalls Mitte der 60er Jahre bei einer Gegenüberstellung von Verfassungsnorm und Verfassungswirklichkeit des Artikel 28 Abs. 2 GG seine skeptische Einschätzung einer „Selbstverwaltungsmythologie" gegenüber formulierte, war dies das kritische Fazit zweier Jahrzehnte praktizierter bundesrepublikanischer Kommunalpolitik, der nach Meinung des Autors das „Politische" fehlte, die nach der Erbringung zentraler Wiederaufbauleistungen in der unmittelbaren Nachkriegszeit von Verfallserscheinungen gekennzeichnet schien und die selbst vor Ort eine nur begrenzte Aufmerksamkeit fand.

Die von *Eschenburg* angemahnte Reformdiskussion realisierte sich dann bekanntlich schneller als von ihm vermutet. Begünstigt durch die gesamtgesellschaftlichen „Aufbruchs"-Tendenzen und das mit ihnen verbundene „Reform-Klima" sowie verstärkt durch den realen politischen Problemdruck in den städtischen und ländlichen Räumen der Bundesrepublik wurde die kommunale Ebene Ende der 60er Jahre gleichsam „wiederentdeckt", fanden die zunächst eher allgemeinen Demokratisierungs- und Partizipationsdiskussionen hier eine Ebene der Konkretisierung.

Waren es zunächst eher ungezielte Proteste gegenüber wahrnehmbaren Beeinträchtigungen der unmittelbaren täglichen Lebenssituation („Unwirtlichkeit der Städte") und gegenüber negativen Entwicklungstendenzen in den zentralen städtischen Funktionsbereichen Arbeiten, Wohnen, Freizeit und Konsum, so ging das Problembewußtsein einer kritischen Öffentlichkeit bald tiefer, wurden die Vertreter des politischen Prozesses als Adressaten der Proteste und Forderungen identifiziert.

Die Reaktion der politischen Parteien schwankte dabei zunächst zwischen Abwehr und Versuchen einer Kanalisierung der Diskussion. Während die SPD unter dem Druck einer erfolgreichen Thematisierung und Mobilisierung seitens der Jungsozialisten („Kommunalpolitik – für wen?") relativ schnell zu einer umfassenden Diskussion sowohl der materiellen Gegenstandsbereiche wie der politischen Willensbildungsprozesse auf lokaler Ebene fand, folgten CDU/CSU und F.D.P. mit einiger Verzögerung. Die unterschiedliche Problemnähe der Parteien, Überlegungen zur Struktur der Stammwählerschaft sowie schließlich parteiinterne Divergenzen zum Stellenwert der Kommunalpolitik und zur Relevanz lokaler Problemstellungen mögen hierfür verursachend gewesen sein.

Die schließlich Mitte der 70er Jahre vorgelegten kommunalpolitischen Grundsatzprogramme resp. Leitlinien der Parteien zeugen vom mehrjährigen Diskussionsprozeß und dem gesellschaftlichen Reformanspruch. Sie fordern in unterschiedlicher Intensität offene und flexible Willensbildungsprozesse, räumen der Öffentlichkeit erweiterte Formen der Mitwirkung an lokalen Entscheidungen ein und setzen Schwerpunkte für einzelne kommunale Politikbereiche.

Die damit abgeschlossene gleichsam *erste Phase der Politisierung* oder historisch zutreffender: Repolitisierung der Kommunalpolitik mündete also in erweiterte Optionen zur politischen Beteiligung, *weckte Erwartungen politisch vermittelter Bedürfnisbefriedigung* und ließ auf Politikergebnisse hoffen, die eine nachhaltige Verbesserung der Lebensbedingungen in den städtischen und ländlichen Räumen der Bundesrepublik versprachen.

Nicht realisierte Reformkonzeptionen (etwa im Bereich des Bodenrechts) und die ab Mitte der 70er Jahre erheblich veränderten sozioökonomischen Rahmenbedingungen für das politische Handeln führten jedoch auch auf lokaler Ebene bald zu einer zunehmenden Diskrepanz zwischen gesellschaftlichen Erwartungen und Anspruchshaltungen und deren politisch-administrativer Akzeptanz und Realisierbarkeit.

Die schwindenden Hoffnungen waren dabei durch unterschiedliche Reaktionsmuster gekennzeichnet: Während für den politischen Prozeß die der Öffentlichkeit nur schwer zu vermittelnde Reaktion auf den ökonomischen Strukturwandel und die Anpassung an knapper werdende Haushaltsmittel von zentraler Bedeutung waren, mehrten sich auf der Ebene insbesondere der lokalen Öffentlichkeit Formen politischer Willensbildung, die zum Teil außerhalb der etablierten politischen Parteien erfolgten, zum Teil bewußt gegen diese gerichtet waren. Die Herausbildung von Bürgerinitiativen, Stadtteilkomitees, von politischen ad-hoc-Gruppen der unterschiedlichsten Form und inhaltlichen Ausrichtung waren und sind Ergebnisse dieses Prozesses. Die durch sie erfolgende Politisierung lokaler Problemstellungen gewinnt dabei allmählich eine neue Qualität und Intensität. Sie ist zum einen gekennzeichnet durch die Konzentration auf begrenzte, punktuelle, den unmittelbar lokalen, ja nachbarschaftlichen Lebenszusammenhang berührende Probleme, der die eher flächendeckende Thematisierung durch die politischen Parteien gegenübersteht, zum anderen durch die Diskontinuität der politischen Aktion und die heterogene, häufig zufällige Zusammensetzung der Akteure, die die Kommunikation mit den politischen Parteien erschwert, sie zum Teil unmöglich macht.

Die Reaktion der Parteien zeigt dabei Zeichen der Verunsicherung. So fehlt es nicht an Versuchen der Kanalisierung und „Umarmung" der Formen parteiexterner Willensbildung einerseits, ihrer Stigmatisierung und Kriminalisierung andererseits, wird – nicht zu Unrecht – auf die mangelnde Legitimation und Repräsentativität der neuen politischen Gruppierungen verwiesen, eine *inhaltliche* Auseinandersetzung mit diesen findet jedoch nur in wenigen Ausnahmefällen statt. Damit wächst die – wechselseitige – Entfremdung zwischen (neuen) Aktivbürgern und Parteien, wird die Diskrepanz zwischen aktuellen Problemstellungen und politisch-administrativer Reaktion deutlicher, wächst die Rekrutierungsbasis außerparlamentarischer, schließlich alternativer politischer Bewegungen.

Die zunehmende Ressourcenkrise bei Bund, Ländern und Gemeinden, die aufgezeigten Prozesse einer Dezentralisierung der Lastenverteilung und nicht zuletzt verstärkt auf lokaler Ebene aufbrechende gesellschaftliche Widersprüche in einzelnen Politikbereichen wirken schließlich als zusätzliche Verstärker dieser *zweiten Phase der Politisierung* der kommunalen Ebene. Sie ist inzwischen geprägt von *Ansätzen zu „sozialen Bewegungen"* in den Verdichtungsräumen der Bundesrepublik, denen die „etablierten" Parteien noch weitgehend sprach- und reaktionslos gegenüberstehen.

(2.2) Politik- und verwaltungswissenschaftliche Reaktionen

Die Ausweitung des politik- und verwaltungswissenschaftlichen Interesses am „Forschungsgegenstand Stadt" steht zweifelsohne im Kontext dieser Entwicklung. Sie ist eng verbunden mit den gesellschaftspolitischen Veränderungen, die die Bundesrepublik ab etwa Mitte der 60er Jahre prägten. Zusammengefaßt können auch hier *zwei Phasen* der erweiterten politik- und verwaltungswissenschaftlichen Beschäftigung mit lokalen Problemstellungen unterschieden werden:

– eine *Phase der wissenschaftlichen Aufbereitung des Politikfeldes*, die über den phänomenologischen Zugang hinaus die strukturellen, prozessualen und inhaltlichen Besonderheiten kommunaler Problemstellungen zu identifizieren suchte,
– sowie eine *Phase der Binnendifferenzierung*, die der Kritik an den zum Teil sehr aggregiert, auch politikfern ansetzenden Arbeiten der frühen 70er Jahre eine Konzentration auf Politiksegmente oder Politiksektoren entgegensetzte.

Die *Aufbereitung des Politikfeldes* wurde im wesentlichen durch drei zum Teil miteinander verknüpfte Untersuchungsschwerpunkte geleistet.

Gemeinsamer Ausgangspunkt eher *systemstrukturell ansetzender Arbeiten* war dabei die Überzeugung, daß sich angesichts der offenkundigen Abhängigkeiten der Gemeindeentwicklung von der gesellschaftlichen Gesamtentwicklung und der lokalen von der zentralen Politik die Gemeinde nicht mehr als ein eigenständiges „Subsystem" auffassen und im wesentlichen aus sich selbst heraus untersuchen und erklären lasse. Dieser Ansatz, der sich explizit von den bis dahin dominanten Untersuchungen lokaler Machtstrukturen und Entscheidungsprozesse im Rahmen der „community-power-Forschung" etwa abzusetzen suchte, bemühte sich, den Stellenwert lokaler politischer Ereignisse und Probleme im und für das gesellschaftliche Gesamtsystem zu thematisieren. Dabei wurde die Politikforschung aus ihrem Bezug auf den institutionellen Rahmen des kommunalen politisch-administrativen Systems herausgenommen und in den umfassenderen Zusammenhang der „lokalen" Politik eingestellt. Diesem Ansatz, im wesentlichen von *Grauhan* (1975) vorbereitet und weitergetragen, ist zweifelsohne das Verdienst zuzusprechen, kommunalpolitische Problemstellungen aus der zu engen institutionellen Fixierung auf die kommunale Selbstverwaltung gelöst und ihre gesamtstaatliche Bedeutung betont zu haben. Andererseits wurde auch deutlich, daß die empirische Fundierung dieses Untersuchungsansatzes noch ausstand, die politisch-administrative „Kleinarbeitung" von Problemen, die „Umsetzung" auf das reale Politikfeld noch zu leisten war.

Eine zweite Untersuchungsrichtung konzentrierte sich stark auf eine *Analyse kommunaler Willensbildungs- und Entscheidungsprozesse*, wobei auch hier eine nicht unerhebliche Kritik an den US-amerikanischen Ansätzen zu einer Eigenständigkeit der Untersuchungen führte (*Fürst* 1975). Insbesondere der Prozeß der Politikformulierung, der Zielfindung stand im Vordergrund des Interesses (*Hesse* 1973[2]), wobei die bis dahin dominanten Zielvorstellungen und Leitbilder etwa der siedlungsstrukturellen Entwicklung daraufhin überprüft wurden, inwieweit sie einem verselbständigten administrativen Denken entstammten oder aber Ergebnis eines politischen Prozesses waren, der demokratischer Kontrolle und Legitimation unterlag. Hier mischten sich Technokratiekritik, die Erkenntnis einer „politischen Verwaltung" (*Grauhan* 1970) und schließlich demokratietheoretisch angeleitete Partizipationsvorstellungen, wobei die umfassenderen Ansätze bereits sehr frühzeitig nicht nur zu einer Thematisierung von gesellschaftspolitischen Soll-Vorstellungen, sondern auch der politischen wie administrativen Realisierungsmöglichkeiten fanden.

Eine dritte Untersuchungsrichtung schließlich begann sich verstärkt dem faktischen *Problemverarbeitungsprozeß* in den städtischen Räumen der Bundesrepublik zuzuwenden. Die Ende der 60er Jahre beginnende Planungsdiskussion war auch hier von nicht unbeträchtlicher Stimulanz. Nicht mehr der traditionelle Typus der Auffang- oder Anpassungsplanung sollte bei der Bewältigung lokaler Problemstellungen Platz greifen, es galt vielmehr, zu einem umfassenden Planungstypus, kommunale Entwicklungsplanung oder Stadtentwicklungsplanung genannt, durchzustoßen. Der Übergang von der traditionellen, weitgehend physisch ausgerichteten Planung zu einer alle Funktionsbereiche umfassenden, die Einzelprobleme integrierenden und von den Realisierungsmöglichkeiten bestimmten Planungsform stand im Mittelpunkt des Interesses. Planungsorganisatorische, planungsmethodische und instrumentelle Fragestellungen wurden ergänzt durch Analysen zur Umsetzung entsprechender Reformpolitiken, schließlich durch erste Fallstudien etwa zur Verkehrs- und zur Sanierungspolitik. Die administrationsinterne Perspektive wurde dabei konsequent erweitert um die Untersuchung von Selektivitätsstrukturen und notwendigen Koordinations- und Konsensprozessen gegenüber den „Umwelten" des politisch-administrativen Systems (*Hesse* 1976).

Gleichwohl war die hinsichtlich der benannten Themenbereiche schnell expandierende Literatur noch von nicht unbeträchtlichen Verzerrungen gekennzeichnet. So gelang es der eher strukturell ansetzenden Argumentation kaum, zur faktischen Problemverarbeitung in den städtischen und ländlichen Räumen der Bundesrepublik durchzustoßen, blieben die Analysen zu kommunalen Willensbildungs- und Entscheidungsprozessen häufig auf der Ebene lokaler Machtstrukturen stehen und entwickelten sich erst allmählich – über die Thematisierung von System-Umwelt-Beziehungen – zu einer realitätsnäheren Konzeption und waren schließlich die Ansätze der Planungsdiskussion von einer Reihe schwer realisierbarer Erwartungshaltungen gekennzeichnet.

Insgesamt jedoch kann die zwischen 1970 und 1976 erschienene Literatur als ungewöhnlich fruchtbar bezeichnet werden. Sie erweiterte das Spektrum herkömmlicher politik- und verwaltungswissenschaftlicher Untersuchungsansätze erheblich, löste sich von den insbesondere angelsächsischen Vorbildern und stieß zumindest in Teilbereichen in die Ausformulierung eigenständiger Untersuchungsansätze vor; die Entdeckung des Politikfeldes selbst schließlich, der Zugang zu faktischen Prozessen der Problemlösung, bereitete den Weg praxisnaher und politikberatender Forschung.

Das hohe Interesse der auf lokale Probleme zielenden politik- und verwaltungswissenschaftlichen Forschung schlug sich in diesem Zeitraum auch in der Gründung einer Reihe von Forschungsverbünden und Ausbildungsschwerpunkten nieder. So gründete *Grauhan* 1972 einen Arbeitskreis „Lokale Politikforschung" innerhalb der DVPW, konstituierte *Kevenhörster* 1975 eine „Studiengruppe für lokale Politikforschung" und begann *Hesse* 1972/73 mit dem Aufbau und der Institutionalisierung des Ausbildungsschwerpunktes „Kommunale und regionale Entwicklungspolitik sowie Infrastrukturplanung" innerhalb des verwaltungswissenschaftlichen Studienganges an der Universität Konstanz.

Die *Phase der Binnendifferenzierung* der auf stadt-, kommunal- oder lokalpolitische Themenstellungen abzielenden Forschung ist dahingehend zu kennzeichnen, daß sich die Dominanz hochaggregierter Fragestellungen allmählich aufzulösen begann und die Analyse einzelner Politikfelder und Politiksegmente verstärkte Aufmerksamkeit fand. Dies galt und gilt in *vertikaler wie horizontaler Perspektive*. Während *horizontal* zum einen nach Politikbereichen (Verkehr, Infrastruktur, Sozialpolitik, Wohnen, Wirtschaftsförderung, Arbeitsmarkt, Raumordnung) und zum anderen nach einzelnen Phasen kommunaler Problemverarbeitung (Problemperzeption, Politikformulierung, Programmentwicklung, Politik/Programmvollzug (Implementation), Evaluation) unterschieden wurde, richteten sich in vertikaler Perspektive die Fragen auf neue Formen der Planung und Finanzierung im föderativen System der Bundesrepublik („Politikverflechtung") und hier wiederum auf die spezifische Funktion dezentraler Gebietskörperschaften beim Vollzug einzelner Sektoralpolitiken.

Die *Politikbereichsorientierung* der Untersuchungen unterliegt ambivalenter Einschätzung. Während auf der einen Seite die so erweiterte Öffnung hin zur kommunalpolitischen Praxis begrüßt wird, wird zum anderen beklagt, daß diese Ausdifferenzierung von einem Verlust der Gesamtperspektive (*Ellwein* 1981) und/oder des gesellschaftstheoretischen Bezuges begleitet sei. Diese Diskussion verdeutlicht ein offenbar unausweichliches „Dilemma" praxisnaher politik- und verwaltungswissenschaftlicher Untersuchungen, allerdings auch eine unproduktiv routinisierte Form der wechselseitigen Aus- und Abgrenzungen. Dabei ist sicher unstrittig, daß inhaltliche, paradigmatische und kommunikativ-kognitive Distanzen zwischen dem Wissenschaftssystem und der politisch-administrativen Praxis einer umstandslosen „Vermittlung" entgegenstehen, allerdings sollte gleichermaßen unstrittig sein, daß die Weiterentwicklung der „lokalen Politikforschung" dann problematisch bleiben müßte, wenn sie ihre Arbeitsbereiche und Forschungsschwerpunkte einseitig setzt, d. h. die einem konkreten Politikbereich entnommenen Fragestellungen von eben diesem Politikbereich „abkoppelt", sie dem Vermittlungsproblem gar nicht erst konfrontiert. Zwar kann der so geforderte Transfer-Versuch strukturelle Barrieren erkennen lassen, die zu überwinden sich Untersuchungen mit kritischerem Anspruch verschließen werden, vielleicht auch verschließen müssen. Ohne wenigstens diesen Versuch jedoch droht der lokalen Politikforschung Stagnation und Isolation (*Fürst/Hesse* 1978, 313).

Andererseits ist richtig, daß der Preis einer zunehmenden Konkretion der Untersuchungsansätze und deren relativ große Politiknähe freilich auch darin zu sehen ist, daß sich Zielrichtung und gesellschaftlicher Anspruch der lokalen Politikforschung verändern. Weniger die gesellschaftstheoretische Perspektive als vielmehr Einzelfragen kommunaler und regionaler Problemverarbeitung standen im Zentrum der Aufmerksamkeit dieser zweiten Phase der auf Stadtpolitiken bezogenen Forschung. Sie war begleitet von einer Reihe von Versuchen zur Politikberatung, wobei die ursprüngliche Fixierung auf Planungsfragen aufgegeben und ein weites Spektrum unterschiedlicher Problemstellungen thematisiert wurde. Die zunehmende Anerkennung von Untersuchungsansätzen durch die Vertreter des politischen Prozesses verstärkte diese Orientierung, wobei ein-

geräumt werden muß, daß eine Reihe von Untersuchungen von derart hohen Anpassungsleistungen gegenüber der Praxis gekennzeichnet waren, daß die notwendige Distanz zwischen Wissenschaftssystem und jeweiligem Praxisbereich sich verwischte und eine entsprechende Einschränkung von Erkenntnisleistungen zu konstatieren war.
Die analytische Unterscheidung nach *Phasen der politisch-administrativen Problemverarbeitung* ergänzte die sektorale (Politikbereichsanalyse) um eine prozessuale Differenzierung. Insbesondere der Implementationsforschung, die im Nachvollzug US-amerikanischer Ansätze die Durchführung, den Vollzug auch stadtpolitischer Maßnahmen und Programme zu thematisieren sucht (vgl. *Mayntz* 1980), sowie Ansätzen einer Evaluationsforschung (*Derlien* 1976) kommt ein – allerdings unterschiedlich intensives – Interesse zu. Dabei wird nicht immer ersichtlich, worauf der Innovationsgrad gegenüber herkömmlichen Untersuchungen zur politisch-administrativen Problemverarbeitung beruht, setzen Forderungen wie die nach dem Einsatz eines „Methoden-Mix" (*Wollmann* 1980) diese Forschungsvarianten sowohl der methodischen Kritik wie der Frage nach einer gewissen Beliebigkeit der Vorgehensweise aus und ist schließlich die Gefahr einer gleichsam technisch-administrativen Verselbständigung und auch „Entmaterialisierung" wie „Entpolitisierung" solcherart konzipierter verwaltungswissenschaftlicher Untersuchungen nicht von der Hand zu weisen. Es bleibt der zum Teil hohe Grad analytischer Binnendifferenzierung, der zu einer – allerdings eher methodischen – Klärung allzu aggregierter Begrifflichkeiten und analytischer Konzeptionen beitragen könnte.
In *vertikaler Perspektive* gewannen über die Rezeption der sogenannten Politikverflechtungs-Diskussion (*Scharpf, Reissert, Schnabel* 1976) Fragen der Stellung und Funktion dezentraler Gebietskörperschaften im Prozeß der bundesstaatlichen Politikformulierung und des bundesstaatlichen Politikvollzuges an Bedeutung. Sie zielen auf eine sowohl theoretische wie empirisch-analytische Überwindung des tradierten Verständnisses der Interaktion von Staats- und Kommunalpolitik, suchen das statisch gewordene Verständnis des „kooperativen Förderalismus" zu dynamisieren und streben die Ergänzung der hier bislang ausschließlich systemstrukturellen Sichtweise um Prozesse der Binnendifferenzierung an. Fallstudien zur Raumordnungspolitik, zur Infrastrukturpolitik, zur Strukturpolitik sowie zur Territorialreform und zum Finanzausgleich lassen dabei erkennen, daß das Verhältnis zwischen „Stadt und Staat" vor einer Neuorientierung stehen könnte, das Verständnis der Städte und Gemeinden als „dependenter, dezentraler Vollzugsinstitution" aufzugeben ist zugunsten eines Ansatzes, der auch im Bereich intergouvernementaler Beziehungen durch ein wesentlich komplexeres, prozeßorientiertes Verständnis geprägt ist (*Fürst/Hesse* 1982).
Ende der 70er Jahre kam der Prozeß der Binnendifferenzierung zu einem gewissen Ende. Dies war zum einen verbunden mit der sich intensivierenden Problematik der öffentlichen Haushalte, die zu einer begrenzten Nachfrage nach wissenschaftlicher Politikberatung auch und gerade im lokalen Raum führte, zum anderen mit wissenschaftsimmanenten Entwicklungen, die dahingehend zu kennzeichnen sind, daß der Prozeß immer weitergehender Ausdifferenzierung sich selbst ad absurdum zu führen drohte, politik- und verwaltungswissenschaftliche Ansätze zur Stadtpolitik in der Gefahr standen, ihren innovativen Charakter einzubüßen. Nicht von ungefähr kam daher eine

Neuorientierung auch hin zu systemstrukturellen Fragestellungen, die jetzt allerdings sehr stark durch reale Veränderungen in der föderalstaatlichen Struktur beeinflußt wurden. Die benannten, sich gerade in städtischen Räumen häufenden gesellschaftlichen Krisensymptome, das demgegenüber unzureichende Handlungspotential der politischen Institutionen sowie schließlich neue Formen der politischen Willensbildung führten dazu, daß das Verhältnis zwischen den Gebietskörperschaften problembesetzter und konfliktreicher wurde, traditionelle Formen der Problemverarbeitung, die lange Zeit als durch die überlegene Definitionsmacht der Zentralinstanzen geprägt angesehen wurden, von intensiven gebietskörperschaftlichen Verteilungskämpfen überlagert sind.

Daneben ist auch hinsichtlich der Politikbereichsanalysen eine Veränderung dahingehend erkennbar, daß aufgrund der Veränderungen im Prozeß der politischen Willensbildung „alternative" Untersuchungsansätze (*Schiller-Dickhut* et al. 1981) an Gewicht gewinnen. Hierzu zählen Untersuchungen etwa zum Problem der „neuen Wohnungsnot" (*Evers/Selle* 1982), der lokalen Arbeitsmarktpolitik sowie schließlich zur kommunalen Entwicklungspolitik unter veränderten Rahmenbedingungen.

Zusammenfassend ist die politik- und verwaltungswissenschaftliche Abbildung von Problemen der Stadtpolitik derzeit dahingehend zu kennzeichnen, daß nach einer Phase der Aufbereitung des Politikfeldes und sich daran anschließender Prozesse der Binnendifferenzierung von einer umfassenden, nahezu flächendeckenden Thematisierung stadtpolitischer Problemstellungen ausgegangen werden kann, kulminierend etwa in der Essener Fachtagung der DVPW 1981 zum Thema „Stadtpolitik in den 80er Jahren", bei der in über 100 Beiträgen eine Bilanzierung des Diskussionsstandes angestrebt wurde (Auswahl in: *Hesse/Wollmann* 1982). Dabei sind Vorteile wie Grenzen dieser intensiven Beschäftigung mit stadtpolitischen Problemstellungen deutlich geworden: Als vorteilhaft erwies sich die Überwindung der tradierten, institutionsorientierten Sichtweise klassischer Verwaltungslehren, wobei die Thematisierung von Strukturen, Prozessen und Inhalten lokaler Politik (sowie deren wechselseitige Verknüpfung) sowohl in theoretischer wie in eher empirisch-analytischer Sicht stadtpolitische Untersuchungen zu einem der produktivsten und komplexesten Zweige der westdeutschen Politikwissenschaft hat werden lassen. Nachteilig ist der damit verbundene Prozeß zu hoher analytischer Ausdifferenzierung, der nicht nur die erreichte Nähe zur politisch-administrativen Praxis, sondern auch den gesellschaftstheoretischen Bezug der politik- und verwaltungswissenschaftlich orientierten Stadtforschung zu gefährden droht.

(3) *Aufgaben und Handlungsmöglichkeiten politik- und verwaltungswissenschaftlicher Stadtforschung*

Der voranstehende Überblick hat verdeutlicht, daß die politik- und verwaltungswissenschaftliche Beschäftigung mit Problemen der Stadt durch eine in Teilbereichen durchaus hohe Produktivität und auch Kontinuität, eine Steigerung ihrer Praxisrelevanz bei Beibehaltung (gelegentlich auch Rücknahme) der gesellschaftstheoretischen Perspektive sowie schließlich durch eine Reihe von „Umwegproduktionen" gekennzeichnet ist.

Welche *Aufgaben* ergeben sich nun daraus für die künftige Arbeit der Stadtforschung und auch der Stadtberatung (s. hierzu umfassender *Fürst/Hesse* 1978), wo sind Lükken, Einseitigkeiten und Defizite erkennbar, die abzubauen notwendig erscheint, wo neue Aufgaben, die sich aus wissenschaftsinternen wie externen Entwicklungen und Anforderungen ableiten lassen?

– Die hohe Ausdifferenzierung von Teilelementen der auf lokale Themenstellungen zielenden Analysen, Politiken und Verarbeitungsansätze hat den *Bedarf an Gesamtdarstellungen* erhöht. Dabei geht es weniger um die Wiederbelebung einer gleichsam „klassischen" synoptischen Sichtweise, als vielmehr darum, zusammengehörende Elemente und Aspekte von Problemverursachung und Problemlösung als solche zu sehen und einer vorschnellen Konzentration auf Einzelfragestellungen entgegenzuwirken. Allerdings ist hierzu eine relativ umfassende Kenntnis und/oder Erfahrung in dem Politikfeld und der sich mit ihm auseinandersetzenden Forschung notwendig. Die geringe Zahl diesen Kriterien entsprechender Untersuchungen (Beispiele: *Grauhan/Linder, Naßmacher/Naßmacher, Fürst/Hesse*) verdeutlichen dies nachdrücklich.

– Hinsichtlich der eher inhaltlich-materiellen Weiterungen der Stadtforschung macht zunächst schon die aktuelle Situation deutlich, daß die lange ausgeblendete Diskussion zur *Stellung und Funktion der Gemeinden im Bundesstaat* (*Bertram* 1967; explizit danach erst wieder *Fürst/Hesse* 1982) erheblich an Bedeutung gewonnen hat, eine Ausweitung der auf den lokalen Raum im engeren Sinne bezogenen Untersuchungen angeraten erscheint. Es spricht vieles dafür, daß in Zeiten wachsender horizontaler wie vertikaler Verteilungskämpfe die Kommunen noch zunehmend Ort und Gegenstandsbereich der gesellschaftlichen und politischen Auseinandersetzung sein werden. Dies bezieht sich sowohl auf die föderalstaatliche Entwicklung wie auf Konflikte zwischen gesellschaftlichen Großgruppen und sich formierenden Kleingruppen.

– Damit verbunden dürften Fragen der *gesellschaftlichen Integrationsfähigkeit der Gemeinden* zukünftig an Bedeutung gewinnen. Diese Einschätzung stellt ab auf die benannten delegitimatorischen Prozesse insbesondere in den Verdichtungsräumen der Bundesrepublik sowie auf die aktuellen Funktionsverluste der für den gesellschaftlichen und politischen Integrationsbedarf ausgewiesenen Institutionen. Weniger abstrakte Wertwandeldiskussionen als vielmehr konkrete, an der anti-institutionellen Grundhaltung weiter Kreise der Bevölkerung ansetzende Untersuchungen erscheinen hier gefragt. Die undifferenzierte, Bund wie Länder entlastende, den Gemeinden gleichsam zugewiesene gesellschaftliche Integrationsfunktion erweist sich als überprüfungsbedürftig.

– Die Anregung einer *verstärkt interdisziplinär ausgerichteten Stadtforschung* erscheint zwar selbstverständlich, aufgrund praktizierter Ausgrenzungen und des vorliegenden Erkenntnisstandes jedoch unverändert notwendig. So muß für die Bundesrepublik konstatiert werden, daß disziplinäre Einseitigkeiten (lokale *Politik*forschung, Stadt*ökonomie*, Stadt*soziologie*, Stadt*geschichte*, herkömmliche eher rechtswissenschaftlich orientierte Kommunalwissenschaft etc.) mit ihren jeweils unterschiedlichen paradigmatischen, empirisch-analytischen und methodischen Zugängen weniger eine produktive Varietät wissenschaftlicher Interessen und Arbeiten wiedergeben als vielmehr eher „Marktarrondierungen“, den Aufbau von Reputationssystemen und Kartellierungstendenzen signalisieren.

– Ein kritischer Blick auf den Ertrag der etwa im vergangenen Jahrzehnt vorgelegten Arbeiten zur Stadtpolitik läßt seitens der Politik- und Verwaltungswissenschaften ein deutliches *Defizit an historischen, ökonomischen und kulturpolitischen Analysen* erkennen. Ist ersteres vielleicht aus einer gewissen Faszination gegenüber aktuellen Problemstellungen erklärbar, verbleibt das Desinteresse, gelegentlich sogar die Unkenntnis gegenüber ökonomischen Problemzusammenhängen unverständlich. Der geringe Ertrag außerhalb materialistischer, selten die Ebene empirischer Konkretion erreichender Untersuchungsansätze (nur: *Fürst* 1977) verweist hier in der Tat auf Nachholbedarfe.
Die weitgehende Ausblendung historisch-genetischer Fragestellungen verdeutlicht im übrigen einen nicht unerheblichen Bruch gegenüber dem Erkenntnisinteresse und dem Literaturstand etwa Ende der 60er Jahre. Sie relativiert zudem den Wert mancher Untersuchung zu aktuellen Fragestellungen. Eine Analyse des Struktur- und/oder Funktionswandels der Selbstverwaltung in Deutschland (sowohl im institutionalisierten wie nicht-institutionalisierten Verständnis), die auf einer Reihe brillianter Vorarbeiten aufbauen könnte (*Heffter, Preuss, Herzfeld, Matzerath* etc.), steht aus.

– Eine *(Wieder)Gewinnung der gesellschaftstheoretischen Dimension* der Stadtforschung könnte zweierlei bewirken: Die Abkehr von insofern unkritischen Untersuchungs- und Beratungskonzeptionen, als die derzeit dominante Sektoralisierung und/oder Segmentierung von Untersuchungsansätzen zumindest z. T. durch hohe Anpassungsleistungen an Fragestellungen der Auftraggeber aus der politisch-administrativen Praxis geprägt zu sein scheint – sowie eine Intensivierung des sich in den vergangenen Jahren auf einer Reihe von Ebenen verstärkenden Dialogs zwischen Vertretern des Wissenschaftsbereichs und denen des politischen Prozesses. Die derzeit erkennbare „Verunsicherung“ im Hinblick auf das jeweilige Rollenverständnis verweist hier auf Dialogmöglichkeiten, die über systemfunktionale Beratungsverhältnisse erheblich hinauszugehen scheinen.

– Darüberhinaus verbleibt ein *erheblicher Untersuchungsbedarf zur faktischen Problemverarbeitung* in den städtischen und ländlichen Räumen der Bundesrepublik, der am ehesten als Übergang von einer administrativ-technischen zur politischen Problemverarbeitung im lokalen Bereich zu kennzeichnen wäre. Gemeint ist die Abkehr von einem begrenzten, instrumentell-technischen Verständnis politisch-administrativer Reaktionsweisen und darauf folgender Verarbeitungsprozesse bzw. deren Ersatz oder auch ihre Erweiterung durch eine zunehmend politischere Reaktionen erfordernde Haltung. Weder das tradierte, nicht realisierbare Planungsverständnis noch die Zerlegung verflochtener politisch-administrativer Prozesse in ihre Einzelsektoren und -segmente werden dem Handlungsbedarf in den städtischen Räumen gerecht, als vielmehr eine flexible und den veränderten Anforderungen entsprechende politische Reaktion. Sie hat von der Gleichzeitigkeit sozioökonomischen und soziokulturellen Strukturwandels auszugehen, bezieht die Probleme des Politik- und Planungsvollzuges explizit in ihre Überlegungen ein und erkennt die zunehmende Bedeutung von Akzeptanz- und Konsensfragen.

– Auch die nur vermeintlich stereotype Forderung nach einem *Ausbau der Kooperation mit der ausländischen Stadtforschung* erweist sich schließlich als zunehmend unverzichtbar. Dabei ist freilich weniger der Austausch meist aufgrund der unterschiedlichen Kontextbedingungen unvergleichbarer Fallstudien anzustreben als vielmehr die Analyse konkreter Problemlösungsansätze. Zwar gilt auch für sie das Kontextproblem, andererseits aber verdeutlicht die vorliegende, wenn auch kaum aufgearbeitete Literatur, daß die gegebene Problemstruktur zumindest in westlichen Industriegesellschaften durch ähnliche Ausprägungen gekennzeichnet ist, so daß ein Vergleich unterschiedlicher Problemlösungsansätze zeit- und ressourcenschonende Erkenntnisse erbringen könnte (vgl. als ein positives Beispiel hierzu den internationalen Diskussionsverbund etwa zur Arbeitsmarktpolitik).

Dieses Fazit und die darauf bezogenen Anregungen machen deutlich, daß die Zeiten der schnellen, gleichsam assoziativen, eher kontemplativen und letztlich doch primär institutionsorientierten Politikanalyse (nicht nur im Bereich der Stadtpolitik) der Vergangenheit angehören dürften und daß auch der modische, schnell seine Untersuchungsrichtungen wechselnde Zugang zu städtischen Problemstellungen bestenfalls mit einem kurzfristigen Interesse rechnen kann. Dieser Prozeß wird verstärkt durch die aktuellen Entwicklungen in den Städten selbst, die eine akademische Auseinandersetzung um Fragen wie die nach Grundlagenforschung versus anwendungsorientierter Politik- und Verwaltungswissenschaft gleichsam ad absurdum führen. Der Problembestand in den städtischen Räumen der Bundesrepublik wächst, der gesellschaftliche und politische Handlungs-, Planungs- und Gestaltungsbedarf gleichermaßen. Hier wird sich zeigen müssen, ob die Politik- und Verwaltungswissenschaften über den Nachvollzug von Entwicklungsprozessen und theoretische, methodische wie empirisch-analytische Erkenntnisinteressen hinaus auch in den Bereich von Handlungsempfehlungen vorzustoßen vermögen. Der gesellschaftlichen und sozialen Verpflichtung der Wissenschaft folgend, wird der Kreis der Handelnden dabei nicht auf die Träger politischer und administrativer Funktionen beschränkt bleiben dürfen. Dies gilt in besonderem Maße für die politische Arena der Stadt.

Literaturverzeichnis (Auswahl)

Bertram, Jürgen, 1967: Staatspolitik und Kommunalpolitik, Stuttgart u. a.

Derlien, Hans-Ulrich, 1976: Die Erfolgskontrolle staatlicher Planung. Eine empirische Untersuchung über Organisation, Methode und Politik der Programmevaluation, Baden-Baden.

Derlien, Hans-Ulrich, Christoph Gürtler, Wolfgang Holler, Hermann Josef Schreiner, 1975: Kommunalverfassung und kommunales Entscheidungssystem, Meisenheim.

Ellwein, Thomas, 1981: Probleme der Stadtpolitik in den achtziger Jahren. Einführung zur Fachtagung der DVPW, in: PVS, Heft 4, 437–440.

Emenlauer, Rainer, Herbert Grymer, Thomas Krämer-Badoni, Marianne Rodenstein, 1974: Die Kommune in der Staatsorganisation, Frankfurt.

Evers, Adalbert, Klaus Selle (Hrsg.), 1982: Wohnungsnöte, Frankfurt.

Frey, Rainer (Hrsg.), 1976: Kommunale Demokratie, Bonn-Bad Godesberg.

Fürst, Dietrich, 1975: Kommunale Entscheidungsprozesse. Ein Beitrag zur Selektivität politisch-administrativer Prozesse, Baden-Baden.

Fürst, Dietrich (Hrsg.), 1977: Stadtökonomie, Stuttgart.

Fürst, Dietrich, Joachim Jens Hesse, 1978: Thesen zur Distanz zwischen der „lokalen Politikforschung" und dem kommunalen politisch-administrativen System, in: PVS-Sonderheft 9, 296–315.

Fürst, Dietrich, Joachim Jens Hesse, 1981: Landesplanung, Düsseldorf.

Fürst, Dietrich, Joachim Jens Hesse, 1982: Stadt und Staat, Baden-Baden (i. E.).

Gabriel, Oscar W. (Hrsg.), 1979: Kommunalpolitik im Wandel der Gesellschaft, Königstein/Ts.

Grauhan, Rolf-Richard, 1970: Politische Verwaltung. Auswahl und Stellung der Oberbürgermeister als Verwaltungschefs deutscher Großstädte, Freiburg.

Grauhan, Rolf-Richard, Wolf Linder, 1974: Politik der Verstädterung, Frankfurt.

Grauhan, Rolf-Richard (Hrsg.), 1975: Lokale Politikforschung, 2 Bde., Frankfurt.

Haasis, Hans-Arthur, 1978: Kommunalpolitik und Machtstruktur, Frankfurt.

Haus, Wolfgang, 1966: Kommunalwissenschaftliche Forschung, Stuttgart u.a.

Heffter, Heinrich, 1954: Die deutsche Selbstverwaltung im 19. Jahrhundert. Geschichte der Ideen und Institutionen, Stuttgart.

Herzfeld, Hans, 1957: Demokratie und Selbstverwaltung in der Weimarer Epoche, Stuttgart.

Hesse, Joachim Jens, 1973: Stadtentwicklungsplanung: Zielfindungsprozesse und Zielvorstellungen, 2. Aufl., Stuttgart u.a.

Hesse, Joachim Jens, 1976: Organisation kommunaler Entwicklungsplanung. Anspruch, Inhalt und Reichweite von Reorganisationsvorstellungen für das kommunale politisch-administrative System, Stuttgart u. a.

Hesse, Joachim Jens (Hrsg.), 1978: Politikverflechtung im föderativen Staat, Baden-Baden.

Hesse, Joachim Jens, 1982: Bürger und Parteien auf lokaler Ebene: Die Kommune als Ort der gesellschaftlichen und politischen Integration?, in: *Joachim Raschke* (Hrsg.), Bürger und Parteien, Opladen, 235–248.

Hesse, Joachim Jens, Hellmut Wollmann (Hrsg.), 1982: Stadtpolitik in den 80er Jahren, Frankfurt u.a.

Heuer, Hans, 1975: Sozioökonomische Bestimmungsfaktoren der Stadtentwicklung, Stuttgart u.a.

Heuer, Hans, Rudolf Schäfer, 1978: Stadtflucht, Stuttgart u.a.

Kevenhörster, Paul (Hrsg.), 1977: Lokale Politik unter exekutiver Führerschaft, Meisenheim a. G.

Kevenhörster, Paul, Hellmut Wollmann (Hrsg.), 1978: Kommunalpolitische Praxis und lokale Politikforschung, Berlin.

Köttgen, Arnold, 1968: Kommunale Selbstverwaltung zwischen Krise und Reform, Stuttgart.

Konrad-Adenauer-Stiftung, Institut für Kommunalwissenschaften (Hrsg.), 1975: Stukturprobleme des lokalen Parteiensystems, Bonn.

Mäding, Heinrich, 1978: Infrastrukturplanung im Verkehrs- und Bildungssektor. Eine vergleichende Untersuchung zum gesamtstaatlichen Planungsprozeß in der Bundesrepublik Deutschland, Baden-Baden.

Matzerath, Horst, 1970: Nationalsozialismus und kommunale Selbstverwaltung, Stuttgart u.a.

Mayntz, Renate, 1980: Implementation politischer Programme, Königstein/Ts.

Naßmacher, Karl-Heinz (Hrsg.), 1977: Kommunalpolitik und Sozialdemokratie, Bonn-Bad Godesberg.

Naßmacher, Hiltrud, Karl-Heinz Naßmacher, 1979: Kommunalpolitik in der Bundesrepublik, Opladen.

Peters, Hans (Hrsg.), 1956–1959: Handbuch der Kommunalen Wissenschaft und Praxis, Band I–III, Berlin/Göttingen/Heidelberg.

Roth, Wolfgang (Hrsg.), 1971: Kommunalpolitik – für wen?, Frankfurt.

See, Hans, 1975: Grundwissen einer kritischen Kommunalpolitik. Wirtschaft, Staat und kommunale Selbstverwaltung, Köln.

Siebel, Walter, 1974: Entwicklungstendenzen kommunaler Planung, Bonn-Bad Godesberg.

Schiller-Dickhut, Reiner, Michael Winter, Ernst Hoplitschk, Heinz Czymek u. a., 1981: Alternative Stadtpolitik. Grüne, rote und bunte Arbeit in den Rathäusern, Hamburg.

Väth, Werner, 1980: Raumplanung. Probleme der räumlichen Entwicklung und Raumordnungspolitik in der Bundesrepublik Deutschland, Königstein/Ts.

Wehling, Hans-Georg (Hrsg.), 1975: Kommunalpolitik, Hamburg.

Wollmann, Hellmut (Hrsg.), 1980: Politik im Dickicht der Bürokratie, Frankfurt.

Ziebill, Otto, 1966: Kommunalpolitik und Wissenschaft, in: Kommunalwissenschaftliche Forschung, 1966: hrsg. von *Wolfgang Haus*, Stuttgart u.a., 89–104.

Politik und Verwaltung in der Dritten Welt – Überlegungen zu einer neuen Orientierung

Dieter Oberndörfer

1. Die Einheit von Politik und Verwaltung

Die in Deutschland übliche Unterscheidung von Politik und Verwaltung ist ein Vermächtnis der kontinentaleuropäischen obrigkeitsstaatlichen Tradition. Besonders kommt dies in der antiparlamentarischen Kritik der Weimarer Republik zum Ausdruck. Die öffentliche Verwaltung, „der Staat", erscheint als die Verkörperung des Sachverstandes und des Gemeinwohls, während die Politik zum Bereich „bloßer" Partikularinteressen und die Politiker zu deren Sprechern abgewertet werden. Politik wird zum Störfaktor für den „sachgerechten" Vollzug des Gemeinwohls durch die öffentliche Verwaltung. Diesen obrigkeitsstaatlichen Hintergrund hat letzlich auch *Max Webers* Konstruktion der modernen Bürokratie, die für ihn in idealtypischer Form die „Rationalität" der modernen Lebenswelt schlechthin verkörpert. Ihre Rationalität ist die von ihr angeblich gewährleistete Optimierung der Zweck-Mittel-Relation bei der Durchsetzung politisch vorgegebener Ziele. Gegen eine Beeinflussung des Verwaltungshandelns durch das Volk oder die Politiker ist der Angehörige der Bürokratie im Idealtypus *Max Webers* durch die vom „Staat" gewährte lebenslange Anstellung und Versorgung geschützt. Ein Konnex zwischen Verwaltung und Politik ergibt sich für *Max Weber* – und auch hier steht er in der preußisch-obrigkeitsstaatlichen Tradition – am ehesten in der Gestalt des charismatischen Führers, der im Volk die Bereitschaft zum Gehorsam unter das Vollzugsinstrument seines Willens, eben die öffentliche Verwaltung, weckt und stärkt. Es ist symptomatisch für die Provinzialität des deutschen Denkens im Kaiserreich und in der Weimarer Republik, daß die zutiefst den kontinentaleuropäischen Traditionen des fürstlichen Absolutismus verbundene Gestalt des professionellen Berufsbeamten zum Inbegriff der modernen Verwaltung und moderner Rationalität hochstilisiert wurde, ohne wahrzunehmen, daß der modernste Staat der Neuzeit, die amerikanische Demokratie, die Erschließung des nordamerikanischen Kontinents und den Aufbau ihrer gewaltigen Industrie- und Wirtschaftsmacht mit Hilfe eines Verwaltungssystems schaffte, dessen Grundprinzipien – die öffentliche Wahl und Abwahl der Beamten oder ihre Ernennung aufgrund politischer Patronage – völlig quer zu *Max Webers* Prinzipien einer modernen „rationalen" Bürokratie liegen.

In Wirklichkeit ist die öffentliche Verwaltung kein vom Politischen abgehobener eigenständiger Bereich, sondern vielmehr ein integraler materieller Bestandteil des politischen Systems bzw. der politischen Exekutive. Dieser Sachverhalt ist im Amerikanischen und Spanischen in der Gleichsetzung von „administration" (bzw. „administración") und Regierung auch alltagssprachlich präsent.

Aus der Zugehörigkeit der öffentlichen Verwaltung zum politischen System (Exekutive) folgt, daß die Fragen nach der wünschenswerten Organisation der öffentlichen Verwaltung und die Definition ihrer Aufgaben aufs engste mit normativen Vorentscheidungen über politische Güter und die für ihre Verwirklichung notwendige politische Ordnung verbunden sind.[1]

So werden z. B. die Postulate einer Kontrolle der öffentlichen Verwaltung durch Gewaltenteilung und durch eine aktive kritische Öffentlichkeit, nach Dezentralisierung durch eine föderalistische politische Ordnung, nach Stärkung der Selbstverwaltung der Gemeinden oder nach Bürgernähe der Verwaltung aus dem Menschenbild des Liberalismus und seiner Forderung nach Sicherung von Freiheitsräumen für die Eigeninitiative politisch aktiver Bürger abgeleitet. Im aufgeklärten modernen Liberalismus soll nach dem Prinzip der Subsidiarität die öffentliche Verwaltung vornehmlich auf Aufgaben beschränkt werden, deren Bewältigung allein aus der Initiative einzelner oder organisierter Gruppen nicht möglich ist. Umgekehrt wird von sozialistisch-wohlfahrtsstaatlich-etatistischen Prämissen her die öffentliche Verwaltung sehr viel weiter gespannte Ziele zugewiesen bekommen und sehr viel tiefer in das Leben der Einzelnen und der Gruppen eingreifen. In den Erziehungsdiktaturen aller ideologischen Spielarten, sowohl in den rechten wie in den linken Entwicklungsdiktaturen[2] schließlich werden kleine Minderheiten oder Einzelne die öffentliche Verwaltung nicht nur zur politischen Überwachung, sondern auch zur politischen Kontrolle und Mobilisierung ihrer Untertanen in dem von ihnen gewünschten Sinne einsetzen. Diese Hinweise auf die Tatsache, daß die gewünschte Struktur der Verwaltung (z. B. zentral oder dezentral) und die Definition ihrer Aufgaben (z. B. Privatbahnen oder öffentliche Bahnen) in normativ-politischen Entscheidungen begründet und sich nicht einfach aus immanenten Sacherwägungen ableiten lassen, könnten durch zahlreiche andere Beispiele veranschaulicht werden.[3]

Wie entscheidend wichtig die Besinnung auf die politisch-normativen Grundlagen der öffentlichen Verwaltung ist und wie sehr das Bewußtsein für ihre Bedeutung im Rahmen eines technokratisch verkürzten, allein an obrigkeitsstaatlichen Kosten-Nutzen-Analysen orientierten Verwaltungsverständnisses gerade in der Bundesrepublik verkümmert ist, zeigt der Verlauf der Gebiets- und Gemeindereform. Die Zerschlagung kleiner, in langen Zeiträumen gewachsener Kommunen zugunsten großflächiger „Betriebseinheiten" – meist gegen den Willen der Betroffenen – hat das Potential von politischen Partizipationsmöglichkeiten an der Basis drastisch verringert. Dies wird sicher nicht zu einer bürgernäheren Verwaltung führen. Ferner erscheint es durchaus ungewiß, ob die ökonomischen Kosten-Nutzen-Analysen, mit denen die Reformen von den Planern ideologisch legitimiert wurden, betriebswirtschaftlich wirklich „aufgehen" werden. Von den meist der Bürokratie selbst entstammenden technokratischen Planern wurde politische Partizipation nicht als notwendiger und wünschenswerter Bestandteil der politischen Ordnung akzeptiert, sondern lediglich als ökonomisch kostspieliger Störfaktor für das reibungslose „hoheitliche" Handeln der Bürokratie wahrgenommen. Nichts könnte die fatale Erbschaft der obrigkeitsstaatlichen Trennung von Politik und Verwaltung besser illustrieren als die überaus zügige Durchführung der „Kommunalreform" in den verschiedenen Bundesländern[4]. In der politischen Kultur der Schweiz wären solche selbstherrlichen und für die demokratische Qualität unserer Gesellschaft verheerenden reformerischen Kahlschläge im Interesse angeblicher „bürokratischer Effizienz" nie möglich gewesen. Dabei werden auch hier kommunale Reformen durchgeführt. Sie werden jedoch nicht als Aufgabe der Bürokraten, sondern als Teil der Verantwortung aktiver Bürger angesehen. Reformen mögen dadurch gewiß manchmal verzögert werden. Sie müssen sich erst bewähren. Bei ihrer Durchführung werden sie vom Konsens der Bürger getragen.

2. *Entwicklung und Verwaltung*

Die Frage nach einer entwicklungsadäquaten Verwaltung für die Länder der Dritten Welt ist in doppelter Hinsicht normativ aufgeladen. Sie ergibt sich zum einen aus der normativen Dimension von Politik und Verwaltung und zum anderen aus der Tatsache, daß auch der Begriff der Entwicklung mit komplexen normativen Vorentscheidungen besetzt ist. Entwicklung und Unterentwicklung beziehen sich ja auf politische, ökonomische und soziale Sachverhalte, die je nach der Position des Sprechers mit einer Fülle unterschiedlicher normativer Vorentscheidungen verbunden sind.[5] Dabei sollte Klarheit darüber bestehen, daß sowohl in der Ersten Welt, in den westlichen Staaten, als auch in der Zweiten Welt, in den sozialistisch-kommunistischen Staaten, ein weiter Dissens über die optimale wirtschaftliche, soziale und politische Ordnung besteht. Es konkurrieren hier unterschiedliche wirtschaftliche, soziale und politische Modelle miteinander (z. B. Liberalismus vs. demokratischer Sozialismus; Präsidialdemokratie, parlamentarische Demokratie, Proporzdemokratie; sowjetisches Modell, chinesisches Modell, jugoslawisches Modell). Je konkreter die Diskussionen über die Ziele von Entwicklung und die mit ihnen verbundenne Strukturen und Institutionen geführt werden, desto eher bietet sich ein Bild des normativen Dissenses dar. Das gleiche gilt für die sogenannte Dritte Welt. Auch hier begegnen wir unterschiedlichen Zielvorstellungen und Modellen für Entwicklung, Unterentwicklung (z. B. kubanisches Modell, tansanisches Modell, peruanisches Modell, brasilianisches Modell; Singapur, Taiwan etc.).

Von den Staaten der Dritten Welt wird der westlichen und östlichen Entwicklungshilfe häufig der Vorwurf gemacht, mit ihr würden westliche und östliche Entwicklungswerte und -modelle exportiert. Dadurch werde die Entwicklung einer eigenständigen nationalen und kulturellen Identität in den Entwicklungsländern verhindert. Bei diesem berechtigten Anliegen der Entwicklungsländer sollte allerdings auch gesehen werden, daß innerhalb der verschiedenen Staaten der Dritten Welt meistens keineswegs ein einhelliger Konsens über die wünschenswerte eigene nationale Identität besteht. Bei dem von vielen Entwicklungsländern angestreben „eigenen nationalen Weg zur Entwicklung" handelt es sich häufig um polyphone, hinsichtlich ihrer Konkretisierung verschwommene Diskussionen kleiner nationaler Eliten und nicht um Willensartikulationen der großen Masse des Volkes. Häufig wird das, was die Eliten als nationale eigenständige Entwicklung definieren, von der Masse des Volkes als Bruch mit dem traditionellen „way of life" empfunden und abgelehnt. Um ein Beispiel zu geben: Für die indianische, Maya sprechende Mehrheit der Bevölkerung Guatemalas wird die von der Elite der

Mestizen-Minderheit eingeleitete Modernisierung nicht als „Entwicklung", sondern als Zerstörung ihrer jahrhundertelang mit großem Erfolg verteidigten kulturellen Identität empfunden.[6]

Die Definition der kulturellen Identität des Iran durch Khomeini entspricht der Tradition einer bestimmten Variante der schiitischen Theologie. Sie steht jedoch sicher nicht für die Vielfalt und den Reichtum der kulturellen und ethnischen Tradition des Iran.

Unsere Hinweise auf die normativen Bezüge des Begriffs der Entwicklung sollen verdeutlichen, daß es bei Entwicklung in den Ländern der Dritten Welt heute nicht nur um die Steigerung der wirtschaftlichen Produktivität zur Überwindung von materieller Armut geht, sondern mindestens ebensosehr um die produktive Entwicklung eigener Traditionen und um die Gestaltung der zukünftigen sozialen und politischen Ordnung – wobei zwischen allen diesen Bereichen ein immanenter, interdependenter Zusammenhang besteht.

Aus dieser Multidimensionalität des Entwicklungsprozesses in den Ländern der Dritten Welt ergibt sich für ihre öffentlichen Verwaltungen ein sehr viel höherer Grad an Multifunktionalität als für die Verwaltungen in westlichen und östlichen Industriestaaten.

Gewiß, Verwaltungen sind immer multifunktional. Neben den ihnen vom Gesetzgeber zugewiesenen Verwaltungsaufgaben werden von ihnen stets noch weitere politische, wirtschaftliche und soziale Funktionen wahrgenommen. In den arbeitsteilig ausdifferenzierten modernen Industriestaaten erhalten indes trotz der in ihnen auch zu beobachtenden Multifunktionalität der Verwaltung die gesetzlich und politisch aufgetragenen spezifischen administrativen Leistungen die Priorität vor anderen möglichen Funktionen des Verwaltungssystems. Die öffentliche Verwaltung soll hier primär die ihr vom politischen Gesetzgeber aufgetragenen administrativen Aufgaben erbringen. Die vom Gesetzgeber definierten manifesten Verwaltungszwecke bilden die politische Legitimationsgrundlage der öffentlichen Verwaltung, während ihre weiteren politischen, sozialen und wirtschaftlichen Funktionen lediglich als latente Phänomene auftreten.[7] Im Unterschied hierzu können jedoch im Entwicklungsprozeß vieler Staaten der Dritten Welt nicht-administrative Funktionen der öffentlichen Verwaltung wichtiger werden als eine optimale Erbringung des spezifischen Verwaltungszwecks der betreffenden Verwaltungseinrichtungen. Im Rahmen einer von Land zu Land oft sehr unterschiedlichen Mixtur politischer , soziokultureller und wirtschaftlicher Faktoren stößt die Ausdifferenzierung der öffentlichen Verwaltung im politischen System für spezifische Verwaltungsleistungen auf sehr viel größere Hindernisse und ist daher weit weniger ausgebildet als in den politischen Systemen moderner industrieller Leistungsgesellschaften. Daher können in der öffentlichen Verwaltung nicht-administrative Funktionen und insbesondere nicht-administrative politische Ziele sogar prioritär werden.

Es wurde bereits darauf hingewiesen, daß eine vermeintlich unpolitische, nur technokratische Verwaltungslehre ihren Gegenstand verfehlt, da die Fragen der „richtigen" Organisationszweckbestimmung der öffentlichen Verwaltung stets auch mit politisch-normativen Entscheidungen besetzt und in politischen Auseinandersetzungen entschieden werden.

Eine unpolitische Verwaltungslehre bzw. eine von ihr beeinflußte Verwaltungshilfe und -forschung, die sich an normativ-idealisierten westlichen technokratischen Effizienzmodellen der öffentlichen Verwaltung orientieren – Modellen, die nicht einmal in den westlichen Industriegesellschaften verwirklicht wurden oder realisierbar sind – werden der beschriebenen komplexen, in weitem Umfange nicht-administrativen Rolle der öffentlichen Verwaltung in der Dritten Welt nicht gerecht. Solche Modelle und die „Berater", die sich zu ihrem Sprecher machen, müssen an der Realität scheitern und entwicklungspolitisch überaus fragwürdige Ergebnisse bewirken.[8]
So können, um unsere Thesen zu illustrieren, beim „nation-building" nicht-administrative Funktionen der öffentlichen Verwaltung, wie etwa politische Penetration und symbolische Repräsentanz, gegenüber den eigentlichen Verwaltungszwecken der staatlichen Bürokratie dominant werden. In diesem Sinne erhält heute in vielen Staaten der Dritten Welt die Verwaltung eine primär politische Funktion für das „nation-building". Häufig gilt für die Verwaltung das Leitmotiv des absolutistischen Monarchen: „L'Etat, c'est moi!" So wurde angesichts der zentrifugalen politischen Kräfte Indonesiens von Präsident Sukarno dem Aufbau einer zentral gelenkten, mit eigenen Anhängern besetzten und loyal ergebenen Zentralverwaltung mehr Bedeutung beigemessen als der fachlichen Kompetenz der neuen Verwaltungskader. Unter politischen Gesichtspunkten war die von Sukarno aufgebaute Zentralverwaltung überaus erfolgreich. Leistungsschwächen im eigentlichen Verwaltungsbereich, Korruption und Inkompetenz wurden als unvermeidliche Kosten der Besetzung der Verwaltung mit politisch loyalen Funktionären in Kauf genommen.
Politisch bedingt und nicht Ausdruck mangelnder Leistungsorientierung einer politisch neutralen Civil Service-Bürokratie ist die exzessive parteipolitische Ämterpatronage in den meisten öffentlichen Verwaltungen der parlamentarischen Demokratien der Dritten Welt. Sie ist eine politische Konsequenz der Probleme der Parteienfinanzierung und Parteienorganisation. Ohne die dem Ideal von *Max Weber* „rationaler" Verwaltung so sehr widersprechende Ämterpatronage wären die Parteien in den politischen System Kenias, Indiens, Kolumbiens oder Venezuelas nicht lebensfähig. Gegenüber der technokratischen Kritik an den Mißständen parteipolitischer Ämterpatronage in Demokratien der Dritten Welt muß nachdrücklich ins Gedächtnis gerufen werden, daß auch die historische Genese des Parteiensystems der Vereinigten Staaten mit der Rolle der öffentlichen Verwaltung als Beutegegenstand (spoils system) für parteipolitische Ämterpatronage verbunden war[9] – und daß letztere selbst heute noch in den USA eine entscheidend wichtige Rolle für die Aufrechterhaltung und den Zusammenhalt der Parteiorganisation spielt.
Die Stadtverwaltungen der Hauptstädte der Republiken Guatemala und El Salvador[10] wurden lange Zeit von der nationalen politischen Opposition kontrolliert. Damit erhielt zumindest vorübergehend die demokratische politische Opposition mit Hilfe der Ämterpatronage eine Chance des politischen Überlebens. Eine technokratische, allein auf Effizienz bezogene Analyse der hauptstädtischen Verwaltungen hätte diese positiven Funktionen der Administration für die demokratische Qualität der politischen Systeme nicht in den Blick bekommen.

Gerade in den ärmsten Entwicklungsländern bietet die öffentliche Verwaltung für die im Übermaß „produzierte“ akademische Intelligenz meist die einzige Chance, eine Anstellung zu finden. Wegen des Drucks der nachwachsenden Hochschulabsolventen wird die öffentliche Verwaltung zum Auffangbecken und Integrationsorgan für potentielle politische Opposition und dementsprechend personell immer weiter aufgebläht. Im Sinne von *Gunnar Myrdals* „soft state“-Syndrom ist die Kehrseite dieser Hypertrophie der Verwaltung ihre zunehmende technische Ineffizienz. Der Rückgang der administrativen Effizienz wird durch den sich verschärfenden innerbürokratischen Kampf und knappe Ressourcen noch zusätzlich beschleunigt. Die Aktivitäten der Bürokraten erschöpfen sich in innerbürokratischen Verteilungskämpfen.

Viele der von uns hier nur skizzenhaft angedeuteten Tatsachen – nämlich, daß die Bürokratie heute in vielen Entwicklungsländern eher zum parasitären Entwicklungshemmnis als zum Entwicklungsorgan geworden ist – haben ihre Ursachen im außeradministrativen Bereich, insbesondere in der Überproduktion unangepaßter Schulabsolventen[11] und dem Mangel an Arbeitsplätzen. Die Möglichkeit einer Leistungssteigerung der administrativen Funktionen der öffentlichen Verwaltung durch Verwaltungsreformen wird damit in der Tat durch die politischen, sozialen und wirtschaftlichen Rahmenbedingungen stark eingeschränkt. Eben weil die Verwaltungen in die politische, sozio-kulturelle und ökonomische Gesamtkonstellation ihrer politischen Systeme eingebettet sind und von daher multifunktional werden, erhalten wirklich durchgreifende Reformen, die auf die Steigerung der administrativen Effizienz ausgerichtet sind, erst bei umfassenden Veränderungen dieser Rahmenbedingungen eine Erfolgschance. Bei allem, bei kleineren Verbesserungen wie bei größeren Reformen, gilt der Primat der Politik. Sie müssen politisch gewollt und durchgesetzt werden und mit ihnen sind stets, gewollt oder ungewollt, politisch-normative Implikationen verbunden. *Riggs*[12] hat zu Recht auf die Bedeutung der Gewaltenteilung, der Rechtsstaatlichkeit und einer freien öffentlichen Meinung für die Kontrolle der öffentlichen Verwaltung zwecks Verhinderung ihrer Umfunktionierung und Entfremdung für nicht-administrative Zwecke hingewiesen. Gerade diese Parameter, insbesondere die Existenz einer freien *und* politisch effektiven öffentlichen Meinung, in der Mißstände der Verwaltung thematisiert werden können, sind in den meisten politischen Systemen der Dritten Welt sehr „unterentwickelt“. Eben weil öffentliche Verwaltung ein Teil des politischen Systems ist, muß daher die politische Entwicklung Vorrang haben, wird die Reform der politischen Institutionen zur Grundvoraussetzung für den Erfolg von Reformen zur Steigerung technisch-administrativer Effizienz.

Da die öffentliche Verwaltung selbst ein Teil des politischen Systems ist, heißt politische Reform auch Reform der Verwaltung. Die Reform des Gesamtsystems impliziert auch die Reform seiner Teile, d. h. hier der Verwaltung. Damit stellt sich die Frage nach dem für die Länder der Dritten Welt entwicklungsadäquaten Organisationsmuster der öffentlichen Verwaltung.

3. *Eine basisorientierte Verwaltung für die Dritte Welt*

Der parasitäre Charakter der Verwaltungen in vielen Ländern der Dritten Welt wird nicht nur durch die sozio-ökonomischen Rahmenbedingungen, sondern gerade auch durch die Übertragung des westlichen Civil Service-Modells verstärkt. Dieses, wie einleitend dargestellt, aus obrigkeitsstaatlichen Traditionen entwickelte Modell, gibt der Abschottung der Bürokratie von der Basis die ideologische Legitimation. „Modernisierung" wird als Aufgabe der Verwaltung begriffen, die von aufgeklärten Technokraten gegen alle Widerstände der „rückständigen" Bevölkerung durchgeführt werden muß[13]. Im Unterschied zu den pluralistischen westlichen Industriegesellschaften, in denen die organisierten gesellschaftlichen Gruppen eine Gegenmacht zur Bürokratie bilden, und eine unabhängige Justiz (wenn auch nur mühsam) die schlimmsten Übergriffe der Bürokratisierung, des Vordringens der Verwaltung in alle Lebensbereiche, in Grenzen halten kann, fehlt es gerade in den armen Entwicklungsländern an solchen Kontrollinstanzen gegenüber der Verwaltung. Der Verwaltungsbeamte fühlt sich hier als Vertreter *des Staates* und *der Modernität.* Die Fomierung politischer Gegenmacht oder schon bloß die Kritik an seinem Amt wird von ihm als subversiver Akt wahrgenommen. Die einzige Antwort des Bürokraten gegen Widerstand aus der Tradition und von der Basis gegen die von ihm betriebene „Modernisierung" ist in aller Regel der Ruf nach Stärkung des bürokratischen Apparats, d. h. eben der Macht der Bürokratie. Das damit verbundene Wuchern der Bürokratie hat vor allem in den Entwicklungsländern besonders katastrophale Folgen, in denen – wie im frankophonen und anglophonen Afrika – die Gehaltsskala der Beamten sich an den Gehältern der früheren Kolonialbeamten bzw. den heutigen Gehaltsstufen der Beamten in den Bürokratien der ehemaligen Kolonialherren orientiert.[14] Angesichts der Attraktivität einer Laufbahn in der öffentlichen Verwaltung und der dort in den führenden Positionen möglichen immensen „illegalen" Verdienstmöglichkeiten kommt es nicht zu der für effiziente Marktwirtschaften notwendigen Herausbildung einer einheimischen Unternehmerschaft. Die Entwicklung der einheimischen Wirtschaft wird dann meist Ausländern oder gescheiterten Politikern überlassen. Angesichts ihrer schwachen politisch-rechtlichen Stellung müssen sich diese „Unternehmer" mit der omnipotenten Verwaltung via „Abführung" arrangieren. Das Risiko tragen ausschließlich die Unternehmer, die Gewinne müssen mit der parasitären Bürokratie bis hin zu einer Marge geteilt werden, die den ökonomischen Sinn unternehmerischen Handelns in Frage stellt.

Die östlichen Entwicklungsmodelle gehen von der Existenz funktionierender staatlicher Bürokratien bzw. eines sie zu relativer Effizienz zwingenden Sanktions- und Überwachungssystems aus. Die westlichen Entwicklungsmodelle gehen häufig von der Annahme einer effizienten einheimischen Unternehmerschaft aus, die die erzielten Gewinne zum Vorteil des betreffenden Landes reinvestiert. Beide Annahmen erwiesen sich in den meisten Entwicklungsländern als utopisch. Der sozialistische Weg der Entwicklung über Staatsbürokratien scheiterte an ihrer Ineffizienz und Korruption (z. B. Guinea, Kongo-Brazzaville, Tansania). Dort, wo – wie in Kuba – in einigen Bereichen Erfolge erzielt werden konnten, war dies nur möglich durch ein Maximum externer Entwicklungshilfe bei gleichzeitiger strenger Planung und Überwachung der Entwicklungsanstrengungen durch sowjetische Experten. Dabei ergeben sich vor allem im Hinblick auf den langfristigen Erfolg des kubanischen „Modells" begründete Zweifel. Gescheitert sind – von wenigen Ausnahmen abgesehen – auch die westlichen Entwicklungsmodelle, die auf die Kraft des einheimischen Unternehmertums setzten. Ähnlich wie die sozialistischen Entwicklungsmodelle erstickte auch das Unternehmermodell – von wenigen Ausnahmen wie z. B. Singapur und Korea abgesehen – in einer allseits wuchernden korrupten und parasitären staatlichen Bürokratie. Eben weil es keine einheimische Unternehmerschaft gab, wurde unter dem Schlagwort der „Entwicklungsverwaltung" die Bürokratie zum scheinbaren Motor der Wirtschaft.[15] Auf die damit verbundenen negativen Folgen wurde schon hingewiesen. Die Kosten der Bürokratie übersteigen den von ihr eventuell erwirtschafteten Mehrwert.[16]

Angesichts des heute in vielen Entwicklungsländern zu beobachtenden Kampfes um die Bewahrung der eigenen kulturellen Identität gegen eine einseitig an dem Güterangebot und den Produktionsformen westlicher Industriegesellschaften orientierten zerstörerischen Modernität wird vor allem die „Entwicklungsadäquanz" des westlichen Civil Service-Modells öffentlicher Verwaltungen bzw. auch von *Max Webers* Idealtypus einer rationalen Bürokratie fragwürdig. Überall dort, wo Civil-Service-Verwaltungen eingeführt wurden, haben sie die in sie gesetzten Erwartungen enttäuscht. Insbesondere kann keine Rede davon sein, daß sie gegen Korruption immun blieben. Charakteristisch für alle diese Verwaltungen ist ihre extreme Basisferne und die Radikalität, mit der sie einseitige ökonomische Modernisierungsziele auf Kosten der traditionellen Strukturen und Werte durchzusetzen versuchen.[17] Der Begriff der „Entwicklung" wird synonym mit sozialem Kahlschlag, mit der Schaffung sozial amorpher Strukturen und normativer Desorientierung. Die ideologische Legitimation dieser „Entwicklung" wird noch verstärkt durch die Übernahme des westlichen Nationalstaatgedankens. Im Namen der von den bürokratischen Eliten inhaltlich rein nach geographischen und ökonomischen Modernisierungskriterien definierten Inhalte der Nation wird die Vielfalt der eigenen Überlieferungen und sozialen Strukturen eingestampft. Zum Knochengerüst der neuen „Nationen" wird die Bürokratie.[18]

Die beschriebene, für viele Entwicklungsländer nur allzu typische Entwicklung könnte nur eingedämmt oder abgemildert werden durch ein gegenüber der Basis und den endogenen Traditionen offenes Verwaltungssystem. Entscheidend für die geforderte Offenheit der Verwaltung ist die entschiedene Absage an das Civil Service-Modell. Die Einflußnahme der Bevölkerung auf die Verwaltung erscheint nur möglich durch den Rückgriff auf das für die Entwicklung der amerikanischen Demokratie zentrale Prinzip der Direktwahl wichtiger Beamtenpositionen und der offenen politischen Ämterpatronage auf Zeit. Die Möglichkeit der Wahl und Abwahl von Beamten schafft Möglichkeiten der Kontrolle der Bürokratie durch die Betroffenen. Die Ämterpatronage weckt politische Konkurrenz. Sie gibt den neu entstehenden Organisationen eine materielle Infrastruktur und schafft für die an der Regierung befindlichen politischen Kräfte eine klare Verantwortlichkeit. Fachliches Versagen und Korruption können nicht auf Fehler der Bürokraten abgeschoben werden, da eben Politik und Bürokratie eine Einheit bilden. Die Regierung wird wie in Amerika als „adminstration" wahrgenommen. Offene Ämterpatronage bindet die Politiker unmittelbar und für die Basis erkennbar in die

Verantwortlichkeit der Verwaltung ein. Ämterpatronage muß dabei immer zeitlich begrenzt sein. Sie schließt bei einem Verlust der politischen Macht auch den Verlust der Ämter ein. Eine solche Regelung ist auf jeden Fall der in den meisten Civil Service-Bürokratien westlicher Demokratien üblich gewordenen versteckten politischen Ämterpatronage vorzuziehen. Dies gilt im übrigen auch für die in der Bundesrepbulik übliche Praxis eines dualen Beschäftigungssystems in der Form des aktiv tätigen und des aus politischen Gründen „für den einstweiligen Ruhestand" beurlaubten „Berufsbeamten". Angesichts der Akademikerschwemme in den meisten Entwicklungsländern fehlt es für ein nach den Prinzipien der Wahl und der Patronage strukturierten Verwaltungssystem auch keineswegs an den erforderlichen personellen Ressourcen. Niemand wird im übrigen behaupten können, daß die auf Ämterpatronage gegründeten Verwaltungen Kolumbiens und Mexikos weniger effizient als die öffentlichen Verwaltungen anderer Staaten Lateinamerikas oder Afrikas sind. Das Gegenteil ist vermutlich der Fall. Besonders interessant ist das Beispiel Mexikos Hier wird bei jeder jeweils im Abstand von sechs Jahren durchgeführten Präsidentschaftswahl fast das gesamte Personal der öffentlichen Verwaltung ausgewechselt. Dennoch ist die mexikanische Verwaltung in vielen Bereichen flexibler und effizienter als die Verwaltung der meisten anderen lateinamerikanischen Staaten. Daß das Prinzip des auf Zeit gewählten Beamten in vielen Bereichen auch in modernen industriellen Demokratien anwendbar ist, zeigen die Beispiele der schweizerischen und der amerikanischen Demokratie.

Wenn das Ziel der „Entwicklung" in der Dritten Welt auch das Ideal der politischen Freiheit einschließen soll, ist die Frage, welches Entwicklungsmodell für die Länder der Dritten Welt das angemessene ist, beantwortbar. Zentralisierte Civil Service-Bürokratien sind von ihrer inneren Konstruktion her immer sehr basisfern. Eine inkrementalistische Modernisierung, bei der die Wünsche, Interessen und sozio-kulturellen Überlieferungen integriert werden, kann von einer Civil Service-Bürokratie, wenn überhaupt, nur in minimalem Umfange geleistet werden. Demgegenüber wird ein an der Basis offenes Verwaltungssystem überlieferte Traditionen produktiver verarbeiten können. Gleichzeitig steht ein solches Verwaltungssystem für die Möglichkeit politischer Konkurrenz, d. h. für die Möglichkeit politischer Freiheit. Der Nachteil dezentralisierter, von der Basis her kontrollierter Verwaltungssysteme ist immer, daß ihre Fehler durch die offene politische Konkurrenz, in die sie eingebettet sind, eher zutage treten und zum politischen Konfliktpotential werden als das Verwaltungshandeln autoritärer klassischer Civil Service-Bürokratien. Letztere können sich gegen die Einsichtnahme von Außenstehenden abschotten. Dies gilt selbst für jene Civil Service-Bürokratien in den Ländern der Dritten Welt, in denen es ansatzweise eine freie Presse gibt (Beispiel Kenia). Hier wird zwar eine gewisse öffentliche Kritik an der Bürokratie geübt, konkrete Folgen hat diese Kritik jedoch nur selten. Die für die meisten Entwicklungsländer typischen autoritären politischen Kulturen und Strukturen können langfristig nur aufgebrochen und für eine freiheitliche politische Entwicklung transformiert werden, wenn das politische System gerade im Bereich der Exekutive, der Verwaltung, demokratisch organisiert wird. Dies bedeutet Dezentralisierung und Kontrolle der Verwaltung durch die Bevölkerung. Politisch-institutionell läßt sich dies nur durch eine dezentrale Verwaltungsstruktur, durch Einführung des Wahlbeamten und auch durch politische Ämterpatronage im Rahmen politischer Konkurrenz ermöglichen. Politische Ämterpatronage im Rahmen politischer Konkurrenz induziert eine politische Sensibilisierung des Verwaltungspersonals. Die Gestalt des „sturen", allein an Paragraphen orientierten Bürokraten, ist in einem solchen Kontext kaum möglich. Die politische Führung muß zum Zweck der Herrschaftserhaltung ein Interesse an einem basisnahen und zugleich leistungsorientierten Verwaltungspersonal haben. Beispiele hierfür liefert wiederum das mexikanische politische System. Die Flexibilität und Anpassungsfähigkeit seiner Verwaltung wird im wesentlichen durch ihren politischen Charakter und die mit dem Wechsel der Präsidenten jeweils verbundenen Verjüngungs- und Personalaustauschprozesse bedingt. Mit diesem Wechsel wurden zugleich immer neue Segmente der nachwachsenden mexikanischen Akademikerschicht in das politische System integriert[19]. Was es bedeutet, wenn ein solcher Austausch nicht stattfindet, verdeutlicht das Beispiel der Civil Service-Bürokratie Ägyptens.[20] Der politische Druck des im Übermaß produzierten akademischen Proletariats wurde hier durch die „lebenszeitliche" Integration „gelöst". Jeder Universitätsabsolvent hat das Recht auf lebenszeitliche Anstellung in der nur noch entwicklungshemmenden, ins Uferlose anwachsenden parasitären Bürokratie. Eine solche Bürokratie ist von oben her, wie die Entwicklung unter Sadat exemplarisch zeigt, nicht mehr steuerbar. Sie wird zum Selbstzweck, ihre einzige „raison d'être" ist das Ziel der Absorption von möglichst vielen Akademikern.

Die obigen Überlegungen zu den Prinzipien eines entwicklungsadäquaten Bürokratiemodells gingen bewußt nicht ein auf die zwischen den Entwicklungsregionen und innerhalb ihrer selbst vorhandenen, überaus unterschiedlichen sozialen Strukturen, politischen Institutionen und Traditionen. Hieraus ergeben sich wiederum sehr unterschiedliche Voraussetzungen und Möglichkeitsspielräume für die Verwirklichung unserer Vorschläge.[21] In der Entwicklungspolitik geht es jedoch heute um die *langfristige* Definition des Wünschbaren. In dieser Perspektive halten wir es für evident, daß das Civil Service-Bürokratiemodell für eine freiheitliche, basisorientierte Entwicklung im Hinblick auf seine konstitutiven Elemente und insbesondere die mit ihm verbundene Basisferne wenig geeignet ist.

Anmerkungen

1 Vgl. hierzu auch *D. Oberndörfer,* 1981: Thesen zur Verwaltungsforschung und Verwaltungshilfe für die Dritte Welt, in: Ders. (Hrsg.), Verwaltung und Politik in der Dritten Welt, Berlin, 13/14

2 *Hans F. Illy, Rüdiger Sielaff, Nikolaus Werz,* 1980: Diktatur – Staatsmodell für die Dritte Welt?, Freiburg/Würzburg

3 Auch sog . Verwaltungsformen müssen unter diesem Blickwinkel gesehen werden. Ein Beispiel: *Jürgen Roland,* 1981: Politik und Verwaltung in Metro Manila. Aspekte der Herrschaftsstabilisierung in einem autoritären politischen System, München

4 Es laufen Untersuchungen, die die Effekte und Defizienzen solchen Reformen systematischer erheben werden. Eine Studie zum Reformprozeß: *Dieter Schimanke,* 1978: Verwaltungsreform Baden-Württemberg, Berlin 1978

5 Vgl. zur Orientierung die Beiträge der beiden Herausgeber, Was heißt Unterentwicklung?, Was heißt Entwicklung?, in: *Dieter Nohlen, Franz Nuscheler* (Hrsg.), 1982: Handbuch der Dritten Welt, Bd. 1, Hamburg, 25–72

6 Zu den sozio-kulturellen Implikationen des Modernisierungsprozesses im indianischen Zentralamerika vgl.: *Ulrich Fanger, Heribert Weiland*, 1981: Sozio-kulturelle Aspekte bei ländlichen Genossenschaftsprojekten – Versuch einer systematischen Erfassung am Beispiel Guatemalas, (Vervielf. Forschungsbericht i. Auftr. des BMZ) Freiburg, insb. 9–19

7 Vgl. *Oberndörfer*, a. a. O. (Anm. 1), 16–21

8 Vgl.: *Ulrich Fanger*, 1981: Öffentliche Verwaltung und Beamtenschaft in Kleinstaaten der Dritten Welt, in: Die Verwaltung, Bd. 14, 69–91; zur Kritik am verengten Konzept der ‚development administration": *David Hirschmann*, 1981: Development or underdevelopment administration? A further ‚deadlock', in: Development and Change, Vol. 12 (1981), 459–479; *O. P. Dwivedi, J. Nef*. 1982: Crises and continuities in development theory and administration: First and Third World perspectives, in: Public Administration and Development, Vol. 2 (1982), 59–77

9 *George, C. S. Benson*, 1978: Political Corruption in America, Lexington, Mass.

10 *Dieter Oberndörfer* (Hrsg.), 1977: Kommunalverwaltung in Mittelamerika, Mainz, sowie: *Ulrich Fanger*, 1975: Der öffentliche Dienst in Guatemala – Norm und Praxis im Personalwesen am Beispiel der Finanzverwaltung, in: Verfassung und Recht in Übersee, Bd. 8, 61–71

11 Hierzu vgl. insbesondere *Theodor Hanf*, 1980: Die Schule der Staatsoligarchie. Zur Reformunfähigkeit des Bildungswesens in der Dritten Welt, in: Bildung und Erziehung 33 (1980) 5, 407–432

12 Sein Hauptwerk ist – trotz einer durchaus berechtigten (vgl. auch Anm. 8) Kritik (z. B. *Peter Savage*, 1976: Optimism and pessimism in Comparative Administration, in: Public Administration Review 36, (1976) 4, 415–423) und einer erfrischenden Selbstkritik aus den Reihen der „Bewegung" (z. B. *William J. Siffin*, 1976: Two decades of public administration in developing countries, Ebda., 36 (1976) 1, 61–71) – auch heute noch wichtig für die Diskussion: *Fred W. Riggs*, 1964: Administration in Developing Countries. The Theory of Prismatic Society, Boston

13 Als repräsentative Quelle: *Joseph La Palombara*, 1971: Penetration: a crisis of governmental capacity, in: *L. Binder* et al., Crises and sequences in political development, Princeton, 205–232

14 Hierzu *Hans F. Illy*, 1976: Sankt Bürokratius in der Dritten Welt, in: *G. K. Kaltenbrunner* (Hrsg.), Der Apparatschik, Freiburg 1976, 107

15 Vgl. noch den Optimismus bei *Irving Swerdlow*, 1963: Economics as part of development administration, in: Ders. (Hrsg.), Development Administration. Concepts and Problems, Syracuse 1963, 103–123

16 Geradezu fatal wirkt sich die staatliche Anstellungsgarantie in Ägypten aus, wo die Verwaltung nicht einmal für jeden einen Stuhl zur Verfügung stellen kann: „Einer arbeitet, drei schauen zu – ein amtlicher Untersuchungsbericht unterzieht die ägyptische Bürokratie einer erbarmungslosen Kritik", in: Süddeutsche Zeitung, 14.9.1979

17 Selbst in der letzten Phase der Kolonialherrschaft war die kommunale Verwaltung durch eine größere Mitbestimmung der Bevölkerung gekennzeichnet als in den meisten Entwicklungsländern heute. Die rapide Erosion der lokalen Autonomie ist eine Grunddimension eines falsch verstandenen Begriffs von „politischer Entwicklung". Vgl. hierzu auch: *Ulrich Fanger*, 1981, 76 f.

18 Zur spezifischen Entwicklung in Afrika: *Hans F. Illy*, 1982: Nation und Nationalismus in Afrika. Die Verlockungen eines Vorbildes und die Folgen seiner eindimensionalen Imitation, in: Geschichte und Gesellschaft, Sonderheft 8, hrsg. v. *H. A. Winkler*

19 *Manfred Mols*, 1981: Mexiko im 20. Jahrhundert, Paderborn 1981, insbes. 346–352

20 Vgl. Anm. 16

21 Vgl. in diesem Zusammenhang den wichtigen Aufsatz von *Lloyd, I.* und *Susanne H. Rudolph* (vor dem Hintergrund ihrer langjährigen Erfahrungen in Indien), 1979: Authority and power in bureaucratic and patrimonial administration: a revisionist interpretation of Weber on bureaucracy, in: World Politics, 31 (1979) 2, 195–227; auch *Paul J. Hiniker, Jolanta J. Perlstein*, 1978: Alternation or charismatic and bureaucratic styles of leadership in postrevolutionary China, in: Comparative Political Studies, 10 (1978), 4, 529–554

Perspektiven für die wissenschaftliche Politikberatung?

Beobachtungen aus der Sicht der Praxis

Ernst-Hasso Ritter

„The sciences are small power", dieser Satz von *Thomas Hobbes* ist im 19. Jahrhundert durch die Entwicklung der Natur- und Ingenieurwissenschaften und im 20. Jahrhundert durch die Entwicklung der Sozialwissenschaften in sein Gegenteil verkehrt worden: Wissenschaft ist durchaus auch im politischen Sinne eine Macht. Gerade für die Sozialwissenschaften gilt, daß sich die Grenzen zwischen wissenschaftlichem Arbeiten und politischem Handeln verwischt haben. Das politisch-administrative System und das wissenschaftliche System leben in enger Verflechtung. Wenn man heute von der Verwissenschaftlichung der Politik spricht, so meint dies: das politisch-administrative System ist auf wissenschaftlich ausgebildetes Personal angewiesen, es bedient sich wissenschaftlich-technischer Methoden, es stützt seine Entscheidungsprozesse auf wissenschaftliche Beratung.

Für die wissenschaftliche Beratung – gemeint sind jetzthin nur die Sozialwissenschaften – begann der große Aufschwung Mitte der 60er Jahre. Wer ein Datum sucht, mag sich etwa an das Gesetz über die Bildung eines Sachverständigenrates zur Begutachtung der gesamtwirtschaftlichen Entwicklung vom 13. August 1963 halten. Der enorme Planungs-, Entscheidungs- und Handlungsbedarf des politisch-administrativen Systems, der zu jener Zeit offenkundig wurde, führte gleichsam zu einem Mutationssprung der Sozialwissenschaften: die Disziplinen der Politikwissenschaft und der Verwaltungswissenschaft etablierten sich; die Zahl der Wissenschaftler und der Forschungsthemen aus diesem Bereich wuchs lawinenartig; die Wissenschaftler – beseelt von einem sozialreformerischen Impetus – stürzten sich kopfüber in die Aufgabe, den Gegenstand ihres Forschungsinteresses selbst zu gestalten; ja zeitweise schien es bereits, als sei Politik nunmehr durch Wissenschaft ersetzbar. Die Stimmen, die Abstinenz predigten, weil sie fürchteten, zwischen den Systemzwängen der administrativen Praxis zerrieben zu werden, blieben vereinzelt.

Heute, im Jahre 1982, ist die *Ernüchterung auf beiden Seiten* fast komplett. Die Sozialwissenschaften stehen vor den Folgen eines hypertrophen Wachstums: Absolventen, die keine Stelle finden; Forschungsergebnisse, die vergeblich Abnehmer suchen; Schulen, die in elitären Zirkeln exklusiv diskutieren und den Bezug zur Praxis weder haben, noch anstreben. Der Rückzug der Wissenschaftler aus dem Engagement für praktische Politik ist unübersehbar. Einige haben, bitter enttäuscht von dem geringen gesellschaftspolitischen Veränderungspotential und von der Mühsal politischer Veränderungsprozesse, in die lichten Höhen reiner Theorie abgehoben. Andere klammern sich mit einem Rest von Hoffnung an spezifizierte Empirie und verlieren sich dabei leicht in eine Datenhuberei ohne politische, kritische Reflektion. Wieder andere überspielen ihr eigenen Enttäuschungen, indem sie sich zu Vorsprechern einer konservativen Trendwende auch im Verhältnis zwischen Wissenschaft und politisch-administrativer Praxis machen. Und schließlich gibt es eine ganze Reihe von Wissenschaftlern, die aus der Vergangenheit eine marktwirtschaftliche Lehre gezogen haben und in kommerzielle oder quasi-kommerzielle Beratungsinstitute ausgewandert sind; sie verkaufen Information und Ratschlag an alle, die nachfragen – ob Bund oder Kommune, ob Staat oder Industrie, ob Bayern oder Bremen.

In der Verwaltung und bei den Politikern hat sich andererseits Überdruß an wissenschaftlicher Beratung ausgebreitet. Die manchmal unterschwellig gehegte Illusion, wissenschaftliche Beratung könne politische Entscheidungen ersetzen, ist zerstoben. Selbst die Frage, ob wissenschaftliche Beratung politische Entscheidung wenigstens erleichtern könne, wird heute kaum noch uneingeschränkt mit Ja beantwortet. Denn häufig hat die wissenschaftliche Analyse die Komplexität politischer Problemlagen nicht – wie erhofft – reduziert, sondern zusätzliche Komplexität hervorgebracht. Diese ansich selbstverständliche Nebenfolge wissenschaftlicher Beratung wiegt vor allem deshalb, weil die nach wie vor bestehenden Kommunikationsbarrieren, die unterschiedlichen Denk- und Sprachmuster, es so ungemein schwer machen, die Ergebnisse wissenschaftlicher Beratung in die Begrifflichkeit der administrativen oder politischen Akteure zu übersetzen.

Die zunehmende Neigung in Verwaltung und Politik, bei der Vorbereitung von Entscheidungsprozessen stärker den eigenen Bordmitteln und weniger wissenschaftlichen Expertisen zu vertrauen, ist freilich nicht bloß das Produkt von Resignation oder subjektivem Unvermögen. Der Bedarf an wissenschaftlichen Leistungen hat sich qualitativ verändert. Nachgefragt werden nicht länger die großen Entwürfe besserer Zukünfte und die Grundsatzanalysen menschlichen Zusammenlebens. Verlangt werden vielmehr: die Behebung akuter Informationsnöte, die Antwort auf spezielle Fragestellungen, die Unterfütterung aktueller Entscheidungssituationen. Zumindest für den universitären und halbuniversitären Bereich ist damit das Beratungsfeld schmaler geworden. Schmaler geworden sind zudem die Forschungsetats der öffentlichen Hand. Dies zwingt auf beiden Seiten zu schärferen Nutzen-Kosten-Analysen. Man darf deshalb hoffen, daß sich die hinteren Regale in den Amtsbibliotheken nicht weiter füllen, in denen ganze Kolonnen von Gelegenheitsgutachten verstauben. Man kann erwarten, daß Überkapazitäten an Beratungseinrichtungen abgebaut werden. Man muß aber auch befürchten, daß dies nicht ohne Verlust an wissenschaftlicher Substanz, an redlicher Forscherarbeit und an persönlicher Integrität abgeht. Der Konkurrenzkampf der Auftragnehmer wird unerbittlich.

Die Lage ist also prekär. Irritationen auf beiden Seiten, sowohl bei den Wissenschaftlern wie bei den Praktikern in Politik und Verwaltung. Wie soll es weitergehen? Da Rat-Losigkeit kein Ausweg ist, scheint es notwendig, die Diskussionen um Möglichkeiten und Grenzen wissenschaftlicher Beratung verstärkt wieder aufzunehmen und die Wirksamkeitsbedingungen wissenschaftlicher Beratung im Lichte der gegebenen Situation präziser zu analysieren. Welche Funktionen hat wissenschaftliche Beratung? In welchen Formen spielt sie sich ab? Wie geht sie vor?

Aus der Sicht der Praxis hat wissenschaftliche Beratung zwei *Hauptfunktionen*. Sie soll einmal *institutionelle Schwachstellen* des politisch-administrativen Systems *auffüllen*. Das heißt, sie soll fehlenden Sachverstand ausgleichen und sie soll fehlende Arbeitskapazität ersetzen. Diese Leistungen sind nicht grundsätzlich verschieden von dem, was innerhalb der Verwaltung ebenfalls geleistet werden könnte, wegen der Begrenztheit der Verwaltungseinrichtungen aber nicht geleistet wird. Wissenschaftliche Beratung spielt hier die Rolle des „zweiten Gehirns" und der „verlängerten Werkbank". Die zweite Hauptfunktion wissenschaftlicher Beratung besteht darin, das politisch-administrative System *strukturell zu ergänzen*. Das heißt, wissenschaftliche Beratung soll kritischer Gegenpol zur administrativen Alltäglichkeit sein, sie soll einen unabhängigen Resonanzboden für die Reflektion künftiger Entwicklungen abgeben, sie soll Impulse für gesellschaftspolitische Innovationen decodieren. Die wissenschaftliche Beratung ist hier gefordert in den spezifischen Eigenschaften, die die Wissenschaftsfreiheit ausmachen. Die Verwaltung bedient sich der wissenschaftlichen Beratung hierbei zu Leistungen, die sie selbst aufgrund der Struktur der politischen Prozesse (Kurzfristigkeit, Klientel bezogen, Kampagnedenken, Rücksichtnahme auf Stimmungen und Lagen, Kompromißfähigkeit, Umsetzungsorientierung, Antizipation von Restriktionen und Widerständen) nicht oder nicht so erbringen kann. Beide Funktionen wissenschaftlicher Beratung sind zwar in der konkreten Anwendung nicht immer zu trennen. Sie zu unterscheiden ist jedoch wichtig, um die Bedingungen bestimmen zu können, unter denen wissenschaftliche Beratung in der Praxis wirksam werden kann.

Diese Wirksamkeitsbedingungen werden ferner mitgeprägt durch die Form, in der wissenschaftliche Beratung stattfindet. Aus dem Blickwinkel der Praxis sind zwei Grundformen auseinanderzuhalten: die Außenberatung und die Binnenberatung. Bei der Form der *Außenberatung* bleibt der beratende Wissenschaftler in sichtbarer Distanz zum politischen Prozeß, seine Beratung ist partiell und sporadisch. Hierher gehören etwa die persönlichen Kontakte zu den politischen Spitzen („Kamingespräche"), lokker organisierte Zuordnungen zu bestimmten Entscheidungsträgern („wissenschaftlicher Hofstaat"), Einzelgutachten, Teilnahme an Hearings, Einmal-Kommissionen (z. B. Kommission für wirtschaftlichen und sozialen Wandel). Dauerhaft angelegte Kommissionen bilden je nach Selbstverständnis und Wirkungsweise dagegen schon den Übergang zur Binnenberatung. Bei der *Binnenberatung* begibt sich der beratende Wissenschaftler in den politischen Prozeß hinein; es entstehen persönliche und institutionelle Verflechtungen zwischen dem politisch-administrativen System und dem wissenschaftlichen System. Neben den Dauer-Kommissionen sind etwa zu nennen: die intensiven Formen der Begleitforschung, gemeinsame Projektgruppen, Stabsbildung (auch z. B. Special Advisers).

Die Unterscheidung zwischen Außenberatung und Binnenberatung ist zunächst eine Unterscheidung nach der formalen Organisation, indessen drücken sich tendenziell darin auch bestimmte Auffassungen über die Art und Weise aus, wie wissenschaftliche Beratung vorgehen sollte. So ist die Außenberatung mehr mit dem dezisionistischen Modell, die Binnenberatung mehr mit dem pragmatischen Modell der Politikberatung kompatibel. Das *dezisionistische Modell* geht von der Annahme aus, daß zwischen „wissenschaftlichen Sachfragen" und „politischen Lebensfragen" eindeutig getrennt werden kann. In seinem Sinne liefert der Wissenschaftler instrumentell zu ihm gegebenen Fragestellungen unbewertete Antworten. Das *pragmatische Modell* postuliert ein „kritisches Wechselverhältnis" zwischen Beratern und Beratenen, gemeinsame Problemlösungsprozesse und partnerschaftliche Zusammenarbeit. Wenngleich diese Unterscheidung in der Wirkungsweise von Beratung nur Modellcharakter besitzt und damit idealtypisch ist, so pointiert sie doch das normative Bild von Beratung und das Selbstverständnis der Berater.

Vergleicht man die dargestellten Funktionstypen, Formtypen und Typen der Vorgehensweise mit dem augenblicklichen Stand von Beratungsnachfrage und Beratungsangebot, dann ist das Ergebnis ernüchternd; beide treffen sich auf dem kleinsten gemeinsamen Nenner. Verwaltung und Politiker fragen Beratung in erster Linie als Informationsleistung und als Personalleistung nach; d. h., sie setzen Beratung vornehmlich in der Funktion des Lückenfüllers bei eigenen Kapazitätsengpässen ein. Die Wissenschaftler taktieren ebenfalls vorsichtig. Oftmals bereit und manchmal von den Umständen gezwungen, zwar jeden Gutachtenauftrag mitzunehmen, scheuen sie doch in vielen Fällen davor zurück, sich wirklich in die politisch-administrativen Prozesse hineinzubegeben und sich bei Problemlösungen zu engagieren. Sie schätzen die distanzierte Form der Außenberatung und die (scheinbare) Geborgenheit des dezisionistischen Modells, das ihnen jederzeit den Rückzug in den sicheren Hort der Fachkompetenz erlaubt.

Der geschilderte Zustand ist ebenso unbefriedigend wie gefährlich. Arbeitslosigkeit, ökonomische Strukturkrisen, Umweltbedrohungen, technologische Veränderungen, Verschiebungen im Bevölkerungsaufbau, Wertewandel – schon die wenigen Stichworte zeigen die Herausforderungen, denen sich die staatliche Problemlösungskapazität gegenübersieht. Angesichts dieser Herausforderungen liegt der Engpaß für Politik und Verwaltung nicht in der Beschaffung von Faktenwissen oder Personalleistungen, sondern im Mangel an konzeptionellen Lösungen und an durchdachten Alternativen sowie im fehlenden oder unzureichenden strategischen Grundgerüst. Der Perspektivlosigkeit kann freilich nicht – und darin drückt sich der Wandel zu den Auffassungen der 60er Jahre aus – mit visionären Entwicklungssprüngen, holistischen Gesamtplanungen und dicken Planwerken begegnet werden. Vielmehr ist ein realitätsbezogenes schrittweises Vorgehen, ist eine Konzentration auf Schwerpunkte, ist ein stetiger Informationsverarbeitungs-, Entscheidungs- und Überzeugungsprozeß notwendig. Dazu wird wissenschaftliche Beratung gebraucht. Aber sie wird nicht gebraucht, um Material zu singulären Ja-Nein-Entscheidungen zu liefern oder um auf klar umrissene Fragestellungen fachliche Antworten zu liefern. Sie wird vielmehr gebraucht als stetiger, kritischer Partner im gemeinsamen Bemühen, Perspektiven für das Handeln von Politik und Verwaltung zu finden. Oder anders formuliert: Sie wird gebraucht in ihrer *Ergänzungsfunktion,* in der Form der *Binnenberatung* und in der Vorgehensweise der *pragmatischen Zusammenarbeit.*

Daraus ergibt sich nun allerdings ein Dilemma. Ein gut Teil der derzeitigen Irritationen bei der wissenschaftlichen Politikberatung rührt daher, daß partnerschaftliche Vorstellungen sich in der Theorie wohl erfolgreich verbreitet haben, daß aber über die Konsequenzen ihrer Anwendung nur unzulänglich nachgedacht worden ist: Es ist die Frage offen geblieben, welche Rückwirkungen sich auf den normativen Begriff von Wissenschaft und auf das Selbstverständnis des Wissenschaftlers ergeben. Für den Wissenschaftsbegriff sind folgende Elemente wesentlich:

- persönliche Unabhängigkeit,
- fachliche Weisungsungebundenheit,
- Meinungsäußerungsfreiheit,
- Verwendung von Methoden, die alle irrationale Einflüsse ausschließen,
- selbstgewähltes Wertesystem,
- kein „legitimatorischer" Rechtfertigungszwang (wohl Notwendigkeit der Begründung nach wissenschaftlichen Methoden).

Alle diese Elemente sind zugleich konstitutiv für den Begriff der Wissenschaftsfreiheit. Und das Dilemma besteht nun darin, daß einerseits der Status der Wissenschaftsfreiheit für den Berater in seiner Rolle als kritischer Partner unentbehrlich ist, andererseits gerade die partnerschaftliche Zusammenarbeit nur unter Bedingungen wirksam wird, die die Elemente der Wissenschaftsfreiheit berühren. Die Problematik wird deutlich, wenn man die *Wirksamkeitsbedingungen* einmal näher betrachtet.

a) Zugang zu Informationen: Offensichtlich ist es für eine effektive Beratung unerläßlich, daß der Wissenschaftler an alle relevanten Daten herankommt. Auf die Weise erlangt er Kenntnis von zahlreichen Dingen, die faktisch zu den Verwaltungsinterna und rechtlich zu einem besonders geschützten Bereich gehören (Datenschutz, beamtenrechtliche Verschwiegenheitspflicht). Vor allem dann, wenn der Wissenschaftler mit mehreren Verwaltungseinheiten zusammenarbeitet, erhält er einen Informationsstand, der größer ist als die Summe der Einzelinformationen. Er erhält somit Machtpositionen auf einem Feld, das ihm nicht verantwortlich zugewiesen ist. Die Administration versucht sich zumindest nach außen zu schützen, indem sie den öffentlichen Gebrauch der Information beschränkt (Veröffentlichungsverbote, Vorlagepflichten). Das wiederum behindert die wissenschaftsimmanente Kontrolle, die sich in der offenen Auseinandersetzung zwischen den Wissenschaftlern vollziehen muß.

b) Zugang zu Personen: Mindestens ebenso wichtig wie der Informationszugang ist der Zugang zu den Akteuren des politisch-administrativen Systems. Zusammenarbeit setzt gute persönliche Kontakte voraus. Daraus können dann zwischenmenschliche Beziehungen entstehen, die positiv als freundschaftliche Verbundenheit, negativ als „Seilschaft" zu charakterisieren wären. Auch andere Konstellationen sind denkbar. Der Beamte in der beratenen Institution erblickt in dem Wissenschaftler durchaus nicht immer den wohlgelittenen Helfer. In der Regel selbst akademisch ausgebildet, kann ihm der Wissenschaftler auch als Rivale erscheinen. Und relativ häufig wird es vorkommen, daß der mit Insiderwissen und Kompetenzen ausgestattete Amtsinhaber den Wissenschaftler für einen überflüssigen Störenfried hält. Alle diese Fallgestaltungen üben auf den Beratungsprozeß irrationale Einflüsse aus; sie sind letztlich sogar geeignet, in höchst subtiler Weise die Unabhängigkeit des Wissenschaftlers zu tangieren.

c) Möglichkeit zu Initiativen: Als kritischer Partner ist der beratende Wissenschaftler in einer aktiven Rolle gefragt, nicht als stiller Zulieferer. Darum fallen ihm de facto manche Möglichkeiten zu, selbst initiativ zu werden (Themenvorschläge, Methodenwahl, Auswahl von Partnern beim Beratungsnehmer, Mitsprache bei der Verwendung der Ergebnisse etc.). Indem er aber auf Umfang, Richtung und Verwendung seiner Beratungstätigkeit Einfluß nimmt, greift er steuernd in administrative oder politische Prozesse ein und wechselt über in einen Bereich, der anderen als wissenschaftlichen Gesetzmäßigkeiten folgt.

d) Akzeptierung gemeinsamer Prämissen: Eine kontinuierliche Zusammenarbeit kann nur auf dem Boden gemeinsamer Grundannahmen und Werthaltungen gedeihen. Je enger und effektiver die Zusammenarbeit sein soll, desto weniger reicht es aus, sich auf der Basis von Gemeinplätzen oder einer herrschenden fachlichen Lehre zusammenzufinden. Folgerichtig wählt die Praxis ihre Berater nicht allein nach der fachlichen Qualifikation aus. Gesichtspunkte wie die Einstellung zu bestimmten sozialen Problemen, die Zugehörigkeit zu bestimmten gesellschaftlichen Organisationen oder die parteipolitische Übereinstimmung spielen mit. Zusammenarbeit beruht also auf einem Geflecht diffuser Loyalitätsbeziehungen, die ihrerseits auf das Wertsystem des Beraters nicht ohne Rückwirkungen bleiben.

e) Einbindung in Zielvorstellungen: Eine Beratung, die mithelfen soll, Perspektiven für das politische Handeln zu entwickeln, kann auf Dauer nicht in kühler Distanz zu ihrem Gegenstand leben. Diese Art von Beratung verbindet sich mit der Politikformulierung zu einem iterativen Prozeß. Das ständige gemeinsame Arbeiten an den bestmöglichen Lösungen und die daraus sich ergebende Vermischung der Argumentationsebenen führen subjektiv zu einer Identifizierung des Beraters mit dem politischen Wollen und objektiv zu einem Umschlag von „Beratung" in „Entscheidungsmitwirkung". Woher nimmt der Wissenschaftler die Legitimation dafür? Der Berater gerät unter einen legitimatorischen Rechtfertigungszwang, dem er als Wissenschaftler sonst nicht ausgesetzt ist. Er gerät in eine „politische" Verantwortung, der er sich eben nicht mit dem Fingerzeig auf die Wissenschaftsfreiheit entziehen kann.

Schon diese nur skizzenhafte Analyse der Wirksamkeitsbedingungen wissenschaftlicher Politikberatung demonstriert, daß Politikberatung eine heikle *Gratwanderung zwischen Wissenschaftsfreiheit und gesellschaftlicher Verantwortung* ist. Sie macht damit klar, daß die verfassungspolitische Diskussion über den Stellenwert wissenschaftlicher Politikberatung keineswegs beendet sein kann. Und sie zeigt, wie dringlich es ist, institutionelle Sicherungen zu schaffen, die nach beiden Seiten wirken: die verhindern, daß Wissenschaft durch Politikberatung korrumpiert wird; und die verhindern, daß politische oder administrative Entscheidungsprozesse durch Politikberatung okkupiert werden. Man wird sich mithin zu fragen haben, wie die Zusammenarbeit zwischen Beratern und Beratenen so gestaltet werden kann, daß aufs Ganze gesehen und auf Dauer einerseits die gesellschaftliche Funktion von Wissenschaft erhalten, andererseits die demokratische Kontrolle politischer Vorgänge funktionsfähig bleibt. Vier *Grundsätze* werden dabei zu beachten sein.

Erstens: *Öffentlichkeit im Beratungsprozeß und in den Beratungsergebnissen.* Die Öffentlichkeit des Beratungsprozesses kann sicherlich nicht voll hergestellt werden. Es müssen aber Konstruktionen gefunden werden, die es erlauben, an den Eckpunkten des Prozesses demokratisch legitimierte Gremien (Parlament, Gemeindevertretung) einzuschalten oder die Diskussion mit den Bürgern zu eröffnen (Ansatzpunkte etwa in der gemeindlichen Bauleitplanung). Öffentlichkeit der Beratungsergebnisse muß auch heißen, dem Wissenschaftler grundsätzlich das Recht zur Publikation einzuräumen, damit die Chance zur wissenschaftlichen Auseinandersetzung und Kontrolle gewahrt bleibt.

Zweitens: *Offene Auswahl der Berater und Offenlegung der Beratungsverhältnisse.* Eine möglichst offene Auswahl der Berater kann dazu beitragen, einseitige Interessenbindungen zu verhüten, eine gewisse Pluralität im berücksichtigten wissenschaftlichen Meinungsspektrum zu gewährleisten und im Idealfall die wissenschaftliche Auseinandersetzung bereits in den Beratungsprozeß mit einzubeziehen. Zusätzlich wäre die Offenlegung der Beratungsverhältnisse zu prüfen, um die bestehenden Verflechtungen zwischen dem wissenschaftlichen und dem politischen Raum transparenter zu machen.

Drittens: *Ausgewogene Regelungen zur Unabhängigkeit und Verantwortung des Beraters.* Die Unabhängigkeit des Beraters ist wichtig für die Qualität der Beratung. Dennoch kann der Berater aus den für die öffentlichen Bediensteten geltenden Verantwortungscodes nicht völlig ausgespart bleiben. Das gilt namentlich für solche Sanktionen, die die Integrität des staatlichen Handelns schützen oder die schutzwürdige Sicherheitsinteressen betreffen. In diesem Zusammenhang wäre ferner über Zeugnisverweigerungsrechte und über Regelungen bei straf- oder disziplinarrechtlicher Verfolgung nachzudenken

Viertens: *Zeitliche Befristung und Rotation der Personen.* Eine der wichtigsten Sicherungen ist die zeitliche Befristung der Beratungsverhältnisse und der Wechsel der Personen (auch in der Verwaltung) und Beratungsinstitute. Dauerverhältnisse führen zu Abnutzungserscheinungen und zu Verkrustungen. Unabhängig von möglichen institutionellen Regelungen sollten sich die Wissenschaftler im eigenen Interesse bei ihrer Beratungstätigkeit zeitliche Selbstbeschränkungen auferlegen. Nur so erhalten sie sich die Chance zur Regeneration, vermeiden Einbußen an Reputation und bewahren letztlich ihre Freiheit als Wissenschaftler.

Um am Ausgangspunkt nochmals anzuknüpfen, wissenschaftliche Beratung ist eine politisch wirkende Macht und als solche wird sie auch gebraucht. Es wäre ebenso zwecklos wie schädlich, davor die Augen zu verschließen. Und noch gefährlicher wäre es, auf der einen oder auf der anderen Seite den Versuch zu machen, die realen Zusammenhänge zu verschleiern. Berater wie Beratene sollten die Bedingungen, denen ihr Verhältnis unterliegt, akzeptieren. Das wäre ein wichtiger Schritt, um die derzeitigen Verkrampfungen abzubauen. Es wäre ein wichtiger Schritt auf dem Weg zu einer beide Seiten befriedigenden Zusammenarbeit.

5. Möglichkeiten und Grenzen verwaltungswissenschaftlicher Ausbildung

Der eigenständige Studiengang: Das Konstanzer Verwaltungsstudium*

Manfred Timmermann

Der Ausgangspunkt des Verwaltungsstudiums

Bereits im Gründungsbericht[1] der Universität Konstanz aus dem Jahre 1965 wird eine kombinierte rechts- *und* sozialwissenschaftliche Ausbildung angestrebt, um den Forderungen der Praxis in Politik, Wirtschaft und Verwaltung zu entsprechen. Wenige Jahre nach der Universitätsgründung wurden diese Vorstellungen 1968 im Fachbereich Politische Wissenschaft in einen integrierten Studiengang „Verwaltungswissenschaft" umgesetzt. Die Pläne[2] für ein Verwaltungsstudium gingen von der Veränderung der Verwaltungsaufgaben im Strukturwandel unserer Gesellschaft aus. Das Ziel der beabsichtigten Ausbildungsreform bestand darin, die einseitige herkömmliche juristische Verwaltungsausbildung durch eine den veränderten Verwaltungsfunktionen entsprechende rechts- *und* sozialwissenschaftliche Verwaltungsausbildung zu ergänzen.
Das Studium der Verwaltungswissenschaft besteht aus:
- einem viersemestrigen Sozialwissenschaftlichen Grundstudium, das mit der Diplom-Vorprüfung abgeschlossen wird;
- einem achtmonatigen Arbeitsaufenthalt in der öffentlichen oder privaten Verwaltung (Studienpraxis) und
- einem viersemestrigen Verwaltungswissenschaftlichen Hauptstudium, das mit der Prüfung zum „Diplom-Verwaltungswissenschaftler" abschließt.

Der Reformanspruch des Verwaltungsstudiums ist durch folgende Kriterien geprägt:
- Interdisziplinarität
- Gesellschaftliches Problembewußtsein
- Praxisorientierung
- Berufsbezogenheit.

Nachdem die Euphorie der Gründungsjahre einer nüchternen Einschätzung von Reformstudiengängen gewichen ist, soll hier für das Konstanzer Verwaltungsstudium eine Zwischenbilanz gezogen werden, um Anspruch und Wirklichkeit einander gegenüberzustellen.

Zur Berufsorientierung des Verwaltungsstudiums

Ausgangspunkt für die Entwicklung eines Reformstudienganges Verwaltungswissenschaft war die Überzeugung, daß der Wandel der Verwaltungstätigkeit einen zusätzlichen Ausbildungsgang für Verwaltungsmitarbeiter erfordert.
Die öffentliche Verwaltung hat in den letzten Jahrzehnten eine zunehmende Bedeutung in unserer Gesellschaft erlangt. Die traditionelle Hoheitsverwaltung macht im Vergleich zur Leistungs- und Steuerungsverwaltung nur noch einen relativ kleinen Teil der Aktivitäten des politisch-administrativen Systems aus. Neben die ausführende Verwaltung tritt die planende Verwaltung, und die Politikvorbereitung gewinnt gegenüber der Politikausführung ständig an Bedeutung. Die soziale Orientierung des politisch-administrativen Systems sowie die zunehmende Interdependenz zwischen ökonomischem, politischem und sozialem System erfordert eine vor allem sozialwissenschaftliche Ausbildung. Der praxisorientierte und berufsbezogene rechts- und sozialwissenschaftlich ausgebildete Verwaltungswissenschaftler soll daher gleichberechtigt neben den Verwaltungsjuristen und den Verwaltungskaufmann (Diplom-Kaufmann) treten, um dem quantitativen Wachstum der öffentlichen und privaten Verwaltung eine neue Qualität des Verwaltungsmitarbeiters entgegenzustellen.
Die bisherige Entwicklung des Konstanzer Verwaltungsstudiums hat dieser Bedarfsorientierung nicht widersprochen.

(1) Die Nachfrage der Studenten nach dem verwaltungswissenschaftlichen Studiengang hat ständig zugenommen. Zur Zeit schließen etwa 80 Diplom-Verwaltungswissenschaftler jährlich diesen Studiengang mit Erfolg ab. Faßt man die Studenten im Grund- und Hauptstudium zusammen, so studieren über 500 angehende Verwaltungswissenschaftler an der Universität Konstanz.
(2) Die Absolventen des Verwaltungsstudiums haben überwiegend eine adäquate Position in Unternehmen, Verbänden, Behörden oder internationalen Organisationen gefunden. Auch die Beschaffung von Plätzen für den Arbeitsaufenthalt ist bisher kein ernsthaftes Problem gewesen. Zur Zeit übersteigen die vorhandenen Stellen sogar die Nachfrage.
(3) Von einer Anerkennung des Studiengangs durch die Verwaltungspraxis kann jedoch noch nicht gesprochen werden, da das Verwaltungsstudium bei großen Teilen der Verwaltung nicht bekannt ist. Die bisherige Zahl von Diplom-Verwaltungswissenschaftlern reicht nicht aus, um einen neuen Studiengang innerhalb weniger Jahre in der Praxis bekanntzumachen.

Der Reformanspruch der Interdisziplinarität

Weder die herkömmliche Verwaltungswissenschaft im Sinne der Kameralistik, der betriebswirtschaftlichen Verwaltungslehre oder der Verwaltungsrechtswissenschaft noch die Ansätze der derzeitigen sozialwissenschaftlichen Einzeldisziplinen können der Notwendigkeit einer Verbindung von sozial- und rechtswissenschaftlichen Kenntnissen gerecht werden. Nur ein interdisziplinärer Ansatz kann den neuen Anforderungen einer problemorientierten Verknüpfung von Wissenschaft und Praxis im Rahmen einer curricularen Neuorientierung entsprechen.

Interdisziplinarität ist jedoch mehr als nur die Behandlung desselben Problems durch mehrere Disziplinen; Interdisziplinarität ist Kommunikation zwischen den Disziplinen auf der Basis einer gemeinsamen Fachsprache. Zudem verlangt Interdisziplinarität die Fähigkeit zu kreativen Diskursen, verbunden mit Toleranz gegenüber Methoden- und Theorievielfalt. Das Verwaltungsstudium stellt sich diesem Reformanspruch mit dem Integrationsversuch der folgenden sozialwissenschaftlichen Disziplinen:

- Politische Wissenschaft,
- Soziologie,
- Wirtschaftswissenschaft und
- Rechtswissenschaft.

Die Interdisziplinarität des Verwaltungsstudiums ist nur in beschränktem Maße realisiert worden. Weder inhaltlich noch organisatorisch haben die Lehrenden der Sozialwissenschaften diesen Reformanspruch voll erfüllt. Die Verwirklichung der Interdisziplinarität verbleibt überwiegend dem Verwaltungsstudenten.

Es ist bisher nicht gelungen, ein eigenständiges, die interdisziplinären Bezüge aufnehmendes Konzept der Verwaltungswissenschaft zu entwickeln. Die unterschiedlichen theoretischen und methodischen Ansätze der beteiligten Disziplinen sind auch bei identischer Problemorientierung nur schwer zu vereinigen. Die Auseinanderentwicklung der disziplinären Fachsprachen macht die Integrationsproblematik deutlich und erschwert die interdisziplinäre Arbeit des Studenten erheblich.

Organisatorische Barrieren und Fachbereichsegoismen haben ein „Integriertes Sozialwissenschaftliches Grundstudium" verhindert. Die Veranstaltungen des Grundstudiums stehen eher additiv nebeneinander. Auch die Bemühungen, in Globalkursen unter Beteiligung von Lehrenden verschiedener Fächer interdisziplinäre Lehrveranstaltungen anzubieten, sind größtenteils gescheitert. Das größte Ausmaß an Interdisziplinarität wird noch in den an praktischen Problemen orientierten Projektkursen erreicht.

Gesellschaftliches Problembewußtsein als Reformziel

Die Ausbildung des Verwaltungsstudiums soll die Studenten befähigen, gesellschaftliche Problemzusammenhänge wahrzunehmen und zu bewerten. Das Studium soll dazu anregen, vorhandene Strukturen nicht als gegeben hinzunehmen, es soll die Notwendigkeit und Möglichkeit von Veränderungen deutlich machen.

Probleme sollen nicht als technologisch zu lösende Befriedigung von Ansprüchen, Beseitigung sach-technischer Friktionen oder Niveauvariation makroökonomischer Variablen verstanden werden, sondern in ihrem Bezug zu Interessengegensätzen zwischen gesellschaftlichen Gruppierungen, zu gesellschaftlichen Strukturen und Entwicklungstendenzen gesehen werden, welche die einzeln diagnostizierten Problemfelder in größere Problemzusammenhänge einordnen lassen. Daraus resultieren für das Verwaltungsstudium folgende Lernziele:

– Problemerkennen
– Problemdefinition und theoretische Einordnung
– Problemanalyse und Problemvermittlung
– Entwicklung von Alternativen
– Beurteilung von Realisierungschancen
– Umsetzungsvermögen

Die Alternative zwischen Verwaltungstechnokrat und Verwaltungsreformer stellt sich dabei schon lange nicht mehr. Dennoch ist der Verwaltungsstudent noch am ehesten bereit und in der Lage, kritisches Problembewußtsein zu entwickeln. Der Vergleich von Studenten der Rechts- oder Wirtschaftswissenschaft mit denen der Verwaltungswissenschaft zeigt deutlich ein intensiveres gesellschaftliches Engagement bei den Verwaltungswissenschaftlern. Die allgemeine politische Entwicklung und speziell die hochschulpolitischen Tendenzen und Entwicklungsperspektiven haben jedoch zu einer verstärkten Anpassung der Studenten an die bestehenden gesellschaftlichen Verhältnisse geführt.

Insbesondere die politikwissenschaftlichen Komponenten im Sozialwissenschaftlichen Grundstudium und im Verwaltungswissenschaftlichen Hauptstudium gewährleisten ein Minimum an gesellschaftskritischer Problemorientierung. Außerdem ist zu vermuten, daß gesellschaftspolitisch engagierte Studenten eher den Mut haben, einen noch relativ unbekannten Reformstudiengang zu wählen.

Die Forderung nach Praxisorientierung

Die fortschreitende Differenzierung der öffentlichen Aufgaben macht einerseits eine Auffächerung des öffentlichen Dienstes in eine Vielzahl von Spezialistenpositionen unvermeidlich. Andererseits erfordert die wachsende Komplizierung der Entscheidungslagen in einer modernen demokratischen Industriegesellschaft in zunehmendem Maße die Koordination unterschiedlicher Fachperspektiven. Diesen Bedingungen soll durch eine kritische Praxisorientierung des Verwaltungsstudiums Rechnung getragen werden.

Die Praxisorientierung soll durch drei Elemente des Studienganges gewährleistet werden:

– einen achtmonatigen Arbeitsaufenthalt
– Projektkurse mit praktischen Problemstellungen
– Praktiker-Kontakte durch das Konstanzer Verwaltungsseminar.

Die Praxisorientierung darf nicht dem wissenschaftlichen Anspruch des Verwaltungsstudiums widersprechen und ist in Übereinstimmung zu bringen mit dem Grundsatz „Lehre aus Forschung".

Die Praxisorientierung hat sich bewährt. Die Erfahrungen mit dem Arbeitsaufenthalt sind gut. Ein anfänglich vielfach aufgetretener „Praxisschock" wird durch intensive Vorbereitung auf den Arbeitsaufenthalt vermieden. Somit ist der konkrete Bezug zur Praxis der Verwaltung in Behörden, Verbänden, Unternehmen und internationalen Organisationen zu einer wertvollen Ergänzung des Studiums geworden. Die Studienpraxis

strebt einerseits eine generelle Einsicht in das Arbeitsleben an und vermittelt andererseits eine erste Orientierung für die Probleme des Hauptstudiums und das eigene Berufsleben. Der Arbeitsaufenthalt wird häufig in Form einer Sachbearbeiter-Tätigkeit abgeleistet und führt teilweise zu dauerhaften Praxiskontakten auch während des Hauptstudiums.
Die angebotenen Projektkurse werden von den Verwaltungsstudenten stark besucht, obwohl sie sehr arbeitsintensiv sind. Der Lernerfolg der Projektkurse ist in der Regel sehr befriedigend. Vorbereitung und Zusammenarbeit mit der Praxis kommen aus Zeitgründen manchmal zu kurz.
In dem jährlich durchgeführten Konstanzer Verwaltungsseminar findet die enge Verzahnung von Wissenschaft und Praxis ihren Ausdruck. Praktiker aus den verschiedenen Bereichen der Verwaltung pflegen einen ausführlichen Gedankenaustausch mit Lehrenden und Lernenden der Verwaltungswissenschaft.

Das Konzept der Berufsbezogenheit

Vor allem das Hauptstudium der Verwaltungswissenschft ist berufsfeldorientiert. In den Querschnittsfächern
- Staats- und Verwaltungstheorie
- Verwaltungsrecht
- Personal und Organisation
- Haushalt und Finanzen
- Informationsverarbeitung

wird für alle Studenten obligatorisch das Wissen vermittelt, das in allen Berufsfeldern benötigt wird. Entsprechend seinem Berufsziel wählt der Student darüber hinaus zwei von vier angebotenen Schwerpunktfächern:
- Kommunale und regionale Entwicklungspolitik und Infrastrukturplanung
- Arbeits- und Sozialpolitik
- Staatliche Steuerung und Regulierung
- Internationale Verflechtung und Zusammenarbeit.

Was die Wahl der Diplomarbeitsthemen und die Problemstellungen der Projektkurse angeht, hat sich die Berufsbezogenheit bereits bewährt. Da erst zehn Jahrgänge von Diplom-Verwaltungswissenschaftlern ihr Examen abgelegt haben, kann die Verteilung der bisherigen Absolventen auf die Berufsfelder das Prinzip der Berufsbezogenheit nur vorläufig bestätigen.
Die in der Praxis tätigen Diplom-Verwaltungswissenschaftler sind folgenden Bereichen zuzuordnen:
- Bundes- und Landesverwaltungen
- Wissenschaftliche Institutionen und Massenmedien
- private und öffentliche Unternehmen
- Kommunal- und Regionalverwaltungen
- Parteien, Gewerkschaften, Verbände
- Arbeits- und Sozialverwaltung
- Internationale Organisation.

Zu beachten ist, daß etwa 10 % der Absolventen die Laufbahn des Verwaltungsreferendariats wählen. Die Bedingungen des Referendariats sind noch nicht voll befriedigend und bedürfen der Verbesserung.
Ein weiterer Teil von Absolventen verbleibt an der Universität, um ein Aufbaustudium durchzuführen, den Doktortitel zu erwerben oder die wissenschaftliche Laufbahn zu ergreifen.

Die Struktur des Sozialwissenschaftlichen Grundstudiums

1. Dem grundlegenden Lernziel einer systematischen Orientierung und der Erarbeitung von theoretischen und empirischen Grundzügen mehrerer Sozialwissenschaften entspricht die Gliederung des Sozialwissenschaftlichen Grundstudiums in die folgenden Ausbildungsebenen, die sich in allen Einzeldisziplinen wiederfinden:
- sozialwissenschaftiche Propädeutik,
- allgemeine Einführung in die Einzeldisziplinen,
- fachorientierte Vertiefung.

2. Die sozialwissenschaftliche Propädeutik vermittelt die empirischen und statistischen Grundlagen, auf denen die formalen Methoden der Sozialwissenschaften basieren. Sie gliedert sich in folgende Gebiete:
- sozialwissenschaftliche Forschungsmethoden/Methoden der empirischen Sozialforschung,
- Statistik I und II.

3. In den Einführungen in die Einzeldisziplinen kann sich der Studierende mit den unterschiedlichen Methoden, Fachsprachen, Fragestellungen und Forschungsansätzen der Einzeldisziplinen bekannt machen. Insbesondere die folgenden Gebiete haben einführenden Charakter:

Politikwissenschaft:
- Einführung in das Studium der Politik-/Verwaltungswissenschaft
  (sowie besonders darauf zugeschnittene Veranstaltungen in den Gebieten Theorie der Politik und Innenpolitik).

Verwaltungswissenschaft:
- Einführung in die Verwaltungswissenschaft
  (als eigenständige Lehrveranstaltung, aber auch besonders darauf zugeschnittene Veranstaltungen in den Gebieten Innenpolitik und Öffentliche Verwaltung einschließlich Managementlehre).

Rechtswissenschaft:
- Privatrecht I,
- Öffentliches Recht I.

Soziologie:
- Soziologische Theorie I,
- Soziologische Theorie II.

Informationswissenschaft:
- Einführung in die Informationswissenschaft
  (als eigene Veranstaltung und besonders darauf zugeschnittene informationsmethodische und informationstechnologische Veranstaltungen).

4. Die fachorientierte Vertiefung vermittelt über die Einführungen hinaus die fachspezifischen Grundlagenkenntnisse (inhaltlich und methodologisch), die zur Aufnahme des Hauptstudiums erforderlich sind. Sie gliedert sich nach den möglichen Hauptstudiumsfächern in folgende Gebiete:

Politikwissenschaft:
- Theorie der Politik,
- Innenpolitik,
- Internationale Politik.

Verwaltungswissenschaft:
- Theorie der Politik,
- Innenpolitik,
- Internationale Politik,
- Sozialwissenschaftliche Forschungsmethoden
- Öffentliches Recht,
- Öffentliche Verwaltung,
- Soziologie,
- Zivilrecht,
- Volkswirtschaftslehre,
- Betriebswirtschaftslehre,
- Managementlehre,
- Informationssysteme.

Rechtswissenschaft:
- Privatrecht II,
- Öffentliches Recht II.

Soziologie:
- Methoden der empirischen Sozialforschung I,
- Methoden der empirischen Sozialforschung II,
- Sozialstruktur der Bundesrepublik Deutschland,
- Geschichte der Soziologie,
- Ausgewählte Probleme der soziologischen Empirie und Theorie,
- Statistik.

5. Die nachstehende Tabelle verdeutlicht die Gliederung des Sozialwissenschaftlichen Grundstudiums in seine Ausbildungsebenen. Sie bietet eine Anregung für die individuelle Studienplanung, die sich ab dem zweiten Studienjahr (ab drittem Semester) nach dem gewählten Hauptstudiengang richten muß.

Die Ausbildungsebenen des Sozialwissenschaftlichen Grundstudiums

(Strukturplan)

	Politikwissenschaft	Verwaltungswissenschaft	Soziologie	Rechtswissenschaft
Propädeutik	Sozialwissenschaftliche Forschungsmethoden/ Methoden der empirischen Sozialforschung			
Einführung	Einführung in das Studium der Politikwissenschaft Theorie der Politik	Einführung in die Verwaltungswissensch., Innenpolitik, Öffentl. Verwaltung, Managementlehre Einführung in die Informationswissensch.	Soziologische Theorie I Soziologische Theorie II	Privatrecht I Öffentl. Recht I
Fachorientierte Vertiefung	Theorie der Politik Innenpolitik Internationale Politik	Theorie der Politik Innenpolitik Internat. Politik, Sozialwissenschaftl. Forschungsmethoden Öffentliches Recht Öffentliche Verwaltung Soziologie Zivilrecht VWL/BWL Managementlehre Informationssysteme	Methoden der emp. Sozialforschung I und II Sozialstruktur der BRD Geschichte der Soziologie Ausgew. Probleme soz. Empirie u. Theorie Statistik	Privatrecht II Öffentlichl. Recht II

Die Struktur des Verwaltungswissenschaftlichen Hauptstudiums

Das Hauptstudium gliedert sich in drei Arten von Fächern: in Querschnittsfächer, Schwerpunktfächer und Wahlfächer.

Querschnittsfächer beinhalten Prozeß- und Verfahrensfragen, die allen Schwerpunktproblemen gemeinsam sind. Die fünf Querschnittsfächer heißen:
- Staats- und Verwaltungstheorie
- Informationsverarbeitung
- Haushalt und Finanzen
- Personal und Organisation
- Verwaltungsrecht

Schwerpunktfächer sind mit ihren Lehrinhalten auf bestimmte zusammenhängende gesellschaftlich-politische Problemfelder ausgerichtet. Ihr Studium bereitet damit auf entsprechende Berufstätigkeiten vor. Im Studiengang der Verwaltungswissenschaft bestehen vier verschiedene Schwerpunktfächer. Jeder Studierende hat einen Schwerpunkt nach freier Wahl zu studieren. Die vier Schwerpunktfächer heißen:

– Staatliche Steuerung
– Kommunal- und Regionalpolitik
– Arbeit und Soziales
– Internationale Beziehungen.

Seit dem Jahre 1980 gibt es in der Fachgruppe Politikwissenschaft/Verwaltungswissenschaft einen Lehrstuhl für Informationswissenschaft, der zusätzliche Ausbildungsmöglichkeiten bietet. Eine entsprechende Schwerpunktbildung wird nach einer Übergangsphase erwogen.

Wahlfächer: Durch das Studium von Wahlfächern ergänzt oder erweitert der Studierende seine Schwerpunkt- und Querschnittsfächer.

I. Die Querschnittsfächer

Im folgenden werden die Lehrinhalte der fünf Querschnittsfächer umschrieben. In den Querschnittsfächern wird systematisches Wissen über allgemeine Grundlagen vermittelt, die Voraussetzungen für eine Analyse der in den Schwerpunkten genannten Probleme sind.

Querschnittsfächer sind:

1. *Staats- und Verwaltungstheorie*

a) Geschichtlicher Überblick zur Entwicklung der Staats- und Verwaltungstheorien,
b) zu den Theoriediskussionen der Gegenwart,
c) Staatszielbestimmungen im Grundgesetz,
d) Souveräner Staat und überstaatliche Einrichtungen.

2. *Informationsverarbeitung*

a) Koordination organisationsinterner Information und Kommunikation,
b) Maschinenunterstützte Informationsverarbeitung,
c) Alternative Modelle externer Informationsvermittlung,
d) Aufgaben von Informationsreferenten,
e) Politische Aspekte der Informationsverarbeitung.

3. *Haushalt und Finanzen*

a) Öffentlicher Haushalt und der Prozeß von Aufstellung, Vollzug und Kontrolle,
b) Ausgaben- und Finanzplanung,
c) Finanzpolitik,
d) Öffentliche Unternehmungen.

4. *Personal und Organisation*

a) Managementtheorien, Führungsmodelle,
b) Auswahl, Ausbildung, Personalentwicklung,
c) Arbeitsuntersuchung und Arbeitsorganisation,
d) Lohn- und Gehaltsfindung, Arbeitsbewertung.

5. *Verwaltungsrecht*
Ein Kurs aus den Gebieten Staatsrecht, Kommunalrecht, Arbeits- und Sozialrecht sowie Europarecht oder Völkerrecht in Anlehnung an die Wahl des Schwerpunktes.

II. Die Schwerpunktfächer

Im folgenden werden die Lehrinhalte der vier – jeweils in mehrere Sachgebiete unterteilten – Schwerpunktfächer umschrieben.

1. *Schwerpunkt „Staatliche Steuerung"*
Abgrenzung: Der Schwerpunkt „Staatliche Steuerung" befaßt sich mit der Tatsache, daß in gegenwärtigen entwickelten Industriegesellschaften immer mehr Bereiche des gesellschaftlichen Lebens in immer stärkerem Maße durch den Staat beeinflußt, gelenkt und gesteuert werden. Das hat Rückwirkungen auf den gesamten politischen und verwaltungsmäßigen Prozeß: auf die Beschaffung von Information, Legitimation und Finanzen. Jene Tatsache erhöht die politischen Ziel- und Interessenkonflikte, erzwingt eine Erweiterung des Instrumentariums, mit dem der Staat gesellschaftliche Abläufe lenkt (Gebote, Verbote, Pläne, Subventionen), und sie vergrößert den Verwaltungsaufwand bei der Durchsetzung und Kontrolle staatlicher Steuerungsmaßnahmen. Gegenwärtig werden deshalb zwei Fragen immer häufiger gestellt, nämlich erstens, ob sich dieses Instrumentarium wirklich sinnvoll nutzen läßt und man mit seiner Hilfe Zielvorstellungen im gesellschaftlichen Entwicklungsprozeß durchsetzen kann und zweitens, ob in verschiedenen gesellschaftlichen Bereichen die Grenzen der lenkenden Staatseingriffe nicht schon erreicht sind.

Gliederung:
a) *Theoretische Grundlagen*
– Theorien der Demokratie, des Sozialstaates, der Bürokratie, der Planung und des sozialen Wandels,
b) *Ökonomische und soziale Rahmenbedingungen der staatlichen Steuerung*
– Wirtschaftsstrukturen, Gesellschaftsstrukturen, Bewußtseinsstrukturen (Wertvorstellungen),
– Ursachen und Richtungen des Wandels in diesen Strukturbereichen.
c) *Prozesse und Träger der Politikformulierung*
– Politische Kommunikation und Medien,
– Interessenartikulation, Verbände, politische Bewegungen,
– Interessenaggregation, Legitimation und Parteien,
– Entscheidungsfindung in Parlament, Regierung und Verwaltung.
d) *Institutionen der Politikverwirklichung*
– Staats- und Verwaltungsrecht,
– Regierung und Verwaltung,
– Bund-Länder-Verflechtung,
– Staat und kommunale Selbstverwaltung,

– Beratungs- und Planungsgremien,
– Parastaatliche Organisationen.

e) *Instrumentarium der Politikdurchsetzung*

– Eingriffe, Lenkungsmaßnahmen, Anreize, Informationen, Bereitstellung von Infrastruktur,
– Gesetze, Verordnungen, Verwaltungsakte, politische Programme, politische Pläne, Finanz- und Haushaltsplanung, Personaleinsatz,
– Ideelle, finanzielle und personelle Ressourcen der Politik.

f) *Implementation der staatlichen Steuerungsmaßnahmen*

– Programmdurchsetzung,
– Programmevaluation,
– Folgen der staatlichen Steuerung,
– Grenzen der politischen Steuerbarkeit.

Alle Fragestellungen dieser Gliederung können an einzelnen Politikfeldern wie z. B. der Finanz-, Wirtschafts-, Sozial- oder Umweltschutzpolitik exemplarisch untersucht werden.

2. *Schwerpunkt „Kommunal- und Regionalpolitik"*

Abgrenzung: Der Schwerpunkt ‚Kommunal- und Regionalpolitik' ist primär auf die Bundesrepublik Deutschland bezogen. Er befaßt sich mit raumbezogenen sozio-ökonomischen Problemlagen (z. B. räumliche Arbeitsteilung, Verdichtungs- und Entleerungsphänomene, Mobilität) und politisch-administrativen Problemlösungsprozessen (z. B. räumlicher, sektoraler und finanzieller Planung) aus der Perspektive des Spannungsverhältnisses von Gesamtraum und Teilraum. Der föderative Aufbau der Bundesrepublik Deutschland schafft über das Nebeneinander der Länder im Bund, der Regionen im Land, der Gemeinden und Kreise in der Region ein horizontal-vertikal gegliedertes Gefüge von Instanzen, die vor unterschiedlichen Problemen stehen, räumlich begrenzte Zuständigkeiten besitzen und sich in ihren Handlungswirkungen wechselseitig beeinflussen.

Gliederung:

a) *Infrastrukturpolitik*

– Wirkungen der Infrastruktur, ihre Erstellung, Finanzierung und Nutzung,
– Entwicklung der Infrastruktur in der Bundesrepublik Deutschland,
– Infrastrukturplanung (Planungsmodelle und -methoden),
– Infrastrukturpolitik in ausgewählten Sektoren wie Verkehr, Energie, Bildung u. a. m.

b) *Raumordnungspolitik und regionale Wirtschaftspolitik*

– Regionalökonomie,
– Recht von Raumordnung und Landesplanung,
– Entwicklung der Regionalstruktur in der Bundesrepublik Deutschland,
– Raumordnungspolitik und regionale Wirtschaftspolitik in Bund und Ländern.

c) *Kommunalpolitik*

– Stadtökonomie,
– Kommunalrecht (Gemeindeordnungen, Bau- und Städtebaurecht, Haushaltsrecht)

– Entwicklung der Städte in der Bundesrepublik,
– kommunale Aufgaben,
– kommunale Finanzen,
– Kommunalpolitik, auch in ausgewählten Sektoren wie Wohnungsmarkt, Arbeitsmarkt, Umweltschutz, Wirtschaftsförderung u. a. m.

d) *Ziele, Organisation und Methoden der Kommunal-, Regional- und Landesplanung*
– Theorie und Praxis sektoraler, räumlicher, finanzieller und integrierter Planung,
– Zielinhalte und Formen der Zielanalyse,
– Aufbau- und Ablauforganisation,
– Methoden.

e) *Politikverflechtung und Finanzausgleich*
– Föderalismus/Theorie und Praxis,
– Politikverflechtung/Theorie und Praxis,
– Finanzausgleich/Theorie und Praxis.

3. *Schwerpunkt „Arbeit und Soziales"*
Abgrenzung: Dieser Schwerpunkt will auf Berufstätigkeiten vorbereiten, die sich aus dem breiten Feld der Arbeits- und Sozialbeziehungen ergeben. Dazu gehören Personal-, Organisations- und Sozialfragen in privaten Betrieben, öffentlichen Unternehmungen, in Interessenverbänden und anderen gesellschaftlichen Organisationen. Wichtig sind außerdem die Fragen der gewerkschaftlichen Willensbildung und Interessenvertretung sowie ihre Beziehungen zu den Organisationen der Arbeitgeberseite. Im Vordergrund stehen dabei die Felder der Tarif-, der Arbeitsmarkt-, der Einkommens- und der Sozialpolitik. Studierende dieses Schwerpunktes haben außerdem Kenntnisse über die Träger und Systeme der sozialen Sicherung, der sozialen Dienste und über die Probleme von Randgruppen in der Industriegesellschaft und deren politische Verarbeitung zu erwerben.

Gliederung:

a) *Arbeit*
– Organisation der Arbeit,
– Mitbestimmung und Miteigentum,
– innerbetriebliche Arbeitsbeziehungen,
– Konflikt- und Kooperationsformen zwischen Unternehmen, Gewerkschaften und Staat.

b) *Einzelne Felder der Arbeitspolitik*
– Tarifpolitik, Einkommenspolitik, Arbeitsmarktpolitik,
– Vergleichende Arbeitspolitik.

c) *Soziales*
– Theorie der Sozialpolitik,
– Systeme der sozialen Sicherung,
– Soziale Dienste und ihre Träger
– Sozialpolitische Willensbildung in privaten Organisationen, Interessenverbänden, Staat und Kommunen.

d) *Einzelne Felder der Sozialpolitik*
– z. B. Gesundheitspolitik, Sozialhilfe, Familienpolitik,
– Vergleichende Sozialpolitik.
e) *Verbände und Unternehmen*
– organisatorischer Aufbau, interne Willenbildung und Führungsprobleme in Verbänden und Unternehmen,
– politische Theorie der Verbände (Machtquellen, Machtgrenzen und Aktionsformen der Verbände), auch im internationalen Vergleich,
– Programmpolitik von Verbänden und Gewerkschaften.

4. *Schwerpunkt „Internationale Beziehungen"*
Abgrenzung: Der Schwerpunkt „Internationale Beziehungen" befaßt sich mit den Beziehungen zwischen Regierungen und Gesellschaften auf diplomatischer, politischer, ökonomischer und kultureller Ebene. Diese Beziehungen gewinnen für Länder wie die Bundesrepublik Deutschland angesichts der zunehmenden internationalen wirtschaftlichen Verflechtung sowohl zwischen Industrieländern als auch zwischen den Industrieländern und den Entwicklungsländern zunehmende Bedeutung. Die internationale Verflechtung beeinflußt auch die „Steuerbarkeit" der nationalen Systeme. Die Interdependenz zwischen verschiedenen Gesellschaften, ihre Beeinflussung durch unterschiedliche Entwicklungsniveaus und die Organisation internationaler Beziehungen sind wichtige Fragen des Schwerpunktes. Sie müssen im Zusammenhang der Hauptkonflikte des internationalen Systems, der Ost-West- und der Nord-Süd-Beziehungen, sowie der Entwicklung der Beziehungen zwischen den westlichen Industrieländern auch in ihrer historischen Genese analysiert werden.

Gliederung:
a) *West-West-Beziehungen*
– Politische und ökonomische Aspekte des westeuropäischen Integrationsprozesses,
– Europarecht,
– Politische und ökonomische Aspekte der Beziehungen zwischen Westeuropa und den USA,
– Internationale Organisationen im West-West-Bereich.
b) *Ost-West-Beziehungen*
– Strategische Doktrinen und Rüstungsdynamik,
– Ökonomische Aspekte der Ost-West-Beziehungen,
– Politische Aspekte der Ost-West-Beziehungen,
– Vereinte Nationen und ihre Organisationen,
– Völkerrecht.
c) *Nord-Süd-Beziehungen*
– Ökonomische Strukturen in den Entwicklungsländern,
– Politische Strukturen in den Entwicklungsländern,
– Entwicklungsstrategien und Entwicklungstheorien,
– Nord-Süd-Wirtschaftsbeziehungen (Handel, Kapitalexport, Direktinvestitionen, Hilfe, Preisbildungsprobleme /Rohstoffproblem),
– Internationale Organisationen der Entwicklungsländer und im Nord-Süd-Bereich,
– Internationales Wirtschaftsrecht.

Zur Strategie des Ausbaus und der Konsolidierung des Verwaltungsstudiums

Die nächste Entwicklungsphase des Konstanzer Verwaltungsstudiums wird nicht mehr gekennzeichnet sein von den kritischen Fragen nach der Existenzberechtigung dieses Reformstudienganges, sondern sie wird geprägt sein von den Bemühungen, die Konzeption des Verwaltungsstudiums zu festigen, die organisatorischen Rahmenbedingungen zu verbessern, den Bekanntheitsgrad des Studienganges zu erhöhen und die angewandte Verwaltungsforschung zu intensivieren.

Durch die Ergänzung der Fakultät Wirtschaftswissenschaft und Statistik um das Fach Betriebswirtschaftslehre wird es möglich sein, im Sozialwissenschaftlichen Grundstudium die betriebswirtschaftliche Basis auch für die Verwaltungswissenschaft abzurunden.

Im Rahmen des Programms für „Information und Dokumentation" des Bundesministeriums für Forschung und Technologie wurde eine Lehrstuhleinheit für Informationswissenschaft eingerichtet, die gerade hinsichtlich der Probleme sozialer Informationssysteme und der Fragen der Informationspolitik eine wertvolle Ergänzung des verwaltungswissenschaftlichen Angebots darstellt. Außerdem ist beabsichtigt, im Rahmen des Aufbaustudiums ein auch für Diplom-Verwaltungswissenschaftler attraktives Ergänzungsstudium für Informationswissenschaft einzurichten.

Von besonderer Bedeutung ist der weitere personelle Ausbau der Fachgruppe Politikwissenschaft/Verwaltungswissenschaft. Querschnitts- und Schwerpunktfächer sollten durch mindestens eine Lehrstuhleinheit so vertreten sein, daß das vollständige Lehrangebot gesichert ist und mehr Kapazitäten für die Forschung freigesetzt werden können. Sobald diese Voraussetzungen gegeben sind, beabsichtigt die Fachgruppe die Einrichtung eines Sonderforschungsbereichs „Verwaltungswissenschaft". Auch die Betreuung der Studenten, Absolventen und Verwaltungsreferendare soll dann intensiviert werden. Eine wesentliche Aktivität wird auch auf die Verstärkung des Kontaktes zur Praxis über das Verwaltungsseminar hinaus zu richten sein. Es wird zur Zeit diskutiert, ein Aus- und Weiterbildungsprogramm für Verwaltungspraktiker in Konstanz durchzuführen, um auch so Bekanntheitsgrad, Praxisorientierung und Berufsbezogenheit der Konstanzer Verwaltungswissenschaft zu fördern.

Für die Weiterentwicklung des Verwaltungsstudiums sind die kritischen Hinweise der Praxis stets wertvolle Anregungen. Ständigen Ansporn bilden auch die ähnlich konzipierten Studiengänge an anderen Universitäten sowie die Aktivitäten der Hochschule für Verwaltungswissenschaften in Speyer und der Bundesakademie für öffentliche Verwaltung in Bonn-Bad Godesberg. Bei aller Praxisorientierung muß der wissenschaftliche Anspruch gegenüber den Studienprogrammen der Fachhochschulen für Verwaltung ebenso gewahrt bleiben wie der eigenständige Weg des Diplom-Verwaltungswissenschaftlers zwischen der zahlenmäßig erdrückenden Konkurrenz des Diplom-Kaufmanns und des Verwaltungsjuristen. Idee und Konzept des Konstanzer Verwaltungsstudiums sind so überzeugend, daß sich die Mühe lohnt!

Anmerkungen

* Dieser Beitrag ist aus den Studienordnungen für das Sozialwissenschaftliche Grundstudium und dem Diplomstudiengang Verwaltungswissenschaft an der Universität Konstanz sowie einem Aufsatz des Verfassers „Zehn Jahre Konstanzer Verwaltungsstudium – Anspruch und Wirklichkeit: Eine Zwischenbilanz –“ in der Zeitschrift „verwaltung und fortbildung“ 6. Jg., Nr. 3/78, S. 101–119 zusammengestellt.

1 Die Universität Konstanz. Bericht des Gründungsausschusses. In: Konstanzer Blätter für Hochschulfragen. Heft 8, 1965, 21 f.

2 *Scharpf, F. W.*, Pläne für ein Verwaltungsstudium an der Universität Konstanz. In: Konstanzer Blätter für Hochschulfragen. Heft 20, 1968, 11 ff.

Literaturverzeichnis

Ende, W./Linder, N., 1980: 12 Jahre Konstanzer Verwaltungsstudium. Entstehung, Konzeption, Entwicklungen, Erfahrungen, Verwaltungsrundschau, *26* (11), 375–380

Esser, J./Fach, W./Simonis, G./Väth, W., 1977: Verwaltungsstudium in Konstanz. In: *Voegelin, L.* (Hrsg.): Sozialwissenschaften 2. Berufsorientiertes Studium? Orientierungshilfen für Studenten und Dozenten. Frankfurt-New York, 100–126

Grauhan, R.-R., 1969: Wandlungen im Typ des Verwaltungsgeneralisten. Konstanzer Blätter für Hochschulfragen, 7, 51–59

Hesse, J. J., 1978: Das Konstanzer Verwaltungsstudium in der Phase der Konsolidierung. Die öffentliche Verwaltung, *31*, 635–640

Linder, W./Treiber, H., 1976: Verwaltungsreform als Ausbildungsreform. Plädoyer für ein sozialwissenschaftliches Studium der Verwaltung. München

Scharpf, F. W., 1968: Pläne für ein Verwaltungsstudium an der Universität Konstanz. Konstanzer Blätter für Hochschulfragen, *6* (3), 11–18

Scharpf, F. W., 1971: Das Konstanzer Verwaltungsstudium nach drei Jahren: Entwicklungen, Erfahrungen und Probleme. Die öffentliche Verwaltung 1971, *24* (22), 771–773

Timmermann, M., 1977: Das Konstanzer Verwaltungsstudium. In Zukunft mehr sozialwissenschaftlich ausgebildete Verwaltungswissenschaftler. Der Volks- und Betriebswirt 1977, 47, 37–41

Verwaltungswissenschaftliches Aufbaustudium: Speyer

Klaus König

I.

1. Das Unternehmen einer Ausbildung für höhere Verwaltungsdienste und spezifischer eines verwaltungswissenschaftlichen Studiums reflektiert vielfältige soziale, ökonomische, politische Faktoren, wie sie jeweils für Gesellschaft und Staat maßgeblich sind. Mannigfache Sinnzusammenhänge sozialen Handelns – Bildungssystem, Beschäftigungssystem, politisches System – und nicht nur Hochschulen und Administrationen sind berührt. Mehrere Fachwissenschaften sind herausgefordert und nicht nur für sich Kameralistik oder Jurisprudenz oder Politikwissenschaft. Über die persönlichen Beziehungen – Jahrgänge, Seilschaften, Crews – hinaus ist das Personalgefüge in den politisch-administrativen Institutionen betroffen. Symbole für alte oder neue Zeiten werden gesetzt.

Man kann die bis auf den heutigen Tag in Großbritannien bestehende Zurückhaltung gegenüber einer akademischen Bildung in Verwaltungsangelegenheiten nicht verstehen, ohne das Herkommen einer zivilen Kultur, der sie tragenden sozialen Schichten, der sie repräsentierenden Universitäten mitzubedenken. Allerdings stellen sich dann Zweifel ein, ob die jetzt eingerichteten Fortbildungsinstitute jenes Leistungsprofil herstellen können, das den Anforderungen einer Industriegesellschaft, einer gemischten Ökonomie, einer omnipräsenten Verwaltung entspricht. Will man demgegenüber sein Verständnis für etatistische Sinngebungen schärfen, empfiehlt sich der Blick auf die Ecole Nationale d'Administration in Paris. Die hier hervorgebrachten Funktionseliten reichen über die Regierungsmaschinerie hinaus in andere Bereiche von Gesellschaft und Wirtschaft hinein. Freilich muß man dann weiter nachdenken, und zwar nicht nur über die intellektuelle Qualität der Ausbildungsprogramme, sondern etwa unter den Vorzeichen der Macht über den politisch-demokratischen Wechsel, unter den Vorzeichen der Beschäftigung über ein Bildungssystem, das zwischen den Großen Schulen und kongenialen Fakultäten einerseits und dem Rest der Universität andererseits polarisiert.

Selbst für die Erforschung von Revolutionen bietet die Ausbildung des höheren Verwaltungsdienstes Anschauungsmaterial, da sich der „arbeitende Staat" nicht als obsolet erwiesen hat. In vielen Ländern des realen Sozialismus führt der Weg in den Staatsapparat nach wie vor durch die juristischen Fakultäten. Traditionen kontinental-europäischen Rechtsdenkens – besonders österreichischer und französischer Provenienz – wirken in einigen ost- und südosteuropäischen Ländern bemerkenswert nach. Leninistische Anforderungen an die Kaderpolitik erfüllt die Akademie für Staats- und Rechtswissenschaft der DDR. Auch hier werden Fragen des sozialistischen Staats- und Verwaltungsrechts in Lehre wie Forschung im besonderen Maße behandelt. Man hat aber nicht den Eindruck, daß der Primat der politisch-ideologischen Qualifikation durch den juristischen oder einen anderen sozialtechnologischen Sachverstand bedrängt wäre. Daß sich die so herangebildete Nomenklatur der Kaderverwaltung auch von Marxisten die Fragen nach Macht und Humanität vorlegen lassen muß, bleibt zu vermerken.

Die Vielfalt der Einflußgrößen, die das Verwaltungsstudium bestimmen, kommt vor allem im Falle der Vereinigten Staaten von Amerika zum Ausdruck. Das ist bereits quantitativ zu verstehen. Aus etwa zweihundert universitären Studiengängen mit unterschiedlichen Bezeichnungen – Public Administration, Public Affairs, Public Policy, Government, Public Management – kommen jährlich Tausende von Absolventen hervor. Initiiert wurde das Verwaltungsstudium nicht von einer Beamtenschaft, sondern von einer bürgerlichen Reformbewegung, die in der Bildung ein Mittel gegen die politischen Mißstände besonders in den großen Städten sah. Mögen manche hinter diesen Bürgern nur Kapitalisten sehen, die sich um die öffentlichen Rahmenbedingungen für ihre Geschäfte sorgten, so mag für andere eher bemerkenswert sein, daß es sich um die Enkel von Auswanderern handelte, die nicht zuletzt der Last europäischer Bürokratien entkommen wollten. Noch heute finden sich die interkollegial am höchsten bewerteten Studiengänge vor allem an privaten Universitäten – Harvard, Syracuse, Southern California, Princeton –, ein Umstand, der angesichts unserer jüngsten Geschichte der Studienreform zu denken geben sollte. Das Verwaltungsstudium in den USA bedeutet vieles: ein nicht hoher sozialer Status, aber die Chance des sozialen Aufstiegs im Wechsel von beruflicher Tätigkeit und Bildungsanstrengung, eine Minderheit im Millionenheer der öffentlichen Bediensteten, doch eine recht artikulationsfähige und unter anderen mehr die intellektuelle Auseinandersetzung an den Universitäten. Das gilt in besonderem Maße für das Verhältnis zur Politischen Wissenschaft, zumal auch heute noch etwa zwei von fünf Verwaltungsprogrammen in deren Fachbereichen angesiedelt sind. Daß diese Nähe voller Komplikationen ist, zeigt sich daran, daß bereits in der ersten verwaltungswissenschaftlichen Programmschrift – The Study of Administration von 1887 – ein Hochschullehrer der Politik und Staatsmann forderte, die Verwaltung von der Politik zu trennen.

Will man sich über die Nachteile des amerikanischen Studienweges Rechenschaft geben, so kann das vielleicht besser in mancher Verwaltungsschule an einer südamerikanischen oder südostasiatischen Universität als in den USA selbst geschehen. Dort, wo die Entwicklungsfunktionen des Staates ganz anders gefordert sind, treten die Kosten von Personal- und Bildungsstrukturen stärker hervor, die in vielem vom Privatsektor entliehen sind – individuelle Qualifikation, klassifizierte Position usw. – und den einzelnen so mobil machen, daß er einen nicht lukrativen Staatssektor schnell verläßt. Die französische Geschichte zeigt demgegenüber, wie bis zu den Ingenieuren des Brücken- und Straßenbaus von Staats wegen Beruflichkeit geschaffen werden kann. Freilich ist wiederum zu sehen, daß in Westafrika oder im indischen Subkontinent koloniale Bildungserbschaften anzutreffen sind, die man in gewissen Dysfunktionen in Paris bzw. London nicht mehr findet. So führt uns jeder Versuch der Verwaltungsausbildung in ein vielfältiges Wirkungsfeld kultureller Faktoren, selbst oder erst recht im Falle eines Landes wie Nordjemen, das erst seit Beginn der siebziger Jahre mit neuzeitlichen Formen der öffentlichen Verwaltung konfrontiert ist und in dessen Verwaltungsinstitut von den Folgen eines auf formalem Wissen aufgebauten Universitätsstudiums bis zu den religiösen Problemen einer Ausbildung für die Steuerverwaltung mannigfache Implikationen sich belegen lassen.

2. In der Bundesrepublik Deutschland ist die Lage der höheren Verwaltungsdienste, die einschlägigen Berufszugänge und Berufswege einschließlich deren Bildungsvoraussetzungen mehrfach gespalten. Wir befinden uns in einem historischen Prozeß beruflicher Spezialisierung, der auch den öffentlichen Sektor betrifft. Dennoch zeigen Erfahrungen – wie auch in anderen Ländern mit hochgradiger Arbeitsteilung –, daß die allgemeinen Verwaltungslaufbahnen und nichtspezialisierte Dienstposten im Staatsdienst auch in Zukunft ein beträchtliches Ausmaß haben werden. Der öffentliche Dienst ist bei uns nach wie vor vom Beamtentum geprägt. Jedoch eröffnen sich im Bereich höherer Positionen breite Beschäftigungsmöglichkeiten auch im Angestelltenverhältnis. Der klassische Bewerber für die allgemeine Laufbahn des höheren Dienstes hat zwei juristische Staatsprüfungen absolviert. Aber die Wirtschafts-, Regierungs-, Verwaltungsreferendariate belegen, wie nichtjuristische Studien- und Ausbildungsgänge vordringen. Anzumerken bleibt hier noch der Zwiespalt zwischen der am Beschäftigungsbedarf orientierten Rekrutierung für jene Referendariate und der am Ausbildungsbedarf orientierten Zurverfügungstellung von Plätzen für den juristischen Vorbereitungsdienst. Weiter hält man an der Maßgeblichkeit von fachlichen Befähigungen fest. Für Verwaltungskarrieren sind aber auch andere Faktoren einflußreich, darunter immer mehr die parteipolitischen Beziehungen.
Auch die Verhältnisse in dem auf den höheren Verwaltungsdienst beziehbaren Bildungsbereich zeigen Diskrepanzen. In das rechtswissenschaftliche Studium ist die Verwaltungslehre als Wahlfachteil eingeführt worden. Vielerorts wird indessen nicht das dahinterliegende Hauptberufsfeld für Juristen gesehen, sondern das mit Verfassungsgeschichte, Kirchenrecht usw. konkurrierende akademische Nebenfach. Insbesondere setzt sich eine an sich mögliche Schwerpunktbildung auf dem Gebiete von Staat und Verwaltung im juristischen Vorbereitungsdienst nicht fort. Verständlicherweise wird die Orientierung von Referendaren vom Prüfungsstoff beherrscht, und der wird nun einmal von Justizprüfungsämtern bestimmt. In den sozialwissenschaftlichen Studiengängen hat man an einigen Plätzen versucht, das Praxisfeld der öffentlichen Verwaltung curricular einzubeziehen, um Studenten der Politischen Wissenschaft, der Soziologie usw. berufliche Chancen zu eröffnen. Jedoch stellen sich Zweifel ein, ob die Wissenschaftler solcher Fächer Kenntnisse, Fertigkeiten, Haltungen von einer Professionalität vermitteln können, die eben nicht von der Art der Profession des Professors ist. Insofern befindet sich im Bereich der Wirtschaftswissenschaften die Betriebswirtschaftslehre in einer günstigeren Ausgangsposition. Mit ihrer traditionellen Aufmerksamkeit für wirtschaftliche Berufe könnte sie sich auf den öffentlichen Sektor einstellen, und sie ist auch im Begriffe, dies angesichts unserer wohlfahrtsstaatlichen Bedingungen zu tun.
Dennoch wird man wohl zuerst auf jene Prognosen achten müssen, die vorhersagen, daß in Zukunft in noch größerem Umfange als bisher Aufsteiger aus dem gehobenen

Dienst die höheren Verwaltungsposten besetzen werden. Mit der Wende von der herkömmlichen Bildungsform des gehobenen nicht-technischen Verwaltungsdienstes mit dem Schwerpunkt auf der praktischen Ausbildung an relevanten Arbeitsplätzen und mit der berufsbegleitenden Unterrichtung an Verwaltungsschulen zur Ausbildung im Fachhochschulbereich ist ein bemerkenswertes Politikum im System der Verwaltungsbildung wie der öffentlichen Beschäftigung geschaffen worden. Entstehungsbedingungen wie Tragweite dieses Unternehmens verdienen hohe Aufmerksamkeit. Zunächst kann man durchaus zu der Bewertung neigen, daß die günstigen Bildungsmöglichkeiten in den Fachhochschulen für öffentliche Verwaltung und die damit eröffneten Berufschancen sozialadäquat sind, weil sie einer zu hierarchischen Stufung in Laufbahnen des gehobenen und des höheren Dienstes entgegenwirken. Freilich darf man die Kosten einer ,,Verdrängung von unten" nicht übersehen. Das wissenschaftliche Studium an einer Universität bringt eine andere Form der Intelligenz in den öffentlichen Dienst ein, als sie die langjährige Heranbildung in verwaltungsinternen Institutionen darstellt. Der Staat ist im Sinne seiner Leistungsfähigkeit auf beide Arten geistigen Vermögens angewiesen.

In dieser Lage des Studiums der öffentlichen Verwaltung und der Ausbildung für Verwaltungsberufe kommt der Hochschule für Verwaltungswissenschaften Speyer eher insulare Bedeutung zu. Zwar wurde sie unter französischem Einfluß mit Sicht auf die Ecole Nationale d'Administration in Paris gegründet. Jedoch konnte sie schon angesichts des westdeutschen Föderalismus nie deren Zentralitätsgrad erreichen. Man muß dem Besucher von der Akademie für Staats- und Rechtswissenschaft der DDR erklären, wie begrenzt ihre Funktion für die Kaderbildung ist. Allerdings kann sich die Hochschule im öffentlichen Leben der Bundesrepublik inzwischen auf einen nach Tausenden zählenden Personenkreis ehemaliger Hörer – und heutiger Teilnehmer an den Fortbildungsveranstaltungen – beziehen, die ein gewisses, vielleicht sogar existentiell wichtiges Klima für diese bei uns unübliche Bildungsinstitution schaffen. Nach ihrem intellektuellen Leistungsvermögen ist die Hochschule nach kurzer Zeit in das eher egalitäre Selbstverständnis der deutschen Universitäten eingepaßt worden. Führungsrollen, wie man sie in den Vereinigten Staaten den Universitäten Harvard, Princeton, Berkeley und den dortigen Verwaltungsschulen beimißt, werden bei uns kaum anerkannt. So fällt es auch aus bloß disziplinär-nationaler Sicht schwer, jene Qualität zu erkennen, die besorgt, daß Speyer im Ausland ein Name für die Pflege der Verwaltungswissenschaften ist.

Das verwaltungswissenschaftliche Aufbaustudium der Hochschule ist auf pragmatischen Grundlagen entstanden. Das gilt sowohl unter bildungspolitischen wie verwaltungspolitischen Vorzeichen. Traditionell bildet die Hochschule Juristen mit erstem Staatsexamen während ihres Vorbereitungsdienstes in einem einsemestrigen verwaltungswissenschaftlichen Ergänzungsstudium aus. Hinzugekommen sind Wirtschafts-, Regierungs-, Verwaltungsreferendare und Nachwuchskräfte der Bundesanstalt für Arbeit, so daß dieses „Speyer Semester" eine breite Repräsentanz rechts-, wirtschafts- und sozialwissenschaftlicher Vorbildungen und des sich daraus ergebenden verwaltungsbezogenen Weiterbildungsbedarfs darstellt. Als Bildungstheorie und Bildungspolitik den quartären Bildungsbereich ins Auge faßten, war dies das Feld, auf dem sich die

Hochschule als postuniversitäre Institution seit vielen Jahren bewegte. Allerdings zeigte sich, daß zwischen dem einsemestrigen Ergänzungsstudium und dem in Speyer praktizierten Doktorandenstudium eine Lücke bestand. Es wurde nach einem verwaltungswissenschaftlichen Vertiefungsstudium gefragt, das vor den spezifischen wissenschaftlichen Anstrengungen einer Promotion anzusiedeln wäre. Hierhinein wurde das Aufbaustudium plaziert. Es ergibt bildungspolitisch die einfache, aber überzeugende T-Form – T-shape –, wobei die Vertikale für das konventionelle Universitätsstudium, die Horizontale für das postuniversitäre Aufbaustudium steht.

Auch in seinen verwaltungspolitischen Perspektiven wurde das Aufbaustudium eher pragmatisch aus den in den Ausbildungs- und Fortbildungsprogrammen der Hochschule gespeicherten Erfahrungen heraus konzipiert. Die Begegnung mit jährlich nach Hunderten zählenden Verwaltungspraktikern aus verschiedenen Verwaltungsebenen, Verwaltungszweigen, Verwaltungsregionen zeigt, daß die Bundesrepublik Deutschland auch in politisch-administrativen Angelegenheiten eine verhältnismäßig offene, von Norden bis Süden vielfältigen Einflüssen ausgesetzte Landschaft ist. Hierhinein ein festes berufliches Leitbild zu plazieren – Karrieretyp, politisch-technologischer Reformer, Advokat sozialer Interessen, Verwaltungspartisan –, hieße nicht nur, die Intelligenz einer Bildungsinstitution parteilich einzusetzen, sondern auch, deren verwaltungspolitische Möglichkeiten zu überschätzen. Das bedeutet nicht, daß bei der Entwicklung des Aufbaustudiums die Daten unberücksichtigt geblieben sind, die die Berufsforschung zur Normativität und Faktizität des Verwaltungsdienstes hervorgebracht hatte. Sie stellen sich in der Perzeption der verschiedenen Fachrichtungen – der Verwaltungswissenschaft, der Politikwissenschaft, der Rechtswissenschaft, der Wirtschaftswissenschaften usw. – freilich unterschiedlich dar. Auch die Speyerer Hörer, die aus ihren jeweiligen Studien- und Lebenserfahrungen zur Weiterentwicklung des Aufbaustudiums beigetragen haben, waren nicht auf eine Sicht der Verwaltungspraxis festgelegt oder festlegbar. Dies führte zu einem verhältnismäßig offenen Curriculum, das am Berufsfeld der öffentlichen Verwaltung orientierte Vorgaben enthält, dem Studierenden aber die Möglichkeit eröffnet, in diesem Rahmen eine Auswahl zu treffen. Damit werden die recht umfangreichen Ressourcen des Speyerer Studienangebots genutzt. Im Wege der Studienberatung wird versucht, die eintretenden Unsicherheiten zu mildern.

II.

1. Zielgruppe des verwaltungswissenschaftlichen Aufbaustudiums sind Absolventen von Studiengängen der Rechts-, Wirtschafts- und Sozialwissenschaften, die eine den Anforderungen der modernen Verwaltung entsprechende Ergänzung und Vertiefung ihrer Ausbildung suchen und eine zusätzliche Qualifikation durch das Studium von Wissenschaften, deren Gegenstand die öffentliche Verwaltung ist, erwerben wollen. Speyerer Referendare können am Aufbaustudium ganz oder teilweise im Rahmen des Vorbereitungsdienstes teilnehmen, wenn ihre individuelle Ausbildungsplanung den geschlossenen Vollzug des Gesamtprogramms ermöglicht. Absolventen anderer Fachrichtungen können ebenfalls zugelassen werden, wenn sie ein für eine Tätigkeit im höheren

Verwaltungsdienst geeignetes Studium abgeschlossen haben und wenn im jeweiligen Fall die Voraussetzungen für ein sinnvolles Aufbaustudium vorliegen. Zu dieser Gruppe zählen zum Beispiel Diplom-Ingenieure der Fachrichtung Raumplanung/Landschaftsplanung, Diplom-Geographen, Diplom-Pädagogen u.ä. Mit solchen Hörern konnten recht gute Erfahrungen gemacht werden, weil sie sich nach ihrem individuellen Ausweis in Studium und Zusatzausbildungen bereits auf die Verwaltung eingestellt hatten und zielstrebig die bereits erworbenen Kenntnisse und Fertigkeiten im Hinblick auf ein bestimmtes Berufsfeld zu vertiefen und abzurunden suchten.

Eine akademische Weiterbildung steht angesichts verschiedener, nicht zuletzt finanzieller Restriktionen vor dem Problem, mit dem Zeithaushalt der Teilnehmer sorgfältig umzugehen. Die Hochschule hat den Weg eingeschlagen, eine hohe, insbesondere durch überdurchschnittliche Prüfungsergebnisse belegte Eingangsqualifikation zu verlangen, dafür aber die Studiendauer auf ein Jahr zu straffen. Es kann insoweit auf internationale Erfahrungen mit dem Master of Public Administration verwiesen werden. Regelmäßig wird er nach einer ersten Graduierung und folgendem zweijährigem Studium verliehen. Namhafte Universitäten bieten aber diesen zweiten akademischen Grad als Abschluß eines einjährigen Programms an, wenn eine entsprechend hohe Eingangsqualifikation nachgewiesen wird. So ist es schon geschehen, daß der Speyerer Magister der Verwaltungswissenschaften (Mag. rer. publ.) der Promotion an einer Universität nachfolgte.

Das Aufbaustudium beginnt jeweils im Sommersemester. An diese erste Studienphase schließt sich ein Verwaltungspraktikum an, das nur Hörer durch andere Leistungen ersetzen können, die bereits über Verwaltungserfahrungen verfügen. Es folgt das zweite Studiensemester im Herbst und Winter mit abschließender Prüfungsphase bis Ende April. Die Magisterprüfung besteht aus einer sechswöchigen Hausarbeit und einer mündlichen Prüfung, die mit einem Kurzvortrag des Kandidaten über eine verwaltungsbezogene Thematik unter dem Blickwinkel der verschiedenen relevanten Disziplinen im Blick auf Vorschläge zur Problemlösung eingeleitet wird. An die Studienleistungen des Aufbaustudiums kann die verwaltungswissenschaftliche Promotion angeschlossen werden. Das Aufbaustudium unterliegt zwei Maximen. Es soll die bereits abgeschlossenen Studien praxisnah und interdisziplinär ausweiten. In diesem Sinne wird es schwerpunktbezogen durchgeführt und gliedert sich in einen obligatorischen verwaltungswissenschaftlichen Bereich, einen Kernbereich und einen Ergänzungsbereich. Jeder Hörer kann die Schwerpunkte seines Kern- und seines Ergänzungsbereichs aus dem Angebot der Hochschule frei wählen. Die gewählten Schwerpunkte gelten für das gesamte Studienjahr. Im obligatorischen verwaltungswissenschaftlichen Bereich ist für Teilnehmer, die über keine einschlägigen Grundkenntnisse verfügen, eine Einführung in die Verwaltungswissenschaft eingerichtet. Zur Vertiefung im zweiten Semester wird ein Kolloquium durchgeführt, in dem theoretische und methodische Probleme der Verwaltungswissenschaft behandelt werden. Darüber hinaus ist jeweils der Besuch einer verwaltungswissenschaftlichen Arbeitsgemeinschaft und eines verwaltungswissenschaftlichen Seminars vorgeschrieben.

Der Schwerpunkt des Kernbereichs darf nicht überwiegend dem Studienfach entstammen, in dem das Universitätsstudium abgeschlossen worden ist. Er zeichnet sich weiter dadurch aus, daß in seine Thematik auch das Verwaltungspraktikum eingebunden werden soll. Aus ihm sind in jedem Semester Leistungsnachweise zu erbringen. Das Thema der Magisterarbeit wird ebenfalls aus ihm entnommen. Zu den regelmäßig von der Hochschule angebotenen Schwerpunkten gehören erstens Personalverwaltung und Personalführung. Hierunter sind Lehrveranstaltungen unterzuordnen, die vom Arbeitsrecht bis zur Arbeitsmarktpolitik, von der Reform des öffentlichen Dienstes bis zum Personalwesen in öffentlichen Unternehmen und Verwaltungen reichen. Weiter ist unter den Regelschwerpunkten Organisation und Datenverarbeitung zu nennen. Auf diesem Felde werden Fragen der zwischenbehördlichen, innerbehördlichen Organisation, der Organisationsentwicklung, der Projektorganisation und neben anderen mehr die Datenverarbeitung in der öffentlichen Verwaltung behandelt. Zum Schwerpunkt von Planung und Organisation gehören Veranstaltungen allgemein zur Aufgabenverteilung auf den verschiedenen Verwaltungsebenen wie spezifisch zum Städtebau, zur Stadtentwicklung, Stadtsanierung, über Bürgerbeteiligung bei Planungen wie über Rechtsschutz gegen Planungen. Schließlich werden regelmäßig Haushalt und Finanzen angeboten. Die erörterten Probleme sind solche des Steuersystems, des Haushaltsrechts, der Bundesbank usw.

Zusätzliche Schwerpunkte werden unter Berücksichtigung von Bedarf und Kapazität eingerichtet und frühzeitig vor Beginn eines neuen Jahrganges bekannt gegeben. Ein aktuelles Beispiel ist etwa die Gesetzgebungslehre, bei der neben allgemeinen Einführungen auch das Entwerfen und Testen von einfachen Gesetzen auf dem Programm stehen. Damit verbreitern sich für die Teilnehmer die Auswahlmöglichkeiten. Das gilt auch für den Ergänzungsbereich. Der Hörer legt ihn für seinen individuellen Studienplan durch Entscheidung für einen weiteren Schwerpunkt, für eine Kombination von Schwerpunkten oder für einen sonstigen Bereich aus dem Lehrangebot der Hochschule – insoweit im Einvernehmen mit der Kommission für das Aufbaustudium – fest. Leistungsnachweise über den Kernbereich hinaus sind entweder aus dem Ergänzungsbereich oder dem verwaltungswissenschaftlichen Bereich zu erbringen. Dem Ergänzungsbereich entstammt das Thema des Kurzvortrags in der mündlichen Prüfung.

2. Von Anfang an hat das an der Hochschule Speyer eingerichtete verwaltungswissenschaftliche Aufbaustudium bei ausländischen Universitätsabsolventen einschließlich junger Verwaltungspraktiker Interesse gefunden, wie die Hochschule traditionell von Wissenschaftlern und Praktikern aus dem Auslande zur Durchführung verwaltungswissenschaftlicher Konferenzen, Studien und Forschungen besucht wird. Im Falle des Aufbaustudiums muß berücksichtigt werden, daß es in das Muster jener akademischen Graduierung paßt, die sich international am weitesten durchgesetzt hat, nämlich der zum Master of Public Administration. Eine Reihe von Universitäten und der Hochschule Speyer vergleichbarer Einrichtungen besonders in den Vereinigten Staaten von Amerika, aber auch in Europa und anderen Ländern öffnen ihre postgraduierten Studiengänge für Ausländer. Bei entsprechenden Kapazitäten werden eigene oder zusätzliche Programme etwa unter der Bezeichnung internationale öffentliche Verwaltung geschaffen. Tendenziell werden solche Studienmöglichkeiten immer mehr von Universitätsabsolventen aus Entwicklungsländern nachgefragt, darunter auch viele, die bereits

in Verwaltungsberufen tätig gewesen sind. Neben den internationalen Beziehungen auf verwaltungswissenschaftlichem Gebiet wird so vor allem die entwicklungspolitische Zusammenarbeit betont.

Eine entsprechende Tendenz läßt sich in Speyer beobachten. Die ausländischen Hörer sind auf das verwaltungswissenschaftliche Aufbaustudium mehr oder weniger zufällig gestoßen. Die Hochschule hat sie bisher nicht als spezifische Zielgruppe angesprochen. Von den wissenschaftlichen Disziplinen her sind Juristen, Ökonomen, Soziologen, Ingenieure usw. repräsentiert. Das läßt sie vom Speyerer Standpunkt aus noch nicht als heterogen zusammengesetzt erscheinen. Anders sieht es aus, wenn man auf die Herkunft nicht nur aus Europa, sondern auch aus Lateinamerika, Afrika und Asien bis zum fernen Osten sieht. Hier treten soziokulturelle Eigenheiten hervor, die sich über jeweilige Sprachschwierigkeiten hinaus bis in die wissenschaftlichen Arbeitsweisen äußern. Die Hochschule hat auf diese Schwierigkeiten vor allem formal reagiert. Bei der Zulassung von Ausländern werden die gleichen Auswahlkriterien zugrundegelegt, die auch für inländische Studienbewerber gelten. Es werden hinreichende Kenntnisse der deutschen Sprache verlangt, die einige Bewerbungen von vornherein scheitern lassen. Ausländische Studienabschlüsse werden bei Zweifeln an ihrer Vergleichbarkeit und Wertigkeit durch ein Gutachten der Zentralstelle für Ausländisches Bildungswesen beim Sekretariat der ständigen Konferenz der Kultusminister der Länder überprüft.

Ein substantieller Schritt ist mit der Einführung eines Vorsemesters unternommen worden. Dessen Absolvierung kann allgemein verlangt werden, wenn bei einem Bewerber bestimmte Lücken festgestellt werden. Es hat sich insbesondere bei Ausländern bewährt, da es diesen Gelegenheit gibt, sich verhältnismäßig frei von den Zwängen der Studien- und Prüfungsordnung in das deutsche Hochschulsystem einzufinden. Zur Zeit ist die Hochschule Speyer im Begriff, einen weiteren Schritt zu gehen. Empirische Untersuchungen haben gezeigt, daß in Entwicklungsländern nach wie vor ein starkes Interesse besteht, Graduierte, und zwar insbesondere solche, die in der Praxis der Verwaltungsberufe bereits zum Nachwuchs zählen, zu verwaltungswissenschaftlichen Studien in Industrieländern zu entsenden. Das ist nicht nur ein Problem des allgemeinen interkulturellen Austausches in der akademischen Welt. Vielmehr handelt es sich auch um eine spezifische Frage des interkulturellen Transfers von Kenntnissen und Fertigkeiten. Es besteht die Neigung, entsprechende Beziehungen über die traditionellen Partner in den Vereinigten Staaten, Großbritannien, Frankreich hinaus auszuweiten und auch andere westeuropäische Länder zu erreichen, wie es bereits in den Niederlanden der Fall ist. Gerade im Hinblick auf die öffentliche Verwaltung erwartet man dadurch eine breitere Teilhabe an Erfahrungen. Ein spezieller Gesichtspunkt ist dabei der Bildungsstand jener Personen, die den Nachwuchs der Dozenten, Lektoren, Trainer usw. im Bereich der Aus- und Fortbildung für die öffentliche Verwaltung darstellen. In der Internationalen Vereinigung der Verwaltungshochschulen und -institute wird seit langem diskutiert, wie die akademischen Institutionen in den hochentwickelten Ländern besser dazu beitragen können, die Universitäten, Verwaltungsfachbereiche und staatliche Bildungseinrichtungen für den öffentlichen Dienst in der Dritten Welt zu stärken, wobei die Aus- und Weiterbildung derjenigen, die aus- und weiterbilden sollen, eine Leitformel ist.

Ein verwaltungswissenschaftliches Studienprogramm für eine solche Zielgruppe im Rahmen des Speyerer Aufbaustudiums setzt eine Reihe von organisatorischen, personellen, curricularen und didaktischen Maßnahmen voraus, die auch eine zeitliche Ausweitung des Programms einschließen. Organisatorisch muß die Zusammenarbeit mit einer Institution wie der Deutschen Stiftung für internationale Entwicklung gesucht werden, die über den notwendigen entwicklungspolitischen Sachverstand bis hin zur Lösung von Sprachproblemen verfügt. Personell muß die eigene Kapazität in Fragen der Entwicklungsverwaltung und internationalen Entwicklung gestärkt werden. Unter den programmatischen Problemen sticht insbesondere jenes hervor, das man unter das Schlagwort „deutsches Modell" zu bringen pflegt, womit in unserem Fall die Verwaltungsverhältnisse der Bundesrepublik Deutschland gemeint sind. Hier muß man darauf hinweisen, daß Partner in Entwicklungsländern dazu neigen, die Dinge etwas unkomplizierter zu sehen. Sie verweisen auf den Umstand, daß sich bei ihnen und gerade in der Ausbildung für die öffentliche Verwaltung britische, französische und insbesondere U.S.-amerikanische Muster – mit welcher Bewertung auch immer – auswirkten und daß zur internationalen Entwicklungspolitik eben auch die Möglichkeit gehöre, an den Verwaltungserfahrungen anderer Länder wie der Bundesrepublik teilzuhaben. Die Entscheidung über irgendwelche Vorbildlichkeit sei letztlich ihre eigene Angelegenheit.
Ein solcher Standpunkt ist zu respektieren, entlastet uns aber nicht völlig von den Fragen nach Nutzen und Kosten. Hier ist vorab auf die Internationalisierung der Verwaltungswissenschaften und der Verwaltungspraxis zu verweisen. Die in Speyer gelehrten verwaltungsbezogenen Wissenschaften sind nur in spezifischen Bezügen nationale Veranstaltungen. Das gilt für Politische Wissenschaft und Soziologie, für die Wirtschaftswissenschaften einschließlich Finanzwissenschaft und Betriebswirtschaftslehre und mehr und mehr auch für die Rechtswissenschaft, und zwar nicht nur als Völkerrecht, Europarecht, internationales Organisationsrecht, sondern eben auch als internationales Verkehrsrecht, internationales Sozialrecht, internationales Wirtschaftsverwaltungsrecht usw. Entsprechend ist auch der Erfahrungsgegenstand der deutschen Verwaltung voller internationaler Implikationen: von der Energieverwaltung bis zur Landwirtschaftsverwaltung, von der Arbeitsverwaltung bis zur Bildungsverwaltung, von der Steuerverwaltung bis zur Menschenrechtsverwaltung.
Von dieser Ausgangslage her bedarf es verfeinerter curricularer und didaktischer Einstellungen. Man kann Akzente in Verwaltungsbereichen setzen, für die die Bundesrepublik international bekannt ist. Zu denken ist etwa an den Stand unserer Selbstverwaltung in sozialen, kulturellen und vor allem lokalen Angelegenheiten. Man kann die internationalen sozioökonomischen Beziehungen, insbesondere die entwicklungspolitische Zusammenarbeit thematisch berücksichtigen. Man kann didaktisch besorgen, daß durch Berichte und Analysen zur Verwaltungssituation im entsendenden Heimatland die erworbenen Kenntnisse und Fertigkeiten auf die Lebens- und Arbeitswelt zu Hause zurückbezogen werden. Das wird besonders deutlich, wenn den Anforderungen einer Weitervermittlung in den Bildungsinstitutionen des Heimatlandes Rechnung getragen werden muß. Solche Rückkoppelungen können bei allgemeinen Länderberichten beginnen, in einer Projektarbeit auf spezifische Interessenschwerpunkte ausgerichtet werden, in Erfahrungsberichten zum Verwaltungspraktikum mitberücksichtigt werden und

schließlich in der Magisterarbeit zum Ausdruck kommen. Allerdings bedeutet ein solcher Zwang zur Rückbesinnung nicht, daß die akademischen Wahlmöglichkeiten aufgehoben werden, die einer postuniversitären Studiengestaltung angemessen sind. Entsprechend gilt, daß die Studienschwerpunkte des Kernbereichs nach eigenen Interessen zu bilden sind. Im Ergänzungsbereich wird indessen der Schwerpunkt „Internationale Beziehungen/Entwicklungsverwaltung" nur in begründeten Ausnahmefällen nicht gewählt werden.

III.

1. Überlegungen, die Graduierte aus Entwicklungsländern in das verwaltungswissenschaftliche Aufbaustudium einbeziehen, verdeutlichen die Problematik der beiden Maximen, die für diesen Studiengang gelten, nämlich Interdisziplinarität und Praxisbezug. Der Student muß aus seinem Universitätsfach heraustreten. Der Schwerpunkt seines Kernbereichs darf nicht überwiegend dem Studienfach entstammen, in dem der Universitätsabschluß abgelegt ist. Verwaltungswissenschaft ist obligatorisch. Das Thema der Magisterarbeit ist interdisziplinär angelegt, usw. Die Gefahr liegt nahe, daß die Lehrenden disziplinär, die Hochschule multidisziplinär, die Lernenden aber interdisziplinär verstanden werden. Man kann von einer Bildungsinstitution, für die entschieden ist, daß ihre Lehre nicht nur auf wissenschaftlicher Grundlage zu erfolgen, sondern wissenschaftlich zu sein habe, nicht erwarten, daß sie sich den disziplinären Problemen des rechts-, wirtschafts- und sozialwissenschaftlichen Studienbetriebes an den heutigen Universitäten einfach entziehen kann. Sie muß zum Beispiel Universitätsprofessoren berufen, die nicht einmal mehr das bildende Moment der klassischen rechts- und staatswissenschaftlichen Fakultät miterlebt haben, in der ein Max Weber wohl zum gemeinsamen Bildungsgut gehörte.

Unser Wissenschaftspluralismus schließt auch aus, daß wir uns unter die Ideologie einer Transdisziplin beugen, die wie der an einer anderen deutschen Akademie für Staats- und Rechtswissenschaft gelehrte Marxismus Philosophie, Wissenschaft und Praxis zusammenfaßt, einen einheitlichen Begriffsapparat für verpflichtend erklärt, die Einzelwissenschaften auf eine gemeinsame ideologische Basis stellt und im Grunde die verschiedenen Disziplinen zugunsten einer homogenen Überdisziplin aufhebt, so daß es letztlich um Wissensbereiche geht, in denen marxistisch gefaßte Aspekte wie eben die öffentliche Verwaltung zum Ausdruck gebracht werden. Für den Studenten kommt hier nichts anderes als die Dominanz der politisch-ideologischen Qualifikation heraus. Von unserem Ausgangspunkt her handelt es sich zunächst einmal darum, ein der öffentlichen Verwaltung angemessenes Muster relevanter Wissenschaften zu institutionalisieren. Die Hochschule Speyer hat in ihrem Namen die plurale Bezeichnung „Verwaltungswissenschaften" unter wechselnden Umweltbedingungen beibehalten. Dahinter stehen aber im Zeitablauf unterschiedliche Konstellationen. In einer ersten Phase bis zum Jahre 1950 wirkte trotz der Gründung nach französischen Vorstellungen die deutsche Tradition der gesamten Staatswissenschaften. Wesensentfaltung von Staat und Verwaltung wurde angestrebt und in einem Gefüge von Sozialphilosophie, Staatsrecht,

Verwaltungsrecht, Privatrecht, Geschichte, Volkswirtschaftslehre, Finanzwissenschaft zu realisieren versucht. Bis zum Ende der 60er Jahre dominierte die rechtswissenschaftliche Betrachtung der öffentlichen Verwaltung. Das bedeutete freilich keine einseitige dogmatische Sichtweise, denn philosophische, soziologische, historische, ökonomische Perspektiven wurden mitberücksichtigt.

Heute kann man von einer im breiten Sinne sozialwissenschaftlichen Konstellation sprechen, die die Philosophie, Soziologie, Politische Wissenschaft, Geschichte, die Wirtschaftswissenschaften einschließlich Finanzwissenschaft und Betriebswirtschaftslehre, das Öffentliche Recht in seinen verschiedenen Fächern bis hin zur Staatslehre, Gesetzgebungslehre, Rechtspolitik umfaßt. Dieses Gefüge verwaltungsbezogener Wissenschaften hat gewisse Stärken – im Öffentlichen Recht – und auch Schwächen – in der Psychologie –, erreicht aber insgesamt einen Standard, der den Vergleich mit anerkannten akademischen Institutionen auf dem Gebiete der öffentlichen Verwaltung, der Regierung, der öffentlichen Angelegenheiten, der Entscheidungspolitik im Ausland aushält. Indessen fallen auch aus einer zufriedenstellenden Multidisziplinarität nicht von selbst interdisziplinäre Ergebnisse – hier für die Lehre im Aufbaustudium – heraus. An dieser Stelle kommt die Verwaltungswissenschaft ins Gespräch. In der Hochschule sind heute vier Lehrstühle eingerichtet, die spezifisch der Verwaltungswissenschaft – Singular – gewidmet sind. Der Status der Verwaltungswissenschaft wird unterschiedlich angesehen. Sie wird als eigene Disziplin, als Hilfsdisziplin – der Rechtswissenschaft –, als Teildisziplin – der Politikwissenschaft –, als Interdisziplin – discipline carrefour – betrachtet. Bei alledem muß man berücksichtigen, daß wir keine gemeinsame Wissenschaftstheorie haben, nach der wir die Sozialwissenschaften in eine verbindliche Klassifikation einordnen können. Gerade in der Standortbestimmung der Verwaltungswissenschaft liegt viel Wissenschaftspolitik.

Das wird in Europa insbesondere im Verhältnis der Verwaltungswissenschaft zur Rechtswissenschaft, in Amerika vor allem im Verhältnis der Verwaltungswissenschaft zur Politikwissenschaft deutlich. Zunächst kann man im Verlauf amerikanischer Wissenschaftsströmungen durchaus gute epistemologische Gründe dafür nennen, warum die Verwaltungswissenschaft ein Teil der Politikwissenschaft sei. Sieht man jedoch auf den Wissenschaftsvollzug in Lehre und Forschung, ergibt sich ein anderes Bild. So werden zwar die verwaltungsbezogenen Studiengänge zu etwa 40 % von politikwissenschaftlichen Fachbereichen betrieben. Diese zählen indessen in aller Regel nicht zu den starken Programmen, und in den großen Verwaltungsschulen hat die Politikwissenschaft zwar ein beachtliches Gewicht, sie fügt sich aber in einen breiteren sozialwissenschaftlichen Rahmen ein. Es kommt vor, daß die schärfsten Kritiker der Rolle der Politikwissenschaft in der Geschichte des amerikanischen Verwaltungsstudiums von Hause aus selbst Politologen sind. Ein solcher Professor mag seinen europäischen Kollegen ein Lehrbuch der öffentlichen Verwaltung mit der Widmung überreichen: „Public administration, despite protests to the contrary, is a discipline".

Wie immer man solche Statusfragen sieht, sie dürfen nicht zu Lasten in unserem Falle von Lehren und Lernen im Verwaltungsstudium gehen. Gerade im Verhältnis von Politikwissenschaft und Verwaltungswissenschaft befindet sich der Teilnehmer des Speyerer Aufbaustudiums in einer günstigen Lage. Die Politikwissenschaft hat sich insbesondere auch politisch-ökonomisch den Verwaltungsverhältnissen in einer Weise zugewendet, die es der Verwaltungswissenschaft – wie diese ihren Standort auch immer sieht – einfach macht, Verbindung zu halten. Die Politikwissenschaft ist disponiert, interdisziplinäre Arbeit im Hinblick auf die öffentliche Verwaltung zu leisten. Bei aller Bindung an kritische Traditionen neigt sie nicht dazu, die Sozialtechnologien, wie sie in den Administrationen geübt werden und die Verwaltungswissenschaft interessieren, von vornherein als undemokratisch, unmenschlich usw. wegzuwischen, sondern sie als in einer technischen Zivilisation notwendige, aber vielleicht unter den Vorzeichen von Humanität und Macht noch nicht befriedigende Größen zu begreifen. Umgekehrt wird man der Speyerer Verwaltungswissenschaft nicht nachsagen können, daß sie keine Sensibilität gegenüber politischen Phänomenen entwickelt habe. Im Zusammenhang mit der Territorial- und Funktionalreform, der Weiterentwicklung der Regierungsorganisation, der Reform des öffentlichen Dienstes, der Entwicklung von Planung und Koordination läßt sich der Machtfrage nicht aus dem Wege gehen. Für den Teilnehmer des Aufbaustudiums bedeutet das, daß er nicht an Barrieren zwischen politikwissenschaftlicher und verwaltungswissenschaftlicher Lehre scheitern muß. Im Studienbetrieb von den Einzelveranstaltungen bis zum Magisterexamen sind so viele Verbindungen angelegt, daß man – von einem einzelwissenschaftlichen Ansatz aus – den interdisziplinären Beitrag der Lehrenden auf diesem Felde ausmachen kann.

2. In der Beziehung von Politikwissenschaft und Verwaltungswissenschaft läßt sich auch die Maxime des Praxisbezugs für das Aufbaustudium verdeutlichen. Zunächst kann man eine Reihe von didaktischen, organisatorischen, personellen Vorkehrungen treffen, um den Teilnehmer näher an die Praxis zu führen. In den Semesterprogrammen der Hochschule wirken etwa fünfzig Lehrbeauftragte aus den verschiedenen Verwaltungsebenen und Politikfeldern mit, die als Praktiker mit pädagogischen Fähigkeiten den Verwaltungsalltag vermitteln. Die Hochschule hat obligatorisch für die Hörer projektbezogene Arbeitsgemeinschaften eingerichtet. In diesen Arbeitsgemeinschaften müssen sich die Teilnehmer im Wege des aktiven Lernens durch Aufgabenerledigung, Gruppenarbeit, Planspiele, Rollenspiele mit konkreten Verwaltungsprojekten – Reorganisation einer Kreisverwaltung, Dienstpostenbewertung im Regierungspräsidium, Novellierung des atomrechtlichen Genehmigungsverfahrens, städtebauliche Sanierung usw. – befassen. Das Verwaltungspraktikum vermittelt einen exemplarischen Eindruck von der Verwaltungspraxis. Angesichts der inhaltlichen Anknüpfungen an den Schwerpunkt des Kernbereichs im Aufbaustudium wird auch der Einblick in das interessierende Berufsfeld eröffnet.

Solche Vorkehrungen des Praxisbezugs müssen freilich durch eine Grundeinstellung der wissenschaftlichen Lehre gestützt werden. Hier empfiehlt es sich, die oft zu Mißverständnissen führende Kategorie der Praxis beiseite zu lassen und sich auf das zu beziehen, was man anderenorts den „professional school approach" nennt. Das heißt, daß ein Verwaltungsstudium dann als gelungen angesehen wird, wenn es nicht im Wege der „liberal arts" betrieben wird, sondern professionalisierend im Hinblick auf den Verwaltungsberuf angelegt ist. Insoweit sind die Sozialwissenschaften unterschiedlich disponiert. Die professionellen Einstellungen gelingen Fächern wie der Jurisprudenz oder der

Betriebswirtschaftslehre im Prinzip eher gut, Fächern wie der Soziologie oder der Politischen Wissenschaft eher schlecht. Im Falle der Bundesrepublik kommt hinzu, daß es zumindest in der Vergangenheit eine Reihe von universitären Studiengängen gegeben hat, die man absolvieren konnte, ohne die fachliche Methodenlehre – empirische Methoden, Statistik usw. – zu beherrschen, so daß es an den Fertigkeiten – skills – mangelte. Insofern geht es bei der Aufnahme praktischer Berufe oft gar nicht um spezifische Methoden, sondern daß man eine nicht nur auf Kenntnisse, sondern auch auf Fertigkeiten bezogene Verhaltensdimension beweisen kann.

Im Speyerer Aufbaustudium sind eine Reihe von Fächern vertreten, von denen man erwartet, daß ihre Lehre eine professionale Einstellung vermitteln kann. Dazu zählt auch die Verwaltungswissenschaft. Es gibt aber auch Fächer, denen mancher nachsagt, daß sie nichts anderes als ihren eigenen Status oder ein allgemeines Bildungsideal oder eine politische Ideologie im Auge haben. Hier bietet die Politische Wissenschaft in Speyer einen Anschauungsfall dafür, wie es gelingen kann, sich auf das Berufsfeld der öffentlichen Verwaltung zu beziehen, ohne die eigenen wissenschaftlichen Kriterien aufzugeben. Das ist gerade in Verbindung mit der Verwaltungswissenschaft bedeutsam. Diese neigt traditionell dazu, sich mit dem Binnenbereich und den Querschnittsfunktionen der öffentlichen Verwaltung zu beschäftigen, also Planung, Koordination, Organisation, Personal, Kontrolle, Budgetierung usw. In der Zuwendung auch der Politischen Wissenschaft zu bestimmten Politikbereichen – zur Sozialpolitik, zur Technologiepolitik, zur Infrastrukturpolitik usw. – wird demgegenüber der Bezug auf die Umwelt und die Tätigkeitsfelder der Verwaltung hergestellt. Insofern ist darauf zu achten, daß unter den oft querschnittartig formulierten Studienschwerpunkten – also Planung und Organisation – nicht nur die verschiedenen Verwaltungsebenen einschließlich der Lokalverwaltung, sondern auch die Verwaltungszweige verhältnismäßig breit mitberücksichtigt sind, und zwar sowohl in Sicht des Sozialrechts, Medienrechts, Arbeitsrechts usw. wie auch in der von verschiedenen Disziplinen einschließlich der Politischen Wissenschaft zur Geltung gebrachten Sicht der Sozialpolitik, Medienpolitik, Arbeitsmarktpolitik.

Man muß für diese Einstellung auf die Beruflichkeit der öffentlichen Verwaltung in der Lehre zwei günstige Rahmenbedingungen nennen. Das sind Fortbildung und Forschung, in denen wiederum im Speyerer Falle auch die Politische Wissenschaft einen aktiven Part einnimmt. Die Fortbildungsveranstaltungen der Hochschule für Verwaltungswissenschaften werden jedes Jahr von einem nach Hunderten zählenden Kreis von Angehörigen des höheren Verwaltungsdienstes besucht. Ein Teil seiner Lehrverpflichtungen erbringt der Speyerer Hochschullehrer in einschlägigen Kursen, Seminaren, Tagungen. Wissenschaft zeichnet sich durch kritische Distanz aus. Dennoch ist sie auch von den Alltagserfahrungen geprägt, die ihren Erkenntnisgegenstand betreffen. Unter den Vorzeichen des Berufsbezugs läßt sich vieles, was im Rahmen der Fortbildung erfahren wird, in das Aufbaustudium einbringen. Ähnlich günstige Voraussetzungen sind in der Forschung gegeben. Bei der Hochschule besteht ein Forschungsinstitut für öffentliche Verwaltung, dem die Forschung im Bereich der Verwaltungswissenschaften unter besonderer Berücksichtigung der praktischen Aufgaben und Bedürfnisse der öffentlichen Verwaltung einschließlich der Bedürfnisse für die Aus- und Fortbil-

dung obliegt. Die im Forschungsinstitut durchgeführten Projekte lassen sich regelmäßig nicht im direkten Wege für die Lehre einsetzen. Der mit ihnen erreichte Erkenntnisgewinn zum Erfahrungsgegenstand der öffentlichen Verwaltung kommt aber mittelbar eben auch dem Aufbaustudium, wenn man das so bezeichnen will, als Praxisbezug oder Praxisnähe zugute.
Für Verwaltungshochschulen, die Wettbewerbsbedingungen unterliegen, ist die Plazierung ihrer Graduierten im Berufsleben eine entscheidende Frage. Zum „placement" läßt sich selbst oder gerade von den guten amerikanischen Privatuniversitäten einiges lernen. Die Absolventen des Speyerer Aufbaustudiums sind von recht unterschiedlichen Einstellungsbehörden verhältnismäßig günstig aufgenommen worden. Recht gute Karriereansätze zeichnen sich ab. Positive Beurteilungen in dem Sinne liegen vor, daß eine zusätzliche Qualifikation durch ein Studium an der Hochschule für Verwaltungswissenschaften einem Bewerber eine erhebliche Präferenz einräume und das Aufbaustudium einen hohen Rang unter den Auswahlkriterien einnehme. Man wird solche Aussagen dahingehend unterstreichen und insofern relativieren müssen, daß es sich eben um eine Zusatzqualifikation handelt, vor der eine akzeptable Grundqualifikation liegen muß. Unter den sozialstaatlichen Bedingungen der öffentlichen Verwaltung in der Bundesrepublik Deutschland sind formelle Befähigungsnachweise und berufliche Qualifikationsanforderungen für den höheren Verwaltungsdienst in Widerspruch geraten. Die Hochschule für Verwaltungswissenschaften Speyer kann die bestehenden Widersprüche nicht auflösen. Sie trägt mit ihrem verwaltungswissenschaftlichen Aufbaustudium dazu bei, daß diese Widersprüche ausgehalten werden können.

Literaturverzeichnis

Albrecht, R., E. Reidegeld, 1977: Bürger und Verwaltung – Bezugsrahmen und Curriculum für das Training der Verhaltensgeschicklichkeit öffentlicher Bediensteter mit überwiegend publikumsbezogener Tätigkeit, in: Verwaltungsarchiv 1977, 246 ff.

Blank, H.-J., 1969: Verwaltung und Verwaltungswissenschaft, in: *Kress, G., D. Senghaas* (Hrsg.), 1969: Politikwissenschaft, Frankfurt/M.

Böhret, C., 1975: Fortbildung als Mittel zur Verbesserung der Wandlungsfähigkeit der öffentlichen Verwaltung, in: Verwaltung und Fortbildung, Schriften der Bundesakademie für öffentliche Verwaltung, 3. Jgg. Heft 4/75, 119 ff.

Böhret, C., 1981: Öffentliche Verwaltung in der Demokratie, in: *König, K., H.-J. von Oertzen, F. Wagener,* (Hrsg.), 1981: Entwicklungen der öffentlichen Verwaltung in der Bundesrepublik Deutschland, Baden Baden

Brinkmann, G., 1976: Aufgaben und Qualifikation der öffentlichen Verwaltung, Göttingen

Brinkmann, G., W. Pippke, W. Rippe, 1973: Die Tätigkeitsfelder des höheren Verwaltungsdienstes – Arbeitsansprüche, Ausbildungserfordernisse, Personalbedarf, Opladen

Dillkofer, H., Th. Ellwein, W. Habermeyer, J. Kuhlmann, W. Sahner, R. Zoll, 1975: Wirtschafts- und Verwaltungswissenschaften, Curriculum für die Hochschulen der Bundeswehr, Opladen

Ellwein, Th., R. Zoll, 1973: Berufsbeamtentum – Anspruch und Wirklichkeit, Düsseldorf

Grauhan, R.R., W.-D. Narr, 1973: Studium der Sozialwissenschaft – demonstriert an der Politikwissenschaft. Ein Entwurf, in: Leviathan 1/73, 90 ff.

Hesse, J.J., 1978: Das Konstanzer Verwaltungsstudium in der Phase der Konsolidierung, in: Die Öffentliche Verwaltung 1978, 635 ff.

Knöpfle, F., 1972: 25 Jahre Hochschule für Verwaltungswissenschaften Speyer, in: Demokratie und Verwaltung, Band 50 der Schriftenreihe der Hochschule Speyer, Berlin, 11 ff.

König K., 1970: Erkenntnisinteressen der Verwaltungswissenschaft, Berlin

König, K., (Hrsg.), 1974: Fortbildung des höheren Verwaltungsdienstes, Berlin
König, K., 1975: Entwicklungen des Verwaltungsstudiums in den Vereinigten Staaten von Amerika, in: Die Öffentliche Verwaltung 1975, 456 ff.
König, K., 1977a: Education for Public Administration: Developments in Western Europe, in: Speyerer Arbeitshefte 6, Speyer
König, K., 1977b: Strukturprobleme des öffentlichen Dienstes, in: Verwaltungsarchiv 1977, 1 ff.
König, K., 1977c: Verwaltungswissenschaften in Ausbildung, Fortbildung und Forschung, in: *König, K., H.-W. Laubinger, F. Wagener,* (Hrsg.) 1977: 30 Jahre Hochschule Speyer, Festschrift für Carl Hermann Ule zum 70. Geburtstag, Köln/Berlin/Bonn/München
König, K., 1978: Curriculumentwicklung zur Fachhochschule für öffentliche Verwaltung, Baden-Baden
König, K., 1979: Public Administration Education in Europe: Current Directions and Future Perspectives, in: Speyerer Arbeitshefte 32, Speyer
König, K., 1980a: Integrative Tendenzen in der Verwaltungswissenschaft, in: Die Verwaltung Heft 1/80, 1 ff.
König, K., 1980b: Development of Professional Qualifications in Public Administration, in: Speyerer Arbeitshefte 34, Speyer
Kollatz, U., 1973: Verwaltungsreform durch bessere Ausbildung für den öffentlichen Dienst, Wiesbaden
Langrod, G., 1957: Science administrative ou Sciences administratives?, Ann. Univ. Sarav., Juris Fac., 92 ff.
Lepper, M., 1978: Der höhere Verwaltungsdienst – ein Stiefkind des Ausbildungswesens, in: Die öffentliche Verwaltung 1978, 421 ff.
Linder, W., H. Treiber (Hrsg.), 1976: Verwaltungsreform als Ausbildungsreform, München
Luhmann, N., 1971: Reform des öffentlichen Dienstes: Zum Problem ihrer Probleme, in: *Luhmann, N.* (Hrsg.), Politische Planung, Opladen, 203 ff.
Martens, U., 1974: Gegenstände und Didaktik der berufsbegleitenden Fortbildung des höheren nichttechnischen Verwaltungsdienstes, Hochschule für Verwaltungswissenschaften, Forschungsinstitut, Speyer
Morstein Marx, F. (Hrsg.), 1969: Verwaltungswissenschaften in europäischen Ländern, Berlin
Riffel, E., 1978: Das verwaltungswissenschaftliche Aufbaustudium an der Hochschule Speyer, in: Die Öffentliche Verwaltung 1978, 640 ff.
Riffel, E., 1981: Auch verwalten will studiert sein . . ., in: UNI Berufswahl-Magazin Heft 6/81, 640 ff.
Ryffel, H., 1976: Bemerkungen zum Status der Verwaltungswissenschaft, Speyerer Arbeitshefte 9, Speyer
Scharpf, F.W., 1971: Das Konstanzer Verwaltungsstudium nach drei Jahren. Entwicklung, Erfahrungen und Probleme, in: Die Öffentliche Verwaltung 1971, 771 ff.
Scharpf, F.W., 1973: Verwaltungswissenschaft als Teil der Politikwissenschaft, in: *Scharpf, F.W.*, Planung als politischer Prozeß. Aufsätze zur Theorie der planenden Demokratie, Frankfurt/M., 9 ff.
Schimanke, D., 1981: Verwaltungswissenschaft und Verwaltungsreformen in der Bundesrepublik Deutschland – Eine Bibliographie, in: *König, K., H.J. von Oertzen, F. Wagener* (Hrsg.), 1981: Entwicklungen der öffentlichen Verwaltung in der Bundesrepublik Deutschland, Baden-Baden
Schmid, G., H. Treiber, 1975: Bürokratie und Politik, München
Sozialwissenschaftliches Institut der Bundeswehr, 1974: Curriculum für die Hochschulen der Bundeswehr, in: Aus Politik und Zeitgeschichte Nr. 15–16, Beilage zum „Parlament" v. 13.4.74
Stone, D.C., A.B. Stone, 1978: Education for Public Service: An Assessment of Developments and Needs, in: Revue Internationale des Sciences Administratives, 164 ff.
Studienkommission für die Reform des öffentlichen Dienstrechts, 1973: Bericht der Kommission und 11 Anlagebände, Baden-Baden
Wagener, F., 1980: Die Hochschule für Verwaltungswissenschaften Speyer, in: Verwaltungsführung, Organisation, Personalwesen Heft 6/80, 413 ff.

Die Fachhochschulen für Verwaltung

Manfred Lepper

Als am 18. August 1976 das „Zweite Gesetz zur Änderung beamtenrechtlicher Vorschriften" verkündet und damit die Fachhochschulausbildung für den gehobenen Dienst des Bundes und der Länder verbindlich vorgeschrieben worden war, ahnte niemand, daß diese Entscheidung des Gesetzgebers vorerst die letzte große Tat für die deutsche Verwaltung im „Reformjahrzehnt" sein sollte. Während große Reformvorhaben wie die Einführung einer flächendeckenden Aufgabenplanung oder die Vereinheitlichung des Dienstrechtes schon längst zu den Akten gelegt worden waren, fiel auf einem scheinbaren Nebengebiet eine Entscheidung, die Grundsatzdiskussionen nicht beendete, sondern erst auslöste, weil man zu spüren begann, daß man die Auswirkungen dieser Reformmaßnahme noch nicht voll erfaßt hatte. Aus diesem Grunde zeigten sich auch erst nach der Gesetzesverkündung offene Widerstände, und es setzte ein zähes Ringen um Standpunkte und Machtpositionen ein. Die Chancen der deutschen Verwaltungswissenschaften hat am frühesten die Hochschule für Verwaltungswissenschaften in Speyer erkannt, als sie bereits im Jahre *1978* unter Leitung von *Prof. Dr. Klaus König* eine Sondertagung zur Entwicklung der Verwaltungsfachhochschulen veranstaltete – zu einer Zeit, als der Wissenschaftsrat und die Westdeutsche Rektorenkonferenz ihren Widerstand gegen den „Emporkömmling" kultivierten.

1. Die Entstehungsgründe

Die Gründe für die Einführung der Fachhochschulausbildung sind eng mit den Reformüberlegungen zur Regierungs- und Verwaltungsorganisation verbunden. Sie hatten, vor allem durch die Arbeiten der „Projektgruppe Regierungs- und Verwaltungsreform", die Erkenntnis gebracht, daß der stetige Wandel im sozialen Umfeld der Verwaltung erhöhte und qualitativ *andersartige* Anforderungen an sie stellt. Es war daher folgerichtig, daß man nicht nur an eine Veränderung und Ergänzung von Organisationsstrukturen dachte, sondern durch eine Veränderung im Dienstrecht erhöhte Einstellungsvoraussetzungen schaffte. Die Grundlage für entsprechende Initiativen jedenfalls für den gehobenen Dienst hat eine Entschließung der Ständigen Konferenz der Innenminister der Länder am 30. April 1970 geschaffen, in der es zur Begründung hieß:

„Die ständige Zunahme und Komplizierung der Verwaltungsaufgaben und der notwendigerweise damit verbundene Funktionswandel des gehobenen nichttechnischen Dienstes erfordern eine Änderung der Ausbildung dieser Beamten. Die Ausbildung muß mehr als bisher zu analytischem Denken, zur Beherrschung moderner Arbeitstechniken sowie zu selbständigem Handeln hinführen. Die Anhebung des Ausbildungsniveaus, die integrierte Teilnahme an der Entwicklung des beruflichen Bildungswesens und die Wahrung der Einheitlichkeit der Ausbildung des gehobenen Dienstes empfehlen es, die Ausbildung zwar weiterhin berufsbezogen zu gestalten, sie aber auf eine Ebene von wissenschaftsorientierten Ausbildungsgängen anzuheben. Im Interesse einer fundierten berufsnahen Ausbildung ist es grundsätzlich zweckmäßig, die theoretische Ausbildung im Rahmen eines Vorbereitungsdienstes verwaltungsintern durchzuführen. Dabei ist in erster Linie ein Studium an einer verwaltungsinternen Ausbildungsstätte in der Prägung einer Fachhochschule anzustreben . . .".

Diese Entschließung aus dem Jahre 1970 ist hier deshalb so ausführlich wiedergegeben, weil sie das Programm für die später tatsächlich eingetretene Entwicklung enthielt. Um so überraschter mußte man sein, daß die Diskussion um seine wesentlichen Inhalte erst sechs bis acht Jahre später einsetzte . . . Die Innenminister haben daher ihre Auffassung im Jahre 1976 nochmals durch die „Leitsätze zur Einführung der Fachhochschulausbildung für die Beamten des gehobenen nichttechnischen Dienstes" konkretisiert.

Neben den anforderungsorientierten Gründen zur Einführung der Fachhochschulausbildung ergab sich aus der Entwicklung der Bildungspolitik eine Reihe weiterer Motive. Die Bildungspolitik der letzten 60 Jahre, die überwiegend auf ein Mehr an Chancengleichheit durch Expansion der weiterführenden allgemeinbildenden Schulen angelegt war, führte zu tiefgreifenden Veränderungen im tertiären Bildungssystem. Durch das sog. Fachhochschulabkommen der Ministerpräsidenten der Länder vom 31. Oktober 1968 wurden die bisherigen Ingenieurschulen und -akademien sowie andere höhere Fachschulen nach und nach in Fachhochschulen zu eigenständigen Einrichtungen des Bildungswesens im Hochschulbereich umgewandelt. Damit war eine Entwicklung eingeleitet, die die Ausbildung des mittleren Managements für Wirtschaft und Industrie auf das Niveau dreijähriger *wissenschaftsorientierter* Studiengänge mit ausgeprägtem Bezug zur zukünftigen beruflichen Praxis anhob. Dies blieb nicht ohne Einfluß auf den öffentlichen Dienst; denn die Fachrichtungen des gehobenen technischen Dienstes (graduierte Ingenieure) und des sozialen Dienstes (Sozialarbeiter usw.) wurden von diesem Prozeß unmittelbar begünstigt, der sich im Lehrbereich durch Sonderentwicklungen im Besoldungsgefüge fortsetzte. Dieses Geschehen konnte daher nicht ohne Auswirkungen auf das Selbstverständnis und den Leistungsstand der Beamten des gehobenen Verwaltungsdienstes bleiben, die ebenfalls an dieser höheren qualifizierenden Ausbildung teilhaben wollten. Entsprechende Bestrebungen sind häufig als der ausschließliche Wunsch nach Diplomen und höheren Eingangsämtern diskreditiert worden. Diese Unterstellung verdient zurückgewiesen zu werden. Der Verzicht auf eine ausbildungsmäßige Gleichbehandlung aller Fachrichtungen des gehobenen Dienstes hätte zu einer in ihren Folgen kaum übersehbaren Strukturveränderung zwischen den Laufbahnen geführt. Der gehobene Verwaltungsdienst war stets – von Sonderfachrichtungen und der Ministerialebene abgesehen – das „Rückgrat der Verwaltung", was sich nicht nur im Zahlenverhältnis zum höheren Dienst, sondern im Umfang und in der Art seiner Verantwortungsbereiche widerspiegelt. Trotz eines stärkeren Vordringens des akademisch vorgebildeten höheren Dienstes gelingt es Beamten des gehobenen Dienstes immer wieder, wichtige Führungspositionen, vor allem im Bereich der Kommunalverwaltung und der Betriebsverwaltungen, einzunehmen. Diese mittelpunktähnliche Rolle im Gesamtgefüge des öffentlichen Dienstes verlangte nach ausbildungsmäßigen Konsequenzen, vor allem dann, wenn hergebrachte Standards von den Randzonen in Bewegung gebracht werden. Insoweit war also die Reformmaßnahme in sich schlüssig.

Was dagegen überrascht, ist die Tatsache, daß die unbestrittene Erkenntnis, daß erhöhte Anforderungen an die Verwaltung andere Ausbildungsinhalte verlangen, keine Auswirkungen auf den höheren Dienst gehabt hat und auch kaum ernsthaft in Erwägung gezogen worden ist. *Siedentopf* (DV 1981, 203 ff.) hat seine Ausführungen dazu bezeichnenderweise einen „Bericht über eine nicht stattfindende Diskussion" genannt. Es gibt wohl kaum einen Zweifel daran, der auch häufig geäußert worden ist, daß die Ausbildung zum höheren Verwaltungsdienst zu den größten Mängelerscheinungen bundesrepublikanischer Verwaltung gehört (*Lepper,* Der höhere Verwaltungsdienst – ein Stiefkind des Ausbildungswesens, DÖV 1978, 423 ff.; *Siedentopf,* a.a.O., m. w. Nachweisen). Bemühungen der Universität Konstanz, der Hochschule für Verwaltungswissenschaften Speyer und der Fortbildungseinrichtungen, das Feld verwaltungswissenschaftlicher Ausbildung zu bestellen, bleiben zufällig, solange nicht eine *laufbahnrechtliche* Regelung getroffen wird. Die Ursache für die unterschiedliche Reformfreudigkeit bei der Ausbildung des gehobenen und des höheren Dienstes liegt ausschließlich – wie so oft – an den Ressortzuständigkeiten und an der mangelnden Fähigkeit von Regierungen, ressortübergreifende Probleme zu lösen. Die Innenminister haben im Rahmen ihrer Zuständigkeit *ihr* Feld bestellt und die Modernisierung der Ausbildung des gehobenen Dienstes laufbahnrechtlich und ausbildungsorganisatorisch geregelt. Beim höheren Dienst sind wegen der Dominanz der Juristen zuständig für Ausbildungsfragen überwiegend die Justizminister. Sie haben keinerlei Interesse, von ihrer Domäne für die Bedürfnisse der Verwaltung etwas abzutreten, und die Innenminister sind nicht in der Lage, sich durchzusetzen oder auch nur Einfluß zu gewinnen. Bezeichnenderweise sprechen wir nur von der „Justizausbildungsordnung", während es den Begriff der „Verwaltungsausbildungsordnung" gar nicht gibt, obwohl die meisten Juristen nach Beendigung ihrer Ausbildung Verwaltungsfunktionen und nicht Justizfunktionen ausüben. Aber die Justizminister – und das ist beim „policy-making" ein bedeutender Faktor – verfügen über organisierte Interessenunterstützung – Richterbund, Rechtsanwaltsvereinigungen, Konferenz der Präsidenten der Obergerichte und sonstige justizgeprägte Vereinigungen, während die Innenminister keine Verbandsmacht hinter sich haben. Selbst die Gewerkschaften bleiben bei Fragen des höheren Dienstes seltsam stumm, was allerdings wegen ihrer Mitgliederstruktur so überraschend auch nicht ist.

Mancher mag sich fragen, wieso aus der Sicht der Verwaltungsfachhochschule die unterbliebene Ausbildungsreform für den höheren Verwaltungsdienst zu beklagen ist. Die Antwort läßt sich leicht finden, wenn man das Gesamtsystem im Auge behält. Ist schon wegen gestiegener Anforderungen eine verbesserte Ausbildung des mittleren Verwaltungsmanagements erforderlich, muß dies ebenso, wenn nicht sogar in verstärktem Maße, für die Träger von Initiativ- und Steuerungsfunktionen gelten. Eine mangelnde Harmonisierung zwischen beiden Bereichen wird Spannungen erzeugen, weil sich auf sozialpsychologischem Hintergrund Kämpfe um die Dominanz von modernen und überholten Ausbildungsinhalten, die sich in den einzelnen Beamten in unterschiedlichen Fähigkeiten und Fertigkeiten niedergeschlagen haben, abspielen werden – zum Nachteil der Effizienz der Verwaltung. Die Verwaltungsfachhochschulen müssen auch deshalb ein Interesse an einer verwaltungsbezogenen Ausbildung des höheren Dienstes haben, weil damit eine größere Basis zur Entwicklung typischer verwaltungswissenschaftlicher Lehrinhalte geschaffen wird. Ohne besondere Infrastruktur könnte die Last der Entwicklung für die Fachhochschule eines Tages zu schwer werden.

2. *Die Grundstrukturen*

Die Verwaltungsfachhochschulen, die in den Jahren 1973 bis 1981 durch besondere Errichtungsgesetze oder aufgrund der jeweiligen Landeshochschulgesetze durch Verordnung errichtet wurden (die Fachhochschule des Bundes durch Errichtungserlaß in Verbindung mit Anerkennungsbescheiden der Länder gemäß § 70 HRG), zeigen von unwesentlichen Abweichungen abgesehen eine weitgehend einheitliche Struktur. Daß der Bund und die Länder Hamburg und Bremen ihre Fachhochschulen als „Körperschaften", die übrigen Länder als „Anstalten" oder „Einrichtungen" bezeichnet haben, hat bei der Unschärfe, die die Begriffe „Körperschaft" und „Anstalt" auszeichnet, auf die innere Struktur keinen Einfluß gehabt.
Ebenso hat eine andere rechtliche Strukturfrage nur begrenzte praktische Bedeutung erlangt – das Problem der *Rechtsfähigkeit*, das entgegen einer weitverbreiteten Ansicht traditionell nicht zu den existenziellen Grundfragen deutschen Hochschulrechtes gehört. Das Hochschulrahmengesetz geht zwar grundsätzlich von der Rechtsfähigkeit der Hochschulen aus, gibt ihnen aber gleichzeitig den Status einer „staatlichen Einrichtung", (§ 58 Abs. 1 S. 1 HRG), womit die Rechtsfähigkeit partiell wieder eingeschränkt wird bzw. für bestimmte Gebiete, so z. B. für Haushalt, Organisation und Personal, ausgeschlossen wird. Außerdem läßt das Hochschulrahmengesetz durch § 73 Abs. 2 für diejenigen staatlichen Hochschulen, deren Ausbildungsgänge ausschließlich auf den öffentlichen Dienst ausgerichtet sind, abweichende Regelungen zu, soweit die besondere Struktur und Aufgabenstellung dies erfordern. Damit bestand die Möglichkeit, ohne Rücksicht auf eine juristische „Zwangsjacke" die zweckmäßigste Form zu suchen. Bund und Länder haben sich für die Nichtrechtsfähigkeit entschieden. Für diese Entscheidung war die Überlegung ausschlaggebend, die Beziehungen zwischen der Fachhochschule als Ausbildungsinstitution und den Dienstherren als Träger des späteren Berufsfeldes der Studierenden möglichst eng zu gestalten, um dem Ziel der Berufsfeldbezogenheit der Ausbildung, wie es auch der Zielbestimmung des HRG entspricht, gerecht zu werden. Auf die Chancen, die durch diese rechtliche Lösung eröffnet wurden, wird noch hingewiesen. Andererseits gilt es allerdings auch zu sehen, daß Nichtrechtsfähigkeit bedeutet, daß sich die Aufsicht durch Fach- und Dienstaufsicht voll entfalten kann und nicht auf eine reine Rechtsaufsicht beschränkt ist. Hierin könnte eine Gefahr für die Erhaltung jenes freien Gestaltungsraumes liegen, der für jede Hochschule, also auch der Verwaltungsfachhochschule, existenziell ist. Daß die Versuchung für jede Aufsichtsbehörde groß ist, die ihr gegebenen Möglichkeiten auszuschöpfen, ist eine

Erfahrungstatsache; besonders die Verwaltungsfachhochschulen sind ihr stärker ausgesetzt, weil deren Aufsichtsbehörden gewohnt waren, die Vorgängereinrichtungen voll zu steuern. Trotz positiv verlaufender Lernprozesse kommt es zur Zeit noch vor, daß die Leiter der Verwaltungsfachhochschulen wegen öffentlicher Erklärungen oder wegen ihres „Briefstils" gerügt werden, daß sie nach Dienstreisen Berichte in aufsichtsführenden Ministerien abliefern müssen oder gesagt bekommen, wie dieses oder jenes zu tun sei. Um eine dem Gedankengang des § 58 HRG angenäherte Ausübung der Aufsicht sicherzustellen, ist in § 16 Abs. 4 des Vorläufigen Errichtungserlasses für die Fachhochschule des Bundes bestimmt, daß sich „im Bereich von Forschung und Lehre" die Aufsicht auf die Sicherstellung der Rechtmäßigkeit und der Erfüllung der Aufgaben der Fachhochschule, insbesondere auf die Vollständigkeit des Lehrangebots und die Einhaltung der Ausbildungs- und Prüfungsordnungen sowie der „Studienpläne" beschränkt. Diese Regelung zeigt deutlich, welche geringe Bedeutung die *abstrakte* Streitfrage um Rechtsfähigkeit oder Nichtrechtsfähigkeit hat. Man kann sowohl bei Rechtsfähigkeit wie bei Nichtrechtsfähigkeit mit Hilfe von einschränkenden Bestimmungen zu demselben Ergebnis kommen – nämlich der Sicherung eines freien Gestaltungsraumes für die Verwaltungsfachhochschulen.

Die *Innenstruktur* der Verwaltungsfachhochschulen gleicht der der allgemeinen Hochschulen. Grundsätzlich lassen sich die Verwaltungsfachhochschulen in zwei Typen unterscheiden – die „ressortübergreifenden" Fachhochschulen mit mehreren Studiengängen und die „ressortgebundenen " Fachhochschulen, die in der Regel nur einen Studiengang anbieten. Die Begriffe „ressortübergreifend" und „ressortgebunden" sind aus der Tatsache entstanden, daß der erste Typ für mehrere Ressortbereiche, der zweite Typ nur für ein Ressort ausbildet. Es liegt auf der Hand, daß der eigene Gestaltungsraum bei ressortübergreifenden Fachhochschulen größer ist als bei ressortgebundenen.

Hinsichtlich der Leitung zeigt sich ein ähnlich verwirrendes Bild wie im allgemeinen Hochschulbereich. Aus der Bezeichnung des Leiters der Fachhochschule ist nicht auf die Strukturform zu schließen. Es gibt reine Rektoratsverfassungen (z. B. Hamburg, Berlin, Niedersachsen) und reine Präsidialverfassungen, wobei die Regelung bei der Fachhochschule des Bundes sowohl hinsichtlich der Amtsdauer wie der der Kompetenzen am ehesten dem Präsidialmodell des Hochschulrahmengesetzes entspricht. Daneben gibt es Mischformen, die z. B. die Wahl des Präsidenten mit zeitlich begrenzter Amtsdauer nur aus den ohne zeitliche Begrenzung berufenen Fachbereichsleitern zuläßt. Ohne die grundsätzliche Diskussion um Präsidial- und Rektoratsverfassung bei Einführung der neuen Hochschulgesetze wiederholen zu wollen, erscheint für die Leitung der Verwaltungsfachhochschulen die Präsidialform am geeignetsten, weil durch die zahlreichen Verzahnungen mit der Praxis, durch die Dichte der Lehrorganisation und durch den Beamtenstatus der Studierenden Anforderungen an die Leitung gestellt sind, denen nur ein hauptberuflicher Amtsinhaber mit längerer Amtszeit und der Erfüllung spezieller Anforderungskriterien gerecht wird. Inwieweit das Amt, bei dem zwangsläufig Verwaltungsfunktionen und Empfängerdienste für Resolutionen überwiegen, für diejenigen, die auf konzeptionelles Arbeiten und eigene Forschungstätigkeiten Wert legen, erstrebenswert ist, ist eine Frage, die jeder Bewerber ernsthaft prüfen und für sich entscheiden muß.

Nicht ohne Schwierigkeiten und Überwindung größerer Lernprozesse ist die Einführung der *Lehrkörperstruktur,* wie sie vom Hochschulrahmengesetz vorgezeichnet und von den Landeshochschulgesetzen festgeschrieben worden ist, erfolgt. Die Institution des „*Professors*", so sehr sie für manchen erstrebenswert ist, versetzt – vor allem bei ihrer Einführung – jeden biederen Personalsachbearbeiter in der Verwaltung zunächst einmal in Angst und Schrecken – man sieht die Einheitlichkeit der Personalstruktur des Geschäftsbereichs in Gefahr, man fürchtet sich vor dem komplizierten Berufungsverfahren, und die Nichtversetzbarkeit sowie die sonstigen „Sonderrechte" der Professoren bereiten Unbehagen. Vor allem die Nichtversetzbarkeit, d. h. die Rückgliederung in die Verwaltung, bereitet einem Hochschulsystem, das auf eine starke Praxisorientierung der Dozenten angewiesen ist, erhebliche Schwierigkeiten. Aus diesem Grunde haben einige Länder, so z. B. Bayern, Rheinland-Pfalz und Schleswig-Holstein für ihre Fachhochschulen keine Professoren vorgesehen. Diese Entscheidungen müssen trotz aller Anerkennung der Motive und trotz des Segens der Landtage mit Sorge betrachtet werden, geben sie doch den davon betroffenen Fachhochschulen gegenüber den allgemeinen Hochschulen das Image der Zweitrangigkeit, obwohl dies natürlich nicht von der Bezeichnung der Lehrpersonen abhängig ist. Auch hochschulrahmenrechtlich müssen Bedenken gegen die „Hochschule ohne Professoren" angemeldet werden. Sowohl das Hochschulrahmengesetz als auch die Hochschulgesetze der Länder sehen als hauptamtlich Lehrenden nur den „Professor" i. S. der §§ 43, 44 HRG und die „Lehrkraft f. besondere Aufgaben" i. S. des § 56 HRG vor. Die unbestritten berechtigte Forderung nach Erhaltung der Praxisorientierung der Dozentenschaft kann und muß durch andere Mittel sichergestellt werden, wie z. B. durch die Professur „auf Zeit", durch eingeschobene Praxisjahre oder durch Wechselvereinbarungen zwischen Professor und Dienstherr. Eine weitere Schwierigkeit in diesem Zusammenhang hat sich erst bei der konkreten Aufbauplanung gezeigt. Die Verwaltungsfachhochschulen müssen bestimmte Fächer anbieten, die nicht auf der Universität gelehrt werden. Entsprechend gibt es für diese Fächer auch kein Angebot an akademisch vorgebildeten Lehrenden, die von den „Lehrkräften für besondere Aufgaben" abgesehen, nach den Hochschulgesetzen auch für Fachhochschulen als Hauptbestandteil der Dozentenschaft gefordert werden. Dies ruft eine unlösbare Situation hervor, die kurzfristig nur durch dilatorische Formelkompromisse zu überwinden ist.

Eine weitere streitig diskutierte Frage ist das Verhältnis zwischen hauptamtlichen und nebenamtlichen Lehrenden. Dies ist – bisher jedenfalls – kein Problem der Stellenbewilligung, sondern der Konzeption gewesen. Während die Fachhochschule des Bundes eine Vollausstattung mit hauptamtlichen Lehrkräften vorsieht und dies in einigen Fachbereichen bereits verwirklicht hat, hält man in einigen Ländern, beeinflußt von den kommunalen Spitzenverbänden, eine Quote von 60 % hauptamtlichen Lehrkräften nicht nur für ausreichend, sondern auch für zweckmäßig, wobei die Wirklichkeit dann noch um 10 bis 20 % schlechter aussieht. Der Grund hierfür liegt ebenso wie bei der Ablehnung des Professorenstatus in der Angst vor der Praxisferne des Lehrpersonals. So wenig diese Befürchtung unterschätzt werden darf, so sehr muß man daran zweifeln, ob der überproportionierte Einsatz von Lehrbeauftragten das geeignete Mittel ist, Bedenken zu zerstreuen. Es ist ein Trugschluß zu meinen, der „Praktiker" garantiere einen praxisorientierten Unterricht. Dies ist nur dann der Fall, wenn er die Praxiserfahrungen voll reflektiert, systematisiert und konzeptionell umsetzt. Hierzu sind aber nur die wenigsten Lehrbeauftragen in der Lage; Zeitmangel und fehlende didaktische Kenntnisse verhindern eine optimale Vorbereitung. Der Ausweg besteht dann häufig in dem Griff zum Lehrbuch, das die Vorlage zum Lehrkonzept liefern muß. Aus Erfahrung wissen wir, daß sich gerade die Studierenden über den Einsatz von Lehrbeauftragten häufig beschweren; Stundenverlegung, mangelhafte Vorbereitung, insbesondere in didaktischer Beziehung, und fehlende Abstimmung mit Kollegen sind die häufigsten Beschwerdegründe.

Die berechtigte Forderung nach Praxisbezug der Lehrenden muß mit personalwirtschaftlichen Mitteln erreicht werden – z. B. durch eine Personalrotation, durch Praxisjahre als eine andersartige Fortbildung und durch Forschungs- und Entwicklungsarbeiten für die Verwaltung. Um keine Mißverständnisse aufkommen zu lassen, richten sich die kritischen Anmerkungen gegen die Lehrbeauftragten nur auf ihren zahlenmäßig *überproportionalen* Einsatz. Keine Hochschule kommt ohne Lehrbeauftragte aus, sei es um Kapazitätsspitzen oder Ausfälle aufzufangen, sei es, um Fachleute aus Spezialgebieten an sich zu binden. Wenn es gelingt, wie z. B. der Fachhochschule des Bundes, einen leitenden Beamten, der über ein Jahrzehnt die deutsche Umweltpolitik konzipiert und mitverantwortet hat, als Lehrbeauftragten für diesen Bereich zu gewinnen, muß das als Glücksfall betrachtet werden.

3. Die Widerstände gegen die Verwaltungsfachhochschule

Trotz überzeugender Voten parlamentarischer Gremien für die Fachhochschulausbildung gibt es bis heute zweifelnde bis ablehnende Stimmen. Hierbei ist zwischen den Kritikern außerhalb und innerhalb des Verwaltungssystems zu unterscheiden.

Besonders Wissenschaftsrat und Westdeutsche Rektorenkonferenz sind Kristallisationspunkte der externen Kritik, die in den Verwaltungsfachhochschulen eine einseitige Bevorzugung der verwaltungsbezogenen Studiengänge sieht. Besonders in der Festlegung der Studienplatzkapazität nach dem konkreten Bedarf sowie an der Zahlung von Anwärterbezügen an die Studierenden, die sich im Status von Widerrufsbeamten befinden, entzündet sich eine Kritik, die nicht unwidersprochen gelassen werden kann. Sie scheint allerdings weniger von der Sorge um die Freiheit und Breite des Studiums als von der Sorge um die Arbeitsplatzchancen der Universitätsabsolventen getragen zu werden. Dies ist eine durchaus berechtigte Sorge, sie zu artikulieren ist legitim. Aber dieses Problem haben die Universitäten zunächst einmal selbst zu lösen; sie sind gefordert, ihr eigenes Ausbildungskonzept zu überdenken. Solange die Absolventen der allgemeinen Hochschulen Zusatzausbildungen benötigen, um für die berufliche Praxis in Wirtschaft und Verwaltung verwendbar zu sein, ist es eine naheliegende Notwendigkeit, daß die berufliche Praxis, insbesondere die öffentliche Verwaltung, zur Erfüllung ihres Verfassungsauftrags mit eigenen Mitteln auf Abhilfe sinnt. Derzeit scheint noch die Forderung des Hochschulrahmengesetzes, daß Lehre und Studium die Studenten auf ein berufliches Tätigkeitsfeld vorbereiten sollen, am ehesten in einer verwaltungsinternen Lösung realisierbar zu sein. Formvielfalt hat noch nie geschadet, am wenigsten einem Hochschulsystem, das lange an Verkrustungen gelitten hat. Gerade das Studium innerhalb eines Vorbereitungsdienstes – daher der Begriff „verwaltungsintern" – bringt viele neue didaktische Möglichkeiten, die als Pilotentwicklungen freudig begrüßt werden müßten. Die Tatsache, daß die Studierenden Anwärterbezüge erhalten, vermag nicht die Qualität ihres Studentenstatus zu tangieren. Und die These, daß Studenten „hungern" müßten, um zur vollen Leistung zu gelangen, („ein voller Bauch studiert nicht gern") kann nur als Alibi eines Sozialsystems gewertet werden, das eigentlich längst Archivcharakter haben sollte. Daß die „Kritikfähigkeit" der Studierenden durch die Anwärterbezüge nicht leidet, können Leitungen und Dozenten aus Erfahrung mehr als bestätigen. Für die Regierungen wie für die Landesparlamente gab es eine Reihe von Gründen, diese Form der Ausbildung zu wählen. Im Vordergrund stand die Erwägung, den theoretischen wie den praktischen Teil der Ausbildung als didaktische und organisatorische Einheit zu gestalten, um weder ein Theorie- noch ein Praxisdefizit aufkommen zu lassen. Eine andere Überlegung bezieht sich auf die Personalrekrutierung. Es hat sich nämlich herausgestellt, daß der Verwaltungsdienst ein Schwankungen unterliegender Modeberuf ist, zu dem es nur in wirtschaftlich bedrängten Zeiten einen befriedigenden Zulauf gibt. Es ist daher ein legitimes Anliegen des Staates, zur Sicherstellung seiner Funktionsfähigkeit Ausbildungsgänge zu konzipieren, die gleichzeitig für junge Menschen einen Anreiz bilden. Im übrigen sollten diejenigen, die wegen der paar Mark, die die Anwärterbezüge über den BAföG-Bezügen liegen, Neidgefühle pflegen, daran denken, daß der Studierende der Verwaltungsfachhochschulen keine Semesterferien und dementsprechend keine Möglichkeiten zu einem Zusatzverdienst hat, daß neben der schulischen Qualifikation eine Eingangsprüfung abgelegt werden muß und daß daher der Abiturnotendurchschnitt der Verwaltungsfachhochschüler wesentlich über dem z. B. der Jurastudenten liegt.

Neben diesen *hochschul*politischen Kritiken sind auch *politische* Bedenken geäußert worden, die sich in der These zusammenfassen lassen, daß die Verwaltungsnähe der Verwaltungsfachhochschulen und ihrer Studierenden keine „kritische Distanz" gegenüber der Verwaltung erzeuge. Man muß die These einmal umformulieren, um ihre Bedeutung so richtig zu ermessen: „Die Verwaltungsfachhochschulen vermitteln die Methoden der Verwaltungsarbeit, damit die so Ausgebildeten in der Lage sind, ihr Berufsfeld zu „verändern" oder gar zu „zerschlagen". Derartige Wünsche sind erklärbar, ist es doch oft die Verwaltung gewesen, die gesellschaftspolitischen Träumereien mit ernüchterndem Realismus entgegengetreten ist. Neben der Bereitschaft, Veränderungen in der Gesellschaft zu erkennen und daraus die Folgerungen für die Verwaltung zu ziehen, sowie der Fähigkeit, Änderungen, sei es im Aufbau, sei es im Ablauf, durchzuführen, kann es keine revolutionären systemverändernden Ausbildungsziele geben. Der Verwaltungsbeamte setzt in erster Linie politische Zielsetzungen um und führt Gesetzesbefehle aus; er tut dies in einer Einstellung, die von den Grundwertentscheidungen des Grundgesetzes geprägt wird. Von dieser seiner Aufgabe her wäre es widersinnig, würde der Beamte in einem Geiste erzogen, der zu einer negativ-kritischen Einstellung gegenüber seinem Berufsfeld führte.

Aber auch in der Verwaltung selbst blieb Unbehagen nicht aus. Besonders die Führungskräfte fürchten um ihre „Wasserträger" aus dem gehobenen Dienst. Die Bedenken kreisen um die Begriffe „Unterforderung", „Theorieüberschuß" und erhöhte Erwartungshaltung in Richtung auf „Beförderung und Aufstieg". Einem Mißverständnis begegnet man immer wieder, als sei eine Hochschulausbildung gleichbedeutend mit Verwissenschaftlichung und Theoriekonsum. Diesem Argument, das ebenso alt wie unschlüssig ist, begegnet man am besten mit dem Hinweis auf den Chirurgen, der seine handwerklichen Fertigkeiten des „Schneidens" und „Nähens" auch durch eine Hochschulausbildung erwirbt. Ebenso kann eine Verwaltungsfachhochschule die Fähigkeit vermitteln, Auszahlungsanordnungen auszufüllen, Aktenvermerke oder einen Aktenplan zu erstellen. Der entscheidende Unterschied zwischen der handwerklichen Ausbildung am Arbeitsplatz und der Hochschulausbildung ist nicht das „Was" sondern das „Wie". Wir dürfen nicht unberücksichtigt lassen, daß wir in einer Zeit leben, in der wissenschaftliche Erkenntnisse immer mehr Lebens- und Arbeitsbereiche berühren und die Wissenschaft selbst eine rapide Entwicklung nimmt. In den letzten Jahrzehnten hat sich das Wissen jeweils innerhalb von 10 Jahren verdoppelt. In manchen Bereichen verliert ein Teil des bisherigen Wissens seine Bedeutung, und heute ist noch unbekannt, was künftig an konkretem Wissen für einen spezifischen Arbeitsbereich erforderlich sein wird. Angesichts dieses Risikos der Wissenschaftsveralterung und -veränderung im Arbeitsleben kann eine Ausbildung heute nicht mehr das Rüstzeug an fachlichen Kenntnissen und Fähigkeiten für ein *ganzes* Berufsleben vermitteln. Ausbildung muß heute neben der unerläßlichen Vermittlung fachspezifischer Erkenntnisse auch eine fachübergreifende Orientierung und Befähigung zu lebenslangem Lernen sowie eine breite Grundqualifizierung zum Inhalt haben. Diese Entwicklung zwingt neben einer praxisbezogenen auch zu einer wissenschaftsorientierten Ausbildung. Letzteres muß, wie es der Wissenschaftsrat formuliert hat, zu folgender Befähigung führen

- die Probleme in typischen Tätigkeitsfeldern zu erkennen
- das zur Lösung der in Frage stehenden Probleme erforderliche Wissen methodisch anzuwenden und
- sich in seinem Fachgebiet aufgrund der Literatur in Spezialgebiete einzuarbeiten und weiterzubilden.

Rahmenbedingungen für das richtige Maß zwischen Praxisorientierung und Wissenschaftlichkeit sind

- die enge Zusammenarbeit mit der Verwaltung
- die Überprüfung des Lernerfolges, gemessen an den Anforderungen
- die Erhaltung der „Praxisfrische" der Lehrenden
- konkretisierte Aussagen in Ausbildungs- und Prüfungsordnungen.

Im übrigen wirkt die stets mit einem vorwurfsvollen Unterton versehene Forderung der Verwaltung nach Praxisorientierung der Fachhochschulausbildung deshalb recht naiv, weil man die Fachhochschulen ins Leben gerufen hat, ohne ihnen zu sagen, wie der Arbeitsplatz des Beamten des gehobenen Dienstes eigentlich aussieht und was man von diesen Beamten erwartet. Es gibt keine analytische Arbeitsplatzuntersuchung, aus der ein Anforderungsprofil hätte entwickelt werden können und das die lapidare Aussage in Ausbildungs- und Prüfungsordnungen „40 Stunden Verfassungsrecht" hätte aufhellen können. Aus diesem Grunde entstehen Studienordnungen nach dem einfachen „Strickmuster“: „Wir sind der Meinung, daß dieses ... und jenes ... gewußt und gekonnt werden müßte“. Wie problematisch eine solche Vorgehensweise ohne gesicherte Daten bei der Mitwirkung der Aufstellung von Studienplänen von denjenigen ist, die noch nie in ihrem Leben einem Beamten des gehobenen Dienstes begegnet sind, bedarf keiner näheren Ausführung.

Es ist heute verfrüht, darüber Spekulationen anzustellen, wie sich die Fachhochschulabsolventen in das Laufbahngefüge einordnen. Hierzu bedarf es mehrerer Abschlußjahrgänge und ihrer mehrjährigen Bewährung in der Praxis. Es wird sich dann zeigen, ob der gehobene Dienst entsprechend der gestiegenen Anforderungen an die Verwaltung gerade „richtig“ ausgebildet worden ist oder ob eine neue Laufbahnstruktur notwenig wird. Wenn auch die Gewerkschaften zu der letzten Frage zur Zeit eine Diskussion abgeblockt haben, bleibt die Frage auf dem Tisch und muß zu gegebener Zeit anhand empirischer Erkenntnisse beantwortet werden.

4. Die Chancen

Die Bedeutung der Verwaltungsfachhochschulen darf nicht allein in ihrem unmittelbaren Zweck der Verbesserung der Ausbildung des gehobenen Dienstes gesehen werden, sondern auch in ihrer Impulswirkung für das Hochschul- *und* Verwaltungssystem. Hier wäre an erster Stelle die deutsche Verwaltungswissenschaft zu nennen, die neben ihren Zentren in Speyer, Konstanz und bei der Gesellschaft f. Mathematik und Datenverarbeitung nur auf wenige spezielle Lehrstühle an Deutschlands Hochschulen angewiesen ist. Das Potential der Fachhochschulen mit zur Zeit 950 hauptamtlich Lehrenden kann langfristig zu einer Verbesserung der Gesamtsituation führen. Dieser Prozeß wird zwar nicht kurzfristig zu bewerkstelligen sein, weil die Rahmenbedingungen für Forschungs- und Entwicklungsarbeiten noch nicht überall gegeben sind, aber das, was zur Zeit schon an Literaturarbeiten und empirischen Untersuchungen von Fachhochschullehrern vorgelegt worden ist, rechtfertigt einige Erwartungen. Dabei wird das gesamte Feld der Verwaltung abgedeckt, also auch jene Bereiche, die bisher einer verwaltungsrechtswissenschaftlichen oder verwaltungswissenschaftlichen Behandlung für nicht „würdig“ befunden wurden oder mangels artikulierten Interessenprofils ohne wissenschaftliche Reflektion blieben. Im Mittelpunkt des wissenschaftlichen Interesses muß jedoch vorerst die Lehrforschung stehen. Hinter diesem Begriff verbirgt sich die ebenso selbstverständliche wie schwierige Frage, *was* an wissenschaftlichen und praktischen Erkenntnissen gebracht und *wie* es dargeboten werden muß, um den gegenwärtigen und zukünftigen Bedürfnissen der Verwaltung gerecht zu werden. Wir ahnen es, wissen es aber nicht, weil der komplexe Erkenntnisgegenstand „Verwaltung“ als solcher für die deutsche Wissenschaft nicht existent war, sondern nur in seinen Teilsystemen, die sich um herkömmliche Fachdisziplinen gebildet haben, lebt. Wie notwendig die Entwicklung eines Bedürfnisprofils für Lehre und Forschung ist, beweist eine kritische Literaturanalyse – die Kommentierung des Grundgesetzes oder ein Lehrbuch des Verwaltungsrechts ist dort am ausführlichsten, wozu die meisten Gerichtsentscheidungen vorliegen, nicht dagegen, wo die Schwerpunkte der Probleme von Regierung und Verwaltung liegen (ein erster Schritt auf dem richtigen Weg: vgl. *F. Wagener*, Forschungsprogramm Staatsorganisation, Baden-Baden 1979). In der Ahnung, das „Richtige" zu tun, sind auch die Studienpläne der Verwaltungsfachhochschulen entstanden, ohne daß ihnen von denen, die meinten, bei der Errichtung der Fachhochschule „grundsätzlich" werden zu müssen, geholfen worden wäre (Ausnahme: vgl. *Klaus König*, Curriculumentwicklung zur Fachhochschule für öffentliche Verwaltung, Baden-Baden 1978). Hier müssen nun die Verwaltungsfachhochschulen selbst den Schwerpunkt ihrer Forschungsaktivitäten setzen und Spekulationen durch Wissen ersetzen.

Bei der Verwirklichung dieser Zielsetzung wird sich ein Strukturelement der Verwaltungsfachhochschulen als besonders hilfreich erweisen – die Nähe zum „Berufsfeld Verwaltung". Diese Beziehung, die nur vergleichbar mit dem Verhältnis einer medizinischen Fakultät zu ihrem Klinikum ist und die von Kritikern der Verwaltungsfachhochschulen als besonders negativ bewertet wurde, ist eine Chance, eine intensive Berufsfeldforschung ohne das übliche Mißtrauen zwischen Forschern und Forschungsobjekt zu betreiben und ihre Erkenntnisse zu verwirklichen. Die Einheit von Berufsfeld, Fachhochschulträger und Aufsicht fördert die Aktionseinheit und beseitigt Interessenkonflikte, so daß auch Entscheidungen zu erwarten sind, was im Hochschulbereich keine Selbstverständlichkeit ist.

Auch Sachzwänge, die sich zunächst als bitter erwiesen, können positive Wirkungen haben. So stellte die *gesetzliche* Regelung von der dreijährigen Dauer der Ausbildung des gehobenen Dienstes wegen der geringen Zeitspanne ein Problem dar, dessen Lösung nur durch curriculare und didaktische Maßnahmen erfolgen konnte. Dementsprechend mußten die Fachhochschulen ihre Lehrforschung auf die Frage konzentrieren, wie bei einem geringen Zeitbudget der höchstmögliche Lehrerfolg erzielt werden kann. Zunächst mußten hierfür die notwendigen Rahmenbedingungen geschaffen werden. Hierzu gehört die Sensibilisierung aller Dozenten durch besonders konzipierte Weiterbildungsmaßnahmen. Darüber hinaus hat die Fachhochschule des Bundes durch ihr zentrales Didaktisches Zentrum und dezentralen Didaktischen Dienste den organisatorischen Rahmen geschaffen, um durch empirische Erhebungen und Auswertung wissenschaftlicher Erkenntnisse die notwendigen Informationen bereitzuhalten, die Diskussion innerhalb der Dozentenschaft methodisch zu unterstützen sowie nicht marktgängige Lehrmittel selbst herzustellen. Video- und EDV-Studio-Anlagen sichern die praktische Umsetzung. Besondere Beachtung verdient die Strukturentscheidung fast aller Verwaltungsfachhochschulen für eine „einphasige" Ausbildung, d. h. der intervallartige Wechsel zwischen theoretischen und berufspraktischen Ausbildungsabschnitten. Diese bei der Juristen- und Lehrerausbildung heftig diskutierte Form stellt zur Zeit das Grundmodell dar und wird in ihrem Ansatz kaum bestritten. Die wichtigste Grundvoraussetzung für ihr Funktionieren ist die inhaltliche Abstimmung zwischen den einzelnen Ausbildungsabschnitten – was in den theoretischen Abschnitten gelehrt wird, muß in den Praktika „erfahren", reflektiert und erprobt werden. Kommt es hierbei mangels reibungslosem Ineinandergreifen zu Disharmonien, wird der Studierende verunsichert. Andererseits garantiert dieses Modell, daß der Studienabsolvent bei seinem Berufsanfang nicht von einem „Praxisschock" erfaßt wird.

Die durch diese sachzwangbezogenen Arbeiten erzielten Ergebnisse haben bereits ausserhalb der Verwaltungsfachhochschulen Beachtung gefunden und sind geeignet, den sachbezogenen Dialog zwischen dem allgemeinen Hochschulbereich und den Verwaltungsfachhochschulen zu beleben.
Aber auch für Regierung und Verwaltung hat die Errichtung der Fachhochschule neben der unmittelbaren Zweckbestimmung weitere positive Auswirkungen, auf die im anderen Zusammenhang bereits hingewiesen wurde. Dadurch, daß die Fachhochschulen durch ihren Lehrauftrag den *gesamten* Bereich der Verwaltung abdecken, wird erstmalig, noch über den Bildungsauftrag der Hochschule für Verwaltungswissenschaften Speyer hinaus, die Verwaltung als einheitlicher Erkenntnisgegenstand für die Wissenschaft systematisch erschlossen. Die Chancen, die aus diesem Grund für eine Weiterentwicklung, Modernisierung und Anpassung der öffentlichen Verwaltung an veränderte gesellschaftspolitische Anforderungen entstehen, können nicht hoch genug veranschlagt werden.

Arthur Benz/Eberhard Waiz

Auswahlbibliographie

Vorbemerkung

Die hier vorgelegte Bibliographie ist notwendigerweise eine Auswahlbibliographie. Sie sucht in ihrer Gliederung die unterschiedlichen Arbeitsschwerpunkte der sozialwissenschaftlich orientierten Verwaltungswissenschaft auszuweisen, läuft dabei aber Gefahr, den Objektbereich zu schematisieren, gelegentlich willkürliche Zuordnungen vorzunehmen, zusammengehörige Themenbereiche zu trennen.
In die Bibliographie aufgenommen wurden nur Monographien der im weiteren Sinne sozialwissenschaftlich orientierten Literatur zur Verwaltung, wobei Themenstellung und Relevanz für die wissenschaftliche Diskussion die zentralen Selektionskriterien waren. Verzichtet werden mußte auf den Ausweis öffentlich-rechtlicher, historischer, betriebswirtschaftlicher und finanzwissenschaftlicher Literatur; hierfür liegen gesonderte Literaturzusammenstellungen vor. Hinsichtlich der Politikbereichs-Analysen wird auf die zum Teil umfassenden Literaturangaben der entsprechenden Beiträge in diesem Band verwiesen.
Die Auswahl der angelsächsischen Literatur folgte weitgehend der Rezeption in der Bundesrepublik. Die Auswahl der französischsprachigen Literatur orientierte sich angesichts ihres geringen Einflusses auf die bundesrepublikanische Diskussion im wesentlichen an Vorselektionen französischer Autoren. Fremdsprachige Werke, die in deutscher Übersetzung vorliegen, wurden in den deutschsprachigen Teil der Bibliographie integriert. Die Erarbeitung der Bibliographie wurde zum 31.12.1981 abgeschlossen.

Gliederung

1 Einführungen und Gesamtdarstellungen

Becker, U., Thieme, W. (Hrsg.), Handbuch der Verwaltung, Köln 1974 ff.
Bull, H. P. (Hrsg.), Verwaltungspolitik, Neuwied, Darmstadt 1979
Buse, M. J., Einführung in die politische Verwaltung, Stuttgart 1975
Dillkofer, H. et al., Wirtschafts- und Verwaltungswissenschaften. Ein Curriculum, Opladen 1975
Ellwein, Th., Das Regierungssystem der Bundesrepublik Deutschland, Opladen 1977 (4. Aufl.)
Ellwein, Th. (Hrsg.), Politikfeldanalysen 1979, Opladen 1980
Groeben, K. v. et al., Über die Notwendigkeit einer neuen Verwaltungswissenschaft, Baden-Baden 1966
Innenminister des Landes Nordrhein-Westfalen (Hrsg.), Bürger und Bürokratie, Düsseldorf 1981
König, K., Erkenntnisinteressen der Verwaltungswissenschaft, Berlin 1970
König, K., Oertzen, K. v., Wagener, F. (Hrsg.), Öffentliche Verwaltung in der Bundesrepublik Deutschland, Baden-Baden 1981
Krabs, O. (Hrsg.), Verwaltung und Planung im Wandel, Köln 1979
Kübler, H., Organisation und Führung in Behörden, 2 Bde. Stuttgart 1980 (4. Aufl.)
Lorenz, H. F., Verwaltung in der Demokratie. Eine Einführung in die moderne Verwaltungwissenschaft, München 1972
Mayntz, R., Soziologie der öffentlichen Verwaltung, Heidelberg, Karlsruhe 1978
Morsey, R. (Hrsg.), Verwaltungsgeschichte. Aufgaben, Zielsetzungen, Beispiele, Berlin 1977
Morstein Marx, F. (Hrsg.), Verwaltung, eine einführende Darstellung, Berlin 1965
Morstein Marx, F. (Hrsg.), Verwaltungswissenschaft in europäischen Ländern, Berlin 1969
Oberndörfer, P. et. al., Verwaltung im Dienste von Wirtschaft und Gesellschaft, Berlin 1980
Oberndörfer, D., Verwaltung und Politik in der Dritten Welt, Berlin 1981
Oertzen, H.-J. v. (Hrsg.), Antworten der öffentlichen Verwaltung auf die Anforderungen der heutigen Gesellschaftssysteme, Bonn 1980
Pankoke, E., Nokielski, H., Verwaltungssoziologie, Stuttgart 1977
Pippke, W., Arbeitsfeld öffentliche Verwaltung, Frankfurt 1975
Siedentopf, H. (Hrsg.), Verwaltungswissenschaft, Darmstadt 1976
Wagener, F. (Hrsg.), Zukunftsaspekte der Verwaltung, Berlin 1980

2. Theorie und Methodik der Verwaltungswissenschaft

2.1 Verwaltungs- und Regierungslehre

Brunner, G., Vergleichende Regierungslehre, Paderborn 1979
Ellwein, Th., Einführung in die Regierungs- und Verwaltungslehre, Berlin 1966
Ellwein, Th., Regierung und Verwaltung, Teil 1: Regierung als politische Führung, Stuttgart 1970
Ellwein, Th., Regieren und Verwalten, Opladen 1976
Hennis, W., Richtlinienkompetenz und Regierungstechnik, Tübingen 1964
Hennis, W., Politik als praktische Wissenschaft, München 1968, 2. Aufl.
Joerger, G., Geppert, M., Grundzüge der Verwaltungslehre, Stuttgart 1976, 2. erw. Aufl.
Thieme, W., Verwaltungslehre, Köln 1977, 3. Aufl.

2.2 Staatslehre

Bader, H. H., Staat, Wirtschaft, Gesellschaft, Hamburg, Heidelberg 1976, 5. neu bearb. Aufl.
Bärsch, C.-E., Der Staatsbegriff in der neueren deutschen Staatslehre und seine theoretischen Implikationen, Berlin 1974
Böckenförde, E.-W., Staat, Gesellschaft, Freiheit. Studien zur Staatstheorie und zum Verfassungsrecht, Frankfurt 1976
Böckenförde, E.-W. (Hrsg.), Staat und Gesellschaft, Darmstadt 1976
Ermacora, F., Grundriß einer Allgemeinen Staatslehre, Berlin 1979
Fleiner-Gerster, Th., Allgemeine Staatslehre, Berlin u.a. 1980
Forsthoff, E., Der Staat der Industriegesellschaft, München 1971

Herzog, R., Allgemeine Staatslehre, Frankfurt 1971
Kriele, M., Einführung in die Staatslehre, Reinbek 1975
Krüger, H., Allgemeine Staatslehre, Stuttgart 1966, 2. Aufl.
Küchenhoff, G., Küchenhoff, E., Allgemeine Staatslehre, Stuttgart 1977, 8. überarb. u. erg. Aufl.
Maier, H., Die ältere deutsche Staats- und Verwaltungslehre, München 1980 (2. neubearb. u. erg. Aufl.)
Sattler, M. J. (Hrsg.), Staat und Recht. Die deutsche Staatslehre im 19. und 20. Jahrhundert, München 1972
Scheuner, U., Staatstheorie und Staatsrecht, Berlin 1978
Stein, L. v., Gesellschaft, Staat, Recht, Frankfurt 1972
Wittkämper, G. W., Jäckering, W., Allgemeine Staatslehre und Politik, Regensburg 1979
Zippelius, R., Allgemeine Staatslehre, München 1980, 7. völlig neu bearb. Auflage

2.3 Systemtheoretische und handlungstheoretische Ansätze

Bußhoff, H., Systemtheorie als Theorie der Politik, Pullach 1975
Crozier, M., Friedberg, E., Macht und Organisation. Die Zwänge kollektiven Handelns, Königstein 1979
Deutsch, K. W., Politische Kybernetik. Modelle und Perspektiven, Freiburg 1970, 2. Aufl.
Etzioni, A., Die aktive Gesellschaft, Opladen 1975
Forrester, J. W., Grundsätze einer Systemtheorie, Wiesbaden 1972
Greven, M. Th., Systemtheorie und Gesellschaftsanalyse, Darmstadt, Neuwied 1974
Jann, W., Kategorien der Policy-Forschung, Speyer 1981
Klages, H., Planungspolitik. Probleme und Perspektiven der umfassenden Zukunftsgestaltung, Stuttgart 1971
Krauch, H. (Hrsg.), Systemanalyse in Regierung und Verwaltung, Freiburg 1972
Lompe, K., Gesellschaftspolitik und Planung. Probleme politischer Planung in der sozialstaatlichen Demokratie, Freiburg 1971
Luhmann, N., Theorie der Verwaltungswissenschaft. Bestandsaufnahme und Entwurf, Köln, Berlin 1966
Luhmann, N., Zweckbegriff und Systemrationalität. Über die Funktion von Zwecken in sozialen Systemen, Tübingen 1968
Luhmann, N., Soziologische Aufklärung, 3 Bde., Opladen 1970, 1975, 1981
Mayntz, R., Scharpf, F.W. (Hrsg.), Planungsorganisation. Die Diskussion um die Reform von Regierung und Verwaltung des Bundes, München 1973
Narr, W.-D.., Theoriebegriffe und Systemtheorie, Stuttgart 1969
Oberndörfer, D. (Hrsg.), Systemtheorie, Systemanalyse und Entwicklungsländerforschung, Berlin 1971
Schmid, G., Funktionsanalyse und politische Theorie. Funktionalismuskritik, politökonomische Faktorenanalyse und Elemente einer genetisch-funktionalen Systemtheorie, Düsseldorf 1974
Türk, K., Grundlagen einer Pathologie der Organisation, Stuttgart 1976
Tjaden, K. H., Soziale Systeme, Neuwied, Berlin 1971

2.4 Materialistische Ansätze

Agnoli, J., Überlegungen zum bürgerlichen Staat, Berlin 1975
Autorenkollektiv, Der Imperialismus der BRD, Frankfurt 1971
Blanke, B. et al., Kritik der politischen Wissenschaft – Analysen von Politik und Ökonomie in der bürgerlichen Gesellschaft, Frankfurt, New York 1975 2 Bde
Boccara, P. (Hrsg.), Der staatsmonopolistische Kapitalismus, Frankfurt 1972
Brandes, V. et al. (Hrsg.), Staat, Handbuch 5, Frankfurt, Köln 1977
Braunmühl, C. v. et al., Probleme einer materialistischen Staatstheorie, Frankfurt 1973
Deppe, F. (Hrsg.), Staat und Monopole II, Berlin 1977
Ebbighausen, R. (Hrsg.), Monopol und Staat, Frankfurt 1974
Esser, J., Einführung in die materialistische Staatsanalyse, Frankfurt/New York 1975
Gesellschaft, Beiträge zur Marxschen Theorie, Bde. 2, 3, 8/9
Goldschmidt, W. (Hrsg.), Staat und Monopole III, Berlin 1979

Hennig, E. et al. (Hrsg.), Karl Marx/Friedrich Engels. Staatstheorie, Frankfurt 1974
Hirsch, J., Wissenschaftlich-technischer Fortschritt und politisches System, Frankfurt 1971, 2. erg. Aufl.
Hirsch, J., Staatsapparat und Reproduktion des Kapitals, Frankfurt 1974
Hirsch, J., Der Sicherheitsstaat; Das „Modell Deutschland" seine Krise und die neuen sozialen Bewegungen, Frankfurt 1980
Huffschmid, J., Die Politik des Kapitals, Frankfurt 1969
Japp, K.-P., Theorie des öffentlichen Sektors. Zur Verbindung ökonomischer und soziologischer Ansätze, Frankfurt, New York 1978
Jung, H., Schleifstein, J., Die Theorie des staatsmonopolistischen Kapitalismus und ihre Kritiker in der Bundesrepublik Deutschland, Frankfurt 1979
Marx, K., Das Kapital, MEW Bände 23–25, Berlin (Ost) 1970
Miliband, R., Der Staat in der kapitalistischen Gesellschaft. Eine Analyse des westlichen Machtsystems, Frankfurt 1975
Offe, C., Strukturprobleme des kapitalistischen Staates, Frankfurt 1977, 4. Aufl.
Offe, C., Berufsbildungsreform. Eine Fallstudie über Reformpolitik, Frankfurt 1975
Poulantzas, N., Politische Macht und gesellschaftliche Klassen, Frankfurt 1973
Poulantzas, N., Staatstheorie, Hamburg 1978
Projekt Klassenanalyse, Oberfläche und Staat, Berlin 1974
Ronge, V., Forschungspolitik als Strukturpolitik, München 1977
Ronge, V., Bankpolitik im Spätkapitalismus. Politische Selbstverwaltung des Kapitals?, Frankfurt 1979
Rudel, G., Die Entwicklung der marxistischen Staatstheorie in der Bundesrepublik, Frankfurt, New York 1981
Sauer, B., Staat und Staatsapparat, Frankfurt, New York 1978

2.5 Neue Politische Ökonomie

Downs, A., Ökonomische Theorie der Demokratie, Tübingen 1968
Frey, B. S., Moderne Politische Ökonomie, München/Zürich 1977
Frey, B. S., Meißner, W. (Hrsg.), Zwei Ansätze der Politischen Ökonomie, Frankfurt 1974
Kirsch, G., Ökonomische Theorie der Politik, Tübingen 1968
Lehner, F., Einführung in die Neue Politische Ökonomie, Kronberg 1981
Pommerehne, W. W.; Frey, B. S. (Hrsg.), Ökonomische Theorie der Politik, Berlin u. a. 1974
Widmaier, U., Politische Gewaltanwendung als Problem der Organisation von Interessen, Meisenheim 1978

2.6 Methoden

Blankenburg, E. (Hrsg.), Empirische Rechtssoziologie, München 1975
Büschges, G., Lütge-Bornefeld, P., Praktische Organisationsforschung, Reinbek 1977
Busshoff, H., Methodologie der Politikwissenschaft, Stuttgart 1978
Derlien, H.-U., Die Erfolgskontrolle staatlicher Planung, Baden-Baden 1976
Derlien, H.-U., Methodische Probleme der empirischen Verwaltungsforschung, Bonn 1978
Derlien, H.-U., (Hrsg.), Empirische Verwaltungsforschung, Königstein 1981
Eekhoff, J., Erfolgskontrolle in der Stadtentwicklungsplanung, Saarbrücken 1975
Eekhoff, J. et al., Methoden und Möglichkeiten der Erfolgskontrolle städtischer Entwicklungsmaßnahmen, Bonn 1977
Hellstern, G.-M., Wollmann, H., Sanierungsmaßnahmen. Städtebauliche und stadtstrukturelle Wirkungen. Methodische Vorstudie, Bonn-Bad Godesberg 1978
Hübener, A., Halberstadt, R., Erfolgskontrolle politischer Planung, Göttingen 1976
Kubicek, H., Empirische Organisationsforschung, Stuttgart 1975
Recker, E., Erfolgskontrolle regionaler Aktionsprogramme durch Indikatoren, Bonn 1976
Reding, K., Die Effizienz staatlicher Aktivitäten: Probleme ihrer Messung und Kontrolle, Baden-Baden 1981
Robert Bosch Stiftung (Hrsg.), Methodische Vorstudie zu einem Stadtforschungsprogramm, Stuttgart 1979
Weiss, C. H., Evaluierungsforschung – Methoden zur Einschätzung von sozialen Reformprogrammen, Opladen 1974

3. Das politisch-administrative System und seine Umwelt

3.1 Umfang und Aufgaben

Baum, G. et al., Privatisierung – Gewinn für wen? Zum Realitätsgehalt der Entstaatlichungsdiskussion, Bonn 1980
Borchmann, M., Abgrenzung von Staatsaufgaben gegenüber privaten Agenden seit 1815 nach der repräsentativen Literatur, Speyer 1979
Brinkmann, G., Aufgaben und Qualifikation der öffentlichen Verwaltung, Göttingen 1976
Bull, H. P., Die Staatsaufgaben nach dem Grundgesetz, Frankfurt 1973
Campenhausen, A. v. (Hrsg.), Kann der Staat für alles sorgen? Zur Geringschätzung freier Initiativen durch die öffentliche Hand, Düsseldorf 1976
Edelman, M., Politik als Ritual. Die symbolische Funktion staatlicher Institutionen und politischen Handelns, Frankfurt, New York 1976
Ellwein, Th., Zoll, R., Zur Entwicklung der öffentlichen Aufgaben in der Bundesrepublik Deutschland, Baden-Baden 1973
Forsthoff, E., Rechtsstaat im Wandel, Stuttgart 1964
Forsthoff, E. (Hrsg.), Rechtsstaatlichkeit und Sozialstaatlichkeit, Darmstadt 1968
Fröhler, L. (Hrsg.), Privatisierung öffentlicher Aufgaben, Wien, München 1979
Güther, B., Infrastruktur und Staat. Zur Entwicklung der allgemeinen Produktionsbedingungen in der BRD 1950–1975, Marburg 1977
Hanusch, H. (Hrsg.), Reform öffentlicher Leistungen. Beiträge zur Entstaatlichung, Baden-Baden 1978
Hartwich, H. H., Sozialstaatspostulat und gesellschaftlicher Status quo, Opladen 1978, 3. Aufl.
Hesse, G., Staatsaufgaben: Zur Theorie der Legitimation und Identifikation staatlicher Aufgaben, Baden-Baden 1979
Hochschule Speyer (Hrsg.), Entwicklung der Aufgaben und Ausgaben von Bund, Ländern und Gemeinden, Berlin 1971
Jochimsen, R., Simonis, U. E. (Hrsg.), Theorie und Praxis der Infrastrukturpolitik, Berlin 1970
Läpple, D., Staat und allgemeine Produktionsbedingungen, Berlin 1973
Morstein Marx, F. (Hrsg.), Gegenwartsaufgaben der öffentlichen Verwaltung, Köln 1968
Pfaff, M., Voigtländer, H., Sozialpolitik im Wandel. Von der selektiven zur integrierten Sozialpolitik, Bonn 1978
Ritter, G. A. (Hrsg.), Vom Wohlfahrtsausschuß zum Wohlfahrtsstaat. Der Staat in der modernen Industriegesellschaft, Köln 1973
Simonis, U. E. (Hrsg.), Infrastruktur, Theorie und Praxis, Köln 1977

3.2 Handlungs- und Steuerungsfähigkeit

Altvater, E. et al., Rahmenbedingungen und Schranken staatlichen Handelns. Zehn Thesen, Frankfurt 1976
Badura, B., Gross, P., Sozialpolitische Perspektiven, München 1976
Biervert, B. et al. (Hrsg.), Institutionelle Reformen in der Krise. Ökonomisches System und Entwicklung von Handlungsspielräumen, Frankfurt, New York 1979
Bruder, W., Ellwein, Th. (Hrsg.), Raumordnung und staatliche Steuerungsfähigkeit, Opladen 1980
Dahrendorf, R., Markt und Plan. Zwei Typen der Rationalität, Tübingen 1966
Esser, J. et al., (Hrsg.), Gesellschaftsplanung in kapitalistischen und sozialistischen Systemen, Gütersloh 1972
Fenner, Ch. et al. (Hrsg.), Unfähig zur Reform?, Frankfurt 1978
Gesellschaftlicher Wandel und politische Innovation, Politische Vierteljahresschrift, Sonderheft 4, Opladen 1972
Grauhan, R. R., Hickel, R. (Hrsg.), Krise des Steuerstaates? Opladen 1978
Greven, M. Th. et al., Krise des Staates? Zur Funktionsbestimmung des Staates im Spätkapitalismus, Darmstadt, Neuwied 1975
Greven, M. Th. et al., Sozialstaat und Sozialpolitik. Krise und Perspektiven, Darmstadt, Neuwied 1980
Groth, K.-M., Die Krise der Staatsfinanzen. Systematische Überlegungen zur Krise des Steuerstaats, Berlin 1978

Grottian, P. (Hrsg.), Folgen reduzierten Wachstums für Politikfelder, Opladen 1980
Grottian, P., Murswieck, H. (Hrsg.), Handlungsspielräume der Staatsadministration, Hamburg 1974
Guldimann, T., Die Grenzen des Wohlfahrtsstaates. Am Beispiel Schwedens und der Bundesrepublik, München 1976
Hennis, W. et al. (Hrsg.), Regierbarkeit. Studien zu ihrer Problematisierung, Bd. 1 und 2, Stuttgart 1977, 1979
Hucke, J., Politische Handlungsspielräume, Bad Honnef 1980
Hugger, W., Handlungsspielräume und Entscheidungsfähigkeit des politisch-administrativen Systems der Bundesrepublik Deutschland untersucht am Beispiel Gesundheitswesen, Speyer 1979
Jänicke, M. (Hrsg.), Politische Systemkrisen, Köln 1973
Jänicke, M. (Hrsg.), Herrschaft und Krise, Opladen 1973
Jänicke, M., Wie das Industriesystem von seinen Mißständen profitiert, Opladen 1979
Jann, W., Kronenwett, E., Handlungsspielräume und Entscheidungsfähigkeit des Staates untersucht am Beispiel der Implementation politischer Programme, Speyer 1978
Klages, H., Überbelasteter Staat – verdrossene Bürger? Zu den Dissonanzen der Wohlfahrtsgesellschaft, Frankfurt/New York 1981
Lehner, F., Grenzen des Regierens. Eine Studie zur Steuerungsproblematik hochindustrialisierter Demokratien, Königstein 1979
Lompe, K., Möglichkeiten und Grenzen politischer Planungen in parlamentarischen Demokratien mit marktwirtschaftlicher Ordnung, Hannover 1975
Luhmann, N. Rechtssoziologie, 2 Bde., Reinbek 1972
Nahamowitz, P., Gesetzgebung in den kritischen Systemjahren, Frankfurt, New York 1978
Narr, W. D. (Hrsg.), Politik und Ökonomie. Autonome Handlungsmöglichkeiten des politischen Systems, Opladen 1975
Naschold, F., Systemsteuerung, Stuttgart u. a. 1969
Noack, P., Ist die Demokratie noch regierbar?, München 1980
O'Connor, J., Die Finanzkrise des Staates, Frankfurt 1974
Pankoke, E. et al., Neue Formen gesellschaftlicher Selbststeuerung in der Bundesrepublik Deutschland, Göttingen 1976
Piven, F. F., Cloward, R. A., Regulierung der Armut, Frankfurt 1977
Rehbinder, M., Schelsky, H. (Hrsg.), Zur Effektivität des Rechts, Düsseldorf 1972
Ronge, V., Schmieg, G., Restriktionen politischer Planung, Frankfurt 1973
Ruß-Mohl, S., Reformkonjunkturen und politisch-administratives Krisenmanagement, Opladen 1981
Scharpf, F. W., Demokratietheorie zwischen Utopie und Anpassung, Kronberg 1975, 2. Aufl.
Scharpf, F. W.., Politischer Immobilismus und ökonomische Krise. Aufsätze zu den politischen Restriktionen der Wirtschaftspolitik, Kronberg 1977
Strasser, J., Grenzen des Sozialstaats? Soziale Sicherung in der Wachstumskrise, Frankfurt 1979
Wagener, F. (Hrsg.), Regierbarkeit, Dezentralisation? Entstaatlichung?, Bonn 1976

3.3 Legitimationssicherung

Alemann, U. v. (Hrsg.), Partizipation – Demokratisierung – Mitbestimmung, Opladen 1975
Aurich, H., Partizipation an der Stadtplanung, Basel 1976
Beine, Th. W., Organisationsprobleme administrativer Partizipationsförderung bei der Stadtplanung, Diss Bochum 1974
Borghorst, H., Bürgerbeteiligung in der Kommunal- und Regionalplanung, Leverkusen 1976
Brech, J., Greiff, R. (Hrsg.), Bürgerbeteiligung und Experten. Berichte und Analysen zur Anwaltsplanung, Weinheim, Basel 1978
Dienel, P. C., Die Planungszelle, Opladen 1978
Ebbighausen, R. (Hrsg.), Bürgerlicher Staat und politische Legitimation, Frankfurt 1976
Ellwein, Th., Lippert, E., Zoll, R., Politische Beteiligung in der Bundesrepublik Deutschland, Göttingen 1975
Fach, W., Degen, U. (Hrsg.), Politische Legitimität, Frankfurt 1978
Fischer, J., Staatliche Planung und Demokratie – Möglichkeiten und Grenzen demokratischer Planungsorganisation, Frankfurt 1978
Gronemeyer, R., Integration durch Partizipation, Frankfurt 1973
Großhans, H., Öffentlichkeit und Stadtentwicklungsplanung. Möglichkeiten der Partizipation, Gütersloh 1972

Habermas, J., Legitimationsprobleme im Spätkapitalismus, Frankfurt 1973
Hochschule Speyer (Hrsg.), Demokratie und Verwaltung, Berlin 1972
Hoffmann, P., Pastellis, N., Demokratie als Nebenprodukt. Versuch einer öffentlichen Planung, München 1971
Hollihn, F., Partizipation und Demokratie. Bürgerbeteiligung am kommunalen Planungsprozeß? Baden-Baden 1978
Kielmansegg, P. Graf (Hrsg.), Legitimationsprobleme politischer Systeme, Opladen 1976
Kielmansegg, P. Graf, Matz, U. (Hrsg.), Die Rechtfertigung politischer Herrschaft, Freiburg, München 1978
Knöpfel, P., Demokratisierung der Raumplanung, Berlin 1977
Knorr, Th., Kunert, H., Raehlmann, I., Wahl-Terlinden, U., Sozialplanung und Aktivierung der Betroffenen, Meisenheim 1976
Kodolitsch, P. v., Kommunale Beteiligungspolitik, Berlin 1980
Luhmann, N., Legitimation durch Verfahren, Neuwied, Berlin 1973, 2. Aufl.
Münch, R., Legitimität und politische Macht, Opladen 1976
Narr, W.-D., Offe, C. (Hrsg.), Wohlfahrtsstaat und Massenloyalität, Köln 1975
Nelles, W., Oppermann, R. (Hrsg.), Partizipation und Politik. Beiträge zur Theorie und Praxis polititscher Partizipation, Göttingen 1980
Oertzen, H.-J. v., „Demokratisierung" und Funktionsfähigkeit der Verwaltung, Stuttgart 1974
Rodenstein, M., Bürgerinitiativen und politisches System. Eine Auseinandersetzung mit soziologischen Legitimationstheorien, Gießen 1978
Ronneberger, F., Verwaltung und Öffentlichkeit, Essen 1970
Schäfers, B., Planung und Öffentlichkeit, Düsseldorf 1970
Scherer, J., Verwaltung und Öffentlichkeit, Baden-Baden 1978
Sultan, H., Abendroth, W., Bürokratischer Verwaltungsstaat und soziale Demokratie, Hannover, Frankfurt 1955
Thränhardt, D., Uppendahl, H. (Hrsg.), Alternativen lokaler Demokratie, Königstein 1981
Ziegler, J., Bürgerbeteiligung und kommunale Selbstverwaltung, Würzburg 1974
Zimpel, G., Der beschäftigte Mensch. Beiträge zur sozialen und politischen Partizipation, München 1970

3.4 Verwaltungswissenschaft und Verwaltungspraxis

Achinger, H., Sozialpolitik und Wissenschaft, Stuttgart 1963
Badura, B. (Hrsg.), Seminar: Angewandte Sozialforschung, Frankfurt 1976
Becker-Marx, K., Wissenschaft und Regionalplanung, Hannover 1977
Bermbach, U. (Hrsg.), Politische Wissenschaft und politische Praxis, Opladen 1978
Böhret, C. (Hrsg.), Verwaltungsreformen und politische Wissenschaft, Baden-Baden 1978
Bosse, H., Verwaltete Unterentwicklung. Funktion und Verwertung der Bildungsforschung in der staatlichen Entwicklungspolitik, Frankfurt 1978
Bruder, W., Sozialwissenschaften und Politikberatung, Opladen 1980
Dietzel, G., Wissenschaft und staatliche Entscheidungsplanung, Berlin 1978
Flohr, H., Lompe, H. (Hrsg.), Wissenschaftler und Politiker – Partner oder Gegner, Göttingen 1967
Friedrich, H., Staatliche Verwaltung und Wissenschaft, Frankfurt 1970
Greiffenhagen, M., Prätorius, R. (Hrsg.), Ein mühsamer Dialog. Beiträge zum Verhältnis von Politik und Wissenschaft, Köln, Frankfurt 1979
Habermas, J., Technik und Wissenschaft als Ideologie, Frankfurt 1968
Hirsch, J., Leibfried, S., Materialien zur Wissenschafts- und Bildungspolitik, Frankfurt 1971
Kevenhörster, P., Wollmann, H. (Hrsg.), Kommunalpolitische Praxis und lokale Politikforschung, Berlin 1978
König, K., Verwaltungswissenschaften und Verwaltungsreformen, Speyer 1979
Krauch, H. (Hrsg.), Beiträge zum Verhältnis von Wissenschaft und Politik, Heidelberg 1969
Krüger, J., Wissenschaftliche Beratung und sozialpolitische Praxis, Stuttgart 1975
Lohmar, U., Wissenschaftsförderung und Politikberatung, Gütersloh 1967
Lompe, K., Wissenschaftliche Beratung der Politik, Göttingen 1966
Lompe, K. et al., Enquête-Kommissionen und Royal Commissions. Beispiele wissenschaftlicher Politikberatung in der Bundesrepublik Deutschland und in Großbritannien, Göttingen 1981
Morkel, A., Politik und Wissenschaft, Möglichkeiten und Grenzen wissenschaftlicher Beratung in der Politik, Hamburg 1967

Schuon, K., Wissenschaft, Politik und wissenschaftliche Politik, Köln 1972
Willeke, R. (Hrsg.), Wissenschaftliche Beratung der verkehrspolitischen Planung, Düsseldorf 1971
Wissenschaftszentrum Berlin (Hrsg.), Interaktion von Wissenschaft und Politik, Frankfurt 1977

4. Politisch-administrative Problemverarbeitung

4.1 Politikformulierung und Entscheidung

Alemann, U. v. (Hrsg.), Neokorporatismus, Frankfurt 1981
Alemann, U. v., Heinze, R. G. (Hrsg.), Verbände und Staat, Opladen 1979
Bachrach, P.; Baratz, M. S., Macht und Armut, Frankfurt 1977
Behrens, H., Politische Entscheidungsprozesse, Opladen 1980
Ellwein, Th., Görlitz, A., Parlament und Verwaltung, Band 1: Gesetzgebung und politische Kontrolle, Stuttgart 1968
Frey, R. (Hrsg.), Kommunale Demokratie, Bonn-Bad Godesberg 1976
Friend, J. K., Jessop, W. N., Entscheidungsstrategie in Stadtplanung und Verwaltung, Gütersloh 1973
Fürst, D., Kommunale Entscheidungsprozesse, Baden-Baden 1975
Grauhan, R.-R., Modelle politischer Verwaltungsführung, Konstanz 1969
Grauhan, R.-R., Politische Verwaltung, Freiburg 1970
Haasis, H.-A., Kommunalpolitik und Machtstruktur, Frankfurt 1978
Hirsch, J., Parlament und Verwaltung, Band 2: Haushaltsplanung und Haushaltskontrolle, Stuttgart 1968
Hesse, J. J., Stadtentwicklungsplanung, Stuttgart 1972
Jägemann, H. B., Zielbildungsprozesse in der Stadtplanung, Zürich 1977
Kevenhörster, P., Lokale Politik unter exekutiver Führerschaft, Meisenheim 1977
Kevenhörster, P., Windhoff-Héritier, A., Crone, M., Politik in einer neuen Großstadt. Entscheidungen im Spannungsfeld von City und Stadtbezirken, Opladen 1980
Kipper, H., Entscheidungen in öffentlichen Organisationen, Mannheim 1975
Kirsch, W., Einführung in die Theorie der Entscheidungsprozesse, Wiesbaden 1977, 2. Aufl.
Knorr, H., Der parlamentarische Entscheidungsprozeß während der Großen Koalition 1966–1969, Meisenheim 1975
Lechner, H., Hülshoff, K. (Hrsg.), Parlament und Regierung, München 1971, 3. Aufl.
Lehmbruch, G., Parteienwettbewerb im Bundesstaat, Stuttgart u.a. 1976
Linder, W., Der Fall, Massenverkehr, Frankfurt 1973
Lücke, M., Kollektive Planungs- und Entscheidungsprozesse, Tübingen 1975
Luhmann, N., Organisation und Entscheidung, Opladen 1978
Meyer-Krahmer, F., Politische Entscheidungsprozesse und ökonomische Theorie der Politik, Frankfurt, New York 1978
Moeser, E., Die Beteiligung des Bundestages an der staatlichen Haushaltsgewalt. Eine Untersuchung zur rechtlichen und tatsächlichen Stellung des Bundestages in haushaltswirtschaftlichen Entscheidungsprozessen, Berlin 1978
Nagel, A., Politische Entscheidungslehre, Bd. I: Ziellehre, Berlin 1975
Schäfer, H.-J., Schönitzer, P., Konkretisierung von Zielen im Planungsablauf, Karlsruhe 1977
Schatz, H., Der parlamentarische Entscheidungsprozeß, Meisenheim 1970
Schmidt, G., Das Verhältnis von Parlament und Regierung im Zusammenspiel der staatlichen Machtverteilung, Basel 1971
Simon, H. A., Das Verwaltungshandeln. Eine Untersuchung der Entscheidungsvorgänge in Behörden und privaten Unternehmen, Stuttgart 1955
Thieme, W., Entscheidungen in der öffentlichen Verwaltung, Köln 1981
Uthoff, H., Deetz, W. (Hrsg.), Bürokratische Politik, Stuttgart 1980
Väth, W., Raumplanung. Probleme der räumlichen Entwicklung und Raumordnungspolitik in der Bundesrepublik Deutschland, Königstein 1980
Widmaier, H. P., Sozialpolitik im Wohlfahrtsstaat. Zur Theorie politischer Güter, Reinbek 1976
Wilhelmi, H.-H., Entscheidungsprozesse in der staatlichen Bildungsfinanzierung, Berlin 1977
Zipp, G., Atteslander, P., Ziele und Zielfindungsprozesse in der Raumordnungspolitik, Augsburg 1977

4.2 Programmentwicklung und Planung

Bebermeyer, H., Regieren ohne Management? Planung als Führungsinstrument moderner Regierungsarbeit, Stuttgart 1974

Blaas, W., Henseler, P., Theorie und Technik der Planung: Planungsinstrumente, Planungssysteme, Wien 1978

Böhret, C., Entscheidungshilfen für die Regierung. Modelle – Instrumente – Probleme, Opladen 1970

Böhret, C., Grundriß der Planungspraxis, Opladen 1975

Brünner, Chr., Politische Planung im parlamentarischen Regierungssystem. Dargestellt am Beispiel der mittelfristigen Finanzplanung, Wien, New York 1978

Buse, M. J., Integrierte Systeme staatlicher Planung. Theoretische Grundlagen und praktische Erfahrungen im internationalen Vergleich, Baden-Baden 1974

Ellwein, Th., Politik und Planung, Stuttgart 1968

Erdmann, J. (Hrsg.), Aktuelle Probleme der planenden Verwaltung, Meisenheim 1978

Fehl, G. et al., (Hrsg.), „Planung und Information", Materialien zur Planungsforschung, Gütersloh 1972

Feick, J., Planungstheorien und demokratische Entscheidungsnorm, Frankfurt 1980

Frank, D., Politische Planung im Spannungsverhältnis zwischen Regierung und Parlament, Meisenheim 1976

Fürst, D., Hesse, J. J., Landesplanung, Düsseldorf 1981

Gesellschaftlicher Wandel und politische Innovation, Politische Vierteljahresschrift, Sonderheft 4, Opladen 1972

Grottian, P., Strukturprobleme staatlicher Planung, Hamburg 1974

Hansmeyer, K.-H., Rürup, B., Staatswirtschaftliche Planungsinstrumente, Tübingen 1973

Harnischfeger, H., Planung in der sozialstaatlichen Demokratie, Neuwied, Berlin 1969

Hesse, J. J., Organisation kommunaler Entwicklungsplanung, Stuttgart 1976

Hochschule Speyer (Hrsg.), Regierungsprogramme und Regierungspläne, Berlin 1973

Kaiser, J. H. (Hrsg.), Planung, Bde. 1–6, Baden-Baden 1965–1972

König, K. (Hrsg.), Koordination und integrierte Planung in den Staatskanzleien, Berlin 1976

König, K., Schimanke, D., Räumliche Planungen im politisch-administrativen System der Länder, Hannover 1980

Lau, C., Theorien gesellschaftlicher Planung. Eine Einführung, Stuttgart 1975

Luhmann, N., Politische Planung. Aufsätze zur Soziologie von Politik und Verwaltung, Opladen 1975, 2. Aufl.

Mäding, H., Bildungsplanung und Finanzplanung, Stuttgart 1974

Naschold, F., Väth, W. (Hrsg.), Politische Planungssysteme, Opladen 1973

Pilz, F., Regierungsaufgaben und Finanzpolitik. Das Aufgaben- und Finanz-, das Finanzplanungs- und Aufgabenplanungssystem der Bundesregierung, Köln 1976

Recktenwald, H. C. (Hrsg.), Nutzen-Kosten-Analyse und Programmbudget. Grundlage staatlicher Entscheidung und Planung. Tübingen 1970

Reinermann, H., Programmbudgets in Regierung und Verwaltung. Möglichkeiten und Grenzen von Planungs- und Entscheidungssystemen, Baden-Baden 1975

Ronge, V., Schmieg, G. (Hrsg.), Politische Planung in Theorie und Praxis, München 1971

Schäfers, B. (Hrsg.), Gesellschaftliche Planung. Materialien zur Planungsdiskussion in der Bundesrepublik Deutschland, Stuttgart 1973

Scharpf, F. W., Planung als politischer Prozeß, Frankfurt 1973

Schatz, H., Politische Planung im Regierungssystem der Bundesrepublik Deutschland, Göttingen 1974

Schulz zur Wiesch, J., Regionalplanung in Hessen. Ein Beitrag zur empirischen Planungsforschung. Stuttgart 1977

Seemann, K., Das Verhältnis von Aufgabenplanung und Finanzplanung in einer Planungskonzeption für Regierung und Verwaltung, Bonn 1972

Shonfield, A., Geplanter Kapitalismus, Zürich 1968

Siebel, W., Entwicklungstendenzen kommunaler Planung, Bonn-Bad Godesberg 1974

Tenbruck, F., Zur Kritik der planenden Vernunft, Freiburg 1972

Wagener, F., Planintensität in den Ländern, Speyer 1974

Waterkamp, R., Politische Leitung und Systemveränderung. Zum Problemlösungsprozeß durch Planungs- und Informationssysteme, Köln 1974

Waterkamp, R., Handbuch Politische Planung, Opladen 1978

4.3 Politikvollzug (Implementation)

Bohnert, W., Planung als Durchsetzungsstrategie. Zur Interessenselektivität planender Verwaltung. Koordination, Konflikt und Konsensbildung am Beispiel eines Fachplanungsprojektes, Diss. Heidelberg 1976
Bohnert, W., Der informale Rechtsstaat, Berlin 1981
Grunow, D. et al., Bürger und Verwaltung, 4 Bde., Frankfurt 1978
Hoffmann-Riem, W. (Hrsg.), Bürgernahe Verwaltung? Analysen über das Verhältnis von Bürger und Verwaltung, Darmstadt, Neuwied 1980
Hucke, J. et al., Implementation kommunaler Umweltpolitik, Frankfurt, New York 1980
Kaufmann, F.-X. (Hrsg.), Bürgernahe Sozialpolitik. Planung, Organisation und Vermittlung sozialer Leistungen auf lokaler Ebene, Frankfurt 1979
Kommunale Gemeinschaftsstelle für Verwaltungsvereinfachung, Bürger und Verwaltung, Köln 1979
Kube, E., Den Bürger überzeugen. Stil, Strategie und Taktik der Verwaltung, Stuttgart 1973
Mayntz, R. et al., Vollzugsprobleme der Umweltpolitik, Stuttgart 1978
Mayntz, R. (Hrsg.), Implementation politischer Programme, Meisenheim 1980
Scharpf, F. W., Die politischen Kosten des Rechtsstaates, Tübingen 1970
Scharpf, F. W. et al., Implementationsprobleme offensiver Arbeitsmarktpolitik, Frankfurt 1981
Thieme, W. (Hrsg.), Mängel im Verhältnis von Bürger und Staat, Köln u. a. 1970
Windhoff-Héritier, A., Politikimplementation: Ziele und Wirklichkeit politischer Entscheidungen, Königstein 1980
Volk, E., Rationalität und Herrschaft. Aspekte einer Theorie der Implementation zentraler Planung in der westeuropäischen Industriegesellschaft, Berlin 1970
Wollmann, H. (Hrsg.), Politik im Dickicht der Bürokratie, Opladen 1980

4.4 Ressourcen (ohne finanzwissenschaftliche Literatur)

Armanski, G. et al., Staatsdiener im Klassenkampf. Soziale Lage und Kämpfe staatlicher Lohnarbeiter in der BRD, Gaiganz 1975
Bleek, W., Von der Kameralausbildung zum Juristen-Privileg. Studium, Prüfung und Ausbildung der höheren Beamten des allgemeinen Verwaltungsdienstes in Deutschland im 18. und 19. Jahrhundert, Berlin 1972
Böhret, C., Junkers, M. T., Führungskonzepte für die öffentliche Verwaltung, Stuttgart 1976
Brinckmann, H., et al., Die neuen Beamtenhochschulen, Frankfurt 1980
Bücker-Gärtner, H., et al., Sozialwissenschaftler in der öffentlichen Verwaltung, Frankfurt, New York 1977
Dammann, K. et al., Weiterbildung für den öffentlichen Dienst, Göttingen 1976
Dierkes, M. (Hrsg.), Soziale Daten und politische Planung, Frankfurt, New York 1975
Eichhorn, P., Friedrich, P., Verwaltungsökonomie I. Methodologie und Management der öffentlichen Verwaltung, Baden-Baden 1976
Ellwein, Th., Zoll, R., Berufsbeamtentum – Anspruch und Wirklichkeit. Zur Entwicklung und Problematik des öffentlichen Dienstes, Düsseldorf 1973
Eschenburg, Th., Ämterpatronage, Stuttgart 1961
Grunow, D., Personalbeurteilung. Empirische Untersuchung von Personalbeurteilungssystemen in Wirtschaft und Verwaltung, Stuttgart 1976
Hartkopf, G., Stingl, J., Modernes Management im öffentlichen Dienst, Bonn 1971
Hattenhauer, H., Geschichte des Beamtentums, Köln 1980
Herder-Dorneich, P., et al., Wirtschaft und Verbände. Berufsanforderungen und Berufsaussichten von Sozialwissenschaftlern in Unternehmungen, Verwaltungen, Verbänden, Köln 1972
Hoschka, P., Kalbhen, U. (Hrsg.), Datenverarbeitung in der politischen Planung, Frankfurt, New York 1975
Kaiser, J. H., et al., (Hrsg.), Recht und System des öffentlichen Dienstes in den Ländern Frankreich, Großbritannien, Italien, Japan, Niederlande, Schweden, Schweiz, Spanien, USA, Österreich, Jugoslawien, Polen, Ungarn, Baden-Baden 1973
Klein, P.-J., Das Berufsbild des Planers in der öffentlichen Verwaltung, Köln 1971
Koch, R., Personalsteuerung in der Ministerialbürokratie. Eine theoretisch-empirische Studie zur Möglichkeit organisatorischer Neuerungen, Baden-Baden 1975

Koch, R., Organisationsplanung für den Personalbereich. Ein theoretisch-empirischer Beitrag zur Verwaltungsreformlehre, Berlin 1978
König, K. (Hrsg.), Die Ausbildung für den gehobenen Verwaltungsdienst, Baden-Baden 1979
König, K., Kind, H., Zur Weiterentwicklung des vertikalen Laufbahngefüges. Thesen, Begründungen und Dokumentation, Baden-Baden 1980
Krupp, H.-J., Zapf, W., Sozialpolitik und Sozialberichterstattung, Frankfurt, New York 1977
Kugele, D., Der politische Beamte. Entwicklung, Bewährung und Reform einer politisch-administrativen Institution, München 1978 (2. Aufl.)
Laux, E. (Hrsg.), Das Dilemma des öffentlichen Dienstes. Anspruch, Erwartungen, Realitäten, Bonn 1978
Lecheler, H., Personalpolitik und Personalführung in der öffentlichen Verwaltung, Bonn-Bad Godesberg 1972
Linder, W., Treiber, H. (Hrsg.), Verwaltungsreform als Ausbildungsreform, München 1976
Luhmann, N., Mayntz, R., Personal im öffentlichen Dienst. Eintritt und Karrieren, Baden-Baden 1973
Moths, E., Wulf-Mathies, M., Des Bürgers teure Diener. Bürokratie ohne Leistungszwang, Karlsruhe 1973
Nümann, E., Die Organisation des Personalwesens in der Ministerialverwaltung von Bund und Ländern, Köln 1975
Pippke, W., Karrieredeterminanten in der öffentlichen Verwaltung, Baden-Baden 1975
Pippke, W., Wolfmeyer, P., Die berufliche Mobilität von Führungskräften in Wirtschaft und Verwaltung, Baden-Baden 1976
Reese, J. et al., Die politischen Kosten der Datenverarbeitung, Frankfurt 1979
Schöne, S., Von der Reichskanzlei zum Bundeskanzleramt. Eine Untersuchung zum Problem der Führung und Koordination in der jüngeren deutschen Geschichte, Berlin 1968
Seewald, O., Bisherige Erfahrungen mit der „analytischen" Dienstpostenbewertung in der Bundesrepublik Deutschland, Köln 1973
Senatsamt für den Verwaltungsdienst Hamburg (Hrsg.), Arbeitsbewertung im System des öffentlichen Dienstes, Hamburg 1974
Senatsamt für den Verwaltungsdienst Hamburg (Hrsg.), Personalbestand im öffentlichen Dienst: Strukturen und Entwicklungen seit 1970, Hamburg 1979
Siedentopf, H., Funktion und allgemeine Rechtsstellung – Analyse der Funktionen des öffentlichen Dienstes, Baden-Baden 1973
Steinkemper, B., Klassische und politische Bürokraten in der Ministerialverwaltung der Bundesrepublik Deutschland, Köln 1974
Steinkemper, H.-G., Amtsträger im Grenzbereich zwischen Regierung und Verwaltung, Frankfurt 1979
Timmermann, M. (Hrsg.), Management in der öffentlichen Verwaltung, München 1977
Tofaute, H., Probleme des Personaleinsatzes im öffentlichen Dienst, Köln 1975, 2. durchges. Aufl.
Triebe, J. K. et al., Auswahl von Bewerbern für den öffentlichen Dienst. Problemstudie zur Informations- und Entscheidungsfindung, Baden-Baden 1973
Voegeli, W., Einphasige Juristenausbildung. Zur Pathologie der Reform, Frankfurt, New York 1979
Werner, R., Soziale Indikatoren und politische Planung. Einführung in Anwendungen der Makrosoziologie, Reinbek 1975
Wiese, W., Der Staatsdienst in der Bundesrepublik Deutschland. Grundlagen, Probleme, Neuordnung, Berlin, Neuwied 1972
Zapf, W., Sozialberichterstattung: Möglichkeiten und Probleme, Göttingen 1976
Zapf, W. (Hrsg.), Soziale Indikatoren, 4 Bde., Frankfurt 1974–76
Zapf, W. (Hrsg.), Lebensbedingungen in der Bundesrepublik. Sozialer Wandel und Wohlfahrtsentwicklung, Frankfurt 1977

4.5 Horizontale und vertikale Ausprägungen der Problemverarbeitung

Albrow, M., Bürokratie, München 1972
Baars, B. A., Strukturmodelle für die öffentliche Verwaltung, Köln 1973
Baars, B. A., Baum, K. B., Fiedler, J., Politik und Koordinierung, Göttingen 1976
Becker, B., Organisation der Ministerien des Bundes und der Länder, Berlin 1973

Bentele, K., Kartellbildung in der allgemeinen Forschungsförderung. Politikverflechtung III, Königstein 1979
Bertram, J., Staatspolitik und Kommunalpolitik, Stuttgart 1967
Bossow, M., Öffentlicher Nahverkehr und Politik, Stuttgart, Freiburg 1980
Brinckmann, H. et al., Verwaltungsautomation. Thesen über Auswirkungen automatisierter Datenverarbeitung auf Binnenstruktur und Außenbeziehungen der öffentlichen Verwaltung, Darmstadt 1974
Bundesminister des Innern (Hrsg.), Sachverständigenanhörung zu Ursachen einer Bürokratisierung in der öffentlichen Verwaltung, 3 Bde., Bonn 1980
Dammann, K., Stäbe, Intendantur- und Dacheinheiten. Die deutschen Verwaltungen und der Ertrag der Stabsdiskussion, Köln 1969
Dillkofer, H., Die Organisation der Innenministerien, München 1977
Ehringhaus, H., Der kooperative Föderalismus in den Vereinigten Staaten von Amerika, Frankfurt 1971
Emenlauer, R., Grymer, H., Krämer-Badoni, T., Rodenstein, M., Die Kommune in der Staatsorganisation, Frankfurt 1974
Esterbauer, F., Héraud, G., Pernthaler, P. (Hrsg.), Föderalismus als Mittel permanenter Konfliktregelung, Wien 1977
Fürst, D.; Hesse, J. J., Stadt und Staat. – Verdichtungsräume im Prozeß der Politikverflechtung, Baden-Baden 1982
Funke, R., Organisationsstrukturen planender Verwaltung, Bonn-Bad Godesberg 1974
Garlichs, D., Grenzen staatlicher Infrastrukturpolitik. Bund/Länder-Kooperation in der Fernstraßenplanung, Königstein 1980
Grauhan, R.-R. (Hrsg.), Lokale Politikforschung, 2 Bde,, Frankfurt 1975
Grauhan, R.-R., Linder, W., Politik der Verstädterung, Frankfurt 1974
Grymer, H., Konfliktverarbeitung und Staatsstruktur. Techniken der administrativen Entschärfung gesellschaftlicher Widersprüche, Frankfurt, New York 1979
Häußermann, H., Die Politik der Bürokratie, Frankfurt, New York 1977
Hesse, J. J. (Hrsg.), Politikverflechtung im föderativen Staat, Baden-Baden 1978
Hochschule Speyer (Hrsg.), Zur Struktur der deutschen Verwaltung. Föderalismus und Probleme der Zentralisation und Dezentralisation, Berlin 1967
Hochschule Speyer (Hrsg.), Die Staatskanzlei. Aufgaben, Organisation und Arbeitsweise auf vergleichender Grundlage, Berlin 1967
Hochschule Speyer (Hrsg.), Aktuelle Probleme der Ministerialorganisation, Berlin 1972
Hochschule Speyer (Hrsg.), Organisation der Ministerien des Bundes und der Länder, Berlin 1973
Hochschule Speyer (Hrsg.), Politikverflechtung zwischen Bund, Ländern und Gemeinden, Berlin 1975
Kisker, G., Kooperation im Bundesstaat, Tübingen 1971
Kunze, R., Kooperativer Föderalismus in der Bundesrepublik, Stuttgart 1968
Lau, D., Fried, U., Die Herrschaft der Bürokratie, München 1980
Laufer, H., Der Föderalismus der Bundesrepublik Deutschland, Stuttgart 1974
Laufer, H., Pilz, F. (Hrsg.), Föderalismus, München 1973
Lauxmann, F., Die kranke Hierarchie. Not und Hoffnung der öffentlichen Verwaltung, Stuttgart 1971
Leuenberger, Th., Ruffmann, K.-H. (Hrsg.), Bürokratie: Motor oder Bremse der Entwicklung?, Bern 1977
Loeser, R., Die bundesstaatliche Verwaltungsorganisation in der Bundesrepublik Deutschland. Verwaltungsverflechtung zwischen Bund und Ländern, Baden-Baden 1981
Lohmar, U., Staatsbürokratie, München 1978, 3. Aufl.
Luhmann, N., Funktionen und Folgen formaler Organisation, Berlin 1972, 2. Aufl.
Mäding, H., Infrastrukturplanung im Verkehrs- und Bildungssektor. Eine vergleichende Untersuchung zum gesamtstaatlichen Planungsprozeß in der Bundesrepublik Deutschland, Baden-Baden 1978
Mandel, E., Die Bürokratie, Frankfurt 1976, 4. Aufl.
March, J. G., Simon, A., Organisation und Individuum. Menschliches Verhalten in Organisationen, Wiesbaden 1976
Mayntz, R. (Hrsg.), Bürokratische Organisation, Köln/Berlin 1968
Meyer, P., Die Verwaltungsorganisation. Vergleichende Studien über die Organisation der öffentlichen Verwaltung, Göttingen 1962

Morstein Marx, F., Einführung in die Bürokratie, Neuwied 1959
Morstein Marx, F., Das Dilemma des Verwaltungsmannes, Berlin 1965
Olivet, P., Die Organisation der Organisation der öffentlichen Verwaltung in der Bundesrepublik Deutschland, Berlin 1978
Parkinson, C. N., Parkinsons Gesetz und andere Untersuchungen über die Verwaltung, Reinbek 1975
Patzig, W., Die Gemeinschaftsfinanzierung von Bund und Ländern, Notwendigkeit und Grenzen des kooperativen Föderalismus, Bonn 1981
Politikverflechtung oder Föderalismus heute, Der Bürger im Staat Heft 1/1979, hrsg. v. der *Landeszentrale für politische Bildung* Baden-Württemberg
Preusker, U., Steigerung der Effizienz der Bundesregierung durch interministerielle Projektgruppen, Köln 1975
Prior, H., Die interministeriellen Ausschüsse der Bundesministerien. Eine Untersuchung zum Problem der Koordinierung heutiger Regierungsarbeit, Stuttgart 1968
Reder, Chr., Organisationsentwicklung in der öffentlichen Verwaltung. Verantwortung, Resultate, Strukturen, Bern, Stuttgart 1976
Reissert, B., Die finanzielle Beteiligung des Bundes an Aufgaben der Länder und das Postulat der „Einheitlichkeit der Lebensverhältnisse im Bundesgebiet", Bonn 1975
Röber, M., Organisationsstruktur und Planungsorganisation: Konzept und Ergebnisse einer empirischen Untersuchung in Regierungsverwaltungen, Frankfurt 1981
Roters, W., Kommunale Mitwirkung an höherstufigen Entscheidungsprozessen, Köln 1975
Rückwardt, B., Koordination des Verwaltungshandelns, Berlin 1978
Rüß, G., Anatomie einer politischen Verwaltung. Das Bundesministerium für gesamtdeutsche Fragen – Innerdeutsche Beziehungen 1949–1970, München 1973
Schäfer, F. (Hrsg.), Schwerpunkte im Kräftefeld von Bund und Ländern. Formen der Zusammenarbeit im deutschen Föderalismus, Köln 1975
Scharpf, F. W., Reissert, B., Schnabel, F., Politikverflechtung. Theorie und Empirie des kooperativen Föderalismus in der Bundesrepublik, Kronberg 1976
Scharpf, F. W., Reissert, B., Schnabel, F. (Hrsg.), Politikverflechtung II, Kronberg 1977
Schluchter, W., Aspekte bürokratischer Herrschaft, München 1972
Schmid, G., Treiber, H., Bürokratie und Politik. Zur Struktur und Funktion der Ministerialbürokratie in der Bundesrepublik Deutschland, München 1975
Seemann, K., Abschied von der klassischen Ministerialverwaltung, München 1978
Steinberg, R., Politik und Verwaltungsorganisation, Baden-Baden 1980
Thieme, W., Föderalismus im Wandel, Köln 1969
Titscher, S., Struktur eines Ministeriums, Wien 1975
Voigt, R., Die Auswirkungen des Finanzausgleichs zwischen Staat und Gemeinden auf die kommunale Selbstverwaltung von 1919 bis zur Gegenwart, Berlin 1975
Voigt, R., Kommunale Partizipation am staatlichen Entscheidungsprozeß, Würzburg 1976
Wabnitz, R., Das „Change agent"-Konzept der amerikanischen Organisationsentwicklung. Darstellung und Erörterung der Anwendungsmöglichkeiten in der öffentlichen Verwaltung der Bundesrepublik Deutschland, Speyer 1978
Wagener, F. (Hrsg.), Verselbständigung von Verwaltungsträgern, Bonn 1976
Wagener, F., Forschungsprogramm Staatsorganisation, Baden-Baden 1979
Weber, M., Wirtschaft und Gesellschaft, 2 Bde., Köln, Berlin 1964
Zielinski, H. (Hrsg.), Lokale Politik zwischen Eigenständigkeit und staatlicher Abhängigkeit, Meisenheim 1980
Zunker, A., Finanzplanung und Bundeshaushalt. Zur Koordinierung und Kontrolle durch den Bundesfinanzminister, Frankfurt 1972

4.6 Regierungs- und Verwaltungsreformen

Behr, M. v., Schultz-Wild, R., Arbeitsplatzstruktur und Laufbahnreform im öffentlichen Dienst, Baden-Baden 1973
Blankenburg, E., Innovations in the Legal Services/Innovationen im Bereich öffentlicher Dienstleistungen, Königstein 1979
Eichhorn, P., Siedentopf, H., Effizienzeffekte der Verwaltungsreform, Baden-Baden 1976

Europarat (Hrsg.), Kommunale Verwaltungsreformen in Europa, Köln, Stuttgart 1976
Guilleaume, E., Reorganisation von Regierung und Verwaltungsführung, Baden-Baden 1966
Kommission für wirtschaftlichen und sozialen Wandel, Wirtschaftlicher und sozialer Wandel in der Bundesrepublik Deutschland, Göttingen 1977
Kruse, W., Die kommunale Funktionalreform in Nordrhein-Westfalen, Köln 1978
Laux, E., Kaufmann, W., Praxis der Organisationsänderung. Fallstudie: Bundesgesundheitsamt, Baden-Baden 1978
Leisner, W. (Hrsg.), Das Berufsbeamtentum im demokratischen Staat. Beiträge zur Dienstrechtsreform. Berlin 1975
Mattenklodt, H.-F., Gebiets- und Verwaltungsreform in der Bundesrepublik Deutschland, Münster 1972
Murswieck, A., Regierungsreform durch Planungsorganisation, Opladen 1975
Oertzen, H.-J. v., Thieme, W. (Hrsg.), Die kommunale Gebietsreform, Baden-Baden 1979/1981 (20 Bde., angekündigt)
Roters, W., Ballke, W., Funktionalreform in der mittleren Verwaltungsebene, Köln 1978
Schäfer, P., Zentralisation und Dezentralisation. Verwaltungswissenschaftliche Untersuchung zur Verteilung von Macht im öffentlichen System, empirisch illustriert am Beispiel der Funktionalreform in Nordrhein-Westfalen, Diss. Bielefeld 1980
Scharpf, F. W., Politische Durchsetzbarkeit innerer Reformen, Göttingen 1974
Schimanke, D., Verwaltungsreform Baden-Württemberg, Berlin 1978
Schnur, R., Strategie und Taktik bei Verwaltungsreformen, Baden-Baden 1966
Schuster, F., Dezentralisierung des politischen Handelns, 2 Bde., Melle 1979
Sontheimer, K., Bleek, W., Abschied vom Berufsbeamtentum? Perspektiven einer Reform des öffentlichen Dienstes in der Bundesrepublik Deutschland, Hamburg 1973
Studienkommission für die Reform des öffentlichen Dienstrechts, Bericht der Kommission, Baden-Baden 1973
Thieme, W., Grillwitz, G., Durchführung und Ergebnisse der kommunalen Gebietsreform, Baden-Baden 1981
Thränhardt, D. (Hrsg.), Funktionalreform – Zielperspektiven und Probleme einer Verwaltungsreform, Meisenheim 1978
Tiggemann, R., Die kommunale Neugliederung in Nordrhein-Westfalen, Meisenheim 1977
Uppendahl, H., Anatomie einer Kommunalreform. Lokale Selbstregierung in England und Wales, Königstein 1981
Verein für Verwaltungsreform und Verwaltungsforschung e. V., Materialien zur Verwaltungsforschung und zur Verwaltungsreform. Vier Diskussionsbeiträge, Bonn 1972
Verein für Verwaltungsreform und Verwaltungsforschung e. V. (Hrsg.), Studien zur Reform von Regierung und Verwaltung, Bonn 1978
Wagener, F., Neubau der Verwaltung, Berlin 1969
Wallthor, A. H v., Petri, F. (Hrsg.), Grundfragen der Gebiets- und Verwaltungsreform in Deutschland, Münster 1973
Wittkämper, G. W., Funktionale Verwaltungsreform, Bonn 1978
Wrage, V., Taktik der Verwaltungsreform. Eine Studie zum Prozeß der Meinungs- und Willensbildung bei Maßnahmen der territorialen Reform, Köln, Berlin 1975

5 Exkurs I: Angelsächsische Literatur

Alexis, M., Wilson, Ch. Z. (eds.), Organizational Decision-Making, Englewood Cliffs 1967
Allison, G. T., Essence of Decision. Explaining the Cuban Missile Crisis, Boston 1971
Anderson, W., Intergovernmental Relations in Review, Minneapolis 1960
Arrow, K., The Limits of Organization, New York 1974
Bardach, E., The Implementation Game: What Happens After a Bill Becomes a Law, Cambridge/Mass., London 1977
Berman, P., McLaughlin, M., Implementation: Problems, Patterns and Parameters – Implications for Macro Policy, Santa Monica 1976
Blau, P. M., The Dynamics of Bureaucracy, Chicago 1955
Braybrooke, D., Lindblom, C. E., A Strategie of Decision, New York 1963
Caiden, G. E., The Dynamics of Public Administration, New York 1971
Cohen, S. S., Modern Capitalist Planning, Cambridge/Mass. 1977, new ed.

Crenson, M. A., The Un-Politics of Air Pollution, Baltimore 1971
Crozier, M., The Bureaucratic Phenomen, Chicago 1964
Derthick, M., New Towns In-Towns: Why a Federal Programm Failed, Washington 1972
Downs, A., Inside Bureaucracy, Boston 1967
Dunsire, A., The execution process. I. Implementation in a bureaucracy. II. Control in a bureaucracy, London 1977/1978
Easton, D., A Framework of Political Analysis, Englewood Cliffs 1965
Easton, D., A System Analysis of Political Life, New York 1965
Edwards, G. C., Sharkanski, I., The Policy Predicament: Making and Implementing Public Policy, San Francisco 1978
Friend, J., Power, J. M., Yewlett, C. L. J., Public Planning: The Inter-Corporate Dimension, London 1974
Golomiewski, R. T., Public Administration as a Developing Discipline, New York 1977
Gore, W. J., Administrative Decision-Making, New York, London 1964
Gortner, H. F., Administration in The Public Sector, London 1977
Griffith, J. A. G., From Policy to Administration, London 1976
Guy, P. B., The Politics of Bureaucracy: A Comparative Perspective, New York 1978
Hall, P., Great Planning Disasters, London 1980
Halperin, M., Bureaucratic Politics, Washington 1974
Hanf, K., Scharpf, F. W. (eds.), Interorganizational Policy Making, London, Beverly Hills 1978
Hargrove, E. C., The Missing Link. The Study of the Implementation of Social Policy, Washington D. C. 1975
Heady, F., Public Administration: A Comparative Perspective, New York 1979, 2nd ed.
Hill, M., The State, Administration, and the Individual, Fontana 1976
Hood, Ch., The Limits of Administration, London 1976
Ionescu, G., Centripetal Politics: Government and the New Centers of Power, London 1975
Johnson, N., Government in the Federal Republic of Germany, Oxford 1973
Jones, Ch. O., Thomas, R. D. (eds.), Public Policy Making in a Federal System, Beverly Hills, London 1976
Jones, G. (ed.), New Approaches to the Study of Central-Lokal Government Relationships, Westmead 1980
Katz, E., Danet, B. (eds.), Bureaucracy and the Public – A Reader in Official Client Relations, New York 1973
Kaufman, H., The Limits of Organizational Change, Alabama 1971
Kaufman, H., Administrative Feedback, Washington D. C. 1973
Leemans, A. F. (ed.), The Management of Change in Government, Den Haag 1976
Lerner, A. W., The Politics of Decision-Making. Strategy, Cooperation, and Conflikt, Beverly Hills, London 1976
Levine, R., Public Planning: Failure and Redirection, New York 1972
Lindblom, Ch. E., The Policy-Making Process, Englewood Cliffs 1968
Lutrin, C. E., Settle, A. K., American Public Administration: Concepts and Cases, Pablo Alto 1980 2nd ed.
March, J. G., Olsen, J. P., Ambiguity and Choice in Organizations, Bergen 1976
Marini, F. (ed.), Toward a New Public Administration, New York 1971
May, J. V., Wildavsky, A. B. (eds.), The Policy Cycle, Beverly Hills 1978
Mayntz, R., Scharpf, F. W., Policy-Making in the German Federal Bureaucracy, Amsterdam 1975
Merton, R. K. (ed.), Reader in Bureaucracy, Glencoe 1952
Meyer, W. M., Change in Public Bureaucracies, Cambridge 1979
Nachmias, D., Public Policy Evaluation: Approaches and Methods, New York 1979
Needelman, M. L., Needelman, C. E., Guerillas in the Bureaucracy, New York 1974
Negandhi, A. R. (ed.), Interorganizational Theory, Kent State 1980
Nelson, R., Yates, D., Innovation and Implementation in Public Organizations, New York, London 1978
Niskanen, W. A., Bureaucracy and Representative Government, Chicago 1971
Pressman, J. L., Wildavsky, A. B., Implementation, Berkeley 1973
Rehfuess, J., Public Administration as a Political Process, New York 1973
Rosengren, W. R., Lefton, M. (eds.), Organizations and Clients. Essays in the Sociology of Service, Columbus/Ohio 1970
Rourke, F. E., Bureaucracy, Politics and Public Policy, Boston 1976

Seidman, H., Politics, Position, and Power. The Dynamics of Federal Organization, London 1975, 2nd ed.
Seitz, S. T., Bureaucracy, Policy, and the Public, Saint Louis 1978
Self, R., Administrative Theorie and Politics, London 1977, 2nd ed.
Sharkansky, I., Public Administration, Chicago 1975 (3rd ed.)
Sharpe, L. J. (ed.), Decentralist Trends in Western Democracies, London, Beverly Hills 1979
Simon, H. A., Smithburg, D. W., Thompson, V. A., Public Administration, New York 1950
Thompson, J. D. et al. (eds.), Comparative Studies in Administration, Pittsburg 1959
Thompson, J. D., Organizations in Action, New York 1967
Thompson, V. A., Bureaucracy and Innovation, Alabama 1969
Tuite, M., Chisholm, R., Radnor, M. (eds.), Interorganizational Decision Making, Chicago 1972
Tullock, G., The Politics of Bureaucracy, Washington D. C. 1965
Van Gunsteren, H. R., The Quest for Control. A Critique of the Rational Central Rule Approach, London, New York 1976
Van Horn, C., Policy Implementation in the Federal System, Lexington 1979
Waldo, D. (ed.), Public Administration in a Time of Turbulence, Scranton 1971
Wamsley, G. L., Zald, M. N., The Political Economy of Public Organizations, Lexington/Mass. 1973
Wildavsky, A. B., The Politics of the Budgetary Process, Boston 1964
Williams, W., Elmore, R., Social Program Implementation, New York, San Francisco, London 1976
Wright, D. S., Understanding Intergovernmental Relations, North Scituate/Mass. 1978

6 Exkurs II: Französische Literatur

Auby, J.-M., Bandet, P. et al. (Hrsg.), Traîté de la science administrative, Paris 1966
Baecque, F. d., L'administration centrale de la France, Paris 1973
Bauchet, P., La planification française: du premier au sixième Plan, Paris 1970
Belorgey, G., Le gouvernement et l'administration de la France, Paris 1970, 2. Aufl.
Birnbaum, P., Les sommets de l'Etat, Paris 1977
Bloch-Lainé, F., Profession: fonctionnaire, Paris 1976
Bodiguel, J.-L., Les anciens élèves de l' E.N.A., Paris 1978
Bodiguel, J.-L., Kessler, M.-Chr., L'administration française, Paris 1970
Bourjol, M., Région et administration régionale, Paris 1970
Caire, G., La planification. Techniques et problèmes, Paris 1969
Centre d'études régionales et d'aménagement du territoire, Aménagement du territoire et dévolop-pement regional. Les faits, les idées, les institutions, Paris 1965–1973, 6 Bde.
Chevalier, J. et al., Centre, périphérie, territoire, Paris 1978
Chevalier, J., Loschak, D., Science administrative, Paris 1978, 2 Bde.
Crozier, M., La société bloquée, Paris 1970
Crozier, M., On ne change pas la société par décret, Paris 1979
Crozier, M. et al., Oú va l'administration française?, Paris 1974
Darbel, A., Schnapper, D., Les agents du système administratif, Paris 1969
Darbel, A., Schnapper, D., Le système administratif, Paris 1972
Dawson, G., L'évolution des structures de l'administration locale déconcentrée en France. L'exem-ple du département du Pas-de-Calais et de la région du Nord, Paris 1969
Debbasch, Ch., L'administration au pouvoir, Paris 1969
Debbasch, Ch., Institutions administratives, Paris 1972, 2. Aufl.
Debbasch, Ch., Science administrative. Administration publique, Paris 1972, 2. erw. Aufl.
Dabbasch, Ch., La décentralisation pour la rénovation de l'Etat, Paris 1976
Delilez, J.-P., La planification dans les pays d'économie capitaliste, Paris, 1968
Detton, H., L'administration régionale et locale de la France, Paris 1975, 7. Aufl.
Drago, R., Cours de science administrative, Paris 1967
Dupperrier, J., L'organisation administrative de la France, Paris 1973
Francois, L., Les institutions politiques et administratives de la France, Paris 1976
Gournay, B., Introduction á la science administrative, Paris 1966
Gournay, B. et al., Administration publique, Paris 1967
Grémion, C., Profession: décideurs. Pouvoirs des hauts fonctionnaires et réforme de l'Etat, Paris 1979

Grémion, P., Les institutions régionales et la Societé, Paris 1968
Grémion, P., Le pouvoir périphérique, bureaucrates et notables dans le système politique français, Paris 1976
Gruson, C., Renaissance du plan, Paris 1971
Kessler, M.-Chr., La politique de la haute fonction publique, Paris 1978
Langrod, G. (Hrsg.), La consultation dans l'administration contemporaine, Paris 1972
Lautmann, J., Thoenig, J.-C., Planification et administrations centrales, Paris 1966
Levy-Lambert, H., Guillaume, H., La rationalisation des choix budgétaires, Paris 1971
Longepierre, M., Les conseillers généraux dans le système administratif français, Paris 1971
Mélange, G. L., Science et action administratives, Paris 1980
Moreau, J., Administration régionale, locale et municipale, Paris 1978, 4. Aufl.
Peyrefitte, Alain et al., Décentraliser les responsabilités. Pourquoi? Comment?, Paris 1976
Pontier, J. M., L'Etat et les collectivités locales. La répartition des compéténces, Paris 1978
Rémond, R., La règle et le consentement. Gouverner une société, Paris 1979
Saint-Geours, J., Pouvoir et finance, Paris 1979
Savigny, J. de, L'Etat contre les communes, Paris 1971
Sfez, L., L'administration prospective, Paris 1970
Silvera, V., La fonction publique et ses problèmes actuels, Paris 1969
Siwek-Pouydesseau, J., Le personnel de direction des ministères: Cabinets ministériels et directeurs d'administrations centrales, Paris 1969
Suleiman, E. N., Les hauts fonctionnaires et la politique, Paris 1976
Thoenig, J. C., L'ère des technocrates, Paris 1973

7 Bibliographien

Badenhoop, R. K. (Hrsg.), Bibliographie zur Organisation von Staat, Verwaltung und Wirtschaft, Köln, Berlin 1966 ff.
Bracher, K.-D., Jacobsen, H.-A., Funke, M., Bibliographie zur Politik in Theorie und Praxis, Düsseldorf 1976, aktualisierte Neuauflage
Bruder, W., Empirische Verwaltungsforschung in der Bundesrepublik Deutschland, Opladen 1981
Buse, M., Drewitz, D. v., Bibliographie zur politischen Planung, Baden-Baden 1974
Damman, K., Görlitz, A., Bibliographie zur Verwaltungstheorie der politischen Linken, Berlin 1972
Deutscher Bundestag, Wissenschaftliche Dienste, Planung in Politik und Verwaltung in der Bundesrepublik Deutschland, Bonn 1972
Hamburger Bibliographie zum parlamentarischen System der Bundesrepublik Deutschland, hrsg. u. bearb. v. *U. Bermbach*, Opladen 1980, 4. Erg.-Lfg.
Hochschule für Politische Wissenschaft, München (Hrsg.), Literaturverzeichnis der Politischen Wissenschaften, München 1952–1970
International Bibliographie of Political Science, prepared by the *International Committee for Social Science Information and Documentation*, London, Chicago 1977 ff.
International Bibliographie of the Social Sciences, Bibliographie Internationale des Sciences Sociales, London, New York 1952 ff.
Internationales Institut für Verwaltungswissenschaft, Deutsche Sektion (Hrsg.), Verwaltungswissenschaftliche Informationen, Bonn 1980 ff.
Keppler, W., Empirische Organisationsforschung im deutschen Sprachraum. Eine annotierte Bibliographie, Speyer 1976
McCurdy, H. E., Public Administration: A Bibliographie, Washington D. C. 1972
Partizipation bei der Stadtplanung (Literatursammlung), Bonn-Bad Godesberg 1976
Reinermann, H. (Hrsg.), Referatedienst Staat und Verwaltung, Baden-Baden 1981 ff.
Remke, A., Probleme der kommunalen Selbstverwaltung. Eine Bibliographie, Königstein 1979
Thränhardt, D., Bibliographie Bundesrepublik Deutschland, Göttingen 1980

8 Zeitschriften

Administration and Society
Administrative Science Quaterly
American Journal of Political Science

The American Political Science Review
The Annals of the American Academy of Political and Social Science
Archiv für Kommunalwissenschaften
Arch plus
Aus Politik und Zeitgeschichte (Beilage zur Wochenzeitung: Das Parlament)
Baden-Württembergische Verwaltungspraxis
British Journal of Political Science
Comparative Political Studies
Deutsche Verwaltungspraxis
Deutsches Verwaltungsblatt (mit Verwaltungsarchiv)
European Journal of Political Research
The Journal of Politics
Der Landkreis
Leviathan. Zeitschrift für Sozialwissenschaft
Neue politische Literatur. Berichte über das internationale Schrifttum
Die öffentliche Verwaltung
Österreichische Zeitschrift für Politikwissenschaft
Policy Science
Policy Studies Journal
Policy Studies Review
Political Science Quaterly
Political Studies
Politische Studien
Politische Vierteljahresschrift
Polity
Public Administration
Public Administration Review
The Public Interest
Recht und Politik
Revue française d'administration publique
Revue française de science politique
Revue Politique et Parlementaire
Revue internationale des sciences administratives
Soziale Welt
Der Staat
Städte- und Gemeindebund
Der Städtetag
structur. Zeitschrift für Planung und Entwicklung
Transfer
Die Verwaltung
Verwaltung und Fortbildung
Verwaltungsführung, Organisation, Personalwesen
Verwaltungsrundschau
Zeitschrift für Politik
Zeitschrift für Soziologie
Zeitschrift für Verwaltung

Autorenverzeichnis

Prof. Dr. Bernhard Badura, Universität Oldenburg, Fachbereich Sozialwissenschaften

Dr. Josef Bauer, Universität Oldenburg, Projekt Laiensystem und Rehabilitation

Dipl.-Verw. Wiss. Arthur Benz, Zentralinstitut für Raumplanung an der Universität Münster

Prof. Dr. Carl Böhret, Hochschule für Verwaltungswissenschaften Speyer

Prof. Dr. Horst Bosetzky, Fachhochschule für Verwaltung und Rechtspflege Berlin

Prof. Dr. Hans-Ulrich Derlien, Universität Bamberg, Fakultät Sozial- und Wirtschaftswissenschaften

Prof. Dr. Thomas Ellwein, Universität Konstanz, Fachgruppe Politikwissenschaft/Verwaltungswissenschaft

Prof. Dr. Josef Esser, Universität Frankfurt, Fachbereich Gesellschaftswissenschaften

Prof. Dr. Wolfgang Fach, Universität Konstanz, Fachgruppe Politikwissenschaft/Verwaltungswissenschaft

Dr. Jürgen Feick, Universität Köln, Institut für angewandte Sozialforschung

Prof. Dr. Dietrich Fürst, Universität Hannover, Institut für Landesplanung und Raumforschung

Dr. Dieter Grunow, Universität Bielefeld, Fakultät für Soziologie

Prof. Dr. Peter Heinrich, Fachhochschule für Verwaltung und Rechtspflege Berlin

Prof. Dr. Joachim Jens Hesse, Universität–Gesamthochschule Duisburg, Fachbereich 1/Politische Wissenschaft

Prof. Dr. Joachim Hirsch, Universität Frankfurt, Fachbereich Gesellschaftswissenschaften

Dr. Ulrich Jürgens, Wissenschaftszentrum Berlin, Internationales Institut für vergleichende Gesellschaftsforschung

Prof. Dr. Franz-Xaver Kaufmann, Universität Bielefeld, Fakultät für Soziologie

Dipl.-Volkswirt Lothar Klaes, Universität Köln, Institut für angewandte Sozialforschung

Prof. Dr. Herbert König, Hochschule der Bundeswehr Hamburg

Prof. Dr. Klaus König, Hochschule für Verwaltungswissenschaften Speyer

Dipl.-Verw. Wiss. Harald Lehmann, Universität Oldenburg, Projekt Laiensystem und Rehabilitation

Ministerialrat Günther Leis, Bundesministerium des Innern

Prof. Dr. Manfred Lepper, Fachhochschule des Bundes für öffentliche Verwaltung Köln

Prof. Dr. Renate Mayntz, Universität Köln, Institut für angewandte Sozialforschung

Prof. Dr. Frieder Naschold, Wissenschaftszentrum Berlin, Internationales Institut für vergleichende Gesellschaftsforschung

Prof. Dr. Dieter Oberndörfer, Universität Freiburg, Seminar für wissenschaftliche Politik

Prof. Dr. Eckart Pankoke, Universität–Gesamthochschule Essen, Fachbereich 1/Soziologie

Dr. Rainer Prätorius, Universität Stuttgart, Institut für Politikwissenschaft

Prof. Dr. Christoph Reichard, Fachhochschule für Verwaltung und Rechtspflege Berlin

Ltd. Ministerialrat Dr. Ernst-Hasso Ritter, Ministerium für Landes- und Stadtentwicklung Nordrhein-Westfalen

Dr. Dieter Rucht, Universität München, Geschwister-Scholl-Institut

Prof. Dr. Fritz W. Scharpf, Wissenschaftszentrum Berlin, Internationales Institut für Management und Verwaltung

Prof. Dr. Heribert Schatz, Universität–Gesamthochschule Duisburg, Fachbereich 1/Politische Wissenschaft

Dr. Günther Schmid, Wissenschaftszentrum Berlin, Internationales Institut für Management und Verwaltung

Prof. Dr. Werner Thieme, Universität Hamburg, Seminar für Verwaltungslehre

Prof. Dr. Manfred Timmermann, Universität Konstanz, Fachgruppe Politikwissenschaft/Verwaltungswissenschaft

Dipl.-Verw. Wiss. Eberhard Waiz, Universität–Gesamthochschule Duisburg, Fachbereich 1/Politische Wissenschaft

Prof. Dr. Gerhard Wittkämper, Universität Münster, Institut für Politikwissenschaft